Martin Bemmann

Weltwirtschaftsstatistik

Studien zur Internationalen Geschichte

Herausgegeben von
Eckart Conze,
Julia Angster,
Simone Derix,
Marc Frey,
Kiran Klaus Patel und
Johannes Paulmann

Band 56

Martin Bemmann

Weltwirtschafts-statistik

Internationale Wirtschaftsstatistik und die Geschichte der Globalisierung, 1850–1950

DE GRUYTER
OLDENBOURG

Wir danken für die Unterstützung durch den Open Access Publikationsfonds der Universität Freiburg.

Martin Bemmann ist Privatdozent am Historischen Seminar der Universität Freiburg.

ISBN 978-3-11-119524-7
e-ISBN (PDF) 978-3-11-120712-4
e-ISBN (EPUB) 978-3-11-120775-9
ISSN 2190-149X
DOI https://doi.org/10.1515/9783111207124

Library of Congress Control Number: 2023933367

Bibliografische Information der Deutschen Nationalbibliothek
Die Deutsche Nationalbibliothek verzeichnet diese Publikation in der Deutschen Nationalbibliografie; detaillierte bibliografische Daten sind im Internet über http://dnb.dnb.de abrufbar.

Einbandabbildung: „The Contracting Spiral of World Trade“, in: League of Nations: The Monetary and Economic Conference (London, 1933), Genf 1933, S. 95 (© United Nations Archives, Genf)
Druck und Bindung: CPI books GmbH, Leck

www.degruyter.com

Für
meine Familie

Vorwort

Diese Arbeit ist das Ergebnis einer rund sechsjährigen Auseinandersetzung mit der Geschichte von Statistik, von der ich nie dachte, dass sie interessant sein könnte. Ohne die Unterstützung und die Hilfe von zahlreichen Kolleg*innen, interessierten Zuhörern und Kommentatorinnen, Freunden sowie insbesondere meiner Familie hätte ich das nie herausgefunden.

Sabine Dabringhaus danke ich für das Vertrauen, mich als Assistent in ihr Team aufzunehmen, obwohl ich ihr weitgehend unbekannt war. Diese Stelle gab mir die berufliche Stabilität, ohne die ein solch lang andauerndes Projekt nicht zu Ende zu bringen ist. Dank des bemerkenswerten Maßes an Freiheit, das sie mir ließ, konnte ich mich intensiv in das Thema einarbeiten, Archiv- und Bibliotheksrecherchen unkompliziert organisieren, Tagungen problemlos besuchen und den alltäglichen Herausforderungen des deutschen Universitätsalltags gelassen begegnen. Viel habe ich in dieser Zeit zudem über die Geschichte Asiens, insbesondere Chinas und Japans, gelernt, und diese Arbeit hat sehr davon profitiert. Dass ich die gerade am Beginn notwendige Zeit zur Formulierung und Eingrenzung des Projekts fand, ist Susanne Schötz und Franz-Josef Brüggemeier zu verdanken. Sie boten mir in einer beruflich schwierigen Phase an, zwei fordernde Mitarbeiterstellen in Dresden und Freiburg anzunehmen, ohne die ich diese Arbeit wohl nie begonnen hätte. Den Mitarbeiter*innen und Fellows des *Freiburg Institute for Advanced Studies* danke ich dafür, dass ich mich im akademischen Jahr 2016/17 in dessen intellektuell inspirierender Umgebung ganz meinem Projekt widmen konnte und gleichzeitig viele neue Kolleg*innen, Sichtweisen und Themen kennenlernte. Auch meine Archivreisen hätten ohne die finanzielle Förderung des FRIAS nicht in der Form stattfinden können, wie sie für diese Arbeit notwendig waren.

Von Beginn an konnte ich mein Projekt, meine Hypothesen und vorläufige Ergebnisse in unterschiedlichen Kontexten zur Diskussion zu stellen. Neben Konferenzen, Tagungen und Workshops waren dabei vor allem Forschungskolloquien von großem Nutzen für mich. In Dresden (Susanne Schötz und Gerd Schwerhoff), Darmstadt (Jens Ivo Engels), Konstanz (Jürgen Osterhammel), Bonn (Tobias Werron), Bielefeld (Peter Kramper), Frankfurt/Main (Werner Plumpe) und mehrfach in Freiburg (Willi Oberkrome, Sabine Dabringhaus, Jörn Leonhard und David Kuchenbuch) lernte und profitierte ich in unterschiedlichen Projektphasen von den Einwänden, der Kritik und den Anregungen vieler Kolleg*innen. Ein besonderer Dank gilt zudem den Teilnehmer*innen eines Workshops, den ich im Juni 2017 mithilfe von FRIAS-Mitteln in Freiburg veranstalten konnte und der sich ganz der Etablierung und Entwicklung der internationalen Wirtschaftsstatistik widmete.

https://doi.org/10.1515/9783111207124-001

Für aufschlussreiche, anregende und in jedem Fall weiterführende Gespräche, für Recherche- und Lektürehinweise sowie für konkrete Hilfe bei der Versorgung mit Quellen und Literatur danke ich Michel Abeßer, David Allen, Benjamin Auberer, Johannes Becker, Martin Bühler, Lukas Cladders, Patricia Clavin, Roderich von Detten, Federico D'Onofrio, Madeleine Dungy, Axel Faust, Claudia Goldin, Bettina Heintz, Julia Herzberg, Dorothea Hoehtker, Birte Kohtz, Roman Köster, David Kuchenbuch, Harald Kümmerle, David Motadel, Simone M. Müller, Martin Rempe, Amalia Ribi Forclaz, Daniela Ruß, Michael C. Schneider, Phillip Schroeder, Quinn Slobodian, Daniel Speich Chassé, Yann Stricker, Hannah Tyler, Tobias Werron, Theresa Wobbe, Elga Zalite und Thomas Zimmer. Ohne die Unterstützung von Bibliothekarinnen und Archivaren wären viele meiner Fragen unbeantwortet geblieben. Stellvertretend für alle Bibliotheksmitarbeiter*innen danke ich Simon Gander von der Fernleihabteilung der Universitätsbibliothek Freiburg. Er setzte sich engagiert dafür ein, dass sich (fast) alle meine Lektürewünsche erfüllten. Jacques Oberson sowie seine Mitarbeiter Lee Robertson und Nikolay Prensilevich vom Völkerbundarchiv in Genf danke ich stellvertretend für alle Archivar*innen, die mir tatkräftig und manchmal auf unkonventionelle Art geholfen haben, Licht in bisher wenig beleuchtete Zusammenhänge zu bringen. Für Übersetzungen aus dem Japanischen danke ich Mariko Jacoby, Gunji Okuto und Yamazaki Eiji. Chinesische Texte wurden mir dank der Hilfe von Yin Lin und Zhou Yuping verständlich und Albrecht Bemmann, Michel Abeßer sowie Julia Herzberg übersetzten mir russische Texte.

Teile der Arbeit lasen in unterschiedlichem Ausmaß, aber immer mit so deutlicher wie konstruktiver Kritik Michel Abeßer, Johannes Becker, Roderich von Detten, Roman Köster, David Kuchenbuch, Jamie Martin, Jürgen Osterhammel, Martin Rempe, Quinn Slobodian, Stephan Wolf und Thomas Zimmer. Albrecht und Marion Bemmann, Herbert Büttner sowie Theresa Wobbe haben die gesamte Arbeit ebenso gelesen wie die Verfahrensgutachter*innen Sabine Dabringhaus, Jörn Leonhard und Daniel Speich Chassé sowie die Herausgeber*innen der *Studien zur Internationalen Geschichte*. Sie alle haben maßgeblich dazu beigetragen, den Text in eine lesbare Form zu bringen und mit ihm deutlich zu machen, wie interessant die Beschäftigung mit der Geschichte der Statistik ist. Sollte dies nicht der Fall sein, liegt die Verantwortung dafür ganz bei mir.

Wissenschaftliche Arbeit bildet eine Säule, auf der ein mehrjähriges Projekt basiert, Freunde und Familie eine zweite. Für günstige und abwechslungsreiche Unterkünfte während meiner Archivreisen danke ich Nigel und Joey in London sowie Valentin und Franci in Berlin. Skatabende, Kubbrunden und Konzertbesuche mit Birger, Chris, Jan, Johannes, Robert, Simon und Valentin boten ebenso immer wieder den gebotenen Ausgleich zum akademischen Diskurs wie die Gartenarbeit bei und Wanderungen mit meinen Eltern und Schwiegereltern. Ohne die dauerhafte und vielfältige Unterstützung von Simone allerdings wäre diese Arbeit nie fertig geworden; ihr gebührt das außerordentliche Verdienst, mich durch alle Durststrecken begleitet zu haben, die ein solches Projekt mit sich bringt, und mich dabei immer wieder ermutigt zu haben, weiterzumachen.

Danke!

Inhalt

Teil III ‚Globale Wirtschaftszahlen', Vergleiche und die Plausibilisierung der einen ‚Weltwirtschaft'

1 Einleitung

1.1 Problemaufriss, Fragen und Ziele

Kurz bevor im Juni 1933 in London die Weltwirtschaftskonferenz begann, veröffentlichte das Völkerbundsekretariat eine Informationsbroschüre, die sich an die Delegierten sowie an ein breites Publikum richtete, insbesondere an Journalisten und Presseagenturen.[1] Sie enthielt einen statistischen Anhang, der über die monatliche Entwicklung des globalen Außenhandelsvolumens zwischen Januar 1929 und März 1933 informierte. Ergänzt wurde die Zahlenreihe mit einer Grafik, die diese Entwicklung eindrücklich illustrierte: „The Contracting Spiral of World Trade" (Abb. 1). Kurz darauf erschien die bis Juni 1933 aktualisierte Spirale im ebenfalls vom *Völkerbund* herausgegebenen *World Economic Survey*[2] und in den Folgejahren reproduzierten sie viele Journalisten, Publizisten und Ökonomen, um das enorme Ausmaß des Krisenverlaufs zu verdeutlichen.[3] Dank ihrer leicht abgewandelten Verwendung in Charles Kindlebergers 1973 erschienenem, weit verbreitetem und wiederholt aufgelegtem Buch zur Weltwirtschaftskrise nutzen Ökonomen und Wirtschaftshistoriker diese Illustration bis heute;[4] Ökonomen gilt sie sogar als „[o]ne of the most widely reprinted diagrams in all of economics".[5]

---

1 League of Nations. Information Section: The Monetary and Economic Conference (London, 1933). An Account of the Preparatory Work for the Conference and an Outline of the Previous Activities of the Economic and Financial Organisation of the League of Nations, Genf 1933.

2 League of Nations: World Economic Survey 1932–33, Genf 1933, S. 8.

3 Sie erschienen beispielsweise in Schweizerischer Bankverein. Berichte und Finanzielle Mitteilungen, Nr. 3/1933 [Juni 1933], S. 117; Berliner Lokal-Anzeiger, 26.07.1933; Manchester Guardian, 06.07. 1933; Monatsberichte des Österreichischen Instituts für Konjunkturforschung 7 (1933), Nr. 11 [26.11. 1933], S. 183; Evening Star [Dunedin, Neuseeland], 02.12.1933; Ellesmere Guardian [Southbridge, Neuseeland], 27.07.1934; Paris-Midi, 25.04.1935; L[awrence] L.B. Angas: The Problems of the Foreign Exchanges, London 1935, S. 56; J[ohn] P. Day: An Introduction to World Economic History since the Great War, London / New York 1939, S. 118; Ernest Minor Patterson: An Introduction to World Economics, New York 1947, S. 501.

4 Kindleberger, Charles P.: The World in Depression 1929–1939, Berkeley et al. 1973, S. 172; jüngste deutsche Übersetzung: Charles Kindleberger: Die Weltwirtschaftskrise 1929–1939, München 2019, S. 199; vgl. zudem The Annual Report of the Council of Economic Advisers, in: Economic Report of the President. Transmitted to Congress, February 1988, Washington 1988, S. 11–374, hier S. 148; Barry Eichengreen / Douglas A. Irwin: Trade Blocs, Currency Blocs and the Disintegration of World Trade in the 1930s, in: Journal of International Economics 38 (1995), 1–24, hier S. 5; Peter Temin: Globalization, in: Oxford Review of Economic Policy 15 (1999), Nr. 4, S. 76–89, hier S. 81; International Monetary Fund: World Economic Outlook, May 2000, Washington 2000, S. 158; Carmen M. Reinhart / Kenneth S. Rogoff: This Time is Different. Eight Centuries of Financial Folly, Princeton 2011, S. 265.

https://doi.org/10.1515/9783111207124-002

Obwohl Alexander Loveday, Leiter des für wirtschaftsstatistische Arbeiten zuständigen *Economic Intelligence Service* des *Völkerbunds*, in der Spirale „good publicity but […] obviously only that" sah,[6] vermittelte diese neuartige Darstellungsform eine eindeutige, wirtschaftsliberale Botschaft:[7] Wenn sich Regierungen weltweit nicht von ihrer protektionistischen Politik verabschiedeten und wenn sie sich nicht bald auf eine funktionierende und stabile Wirtschafts- und Finanzordnung einigten, drohte sich die Spirale weiter zu drehen und eine der zentralen Grundlagen der kapitalistischen Wirtschaftsweise zu gefährden, die internationale Arbeitsteilung.[8]

5 Eichengreen/Irwin: Trade Blocs, S. 4.

6 Nuffield College Library, Oxford University, Oxford [im Folgenden: NCL], Papers of Alexander Loveday, Box 8, World Economic Survey 1932–33. General Observations, Memorandum, Alexander Loveday, o.Dat. [Sommer 1933], S. 1.

7 Damit widersprach sie dem Gebot der Unparteilichkeit, dem die Sekretariatsmitarbeiter unterlagen: Egon F. Ranshofen-Wertheimer: The International Secretariat. A Great Experiment in International Administration, Washington 1945, S. 203.

8 Zum wirtschaftsliberalen Entstehungskontext der Spirale vgl. Quinn Slobodian: Globalists. The End of Empire and the Birth of Neoliberalism, Cambridge 2018, S. 59.

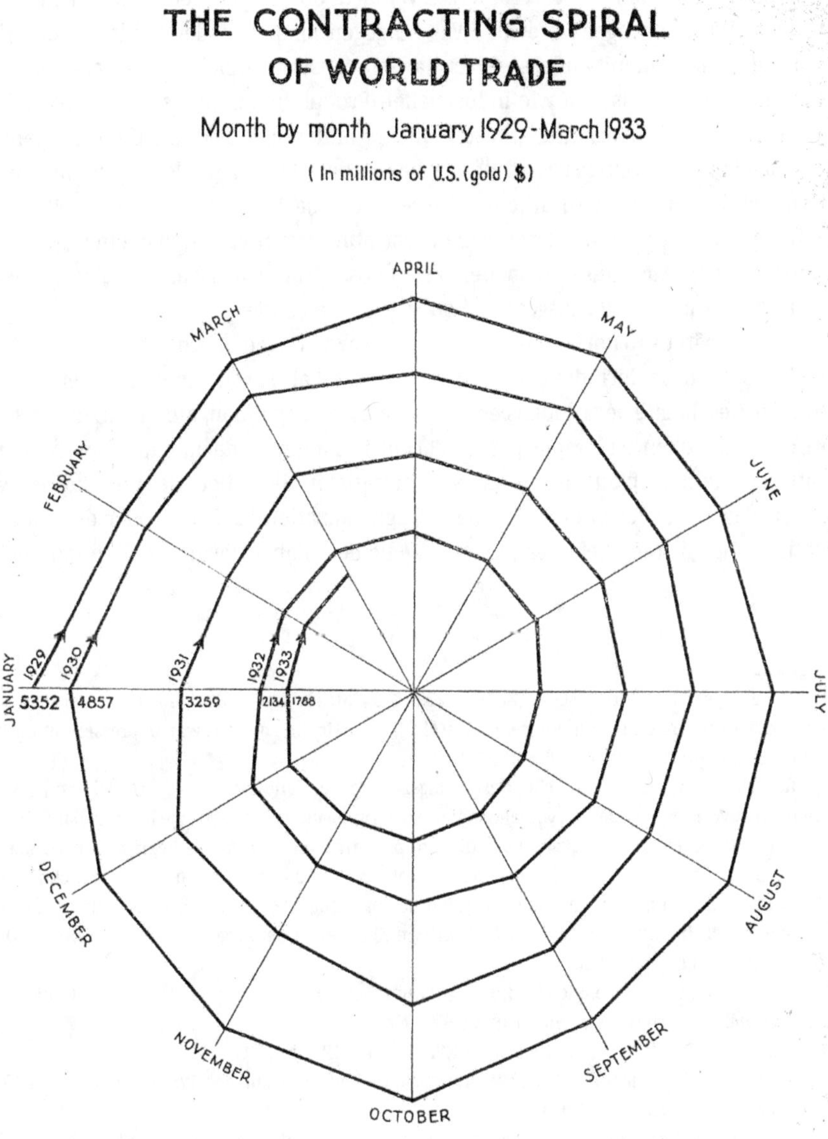

Abbildung 1*:* „The Contracting Spiral of World Trade“, in: League of Nations: The Monetary and Economic Conference, S. 95.

In London erzeugte diese visuelle Botschaft wenig Resonanz. Die Konferenz scheiterte und blieb der vorerst letzte Versuch, den Folgen der Krise auf multilateralem Wege entgegenzutreten.[9] Was hingegen blieb, war der Eindruck, den die Spirale zusammen mit anderen wirtschaftsstatistischen Tabellen, Diagrammen und Grafiken zur agrarischen wie industriellen Produktion, zu Preisen, zur Arbeitslosigkeit, zu den Lebenshaltungskosten und zu anderen Aspekten auf die Zeitgenossen machte: Die ‚Weltwirtschaft',[10] wie sie seit dem 19. Jahrhundert entstanden war und sich in der zweiten Hälfte der 1920er Jahre nach Jahren der kriegsbedingten Schwierigkeiten zu stabilisieren schien, war nun „zerrüttet"[11] und in einer „Krise"[12] unbekannten Ausmaßes. Mancher Zeitgenosse sah sie sogar im „Zusammenbruch",[13] dem „Zerfall" ausgesetzt[14] oder ganz am „Ende".[15]

Dass spätere Historiker sich solchen Einschätzungen anschlossen, verwundert nicht, nutzten sie doch die gleichen Zahlen.[16] Und als sie sich in den 1990er Jahren mit der Geschichte der Globalisierung zu befassen begannen, diente ihnen der sich in den Statistiken widerspiegelnde „Zerfall in Zahlen"[17] dazu, eine noch breitere Interpretation zu plausibilisieren. Nun bestätigten die Daten, dass die Jahre zwischen den Weltkriegen eine Epoche des „globalization backlash" oder der „Deglobalisierung" waren, die einer „erste[n] Welle der Globalisierung" in den Jahrzehn-

---

9 Kindleberger: Die Weltwirtschaftskrise, S. 236–255; Patricia Clavin: Explaining the Failure of the London World Economic Conference, in: Harold James (Hrsg.): The Interwar Depression in an International Context, München 2002, S. 77–97.

10 Im Folgenden werden ‚einfache' Anführungszeichen verwendet, wenn es sich bei den hervorgehobenen Worten oder der hervorgehobenen Wortgruppe um zeitgenössische Begriffe handelt, die keinem bestimmten Zitat entstammen, oder um plakative, vereinfachende Begriffe zur Verdeutlichung eines Sachverhaltes zu kennzeichnen. „Doppelte" Anführungszeichen dienen ausschließlich dazu, Zitate zu kennzeichnen. *Kursiv* werden Schlüsselbegriffe der vorliegenden Arbeit, die Eigennamen von Institutionen und Periodika sowie Zitatstellen hervorgehoben, die bereits im Original besonders formatiert sind.

11 Meth, Jakob: Unsere Hemden und die Weltwirtschaft. Die Katastrophe des weissen Goldes, in: Der Kuckuck. Illustrierte Wochenschrift 5 (1933), Nr. 1, S. 9.

12 Anonymus: Die Krise der Weltwirtschaft, in: Der Tag [Berlin], 03.01.1930.

13 Anonymus: Zusammenbruch der Weltwirtschaft. Rückblick auf das Wirtschaftsjahr 1931, in: Arbeiter-Zeitung [Wien], 31.12.1931.

14 Wirsing, Giselher: Zwischeneuropa und die deutsche Zukunft, Jena 1932, S. 246 f.

15 Schmechel, Max: Das Ende der Weltwirtschaft?, in: Tägliche Rundschau [Berlin], 08.09.1931.

16 Kindleberger: Die Weltwirtschaftskrise, S. 263; Eric Hobsbawm: Das Zeitalter der Extreme. Weltgeschichte des 20. Jahrhunderts, München [12]2014, S. 118; Zara Steiner: The Lights that Failed. European International History 1919–1933, Oxford 2005, S. 638.

17 Anonymus: Zerfall in Zahlen. Die Einschrumpfung des Welthandels, in: Pommersche Tagespost, 15.10.1931 [Bundesarchiv Berlin [im Folgenden: BAB], R 8034II/5885].

ten vor 1914 gefolgt sei.[18] Seither ist die historische Globalisierungsforschung enorm expandiert und differenziert die skizzierte Periodisierung deutlich. Von eindeutigen Phasen der ‚Globalisierung' oder ‚Deglobalisierung' lässt sich selbst in Hinblick auf die Wirtschaftsgeschichte des 19. und 20. Jahrhundert kaum mehr überzeugend sprechen.[19] Ungeachtet dessen aber sind Wirtschaftsstatistiken der 1920er und 1930er Jahre bis heute zentrale Quellen für Historiker und lassen kaum andere Schlüsse zu, als jene, die Autoren wie die eben erwähnten bereits gezogen haben. Eine mit Wirtschaftsstatistiken arbeitende Geschichtswissenschaft bestätigt also zweifellos „Desintegrationsschübe" in einer „Zeit der Gegenläufe".[20]

Dieses Buch zeigt, dass die Spirale im Speziellen und *internationale Wirtschaftsstatistiken*[21] im Allgemeinen nicht nur die oft beschriebenen ‚Deglobalisierungsprozesse' in den 1920er und 1930er Jahren belegen, sondern auch ein Ausweis sind für gleichzeitig stattfindende, intensivierte und beschleunigte ‚Globalisierungsprozesse'. Sieht man in internationalen Wirtschaftsstatistiken nämlich keine Quellen, sondern erklärungsbedürftige Forschungsobjekte, dann treten drei Voraussetzungen in den Blick, die notwendig waren, um in der Spirale den ‚Zerfall der Weltwirtschaft' zu erkennen. *Erstens* war dafür eine gut funktionierende internationale, tendenziell aber globale[22] Infrastruktur vonnöten, die die Erhebung, Übermittlung, Analyse, Zusammenstellung und publizistische Wiederverbreitung von statistischen Daten aus möglichst vielen Ländern im Monatsrhythmus ermöglichte. *Zweitens* setzte die Spirale die Bereitschaft von Akteuren in unterschiedlichen

---

18 Vgl. etwa Ian Clark: Globalization and Fragmentation. International Relations in the Twentieth Century, Oxford 1997; Richard H. Tilly: Globalisierung aus historischer Sicht und das Lernen aus der Geschichte, Köln 1999; Knut Borchardt: Globalisierung in historischer Perspektive, München 2001; Charles H. Feinstein / Peter Temin / Gianni Toniolo: The World Economy between the World Wars, Oxford 2008; Harold James: The End of Globalization. Lessons from the Great Depression, Cambridge 2001; Kevin H. O'Rourke / Jeffrey G. Williamson: Globalization and History. The Evolution of a Nineteenth Century Atlantic Economy, Cambridge 1999; Cornelius Torp: Weltwirtschaft vor dem Ersten Weltkrieg. Die erste Welle ökonomischer Globalisierung vor 1914, in: Historische Zeitschrift 279 (2004), S. 561–609; Ronald Findley / Kevin H. O'Rourke: Power and Plenty. Trade, War, and the World Economy in the Second Millenium, Princeton / Oxford 2007, S. 429–472.

19 Vgl. beispielhaft Christof Dejung / Niels P. Petersson (Hrsg.): The Foundations of Worldwide Economic Integration. Power, Institutions, and Global Markets, 1850–1930, Cambridge 2013.

20 So charakterisiert Peter Fäßler die weltwirtschaftliche Entwicklung in den Jahren zwischen den Weltkriegen. Peter Fäßler: Globalisierung. Ein historisches Kompendium, Köln / Weimar / Wien 2007, S. 98–119.

21 Darunter werden im Folgenden *vergleichend zusammengestellte, quantitative Informationen über bestimmte Phänomene in verschiedenen Ländern* verstanden, *die als ökonomisch relevant gelten.*

22 Als *international* werden in dieser Arbeit Beziehungen zwischen einigen Staaten bezeichnet, als *global* weltumspannende Verbindungen, die tendenziell alle Länder Erde umfassen.

Ländern – meist deren Regierungen – voraus, eine solche Infrastruktur zu finanzieren, die notwendigen Daten zu erheben, diese in regelmäßigen, kurzen Abständen an eine zentrale Stelle (in diesem Fall den *Völkerbund*) zu senden sowie dabei soweit wie möglich international einheitliche Standards einzuhalten. *Drittens* war die Vorstellung vonnöten, es existiere so etwas wie eine einheitliche ‚Weltwirtschaft', deren Entwicklung sich statistisch beobachten ließe und die vor den Augen der Zeitgenossen auseinanderfallen könne.

Noch am Ende des Ersten Weltkriegs waren alle drei Voraussetzungen höchstens in Ansätzen gegeben und die eingangs gezeigte Spirale hätte nicht oder nur wenig überzeugend gezeichnet werden können.[23] Es mangelte zwar vor 1914 nicht an internationalen Wirtschaftsstatistiken. Doch das, was in den 1920er und 1930er Jahren entstand und die permanente Beobachtung der ‚Weltwirtschaft' ermöglichte, war etwas qualitativ Neues: eine *Weltwirtschaftsstatistik*, die den Blick auf globale ökonomische Zusammenhänge veränderte und bis heute prägend wirkt.[24]

Dieses Buch beschreibt und erklärt die Genese dieser Weltwirtschaftsstatistik, ordnet sie in eine längere Geschichte internationaler Wirtschaftsstatistik ein und arbeitet Charakteristika heraus, die sie von einer älteren Form der internationalen Wirtschaftsstatistik unterscheidet, die im 19. Jahrhundert entstanden war.[25] Wer machte wann und wie Phänomene und Prozesse, die als ökonomisch relevant galten,[26] auf internationaler bis globaler Ebene zu einem Objekt permanenter statistischer Beobachtung – und welche Zwecke sollte das jeweils erfüllen? Welche Wirkungen entfaltete die permanente statistische Beobachtung dieser Phänomene und Prozesse auf der internationalen bis globalen Ebene? Gefragt wird zudem nach

23 1933 basierte sie auf monatlich aktualisierten Außenhandelsstatistiken von 49 Staaten, die ca. 90 % des Welthandels repräsentierten und regelmäßig im Monthly Bulletin of Statistics des *Völkerbunds* abgedruckt wurden. Die ersten Ausgaben des ab Juli 1919 erscheinenden Journals umfassten solche Zahlen nur von 18 Ländern, die zudem nicht alle gleich aktuell waren. League of Nations: The Monetary and Economic Conference, S. 96; Monthly Bulletin of Statistics 1 (1919/20), Nr. 2, S. 6–8.

24 Der Begriff *Weltwirtschaftsstatistik* lehnt sich an den 1914 von dem schweizerischen Ökonomen, Statistiker und Journalisten Louis Vladimir Furlan formulierten, zeitgenössisch aber kaum rezipierten terminologischen Vorschlag an, neben einer „internationalen Wirtschaftsstatistik", die „volkswirtschaftliche Tatsachen" miteinander vergleichen sollte, eine „Weltwirtschaftsstatistik" zu begründen, die „weltwirtschaftliche Zusammenhänge" in den Blick zu nehmen habe. V[ladimir] Furlan: Weltwirtschaftsstatistik, in: Weltwirtschaftliches Archiv 4 (1914), S. 295–340, hier S. 302.

25 Eine Begründung des Untersuchungszeitraumes erfolgt in Kapitel 1.4.

26 Was als ‚ökonomisch relevant' gilt, ist historisch wandelbar und kristallisierte sich in seiner heutigen Form erst in der ersten Hälfte des 20. Jahrhunderts heraus. Die Entwicklung der Wirtschaftsstatistik hat dies genauso beeinflusst wie das Verständnis davon, was ‚die Wirtschaft' ist, wirtschaftsstatistisch geprägt wurde. Vgl. dazu den Abschnitt zur Geschichte des ökonomischen Wissens in Kapitel 1.3.

der räumlichen wie sozialen Reichweite internationaler Wirtschaftsstatistiken und nach der Funktion, die sie für unterschiedliche Rezipienten hatten. Und das Buch erörtert, welche (neuen) Sichtweisen die statistische Beobachtung auf die ‚Welt' ermöglichte und inwiefern sie ‚Dinge' sichtbar machte und gesellschaftlich relevant werden ließ, die es nur dank ihr gab.

Auf diese Weise erweitert und differenziert das Buch die Historiographie zur Statistik und dem ökonomischen Wissen, zur Geschichte internationaler Organisationen (besonders des *Völkerbunds*) und deren Relevanz für die Diskussion und politische Adressierung von ‚globalen' Problemen im 20. Jahrhundert, und zur Genese dessen, was oft viel zu plakativ als ‚Globalisierung' bezeichnet wird.

1.2 Konzeptioneller Ansatz und Thesen

Die Studie basiert auf der Annahme, dass die Etablierung und Entwicklung der internationalen Wirtschaftsstatistik sowie ihrer Sonderform, der Weltwirtschaftsstatistik,[27] ein spezifischer *Globalisierungsprozess* war. Er nahm globales Ausmaß an, weil er tendenziell alle Länder der Erde mittels materiellen, institutionellen und sozialen Netzwerken miteinander verband, und er wirkte globalisierend, weil er neue Sichtweisen auf globale ökonomische Zusammenhänge und damit auf ‚die Welt' ermöglichte. Der Annahme liegt ein doppelt pluralisierter Globalisierungsbegriff zu Grunde, der sich an jüngere Plädoyers anlehnt, mit präziserer Terminologie den zunehmend differenzierten und widersprüchlich erscheinenden Forschungsergebnissen globalhistorischer Arbeiten gerecht zu werden. Es gibt demnach keine ‚Globalisierung' im Sinne einer einheitlichen, quasi-übernatürlichen Entwicklung, auf die Menschen in irgendeiner Form reagieren können und/oder müssen. Realistischer ist es, anzunehmen, dass es im Laufe der Zeit viele voneinander unterscheidbare Prozesse gegeben hat, die im Nachhinein als ‚global wirksam' oder als ‚globalisierend wirkend' interpretiert werden können. Diese werden hier als spezifische Globalisierungsprozesse bezeichnet. Auf diese Weise, so Jürgen Osterhammel, verwandelt sich der „eine[] umfassende[] Weltprozess, der die gesamte Menschheit einschließt, in eine Vielzahl ähnlicher, aber unterschiedlicher

27 Terminologisch wird zwischen ‚internationaler Wirtschaftsstatistik' / ‚Weltwirtschaftsstatistik' einerseits und ‚internationalen Wirtschaftsstatistiken' andererseits unterschieden. Die beiden ersteren Begriffe bezeichnen die Gesamtheit von Institutionen, Konzepten, Methoden und Darstellungsweisen, die seit dem 19. Jahrhundert entstand. Mit ‚internationalen Wirtschaftsstatistiken' im Plural werden die in Tabellen, Grafiken und Diagrammen wiedergegebenen vergleichenden Datensammlungen bezeichnet, wie sie in FN 21 definiert sind.

Teilprozesse […]. Aus einer geschichtsmetaphysischen wird eine empirische Kategorie.“[28]

Es war also nicht ‚die Globalisierung‘, sondern spezifische Globalisierungsprozesse, die bestimmte Akteure anstießen, trugen und vorantrieben. Diese Akteure verfolgten damit jeweils bestimmte Ziele, die sich widersprechen konnten und nur im Ausnahmefall etwas mit ‚Globalisierung‘ im heutigen Sinne zu tun hatten. Des Weiteren handelten die Akteure immer in bestimmten politischen, wirtschaftlichen, sozialen, kulturellen und naturräumlichen Kontexten und sie setzten unterschiedliche Mittel ein, um ihre jeweiligen Ziele zu erreichen. Konsequenterweise begannen einzelne Globalisierungsprozesse an unterschiedlichen Orten und zu unterschiedlichen Zeiten, sie umfassten in unterschiedlichem Maße soziale Gruppen und geographische Räume und sie entwickelten sich mit unterschiedlichen Intensitäten und Geschwindigkeiten. Teilweise beeinflussten sie sich dabei gegenseitig, teilweise nicht. Vereinheitlichungstendenzen wurden zudem fast immer von einer Zunahme an Differenzen und Differenzwahrnehmungen begleitet, Homogenisierung und Heterogenisierung gingen Hand in Hand. Und schließlich besaßen Globalisierungsprozesse keinen einheitlichen Telos, auf den sie sich zubewegten; sie sind grundsätzlich als veränder-, brems-, anhalt- und umkehrbar aufzufassen.

Eine zweite Differenzierung fasst Globalisierungsprozesse als zweidimensionale Entwicklungen auf. Zu unterscheiden ist zum einen eine *materielle Dimension*, die das Knüpfen, die Pflege und den Ausbau von Netzwerken materieller, institutioneller und sozialer Natur umfasst. Dazu zählen der Bau grenz- und kontinentüberschreitender Transport- und Kommunikationsinfrastrukturen, die Gründung und Entwicklung internationaler Organisationen oder die Herausbildung epistemischer Gemeinschaften. Globalisierungsprozesse sind demnach zu verstehen als „beobachtbare Interaktionen zwischen Individuen und Gruppen“, die sich „zu Netzwerken verstetigen“ und „Interaktionsräume“ großräumiger, meist kontinent-

28 Osterhammel, Jürgen: Globalisierungen, in: Ders.: Die Flughöhe des Adlers. Historische Essays zur globalen Gegenwart, München 2017, S. 12–41, hier S. 12; ähnliche Plädoyers von Angelika Epple: Globalisierung/en, Version 1.0, in: Docupedia-Zeitgeschichte, 11.06.2012 [http://docupedia.de/zg/globalisierung; 18.04.2017]; Angelika Epple: Calling for a Practice Turn in Global History. Practices as Drivers of Globalizations, in: History and Theory 57 (2018), S. 390–407, hier v. a. S. 396–400; Göran Therborn: Globalizations. Dimensions, Historical Waves, Regional Effects, Normative Governance, in: International Sociology 15 (2000), S. 151–179; Roland Robertson: Glokalisierung. Homogenität und Heterogenität in Raum und Zeit, in: Ulrich Beck (Hrsg.): Perspektiven der Weltgesellschaft, Frankfurt/Main 1998, S. 192–220.

Auch andere Autoren kritisierten den einheitlichen Globalisierungsbegriff, schlugen aber keine terminologische Pluralisierung vor. Zu den einflussreichsten dieser Kritiker gehört Frederick Cooper: What is the Concept of Globalization good for? An African Historian's Perspective, in: African Affairs 100 (2001), S. 189–213.

überschreitender Natur schaffen.[29] Zum anderen besitzen Globalisierungsprozesse eine *reflexive Dimension*, die die Herausbildung, Fortentwicklung und Veränderung globalen Bewusstseins der jeweiligen Zeitgenossen beschreibt.[30] Beide Dimensionen bedingen einander und beeinflussen sich stetig gegenseitig, sind „zwei Seiten derselben Medaille";[31] ihre Unterscheidung ist allein analytischer Natur und nicht im empirischen Material zu finden.

Die doppelte Pluralisierung des Globalisierungsbegriffs erübrigt die müßige Suche nach einem ‚Beginn' der ‚Globalisierung'. Zudem lassen sich bestimmte Zeiträume nicht mehr eindeutig als Epochen der ‚Globalisierung' oder ‚Deglobalisierung' charakterisieren. Allein die jeweils untersuchten Globalisierungsprozesse können periodisiert werden. Nur wenn eine Vielzahl von ihnen gleiche Zäsuren aufwiese, könnten Periodisierungsvorschläge verallgemeinert werden. Angesichts der potentiell hohen Zahl spezifischer Globalisierungsprozesse sowie deren unterschiedlichen, teils widersprüchlichen Entwicklungen ist dies aber unwahrscheinlich. Allenfalls lassen sich so Phasen verstärkter grenz- und kontinentüberschreitender Interaktionen, deren Institutionalisierung und deren wachsenden Relevanz für menschliches Verhalten von Zeiträumen unterscheiden, in denen globale Verbindungen und Integration schwerer zu erreichen und weniger wichtig waren. Der Beginn der überseeischen Expansion europäischer Mächte im 16. Jahrhundert stellte eine solche Zäsur dar oder die Transport- und Kommunikationsrevolutionen des 19. Jahrhunderts.[32]

Der anzustrebende Erkenntnisgewinn einer Konzentration auf einzelne Globalisierungsprozesse besteht vor allem darin, die „Geschichtsmächtigkeit globaler Verbindungen" auszuloten. Dazu ist an konkreten Beispielen herauszuarbeiten, „[w]ie und warum [...] Menschen in ganz unterschiedlichen Lagen und Kontexten globale oder transregionale Verbindungen" schufen und „wie [...] diese auf den Menschen" zurückwirkten.[33] So rücken empirisch greifbare Akteure ebenso in den Fokus, wie die Motive dieser ‚Globalisierer', die von ihnen verwendeten Mittel und

---

29 Osterhammel, Jürgen / Niels P. Petersson: Geschichte der Globalisierung. Dimensionen, Prozesse, Epochen, , München [4]2007, S. 20–22; Niels P. Petersson: Globalisierung, in: Jost Dülffer / Wilfried Loth (Hrsg.): Dimensionen internationaler Geschichte, München 2012, S. 271–292, hier S. 272–274

30 Osterhammel: Globalisierungen, S. 21; Roland Robertson: Globalization. Social Theory and Global Culture, London / Thousand Oaks / New Delhi 1992, S. 8; Clark: Globalization, S. 22 f.; Petersson: Globalisierung, S. 276; Roland Robertson / Kathleen E. White: What is Globalization?, in: George Ritzer (Hrsg.): The Blackwell Companion to Globalization, Malden et al. 2007, S. 54–66, hier S. 56.

31 Osterhammel: Globalisierungen, S. 21.

32 Vgl. mit Verweisen auf weiterführende Literatur Sebastian Conrad: What is Global History?, Princeton / Oxford 2016, S. 97 f.; Osterhammel: Globalisierungen, S. 40.

33 Wenzlhuemer, Roland: Globalgeschichte schreiben. Eine Einführung in 6 Episoden, Konstanz / München 2017, S. 23.

die gesellschaftlichen Kontexte ihrer Handlungen (Möglichkeitsbedingungen). Gleichzeitig regen die Fragen an, der Relevanz globaler Zusammenhänge für das Handeln und Entscheiden von Menschen in bestimmten historischen Konstellationen nachzugehen. Eine so verstandene Globalgeschichte ersetzt andere Formen der Geschichtsschreibung nicht, sondern ergänzt sie aus spezifischer Perspektive.[34] Indem sie „globale[] Verbindungen in ein Faktorenensemble" einordnet, welches das Verhalten historischer Akteure beeinflusste, hilft Globalgeschichte, dieses Verhalten besser zu verstehen.[35] Von Interesse ist also nicht die wenig überraschende Tatsache, dass tendenziell globale Verbindungen ‚die Welt' veränderten, sondern wo, wie und warum sie entstanden (und sich wieder lockerten und lösten), welche Charakteristika sie besaßen und welche Folgen sie für Akteure und ihr Handeln hatten.

Die Genese der internationalen Wirtschaftsstatistik bietet sich als Fallbeispiel an, um diese Fragen zu erörtern. Zum einen gehört sie zu den wichtigsten Quellen für Historiker, die sich mit der ‚Globalisierung' befassen, etwa, indem sie die statistisch sichtbar gemachte Ver- und Entflechtung ökonomischer Beziehungen vor und nach dem Ersten Weltkrieg als Ausweis einer ‚Globalisierung' und einer ‚Deglobalisierung' charakterisieren. Zum anderen stellt die internationale Wirtschaftsstatistik ein lohnenswertes Untersuchungsbeispiel dar, weil Statistiken einen Doppelcharakter besitzen, der Aufschluss über das Verhältnis zwischen der materiellen und der reflexiven Dimensionen dieses spezifischen Globalisierungsprozesses zu geben verspricht.

Die hier interessierende zahlenbasierte deskriptive Statistik[36] lässt sich als ein sozialwissenschaftliches Instrument verstehen, als eine ‚Brille', die aus einer Infrastruktur (dem Gestell) sowie bestimmten Konzepten und Methoden (den Gläsern) besteht und mit der sich die ‚reale Welt' in einer besonderen, quantifizierenden Art und Weise betrachten lässt. Diese ‚statistische Brille' blendet einen

34 Conrad: What is Global History?; Boris Barth / Stefanie Gänger / Niels P. Petersson: Globalisierung und Globalgeschichte, in: Dies. (Hrsg.): Globalgeschichte. Bestandsaufnahme und Perspektiven, Frankfurt/Main / New York 2014, S. 7–18; Jan Eckel: „Alles hängt mit allem zusammen." Zur Historisierung des Globalisierungsdiskurses der 1990er und 2000er Jahre, in: Historische Zeitschrift 307 (2018), S. 42–78; Richard Drayton / David Motadel: The Futures of Global History, in: Journal of Global History 13 (2018), S. 1–21; Epple: Calling for a Practice Turn.

35 Wenzlhuemer: Globalgeschichte schreiben, S. 23.

36 Von der deskriptiven Statistik, die Daten mithilfe bestimmter Methoden erhebt und zusammenstellt, lässt sich eine analytische (oder schließende) Statistik unterscheiden, die erhobene Daten mit mathematischen Methoden untersucht. Vgl. etwa Ansgar Steland: Basiswissen Statistik. Kompaktkurs für Anwender aus Wirtschaft, Informatik und Technik, 4., überarbeitete Auflage, Berlin / Heidelberg 2016.

Großteil der sozialen Wirklichkeit aus und macht ‚Dinge' und deren Zusammenhänge sichtbar, die ohne sie nicht vorhanden wären. Sie reduziert die Komplexität der ‚realen Welt' und hebt Aspekte hervor, die jeweils von Interesse sind. ‚Bevölkerung', ‚Migration', ‚Arbeitslosigkeit', ‚Inflation' oder ‚Außenhandel' sind solche ‚Dinge', die nur in der ‚statistischen Realität' existieren. Die qualitativ unterschiedlichen Prozesse der Herstellung eines Seidentuchs in China, einer Armbanduhr in der Schweiz oder eines Flugzeugträgers in den USA lassen sich allein durch ihre Quantifizierung unter das abstrakte statistische Rubrum der ‚Produktion' fassen. Statistische Beobachtung versucht also „sichtbar zu machen, was sich der direkten Erfahrung entzieht und verleih[t] dem Sichtbargemachten gleichzeitig Faktizität".[37] Da die Beobachtung nach zuvor festgelegten Regeln (also mittels einer zuvor konstruierten ‚Brille') erfolgt, sind die sichtbar werdenden ‚Dinge' „gleichzeitig real und konstruiert".[38]

In Gesellschaften, in denen empiriegestützte, intersubjektiv nachvollziehbare Wissensgenerierung eine zentrale Bedeutung für das Treffen ‚wahrer' Aussagen besitzt, kann die zahlenbasierte Statistik so die Existenz sozialer Phänomene *plausibilisieren*, ihnen also empirische Evidenz verleihen, obwohl die mitgeteilten Daten voraussetzungsvolle Mess- und Rechenergebnisse sind und keine umstandslos beobachtbaren Sachverhalte. „[W]hat is counted usually counts."[39] Statistik kann dies, weil die sie konstituierenden Zahlen eine spezifische Form der Kommunikation ermöglichen. Sie sind auf prinzipiell überprüfbare Weise entstanden und suggerieren in höherem Maße als Sprache allein Objektivität, weil sie Wissen zu formalisierten Informationen verdichten, die zudem relativ einfach und immer weiter kombinierbar sind. Vor allem aber sind sie „schwerer negierbar" als rein verbale Äußerungen; ernst zu nehmende alternative Aussagen benötigen eine aktive Neugenerierung adäquater Zahlen, was in vielen Fällen nur mit hohem Aufwand möglich ist.[40] Die Wirtschaftsleistung eines Landes etwa lässt sich auf verschiedene Art und Weise statistisch messen, die dabei generierten Zahlen lassen

37 Heintz, Bettina: Welterzeugung durch Zahlen. Modelle politischer Differenzierung in internationalen Statistiken, 1948–2010, in: Soziale Systeme 18 (2012), S. 7–39, hier S. 7.

38 Desrosières, Alain: Die Politik der großen Zahlen. Eine Geschichte der statistischen Denkweise, Berlin / Heidelberg / New York 2005, S. 3.

39 Miller, Peter: Governing by Numbers. Why Calculative Practices Matter, in: Social Research 68 (2001), S. 379–396, hier S. 382.

40 Heintz, Bettina: Zahlen, Wissen, Objektivität. Wissenschaftssoziologische Perspektiven, in: Andrea Mennicken / Hendrik Vollmer (Hrsg.): Zahlenwerk. Kalkulation, Organisation und Gesellschaft, Wiesbaden 2007, S. 65–85, hier S. 74–80 (Zitat: S. 78); Bettina Heintz: Numerische Differenz. Überlegungen zu einer Soziologie des (quantitativen) Vergleichs, in: Zeitschrift für Soziologie 39 (2010), S. 162–181, hier S. 167–174; Theodore M. Porter: Trust in Numbers. The Pursuit of Objectivity in Science and Public Life, Princeton 1995.

sich methodisch kritisieren und ihre Bedeutung verschieden interpretieren. Außerhalb der so geschaffenen statistischen Realität aber gibt es keinen adäquaten Ausdruck für diese Wirtschaftsleistung.

In diesem Sinne lassen sich die Etablierung und Entwicklung der internationalen Wirtschaftsstatistik im Allgemeinen und der Weltwirtschaftsstatistik im Besonderen als Konstruktion und Anpassungen einer ‚Brille' verstehen, mit der die Welt auf besondere Art und Weise in den Blick genommen wird. Dies entspricht der materiellen Dimension dieses spezifischen Globalisierungsprozesses. Diese ‚Brille' plausibilisiert die Existenz von Phänomenen und deren Zusammenhängen, die es außerhalb der ‚statistischen Realität' gar nicht gibt (etwa ‚Welthandel', ‚Weltproduktion' oder ‚Weltpreise'). Auch die Art und Weise, wie Zahlen in statistischen Tabellen, Diagrammen und Grafiken angeordnet, wie sie kategorisiert sind, wird vom Bau der ‚Brille' mitbestimmt, ist also spezifisch und historisch erklärbar. Internationale Wirtschaftsstatistiken spiegeln also historisch wandelbare Vorstellungen davon wider, wie ihre Autoren die von ihnen betrachteten und miteinander in Beziehung gesetzten Einheiten (v. a. Regionen, Länder, Kontinente und die ‚Welt') sowie deren Verhältnisse zueinander sahen. All dies lässt sich als reflexive Dimension des hier fokussierten, spezifischen Globalisierungsprozesses verstehen.

Der Erste Weltkrieg markiert den Beginn der ‚weltwirtschaftsstatistischen' Gegenwart und die 1920er und 1930er Jahre waren eine Epoche intensivierter Vernetzung und Standardisierung mit globaler Reichweite. Internationale Wirtschaftsstatistiken entstanden zwar im 19. Jahrhundert. Es mangelte vor 1914 auch nicht an Statistikern, Ökonomen und Publizisten, die solche Zahlenwerke erarbeiteten und es fehlte nicht am Bedarf an ihren Daten. Erst ab dem Ersten Weltkrieg aber entstand eine dauerhafte internationale, tendenziell globale wirtschaftsstatistische Infrastruktur und es begannen Bemühungen Früchte zu tragen, wirtschaftsstatistische Konzepte und Methoden international zu vereinheitlichen. Bis zum Zweiten Weltkrieg entstanden so institutionelle, konzeptionelle und methodische Grundlagen, auf denen unsere Betrachtungen globaler ökonomischer Phänomene und Prozesse bis heute basieren.

Eine Vielzahl von Akteuren beteiligte sich daran, die tendenziell globale wirtschaftsstatistische Infrastruktur auf- und auszubauen, und verfolgte dabei unterschiedliche Motive. Statistiker und Ökonomen trieben akademische Neugier, persönlicher Ehrgeiz und zum Teil die Notwendigkeit, eigene Stellen zu legitimieren. Wirtschaftswissenschaftler, Unternehmer, staatliche Verwaltungen und Politiker versprachen sich den vergleichsweise kostengünstigen Erwerb von Informationen aus und über andere Länder sowie zu internationalen wirtschaftlichen Entwicklungen. Verlage und Publizisten hofften auf finanzielle Gewinne, wenn sie mit entsprechenden Publikationen eine seit dem 19. Jahrhundert wachsende Nachfrage nach solchen Informationen befriedigten. Regierungen, deren ab dem Ersten Weltkrieg deutlich erhöhtes Engagement zu einer ‚Verstaatlichung' der zuvor von privaten Akteuren dominierten internationalen Wirtschaftsstatistik führte, beteiligten sich vor allem deshalb am Auf- und Ausbau einer wirtschaftsstatistischen Infrastruktur, weil diese ihnen neue Wege eröffnete, miteinander zu konkurrieren. Denn internationale Wirtschaftsstatistiken generierten nicht nur nützliches Wissen, sondern ermöglichten auch „öffentliche Vergleichsdiskurse"[41] über den Grad der ‚Modernität' eines Landes, über dessen Wirtschaftskraft, über den Einfluss eines Landes auf internationale Standards oder über damit verbundenes nationales und imperiales Prestige. Die dafür notwendige zwischenstaatliche Kooperation wurde so zu einem ‚normalen' Mittel, um zwischenstaatliche Konkurrenz zu artikulieren.

Im Sinne Dirk van Laaks war die entstehende wirtschaftsstatistische Infrastruktur daher nicht das „Ergebnis einer kohärenten Planung" einer zentralen Organisation oder einer vergleichsweise kleinen Gruppe von Akteuren, sondern das „materielle Substrat gesellschaftlicher Konstellationen" in verschiedenen Weltregionen, das im Zuge „seiner alltäglichen Nutzung weiter verhandelt und dabei ständig verändert" wurde.[42] Dass sich politische Machtgefälle, wirtschaftliche Dominanzverhältnisse und kulturelle Differenzen in der wirtschaftsstatistischen Infrastruktur widerspiegelten,[43] überrascht daher nicht. Eine Studie, die das „Geflecht sehr unterschiedlicher und sehr widersprüchlicher Interessen"[44] aufdeckt, in dem die so verstandene wirtschaftsstatistische Infrastruktur entstand und sich wandelte, nimmt Mahnungen ernst, Globalisierungsgeschichte nicht auf grenz- und kontinentüberschreitende Verbindungen, Netzwerke und Austauschprozesse zu beschränken.[45] Denn sie richtet den Blick auch auf die verschiedenen politischen, wirtschaftlichen und kulturellen Kontexte, in denen die beteiligten Akteure an

---

41 Heintz, Bettina / Tobias Werron: Wie ist Globalisierung möglich? Zur Entstehung globaler Vergleichshorizonte am Beispiel von Wissenschaft und Sport, in: Kölner Zeitschrift für Soziologie und Sozialpsychologie 63 (2011), S. 359–394, hier S. 365.

42 Laak, Dirk van: Alles im Fluss. Die Lebensadern unserer Gesellschaft – Geschichte und Zukunft der Infrastruktur, Frankfurt/Main 2018, S. 13.

43 Vgl. Jens Ivo Engels: Machtfragen. Aktuelle Entwicklungen und Perspektiven der Infrastrukturgeschichte, in: Neue Politische Literatur 55 (2010), S. 51–70; Jens Ivo Engels / Gerrit Jasper Schenk: Infrastrukturen der Macht – Macht der Infrastrukturen. Überlegungen zu einem Forschungsfeld, in: Birte Förster / Martin Bauch (Hrsg.): Wasserinfrastrukturen und Macht von der Antike bis zur Gegenwart, Berlin / München / Boston 2015, S. 22–58.

44 Laak: Alles im Fluss, S. 13.

45 Vgl. etwa Conrad: What is Global History?, S. 212 f.; Jeremy Adelman: What is Global History Now?, in: Aeon, 02.03.2017 [https://aeon.co/essays/is-global-history-still-possible-or-has-it-had-its-moment; 23.03.2020]; Drayton/Motadel: The Futures; Epple: Calling; John-Paul A. Ghobrial: Introduction: Seeing the World like a Microhistorian, in: Past and Present 242, Supplement 14 (2019), S. 1–22.

unterschiedlichen Orten ihre Ziele verfolgten und umsetzten bzw. nicht umsetzen konnten, und sie hebt die engen Wechselverhältnisse hervor, die zwischen dem Handeln im landeseigenen Interesse und der Kooperation auf internationaler Ebene bestanden.

So zeigt sich, dass internationale Wirtschaftsstatistiken bereits im 19. Jahrhundert einen tendenziell globalen ‚Vergleichshorizont' (B. Heintz / T. Werron) etablierten. Dessen Entwicklung erhielt ab den 1920er Jahren eine neue Qualität und Dynamik, der sich keine Regierung mehr entziehen konnte. Des Weiteren tritt die katalytische Wirkung des Ersten Weltkriegs für diesen Prozess ebenso hervor wie dessen Abhängigkeit von technischen Entwicklungen in der Datenübermittlung und -verarbeitung sowie vom Engagement, dem handwerklichen Können, dem diplomatischen Geschick und der institutionellen Einbindung beteiligter Akteure. Eine besondere Bedeutung erhielt dabei ab 1920 der *Völkerbund*, der zum Zentrum und zum Motor der entstehenden Infrastruktur wurde. Gleichzeitig macht seine Verortung in einer komplexer werdenden Landschaft wirtschaftsstatistisch tätiger Institutionen und die Einordnung seiner wirtschaftsstatistischen Aktivitäten in eine zeitlich längere Perspektive deutlich, dass er nicht allein für die Etablierung der Weltwirtschaftsstatistik verantwortlich zu machen ist, obgleich ihn die bisherige Literatur nicht zu Unrecht als Einrichtung charakterisierte, die für die Wirtschaftsstatistik „pioneering" und „path-breaking" war.[46]

Nahm die wirtschaftsstatistische Infrastruktur sukzessive einen globalen Charakter an, so wirkten die auf ihr beruhenden Statistiken globalisierend. Diese Wirkung bestand nicht darin, dass sie eine wirtschaftsstatistische ‚lingua franca' etablierten, mit deren Hilfe die Zeitgenossen über Sprach- und Kulturgrenzen ungehindert hätten ökonomische Probleme diskutieren können. Eher steigerten sie eine bereits existierende statistische Polyphonie. Statistiken wirkten globalisierend, indem sie aus methodischen und darstellerischen Gründen einer neuen Sichtweise

46 Clavin, Patricia: Europe and the League of Nations, in: Robert Gerwarth (Hrsg.): Twisted Paths. Europe 1914–1945, Oxford 2008, S. 325–354, hier S. 341 f.; Patricia Clavin: Securing the World Economy. The Reinvention of the League of Nations, Oxford 2013, S. 36, 345, 350; Patricia Clavin / Jens-Wilhelm Wessels: Transnationalism and the League of Nations. Understanding the Work of Its Economic and Financial Organisation, in: Contemporary European History 14 (2005), S. 465–492, hier S. 476 f.; David Ekbladh: Exile Economics. The Transnational Contributions and Limits of the League of Nations' Economic and Financial Section, in: New Global Studies 4 (2010), Nr. 1, Art. 9, S. 1–3 (Zitat: S. 3); David Macfadyen et al.: Eric Drummond and his Legacies. The League of Nations and the Beginnings of Global Governance, Basingstoke 2019, S. 265; Susan Pedersen: Back to the League of Nations, in: American Historical Review 112 (2007), S. 1091–1117, hier S. 1109; Matthias Schulz: Globalisierung, regionale Integration oder Desintegration? Der Völkerbund und die Weltwirtschaft, in: Zeitschrift für Geschichtswissenschaft 54 (2006), S. 840–851, hier S. 849; Gianni Toniolo: Central Bank Cooperation at the Bank for International Settlements, 1930–1973, Cambridge 2005, S. 193.

auf weltweite ökonomische Ungleichheiten den Weg ebneten, die alle Länder auf einem einheitlichen Entwicklungsweg imaginierte. Grundsätzlich lässt sich diese ‚diskursive Egalisierung' – die gleichartige, nicht aber gleichwertige Länder ‚konstruierte' – bereits in den internationalen Wirtschaftsstatistiken des 19. Jahrhunderts feststellen. Die ab dem Ersten Weltkrieg entstehende Weltwirtschaftsstatistik brachte aber eine neue Qualität und ‚normalisierte' diese Sichtweise auf globale ökonomische Ungleichheiten, die eine zentrale epistemische Grundlage des Fortschritts- und Entwicklungsparadigmas darstellte, das die internationale Politik der 1950er und 1960er Jahren prägte.[47]

Globalisierend wirkte die Weltwirtschaftsstatistik auch, weil sie die Existenz einer einheitlichen ‚Weltwirtschaft' einem breitem Publikum plausibel machte. Hatte es für dieses ‚Ding' vor 1914 praktisch nur im Deutschen überhaupt einen Begriff gegeben,[48] wurde es dank der permanenten und auf Daten ‚aus aller Welt' basierenden regelmäßigen und häufigen statistischen Berichterstattung in den 1920er Jahren zur alltäglichen Gewissheit von Zeitungslesern in zahlreichen Weltregionen, dass eine einheitliche ‚Weltwirtschaft' tatsächlich existierte. Der ‚Zerfall der Weltwirtschaft', den Zeitgenossen in den 1930er Jahren anhand von Zahlen beobachteten, setzte diese Gewissheit ebenso voraus wie die Formulierung von weitreichenden Plänen – insbesondere während des Zweiten Weltkriegs –, Wirtschafts-, Finanz- und Sozialpolitik auf internationaler Ebene zu koordinieren.[49]

Dieses Buch bereichert die Globalisierungsgeschichte des 19. und 20. Jahrhunderts daher nicht nur um einen bisher wenig beachteten Aspekt, sondern erweitert sie auch konzeptionell. Denn am Beispiel der Genese der internationalen Wirtschaftsstatistik kann das enge Wechselverhältnis zwischen den materiellen und reflexiven Dimensionen von Globalisierungsprozessen in besonders guter Weise in den Blick genommen werden. Der eingangs erwähnte ‚Zerfall der Weltwirtschaft' in den 1930er Jahren – ein ‚Deglobalisierungsprozess' reflexiven Charakters – wurde

---

47 Vgl. Daniel Speich Chassé: Fortschritt und Entwicklung, Version 1.0, in: Docupedia-Zeitgeschichte, 21.09.2012 [https://docupedia.de/zg/chasse_fortschritt_v1_de_2012; 30.10.2019]. Zudem Corinna R. Unger: International Development. A Postwar History, London et al. 2018; Corinna R. Unger / Iris Borowy / Corinne A. Pernet (Hrsg.): The Routledge Handbook on the History of Development, London / New York 2022.

48 Slobodian, Quinn: How to See the World Economy. Statistics, Maps, and Schumpeter's Camera in the First Age of Globalization, in: Journal of Global History 10 (2015), S. 307–332; zur Begriffsgeschichte vgl. Hans Pohl: Aufbruch der Weltwirtschaft. Geschichte der Weltwirtschaft von der Mitte des 19. Jahrhunderts bis zum Ersten Weltkrieg, Stuttgart 1989, S. 9–25; Bernhard Harms: Volkswirtschaft und Weltwirtschaft. Versuch der Begründung einer Weltwirtschaftslehre, Jena 1912, S. 3–88.

49 Martin, James R.: Experts of the World Economy. European Stabilization and the Reshaping of International Order, 1916–51, masch. Diss. Harvard University 2016.

nur plausibel aufgrund des zuvor erfolgten Auf- und Ausbaus einer tendenziell globalen wirtschaftsstatistischen Infrastruktur – einem Globalisierungsprozess im materiellen Sinne. Die Wahrnehmung der wirtschaftlichen Krise als globales Phänomen wiederum erhöhte die Nachfrage nach entsprechendem Wissen und beförderte dadurch den weiteren Ausbau der wirtschaftsstatistischen Infrastruktur ebenso wie sie den Druck erhöhte, wirtschaftsstatistische Konzepte und Methoden international zu standardisieren.

1.3 Methodisches Vorgehen und Quellen

Untersuchungszeitraum

Der Untersuchungszeitraum reicht von Mitte des 19. bis zur Mitte des 20. Jahrhunderts; der Fokus liegt aber auf den Jahrzehnten zwischen dem Ersten und dem Zweiten Weltkrieg. Der Beginn dieser Phase ist durch das Aufkommen internationaler Wirtschaftsstatistiken ebenso gekennzeichnet wie durch die ersten Versuche, grenzüberschreitende Strukturen und Netzwerke zur schaffen, mit deren Hilfe Statistiker und Ökonomen verschiedener Länder den mehr oder minder regelmäßigen Austausch von Daten und die Diskussion über methodische und konzeptionelle Standardisierungen organisieren wollten. Bereits zuvor hatte es ähnliche Veröffentlichungen und Organisationsansätze gegeben und die Wurzeln internationaler Wirtschaftsstatistik lassen sich bis ins späte Mittelalter zurückverfolgen. Die in den 1830er und 1840er Jahren zu beobachtenden Entwicklungen aber besaßen eine neue Qualität und bestätigen die in der Literatur verbreitete Charakterisierung dieser Jahre als einer statistischen „Era of Enthusiasm“.[50] Symbolhaft dient das Jahr 1851 als Beginn der hier untersuchten Epoche. Zum einen erschien in jenem Jahr erstmals Otto Hübners *Statistische Tafel aller Länder der Erde*, die vorwiegend wirtschaftlich relevante Informationen zu einer wachsenden Zahl von Ländern aller Kontinente in Tabellenform zusammenfasste und über neun Jahrzehnte hinweg international eine große Resonanz entfaltete.[51] Zum anderen regte der belgische Statistiker Adolphe Quetelet 1851 anlässlich der ersten Weltausstellung in London an, einen internationalen Kongress der Statistiker zu organisieren und eine

50 Westergaard, Harald: Contributions to the History of Statistics, London 1932, S. 136–171.
51 Hübner, Otto: Statistische Tafel aller Länder der Erde, Leipzig 1851.

internationale Statistik zu etablieren, um soziale Phänomene und Prozesse ohne Rücksicht auf staatliche Grenzen beobachten zu können.[52]

Das Ende des Untersuchungszeitraums markieren die Jahre 1946/48. In dieser Zeit übergab das Völkerbundsekretariat seine wirtschaftsstatistischen Aufgaben, Materialien und einige seiner Mitarbeiter an die neuen Institutionen der *Vereinten Nationen* und des *Internationalen Währungsfonds*. Des Weiteren wurde eine 1928 unterzeichnete und 1930 in Kraft getretene *Internationale Konvention zur Wirtschaftsstatistik* völkerrechtlich an den neuen institutionellen Kontext angepasst. Zudem übernahm die *Statistische Kommission* der *Vereinten Nationen* die Koordination internationaler Standardisierungsbemühungen vom *Ausschuss Statistischer Sachverständiger* beim *Völkerbund* und das *Internationale Statistische Institut* setzte seine 1885 begonnene, durch den Krieg aber weitgehend brachliegende Tätigkeit fort. Institutionell erlangte die Weltwirtschaftsstatistik damit die Form, die sie im Kern bis heute besitzt, und die beteiligten Akteure setzten die im Ersten Weltkrieg begonnenen Projekte fort.

Den zeitlichen Schwerpunkt der Untersuchung bilden die Jahre 1918 bis 1939. Im ersten dieser zwei Jahrzehnte entstand die für die Weltwirtschaftsstatistik notwendige, tendenziell globale wirtschaftsstatistische Infrastruktur, in deren Zentrum der *Völkerbund* stand und die so vor dem Ersten Weltkrieg nicht existiert hatte. Zudem wurden die konzeptionellen und methodischen Grundlagen gelegt, die die permanente wirtschaftsstatistische Beobachtung bis heute prägen. Die 1930er Jahre wiederum erlebten die Blütezeit der wirtschaftsstatistischen Aktivitäten der Genfer Organisation.

Perspektiven

Um die materielle Dimension des hier im Zentrum stehenden Globalisierungsprozesses – den Auf- und Ausbau internationaler, tendenziell globaler wirtschaftsstatistischer Infrastrukturen – zu untersuchen, wird eine akteurszentrierte Perspektive eingenommen. Über die Schultern jener schauend, die eine solche Infrastruktur etablieren wollten, wird gefragt, wie und mit welchen Mitteln sie dies versuchten, mit welchen Akteuren anderer Länder und Kontinente sie auf welche Weise in Kontakt traten, inwiefern sie mit diesen dauerhafte Netzwerke knüpften, welche Weltregionen sie dabei in den Blick nahmen und welche nicht, mit welchen Pro-

52 Zur Entstehung und Geschichte dieser Internationalen Statistischen Kongresse vgl. v. a. Nico Randeraad: States and Statistics in the Nineteenth Century. Europe by Numbers, Manchester / New York 2011.

blemen sie sich konfrontiert sahen, welche Ziele sie jeweils verfolgten und inwiefern ihre Kooperationspartner bereit waren, mit ihnen zusammenzuarbeiten.

Die Akteure, die dies im Untersuchungszeitraum versuchten, stammten ohne (bekannte) Ausnahme aus Europa und Nordamerika. Bei den anvisierten oder tatsächlich entstehenden wirtschaftsstatistischen Infrastrukturen handelte es sich also ohne Zweifel um Projekte, die von ‚westlichen'[53] Akteuren mit dem Ziel initiiert wurden, Fragen und Probleme ‚westlicher' Gesellschaften zu lösen. Eine globalhistorische Arbeit muss deshalb zur Frage Stellung nehmen, weshalb sie mit der skizzierten Perspektive gewissermaßen den ‚Eurozentrismus' jener Akteure übernimmt, für die sie sich interessiert, anstatt den Blick stärker auf die notwendigerweise involvierten ‚nicht-westlichen' Akteure zu richten oder diese zumindest gleichberechtigt in die Betrachtung einzubeziehen.

Erstens zwingen Sprachbarrieren dazu und es ist zu hoffen, dass zukünftige Arbeiten die hier thematisierten Entwicklungen aus anderen Blickrichtungen beleuchten. *Zweitens* fehlt es an Studien, die den Auf- und Ausbau der internationalen bis globalen wirtschaftsstatistischen Infrastruktur über die gesamte hier interessierende Periode nachzeichnen und erklären. Insofern geht diese Studie einen ersten Schritt, dem weitere folgen sollten. *Drittens* – und vor allem – verschwindet die ‚westliche' Dominanz nicht, wenn man die Entwicklungen aus anderen Perspektiven betrachtet. Der von ‚westlichen' Akteuren initiierte und dominierte Auf- und Ausbau der wirtschaftsstatistischen Infrastruktur nach dem Ersten Weltkrieg und die aktive Beteiligung daran war trotz teils großer politischer, finanzieller und epistemischer Probleme in den verschiedenen Ländern fast überall willkommen und gewollt. Insofern lässt sich im Folgenden der ‚westliche' Charakter des hier fokussierten Globalisierungsprozesses herausarbeiten, dabei wirksame „eurozentrische[] Bilder und Denkmuster" freilegen und „regional bedingte Weltsichten in ihrem jeweiligen Kontext" verstehen.[54] Zudem lassen sich auf diese Weise die pauschalisierenden Adjektive ‚westlich' und ‚eurozentrisch' differenzieren und konkretisieren, denn es gab keine ‚westlichen' oder ‚europäischen' Konzepte und Traditionen wirtschaftsstatistischer Beobachtung, sondern mehrere, teils konkurrierende Ansätze. Mithin werden hier also „Welt-Bildner" sichtbar, die es im

---

53 Wenn im Folgenden von ‚westlich' bzw. dem ‚Westen' die Rede ist, soll damit keine konzeptionelle oder methodische Homogenität unterstellt werden, die nicht existierte. Der Begriff dient lediglich als Sammelbegriff für die Länder Süd-, Mittel-, Nord- und Westeuropas, die USA sowie die britischen Dominions.

54 Wenzelhuemer: Globalgeschichte schreiben, S. 12; Andrea Komlosy: Globalgeschichte. Methoden und Theorien, Wien / Köln / Weimar 2011, S. 13 f. (Zitat: S. 14).

20. Jahrhundert schafften, ihre partikularen, interessengeleiteten Sichtweisen auf globale Zusammenhänge zu universalisieren.[55]

Um die reflexive Dimension des Globalisierungsprozesses zu untersuchen, wird die Perspektive gewechselt. Zum einen werden die Darstellungsweisen internationaler Wirtschaftsstatistiken in den Blick genommen und erörtert, welche spezifischen ‚Weltsichten' ihrer Autoren sie widerspiegeln. Zum anderen wird nach der jeweiligen geographischen wie sozialen Reichweite der betrachteten Statistiken, nach ihrer Rezeption und nach ihrer Verwendung durch unterschiedliche Rezipienten gefragt. Dies soll Aufschluss darüber geben, inwiefern internationale Wirtschaftsstatistiken das globale Bewusstsein von Zeitgenossen beeinflussten. Angesichts der unüberschaubaren Menge an Quellen, die für diesen Zweck potentiell zur Verfügung stehen, konzentriert sich diese Arbeit darauf, die Rezeption und Verwendung internationaler Wirtschaftsstatistiken schwerpunktmäßig in der britischen und deutschen Gesellschaft zu untersuchen sowie stichpunktartig auch jene Frankreichs und der USA in den Blick zu nehmen. In Bezug auf Großbritannien und Deutschland umfasst die Analyse die interne Kommunikation staatlicher Verwaltungen ebenso wie öffentliche Debatten, in Bezug auf Frankreich und die USA allein mediale Darstellungen. Die Reichweite der Statistiken in anderen Gesellschaften lässt sich zumindest ansatzweise mithilfe von Rückmeldungen rekonstruieren, die das Völkerbundsekretariat auf einige seiner wirtschaftsstatistischen Publikationen erhielt.

Untersuchungsbeispiele

Otto Hübners erste *Statistische Tafel aller Länder der Erde* von 1851 enthielt Information über mehr als 90 Länder. Der *Völkerbund* bezog Daten aus teils mehr als 150 Ländern in die wirtschaftsstatistische Berichterstattung ein. Der Auf- und Ausbau internationaler wirtschaftsstatistischer Infrastrukturen lässt sich daher auch aus Sicht der ‚westlichen' Akteure nur anhand von Beispielfällen eingehender untersuchen. Das sind die Länder Russland/Sowjetunion, China, Japan und (Britisch-)Indien. Sie unterschieden sich hinsichtlich ihrer völkerrechtlichen Position, ihrer politischen und wirtschaftlichen Entwicklung,[56] ihrer Stellung zu internatio-

55 Kuchenbuch, David: Welt-Bildner. Arno Peters, Richard Buckminster Fuller und die Medien des Globalismus, 1940 – 2000, Wien / Köln / Weimar 2021.

56 Diese wird, bezogen auf den jeweiligen Textzusammenhang, jeweils in den einzelnen Kapiteln erörtert. Hier sei lediglich auf einige Überblickswerke zur politischen und wirtschaftlichen Entwicklung der vier Länder hingewiesen, die für diese Arbeit herangezogen wurden: Manfred Hildermeier: Geschichte Russlands. Vom Mittelalter bis zur Oktoberrevolution, München 2013; Manfred

nalen Organisationen (besonders zum *Völkerbund*)[57] und ihrer statistischen Traditionen[58] so stark voneinander, dass die Analyse verspricht, die verschiedenartigen

Hildermeier: Geschichte der Sowjetunion 1917–1991. Entstehung und Niedergang des ersten sozialistischen Staates, München 1998; Dietmar Neutatz: Träume und Alpträume. Eine Geschichte Russlands im 20. Jahrhundert, München 2013.

Robert Bickers: The Scramble for China. Foreign Devils in the Qing Empire, 1832–1914, London 2011; Robert Bickers: Out of China. How the Chinese Ended the Era of Western Domination, London 2017; Sabine Dabringhaus: Geschichte Chinas 1279–1949, 3., überarbeitete und aktualisierte Auflage, München 2015; Jürgen Osterhammel: China und die Weltgesellschaft. Vom 18. Jahrhundert bis in unsere Zeit, München 1989.

Andrew Gordon: A Modern History of Japan. From Tokugawa Times to the Present, New York et al. 2003; John W. Hall (Hrsg.): The Cambridge History of Japan, Bde. 5 und 6, Cambridge 1988/89; Gerhard Krebs: Das moderne Japan 1868–1952. Von der Meiji-Restauration bis zum Friedensvertrag von San Francisco, München 2009.

Michael Mann: Geschichte Indiens. Vom 18. bis zum 21. Jahrhundert, Paderborn et al. 2005; Barbara D. Metcalf / Thomas R. Metcalf: A Concise History of Modern India, Cambridge ²2006.

57 Vgl. Kathryn W. Davis: The Soviet Union and the League of Nations 1919–1933, Genf 1934; Ingeborg Plettenberg: Die Sowjetunion im Völkerbund 1934 bis 1939. Bündnispolitik zwischen Staaten unterschiedlicher Gesellschaftsordnung in der internationalen Organisation der Friedenssicherung. Ziele, Voraussetzungen, Möglichkeiten, Wirkungen, Köln 1987; vgl. Natalia Vassilieva: La Société des Nations au mirroir de l'historiographie soviétique et russe, in: Guerres mondiales et conflits contemporains 282 (2021), S. 45–54.

Alison Adcock Kaufman: In Pursuit of Equality and Respect. China's Diplomacy and the League of Nations, in: Modern China 40 (2014), S. 605–638; Susanne Kuss: Der Völkerbund und China. Technische Kooperation und deutsche Berater 1928–34, Münster 2005; Meienberger: Entwicklungshilfe.

Liang Pan: National Internationalism in Japan and China, in: Glenda Sluga / Patricia Clavin (Hrsg.): Internationalisms. A Twentieth-Century History, Cambridge 2017, S. 170–190.

Thomas W. Burkman: Japan and the League of Nations. Empire and World Order, 1914–1938, Honolulu 2008; Frederick Dickinson: Toward a Global Perspective of the Great War. Japan and the Foundations of a Twentieth- Century World, in: American Historical Review 119 (2014), S. 1154–1183; Urs Matthias Zachmann: Völkerrechtsdenken und Außenpolitik in Japan, 1919–1960, Baden-Baden 2013.

Maria Framke: India's Freedom and the League of Nations. Public Debates 1919–33, in: Urs Matthias Zachmann (Hrsg.): Asia after Versailles. Asian Perspectives on the Paris Peace Conference and the Interwar Order, 1919–33, Edinburgh 2017, S. 124–143; Stephen Legg: An International Anomaly? Sovereignty, the League of Nations and India's Princely Geographies, in: Journal of Historical Geography 43 (2013), S. 96–110; Michele L. Louro: Comrades Against Imperialism. Nehru, India, and Interwar Internationalism, Cambridge 2018; Joseph McQuade: Beyond an Imperial Foreign Policy? India at the League of Nations, 1919–1946, in: The Journal of Imperial and Commonwealth History 48 (2020), S. 263–295.

58 Der Forschungsstand zu den einzelnen Ländern ist unterschiedlich gut und am besten in Bezug auf Russland bzw. die Sowjetunion, am schlechtesten für Japan. Vgl. zu Russland/Sowjetunion v. a. Alain Blum / Martine Mespoulet: L'anarchie bureaucratique. Statistique et pouvoir sous Staline, Paris 2003; Martine Mespoulet: Statistique et révolution en Russie. Un compromis impossible (1880–

Folgen für die Etablierung der tendenziell globalen wirtschaftsstatistischen Infrastruktur in den Blick nehmen zu können, die aus diesen Unterschieden erwuchsen. Außerdem lassen sich so die unterschiedlichen Motive, Strategien und Mittel jener herausarbeiten, die diese Infrastrukturen etablieren wollten oder es – im Falle der Völkerbundbeamten – auch taten.

Aufgrund von Sprachbarrieren ist es hier nur bedingt möglich, diesbezügliche Debatten und Entscheidungen nachzuvollziehen, die Akteure innerhalb der vier Länder führten bzw. trafen. Insbesondere die für die entstehende Weltwirtschaftsstatistik wichtigen Aushandlungsprozesse innerhalb von Regierungen können – mit Ausnahme jener der britischen Kolonialregierung in Indien – kaum betrachtet werden. Deshalb wird für diesen Zweck der Blick zusätzlich auf die britische und die deutsche Regierung gerichtet. Großbritannien und Deutschland unterschieden sich zwar kaum hinsichtlich ihrer völkerrechtlichen Stellung. Aber ihre politische und wirtschaftliche Entwicklung im Untersuchungszeitraum verlief verschieden, sie pflegten sehr unterschiedliche Beziehungen zum *Völkerbund* und sie besaßen stark voneinander abweichende statistische Traditionen. Zugleich be-

---

1930), Rennes 2001; Alessandro Stanziani: L'économie en révolution. Le cas russe, 1870–1930, Paris 1998.

Zu China: Andrea Bréard: Reform, Bureaucratic Expansion and Production of Numbers. Statistics in Early 20th Century China, masch. Habil., TU Berlin 2008; Andrea Bréard: Statistics, in: Howard Chiang (Hrsg.): The Making of the Human Sciences in China. Historical and Conceptual Foundations, Leiden 2019, S. 303–336; Chiang Yung-chen: Social Engineering and the Social Sciences in China, 1919–1949, Cambridge 2001; Arunabh Ghosh: Making it Count. Statistics and Statecraft in the Early People's Republic of China, Princeton 2020; Tong Lam: A Passion for Facts. Social Surveys and the Construction of the Chinese Nation-State, 1900–1949, Berkeley / Los Angeles / London 2011; Paul B. Trescott: Jingji Xue. The History of the Introduction of Western Economic Ideas into China, 1850–1950, Hongkong 2007.

Zu Indien: Athelstane Baines: The History and Development of Statistics in British India, in: John Koren (Hrsg.): The History of Statistics. Their Development and Progress in many Countries. In Memoir to Commemorate the Seventy Fifth Anniversary of the American Statistical Association, New York 1918 [ND 1970], S. 415–426; Raghabendra Chattopadhyay: An Early British Government Initiative in the Genesis of Indian Planning, in: Economic and Political Weekly 22 (1987), Nr. 5, S. PE-19 – PE-29; U[mamaheswaren] Kalpagam: Rule by Numbers. Governmentality in Colonial India, Lanham et al. 2014; Michael Mann: Collectors at Work. Data Gathering and Statistics in British-India, c. 1760–1860, in: Journal of the Asiatic Society of Bangladesh 52 (2007), Nr. 1, S. 57–84; S. Subramanian: A Brief History of the Organisation of Official Statistics in India during the British Period, in: Sankhyā. The Indian Journal of Statistics 22 (1960), S. 85–118.

Zu Japan: Anonymus: The Official Statistics of Japan, in: Publications of the American Statistical Association 16 (1919), S. 339–346; Okubo Takeharu: The Quest for Civilization. Encounters with Dutch Jurisprudence, Political Economy and Statistics at the Dawn of Modern Japan, Leiden 2014, S. 80–126; Shimamura Shirō: Nihon tōkei hattatsushi, Tokio 2008; Shimamura Shirō: Nihon tōkeishi gunzō, Tokio 2009.

saßen beide Länder die weltweit mit am weitesten entwickelten und ausdifferenziertesten wirtschaftsstatistischen Einrichtungen. Britische und deutsche Akteure spielten daher auch für die Etablierung und Entwicklung internationaler Wirtschaftsstatistik eine wichtige, teils konfrontative Rolle, die die exemplarische Auswahl der beiden Regierungen rechtfertigt.

Die internationale Standardisierung wirtschaftsstatistischer Konzepte und Methoden sowie die diesbezüglichen Debatten werden ebenfalls anhand von Beispielen analysiert. Zum einen wird mit der Außenhandelsstatistik eine der ältesten Formen staatlicher Wirtschaftsstatistik betrachtet. Sie lässt sich auf Zollstatistiken zurückführen, die Regierungen seit der Frühen Neuzeit in fiskalischem Interesse erhoben hatten, nahm aber ab dem 19. Jahrhundert eine eigenständige Entwicklung. Die Behörden der übergroßen Mehrheit aller irgendwie politisch definierten Territorien der Erde erhoben bereits im 19. Jahrhundert entsprechende Daten und viele von ihnen veröffentlichten sie auch bereits. Die Betrachtung der Außenhandelsstatistik erlaubt also die geographisch breiteste Erörterung der Frage, welche Länder in die internationale sowie die Weltwirtschaftsstatistik einbezogen waren.

Zum anderen werden die Versuche beleuchtet, eine permanente statistische Beobachtung der gewerblichen Produktion zu etablieren. Selbst in den hochindustrialisierten Ländern Europas und Nordamerikas existierte sie bis in die 1920er Jahre nur in Ansätzen, war aber Ökonomen – und zunehmend auch Wirtschaftspolitikern – zufolge zentral, um das wirtschaftliche Geschehens eines Landes verstehen zu können. Den konzeptionellen und methodischen Debatten, die im *Völkerbund* und in dessen Umfeld über diese Statistik geführt wurden, kam deshalb große Bedeutung für deren praktische Umsetzung in einzelnen Ländern zu. Zudem lässt sich auf diese Weise die Einbeziehung von privatwirtschaftlichen Akteuren näher beleuchten, die auf der Landes- und der internationalen Ebene unmittelbar in die Formulierung einschlägiger Konzepte und Methoden involviert waren.

Quellen

Die akteurszentrierte Perspektive, die zur Untersuchung der materiellen Dimension des hier interessierenden Globalisierungsprozesses eingenommen wird, bringt es mit sich, dass publizierte und ungedruckte Quellen gleichermaßen die empirische Grundlage bilden. An veröffentlichten Quellen wurden wirtschaftsstatistische Publikationen unterschiedlicher Provenienz und Inhalts ausgewertet.[59] Des Weiteren

59 Das sind Publikationen privater und staatlicher Einrichtungen, die landesbezogene Wirtschaftsstatistiken präsentieren, sowie solche einzelner Autoren, Verlage, statistischer Behörden,

wurden wissenschaftliche Periodika systematisch ausgewertet, die sich an statistische und wirtschaftswissenschaftliche Fachpublika richteten und in Großbritannien, Deutschland, der Sowjetunion, China, den USA, Frankreich und Kanada erschienen.[60] Weiterere statistische und wirtschaftswissenschaftliche Zeitschriften sowie englisch-, deutsch- und französischsprachige Monographien und Handbücher zur Statistik, Wirtschafts- und Sozialwissenschaft ergänzten den Korpus gedruckter Primärquellen. Ausgewertet wurden zudem die Dokumentationen statistischer Kongresse und Konferenzen, allen voran jene der *Internationalen Statistischen Kongresse* (1853–1876) und des *Internationalen Statistischen Instituts* (1885–1947).[61] Zentraler Bestandteil des Quellenkorpus zur Untersuchung der materiellen Dimension des hier interessierenden Globalisierungsprozesses ist die in großem Umfang veröffentlichte Dokumentation der Aktivitäten des *Völkerbunds*.[62]

Zusätzlich dazu wurden ungedruckte Quellen unterschiedlicher Art und Provenienz analysiert. In Hinsicht auf die meist akademisch und/oder kommerziell

---

privatwirtschaftlicher Verbänden und internationaler Organisationen, die internationale Wirtschaftsstatistiken enthalten.

60 Journal of the Statistical Society / Journal of the Royal Statistical Society (1838/39–1945); The Economic Journal (1891–1945); Deutsches Statistisches Zentralblatt (1909–1943); Allgemeines Statistisches Archiv (1890–1944); Weltwirtschaftliches Archiv (1914–1945); Jahrbücher für Nationalökonomie und Statistik (1863–1944); Mirovoe chozjajstvo i mirovaja politika (1926–1939); Statističeskoe obozrenie (1927–1930); Chinese Economic Monthly (1914; 1924/25–1926); Chinese Economic Journal (1927–1937); Monthly Bulletin on Economic China / Nankai Social & Economic Quarterly (1934–1937); Publications ... / Quarterly Publications ... / Journal of the American Statistical Association (1888–1945); American Economic Review (1911–1945); The Review of Economic Statistics (1919–1945); Journal de la Société de Statistique de Paris (1860–1945); Canadian Journal of Economics and Political Science (1935–1945); Revue de l'Institut Internationale de Statistique (1933–1947).

61 Die Protokolle und Berichte der *Internationalen Statistischen Kongresse* wurden monographisch unter wechselnden Titeln veröffentlicht, jene der alle zwei Jahre stattfindenden Konferenzen des *Internationalen Statistischen Instituts* im Bulletin de l'Institut International de Statistique.

62 V. a. Publikationen der *Economic and Financial Section* bzw. des *Economic Intelligence Service* des Genfer Sekretariats: Monthly Bulletin of Statistics (1919/21–1946); Statistical Year-Book (1927–1946); Memorandum on Balance of Payments and Foreign Trade Balances (unter verschiedenen Titeln und thematisch abgeändert erschienen von 1923 bis 1945); Memorandum on Production and Trade / Review of World Production / World Production and Prices (1926–1939); World Economic Survey (1932–1945) sowie International Trade in Certain Raw Materials and Foodstuffs (1936–1939). Darüber hinaus veröffentlichte das Sekretariat eine Reihe an Berichten von Expertenkommissionen zu verschiedenen Themen, konjunkturtheoretische Abhandlungen in den 1930er Jahren und während des Zweiten Weltkriegs monographische Darstellungen zur Gestaltung der internationalen Wirtschafts- und Finanzordnung der Nachkriegszeit.

Die Arbeit des Völkerbundrats und seiner Ausschüsse dokumentiert das 1920 bis 1940 erschienene Official Journal des *Völkerbunds*, jene der Vollversammlungen von 1923 bis 1939/46 ein jeweils mehrbändiges Special Supplement zum Official Journal.

motivierten Akteure, die internationale Wirtschaftsstatistiken vor dem Ersten Weltkrieg zusammenstellten und veröffentlichten, erwies sich dies allerdings als praktisch unmöglich. Weder ließen sich Nachlässe der in Kapitel 2 dieser Arbeit vorgestellten Protagonisten finden noch aussagekräftige unveröffentlichte Dokumente anderer Herkunft. Deren Aktivitäten mussten deshalb mithilfe publizierter Quellen rekonstruiert werden. Das gleiche gilt für die vergleichsweise frühe auslandsstatistische Arbeit des britischen *Board of Trade*, die nur rudimentäre Spuren im überlieferten Archivgut des britischen Nationalarchivs hinterlassen hat.[63]

Die archivalische Überlieferung, mit deren Hilfe die Etablierung und Entwicklung der Weltwirtschaftsstatistik ab dem Ersten Weltkrieg nachvollzogen werden kann, ist umfassender. Die wichtigsten diesbezüglichen Archivbestände, die in dieser Arbeit ausgewertet wurden, sind jene des Genfer Völkerbundsekretariats[64] sowie des britischen *Board of Trade*,[65] des deutschen *Reichswirtschaftsministeriums* und des Berliner *Statistischen Reichsamts*.[66] Ergänzt wurden diese Archivalien durch Dokumente anderer Teile der britischen und deutschen Administrationen[67] sowie durch solche der indischen, japanischen und belgischen Regierungen.[68] Ein Teil nicht veröffentlichter Drucksachen und Berichte des *Völkerbunds* und der *Vereinten Nationen* ließ sich zudem in digitalisierter Form über ein Portal der letztgenannten Organisation nutzen.[69]

Fragen technisch-praktischer Natur wirtschaftsstatistischer Arbeit bleiben weitgehend unbeantwortet, weil die Überlieferungen zu diesen Aspekten selbst im Falle staatlicher statistischer Behörden und Abteilungen lückenhaft sind. Insbesondere die alltägliche Sammlung und Verarbeitung von Daten lässt sich mithilfe dieser Dokumente nur teilweise nachvollziehen. Das frappanteste Beispiel dafür ist das Fehlen der zentralen Karteikartensammlung des für die wirtschaftsstatistischen Aktivitäten des *Völkerbunds* verantwortlichen *Economic Intelligence Service*. Ende der 1930er Jahre umfasste sie mehr als 20.000 Karten mit Daten, Informati-

---

63 Etwa im Bestand BT 24 des The National Archives, Kew [im Folgenden TNA].

64 League of Nations Archives, Genf [im Folgenden LoNA].

65 TNA, Bestandsgruppe BT.

66 BAB, Bestände R 3101 und R 3102.

67 Insbesondere des britischen *Cabinet Office*, *Foreign Office*, *Colonial Office* und *Treasury* (TNA, Bestandsgruppen CAB, FO, CO und T) bzw. des deutschen *Auswärtigen Amts* (Politisches Archiv des Auswärtigen Amtes [im Folgenden PA AA]), des *Reichsfinanzministeriums*, der *Reichskanzlei* und des *Vorläufigen Reichswirtschaftsrats* (BAB, Bestände R 2, R 43I/II und R 401).

68 British Library, London. India Office Records [im Folgenden BL IOR]; National Archives of India, New Delhi [im Folgenden NAI]. Online-Portal *Abhilekh-Patal* [https://abhilekh-patal.in]; National Archives of Japan, Tokio. Japan Center for Asian Historical Records (JACAR) [https://www.jacar.go.jp/English]; Archives générales du Royaume, Brüssel [im Folgenden AgRB].

69 UN Document Collection. Enterprise Search Engine for the United Nations [https://search.un.org].

onsquellen sowie methodischen und konzeptionellen Angaben. Diese wurden 1940 mikroverfilmt in die USA gebracht und dienten der Statistikabteilung der *Vereinten Nationen* als erste Grundlage der eigenen Arbeit. Weder im Archiv des Völkerbundsekretariats in Genf noch in jenem der *Vereinten Nationen* in New York ließ sich diese Karteikartensammlung oder deren Filmkopie finden.[70] Um einige dieser Lücken zumindest teilweise schließen zu können, wurden über die genannten Bestände hinaus Nachlässe beteiligter Personen ausgewertet[71] und Archivalien akademischer Einrichtungen und Stiftungen aus Großbritannien und den USA sowie der *Internationalen Arbeitsorganisation* herangezogen.[72]

Die Analyse der reflexiven Dimension des hier interessierenden Globalisierungsprozesses basiert in erster Linie auf veröffentlichten Quellen. Um den sich in wirtschaftsstatistischen Darstellungsweisen und Klassifikationen widerspiegelnden Weltbildern der Autoren nachzugehen, wurden deren Arbeitsergebnisse – publizierte internationale Wirtschaftsstatistiken – untersucht. Die Rezeption dieser Publikationen sowie deren Verwendung und Wirkung in einer breiteren (englisch-, französisch- und deutschsprachigen) Öffentlichkeit wurde mithilfe der Auswertung massenmedialer und populärwissenschaftlicher Veröffentlichungen untersucht. Dazu wurde eine im Berliner Bundesarchiv befindliche umfangreiche Presseaus-

70 Zur Karteikartensammlung: LoNA, R.2692, 10B/40161/1219, Aktenvermerk Elliot Felkin, *Economic and Financial Section*, Völkerbundsekretariat, an Seymour Jacklin, Treasurer des *Völkerbunds*, 04.12. 1931; LoNA, Princeton Office, C.1623, 3, Inventory Princeton L.o.N. to U.N., Sept. 1, 1946 (Publications, Furniture and Equipment), o.Dat. [Sept. 1946], Annex B.2; Auskünfte über den Verbleib der Karteikartensammlung von Jacques Oberson, League of Nations Archives, Genf (Emails vom 07.04.2017 sowie vom 31.01. und 13.02.2018) und von Cheikh Ndiaye, United Nations Archives, New York (Email vom 21.02.2018).

71 Nachlässe von John B. Condliffe (Bancroft Library, University of California, Berkeley, Kalifornien [im Folgenden BL UCB], BANC MSS C-B 901); Edward Dana Durand (Herbert Hoover Presidential Library, West Branch, Iowa [im Folgenden HHPL], Papers of Edward Dana Durand); Joseph S. Davis (Hoover Institution Archives, Stanford, Kalifornien [im Folgenden HIAS], Papers of Joseph S. Davis); Edmund F. Gay (HIAS, Papers of Edmund Francis Gay); Edward M.H. Lloyd (London School of Economics and Political Science, Archives and Special Collections, London [im Folgenden LSE Archives], Papers of Edward M.H. Lloyd); Alexander Loveday (NCL, Loveday Papers; LoNA, Archives of Mr. Loveday); Karl Přibram (University of Albany, State University of New York, M.E. Grenander Department of Special Collections and Archives, Albany, New York [im Folgenden UA GDSCA], Papers of Karl Pribram); Arthur Salter (Churchill College, Archives Centre, Cambridge University, Cambridge, UK [im Folgenden CCA], Papers of Arthur Salter – Sidney Aster Collection).

72 Papers of the London & Cambridge Economic Service (LSE Archives); Archives of the Royal Statistical Society, London; Rockefeller Archives Center, Sleepy Hollow, New York; International Labour Organisation Archives, Genf [im Folgenden ILOA].

schnittsammlung[73] ebenso analysiert wie digitale Archive, die Zugang zu englisch-, französisch- und deutschsprachigen Zeitungen bieten (die zum Teil in asiatischen Ländern erschienen).[74] Punktuell wurden auch Ausgaben der ebenfalls digital zugänglichen russischsprachigen sowjetischen Tageszeitung *Pravda*[75] sowie einiger deutscher Zeitungen ausgewertet, deren Volltexte nicht durchsuchbar sind.[76] Des Weiteren wurde die Dokumentation der nationalen Parlamente Großbritanniens, Deutschlands und Frankreichs herangezogen sowie veröffentlichte Protokolle und Berichte wirtschaftspolitischer Kongresse zur Verfügung, wie etwa der Weltwirtschaftskonferenzen von Genf (1927) und London (1933).

Unveröffentlichte Quellen aus dem Archiv des Völkerbundsekretariats, dem britischen Nationalarchiv, dem deutschen Bundesarchiv sowie dem Politischen Archiv des deutschen Auswärtigen Amtes halfen, die geographische und soziale Reichweite der wirtschaftsstatistischen Publikationen des *Völkerbunds* nachvollziehen zu können und die Rezeption und Relevanz internationaler Wirtschaftsstatistiken für die Meinungsbildung und Entscheidungsfindung innerhalb der britischen und deutschen Regierung zu untersuchen.

---

73 Dabei handelt es sich um das Pressearchiv des *Bundes der Landwirte* bzw. des *Reichslandbunds* und des *Reichsnährstands*, das Presseartikel zu verschiedenen, vor allem wirtschaftlich relevanten Themen von 1893 bis 1945 umfasst (BAB R 8034II). Neben Artikelsammlungen zur wirtschaftlichen und politischen Entwicklung in China, Japan und Indien wurden für die vorliegende Arbeit vor allem jene ausgewertet, die in 30 Bänden unter dem Rubrum „Welthandel, Weltwirtschaft" gesammelt sind.

74 Dies umfasst zum einen Datenbanken digitalisierter Zeitungen der Nationalbibliotheken Frankreichs (*Gallica* mit Zugang zu Periodika Frankreichs und französischer Kolonien), Österreichs (*ANNO*), Neuseelands (*PapersPast*), Australiens (*Trove*), der USA (*Chronicling America*) und Singapurs (*NewspaperSG*). Stichprobenhalber wurde auch die von der niederländische Datenbank *Delpher* genutzt. Zum anderen wurden englischsprachige Zeitungen und Zeitschriften über kommerziell verfügbare Datenbanken ausgewertet. Dazu gehören The Times [London]; The Economist [London]; Manchester Guardian [Manchester]; The Japan Chronicle [Tokio]; The Japan Times [Tokio]; South China Morning Post [Hongkong] sowie eine Reihe von der Firma *ProQuest* digitalisierter englischsprachiger und in China erschienener Zeitungen, von denen insbesondere der North-China Herald und The China Press [beide Shanghai] zu nennen sind.

75 Digitalisierte Ausgaben der *Pravda* sind zugänglich über das Portal *EastView Information Service*.

76 Zu nennen sind hier v. a. die Berliner Börsen-Zeitung, das Berliner Tageblatt und Handels-Zeitung sowie die Vossische Zeitung, die über das Zeitungsinformationssystem (ZEFYS) der Berliner Staatsbibliothek zugänglich sind, sowie die Freiburger Zeitung, deren Digitalisate die Universitätsbibliothek Freiburg zur Verfügung stellt.

1.4 Forschungsstand

Geschichte der Statistik und des ökonomischen Wissens

Arbeiten zur Geschichte der Statistik lassen sich grob in zwei Gruppen einteilen. Studien der ersten Gruppe interessieren sich für die Genese der Statistik als wissenschaftlichem Analyseinstrument und sind maßgeblich durch eine sozial- und kulturwissenschaftlich inspirierte Wissenschaftsgeschichte der 1970er und 1980er Jahre angestoßen worden. Zu ihren Schwerpunkten gehören die Geschichte der Wahrscheinlichkeitsrechnung und – in Hinblick auf die Ökonomie – die Quantifizierung wissenschaftlicher Wissensgenerierung, die Verwendung von Stichprobenverfahren und die Etablierung mathematisch basierter Modelle als zentrale Erkenntnisinstrumente.[77] Die Einsicht, dass das 19. Jahrhundert für die „statistische Denkweise" eine Schlüsselepoche war, entstammt diesen Studien ebenso, wie das Bewusstsein, dass in dessen letztem Drittel ein „Age of Economic Measurement" begann.[78]

Trotz der grundlegenden Bedeutung, die diese Aspekte auch für die vorliegende Arbeit besitzen, verortet sich diese in der zweiten Gruppe historiographischer Untersuchungen zur Geschichte der Statistik. Diesbezügliche Studien interessieren sich für die Praxis der deskriptiven Statistik, für deren gesellschaftlich geprägten und daher historisch wandelbaren Charakter sowie für deren politische, wirtschaftliche und soziale Implikationen.[79]

---

77 Vgl. den Forschungsüberblick von Theodore M. Porter: Statistics and Statistical Methods, in: Theodore M. Porter / Dorothy Ross (Hrsg.): The Cambridge History of Science, Bd. 7: Modern Social Sciences, Cambridge 2003, S. 238–250; sowie aus der Vielzahl einschlägiger Veröffentlichungen zu den genannten Aspekten Lorenz Krüger / Lorraine J. Daston / Michael Heidelberger (Hrsg.): The Probabilistic Revolution, 2 Bde., Cambridge 1987; Ian Hacking: The Taming of Chance, Cambridge 1990; Desrosières: Die Politik; Theodore M. Porter: The Rise of Statistical Thinking, Princeton 1986; Stephen M. Stigler: The History of Statistics. The Measurement of Uncertainty before 1900, Cambridge / London 1986; Mary Poovey: A History of the Modern Fact. Problems in the Sciences of Wealth and Society, Chicago 1998; Mary S. Morgan: The History of Econometric Ideas, Cambridge 1990; Marcel Boumans: How Economists model the World into Numbers, London / New York 2005; Judy Klein / Mary S. Morgan (Hrsg.): The Age of Economic Measurement, Durham / London 2001; Harro Maas / Mary S. Morgan (Hrsg.): Observing the Economy. Historical Perspectives, Durham / London 2012.

78 Desrosières: Die Politik, Titel; Klein/Morgan: The Age of Economic Measurement.

79 Vgl. den kurzen Überblick zu einer solchen ‚Kulturgeschichte der Statistik' von Nicolas Bilo / Stefan Haas / Michael C. Schneider: Grundbegriffe und Konturen einer Kulturgeschichte der Statistik, in: Dies. (Hrsg.): Die Zählung der Welt. Kulturgeschichte der Statistik vom 18. bis 20. Jahrhundert, Stuttgart 2019, S. 9–22; konkret auf die Wirtschaftsstatistik bezogen: J. Adam Tooze: Die Vermessung der Welt. Ansätze zu einer Kulturgeschichte der Wirtschaftsstatistik, in: Hartmut

Die Entstehung der Statistik in ihrer heutigen, quantitativen Form[80] seit dem 18. Jahrhundert und ihre ab dem 19. Jahrhundert erfolgende Entwicklung zum „wichtigste[n] Instrument eines kontinuierlichen *self-monitoring* von Gesellschaften“[81] ist bisher in erster Linie in einer auf einzelne Länder und Gesellschaften konzentrierten Form untersucht und beschrieben worden.[82] Diesbezügliche Arbeiten zeigen, dass die Akzeptanz der ‚statistischen Denkweise‘ mit dem Aufstieg der sich im Zuge der Aufklärung formierenden empiriegestützten Wissenschaften und deren auf Präzision ausgerichteten sowie Universalität anstrebenden Erkenntnisinteressen ebenso eng verbunden war wie mit dem sich im 19. Jahrhundert in europäischen Gesellschaften etablierenden Gedanken, soziale Gefüge und Entwicklungen würden von ‚Gesetzen‘ bestimmt, die sich mittels statistischer Methoden ‚entdecken‘ ließen.[83] Wichtigster Motor der permanenten statistischen Beobachtung

---

Berghoff / Jakob Vogel (Hrsg.): Wirtschaftsgeschichte als Kulturgeschichte. Dimensionen eines Perspektivenwechsels, Frankfurt/Main / New York 2004, S. 325–351.

80 Eine ältere, weit in die Frühe Neuzeit zurückzuverfolgende Form der deskriptiven Statistik kam weitgehend ohne Zahlen aus und strebte möglichst detaillierte und vollständige Beschreibungen von ‚Staaten‘ an.

81 Osterhammel, Jürgen: Die Verwandlung der Welt. Eine Geschichte des 19. Jahrhunderts, München 2009, S. 57 [Hervorhebung im Original].

82 Vgl. als Überblick Jean-Guy Prévost / Jean-Pierre Beaud: Statistics, Public Debate, and the State, 1800–1945. A Social, Political and Intellectual History of Numbers, London / New York 2016; beispielhaft für landesbezogene Studien: Kerstin Brückweh: Menschen zählen. Wissensproduktion durch britische Volkszählungen und Umfragen vom 19. Jahrhundert bis ins digitale Zeitalter, Berlin / Boston 2015; Wolfgang Göderle: Zensus und Ethnizität. Zur Herstellung von Wissen über soziale Wirklichkeiten im Habsburgerreich zwischen 1848 und 1910, Göttingen 2016; Hans Ulrich Jost: Von Zahlen, Politik und Macht. Geschichte der schweizerischen Statistik, Zürich 2016; Silvana Patriarca: Numbers and Nationhood. Writing Statistics in Nineteenth-Century Italy, Cambridge 1996; Jean-Claude Perrot / Stuart J. Woolf: State and Statistics in France, 1789–1815, London 1984; Jean-Guy Prévost: A Total Science. Statistics in Liberal and Fascist Italy, Montreal 2009; Nico Randeraad: States and Statistics in the Nineteenth Century. Europe by Numbers, Manchester 2010; Michael C. Schneider: Wissensproduktion im Staat. Das königlich preußische statistische Bureau 1860–1914, Frankfurt/Main / New York 2013; Libby Schweber: Disciplining Statistics. Demography and Vital Statistics in France and England, 1830–1885, Durham 2006; J. Adam Tooze: Statistics and the German State, 1900–1945. The Making of Modern Economic Knowledge, Cambridge 2001; Thomas Stapleford: The Cost of Living in America. A Political History of Economic Statistics, 1880–2000, Cambridge 2009; Danny Weber: Die sächsische Landesstatistik im 19. Jahrhundert. Institutionalisierung und Professionalisierung, Stuttgart 2003; David A. Worton: The Dominion Bureau of Statistics. A History of Canada's Central Statistical Office and its Antecedents, 1841–1972, Montreal et al. 1998.

83 Frängsmyr, Tore / J[ohn] L. Helbron / Robin E. Rider (Hrsg.): The Quantifying Spirit in the 18th Century, Berkeley et al. 1990; Desrosières: Die Politik; Porter: The Rise.

sozialer Phänomene und Prozesse aber war ihnen zufolge der Auf- und Ausbau des modernen Verwaltungsstaats seit dem 18. Jahrhundert.[84]

Trotz teils deutlicher institutioneller Unterschiede in den einzelnen Ländern[85] lassen sich überall Prozesse der Institutionalisierung, Professionalisierung und Differenzierung staatlicher statistischer Einrichtungen beobachten, die von der Gründung gelehrter Gesellschaften, akademischer Diskussionsforen und Lehrstühlen begleitet und beeinflusst wurden. Auch zivilgesellschaftliche Organisationen und privatwirtschaftliche Verbände nahmen in zunehmendem Maße Einfluss auf die Gestaltung staatlicher statistischer Aktivität.[86] Die Motive, soziale Phänomene und Prozesse dauerhaft zum Objekt statistischer Beobachtung zu machen, waren also vielfältig und nicht allein auf die Informationsbeschaffung für Verwaltungen beschränkt.

Die vorliegende Arbeit ergänzt diese Studien nicht nur, indem sie einen Blick auf die Gründung, die Aktivitäten und die Bedeutung (wirtschafts-)statistischer Institutionen in Russland und der Sowjetunion, China, Japan und Indien wirft, die bisher vergleichsweise wenig untersucht sind. Die Einbeziehung der internationalen Dimension hilft auch, zusätzliche Beweggründe staatlicher Verwaltungen sichtbar zu machen, statistische Erhebungen zu initiieren und dauerhaft zu betreiben. So wird das enge Wechselverhältnis offenbar, das zwischen der Entwicklung staatsbezogener und internationaler Statistik bestand,[87] und, allgemeiner, eines der Mittel, mit denen Regierungen ab der zweiten Hälfte des 19. Jahrhunderts ‚nationale' Ziele mit ‚internationalen' Mitteln verfolgten.[88]

Der Fokus liegt jedoch nicht auf der Genese der statistischen Beobachtung und ihrer Folgen in einzelnen Ländern, sondern auf der Etablierung und Entwicklung

84 Behrisch, Lars: Die Berechnung der Glückseligkeit. Statistik und Politik in Deutschland und Frankreich im späten Ancien Régime, Ostfildern 2016; Desrosières: Die Politik; James C. Scott: Seeing like a State. How Certain Schemes to Improve the Human Condition have failed, New Haven / London 2000.

85 Vgl. die vergleichende Darstellung von Desrosières: Die Politik, S. 165–233 und Randeraad: States, sowie den Überblick in Günter Menges: Versuch einer Geschichte der internationalen Statistik von ihren Vorläufern im Altertum bis zur Entstehung des Völkerbundes, in: Statistische Hefte 1 (1960), S. 22–64, hier S. 29–38.

86 Vgl. etwa Tooze: Statistics, S. 58 f.; Lea Haller: Transithandel. Geld- und Warenströme im globalen Kapitalismus, Berlin 2019, S. 238–244, 356–360.

87 Wobbe, Theresa: Die Differenz Haushalt vs. Markt als latentes Beobachtungsschema. Vergleichsverfahren der Inter/nationalen Statistik (1882–1990), in: Kölner Zeitschrift für Soziologie und Sozialpsychologie 73 (2021), Supplement, S. 195–222; aus anderer Perspektive: Daniel Speich Chassé: Die Erfindung des Bruttosozialprodukts. Globale Ungleichheit in der Wissensgeschichte der Ökonomie, Göttingen 2013.

88 Sluga: Internationalism.

internationaler Wirtschaftsstatistik und ihrer Sonderform, der Weltwirtschaftsstatistik. Hierzu liegen nur wenige Studien vor. Zum einen konzentrieren sich diese auf grenzüberschreitende Debatten akademischer und amtlicher Statistiker im 19. Jahrhundert (bis 1914) sowie deren weitgehend erfolglosen Versuche, international einheitliche Standards für (wirtschafts-)statistische Konzepte und Methoden zu etablieren.[89] Zum anderen haben Autoren in den vergangenen zehn Jahren ein besonderes Augenmerk auf die Genese und die internationale Anwendung der Volkseinkommensrechnung und der volkswirtschaftlichen Gesamtrechnung gelegt, die seit dem Zweiten Weltkrieg weltweit zu einem zentralen Instrument und Maßstab politischen Handelns geworden ist.[90] Die hier besonders wichtig erscheinende Epoche zwischen den beiden Weltkriegen geriet bisher jedoch deutlich weniger in den Blick. Das überrascht, weil Historiker mit Blick auf landesbezogene Statistiken herausgearbeitet haben, dass gerade die 1920er bis 1950er Jahre eine Schlüsselperiode in der Geschichte der Wirtschaftsstatistik darstellten.[91] Neben den statistischen Aktivitäten des 1905 gegründeten *Internationalen Landwirtschaftsinstituts*[92] standen vor allem die Arbeiten der 1919 etablierten *Internationalen Ar-*

---

89 Vgl. v. a. Randeraad: States sowie Éric Brian: Observations sur les origins et sur les activités du congrès international de statistique (1853–1876), in: Bulletin de l'Institut International de Statistique 53 (1989), Nr. 1, S. 121–139; Marc André Gagnon: Les réseaux de l'internationalisme statistique (1885–1914), in: Jean-Pierre Beaud / Jean-Guy Prévost (Hrsg.): L'ère du chiffre. Systèmes statistiques et traditions nationales / The Age of Numbers. Statistical Systems and National Traditions, Sainte-Foy 2000, S. 189–219; Jan Philipp Horstmann: Halbamtliche Wissenschaft. Internationale Statistikkongresse und preußische Professorenbürokraten, Paderborn 2020; R[obert] A. Horváth: Le concept de statistique internationale et son évolution historique, in: International Statistical Review 40 (1972), S. 281–298; Menges: Versuch, S. 38–46; Michael C. Schneider: Internationalisierung und Institutionalisierung. Der Internationale Statistische Kongreß 1863 in Berlin, in: Stefan Gerber et al. (Hrsg.): Zwischen Stadt, Staat und Nation. Bürgertum in Deutschland, Teil 1, Göttingen 2014, S. 103–113; Westergaard: Contributions, S. 172–190.

90 Speich Chassé: Die Erfindung; Philipp Lepenies: Die Macht der einen Zahl. Eine politische Geschichte des Bruttoinlandsprodukts, Berlin 2013; Diane Coyle: GDP. A Brief but Affectionate History, Princeton / Oxford 2014; Lorenzo Fioramonti: Gross Domestic Problem. The Politics behind the World's Most Powerful Number, London / New York 2013; Dirk Philipson: The Little Big Number. How GDP came to Rule the World and what to do about It, Princeton 2015; Matthias Schmelzer: The Hegemony of Growth. The OECD and the Making of the Economic Growth Paradigm, Cambridge 2016; eine bis heute weit rezipierte Darstellung der Volkseinkommensrechnung ist Paul Studenski: The Income of Nations. Theory, Measurement, and Analysis: Past and Present. A Study in Applied Economics and Statistics, New York 1958.

91 Tooze: Statistics; Stapleford: The Cost; Zachary Karabell: The Leading Indicators. A Short History of the Numbers that Rule our World, New York et al. 2014.

92 D'Onofrio, Federico: Agricultural Numbers. The Statistics of the International Institute of Agriculture in the Interwar Period, in: Agricultural History Review 65 (2017), S. 277–296; Amalia Ribi Forclaz: Agriculture, American Expertise, and the Quest for Global Data. Leon Estabrook and the

beitsorganisation im Fokus.[93] Es mangelt auch nicht an sehr positiven Einschätzungen der wirtschaftsstatistischen Aktivitäten des 1919 gegründeten *Völkerbunds.* Hinsichtlich ihrer inhaltlichen wie geographischen Breite, ihrer Aktualität und ihrer Verlässlichkeit seien die Zahlen aus Genf ohne Beispiel gewesen.[94] Worin die wirtschaftsstatistische Aktivität der Organisation konkret bestand und in welchen politischen, wirtschaftlichen und institutionellen Kontexten sie diese erfolgreich entfalten konnte, wurde bisher aber nicht näher untersucht.[95] Die erwähnten Einschätzungen stützen sich deshalb oft direkt oder indirekt auf Darstellungen von Mitarbeitern des Völkerbundsekretariats oder zeitgenössischen Unterstützern der Organisation[96] und laufen damit Gefahr, eine mindestens implizit legitimierende Argumentation zu reproduzieren, Neues schaffen zu wollen oder etabliert zu haben. Gleichzeitig hielten die positiven Einschätzungen des *Völkerbunds* andere Autoren, die ihr Augenmerk auf die Jahre nach 1945 legten, nicht davon ab, die

---

First World Agricultural Census of 1930, in: Journal of Global History 11 (2016), S. 44–65; Martin Bemmann: Das Chaos beseitigen. Die internationale Standardisierung forst- und holzwirtschaftlicher Statistiken in den 1920er und 1930er Jahren und der Völkerbund, in: Jahrbuch für Wirtschaftsgeschichte 57 (2016), S. 545–587.

93 V. a. Dzovinar Kévonian: La legitimation par l'expertise. Le Bureau International du Travail et la statistique international, in: Cahiers Irice 2 (2008), S. 81–106; Sandrine Kott: Une „communauté épistémique" du social? Experts de l'OIT et internationalisation des politiques sociales dans l'entre-deux-guerres, in: Genesès 71 (2008), S. 26–46; Ingrid Liebeskind Sauthier: Modern Unemployment. From the Creation to the International Labour Office's First Standard, in: Sandrine Kott / Joëlle Droux (Hrsg.): Globalizing Social Rights. The International Labour Organization and Beyond, Basingstoke 2013, S. 67–84; Ingrid Liebeskind Sauthier / Isabelle Lespinet-Moret: Albert Thomas, le BIT et le chômage. Expertise, catégorisation et action politique international, in: Cahiers Irice 2 (2008), S. 157–179; Theresa Wobbe / Léa Renard: The Category of ‚Family Workers' in International Labour Organization Statistics (1930s-1980s). A Contribution to the Study of Globalized Gendered Boundaries between Household and Market, in: Journal of Global History 12 (2017), S. 340–360; Theresa Wobbe / Léa Renard / Katja Müller: Nationale und globale Deutungsmodelle des Geschlechts im arbeitsstatistischen sowie arbeitsrechtlichen Klassifikationssystem. Ein vergleichstheoretischer Beitrag (1882–1992), in: Soziale Welt 68 (2017), S. 63–85; Wobbe: Die Differenz.

94 Clavin: Europe, S. 341 f.; Clavin: Securing, S. 36, 345, 350; Ekbladh: Exile Economics, S. 1–3; Macfadyen et al.: Eric Drummond, S. 265; Pedersen: Back to the League, S. 1109; Schulz: Globalisierung, S. 849.

95 Vgl. die Ausführungen zum diesbezüglichen Forschungsstand im folgenden Abschnitt.

96 Vor allem A[lexander] Loveday: Geneva as a Centre of Economic Information, in: INDEX 9 (1934), S. 195–209; Charles K. Nichols: The Statistical Work of the League of Nations in Economic, Financial and Related Fields, in: Journal of the American Statistical Association 37 (1942), S. 336–342; Martin Hill: The Economic and Financial Organization of the League of Nations, Washington 1946; sowie Charles Hodges: Why an International Statistical Conference?, in: League of Nations News 5 (1928), Nr. 84, S. 9–11; Arthur Sweetser: The Non-Political Achievements of the League, in: Foreign Affairs 19 (1940), S. 179–192.

Entwicklung internationaler Wirtschaftsstatistik bis zur Mitte des 20. Jahrhunderts zu marginalisieren. Von einer „systematischen internationalen Statistik" jedenfalls könne ihnen zufolge erst seit der Gründung der UN gesprochen werden.[97]

Im Gegensatz dazu hilft die hier eingenommene Langzeitperspektive, die Relevanz der 1920er und 1930er Jahre für die Entwicklung internationaler Wirtschaftsstatistik adäquat einzuschätzen, und zu konkretisieren, worin die Pionierrolle des *Völkerbunds* bestand und weshalb er diese übernehmen konnte. Außerdem verortet diese Studie die Genfer Organisation in einem deutlich breiteren institutionellen Umfeld, als dies bisherige Untersuchungen taten. Denn obwohl der *Völkerbund* zweifelsohne zum wichtigsten Akteur auf diesem Feld wurde, war er bei Weitem nicht der einzige. Das *Internationale Statistische Institut* (ISI)[98] ist hier ebenso zu nennen wie das *Institut International du Commerce* und das *Bureau International de Statistique Commerciale.*[99] Auch die 1919 gegründete *Internationale Handelskammer*, eine Dachorganisation privatwirtschaftlicher Lobbyverbände und Unternehmen aus Ländern aller Kontinente,[100] sowie private und halbstaatliche

---

97 Heintz: Welterzeugung, S. 22; ähnlich Michael Ward: Quantifying the World. UN Ideas and Statistics (United Nations Intellectual History Project), Bloomington/Indianapolis 2004, S. 44; Speich Chassé: Die Erfindung, S. 139; zeitgenössisch Earl Latham: One World in Statistics, in: Journal of the American Statistical Association 41 (1946), S. 275–292, hier v. a. 283–285.

98 Zahn, Friedrich: 50 années de l'Institut International de Statistique, o.O. o.J. [München 1934]; J[ames] W. Nixon: A History of the International Statistical Institute 1885–1960, Den Haag 1960; Horstmann: Halbamtliche Wissenschaft; Martin Bemmann (Hrsg.): Exploring the International Statistical Institute, 1885–1938, Dossier der European Review of History 30 (2023), Nr. 1.

99 Bott, Dietrich: Die Statistik in den internationalen Organisationen der Völkerbundzeit, in: Statistische Hefte 1 (1960), S. 65–103, hier S. 76 f.

100 Slobodian: Globalists; zur bisher unzureichend erforschten Geschichte der *Internationalen Handelskammer* vgl. Werner Bührer: Die Internationale Handelskammer, ihre deutsche Gruppe und die europäische Zusammenarbeit in der Zwischenkriegszeit, in: Sylvain Schirrmann (Hrsg.): Organisations internationales et architectures européennes, 1929–1939. Acte du colloque de Metz, 31 mai – 1er juin 2001. En homage à Raymond Poidevin, Metz 2003, S. 325–342; Clotilde Druelle-Korn: The Great War. Matrix of the International Chamber of Commerce, a Fortune Business League of Nations, in: Andrew Smith / Simon Mollan / Kevind D. Tennent (Hrsg.): The Impact of the First World War on International Business, London / New York 2017, S. 103–120; Clotilde Druelle-Korn: Étienne Clémentel president-fondateur de la Chambre de commerce internationale, in: Marie-Christine Kessler / Guy Rousseau (Hrsg.): Étienne Clémentel. Politique et action publique sous la Troisième République, Brüssel et al. 2018, S. 419–434; Joseph Fischer: Die Internationale Handelskammer in Paris, Diss. Köln 1931; George L. Ridgeway: Merchants of Peace. The History of the International Chamber of Commerce, Boston / Toronto 1959; Monika Rosengarten: Die Internationale Handelskammer. Wirtschaftspolitische Empfehlungen in der Zeit der Weltwirtschaftskrise, 1929–1939, Berlin 2001; Volker Schneider: Global Economic Governance by Private Actors. The International Chamber of Commerce, in: Justin Greenwood / Henry Jacek (Hrsg.): Organized Business and the New Global Order, Basingstoke 2000, S. 223–240.

Branchenorganisationen[101] wurden Teil der entstehenden internationalen wirtschaftsstatistischen Infrastruktur und in die in Genf koordinierten Standardisierungsbemühungen eingebunden, ohne dass dies bisher Erwähnung fand. Wenig bekannt ist zudem über die ab den 1920er Jahren von vielen staatlichen Statistikämtern erweiterte auslandsstatistische Berichterstattung, von denen besonders jene Deutschlands, Großbritanniens und der USA international breit rezipiert wurde. Beachtung fand hingegen bereits die grenz- und kontinentüberschreitende Kooperation von Konjunkturforschungsinstituten, die ab dem Ersten Weltkrieg und vor allem ab der zweiten Hälfte der 1920er Jahre in zahlreichen Ländern gegründet wurden.[102]

Der Doppelcharakter internationaler Wirtschaftsstatistiken, grenz- und kontinentüberschreitende ökonomische Phänomene und Prozesse gleichzeitig dar- und herzustellen, verweist auf ein übergeordnetes historiographisches Forschungsfeld, in dem sich diese Arbeit verortet: die *Geschichte des ökonomischen Wissens.* Die Wissensgeschichte, wie sie seit den 1990er Jahren floriert, zielt darauf ab, neben der Generierung „auch die Anwendung und Weitergabe sowie generell [die] gesellschaftliche Funktion" von wissenschaftlich und nicht-wissenschaftlich generiertem Wissen in den Blick zu nehmen.[103] Unter Wissen lässt sich dabei mit Peter Berger und Thomas Luckmann die Gewissheit verstehen, „daß Phänomene wirklich sind und bestimmbare Eigenschaften haben".[104] Folgerichtig wird vorausgesetzt, dass wissenschaftliche und nicht-wissenschaftliche Wissensformen grundsätzlich gleichwertig, sozial und kulturell bedingt sind. Angenommen wird auch, dass ihre jeweilige ‚Wertigkeit' für bestimmte Gesellschaften sich im Laufe der Zeit verändert, sich also ‚Wissensordnungen' wandeln. Die zentrale Bedeutung, die die empiriebasierte, intersubjektiv nachvollziehbare Wissensgenerierung seit der Frühen Neuzeit zunächst in ‚westlichen' Gesellschaften, später auch darüber hinaus erhielt,

---

101 Bott: Die Statistik, S. 77–83; für das Beispiel der Holzwirtschaft vgl. Bemmann: Das Chaos beseitigen.

102 Etwa Slobodian: Globalists, S. 69–76; Walter A. Friedman: Fortune Tellers. The Story of America's First Economic Forecasters, Princeton 2014, S. 144–151; Laetitia Lenel: Mapping the Future. Business Forecasting and the Dynamics of Capitalism in the Interwar Period, in: Jahrbuch für Wirtschaftsgeschichte 59 (2018), S. 377–413, hier S. 392–396; Neil de Marchi: League of Nations Economists and the Ideal of Peaceful Change in the Decade of the 'Thirties, in: C[raufurd] D.W. Goodwin (Hrsg.): Economics and National Security. A History of Their Interaction, Durham 1991, S. 143–178; Martin: Experts.

103 Vogel, Jakob: Von der Wissenschafts- zur Wissensgeschichte. Für eine Historisierung der „Wissensgesellschaft", in: Geschichte und Gesellschaft 30 (2004), S. 639–660, hier S. 650 f.

104 Berger, Peter L. / Thomas Luckmann: Die gesellschaftliche Konstruktion der Wirklichkeit. Eine Theorie der Wissenssoziologie, Frankfurt/Main 1980, S. 1.

ist demnach Ausdruck einer spezifischen Wissensordnung, die es historisch zu erklären gilt.[105]

In diesem Kontext haben Historiker eine im 19. Jahrhundert einsetzende „Verwissenschaftlichung des Sozialen“ ausgemacht, in deren Folge „die dauerhafte Präsenz humanwissenschaftlicher Experten, ihrer Argumente und Forschungsergebnisse in Verwaltungen und Betrieben, in Parteien und Parlamenten, bis hin zu den alltäglichen Sinnwelten sozialer Gruppen, Klassen oder Milieus“ ein alltägliches, ‚normales‘ Phänomen wurde.[106] Ein Beispiel für die so verstandene ‚Normalisierung‘ sozialwissenschaftlicher Erkenntnisse und Methoden stellt die Entwicklung der deskriptiven Statistik zu einem alltäglich erscheinenden „System der gesellschaftlichen Selbstbeobachtung“ dar.[107]

Das Wissen über jenen sozialen Teilbereich, der heute alltagssprachlich als ‚die Wirtschaft‘ bezeichnet wird, ist zum Teil Resultat dieser ‚Normalisierung‘ der statistischen Dar- und Herstellung von Realität. Zwei Dimensionen lassen sich dabei unterscheiden. Zum einen haben Soziologen und Historiker überzeugend argumentiert, dass die Vorstellung, ‚die Wirtschaft‘ sei ein eigenständiges soziales System, in ihrer heutigen Form erst in den Jahren zwischen den beiden Weltkriegen entstand und nach dem Zweiten Weltkrieg weltweit popularisiert wurde. Die Quantifizierung und Mathematisierung der Wirtschaftswissenschaften ab den 1930er Jahren gilt dabei als zentrales Moment dieser Entwicklung. Zum anderen erschien die Existenz ‚der Wirtschaft‘ zunehmend plausibel, weil bestimmte Phänomene in einzelnen Ländern permanent statistisch beobachtet, sie anschließend zu ‚makroökonomischen‘ Indikatoren (etwa Volkseinkommen, Produktion, Beschäftigung, Zahlungsbilanz oder Preisentwicklung) zusammengefasst und dann

---

105 Vgl. dazu die neueren Forschungsüberblicke und programmatischen Beiträge von Peter Burke: What is the History of Knowledge?, Cambridge et al. 2016; Simone Lässig: The History of Knowledge and the Expansion of the Historical Research Agenda, in: Bulletin of the German Historical Institute Washington 59 (2016), S. 29–58; Carsten Reinhardt: Historische Wissenschaftsforschung, heute. Überlegungen zu einer Geschichte der Wissensgesellschaft, in: Berichte zur Wissenschaftsgeschichte 33 (2010), S. 81–99; Jürgen Renn: From the History of Science to the History of Knowledge – and Back, in: Centaurus 57 (2015), S. 37–53; Philipp Sarasin: Was ist Wissensgeschichte?, in: Internationales Archiv für Sozialgeschichte der deutschen Literatur 36 (2011), S. 159–172; Marianne Sommer / Staffan Müller-Wille / Carsten Reinhardt (Hrsg.): Handbuch Wissenschaftsgeschichte, Stuttgart 2017, S. 2–18; Daniel Speich Chassé / David Gugerli: Wissensgeschichte. Eine Standortbestimmung, in: Traverse 19 (2012), S. 85–100; Vogel: Von der Wissenschafts- zur Wissensgeschichte.

106 Raphael, Lutz: Die Verwissenschaftlichung des Sozialen als methodische und konzeptionelle Herausforderung für eine Sozialgeschichte des 20. Jahrhunderts, in: Geschichte und Gesellschaft 22 (1996), S. 165–193, hier S. 166.

107 Raphael, Lutz: Ordnungsmuster und Selbstbeschreibungen europäischer Gesellschaften im 20. Jahrhundert, in: Ders. (Hrsg.): Theorien und Experimente der Moderne. Europas Gesellschaften im 20. Jahrhundert, Köln 2012, S. 9–20, hier S. 14.

gedanklich in einem vorgestellten System miteinander verbunden wurden.[108] Was ‚die Wirtschaft' ist und wie sie sich entwickelt lässt sich seither ohne die spezifische wirtschaftsstatistische ‚Brille' praktisch nicht erkennen.

Institutionell beruhte die permanente statistische Beobachtung ökonomischer Phänomene und Prozesse auf statistischen Einrichtungen in einzelnen Ländern, die überwiegend staatlicher Natur waren. Konsequenterweise entstanden in der von ihnen geschaffenen ‚statistischen Realität' ‚Wirtschaften' mit staatlichen Grenzen. Nur diese ‚national economies' oder ‚Volkswirtschaften' ließen sich statistisch beobachten, so dass ihre Existenz nicht nur dank ihrer von Land zu Land unterschiedlichen wirtschafts- und finanzpolitischen sowie juristischen Prägung plausibel erschien, sondern auch statistisch evident wurde. Internationale Wirtschaftsstatistiken festigten diesen Eindruck, indem sie politisch definierte Länder (souveräne Staaten und politisch abhängige Territorien) zueinander in eine vergleichende Beziehung setzte. Gleichzeitig erlaubten es die mit Zahlen operierenden Statistiken, Angaben einzelner Länder leicht miteinander zu kombinieren, zu verrechnen und somit Aussagen zu landesübergreifenden Einheiten zu treffen, zu denen auch die ‚Welt' gehörte.

Diese Wirkungen internationaler Wirtschaftsstatistiken sind in der Literatur bereits erwähnt[109] sowie teilweise auch eingehender erörtert worden.[110] Daran knüpft dieses Buch an, konzentriert sich im Sinne des skizzierten Forschungsinteresses der Wissensgeschichte aber stärker darauf, die politischen, wirtschaftlichen, institutionellen und personellen Entstehungsbedingungen sowie die materiellen Voraussetzungen dieses spezifischen ‚ökonomischen Wissens' in den Blick zu nehmen. Wenn internationale Statistiken „gigantische Abstraktionsmaschinerien"

---

108 Callon, Michel: Introduction: The Embeddedness of Economic Markets in Economics, in: Ders. (Hrsg.): The Laws of the Markets, Oxford 1998, S. 1–57; Mike Emmison: ‚The Economy'. Its Emergence in Media Discourse, in: Howard Davis / Paul Walton (Hrsg.): Language, Image, Media, Oxford 1983, S. 139–155; Timothy Mitchell: Fixing the Economy, in: Cultural Studies 12 (1998), S. 82–101; Timothy Mitchell: Economics. Economists and the Economy in the Twentieth Century, in: George Steinmetz (Hrsg.): The Politics of Method in the Human Sciences. Positivism and Its Epistemological Others, Durham / London 2005, S. 126–141; Tooze: Statistics; Speich Chassé: Die Erfindung; vgl. Christof Dejung / Monika Dommann / Daniel Speich Chassé (Hrsg.): Auf der Suche nach der Ökonomie. Historische Annäherungen, Tübingen 2014; Monika Dommann / Daniel Speich Chassé / Mischa Suter: Wissensgeschichte ökonomischer Praktiken, in: Berichte zur Wissenschaftsgeschichte 37 (2014), S. 107–111.

109 Etwa von Mitchell: Fixing, S. 90; und J. Adam Tooze: Imagining National Economies. National and International Economic Statistics, 1900–1950, in: Geoffrey Cubitt (Hrsg.): Imagining Nations, Manchester / New York 1998, S. 212–228, hier S. 215.

110 Vor allem von Slobodian: Globalists, S. 55–76; Slobodian: How to see; Martin: Experts.

sind,[111] dann wird im Folgenden deren Konstruktion untersucht. Da dies zum großen Teil im Spannungsfeld von Wissenschaft, staatlicher Machtpolitik und internationalen Organisationen stattfand, ist diese Studie auch als Beitrag zur Historiographie der ‚Wissenschaftsdiplomatie' zu verstehen. Denn sie befasst sich mit der „Transnationalisierung und globale[n] Zirkulation von Wissenstechnologien" und geht „Prozessen des Wissensaufbaus durch den Ausbau von Wissenschaftsinstitutionen, Kooperationen und Forschung vor Ort" nach.[112] Zudem wird der Blick stärker als bisher auf die Rezeption internationaler Wirtschaftsstatistiken über den relativ kleinen Kreis von Experten hinaus ausgeweitet.

Geschichte internationaler Organisationen und des *Völkerbunds*

Die Genese internationaler Wirtschaftsstatistik ist eng mit dem Aufstieg internationaler Organisationen verknüpft. Das verwundert wenig, denn sie gelten als institutioneller Ausdruck zunehmender infrastruktureller Vernetzungen über Grenzen und Kontinente, als Förderer ‚globalen Bewusstseins' sowie als Einrichtungen zur Sammlung und Verbreitung von Informationen aller Art und zur Regulierung des Informationsaustauschs. Gleichzeitig ist klar, dass es sich dabei keineswegs um eine monokausale, einheitliche und unumkehrbare Entwicklung hin zu einer stetig ‚vernetzteren' Welt handelte. Im Gegenteil hebt die einschlägige Forschung hervor, wie eng der Aufstieg des Nationalstaats zur wichtigsten politischen Organisationsform mit der Genese internationaler Organisationen und der Verfestigung entsprechender Strukturen zusammenhing. Auch die ideologische Vielfältigkeit internationaler Organisationen spiegelt Auseinandersetzungen wider, die staatliche und nicht-staatliche Akteure um politischen und wirtschaftlichen Einfluss, um Meinungshoheiten und um Definitionsmacht führen. Internationale Organisationen sind demnach kein Indiz für eine ‚zusammenwachsende' und ‚friedliche' Welt, auch wenn es nicht an entsprechender Rhetorik fehlt und viele Beteiligte dieses Ziel zweifellos verfolgen. Eher lassen sie sich als Forum und Instrument inter- und transnationaler Beziehungen charakterisieren, die zudem eigenständig Ziele verfolgen können.[113]

---

111 Heintz: Welterzeugung, S. 13.

112 Kunkel, Sönke: Globales Wissen und Science Diplomacy im 20. Jahrhundert. Eine Bestandsaufnahme, in: Neue Politische Literatur 65 (2020), S. 19–43, hier S. 25.

113 Vgl. zur Einführung Martin H. Geyer / Johannes Paulmann (Hrsg.): The Mechanics of Internationalism. Culture, Society, and Politics from the 1840s to the First World War, Oxford 2001; Madeleine Herren: Internationale Organisationen seit 1865. Eine Globalgeschichte der internationalen Ordnung, Darmstadt 2009; Madeleine Herren: International Organizations, 1865–1945, in: Jacob Katz

Anhand der Etablierung und Entwicklung internationaler Wirtschaftsstatistik kann die Bedeutung dieser Charakteristika für die Genese eines wirkmächtigen Systems zur Wissensgenerierung untersucht werden. Inwiefern prägten die involvierten internationalen Organisationen die hier im Zentrum stehenden grenz- und kontinentüberschreitenden Infrastrukturen, die internationale Standardisierung wirtschaftsstatistischer Konzepte und Methoden und damit die entstehende ‚statistische Realität'? Ausgehend von der bisherigen Literatur sind sie jedenfalls nicht als ‚neutrale' Über- und Vermittler von Interessen ‚nationaler' Akteure zu verstehen. Es wird daher danach gefragt, wer auf welche Weise und in welchem Umfang die Entwicklung mittels internationaler Organisationen beeinflusste und inwiefern diese selbst – konkreter: deren Funktionäre und Mitarbeiter – zu Akteuren wurden.

Trotz der Tatsache, dass es im „zahlenberauschten" 19. Jahrhundert zu den wichtigsten Tätigkeiten internationaler Organisationen gehörte, „die verwirrende Vielfalt der Welt in ein System der Zahlen" zu übersetzen,[114] zeigt diese Arbeit, dass sie für die Etablierung und Entwicklung der internationalen Wirtschaftsstatistik vor dem Ersten Weltkrieg nur eine untergeordnete Rolle spielten. Das änderte sich mit dem Ersten Weltkrieg, in dessen Folge mit dem *Völkerbund* zum ersten Mal eine internationale Organisation zum zentralen Akteur auf diesem Feld wurde und daher im Fokus dieser Arbeit steht. Die Charakterisierung dieser Organisation hat sich in den vergangenen zwanzig Jahren grundlegend gewandelt. Bis zur Jahrtausendwende dominierten Ansichten wie jene Eric Hobsbawms, der dem *Völkerbund* einen fast „völligen Misserfolg" attestierte,[115] auch wenn bereits differenziertere

---

Cogan / Ian Hurd / Ian Johnstone (Hrsg.): The Oxford Handbook of International Organizations, Oxford 2016, S. 91–112; Akira Iriye: Global Community. The Role of International Organizations in the Making of the Contemporary World, Berkeley / Los Angeles / London 2004; Mark Mazower: Governing the World. The History of an Idea, London 2012; Bob Reinalda: Routledge History of International Organizations. From 1815 to the Present, London / New York 2009; Emily S. Rosenberg: Transnational Currents in a Shrinking World, in: Dies. (Hrsg.): A World Connecting, 1870–1945, Cambridge / London 2012, S. 813–996; Glenda Sluga: Internationalism in the Age of Nationalism, Pittsburgh 2013; Glenda Sluga / Patricia Clavin (Hrsg.): Internationalisms. A Twentieth Century History, Cambridge 2017; Daniel Gorman: International Cooperation in the Early Twentieth Century, London et al. 2017.

114 Herren: Internationale Organisationen, S. 19.

115 Hobsbawm: Das Zeitalter der Extreme, S. 53; ähnlich drastisch Margaret MacMillan: Peacemakers. The Paris Peace Conference of 1919 and Its Attempts to End War, London 2001, S. 92; Margaret MacMillan: Die Friedensmacher. Wie der Versailler Vetrag die Welt veränderte, Berlin 2015, S. 129. Grundlage solcher Einschätzungen waren Arbeiten wie etwa George Scott: The Rise and Fall of the League of Nations, London 1973, und Elmer Bendiner: A Time for Angels. The Tragicomic History of the League of Nations, New York 1975.

Beiträge vorlagen.[116] Doch seither haben sich Historiker wohl mit kaum einer anderen internationalen Organisation so eingehend befasst wie mit dem *Völkerbund.* Nicht mehr die Frage, weshalb die Genfer Organisation scheiterte, steht seither im Mittelpunkt, sondern „what it did and meant over its twenty-five-year existence".[117] Politische Verhandlungen, für die Diplomaten der Mitgliedsländer den Rat und die Vollversammlung des *Völkerbunds* als Forum nutzten, rücken dadurch in den Hintergrund und die Arbeit des Sekretariats in Genf sowie die vom ‚politischen' Arbeitsfeld unterschiedenen ‚technischen' Aktivitäten ins Zentrum des Interesses.[118] Außerdem sah sich der *Völkerbund* Zeit seines Bestehens mit einem ganzen Bündel zusätzlicher Probleme konfrontiert, für die er neuartige Lösungsansätze formulierte. Diese Probleme entstanden durch die Diskrepanz zwischen dem ihm zugrundeliegenden Ideal, eine Organisation formal gleicher, souveräner Staaten zu sein, und der politischen Realität, die von unterschiedlichen politischen Organisationsformen, zwischenstaatlichen Interessengegensätzen und Machtgefällen, imperialen Herrschaftsverhältnissen und der Kritik daran sowie dem Streben vieler ‚Völker' nach Autonomie, Selbstverwaltung und politischer Unabhängigkeit geprägt war.[119]

---

116 Vgl. v. a. United Nations Library / Graduate Institute of International Studies (Hrsg.): The League of Nations in Retrospect. Proceedings of the Symposium, Geneva, 6–9 November 1980, Berlin / New York 1983; United Nations Library: The League of Nations 1920–1946. Organization and Accomplishments. A Retrospective of the First Organization for the Establishment of World Peace, New York 1996.

117 Pedersen: Back to the League, S. 1092.

118 Vgl. die kurzen Übersichten dazu in Mazower: Governing, S. 141–153; Pedersen: Back to the League, S. 1112–1115; Clavin: Europe; M. Patrick Cottrell: The League of Nations. Enduring Legacies of the First Experiment at World Organisation, London / New York 2018, S. 97–106; Martyn Housden: The League of Nations and the Organisation of Peace, Harlow et al. 2012, S. 57–92; Macfadyen et al.: Eric Drummond, S. 253–285; sowie Magaly Rodríguez Garcia / Davide Rodogno / Liat Kozma (Hrsg.): The League of Nations' Work on Social Issues, Genf 2016; Haakon A. Ikonomou / Karen Gram-Skjoldager (Hrsg.): The League of Nations. Perspectives from the Present, Aarhus 2019. Einige jüngere Studien zu einzelnen Arbeitsbereichen: Omer Aloni: The League of Nations and the Protection of the Environment, Cambridge 2021; Iris Borowy: Coming to Terms with World Health. The League of Nations Health Organisation, 1921–1946, Frankfurt/Main etc. 2009; Greg Burgess: The League of Nations and the Refugees from Nazi Germany. James G. McDonald and Hiter's Victims, London et al. 2016; Liat Kozma: Global Women, Colonial Ports. Prostitution in the Interwar Middle East, Albany 2017; Amalia Ribi Forclaz: Humanitarian Imperialism. The Politics of Anti-Slavery Activism, 1880–1940, Oxford 2015; Anna-Katharina Wöbse: Weltnaturschutz. Umweltdiplomatie in Völkerbund und Vereinten Nationen 1920–1950, Frankfurt/Main / New York 2012.

119 Vgl. Steiner: The Lights, S. 359–367; sowie beispielhaft Elizabeth M. Clark: Borderland of the Mind. The Free City of Danzig and the Sovereign City, in: German Politics and Society 35 (2017), Nr. 3, S. 24–37; Carole Fink: Defending the Rights of Others. The Great Powers, the Jews and International Minority Protection, Cambridge 2004; Mark Mazower: Minorities and the League of Nations in In-

Auf diese Weise entstand ein realistisch-ambivalenter Eindruck davon, wie und in welchem Umfang der *Völkerbund* in unterschiedlichen Bereichen wirken konnte und relevant wurde. Vier Aspekte einen fast alle einschlägigen Studien. *Erstens* interpretieren sie die inhaltlich breite Aktivität des *Völkerbunds* als Ausdruck eines nach dem Ersten Weltkrieg entstehenden neuen Verständnisses von Frieden und den Mitteln, diesen zu sichern – mithin die Hauptaufgabe der Organisation. Neben die sich zunehmend als schwierig bis unmöglich herausstellende Aufgabe, zwischenstaatliche Konflikte zu lösen, trat in zunehmendem Maße der Anspruch, dazu beizutragen, die wirtschaftlichen und sozialen Ursachen dieser Konflikte zu vermindern oder zu beseitigen. *Zweitens* zeigen die Studien, dass viele der untersuchten ‚technischen' und humanitären Aktivitäten zwar auch in Unmengen gesprochener, aber nicht gehörter Worte sowie in Massen von beschriebenem, aber nicht gelesenem Papier resultierten. Vielfach hatten sie aber auch ganz ‚reale' Folgen.[120] *Drittens* argumentieren die Untersuchungen, dass der *Völkerbund*, die in seinem Umfeld agierenden internationalen Organisationen sowie staatliche und nicht-staatliche Akteure Praktiken und Prinzipien multilateraler Zusammenarbeit erprobten und einübten, die seither weiterentwickelt (oder verworfen) wurden. Damit rechtfertigen sie Robert Cecil, der die Organisation 1941 als „Great Experiment" charakterisierte.[121] *Viertens* unterstreichen praktisch alle Arbeiten die Bedeutung, die der *Völkerbund* als international weithin anerkannte Einrichtung zur Sammlung, Vermittlung und Wiederverbreitung von Informationen aller Art erlangte, und die wachsende Relevanz der auch auf ihnen basierenden ‚öffentlichen Meinung' für gesellschaftliche Debatten und politische Entscheidungen in vielen Ländern.[122]

Zu den relativ gut untersuchten Tätigkeitsfeldern des *Völkerbunds* gehört jenes der Finanz- und Wirtschaftspolitik. Vor allem die Studien von Yann Decorzant, Michel Fior, Anthony Endres und Grant Fleming, Jamie Martin sowie insbesondere

terwar Europe, in: Daedalus 126 (1997), Nr. 2, S. 47–63; Susan Pedersen: The Guardians. The League of Nations and the Crisis of Empire, Oxford 2015; Christian Raitz von Frentz: A Lesson Forgotten. Minority Protection under the League of Nations. The Case of the German Minority in Poland, 1920–1934, Hamburg 1999.

120 Vgl. etwa Kathrin Kollmeier: Das Nansen-Zertifikat. Ein ambivalentes Schlüsseldokument des ersten internationalen Flüchtlingsregimes, in: Zeithistorische Forschungen 16 (2019), S. 354–362; Heidi J. S. Tworek: Communicable Disease. Information, Health, and Globalization in the Interwar Period, in: American Historical Review 124 (2019), S. 813–824.

121 Cecil, Robert: A Great Experiment. An Autobiography, London 1941; vgl. Mazower: Governing, S. 149 f.

122 Vgl. dazu etwa das Beispiel des Mandatssystems: Pedersen: The Guardians; Michael Callahan: Mandates and Empire. The League of Nations and Africa, 1914–1931, Brighton 1999; Michael Callahan: A Sacred Trust. The League of Nations and Africa, 1929–1946, Brighton 2004.

jene von Patricia Clavin zeigen, dass die Genfer Organisation und seine *Economic and Financial Organisation* (EFO)[123] in vielfacher Weise Relevanz entfalteten.[124] Ihre wirtschaftsstatistischen Aktivitäten hingegen sind bisher nur wenig betrachtet worden. Neben Darstellungen einiger Beteiligter[125] lassen sich drei Gruppen von

---

123 Die EFO bezeichnet das Konglomerat verschiedener Gremien, die sich im Rahmen des *Völkerbunds* mit wirtschafts- und finanzpolitischen Fragen befassten. Dazu gehörten die *Economic and Financial Section* bzw. deren Nachfolger im Völkerbundsekretariat, die vom Völkerbundrat eingesetzten Expertenkommissionen *Economic Committee* und *Financial Committee* samt ihrer Unterausschüsse sowie das *Second Committee* der jährlich tagenden Vollversammlung des *Völkerbunds*; vgl. Clavin/Wessels: Transnationalism.

124 Clavin: Securing; Yann Decorzant: La Société des Nations et la naissance d'une conception de la régulation économique internationale, Berlin et al. 2011; Michel Fior: Institution globale et marchés financiers. La Société des Nations face à la reconstruction de l'Europe, 1918–1931, Bern et al. 2008; Anthony M. Endres / Grant A. Fleming: International Organizations and the Analysis of Economic Policy, 1919–1950, Cambridge 2002; Jamie Martin: The Meddlers. Sovereignty, Empire, and the Birth of Global Economic Governance, Cambridge / London 2022.

Vgl. zudem zu einzelnen Arbeitsfeldern der EFO, zu ihrer wirtschaftspolitischen Relevanz und zu ihrer Bedeutung für den *Völkerbund* und die Bretton Woods Institutionen: Patricia Clavin / Jens-Wilhelm Wessels: Another Golden Idol. The League of Nations' Gold Delegation and the Great Depression, in: International History Review 26 (2004), S. 765–795; Michele D'Allesandro: Global Economic Governance and the Private Sector. The League of Nations' Experiment in the 1920s, in: Christof Dejung / Niels P. Petersson (Hrsg.): The Foundations of Worldwide Economic Integration. Power, Institutions, and Global Markets, 1850–1930, Cambridge 2013, S. 249–270; David Ekbladh: American Asylum. The United States and the Campaign to Transplant the Technical League, 1939–1940, in: Diplomatic History 39 (2015), S. 629–660; Fritz Georg v. Graevenitz: Argument Europa. Internationalismus in der globalen Agrarkrise der Zwischenkriegszeit (1927–1937), Frankfurt/Main / New York 2017; Gabriele Köhler: The Early Developers. The Economic Research of the League of Nations and Its Influence on Development Economies, in: Jörg Glombowski / Anka Gronert / Henk W. Plasmeijer (Hrsg.): Zur kontinentalen Geschichte des ökonomischen Denkens, Marburg 1998, S. 283–306; Kunkel, Sönke / Christoph Meyer: Fortschritt nach Plan? Der globale Entwicklungsdiskurs des Völkerbunds und die Anfänge des systemischen Denkens, in: Dies. (Hrsg.): Aufbruch ins postkoloniale Zeitalter. Globalisierung und die außereuropäische Welt in den 1920er und 1930er Jahren, Frankfurt/Main / New York 2012, S. 123–141; Marchi: League of Nations; Morgan: The History, S. 101–130; Marcus Nathan: Austrian Reconstruction and the Collapse of Global Finance, 1921–1931, Cambridge 2018; Louis W. Pauly: The League of Nations and the Foreshadowing of the International Monetary Fund, Princeton 1996; Matthias Schulz: Deutschland, der Völkerbund und die Frage der europäischen Wirtschaftsordnung 1925–1933, Hamburg 1997; Ludovic Tournès: Les États-Unis et la Société des Nations (1914–1946). Le système international face à l'émergence d'une superpuissance, Bern etc. 2016.

125 Loveday: Geneva; Nichols: The Statistical Work; Hill: The Economic and Financial Organization; A[lexander] Loveday: The League of Nations and International Trade Statistics, in: Annals of the American Academy of Political and Social Science 94 (1921), March, S. 156–159; A[lexander] Loveday: Die Arbeiten des Völkerbundes auf dem Gebiet der Wirtschaftsstatistik, in: Deutsches Statistisches Zentralblatt 22 (1930), Sp. 1–10; Alexander Loveday: The Economic and Financial Activities of the

Beiträgen unterscheiden. *Erstens* liegen überwiegend deskriptive Arbeiten vor, in denen (vormalige) Statistiker die wirtschaftsstatistischen Aktivitäten des *Völkerbunds* erläutern.[126] *Zweitens* sind Studien zu nennen, die den *Economic Intelligence Service* als Pionier oder mindestens als zentralen Akteur des Feldes charakterisieren, ohne sich näher mit dessen Arbeiten befasst zu haben.[127] *Drittens* liegen einige wenige Untersuchungen vor, die sich den wirtschaftsstatistischen Aktivitäten in Genf eingehender widmen. Zu nennen sind hier vor allem die Beiträge von Roser Cussó, Yann Decorzant und Jamie Martin.[128] Sie beschäftigen sich mit wichtigen Akteuren und Aktivitäten wie den Standardisierungsbemühungen. Sie benennen einige zentrale Ereignisse und Zäsuren und heben insbesondere den Ursprung der wirtschaftsstatistischen Aktivitäten des *Völkerbunds* im Ersten Weltkrieg hervor. Außerdem weisen sie auf die legitimierende Funktion der wirtschaftsstatistischen Aktivitäten für den *Völkerbund* ebenso hin wie auf die Tatsache, dass die Entwicklung internationaler Statistiken anderen Logiken folgte als diejenigen landesbezogener Statistiken. Die hier angestrebte Einordnung des *Völkerbunds* in die Entwicklungsgeschichte der internationalen Wirtschaftsstatistik und in die sich

---

League, in: International Affairs 17 (1938), S. 788–808; E[dward] Dana Durand: Standardizing World Statistics, in: Harriet E. Davis (Hrsg.): Pioneers in World Order. An American Appraisal of the League of Nations, New York ²1945, S. 178–181; Alfred v. Suchan: Die Wirtschaftsstatistik in der Tätigkeit des Völkerbundes, in: Zeitschrift für Schweizerische Statistik und Volkswirtschaft 66 (1930), S. 192–195.

126 Etwa Bott: Die Statistik; H[arry] Campion: International Statistics, in: Journal of the Royal Statistical Society 112 (1949), S. 105–143; Gerhard Fürst: Statistik, international, in: Erwin v. Beckerath et al. (Hrsg.): Handwörterbuch der Sozialwissenschaften, Bd. 10: Städtebau – Verbrauchsteuern, Stuttgart / Tübingen / Göttingen 1959, S. 77–81; Horvath: Le Concept; Jacques van Maarseveen: Unity and Freedom. International Statistical Relations 1899–1945, in: Ders. / M.B.G. Gircour (Hrsg.): A Century of Statistics. Counting, Accounting and Recounting in the Netherlands, Amsterdam 1999, S. 519–535.

127 Neben den bereits in FN 46 genannten Beiträgen zählen dazu auch Marchi: League of Nations, S. 159; Pauly: The League of Nations, S. 19, 27 f.; Slobodian: Globalists, S. 70; Rosenberg: Transnational Currents, S. 830 f.

128 Cussó, Roser: L'activité statistique de l'Organisation économique et financière de la Société des Nations. Un nouveau lien entre pouvoir et quantification, in: Histoire et mesure 27 (2012), S. 107–136; Roser Cussó: International Quantification and Liberalism. The Early Statistical Activities of the League of Nations' Economic and Financial Organization, in: Catherine Brégianni / Roser Cussó (Hrsg.): Politiques économiques des institutions internationales du début du XXe siècle au stade actuel de la globalization / Economic Policies of International Institutions from the Beginning of the 20th Century to the Current Globalisation Process, Paris 2019, S. 55–76; Roser Cussó: Building a Global Representation of Trade through International Quantification. The League of Nations' Unification of Methods in Economic Statistics, in: International History Review 42 (2020), S. 714–736; Decorzant: La Société des Nations; Martin: Experts; Aykiz Dogan: L'étatisation turque dans l'entre-deux-guerre et ses acteurs. Construire un ordre mondial par l'expertise, Diss. Universität Paris I – Panthéon-Sorbonne 2022.

nach dem Ersten Weltkrieg deutlich ausweitende und differenzierende wirtschaftsstatistische Institutionenlandschaft aber leisten sie nicht.

1.5 Aufbau der Arbeit

Die Arbeit besteht – neben dieser Einleitung und dem Fazit – aus drei Teilen. Der erste Teil umfasst die Kapitel 2 und 3 und beschäftigt sich mit der Genese und den Charakteristika internationaler Wirtschaftsstatistik bis zum Ersten Weltkrieg. Zudem erörtert er die materielle und reflexive Dimension des hier interessierenden Globalisierungsprozesses. Teil I ist ein genuiner Beitrag zur Geschichte der Wirtschaftsstatistik, dient aber auch als Kontrastfolie, um in Teil II und III herauszuarbeiten, was die Weltwirtschaftsstatistik von der älteren Form der internationalen Wirtschaftsstatistik unterscheidet.

Kapitel 2 charakterisiert am Beispiel von Otto Hübner jene ‚Privatstatistiker', die das Tätigkeitsfeld bis zum Ersten Weltkrieg dominierten. Die im internationalen Vergleich sehr frühe, bereits in den 1830er Jahren einsetzende auslandsstatistische Tätigkeit des britischen *Board of Trade* dient dazu, die diesbezüglichen staatlichen Aktivitäten exemplarisch zu untersuchen. Deutlich wird dabei unter anderem, wie die internationale Wirtschaftsstatistik bereits im 19. Jahrhundert ein in inhaltlicher wie geographischer Hinsicht noch rudimentären, potentiell aber globalen ‚wirtschaftsstatistischen Zahlenraum'[129] schuf, in dem sich Staatenkonkurrenz auf neue Art und Weise artikulieren ließ. Zudem wird anhand der Außenhandelsstatistik skizziert, wie vor 1914 versucht wurde, wirtschaftsstatistische Konzepte und Methoden, international zu standardisieren, und es werden grundlegende Probleme diskutiert, die solche Bemühungen bis heute erschweren.

Kapitel 3 erörtert, weshalb die Etablierung und Entwicklung der internationalen Wirtschaftsstatistik ab der Mitte des 19. Jahrhunderts als spezifischer Globalisierungsprozess mit materieller und reflexiver Dimension angesehen werden kann. Zum einen werden die grenz- und kontinentüberschreitenden materiellen, institutionellen und sozialen Netzwerke betrachtet, die die beteiligten Akteure seit der Mitte des 19. Jahrhunderts knüpften und die Erarbeitung internationaler Wirtschaftsstatistiken erst ermöglichten. Weitgehend vom Engagement Einzelner abhängig und ohne nennenswerte finanzielle Unterstützung vonseiten der Regierungen können diese Netzwerke allerdings nicht als dauerhaft bestehende

129 Speich Chassé, Daniel: Statistische Grössen. Zum Zahlenraum der Makroökonomie, in: Anna Echterhölter / Iris Därmann (Hrsg.): Konfigurationen. Gebrauchsweisen des Raumes, Zürich / Berlin 2013, S. 31–44.

wirtschaftsstatistische Infrastruktur verstanden werden, wie sie die spätere Weltwirtschaftsstatistik benötigte. Zum anderen wird untersucht, in welcher Form internationale Statistiken zeitgenössische Vorstellungen internationaler bis globaler ökonomischer Zusammenhänge sowie Machtverhältnisse politischer, wirtschaftlicher und kultureller Natur widerspiegelten und inwiefern sie das Potential besaßen, das globale Bewusstsein der Zeitgenossen zu verändern.

Die folgenden beiden Teile widmen sich der zwischen den beiden Weltkriegen entstehenden Weltwirtschaftsstatistik. Dabei befasst sich der zweite Teil (Kapitel 4–7) mit der materiellen Dimension dieses Globalisierungsprozesses, der dritte Teil (Kapitel 8–10) mit dessen reflexiver Dimension.

Kapitel 4 und *5* nehmen die von etwa 1917/18 bis 1922 reichende Formierungsphase der Weltwirtschaftsstatistik in den Blick. Das ab Juli 1919 erscheinende *Monthly Bulletin of Statistics* dient dabei als empirische Sonde, um die zentralen Akteure, Motive, Mittel und Möglichkeitsbedingungen herauszuarbeiten. *Kapitel 4* konzentriert sich auf die wirtschaftsstatistischen Aktivitäten des 1917/18 gegründeten *Allied Maritime Transport Council* (AMTC) und des 1919 ins Leben gerufenen *Supreme Economic Council* (SEC), der das Monatsbulletin begann herauszugeben. Deutlich werden dabei vier Aspekte. *Erstens* profitierte der spätere *Economic Intelligence Service* des *Völkerbunds* von den Erfahrungen, die diese Organisationen beim Aufbau einer internationalen wirtschaftsstatistischen Infrastruktur machten. *Zweitens* verliehen der Krieg und die von ihm verursachten wirtschaftlichen Krisenerscheinungen der internationalen Wirtschaftsstatistik eine neue Bedeutung für politische Verhandlungen und Entscheidungen sowie für öffentliche Debatten. *Drittens* wurden Regierungen infolgedessen zu maßgeblichen Akteuren in diesem Bereich. *Viertens* stellten die Jahre um 1920 in zahlreichen Ländern der Erde eine Zeit ‚wirtschaftsstatistischer Expansion' dar, ohne die die Weltwirtschaftsstatistik nicht hätte etabliert werden können.

Kapitel 5 erörtert und erklärt die 1919 eher unwahrscheinliche Etablierung des *Völkerbunds* zum wichtigsten Zentrum und Motor der neuen internationalen wirtschaftsstatistischen Infrastruktur. Unwahrscheinlich war sie, weil es eine Reihe geeigneter erscheinende Organisationen gab, die sich um diese Rolle bemühten. Glücken konnte sie aufgrund enger Kontakte des Genfer Sekretariats in die britische Regierung, Wirtschaft und Wissenschaft, aufgrund bestens ausgebildeter und sehr engagierter Mitarbeiter und aufgrund des institutionellen Aufbaus und der finanziellen Ausstattung des *Völkerbunds.* Zudem beleuchtet das Kapitel mit Kompetenzstreitigkeiten, Sprachproblemen und kulturellen Unterschieden bezüglich multilateraler Kooperation Grundprobleme der Tätigkeit eines zentralen internationalen wirtschaftsstatistischen Amts. Auch geht es auf die Praktiken und Arbeitsroutinen der Genfer Beamten, mit denen diese die tendenziell globale wirtschaftsstatistische Infrastruktur auf- und ausbauten, sowie auf die alltäglichen Probleme ein, die sie dabei lösen mussten.

Kapitel 6 befasst sich mit den 1922 beginnenden, vom *Völkerbund* koordinierten Bemühungen zur internationalen Standardisierung wirtschaftsstatistischer Konzepte und Methoden, die 1928 in einer völkerrechtlich bindenden Konvention mündeten. Es zeigt, wie stark dieser wirkungsvolle Vertrag und die in ihm festgeschriebenen wirtschaftsstatistischen Standards angelsächsisch-liberal geprägt waren. Des Weiteren arbeitet das Kapitel unterschiedliche Ausprägungen eines der zentralen Motive heraus, die hinter der Entscheidung von Regierungen stand, die Konvention zu unterstützen oder zumindest teilweise umzusetzen: der Wille, miteinander zu konkurrieren. Und das Kapitel zeigt am Beispiel eigenständiger Initiativen britischer Kolonialbeamter die globale Reichweite der wirtschaftsstatistischen Standardisierungsbemühungen des *Völkerbunds* auf.

Kapitel 7 erörtert, weshalb die Weltwirtschaftskrise und der Zweite Weltkrieg in der Entwicklung der internationalen Wirtschaftsstatistik keine so große Zäsuren darstellten, wie dies bisherige Autoren annahmen. Dazu werden am Beispiel der Außenhandels- und Produktionsstatistik die Bemühungen zur internationalen Standardisierung wirtschaftsstatistischer Konzepte und Methoden in den 1930er Jahren untersucht, die nun von einem ständigen, institutionell im *Völkerbund* verankerten Expertengremium koordiniert wurden. Des Weiteren rücken die Versuche des Genfer Sekretariats in den Mittelpunkt, den ‚Welthandel' und die (gewerbliche) ‚Weltproduktion' als solche statistisch zu erfassen. Das Augenmerk wird zudem auf Maßnahmen ‚technischer Hilfe' im Bereich der Wirtschaftsstatistik gelenkt, die der *Völkerbund* in Indien und China verfolgte und in deren Rahmen er auch einen internationalen Expertenaustausch organisierte.

Die *Kapitel 8* bis *10* widmen sich der reflexiven Dimension der Weltwirtschaftsstatistik. Welche geographische und soziale Reichweite die wirtschaftsstatistischen Publikationen des *Völkerbunds* besaßen und inwiefern die entstehende Weltwirtschaftsstatistik eine ‚lingua franca' hervorzubringen vermochte, mit deren Hilfe sich Zeitgenossen über sprachliche und kulturelle Grenzen hinweg verständigen konnten, ist Thema von *Kapitel 8*. Obwohl die Genfer Publikationen weite Verbreitung fanden und viele Akteure sie in zahlreichen Weltregionen aktiv rezipierten, verminderten sie Verständigungsprobleme kaum. Eher erhöhten sie eine bereits bestehende wirtschaftsstatistische Vielstimmigkeit und Verwirrung. Nur einige in Genf generierte Wissensbestände wurden in einer Weise verwendet, die sie als ‚globale Wirtschaftszahlen' auszeichnen.

Kapitel 9 beschäftigt sich mit den Funktionen, die die an Zahl zunehmenden internationalen Wirtschaftsstatistiken ab dem Ersten Weltkrieg erfüllten und mit den Wirkungen, die sie für das Verständnis globaler ökonomischer Ungleichheiten hatte. Im Rahmen internationaler Organisationen verwendeten Regierungen sie erstmals dazu, direkt miteinander um politischen Einfluss und Prestige zu konkurrieren. In öffentlichen Beiträgen, in denen sie in wachsender Zahl und zunehmend auch in grafischer Form Verwendung fanden, dienten wirtschaftsstatistische Ländervergleiche der Information und Aufklärung über bestimmte Sachverhalte, der Legitimation eigener Standpunkte und Argumente sowie der politischen Propaganda. Aufgrund ihrer so häufigen wie regelmäßigen Erscheinungsweise, aufgrund ihrer größeren geographischen und inhaltlichen Breite und aufgrund ihrer zunehmenden Vergleichbarkeit vermittelten internationale Wirtschaftsstatistiken ein dynamischeres und gleichzeitig stabileres Bild globaler wirtschaftlicher Entwicklungen. Der im 19. Jahrhundert entstandene ‚wirtschaftsstatistische Zahlenraum' wurde so zum alltäglichen Bezugspunkt wirtschaftspolitischer Argumentation und dank der entstehenden Weltwirtschaftsstatistik erweiterte, stabilisierte, differenzierte und dynamisierte er sich. Da die betrachteten Territorien in diesem ‚Raum' aus methodischen und darstellerischen Gründen als gleichartig erschienen, ließen sich in ihm Unterschiede zwischen Ländern und Gesellschaften, die zuvor qualitativ formuliert und für unüberwindbar angesehen worden waren, quantitativ und damit als grundsätzlich verminderbar artikulieren. Diese diskursive Egalisierung ebnete den Weg für ein ökonomisches Entwicklungsparadigma, das die internationale Politik nach dem Zweiten Weltkrieg prägte, und half die Idee global zu verbreiten, der souveräne Nationalstaat sei eine ideale Organisationsstruktur.

Kapitel 10 erörtert schließlich den Zusammenhang zwischen der Etablierung und Entwicklung der Weltwirtschaftsstatistik nach dem Ersten Weltkrieg und der zur gleichen Zeit zunehmenden internationalen Akzeptanz der Vorstellung, es existiere *eine* ‚Weltwirtschaft', die sich statistisch charakterisieren und beobachten ließe. Dazu wird versucht, die globale Karriere dieser Vorstellung quantitativ aufzuzeigen, und es werden verschiedene zeitgenössische Ansätze vorgestellt, was unter ‚Weltwirtschaft' zu verstehen sei. Ein letzter Abschnitt befasst sich mit ambitionierten, letztlich aber gescheiterten Versuchen von Ökonomen und Statistikern in den 1920er und 1930er Jahren, mittels dauerhafter statistischer Beobachtung ‚Weltkonjunkturen' sichtbar zu machen.

Das *Fazit* beantwortet die Leitfragen dieser Studie und verortet ihre Erkenntnisse in der Historiographie zur Wirtschaftsstatistik und des ökonomischen Wissens, zu internationalen Organisationen und des *Völkerbunds* sowie zur Globalisierung im 19. und 20. Jahrhundert.

Teil I Die Entstehung internationaler Wirtschaftsstatistik im langen 19. Jahrhundert

2 Internationale Wirtschaftsstatistik im langen 19. Jahrhundert

1844 publizierte Friedrich Wilhelm von Reden[1] ein über 1.000 Seiten starkes Buch, das geographisch-statistische Informationen über „sämmtliche[] Länder der Erde“ vergleichend zu bieten versprach.[2] Von Redens einleitende Behauptung, es fehle an solchen Studien, wird zwar allein mit dem Blick auf das bis ins späte Mittelalter zurückreichende Publikationsgenre der – auch vergleichenden, teils global angelegten – Staatsbeschreibungen[3] als Argument entlarvt, den hohen Arbeitsaufwand zu legitimieren und potentielle Käufer anzuregen, den Band zu erwerben. Relativ gesehen aber hatte er nicht ganz unrecht. Denn sein Buch spiegelt zusammen mit ähnlichen Werken, die europäische, meist liberale Publizisten in jener Zeit in wachsender Zahl zu veröffentlichen begannen, die Anfänge dessen wider, was sich bis zum Ersten Weltkrieg zur ‚internationalen Wirtschaftsstatistik‘ im heutigen Sinne entwickelte: vergleichend zusammengestellte, quantitative Informationen über bestimmte Phänomene in verschiedenen Ländern, die den Zeitgenossen als ökonomisch relevant galten.

1 Zusammen mit einem Großteil der zentralen, in dieser Arbeit vorgestellten Akteure wird von Reden in einer Übersicht im Anhang samt Hinweisen auf weiterführende biographische Literatur stichpunktartig porträtiert.

2 Reden, Friedr[ich] W[ilhelm] v.: Allgemeine vergleichende Handels- und Gewerbs-Geographie und Statistik. Ein Handbuch für Kaufleute, Fabrikanten und Staatsmänner; auch Grundlage öffentlicher Vorträge in gewerblichen Lehr-Anstalten, so wie zu handelspolitischen und volkswirthschaftlichen Besprechungen, Berlin 1844.

3 Vgl. dazu einführend Harm Klueting: Die Lehre von der Macht der Staaten. Das außenpolitische Machtproblem in der „politischen Wissenschaft“ und in der praktischen Politik im 18. Jahrhundert, Berlin 1986; Mohammed Rassem / Justin Stagl (Hrsg.): Statistik und Staatsbeschreibung in der Frühen Neuzeit, vornehmlich im 16.–18. Jahrhundert. Bericht über ein interdisziplinäres Symposium in Wolfenbüttel, 25.–27. September 1978, Paderborn et al. 1980; Mohammed Rassem / Justin Stagl (Hrsg.): Geschichte der Staatsbeschreibung. Ausgewählte Quellentexte 1456–1813, Berlin 1994; Arndt Brendecke: Imperium und Empirie. Funktionen des Wissens in der Spanischen Kolonialherrschaft, Köln / Weimar / Wien 2009; C[hristopher] A. Bayly: Empire and Information. Intelligence Gathering and Social Communication in India, 1780–1870, Cambridge 1999, S. 10–44; Andrea Eberhard-Bréard: Where Shall the History of Statistics in China Begin?, in: Algorismus 60 (2007), S. 93–100; Arndt Brendecke / Markus Friedrich / Susanne Friedrich (Hrsg.): Information in der Frühen Neuzeit. Status, Bestände, Strategien, Berlin 2008; Gunhild Berg / Borbála Zsuzsanna Török / Marcus Twellmann (Hrsg.): Berechnen / Beschreiben. Praktiken statistischen (Nicht-)Wissens, 1750–1850, Berlin 2015; Willibald Steinmetz: Macht – Leistung – Kultur. Staatenvergleiche vom 17. bis ins frühe 20. Jahrhundert, in: Kölner Zeitschrift für Soziologie und Sozialpsychologie 73 (2021), Suppl. 1, S. 75–112.

https://doi.org/10.1515/9783111207124-003

Dieses Kapitel charakterisiert diesen neuartigen Zweig der deskriptiven Statistik. Dazu werden die beteiligten Akteure und ihre Motive beleuchtet sowie die Erhebungs- und Darstellungsmethoden, die sie verwendeten. Auch die Inhalte und Formen ihrer Publikationen sowie deren Verbreitung und Rezeption werden untersucht. Dabei geht es nicht darum, möglichst viele oder gar alle Statistiker und deren Publikationen zu untersuchen, die vor dem Ersten Weltkrieg über staatliche und sprachliche Grenzen hinweg kursierten, Länder miteinander verglichen oder die ‚Weltwirtschaft' porträtierten. Vielmehr werden einige wenige Autoren exemplarisch vorgestellt, deren (mehr oder weniger) periodisch erscheinende Veröffentlichungen international rezipiert wurden.[4]

Anknüpfend an die vormodernen Staatsbeschreibungen und den vor allem im 18. Jahrhundert beginnenden Trend aufgreifend, soziale Sachverhalte zu quantifizieren und sie in Tabellenform vergleichend in Beziehung zueinander zu setzen,[5] stieg ab dem zweiten Drittel des 19. Jahrhunderts die Zahl jener deutlich an, die versuchten, vergleichende quantitative Übersichten über die wirtschaftliche Entwicklung verschiedener Länder und grenzüberschreitende Austauschbeziehungen zu erstellen und zu publizieren. In erster Linie waren es akademisch und kommerziell motivierte Ökonomen und Statistiker, Verlage sowie einige Unternehmen und Unternehmensverbände, die solche Aktivitäten entfalteten und damit teils weltweite Bekanntheit erlangten. Kapitel 2.1 beleuchtet diese ‚Privatstatistiker' mit besonderem Fokus auf den Leipziger Publizisten Otto Hübner und dessen ab 1851 jährlich aktualisierte *Statistische Tafel aller Länder der Erde* näher. Von den Privatstatistikern unterschieden sich Staatsbeamte in statistischen Ämtern, die ebenfalls ab etwa der Mitte des 19. Jahrhunderts begannen, internationale Übersichten zu erarbeiten. Nur wenige Behörden publizierten diese aber und erst ab der Wende zum 20. Jahrhundert fanden explizit statistische Ländervergleiche in wachsender Zahl den Weg in amtliche Publikationen. Diese Entwicklung betrachtet Kapitel 2.2, wobei paradigmatisch das britische *Board of Trade* und deren auslandsstatische Publikationen im Zentrum stehen; sie wurden besonders früh veröffentlicht und

---

4 Publikationen rein monographischer Natur werden nicht eigens untersucht. Zum einen ist ihre Zahl kaum zu überblicken, zum anderen basierten sie meist auf Informationen, die die hier fokussierten Periodika boten.

5 Vgl. Tore Frängsmyr / J.L. Heilbron / Robin E. Rider (Hrsg.): The Quantifying Spirit in the 18th Century, Berkeley / Los Angeles / Oxford 1990; Justus Nipperdey: Ehre durch Zahlen. Publizistische Rangstreitigkeiten und die Evidenz der Zahl im späten 18. Jahrhundert, in: Berg/Török/Twellmann: Berechnen, S. 43–59; Steinmetz: Macht; Behrisch: Die Berechnung; Daniel Speich Chassé: Der Staatsvergleich in historischer Perspektive. Warum, seit wann und wie werden politische Mächte miteinander verglichen?, in: Hannah Bennani et al. (Hrsg.): Global beobachten und vergleichen. Soziologische Analysen zur Weltgesellschaft, Frankfurt/Main / New York 2020, S. 79–111, hier S. 96–103.

besaßen damit Pioniercharakter. Kapitel 2.3 skizziert am Beispiel der Außenhandelsstatistik die wichtigsten, seit Mitte des 19. Jahrhunderts verfolgten Ansätze, wirtschaftsstatistische Konzepte und Methoden international zu standardisieren, und stellt grundsätzliche Probleme vor, die solchen Versuchen bis heute entgegenstehen.

2.1 Privatstatistiker: Das Beispiel Otto Hübner und seine *Statistische Tafel aller Länder der Erde*

Das Spektrum internationaler (Wirtschafts-)Statistiken im 19. Jahrhundert

Einige der im 19. Jahrhundert weithin bekannten und bis heute von Wirtschaftshistorikern als Quellenwerke herangezogenen Werke, die international vergleichende Wirtschaftsstatistiken präsentierten, wurden von Wissenschaftlern, Publizisten, Verlagen, Unternehmen und Verbänden herausgeben. Dazu gehörte beispielsweise ein von französischen Ökonomen und Statistikern zwischen 1844 und 1899 herausgegebenes Jahrbuch, das jährlich statistische Angaben in erster Linie zu Frankreich, aber auch zu zahlreichen anderen Staaten machte.[6] Georg Friedrich Kolb steht für eine weitere Gruppe von Autoren. Aus der Tradition der deutschen Staatskunde kommend, stellten sie quantitative Daten und verbale Informationen zu verschiedenen Ländern in Monographien zusammen und aktualisierten sie in unregelmäßigen Abständen.[7]

Von den Verlagspublikationen sind zwei aufgrund ihrer breiten internationalen Rezeption und ihrer langen Erscheinungszeiträume hervorzuheben. Die erste ist der *Gothaische Hofkalender.* Ihn veröffentlichte der Verlag *Perthes* fast ununterbrochen von 1765 bis 1944 und unter wechselnden Titeln jährlich. Anfangs enthielt der Kalender Informationen über die Herrscherfamilien Europas, Staatsbehörden und diplomatische Vertretungen sowie interessante Neuigkeiten aus aller Welt. Sporadisch gehörten dazu auch statistische Daten zu wirtschaftlich relevanten

---

6 Guillaumin, Gilbert / Joseph Garnier / Maurice Block (Hrsg.): Annuaire de l'Économie Politique et de la Statistique, Paris 1844–1899.

7 Kolb, Georg Friedrich: Handbuch der vergleichenden Statistik der Völkerzustands- und Staatenkunde, Zürich 1857; Ders.: Handbuch der vergleichenden Statistik – der Völkerzustands- und Staatenkunde, 8., überarbeitete Auflage, Leipzig 1879; ähnlich auch die jeweils in mehreren Auflagen erschienen Monographien von Hugo Franz Brachelli: Die Staaten Europas in kurzer statistischer Darstellung, Brünn 1853; Franz v. Juraschek (Hrsg.): Die Staaten Europas. Statistische Darstellung, begründet von H. F. Brachelli, Leipzig [5]1907.

Phänomenen.[8] Ab 1815 traten in unregelmäßigen Abständen Tabellen hinzu, die Flächengrößen, Einwohnerzahlen, Staatseinnahmen und Heeresstärken einzelner Länder miteinander verglichen.[9] Ab 1841 wurde der Kalenderabschnitt mit Angaben zur Staatsorganisation und zu den diplomatischen Vertretungen einzelner Länder – das *Diplomatische Jahrbuch* – um die Rubrik „statistische Nachrichten" ergänzt. Diese umfassten im Anschluss an die länderbezogenen Hinweise unter anderem quantitative Informationen zu Flächengrößen, Einwohnern und Staatseinnahmen vor allem europäischer, aber auch einiger außereuropäischer Länder. In den Folgejahren wurden diese statistischen Nachrichten hinsichtlich der betrachteten Sachverhalte und der geographischen Breite sukzessive ausgebaut. Inhaltlich traten insbesondere wirtschaftlich relevante Angaben hinzu, geographisch erweiterte sich der Beobachtungsraum vor allem außerhalb Europas. Was der Kalender seinen Lesern nicht bot, waren zusammenfassende, Länder vergleichende Tabellen; alle Daten wurden normalerweise in den einzelnen Länderkapiteln präsentiert. International deutlich verbreiteter als die verschiedenen deutschen Titel war die ebenfalls seit dem 18. Jahrhundert erarbeitete und parallel publizierte französische Ausgabe, der *Almanach de Gotha.*

Die zweite weithin rezipierte Publikation, hinter der in erster Linie das Engagement eines Verlags stand, ist das seit 1864 ununterbrochen im Londoner Verlag *Macmillan* erscheinende *Statesman's Year-Book.* Inhalt und Aufbau ähnelten in den ersten Jahren denjenigen des *Gothaischen Hofkalenders.* Auch wenn das Editorial der ersten Ausgabe suggerierte, es habe bis dahin kein vergleichbares Handbuch gegeben,[10] war sich der deutschstämmige Gründer und erste Redakteur des Jahrbuchs Frederick Martin der Konkurrenz vom Kontinent sehr bewusst. Zum zehnjährigen Jubiläum der Schrift ließ er seinen Verlag wissen, er sei zuversichtlich, das Periodikum werde mindestens so alt werden wie die Kalender aus Gotha.[11] Beide Jahrbücher bestanden jahrzehntelang nebeneinander und florierten. Das hatte mit jeweils unterschiedlichen inhaltlichen Ausrichtungen, aber auch mit den ver-

8 Vgl. York-Gothart Mix: Der Almanac de Gotha / Gothaische Hof=Kalender als Medium europäischer Identität, in: Claudia Brinker-von der Heyde et al. (Hrsg.): Frühneuzeitliche Bibliotheken als Zentren des europäischen Kulturtransfers, Stuttgart 2014, S. 233–248; Volker Bauer: Hof- und Staatskalender des 18. Jahrhunderts als Datenspeicher. Information, Wissen, Erschließung, in: Frank Grunert / Anette Syndikus (Hrsg.): Wissensspeicher der Frühen Neuzeit. Formen und Funktionen, Berlin / Boston 2015, S. 61–93.

9 Vgl. etwa die Statistische Uebersichtstafel d. europäischen Staaten in: Gothaischer genealogischer Hof-Kalender auf das Jahr 1839, Gotha 1839, S. (45)-(47).

10 Martin, Frederick: Preface, in: The Statesman's Yearbook 1 (1864), S. V-VIII; dass das nicht stimmte, zeigt bereits ein Blick in den Katalog der British Library.

11 Steinberg, S. H.: Statesman's Year-Book. Martin to Epstein, in: The Journal of Library History 1 (1966), S. 153–166, hier S. 154.

schiedenen Stärken zu tun, was das Einholen neuer Informationen aus verschiedenen Weltregionen anging. Der Informationsfluss innerhalb des Britischen Reichs sowie der Status Londons als „uncontested news capital of the world“[12] war für das *Statesman's Year-Book* ein großer Vorteil. Entsprechend bezogen sich beide Publikationen immer wieder aufeinander und entnahmen einander Informationen. Beschränkten sich beispielweise die statistischen Angaben des Gothaischen Kalenders zu China zwischen 1861 und 1864 auf Flächeninhalt und Einwohnerzahlen sowie den Hinweis darauf, „zuverlässige Data über Staatseinkünfte, Land- und Seemacht [seien] nicht zu erhalten“, verwendeten die Gothaer Autoren nach Erscheinen des ersten *Statesman's Year-Books* eine in diesem referenzierte Monographie mit Informationen zu China für ihre Ausgabe von 1865.[13]

In den 1860er Jahren begannen weitere Publizisten und Verlage in Großbritannien, den USA und Frankreich, vergleichbare Publikationen auf dem ganz offensichtlich wachsenden Markt zu platzieren.[14] Nicht alle dieser Projekte waren erfolgreich und auch von den Publikationen, die mehrere Jahrzehnte veröffentlicht wurden oder sogar bis heute erscheinen, wurden im 19. und frühen 20. Jahrhundert keine so häufig als Quelle für wirtschaftlich relevante Daten verwendet, wie der *Gothaische Hofkalender* und das *Statesman's Year-Book*.

Große Bekanntheit unter Zeitgenossen besaßen des Weiteren die bis heute gern als historische Quellenwerke genutzten internationalen wirtschaftsstatistischen Übersichten, die Karl von Scherzer ab 1866 alle zwei Jahre im *Geographischen Jahrbuch* aus Gotha veröffentlichte und die ab 1870 der österreichische Nationalökonom und Statistiker Franz Xaver Neumann verantwortete.[15] Von Neumann-

12 Geppert, Dominik: National Expectations and Transnational Infrastructure. The Media, Global News Coverage, and International Relations in the Age of High Imperialism, in: German Historical Institute London Bulletin 39 (2017), Nr. 2, S. 21–42, hier S. 26.

13 Gothaischer genealogischer Hof-Kalender nebst diplomatisch-statistischem Jahrbuch auf 1861, Gotha 1861, S. 402; Gothaischer genealogischer Hof-Kalender nebst diplomatisch-statistischem Jahrbuch auf 1864, Gotha 1864, S. 428; Gothaischer genealogischer Hof-Kalender nebst diplomatisch-statistischem Jahrbuch auf 1865, Gotha 1865, S. 449 f.

14 Almanach de Paris. Annuaire général de diplomatique, de politique, d'histoire et de statistique pour tous les pays du globe, Paris 1865–1869; New York World (Hrsg.): The World Almanac, New York 1868 ff. [bis heute mit verschiedenen Titeln]; Joseph Whitaker: Whitaker's Almanack, London 1868 ff. [bis heute mit verschiedenen Titeln].

15 Scherzer, Karl v.: Einige Mittheilungen über den Welthandel und die wichtigsten Weltverkehrsmittel, in: Geographisches Jahrbuch 1 (1866), S. 513–552; Ders.: Einige Mittheilungen über den Weltverkehr und die wichtigsten Weltverkehrsmittel, in: Geographisches Jahrbuch 2 (1868), Nr. S. 342–391; F[ranz] X[aver] Neumann: Übersichten über Produktion, Welthandel und Verkehrsmittel, in: Geographisches Jahrbuch 3 (1870), Nr. S. 420–481; Ders.: Übersichten über Produktion, Welthandel und Verkehrsmittel, in: Geographisches Jahrbuch 4 (1872), S. 451–521; Ders.: Übersichten über Produktion, Welthandel und Verkehrsmittel, in: Geographisches Jahrbuch 5 (1874), S. 390–471; Fr[anz]

Spallart – so sein Name nach der Nobilitierung 1875 – überführte die stetig wachsenden Aufsätze 1878 in die in mehrjährigen Abständen publizierten monographischen *Uebersichten über Produktion, Verkehr und Handel in der Weltwirthschaft.* Nach seinem Tod 1888 führte der ebenfalls aus Österreich stammende Franz von Juraschek die Publikationsreihe fort.[16] Die *Uebersichten* boten – in den ersten Ausgaben – vergleichende Statistiken zur weltweiten Produktion von und zum globalen Handel mit verschiedenen Produkten (etwa Getreide, Vieh, Kaffee, Kohle, Baumwolle, Hanf oder Edelmetalle), zum Umlauf von Banknoten sowie zur Entwicklung von Eisenbahn-, Schifffahrts-, Telegraphen- und Postverkehr. Neumann-Spallart ergänzte die zahlreichen statistischen Angaben mit einordnenden und zusammenfassenden Texten – etwa über „Die Entwickelung der Weltwirthschaft" oder den „Welthandel im Jahre 1876".[17] Ab der dritten Auflage machte Neumann-Spallart die *Uebersichten der Weltwirthschaft,* wie sie dann hießen, zu einer stärker analytisch-konjunkturstatistischen Publikation. Weiterhin bot er aktuelle, deskriptiv-statistische Überblicke. Doch stärker als zuvor suchte er nun den gegenwärtigen Zustand der ‚Weltwirtschaft' zu analysieren und sogar deren zukünftige Entwicklung zu prognostizieren. Seinen Untersuchungsgegenstand betrachtete er als „kosmopolitische Einung", als „höchsten Wirthschafts-Organismus der Menschheit", dessen „Werdeprocess […] in der Statistik klar zu verfolgen" sei.[18] Seine analytische Arbeit erwies sich in Ergänzung zur Kompilation der statistischen Daten als so aufwändig, dass Neumann-Spallart seine ursprünglich als Jahrbuch konzipierte Darstellung nicht jährlich publizieren konnte. Sein Nachfolger Juraschek gab die letzten beiden Ausgaben nurmehr in fünf- bzw. zehnjährigem Abstand heraus. Anfang des 20. Jahrhunderts stellte er sie ganz ein.

Ein weiterer international renommierter Privatstatistiker des 19. Jahrhunderts war der irische Journalist und Publizist Michael G. Mulhall.[19] Weithin bekannt und

---

X[aver] v. Neumann-Spallart: Übersichten über Produktion, Verkehrsmittel und Welthandel, in: Geographisches Jahrbuch 6 (1876), S. 569–697.

16 Zu den Übersichten von Neumann-Spallart und Juraschek vgl. Westergaard: Contributions, S. 207; Slobodian: How to See; Angela Maria Hauser-Dora: Die wirtschaftlichen und handelspolitischen Beziehungen der Schweiz zu überseeischen Gebieten 1873–1913, Bern et al. 1986, S. 40–42.

17 Neumann-Spallart, F[ranz] X[aver]: Uebersichten über Produktion, Verkehr und Handel in der Weltwirthschaft. Jahrgang 1878, Stuttgart 1878, S. 1, 215.

18 Neumann-Spallart, F[ranz] X[aver]: Uebersichten der Weltwirthschaft. Jahrgang 1880, Stuttgart 1881, S. V, 3.

19 Zu Mulhall und seinen statistischen Arbeiten vgl. Miles A. Kimball: Mountains of Wealth, Rivers of Commerce. Michael G. Mulhall's Graphics and the Imperial Gaze, in: Ders. / Charles Kostelnick (Hrsg.): Visible Numbers. Essays on the History of Statistical Graphs, Farnham 2016, S. 127–152; D.C.M. Platt: Mickey Mouse Numbers in World History. The Short View, Basingstoke 1989, S. 14–18.

sowohl zeitgenössisch[20] als auch bis heute breit rezipiert,[21] wurde er vor allem dank seines zwischen 1884 und 1899 in vier Auflagen erschienen *Dictionary of Statistics.* Darin präsentierte er ein Sammelsurium von Informationen, die – in der ersten Auflage – von der Anzahl der von Heinrich VIII. in England konfiszierten Abteien („Abbey") über die Temperaturen verschiedener Heilbäder („Mineral Springs") bis hin zur Jahresproduktion von Zink in europäischen Ländern reichten.[22] Darüber hinaus verfasste Mulhall stärker auf wirtschaftliche Phänomene konzentrierte und kommentierte, international vergleichende Statistiken. In *The Progress of the World* präsentierte er 1880 Statistiken zur demographischen Entwicklung, zum Ausbau moderner Verkehrs- und Kommunikationsinfrastrukturen, zu Handel und Produktion sowie zu Bildung, Kriminalität und einigen anderen Aspekten aus Ländern aller Kontinente. Sein Ziel war es, mit diesen Statistiken den Fortschritt der „civilised nations" – vor allem der britischen – im 19. Jahrhundert darzulegen.[23] Ein Jahr später folgte das *Balance-Sheet of the World 1870–1880,* in dem Mulhall die Entwicklung von Handel, Landwirtschaft und Industrie in den europäischen und nordamerikanischen Ländern sowie den britischen Dominions miteinander verglich.[24] 1896 schließlich publizierte er *Industries and Wealth of Nations* und versuchte darin, die jeweilige Wirtschaftskraft und das Volksvermögen der europäi-

---

20 Etwa Emil Bert: Situation du commerce de la France comparée avec celle des principaux pays de 1860 à 1888 – Budget du Ministère du Commerce et de l'Industrie – Enseignement professionnel, in: Le Génie civil. Revue générale des industries françaises & étrangères 18 (1890), S. 44–45; „An Ex-MP": English and French Tacation of Agricultural Products [Leserbrief], in: The Times [London], 16.07. 1894; Rede des Abgeordneten Samuel Smith am 22.02.1898 im britischen House of Commons, in: The Parliamentary Debates (Authorised Edition), Fourth Series, commencing with the Fourth Session of the Twenty-Sixth Parliament of the United Kingdom of Great Britain and Ireland. 61 Victoriae. Vol. 53: Comprising the Period from the Eight Day of February to the Twenty-Fourth Day of February 1898, London 1898, Sp. 1384–1397, hier Sp. 1386; Anonymus: Der Reichthum Europas, in: Neues Wiener Tagblatt, 28.07.1901.

21 Etwa A[ugust] Sartorius von Waltershausen: Die Entstehung der Weltwirtschaft. Geschichte des zwischenstaatlichen Wirtschaftslebens vom letzten Viertel des achtzehnten Jahrhunderts bis 1914, Jena 1931, S. 251f., 259–261 et passim; W[alt] W[hitman] Rostow: The World Economy. History & Prospect, Austin / London 1978, S. 659–669; Steven C. Topik / Allen Wells: Commodity Chanins in a Global Economy, in: Emily S. Rosenberg (Hrsg.): A World Connecting, 1870–1945, Cambridge / London 2012, S. 591–812, hier S. 687, 769.

22 Mulhall, Michael G.: Mulhall's Dictionary of Statistics, London 1884, S. 1, 316, 488.

23 Mulhall, Michael G.: The Progress of the World in Arts, Agriculture, Commerce, Manufactures, Instruction, Railways, and Public Wealth since the Beginning of the Nineteenth Century, London 1880, Zitat: S. 1.

24 Mulhall, Michael G.: Balance-Sheet of the World for ten Years 1870–1880, London 1881.

schen und nordamerikanischen Länder, der britischen Dominions sowie Uruguays und Argentiniens zu berechnen und miteinander zu vergleichen.[25]

Verwiesen sei des Weiteren auf Publikationen, die wirtschaftlich relevante, quantitative Daten aus verschiedenen Ländern zusammenstellten und von Unternehmen und Unternehmensverbänden ab Ende des 19. Jahrhunderts in erster Linie für die Bedürfnisse ihrer Kunden und Mitglieder herausgegeben wurden. Für die weltweite Produktion von sowie den Handel mit einer Reihe von Metallen beispielsweise wurden ab 1892 die *Statistischen Zusammenstellungen* der Frankfurter *Metallgesellschaft* zu einem der wichtigsten Referenzwerke der Branche.[26] Eine ähnlich prominente Rolle innerhalb eines Industriezweigs konnten sich vor dem Ersten Weltkrieg die internationalen Statistiken über den Baumwollverbrauch und die Baumwollvorräte des in Manchester ansässigen *Internationalen Verbands der Baumwollspinner und Weber-Vereinigungen* erarbeiten.[27] Darüber hinaus beinhalteten die wachsende Zahl von Tages- und Wirtschaftszeitungen sowie ökonomische und statistische Zeitschriften mehr oder minder regelmäßig international vergleichende statistische Übersichten zu wirtschaftlich relevanten Aspekten.

Otto Hübner und seine *Statistische Tafel aller Länder der Erde*

Otto Hübners statistische Aktivitäten und vor allem seine ab 1851 publizierte *Statistische Tafel aller Länder der Erde* waren einerseits typisch für ihre Zeit, andererseits doch etwas Besonderes. 1818 in Leipzig geboren, war Hübner wie viele andere Privatstatistiker seiner Zeit überzeugter Liberaler und Verfechter internationalen Freihandels.[28] 1848 sollte er Österreich im Fünfzigerausschuss des deutschen Vorparlaments vertreten, nahm diese Wahl aber nicht an. Im Zuge der Restaurationspolitik – und vermutlich wegen regierungskritischer Artikel in der Wiener *Presse* – wurde Hübner Ende 1849 des Alpenlandes verwiesen[29] und ging im

25 Mulhall, Michael G.: Industries and Wealth of Nations, London / New York / Bombay 1896.

26 Metallgesellschaft: Statistische Zusammenstellungen über Blei, Kupfer, Zink, Zinn in den Jahren 1890–1892, Frankfurt/Main 1892 ff.; vgl. Andrea Westermann: Geology and World Politics. Mineral Resource Appraisals as Tools of Geopolitical Calculation, 1919–1939, in: Historical Social Research 40 (2015), S. 151–173, hier S. 157.

27 Internationaler Verband der Baumwollspinner- und Weber-Vereinigungen: Statistik über den Baumwoll-Verbrauch und Baumwoll-Vorrat in Spinners Händen, Manchester 1908 ff.; vgl. Jonathan R. Robins: A Common Bortherhood for Their Mutual Benefit. Sir Charles Macara and Internationalism in the Cotton Industry, 1904–1914, in: Enterprise & Society 16 (2015), S. 847–888, hier v. a. S. 865–868.

28 Vgl. die biographischen Angaben im Anhang.

29 Deutsche Allgemeine Zeitung, 15.12.1849, S. 3818; Lloyd's Weekly London Newspaper, 23.12.1849, S. 12; The Daily News [London], 18.01.1850, S. 5; The Friend of India [Serampore], 07.02.1850, S. 90.

Berliner Exil „vielseitiger gelehrter und geschäftlicher Thätigkeit“ nach.[30] Bekannt wurde er zunächst durch weithin rezipierte Publikationen zu wirtschafts- und finanzpolitischen Themen[31] sowie durch eine international sehr erfolgreiche und vielfach übersetzte populärwissenschaftliche Einführung in die Volkswirtschaftslehre.[32] Auch gründete er in den 1850er Jahren mehrere Wirtschafts- und Versicherungszeitungen[33] sowie 1862 die *Preußische Hypothekenversicherungs-Gesellschaft*. Vor allem aber trat er mit zwei periodisch erscheinenden statistischen Publikationen an die Öffentlichkeit.

Die erste davon war das zwischen 1852 und 1863 erscheinende *Jahrbuch für Volkswirthschaft und Statistik*. Es sollte zu einem bisher fehlenden Handbuch werden, das es dem „Staatsmanne, dem Gesetzgeber, dem Lehrer, dem Geschäftsmanne“ erlaube, „die wirthschaftlichen Verhältnisse Deutschlands und die Resultate der grossen gesellschaftlichen Einrichtungen und ihrer Principien im Zusammenhange zu überblicken“.[34] Hübner strebte also so etwas wie ein statistisches Jahrbuch für den Deutschen Bund an, dem es an politischer und wirtschaftlicher Einheit mangelte. Dieses Vorhaben fanden nicht nur das französische *Journal des*

---

30 Inama [von Sternegg, Theodor]: Hübner, Otto, in: Allgemeine Deutsche Biographie, Bd. 13: Holstein-Jesup, Leipzig 1881, S. 271–272, hier S. 271.

31 Etwa Otto Hübner: Oesterreichs Finanzlage und seine Hilfsquellen, Wien 1849; Otto Hübner: Schutzzoll und Handelsfreiheit, Leipzig 1853; Otto Hübner: Die Zolltarife aller Länder, gesammelt, übersetzt und geordnet, Leipzig 1852; englische Fassung: C.N. Newdegate: A Collection of the Customs‘ Tariffs of all Nations. Based Upon a Translation of the Work of Mr Huebner, augmented by Additional Information, brought down to the End of the Year 1854, London 1855; Otto Hübner: Die Banken, Leipzig 1854.

32 Hübner, Otto: Der kleine Volkswirth. Ein Büchlein für den Elementarunterricht, Leipzig 1852. Übersetzungen: Il piccolo economista, übers. von Luigi Cossa, Mailand 1855; Petit manuel d'économie politique, übers. von Ch[arles] le Hardy de Beaulieu, Brüssel/Paris 1861; De kleine Ekonomist. Grondbegrippen der Staatshuiskunde, Brügge 1863; Ekonomi Tercümesi. Fenn-i İdare, übers. von Mehmed Midhat, Istanbul 1869; El pequeño economista, Buenos Aires 1870; La Economía política puesta al alcance de los Niños, Buenos Aires 1873; A economia política posta ao alcance das crianças, übers. von Francisco de Almeida, Lissabon 1877 und Macao 1892; Kunmō keizai gairon, übers. von Ōtsuka Seikichi / Matano Taku, Tokio 1878; zur Bedeutung und Rezeption dieser Publikation vgl. Massimo M. Augello / Marco E.L. Guidi: The Making of an Economic Reader. The Dissemination of Economics through Textbooks, in: Dies. (Hrsg.): The Economic Reader. Textbooks, Manuals and the Dissemination of the Economic Sciences during the Nineteenth and Twentieth Centuries, London / New York 2012, S. 1–42, hier S. 19 f.; Sandra Maß: Kinderstube des Kapitalismus. Monetäre Erziehung im 18. und 19. Jahrhundert, München 2017, S. 120 f.

33 Dazu gehörten die Nachrichten aus dem Gebiete der Staats- und Volkswirthschaft, die Versicherungszeitung und er beteiligte sich ab 1854 am Bremer Handelsblatt.

34 Hübner, Otto: Vorwort, in: Jahrbuch für Volkswirthschaft und Statistik 1 (1852), S. III-IV, hier S. III.

Économistes und der englische *Economist* sehr sinnvoll.[35] Es knüpfte auch an ein sehr ähnliches Unternehmen an, das der eingangs dieses Kapitels zitierte Friedrich Wilhelm von Reden wenige Jahre zuvor schon einmal begonnen hatte, das aber während der 1848er Revolution gescheitert war.[36]

Wichtiger als von Redens und letztlich auch Hübners erfolglose Versuche, in privater Initiative eine permanent und periodisch publizierte Statistik Deutschlands zu etablieren, sind Hübners *Statistische Tafeln.* Erstmals 1851 in Leipzig gedruckt, erschien die Tafel als großformatiges Plakat zunächst „von Zeit und Zeit" mit Ergänzungen und Korrekturen, später einmal im Jahr und mindestens einmal als Beilage zum Hübner'schen Jahrbuch.[37] Bis zu seinem Tod im Februar 1877 bearbeitete Hübner die Tafeln selbst. Danach nutzte der Frankfurter Verlag *Wilhelm Rommel* Hübners Namen weiter und machte aus den Plakaten eine Marke, die die Publikationsreihe bis zum Zweiten Weltkrieg behielt.[38] Ab 1880 erschien parallel zur Plakatversion eine inhaltlich ausführlichere und stetig erweiterte Buchausgabe, die der österreichische Statistiker Franz von Juraschek von 1884 bis 1909 verantwortete. Da dieser 1890 und 1901 auch die beiden letzten Ausgaben von Neumann-Spallarts *Übersichten der Weltwirthschaft* herausgab, lag die Verantwortung für die beiden bekanntesten deutschsprachigen internationalen (Wirtschafts-)Statistiken in einer Hand. Die Erarbeitung zweier paralleler Veröffentlichungen – der Tafel und der als Buch gedruckten Tabellen – wurde um 1900 aufgegeben und nur noch die Jahrbücher verlegt. Nach dem Ersten Weltkrieg nahmen mit Eugen Würzburger und Walther Grävell zwei weitere renommierte deutsche Statistiker die Redaktion der Hübner'schen Tabellen wieder auf und 1939 erschien die letzte Auflage von Hübners Publikation unter dem Titel *Hübner's Weltstatistik. Geographisch-statistische Tabelle aller Länder der Erde.* Selbst nach dem Zweiten Weltkrieg erschienen

35 Molinari, G. de: [Rezension von Adolphe Quetelet: Annuaire de l'Observatoire Royal de Bruxelles 20 (1853)], in: Journal des Économistes 34 (1853), S. 307; Anonymus: [Rezension von Jahrbuch für Volkswirthschaft und Statistik 1 (1852)], in: The Economist, Nr. 474 [25.09.1852], S. 1075.

36 Zeitschrift des Vereins für deutsche Statistik 1 (1847) – 2 (1848); Verein für deutsche Statistik in Berlin. Statut in: Zeitschrift des Vereins für deutsche Statistik 1 (1847), S. 97 f.; Protokolle der Deutschen Bundesversammlung vom Jahre 1848. Sitzung 1 bis 70, Frankfurt/Main 1848, S. 134–136; Friedr[ich] Wilh[elm] v. Reden: Die jetzige Aufgabe der Statistik in Beziehung zur Staatsverwaltung, Wien [2]1857, S. VIII.

37 Vgl. etwa die dritte Auflage, die als Beilage zum ersten Jahrbuch für Volkswirthschaft und Statistik erschien.

38 Die Publikationen trugen die folgenden Titel: Statistische Tafel aller Länder von Otto Hübner (1878–1883); Otto Hübner's geographisch-statistische Tabellen aller Länder der Erde (1884–1920); Hübner's geographisch-statistische Tabellen aller Länder der Erde (1924–1936); Hübner's Weltstatistik (1939).

noch „Weltstatistiken", die das Hübner'sche Modell kopierten.[39] Über die Entwicklung der gedruckten Auflage von Hübners Tafel ist wenig bekannt. Rezensionen zufolge soll sie in den 1860er und 1870er Jahren zwischen 20.000 und 30.000 Stück gelegen haben[40] und wäre damit deutlich höher gewesen als diejenige des *Statesman's Year-Book*, die 1864 nur 700 und 1878 2.000 Exemplare umfasste.[41]

Inhaltlich war die Tafel eine Mischung aus frühneuzeitlicher, verbaler Staatsbeschreibung und modernem, quantifizierendem (wirtschafts-)statistischem Ländervergleich. Ihre erste Auflage präsentierte 1851 zu 91 Ländern[42] Informationen zur Flächengröße, zur Regierungsform, zum Staatsoberhaupt, zur Bevölkerungsmenge, zu den Staatsausgaben und -schulden, zum Geldumlauf und zur Größe des stehenden Heeres, zu den Kriegs- und Handelsflotten, zum Außenhandel, zu den Hauptwaren, „welche in den Welthandel geliefert" würden, zum Wert der Währungen in Preußisch Courant sowie zu den Haupt- und weiteren wichtigen Städten. Außerdem teilte sie die Gesamtfläche und die Gesamteinwohnerzahlen der fünf Kontinente mit.[43] Von Beginn an bezog Hübner Informationen zu China und Japan ein. Indien nahm er zunächst als Verwaltungsgebiet der *East India Company* auf; nach der Etablierung Britisch-Indiens 1858 führte er dessen Provinzen einzeln auf.

Bis in die 1870er Jahre änderte sich daran wenig; nur in Nuancen wurde die Tafel umgewandelt. Beispielsweise enthielt die 27. Auflage von 1878 – die erste nach Hübners Tod – keine Informationen mehr zur Regierungsform einzelner Länder, dafür aber das Geburtsjahr der Staatsoberhäupter. Die Währungen waren nun in Reichsmark umgerechnet und die Gewichts-, Längen-, Flächen- und Hohlmaße in Größen des metrischen Systems ausgedrückt. Zusätzlich war eine Tabelle eingefügt, die demographische und religiöse Verhältnisse, Zahlen zur landwirtschaftlichen Produktion sowie solche zur Baumwollindustrie, den Eisenbahnen und den Telegraphen mehrerer europäischer Länder und der USA explizit für den direkten Vergleich präsentierte.[44] Die Publikation der Buchausgabe ab 1880 erlaubte den stetigen inhaltlichen Ausbau; umfasste sie 1880 nur 64 Seiten, waren es 1902 bereits 100. Letztere Ausgabe enthielt neben den oben genannten Aspekten auch Infor-

---

39 Etwa Alois Fischer: Neue Weltstatistik. Zahlen, Daten, Karten, 2., vollständig neu bearbeitete Auflage, Wien o.J. [1952]. Darin enthalten war auf den S. 18–67 auch eine Statistische Tabelle über alle Staaten der Erde.

40 Anonymus: [Annotation der 16. Auflage von Otto Hübners Statistischer Tafel aller Länder, Frankfurt/Main 1867], in: Militär-Zeitung [Wien] 20 (1867), Nr. 57 [24.07.1867], S. 463; Anonymus: Hübner's Statistical Table, in: Pall Mall Gazette, 04.09.1872, S. 10.

41 Steinberg: Statesman's, S. 160

42 In dieser Zahl sind alle Staaten des Deutschen Bundes, nicht aber die ebenfalls aufgeführten abhängigen Territorien der europäischen Imperien enthalten.

43 Hübner, Otto: Statistische Tafel aller Länder der Erde, Leipzig 1851.

44 Hübner, Otto: Statistische Tafel aller Länder der Erde, 27. Auflage, Frankfurt/Main 1878.

mationen zur Volksdichte, zur Emigration, zu vorhandenen Nationalitäten und Konfessionen, zur Zahl der Postämter und -sendungen sowie der Länge der Eisenbahnstrecken, Telegraphen- und Telefonleitungen.

Direkte Vergleiche wurden dank einer wachsenden Zahl von Tabellen mit rein quantitativen Daten leichter.[45] 1902 etwa konnten die Leser 21 europäische Staaten und die USA hinsichtlich ihrer demographischen Zusammensetzung, ihrer Bildungseinrichtungen, der Verbreitung von Zeitungen, des Brief- und Telegrammverkehrs, der Länge von Eisenbahnstrecken, des Verhältnisses von Bodennutzungsarten, des Viehbestands sowie der Produktion von Roheisen, Kohle und einigen Agrarprodukten vergleichen. Zudem bot die Ausgabe eine alle Länder der Welt vergleichende Tabelle mit Angaben zur jeweiligen Bevölkerungsmenge und Flächengröße, zwei Tabellen zur weltweiten Gold- und Silberproduktion sowie eine Tabelle mit Angaben zur Ein- und Ausfuhr aller Länder, Kontinente und der Welt.[46] Die inhaltlichen Erweiterungen wurden in den Folgejahren fortgesetzt; die Ausgabe von 1936 (die letzte, die wie ihre Vorgänger im Querformat gedruckt wurde), umfasste 600 Seiten.[47]

Wie Autoren anderer statistischer Publikationen der Zeit knüpfte Otto Hübner inhaltlich an die vormoderne Staatsbeschreibung an. In den Mittelpunkt seines Interesses stellte er politisch definierte Territorien und verglich deren jeweilige wirtschaftliche und demographische Entwicklung miteinander. Zudem enthielten die Tafeln Aspekte, die nicht quantifizierbar waren, und trotz des immer postulierten universalen Anspruchs lag ihr Hauptaugenmerk auf Europa. Auch die kombinierte Wiedergabe von Text und Zahlen in Tabellen entsprach der Praxis von Staatskundlern des späten 18. und frühen 19. Jahrhunderts. Eine Innovation Juraschecks in den 1880er Jahren offenbarte eine weitere Parallele zu den vormodernen Statistikern und ihren Publikationen: Die Liste benutzter Quellen, die ab den 1880er Jahren am Beginn jeder Buchausgabe stand, machte deutlich, dass der allergrößte Teil der dargebotenen Informationen durch die Auswertung bereits publizierten Materials gewonnen wurde. Es handelte sich also um Kompilationen bereits vorhandener, meist publizierter Informationen, die ausgewertet und nachträglich vergleichbar gemacht sowie linear (etwa *Gothaischer Hofkalender*; *Statesman's Year-Book*) oder tabellarisch (Hübners Tafel) angeordnet wurden.

---

45 Solch ausschließlich quantitative Daten umfassende, Länder direkt miteinander vergleichende Tabellen enthielt auch das *Statesman's Year-Book* bereits ab seiner 2. Ausgabe von 1865.

46 Juraschek, Fr[anz] v.: Otto Hübner's Geographisch-statistische Tabellen aller Länder der Erde, Frankfurt/Main 1902.

47 Roesner, Ernst: Hübners Geographisch-statistische Tabellen aller Länder der Erde, Wien / Leipzig 1936.

Erhebungs- und Verarbeitungsmethoden

Die Kompilationsmethode brachte drei grundsätzliche Probleme mit sich, die den Nutzen der Publikationen tendenziell verminderte. Ohne den privilegierten Zugang zu jeweils möglichst aktuellen Berichten, Statistiken und einer großen Zahl inhaltlich möglichst breit gefächerter geographischer, ethnologischer und ökonomischer Publikationen aus bzw. zu den jeweils betrachteten Ländern kam keiner der Autoren aus.[48] Eine Folge davon war, dass solche Publikationen nicht viel häufiger als einmal im Jahr erscheinen konnten, weil es ihre Autoren viel Zeit kostete, die notwendigerweise zahlreichen Angaben zu finden, auszuwerten und zu überprüfen. Selbst wenn viele Aspekte über Jahre hinweg die gleichen blieben, mussten sie – im Idealfall – überprüft und gegebenenfalls aktualisiert werden. Dass dies nicht immer der Fall war zeigen Besprechungen, die Hübners Tafeln zwar lobten, die Wiedergabe nicht aktueller Zahlen aber kritisierten.[49]

Eine zweite Konsequenz war, dass Informationen über viele, meist außereuropäische Länder nur aus zweiter oder dritter Hand Eingang in die Publikationen finden konnten. Damit stieg die Gefahr, Übersetzungs- und Übertragungsfehler zu übernehmen oder zu machen. Nicht nur, dass viele Länder noch in der zweiten Hälfte des 19. Jahrhunderts keine oder nur rudimentäre statistische Ämter besaßen, die Daten regelmäßig erhoben, zusammenstellten und publizierten, die Hübner, Neumann-Spallart, Juraschek und andere Autoren interessierten (vgl. Kap. 2.2). Auch die Sprachbarrieren verstärkten den Bedarf, auf Sekundärliteratur zurückzugreifen, die sich mit Ländern befasste, in denen keine der großen und gängigen europäischen Sprachen gesprochen wurden. China war beispielsweise bis zu Beginn des 20. Jahrhunderts ein Land, in dem es – mit Ausnahme der 1854 gegründeten britisch-europäisch dominierten Seezollbehörde[50] – weder dem westlichen Muster entsprechende statistische Behörden gab,[51] noch eine den meisten Europäern geläufige Sprache gesprochen wurde. Folgerichtig waren die Autoren der in diesem Kapitel vorgestellten Publikationen auf Arbeiten anderer Europäer angewiesen, die aus und über China berichteten. Informationen zum chinesischen Außenhandel

48 Diesbezüglicher Kommentar von Neumann-Spallart: Uebersichten über Produktion ... 1878, S. VII.

49 So etwa der Rezensent der englischen Ausgabe von 1877 in Capital and Labour [London], 19.12. 1877.

50 Vgl. Donna Brunero: Britain's Imperial Cornerstone in China. The Chinese Maritime Customs Service, 1854–1949, London/New York 2006; Hans J. van de Ven: Breaking with the Past. The Maritime Customs Service and the Global Origins of Modernity in China, New York 2014; Andrea Eberhard-Bréard: Robert Hart and China's Statistical Revolution, in: Modern Asian Studies 40 (2006), S. 605–629.

51 Vgl. Bréard: Reform.

waren über die Quartals- und Jahrespublikationen der Seezollbehörde leicht zugänglich, spiegelten aber nicht den gesamten Handel des Landes wider. Zu anderen Aspekten, über die etwa in den Hübner'schen Tafeln und Jahrbüchern regelmäßig berichtet wurde (Bevölkerung, Flächengrößen, Heeresstärken, Umfang der Marine, etc.), gab es keine verlässlichen offiziellen Informationen und die Autoren mussten sich auf Fachliteratur sowie die auch in Europa rezipierten, meist englischsprachigen Periodika stützen (etwa den in Shanghai redigierten *North-China Herald*).[52] Dazu kam, dass Informationen und Quellen oft nicht direkt miteinander verknüpft waren und Daten daher nur schwer oder gar nicht überprüft werden konnten. Allen Lesern des Hübner'schen Jahrbuchs von 1897 musste beispielsweise unklar bleiben, woher viele Informationen zu China stammten. Als einzige direkte Quelle für dieses Land waren die jährlichen *Returns of Trade and Trade Reports* der Seezollbehörde genannt, die aber nur über Ein- und Ausfuhren, Maße und Gewichte sowie Währungen und Hauptausfuhrgüter informierten.[53] Weitere Angaben stammten (vermutlich) aus den jeweils aktuellen Ausgaben des *Stateman's Year-Book* (etwa die Geburt des Kaisers) und des *Gothaischen genealogischen Taschenbuchs* (Einwohnerzahlen).[54] Andere Daten lassen sich nicht eindeutig zuordnen. Schneller und aktueller informieren konnten sich Neumann-Spallart, Juraschek und ihre Kollegen hingegen über außereuropäische Länder, deren Regierungen statistische Periodika ganz oder teilweise auf Englisch oder – meistens – auf Französisch publizierten. Dazu gehörten ab den 1880er Jahren Russland und Japan, was darauf hinweist, wie wichtig es deren Regierungen war, dass die gesellschaftliche und wirtschaftliche Entwicklung ihrer Länder international beobachtet werden konnte und sie gleichzeitig die Kontrolle darüber behielten, was sich dabei betrachten ließ.[55]

---

52 Vgl. etwa die Literaturangaben zu China im Statesman's Year-Book von 1866 (London/Cambridge 1866, S. 631f.) und 1882 (London 1882, S. 668f.) und in Neumann-Spallart: Uebersichten über Produktion, Verkehr und Handel, 1878, S. 224.

53 Juraschek, Fr[anz] v.: Otto Hübner's Geographisch-statistische Tabellen aller Länder der Erde, Frankfurt/Main 1897, S. VI; vgl. das dort als Quelle angegebene Werk Imperial Maritime Customs: Returns of Trade and Trade Reports for the Year 1895 (I – Statistical Series, Nos. 3 and 4), Shanghai 1896.

54 Juraschek: Otto Hübner's, 1897, S. 5; vgl. Gothaisches Genealogisches Taschenbuch nebst diplomatisch-statistischem Jahrbuch. 1897, Gotha 1897, S. 709, 714f.; das Geburtsjahr des chinesischen Kaisers gab das Gothaische Taschenbuch über Jahre hinweg mit 1872 an, das Statesman's Yearbook hingegen mit 1871 (etwa im Jahrgang 1882, S. 661). Juraschek scheint hier den Briten mehr getraut zu haben, als den Gothaer Autoren und übernahm die Angabe 1871.

55 Vgl. Statistika Rossijskoj Imperij / Statistique de l'Empire de Russie, 1 (1884/85) – 94 (1917); Eżegodnik Rossii / Annuaire de la Russie – Statističeskij Eżegodnik Rossij / Annuaire Statistique de la Russie 1 (1904) – 13 (1916); Nihon teikoku tokei tekiyo / Résumé Statistique de l'Empire du Japon 1 (1887) ff.

Die dritte Folge der Kompilationsmethode war, dass die Zahlen der Veröffentlichungen nur selten miteinander vergleichbar waren und erst nachträglich vergleichbar gemacht werden mussten.[56]

Eine andere Erhebungs- und Verarbeitungsmethode lag internationalen Statistiken zugrunde, die Unternehmen und Verbände herausgaben. Sie versendeten Fragebögen in verschiedene Länder und konnten so – im Idealfall – genau die Informationen in der Form erhalten, die sie wollten und benötigten. Auch das war in der Praxis nicht immer möglich. Beispielsweise bereitete die Formulierung von Fragebögen, die möglichst überall verstanden wurden, große Schwierigkeiten. Zahlreiche Sitzungen der *Internationalen Statistischen Kongresse* wie auch der regelmäßigen ISI-Konferenzen befassten sich daher mit der Gestaltung solcher Fragebögen für die unterschiedlichsten statistischen Untersuchungsbereiche. Gleichwohl stellte diese vorherige Einigung auf international einheitliche Begriffe und Kategorien eine effizientere Art der Informationsgewinnung dar. Sie war eine wichtige Voraussetzung dafür, dass internationale (Wirtschafts-)Statistiken nicht mehr nur als Kompilationen bereits erhobener und publizierter Informationen erschienen, die nachträglich vergleichbar gemacht werden mussten, sondern von vornherein eine Form annehmen konnten, in der alle Daten miteinander vergleichbar waren.[57]

Während die Kompilationsmethode ein Charakteristikum war, das die meisten Publikationen der Privatstatistiker gemein hatten, unterschieden sich Hübners Arbeiten in einer bemerkenswerten Hinsicht von jenen seiner Kollegen und Konkurrenten. So energisch wie letztlich erfolglos versuchte er in den 1850er und 1860er Jahren, ihnen eine dauerhafte grenzüberschreitende Infrastruktur zugrunde zu legen. In deren Zentrum sollte sein in Berlin gegründetes *Statistisches Centralarchiv* stehen, das so etwas wie ein internationales statistisches Amt privater Natur hätte werden können.

Für die ersten drei Auflagen seiner Tafel 1851 und 1852 nutzte Hübner vermutlich die ihm in Berlin zugänglichen Publikationen. Anzunehmen ist auch, dass er wie die meisten seiner Kollegen Verbände, Behörden und Fachleuten direkt kontaktierte, um Informationen einzuholen, zu überprüfen und zu aktualisieren. Der offenbare publizistische Erfolg der Tafeln scheint ihn aber recht bald darin bestätigt zu haben, dass die Nachfrage nicht nur nach Informationen über die jeweils eigenen Länder anstieg, sondern auch nach solchen zu anderen Staaten, ja, das erstere „den größeren Theil ihrer Nützlichkeit erst durch die Zusammenstellung

56 Vgl. eine entsprechende Klage in Neumann-Spallart: Uebersichten über Produktion ... 1878, S. VI.

57 Günter Menges unterschied in ähnlicher Weise internationale und integrierte Statistiken: Günter Menges: Zum Begriff der internationalen Statistik, in: Statistische Hefte 1 (1960), S. 8–21.

mit den gleichen Arbeiten anderer Länder" erhielten.[58] Das aber ließ sich dauerhaft nur mit einer entsprechenden Infrastruktur erreichen, die die Kompilationsmethode und permanente ad-hoc-Anfragen durch einen institutionalisierten Informationsfluss ersetzte. Im Herbst 1852 bat Hübner daher Regierungen, öffentliche Verwaltungen und „die Freunde der Statistik überhaupt", ihn dabei zu unterstützen, ein statistisches „Central-Archiv" zu gründen, dessen „Inhalt ein öffentliches Gemeingut für alle Länder werden" sollte. Die Angeschriebenen sollten ihm regelmäßig „statistische Arbeiten, Finanz-, Handels-, Schifffahrts- und ähnliche Gesetze, Statuten und Rechenschaftsberichte" zusenden. Im Gegenzug bot Hübner kostenlose Auskünfte an. Andere Interessenten könnten sich mithilfe von Hübners kostenpflichtigen Publikationen informieren, die auf Archivmaterialien basieren würden, oder sie könnten Auskünfte gegen Gebühr erhalten. Statistik solle so den Charakter einer „Curiositäten-Sammlung" verlieren und zu einem „nützlichen Hülfsmittel für die Thätigkeit der Verwaltung und des Geschäftslebens" werden.[59]

Ein Jahr später, so Hübner, habe das Centralarchiv „alle Erwartungen übertroffen". 5.000 Dokumente seien von Regierungen, Verwaltungen, Vereinen und Privatleuten aus „beinahe allen" Ländern eingegangen. Lediglich in einige südamerikanische Länder, den Kirchenstaat, nach Neapel, Afrika und Persien sowie in die unabhängigen indischen Länder habe er „bis jetzt gar keine Verbindungen". Anders als Friedrich Wilhelm von Reden, der bereits ab den 1820er Jahren ein ähnliches Projekt mit dem Ziel eines „Bureau's für ausländische Statistik" verfolgt und seine Materialsammlung erst nach Ländern und dann nach Themengebieten sortiert hatte,[60] ordnete Hübner die Einsendungen strikt thematisch. Ihm wichtig erscheinende Informationen veröffentliche er in seinen eigenen Publikationen, darunter natürlich die *Statistische Tafel.*[61]

Es ist davon auszugehen, dass alle Autoren und Autorenkollektive, die statistische Ländervergleiche mehrere Jahre lang zusammenstellten und herausgaben, neben den in öffentlichen Bibliotheken verfügbaren Publikationen immer auch eine eigene Handbibliothek und ein Archiv für unpublizierte Dokumente und ein-

58 Hübner[, Otto]: Das statistische Central-Archiv, in: Nachrichten aus dem Gebiete der Staats- und Volkswirthschaft 1,1 (1853), S. 93.

59 Hübner: Das statistische Central-Archiv, 1853, S. 93; Otto Hübner: Das statistische Central-Archiv. Bericht des ersten Semesters 1853, in: Nachrichten aus dem Gebiete der Staats- und Volkswirthschaft 1,2 (1853), S. 121.

60 Reden: Die jetzige Aufgabe; Anonymus: Verzeichniss der Bücher, Mappen und Landkarten der statistischen Sammlung des sel. Dr. Friedr. Wilh. Freiherrn von Reden, Wien 1861; vgl. Anonymus: Der dritte internationale statistische Kongreß in Wien – III, in: Illustrirte Zeitung [Leipzig] 30 (1858), Nr. 760 [23.01.1858], S. 57–59, 62, hier S. 58.

61 Hübner, Otto: Jahres-Bericht des Statistischen Central-Archives von Otto Hübner zu Berlin für das Jahr 1853, in: Ders.: Die Banken, Leipzig 1854, S. 127–128.

schlägige Korrespondenz anlegten. Außer Hübner und zuvor Reden scheint aber keiner von ihnen das Ziel verfolgt zu haben, eine Art internationales statistisches Amt auf privater Basis zu etablieren. Das hing unter anderem mit dem großen Aufwand zusammen, den der Unterhalt der dafür notwendigen Infrastruktur erforderte. Die kontinuierliche Versorgung des Hübner'schen Centralarchivs mit Informationen aus „allen Ländern" verlief alles andere als reibungslos und war auch nicht unbedingt wörtlich zu nehmen, wie die Jahresberichte zeigen.[62] Aus ihnen geht hervor, dass es in erster Linie Regierungen europäischer Staaten, der USA und einiger südamerikanischer Republiken waren, die in nicht näher spezifiziertem Kontakt mit Hübner standen.[63] Die russische Regierung sei 1861 noch nicht „in einen regelmässigen Verkehr" getreten und selbst einige deutsche Länder würden nicht mit dem Centralarchiv kooperieren. Regierungen asiatischer und afrikanischer Länder erwähnte Hübner in keinem seiner Berichte. Vertretungen einiger deutscher Staaten hülfen zwar, Informationen aus „fernen Ländern" einzuholen. Der Großteil diesbezüglicher Nachrichten jedoch, so lässt sich zwischen den Zeilen lesen, mussten Privatleute, Unternehmen, Verbände, Vereine und Verlage liefern. Drei- bis viertausend Briefe umfasse seine jährliche Korrespondenz, schrieb Hübner 1861[64] und es wird deutlich, dass seine Datensammlung mindestens in den ersten ein bis anderthalb Jahrzehnten eine sehr mühsame Angelegenheit war, die wenig mit einer funktionierenden internationalen oder gar globalen wirtschaftsstatistischen Infrastruktur im Sinne einer fest etablierten Institution und einem kontinuierlichen Datenfluss aus „allen Ländern der Erde" zu tun hatte.

Dies sowie die ganz offenbar nicht ausreichende offizielle – das heißt vor allem: finanzielle – Unterstützung hatten zur Folge, dass Hübner sich in erster Linie mit privatwirtschaftlichen Anfragen befasste. Auf Basis seiner Sammlungen seien neben 200 – vermutlich unentgeltlichen – „Arbeiten über die Gesetzgebung und Statistik fremder Länder für Regierungen und Verwaltungen" acht Banken sowie 16 Versicherungs- und andere Gesellschaften entstanden.[65] Nachvollziehen lässt sich das mit den herangezogenen Quellen ebenso wenig wie sich klären lässt, wie

62 Anonymus: Jahresbericht des Statistischen Central-Archives, in: Bremer Handelsblatt, 16.02.1855, Beilage, S. 101; Otto Hübner: Vierter Jahres-Bericht des Statistischen Central-Archives von Otto Hübner zu Berlin, in: Jahrbuch für Volkswirthschaft und Statistik 5 (1857), S. 141–142.

63 1856 hätten neben 14 Regierungen deutscher Staaten jene von England, Frankreich, Russland, Belgien, Niederlande, Griechenland, Dänemark, Schweden, Norwegen, der Schweiz, den USA, Brasilien, Buenos Aires, der Argentinischen Föderation und Chile Dokumente gesandt; Hübner: Vierter-Jahres-Bericht, S. 141.

64 Hübner, Otto: Siebenter Jahres-Bericht des Statistischen Centralarchives für das am 30. Juni 1869 abgelaufene Jahr, in: Jahrbuch für Volkswirthschaft und Statistik 7 (1861), S. 228–230, Zitate: S. 229.

65 Hübner: Siebenter Jahres-Bericht, S. 229.

Hübner Informationen verarbeitete, ob – und wenn ja, wie viele – Mitarbeiter er beschäftigte, wie lange sein *Statistisches Centralarchiv* bestand und was mit seinen vermutlich recht umfangreichen Beständen geschah. Sicher aber ist, dass sein Versuch, ein internationales statistisches Amt auf privater Basis zu etablieren, scheiterte.

Verbreitung und Rezeption von Hübners *Statistischer Tafel*

Von Beginn an richtete Hübner seine Tafeln nicht nur an ein deutschsprachiges Publikum. Was gleichwohl überrascht, ist ihre tatsächlich weite Verbreitung in verschiedenen Sprachen auf allen Kontinenten. Mehrere Versuche, sie zu plagiieren, deuten zudem auf eine tatsächliche Rezeption der Tafeln hin. Die ersten Ausgaben hatte Hübner mit dem Hinweis versehen, sie erschienen auch auf Englisch, Französisch und Italienisch.[66] Eine Annotation der 19. Auflage wies 1870 auf zusätzliche, „theilweise unberechtigte Uebersetzungen in russischer, schwedischer [und] holländischer" Sprache hin.[67] Nachweisen lassen sich eine englische Ausgabe nur für 1852, 1872 und 1877[68] und eine französische für 1854 und 1871.[69] 1873 bis mindestens 1875 publizierte der deutsch-amerikanische Journalist Alexander Jacob Schem zudem ein *Universal Statistical Table* bzw. *Schem's Statistics of the World*, die praktisch ein Plagiat waren.[70] Auch in Paris unternahm der Journalist Louis-Félix Rigondaud 1880 diesen Versuch, hatte damit aber wenig Erfolg.[71] Eine italienische Übersetzung von Hübners Tafel scheint nicht erfolgt oder erhalten zu sein, dafür

66 1854 verwies Hübner darauf, dass durch „Nachdruck [...] auch holländische und italienische Ausgaben hergestellt" worden seien: Hübner: Jahres-Bericht, S. 128.

67 Anonymus: [Annotation der 19. Auflage von Otto Hübners Statistischer Tafel aller Länder, Frankfurt/Main 1870], in: Innsbrucker Nachrichten vom 08.06.1870.

68 Statistical Survey of all Nations, etc., Leipzig 1852; Statistics of all the Countries in the World ... The English Edition, übers. von Henry Sutherland Edwards, London 1872; Hübner's Universal Statistical Table [...] of all the Countries in the World, London 1877.

69 Tableau statistique universel, Leipzig 1854; Tableau statistique de tous les pays du monde, Paris / Frankfurt/Main 1871; Hinweis auf weitere französische Übersetzungen in Deutsche Allgemeine Zeitung, 24.08.1853, S. 1632; Le Temps, 29.09.1871, S. 3; Revue militaire Suisse 17 (1872), S. 427–428; D. Kaltenbrunner: Aide-mémoire du Voyageur, Zürich 1881, S. 245.

70 Schem, Alexander Jacob: Universal Statistical Table, Boston 1872; Ders.: Schem's Statistics of the World, New York 1873; Ders.: Schem's Statistics of the World, Boston 1875; vgl. die Rezension der ersten Ausgabe von 1872: Anonymus: Literary and Trade News, in: The Publisher's Weekly 3 (1873), Nr. 55 [30.01.1873], S. 108.

71 Peyramont, Louis [Louis-Félix Rigondaud]: Statistique universelle comprenant tous les pays du globe, Paris 1880; zum Inhalt der Schrift: Journal des Débats politiques et littéraires [Paris], 14.05. 1880, S. 2.

aber mindestens drei russische (1859, 1869, 1886)[72] sowie jeweils zwei schwedische (1868 und 1869),[73] niederländische (1854, 1870)[74] und japanische (1860, 1874/1877).[75] Die 1860 erfolgte japanische Übersetzung der niederländischen Fassung der Tafel von 1854 war sogar die erste statistische Publikation westlicher Provenienz, die ins Japanische übertragen wurde.[76] Die Übersetzer gingen dabei vielfach soweit, die in der deutschen Fassung zu findenden Umrechnungen verschiedener ausländischer Angaben auf deutsche Maße, Währungen und Gewichte, in diejenigen ihres eigenen Landes vorzunehmen. Es handelte sich also um mehr als rein sprachliche Übertragungen und steigerte zumindest potentiell den Nutzen der Tafeln. Ungeachtet dessen setzte sich nirgendwo eine dauerhafte Übersetzung der Hübner'schen Tafeln und der späteren Buchfassung durch. Stattdessen verkauften sich die deutschen Ausgaben bis in die 1930er Jahre hinein in vielen Ländern recht gut – allein gemessen an ihrer Existenz in Bibliotheken in zahlreichen Ländern aller Kontinente[77] – und wurden weithin gelobt. „Die Hübner'sche Tafel", hieß es beispielsweise 1868

---

72 Statističeskaja tablica vsech stran zemli Otto Gjubnera c pokasaniem prostranstva, formy i glavy pravlenija, narodonaselenija, gosudarstvennogo raschoda i dolga (i dr. svedenij), 8. Auflage der deutschen Ausgabe 1858, übers. von Vladimir Bezobrazov und A. Esakov, St. Petersburg 1859; Statističeskaja tablica gosudarstv i vladenij vsech častej sveta, sostablennaja po 17-mu nemečkomu izdaniju doktora O. Gjubnera, direktora Statističeskogo čentralnogo archiva v Berline, značiteln'no dopolnennaja svedenijami o den'gach i vese, pereložennych na russkij ves i meru, übers. von A. Marks, St. Petersburg 1869; Geografičesko-statističeskie tabličy vsech stran zemnogo žara, übers. von der Redaktion der Odessa Vestnik, Odessa 1886.

73 Statistik tablå öfver jordens alla länder, übers. von Hugo Nisbeth, Stockholm 1868; Statistik tabell öfer alla länder, übers. von Johannes Alfthan, Stockholm 1869.

74 Statistische tafel van alle landen der aarde, übers. vom Verlag P.A. de Jong, Arnhem 1854; Statistische tabel voor alle landen der aarde. Bewerkt naar den 18ten druk van O. Hübner's Statistische Tafel aller Länder der Erde, übers. von P. Bello, Deventer 1870.

75 Bankoku seihyō, übers. von Okamato Hakukei, hrsg. von Fukuzawa Yukichi, o.O. 1860; Kakkoko tōkei ichiran, übers. vom japanischen Ministerium für Bildung, Tokio, 1874 [oder 1877]; der Japanexperte, Diplomat und Kunst- und Altertumssammler Heinrich von Siebold, der ab 1869 der österreichisch-ungarischen Gesandtschaft in Tokio als Dolmetscher diente, übersetzte offenbar 1872 eine Ausgabe der Hübner'schen Tafel: Vera Schmidt: Korrespondenz Alexander von Siebolds in den Archiven des japanischen Außenministeriums und der Tōkyō-Universität 1859–1895, Wiesbaden 2000, S. 210 f.; zu Heinrich von Siebold vgl. H. Körner / H. Walravens: Siebold, Heinrich Frh. von, in: Ernst Bruckmüller / Helmuth Grössing / Eva Obermayer-Marnach (Red.): Österreichisches Biographisches Lexikon, Bd. 12, Wien 2005, S. 230.

76 Okubo: The Quest for Civilization, S. 80, 86; Yanagisawa [Yasutoshi]: [Referat auf der ISI-Konferenz 1911 in Den Haag], in: Bulletin de l'Institut International de Statistique 19 (1911), Nr. 1, S. 157*-158*, hier S. 157*.

77 Ausgaben von den 1850er bis in die 1930er Jahre lassen sich in den Nationalbibliotheken fast aller europäischer Länder sowie in denen von Japan, China, Indonesien, den USA, Kanada, Argentinien und Chile nachweisen.

in einer Wiener Tageszeitung, habe „in allen Kreisen […] eine Verbreitung gefunden, wie selten ein ähnliches populäres Unternehmen". Auf „das Bequemste und Billigste" führe sie „Jedermann […] in die wirthschaftlichen und geographischen Verhältnisse aller Länder der Erde" ein.[78]

Ähnlich überschwängliche Besprechungen finden sich in vielen deutschsprachigen Zeitungen nach dem Erscheinen der jeweils neuesten Ausgabe, was auf die weite Verbreitung in diesen Regionen verweist. Doch auch im fremdsprachigen Ausland trafen die Tafeln auf Lob und Anerkennung. Bereits 1853 galt Hübner im US-amerikanischen Princeton als „the greatest statist of the world".[79] Etwas weniger pathetisch hieß es elf Jahre später in einer Genfer Zeitschrift, man habe es bei Hübners Tafeln mit einem „ouvrage d'une importance capitale pour la statistique industrielle et commerciale" zu tun, das eine stetig wachsende Nachfrage „dans la monde commercial ou simplement dans le public en général" bediene.[80] Eine Londoner Wochenschrift sah in der 16. Auflage 1867 ebenso eine „useful little work" wie die *Manchester Times* die englische Übersetzung von 1872 als ein „miracle of industry" bezeichnete, dessen einziger Fehler die unhandliche Größe sei.[81] Auch die später von Juraschek verantworteten Jahrbücher wurden wohlwollend aufgenommen. Sie gehörten, so ein US-amerikanischer Statistiker 1890, zu den besten Nachschlagewerken, die er kenne; die Daten seien „so well arranged and so easily found that those who have used the publication […] are unwilling to be without it".[82] Juraschek's Bemühen aber, Daten aus buchstäblich allen Regionen der Welt anzubieten, ging manchem Beobachter zu weit: „The Sahara is also given", bemerkte 1896 der spätere *Economist*-Herausgeber Francis Wrigley Hirst und fügte spöttelnd hinzu, „ignorance as to the Staatsoberhaupt of the Sahara is cunningly avoided under the vague term ‚Stammhäuptlinge' [sic!]. But it is surely unworthy of a statistician,

78 Anonymus: [Annotation der 17. Auflage von Otto Hübners Statistischer Tafel aller Länder, Frankfurt/Main 1868], in: Das Vaterland [Wien], 12.07.1868.

79 Anonymus: Literary Intelligence, in: The Biblical Repertory and Princeton Review 25 (1853), S. 150–164, hier S. 153.

80 Anonymus [E. de Budé]: [Rezension von Otto Hübners Statistischer Tafel aller Länder, Frankfurt/Main 1864], in: Le Globe. Revue genevoise de géographie 5 (1866), S. 145–146, hier S. 145.

81 Saturday Review of Politics, Literature, Science, and Arts, 17.08.1867, S. 232; Manchester Times, 14.12.1872.

82 F., R.P.: [Rezension von Otto Hübner's Geographisch-statistische Tabellen aller Länder der Erde, hrsg. v. Franz v. Juraschek, Frankfurt/Main 1889], in: Publications of the American Statistical Association 2 (1890), S. 31; ähnliches Lob von Lucien March: Nécrologie. Fr. R. von Juraschek, in: Journal de la Société de Statistique de Paris 51 (1910), S. 235–236, hier S. 236.

and a German statistician, to fear for safety even in the Sahara."[83] Solcher Spott wurde ergänzt durch Skepsis gegenüber Sinn und Zuverlässigkeit mancher der vielen Zahlen, nicht zuletzt, weil die Tafeln bis in die 1880er Jahre hinein keine Quellenverweise enthielten.[84]

Nutzen stifteten Hübners Tafeln vor allem in der massenmedialen Öffentlichkeit und für Lehrzwecke. Im Dezember 1852 berichtete die *Deutsche Allgemeine Zeitung*, das österreichische Unterrichtsministerium habe den Schulen des Landes die Tafeln „als ein brauchbares Lehrmittel anempfohlen".[85] Zahlreiche Annotationen neuer Auflagen des Plakats und später auch der Bücher verwiesen darauf, sie sollten – auch aufgrund des günstigen Preises von wenigen Pfennigen – „in jedem Haushalt, Comtoir, Bureau, Lesezimmer, in jeder Schulstube und noblen Gastwirthschaft zum Gebrauche der Gäste einen Platz finden".[86] Und Zeitungen wie auch populäre Zeitschriften nutzten die einfach zugänglichen Informationen oft als Referenz, wenn sie über Regenten, Bevölkerungszahlen, Militärangelegenheiten oder ökonomische Aspekte berichteten.[87] Folgerichtig schrieb Meyers Konversationslexikon Hübner bereits 1858 zu, mit seinen Tafeln „zuerst einen Begriff der Statistik und der Volkswirthschaft in Kreise" getragen zu haben, „wo dieselben bis jetzt ganz unbekannt waren".[88] Während sich allerdings Referenzen auf die Tafeln in zahlreichen akademischen Beiträgen unterschiedlichster Art ebenso finden[89] wie

---

83 Hirst, F[rancis] W[rigley]: [Rezension von Otto Hübner's Geographisch-statistische Tabellen aller Länder der Erde, hrsg. v. Franz v. Juraschek, Frankfurt/Main 1896], in: The Economic Journal 6 (1896), S. 591–592, hier S. 591.

84 Die 14. Auflage von 1866 annotierten die renommierten Jahrbücher für Nationalökonomie und Statistik 7 (1866), S. 222, beispielsweise folgendermaßen: „Die Tafel ist übersichtlich und bequem zum Nachschlagen, in den meisten Angaben auch wohl zuverlässig, obgleich sich nicht leugnen lässt, dass manche Zahlen darin vorkommen, z. B. über die landwirthschaftliche Production aller bedeutenden europäischen Staaten, deren Werth mindestens ein sehr zweifelhafter sein muss."

85 Deutsche Allgemeine Zeitung, 21.12.1852, S. 2446.

86 Tages-Post [Linz] 22.06.1869.

87 Etwa Haus- und Landwirthschaftlicher Kalender des landwirthschaftlichen Vereins in Bayern auf das gemeine Jahr 1871, München 1871, S. 38 f.; Bamberger Neueste Nachrichten, 13.08.1872; Krippen-Kalender für 1873. Jahrbuch für Frauen und Mütter 21 (1873), S. 56, 62–67; The Siamese Mission, in: The Times [London], 27.09.1879.

88 Artikel Hübner, Otto, 1858; ebenso Anonymus: Der dritte internationale statistische Kongreß, S. 59.

89 Etwa Max Wirth: Grundzüge der National-Oekonomie, Bd. 2, 3., umgearbeitete, vermehrte und verbesserte Auflage, Köln 1869, S. 430; Paul Laspeyres: Die Bauwerke der Renaissance in Umbrien, Berlin 1873, S. III; A[ugust] C[arl] Eduard Baldamus: Die Federviehzucht vom wirthschaftlichen Standpunkte. Hühner, Enten, Gänse, Dresden 1876, S. 10; Émile Levasseur: Superficie et Population, in: Journal de la Société de Statistique de Paris 33 (1892), S. 254–265, hier S. 261; Vilhelm Schou: The Statistics of the World's Foreign Commerce, in: Journal of the Royal Statistical Society 63 (1900),

sie Teil der Bestände vieler Bibliotheken waren,[90] gibt es in den Verhandlungen des Reichstags und des britischen Parlaments keine expliziten Hinweise auf sei. Das unterscheidet sie von Neumann-Spallarts *Uebersichten* oder Mulhalls Publikationen.

Motive

Hinsichtlich der Motive Hübners, eine internationale (Wirtschafts-)Statistik zu etablieren, und hinsichtlich der Gründe für den globalen Erfolg der Tafeln lassen sich drei Aspekte unterscheiden.

Erstens war Hübner ein sehr engagierter und international gut vernetzter Statistiker. Fachlich sozialisiert in der statistischen ‚Era of Enthusiasm' teilte er mit vielen seiner Zeitgenossen den Traum einer „progressive utility of statistical knowledge"[91]. International einheitliche Methoden und Konzepte zu entwickeln, Daten zu sammeln, diese grenzüberschreitend zu vergleichen und anschließend Wissen zu generieren, auf dessen Grundlage vernünftige politische und wirtschaftliche Entscheidung getroffen werden konnten, erschien als ein lohnenswertes Ziel, dem sich nicht nur Staatsbeamte und Wissenschaftler widmeten, sondern auch private Publizisten, Verlage und Unternehmer. Doch nicht nur das Engagement von Einzelpersonen wie Hübner trug zum Erfolg statistischer Publikationen bei, sondern auch deren Vernetzung mit Fachleuten aus anderen Ländern, in erster Linie mit solchen aus Europa. Hübner, von Reden, Neumann-Spallart, Juraschek und auch der Herausgeber des *Statesman's Year-Book* Frederick Martin nahmen an einem oder mehreren der internationalen statistischen Kongresse teil. Hübner reiste sogar zu allen dieser Kongresse mit Ausnahme jenes in Florenz 1867. Er war zudem Mitglied der Kommission, die diesen Kongress 1863 in Berlin vorbereitete. Neumann-Spallart wiederum gehörte 1885 zu den Mitbegründern des ISI und entwarf dessen Statut[92] und Juraschek war langjähriges Mitglied des ISI.

S. 315–330, hier S. 326; Werner Sombart: Die deutsche Volkswirtschaft im neunzehnten Jahrhundert, Berlin 1903, S. 633; W[ladimir] I[litsch] Lenin: Werke, Bd. 39: Hefte zum Imperialismus [1913], Berlin 1965, S. 288, 291–293, 299–301

90 Etwa Anonymus: Catalogue, S. 212, sowie die Listen eingegangener Publikationen bei der Bibliothek der *Royal Statistical Society* in: Journal of the Royal Statistical Society 51 (1888), S. 198; 58 (1895), S. 556; für die Bibliothek der französischen *Statistique général* vgl. den Katalog des *Institut National de la Statistique et des Études Économiques* (INSEE), das diese Bestände übernommen hat.

91 Randeraad: States, S. 1.

92 Campion, H[arry]: International Statistics, in: Journal of the Royal Statistical Society 112, S. 105–143, S. 109 f.; Horváth: Le concept, S. 290; vgl. F[ranz] X[aver] v. Neumann-Spallart: Résumé of the Results of the International Statistical Congresses and Sketch of Proposed Plan of an International

Diese Veranstaltungen nutzten die Teilnehmer nicht nur, um über Methoden, Konzepte und Kategorien zu diskutieren, sondern auch, um Kontakte zu knüpfen und zu pflegen, die für den Erfolg von Unternehmen zentral waren, wie sie Hübner, Neumann-Spallart und Juraschek verfolgten.[93] Zudem dienten ihnen die Veranstaltungen dazu, sich selbst zu inszenieren und die eigenen Publikationen anzupreisen und zu verbreiten. Beim Kongress in Wien 1857 etwa verteilte Hübner „eine große Zahl von Exemplaren des eben erschienenen fünften Jahrgangs" seines *Jahrbuchs für Volkswirthschaft und Statistik*, in Berlin 1863 sollten vor allem nicht-preußische Delegierte Exemplare des achten Bandes dieses Jahrbuchs erhalten und 1872 in St. Petersburg überließ er dem Kongress die deutsche und französische Version seiner *Statistischen Tafel.*[94] Auch seine Eigenschaft als korrespondierendes Mitglied der *Société de Statistique de Paris* nutzte Hübner, um seine Publikationen zu verbreiten[95] und vermutlich tat er dies auch als Honorary Member der *Statistical Society* in London, in deren Bibliothek die englischen Ausgaben seiner Tafeln von 1852 und 1872 zu konsultieren waren.[96]

Zweitens war Hübner so wie fast alle anderen der Mitte des 19. Jahrhunderts tätigen Autoren internationaler (Wirtschafts-)Statistiken ein überzeugter Anhänger liberaler politischer Positionen sowie der Freiheit von Gewerbe und internationalem Handel.[97] Entsprechend publizierte er in liberalen Zeitungen und Zeitschriften – etwa im *Bremer Handelsblatt* – und gehörte ab den ausgehenden 1850er Jahren zu den „Hauptwortführern" des *Kongresses Deutscher Volkswirthe.*[98] Als Statistiker,

---

Statistical Association, in: Journal of the Statistical Society of London. Jubilee Volume 1885, S. 284–320; F[ranz] X[aver] v. Neumann-Spallart: Ein internationales statistisches Institut, in: Jahrbücher für Nationalökonomie und Statistik NF 11 (1885), S. 220–237.

93 Vgl. Nico Randeraad: Triggers of Mobility. International Congresses (1840–1914) and their Visitors, in: Sarah Panter (Hrsg.): Mobility and Biography, München 2016, S. 63–82.

94 Ficker, Adolf: Die dritte Versammlung des internationalen Congresses für Statistik zu Wien im September 1857, Wien 1857, S. 86, FN 1; [Ernst] Engel (Bearb.): Rechenschafts-Bericht über die fünfte Sitzungsperiode des Internationalen Statistischen Congresses in Berlin, Bd. 2: Bericht über die Verhandlungen des Congresses, Berlin 1865, S. 455; P[etr] Séménow (Bearb.): Compte-rendu de la huitième session à St-Péterbourg, Bd. 3: Travaux présentés au Congrès, St. Petersburg 1874, S. XIX.

95 Wahl Hübners zum korrespondierenden Mitglied der Pariser Gesellschaft: Journal de la Société Statistique de Paris 2 (1861), S. 57 f.; Hinweis darauf, dass Hübner den siebten Band seines Jahrbuchs der Gesellschaft schenkte: Journal de la Société Statistique de Paris 2 (1861), S.305.

96 Hinweis auf Hübners Honorary Membership in: Statistical Society, London 1878, S. 38, eingebunden in: Journal of the Statistical Society 40 (1877); Anonymus: Catalogue, S. 212.

97 Etwa Otto Hübner: Die Zoll-Einigung und die Industrie des Zollvereins und Oesterreichs, Berlin 1850, Vorwort.

98 Sartorius von Waltershausen, A[ugust]: Deutsche Wirtschaftsgeschichte 1815–1914, 2., ergänzte Auflage, Jena 1923, S. 213; zur Bedeutung des Kongresses für die deutsche liberale Bewegung vgl. Gerhard Peter Georg Eisfeld: Die Entstehung der liberalen Parteien in Deutschland 1858–1870.

Publizist und Mitgesellschafter verschiedener Versicherungsunternehmen und Banken sowie mit dem ihm zugeschriebenen Motto, der „Mangel an Kenntniß" sei der „gefährlichste Feind der Wahrheit",[99] verkörperte Hübner jene realistische Wende des deutschen Liberalismus, die Thomas Nipperdey beschrieben hat und deren eine Dimension die intensivierte Beschäftigung mit ökonomischen Fragen und die Unterstützung freier Marktwirtschaften war.[100] Zur liberalen Überzeugung gehörte zudem, dass Angehörige einer Gesellschaft sich öffentlich und auf Grundlage rational nachvollziehbaren Wissens mit den jeweiligen politischen, wirtschaftlichen, sozialen und kulturellen Fragen der Zeit auseinanderzusetzen haben. Über alle Grenzen hinweg erschien hier statistisches Wissen als einer der vernünftigsten Möglichkeiten, sich über Stand und Entwicklungsmöglichkeiten einer Volkswirtschaft sowohl im absoluten wie im relativen, internationalen Sinne klar zu werden. Und schließlich war es für viele Statistiker Mitte des 19. Jahrhunderts plausibel, dass ihre Tätigkeit Einsichten in jene ‚Gesetze' geben werde, die der Entwicklung von ‚Gesellschaften' zugrunde lägen und an denen sich staatliche Verwaltungen idealerweise orientieren müssten. Statistische Erhebungen und Analysen zu betreiben sowie die behördliche Anwendung des so generierten Wissens zu fördern, versprach aus dieser Perspektive also, staatliche Willkür und Fehlentscheidungen zu vermindern.

Drittens konnte die Publikation internationaler (Wirtschafts-)Statistiken finanziell lukrativ werden. Das traf sicher im Falle der Gothaischen und Londoner Almanache zu, die sich über Verkauf und Werbeanzeigen finanzierten, und vermutlich auch bei den Hübner'schen Tafeln. Anders jedenfalls ist kaum zu erklären, dass sie das einzige von Hübner verantwortete Periodikum waren, das dauerhaft erschien, dass sie nach seinem Tod nicht in der Versenkung verschwanden und dass sich national wie international immer wieder Nachahmer und Übersetzer fanden. Im Mai 1854 verwies der Leiter des Preußischen Statistischen Bureaus, Karl Friedrich Wilhelm Dieterici, in einer Denkschrift darauf, „die Statistik [könne] für industriöse Schriftsteller als ein Object der Speculation benutzt werden"; es ließe sich „Geld verdienen, wenn man diejenigen Fragen behandelt und den Kaufleuten zurecht legt, auf welche ihre Unternehmungen zu begründen sind". Explizit verwies Dieterici auf Hübner als den Repräsentanten solcher Privatstatistik in Berlin. „[S]ämtliche Schriften des Dr. Hübner" seien auf die Frage hin erarbeitet worden:

Studie zu den Organisationen und Programmen der Liberalen und Demokraten, Hannover 1969, S. 15–24; Volker Hentschel: Die deutschen Freihändler und der volkswirtschaftliche Kongreß 1858 bis 1885, Stuttgart 1975.

99 Anonymus: Der dritte internationale statistische Kongreß, S. 59.

100 Nipperdey, Thomas: Deutsche Geschichte 1800–1866. Bürgerwelt und starker Staat, Lizenzausgabe Zürich 1985, S. 718–721, 727 f.

„Welche Notizen braucht der Kaufmann?" Seine *Statistische Tafel* sei „weder nach wissenschaftlicher Ausrichtung, noch nach genauerer Kritik gearbeitet"; „zum augenblicklichen Orientiren [sic!]" sei sie jedoch „äußerst brauchbar".[101]

Auch für Verlage lohnten sich Vertrieb und Verkauf der Tafeln. Auf die verschiedenen, jeweils nur kurzlebigen Versuche, die Hübner'schen Tafeln zu übersetzen oder auch ihr ähnelnde Periodika in anderen Ländern zu etablieren, wurde bereits verwiesen. Eine andere Entwicklung nahm ein Unternehmen in Österreich. Dort begann der Wiener Verlag *A. Hartleben* 1893 eine *Statistische Tabelle über alle Staaten der Erde* zu publizieren, die inhaltlich wie optisch stark an Hübners Tafel erinnerte. Der Frankfurter Verlag *Heinrich Keller*, der die Rechte an Hübners Periodikum 1889 übernommen hatte, strengte daher ein Urheberrechtsverfahren an, das jedoch wenig später eingestellt wurde. Doch nachdem *A. Hartleben* 1894 eine aktualisierte Auflage seiner Tafel herausgab und obendrein auch noch daran ging, ihr (dem Vorgehen des Frankfurter Verlags entsprechend) eine ausführlichere Buchausgabe zur Seite zu stellen, ging *Heinrich Keller* erneut gegen seinen Wiener Konkurrenten vor. Die Klage wurde jedoch 1895 abgewiesen und beide Periodika aus dem Verlag *A. Hartleben* erschienen bis 1917 ununterbrochen einmal im Jahr in einer aktualisierten Version.[102] Möglich, aber hier nicht belegen, ist, dass *Heinrich Keller* aufgrund dieses verlorenen Prozesses um 1900 die Publikation einer separaten Tafel einstellte und sich ganz auf die von Juraschek redigierten Jahrbücher konzentrierte.

Hübners Bemühungen, statistische Ländervergleiche zu erarbeiten, waren einerseits typisch für seine Zeit, wenn man Inhalte, Erhebungsmethoden, sein Gebaren auf dem wachsenden Markt derartiger Publikationen sowie seine Motivationen betrachtet. Außergewöhnlich hingegen war der internationale publizistische Erfolg seiner Tafeln und sein über mehrere Jahre hinweg verfolgtes Ansinnen, ein der Öffentlichkeit und zahlenden Kunden gleichermaßen zur Verfügung stehendes *Statistisches Centralarchiv* zu etablieren, das Kern einer internationalen statistischen Organisation oder Behörde hätte werden können. Angesichts des hohen finanziellen, personellen und auch materiellen Aufwands, den ein solches Unter-

101 Geheimes Staatsarchiv Preußischer Kulturbesitz, Berlin [im Folgenden GStA PK], I. HA Rep 77, Tit. 536, Nr. 11, Bd. 3, Bl. 123–134, Denkschrift Dietericis an den Preußischen Innenminister Ferdinand von Westphalen vom 06.05.1854, hier Bl. 126 f. Ich danke Michael C. Schneider für sein Exzerpt dieser Denkschrift.

102 Anonymus: Nachdruckproceß, in: Oesterreichisch-ungarische Buchhändler-Correspondenz 36 (1895), Nr. 10 [09.03.1895], S. 124–125; vgl. A. Hartleben's Statistische Tabelle aller Länder der Erde, Wien 1893–1917; A. Hartleben's Kleines Statistisches Taschenbuch über alle Länder der Erde, Wien 1894–1917.

fangen bedeutete, wäre hierfür aber tatkräftige staatliche Unterstützung notwendig gewesen, die aus verschiedenen, nun darzulegenden Gründen fehlte.

2.2 Staatliche Behörden: Das Beispiel des britischen *Board of Trade* und seiner auslandsstatistischen Aktivitäten

Wirtschaftsstatistische Aktivitäten internationaler Organisationen vor 1914

Die fünf bis sechs Jahrzehnte vor dem Ersten Weltkrieg gelten als erste Hochzeit internationalistischer Aktivitäten staatlicher und zivilgesellschaftlicher Akteure. Neben internationalen Kongressen zu allen möglichen Themen wurden vor allem ab den 1860er Jahren zahlreiche internationale Organisationen gegründet. 1905 war die Zahl solcher Vereinigungen, die auf multilateralen Verträgen basierten, größer als jene der existierenden souveränen Staaten.[103] Kaum ein gesellschaftlich relevantes Thema blieb von ihnen unberücksichtigt. Eines der zentralen Ziele der meisten dieser Organisationen war es, den Zeitgenossen Informationen grenzübergreifend in möglichst vergleichbarer Form zugänglich zu machen. Bei der Etablierung und Entwicklung der internationalen Wirtschaftsstatistik spielten diese Organisationen bis zum Ersten Weltkrieg dennoch nur eine Nebenrolle.

Es fehlte natürlich nicht an Organisationen, die sich wirtschaftlich relevanten Aspekten widmeten und die begannen, entsprechende statistische Erhebungen durchzuführen und die Ergebnisse zu publizieren. Neben den bereits erwähnten privatwirtschaftlich motivierten Verbänden trugen auch Regierungsorganisationen zur wachsenden Zahl statistischer Ländervergleiche bei.[104] Hervorzuheben ist in dieser Arbeit aufgrund seiner besonders umfassenden statistischen Aktivität und seiner Bedeutung für die diesbezüglichen Aktivitäten des *Völkerbunds* in den 1920er Jahren das 1905 mit Sitz in Rom gegründete *Institut International d'Agriculture* (IIA; *Internationales Landwirtschaftsinstitut*).[105]

---

103 Herren: Internationale Organisationen, S. 33.

104 Einen kurzen Überblick über die wichtigsten dieser Organisationen und ihrer statistischen Publikationen gibt Menges: Versuch, S. 46–58; Beispiele dieser teils periodisch erscheinenden Veröffentlichungen: Protocoles des Séances de la Commission Européenne du Danube 1 (1856) ff. (ab 1861 inklusive statistischer Übersichten); Journal Télégraphique 1 (1869) ff.; Statistique Générale du Service Postale 1 (1883) [1884]; Bulletin Statistique des Pêches Maritimes des Pays du Nord de l'Europe 1 (1903/04) [1906] ff.; Commission International pour le Statistique des Chemins de Fer: Statistique internationale des Chemins de Fer, Paris/Wien 1880.

105 Bulletin de Statistique Agricole / Bulletin de Statistique Agricole et Commerciale / Bulletin Mensuel de Statistique Agricole et Commerciale 1 (1910) ff.; Annuaire International de Statistique Agricole 1 (1910) [1912] ff.; vgl. Asher Hobson: The International Institute of Agriculture. An Historical

Die Periodika des IIA und anderer internationaler Regierungsorganisationen wurden vielerorts rasch als wichtige Referenzwerke anerkannt. Allerdings blieben sie – ihren Mitgliedsstaaten entsprechend – auf Entwicklungen in Europa und Nordamerika konzentriert. Auch deckten sie jeweils nur einzelne wirtschaftlich relevante Aspekte ab. Mit Ausnahme des IIA befasste sich vor dem Ersten Weltkrieg keine internationale Organisation mit den zentralen wirtschaftsstatistischen Themen von Produktion, Außenhandel und Preisen. Selbst das IIA aber war ausschließlich mit landwirtschaftlichen Aspekten beschäftigt. Fortlaufende statistische Beobachtungen gewerblicher Produktion gab es vor dem Ersten Weltkrieg nur in Ansätzen, beschränkt auf wenige Branchen und in nur wenigen Ländern (Kap. 6.2); es fehlte daher schon allein die Datengrundlage, um diesbezügliche internationale Statistiken zu erarbeiten. Die Beobachtung von Preisen, Löhnen und Lebenshaltungskosten wurde seit dem ausgehenden 19. Jahrhundert Thema auch der amtlichen Statistik in allen industrialisierten Staaten; internationale Vergleiche waren jedoch aufgrund unterschiedlicher Konzepte und Methoden schwierig. Als nach der Jahrhundertwende in vielen Ländern ganz ähnliche Preisbewegungen beobachtet wurden, forderten manche Fachleute wie der Ökonom Irving Fisher, Konzepte und Methoden international zu standardisieren und dafür eine eigene Kommission einzusetzen.[106] Wie im Falle der Außenhandelsstatistik (Kap. 2.3) verhinderten aber grundsätzliche Probleme sowie der Beginn des Ersten Weltkriegs die Verwirklichung dieses Vorschlags.

Private wie staatliche internationale Organisationen befassten sich also vor 1914 zwar teils intensiv mit wirtschaftlich relevanten Phänomenen und trugen zur wachsenden Zahl ländervergleichender Statistiken maßgeblich bei. Zentrale Aspekte blieben aber unberücksichtigt und eine mehrere oder sogar alle Phänomene und Prozesse wirtschaftlichen Handelns integrierende Perspektive entwickelte keine der zahlreichen Organisation. Ausschlaggebend für die Beobachtung und das Verständnis grenz- und kontinentüberschreitender wirtschaftlicher Austauschbe-

---

and Critical Analysis of Its Organization, Activities and Politics of Administration, Berkeley 1931; K[nud] A[sbjørn] Wieth-Knudsen: Die statistische Tätigkeit des Internationalen Landwirtschaftsinstituts, in: Deutsches Statistisches Zentralblatt 2 (1910), Sp. 161–166; K[nud] A[sbjørn] Wieth-Knudsen: Die statistische Tätigkeit des Internationalen Landwirtschaftsinstituts, in: Deutsches Statistisches Zentralblatt 4 (1912) Sp. 129–136; D'Onofrio: Agricultural Numbers; Niccolò Mignemi: Rome, capitale mondiale de la documentation agricole. De la bibliothèque de l'Institut international d'Agriculture à la David Lubin Memorial Library de la FAO, in: Mélanges de l'École française de Rome. Italie et Méditerranée modernes et contemporaines 132 (2020), S. 215–235.

106 Fisher, Irving: An International Commission on the Cost of Living, in: American Economic Review 2 (1912), Supplement, S. 92–101, Zitat: S. 93; vgl. J[ohannes] Feig: Internationale Konferenz über die hohen Lebenskosten, in: Deutsches Statistisches Zentralblatt 5 (1913), Sp. 283–284; Stapleford: The Cost, S. 72–75.

ziehungen blieben daher bis zum Ersten Weltkrieg die Publikationen von Privatstatistikern sowie – in eingeschränkterem Maße – die nun im Mittelpunkt stehenden auslandsstatistischen Aktivitäten staatlicher Behörden.

Beschränkte auslandsstatistische Aktivitäten staatlicher Behörden vor 1914

Im Mai 1854 lehnte der Leiter des Preußischen Statistischen Bureaus Karl Friedrich Wilhelm Dieterici vehement Forderungen ab, seine Behörde solle ähnlich wie Otto Hübners *Statistisches Centralarchiv* statistische Ländervergleiche erstellen und regelmäßig publizieren:

> Das statistische Bureau ist ein preußisches Staats-Institut, und seine Kräfte sind hauptsächlich […] für diesen zu verwenden. Es muß sich zwar unterrichten und Kenntniß nehmen von den für die Zustände des Volks wichtigen Privatunternehmungen im In- und Auslande, aber es kann über solche Privatunternehmungen Sammlungen nicht machen, weil es keine Mittel hat, die hierher gehörigen Nachrichten, wenn sie etwa nicht eingehen, mit Executive einzufordern, auch ohne Mittel ist, die Richtigkeit der Angaben zu prüfen und zu verbürgen. Durch solche Versuche würde das Bureau vollkommen in Abhängigkeit von Privatpersonen kommen. […] Ich habe früher wohl daran gedacht, ob es nicht zweckmäßig wäre, für die ausländische Statistik und für solche statistische Arbeiten, wie der Dr. Hübner liefert, einen eigenen Beamten bei dem statistischen Bureau anzustellen, ich bin aber von dieser Idee zurückgekommen, weil in dem Moment, in welchem ein solcher Schriftsteller Königlicher Beamter wird, seine Thätigkeit und die Mittel und Wege, wie er von bestehenden oder neu sich bildenden Einrichtungen und Unternehmungen sich Kenntniß verschafft, sofort gelähmt werden. Vieles wird dem Beamten nicht gesagt, was der Privatmann erfährt. […] Hauptzweck des Statistischen Bureaus ist, die von den Landespoliceibehörden einzusammelnden statistischen Aufnahmen zu sammeln, zu controliren und zu wissenschaftlichen, und für die Staatsverwaltung brauchbaren Uebersichten zu bearbeiten und zusammenzustellen. Außerdem muß sich dasselbe fortdauernd in Kenntniß erhalten, von dem, was sonst für Statistik im In- und Auslande geschieht; und auch diese Ermittelungen für seine Darstellungen mit Kritik und Vorsicht benutzen.[107]

Dietericis Ablehnung steht paradigmatisch für die Haltung der meisten staatlichen statistischen Ämter des 19. Jahrhunderts. Sie sahen sich in erster Linie als Dienstleister für die jeweilige Staatsverwaltung und nur nachgeordnet als wissenschaftlich tätige Einrichtungen, die im Interesse ‚der Allgemeinheit' oder wirtschaftlich tätiger Akteure Wissen generierten.[108] Jede zusätzliche Erhebung, jede weitere

107 GStA PK, I. HA Rep 77, Tit. 536, Nr. 11, Bd. 3, Bl. 123–134, Denkschrift Dietericis an den Preußischen Innenminister Ferdinand von Westphalen vom 06.05.1854, hier Bl. 128 f. [Hervorhebungen im Original]. Ich danke Michael C. Schneider für sein Exzerpt dieser Denkschrift.

108 Zu den Aufgaben der amtlichen Statistik im Selbstverständnis ihrer Vertreter im 19. Jahrhundert vgl. Frank Hoffmann: „Ein den thatsächlichen Verhältnissen entsprechendes Bild nicht zu ge-

Veröffentlichung, jede Veränderung von Methoden und Konzepten musste zunächst einen zusätzlichen Nutzen für den Staat versprechen. Schließlich kosteten sie Geld, dessen Ausgabe gegenüber Ministerien und – gegebenenfalls – Parlamenten legitimiert werden musste; Veränderungen von Konzepten und Methoden trugen die Gefahr in sich, ältere Untersuchungen zu entwerten, weil die Vergleichbarkeit mit deren Zahlen nicht mehr gegeben war; und so wie statistische Publikationen positive Entwicklungen im Vergleich mit der Vergangenheit oder anderen Ländern aufzeigen konnten, drohten sie auch, Fehlentwicklungen offenzulegen, die Regierungen und Verwaltungen in Misskredit bringen konnten.[109] Die Etablierung, den Unterhalt, den Ausbau und die konzeptionelle Weiterentwicklung einer internationalen wirtschaftsstatistischen Infrastruktur zählten die meisten staatlichen statistischen Behörden daher nicht zu ihren Aufgaben.

Gleichwohl begannen mehrere, vor allem europäische Staaten um 1900 in ihren eigenen statistischen Publikationen Tabellen zu publizieren, in denen sie vor allem demographische und wirtschaftliche Aspekte verschiedener Länder zueinander in Beziehung setzten und den Lesern so quantitative Daten vergleichend darboten. Im Laufe der Jahre wurden diese Tabellen in vielen Fällen in geographischer und sachlicher Hinsicht sukzessive erweitert. Die französische *Statistique générale* begann mit der Publikation solch internationaler Übersichten im Jahr 1900,[110] das US-amerikanische *Department of Commerce* folgte 1902,[111] das deutsche *Kaiserliche*

winnen". Quellenkritische Untersuchungen zur preußischen Gewerbestatistik zwischen Wiener Kongress und Reichsgründung, Stuttgart 2012, S. 85–102; zum Changieren der amtlichen Statistik zwischen staatlicher Dienstleistung und universaler wissenschaftlicher Tätigkeit vgl. v. a. Schneider: Wissensproduktion; Horstmann: Halbamtliche Wissenschaft.

109 Vgl. Hoffmann: „Ein den thatsächlichen Verhältnissen", S. 73 f., 136, 143, 155, 160–162; Tooze: Statistics, S. 61 f.

110 Annuaire Statistique de la France 20 (1900), S. 573–575. Das französische Handelsministerium hatte jedoch bereits in den 1830er Jahren eine Auslandsabteilung eingerichtet – das *Bureau des archives des documents étrangers*. Dessen Mitarbeiter sammelten Publikationen aus und Berichte über fremde Länder, werteten diese aus und publizierten aus diesen Beständen ab 1843 in zahlreichen Bänden die Schriftenreihe *Annales du Commerce Extérieur*, deren Ausgaben sich jeweils spezifischen Themen einzelner Länder widmeten; vgl. Alp Yücel Kaya: Le Bureau de la statistique générale de la France et l'institutionalisation des statistiques agricoles. L'enquête agricole de 1836, in: Oeconomia. History, Methodology, Philosophy 3 (2013), S. 421–457, hier S. 424; Christiane Demeulenaere-Douyere / Tifenn Hamonic: Missions commerciales, XIXe siècle. Sous-série F/12. Répertoire méthodique des articles F/12/535, 2588 à 2598/C, 7208 à 7215 et 7409 à 7413, Paris 2011, S. 2 [www.archivesnationales.culture.gouv.fr/chan/chan/pdf/F12-missions-commerciales. pdf; 24.11.2017].

111 Statistical Abstract of the United States 25 (1902), S. 563–565. Das amerikanische Außenministerium hatte bereits 1856 damit begonnen, regelmäßig Berichte über die Entwicklung des amerikanischen Außenhandels zu veröffentlichen. Diese legten teils detailliert den Handel mit bestimmten Hafenstädten und ganzen Ländern dar, enthielten teils auch Handelsstatistiken anderer

Statistische Amt 1903,[112] das schwedische *Statistiska Centralbyrån* 1914 und das spanische *Instituto Nacional de Estadística* 1915.[113] Die italienischen, russischen und japanischen Ämter nahmen hingegen keine regelmäßigen internationalen Übersichten in ihre periodischen Publikationen auf.[114]

Inhalt, Umfang und Aktualität der von staatlichen statistischen Ämtern zusammengestellten und publizierten internationalen Übersichten unterschieden sich von Land zu Land teils deutlich. Dennoch überwogen die Gemeinsamkeiten hinsichtlich der Interessenschwerpunkte, der Erhebungs- und Darstellungsmethoden sowie der Motive, sie zu erstellen und zu publizieren. Angesichts dessen werden diese Charakteristika anhand eines außergewöhnlichen Beispiels eingehender beleuchtet, den auslandsstatistischen Publikationen des britischen *Board of Trade.* Sie sind eine Besonderheit, weil sie schon ab den 1850er Jahren in einem eigenständigen, fremden Ländern gewidmeten Periodikum publiziert wurden und auf Vorläufern basierten, die bis in die 1830er Jahre zurückreichten.

Die auslandsstatistischen Aktivtäten des britischen *Board of Trade* bis 1914

1832/33 richtete die britische Regierung in ihrem *Board of Trade*, einer damals kleinen, vor allem beratend tätigen Behörde, eine statistische Abteilung unter der Leitung George R. Porters ein.[115] Noch im gleichen Jahr gab er zur Information des

Länder, gaben aber vor allem Marktberichte der amerikanischen Konsulate wieder und umfassten Informationen zu den Zollbestimmungen der jeweiligen Länder. Nachdem ab 1903 das neu geschaffene *Department of Commerce and Labour* für diese Publikation zuständig wurde, fanden zunehmend auch international vergleichende Statistiken Eingang. Unter wechselnden Titeln erschienen diese *Reports on the Commercial Relations of the United States with all Foreign Nations* bis zum Ersten Weltkrieg. Vgl. John Cummings: United States. Federal Statistics, in: John Koren (Hrsg.): The History of Statistics. Their Development and Progress in Many Countries, New York 1918, S. 571–689, hier S. 628–633.

112 Statistisches Jahrbuch für das Deutsche Reich 24 (1903), S. 1*-31*. Schon zuvor hatte das Kaiserliche Statistische Amt immer wieder auch internationale Übersichten und Analysen in seinen Periodika abgedruckt, etwa den Vierteljahrsheften zur Statistik des Deutschen Reichs 1 (1873) – 4 (1876); N.F. 1 (1892) – 52 (1943).

113 Statistisk årsbok för Sverige 1 (1914), S. 260–279; Anuario Estadístico de España 2 (1915), S. 542–590.

114 Annuario Statistico Italiano 1 (1878) ff. [hier durchgesehen bis 4. Folge, 4 (1930)]; Ežegodnik Rossii / Annuaire de la Russie – Statističeskij Ežegodnik Rossii / Annuaire Statistique de la Russie 1 (1904) – 13 (1916); Nihon teikoku tokei tekiyo / Résumé Statistique de l'Empire du Japon 1 (1887) ff. [hier durchgesehen bis 49 (1935)].

115 Brown, Lucy: The Board of Trade and the Free-Trade Movement 1830–42, Oxford 1958, S. 20–33, 76–93; M[ichael] J. Cullen: The Statistical Movement in Early Victorian Britain. The Foundations of

Parlaments und der Öffentlichkeit die erste Ausgabe der *Tables of the Revenue, Population, Commerce, etc. of the United Kingdom and its Dependencies* heraus. Sie sind als ‚Porter's Tables' bekannt geworden und bis zum Tod des Behördenleiters 1852 erschienen.[116] Die *Tables* fassten vor allem demographische und wirtschaftlich relevante Statistiken aus verschiedensten Veröffentlichungen und Dokumenten britischer Behörden und des Parlaments zusammen. 1834 bis 1842 enthielten sie zusätzlich einen Abschnitt mit statistischen Informationen über andere Länder. Den Ausgaben von 1844, 1849 und 1851 wiederum war ein jeweils mehrere hundert Seiten umfassendes Supplement mit derartigen Zusammenstellungen beigefügt.[117] 1854 etablierte das *Board of Trade* eine eigenständige Publikationsreihe für ausländische Statistiken, die *Statistical Tables relating to Foreign Countries.* Sie erschienen bis 1870 in etwa zweijährigen Intervallen und enthielten ab 1861 Tabellen, die Länderdaten direkt miteinander verglichen. Zusätzlich ergänzte die Behörde die jährlichen britischen Handelsstatistiken zwischen 1868 und 1871 um entsprechende Daten aus Belgien, den Niederlanden, Frankreich, den USA und Österreich. Von 1874 bis 1914 schließlich publizierte das *Board of Trade* einmal im Jahr und unter wechselnden Titeln das *Statistical Abstract for the Principal [and Other] Foreign Countries.*[118]

In geographischer Hinsicht dominierten Informationen zu europäischen und amerikanischen Staaten die verschiedenen Publikationen. ‚Porter's Tables' berichteten 1834 länderweise gegliedert über Russland, Schweden, Norwegen, Dänemark, Preußen, Hamburg, Amsterdam, Antwerpen, Bordeaux, Marseilles und Lyon, Lissabon, einige spanischen und italienische Städten, verschiedene Staaten der USA, Haiti, Venezuela und Kuba. Die Konzentration auf europäische und südamerikani-

---

Empirical Social Research, New York 1975, S. 19–27; Lawrence Goldman: Victorians and Numbers. Statistics and Society in Nineteenth Century Britain, Oxford 2022, S. 26 f.; Hubert Llewellyn Smith: The Board of Trade, London/New York 1928, 210–222; Roger Prouty: The Transformation of the Board of Trade 1830–1855. A Study of Administrative Reorganization in the Heyday of Laissez Faire, London / Melbourne / Toronto 1957; zu Porter: Henry Parris: Porter, George Richardson (1792–1852), in: Oxford Dictionary of National Biography, Oxford 2004 [http://doi.org/10.1093/ref:odnb/22567; 02.03. 2018].

116 Schon 1847 war Porter allerdings aus dem *Board of Trade* ausgeschieden und der Journalist Albany Fonblanque hatte die Leitung der statistischen Abteilung übernommen: Prouty: The Transformation, S. 9.

117 Vgl. die verschiedenen Ausgaben der Tables of the Revenue, Population, Commerce, etc. of the United Kingdom and its Dependencies, London 1833–1854.

118 Die folgenden Charakterisierungen dieser Publikationen basieren auf der Auswertung von deren verschiedenen Jahrgänge zwischen 1834 und 1914; vgl. George B. Dertilis: Consular Reports and International Statistics in the British Parliamentary Papers (1830–1914), in: Journal of Europan Economic History 19 (1990), S. 311–328, hier S. 317–320.

sche Staaten sowie die USA blieb auch in den folgenden Jahrzehnten erhalten, wenngleich sich die Zahl der Länder mit der Zeit erhöhte. Eine permanente Berichterstattung über die gleichen Themen und Länder, die verlässliche diachrone und synchrone Vergleiche ermöglicht hätte, gab es vor allem in den ersten Jahren nicht und ein allgemeines Charakteristikum von ‚Porter's Tables' schlug sich in dessen dem Ausland gewidmeten Kapiteln nieder: „everything was printed that came to hand".[119] Die ersten Ausgaben der eigenständig erscheinenden *Statistical Tables Relating to Foreign Countries* waren zudem in den 1850er und frühen 1860er Jahren in jeweils geographische Schwerpunkte aufgeteilt: Die ersten fünf, 1855 bis 1857 erschienenen Ausgaben umfassten Informationen jeweils einer Reihe verschiedener europäischer Länder sowie deren Kolonien, die sechste Ausgabe von 1859 konzentrierte sich auf amerikanische Staaten und die siebte und achte Ausgabe war jeweils aufgeteilt in einen mehrheitlich europäischen und einen mehrheitlich amerikanischen Band. Die zwischen 1864 und 1870 in zweijährigen Abständen erschienenen Auflagen enthielten Informationen zu Staaten und Kolonien aller Kontinente und eine gewisse Regelmäßigkeit in der Berichterstattung setzte sich durch. Russland gehörte zu den Ländern, die außer in jenen Bänden, die sich nicht oder kaum mit Europa befassten, immer behandelt wurden. Indische Territorien wurden in den jeweiligen Abschnitten zu abhängigen Gebieten der verschiedenen europäischen Kolonialmächte betrachtet. Informationen zu China – ausschließlich zum Außenhandel in den Vertragshäfen – waren 1849 und 1853 sowie durchgängig von 1862 bis 1870 enthalten, solche zu Japan nur in den 1860er Jahren.

In sachlicher Hinsicht lag der Schwerpunkt der für die einzelnen Länder wiedergegebenen Informationen auf demographischen und wirtschaftlich relevanten Daten. Deren Umfang aber schwankte je nach Land stark. Das Russland-Kapitel in der Ausgabe der *Statistical Tables* von 1866 etwa umfasste 17 Seiten, dasjenige zu China 16 Seiten und das zu Japan fünf Seiten. Den Niederlanden und ihren Kolonien Java und Surinam waren hingegen 42 Seiten gewidmet, Frankreich und seinen Kolonien 55 Seiten und den verschiedenen deutschen Staaten inklusive des Zollvereins knapp 70 Seiten.

Bis Ende der 1850er Jahre waren die *Statistical Tables* in Länderkapitel gegliedert, die Vergleiche zwischen Staaten nur indirekt ermöglichten. Ab 1861 wurden diese Kapitel um mehrere Tabellen ergänzt, die Daten zur Demographie, zum Staatshaushalt und zum Außenhandel einiger Länder zusammenfassten und somit direkt miteinander vergleichbar machten. Diesen Ansatz einer primär sachlichen statt geographischen Gliederung baute das *Board of Trade* im *Statistical Abstract for the Principal Foreign Countries* aus, das jährlich unter verschiedenen Titeln von 1874

119 Cullen: The Statistical Movement, S. 25.

bis 1914 erschien. Eine wachsende Zahl von Tabellen gab darin international vergleichende Übersichten zu Demographie, Migration, Schifffahrt und Außenhandel, während andere Tafeln Ein- und Ausfuhren verschiedener Länder in Einzelkapiteln detaillierter darstellten. Dazu traten weitere Aspekte, zu denen Daten zur Entwicklung der Transport- und Kommunikationsinfrastrukturen, zu den staatlichen Haushalten und zum Geldmarkt gehörten. Auch die Abstracts konzentrierten sich also in sachlicher Hinsicht weiterhin auf demographische und wirtschaftlich relevante Informationen sowie in geographischer Hinsicht auf europäische und südamerikanische Staaten, die USA und auch auf China und Japan. Zudem war das *Board of Trade* bestrebt, die gebotenen Informationen in zunehmenden Maße in einer möglichst einheitlichen Form für alle Länder wiederzugeben, so dass Vergleiche erleichtert wurden.

Die primär sachliche Gliederung und die Bevorzugung von Tabellen, die direkte Vergleiche demographischer und ökonomischer Informationen aus verschiedenen Ländern ermöglichten, prägten auch die internationalen Übersichten, die ab der Jahrhundertwende von den statistischen Ämtern anderer Länder zusammengestellt und publiziert wurden. Was hingegen in ihnen allen fehlte, waren Darstellungen von Staatsoberhäuptern und Herrscherhäusern, Regierungen und diplomatischen Vertretungen; die Erhebung und Publikation nicht quantifizierbarer Informationen sowie die verbale Kommentierung der von ihnen dargebotenen Zahlen gehörte im 19. Jahrhundert also nicht zu den Aufgaben amtlicher Statistiker. Das unterschied sie recht deutlich von den meisten Privatstatistikern.

Erhebungsmethoden

Eine weitere Gemeinsamkeit der verschiedenen internationalen Übersichten in amtlichen statistischen Publikationen war die Art und Weise, wie die Daten erhoben wurden. In erster Linie werteten die statistischen Ämter dazu Publikationen aus anderen Ländern aus und holten zusätzliche Auskünfte von ihren ausländischen Kollegen ein. Auch bei ihnen handelte es sich also um Kompilationen bereits existierender Information, die im Nachhinein vergleichbar gemacht werden mussten.

Als George R. Porter 1834 begann, quantitative Daten aus anderen Ländern in seinen *Tables* zu veröffentlichen, gab es jedoch kaum entsprechende amtliche Publikationen und vielfach fehlte es sogar an statistischen Behörden, die solche hätten publizieren können. Seine Statistiken basierten daher oft auf den wenig standardisierten Informationen britischer Konsulate, an die bereits 1832 auf Bitte des *Board of Trade* ein entsprechender Auftrag des *Foreign Office* gegangen war. Zu Beginn der 1840er Jahre war die britische Regierung zudem offenbar mit jenen Frankreichs, Belgiens und Württembergs übereingekommen, in regelmäßigen Abständen statistische Publikationen auszutauschen und strebte einen solchen Austausch auch mit anderen Regierungen an.[120] Innerhalb weniger Jahre scheint dies gelungen zu sein, denn bereits 1844 erhielt die Behörde offenbar so viele Publikationen aus mehr als 20 Ländern, dass die darin enthaltenen Informationen nicht mehr in den allgemeinen Teil von ‚Porter's Tables' aufgenommen, sondern als Supplement publiziert wurden.[121]

Ab den 1850er Jahren stieg die Zahl der statistischen Ämter weltweit stetig an und damit auch die Menge verfügbarer amtlicher statistischer Veröffentlichungen, die den Kompilatoren internationaler Übersichten zur Verfügung standen. In der russischen Regierung und in den einzelnen Gouvernements des Landes etwa gab es zwar bereits Mitte des 19. Jahrhunderts eine ganze Reihe behördeninterner statistischer Büros, die auch einige ihrer Arbeitsergebnisse publizierten. Ab den 1870er Jahren entstanden zudem innerhalb der landwirtschaftlichen Selbstverwaltungsorganisationen der *Zemstva* leistungsfähige statistische Einrichtungen. Eine den Maßstäben der damaligen Zeit gerecht werdende statistische Behörde entstand jedoch erst in den 1850er Jahren im Innenministerium und befasste sich in erster Linie mit demographischen und landwirtschaftlichen Aspekten. Eine periodische „Statistik des russischen Reiches" erschien ab 1887 und wurde ab 1904 durch ein „Statistisches Jahrbuch" ergänzt.[122]

In China richtete die kaiserliche Regierung erst im Rahmen ihrer Reformbemühungen 1907 ein zentrales statistisches Amt ein. Dieses gab jedoch vor der Revolution des Jahres 1911 keine Publikationen heraus und blieb interessierten Zeitgenossen in erster Linie wegen einer methodisch umstrittenen

---

120 Brown: The Board of Trade, S. 85; The Penny Cyclopaedia of the Society for the Diffusion of Useful Knowledge, Bd. 21: Scanderoon-Signet, London 1841, S. 460; Schreiben Richard Valpys, Board of Trade, an den *Internationalen Statistischen Kongress* in Brüssel, in: Compte Rendu des travaux du Congrès Général de Statistique, réuni à Bruxelles les 19, 20, 21 et 22 Septembre 1853, Brüssel 1853, S. 216–219, hier S. 217.

121 „Offenbar", weil es nur einen indirekten Hinweis auf die neue Quellengrundlage gibt in: Statistical Tables relating to Foreign Countries 1 (1855), o. Pag. [Vorwort].

122 Statistika Rossijskoj Imperij / Statistique de l'Empire de Russie, 1 (1884/85), St. Petersburg 1887; Ežegodnik Rossii / Annuaire de la Russie 1 (1904), St. Petersburg 1905; zur Lage amtlichen Statistik Russlands um 1850: [Friedrich Wilhelm] v. Reden: Notice sur l'état de la statistique en Russie, in: Compte Rendu des travaux du Congrès Général de Statistique, réuni à Bruxelles les 19, 20, 21 et 22 Septembre 1853, Brüssel 1853, S. 213–215; [Ivan] Vernadskij: [Bericht über die russische Statistik], in: Karl v. Czoernig: Rechenschafts-Bericht über die dritte Versammlung des Internationalen Congresses für Statistik, abgehalten zu Wien vom 31. August bis 5. September 1857, Wien 1858, S. 226–233; allgemein zur Geschichte der amtlichen Statistik in Russland vor 1917: A[lexander A.] Kaufmann: The History and Development of the Official Russian Statistics, in: John Koren: The History of Statistics. Their Development and Progress in Many Countries, New York 1918, S. 469–534; Mespoulet: Statistique, S. 27–115; Stanziani: L'économie, S. 25–44.

Bevölkerungszählung 1910 in Erinnerung.[123] Amtliche wirtschaftsstatistische Informationen über China waren in erster Linie solche zum Außenhandel und stammten von der britisch-europäisch dominierten Seezollbehörde des Landes.

In Japan gründete die Regierung drei Jahre nach dem politischen Umsturz, der 1868 die Meiji-‚Restauration' eingeleitet hatte, im Rahmen umfassender Verwaltungsreformen ein statistisches Amt, das 1881 zum Statistischen Zentralamt (*Naikaku tōkeikyoku*) aufgewertet und ab 1885 international als *Direction* [oder: *Bureau*] *Général de Statistique de la Cabinet Impérial* bekannt wurde. Ab 1887 gab dieses Büro ein statistisches Jahrbuch heraus.[124] Zusätzlich veröffentlichten fast alle Tokioter Ministerien statistische Publikationen. So publizierte etwa das Finanzministerium ab 1893 auf Japanisch und Englisch monatlich und jährlich Außenhandelsstatistiken. Das vom gleichen Haus ab 1901 in englischer Sprache herausgegebene *Financial and Economic Annual of Japan*, das bis 1913 auch in einer deutschen und bis 1922 in einer französischen Edition erschien, richtete sich ebenfalls in erster Linie an ein internationales Publikum.[125]

---

123 Bréard: Reform. Zum Zensus von 1910, den damit zusammenhängenden Fragen, wie groß die Bevölkerung Chinas tatsächlich war und welche Qualität die amtliche Statistik des Landes hatte, vgl. Lam: A Passion, S. 62–74; Walter F. Willcox: The Population of China in 1910, in: Bulletin de l'Institut International de Statistique 23 (1928/29), Nr. 2, S. 347–361; Chen Chang-hen: Some Phases of China's Population Problem, in: Bulletin de l'Institut International de Statistique 25 (1931/32), Nr. 2, S. 18*-54*; Chen Chang-hen: An Estimate of the Population of China in 1929, in: Bulletin de l'Institut International de Statistique 25 (1931/32), Nr. 2, S. 55*-87*; Bulletin de l'Institut Internationale de Statistique 25 (1931/32), Nr. 1, S. 74–76, 78–81.

124 Nihon teikoku tokei tekiyo / Résumé Statistique de l'Empire du Japon 1 (1887), Tokio; eine knappe Institutionengeschichte bietet Fr[iedrich] Zahn: Statistik, in: Ludwig Elster / Adolf Weber / Friedrich Wieser (Hrsg.): Handwörterbuch der Staatswissenschaften, 4., gänzlich umgearbeitete Auflage, Jena 1926, S. 869–972, hier S. 935; vgl. zudem Yanagisawa Yasutoshi: On the Progress of Statistics in Japan, in: Bulletin de l'Institut International de Statistique 12 (1900), Nr. 1, S. 349–355, hier S. 352–354; Anonymus: The Official Statistics of Japan; Bureau of Statistics of the Imperial Cabinet: Bureau of Statistics of the Imperial Cabinet. Organization, Functions, Publications, Tokio 1930; Shimojo Yas[u]maro: Outline of the Recent Statistical Works in Japan, in: Bulletin de l'Institut International de Statistique 25 (1931/32), Nr. 2, S. 100–120, hier S. 100, 102; Yokoyama Masao: A Biographical Sketch of Dr. K. Sugi, the Father of Japanese Statistics, in: Bulletin de l'Institut International de Statistique 25 (1931/32), Nr. 2, S. 143–145; Okubo: The Quest, S. 113–125.

125 Dai Nihon gaikoku bōeki geppyō / Monthly Return of the Foreign Trade of the Empire of Japan 1 (1893) – 34 (1926); N.F. 1927–1940; Dai Nihon gaikoku bōeki nenpyō / Annual Return of the Foreign Trade of the Empire of Japan 1 (1893) – 42 (1934); N.F. 1935–1938; The Financial and Economic Annual of Japan 1 (1901) – 40 (1940); Finanzielles und wirtschaftliches Jahrbuch für Japan 1 (1901) – 13 (1913); Annuaire financier et économique du Japon 1 (1901) – 22 (1922); einen Überblick über die statistischen Periodika des Landes – allerdings auf dem Stand von 1930 – bietet Bureau of Statistics of the Imperial Cabinet: Periodical.

Über die demographischen und wirtschaftlichen Entwicklungen der britisch kontrollierten Teile Indiens wiederum informierten sowohl vor als auch nach der Einrichtung des *India Office* 1858 verschiedenste Publikationen amtlicher Stellen in Indien und London, deren Daten in ‚Porter's Tables' ebenso Eingang fanden wie in andere statistische Periodika der britischen Regierung. Ab 1867 publizierte das *India Office* zusammen mit dem *Board of Trade* ein eigenständiges statistisches Periodikum für Indien, 1881 bis 1893 gab das indische *Finance and Commerce Department* eine eigene Zeitschrift heraus.[126] 1871 ernannte die indische Regierung mit William Hunter einen ersten für ganz Britisch-Indien zuständigen *Director-General of Statistics.* 1895 etablierte sie in Kalkutta ein eigenständiges statistisches Amt und legte dieses zehn Jahre später mit dem *Commercial Intelligence Service* zusammen. Diese neue Behörde gab ab 1908 ein jeweils mehrere Bände umfassendes statistisches Jahrbuch mit Daten zu demographischen und wirtschaftlich relevanten aber auch zu zahlreichen anderen Aspekten (Bildung, Kriminalität, Institutionen, Presse, etc.) heraus.[127]

Auch in anderen Teilen der Welt war die zweite Hälfte des 19. Jahrhunderts jene Periode, in der die meisten unabhängigen Staaten mehr oder minder gut organisierte statistische Ämter nach europäischen Modellen etablierten, die ihre wichtigsten Arbeitsergebnisse publizierten und damit Grundlagen für die Erarbeitung internationaler Übersichten legten. In Rumänien erfolgte dies etwa 1859, in Italien und Argentinien 1861, in Spanien, Brasilien und Uruguay 1870, in Venezuela 1871 und in Mexiko 1882.[128] Vergleichsweise gut organisiert war auch die amtliche Statistik in den Dominions, Kolonien und Protektoraten des britischen Imperiums, so dass sich mittels deren jeweils eigenen Publikationen bzw. über diejenigen des Londoner

---

126 Statistical Abstract relating to British India, London 1867–1922; Statistical Tables for British India, Kalkutta 1881–1893.

127 Statistics of British India, Kalkutta 1908–1922; nur die beiden jeweils ersten Teilbände des Jahrbuchs, die sich mit „commercial" und mit „financial statistics" befassten, erschienen während des gesamten Zeitraums; die anderen sieben Teilbände nur bis 1913; für eine Institutionengeschichte vgl. Zahn: Statistik, S. 936; Baines: The History; H[arry] A[lexander] F[anshave] Lindsay: India's Trade and Industrial Statistics. Past, Present, Future, in: Journal of the Royal Statistical Society 97 (1934), S. 399–422, hier S. 401, sowie ausführlich Subramanian: A Brief History, S. 93–105. Zum Aufbau des kolonialen statistischen Berichtssystems bis zur Etablierung des *Director-General of Statistics* und den damit zusammenhängenden Problemen vgl. Mann: Collectors at Work; sowie Bayly: Empire and Information.

128 Zahn: Statistik, S. 934; Günter Menges: Versuch einer Geschichte der internationalen Statistik von ihren Vorläufern im Altertum bis zur Entstehung des Völkerbundes, in: Statistische Hefte 1 (1960), S. 22–64, hier S. 32–34.

Colonial Office und des *Board of Trade* die demographische und wirtschaftliche Entwicklung der verschiedenen Territorien verfolgen ließ.[129]

Bevor die zahlreicher werdenden statistischen Publikationen jedoch ausgewertet[130] und für die Zusammenstellung internationaler Übersichten genutzt werden konnten, mussten sie zunächst erworben werden. Das war insbesondere für Veröffentlichungen aus ferneren und kleineren Ländern nicht immer einfach und musste aufgrund einer fehlenden koordinierenden internationalen Stelle im bilateralen Austausch zwischen den Ämtern und Regierungen organisiert werden. Oft erfolgte dies vermutlich so wie im erwähnten britischen Beispiel über die offiziellen zwischenstaatlichen Kontakte der jeweiligen Außenministerien. Die Delegierten des ersten *Internationalen Statistischen Kongresses* in Brüssel 1853 empfahlen den Publikationsaustausch explizit und forderten später immer wieder, diesen auf diplomatischem Wege zu vereinfachen. So plädierten sie beispielsweise 1863 dafür, Porto- und Frachtkosten für den internationalen Publikations- und Dokumentenaustausch zu erlassen.[131]

Zudem dienten die internationalen Kongresse und ab 1887 die ISI-Konferenzen dazu, dass sich die Beamten der verschiedenen Staaten kennen lernten und gegebenenfalls Vertrauen zueinander aufbauen konnten, so dass ein Austausch von Publikationen auf informeller oder offizieller Ebene möglich bzw. vereinfacht wurde. Eine solche Funktion dieser Treffen liegt auf der Hand und wird von entsprechenden Äußerungen der Teilnehmer bestätigt, wie etwa jener Albany Fonblanques, des Leiters der statistischen Abteilung des *Board of Trade.*[132] Aufgrund solch direkter Kontakte konnte neben die Auswertung der verschiedenen Länderpublikationen eine weitere ‚Erhebungsmethode' treten, die die Völkerbundbeamten

129 Die von Großbritannien abhängigen Gebiete gehörten von Beginn an zu den Berichtsobjekten von ‚Porter's Tables'. Ab 1865 erschien mit wechselnden Titeln ein eigenständiges Statistical Abstract for the Several Colonial and Other Possessions of the UK, London 1865–1939, sowie ab 1905 ein Statistical Abstract for the British Empire, London 1905–1939; vgl. Zahn: Statistik, S. 930 f.

130 Auf die Einrichtung entsprechender Abteilung im französischen Handelsministerium und im amerikanischen Außenministerium wurde bereits hingewiesen (vgl. FN 110 und 111). Doch selbst im preußischen statistischen Bureau wurde in den 1850er Jahren trotz der oben zitierten Weigerung Dietericis, internationale Übersichten zu erstellen und zu publizieren, für mehrere Jahre ein Mitarbeiter damit beschäftigt, die wachsende Zahl ausländischer Statistiken zu ordnen und für eine Auswertung innerhalb des Amts zugänglich zu machen; Hoffmann: „Ein den thatsächlichen Verhältnissen", S. 108 f.

131 Compte Rendu des travaux du Congrès Général de Statistique, réuni à Bruxelles les 19, 20, 21 et 22 Septembre 1853, Brüssel 1853, S. 144; Engel: Rechenschafts-Bericht, S. 532.

132 Legoyt, A[lfred]: Compte Rendu de la Deuxième Session du Congrès International de Statistique, réuni à Paris les 10, 12, 13, 14 et 15 Septembre 1855, Paris 1856, S. 236; ganz ähnlich auch der Brite Alfred Bateman retrospektiv in A[lfred] W. Flux: International Statistical Comparisons, in: Journal of the Royal Statistical Society 86 (1923), S. 297–331, hier S. 317.

später übernahmen. In London füllte man ländervergleichende Tabellen soweit aus wie es die verfügbaren Daten ermöglichten. Diese Entwürfe gingen dann an die Kollegen anderer Länder, die die Informationen nur noch zu überprüfen sowie gegebenenfalls zu korrigieren und/oder ergänzen hatten. Dass dieses Verfahren ausgezeichnet funktioniere, offenbare „the general willingness of statistical authorities to further the useful object of publishing statistics suitable for international comparison and reference."[133]

Vor der Wiedergabe veralteter, missverständlicher oder gar falscher Daten schützte dies jedoch nicht. Wie im Falle der nichtamtlichen Statistiken waren die Beamten in den staatlichen Behörden auf das regelmäßige und möglichst rasche Erscheinen der verschiedenen Publikationen anderer Länder sowie das reibungslose Funktionieren der Kommunikations- und Transportwege angewiesen. Auch die Auswertung der verschiedenen Veröffentlichungen samt der dabei zu überwindenden Sprachbarrieren stellte die Mitarbeiter in den Ämtern vor die gleichen Probleme wie ihre Kollegen in den Universitäten, Privatbüros und Verlagen. Kritik blieb daher nicht aus.[134]

Verbreitung und Rezeption der auslandsstatistischen Publikationen des *Board of Trade*

Trotz des relativ regen Austauschs zwischen den verschiedenen statistischen Ämtern und der dadurch sichergestellten Möglichkeit, Veröffentlichungen der Behörden anderer Länder wahrzunehmen und auszuwerten, sind die hier näher vorgestellten britischen Publikationen nicht so weit verbreitet gewesen, wie dies etwa im Falle von Otto Hübners *Statistischen Tafeln* nachweisbar ist. Recherchen in Bibliothekskatalogen Frankreichs, Deutschlands, Belgiens, Spaniens, Italiens, der USA, Chinas, Japans und Russlands zeigen, dass überraschend wenige Exemplare der britischen Publikationen in diesen Ländern zu finden sind.[135]

Die internationalen Übersichten des *Board of Trade* dienten daher zeitgenössischen Statistikern, Ökonomen und Publizisten zwar auch als Informationsquel-

133 Statistical Abstract for the Principal Foreign Countries in Each Year From 1860 to 1872, London 1874, S. 3.

134 Anonymus: Foreign Statistics, in: Pall Mall Gazette, 12.05.1876, S. 10–11, hier S. 10.

135 Diese Ergebnisse basieren auf der Recherche in Nationalbibliotheken und nationalen Verbundbibliotheken der genannten Länder sowie in der deutschen *Zeitschriftendatenbank* [www.zdb-katalog.de; 21.11.2017].

len.[136] Vielen galten sie auch als zuverlässige und empfehlenswerte Referenzwerke, die „durch [...] Uebersichtlichlichkeit wesentliche Vorzüge vor den betreffenden Abschnitten der meisten gegenwärtigen Handbücher der Statistik" besäßen.[137] Doch angesichts ihrer relativ geringen Verbreitung scheinen sie im 19. Jahrhundert nicht die Breitenwirkung erlangt zu haben, wie die Publikationen der Privatstatistiker. Zu vermuten ist daher, dass Periodika des *Board of Trade* ebenso wie diejenigen der anderen Länder, die ab 1900 derartige internationale Übersichten publizierten, über die oben vorgestellten Almanache und populären Statistiken vor allem indirekt ihren Weg in die Öffentlichkeiten verschiedener Länder fanden. Jedenfalls gehörten ‚Porter's Tables' ebenso zur statistischen Sammlung Friedrich Wilhelm von Redens wie Franz von Juraschek und Franz Xaver von Neumann-Spallart den *Statistical Abstract for the Principal Foreign Countries* als eine Quelle für ihre periodischen Publikationen benannten.[138]

Motive

Weshalb staatliche Behörden begannen, internationale (Wirtschafts-)Statistiken zusammenzustellen und zu publizieren, erklärten sie bis ins 20. Jahrhundert hinein kaum. Meist unterstellten sie, ihre Kompilationstätigkeit sei anerkannt, diene allgemeinen Interessen – dem Informationsbedürfnis von Verwaltungen, Unternehmen und Öffentlichkeit – und müsse nicht näher begründet werden. Sofern der Zweck von auslandsstatistischen Aktivitäten erörtert wurde, war dies meist wenig aussagekräftig. George R. Porter verwies etwa 1834 im Vorwort desjenigen Bandes

---

136 Vgl. etwa A[lfred] Legoyt: La France et l'étranger. 32 études de statistique comparée, Paris/ Straßburg 1864, S. 478, 512; D[aniel] Zolla: Étude sur le commerce des produits agricoles en France et à l'étranger, in: Annales agronomiques 16 (1890), S. 385–416, 492–522, hier S. 512; T. Lloyd: The Economic Condition of Russia, in: The Economic Journal 2 (1892), S. 398–403, hier S. 401; Robert Giffen: The Importance of General Statistical Ideas. Address to the Economic Science and Statistics Section of the British Association, in: Journal of the Royal Statistical Society 64 (1901), S. 444–461, hier S. 448; Anonymus: Chemins de Fer du Monde. Situation au 31 Décembre 1900 et développement par périodes décennales pendant le dix-neuvième siècle, in: Journal officiel de la République française 34 (1902), Nr. 14 [25.05.1902], S. 3615–3619; W. Turner: International Commercial Competition, in: Westminster Review 178 (1912), S. 253–263; Paul Arndt: Der internationale Güteraustausch im Jahre 1911, in: Weltwirtschaftliches Archiv 1 (1913), S. 44–69, hier S. 46, 59.

137 P., H.: [Rezension von Statistical Abstract for the Principal and Other Foreign Countries in Each Year from 1865 to 1876–77, London 1878], in: Jahrbücher für Nationalökonomie und Statistik 33 (1879), S. 57–58, hier S. 58.

138 Anonymus: Verzeichniss, S. 124; Neumann-Spallart: Uebersichten der Weltwirthschaft, 1881, S. 363; Juraschek: Otto Hübner's Geographisch-statistische Tabellen, 1897, S. VI.

seiner *Tables*, der zuerst Statistiken fremder Länder enthielt, darauf, die Informationen seien von britischen Konsulaten eingeholt worden und beträfen vor allem Handelsfragen, die „most important to be known in this kingdom" seien.[139] In den Folgejahren verzichtete Porter ganz auf solche Begründungen. 1854 erfuhren die Leser der ersten Nummer des neuen, nunmehr eigenständigen Periodikums für ausländische Statistiken (*Statistical Tables Relating to Foreign Countries*), dass dieses mit dem Ziel erarbeitet worden sei, „the resources and interests of all Countries" zu illustrieren.[140] Was das bedeutete und weshalb dies wichtig war, wurde ebenso wenig klar wie in allen folgenden Ausgaben. Ähnliches Stillschweigen über die jeweiligen Handlungsmotive herrschte auch in den meisten anderen Publikationen, die ab der Wende zum 20. Jahrhundert um internationale Übersichten ergänzt wurden.[141]

Auch außerhalb ihrer Publikationen blieben die beteiligten Akteure meist vage. Während der ersten Sitzungen des *Internationalen Statistischen Kongresses* stellten beispielsweise die Vertreter der verschiedenen Ämter ihre Behörden und deren Publikationen vor. Für das britische *Board of Trade* tat dies 1853 Richard Valpy. Bezüglich der von seiner Behörde veröffentlichten Zahlen anderer Länder betonte er, seiner Regierung werde es zunehmend wichtiger „that countries should become practically acquainted with the statistics collected and published by eachother [sic!]".[142] Und zwei Jahre später hob sein Kollege Albany Fonblanque hervor, die auslandsstatistischen Supplements von ‚Porter's Tables' würden in Großbritannien mit großem Interesse rezipiert, ohne dies jedoch auszuführen.[143]

Selbst gegenüber dem britischen Parlament blieben die Aussagen der verantwortlichen Beamten des *Board of Trade* vage. 1850 von einem Ausschuss, der sich mit der Beamtenbesoldung befasste, nach den Aufgaben der Statistikabteilung des *Board of Trade* gefragt verwies Behördenchef Henry Labouchere unter anderem darauf, diese erweise sich als sehr nützlich „in giving Parliament and the country more access to foreign statistics than we at present possess".[144] Ähnliches behauptete 1881 gegenüber Parlamentariern auch Robert Giffen, damals zuständig für

139 Tables of the Revenue, Population, Commerce, etc. of the United Kingdom and Its Dependencies 3 (1834), S. IV.

140 Statistical Tables relating to Foreign Countries 1 (1854), o. Pag. [Vorwort].

141 Für Frankreich und Deutschland: Annuaire Statistique 20 (1900), S. IIIf.; der – unbegründete – Beschluss des Conseil supérieur statistique in: Journal officiel de la République française 32 (1900), Nr. 85 [27.03.1900], S. 1924; Statistisches Jahrbuch für das Deutsche Reich 24 (1903), S. III.

142 Compte Rendu des travaux du Congrès Général de Statistique, réuni à Bruxelles les 19, 20, 21 et 22 Septembre 1853, Brüssel 1853, S. 216–219, hier S. 217.

143 Legoyt: Compte rendu, S. 236.

144 Report from the Select Committee on Official Salaries, ordered by the House of Commons (House of Commons Paper, Session 1850, No. 611) o.O. o.J. [London 1850], S. 93.

die statistischen Aktivitäten des *Board of Trade*. Ihm zufolge gebe das *Board of Trade* nicht einfach Ergebnisse bereits veröffentlichter Statistiken wider – ein Vorwurf, der im Raume stand.[145] Die Publikationen der Behörde seien „practically original complications [sic!] [which] present officially to English readers a mass of statistical fact not otherwise accessible".[146] Den Zweck solcher Publikationen nannte keiner der beiden Beamten und es scheint, dass sie es auch nicht mussten. Denn obwohl ihre Behauptungen angesichts der zahlreichen anderen, zu Beginn der 1880er Jahre auch in Großbritannien verfügbaren internationalen und ausländischen Statistiken nicht stimmten, zweifelte sie keiner der Parlamentarier an.

Klarer äußerten sich andere Akteure. 1857 etwa begründete Alfred Legoyt, Leiter der französischen *Statistique générale*, die auslandsstatistische Schriftenreihe seiner Behörde (*Annales du Commerce extérieur*) erscheine, um „Frankreich mit der Bewegung des auswärtigen Handels der anderen Länder bekannt [...] [zu] machen und unseren Kaufleuten und Industriellen alle zur Aufklärung, Erleichterung und Leitung ihrer Unternehmungen nach Aussen hin geeigneten Belehrungen [...] [zu] verschaffen".[147] Und 1886 versicherte Robert Giffen dem britischen Parlament, das *Board of Trade* besitze ausreichend Informationen, um im Normalfall Auskunft geben zu können über „any foreign country or colony".[148]

Die Generierung von Orientierungswissen für Regierungen, privatwirtschaftliche Unternehmer und breiteres Publikum war und blieb *das* zentrale Motiv, das statistische Behörden anführten – oder als bekannt voraussetzten –, um ihre Personal- und Sachkosten zu rechtfertigen. Das lag nahe, wurde von den meisten Zeitgenossen anerkannt und ist in einem allgemeinen Sinne auch richtig. Doch zum einen ist der informatorische Mehrwert, den die Autoren der internationalen Übersichten versprachen, im konkreten Fall nur schwer nachzuvollziehen, selbst wenn die entsprechenden Publikationen in Parlamenten, Behördenbüros und Unternehmen bekannt und verbreitet waren. Zum anderen muss das ‚Informationsmotiv' differenziert und um weitere ergänzt werden, um zu verstehen, weshalb Regierungen begannen, internationale Übersichten nicht nur für den internen

145 Vgl. etwa Report from the Select Committee on Official Publications, etc. (House of Commons Paper, Session 1906, No. 279), London 1906, S. 17, 86 f.

146 Giffen[, Robert]: Memorandum on the Compilation and Printing of the Statistics of the United Kingdom, in: Second and Third Reports of the Official Statistics Committee, ordered by the House of Commons (House of Commons Paper, Session 1881, No. 39), o.O. o.J. [London 1881], S. 83–104, hier S. 100.

147 Legoyt[, Alfred]: [Bericht über die französische Statistik], in: Karl v. Czoernig: Rechenschafts-Bericht über die dritte Versammlung des Internationalen Congresses für Statistik, abgehalten zu Wien vom 31. August bis 5. September 1857, Wien 1858, S. 272–277, hier S. 274.

148 First Report of the Royal Commission appointed to inquire into the Depression of Trade and Industry (Command Paper, Session 1886, C.4621), London 1886, S. 9.

Gebrauch zu erstellen, sondern diese auch zu publizieren. Die diesbezüglichen Motive der britischen Regierung und der dort mit auslandsstatistischen Aktivitäten befassten Beamten Mitte des 19. Jahrhunderts waren natürlich andere als diejenigen ihrer französischen, amerikanischen und deutschen Kollegen um 1900.

Die Etablierung der statistischen Abteilung im *Board of Trade* muss zum einen als Ausdruck des bereits mehrfach erwähnten ‚statistischen Enthusiasmus' (H. Westergaard) der 1830er und 1840er verstanden werden. Zum anderen lässt sich die Neuausrichtung des *Board of Trade* in die grundlegenden Reformen in Verwaltung, (Sozial-)Politik und Gesellschaft innerhalb Großbritanniens einordnen, die in den 1830er Jahren das Viktorianische Zeitalter einläuteten. Viele Reformer jener Zeit strebten danach, mit staatlich abgesicherten Maßnahmen das größtmögliche Wohl aller zu erreichen, und traten dafür ein, den Fortschritt in diese Richtung empirisch zu überprüfen.[149]

Zum Wohle aller beizutragen bedeutete unter anderem, die soziale und wirtschaftliche Lage der Bevölkerung zu verbessern und diese hing in Großbritannien stärker als in vielen anderen Ländern vom Außenhandel und dem Kapitalexport ab.[150] Produzenten, Händler und Investoren mussten daher gleichermaßen daran interessiert sein, sich über die wirtschaftlichen Verhältnisse von Bezugs- und Absatzländern möglichst aktuell und verlässlich informieren und auch die Entwicklung der tatsächlichen und potentiellen Konkurrenten im Auge behalten zu können. Das erklärt, weshalb die britische Regierung ihre auslandsstatistischen Aktivitäten und Publikationen zur gleichen Zeit ausbaute, als sie eigentlich eine Politik verfolgte, in deren Rahmen wirtschaftlich Aktive möglichst freie Hand haben sollten. Den Befund, dass Staaten, die wirtschaftlich möglichst wenig aktiv sein wollten, ihre statistischen Tätigkeiten ebenso erweiterten, wie Staaten, die sehr stark in die Wirtschaft eingriffen oder diese gar zu steuern versuchten, hat Alain Desrosières damit erklärt, dass der wirtschaftsliberale Staat idealerweise zum unparteiischen Lieferanten von Daten wird, die nichtstaatliche Akteure nutzen können, um ihre Interessen zu verfolgen.[151] Dieses Verständnis ökonomisch relevanter, staatlicher Aktivität korrespondiert damit, wie Historiker in den vergangenen Jahren die Rolle

---

149 Vgl. Stephen J. Lee: Aspects of British Political History 1815–1914, London / New York 1994, S. 64–73; Gottfried Neidhart: Geschichte Englands im 19. und 20. Jahrhundert, München 1987, S. 78–88; Susie L. Steinbach: Understanding the Victorians. Politics, Culture, and Society in Nineteenth Century Britain, London/New York 2012, S. 39–44; Goldman: Victorians.

150 Vgl. François Crouzet: The Victorian Economy, London 1982, S. 342–370; C. Knick Harley: Trade. Discovery, Mercantilism and Technology, in: Roderick Floud / Paul Johnson (Hrsg.): The Cambridge Economic History of Modern Britain, Bd. 1: Industrialisation, 1700–1860, Cambridge 2004, S. 175–203.

151 Desrosières, Alain: Managing the Economy, in: Theodore Porter / Dorothy Ross (Hrsg.): The Cambridge History of Science, Bd. 7: Modern Social Sciences, Cambridge 2003, S. 553–564, hier S. 557 f.

des Staates in liberalen Demokratien und Marktwirtschaften charakterisiert haben: als Rahmensetzer und Garant der Rechtssicherheit, als Entwickler und Träger kommunikations- und transporttechnischer Infrastrukturen, als Träger von Bildungseinrichtungen sowie als tatkräftigen Unterstützer der Unternehmer ihrer jeweiligen Länder in diplomatischer und militärischer Hinsicht.[152]

Dieses, die auslandsstatistischen Aktivitäten und Publikationen legitimierende ‚liberalstaatliche Informationsmotiv' erklärt zum Teil, weshalb neben der britischen auch Regierungen anderer Staaten begannen, statistische Informationen anderer Länder in eigene Periodika aufzunehmen. Schließlich waren auch Unternehmer ihrer Länder in den internationalen Warenhandel involviert und an Auslandsinvestitionen interessiert, die beide zudem ab Mitte des 19. Jahrhunderts enorm anwuchsen und bis zum Ersten Weltkrieg zu einer bis dahin unbekannten wirtschaftlichen Verflechtung von Ländern aller Kontinente führte.[153] Gleichwohl reicht dieses Motiv allein nicht aus, um zu verstehen, weshalb die Regierungen Frankreichs, der USA, Deutschlands und anderer Länder, die ebenfalls bereits seit langem wirtschaftlich relevante Informationen aller Art aus zahlreichen Ländern für eigene Zwecke sammelten, erst zu Beginn des 20. Jahrhundert begannen, vergleichende internationale Tabellen zu publizieren. Zwei weitere Motive müssen deshalb angeführt werden.

Zum einen zielten die auslandsstatistischen Aktivitäten von Regierungen zunehmend darauf ab, eigene Entscheidungen in öffentlichen Debatten auf Länder- wie auf internationaler Ebene zu legitimieren. Das freihändlerische Beispiel Großbritanniens hatte in der Mitte des 19. Jahrhunderts zwar rasch Nachahmer in ganz Europa gefunden und im Zusammenspiel mit dem raschen Ausbau der grenz- und kontinentüberschreitenden Kommunikations- und Verkehrsinfrastrukturen dazu geführt, dass für einige Waren Weltmärkte entstanden. Doch die zunehmende internationale Arbeitsteilung führte dazu, dass sich Wirtschaftskrisen schnell ausbreiten konnten.[154] Zudem hatte sie in vielen Ländern negative soziale und wirtschaftliche Folgen, gegen die sich protektionistische Maßnahmen richteten, die viele Regierungen – mit der wichtigen Ausnahme Großbritanniens – ab den 1870er Jahren ergriffen. Sie trafen diesbezügliche Entscheidungen unter der ständigen Be-

152 Vgl. Ron Harris: Government and the Economy, 1688–1850, in: Roderick Floud / Paul Johnson (Hrsg.): The Cambridge Economic History of Modern Britain, Bd. 1: Industrialisation, 1700–1860, Cambridge 2004, S. 204–237; Sven Beckert: King Cotton. Eine Globalgeschichte des Kapitalismus, München 2014; James Fulcher: Kapitalismus, Bonn 2008, S. 58–68; Jürgen Kocka: Geschichte des Kapitalismus, München 2013, S. 114 f.

153 O'Rourke/Williamson: Globalization and History; Torp: Weltwirtschaft; Topik/Wells: Commodity Chains.

154 Plumpe, Werner: Wirtschaftskrisen. Geschichte und Gegenwart, München ^{3}2012.

obachtung einer wachsenden in- und ausländischen Presse, der mindestens beratenden Teilnahme von Parlamenten und im Kontext zunehmend breiter werdender politisch-gesellschaftlicher Debatten, die mit der Gründung von wirtschaftlichen Interessenorganisationen, Parteien und Verbänden einhergingen.[155] Diese „Ökonomisierung der Politik“[156] war ein Motiv für Regierungen, den zahlreichen, in der Öffentlichkeit kursierenden Zahlen und Daten über internationalen Handel und die wirtschaftliche Entwicklung in anderen Ländern eigene Zahlen entgegenzusetzen, die aufgrund ihrer amtlichen Herkunft mit staatlicher und wissenschaftlicher Autorität gleichermaßen ausgestattet waren.[157]

Zum anderen boten internationale (Wirtschafts-)Statistiken Regierungen ein neuartiges Mittel, um zwischenstaatliche Konkurrenz zu artikulieren. Im Zeitalter des Hochimperialismus und der beginnenden Massenkommunikation stellte der Vergleich ökonomischer Potentiale und Leistungsfähigkeiten sowie der wirtschaftlichen Entwicklung einzelner Länder eine Möglichkeit für Regierungen dar, in den Wettstreit um „‚weiche‘ globale Güter“ (etwa nationales Prestige) in einer potentiell globalen Öffentlichkeit zu treten. Dazu bedurfte es, so Tobias Werron, „universalisierter Dritter“ (internationale Organisationen, Journalisten, Sozialwissenschaftler), die Staaten beobachteten und öffentlichkeitswirksam miteinander in einen vergleichenden Bezug setzten, sowie international anerkannter Vergleichsmaßstäbe und -instrumente, wie sie im vorliegenden Falle die Wirtschaftsstatistik zweifelsohne zu bieten versprach.[158] Mehr noch: Werron und Bettina Heintz haben überzeugend argumentiert, Globalisierungsdynamiken seien im 19. Jahrhundert durch lokal ungebundene, potentiell globale „öffentliche Vergleichsdiskurse“ ausgelöst worden. In deren Rahmen mussten bestimmte Ereignisse (etwa Wettbewerbe) dank standardisierter Charakteristika und Vergleichskriterien vergleichbar sein und von einem unbestimmten Publikum permanent beobachtet und verglichen werden können. Im Sinne Heintz‘ und Werrons stellten periodisch erscheinende internationale (Wirtschafts-)Statistiken den „Nachschub von Vergleichsereignissen auf Dauer“, es gab Versuche, „Vergleichbarkeit herzustellen“ und es kam zu Debatten darüber, wie die statistischen Daten zu interpretieren waren, welche Vergleichskriterien also angelegt werden müssten, um Konkurrenz artikulieren zu können.[159] Schließlich ermöglichten es statistische Ländervergleiche, einen permanenten, öf-

155 Für Deutschland: Cornelius Torp: Die Herausforderung der Globalisierung. Wirtschaft und Politik in Deutschland 1860–1914, Göttingen 2005.

156 Osterhammel/Petersson: Geschichte der Globalisierung, S. 69.

157 Zu diesem Autoritätsanspruch amtlicher Statistik: Desrosières: Politik, S. 166.

158 Werron, Tobias: Worum konkurrieren Nationalstaaten? Zu Begriff und Geschichte der Konkurrenz um „weiche“ globale Güter, in: Zeitschrift für Soziologie 41 (2012), S. 338–355.

159 Heintz/Werron: Wie ist Globalisierung möglich, Zitate: S. 365, 384.

fentlichen und potentiell globalen Vergleichsdiskurs zu etablieren, der verschiedenste, wirtschaftlich relevante und statistisch in einzelnen Ländern beobachtete Phänomene und Prozesse miteinander in Beziehung setzte. Der Anteil eines Landes am ‚Welthandel', Kapitalexporte, die Produktion einiger industrieller Güter wie Stahl, Schiffe oder Eisenbahnen oder die Herstellung wichtiger, weltweit gehandelter landwirtschaftlicher Waren wie Weizen waren zentrale Aspekte, anhand derer Zeitgenossen die internationale Bedeutung eines Landes maßen und zumindest in populärwissenschaftlichen Beiträgen auch in Ranglisten und Grafiken darstellten.[160]

Auf diese Weise entstand ein dauerhaft existierender, internationaler, potentiell aber globaler ‚wirtschaftsstatistischer Zahlenraum',[161] in dem staatliche Konkurrenz mittels internationaler Wirtschaftsstatistiken artikuliert werden konnte. Aufgrund des in den meisten Ländern noch wenig entwickelten Stands wirtschaftsstatistischer Beobachtungen und aufgrund kaum vorhandener Vergleichbarkeit von Zahlen unterschiedlicher Länder sollte dieser ‚Raum' nicht als einheitliches und fertiges Phänomen verstanden werden; eher handelte es sich um Grundmauern eines Hauses auf sumpfigen Untergrund, das zerstrittene Bauherren und Architekten zu errichten suchten. Dass sich innerhalb dieses ‚Raumes' aber zwischenstaatliche Konkurrenz mittels Zahlen artikulieren ließ, war Ende des 19. Jahrhunderts kaum mehr umstritten. Die Etablierung dieses ‚Zahlenraumes' setzte deshalb eine Dynamik wirtschaftsstatistischer Entwicklung zunächst im institutionellen, nach dem Ersten Weltkrieg auch im konzeptionellen und methodischen Bereich in Gang, die nicht mehr aufzuhalten war. An der Wende zum 20. Jahrhundert konnte es sich keine Regierung, die auf internationaler Ebene ernst genommen werden wollte, leisten, auf die Erhebung und Publikation wirtschaftlich relevanter Statistiken zu verzichten.

Für Zeitgenossen war die wachsende Bedeutung des Vergleichs ökonomischer Leistungsfähigkeit und wirtschaftlicher Entwicklungen verschiedener Länder offensichtlich. Anfang des 20. Jahrhunderts reiste beispielsweise der US-amerikanische Bankier und Journalist Frank A. Vanderlip durch Europa und berichtete, in Berlin habe ihm ein bekannter, nicht namentlich genannter Ökonomen folgendes gesagt:

---

160 Etwa Michael G. Mulhall in seinen verschiedenen Publikationen oder auch H[einrich] Harms: Kleine Weltwirtschafts-Statistik für den deutschen Staatsbürger. Eine kurze Darstellung der Weltwirtschaft und des Welthandels unter besonderer Berücksichtigung der wirtschaftlichen Verhältnisse Deutschlands, Leipzig 1912.

161 Vgl. Daniel Speich Chassé: Statistische Grössen. Zum Zahlenraum der Makroökonomie, in: Anna Echerthölter / Iris Därmann (Hrsg.): Konfigurationen. Gebrauchsweisen des Raumes, Zürich / Berlin 2013, S. 31–44.

> History is becoming more and more the story of industrial development [...]. The strength of a nation becomes more nearly measured by its wealth, its importance in the world's progress by its relative commercial position. History will more and more be written in ledgers and balance-sheets, in trade statistics, and in the figures which show the results of industrial conquests or defeats. [...] It may all seem very sordid and unromantic, but I believe that a study of the comparative price-currents of nations, an analysis of trade balances, an understanding of the statistics of production and consumption, will give the *data* which are now needed in making a forecast of a nation's history.[162]

Wenngleich amtliche Statistiken davon absahen, die Konkurrenz explizit zu formulieren – etwa in Form von Ranglisten oder grafischen Darstellungen – so wurden ihre Daten doch von anderen Autoren in genau dieser Weise genutzt.[163] Folgerichtig spielten sie so auch in politischen Debatten der Jahrhundertwende eine Rolle, wenn etwa deutsche Politiker häufiger betonten, ihr Land habe „sich die zweite Stelle im Welthandel erobert".[164] Andere nutzten handelsstatistische Daten, um darzustellen, wie Deutschland von 1880 bis 1896 Anteile des Welthandels auf Kosten Großbritanniens hinzugewonnen hatte.[165] Nicht nur die Absicht, zu informieren und eigenes Handeln zu legitimieren, lassen sich also zu den Motiven staatlicher Verwaltungen zählen, internationale Übersichten zu publizieren, sondern auch der Wille, die (wirtschaftliche) Bedeutung des eigenen Staates in der Reihe industrialisierter und sich industrialisierender Länder propagandistisch darzustellen.

---

162 Vanderlip, Frank A.: The American „Commercial Invasion" of Europe, in: Scribner's Magazine 31 (1902), S. 3–22, 194–213, 287–306, hier S. 12.

163 Etwa Urquhart A. Forbes: Our Commercial Rivals, in: London Quarterly Review 3.F. 4,2 (1900), S. 282–309; Turner: International; Philip's Chamber of Commerce Atlas. A Graphic Survey of the World's Trade with a Commercial Compendium and Gazetteer Index, London / New York 1912; Harms: Kleine Weltwirtschafts-Statistik.

164 So etwa der sozialdemokratische Abgeordnete Karl Wilhelm Stolle am 21.03.1903 im Reichstag, in: Stenographische Berichte über die Verhandlungen des Reichstages. X. Legislaturperiode. II. Session 1900/1903, Bd. 10: Von der 279. Sitzung am 10. März 1903 bis zur 302. (Schluß-)Sitzung am 30. April 1903, Berlin 1903, S. 8784; ähnlich auch der Zentrums-Politiker Georg von Hertling am 23.03.1898 im Reichstag, in: Stenographische Berichte über die Verhandlungen des Reichstages. IX. Legislaturperiode. V. Session 1897/98, Bd. 3: Von der 66. Sitzung am 21. März 1898 bis zur Schlußsitzung am 6. Mai 1898, Berlin 1898, S. 1708.

165 So der Liberale Richard von Bennigsen am 24.03.1898 im Reichstag, in: Stenographische Berichte über die Verhandlungen des Reichstages. IX. Legislaturperiode. V. Session 1897/98, Bd. 3: Von der 66. Sitzung am 21. März 1898 bis zur Schlußsitzung am 6. Mai 1898, Berlin 1898, S. 1737.

2.3 Ansätze und Probleme internationaler Standardisierung wirtschaftsstatistischer Konzepte und Methoden im langen 19. Jahrhundert

Die wenig erfolgreichen Bemühungen, wirtschaftsstatistische Konzepte und Methoden im 19. Jahrhundert international zu standardisieren, sind schon häufiger in der Literatur besprochen worden.[166] Hier genügen daher eine Skizze der wichtigsten diesbezüglichen Ansätze sowie eine Erörterung der grundlegenden Probleme, die die einheitliche Erhebung sozialer Phänomene und Prozesse bis heute erschweren oder gar unmöglich machen. Dies geschieht am Beispiel der Außenhandelsstatistik, weil sie zu den ältesten wirtschaftlich relevanten Statistikarten gehört. Zudem war sie für viele Staaten lange von hohem fiskalischem Interesse und besaß für Handelsvertragsverhandlungen und diesbezügliche Debatten ebenso zentrale Bedeutung wie für die Diskussionen über die Rolle eines Landes in der ‚Weltwirtschaft'. Nicht zuletzt war sie seit dem ersten *Internationalen Statistischen Kongress* 1853 Ziel konkreter Standardisierungsvorschläge, die kurz vor dem Ersten Weltkrieg in einen völkerrechtlich bindenden Vertrag mündeten.

Als der Kongress 1853 in Brüssel zusammentrat, setzten sich die Teilnehmer das Ziel, „de chercher à introduire de l'unité dans les statistiques officielles que publient les Gouvernements, et de rendre les résultats comparables".[167] Dafür war es notwendig, sich grenzüberschreitend darüber einig zu werden, was erfasst und gezählt werden sollte, wie dies konkret zu geschehen habe und auf welche Weise das Gezählte verarbeitet und dargestellt werden könnte. Die Teilnehmer aller neun zwischen 1853 und 1876 stattgefundenen *Internationalen Statistischen Kongresse* sowie der ab 1887 im Zweijahresrhythmus tagenden ISI-Konferenzen diskutierten diese Fragen ausführlich für alle möglichen Zweige der Statistik: von der Gestaltung von Volkszählungen und der Arten von Sterbeursachen über Großstadt- und Migrationsstatistiken bis hin zur Erfassung von Ernteergebnissen und Waldflächen. Es verwundert nicht, dass auch die statistische Erfassung des Außenhandels immer

166 Vgl. v. a. Randeraad: Statistics; Horstmann: Halbamtliche Wissenschaft; zudem Campion: International Statistics, S. 106–110; Horváth: Le Concept, S. 287–290; Menges: Versuch, S. 38–46; Nico Randeraad: The International Statistical Congress (1853–1876). Knowledge Transfers and Their Limits, in: European History Quarterly, S. 50–65; Schneider: Internationalisierung; Michael C. Schneider: Amtliche Statistik in Preußen und Österreich im 19. Jahrhundert im Spannungsfeld zwischen staatlichen Interessen und internationaler Konvergenz, in: Thomas Stamm-Kuhlmann (Hrsg.): Auf dem Weg in den Verfassungsstaat. Preußen und Österreich im Vergleich, Berlin 2018, S. 95–117; Westergaard: Contributions, S. 173–183.

167 Compte Rendu … 1853, S. 143.

wieder Thema dieser Veranstaltungen war.[168] Seit dem 1889 im Rahmen der Pariser Weltausstellung zusammengetretenen *Congrès international du commerce et de l'industrie* befassten sich neben Statistikern auch Unternehmer und andere wirtschaftlich Interessierte aus zahlreichen, vor allem europäischen und nordamerikanischen Ländern mit den Möglichkeiten internationaler Standardisierung handelsstatistischer Kategorien, Begriffe und Methoden und formulierten entsprechende Resolutionen.[169] Allerdings erwiesen sich die dabei auftretenden Probleme als „presque insurmontables".[170] Sie entsprangen sowohl der Binnenlogik statistischer Methodik als auch politischen Umständen und wirtschaftlichen Dynamiken.

In den meisten Ländern ging die statistische Erfassung entsprechender Handelsbewegungen über die jeweiligen Staatsgrenzen hinweg ursprünglich auf das Interesse zurück, Zölle zu erheben und dadurch Einnahmen zu generieren. Nicht alle Waren aber waren zollpflichtig, so dass diese in keiner Zollstatistik auftauchten.[171] Eine Außenhandelsstatistik, die den Namen verdiente, musste also im Idealfall unabhängig von der Zollstatistik und der Zollverwaltung geführt werden. Das aber zog zusätzliche Ausgaben nach sich und setzte voraus, dass Händler zur Anmeldung aus- oder eingeführter Waren gezwungen werden konnten. In Deutschland beispielsweise wurde die Deklarationspflicht erst 1880 eingeführt.[172] Geklärt werden musste auch, ab welchem Umfang bzw. welchem Wert eine Ware statistisch zu erfassen war, und ob neben Waren auch Edelmetalle und Geld zu berücksichtigen waren.

Waren sich zumindest Statistiker weitgehend darüber einig, dass eine möglichst vollständige Erfassung aller ein- und ausgehenden Waren wünschenswert war, konnten sie prächtig darüber streiten, wie die Erfassung konkret vonstattengehen sollte. *Erstens* ließ sich bei der Aufnahme einer Ware unterscheiden zwischen (a) dem jeweiligen Verschiffungs- und Ankunftsland, (b) dem Kauf- und Verkaufsland und (c) dem Land der Herstellung und dem Land des Verbrauchs. Eng damit zusammenhängend war auch zu klären, ob es sich bei einer eingeführten Ware um etwas handelte, das in dem Land nur gelagert und dann weiter versendet wurde oder gar nur als Durchgangsware gekennzeichnet werden konnte. Und wie

---

168 Vgl. für eine Übersicht über die Tagungen, bei denen die Handelsstatistik Thema war, Jakob Breuer: Die Methoden der Handelsstatistik, Paderborn 1920, S. 18–21; Hans Genzmer: Die Bestrebungen zur Schaffung eines international-einheitlichen Zolltarifschemas, Münster 1929, S. 3–6; Zahn: 50 années, S. 114–116.

169 Vgl. die Übersicht in Genzmer: Die Bestrebungen, S. 7–43.

170 Zahn: 50 années, S. 114.

171 Breuer: Die Methoden, S. 10 f.

172 Torp: Die Herausforderung, S. 52 f.

lange durfte eine Ware in einem Land lagern, dass sie noch als Transit- oder als Lagerware gelten konnte?

Zweitens bedurfte jede Ware einer eindeutigen Bezeichnung. Damit einher ging für jedes Land die Frage, welche Waren so wichtig für es waren, dass sie eigens in der Statistik aufgeführt werden mussten. Ein Land, das viele verschiedene Fischsorten exportierte, konnte sich kaum damit zufrieden geben, in seiner Statistik nur die Kategorie ‚Fisch' zur Auswahl zu haben. Verkompliziert wurde dieser Aspekt durch die Tatsache, dass die Zahl industriell produzierter Waren tendenziell stetig zunahm (und zunimmt) und immer neue Produkte ein Land verließen oder erreichten, die in bestehende Kategorien eingeordnet oder für die neue Kategorien etabliert werden mussten. Des Weiteren standen hinter der Formulierung solcher Warenverzeichnisse Überlegungen und Logiken, die sich von Land zu Land unterschieden; so ließen sich Waren etwa auf der Grundlage ihrer letztendlichen Verwendung ebenso gliedern wie auf Basis der zu ihrer Herstellung verwendeten Materialien.

Drittens war es nötig, zu klären, wie die einzelnen Waren zu messen waren. Sollten sie gezählt, gewogen oder in ihren Geldwerten ausgedrückt werden? Alle Methoden hatten ihre Vor- und Nachteile, die es in Hinsicht auf den jeweiligen Zweck der Statistik abzuwägen galt; in vielen Fällen kombinierten die statistischen Ämter die Ansätze. Gleichwohl musste auch dann entschieden werden, welche Maße genutzt werden sollten: Gab man beispielsweise die Menge gehandelten Rohholzes in Masse- oder in Volumen-Angaben wieder? Probleme bereitete auch die Frage, wie die Werte aus- und eingeführter Waren erhoben werden sollten. Grundsätzlich gab es zwei Möglichkeiten. Die ältere und bis ins 20. Jahrhundert hinein verbreitete Methode war, dass Gremien, besetzt mit Beamten, Wissenschaftlern und Praktikern aus Verbänden und Unternehmen, in regelmäßigen, meist jährlichen, teils auch kürzeren Abständen für alle Waren, die in den jeweiligen nationalen Warenverzeichnissen gelistet waren, offizielle Preise festsetzten, die sich im besten Falle an aktuellen Marktpreisen orientierten. Die andere Möglichkeit bestand darin, dass die jeweiligen Importeure bzw. Exporteure bei der jeweiligen Zollstelle die Werte ihrer ein- bzw. ausgeführten Waren deklarierten. Großbritannien wechselte als eines der ersten Länder 1871 von der so genannten offiziellen Wertermittlung, der bis dahin Wertfestlegungen aus dem Jahr 1694 zugrunde lagen, zur Deklarationsmethode. In Deutschland wurde dieser Schritt für die Ausfuhrgüter sukzessive zwischen 1906 und 1911 vollzogen, die Bewertung eingeführter Waren hingegen erfolgte bis in die 1920er Jahre hinein auf Basis offizieller Schätzwerte, was große Probleme bei der Berechnung der Handelsbilanz und damit auch der Reparationszahlungen nach sich zog.[173]

Schließlich unterschieden sich Staaten – *viertens* – voneinander hinsichtlich der Frage, wie erhobene Daten klassifiziert und verbreitet wurden. Teilweise hing dies eng mit der Beantwortung der Fragen zusammen, was auf welche Weise gezählt werden sollte. Dies galt etwa, wenn geklärt werden musste, ob der General- oder Spezialhandel oder beides wiedergegeben werden sollte. Entschieden werden musste aber auch, ob fiskalische Rechnungsjahre oder Kalenderjahre sinnvolle Betrachtungszeiträume waren. Sollten – sobald dies technisch-organisatorisch möglich wurde – zudem vierteljährliche oder monatliche Publikationen erscheinen? Und wie ließen sich die zahlreichen einzelnen Waren sinnvollerweise zu größeren Gruppen zusammenfassen, deren Summen allgemeinere Aussagen über die Entwicklung des Außenhandels eines Landes zuließen, als die Betrachtung mehrerer hundert oder gar tausenden von Einzelnummern?

Jede dieser Entscheidungen legte Behörden auf eine Methode fest, die sie nicht so schnell wieder ändern konnten. Schließlich erforderten sie die rechtliche Kodifizierung in Verordnungen und Gesetzen, zogen Kosten nach sich und mussten beibehalten werden, um diachrone Vergleiche zu ermöglichen. „Ne touchez pas mes définitions, mes méthodes, mes cadres“ sei daher, so der französische Statistiker Jacques Bertillon 1895, das zentrale Prinzip amtlicher Statistik gewesen.[174] Allein diese ‚technischen‘ Probleme erschwerten die internationale Standardisierung wirtschaftsstatistischer Konzepte und Methoden bereits enorm. Doch dazu traten noch zwei weitere.

Zum einen gab es politische Widerstände. Gerade in einer Zeit zunehmender Staatenkonkurrenz im ausgehenden 19. und beginnenden 20. Jahrhundert war es wenig wahrscheinlich, dass Regierungen internationale Beschlüsse umsetzten, die ihren eigenen Vorstellungen nicht entsprachen oder ihre rechtlichen und finanziellen Möglichkeiten sprengten. Die Geschichte der *Internationalen Statistischen Kongresse* endete 1878, als Otto von Bismarck den Beamten des Kaiserlichen Statistischen Amts untersagte, 1879 an einer geplanten Tagung der 1872 etablierten ständigen Kommission der Kongresse teilzunehmen, deren Mitglieder in erster Linie leitende Beamte staatlicher Statistikämter waren. Statistiker anderer Länder folgten und sagten ihre Teilnahme ebenfalls ab. Sie befürchteten, durch Beschlüsse

173 Bourne, Stephen: The Official Trade and Navigation Statistics, in: Journal of the Statistical Society 35 (1872), S. 196–217, hier S. 206–208; Torp: Die Herausforderung, S. 53; Adam Tooze: Trouble with Numbers. Statistics, Politics, and History in the Construction of Weimar's Trade Balance, 1918–1924, in: American Historical Review 113 (2008), S. 678–700, hier S. 692 f.

174 Bertillon, Jacques: Cours élémentaire de statistique administrative. Élaboration des statistiques – organisation des bureaux des statistiques – éléments de démographie, Paris 1885, S. 12.

der Kommission könnten „den Staatsverwaltungen gewissermassen Verpflichtungen auferlegt werden". Des Weiteren stand 1879 die Etablierung eines ständigen Büros mit Sitz in Paris auf der Tagesordnung der Kommission, was die deutsche Regierung vermutlich ebenfalls nicht besonders positiv beurteilte.[175] Eine weitere politische Einflussgröße, die im letzten Drittel des 19. Jahrhunderts zentral für die Ausgestaltung von Außenhandelsstatistiken war, stellten die Erfordernisse protektionistischer Maßnahmen und von Handelsvertragsverhandlungen dar. Politiker, Regierungen, Ökonomen, Publizisten und Journalisten stützten ihre diesbezüglichen Argumente und Legitimationen nicht zuletzt auch auf statistische Daten und Erkenntnisse. Viele von ihnen sahen daher, so 1915 der Statistiker Rudolf Meerwarth, den Hauptzweck der Außenhandelsstatistik darin, „Unterlagen für den Kampf um die günstigsten Handelsverträge zu liefern und nachher den Erfolg der Vertragsabschlüsse zu zeigen".[176] Je nach wirtschaftlicher Struktur einzelner Länder und dem Interesse der Regierungen war es dabei wichtig, bestimmte Aspekte stärker beleuchten zu können als andere. Mehr noch: Die Formulierung von Warenbezeichnungen und Kategorien in der Außenhandelsstatistik und damit die Sichtbarmachung bestimmter Branchen stellte eine Möglichkeit für Unternehmensverbände dar, sich selbst zu formieren, die eigene Bedeutung zu illustrieren und damit Einfluss ausüben zu können. Auch auf diese Weise konnte die Handelsstatistik zu einer ‚politischen Waffe' werden.[177]

Zum anderen beeinflusste die wirtschaftliche Dynamik statistische Methoden. In Bezug auf die Außenhandelsstatistik betraf dies etwa die Frage der Warenklassifikation. Industrialisierung und die zunehmende (internationale) Arbeitsteilung sorgten dafür, dass eine wachsende Zahl verschiedenartiger Waren gehandelt wurde. Bis zu einem gewissen Grade ließen sich neue Produkte mit bereits existierenden Bezeichnungen benennen. Doch ganz unabhängig von den eben erwähnten, außerstatistischen Interessen, den Handel mit bestimmten Waren eigens zu erheben und zu kategorisieren, gab es auch dafür Grenzen. Die statistischen Warenverzeichnisse industrialisierter Länder mussten also immer umfangreicher werden, wollte die jeweilige Regierung einen realistischen Überblick über den Außenhandel und damit auch die Möglichkeit erhalten, steuernd einzugreifen. In Deutschland beispielsweise umfasste das statistische Warenverzeichnis 1872 nur

175 Neumann-Spallart: Ein internationales, S. 229; Neumann-Spallart: Resumé, S. 300 f.; Nixon: A History, S. 9; Randeraad: Statistics, S. 181; Horstmann: Halbamtliche Wissenschaft, S. 143 f.; R[ichard] van der Borght: Fondation d'un office international de statistique, in: Bulletin de l'Institut International de Statistique 18 (1909), Nr. 1, S. 568–590, hier S. 571 f.

176 Meerwarth, Rudolf: Wege und Ziele der modernen Außenhandelsstatistik, in: Allgemeines Statistisches Archiv 9 (1915), S. 657–702, hier S. 657.

177 Tooze: Statistics, S. 58 f.; vgl. Breuer: Die Methoden, S. 68 f.

457 Bezeichnungen für eingeführte und 403 für ausgeführte Waren. 1911 gab es hingegen schon 2.030 Bezeichnungen für Importe und 1.879 für Exporte. 100 Jahre später waren es mehr als 9.300 und 2020 bereits 9.483.[178]

Institutionelle Traditionen, politische Umstände, unterschiedliche wirtschaftliche Strukturen und Dynamiken einzelner Länder, die von Land zu Land variierenden Zwecke, die Außenhandelsstatistiken erfüllen sollten, sowie die unterschiedlichen finanziellen und rechtlichen Möglichkeiten der einzelnen Staaten setzten der internationalen Standardisierung wirtschaftsstatistischer Konzepte und Methoden enge Grenzen. Die einschlägigen Diskussionen von Statistikern, Ökonomen, Staatsbeamten und Unternehmensverbänden konzentrierten sich daher bald darauf, wenigstens eine allgemeingültige Warenklassifikation zu finden, die sich auf staatlicher Ebene je nach Bedarf weiter differenzieren ließ. Doch selbst diese Debatte dauerte mehrere Jahrzehnte, ohne dass Aussicht auf greifbare Resultate bestand. Erst um 1900 kam eine neue Dynamik in die Angelegenheit, in deren Folge vor allem privatwirtschaftliche Interessenverbände ganz offenbar Druck auf Regierungen aufbauen konnten, sich über ein international einheitliches Warenverzeichnis zu verständigen.[179]

Die belgische Regierung, ihrerseits sehr um die Etablierung Brüssels als ein Zentrum internationaler Zusammenkünfte und Organisationen bemüht,[180] nahm dies zum Anlass, Ende 1908 Regierungen zahlreicher Länder einzuladen, sich auf einer diplomatischen Konferenz offiziell auf ein solches Warenverzeichnis zu einigen.[181] Aufschlussreich für das teils geringe Interesse staatlicher Verwaltungen an der internationalen Standardisierung wirtschaftsstatistischer Konzepte und Methoden ist die Reaktion der deutschen Regierung auf diese Einladung. Das *Reichsamt des Innern*, dem das *Kaiserliche Statistische Amt* unterstellt war, vertrat die Meinung, „[e]in besonderes Interesse, an der […] Konferenz teilzunehmen ist nach

---

178 Torp: Die Herausforderung, S. 55; Carl Meisinger: Handels- und Schiffahrtsstatistik, in: F[riedrich] Zahn (Hrsg.): Die Statistik in Deutschland nach ihrem heutigen Stand, Bd. 2, München / Berlin 1911, S. 235–301, hier S. 237; Statistisches Bundesamt: Warenverzeichnis für die Außenhandelsstatistik, 2011, Wiesbaden 2010, S. XI; Statistisches Bundesamt: Warenverzeichnis für die Außenhandelsstatistik, 2020, Wiesbaden 2019, S. XI; vgl. zudem Breuer: Die Methoden, S. 65–70.

179 Genzmer: Die Bestrebungen, S. 12–25; J. P. Sevenig: Die international einheitliche Handelsstatistik, in: Weltwirtschaftliches Archiv, 5 (1915), S. 234–243, hier S. 236–238.

180 Vgl. Daniel Laqua: The Age of Internationalism and Belgium, 1880–1930. Peace, Progress and Prestige, Manchester / New York 2013; Madeleine Herren-Oesch: Hintertüren zur Macht. Internationalismus und modernisierungsorientierte Außenpolitik in Belgien, der Schweiz und den USA, 1865–1914, München 2000.

181 Einladungsschreiben der belgischen Gesandtschaft an den deutschen Staatssekretär des Auswärtigen Amts, Wilhelm von Schoen, vom 23.12.1908, in: BAB, R 901/3507, Bl. 3–4.

der Lage der Sache nicht gegeben"; im März 1909 lehnte die Regierung eine Teilnahme daher offiziell ab. Erst als die belgische Regierung vier Monate später darauf verwies, alle größeren europäischen Länder und die USA würden Delegationen entsenden, änderte die Reichsregierung ihre Meinung. Allein aus Prestigegründen müsse man an der Veranstaltung teilnehmen. Kurz darauf fragte auch Johannes Kaempf, liberaler Reichstagsabgeordnete und Präsident des *Deutschen Handelstages*, in seiner Eigenschaft als deutsches Mitglied des *Comité Permanent* des internationalen Handelskammerkongresses bei der deutschen Regierung an, wie sich diese nun entschieden habe – eine Frage, die recht eindeutig als Aufforderung zur Teilnahme formuliert war. Folgerichtig fuhr der Leiter des Statistischen Amts, Richard van der Borght, im September 1910 als offizieller Vertreter seines Landes nach Brüssel.[182]

Dort einigten sich die Delegierten von 27 Staaten aller Kontinente – inklusive solcher aus Russland, China, Japan und Britisch-Indien – auf den Entwurf eines Warenverzeichnisses, das sie im Anschluss mit ihren jeweiligen Regierungen und nationalen Interessenverbänden besprachen.[183] Insbesondere Handelsverbände begrüßten diesen Entschluss und drängten ihre Regierungen, sich nun auch endgültig auf standardisierte Außenhandelsstatistiken zu einigen.[184] Ende Dezember 1913 schickten die meisten der bereits 1910 in Brüssel vertretenen Staaten und einige weitere Länder erneut Delegierte in die belgische Hauptstadt, um dort das internationale Warenverzeichnis zu verabschieden. 29 Staaten – darunter Deutschland, Großbritannien, Russland und Japan – unterzeichneten tatsächlich eine entsprechende, völkerrechtlich bindende Konvention. Das damit gebilligte Warenverzeichnis umfasste allerdings nur 186 verschiedene Bezeichnung und war daher im Vergleich zu den Verzeichnissen einzelner Staaten viel ungenauer.[185]

Die Brüsseler Konvention enthielt jedoch eine Innovation, die als Reaktion darauf zu verstehen ist, dass es unmöglich war, international einheitliche Konzepte und Methoden durchzusetzen. Jedes Land, das der Konvention beitrat, konnte weiterhin seine eigenen Konzepte und Methoden nutzen, verändern und fortentwickeln, verpflichtete sich aber dazu, mindestens ergänzend eine zweite Statistik zu

182 Vgl. die diesbezügliche Korrespondenz in BAB, R 901/3507; das Zitat stammt aus dem Schreiben des *Reichsamt des Innern*, gez. Wermuth [?], an das Auswärtige Amt vom 05.03.1909, in: Ebenda, Bl. 7.

183 Conférence Internationale de Statistique Commerciale, Bruxelles 1910. Procès-Verbaux et Documents, Brüssel 1910.

184 Genzmer: Die Bestrebungen, S. 25–39; BAB, R 901/3507, Bl. 59–62, 99–100, Abschrift einer Umfrage der Ältesten der Kaufmannschaft von Berlin an die deutschen Auslandskonsulate vom 18.04.1912. Antworten der Konsulate in BAB, R 901/3507 sowie R 901/3508.

185 Conférence Internationale de Statistique Commerciale, Bruxelles 1910. Documents et Procès-Verbaux, Brüssel 1913; Sevenig: Die international einheitliche Handelsstatistik, S. 240–242.

erstellen, die dem internationalen Standard entsprach und die ein- und ausgeführten Waren dem Brüsseler Verzeichnis entsprechend aufzunehmen. Über die zahlreichen, wenig bis gar nicht vergleichbaren staatlichen Statistiken wurde damit also eine zweite Ebene gespannt, die unabhängig von den Länderstatistiken entwickelt werden und tendenziell globalen Charakter annehmen konnte, da sie offen für Erweiterungen war. Die einzelnen Länder konnten dann entscheiden, ob sie ihre eigenen Erhebungen an diesem internationalen Standard ausrichteten, oder ob sie den zusätzlichen Aufwand betreiben wollten, eine zweite Statistik zu erstellen.

Außerdem bestimmte die Brüsseler Konvention, dass die beteiligten Regierungen ein *Bureaux international de la statistique commerciale* in der belgischen Hauptstadt zu finanzieren hatten. Diesem mussten sie, gegliedert nach dem vereinbarten Warenverzeichnis, jährlich Angaben zum Wert und – wenn möglich – zum Gewicht ihrer Ein- und Ausfuhren mitteilen. Das Büro sollte diese Angaben ordnen und in Jahrbüchern gemeinsam und vergleichend veröffentlichen. Trotz der vertraglich angemahnten Ratifikationen von 15 Staaten bis zum 1. Juli 1914[186] wurde das Büro aufgrund des Kriegsausbruchs erst 1919 eingerichtet und das erste Jahrbuch mit Statistiken des Jahres 1922 erschien 1925.[187]

2.4 Fazit

70 Jahre, nachdem Friedrich Wilhelm von Reden beklagt hatte, es gebe kaum „[s]tatistische Werke, welche sämmtliche Länder der Erde umfassen“,[188] konnte davon zu Beginn des Ersten Weltkriegs keine Rede mehr sein. Jahrbücher, Monatsschriften, Monographien und Zeitschriftenartikel in großer Zahl ermöglichten es interessierten Zeitgenossen, sich über die demographische und wirtschaftliche Entwicklung wenn nicht aller, so doch vieler Länder sowie über die expandierende ‚Weltwirtschaft‘ generell zu informieren. Wirtschaftspolitische sowie unternehmerische Entscheidungen und Handlungsweisen ließen sich mit diesbezüglichen Zahlen planen, legitimieren und anpreisen und es konnte mit ihrer Hilfe lebhaft darüber gestritten werden, wie internationale Wirtschaftsbeziehungen zu beobachten, zu beschreiben und zu bewerten seien und welche Relevanz sie für die ökonomische Entwicklung und die zu ergreifende Wirtschaftspolitik einzelner Länder hatten.

186 Deutsches Handelsarchiv 1920, S. 629–634, hier S. 629 f., 634.
187 Bulletin du Bureau International de Statistique Commerciale 1 (1922) [1925].
188 Reden: Allgemeine, S. V.

Die unterschiedlichen Motive und Ziele, die die verschiedenen Autoren dieser Schriften hatten und mit ihren Publikationen verfolgten, die sich gravierend verändernde und vor allem dynamisierende ökonomische und politische Welt des 19. Jahrhunderts sowie die praktische Unmöglichkeit, international standardisierte Konzepte und Methoden zu definieren, nach denen Wirtschaftsstatistiken weltweit erstellt werden konnten, hatten zur Folge, dass sich die in diesem Kapitel vorgestellten Publikationen teils stark voneinander unterschieden. Das gilt sowohl für ihre inhaltlichen Konzeptionen und Gliederungen als auch für die von ihnen präsentierten Zahlen. Es fällt daher schwer, sie in ihrer Gesamtheit als ‚internationale (Wirtschafts-)Statistiken' zu bezeichnen, da dies eine Einheitlichkeit ihrer Inhalte, Darstellungsformen und Aussagen suggeriert, die sie nicht besaßen. Gleichwohl teilten die meisten von ihnen Gemeinsamkeiten.

Erstens waren sie in ihrer Mehrheit Ergebnis aufwändiger Kompilationsarbeit. Wissenschaftler, unabhängige Publizisten, Verlagsmitarbeiter und Beamte statistischer Behörden mussten sich entweder direkt an Behörden oder Privatstatistiker in anderen Ländern wenden, um die von ihnen gesuchten Informationen zu erhalten, oder in für sie erreichbaren Bibliotheken nach den sie interessierenden Veröffentlichungen aus oder über andere Länder suchen. Anschließend mussten sie die so erhobenen, zwangsläufig disparaten Daten auswerten, die Ergebnisse mindestens in das einheitliche Konzept einpassen, das ihrer eigenen Arbeit zugrunde lag, oder die Daten sogar nachträglich in solch eine Form bringen, die sie miteinander vergleichbar machten. Diese Form der internationalen Statistik lässt sich daher als Kompilation länderbezogener, unterschiedlich erhobener und nachträglich vergleichbar gemachter Daten bezeichnen. Sie war sehr arbeits-, zeit- und damit auch kostenintensiv und machte die Erstellung und Publikation statistischer Ländervergleiche zu einem Unterfangen, das vergleichsweise wenige Autoren anzugehen bereit waren. Aufgrund des hohen Aufwandes konnten solche Publikationen kaum häufiger als einmal im Jahr aktualisiert werden und ihre Angaben waren daher oft von akademischem, nicht aber wirtschaftlich-unternehmerischem Interesse. Je besser Autoren internationaler Statistiken daher in grenzüberschreitende Netzwerke von Kollegen, Organisationen und Behörden eingebunden waren, umso schneller und reibungsloser ließ sich der Austausch von Veröffentlichungen und Daten organisieren, umso eher war eine Angleichung der jeweils erhobenen Daten zu erreichen und umso rascher und regelmäßiger versprach eine Publikation zu erscheinen.

Zweitens verdrängten Zahlen im Laufe des 19. Jahrhunderts verbale Beschreibungen aus den internationalen Statistiken und tabellarische Datenkompilationen traten in wachsendem Maße neben die ältere Form der linearen Anordnung von Informationen oder ersetzten diese. Beide Entwicklungen ergänzten und verstärkten sich gegenseitig, sollten aber als Tendenzen verstanden werden, die sich nicht in allen hier vorgestellten Publikationen im gleichen Maße und zur gleichen Zeit niederschlugen.

Drittens dominierten demographische und wirtschaftlich relevante Aspekte die hier vorgestellten Publikationen. Diese Beobachtung ist zu einem gewissen Grad dem Fokus dieser Arbeit zu verdanken, lässt sich aber auch auf die Interessen der zeitgenössischen Autoren und ihrer Rezipienten zurückführen. Ganz offensichtlich interessierten sie sich eher für die Entwicklung von Außenhandelsvolumina, die Längen von Eisenbahnstrecken und den Telegraphenverkehr, als für die prozentuale Verteilung von Todesursachen, Zeitungsauflagen oder die Ausstattung einzelner Länder mit Rechtsanwälten und Gerichten. Auch wenn sich der Sprachgebrauch im Deutschen, Englischen und Französischen bis in die Mitte des 20. Jahrhunderts hinein unterschied, bildete sich in der zweiten Hälfte des 19. Jahrhunderts für die statistischen Beobachtungen all dieser, als wirtschaftlich relevant erachteter und beobachtbarer Phänomene der Sammelbegriff ‚Wirtschaftsstatistik' heraus und wurde nach der Jahrhundertwende wie selbstverständlich genutzt.[189] Neben den Interessen von Autoren und Rezipienten bestimmten auch die verfügbaren Informationen den Inhalt internationaler (Wirtschafts-)Statistiken. Je mehr Aspekte private oder amtliche Statistiker in einzelnen Ländern beobachteten, desto detaillierter konnte auch eine internationale Zusammenstellung solcher Länderstatistiken werden. Die Verlässlichkeit, Genauigkeit, Differenziertheit, Vergleichbarkeit und Aktualität internationaler Statistiken hingen (und hängen) direkt von der Quantität und Qualität der Ergebnisse ab, die statistische Institutionen in einzelnen Ländern erarbeiteten.

Viertens ähnelten sich praktisch alle internationalen (Wirtschafts-)Statistiken hinsichtlich ihrer geographischen Herkunft und des räumlichen Schwerpunkts ihrer Beobachtungen. Es gab vor dem Ersten Weltkrieg (vermutlich) keine mehr oder weniger periodisch erscheinende Publikation dieser Art, die nicht von Europäern oder Nordamerikanern erarbeitet und veröffentlicht wurde. Insbesondere Periodika aus Deutschland und Großbritannien, im eingeschränkteren Maße auch aus Frankreich und den USA fanden internationale bis globale Verbreitung und wurden in zahlreiche Sprachen übersetzt, wie das Beispiel von Otto Hübners *Statistischer Tafel aller Länder der Erde* zeigt. Dieser geographische Schwerpunkt korrespondiert mit der Konzentration der meisten Autoren auf die Darstellung europäischer und nordamerikanischer Länder. Wie deren inhaltliche Ausprägung hing auch dieser geographische Fokus sowohl von den Interessen der Autoren und Rezipienten ab als

189 Während beispielsweise im Deutschen ‚Wirtschaftsstatistik' noch bis in die 1930er Jahre die Beobachtung sozialer Aspekte miteinbezog, war die Bedeutung des englischen ‚economic statistics' enger und entsprach eher dem heutigen Verständnis. Zur Prägekraft der engeren angelsächsischen Auffassung vgl. Kap. 6.

auch von der Verfügbarkeit statistischer Informationen. Schon allein die Tatsache, dass in den meisten Ländern der Erde statistische Institutionen erst in der zweiten Hälfte des 19. Jahrhunderts oder sogar noch später entstanden, führte zu einem Missverhältnis zwischen dem in der ‚statistischen Realität' existierenden ‚Europa' und der dort repräsentierten ‚restlichen Welt': Bestand ersteres meist aus Angaben von statistischen Ämtern, die sich zumindest ähnlicher Begriffe und Methoden bedienten und zudem mit wissenschaftlicher und staatlicher Autorität ausgestattet waren, basierten Informationen zu vielen außereuropäischen Regionen auf der Auswertung von Sekundärliteratur, wenig bis gar nicht vergleichbaren Einzelbeobachtungen und oftmals auch Schätzungen.

Fünftens schließlich teilten mindestens jene Autoren, die Mitte des 19. Jahrhunderts begannen, internationale (Wirtschafts-)Statistiken zu erarbeiten und zu publizieren, den Glauben, Statistik trage zum Fortschritt der Menschheit voran, weil sie ‚Gesetze' sichtbar mache, nach denen sich Gesellschaften entwickelten und an denen sich politisches und wirtschaftliches Handeln zu orientieren habe. Damit einher gingen liberale Überzeugungen in politischer und wirtschaftlicher Hinsicht. Privatstatistiker wie Otto Hübner, Publizisten wie Frederick Martin, Wissenschaftler wie Franz Xaver von Neumann-Spallart oder Beamte wie George R. Porter waren sich einig, dass ihre Veröffentlichungen trotz aller (vor allem) ihnen bewusster Mängel im Zweifelsfall die besseren und objektiven Entscheidungsgrundlagen für Politiker, Beamte und Unternehmer waren. Neben dieses ‚liberale Informationsmotiv' traten weitere. Publizisten und Verlage konnten mit ihren Veröffentlichungen Geld auf einem wachsenden Markt verdienen und Verwaltungen und Politikern war es möglich, ihre Entscheidungen und Handlungen mit deren Hilfe zu legitimieren und zu erklären. Im ausgehenden 19. und vor allem nach der Wende zum 20. Jahrhundert wurden internationale Statistiken zudem in wachsendem Maße wichtig, um einzelne Länder „im internationalen Ringen der Völker"[190] verorten, mithin also um zwischenstaatliche Konkurrenz artikulieren zu können. Es war dieser gesteigerte Wille zur zwischenstaatlichen Konkurrenz, der das Feld bereitete, auf dem ab Ende Ersten Weltkriegs die Weltwirtschaftsstatistik entstand.

---

190 Borght, R[ichard] van der: Fondation, S. 572.

3 Die Etablierung und Entwicklung internationaler Wirtschaftsstatistik als Globalisierungsprozess

Die zahlreichen, statistische Ländervergleiche präsentierenden Publikationen, die Autoren verschiedener Art und aus unterschiedlichen Motiven im 19. Jahrhundert begannen zu veröffentlichen, fanden ein interessiertes und ganz offenbar wachsendes Publikum. Das war zweifellos eine Folge der zur gleichen Zeit stattfindenden wirtschaftlichen Verflechtung verschiedener Weltregionen, deren nie zuvor erreichte Intensität Wirtschaftshistoriker so eindrücklich aufgezeigt haben. Das Interesse von Zeitgenossen an Informationen über die wirtschaftliche Entwicklung in anderen Ländern und über grenz- und kontinentüberschreitende Austauschprozesse nahm im 19. Jahrhundert zu, weil ihr eigenes Leben direkt und indirekt in wachsendem Maße davon betroffen war. Die Nachfrage nach entsprechenden Informationen versuchten Privatstatistiker wie Hübner im Rahmen kommerzieller Publikationsmärkte zu bedienen, während staatliche Behörden mit ihren Veröffentlichungen in erster Linie die jeweils eigene Bevölkerung erreichen wollten. Dass dies Reaktionen auf sich im 19. Jahrhundert beschleunigende Globalisierungsprozesse waren, ist mehr als offensichtlich und muss nicht weiter ausgeführt werden.

Die Etablierung und Entwicklung internationaler Wirtschaftsstatistik im 19. Jahrhundert war aber auch ein eigenständiger Globalisierungsprozess mit einer materiellen und einer reflexiven Dimension. Um das zu zeigen werden zum einen die grenz- und kontinentüberschreitenden materiellen, institutionellen und sozialen Netzwerke in den Blick genommen, die seit Mitte des 19. Jahrhunderts entstanden und die Erarbeitung der erörterten internationalen (Wirtschafts-)Statistiken erst ermöglichten. Weitgehend vom Engagement Einzelner abhängig und ohne nennenswerte finanzielle Unterstützung vonseiten der Regierungen, blieben diese Netzwerke jedoch weit davon entfernt eine solch dauerhafte wirtschaftsstatistische Infrastruktur zu bilden, wie sie ab dem Ersten Weltkrieg entstand. Zum anderen wird untersucht, in welcher Form publizierte statistische Ländervergleiche zeitgenössische Vorstellungen internationaler bis globaler ökonomischer Zusammenhänge sowie Machtverhältnisse politischer, wirtschaftlicher und kultureller Natur widerspiegelten und inwiefern sie das Potential besaßen, das globale Bewusstsein der Zeitgenossen zu verändern.

https://doi.org/10.1515/9783111207124-004

Die materielle Dimension des Globalisierungsprozesses

Die permanente Beschaffung statistischer Publikationen und nicht veröffentlichter Informationen aus dem Ausland war eine Grundvoraussetzung für die regelmäßige Beobachtung wirtschaftlicher Aktivitäten und Entwicklungen in anderen Ländern, die Auswertung diesbezüglicher Daten und die anschließende Veröffentlichung der als wichtig erachteten Ergebnisse. Dazu mussten Kontakte mit den jeweils zentralen Akteuren in den unterschiedlichen Ländern geknüpft und diese davon überzeugt werden, ihre Ergebnisse Autoren internationaler (Wirtschafts-)Statistiken regelmäßig zur Verfügung zu stellen. Wie bereits ausgeführt, waren die *Internationalen Statistischen Kongresse* und die späteren ISI-Konferenzen zentral dafür, dass private und amtliche Statistiker derartige Kontakte herstellen und vor allem am Leben erhalten konnten. Dies scheint in vielen Fällen gut geklappt und den Schriftenaustausch zwischen den staatlichen Ämtern, den größeren statistischen Gesellschaften und den publizistisch und wissenschaftlich tätigen Statistikern vieler Länder bis zum Ersten Weltkrieg gefördert zu haben. Schon 1869 verwies der Leiter des preußischen Statistikamts Ernst Engel darauf, die statistischen Ämter Europas und der USA würden regelmäßig die Publikationen aus dreißig bis vierzig Ländern auswerten,[1] und 1885 nannte Franz-Xaver von Neumann-Spallart die Etablierung des internationalen Schriftenaustauschs den drittwichtigsten Erfolg der Kongresse.[2] Auch das Vorgehen des britischen *Board of Trade*, Entwürfe von zu publizierenden Tabellen an die statistischen Ämter der verschiedenen betroffenen Länder mit der Bitte um Kritik und Korrektur zu schicken, weist auf einen gut funktionierenden Austausch zwischen staatlichen Statistikern hin. Inwiefern auch Privatstatistiker wie Hübner und Mulhall, Verlage wie Perthes und Macmillan oder Wissenschaftler wie Neumann-Spallart und Juraschek in diese Netzwerke eingebunden waren, lässt sich beim derzeitigen Stand der Forschung nicht sagen. Angesichts ihrer Präsenz bei internationalen Kongressen und Konferenzen, ihrer Verankerung in statistischen Gesellschaften anderer Länder und der weiten Rezeption ihrer Publikationen, ist jedoch davon auszugehen, dass auch sie Teil der grenzüberschreitenden institutionellen und sozialen Netzwerke waren und von ihr profitierten.

Diese Netzwerke lassen sich als ‚epistemische Gemeinschaften' verstehen. Denn die über politische und kulturelle Grenzen hinweg miteinander im Austausch stehenden Statistiker und Ökonomen verfügten über „recognized expertise and competence in a particular domain and an authoritative claim to policy-relevant

1 Baumhauer[, Marie Mathieu] von (Bearb.): Congrès International de Statistique à la Haye. Compte-Rendu des Travaux de la Septième Session, Bd. 2, Den Haag 1870, S. 506.

2 Neumann-Spallart: Resumé, S. 302.

knowledge within that domain of issue-area". Zudem einte sie der Glaube daran, das von ihnen verantwortete Wissen sei wahr und handlungsrelevant.[3] Wenngleich die internationale Standardisierung wirtschaftsstatistischer Konzepte und Methoden vor dem Ersten Weltkrieg kaum vorankam, so etablierten die um die *Internationalen Statistischen Kongresse* und die ISI-Konferenzen entstehenden Netzwerke doch grundsätzliche, grenzübergreifend anerkannte Kriterien, mit deren Hilfe die Qualität statistischer Arbeit gemessen wurde.[4]

Soziale und institutionelle Netzwerke allein reichten jedoch nicht aus, um internationale Statistiken zu erstellen, zu publizieren und zu verbreiten. Um die tendenziell zunehmende Menge von Daten zu sammeln, auszuwerten, zu verarbeiten, zusammenzustellen und zu veröffentlichen, waren materielle Netzwerke vonnöten. Deren Aufbau und Unterhalt verursachte Kosten, die bei der Datenübertragung, der Anstellung von Personal, dem Unterhalt geschaffener Kommunikationsinfrastrukturen, der Anschaffung von Schreibmaterial und Papier sowie dem Druck und dem Vertrieb von Veröffentlichungen anfielen. Beglichen werden mussten diese Ausgaben durch den Verkauf von Publikationen, durch Steuermittel, Mitgliedsbeiträge, Spenden oder durch eine Kombination verschiedener Finanzierungsmöglichkeiten.

Die ausgewerteten Quellen verraten wenig über diese organisatorisch-finanzielle Dimension der internationalen Wirtschaftsstatistik. Angesichts der Tatsache aber, dass selbst die staatlichen Statistikämter relativ kleine Behörden waren,[5]

---

3 Haas, Peter M.: Introduction: Epistemic Communities and International Policy Coordination, in: International Organization 46 (1992), S. 1–35, hier S. 3.

4 Randeraad: States, S. 188; Neumann-Spallart: Statistical Congresses, S. 302 f.; Horvath: Le concept, S. 288; Horstmann: Halbamtliche Wissenschaft; Bemmann: Exploring.

5 Es fehlen eingehendere Untersuchungen zur Personalentwicklung in den staatlichen statistischen Ämtern im 19. Jahrhundert, so dass hier auf Angaben von Friedrich Zahn (Zahn: Statistik, S. 895 f.) verwiesen werden muss, die seiner eigenen Aussage nach nur beschränkt aussagekräftig sind, schon allein deshalb, weil die Ämter in den verschiedenen Ländern sehr unterschiedlich organisiert waren und einen verschiedenartigen Grad von Zentralisierungen aufwiesen. Demnach hatte 1913 das deutsche *Kaiserliche Statistische Amt* knapp 380 (ständige) Mitarbeiter, die französische *Statistique générale* rund 110 und das österreichische Amt etwa 150; Angaben zur Zahl der Mitarbeiter 1913 in den britischen, russischen und japanischen Ämtern fehlen darin. Zu den ständigen kamen jeweils noch unterschiedlich viele nichtständige Mitarbeiter. Einer offiziellen Skizze der amtlichen Statistik Japans zufolge beschäftigten die statistischen Behörden des Landes 1910 165 Mitarbeiter (Anonymus: Official Statistics, S. 341).

Anderen Darstellungen zufolge hatte das deutsche Kaiserliche Amt zu Beginn des 20. Jahrhunderts zwischen 200 und 300 ständige Mitarbeiter. Gustav Seibt: Statistik, in: S[alomon] P[aul] Altmann et al.: Die Entwicklung der deutschen Volkswirtschaftslehre im neunzehnten Jahrhundert, Bd. 2, Berlin 1908, Aufsatz Nr. XXXVII, S. 1–43, hier S. 29; Wolfgang Fritz: Historie der amtlichen

konnten sich vermutlich nur wenige Beamte überhaupt mit der Thematik befassen. Auch Materialkosten lassen sich nicht seriös abschätzen. Die Druckkosten britischer Auslandsstatistiken in den 1850er und 1860er Jahren zeigen aber, dass diese im Vergleich zu denen anderer Publikationen des *Board of Trade* recht hoch waren.[6] Einen weiteren Hinweis auf den insgesamt hohen finanziellen Aufwand, den auslandsstatistische Aktivitäten bedeuteten, gibt ein Vorschlag des preußischen Amtsleiters Engel, dem die Delegierten des *Internationalen Statistischen Kongresses* 1869 in Den Haag zustimmten. Er sah vor, dass die staatlichen Ämter verschiedener Länder jeweils die Daten aller anderen Länder zu mindestens einem statistischen Themengebiet sammeln, aus einer international vergleichenden Perspektive bearbeiten und unter Berücksichtigung einiger vereinbarter Grundsätze veröffentlichen sollten. Die britischen Delegierten sagten beispielsweise zu, sich mit der Hygiene-, Landwirtschafts- und Handelsstatistik zu befassen, die russischen wollten sich den Statistiken der Staatsflächen, des Bergbaus und der Flussschifffahrt widmen, und die preußischen Teilnehmer versprachen, die Industrie- und Gewerbestatistik zu bearbeiten. Explizit begründete Engel seinen Vorschlag damit, das arbeitsteilige Vorgehen werde sowohl „une grande économie de temps et de travail“ zur Folge haben als auch „une économie de frais de rédaction et d’impression“.[7] Trotzdem einige Publikationen dieser Reihe erarbeitet und veröffentlicht wurden,[8] scheiterte

Statistik der Erwerbstätigkeit in Deutschland. Ein fragmentarischer Abriß: Darstellung, Quellen, Daten, Definitionen, Chronik, Köln 2001, S. 12; vgl. Schneider: Wissensproduktion, S. 197.

6 1857 kostete die Herstellung der Statistical Tables relating to Foreign Countries das *Board of Trade* rund 650, während die Behörde für den Druck des Statistical Abstract for the United Kingdom jenes Jahres nur £44 ausgeben musste (Return of the Cost of Printing Reports and Papers presented by Command of Her Majesty, during the Sessions of 1857, specifying the Number of Copies Printed, with the Name of the Public Department which authorised the same (House of Commons Paper, Session 1857–58, No. 123), o.O. o.J. [London 1858], S. 3). In den 1860er Jahren waren die Kosten ebenso hoch und wurden nur von denen der kolonialen Statistiken und der Handelsstatistiken übertroffen (Returns of the Cost of Printing Reports and Papers presented by Command of Her Majesty to the Houses of Parliament, from 1860 to the Present Time (House of Commons Paper, Session 1865, No. 421), o.O. o.J. [London 1865], S. 8, 14, 24).

7 Baumhauer: Congrès, S. 506 (Zitat), 540 f. (Resolution); vgl. Randeraad: States, S. 163; Ernst Mischler: Handbuch der Verwaltungs-Statistik, Bd. 1: Allgemeine Grundlagen der Verwaltungs-Statistik, Stuttgart 1892, S. 294–301.

8 Etwa Statistique Général de la France: Statistique internationale de l’agriculture, Nancy 1876; Joseph Kőrösi: Statistique internationale des grandes villes. Première Section: Mouvement de la Population, Bd. 1, Budapest 1876; Statistiska Centralbyrån: Statistique internationale. Etat de la population, Stockholm 1876; Royaume d’Italie. Bureau Central de Statistique: Statistique internationale des caisses d’épargne, Rom 1876; Anders Nicolai Kiaer: Statistique internationale. Navigation ma-

diese Idee letztlich an der fehlenden Bereitschaft vieler Regierungen, die Empfehlungen ihrer eigenen statistischen Beamten zu realisieren.[9]

Engels Vorhaben zeigt, dass jede Verringerung der absoluten Kosten oder zumindest deren Verhältnis zu erwirtschafteten Gewinnen der Etablierung einer dauerhaften internationalen wirtschaftsstatistischen Infrastruktur förderlich sein musste. Es verwundert deshalb wenig, dass Statistiker im 19. Jahrhundert nicht nur bemüht waren, miteinander über Methoden und Konzepte zu diskutieren, sondern auch anstrebten, den grenz- und kontinentüberschreitenden Austausch von Daten auf eine einigermaßen stabile Grundlage zu stellen. Trotz Ansätzen zu einer Institutionalisierung dieses Informationsverkehrs, blieb die auslandsstatistische Aktivität vor dem Ersten Weltkrieg allerdings stark vom hohen Engagement Einzelner abhängig. Der Hauptgrund dafür war, dass Regierungen kaum bereit waren, diese Tätigkeiten in ausreichender Weise zu finanzieren.

Die entstehenden Netzwerke von Statistikern und statistischen Einrichtungen blieben weitgehend auf Europa und Nordamerika beschränkt, auch wenn im Laufe des ausgehenden 19. und im frühen 20. Jahrhundert Fachleute und staatliche Statistikämter anderer Weltregionen einbezogen wurden. Ein Blick auf die Teilnehmerlisten aller neun *Internationalen Statistischen Kongresse* und der 14 ISI-Konferenzen zwischen 1887 und 1913 zeigt,[10] dass aus den außereuropäischen Regionen nur Russen und Japaner dauerhaft involviert waren. Russische Delegierte waren bei allen Treffen anwesend, mit Ausnahme jener von 1853, 1855 und 1893, japanische 1872 und 1876 sowie durchgängig ab 1899. Britisch-Indien hingegen war nur 1860 beim Kongress in London mit einer Delegation vertreten, China vor dem Ersten Weltkrieg nicht ein einziges Mal (auch nicht die britisch-europäisch dominierte Seezollbehörde). Vertreter Ägyptens waren sechsmal bei den Kongressen und Konferenzen anwesend, solche Brasiliens fünfmal und diejenigen Australiens ebenfalls fünfmal. Das Osmanische Reich und Mexiko waren je dreimal, Costa Rica, Venezuela und Kanada je zweimal und einige weitere, vor allem südamerikanische Länder je einmal vertreten. Allein aufgrund der kolonialen Besitzungen und Einflussgebiete europäischer Mächte – insbesondere Großbritanniens, Frankreichs

ritime, Christiana 1881; Royaume d'Italie. Direction de la Statistique Générale: Statistique internationale des Banques d'émission. Russie, Rom 1881.

9 In Großbritannien lehnte es das Schatzamt ab, diese Arbeiten zu finanzieren: R[ichard] Valpy: Report upon Changes in the Industrial and Commercial Statistics of the United Kingdom, since the Meeting of the International Statistical Congress at the Hague, and upon Certain Resolutions of the Congress, in: P[etr] Séménov: Congrès International de Statistique. Compte-rendu de la huitième session à St-Péterbourg, Bd. 3: Travaux présentés au Congrès, St. Petersburg 1874, S. 143–151, hier S. 150.

10 Teilnehmerlisten sind in den jeweiligen Tagungsdokumentationen abgedruckt.

und der Niederlande – müssen die Netzwerke von Statistikern und statistischen Behörden allerdings umfassender gedacht werden, als es sich in den Teilnehmerlisten der Tagungen widerspiegelt.

Die um die Kongresse und Konferenzen entstehenden Netzwerke waren die am besten sichtbaren, aber nicht die einzigen ihrer Art, die im 19. Jahrhundert geknüpft wurden. Zu den mehr oder weniger unabhängig davon bestehenden Netzwerken zählen jene, die Unternehmer und privatwirtschaftliche Interessensverbände schufen, um internationale Statistiken erarbeiten zu können, wie sie die *Metallgesellschaft* veröffentlichte. Auch weniger formalisierte, teils auf wenige Unternehmen beschränkte und selten für die Öffentlichkeit gedachte Netzwerke zur Generierung und Verbreitung wirtschaftlich relevanter Informationen konnten globale Ausmaße annehmen. Neben allgemeinen Marktberichten gehörten quantitative Statistiken aller Art zu dieser Art von Informationen.[11] Ohne Informationsnetzwerke dieser Form wäre es kaum möglich gewesen, dass im 19. Jahrhundert ‚Weltmärkte' für eine Reihe global gehandelter Waren wie Weizen, Zucker oder Kaffee entstanden. Denn sie basierten darauf, dass Informationen über Ernten, Lieferumfänge und Qualitäten grenz- und kontinentübergreifend in sehr kurzen Zeitspannen verfügbar wurden, zu Preiskonvergenzen führten und Terminwarengeschäfte ermöglichten.[12] Schließlich sind Netzwerke zu nennen, die Publizisten, Zeitschriften und Wissenschaftler privatim etablierten, um eigenständige, oft sehr spezialisierte internationale Übersichten zu erstellen und zu publizieren, wie etwa diejenigen im Londoner *Economist* oder in der konjunkturstatistischen Beilage der *Zeitschrift für Socialwissenschaft.*[13]

11 Ein Beispiel hierfür war das seit dem ausgehenden 19. Jahrhundert etablierte Korrespondentennetzwerk des schwedischen Holzexportverbandes, der regelmäßig Marktberichte und Statistiken aus den Ländern der wichtigsten Handelspartner und Konkurrenten zusammenfasste und an seine Mitglieder verteilte; vgl. die einschlägige Korrespondenz in Centrum för Näringslivsarkivet, Stockholm, Svenska Trävaruexportföreningen [im Folgenden CN STEF], E3DB/2–5; vgl. Beckert: King Cotton, S. 218–220.

12 Vgl. Martin Bühler / Tobias Werron: Zur sozialen Konstruktion globaler Märkte. Ein kommunikationstheoretisches Modell, in: Andreas Langenohl / Dietmar J. Wetzel (Hrsg.): Finanzmarktpublika. Moralität, Krisen und Teilhabe in der ökonomischen Moderne, Wiesbaden 2014, S. 271–299; Martin Bühler: Von Netzwerken zu Märkten. Die Entstehung eines globalen Getreidemarktes (Studien zur Weltgesellschaft), Frankfurt/Main / New York 2019; sowie Topik/Wells: Commodity Chains; Christof Dejung: Die Fäden des globalen Marktes. Eine Sozial- und Kulturgeschichte des Welthandels am Beispiel der Handelsfirma Gebrüder Volkart 1851–1999, Köln / Weimar / Wien 2013, S. 77–83; 124 f., 140–145

13 Monatliche Übersichten über die allgemeine Wirtschaftslage / Statistische Übersichten über die allgemeine Wirtschaftslage, Beilage zur Zeitschrift für Socialwissenschaft 1 (1909) – 9 (1917); vgl. zu diesem deutsche, französische, britische und US-amerikanische Daten zusammenstellenden Periodikum L[udwig] Pohle: Konjunkturschwankungen und Konjunktur-Berichterstattung, insbeson-

Zusammenfassend lässt sich festhalten, dass die Etablierung und Entwicklung der internationalen Wirtschaftsstatistik im 19. Jahrhundert einen Globalisierungsprozess im materiellen Sinne darstellten. Nicht nur ein, sondern zahlreiche soziale und institutionelle Netzwerke entstanden über Landes- und Kontinentgrenzen hinweg. Sie dienten dazu, Daten für eine wachsende Menge einmalig oder periodisch erscheinender, statistischer Ländervergleiche zu übermitteln und entsprechende Publikationen zu verbreiten. Woran es fehlte, war ein klar definiertes Zentrum, das als wichtigster Knotenpunkt dieser Netzwerke hätte fungieren können. Es gab kein internationales Amt, das statistische Daten zentral sammelte, aufarbeitete und wiederverbreitete oder das über die Autorität verfügt hätte, Regeln für wirtschaftsstatistische Erhebungen aufzustellen, die auch befolgt wurden. Keine der existierenden internationalen Organisationen war dazu in der Lage, weil entweder ihre Aufgabenstellung zu eng war (wie im Falle des *Internationalen Landwirtschaftsinstituts* oder der *Metallgesellschaft*) oder ihre Arbeit einen akademischen Charakter besaß (wie im Falle des ISI). Für die Gründung einer neuen Einrichtung fehlte es vor allem Regierungen an der Bereitschaft, eine solche zu finanzieren, im Interesse international vergleichbarer Wirtschaftsstatistiken mit einer solchen zu kooperieren oder gar wirtschaftsstatistische Konzepte und Methoden an gemeinsamen Standards auszurichten. Internationale Wirtschaftsstatistik blieb trotz der teils alle Kontinente einbeziehenden Netzwerke dezentral organisiert und ihre Existenz stand und fiel mit dem Engagement Einzelner.

Die reflexive Dimension des Globalisierungsprozesses

Ungeachtet dieser fehlenden Zentralisierung und Institutionalisierung wirtschaftsstatistischer Netzwerke beeinflussten die in wachsender Menge veröffentlichten statistischen Ländervergleiche Vorstellungen, die Zeitgenossen von grenz- und kontinentüberschreitenden ökonomischen Zusammenhängen und Abhängigkeiten sowie – allgemeiner – von ‚Weltordnungen' und globalen Machtverhältnissen besaßen. Auf zweifache Weise prägten die Etablierung und Entwicklung internationaler Wirtschaftsstatistik das globale Bewusstsein der Zeitgenossen. Das kann als Ausdruck der reflexiven Dimension dieses Globalisierungsprozesses verstanden werden.

Auf der einen Seite wirkten statistische Ländervergleiche diskursiv egalisierend. Mit der jeder statistischen Tabelle inhärenten Absicht, bestimmte Einheiten hin-

dere die allgemeine Wirtschaftslage im Jahre 1909, in: Zeitschrift für Socialwissenschaft NF 1 (1910), S. 21–39, hier S. 29–32.

sichtlich bestimmter Kategorien miteinander zu vergleichen, geht die Notwendigkeit einher, „dass die verglichenen Einheiten in mindestens einer grundlegenden Hinsicht gleich sind“ (Kommensurabilität), während sie sich in vielen anderen, nun erst messbaren Aspekten unterscheiden.[14] Die Gleichheit der jeweils verglichenen Einheiten wurde in all den in Kapitel 2 vorgestellten internationalen (Wirtschafts-) Statistiken des 19. Jahrhunderts durch die Annahme hergestellt, sie seien geographisch eindeutig begrenzte, staatlich in irgendeiner Form organisierte Territorien, deren politische gleichzeitig auch wirtschaftliche Grenzen seien – eine Annahme, die sich als Ausdruck jenes Prozesses verstehen lässt, den Charles S. Maier als Territorialisierung bezeichnet und als zentrales Charakteristikum der Moderne dargestellt hat.[15] Schon allein der Schritt, die Bindung politischer Herrschaftsausübung an territoriale Grenzen als ein tendenziell globales Faktum anzunehmen, lässt sich als Globalisierungsprozess im reflexiven Sinne ansehen, diente er doch dazu, verschiedene Teile der Welt miteinander in Beziehung setzen zu können. Nur dank ihm war es möglich, verschiedene Eigenschaften dieser territorialen Einheiten miteinander zu vergleichen: Bevölkerungen, Staatshaushalte, Viehzahlen, Außenhandel und anderes mehr. Dies war ein bedeutender Unterschied zu Vorstellungen der frühneuzeitlichen Staatskundler. Der Geograph Johann Christoph Gatterer, der 1773 eine noch zu schreibende ‚Weltstatistik‘ konzipiert hatte, hatte daraus große Teile der Erde explizit ausgeklammert. „Wilde Völker“, hieß es bei ihm, „haben keinen Staat, also auch keine Statistik“. Die von ihnen bewohnten Territorien könnten höchstens im Zusammenhang mit den Staaten erörtert werden, denen sie „unterthänig oder zinsbar“ seien. Um statistisch beobachtet zu werden, benötigten Völker und Territorien also eigenständige „Staatskörper“.[16]

Die Gleichheitsannahme ging freilich selten so weit, politische Machtgefälle sowie kulturelle, zivilisatorische oder ‚rassische‘ Unterschiede in der statistischen Darstellung einzuebnen, die zwischen Gesellschaften tatsächlich bestanden oder als existent galten. Keiner der Autoren der in Kapitel 2 vorgestellten Statistiken ordnete die zu vergleichenden Einheiten in ihren Tabellen alphabetisch an, obwohl diese konsequent egalisierende Darstellungsweise zur Verfügung stand. Nur in Bezug auf Europa lässt sich dies finden, etwa als die Autoren des *Gothaischen Hofkalenders* 1839 eine „Statistische Uebersichtstafel d. europäischen Staaten“ publizierten.[17] Otto

14 Heintz: Numerische Differenz, S. 164.

15 Maier, Charles S.: Consigning the Twentieth Century to History. Alternative Narratives for the Modern Era, in: American Historical Review 105 (2000), S. 807–831; Charles S. Maier: Transformations of Territoriality, 1600–2000, in: Gunilla Budde / Sebastian Conrad / Oliver Janz (Hrsg.): Transnationale Geschichte. Themen, Tendenzen und Theorien, Göttingen 2006, S. 32–55.

16 Gatterer, Johann Christian: Ideal einer allgemeinen Weltstatistik, Göttingen 1773, S. 16.

17 Gothaischer genealogischer Hof-Kalender auf das Jahr 1839, Gotha 1839, S. (45)f.

Hübner klassifizierte die einzelnen Länder auf seinen Tafeln zwar ebenfalls von Beginn an durchgängig alphabetisch. Doch kolonial abhängige Gebiete rangierten bei ihm nicht als eigenständige Einheiten. Sie erschienen eingerückt unter den jeweiligen Imperialmächten, so dass Machtgefälle und Abhängigkeiten auf den ersten Blick deutlich wurden (Abb. 2).

Hannover DB Königreich . . . .
Hannoverscher Steuerverein (Finanzzoll-system Zollertrag 1,800,000 Thlr.)
Hayti (westlicher Theil der Insel St. Domingo) .
Hessen-Cassel DB Kurfürstenthum . . . . .
 " **Darmstadt** DB Großherzogthum . .
 " **Homburg** DB Landgrafschaft . . .
Japan Kaiserthum . . . .
Jonische Inseln, Corfu, Paxo, Santa Maura, Theaki, Cephalonia, Zante, Cerigo. Republik.
Kirchenstaat . . . .
Liberia, Westafrika. Republik . . . .
Liechtenstein DB Fürstenthum . . . .
Lippe-Detmold DB Fürstenthum . . . . . .
 " **Schaumburg** DB Fürstenthum . . .
Lübeck DB Republik . . . .
Luxemburg DB Großherzogthum . . . . . .
und **Limburg** DB Herzogthum . . . . . .
Madagaskar . . . .

Marokko und Fetz Kaiserthum . . . . . .
Maskat, Imanat (Arabien u. Afrika) . . . .
Meklenburg-Schwerin DB Großherzogth.
 " **Strelitz** DB Großherzogthum
Mexiko Republik . . . .

Modena Herzogthum . . . .
Nassau DB Herzogthum . . . .

Neugranada Republik . . . .

Niederlande Königreich . . . .
Niederländ. Besitzungen in Asien:
 Java, Madura und Nachbar-Inseln . . . .
 Sumatra . . . .
 Borneo . . . .
 Celebes . . . .
 Amboina, Ternate, Banda-Inseln, Banka, Bintang, Billitong, Timor, Sumbava, Lombock, Neu-Guinea.
In Amerika: Surinam . . . .

 Curacao, Saba, Eustaz und St. Martin .
In Afrika: Guinea-Küste . . . .
Nubien u. Kordofan (meist Aegypten unterw.)

Abbildung 2: Ausschnitt aus Otto Hübner: Statistische Tafel aller Länder der Erde, in: Jahrbuch für Volkswirthschaft und Statistik 1 (1852), Beilage.

Andere über Europa hinausgehende Darstellungen waren noch stärker differenziert. Das *Statesman's Year-Book* beispielsweise hatte in den ersten 25 Jahren seines Bestehens zwei große Abschnitte: einen mit Angaben zu europäischen Staaten und einen mit solchen zu außereuropäischen Ländern. Innerhalb der beiden Abschnitte waren die Länder alphabetisch geordnet sowie bei Bedarf um Angaben zu jeweils abhängigen Gebieten ergänzt. In den 1880er Jahren wurde der zweite Abschnitt in einzelne, den Kontinenten gewidmete Unterabschnitte aufgeteilt. 1890 schließlich kam es zu einer Generalüberholung des Jahrbuchs, die den Beginn des Hochimperialismus widerspiegelten. Weiterhin in zwei große Abschnitte aufgeteilt, war der erste nun ganz dem British Empire gewidmet. Darin sei versucht worden, „to give an exhaustive list of all territories over which the British Government has any claim whatever". Der zweite Abschnitt war allen nicht-britisch kontrollierten Ländern gewidmet, die in fortlaufender Weise nach ihren Anfangsbuchstaben geordnet waren und zahlreiche bis dahin nicht beachtete Territorien enthielt (vor allem in Afrika). Doch auch hier erhielten politisch abhängige Gebiete keine eigenen Einträge, sondern waren der jeweiligen Imperialmacht zugeordnet.[18] Das britische *Board of Trade* ordnete in seinen auslandsstatistischen Publikationen die betrachteten Länder ebenfalls entsprechend ihrer Zugehörigkeit zu Kontinenten an. Innerhalb der einzelnen Kontinentabschnitte war dann ein geographisches Ordnungsprinzip (Nord-Süd, Ost-West) handlungsleitend. Bemerkenswerterweise gibt es in diesen staatlichen Periodika weder entsprechende Abschnittsüberschriften, noch explizite Erläuterungen der zugrundeliegenden Methode. Bei allen Publikationen, die zunächst eine Einteilung in Kontinente vornahmen, fällt zudem auf, dass an erster Stelle immer Europa stand und die anderen Erdteile folgten. Allein daran lassen sich die von den Autoren wahrgenommenen und angenommenen globalen Differenzen ablesen.

Eine andere Gliederungsform nutzten Neumann-Spallart und später Juraschek in den ländervergleichenden Tabellen zum Außenhandel in den *Uebersichten zur Weltwirthschaft*. Beide Autoren ordneten die betrachteten Länder nicht nach einer *a priori* angenommen politischen, zivilisatorischen oder sonstigen Wertigkeit der Territorien, sondern nach den Ergebnissen der jeweiligen Handelsstatistiken. In fünf verschiedenen, je einem Kontinent gewidmeten Tabellen gliederten Neumann-Spallart und Juraschek die einzelnen Länder entsprechend ihrer in Werten berechneten Außenhandelsvolumina und in abnehmender Wertigkeit. Die diesbezüglichen Summen der fünf Erdteile entschieden wiederum, in welcher Reihenfolge die Kontinenttabellen erschienen (Europa, Amerika, Asien, Australien/Ozeanien, Afrika).[19] In doppelter Weise folgten Neumann-Spallart und Juraschek also einem Ranglistenprinzip. Bemerkenswert an diesen Tabellen ist zudem, dass sie zwischen politisch souveränen und abhängigen Staaten überhaupt nicht unterschieden. Der gemeinsame Nenner der darin verglichenen Einheiten war die Tatsache, dass die Territorien eine Handelsstatistik besaßen, die sich auswerten ließ. Dass etwa Kuba, die Straits Settlements, die Philippinen, Ceylon, Indochina, Aden, Samoa oder San-

18 The Statesman's Year-Book. Statistical and Historical Annual of the States of the World for the Year 1890, London / New York 1890, Zitat: S. V.

19 Vgl. etwa Neumann-Spallart: Uebersichten … 1878, S. 215–218; Franz von Juraschek: Übersichten der Weltwirtschaft. Jahrgang 1885–1889, Berlin 1890, S. 738–745.

sibar politisch von europäischen Kolonialreichen abhängig waren, blieb ebenso verborgen wie informelle Abhängigkeiten, wie es sie im Falle Chinas gab.[20] Die egalisierende Wirkung von Statistiken trat hier also am deutlichsten zutage (Abb. 3 und 4).

I. Europäische Staaten.

	Einfuhr	Ausfuhr	Gesammter Aussenhandel
Grossbritannien u. Irland	7503,1	5135,5	12638,6
Deutschland	3913,3	2549,4 2)	6462,7
Frankreich	3160,2	2855,9	6016,1
Russland 3)	1537,8	1290,2	2828,0
Oesterreich-Ungarn 4)	1068,6	1190,4	2259,0
Niederlande	1212,8	906,2	2119,0
Italien 5)	1061,7	973,5	2035,2
Belgien	1158,9	851,0	2009,9
Spanien 6)	459,7	508,2	967,9
Türkei 7)	370,0 ?	200,0 ?	570,0 ?
Schweden	317,1	249,4	566,5
Dänemark 8)	256,4	202,4	458,8
Norwegen 9)	198,1	115,9	314,0
Portugal 10)	126,8	106,8	233,6
Rumänien 11)	64,8	113,7	178,5
Griechenland 10)	96,2	60,4	156,6
Serbien 10)	25,9	31,2	57,1
Europa	22.531,4	17.340,1	39.871,5

Abbildung 3: Ausschnitt aus der Tabelle „Der Welthandel im Jahre 1876“, in: Neumann-Spallart: Uebersichten ... 1878, S. 215–218, hier S. 215.

Die Art und Weise, wie Länder in internationalen (Wirtschafts-)Statistiken klassifiziert wurden, war also alles andere als natürlich. Die jeweiligen Autoren entschieden bewusst darüber, wie sie ihre Daten anordneten. Die beschriebenen Klassifikationsformen spiegelten wider, wie ihre Urheber die politischen und wirtschaftlichen Verhältnisse in der Welt interpretierten. Trotz der egalisierenden Wirkung dieser Statistiken, dank derer politisch abgegrenzte Territorien generell als gleichartige wirtschaftliche Einheiten erschienen, zeigen die Klassifikationen die großen politischen und wirtschaftlichen Machtgefälle, die die imperiale Weltordnung des 19. Jahrhunderts prägten. Selbst Neumann-Spallart, der in seiner Außenhandelsstatistik die Egalisierung am konsequentesten umsetzte, positionierte Europa an der Spitze aller diesbezüglicher Tabellen und gab damit der politischen und

20 Die Beispiele stammen aus Juraschek: Übersichten ... 1885–1889, S. 738, 740, 742, 744.

III. Asien.

	Einfuhr	Ausfuhr	Gesammter Aussenhandel
Britisch Ostindien [22]) . .	707,3	1178,8	1886,1
China [23])	421,6	485,1	906,7
Straits Settlements [9]) . .	212,8	194,4	407,2
Java u. Madura [19]) . . .	153,6	244,3	397,9
Japan [24])	110,0	120,5	230,5
Ceylon [9])	107,2	107,5	214,7
Französ. Cochinchina [25]) .	53,6	70,4	124,0
Sumatra u.übr.holl.Ostind.[10]	55,8	65,6	121,4
Russisch Asien [9])	66,9	30,8	97,7
Siam	30,8	36,2	67,0
Persien [26])	22,0	11,0	33,0
Französ. Bes. in Indien [9]) .	5.8	12,1	17,9
Formosa [27])	6,4	7,8	14,2
Labuan [20])	2,4	2,2	4,6
Asien	1956,2	2566,7	4522,9

Abbildung 4: Ausschnitt aus der Tabelle „Der Welthandel im Jahre 1876", in: Neumann-Spallart: Uebersichten ... 1878, S. 215–218, hier S. 217.

ökonomischen Dominanz einen optischen Ausdruck, den die Länder dieses Kontinents im 19. Jahrhundert weltweit ausübten.

Die Statistiken spiegelten aber nicht nur ‚Weltbilder' ihrer Autoren wider, sie schufen bzw. stabilisierten derartige Vorstellungen auch bei ihren Lesern. Kritische Stimmen zu den verschiedenen Klassifikationen fanden sich jedenfalls nirgendwo und generell gab es praktisch keine öffentlich geführten Diskussionen darüber, wie Länder in statistischen Publikationen angeordnet werden sollten. Und die kritiklose Akzeptanz der politisch gefärbten Klassifikationen spricht dafür, dass die Rezipienten der Statistiken die Weltsicht von deren Autoren teilten.

Auf der anderen Seite eröffnete die entstehende internationale Wirtschaftsstatistik neue Erkenntnismöglichkeiten. Die sich im 19. Jahrhundert durchsetzende Quantifizierung statistischer Ländervergleiche ermöglichte es, Angaben zu einzelnen Ländern mit anderen Zahlen auf vielfache Weise miteinander zu kombinieren. Sie ließen sich summieren, in Indizes verrechnen oder grafisch darstellen. So entstanden in der ‚statistischen Realität' Phänomene, die sich auf Räume bezogen, die wie Kontinente oder ‚die Welt' mangels entsprechender Institutionen nicht unmittelbar statistisch beobachtet werden konnten. Internationale (Wirtschafts-)Statistiken bildeten also bereits im 19. Jahrhundert ökonomische Phänomene und wirtschaftliche Entwicklungen ab, die es ohne sie nicht gegeben hätte und die die Wahrnehmung der Wirtschaftsgeschichte jener Zeit bis heute prägen.

Otto Hübner nutzte die Möglichkeit der Summierung vorhandener Daten von der ersten Ausgabe seiner Tafel an, um Flächeninhalte und Bevölkerungszahlen der fünf Kontinente anzugeben. Darüber hinaus beschränkte er sich jedoch auf reine Ländervergleiche. Erst Juraschek fügte den vergleichenden Tabellen, die er ab den 1880er Jahren an das Ende der Hübner'schen Jahrbücher stellte, teilweise weitere, auf Kontinente bezogene Summen hinzu sowie solche, die suggerierten, die gesamte Welt einzubeziehen. 1897 etwa enthielt das Jahrbuch eine Tabelle, die die globalen Bestände an Pferden und Maultieren, Rindern, Schafen, Ziegen und Schweinen wiederzugeben versprach sowie auf Kontinente und einzelne Länder heruntergebrochen werden konnte.[21] Auch Neumann-Spallart zählte ab der ersten Ausgabe seiner Jahrbücher die in Werten gemessenen und in Mark umgerechneten Außenhandelsvolumina der erfassten Länder nicht nur zu Kontinent-, sondern auch zu Weltzahlen zusammen. Er und sein Nachfolger Juraschek errechneten so jährliche Volumina des ‚Welthandels' und machten diesen sowie seine Entwicklung zu einem eigenständigen Untersuchungsgegenstand.

Aber nicht nur das. Neumann-Spallart und mit ihm andere deutschsprachige Ökonomen, Statistiker und Publizisten gingen soweit, die zahlreichen quantitativen Beobachtungen, die die verschiedenen nationalen und internationalen Statistiken in der zweiten Hälfte des 19. Jahrhunderts in wachsender Menge zur Verfügung stellten, als Ausdruck eines Ganzen zu interpretieren. Die statistischen Daten der vorangegangenen zehn Jahre bewiesen, so Neumann-Spallart 1876, „zu welcher ehedem ungeahnten Höhe alle wirthschaftlichen Triebe und Kräfte sich steigern lassen, wenn der Gedanke der beschränkten Wirthschaft des einzelnen Volkes aufgegeben und durch den höheren Organismus der Weltwirthschaft ersetzt" werde. Die Entwicklung dieses neuartigen „Organismus" zu beschreiben und dabei das „unendlich verzweigte[] Getriebe[] der Weltwirthschaft" statistisch darzustellen war Neumann-Spallart zufolge Hauptzweck seines ab 1878 erscheinenden Jahrbuchs.[22] Wenngleich deutsche Ökonomen bereits zuvor über die Existenz einer solchen ‚Weltwirtschaft' nachgedacht hatten – der Begriff tauchte vermutlich das erste Mal 1826 bei Karl Heinrich Rau auf –,[23] so gilt doch das letzte Drittel des 19. Jahrhunderts als Geburtsstunde der ‚Weltwirtschaft'. Ab den 1880er Jahren sei sie dagewesen und über sie gesprochen worden, so der oft zitierte Hinweis des Wirt-

21 Juraschek: Otto Hübner's ... 1897, S. 91.

22 Neumann-Spallart: Übersichten ... 1876, S. 569; Neumann-Spallart: Uebersichten ... 1878, S. V; für eine Zusammenfassung von Neumann-Spallarts konjunkturstatistischen Beschreibungen *avant la lettre* vgl. Hauser-Dora: Die wirtschaftlichen, S. 40–42, 401–408.

23 Zur Begriffsgeschichte vgl. Pohl: Aufbruch der Weltwirtschaft, S. 9–25; Harms: Volkswirtschaft, S. 3–88.

schaftshistorikers August Sartorius von Waltershausen.[24] Nach der Jahrhundertwende erhielt die akademische Debatte darüber Auftrieb, als Bernhard Harms, der 1908 Ordinarius für Nationalökonomie an der Kieler Universität wurde, dort 1911/14 das *Institut für Seeverkehr und Weltwirtschaft* gründete. Explizit forderte er, eine ‚Weltwirtschaftslehre' zu etablieren, die neben die ‚Volkswirtschaftslehre' treten sollte, und ab 1914 gab er mit dem *Weltwirtschaftlichen Archiv* eine programmatische, bald international renommierte Zeitschrift heraus.[25]

Was bis heute unscharf bleibt – und vermutlich bleiben wird –, sind die Charakteristika der ‚Weltwirtschaft'. Im Kern drehten sich diesbezügliche Diskussionen um drei Fragen: Ist die ‚Weltwirtschaft' Summe einzelner Phänomene und Prozesse, oder ist sie etwas Eigenes, das je nach Standpunkt als System oder als Organismus mit eigenständigen Entwicklungsgesetzen zu beschreiben wäre? Welchen geographischen Raum umschließt die ‚Weltwirtschaft' und welche Kriterien muss dieser erfüllen, damit er als ‚Weltwirtschaft' gelten kann; gibt es gar mehrere ‚Weltwirtschaften'? Und: Ist die ‚Weltwirtschaft' Ausdruck von Austauschprozessen zwischen politisch, kulturell und sozial definierten und klar voneinander abgrenzbaren ‚Volkswirtschaften' oder Inbegriff einer potentiell globalen Arbeitsteilung zwischen wirtschaftlich tätigen Individuen und Unternehmen?[26]

Unabhängig davon, wie die sich an dieser Debatte beteiligenden Zeitgenossen des ausgehenden 19. und beginnenden 20. Jahrhunderts diese Fragen beantworteten, stützten sie sich – wenn sie empirisch argumentierten – in irgendeiner Form auf aggregierte Statistiken. Die Produktion einiger grenzüberschreitend gehandelter Waren (vor allem Getreide, Zucker, Baumwolle und Kohle), Außenhandel, staatliche Handelsbilanzen, Eisenbahn-, Dampfschiff- und Telegraphennetzwerke sowie das darin festzustellende Verkehrsaufkommen waren zentrale Aspekte zeitgenössischer Darstellungen zur ‚Weltwirtschaft'. Aber auch die Beobachtung von Preisen

---

24 Sartorius von Waltershausen: Die Entstehung, S. 10, ähnlich auch S. 407.

25 Zu Harms und der Gründung des *Instituts für Seeverkehr und Weltwirtschaft* vgl. Gunnar Take: „Die Objektivität ist durch sein Wesen verbürgt." Bernhard Harms' Gründung des Kieler Instituts für Weltwirtschaft und sein Aufstieg im Ersten Weltkrieg, in: Demokratische Geschichte 26 (2015), S. 13–74; sowie Köster: Die Wissenschaft, S. 45–47 und Dieter Plehwe / Quinn Slobodian: Landscapes of Unrest. Herbert Giersch and the Origins of Neoliberal Economic Geography, in: Modern Intellectual History 16 (2019), S. 185–215, hier S. 190–195.

26 Pohl: Aufbruch, S. 19–21; vgl. Jürgen v. Kruedener: Die Weltwirtschaft als Gegenstand der Wirtschaftsgeschichte, in: Hermann Kellenbenz (Hrsg.): Weltwirtschaftliche und währungspolitische Probleme seit dem Ausgang des Mittelalters. Bericht über die 7. Arbeitstagung der Gesellschaft für Sozial- und Wirtschaftsgeschichte, Stuttgart / New York 1981, S. 15–24; zeitgenössische Überblicke über den Stand der Diskussion vor dem Ersten Weltkrieg und verschiedene Positionen bieten Harms: Volkswirtschaft, S. 3–88 sowie Josef Grunzel: Economic Protectionism, hrsg. von Eugen von Philippovich, Oxford 1916, S. 1–18.

auf Weltmärkten und des internationalen Kapitalverkehrs, Migrationsbewegungen sowie die zunehmende zwischenstaatliche rechtliche Regelung des grenzüberschreitenden Verkehrs waren Aspekte, anhand derer Ökonomen globale wirtschaftliche Abhängigkeiten und Verflechtungen zu beschreiben und zu erklären versuchten.[27]

Die ‚Weltwirtschaft' war also nicht nur das Resultat von Globalisierungsprozessen im materiellen Sinne – zunehmender grenzüberschreitender Verkehr von Waren und Kapital, zwischenstaatliche Migrationsbewegungen, wachsende Kommunikations- und Transportnetzwerke –, sondern auch Folge der Verfügbarkeit von Konstrukten oder ‚Dingen', die es nur innerhalb der ‚statistischen Realität' gab: Weltproduktion, Welthandel, Weltverkehr und Weltmarkt. Ohne die Möglichkeit, wirtschaftlich relevante, quantitative statistische Daten aus unterschiedlichen Kontexten und Regionen miteinander in Beziehung setzen, summieren und anderweitig kombinieren zu können, wäre dies unmöglich gewesen.

Darauf, wie stark die Existenz der ‚Weltwirtschaft' von verfügbarem und akzeptiertem Wissen abhing, sprechen auch die folgenden Aspekte. *Erstens* maßen Statistiker und Ökonomen nicht die ‚Weltwirtschaft', sondern Sachverhalte wie Produktion und Handel, Konsumtion und Preise, die sich dann aggregieren und interpretieren ließen. *Zweitens* wiesen schon Zeitgenossen auf die Wissensabhängigkeit des Konzepts hin. 1863 etwa schrieb der Ökonom Hans von Mangoldt, es gebe zwar eine „*Menschheitswirthschaft*", definiert als „gemeinsame[] Thätigkeit der Menschheit zur Gewinnung der äußern Voraussetzungen für die immer vollständigere Erfüllung ihrer Aufgabe". Es bedürfe aber „eines ausgebildeteren internationalen Verkehrs, als er jetzt besteht, und reicherer Erfahrungen über die eigenthümliche Bedeutung der verschiedenen Nationen, als über welche wir jetzt verfügen, [...] ehe die Wissenschaft eine *Weltwirthschaftslehre*" etablieren könne.[28] 1899 erläuterte der Pädagoge Alexander Wernicke in einem Vortrag den „Begriff Weltwirtschaft auf Grundlage der Statistik (v. Neuman-Spallart [sic!] und v. Juraschek)".[29] Und retrospektiv bemerkte August Sartorius von Waltershausen 1931, deutlich sei in den 1880er Jahren „der Umriß [der ‚Weltwirtschaft'] sichtbar" gewesen, weil „er beschrieben oder definiert werden" konnte.[30] *Drittens* gab es die

27 Slobodian: How to See; Anonymus: Bericht über die Tätigkeit des statistischen Seminars an der k.k. Universität Wien während des Wintersemesters 1904/5, in: Statistische Monatsschrift NF 10 (1905), S. 915–950, hier S. 915–921.

28 Mangoldt, H[ans] v.: Grundriß der Volkswirthschaftslehre. Ein Leitfaden für Vorlesungen an Hochschulen und für das Selbststudium, Stuttgart 1863, S. 5 f. [Hervorhebung im Original].

29 Wernicke, Alex[ander]: Weltwirtschaft und Nationalerziehung, in: Pädagogisches Archiv 41 (1899), S. 658–663, hier S. 659.

30 Sartorius von Waltershausen: Die Entstehung, S. 407.

‚Weltwirtschaft' bis zum beginnenden 20. Jahrhundert nur im deutschsprachigen Raum,[31] was vermuten lässt, das das Konzept nur in einem diskursiven Kontext entstehen und Sinn ergeben konnte, der dort im 19. Jahrhundert dominierte: die Historische Schule der Nationalökonomie mit ihrer Vorstellung einer stufenweisen Entwicklung wirtschaftlicher Organisation und Aktivität und mit ihrer Anschlussfähigkeit an organizistische Denkmodelle, die sich gerade im Deutschland des ausgehenden 19. Jahrhundert verbreiteten.[32]

Um nicht falsch verstanden zu werden: Die materiellen, statistisch beobachtbaren Austauschprozesse zwischen verschiedenen Weltregionen und Kontinenten wurden auch anderswo beobachtet, interpretiert und diskutiert. Auch nutzten nichtdeutschsprachige Autoren die Möglichkeiten quantitativer Statistiken und summierten alle möglichen Daten zu Kontinent- und Weltzahlen. Der ersten Ausgabe seines *Statistical Dictionary* setzte Michael G. Mulhall beispielsweise eine Grafik voran, die die Wertschöpfung von Landwirtschaft, Gewerbe (manufacture), Handel und Transportgewerbe einer Reihe europäischer und amerikanischer Länder sowie Australiens als „world industry" darstellte und mit den entsprechenden Angaben von Europa, den USA und Großbritannien verglich. Eine andere Tabelle des Dictionary gab den Wert des Außenhandels für „The World" wieder und eine dritte die ‚globale' Summe der Staatsverschuldungen.[33] Andere Autoren gaben statistisch basierte Angaben von „the World's Trade" und „the World's Markets" wieder,[34] illustrierten quantitativ den „world commerce" und die „world production of steel"[35] oder sprachen von den „world-industries" und „world-commerces"[36]. Was aber fehlte, war die Integration dieser Phänomene in ein umfassendes Konzept, wie es jenes der ‚Weltwirtschaft' tat. Stattdessen war vom „world's economic system",[37] der „économie du monde", einer „économie internationale" oder einer „économie

31 Slobodian: How To See, S. 308.

32 Zur Historischen Schule vgl. einführend Toni Pierenkemper: Geschichte des modernen ökonomischen Denkens. Große Ökonomen und ihre Ideen, Göttingen 2012, S. 116–128; Karl Pribram: Geschichte des ökonomischen Denkens, Frankfurt/Main 1992, S. 401–428; Erik Grimmer-Solem: The Rise of Historical Economics and Social Reform in Germany, Oxford 2003; Roman Köster: Die Wissenschaft der Außenseiter. Die Krise der Nationalökonomie in der Weimarer Republik, Göttingen 2011, S. 32–41; zur Bedeutung organizistischen Denkens im ausgehenden 19. und frühen 20. Jahrhundert in Deutschland vgl. Anne Harington: Reenchanted Science. Holism in German Culture from Wilhelm II to Hitler, Princeton 1996, S. 3–33.

33 Mulhall: Mulhall's Dictionary, Frontispiz, S. 101, 134.

34 Etwa Philip's Chamber of Commerce Atlas. A Graphic Survey of the World's Trade with a Commercial Compendium and Gazetteer Index, London / New York 1912, S. 20–28.

35 Trotter, Spencer: The Geography of Commerce. A Textbook, New York / London 1906, S. 64.

36 Dyke Robinson, Edward van: Commercial Geography, Chicago / New York 1910, S. 440–455.

37 Etwa Julian M. Sturtevant: Economics or the Science of Wealth, New York 1879, S. 100.

internationale universelle“[38] die Rede und der französische Ökonom Émile Levasseur übersetzte den Titel von Neumann-Spallarts Übersichten 1882 mit „Tableau économique du monde“.[39] All dies waren Begriffe, die andere Konnotationen besaßen, als die ‚Weltwirtschaft‘ und zudem nicht selten Versuche, diesen deutschen Begriff zu übersetzen. Erst nach dem Ersten Weltkrieg fanden „world economy“, „économie mondiale“ und entsprechende Begriffe anderer Sprachen Eingang in die jeweiligen Öffentlichkeiten, was unter anderem mit der Etablierung der Weltwirtschaftsstatistik erklärt werden kann (vgl. Kap. 10).

Trotz der konzeptionellen Unterschiede, die zwischen einzelnen Statistiken und im ökonomischen Denken bestanden, war es Zeitgenossen ab der zweiten Hälfte des 19. Jahrhunderts in vielen Regionen der Welt möglich, sich umfassend über globale wirtschaftliche Zusammenhänge und Austauschprozesse zu informieren und deren Entwicklung im zeitlichen Verlauf zu beobachten. Vergleiche wirtschaftlicher Aktivitäten zwischen einzelnen Ländern, Ländergruppen und Kontinenten wurden ebenso möglich wie quantitativ basierte Aussagen über die Bedeutung bestimmter Staaten und Imperien im globalen wirtschaftlichen Kontext – sei es in Bezug auf die Produktion bestimmter Waren, den Außenhandel oder die Lebenshaltungskosten.

Was allerdings konkret zu der imaginierten Gesamtheit eines ‚world's economic system‘ oder der ‚Weltwirtschaft‘ zu zählen war – in geographischer wie in inhaltlicher Hinsicht – hing stark von den tatsächlich verfügbaren Statistiken über Produktion, Handel, Transport- und Kommunikationsmittel sowie Preise und Konsumtion ab. Diesbezügliche Aussagen, selbst wenn sie sich vermeintlich auf die gleichen Phänomene und Prozesse bezogen, mussten sich zudem fast zwangsläufig voneinander unterscheiden, da viele Angaben, die sich in statistischen Publikationen finden ließen, teils erheblich voneinander abwichen, was sich dann wiederum auf deren Interpretation auswirken musste. Je nachdem, auf welche Publikationen sich Zeitgenossen stützten, entstanden andere Vorstellungen von den wirtschaftlichen Zusammenhängen der Welt. Zugespitzt ließe sich sagen, dass es im ausgehenden 19. und beginnenden 20. Jahrhundert mindestens so viele unterschiedliche ‚Weltwirtschaften‘ gab wie internationale (Wirtschafts-)Statistiken. Folgende Beispiele, die auf der Auswertung von sechs in Großbritannien und Deutschland

38 Annales de la Société d'Économie Politique 16 (1865), S. 278; Lujo Brentano: Des dernières causes de notre misère sociale. Un essai de morphologie économique, in: Revue d'Économie Politique 3 (1889), S. 341–365, hier: S. 354; G[ustav] Schmoller: L'économie politique. Sa théorie et sa méthode, in: Revue d'Économie Politique 8 (1894), S. 105–140, 339–363, 462–479, hier S. 109; H. Vanhoutte: L'Histoire économique, in: La Réforme Sociale. Bulletin de la Société d'Économie Sociale 39 (1900), S. 775–789, hier: S. 787.

39 Mangin, Arthur: Académie des Sciences. Morales et politiques. Séance du samedi 4er juillet 1882, in: Journal officiel de la République Française 14 (1882), Nr. 181 [04.07.1882], S. 3559.

weithin bekannten und international rezipierten Publikationen[40] basieren, die interessierten Lesern 1897 zur Verfügung standen, sollen das skizzieren.

Die Angaben zur Bevölkerung Chinas schwankten in den ausgewerteten Publikationen zwischen 357 und 403 Millionen Einwohnern. Die Differenz zwischen beiden Zahlen war nicht so groß, wenn man sie mit anderen damals verfügbaren Schätzungen und offiziellen Zahlen der chinesischen Regierung vergleicht, die zwischen 277 und 426 Millionen lagen. Absolut aber blieb der Unterschied von 50 Millionen Einwohnern bedeutend.[41] Die Staatseinnahmen Japans führte das *Statesman's Year-Book* nur bis zum Haushaltsjahr 1895/96 an und bezifferte sie für dieses mit 90 Millionen Yen. Die Leser von Mulhalls *Dictionary* und des *Statistical Abstract* des *Board of Trade* erfuhren darüber nichts. Die drei deutschsprachigen Publikationen wiederum bezogen ihre diesbezüglichen Angaben zwar alle auf das Haushaltsjahr 1896/97. Doch während das *Gothaische Taschenbuch* die Einnahmen des japanischen Staats in jenem Jahr auf 138 Millionen Yen bezifferte, drückten die Autoren von Hübners und Hartlebens Tabellen diesen Betrag in Reichsmark aus; rechnet man deren Angaben mit den jeweils ebenfalls in den Tabellen mitgeteilten Umrechnungskursen in Yen um, so betrugen die Staatseinnahmen Japans demnach entweder 152 Millionen Yen (Hübner) oder 73 Millionen Yen (Hartleben). Hinsichtlich des Außenhandels Russlands konnten die Leser je nach Publikation erfahren, dass der summierte Wert der Ein- und Ausfuhren dieses Landes 1894 1,084 Milliarden Rubel betragen habe (Hartleben), 1,228 Milliarden (*Statesman's Year-Book* und *Statistical Abstract*) oder gar 1,233 Milliarden (*Gothaisches Taschenbuch*). Die Angaben zur Weizenproduktion Russlands – eines der weltweit wichtigsten Produktionsländer dieses Getreides – für das Jahr 1895 lagen zwischen 90 Millionen Hektoliter im *Statesman's Year-Book* und 114 Millionen Hektoliter in Hübners Tabellen. Zu den Informationen, die in fast allen Publikationen gleich oder sehr ähnlich waren, gehören jene zu Eisenbahnstrecken. Für jene Japans waren sich die drei deutschen Publikationen einig, dass diese 1895 eine Länge von 3609 km erreicht hätten; das *Statesman's Year-Book* gab sie für 1894/95 mit 3.408 an. In ähnlicher Weise ähnelten sich die entsprechenden Zahlen für das Eisenbahnnetz Britisch-Indiens. 1895 betrug es laut *Hartlebens Tabellen* 30.226 km und dem *Gothaischen*

40 Für diesen Zweck wurden das Statesman's Year-Book von 1897, Mulhall's Statistical Dictionary von 1892, das Statistical Abstract for the Principal and Other Foreign Countries von 1897, Otto Hübner's Geographisch-statistische Tabellen aller Länder der Erde von 1897, A. Hartleben's Statistische Tabelle über alle Staaten der Erde von 1897 sowie das Gothaische Genealogische Taschenbuch nebst diplomatisch-statistischem Jahrbuch von 1897 ausgewertet.

41 Vgl. Andrea Bréard: 400 Millionen. Globale Wirkungen einer mächtigen Zahl, in: Stefan Haas / Michael C. Schneider / Nicolas Bilo (Hrsg.): Die Zählung der Welt. Kulturgeschichte der Statistik vom 18. bis 20. Jahrhundert, Stuttgart 2019, S. 219–234.

Taschenbuch zufolge 30.344 km. Das *Stateman's Year-Book* und *Hübners Tabellen* gaben jeweils Zahlen für das Jahr 1896 an (31.667 bzw. 32.139 km).

Nicht immer waren die Abweichungen gravierend. Teils aber konnten sie doch zu unterschiedlichen Einschätzungen führen, etwa wenn es darum ging, Anteile einzelner Länder am Welthandel zu berechnen, die Bedeutung eines Landes für die globale Getreideproduktion festzustellen oder die Möglichkeiten eines Staates einzuschätzen, militärisch aufzurüsten. Beispielsweise ließ sich der Anteil des Deutschen Reichs am weltweiten Außenhandel von 1894 nach Angaben in *Hübners Tabellen* auf 10 % berechnen, während eine entsprechende Übersicht im offiziellen US-amerikanischen Periodikum *Commercial Relations of the United States with Foreign Countries* einen Anteil von 10,8 % nahelegte, was absolut gesehen einem Unterschied von etwa 550 Millionen Mark entsprach.[42] Da beide Publikationen keine Quellen angaben, lassen sich hinter dem Unterschied Umrechnungsprobleme vermuten. Da sich die Daten vieler anderer Länder in ähnlicher Weise voneinander unterschieden, mussten auch die Summen, die sich daraus errechnen ließen – etwa zum Welthandel oder zur Weltweizenproduktion – voneinander abweichen und damit jeweils andere Vorstellungen von Beschaffenheit, Umfang und Entwicklung der vorgestellten ‚Weltwirtschaft' zur Folge haben. Auch hierzu ein Beispiel. In seinen *Uebersichten der Weltwirthschaft* bezifferte Neumann-Spallart 1881 das Volumen des globalen Außenhandels von 1869/70 auf 46,3 Milliarden Mark, dasjenige des Jahres 1879 auf 58,5 Milliarden Mark und legte damit eine Ausweitung dieses Volumens um 20,9 % nahe. Im gleichen Jahr veröffentlichte Michael G. Mulhall seine *Balance-Sheets of the World*, in denen er als globales Außenhandelsvolumen des Jahres 1870 2,1 Milliarden Pfund angab, das bis 1880 um 788 Millionen Pfund auf 2,9 Milliarden Pfund gewachsen sei und damit um etwa 37,5 %. Als Mulhall 1884 schließlich die erste Ausgabe seines *Dictionary of Statistics* veröffentlichte bezifferte er das Volumen des Weltaußenhandels von 1870 auf 1,8 Milliarden Pfund, dasjenige von 1880 auf 2,7 Milliarden Pfund, was einem Anstieg von 50 % entsprach.[43]

Noch verworrener wurde die Angelegenheit dadurch, dass die Bezugsjahre nicht immer übereinstimmten, dass Angaben umgerechnet und gerundet waren und dass die Phänomene und Prozesse, auf die diese sich bezogen, nicht immer die gleichen waren. So konnte aus der russischen Statistik etwa der Außenhandel des gesamten russischen Imperiums von demjenigen unterschieden werden, der jeweils

42 Juraschek: Otto Hübner's … 1897, S. 93; US Department of State: Review of the World's Commerce. Introductory to Commercial Relations of the United States with Foreign Countries during the Years 1894–1895, Washington 1896, S. 188.

43 Neumann-Spallart: Uebersichten … 1880, S. 360; Mulhall: Balance-Sheets, S. 20; Mulhall: Mulhall's Dictionary, S. 101.

über die europäischen und asiatischen Grenzen des Landes abgewickelt wurde und von jenem der Finnland und Polen betraf. Die sechs hier untersuchten Publikationen differenzierten allerdings nicht alle diese Regionen in der gleichen Weise, so dass Angaben zum Außenhandel ‚Russlands' schon aus diesem Grund voneinander abwichen. Auch unterschieden sich die Informationen zu den Ein- und Ausfuhren der einzelnen Länder in den untersuchten Publikationen dadurch, dass sie teils den Spezialhandel eines Landes umfassten (*Hübners Tabellen*; *Statistical Abstract*; *Gothaisches Taschenbuch*), teils keine entsprechenden Angaben machten und vermutlich den Generalhandel meinten (*Statesman's Year-Book*; *Hartlebens Tabellen*).[44]

Solch methodisch begründbare Differenzen in den internationalen (Wirtschafts-)Statistiken hielten viele Zeitgenossen nicht davon ab, unterschiedlich ermittelte und damit eigentlich inkommensurable Zahlen miteinander zu vergleichen. Dies war insofern nicht verwunderlich, als es oftmals keine besseren Daten gab. Für Statistiker war dieser Zustand aber ein dauerndes Ärgernis. 1882 etwa begrüßte der leitende Statistiker des *Board of Trade* Robert Giffen zwar die zunehmende und teils extensive Nutzung statistischer Daten in der britischen Öffentlichkeit. Gleichzeitig beklagte er aber eine dabei festzustellende Unkenntnis statistischer Arbeit in weiten Teilen der Gesellschaft. „There has been a great hash of figures, indicating that those who use them have hardly the rudiments of statistical ideas [...]. In journals of the highest standing there are the wildest blunders of the schoolboy order".[45] Die sich aus solchen Beobachtungen speisenden Plädoyers für international einheitliche wirtschaftsstatistische Konzepte und Methoden scheiterten jedoch an den skizzierten grundsätzlichen Problemen und an der fehlenden Bereitschaft von Regierungen, sich dieses Themas anzunehmen. Das änderte sich erst während des Ersten Weltkriegs.

44 Der Generalhandel umfasste – in leicht voneinander abweichenden Definitionen in verschiedenen Ländern – alle Waren, die ins Land ein- und ausgeführt wurden; der Spezialhandel schloss alle Waren aus, die ein Land nur im Transit durchquerten: Johannes Müller: Deutsche Wirtschaftsstatistik. Ein Grundriss für Studium und Praxis, Jena 1925, S. 142 f.

45 Giffen, R[obert]: The Use of Import and Export Statistics, in: Journal of the Statistical Society 45 (1882), S. 181–296, hier S. 182.

Teil II Der *Völkerbund* und die Etablierung einer globalen wirtschaftsstatistischen Infrastruktur, 1917 – 1939/46

4 Die Begründung der Weltwirtschaftsstatistik in Krieg und Nachkriegszeit, 1917 – 1921

Am 26. Juli 1919 empfahlen die beiden führenden englischen Wirtschaftszeitschriften *The Economist* und *The Statist* ihren Lesern eine neue statistische Monatsschrift.[1] Sie werde von der britischen Sektion des *Supreme Economic Council* (SEC) herausgegeben, einem im Februar 1919 gegründeten Gremium der allierten Siegerstaaten, und vom britischen *Board of Trade* redigiert. Das *Monthly Bulletin of Statistics* (MBS) wollte Statistiken präsentierten, „[which] have a bearing on the economic conditions prevailing in as many of the leading countries of the world as possible before, during and after the war with a view to afford some measure of their progress towards normal conditions".[2]

Tatsächlich bot das MBS in jeweils über 20 Tabellen Informationen zur monatlichen Produktion von Kohle, Roheisen und Rohstahl, zum Schiffbau, zur Ein- und Ausfuhr, Preisindizes verschiedener Länder und Städte sowie finanz- und arbeitsmarktrelevante Daten. Damit war das Journal – von Juli 1919 bis zum Frühjahr 1921 vom britischen *Board of Trade* im Auftrag des *Supreme Economic Council* publiziert, von Juli 1921 bis Juli 1946 vom Sekretariat des *Völkerbunds* herausgegeben und seither vom Statistikbüro der *Vereinten Nationen* verantwortet – etwas Neues. Nie zuvor hatte es ein vergleichbares Unternehmen gegeben und zeitgleich erscheinende Periodika[3] blieben hinsichtlich ihrer Inhalte, ihres Umfangs, ihrer Verlässlichkeit und ihrer Aktualität weit hinter dem MBS zurück.

Der Fokus der Herausgeber lag auf den Informationsbedürfnissen und Problemen industrialisierter Staaten Europas und Nordamerikas, die den wirtschaftlichen und sozialen Folgen des Ersten Weltkriegs begegnen mussten. Daran änderte sich auch nach Übernahme des MBS durch den *Völkerbund* im Sommer 1921 nur wenig.[4] Aber die Genfer Autoren erweiterten sukzessive ihren geographischen Be-

1 Anonymus: Monthly Bulletin of Statistics, in: The Statist, 26.07.1919, S. 160; Anonymus: Official Economic Statistics, in: The Economist, 26.07.1919, S. 129.

2 Monthly Bulletin of Statistics 1 (1919/20), Nr. 1, S. 3.

3 Das waren etwa die ab 1910 publizierten Monatsperiodika des *Internationalen Landwirtschaftsinstituts* in Rom (Bulletin de Statistique Agricole / Bulletin de Statistique Agricole et Commerciale / Bulletin mensuel de Statistique Agricole et Commerciale, 1910 – 1946) oder das ab 1920 erscheinende, aber erst ab 1923 im Monatsrhythmus publizierte Bulletin mensuel de l'Office permanent des *Internationalen Statistischen Instituts.*

4 Die inhaltlichen Erweiterungen des MBS entsprachen den Interessen industrialisierter Länder. 1939 enthielt es neben Informationen zu den genannten Aspekten auch solche zur Produktion von Erdöl, Kupfer und Zink, zum Welthandel (in US$), zu per Eisenbahn transportierten Gütermengen und zu Bankeinlagen sowie Indizes zur Industrieproduktion und zu Lebenshaltungskosten. Dazu

https://doi.org/10.1515/9783111207124-005

obachtungsraum. Die enormen Schwierigkeiten infrastruktureller, finanzieller, methodischer und politischer Art konnten sie dabei nicht immer überwinden. Sie schafften es gleichwohl, das MBS in 25 Jahren zu einem monatlich erscheinenden Medium zu entwickeln, in dem regelmäßig Informationen aus Ländern aller Kontinente enthalten waren (vgl. Tab. 1) und das weltweite Verbreitung fand. Entsprechend bewarb der *Völkerbund* sein wirtschaftsstatistisches Flaggschiff – der zuständige Beamte Alexander Loveday nannte das MBS „the spine of our work"[5] – in den 1930er Jahren als „the most rapid source of general information on the economic and financial development of the world".[6]

Tabelle 1: Monthly Bulletin of Statistics, Anzahl der berichtenden Länder einiger Statistiken, 1921–1939 (Quellen: MBS, Juli 1921, Januar-Ausgaben 1925, 1930, 1935, 1939)

	Juli 1921	Jan 1925	Jan 1930	Jan 1935	Jan 1939
Steinkohleproduktion	8	13	16	24	22
Roheisenproduktion	7	10	12	16	15
Rohstahlproduktion	7	11	13	16	15
Außenhandel (Wert)	23	38	46	59	82
Außenhandel (Gewicht)	10	21	24	27	27
Index der Großhandelspreise	18	28	35	41	44
Gold- und Silbervorräte	26	38	41	52	55
Einlagen in Handelsbanken	6	25	32	33	43

Da das MBS die Herausbildung der Weltwirtschaftsstatistik widerspiegelt, zeichnen dieses und das folgende Kapitel deren Entstehung vor allem mit Blick auf das Journal nach und charakterisieren sie im Unterschied zur älteren Form internationaler Wirtschaftsstatistik. Zunächst rücken dafür in Kapitel 4 die wirtschaftsstatistischen Aktivitäten des *Allied Maritime Transport Council* (AMTC) und des *Supreme Economic Council* (SEC) in den Blick. Den AMTC gründeten die Regierungen von Großbritannien, Frankreich, Italien und den USA im Winter 1917/18 mit dem

kamen Indizes zur Weltindustrieproduktion, zur globalen Produktion von Rohstoffen, Agrarprodukten und Nahrungsmitteln sowie zu Vorräten dieser Güter.

5 NCL, Loveday Papers, Box 39, Chronology, Alexander Loveday, o.Dat. [unveröffentlichte und undatierte Stichwortsammlung zu einer Geschichte des *Economic Intelligence Service* des *Völkerbunds*], „Notes for Chapter on EIS", S. 1.

6 Werbeanzeige für das MBS im Monthly Summary of the League of Nations 15 (1935), S. 346.

Ziel, die kriegswirtschaftlichen Ressourcen ihrer Länder zu bündeln (Kap. 4.1). Im Februar 1919 etablierten die gleichen Länder den SEC, der den Übergang von der Kriegs- zur Friedenswirtschaft in Europa international koordinieren und in den Augen einiger Zeitgenossen Kern einer zukünftigen internationalen Wirtschaftsorganisation sein sollte (Kap. 4.2). Obwohl es bisher an archivgestützten Darstellungen beider Organisationen mangelt, gelten sie in personeller, institutioneller und konzeptioneller Hinsicht als direkte Vorgänger des *Völkerbunds* und als Vorbild für die funktionale Kooperation von Regierungen.[7] Das gilt auch in Bezug auf ihre wirtschaftsstatistischen Aktivitäten, die für ihr Agieren zentral waren.[8] Das Kapitel beleuchtet diese Aktivitäten, kann dies aber nur auf einer lückenhaften archivalischen Überlieferung und vor allem aus US-amerikanischer Perspektive tun.[9] Kapitel 4.3 kontextualisiert die statistischen Aktivitäten von AMTC und SEC in einer weltweit zu beobachtenden ‚wirtschaftsstatistischen Expansion' in den Jahren um 1920, ohne die die Etablierung der Weltwirtschaftsstatistik unmöglich gewesen wäre.

In mehrfacher Hinsicht wird so deutlich, dass die Jahre des Ersten Weltkriegs und die unmittelbare Nachkriegszeit für die Genese der internationalen Wirtschaftsstatistik eine Zäsur darstellten. *Erstens* besaßen die vom AMTC erarbeiteten Statistiken während des Kriegs im Unterschied zu jenen vor 1914 einen unmittelbar

---

7 Zum AMTC v. a.: J. Arthur Salter: Allied Shipping Control. An Experiment in International Administration, Oxford 1921; Étienne Clémentel: La France et la politique économique interalliée, Paris / New Haven 1931. Zum SEC: Oscar P. Fitzgerald: The Supreme Economic Council and Germany. A Study of Inter-Allied Cooperation After World War I, Diss. Georgetown University, Washington, 1971; Katie E. Scogin: Britain and the Supreme Economic Council, Diss. North Texas State University, Denton, 1987; Sitzungsprotokolle und einige Berichte des SEC sind ediert in: United States Department of State: Papers relating to the Foreign Relations of the United States. The Paris Peace Conference 1919, Bd. 10, Washington 1947.

Weitere Darstellungen zu AMTC und SEC: Clotilde Druelle-Korn: Clémentel, le ministre et ses ministères (1915–1919), in: Marie-Christine Kessler / Guy Rousseau (Hrsg.): Étienne Clémentel. Politique et action publique sous la Troisième République, Brüssel et al. 2018, S. 189–204, hier S. 196–199; Decorzant: La Société des Nations, S. 132–136, 152–161; Leonie Holthaus / Jens Steffek: Experiments in International Administration. The Forgotten Functionalism of James Arthur Salter, in: Review of International Studies 42 (2016), S. 114–135; Clifford R. Lovin: Food, Austria, and the Supreme Economic Council, 1919, in: East European Quarterly 12 (1978), S. 457–487; Martin: The Meddlers, S. 28–62; Anne Orde: British Policy and European Reconstruction after the First World War, Cambridge 1990, S. 17–19; Frank Trentmann: Free Trade Nation. Commerce, Concumption, and Civil Society in Modern Britain, Oxford 2008, S. 258–262.

8 V. a. Martin, Experts, S. 37 f., 39 f., 65.

9 Es überrascht, wie fragmentarisch die Überlieferung zu beiden Einrichtungen im britischen Nationalarchiv ist. Immerhin waren sie in London angesiedelt und ihre statistischen Aktivitäten waren stark von britischen Akteuren und britischen Traditionen geprägt.

funktionalen und nicht nur einen informatorischen Charakter. *Zweitens* markieren sie den Übergang zu einer vorwiegend staatlich getragenen wirtschaftsstatistischen Infrastruktur. *Drittens* – und die ‚Verstaatlichung' der internationalen Wirtschaftsstatistik bestätigend – basierten die Aktivitäten von AMTC und SEC auf dem Ausbau des permanenten wirtschaftsstatistischen Monitorings, das viele Regierungen in ihren jeweiligen Ländern während des Kriegs deutlich intensiviert hatten und danach weiter ausbauten. *Viertens* spiegelte die Entscheidung des SEC, die internationale wirtschaftsstatistische Infrastruktur der Kriegszeit nach Friedensschluss weiter zu betreiben und sukzessive zu erweitern sowie einige der erarbeiteten Statistiken zu publizieren, die neue Bedeutung wider, die die öffentliche Verhandlung ökonomischer und finanzwirtschaftlicher Probleme nach dem Ersten Weltkrieg besaß. *Fünftens* war das monatlich erscheinende MBS Ausdruck einer ab den 1910er Jahren generell zu beobachtenden Beschleunigung wirtschaftsstatistischer Beobachtung, die sich im Aufschwung der empirischen Konjunkturforschung ebenso niederschlug wie sie die Anwendung neuer Formen der Wissensorganisation und der Datenverarbeitung voraussetzte.

4.1 Der *Allied Maritime Transport Council* und die Begründung der Weltwirtschaftsstatistik, 1917–1918

Unmittelbar Beteiligte, zeitgenössische Beobachter und spätere Historiker waren und sind sich einig, dass der angesichts einer aus alliierter Sicht bedrohlichen Kriegslage Ende 1917 etablierte[10] und ab März 1918 funktionsfähige *Allied Maritime Transport Council* eine wichtige Rolle dabei spielte, dass die Gegner der Mittelmächte im letzten Kriegsjahr die wirtschaftliche und damit auch die militärische Oberhand gewinnen konnten.[11] Darüber hinaus gilt der AMTC – „that great inno-

---

10 Greenhalgh, Elizabeth: Victory Through Coalition. Britain and France during the First World War, Cambridge 2005, S. 104, 119–121; Gerd Hardach: Der Erste Weltkrieg, München 1973, S. 110–112; Marc Eric McClure: Erneast Endeavors. The Life and Public Work of George Rublee, Westpoint / London 2003, S. 141 f.; Jean Monnet: Erinnerungen eines Europäers, München / Wien 1976, S. 77; Salter: Allied Shipping Control, S. 144, 355–359.

11 Clémentel: La France, S. 225; J[ames] L. Garvin: The Economic Foundations of Peace, or World-Partnership as the Truer Basis of the League of Nations, London 1919, S. 70–74; Monnet: Erinnerungen, S. 88 f., 91; George Rublee: Inter-Allied Machinery in War-Time, in: Raymond B. Fosdick et al.: The League of Nations Starts. An Outline by Its Organisers, London 1920, S. 29–45, hier S. 44 f.; Theo Balderston: Industrial Mobilization and War Economics, in: John Horne (Hrsg.): A Companion to World War I, Malden et al. 2010, S. 217–233, hier S. 226; Greenhalgh: Victory, S. 279 f., 282 f.; Jörn Leonhard: Die Büchse der Pandora. Geschichte des Ersten Weltkriegs, München 2014, S. 832; Adam

vation in international organization"[12] – als Pionier funktionaler Kooperation von Regierungen, der noch bei der Gründung der *Europäischen Gemeinschaften* in den 1950er Jahren bedeutsam war.[13] Neu am AMTC war, dass Beamte und Experten für begrenzte Themengebiete, die in ihren jeweiligen Ländern für diese Aspekte verantwortlich waren, gemeinsam und dauerhaft an konkreten Problemen arbeiteten. Anstelle der Verhandlungen von Diplomaten sahen Zeitgenossen in einer solch permanenten Kooperation sich bestenfalls gut kennender und vertrauender Fachleute das „vital principle of international administration" und im AMTC den Kern eines neuartigen „[e]xecutive organ of World Government".[14]

Institutionell gliederte sich der AMTC in mehrere Ebenen. Bis Kriegsende entstanden 20 *Programme Committees*, die den Importbedarf der beteiligten Länder an bestimmten Waren ermittelten (etwa Getreide, Holz oder Öl). Mithilfe dieser Angaben handelte das *Import Sub-Committee* die jedem Land zuzuteilenden Einfuhrmengen aus. Diese mussten dann an die verfügbare, vom *Tonnage Sub-Committee* ermittelte Schiffstonnage angepasst werden, die sich aus Schiffen der alliierten Länder und neutralen Staaten sowie aus beschlagnahmten Fahrzeugen der Mittelmächte zusammensetzte. Eine ständig in London tagende *Allied Maritime Transport Executive* koordinierte diese Arbeiten, führte deren Ergebnisse zusammen und bereitete die Entscheidungen des eigentlichen AMTC vor. Auf dieser obersten Ebene vertraten Fachminister und leitende Beamte die beteiligten Regierungen; sie trafen sich zwischen März und Oktober 1918 vier Mal. Im *de facto* wichtigsten Gremium, der *Allied Maritime Transport Executive*, vertraten der Brite Arthur Salter, der Franzose Jean Monnet, der Italiener Bernardo Attolico und der US-Amerikaner George Rublee ihre jeweiligen Regierungen. Auch sie waren leitende Beamter ihrer Administrationen, arbeiteten aber permanent in London zusammen. Insgesamt beschäftigte der AMTC im September 1918 rund 300 Beamte der beteiligten Staaten.[15]

Tooze: The Deluge. The Great War and the Remaking of Global Order, London 2014, S. 204, 251; Martin: The Meddlers, S. 28–44.

12 Acheson, Dean: Morning and Noon, Boston 1965, S. 129.

13 Vgl. Decorzant: La Société des Nations, S. 140 f.; Holthaus/Steffek: Experiments; Jens Steffek: International Organization as Technocratic Utopia, Oxford 2021, S. 65; Wolfram Kaiser: Transnational Practices Governing European Integration. Executive Autonomy and Neo-Corporatist Concertation in the Steel Sector, in: Contemporary European History 27 (2018), S. 239–257; Wolfram Kaiser / Johan Schot: Writing the Rules for Europe. Experts, Cartels and International Organizations, Basingstoke 2014; Mazower: Governing the World, S. 143 f.; Tooze: The Deluge, S. 215; Trentmann: Free Trade Nation, S. 241–284.

14 Salter: Allied Shipping Control, S. 252 f. (Zitat: S. 253); Garvin: The Economic Foundations, S. 63.

15 Clémentel: La France, S. 281.

Die wirtschaftsstatistischen Aktivitäten des *Allied Maritime Transport Council*

Die Schiffstonnage zentral zu koordinieren, um die alliierten Länder Europas so effizient wie möglich mit Rohstoffen, Lebensmitteln, Rüstungsgütern und Soldaten versorgen zu können, konnte dem AMTC nur gelingen, wenn er über aussagekräftige, verlässliche, vergleichbare und aktuelle Informationen über den Einfuhrbedarf der beteiligten Länder und die verfügbaren Transportkapazitäten verfügte. Die vier am AMTC beteiligten Länder verpflichteten sich daher „[to] tabulate and [to] make available to each other a statement showing in detail and as nearly as possible in the same form each class of requirements for which tonnage is needed and secondly the tonnage now available and likely to be available in the near future". Die so ermittelten Bedürfnisse sollten von den *Programme Committees* nach möglichst vergleichbaren Grundsätzen priorisiert und die gewünschten Herkunftsländer der Einfuhren benannt werden.[16] Dieses Vorhaben stellte sich jedoch als nicht so einfach heraus, wie die wenigen publizierten Darstellungen unmittelbar Beteiligter suggerieren.[17]

Die wirtschaftsstatistische Infrastruktur des AMTC umfasste eine nationale und eine internationale Ebene. Alle vier nationalen Sektionen des AMTC, in denen die Beamten je eines Staates organisiert waren, besaßen Statistikabteilungen. Sie erfragten den Importbedarf ihrer Länder von den *Programme Committees* und von ihren jeweiligen Regierungen und stellten die Daten für das *Import Sub-Committee* zusammen. Das gleiche galt für die Tonnagestatistik. Von den rund 30 Mitarbeitern der US-amerikanischen Sektion bildeten zehn die statistische Abteilung.[18] Unter Leitung des Ökonomen James A. Field von der Universität Chicago gehörten dazu mit Joseph S. Davis, Cleona Lewis und Hazel Kyrk drei junge Wirtschaftswissenschaftlerinnen, die in den folgenden Jahren ihr Fach mitprägten.[19]

Wichtigster Mitarbeiter war Joseph Davis von der Harvard University. Bis zum Juni 1918 verfasste er Überblicke über die amerikanischen Einfuhren der Jahre 1916 und 1917 sowie über den prognostizierten Importbedarf für 1918. Außerdem stellte er Einfuhrdaten europäischer Staaten (insbesondere jener Frankreichs, Italiens und Großbritanniens) mithilfe anderer AMTC-Sektionen zusammen und setzte sie in

---

16 Salter: Allied Shipping Control, S. 292.

17 Salter: Allied Shipping Control; Rublee: Inter-Allied Machinery; Horace Secrist: Statistics of the United States Shipping Board, in: Publications of the American Statistical Association 16 (1919), Nr. 125, S. 236–247, hier S. 243–245.

18 Hurley, Edward N.: The Bridge to France, Philadelphia 1927, S. 199 f.; HIAS, Gay Papers, Box 2, Folder 5, The American Section of the Allied Maritime Transport Council. A Memorandum, 17.05.1918, vermutlich von James A. Field.

19 Vgl. die biographischen Informationen im Anhang dieser Arbeit.

Bezug zu den amerikanischen Zahlen. Diese Berichte dienten dem amerikanischen Delegierten Dwight Morrow als Basis für die Beratungen im *Import Sub-Committee.*[20] Morrow, Davis und ihre amerikanischen Kollegen hatten jedoch bis in den Herbst 1918 hinein einen schweren Stand in London. Während sie vom Nutzen der interalliierten Zusammenarbeit überzeugt waren, standen ihr hohe Regierungsbeamte und Mitarbeiter der kriegswirtschaftlichen Institutionen in Washington (etwa des *War Industries Board* oder des *US Shipping Board*) reserviert gegenüber.[21] Dieses Desinteresse und teils auch Misstrauen gegenüber den Verbündeten erschwerte die statistische Zusammenarbeit der US-amerikanischen AMTC-Sektion mit ihren europäischen Pendants, schadete dem Ansehen der USA im Allgemeinen und erregte Misstrauen, inwiefern Washington tatsächlich bereit war, eigene Interessen dem Sieg über die Mittelmächte unterzuordnen. Mehrfach beklagten Field und Davis im Frühjahr 1918, fehlende Daten würden den amerikanischen Delegierten in ihrer Gremienarbeit Probleme bereiten.[22] „The shortage of data", klagte Field, „has embarrased us in several ways: lack of grist for the mill has reacted upon the morale of the staff by increasing our sense of uncertainty concerning what we were doing; and our inability to produce clear-cut results has doubtless hurt both the status of the statistical staff in our American Section and the prestige of the American Section itself in the Council".[23] Davis betonte, aktuelle und verlässliche Zahlen aus Washington seien für die Amerikaner im AMTC wichtig, müssten aber auch für den Austausch mit den anderen Sektionen zur Verfügung stehen, damit diese das Handeln und die Argumente der Amerikaner nachvollziehen und kritisieren könnten, „as we are given the opportunity to scrutinize theirs". Zudem müsse man die Hilfsbereitschaft der anderen Regierungen erwidern, um „tangible evidence of our eagerness to cooperate" zu liefern.[24] Das war tatsächlich nötig, denn zumindest Robert Cecil, der britische Vertreter im AMTC, war noch Ende Mai 1918 angesichts des unkooperativen Verhaltens der amerikanischen Delegation skep-

---

20 HIAS, Gay Papers, Box 2, Folder 5, Joseph S. Davis an Edwin F. Gay, Leiter der *Division of Planning and Statistics* des *US Shipping Boards*, 03.05.1918 und 29.05.1918; HIAS, Papers of Joseph S. Davis, Box 5, Folder „Trip to London", Davis an nicht benannte Freunde, 25.01.1919.

21 McClure: Early Endeavours, S. 145–148; Tooze: The Deluge, S. 205; Trachtenberg: Reparation, S. 20 f.; Joseph S. Davis: The World Between the Wars, 1919–39. An Economist's View, Baltimore / London 1975, S. 22; Herbert Heaton: A Scholar in Action. Edwin F. Gay, Cambridge 1952, S. 116–118.

22 HIAS, Gay Papers, Box 2, Folder 5, Davis an Gay, 03.05.1918; HIAS, Gay Papers, Box 2, Folder 6, Davis an Gay, 29.05.1918; Field an Gay, 01.05.1918, S. 5 f.; Field an Gay, 11.05.1918; Field an Gay und George Rublee, 07.06.1918.

23 HIAS, Gay Papers, Box 2, Folder 6, Field an Gay, 01.05.1918, S. 17.

24 HIAS, Gay Papers, Box 2, Folder 5, Davis an Gay, 03.05.1918.

tisch, dass die USA tatsächlich bereit war, sich ganz in die interalliierte Kooperation einzubringen.[25]

Davis verwies darauf, auch seine französischen und italienischen Kollegen hätten wegen der räumlichen Distanzen Informationsprobleme gehabt.[26] Das Missverhältnis zwischen der Bereitschaft der amerikanischen AMTC-Beamten, dessen Arbeit zu unterstützen, und dem Widerwillen vieler ihrer Kollegen in Washington, dies zuzulassen, war jedoch offensichtlich. Die daraus resultierenden Probleme für die tägliche Arbeit in London veranlassten den US-amerikanischen Vertreter in der *Allied Maritime Transport Executive* Rublee im Juni 1918 in die USA zu reisen und dort Unterstützung auf höchster Ebene zu suchen. Rublees Bemühungen hatten Erfolg. Im Juli 1918 bekräftigte Präsident Wilson den amerikanischen Willen zur interalliierten Wirtschaftskooperation und das amerikanische *War Industries Board* begann, Fachleute in die *Programme Committees* zu entsenden.[27] Obgleich Field noch im September 1918 darüber klagte, Amerikaner in diesen Komitees täten sich gerade beim Ausfüllen statistischer Fragebögen schwer,[28] ist angesichts des besser werdenden Verhältnisses zwischen dem AMTC und der US-Regierung im Sommer und Herbst 1918 anzunehmen, dass sich auch der Informationsfluss zwischen Washington und London verbesserte.[29]

Auf der zweiten, der übernationalen Ebene, bestand bis Sommer 1918 ein *Statistical Sub-Committee.* Es war formal den Einfuhr- und Tonnagekomitees gleichgestellt und setzte sich aus den vier Leitern der nationalen Statistikabteilungen zusammen. Unterschiedliche fachliche Expertise, fehlende Erfahrung in der internationalen Kooperation und persönliche Animositäten hatten jedoch zur Folge, dass der US-amerikanische Ökonom Field nur schlecht mit dem britischen Statistiker William Palin Elderton, dem italienischen Juristen Guido Pardo und dem französischen Bankier Antoine-Louis (Tony) Seitert zusammenarbeitete.[30] Eigentlich sollten sie „appropriate and uniform methods for collecting and investigating data“ vorschlagen und „examine and pass all data and statistical conclusions“ des AMTC.[31] Faktisch aber stellte das Komitee in den ersten Monaten lediglich eingehende Daten zu Importen und Einfuhrbedürfnissen der beteiligten Länder sowie zu

25 McClure: Early Endeavors, S. 148.

26 HIAS, Davis Papers, Box 5, Folder „Trip to London“, Davis an nicht benannte Freunde, 25.01.1919.

27 McClure: Early Endeavors, S. 149 f.; Bernard M. Baruch: American Industry in the War. A Report of the War Industries Board, Washington 1921, S. 92–95.

28 HIAS, Gay Papers, Box 2, Folder 7, Field and Gay, 11.09.1918.

29 Darauf verweist auch Heaton: Scholar, S. 118 f.

30 Vgl. die biographischen Informationen zu ihnen im Anhang; zur schlechten Arbeitsatmosphäre: HIAS, Gay Papers, Box 2, Folder 6, Field an Gay, 01.05.1918, S. 13–15,.

31 Salter: Allied Shipping Control¸ S. 300.

den Tonnageverhältnissen zusammen und leiteten sie an den AMTC weiter, ohne dass sie zuvor im *Import* oder *Tonnage Sub-Committee* besprochen worden wären. Bis Anfang Mai 1918, so Field, habe das Einfuhrkomitee nur einmal getagt und die Sitzungen des Tonnagekomitees seien planlos und wenig hilfreich gewesen. Das Statistikkomitee – faktisch die Mitarbeiter der nationalen Statistikabteilungen – erfülle daher eine Aufgabe, die nicht die seine war.[32] Zudem einigten sich die Mitglieder des Statistikkomitees auf vergleichbare Maßeinheiten und eine sinnvolle Gliederung der Tonnagestatistik und sie begannen, eine einheitliche Warenklassifikation für die Importstatistiken zu erarbeiten.[33]

Die Ergebnisse blieben dürftig und Field sprach von „statistical blunders".[34] Deshalb entstand im April 1918 die Idee, eine statistische Abteilung im Rahmen eines neu zu schaffenden permanenten Sekretariats des AMTC zu bilden. Dessen Mitarbeiter sollten sich von „any national point of view" befreien und einen „non-national" Charakter annehmen.[35] Wenngleich dieser Status nicht so weit ging, wie jener späterer Völkerbundbeamte, die nur der Genfer Organisation verantwortlich waren,[36] waren die im AMTC gesammelten Erfahrungen ein Schritt in diese Richtung. Der Plan wurde realisiert als die bis dahin an verschiedenen Orten befindlichen nationalen Sektionen im Juni und Juli 1918 ins Lancaster House im Londoner Regierungsviertel umzogen. Dorthin verlegte das britische Schifffahrtsministerium auch seine *Shipping Intelligence Section* und stellte sie dem AMTC zur Verfügung. Der Rat – und indirekt die ihn konstituierenden Regierungen – konnten so auf die seinerzeit aktuellste, vollständigste und bestens organisierte Informationsquelle zu weltweiten Schifffahrtsbewegungen zugreifen, die auf einem großen Informantennetzwerk und der täglichen Auswertung von mehr als 1.000 Telegrammen durch rund 100 Mitarbeiter basierte. Ein auf Arthur Salters Drängen etabliertes, auf der

32 HIAS, Gay Papers, Box 2, Folder 6, Field an Gay, 01.05.1918, S. 5, 15 f.

33 Vgl. die diesbezüglichen Ausführungen: HIAS, Gay Papers, Box 2, Folder 5, Davis an Gay, 20.05.1918; sowie Elderton: Shipping Problems, S. 49–54.

34 HIAS, Gay Papers, Box 2, Folder 6, Field an Gay, 07.06.1918; eine ähnlich negative Einschätzung auch in: HIAS, Gay Papers, Box 2, Folder 7, Field an Gay, 15.07.1918.

35 Salter: Allied Shipping Control, S. 300; Allied Maritime Transport Council. Report of Action April 16th to July 15th 1918, in: [UK Government. Ministry of Shipping]: Allied Maritime Transport Council 1918, o.O. o.J. [London 1919], S. 111–134, hier S. 131–133 (TNA, CAB 21/196); HIAS, Gay Papers, Box 2, Folder 6, Field an Gay, 01.05.1918, S. 18; 07.06.1918.

36 Drummond, Eric: The Secretariat of the League of Nations, in: Public Administration 9 (1931), S. 228–235, hier S. 229; Egon F. Ranshofen-Wertheimer: The International Secretariat. A Great Experiment in International Administration, Washington 1945, S. 79–81, 243–246; Karen Gram-Skjoldager / Haakon A. Ikonomou: The Construction of the League of Nations Secretariat. Formative Practices of Autonomy and Legitimacy in International Organizations, in: International History Review 41 (2019), S. 257–279, hier S. 260 f.

neuesten Informationstechnologie basierendes Karteikartensystem machte diese Daten rasch verfügbar.[37]

Ab Anfang Juni 1918 ersetzte die *Statistical Section* des neuen AMTC-Sekretariats faktisch das *Statistical Sub-Committee.*[38] Joseph S. Davis wurde zum Leiter des neuen Büros ernannt und erhielt zwei Mitarbeiter.[39] Damit entstand eine Einrichtung, die ohne Vorbild war, auf deren Erfahrungen hinsichtlich des Aufbaus einer internationalen wirtschaftsstatistischen Infrastruktur sich aber die späteren Völkerbundbeamten stützen konnten. Davis und seine Kollegen mussten Lösungen für das grundsätzliche Problem finden, wie die involvierten Regierungen Daten zum Einfuhrbedarf sowie zur benötigten und verfügbaren Schiffstonnage in so regelmäßigen wie kurzen Abständen in einer Form zur Verfügung stellten, die für den AMTC nützlich war. Von Beginn an zeigte sich, wie wichtig dafür gute informelle Beziehungen zu den Beamten der verschiedenen Länder waren.

Das neue Büro sollte Daten zu Importen und Einfuhrbedürfnissen sowie der verfügbaren Tonnage aller im AMTC vertretenen Länder – „and that of other nations as well" – sammeln, aufbewahren und in einer Art und Weise aufbereiten, die „may throw light on any aspect of the shipping problem before the Council". Zudem sollte es Informationen nicht nur für den AMTC selbst, sondern auch für die vier nationalen Sektionen bereitstellen. Des Weiteren wollte Davis die Kooperation seines Büros mit den Statistikern der nationalen AMTC-Sektionen fördern sowie Analysen im Auftrag des Rats und seiner Sektionen durchführen. Und schließlich strebte Davis an, „[t]o furnish to the Council, its Committees, and the national sections, such regular or special summaries as the Council or any of its Committees may request" – und zwar in einer „comparatively simple" Form.[40] Damit hatte er das Leitprinzip des zukünftigen MBS formuliert: leicht verständliche und periodisch erscheinende wirtschaftsstatistische Informationen zu verschiedenen Ländern in vergleichbarer Form zu präsentieren. Die laut Davis dafür benötigten Unterlagen umfassten alle publizierten und nicht veröffentlichten Daten der beteiligten Regierungen zum jeweiligen Außenhandel und den Tonnageverhältnissen. Wert legte

---

37 Salter: Allied Shipping Control, S. 56; [UK Government. Ministry of Shipping]: Allied Maritime Transport Council 1918, o.O. o.J. [London 1919], S. 238, (TNA, CAB 21/196); HIAS, Davis Papers, Box 5, Folder „Personal Data", Davis an Gay, 13.08.1918; vgl. zu diesem Karteikartensystem und zu Salters Rolle in dessen Etablierung Martin: Experts, S. 39 f.; Sidney Aster: Power, Policy and Personality. The Life and Times of Lord Salter, 1881–1975, o.O. 2015, S. 39.

38 HIAS, Gay Papers, Box 2, Folder 6, Field an Gay, 01.05.1918, S. 13–15.

39 Den Briten Leonard A. Bullwinkle und den Franzosen André Simon. HIAS, Gay Papers, Box 2, Folder 7, Field an Gay, 15.07.1918; HIAS, Davis Papers, Box 5, Folder „Personal Data", Davis an Gay, 13.08.1918.

40 HIAS, Gay Papers, Box 2, Folder 5, Allied Maritime Transport Council. Statistical Office. Tentative Formulation of General Policy, Memorandum, Joseph S. Davis, 20.06.1918.

er auf möglichst detaillierte und nach Waren wie nach Ländern differenzierte monatliche Außenhandelsstatistiken, die bis ins Jahr 1913 zurückreichen sollten, Erläuterungen zu den jeweils zugrunde liegenden Definitionen und Klassifikationen sowie Umrechnungstabellen, um alle Angaben in Tonnen umrechnen zu können.[41]

Diese Vorhaben waren für das Funktionieren des AMTC zentral. Dennoch waren die beteiligten Regierungen von ihnen wenig begeistert. Das US-amerikanische *Shipping Board* weigerte sich bis in den Spätsommer 1918 hinein, so ausführliche Informationen an Davis' Büro zu senden, wie dieser es vorsah.[42] Man habe ihm aus Wahington zu verstehen gegeben, so Davis, „that anything of the sort would ‚scare people'".[43] Die Bereitschaft, nationale Daten mit teils strategischer Bedeutung einer internationalen Behörde und damit auch den an ihr beteiligten Regierungen zur Verfügung zu stellen, war gering. Schließlich waren im AMTC mit Frankreich, Großbritannien und den USA drei der weltweit größten Handelsnationen vertreten, deren Unternehmen sich nach dem Krieg mit hoher Wahrscheinlichkeit wieder als Konkurrenten gegenüberstehen würden.

Davis beschränkte sich daher zunächst darauf, verlässliche Kontakte in die nationalen Sektionen des AMTC sowie in andere Behörden und Gremien zu knüpfen, die für dessen Arbeit relevant erschienen. Dazu gehörten die britischen Schifffahrts- und Marineministerien, französische Behörden in London sowie die verschiedenen *Programme Committees.* Mitte August 1918 glaubte er, auf diese Weise den Rückhalt erarbeitet zu haben, den er brauchte, um seine Vorhaben zu verfolgen. Allerdings sei die Herstellung von Kontakten – also das Knüpfen und Aufrechterhalten sozialer Netzwerke – ein „time-consuming process", der kaum Zeit lasse, reguläre und spezielle statistische Übersichten für den Rat oder andere Gremien zu erstellen. „[W]e have been building slipways and laying keels rather than launching or completing vessels" charakterisierte Davis diese Phase.[44]

Die große Bedeutung formeller und informeller Netzwerke beteiligter Statistiker wurde nicht zuletzt in Hinsicht auf die internationale Standardisierung von Konzepten und Methoden deutlich. „[A] working uniformity of classification", so Davis, sei „well-nigh essential" für länderübergreifende Planungsvorhaben und deren Umsetzung im Rahmen des AMTC.[45] Insbesondere die Frage einer einheitli-

41 HIAS, Gay Papers, Box 2, Folder 5, Allied Maritime Transport Council. Statistical Office. Preliminary Statement of Material Desired From Each Co-operating Nation, Memorandum, Joseph S. Davis, 20.06.1918.

42 HIAS, Gay Papers, Box 2, Folder 7, Gay an Field, 29.08.1918.

43 HIAS, Davis Papers, Box 5, Folder „Personal Data", Davis an Gay, 13.08.1918.

44 HIAS, Davis Papers, Box 5, Folder „Personal Data", Davis an Gay, 13.08.1918.

45 HIAS, Gay Papers, Box 2, Folder 5, Davis an Gay, 20.05.1918.

chen Warenklassifikation für die zu erhebenden Einfuhrstatistiken beschäftigten Davis und die Experten der vier nationalen Sektionen des AMTC bis in den Herbst 1918 hinein. Bis solche Standards allerdings in allen kooperierenden Behörden erfüllt würden, so Davis, werde noch Zeit vergehen. Bis dahin müssten die bestehenden Kontakte gut gepflegt werden.[46]

Im Gegensatz zur Vorkriegszeit reichte es zudem nicht, internationale Statistiken jährlich oder in unregelmäßigen Abständen zu erstellen. Ab Spätsommer 1918 resultierte die wirtschaftsstatistische Kooperation im Rahmen des AMTC in monatlichen Zusammenstellungen der jeweils in den einzelnen Ländern benötigten Einfuhren samt der dafür benötigten Gesamttonnage, der tatsächlich verfügbaren Tonnage sowie der gelieferten Mengen der jeweiligen Waren.[47] Diese Informationen standen den Delegierten aller beteiligten Länder zur Verfügung und wurden in den einzelnen Komitees diskutiert und gegeneinander aufgewogen. Zudem erhielten die beteiligten Regierungen dadurch Einblicke in die wirtschaftlichen Verhältnisse und Entwicklungen der anderen Länder, die sie in einer solchen Aktualität und Breite bis dahin nicht besessen hatten. Die US-amerikanische Regierung etwa konnte nur dank dieses, ihr bis dahin nicht möglichen Zugangs zu Unterlagen der britischen Schifffahrts- und Marineministerien sowie des Versicherungsunternehmens *Lloyd's* ausreichend Informationen einholen, um einen eigenen „world-wide survey of the shipping problem" zu erstellen.[48]

Im September 1918 konnten Davis und seine Kollegen die aus ihrer Sicht realistischerweise möglichen Einfuhrmengen und notwendigen Tonnagen der europäischen Alliierten im Folgejahr (September-August) kalkulieren und auf Monate und Produkte herunterbrechen; der AMTC billigte Ende Oktober 1918 diesen Vorschlag und leitete seine Umsetzung ein.[49] Anders als in den Jahrzehnten zuvor und – wie noch deutlich werden wird – in den folgenden Jahren dienten internationale Wirtschaftsstatistiken hier unmittelbar als Entscheidungsgrundlage für die beteiligten Regierungen.

Die Statistiken verglichen Daten aus alliierten Ländern miteinander, etwa zu den monatlichen Lebensmitteleinfuhren Großbritanniens, Frankreichs und Italiens.[50] Zwangsläufig beschränkten sie sich auf die drei europäischen Alliierten. Hinsichtlich der Schiffstonnage war die geographische Perspektive breiter. Davis'

---

46 HIAS, Davis Papers, Box 5, Folder „Personal Data", Davis an Gay, 13.08.1918.

47 Vgl. Salter: Allied Shipping Control, S. 348–369, sowie die teils detaillierteren Statistiken in [UK Government. Ministry of Shipping]: Allied Maritime Transport Council 1918, o.O. o.J. [London 1919] (TNA, CAB 21/196).

48 Heaton: A Scholar, S. 118.

49 Salter: Allied Shipping Control, S. 204–210, Zitat: S. 204.

50 Beispiele finden sich im Anhang zu Salter: Allied Shipping Control.

Büro, die vier nationalen AMTC-Sektionen und die britische *Shipping Intelligence Section* erhoben Informationen zum Bau und zur Nutzung von sowie zu den Verlusten an Schiffstonnage in allen alliierten Ländern sowie in neutralen Staaten, stellten sie vergleichend dar und ermittelten Gesamtsummen.[51] Nie zuvor, so Salter, habe es ähnlich komplette und aktuelle Schiffsstatistiken gegeben.[52] Betrachtet wurden dabei neben den vier AMTC-Ländern auch Japan, Russland, Brasilien, Griechenland, Portugal und Belgien sowie Norwegen, die Niederlande, Schweden, Spanien und Dänemark.[53] Trotz dieses beschränkten geographischen Blicks wirkten sich AMTC-Beschlüsse global aus, denn ein Großteil der weltweiten Handelsflotte fuhr unter den Flaggen der genannten Länder.

Im Spätsommer 1918 zeichnete sich zudem eine institutionelle Ausweitung des AMTC auf Ostasien und Südamerika ab, was nur mit der entsprechenden Erweiterung seiner wirtschaftsstatistischen Infrastruktur möglich gewesen wäre. Sie erschien den Beteiligten also machbar. Japan war zwar schon zuvor indirekt in die alliierten Koordinationstätigkeiten eingebunden gewesen. Doch angesichts der enormen Tonnageknappheit im Herbst 1918 fragte der AMTC auf US-amerikanische Initiative im September 1918 offiziell bei der Regierung des ostasiatischen Landes an, ob diese nicht dem Rat mit allen Rechten und Pflichten beitreten wolle. Zwar sei es möglich, so der US-Amerikaner Field, dass ein solcher Schritt die Kooperation im AMTC auf den Stand vom Frühjahr 1918 zurückwerfen werde, da zunächst kaum Vertrauen zu den möglichen japanischen Mitarbeitern vorhanden sein würde. „We have not yet recovered from our surprise at finding that our four nations can get on together in tolerable frankness and friendliness. If we could really get on with five, it would be a first-class miracle, but perhaps we could.“[54] Etwa zur gleichen Zeit traten ihrerseits Brasilien, Portugal und Belgien an den AMTC heran, und baten diesen ebenfalls um eine Vollmitgliedschaft. Während die Japaner allerdings nur mäßig interessiert waren, erschienen die anderen Länder dem AMTC nicht wichtig genug; ihnen sowie Griechenland bot der Rat daher nur eine Beobachterposition an. Am Ende kam es zu gar keiner institutionellen Ausweitung, da das Kriegsende jede Weiterentwicklung obsolet machte.[55]

---

51 Vgl. die detaillierten Statistiken zur Nutzung der Tonnage alliierter und neutraler Staaten in [UK Government. Ministry of Shipping]: Allied Maritime Transport Council 1918, o.O. o.J. [London 1919], S. 241–322, (TNA, CAB 21/196).

52 Salter: Allied Shipping Control, S. 238 [meine Hervorhebung]; Tabellen in ebenda, S. 348–369.

53 [UK Government. Ministry of Shipping]: Allied Maritime Transport Council 1918, o.O. o.J. [London 1919], S. 157, 179 (TNA, CAB 21/196).

54 HIAS, Gay Papers, Box 2, Folder 7, Field an Gay, 27.09.1918.

55 [UK Government. Ministry of Shipping]: Allied Maritime Transport Council 1918, o.O. o.J. [London 1919], S. 173, 178 f., 188, 206 (TNA, CAB 21/196); HIAS, Gay Papers, Box 2, Folder 7, Field an Gay, 02.09.

Die alliierten Regierungen waren nur bedingt bereit, ein eigenständig agierendes statistisches Amt auf internationaler Ebene zu unterstützen, und sie zögerten, einem solchen Amt Daten zur Verfügung zu stellen. Dass sie die wirtschaftsstatistische Infrastruktur des AMTC dennoch personell und finanziell unterstützten[56], lässt sich weder mit dem ‚liberalstaatlichen Informationsmotiv' noch mit Legitimierungsabsichten oder dem Willen zur zwischenstaatlichen Konkurrenz erklären. Schließlich publizierte der AMTC seine Statistiken nicht. Stattdessen kam hier ein ‚planwirtschaftliches Informationsmotiv' zum Tragen. Die Notwendigkeit, angesichts der Kriegslage die wirtschaftlichen Potentiale der Alliierten zu bündeln, zwang die beteiligten Administrationen, statistisch zu kooperieren, ihre Länder wenigstens ansatzweise als eine „great Economic Union"[57] zu verstehen und wirtschaftliches Handeln gemeinsam zu planen und zu kontrollieren. In dieser Hinsicht unterschied sich der statistische Apparat des AMTC von denjenigen der internationalen Verwaltungsunionen des 19. Jahrhunderts oder des IIA. Deren Daten konnten Entscheidungen von Regierungen zwar ebenfalls beeinflussen und waren auch staatlich finanziert. Sie waren aber nicht dafür gedacht, Entscheidungen von Regierungen direkt zu ermöglichen, nahmen inhaltlich keine so breite Perspektive ein, wie der AMTC, und sie standen nicht unter dem hohen Druck, ihre Zahlen möglichst rasch zu aktualisieren.

Der Waffenstillstand am 11. November 1918 machte den AMTC zwar noch nicht überflüssig, setzte seine Mitarbeiter und Unterstützer aber einer ungewissen Zukunft aus. Joseph S. Davis, über dessen Statistiken der britische Beamte Leonard Browett nach dem Krieg urteilte, sie seien „so admirably and clearly drawn up" gewesen „that even a layman, such as myself, has no difficulty to understand them",[58] nutzte diese Zeit, um für die Zukunft zu planen. „One of the problems I'm now trying to think out", so schrieb er Ende Januar 1919, „is how these difficulties [of international information flows] can be minimized for the international secretariat

1918, 27.09.1918; HIAS, Gay Papers, Box 2, Folder 8, Field an Gay, 22.10.1918; zu Japans Rolle im interalliierten Tonnagekontrollsystem: William Wray: Opportunity vs Control. The Diplomacy of Japanese Shipping in the First World War, in: Greg Kennedy (Hrsg.): The Merchant Marine in International Affairs 1850–1950, London / Portland 2000, S. 59–83.

56 Die wirtschaftsstatistische Infrastruktur verursachte hohe Kosten. Die fragmentarische Quellenlage lässt eine umfassende Einschätzung nicht zu. Einen Eindruck der Größenordnung vermittelt aber die Kalkulation des *Food Council* über die Sach- und Personalkosten für August bis Dezember 1918. Seine Ausgaben für „Statistics" (£ 1.348) waren nach jenen für „Shipping" (£ 1.370) der zweitgrößte Posten des Budgets und machten fast 30 % der Gesamtkosten aus. TNA, T 1/12433/9892, Cost of Staff and other Expenses of the Inter-allied Food Council in London for the Period 1st August to 31st December, 1918, *Ministry of Food*, 04.03.1919.

57 Garvin: The Economic Foundations, S. 57.

58 HIAS, Davis Papers, Box 5, Folder „Personal Data", Browett an Davis, 08.05.1919.

of the League of Nations. Our experience, tho[ugh] in war time, will be a guide of some value in this matter".[59]

4.2 Der *Supreme Economic Council* und die Etablierung des *Monthly Bulletin of Statistics*, 1919 – 1921

Im Januar 1919 war der *Völkerbund* kaum mehr als eine Idee und dass er sich mit Wirtschaftsstatistiken befassen würde alles andere als klar. Stattdessen stritten sich die Alliierten darüber, wie Europa am besten mit Nahrungsmitteln, Rohstoffen und Kapital zu versorgen sei, und über die Wirtschaftsordnung, die den Kontinent und die Welt zukünftig prägen sollte. Der im Februar 1919 gegründete *Supreme Economic Council* diente ihnen ebenso als Forum wie er Gegenstand der Auseinandersetzungen war. Gleichzeitig war er ein zentrales Instrument, um Hilfslieferungen für die hungernde Bevölkerung Europas und die wirtschaftliche Kontrolle Deutschlands während der Friedensverhandlungen gemeinsam zu koordinieren und zu organisieren. Die Erhebung, Zirkulation und Diskussion internationaler Wirtschaftsstatistiken erhielten in seinem Rahmen eine neue Bedeutung, so dass die alliierten Regierungen es Mitte 1919 für sinnvoll ansahen, das *Monthly Bulletin of Statistics* gemeinsam zu verantworten und auch zu veröffentlichen.

Der SEC existierte nur anderthalb Jahre und über seine Bedeutung waren sich schon die Zeitgenossen nicht einig. Während ihn Ray Stannard Baker, Pressesprecher Wilsons und Teilnehmer der Pariser Friedenskonferenz, als „a kind of world economic government" und „the most powerful economic organization the world has yet known" bezeichnete, fabrizierte er Herbert Hoover zufolge in erster Linie Worte und Berichte, „die in der Praxis keinen Wert hatten".[60] Spätere Historiker kamen zu ähnlich divergierenden Einschätzungen. Katie Scogin und Oscar Fitzgerald schätzten seine koordinierende Bedeutung für die Versorgung der hungernden Bevölkerung und der darniederliegenden Industrie sowie für den (Wieder-)Aufbau zerstörter Kommunikations- und Transportinfrastrukturen in Mittel- und Ostmitteleuropa recht hoch ein. Fitzgerald betonte zudem die mittel- und langfristigen Folgen des SEC. Das Gremium sei ein „training ground for future leaders" gewesen und sowohl Marshallplan auch die *Europäischen Wirtschaftsgemeinschaften* stünden in seiner Tradition. Derek H. Aldcroft und Anne Orde hingegen beurteilten die

59 HIAS, Davis Papers, Box 5, Folder „Trip to London", Davis an nicht benannte Freunde, 25.01.1919.
60 Baker, Ray S.: Woodrow Wilson and World Settlement, Bd. 2, Garden City 1922 [ND Gloucester 1960], S. 335, 340; Hoover: Memoiren, S. 267; zu Hoovers Einschätzung auch Kendrick A. Clements: The Life of Herbert Hoover, Bd. 4: Imperfect Visionary, 1918 – 1928, Basingstoke 2010, S. 5.

Wirksamkeit des SEC weit weniger positiv.[61] Die divergierenden Einschätzungen des SEC hängen nicht zuletzt damit zusammen, dass eine umfassende Geschichte dieses Gremiums fehlt. Eine solche kann auch hier nicht präsentiert werden. Die folgende Skizze ist gleichwohl nötig, um die Unsicherheiten und Möglichkeiten anzudeuten, die jene Monate charakterisierten, und um die die wirtschaftsstatistischen Aktivitäten des SEC vorstellen zu können, an die der entstehende *Völkerbund* nahtlos anknüpfte.

Entstehung und Entwicklung des *Supreme Economic Council*

Im Winter 1918/19 standen Regierungen und Politiker praktisch aller in den Krieg involvierten Länder vor Herausforderungen unbekannten Ausmaßes: Die kriegsbedingten Schäden an Infrastrukturen, Produktionsanlagen und landwirtschaftlichen Flächen in Nordwest- sowie in Ostmitteleuropa mussten behoben werden. Der Mangel an Nahrung, Rohstoffen und Arbeitsmöglichkeiten sorgte fast überall in Europa für Hunger und Arbeitslosigkeit und schürte die Angst vor revolutionären Unruhen. Und die Notwendigkeit, Soldaten und Frontarbeiter – darunter mehr als eine Million Inder und über 100.000 Chinesen[62] – in ihre Heimatländer zu transportieren und sie wieder in Arbeit zu bringen, verschärfte diese Probleme.[63] Darüber hinaus hatten die vier Kriegsjahre die wirtschaftlichen Strukturen der Welt grundlegend verändert: Unternehmen zahlreicher Länder, allen voran der USA und Japans, hatten vom Rückzug der Europäer von den Weltmärkten profitiert und waren zu ernstzunehmenden Handelskonkurrenten geworden; zudem war abzusehen, dass die anstehende Rückkehr zur Friedensproduktion in den kriegführenden Ländern Europas den Wettbewerb verschärfen würde. Des Weiteren hatten sich die meisten Regierungen während des Kriegs auf dem privaten Geldmarkt, bei ihrer Bevölkerung und bei anderen Regierungen verschuldet. Auch die Goldbindung von Währungen war fast überall aufgehoben worden. Das erschwerte den grenzüberschreitenden Handel und ließ ein bis dahin wenig beachtetes Phänomen zum Problem werden: die dauerhafte und fortschreitende Entwertung des Geldes. Außerdem waren Regierungen fast überall auf der Welt in einem nie gekannten

61 Scogin: Britain; Fitzgerald: Supreme Economic Council, Zitat: S. 430; Derek H. Aldcroft: Die zwanziger Jahre. Von Versailles zur Wall Street, 1919–1929, München 1973, S. 76 f.; Orde: British Policy, S. 35.

62 Xu: Asia, S. 45–48; 70–77; Guoqi Xu: China and the Great War. China's Pursuit of a New National Identity and Internationalization, Cambridge 2005, S. 114–154.

63 Leonhard, Jörn: Der überforderte Frieden. Versailles und die Welt, 1918–1923, München 2018, S. 373–649.

Ausmaß wirtschaftlich aktiv geworden und hatten soziale wie politische Versprechungen an ihre jeweiligen Bevölkerungen sowie teils auch an jene ihrer Kolonien gemacht, die sie nun – ebenfalls in Anbetracht drohender Unruhen – nicht einfach unberücksichtigt lassen konnten.[64]

Die Regierungen Großbritanniens, Frankreichs und Italiens strebten angesichts der zu erwartenden Probleme bereits vor dem Waffenstillstand an, die interalliierte Wirtschaftskooperation fortzusetzen. In welchem Umfang dies geschehen, welche konkreten Formen es annehmen und wie lange die Zusammenarbeit fortgesetzt werden sollte, war ebenso umstritten wie die Motive der Befürworter variierten.[65] Im Herbst 1918 schlug die britische Regierung vor, den AMTC in einen ‚General Economic Council' umzuwandeln, der mindestens bis zum Friedensschluss die Aktivitäten des Großteils der interalliierten Gremien koordinieren und damit helfen sollte, die Versorgung des Kontinents mit Lebensmitteln und Rohstoffen zu sichern. Zudem sah der Plan vor, die interalliierten Schulden möglichst rasch zu annullieren, um die schnelle Rückkehr zu ‚normalen' wirtschaftlichen Verhältnissen zu ermöglichen. Bis dies geschehe, sei internationale Koordination nötig.[66]

Diesen Plan umzusetzen hätte bedeutet, das AMTC-Sekretariat auszubauen. Dessen Statistikbüro wäre so zum Kern eines mindestens temporären europäischen statistischen Amts geworden. Dies scheiterte aber am vehementen Widerstand der US-amerikanischen Regierung gegen eine Fortführung der interalliierten Wirtschaftskooperation. Praktisch mit dem Waffenstillstand begann Washington, die staatlichen Kriegsbehörden abzuwickeln und die US-amerikanische Beteiligung in den interalliierten Gremien auf ein Minimum zurückzufahren; eine wie auch immer geartete Kontrolle von Welthandel, Preisen und Kapitalverkehr wurde damit unmöglich. Selbst die Versorgung notleidender Europäer mit Nahrungsmitteln, die bereits während des Kriegs vom späteren Wirtschaftsminister und Präsidenten Herbert Hoover organisiert worden war, sollte zwar weitergehen, aber keinesfalls von einem alliierten oder internationalen Gremium kontrolliert werden. Trotz der guten Erfahrungen mit der interalliierten Kooperation seitens jener Amerikaner,

---

64 Vgl. zu den Kriegsfolgen Aldcroft: Die zwanziger Jahre, S. 24–71; Patricia Clavin: The Great Depression in Europe, 1929–1939, Basingstoke 2000, S. 8–20; Feinstein/Temin /Toniolo: The World Economy, S. 21–28.

65 Bunselmeyer: Cost of War, S. 9–146; Fitzgerald: Supreme Economic Council, S. 23–29; Peter Jackson: Beyond the Balance of Power. France and the Politics of National Security in the Era of the First World War, Cambridge 2013, S. 247–262; Martin: Experts, S. 45–61; Orde: British Policy, S. 5–31; Trachtenberg: Reparation, S. 1–27.

66 Salter: Allied Shipping Control, S. 220 f., 329; Aster: Power, S. 80 f.; Orde: British Policy, S. 21–24; TNA, CAB 27/44, Bl. 285–292, *Economic Defence and Development Committee.* Paper 51, 21.10.1918; TNA, CAB 27/44, Bl. 29–30, Protokoll der 15. Sitzung des *Economic Defence and Development Committee*, 05.11.1918; TNA, CAB 23/8/22, Protokoll der 501. Sitzung des *War Cabinet*, 13.11.1918, S. 4.

die 1918 permanent in London gearbeitet hatten, blieb das Misstrauen gegenüber den europäischen Verbündeten groß.[67] Zudem wollte Wilson der Regelung internationaler Wirtschaftsbeziehungen auf der anstehenden Friedenskonferenz nicht vorgreifen.[68]

Tatsächlich wurden einige der alliierten Gremien rasch aufgelöst.[69] Andere wurden umgewandelt oder verloren an Bedeutung. Letzteres traf auf den AMTC zu, da nach dem Waffenstillstand „difficulties of money" wichtiger wurden als „difficulties of shipping".[70] Das und die Skepsis der US-amerikanischen Regierung ließen die noch in London verbliebenen Beamten des AMTC im Ungewissen.[71] Das änderte sich erst im Februar 1919, als der ‚Rat der Zehn'[72] den *Supreme Economic Council* einrichtete.[73]

Die kurze Geschichte des SEC lässt sich in zwei Phasen einteilen, deren erste von Februar bis Juli 1919 reichte. Dem Beschluss des ‚Rats der Zehn' vom 8. Februar 1919 zufolge sollten die Regierungen der fünf Großmächte je bis zu fünf Delegierte in den SEC entsenden können. Diese sollten sich mit Fragen des Übergangs von der Kriegs- zur Friedenswirtschaft befassen, während eine Wirtschaftskommission der Friedenskonferenz langfristige Aspekte behandelte. Zu den Fragen des Übergangs zählten die Versorgung der kriegsbetroffenen Länder mit Rohstoffen und anderen Waren, um zerstörte Regionen wiederaufbauen zu können, die wirtschaftliche Erholung der kriegsbetroffenen Länder allgemein, und die Versorgung neutraler und ehemaliger Feindstaaten mit Rohstoffen und Lebensmitteln.[74]

---

67 Vgl. zur heftigen amerikanischen Opposition neben den in FN 65 genannten Darstellungen auch Herbert Hoover: Memoiren. Jahre der Abenteuer 1874–1920, Mainz 1953, S. 259 sowie Michael J. Hogan: The United States and the Problem of International Economic Control. American Attitudes Toward European Reconstruction, 1918–1920, in: Pacific Historical Review 44 (1975), S. 84–103; McClure: Early Endeavors, S. 154–163; George H. Nash: The Life of Herbert Hoover, Bd. 3: Master of Emergencies 1917–1918, New York / London 1996, S. 477–490; Tooze: Deluge, S. 291; C. Paul Vincent: The Politics of Hunger. The Allied Blockade of Germany, 1915–1919, Athens / London 1985, S. 65–67.

68 Orde: British Policy, S. 25.

69 Larigaldie: Les organismes, S. 218 f.

70 Salter: Allied Shipping Control, S. 218.

71 HIAS, Gay Papers, Box 2, Folder 9, Carson Duncan an Gay, 17.12.1918, 20.12.1918, 28.12.1918, 06.01.1919.

72 Ihm gehörten während der ersten Wochen der Pariser Friedenskonferenz die Staatschefs und Außenminister der fünf großen Siegerstaaten USA, Großbritannien, Frankreich, Italien und Japan an.

73 United States Department of State: Papers Relating to the Foreign Relations of the United States. The Paris Peace Conference 1919, Bd. 3, Washington 1943, S. 934 f.

74 United States Department of State: Papers Relating to the Foreign Relations of the United States. The Paris Peace Conference 1919, Bd. 4, Washington 1943, S. 62–65, 68 f.

Der SEC hatte keine exekutive Gewalt, sondern diente der zwischenstaatlichen Konsultation und Koordination. Thematisch festgelegte Sektionen mit ständigen Arbeitsapparaten in London und Paris übernahmen dazu Aufgaben und Personal früherer alliierter Gremien. Eine von Herbert Hoover geleitete Hilfsorganisation etwa wurde zur *Food and Relief Section*, der AMTC zur *Shipping Section* und die Aufgaben der *Programme Committees* übernahm eine *Raw Materials Section.* Neu gegründet wurden die *Communications* und die *Finance Section.*[75] Viele vormalige Delegierte und Mitarbeiter des AMTC prägten auch die Aktivitäten des SEC. Die Briten Robert Cecil und Joseph Maclay, die Franzosen Étienne Clémentel und Louis Loucheur sowie die Italiener Silvio Crespi und Salvatore Orlando gehörten wieder den Delegationen ihrer Länder an und Arthur Salter, Jean Monnet, Bernardo Attolico sowie Antoine Seitert waren in die Arbeit verschiedener permanenter Gremien des SEC eingebunden.[76]

Die SEC-Gremien befassten sich beispielsweise damit, wie Vereinbarungen mit der deutschen und der österreichischen Regierung über die Versorgung beider Länder umzusetzen seien, wie die Kommunikations- und Transportinfrastrukturen Europas trotz Zerstörungen und neu entstehender Grenzen erneuert, erhalten und optimal genutzt werden könnten oder wie die Belieferung der europäischen Staaten mit Nahrungsmitteln und Rohstoffen zu finanzieren sei.[77] Daneben bemühten sich Franzosen, Italiener und Briten darum, die US-amerikanische Regierung davon zu überzeugen, die Wirtschaftskooperation nach Friedensschluss fortzusetzen. Ziel sollte es sein, den wirtschaftlichen Wiederaufbau der europäischen Länder zu fördern und dafür finanzielle Ressourcen der USA nutzen zu können. Das scheiterte aber am Widerwillen Washingtons.[78] Zwei Tage nach Unterzeichnung des Versailler Vertrags verkündete die Regierung Wilson ihren Rückzug aus dem Gremium[79] und die letzte SEC-Sitzung, an der US-amerikanische Delegierte teilnahmen, fand am 1. und 2. August 1919 statt. Danach trat der SEC nur noch drei Mal zusammen, während er sich bis dahin fast wöchentlich getroffen hatte.

---

75 TNA, FO 608/149/11, Bl. 367f., Sections of the Supreme Economic Council, Memorandum, 24.04. 1919; vgl. Baker: Woodrow Wilson, Bd. 2, S. 339–342; Decorzant: Société des Nations, S. 152f.; Fitzgerald: Supreme Economic Council, S. 65–67; Scogin: Britain, S. 97–100.

76 Vgl. eine Liste der Delegierten in den verschiedenen SEC-Gremien, die allerdings Angaben verschiedener Zeitpunkte miteinander vermischt, in: United States Department of State: Papers … Paris Peace Conference 1919, Bd. 3, S. 146–151.

77 Protokolle und Berichte des SEC in United States Department of State: Papers … Paris Peace Conference, Bd. 10; vgl. H[arold] W.V. Temperley: A History of the Peace Conference of Paris, Bd. 1, London 1920, S. 296–325; Scogin: Britain; Fitzgerald: Supreme Economic Council; Lovin: Food.

78 Vgl. Trachtenberg: Reparation, S. 1–97; Orde: British Policy, S. 53–63; Tooze: The Deluge, S. 295–304.

79 United States Department of State: Papers…. The Paris Peace Conference 1919, Bd. 10, S. 434f.

Die zweite Phase der SEC-Geschichte begann mit dem Rückzug der US-Amerikaner aus der gemeinsamen Arbeit im August 1919 und reichte bis zum März 1921, als Italien, Frankreich, Belgien und Großbritannien den SEC abwickelten. Trotz der Kontinuität, die der gleichbleibende Name suggerierte, wandelten sich der institutionelle Aufbau und die Arbeitsschwerpunkte des SEC in dieser Zeit deutlich, da sich die wirtschaftlichen und politischen Voraussetzungen verändert hatten. Viele der kriegsbedingt eingeführten wirtschaftlichen Kontrollmaßnahmen gab es im Sommer 1919 nicht mehr oder sie waren im Begriff, aufgehoben zu werden. Es fehlte daher nicht nur an der politischen Unterstützung, umfangreichere internationale Kontrollmechanismen zu etablieren, sondern oft auch an den technischen Möglichkeiten dazu. Eine gemeinsam koordinierte Finanzierung des Wiederaufbaus hatte sich im Frühjahr 1919 ebenfalls nicht durchsetzen lassen und die politisch wie wirtschaftlich brisante Frage der Reparationen war explizit nicht dem SEC, sondern der alliierten Reparationskommission überantwortet worden. Schließlich sorgte auch der Umstand, dass der mit Ministern und hohen Beamten beschickte SEC kaum noch und ab Februar 1920 gar nicht mehr zusammentrat, dafür, dass keine weitgehende Entscheidungen mehr getroffen wurden.

Anfang August 1919 waren von den ursprünglich sechs SEC-Sektionen bereits drei aufgelöst (*Shipping, Food* und *Blockade Sections*) oder der vorläufigen Reparationskommission unterstellt worden (*Finance Section*).[80] An Stelle der *Food Section* rief der SEC im August 1919 ein *Consultative Food Committee* ins Leben, in dessen Rahmen sich die beteiligten Länder über ihren jeweiligen Bedarf an einigen Lebensmitteln austauschten, das vorhandene Angebot und die entsprechenden Preise auf den Weltmärkten beobachteten und (teils bis August 1920) gemeinsam Käufe tätigten; zusammen mit der vorläufigen Reparationskommission verhandelte dieses Komitee mit den Deutschen und Österreichern über deren Lebensmittelkäufe auf den Weltmärkten.[81] Weiterhin Bestand hatte auch die *Communication Section*, die sich bis 1920 um die Koordination von Hilfsmaßnahmen und deren Finanzierung hinsichtlich der Kommunikations- und Transportinfrastrukturen in Mittel-, Ostmittel- und Südosteuropa kümmerte.[82] Die *Raw Materials Section* setzte ihre Arbeit ebenfalls fort.

Die weitreichendste institutionelle Neuerung war Anfang August 1919 die Schaffung eines *Permanent Committee* in London.[83] Nachdem sich der SEC im Fe-

---

80 Fitzgerald: Supreme Economic Council, S. 386; Scogin: Britain, S. 256.

81 Fitzgerald: Supreme Economic Council, S. 387–393; Scogin: Britain, S. 260 f.

82 United States Department of State: Papers.... The Paris Peace Conference 1919, Bd. 10, S. 720–753.

83 Ihm gehörten u.a. der Franzose und spätere Generalsekretär des *Völkerbunds* Joseph Avenol sowie der Brite Edward Frank Wise an. Die Protokolle der ersten elf Sitzungen in Michael L. Dockrill (Hrsg.): British Documents on Foreign Affairs. Reports and Papers from the Foreign Office Confi-

bruar 1920 das letzte Mal getroffen hatte, koordinierte dieses Komitee die Tätigkeiten der noch bestehenden SEC-Gremien. Zudem diente es dazu, die Handelsbeziehungen mit Russland wiederzubeleben. Das führte zu heftigen Konflikten zwischen den beteiligten Regierungen, sorgte aber auch dafür, dass sich Japan, das nie im SEC vertreten war, entschied, einen Delegierten in das *Permanent Committee* zu entsenden.[84] Zum letzten Mal traf sich das Komitee Mitte September 1920,[85] kurz bevor in Brüssel die Internationale Finanzkonferenz in Brüssel begann, die als Ursprung der *Economic and Financial Organisation* des *Völkerbunds* gilt.[86] Endgültig abgewickelt wurde der SEC im März 1921.[87]

Die wirtschaftsstatistischen Aktivitäten des SEC

Für ihre Koordinationsarbeit und die Hilfsmaßnahmen benötigten die SEC-Gremien möglichst aktuelle, verlässliche und international vergleichbare Zahlen. Tatsächlich enthalten bereits die Protokolle der SEC-Sitzungen des ersten Halbjahres 1919 zahlreiche Berichte, statistische Übersichten, Analysen und Prognosen, die einen breiten Überblick über die Versorgungs- und Verkehrsverhältnisse insbesondere der Länder Mittel-, Ostmittel- und Südosteuropas geben und von den verschiedenen

dential Print, Part II, Series I: The Paris Peace Conference of 1919, Bd. 15, Frederick 1991, sowie der 23. Sitzung am 26.07.1920, in TNA, T 161/75/5; zu Avenol: James Barros: Betrayal from Within. Joseph Avenol, Secretary-General of the League of Nations, 1933–1940, New Haven 1969; zu Wise: Noel Thompson: Wise, Edward Frank (1885–1933), Economist and Politician, in: Oxford Dictionary of National Biography, Oxford 2004 [http://doi.org/10.1093/ref:odnb/38704; 27.02.2018].

84 TNA, T 161/75/5, Memorandum on the Functions and Staff of the Permanent Committee of the Supreme Economic Council, E.F. Wise, 22.09.1920; für die japanische Beteiligung vgl. zudem TNA, T 161/75/5, Protokoll der 23. Sitzung des *Permanent Committee* des SEC, 26.07.1920; zu den Verhandlungen der britischen Regierung mit der russischen Delegation und der Einstellung der alliierten Partner dazu: Richard H. Ullman: Anglo-Soviet Relations, 1917–1921, Bd. 3: The Anglo-Soviet Accord, Princeton / London 1972, S. 36–45, 89–132; den Hinweis auf die spezifische Beteiligung des *Permanent Committees* des SEC sowie der Franzosen, Belgier und Italiener auf S. 112; vgl. zur alliierten Wirtschaftspolitik gegenüber der bolschewistischen Regierung 1919/1920 zudem Norbert H. Gaworek: From Blockade to Trade. Allied Economic Warfare Against Soviet Russia, June 1919 to January 1920, in: Jahrbücher für Geschichte Osteuropas N.F. 23 (1975), S. 39–69.

85 Fitzgerald: Supreme Economic Council, S. 401 f.

86 Clavin: Securing, S. 16 f.; Decorzant: Société des Nations, S. 286–289; Michel Fior: Institution globale et marchés financiers. La Société des Nations face à la reconstruction de l'Europe, 1918–1931, Bern et al. 2008, S. 132–134.

87 TNA, T 161/75/5, *Foreign Office* an das *Treasury Board*, 27.01.1921, 22.03.1921; Aktenvermerk von Basil Blackett, *Treasury*, 16.04.1921.

SEC-Sektionen verfasst worden waren.[88] Diese wurden nicht veröffentlicht, zirkulierten aber relativ breit in den interalliierten Gremien und den Verwaltungen der beteiligten Regierungen.

Da der SEC anders als der AMTC über kein zentrales statistisches Büro verfügte, waren die einzelnen Sektionen für die statistischen Arbeiten verantwortlich. Von den rund 70 Mitarbeitern, die im Auftrag der britischen Regierung für die von Herbert Hoover geleitete *Food Section* des SEC arbeiteten, waren im Mai 1919 sechs Statistiker unter der Leitung des Cambridger Ökonomen Claude W. Guillebaud; dazu kam ein unbestimmte Zahl an Sachbearbeitern („Clerks"). Wie die anderen SEC-Sektionen besaß auch die *Food Section* ein Sekretariat, das allen beteiligten Staaten zur Verfügung stand und gemeinsam finanziert wurde. Die vier weiteren dort tätigen britischen Statistikerinnen sowie eine unbekannte Zahl statistischer „Clerks" waren daher an der Erstellung der monatlichen Tätigkeitsberichte Hoovers beteiligt und verursachten 30 % der für Großbritannien entstehenden Personalkosten.[89] In der *Shipping Section* des SEC fiel die Verantwortung für die statistische Arbeit dem Londoner Büro zu, das Joseph S. Davis im Rahmen des Sekretariats der *Allied Maritime Transport Executive* leitete. Es ist davon auszugehen, dass die anderen Sektionen ähnliche Einrichtungen besaßen, denn neben Davis' Büro war es auch die Verwaltungsstelle der *Raw Material Section*, die für Eklats sorgte. Beide Vorkommnisse zeigen, welch neuartige Relevanz internationale Wirtschaftsstatistiken bereits in der unmittelbaren Nachkriegszeit in politischen, diplomatischen und öffentlichen Debatten erhielten. Für die beteiligten Regierungen reichte sie aus, um sich weiterhin am Auf- und Ausbau einer internationalen wirtschaftsstatistischen Infrastruktur zu beteiligen, Daten für zu publizierende ländervergleichende Statistiken zur Verfügung zu stellen und sich an internationalen Standards zu orientieren.

Davis und zwei seiner Kollegen der *Allied Maritime Transport Executive* kritisierten Ende März 1919 recht deutlich eine Prognose, die Hoover kurz zuvor für den SEC hatte verfassen lassen. Diese informierte über die aktuellen und zu erwartenden Einfuhrbedürfnisse europäischer Länder, die dafür notwendige und tatsächlich verfügbare Tonnage und deren Finanzierungsmöglichkeiten. Davis und seine Kollegen kritisierten, die in der Prognose berechneten Tonnagemengen, auf deren Basis Hoover Empfehlungen aussprach, seien irreführend („distorted"). Anders als es Hoovers Bericht nahelege, sei Großbritanniens Handelsmarine durch die

88 Vgl. beispielsweise United States Department of State: Papers.... The Paris Peace Conference 1919, Bd. 10, S. 19–25, 129–134, 181–185, 398–405, 407–412, 439–441, 455–458.

89 TNA, T 1/12433/23459, Mitarbeiterliste als Anhang zum Schreiben von William H. Beveridge an das *Treasury*, 26.05.1919; zu Guillebaud vgl. Anonymus: Obituary. Mr C.W. Guillebaud. Cambridge Economist and Arbitrator, in: The Times, 24.08.1971.

Hilfslieferungen stärker beansprucht als die US-amerikanische. Dies sei umso schwerwiegender, als „British tonnage is not yet in a position to regain its pre-war position, while American tonnage is necessarily seeking to establish a position".[90] Eine Folgerung aus dieser deutlichen Einschätzung zogen die Autoren nicht. Doch die Aussage stützte Vermutungen britischer Beamter, die den Amerikanern schon während der Kriegszeit vorgeworfen hatten, weniger als möglich für die gemeinsamen Anstrengungen zu unternehmen.[91] Es verwundert daher nicht, dass Davis' Bericht in der US-amerikanischen Delegation bei der Pariser Friedenskonferenz „a little storm" verursachte.[92] Der das *US Shipping Board* in Paris vertretende Carson S. Duncan teilte Davis mit, er habe als US-amerikanischer Beamter nicht auf Bitte einer fremden Regierung die Arbeit anderer amerikanischer Beamter zu kritisieren (Davis hatte den Bericht auf Bitte Leonard Browetts vom Londoner Schifffahrtsministerium verfasst[93]). Sei etwas kritikwürdig, dann solle Davis zukünftig entsprechende Anmerkungen an den *US Shipping Board* senden, und nicht an „our opponents".[94] Hoover selbst versuchte, Davis aufgrund dieser Kritik aus dem Amt zu drängen.[95] Davis verteidigte sich mit dem Hinweis, er habe nicht als amerikanischer Beamter, sondern als „Allied officer" im Auftrag eines „Allied council" gehandelt. Jeder Delegierte des SEC oder der *Shipping Section* hätte ihn um Rat bitten können, auch Hoover, der seinen Bericht ebenfalls nicht als amerikanischer Beamter, sondern als *Director General of Relief* verfasst habe. „But you did not request anything or give me the ghost of a chance at it. The British did both." Er, Davis, sehe zwar ein, „two or three serious ‚faux pas'" begangen zu haben und inhaltlich müsse seine Einschätzung überarbeitet werden. Doch eine Verletzung seiner Pflichten sähe er nicht und von seinem Urteil weiche er nicht ab. Im Gegenteil, nach nochmaliger Prüfung der Zahlen sei er überzeugt „that [Hoover's] memorandum [...] is inaccurate and misleading to a serious degree"; es erscheine als „a partisan document [...] leading to a partisan conclusion".[96]

---

90 Food Supplies for Europe, Memorandum, Herbert Hoover, 21.03.1919; Report from Statistical Section, Allied Maritime Transport Council, 28.03.1919, in: United States Department of State: Papers.... The Paris Peace Conference 1919, Bd. 10, S. 91–96, 116–119.

91 Vgl. beispielsweise HIAS, Gay Papers, Box 2, Folder 6, Field an Gay, 11.04.1918.

92 HIAS, Gay Papers, Box 2, Folder 9, Davis an Edwin F. Gay, 02.04.1919.

93 HIAS, Allied and Associated Powers (1914–1920) – Inter-Allied Food Council Records, Box 20, Folder „Allied Maritime Transport Council", Browett an Davis, 27.03.1919.

94 HIAS, Gay Papers, Box 2, Folder 9, Davis an Duncan, 02.04.1919.

95 HHPL, Oral History Collection , Interview of Raymond Henle with Dr. Joseph S. Davis, 11.10.1967, S. 3–5; CCA, Papers of Arthur Salter – Sidney Aster Collection, SALT 7/4, Notes of Joseph S. Davis for Sidney Aster, 01.03.1975.

96 HIAS, Gay Papers, Box 2, Folder 9, Davis an H.M. Robinson, 01.04.1919 und an Duncan, 02.04.1919 (die Zitate stammen aus dem Schreiben an Duncan).

Ähnliches ereignete sich wenig später, als die *Raw Materials Section* dem SEC einen Bericht über die Versorgung einiger Länder mit Kohle vorlegte. Ohne konkrete Zahlen zu nennen hieß es darin, die Kohleproduktion Frankreichs und die Einfuhr britischer Kohle in dieses Land entspreche denjenigen der Kriegszeit. Ein Problem entstünde nun, wenn die französische Regierung die erwartbar wachsende Nachfrage wie geplant mit Lieferungen aus Deutschland im Rahmen von Reparationsleistungen decken würde. Zumindest potentiell drohte der Bericht damit den Verhandlungsspielraum der französischen Delegation in Paris einzuengen, stellte er doch die Legitimität der Reparationsforderungen infrage. Das wiederum wäre ein Motiv gewesen, das die beiden Delegierten Frankreichs Louis Loucheur und Étienne Clémentel veranlasste, in der folgenden SEC-Sitzung gegen diesen Bericht der *Raw Material Section* zu protestieren. Sie behaupteten, Produktion und Einfuhr von Kohle lägen derzeit viel niedriger als während des Kriegs.[97] Bemerkenswert war ihr Protest insofern, als beide ihr Land nicht nur im SEC, sondern auch in dessen *Raw Materials Section* vertraten und Loucheur sogar Mitglied der Kommission war, die das Memorandum verfasst hatte.[98] Sie protestierten also gewissermaßen gegen einen von ihnen selbst mitverantworteten Bericht, der aber ganz offenbar auf der Grundlage anderer statistischer Daten erstellt worden war, als jene, die Loucheur und Clémentel zur Verfügung standen.

Davis und den im zweiten Fall unbekannten Autoren des Kohleberichts schlug das gleiche Unverständnis gegenüber der neuen ‚internationalen Beamtenschaft' entgegen, das Arthur Salter in seinen Memoiren beschrieb. Als ihm der britische Finanzminister Robert Horne 1921 die Weisung erteilen wollte, als Sekretär die anstehende Wirtschaftskonferenz von Genua zu leiten, habe er dies mit dem Verweis abgelehnt, er unterstehe als Sekretär der Reparationskommission nicht der britischen Regierung, sondern sei ein „international official". Horne habe darauf konsterniert gefragt: „What on earth is an international official? [...] Is he both British and non-British? Is he a – hermaphrodite?"[99]

Beide Beispiele illustrieren aber nicht nur neuartige beamtenrechtliche Probleme. Sowohl für das *US Shipping Board* als (vermutlich) auch für Loucheur und Clémentel lag das Problem nicht so sehr darin, dass aus ihrer Sicht falsche Zahlen existierten oder diese unterschiedlich interpretiert wurden. Sie störten sich viel-

97 Coal Situation in Europe, Memorandum, *Raw Materials Section* des SEC, o. Dat. [April 1919], in: United States Department of State: Papers.... The Paris Peace Conference 1919, Bd. 10, S. 181–185; Protest der französischen Delegierten in der folgenden, 13. Sitzung des SEC am 22.04.1919, in: United States Department of State: Papers.... The Paris Peace Conference 1919, Bd. 10, S. 177.

98 United States Department of State: Papers.... The Paris Peace Conference 1919, Bd. 3, S. 67, 148; LSE Archives, Lloyd Papers, LLOYD 3/1, Protokoll der Sitzung der Raw Materials Section vom 04.04.1919.

99 Salter, Arthur: Memoirs of a Public Servant, London 1961, S. 160.

mehr daran, dass andere als die von ihnen sanktionierten Zahlen über bestimmte Aspekte im öffentlichen Raum verhandelt wurden und damit ihre jeweiligen Argumentationen angreifbar machten. Zweifellos konstituierte der SEC nur eine kleine Öffentlichkeit, da die Protokolle erst Jahrzehnte später veröffentlicht wurden. Für die Diskussionen zwischen den beteiligten Regierungen aber waren sie durchaus wichtig und erlangten damit politische Relevanz. Diese politische Bedeutung von Zahlen internationaler Behörden war neu und spiegelte sich in den folgenden Jahren immer dann wider, wenn sie genutzt wurden, um bestimmte Sichtweisen oder Entscheidungen zu legitimieren oder um gegnerischen Argumenten aus dem In- wie Ausland entgegenzutreten. Dabei spielte es eine wichtige Rolle, dass es sich um Zahlen internationaler Behörden handelten, denn diese galten – je nach Standpunkt – per se als unparteiisch oder als Ausdruck ausländischer Interessen.

Der Wille, interne Diskussionen zwischen den alliierten Regierungen und öffentliche Debatten über internationale Wirtschaftsprobleme mit eigenen Zahlen bestimmen und damit die eigenen Standpunkte legitimieren und verteidigen zu können sowie die Aussicht, auf relativ einfachem und günstigem Wege über die wirtschaftliche Entwicklung anderer Länder informiert zu werden, muss auch für die Etablierung des *Monthly Bulletin of Statistics* leitend gewesen sein. Wahrscheinlich Mitte Juni 1919 verfasste ein unbekannter britischer Autor ein Memorandum, das sich mit der Gründung einer statistischen Abteilung im Rahmen der *Raw Materials Section* des SEC befasst. Der Autor verwies darin auf diesbezügliche Gespräche, die er mit französischen und US-amerikanischen SEC-Mitarbeitern in Paris geführt habe. Diese und auch die Italiener befürworteten eine solche Abteilung. Sie sollte über ein Büro in Paris und London verfügen, Monats- und Wochenberichte zur wirtschaftlichen Lage in Europa erstellen und verbreiten sowie regelmäßige Berichte über die Versorgung Mittel- und Ostmitteleuropas mit Rohstoffen verfassen. Die bis dahin *ad hoc* und dezentral von den verschiedenen SEC-Sektionen erarbeiteten Informationen und Statistiken sollten zukünftig also zentral koordiniert und zumindest in Auszügen einem vergleichsweise großen Publikum zugänglich gemacht werden. Während die Monats- und Rohstoffberichte aufgrund der Menge dort vorhandener Unterlagen in London erarbeitet werden sollten, wies das Memorandum dem Pariser Büro die Aufgabe zu, mithilfe der dortigen alliierten Delegationen Informationsquellen in ihren jeweiligen Staaten aufzutun, um die statistischen Aufgaben erfüllen zu können. Langfristig sollte der *Völkerbund* diese übernehmen.[100] Sowohl die Tatsache, dass Alexander Loveday, der mit seinen

---

100 LSE Archives, Lloyd Papers, LLOYD 3/2, Memorandum of Statistical and Information Bureau for the Raw Materials Committee of the Supreme Economic Council, o. Dat.; der vermutete Entste-

Mitarbeitern von 1921 bis 1946 das MBS für den *Völkerbund* erstellte, eigenen Aussagen zufolge im Frühjahr 1919 wegen des „Statistical Bulletin" in Paris war,[101] als auch der Umstand, dass das britische *Board of Trade* bereits Mitte Juli 1919 die erste Nummer des MBS im Auftrag der britischen SEC-Sektion veröffentlichte, sprechen dafür, dass dieses Memorandum von Loveday verfasst wurde und die Entscheidung beschleunigte, das Periodikum in Angriff zu nehmen. Offizielle Anerkennung seitens des SEC erhielt das MBS Anfang August 1919, als dieser beschloss, eine statistische Kommission einzurichten, die in Zukunft das Monatsjournal herausgeben sollte.[102]

Das war ein bedeutender Schritt. Alle vorherigen wirtschaftsstatistischen Aktivitäten interalliierter Gremien waren öffentlich nicht kommuniziert worden. Im Sommer 1919 war zudem absehbar, dass diese Gremien bald aufgelöst und damit auch der funktionale Nutzen verschwinden würde, den internationale Statistiken für Entscheidungen der alliierten Regierungen gehabt hatten. Um deren Beschluss zu erklären, weiterhin eine internationale wirtschaftsstatistische Infrastruktur am Leben zu halten und auszubauen, gemeinsam zu finanzieren (das sah der Beschluss vom August 1919 vor), und Arbeitsergebnisse periodisch zu veröffentlichen, müssen aber neben der erwähnten neuartigen Relevanz internationaler Wirtschaftsstatistiken weitere Entwicklungen in den Blick genommen werden. Diese hatte der Krieg mit sich gebracht und sie schlugen sich nicht nur in den Ländern nieder, die am SEC beteiligt waren. Der Erste Weltkrieg erscheint daher als eine zentrale Zäsur in der Geschichte nicht nur der länderbezogenen, sondern auch der internationalen Wirtschaftsstatistik.[103]

---

hungszeitpunkt ergibt sich aus den Hinweisen im Text, dass Deutschland den Friedensvertrag noch nicht unterzeichnet und der Hauptsitz des SEC vermutlich bald nach London verlegt werde, ein Vorschlag, den Robert Cecil dem SEC am 10.06.1919 unterbreitet hatte und der von den anderen Delegationen – mit Ausnahme der Amerikaner – begrüßt wurde (United States Department of State: Papers ... Paris Peace Conference, Bd. 10, S. 346, 356).

101 NCL, Loveday Papers, Box 39, Chronology, Alexander Loveday, o.Dat., Eintrag zu 1919; Alexander Loveday: The Contribution of the Economic Commission for Europe to the Social Sciences, in: International Social Science Bulletin 3 (1951), S. 863–872, hier S. 863. Lovedays Tagebuch enthält fast nur Notizen zu einer Reise nach Wien im Juni 1919, nicht aber Hinweise auf die Ursprünge des MBS (NCL, Loveday Papers, Box 31, Diary 1919).

102 United States Department of State: Papers.... The Paris Peace Conference 1919, Bd. 10, S. 498 f.

103 Vgl. Adam Tooze / Ted Fertik: The World Economy and the Great War, in: Geschichte und Gesellschaft 40 (2014), S. 214–238, hier S. 232.

4.3 ‚Neue Diplomatie', wirtschaftsstatistische Expansion und Beschleunigung: Die Jahre um 1920 als Zäsur in der Geschichte der internationalen Wirtschaftsstatistik

Der Beschluss der im SEC vertretenen Regierungen, das MBS zu publizieren und die dafür notwendige Infrastruktur auf- und auszubauen, sowie die anschließende Unterstützung der wirtschaftsstatistischen Aktivitäten des *Völkerbunds* durch Administrationen aller Kontinente, stellten eine deutliche Veränderung gegenüber der Vorkriegszeit dar. Vor allem drei Entwicklungen waren dafür verantwortlich: *Erstens* kam der öffentlichen Berichterstattung über internationale staatliche Verhandlungen im Zuge der ‚neuen Diplomatie' eine neue Bedeutung zu, deren Etablierung eines der Kriegsziele der US-amerikanischen Regierung gewesen war und mit der sich Politiker und Diplomaten seit der Pariser Friedenskonferenz konfrontiert sahen. Wirtschaftszahlen hatten in den Debatten über die ökonomischen und sozialen Kriegsfolgen sowie die Möglichkeiten, diesen zu begegnen, einen festen Platz. *Zweitens* investierten Regierungen in vielen Teilen der Welt mehr in ihre eigenen statistischen Behörden und deren wirtschaftsbezogenen Aktivitäten, um den direkten und mittelbaren Folgen des Kriegs begegnen zu können. Die so wachsende Zahl von Institutionen und Publikationen schuf einerseits die ‚materielle' Grundlage dafür, das bereits seit dem 19. Jahrhundert bestehende europäisch-atlantische Netzwerk statistischer Behörden auf andere Regionen auszuweiten sowie dortige Entwicklungen überhaupt statistisch wahrnehmen zu können. Andererseits setzte die wirtschaftsstatistische Expansion in einzelnen Ländern im Zusammenspiel mit der sich erweiternden internationalen wirtschaftsstatistischen Infrastruktur eine Dynamik in Gang, die grenzüberschreitende Kooperation in diesem Bereich sowie die Orientierung an international festgelegten Standards zunehmend als eine Frage nationalen Prestiges erscheinen ließ. *Drittens* gaben der Krieg und seine wirtschaftlichen Folgen Ökonomen und Wirtschaftsstatistikern Auftrieb, die versprachen, wirtschaftliche Entwicklungen national und international besser, schneller und differenzierter als bisher empirisch beobachten und daraus wirtschaftspolitische Empfehlungen ableiten zu können. Dies schlug sich in der Gründung neuer, wissenschaftlich und kommerziell orientierter Institutionen und Publikationsreihen nieder, in deren Kontext die Etablierung des MBS ebenfalls gesehen werden muss. Zudem fanden zunehmend technische Apparaturen zur Datenverarbeitung den Weg in die statistischen Büros und erlaubten die raschere Verarbeitung größerer Mengen von Daten als zuvor.

‚Neue Diplomatie' und internationale Wirtschaftsstatistik

1919 stand die französische Hauptstadt im Lichte der Weltöffentlichkeit. „An army of pressmen had come to Paris"[104] um über die Verhandlungen der Friedenskonferenz zu berichten. Zwar war der Anlass der Konferenz der (zumindest im Westen Europas) zu Ende gegangene Krieg europäischer Mächte. Faktisch ging es aber um eine Neuordnung der Welt, was den Pariser Verhandlungen globale Aufmerksamkeit sicherte.[105] Das galt umso mehr, als mit der US-Administration eine Regierung maßgeblich an dieser Konferenz teilnahm, deren Präsident von 1917 bis 1919 in großen Teilen der Welt als eine Art Heilsbringer angesehen wurde. Er hatte Selbstbestimmung, Demokratie, Freiheit der Meere und eine ‚neue Diplomatie' als Ziele der Kriegsteilnahme der USA formuliert, die mithilfe einer außerordentlichen Propagandamaschinerie in allen Teilen der Welt verkündet wurden. Entsprechend groß waren die Erwartungen, die sich National- und Autonomiebewegungen in kolonialen und halbkolonialen Regionen von der in Paris verhandelten Neuordnung der Welt machten. Delegationen, Journalisten und politische Aktivisten aus vielen dieser Länder – inklusive Korea, China, Indien und Russland – versuchten in Paris, Debatten in ihrem Sinne anzustoßen oder zu beeinflussen, auf jeden Fall aber mitzubekommen, wie sie verliefen. Entsprechend groß war am Ende die Enttäuschung, als sich die hochgesteckten Erwartungen nicht erfüllten. Der ‚Wilsonian Moment' war vorbei.[106]

Viele Beobachter hatten aufgrund von Wilsons Versprechen, mit ‚neuer Diplomatie' die alte Geheimdiplomatie abzulösen, gehofft, die Verhandlungen der Konferenz würden öffentlich geführt werden. Die „ambassadors of public opinion",[107] so ein Zeitgenosse, hätten alles und das sofort wissen wollen. Ihre Hoffnungen wurden jedoch enttäuscht. Gleichwohl – und zum Teil auch deshalb – waren die Zeitungen der Welt voll mit Details aus den Verhandlungen, die teils offiziell verbreitet, teils inoffiziell von Teilnehmern dieser Runden weitergegeben worden waren, teils aber auch nur auf Hörensagen beruhten und insgesamt für

104 Temperley: A History, S. 254.

105 Vgl. Leonhard: Der überforderte Frieden; Margaret MacMillan: Die Friedensmacher. Wie der Versailler Vertrag die Welt veränderte, Berlin 2015.

106 Leonhard: Die Büchse der Pandora, S. 659 f., 706–722; Leonhard: Der überforderte Frieden, S. 708–718, 746–759, 834–852, 907–937; Jan C. Jansen / Jürgen Osterhammel: Dekolonisation. Das Ende der Imperien, München 2013, S. 29–32; vgl. v.a Erez Manela: The Wilsonian Moment. Self-Determination and the International Origins of Anticolonial Nationalism, Oxford 2007; Pankai Mishra: From the Ruins of Empire. The Revolt against the West and the Remaking of Asia, London 2013, S. 187–215.

107 Baker, Ray S.: Woodrow Wilson and World Settlement, Bd. 1, Garden City 1922 [ND Gloucester 1960], S. 116.

lebhafte öffentliche Debatten über Grenzziehungen, Minderheitenregelungen und Staatsgründungen sorgten, die nicht immer auf Tatsachen basierten. Die Konferenzteilnehmer mussten auf solche Debatten reagieren, insbesondere jene, die Staaten mit freier Presse und demokratischen Systemen vertraten.[108]

Selbst wenn die Verhandlungsführer der Großmächte in Paris, wie John Maynard Keynes in einer der bekanntesten Kritiken des Versailler Vertrags schrieb,[109] die gravierenden ökonomischen Folgen ignoriert hätten, die der Krieg und die Regelungen der Friedenskonferenz mit sich brachten, so stellten sie sich doch bald als zentrale Probleme heraus und wurden öffentlich weithin diskutiert. Dazu zählte die vom SEC koordinierte Versorgung von Teilen des europäischen Kontinents mit Lebensmitteln und Rohstoffen, um ganz unmittelbar der Angst vor sozialen Unruhen sowie vor sozialistischen und kommunistischen Umsturzversuchen in Mittel- und Ostmitteleuropa zu begegnen.[110] Noch wichtiger waren Aspekte, die die wirtschaftliche Zukunft der europäischen Länder und mittelbar auch jene der Welt bestimmen würden: Reparationszahlungen und interalliierte Schulden, Geldentwertung und die wirtschaftlichen Folgen neuer Grenzen. Zur Formulierung dieser Probleme – und zu deren Lösung – waren statistische Unterlagen nötig und die öffentlichen Debatten waren voll damit.[111]

Schon vor der Friedenskonferenz beklagten AMTC-Statistiker, in der Presse kursierten Zahlen und auf zweifelhaften Daten basierende Lageeinschätzungen, die nicht richtig seien. „They are", so der kurzzeitige Chefstatistiker der US-amerikanischen AMTC-Sektion Carson S. Duncan Ende Dezember 1918, „the material out of which misunderstandings are made. In these critical days there should be no unnecessary misunderstandings." Er legte seiner Regierung anheim, jemanden zu beauftragen, solche Fehler öffentlich zu berichtigen.[112] Auch der SEC war ganz offensichtlich mit derartigen Situationen konfrontiert, denn Mitte April 1919 gründete er ein eigenes Pressekomitee, das offizielle Statements des SEC beraten und damit die Außenwahrnehmung des Gremiums wenigstens ansatzweise steuern sollte.[113] Die Etablierung des MBS muss daher zunächst in diesem Kontext gesehen werden,

108 Baker: Woodrow Wilson, Bd. 1, S. 116–160; Leonhard: Der überforderte Frieden, S. 681–687; MacMillan: Friedensmacher, S. 94 f.; Temperley: History, S. 254–256.

109 Keynes, John Maynard: The Economic Consequences of the Peace, London 1920, S. 211 f.

110 Vor allem in Deutschland und Ungarn, wo Béla Kun im März 1919 eine kommunistisch geführte Regierung etablierte, aber auch anderswo; vgl. Steiner: Lights, S. 93 f., 141; zur Relevanz der Angst vor kommunistisch geführten Revolution für die Arbeit des SEC vgl. Martin: Experts, S. 62–67.

111 Hierfür ist Keynes' Economic Consequences of the Peace ein Paradebeispiel; vgl. Leonhard: Der überforderte Frieden, S. 803–806.

112 HIAS, Gay Papers, Box 2, Folder 9: Duncan an Edwin F. Gay, 20.12.1918; ähnlich auch Duncan an Gay, 28.12.1918.

113 United States Department of State: Papers.... The Paris Peace Conference 1919, Bd. 10, S. 105, 128.

in dem es wichtig erschien, autoritative Zahlen für öffentliche Debatten zu präsentieren.

Allerdings war der Schritt von der Pressemitteilung zum monatlichen statistischen Periodikum nicht zwangsläufig, schon allein, weil das MBS mehr Arbeit und Kosten verursachte, als wöchentliche Treffen des Pressekomitees. Um seine Etablierung zu erklären, muss daher der Blick über den SEC hinaus geweitet werden. Das erfolgt am ausführlichsten am Beispiel Großbritanniens, denn es war das britische *Board of Trade*, das das erste Heft des MBS erarbeitete und Mitte Juli 1919 im Auftrag der britischen SEC-Sektion herausgab. Die monatliche Erarbeitung des MBS durch die britische Behörde und später durch das Völkerbundsekretariat wäre jedoch unmöglich gewesen, wenn nicht gleichzeitig Regierungen in Ländern aller Kontinente bestehende statistische Institutionen um- und ausgebaut sowie neue etabliert hätten. Kurz: Die erfolgreiche Etablierung des MBS basierte auf einer weltweit zu beobachtenden, staatlich getragenen ‚wirtschaftsstatistischen Expansion' in den Jahren um 1920.

Staatliche Behörden und die wirtschaftsstatistische Expansion um 1920

Ab 1916 befassten sich die britische Regierung und interessierte Zeitgenossen des Landes intensiv mit der Frage, welche Handels- und Wirtschaftspolitik Großbritannien nach dem Krieg verfolgen sollte.[114] Diese Debatten und die Auseinandersetzung mit der sich aufgrund des Kriegs massiv verändernden Rolle Großbritanniens im Welthandel hatten konkrete Folgen für beteiligte Institutionen und insbesondere für die Erarbeitung und Publikation internationaler Statistiken.

Anfang 1917 setzten das *Board of Trade* und das *Foreign Office* ein Komitee ein, das sich mit der Neuorganisation jenes Systems befassen sollte, das wirtschaftlich relevante Informationen mithilfe des britischen Konsulatsservice aus aller Welt zusammen- und für britische Unternehmer und Investoren zur Verfügung stellte. Seit dem 19. Jahrhundert waren beide Ministerien mit diesen Fragen befasst gewesen und während des Kriegs kamen weitere Stellen der Kriegs- und Blockadeministerien hinzu, die alle in irgendeiner Weise ‚Commercial Intelligence' zusammentrugen. Das führte zu Kompetenzstreitigkeiten, Doppelarbeit und Konfusion, die zukünftig vermieden werden sollte.[115] Vor allem aber, so der Abschlussbericht

114 Vgl. Bunselmeyer: Cost, S. 41–122; Orde: British Policy, S. 11–24; Trentmann: Free Trade Nation, Kap. 4–6.

115 Vgl. Llewellyn Smith: Board of Trade, S. 57–82 sowie Alistair Black / Christopher Murphy: Information, Intelligence, and Trade. The Library and the Commercial Intelligence Branch of the British Board of Trade, 1834–1914, in: Library & Information History 28 (2012), S. 186–201; Mikos

des Komitees, sei klar „that after the War the demands upon the Government for the collection and diffusion of commercial intelligence for the benefit of the trade of the United Kingdom are likely to be very much greater than in the past".[116] Bereits mit Kriegsbeginn war die Nachfrage nach solchen Informationen massiv angestiegen, als britische Unternehmer jene Lücken füllen wollten, die ihre deutschen Konkurrenten in der Welt hinterließen.[117] Gegen Ende des Kriegs ging es nun eher um die Frage, wie verlorene Marktanteile im Ausland wiederzugewinnen seien. Eine Folge war die Gründung des *Department of Overseas Trade* im Sommer 1917, das sowohl dem *Board of Trade* als auch dem *Foreign Office* verantwortlich war.[118] Die zweite, hier vor allem interessierende Folge war eine Neustrukturierung des *Board of Trade* selbst.[119]

Ein zentraler Aspekt dieser Reform war die Wiedereinrichtung des *Statistical Department* im *Board of Trade* nachdem der 1832 gegründete Vorgänger ab den 1870er Jahren mit anderen Abteilungen zusammengelegt worden war und andere Aufgaben erhalten hatte.[120] Das neue Department war für alle laufenden statistischen Erhebungen und Analysen des *Board of Trade* zuständig und übernahm die Verantwortung für den seit 1908 alle fünf Jahre durchgeführten *Census of Production.*[121] Leiter der Abteilung wurde der Statistiker und Ökonom Alfred W. Flux. Er gab ab Sommer 1919 das MBS heraus und erlangte später große Bedeutung für die wirtschaftsstatistischen Aktivitäten des *Völkerbunds.*[122] Im Frühjahr 1918 erhielt Flux eine Aufgabe, die einen großen Teil seiner Mitarbeiter band und als auslandsstatistische Pionierstudie gelten kann. Der mit ihr verbundene personelle und finanzielle Aufwand sowie der Nutzen, den sie stiftete, sprachen aus Sicht der britischen Regierung dafür, internationale Wirtschaftsstatistiken zukünftig im

---

Lojko: The Age of Illusion? The Department of Overseas Trade Between the Two World Wars. Three Case Studies, in: John Fisher / Effie G.H. Pedalin / Richard Smith (Hrsg.): The Foreign Office, Commerce and British Foreign Policy in the Twentieth Century, London 2016, S. 115–140, hier S. 115 f.

116 Memorandum by the Board of Trade and the Foreign Office with Respect to the Future Organisation of Commercial Intelligence (Cd. 8715), London 1917, S. 2.

117 Black/Murphy: Information, S. 196.

118 Lojko: Age of Illusion; Samuel MacClintock: The British Foreign Commercial Service, in: The University Journal of Business 1 (1922), S. 69–80.

119 TNA, CAB 23/4/39, Protokoll der 265. Sitzung des *War Cabinet*, 05.11.1917, S. 5; vgl. TNA, CAB 24/4/13, Memorandum des Wirtschaftsministers Albert Stanley vom 10.10.1917 samt dem Bericht eines Expertengremiums vom August 1917.

120 Llewellyn Smith: Board of Trade, S. 69, 71, 216, 219 f., 222.

121 Memorandum with Respect to the Re-Organisation of the Board of Trade (Cd. 8912), London 1918, S. 4.

122 Vgl. die biographischen Angaben im Anhang.

Rahmen einer internationalen Organisation und in Kooperation mit anderen Regierungen besser und günstiger erstellen zu können, als im Alleingang.

Mitte April war der Leiter des *Overseas Trade Departments* Arthur Steel-Maitland zur Überzeugung gelangt, es reiche nicht aus, Informationen über Gesetze, Zölle, Handelsusancen, Konsumentenbedarf, Angebote und ähnliches zu sammeln, auszuwerten und britischen Unternehmern und Investoren zur Verfügung zu stellen. Ergänzend wünschte er sich „a careful statistical survey of foreign markets, country by country, and of the extent of their import and export trade with the United Kingdom and our principal competitors". Eine solche Übersicht sei im Interesse der britischen Unternehmer „absolutely necessary" und nur von einer professionellen Behörde durchzuführen. Flux war die Herausforderung klar. 40 seiner Mitarbeiter, so schätzte er, würden ein knappes Jahr damit beschäftigt sein, die Handelsstatistiken Großbritanniens, des Auslands und der Länder des Empire eingehend auszuwerten, diese Daten miteinander in Beziehung zu setzen, um so zusammen mit Informationen des *Overseas Trade Departments* Aussagen zu den Handelsaussichten nach dem Krieg machen zu können.[123] Die laufenden statistischen Publikationen des *Board of Trade* waren dafür nur bedingt zu gebrauchen, weil sie die gesuchten Informationen nur teilweise enthielten, nicht differenziert und geographisch breit genug waren sowie während des Kriegs zwangsläufig lückenhaft blieben.[124]

Der erste und zunächst vertraulich gehaltene Bericht der von Flux geleiteten Arbeitsgruppe über „Losses in the Export Trade" wurde im Oktober 1918 fertig.[125] Ihm zufolge sei das Außenhandelsvolumen Großbritanniens zwischen 1913 und 1917 um ein Drittel gesunken, ein Umstand, den Preissteigerungen von bis zu 100 Prozent bis dahin verschleiert hätten. Auch wenn dies für Fachleute keine allzu große Überraschung war: In der britischen Presse hatte es während des Kriegs tatsächlich Berichte gegeben, die auf den offiziellen Publikationen des *Board of Trade* beruhten und eine Erholung des Exporthandels in der zweiten Kriegshälfte nahelegten. Die

---

123 TNA, BT 198/2, Protokoll des Morning Meetings des *Board of Trade Councils*, 30.04.1918 samt entsprechenden Memoranden von Arthur Steel-Maitland, 18.04.1918 (M.M.172), und Alfred W. Flux, o. Dat. (M.M. 172 A).

124 Vgl. die jeweiligen Ausgaben der Jahre 1914 bis 1918 von Accounts relating to the Trade and Commerce of Certain Foreign Countries and British Possessions, London 1901–1932, bzw. des Annual Statement of the Trade of the United Kingdom with Foreign Countries and British Possessions, London 1871–1924, sowie des Statistical Abstract for the Principal and Other Foreign Countries in each Year from 1901 to 1912, London 1914.

125 TNA, BT 198/4, United Kingdom. Losses in the Export Trade 1913–1917, Confidential Report, Oktober 1918; nach Kriegsende wurden zentrale Ergebnisse im Board of Trade Journal veröffentlicht: Anonymus: War and Export Trade. An Analysis, 1913–1917, in: Board of Trade Journal 101 (1918), Nr. 1150 [12.12.1918], S. 736–738.

größte Sorge hatte darin den weit überproportional zunehmenden Einfuhren gegolten.[126] Über diese wichtige Korrektur hinaus stellte Flux' Bericht fest, Großbritannien habe in China und Indien enorme Marktanteile an Japan verloren sowie in China, Japan, Indien und Südamerika an die USA.

Es spricht vieles dafür, in dieser Arbeitsgruppe den Nukleus der ersten MBS-Redaktion zu sehen. Sie war nicht nur gerade mit einem einschlägigen Projekt befasst. Insgesamt besaß das *Board of Trade* große Erfahrungen in der Erarbeitung und Publikation internationaler Wirtschaftsstatistiken, gut ausgebildete und engagierte Mitarbeiter, umfangreiche Materialien aus praktisch allen Teilen der Welt sowie entsprechende institutionelle und personelle Netzwerke.

Überdies hatte die britische Regierung den erforderlichen Willen, eine solche Publikation in Angriff zu nehmen. Die eingangs des Kapitels skizzierte inhaltliche Breite des MBS legt zum einen nahe, dass Debatten über die wirtschaftlichen, finanziellen und sozialen Folgen des Kriegs und der Friedensverträge für Europa den unmittelbaren Entstehungskontext des Heftes darstellten. Zum anderen motivierte der von Steel-Maitland hervorgehobene informatorische Nutzen internationaler Wirtschaftsstatistiken für britische Unternehmer und Investoren. Nicht nur Außenhandelsdaten waren für sie von Belang, sondern auch solche zur globalen Produktion wichtiger Güter, zur finanziellen Situation einzelner Staaten und zu Preisentwicklungen. Die begründete Aussicht, mit einer international finanzierten Publikation solche Informationen vergleichsweise günstig zu erhalten, erscheint als ein plausibler Grund, die erste Ausgabe auf eigene Rechnung zu erstellen.

Darüber hinaus korrespondiert der Beginn der Arbeit am MBS mit den allgemeineren Absichten, die die britische Regierung im Frühjahr und Sommer 1919 in Bezug auf den SEC und den *Völkerbund* verfolgte. So passte das Bulletin zum Ziel der britischen Regierung, den SEC zu einem Gremium zu machen, das in erster Linie dem Informationsaustausch und der Diskussion von Problemen dienen sollte, die der Übergang von der Kriegs- zur Friedenswirtschaft mit sich bringen würde. Des Weiteren strebte Arthur Salter, der bis Juni 1919 Sekretär der britischen SEC-Sektion und danach erster Leiter der *Economic and Financial Section* des Völkerbundsekretariats war, an, die neue Organisation mit einer starken „Intelligence and Research Division" auszustatten. Da der Erste Weltkrieg seiner Meinung nach vor

126 Vgl. Anonymus: Overseas Trade. Effect of the War, in: The Times, 21.01.1916; Anonymus: Foreign Trade, in: The Economist, 12.02.1916, S. 255–256; Anonymus: Overseas Trade in 1916, in: The Economist, 13.01.1917, S. 48–49; Anonymus: Overseas Trade. Adverse Balance Reduced, in: The Times, 19.01.1917; Anonymus: Overseas Trade in 1917, in: The Economist, 19.01.1918, S. 75–77; Anonymus: Overseas Trade in 1918, in: The Economist, 11.01.1919, S. 38–39; explizit auf die verzerrende Wirkung der Preisentwicklung auf die Aussagekraft der Außenhandelsstatistik verweist Anonymus: Overseas Trade. Effects of Higher Prices, in: The Times, 22.01.1918.

allem ökonomische Gründe gehabt habe, müsse der *Völkerbund* in diesem Bereich Handlungsfähigkeit beweisen.[127] Die Aktivitäten des SEC sahen Salter und andere in London Mitte 1919 explizit als Vorarbeiten dazu an.[128] Obendrein vertraten mit Hubert Llewellyn Smith und Robert Cecil zwei Beamte die britische Regierung im SEC, die bereits vor und während des Kriegs den Nutzen umfassender und aktueller Wirtschaftsstatistiken für Regierungshandeln nicht nur erkannt, sondern deren Verbesserung in ihren jeweiligen Zuständigsbereichen auch gefördert hatten.[129]

Die britische Regierung war also die treibende Kraft hinter dem MBS. Das Journal hätte aber nicht etabliert werden können, wenn die anderen im SEC vertretenen Administrationen es nicht ebenfalls befürwortet und aktiv getragen hätten. Bereits verwiesen wurde darauf, dass Amerikaner, Franzosen und Italiener schon im Frühjahr 1919 Vorschläge unterstützt hatten, im Rahmen der *Raw Materials Section* eine statistische Abteilung zu etablieren. Anfang August gründeten die SEC-Mitglieder dann eine eigene Statistikkommission, die das MBS herausgeben sollte. Deren erstes Treffen kam frühestens Ende September zustande, vermutlich später; Belgien jedenfalls ernannte seinen Delegierten Armand Julin erst Anfang Oktober.[130] Die anderen Kommissionsmitglieder waren der Brite Alfred W. Flux, der Franzose Daniel Serruys und der Italiener Francesco Giannini.[131] Im November 1919 kamen die im SEC vertretenen Regierungen schließlich überein, das *Raw Materials Committee* mit dieser Statistikkommission zu vereinigen und das neue *Committee on Raw Materials and Statistical Information* mit der Herausgabe des MBS zu betrauen.[132]

---

127 Salter, Arthur: The Organization of the League of Nations, May 10, 1919, in: Ders.: The United States of Europe and other Papers, hrsg. von W[ill] Arnold-Forster, New York 1933, S. 14–31, hier S. 24, 30; zur Bedeutung dieses Memorandums für die neue Organisation vgl. Aster: Power, S. 88 f.; Martin David Dubin: Transgovernmental Processes in the League of Nations, in: International Organization 37 (1983), S. 469–493, hier S. 473–475.

128 Dies beschloss der SEC offiziell Anfang August 1919, doch bereits vor Erscheinen der ersten Ausgabe Ende Juli war dies vorgesehen: NCL, Loveday Papers, Box 2, Alexander Loveday an Arthur Salter, 17.07.1919.

129 Johnson, Gaynor: Lord Robert Cecil. Politician and Internationalist, Farnhem 2013, S. 58; Roger Davidson: Smith, Sir Hubert Llewellyn (1864–1945), in: Oxford Dictionary of National Biography, Oxford 2004 [https://doi.org/10.1093/ref:odnb/36147; 02.03.2018].

130 Der Zeitpunkt der ersten Kommissionssitzung geht aus dem Schriftwechsel belgischer Beamter im Herbst 1919 hervor: AgRB, T 044/1875; Ernennung Julins laut Schreiben des belgischen Industrie- und Arbeitsministeriums an das belgische Wirtschaftsministerium, 07.10.1919, in: Ebenda.

131 United States Department of State: Papers … Paris Peace Conference, Bd. 3, S. 150; biographische Angaben zu den Genannten im Anhang.

132 United States Department of State: Papers … Paris Peace Conference, Bd. 10, S. 621, 639 f.; vgl. zudem die Diskussion über die Aufgaben des neuen Komitees bei der 7. Sitzung des *Permanent Committee* des SEC am 18.12.1919, in: Dockrill: British Documents, Part II, Series I, Bd. 15, S. 377 f.

Eines der unmittelbaren Ergebnisse dieses Beschlusses war, dass jedes im SEC vertretene Land seine eigene Ausgabe des MBS veröffentlichen sollte.[133] Eine französischsprachige Edition erschien bereits im Dezember 1919 als Übersetzung der englischen Version und eine italienische Fassung folgte ab Februar 1920.[134] Belgien sparte sich die dafür notwendigen Mittel und orderte ab Januar 1920 50 Exemplare der französischen Ausgabe.[135] Weite Verbreitung aber fand nur das englischsprachige MBS, dessen Auflage Ende 1920, Anfang 1921 bei 1.750 Exemplaren lag.[136] Die französischen und italienischen Ausgaben hingegen waren selbst im *Board of Trade* nicht verfügbar und sind auch in keinem online zugänglichen Bibliothekskatalog nachgewiesen.[137]

Der Wille der im SEC vertretenen Regierungen, in wirtschaftsstatistischer Hinsicht miteinander zu kooperieren und ein monatliches Journal herauszugeben, war eine Voraussetzung dafür, das MBS zu etablieren. Eine andere war es, Daten in einer bis dahin nicht gekannten Häufigkeit und inhaltlichen Breite zur Verfügung stellen zu können. Dafür benötigte es leistungsfähige statistische Ämter mit entsprechenden Kompetenzen sowie ausreichenden personellen und finanziellen Kapazitäten.

In einigen kriegführenden Staaten Europas, etwa in Frankreich oder Italien, führte man kriegsbedingt ins Leben gerufene oder erweiterte Institutionen fort, stärkte sie personell und finanziell und stattete sie häufig mit neuen Kompetenzen aus. Dabei griffen Regierungen auch auf die teils jungen, während des Kriegs eingestellten und meist international erfahrenen Experten zurück, die die amtliche und akademische Statistik ihrer Länder oft bis zum Zweiten Weltkrieg oder länger

---

133 AgRB, T 044/1875, Bericht des belgischen Delegierten im *Permanent Committee* des SEC, André de Kerchove, über dessen 7. Sitzung am 18.12.1919 vom 19.12.1919; aus dem offiziellen Ergebnisprotokoll der Sitzung geht dieser Beschluss nicht hervor: Dockrill: British Documents, Part II, Series I, Bd. 15, S. 377 f.

134 Monthly Bulletin of Statistics 1 (1919/20), Nr. 6, S. IV; Nr. 8, S. IV; TNA, BT 198/5, Protokoll des Morning Meetings des *Board of Trade Councils*, 02.12.1919, S. 4.

135 AgRB, T 044/1875, Arthur Bemelmans, belgischer Delegierter im SEC und in der Reparationskommission, an das belgische Wirtschaftsministerium, 23.12.1919; Belgisches Wirtschaftsministerium an Bemelmans, 15.01.1920.

136 NCL, Loveday Papers, Box 4, Dorothy P. Etlinger, Büro des *Völkerbunds*, London, an Hugh McKinnon Wood, *Finance Section* des *Völkerbunds*, 11.07.1921.

137 Der das MBS im *Board of Trade* redigierende Beamte Thomas G. Gibson schrieb Alexander Loveday im Juni 1920, er erhalte immer wieder Anfragen bezüglich der französischen Fassung, die „is supposed to be published in Paris". Er bat Loveday, ihm Exemplare der französischen Ausgaben zukommen zu lassen; NCL, Loveday Papers, Box 3, Gibson an Loveday, 03.06.1920. Dass Gibson das MBS redigierte geht aus einem Schreiben Dorothy P. Etlingers an Loveday vom 07.09.1921 (LoNA, London Office, C.1785, 1/1) ebenso hervor wie aus einem Brief Gibsons an Loveday vom 08.10.1927 (LoNA, R.351, 10/62861/12361).

prägten. Der Italiener Corrado Gini steht stellvertretend für diese Gruppe.[138] Anderswo, etwa in Deutschland oder den USA, wurden die kriegsbedingt etablierten statistischen Institutionen meist aufgelöst. Gleichwohl waren die Jahre um 1920 auch dort eine Zeit wirtschaftsstatistischer Expansion. Das *Statistische Reichsamt*, das 1917 in die Kompetenz des neu geschaffenen *Reichswirtschaftsamts* übergegangen war, erhöhte die Zahl seiner Mitarbeiter von 380 im Jahr 1913 auf rund 900 im Jahr 1920. 1919 begann es, die Regierung regelmäßig mit statistischen Berichten über die Wirtschaftslage zu informieren und ab 1921 gab es das an ein breites Publikum gerichtete Periodikum *Wirtschaft und Statistik* heraus.[139] In den USA scheiterten Versuche zwar weitgehend, die staatliche Statistik zu zentralisieren und auszubauen. Eine grundlegende Reform und Expansion der amtlichen Außenhandelsstatistik fand dennoch in Reaktion auf die drastisch veränderte weltwirtschaftliche Lage statt. Zudem setzte der Boom akademisch und kommerziell motivierter permanenter Wirtschaftsbeobachtung, wie sie vom 1919 gegründeten *Harvard Economic Service* oder vom 1920 etablierten *National Bureau of Economic Research* betrieben wurde, weltweit neue Maßstäbe.[140]

---

138 Zu Frankreich vgl. Druelle-Korn: Ministère du Commerce; Desrosières: Politik, S. 176–179; Pascal-Gaston Marietti: La Statistique générale en France, Paris 1949, S. 37–40; zu Italien: Prévost: A Total Science, S. 104–120; Jean-Guy Prévost: Statistics, Expertise and Politics. Corrado Gini and the Course of Italian History, in: Metron 74 (2016), S. 145–165.

139 Zahn: Statistik, S. 895; Heidrun Homburg: Das Reichswirtschaftsamt / Reichswirtschaftsministerium in der Formierungsphase 1917–1923, Strukturen und Akteure, in: Werner Abelshauser et al. (Hrsg.): Wirtschaftspolitik in Deutschland 1917–1990, Bd. 1: Das Reichswirtschaftsministerium der Weimarer Republik und seine Vorläufer. Strukturen, Akteure, Handlungsfelder, München 2016, S. 146–223, hier S. 151; Hartmut Berghoff / Ingo Köhler / Harald Wixforth: Navigation im Meer der Interessen. Binnenwirtschaftliche Steuerungsinitiativen des Reichswirtschaftsministeriums, in: Ebenda, S. 421–516, hier S. 488.

Zur Frühgeschichte des *Statistischen Reichsamts* vgl. Tooze: Statistics, Kap. 2; Adam Tooze: Wirtschaftsstatistik im Reichswirtschaftsministerium, in seinem Statistischen Reichsamt und im Institut für Konjunkturforschung, in: Werner Abelshauser et al. (Hrsg.): Wirtschaftspolitik in Deutschland 1917–1990, Bd. 1: Das Reichswirtschaftsministerium der Weimarer Republik und seine Vorläufer. Strukturen, Akteure, Handlungsfelder, München 2016, S. 361–420, hier S. 362–391; sowie Tooze: Trouble.

140 Mitchell: Statistics; Z.L. Potter: The Central Bureau of Planning and Statistics, in: Publications of the American Statistical Association 16 (1919), S. 275–285; vgl. Alchon: The Invisible Hand, S. 33–50; Cuff: Creating Control Systems, S. 604–610; Joseph W. Duncan / William C. Shelton: Revolution in United States Government Statistics, 1926–1976, Washington 1978, S. 9, 146; Friedman: Fortune Tellers, S. 175 f., 180–189; Heaton: A Scholar, S. 124–136; Publication of Statistics on Foreign Commerce. Hearing before the Committee on Interstate and Foreign Commerce of the House of Representatives, Sixty-Sixth Congress, Third Session, on H.R. 15448, 17.01.1921, Washington 1921; Anonymus: United States. Statistical Classification for Imports and Exports. Revision and Extension for War Purposes and Trade Promotion, in: Board of Trade Journal 100 (1918), Nr. 1122 [30.05.1918], S. 680; Chauncey

Das bemerkenswerteste war, dass die wirtschaftsstatistische Expansion nicht auf industrialisierte Länder Europas und Nordamerikas sowie die britischen Dominions beschränkt blieb. Auch wenn Experten dieser Regionen Inhalte, Konzepte und Methoden der Wirtschaftsstatistik weiterhin dominierten, ließ sich das Phänomen in Ländern aller Kontinente beobachten. Ganz neue statistische Verwaltungen entstanden etwa in den ostmitteleuropäischen Ländern, im bolschewistischen Russland und in China.[141] In beschränktem Maße traf das auch auf Kolonien und andere politisch abhängige Territorien zu. Das bei den Pariser Friedensverhandlungen etablierte Mandatssystem etwa verpflichtete die Mandatsmächte nicht nur, die ehemaligen Kolonien Deutschlands und die vormals osmanischen Regionen im Nahen Osten zu verwalten, sondern auch, regelmäßig einer Kommission des *Völkerbunds* Bericht darüber zu erstatten. Die dabei entstehenden Strukturen und Methoden sowie Berichts- und Evaluationsroutinen – inklusive der Gründung statistischer Behörden und Publikationen – wurden im Laufe der Jahre zu einem ungeschriebenen Standard, den koloniale Verwaltungen der Imperialmächte nicht einfach ignorieren konnten.[142] Infolgedessen gründeten die Verwaltungen zahlreicher kleinerer europäischer Kolonien eigene statistische Ämter, die sich vor allem ab Ende der 1920er Jahre – nicht immer zur Freude ihrer ‚Mutterländer' – began-

---

Depew Snow: Our Statisics of Foreign Commerce and the War, in: Publications of the American Statistical Association 16 (1918), S. 175–189; Anonymus: New Commerce Classification, in: Quarterly Publications of the American Statistical Association 17 (1921), S. 653; Avard L. Bishop: Outlines of American Foreign Commerce, Boston et al. 1923, S. 92 f.; Joseph Brandes: Herbert Hoover and Economic Diplomacy. Department of Commerce Policy 1921–1928, Pittsburgh 1962, S. 3–21; Clements: The Life, S. 109–111.

141 Zeitgenössische Übersicht bei Zahn: Statistik, S. 913–937; zu Ostmitteleuropa Prévost/Beaud: Statistics, S. 83 f.; zu Russland: P[avel I.] Popoff [Popov]: La statistique des Républiques Socialistes Soviétiques. Rapport présenté à la XV Session de l'Institut International de Statistique, Moskau 1923; Mespoulet: Statistique, S. 119–138, 254–256; Alain Blum / Martine Mespoulet: Le passé au service du présent. L'administration de l'État soviétique entre 1918 et 1930, in: Cahiers du Monde Russe 44 (2003), S. 343–368; Stanziani: L'économie, S. 219–221, 224; S[tephen] F. Wheatcroft: Statistical Sources for the Study of Soviet Social History in the Prewar Period, in: Sheila Fitzpatrick / Lynne Viola (Hrsg.): A Researcher's Guide to Sources on Soviet Social History in the 1930s, Armonk / London 1992, S. 153–175, hier S. 155; S[tephen] G. Wheatcroft / R[obert] W. Davies: The Crooked Mirror of Soviet Economic Statistics, in: R[obert] W. Davies / Mark Harrison / S[tephen] G. Wheatcroft (Hrsg.): The Economic Transformation of the Soviet Union, 1913–1945, Cambridge 1994, S. 24–37, hier S. 25–27; zu China vgl. die folgenden Ausführungen.

142 Zum Mandatssystem v. a. Pedersen: The Guardians; zur statistischen Beobachtung darin: Roser Cussó: Aux origines de l'évaluation statistique internationale. La supervision des mandats par la Société des Nations, in: Philippe Bourmand / Norig Neveu / Chantal Verdeil (Hrsg.): Experts et expertise dans les Mandats de la Société des Nations. Figures, Champs, Outils, Paris 2020, S. 161–188.

nen, explizit an internationalen wirtschaftsstatistischen Standards zu orientieren (Kap. 6.3).

In anderen Staaten kam es zur institutionellen und personellen Ausweitung sowie zur konzeptionellen Erneuerung der staatlichen (Wirtschafts-)Statistik. Ein Beispiel dafür ist Japan. Dort klagte die staatliche Statistikbehörde 1918/19 offen darüber, die bestehende Organisation werde den gestiegenen Anforderungen des sich rapide industrialisierenden Landes nicht mehr gerecht. Die amtliche Statistik müsse ausgeweitet und zentralisiert werden.[143] Tatsächlich erwies sich das Jahr 1920, als Japan den ersten Bevölkerungszensus nach Ende des Shogunats durchführte, rückblickend als Beginn einer neuen Epoche, in der „the statistical world in Japan developed very rapidly". Neue Institutionen wie ein zentrales beratendes Statistikkomitee wurden eingerichtet und Periodika wie ein jährlich aktualisiertes Kompendium mit Statistiken zahlreicher Länder wurden ins Leben gerufen.[144] Dies hatte zur Folge, dass Japan neben Brasilien und Argentinien, den britischen Dominions, Indien und Ägypten von Beginn an dafür sorgte, dass das MBS kein rein europäisch-atlantisches Periodikum blieb.

Eine Ausnahme von der Regel wirtschaftsstatistischer Expansion war Indien. Dort strebte der seit 1914 amtierende *Director of Statistics* George Findlay Shirras an, die administrativ und regional zersplitterte Statistik des Landes nach Vorbild fast aller Dominions zu zentralisieren und auszubauen. Das aber scheiterte nach 1919 an den Kosten, die man in Delhi und London damit verband, und an den politisch wie wirtschaftlich fragilen Verhältnissen, die Indien damals prägten.[145] Im

---

143 Anonymus: Official Statistics, S. 345; zu den signifikanten Veränderungen Japans in politischer, wirtschaftlicher und sozialer Hinsicht in den Jahren nach 1900, v. a. aber nach Beginn des Ersten Weltkriegs Dickinson: World War, sowie Frederick R. Dickinson: Toward a Global Perspective of the Great War. Japan and the Foundation of a Twentieth-Century World, in: American Historical Review 119 (2014), S. 1154–1183; Frederick R. Dickinson: The Japanese Empire, in: Robert Gerwarth / Erez Manela (Hrsg.): Empires at War, 1911–1923, Oxford 2014, S. 197–213; allgemeiner: Marius B. Jansen: The Making of Modern Japan, Cambridge / London 2000, S. 495–575; eingehender zur wirtschaftlichen Entwicklung: E. Sydney Crawcour: Industrialization and Technological Change, 1885–1920, in: Peter Duus (Hrsg.): The Cambridge History of Japan, Bd. 6: The Twentieth Century, Cambridge 1989, S. 383–480; Takafusa Nakamura: Depression, Recovery and War, 1920–1945, in: Ebenda, S. 451–493; Koji Taira: Economic Development, Labor Markets, and Industrial Relations in Japan, 1905–1955, in: Ebenda, S. 606–653; David Flath: The Japanese Economy, Oxford 2000, S. 43–70; Takafusa Nakamura: Economic Growth in Prewar Japan, New Haven / London 1983.

144 Shimojo: Outline, S. 100–105, Zitat: S. 101; vgl. zudem Bureau of Statistics of the Imperial Cabinet: Bureau, sowie das auslandsstatistische Jahrbuch Rekkoku kokusei yōran [„Concise View of the Chief Countries of the World"], Tokio 1921–1943 (Übersetzung des Titels nach Bureau of Statistics of the Imperial Cabinet: Periodical Statistical Publications in Japan, Tokio 1930, S. 2)

145 Subramanian: A Brief History, S. 106–112; zu Findlay Shirras vgl. die biographischen Angaben im Anhang; zur Entwicklung der Statistikbehörden in den britischen Dominions vgl. Prévost/Beaud:

Vergleich mit anderen Ländern der Region war die amtliche Statistik Indiens allerdings relativ weit entwickelt und es mangelte nicht an wirtschaftsbezogene Daten aus Indien.

Die Gründe für die in zahlreichen Weltregionen zu beobachtende wirtschaftsstatistische Expansion um 1920 variierten im Einzelnen. Ein zentrales Motiv aber war die Ausweitung staatlicher Aktivitäten im wirtschaftlichen und sozialen Bereich, mit denen Regierungen auf die zahlreichen direkten und indirekten Folgewirkungen des Kriegs reagierten, und die sie gestalten und finanzieren mussten. Insbesondere hatten es Regierungen mit zurückkehrenden Soldaten und Forderungen einer stärker werdenden Arbeiterbewegung zu tun. Sie mussten den Übergang der Kriegs- in Friedenswirtschaften bewältigen und dabei vor allem die bis dahin kaum bekannten Phänomene Arbeitslosigkeit und Inflation bekämpfen. Zudem waren sie mit einer deutlich veränderten internationalen Produktions- und Absatzlage sowie mit Problemen konfrontiert, die aus der kriegsbedingten Staatsverschuldung und den Reparationsregelungen resultierten. Vielerorts führte zudem die Krise, in die viele Volkswirtschaften 1920/21 nach einem kurzen Nachkriegsboom fielen, den Zeitgenossen drastisch vor Augen, dass es kein Zurück zum vergleichsweise passiven Staat der Vorkriegszeit gab. Gleichzeitig nahmen öffentliche Debatten über all diese Aspekte zu und erhöhten den Rechtfertigungs- und Legitimationsdruck, unter dem Entscheidungen von Regierungen insbesondere in demokratischen Systemen mit einer differenzierten Medienlandschaft standen. Angesichts dessen erschien es den Beteiligten unabdingbar, verlässliche und aktuelle statistische Daten zu all diesen Aspekten zu besitzen.[146] Eine im Krieg entstandene Verbindung amtlicher Statistik mit sozialwissenschaftlicher Expertise, politischer Entscheidungsfindung und wirtschaftlicher Praxis blieb so vielerorts erhalten und war maßgeblich für die Entstehung der Weltwirtschaftsstatistik verantwortlich.

Statistics, S. 111–131; Jon Agar: The Government Machine. A Revolutionary History of the Computer, Cambridge / London 2003, S. 103–115; Report and Resolutions adopted by the First Conference of Government Officers engaged in Dealing with Statistics in the British Empire, held at the Board of Trade on 20th January – 26th February 1920 (Cmd. 648), London 1920; zur indischen Statistikbehörde: Report of the Indian Industrial commission 1916–1918, Kalkutta 1918, S. 120–125; Subramanian: A Brief History, S. 109–111; B[rian] R. Tomlinson: The Economy of Modern India, 1860–1970, Cambridge 1993, S. 132. Zum politischen und wirtschaftlichen Kontext Indiens: Manela: Wilsonian Moment, S. 77–97; Xu: Asia, S. 59–93; Judith M. Brown: Modern India. The Origins of an Asian Democracy, Oxford 1990, S. 187–241; Mann: Geschichte Indiens, S. 86 f., 110 f.; Metcalf/Metcalf: A Concise History, S. 167–169, 185–189; Dietmar Rothermund: Indiens wirtschaftliche Entwicklung. Von der Kolonialherrschaft bis zur Gegenwart, Paderborn et al. 1985, S. 84–99; Tomlinson: The Economy.

146 Vgl. dazu Aldcroft: Die zwanziger Jahre; Feinstein/Temin/Toniolo: The World Economy; Leonhard: Der überforderte Frieden; Steiner: The Lights; ausführlicher zur Krise 1920/21: Aldcroft: Die zwanziger Jahre, S. 84–96; Tooze: The Deluge, S. 353–373.

Ein weiteres wichtiges Motiv für die Etablierung und den Ausbau staatlich getragener Wirtschaftsstatistik und der permanenten Beobachtung wirtschaftlicher Phänomene und Prozesse war das Bestreben von Regierungen, das jeweils eigene Land in internationalen Statistiken ‚sichtbar' zu machen und dadurch zu demonstrieren, über eine leistungsfähige Verwaltung auf ‚westlichem' Niveau zu verfügen. Ein Beispiel dafür war China. Mit Ausnahme des maritimen Außenhandels, den die britisch dominierte Seezollbehörde seit Mitte des 19. Jahrhunderts statistisch erfasste und auf Englisch und Chinesisch zugänglich machte,[147] war Chinas wirtschaftliche Entwicklung nach dem Ersten Weltkrieg faktisch unbeobachtbar. Es mangelte nicht nur an einer handlungsfähigen Regierung. Es gab auch keinen das ganze Land umfassenden Wirtschaftsraum, keine einheitlichen Maße, Gewichte und Währungen und keine überall gesprochene Sprache. Kurz: China mangelte es an zentralen Charakteristika eines ‚modernen' Staates.[148] Die nach dem Sturz des Kaiserreichs 1911 erhobenen und teils veröffentlichten Statistiken und Zensus zu wirtschaftlich relevanten Aspekten krankten zudem an methodischen Mängeln und es fehlte an ausreichend geschultem Personal. Aus diesem Grund galten vielen Zeitgenossen „all estimates in China [as] haphazard" und die zuständigen chinesischen Behörden als rückständig und schlecht organisiert.[149] Das begann sich ab 1920 zu ändern.

Zum einen gründete die Beijinger Regierung in jenem Jahr ein *Bureau of Economic Information*, in dem eine Reihe von Briten und US-Amerikanern in teils leitender Stellung arbeiteten, eine Schlüsselstellung aber dem noch jungen, international jedoch bereits bestens vernetzten Ökonomen und Statistiker Liu Dajun

147 Vgl. zeitgenössisch Friedrich Otte: Commercial Statistics in China, in: Chinese Economic Monthly 3 (1926), S. 361–372, etwas älter Wilhelm von Kries: Seezollverwaltung und Handelsstatistik, Jena 1913; sowie Eberhard-Bréard: Robert Hart; Andrea Eberhard-Bréard: Invention of Foreign Trade Statistics in China at the Turn of the 20th Century, in: Économie et sociologie rurales. Actes et communications 21 (2004), S. 25–55.

148 Bickers, Out of China; Albert Feuerwerker: Economic Trends, 1912–1949, in: John K. Fairbank (Hrsg.): The Cambridge History of China, Bd. 12,1: Republican China 1912–1949, Cambridge 1983, S. 28–127, hier S. 28–34; Osterhammel: China, S. 175–178, 202–240; Jürgen Osterhammel: Shanghai, 30. Mai 1925. Die chinesische Revolution, München 1997, S. 135; Dabringhaus: Geschichte Chinas, S. 70–90, 120–122; Anonymus (Liu Dajun]: Collecting Statistics in China, in: Chinese Economic Monthly 2 (1924/25), Nr. 5, S. 23–32; D.K. [Da-kuin] Lieu: China's Industries and Finance, Peking 1927, S. 111–128; Otte: Commercial Statistics [1926], S. 366–370; Liang-lin Hsiao: China's Foreign Trade Statistics, 1864–1949, Cambridge 1974, S. 7–11.

149 Anonymus: A Great Advance, in: North-China Herald, 16.10.1920 (Zitat); Lieu: China's Industries, S. 84–94; D.K. [Da-kuin] Lieu: A Brief Account of Statistical Work in China, in: Bulletin de l'Institut International de Statistique 25 (1931), Bd. 2, S. 88*-121*, hier S. 94*f.; Friedrich Hirth: Die Verwaltung der chinesischen Seezölle, in: Österreichische Monatsschrift für den Orient 7 (1881), S. 75–80, 96–98, hier S. 98; Kries: Seezollverwaltung, S. 21; Otte: Commercial Statistics [1926], S. 362.

(international bekannt als D.K. [Da-kuin] Lieu) zukam.[150] Das Büro wurde zur wichtigen Anlaufstelle für alle Anfragen an die Beijinger Regierung, die wirtschaftliche Aspekte betrafen. Zudem etablierte die Behörde ab 1922 eine Reihe international rezipierter Periodika (etwa das *Chinese Economic Monthly*), die nicht nur, aber auch statistische Informationen enthielten.[151] Zum anderen veröffentlichte das 1919 vom Beijinger Finanzminister in Shanghai gegründete *Bureau of Markets* ab Oktober 1920 einen monatlich aktualisierten Index der Großhandelspreise der ostchinesischen Metropole. Dieses Ereignis begrüßte der international rezipierte *North-China Herald* geradezu euphorisch. Es sei „[o]ne of the most important events which has occurred in China's commercial life for a considerable time" und ein Zeichen dafür, dass das Land „may at length be developing from a non-statistical into a statistical country".[152] Das war zwar übertrieben und vor der Etablierung der Nationalregierung 1928 waren dauerhafte statistische Erhebungen seitens der Behörden praktisch unmöglich (Kap. 5.3 und 6.2). Gleichwohl war es dieser Preisindex, der China in wirtschaftsstatistischen Periodika jener Jahre erstmals dauerhaft sichtbar machte.[153] Das schloss das MBS mit ein, in dem der Index zusammen mit den ab Januar 1922 abgedruckten Wechselkursen in Shanghai für zwölf Jahre die einzige permanent aktualisierte Information aus China darstellte.

Der Shanghaier Preisindex weist darüber hinaus auf die politische Motivation hin, die vielerorts hinter der wirtschaftsstatistischen Expansion um 1920 stand. So wie in Deutschland der Ausbau des *Statistischen Reichsamts* mit den Debatten über Reparationen verknüpft war und so, wie sich im bolschewistischen Russland die staatliche Steuerung wirtschaftlichen Agierens ohne statistische Erfassung nicht erreichen ließ, so stellte der Shanghaier Preisindex ein Instrument dar, mit dessen Hilfe chinesische Politiker die staatliche Souveränität des Landes zurückzugewin-

---

150 Vgl. die biographischen Angaben im Anhang.

151 Elliston, H[erbert] B.: A Short Note on Statistizing China, in: The Chinese Social and Political Science Review 6 (1921–23), S. 108–113; D.K. [Da-kuin] Lieu: Fact-Finding in China. The Chinese Government Bureau of Economic Information, in: News Bulletin of the Institute for Pacific Relations, March 1928, S. 1–4; Lieu: A Brief Account, S. 96*f.; Alex[ander] Ramsay: The Peking Who's Who 1922, Peking 1922, S. 41f.

152 Anonymus: A Great Advance; zum Bureau of Markets in Shanghai und zur Entwicklung des Index: The Treasury's Bureau of Markets: The Index Number of Prices in Shanghai, o.O. o.J. [Shanghai 1923], (LoNA, R.399, 10/27117/26756); Anonymus: The Government Bureau of Markets in Shanghai, in: The China Weekly Review, 24.04.1926, S. 199.

153 Anonymus: International Price Movements, in: The Statist, 21.05.1921, S. 894–895; International Labour Review 2 (1921), Nr. 2/3, S. 42f.; Bulletin mensuel de l'Office Permanent [de l'Institut International de Statistique] 4 (1921), S. 83; Monthly Bulletin of Statistics 2 (1920/21), Nr. 7, S. 25.

nen suchten, konkret: die Zollautonomie Chinas.[154] Bei den Zollverhandlungen während der Washingtoner Konferenz 1922 zwischen China, den europäischen Imperialmächten, Japan und den USA bestand die chinesische Delegation darauf, die Shanghaier Marktpreise – gemessen mithilfe des Index' – als Grundlage für neue Zollsätze zu nehmen. Auch für alle weiteren internationalen Verhandlungen über die Erlangung der Zollautonomie war der Shanghaier Preisindex eine zentrale Bezugsgröße. Und als diese 1928 erreicht sowie 1930 in Kraft getreten war, diente er als wichtige Orientierung für die Festlegung neuer Zölle.[155]

Die Gründung neuer und der Ausbau bestehender staatlicher Behörden und deren Publikationen sowie eine gewisse Orientierung ihrer Arbeit an internationalen Standards waren zentrale Voraussetzungen dafür, eine funktionierende internationale wirtschaftsstatistische Infrastruktur etablieren und unterhalten zu können. Schließlich benötigten die Londoner und später Genfer Autoren des MBS Ansprechpartner und Kollegen in den verschiedenen, von ihnen beobachteten Ländern, die mit Zustimmung ihrer Regierungen bereit waren, zu kooperieren. Ganz unabhängig davon, welche Daten die Autoren des MBS überhaupt in ihre Hefte aufnehmen wollten,[156] hing der Umfang, die Aktualität sowie die inhaltliche und geographische Breite der Berichterstattung von der Arbeitsfähigkeit und der Organisation statistischer Einrichtungen auf Länderebene ab. Der Fokus des MBS auf Länder des ‚Westens' ist daher zum Teil dadurch zu erklären, dass es außerhalb davon oft an Kooperationspartnern mangelte, dass die Statistiker des *Board of Trade* nicht wussten, an wen sie sich wenden konnten oder dass die Kontaktaufnahme schwierig bis unmöglich war. Russland beispielsweise war praktisch unzugänglich und die Verhältnisse um 1920 zu sehr im Fluss, als dass die Übernahme irgendwelcher Zahlen zum Land in ein monatliches Periodikum ernsthaft in Erwägung gezogen hätte werden können.[157] Über China wiederum konnte das MBS mangels

---

154 Darauf verwies zeitgenössisch Lieu: A Brief Account, S. 97*; ähnlich Anonymus: Government Bureau; zum Kontext Stanley F. Wright: China's Struggle for Tariff Autonomy, 1843–1938, Shanghai / Hong Kong / Singapur 1938; Felix Boecking: No Great Wall. Trade, Tariffs, and Nationalism in Republican China, 1927–1945, Cambridge / London 2017.

155 Wright: China's Struggle, S. 453, Kap. 6–7; Boecking: No Great Wall.

156 Zu den Entscheidungskriterien der MBS-Autoren der Jahre 1919 bis 1921 lassen sich auf Grundlage der hier ausgewerteten Quellen keine Aussagen treffen, da insbesondere Protokolle der Statistikkommission des SEC fehlen. Es ist aber angesichts des Inhalts des MBS davon auszugehen, dass ihr Interesse in erster Linie Aspekten galt, die den industrialisierten Ländern Europas helfen konnten, die aktuellen, aus dem Krieg und seinen Folgen erwachsenden wirtschaftlichen und sozialen Probleme zu beschreiben und zu lösen. Dafür sprechen auch die für spätere Jahre verfügbaren Überlegungen der *Völkerbund*-Statistiker, auf die noch zurückzukommen ist.

157 Alexander Loveday zog es 1920 aufgrund der Probleme, an aktuelle russische Statistiken zu gelangen, und wegen der ungewissen politischen und territorialen Zukunft des Landes vor, die

statistischer Institutionen und Erhebungen fast gar nicht berichten und selbst die relativ guten Außenhandelsstatistiken der chinesischen Seezollbehörde passten aufgrund ihrer vierteljährlichen Erscheinungsweise nicht in das monatliche Schema des MBS. Dieser unmittelbare Zusammenhang zwischen starken statistischen Institutionen auf Länderebene und der Möglichkeit, eine permanente internationale oder gar globale wirtschaftsstatistische Berichterstattung zu etablieren, spiegelt das enge und dynamische Verhältnis zwischen nationsbezogenen und internationalistischen Prozessen wider, das Historiker für das 20. Jahrhundert als charakteristisch beschrieben haben.[158]

Dieses Verhältnis wirkte auch in umgekehrter Richtung. Sobald das MBS Verbreitung und Anerkennung fand, trug die so hergestellte Offenlegung der Leistungsfähigkeit statistischer Behörden einzelner Länder dazu bei, dass diese sich in inhaltlicher, konzeptioneller und methodischer Hinsicht an den im MBS dokumentierten internationalen Standards zu orientieren begannen. Dies lässt sich vor allem für die Jahre ab 1921 zeigen und wird daher in den folgenden Kapiteln Thema sein. Doch bereits für die Zeit, in der das britische *Board of Trade* das MBS erstellte, lassen sich Hinweise dafür finden, dass es nicht nur die in den Statistiken dargelegten wirtschaftlichen Aspekte waren, mit denen staatliche Konkurrenz im Rahmen eines internationalen ‚öffentlichen Vergleichsdiskurs' (B. Heintz/ T. Werron) artikuliert werden konnte. Vielmehr waren es auch die statistischen Institutionen und deren Leistungsfähigkeit selbst, die nun miteinander in Wettstreit traten, und damit die Handlungsfähigkeit und ‚Modernität' staatlicher Verwaltungen an sich.

Im MBS lässt sich das zum Beispiel an der zunehmenden Aktualität von Daten einzelner Länder ablesen. Im August 1919 bezogen sich die jeweils aktuellen Angaben zur monatlichen Warenausfuhr auf den Juli (Großbritannien), Juni (Frankreich), Mai (USA, Brasilien, Japan, Südafrika, Kanada, Indien), April (Niederlande), März (Italien, Spanien, Schweiz, Ägypten) und Januar 1919 (Neuseeland) sowie den Dezember 1918 (Australien). Im Juni 1921 hingegen, in der letzten vom *Board of*

---

weltwirtschaftliche Bedeutung Russlands anhand von Vorkriegsdaten zu erörtern (LoNA, R.305, 10/3388/3388, The Economic Importance of Russia, Memorandum, A. Loveday, 11.03.1920). Als der Völkerbundrat das Sekretariat im Sommer 1922 beauftragte, einen Bericht über die aktuelle wirtschaftliche und soziale Situation des von einer Hungerkatastrophe geplagten Landes zu verfassen, stützte es sich zwar zu großen Teilen auf veröffentlichte russische Statistiken, zog aber gleichzeitig Informationen anderer Regierungen und der zahlreichen, in Russland tätigen ausländischen Hilfsorganisationen sowie informell übermittelte Daten heran. Explizit verwiesen die Autoren darauf, dass alle Quellenarten unzuverlässig sowie teils politisch gefärbt seien und verlässliche Aussagen kaum gemacht werden könnten (League of Nations: Report on Economic Conditions in Russia. With Special Reference to the Famine of 1921–1922 and the State of Agriculture, o.O. o.J. [Genf 1922]).

158 Sluga: Internationalism.

Trade erstellten MBS-Ausgabe, konnten die Leser die Ein- und Ausfuhren vom April (Großbritannien, USA, Frankreich, Niederlande), vom März (Italien, Belgien, Dänemark, Kanada, Indien, Ägypten) und vom Februar (Japan, Neuseeland, Australien, Südafrika) nachlesen. Viele Länder waren also 1921 bestrebt, ihre Daten rascher zu erheben, zu veröffentlichen und zu verbreiten, als das noch 1919 der Fall war. Die jeweils noch nicht vorliegenden Angaben wurden im MBS zudem durch Parenthese-Striche ersetzt, so dass Staaten, deren Außenhandelsstatistik vergleichsweise spät veröffentlicht oder nach London gesendet wurden, leicht ersichtlich waren.[159]

Dass diese vergleichende Darstellungsweise tatsächlich Druck in den weniger rasch arbeitenden Ländern ausübte, wird sie durch drei Hinweise gestützt: *Erstens* verwies der britische Statistiker Arthur Bowley 1921 darauf, die monatliche Erscheinungsweise des MBS habe die Veröffentlichung des Großhandelspreisindex des *Board of Trade* verändert.[160] In einer retrospektiven Bilanz der wirtschaftsstatistischen Aktivität des *Völkerbunds* behauptete der zuständige Beamte Alexander Loveday sogar, die weltweit erhobene Zahl von Großhandelspreisindizes habe sich zwischen 1921 und 1926 aufgrund der Publikation dieser Indikatoren im MBS verdoppelt.[161] *Zweitens* argumentierten die Befürworter einer Verdopplung des Etats für die Außenhandelsstatistik der USA Anfang 1921 unter anderem damit, man müsse endlich ein Tempo bei der Erhebung, Verarbeitung und Veröffentlichung der eigenen Zahlen erreichen, die in Großbritannien und Japan bereits erreicht sei.[162] *Drittens* schließlich drohte Loveday Datenlieferanten, die ihre Zahlen nicht (mehr) oder mit größeren Verzögerungen nach Genf sendeten damit, die entsprechenden Länder ganz aus den Tabellen zu nehmen. Die in der Zwischenzeit mit jeder Ausgabe länger werdenden Reihen von Parenthese-Strichen in solchen Tabellen machten jedoch, so Loveday, den Lesern Versäumnisse noch deutlicher, als das gänzliche Fehlen eines Landes.[163] In diesem Sinne notierte Loveday Jahre später in

---

159 Monthly Bulletin of Statistics 1 (1919/20), Nr. 2, S. 6–8; 2 (1920/21), Nr. 5, S. 6–8.

160 Bowley, Arthur L.: Official Statistics. What They Contain and How to Use Them, Oxford 1921, S. 41.

161 LoNA, Official Document Collection, League of Nations. Economic Committee. Crises Sub-Committee: Memorandum of Mr. Loveday, 03.02.1926 (LoN Document E.257; E/CE/19), S. 10.

162 Publication of Statistics, Washington 1921, S. 19.

163 Mit Bezug auf Brasilien: LoNA, R.350, 10/17594/12361, Loveday an Julio Augusto Barboza-Carneiro, Handelsattaché an den brasilianischen Botschaften in London und Paris, 09.11.1923; mit Bezug auf Japan: LoNA, R.309, 10/27226/6408, Loveday an Dorothy P. Etlinger, Büro des *Völkerbunds* in London, 16.12.1924; mit Bezug auf Argentinien: LoNA, R.350, 10/13956/12361, Loveday an Alejandro Bunge, Director Nacional de Estadistica, Buenos Aires, 22.06.1925.

einer Gedankensammlung zu einer nie geschriebenen Geschichte des *Economic Intelligence Service*, er habe „national jealousies" ausgenutzt, „to get more stats".[164]

Konjunkturforschung, Wirtschaftsprognosen und neue Techniken

Eines der zentralen Merkmale, die das MBS von früheren internationalen Wirtschaftsstatistiken unterschied, war seine monatliche Erscheinungsweise. Es war das Ziel der MBS-Autoren, möglichst aktuelle Daten zu präsentieren, um ihre Leser mit handlungsrelevanten und nicht mit historisch interessanten Informationen zu versorgen. Schon vor dem Ersten Weltkrieg hatten Statistiker monatlich erscheinende, internationale Wirtschaftsstatistiken gefordert, wie etwa Richard van der Borght 1909.[165] Doch eine solche Beschleunigung der internationalen wirtschaftsstatistischen Publizistik erschien damals unmöglich, wenn sie mehr als Informationen einiger Branchen und Länder enthalten sollte. Dass sie nach Ende des Kriegs so rasch erreicht werden konnte, unterstreicht den Zäsurcharakter der Jahre um 1920 und lässt sich mit drei parallel verlaufenden Entwicklungen erklären, die seit der Jahrhundertwende, vor allem aber ab den 1910er Jahren einer Beschleunigung der Erhebung, Verarbeitung und öffentlichen Verbreitung wirtschaftsstatistischer Daten den Weg bereiteten: der Entstehung der empirischen Konjunkturforschung und dem massiven Ausbau der öffentlichen wie privaten Konjunkturbeobachtung, dem eng damit zusammenhängenden Boom der Wirtschaftsprognose sowie der Etablierung und Weiterentwicklung moderner Systeme des Wissensmanagements und der Datenverarbeitung in statistischen Büros.

Die empirische Konjunkturforschung entstand aus der akademischen Beschäftigung mit immer wieder zu beobachtenden Wirtschaftskrisen. Klassische Ökonomen hatten diese zwar wahrgenommen, vertraten aber die Meinung, sie seien Folgen nicht-ökonomischer (exogener) Einflüsse wie Klimaveränderungen, Kriegen oder Marktverzerrungen. In dem perfekten, Gleichgewichte herstellenden Markt, den sie beschrieben, gab es keine Krisen, die theoretisch erklärt und empirisch beschrieben hätten werden müssen. Anders sah das bekanntlich Karl Marx, der in der Dynamik der kapitalistischen Wirtschaftsweise selbst die Ursache für wiederkehrende Krisen sah. Da Marx allerdings die seiner Krisentheorie zugrundeliegende Arbeitswerttheorie nie überzeugend plausibilisieren konnte und zudem den ökonomischen und technischen Strukturwandel unterschätzte, überzeugte sein

164 NCL, Loveday Papers, Box 39, Chronology, Alexander Loveday, o. Dat., „Notes for Chapter on EIS", S. 4.

165 Borght: Fondation, S. 577.

Erklärungsansatz nur bedingt. Neben Marx befassten sich ab Mitte des 19. Jahrhunderts weitere Ökonomen mit den wiederkehrenden Wirtschaftskrisen und deren Ursachen und nutzten dabei wenigstens zum Teil statistische Datenreihen und Methoden (Clément Juglar und William S. Jevons sind nur die bekanntesten von ihnen). Es mangelte daher an der Wende zum 20. Jahrhundert nicht an Ansätzen, das Auf und Ab wirtschaftlicher Entwicklung zu erklären. Diese waren inhaltlich sehr breit und reichten von Sonnenaktivitäten und Wetterphänomenen über Zins- und Kreditmechanismen bis hin zur Innovationsfreudigkeit individueller Unternehmer.[166]

Auf eine neue, konsequent empirische Grundlage stellten die Konjunkturforschung die beiden US-Amerikaner Wesley C. Mitchell und Warren M. Persons. Mitchell veröffentlichte 1913 mit *Business Cycles* ein als bahnbrechend angesehenes Buch. Anhand zahlreicher statistischer Zeitreihen aus vier Ländern zwischen 1890 und 1911 überprüfte Mitchell darin existierende Konjunkturtheorien und schloss, dass keine die in den Daten zu beobachtenden Zyklen ausreichend erklären könne; jeder Zyklus sei einzigartig. Statt generelle Theorien aufzustellen, sollten sich Ökonomen mit Zusammenhängen zwischen den einzelnen Perioden eines Zyklus befassen und empirisch beobachten. Mitchell war nicht der erste Ökonom, der statistische Zeitreihen auswertete, um Einsichten über Konjunkturverläufe zu erlangen.[167] Aber seine Datenbasis war deutlich größer als diejenigen all seiner Vorgänger und seine ausgesprochene Skepsis gegenüber umfassenden Theorien sowie sein Fokus auf statistische Zeitreihen, gepaart mit der Forderung nach deren weiterer Verbesserung und Ausweitung durch private und staatliche Stellen, trafen in den USA einen Nerv. Denn dort hatte eine heftige Finanzkrise 1907 die Aufmerksamkeit für Konjunkturzyklen auch außerhalb akademischer Kreise gerade deutlich erhöht. Zusammen mit anderen Befürwortern empirischer Methoden plädierte Mitchell daher bereits vor dem Kriegseintritt seines Landes für die Gründung einer entsprechenden Forschungseinrichtung. 1918/19 versuchte er, das im Rahmen der US-amerikanischen Kriegswirtschaft etablierte *Central Bureau of Planning and*

166 Plumpe: Wirtschaftskrisen, S. 16–22; Étienne Coenen: La „Konjunkturforschung" en Allemagne et en Autriche, 1925–1933, Löwen / Paris 1964, S. 1–9; Köster: Die Wissenschaft, S. 233–236; Morgan: The History, S. 18–44; Pribram: Geschichte des ökonomischen Denkens, S. 642–657; Michel Armatte: Conjections, conjuncture et conjecture. Les baromètres économiques (1885–1930), in: Histoire & Mesure 7 (1992), S. 99–149.

167 Vgl. v. a. [Franz Xaver v.] Neumann-Spallart: Mesures des variations de l'état économique et social des peuples, in: Bulletin de l'Institut International de Statistique 2 (1887), Nr. 1, S. 150–159.

Statistics (in dem er für Preisstatistiken zuständig war) zu verstetigen. 1920 gehörte Mitchell dann zu den Mitgründern des *National Bureau of Economic Research.*[168]

Warren M. Persons war der Mastermind des 1919 etablierten *Harvard Economic Service.* Institutionell stand hinter diesem das *Harvard Committee for Economic Research,* das die Fakultät 1917 gegründet hatte, um ihr bis dahin noch wenig ausgeprägtes Profil zu schärfen. Der Economic Service trat ab Januar 1919 mit der von Persons redigierten *Review of Economic Statistics* an die Öffentlichkeit. Sie versprach ihren Lesern ein ausgefeilteres wirtschaftsstatistisches Monitoring, als es bis dahin existierte, sowie Methoden, mit denen die beobachteten Reihen mit größeren Nutzen ausgewertet werden könnten. Durch die Kombination von 18 monatlich oder häufiger erscheinenden US-amerikanischen Statistiken verschiedener, wirtschaftlich relevanter Aspekte (etwa Aktienpreise, Großhandelspreise, Einfuhren, Roheisenproduktion, Zinssätze oder Geldeinlagen bei Banken), die er aus Branchenzeitschriften und amtlichen Publikationen zusammenstellte, wollte Persons Aussagen über die aktuelle wirtschaftliche Lage der USA treffen und Prognosen über deren weitere Entwicklung anstellen. Dabei bündelte Persons die verschiedenen Statistiken zu drei Datenreihen: Informationen zum Kapitalmarkt (A), Informationen zu Handel und Produktion (B) und Informationen zum Geldmarkt (C). Allen drei Datenreihen lägen säkulare Trends zugrunde, um die herum die tatsächlich zu beobachtenden Aktivitäten saisonal schwankten und zusätzlich periodischen Konjunkturzyklen folgten. Dabei, so die zentrale Annahme, würden Handel und Produktion (B) Veränderungen auf dem Kapitalmarkt (A) mit einer gewissen Verzögerung folgen und die Zinsen auf dem Geldmarkt (C) auf Fluktuationen in der Realwirtschaft reagieren. Diese Annahme diente dazu, die immer gemeinsam grafisch dargestellten Verläufe der drei Datenreihen als eine Art Barometer zu nutzen, mit dessen Hilfe zukünftige Entwicklungen prognostiziert werden konnten. Bekannt wurde dieses statistische Instrument daher unter dem Namen ‚Harvard Barometer'.[169]

Dieses ‚Wirtschaftsbarometer' war weder das einzige noch das erste seiner Art. Seit der Mitte des 19. Jahrhunderts florierte in den USA der Markt für wirtschaftlich relevante Informationen, einem Land, in dem Kapital wie kaum irgendwo sonst und

---

168 Mitchell, Wesley C.: Business Cycles, Berkeley 1913; vgl. Alchon: The Invisible Hand; Coenen: La „Konjunkturforschung", S. 9–11; Friedman: Fortune Tellers, S. 170–177; Morgan: The History, S. 44–56; Ellis W. Hawley: Economic Inquiry and the State in New Era America. Antistatist Corporatism and Positive Statism in Uneasy Coexistence, in: Mary O. Furner / Barry Supple (Hrsg.): The State and Economic Knowledge. The American and British Experiences, Cambridge 1990, S. 287–324, hier S. 299–307.

169 Coenen: La „Konjunkturforschung", S. 16–19; Friedman: Fortune Tellers, S. 148–165; Lenel: Mapping; Morgan: The History, S. 56–63.

in wachsendem Maße mit Krediten und der Ausgabe von Aktien beschafft wurde. Schon allein aus diesem Grund war die Nachfrage nach Informationen über Marktverhältnisse und die Geschäftsaussichten bestimmter Unternehmen und Branchen größer als anderswo. Die sich durchsetzende Einsicht, dass Aufschwünge, Booms, Rezessionen und Depressionen zur kapitalistischen Wirtschaftsweise dazugehörten, ergänzte diese Nachfrage um jene nach Wissen darüber, in welcher Phase man sich gerade befand und wie und wann sich die vorherrschenden Verhältnisse ändern würden. Eine Reihe von Unternehmern begegnete dieser Nachfrage mit Informationsdiensten und Newslettern ganz unterschiedlicher inhaltlicher Ausrichtung und Qualität. Einige von ihnen trafen auch konkrete Aussagen über die wahrscheinliche zukünftige Entwicklung des Geschäftsklimas und der Entwicklung bestimmter Märkte oder gar der US-amerikanischen Volkswirtschaft. Dazu werteten sie möglichst viele aktuelle Geschäftsberichte, Produktions- und Handelsstatistiken sowie Preisdaten aus und setzten sie in Beziehung zueinander. Roger Babson, James Brookmire und John Moody waren die bekanntesten dieser ‚Informationsunternehmer', die vor dem Ersten Weltkrieg viel Geld in diesem Geschäft verdienten und ihre Aktivitäten in den 1920er Jahren ausbauten. Der *Harvard Economic Service* kam nach dem Ersten Weltkrieg als ernstzunehmender Konkurrent ebenso hinzu wie der renommierte US-amerikanische Ökonom Irving Fisher. Praktisch alle dieser Unternehmen aber scheiterten, als sich ihre Techniken als unzureichend erwiesen, die Große Depression Ende der 1920er Jahre vorherzusagen (was der ökonomischen Prognosetätigkeit langfristig freilich keinen Abbruch getan hat[170]). Was das ‚Harvard Barometer' allerdings von den 1919 bereits bestehenden Prognoseinstrumenten unterschied, war, dass seine Autoren ihre Methoden offen legten, der wissenschaftlichen Kritik aussetzten und im Laufe der Jahre auch Veränderungen daran vornahmen.[171]

Dies und die Tatsache, dass Persons und sein Team die 1920 einsetzende Nachkriegsrezession vorhersagten, trug dazu bei, dass das *Harvard Economic Committee* ein in vielen, vor allem europäischen Ländern nachgeahmtes Vorbild wurde. Vergleichbare Unternehmen entstanden ebenso wie wissenschaftlich ausgerichtete und am *National Bureau of Economic Research* orientierte Forschungsinstitute. Zu diesen gehörte in den hier besonders interessierenden Ländern das bereits 1920 in Moskau gegründete und von Nikolaj D. Kondrat'ev geleitete *Institut po izučeniju narodno-chozjajstvennych kon"junktur* (international bekannt als *Institute de Conjuncture*) sowie das 1922 ins Leben gerufene Wirtschaftsforschungsinstitut des japanischen Mitsubishi-Konzerns (*Mitsubishi Keizai Kenkyūsho / Mit-*

170 Köster, Roman: Prognosen, in: Merkur 70 (2016), Nr. 802, S. 49–55.
171 Vgl. v. a. Friedman: Fortune Tellers; Lenel: Mapping, S. 386–389.

subishi Economic Research Institute). Die beteiligten Akteure – darunter renommierte Ökonomen wie John Maynard Keynes, Friedrich Hayek und Kondrat'ev – intensivierten zudem den Austausch von Ideen, Methoden, Konzepten und Daten über Länder- und Kontinentgrenzen hinweg deutlich – ein Prozess, in dem der *Völkerbund* und die *Internationale Arbeitsorganisation* als Koordinatoren und zeitweilige Promotoren der Barometermethode eine wichtige Rolle spielten.[172]

Unabhängig davon, welche statistischen Daten die verschiedenen Prognose- und Forschungsinstitute als Leitindikatoren für die wirtschaftliche Entwicklung eines Landes oder einer Branche ansahen, benötigten sie alle aussagekräftige Informationen zu möglichst vielen wirtschaftlich relevanten Aspekten, die so verlässlich und aktuell wie möglich waren. Bis zum Ersten Weltkrieg kamen amtliche Publikationen dafür nur bedingt in Frage. Die in ihnen enthaltenen Daten waren oft veraltet oder deckten zu große Berichtszeiträume ab. Prognostiker stützten sich daher vor allem auf Geschäftsberichte und statistische Informationen, die in wachsenden Maße in der Wirtschafts- und Tagespresse wiedergegeben wurden. Ein Beispiel dafür sind Preisstatistiken, die bereits vor dem Ersten Weltkrieg zu den am weitest verbreiteten dieser Daten gehörten.

Basierend auf der Quantitätstheorie des Geldes, der zufolge mit einer wachsenden Geldmenge der Wert einer Währung fällt und das allgemeine Preisniveau steigt, boten Preisnotierungen, vor allem aber verallgemeinernde und zeitlich vergleichende Indizes von Groß- und Einzelhandelspreisen sowie von Lebenshaltungskosten ein Maß für die Kaufkraft einer Währung. Dem kundigen Leser diente dies als Informationsgrundlage für zahlreiche, potentiell hoch umstrittene Politikfelder wie beispielsweise die Währungspolitik, Zoll- und Außenhandelspolitik sowie die Arbeits- und Sozialpolitik. Irving Fisher, der theoretisch zur Quantitätstheorie des Geldes gearbeitet hatte, die Verknüpfung politischer Entscheidungen (etwa in Währungsfragen) mit Preisindizes befürwortete und 1922 das seinerzeitige Standardwerk zur Konstruktion von Indexzahlen verfasste, nutzte sie in den 1920er Jahren als eine zentrale Grundlage für sein eigenes Prognoseunternehmen.[173]

---

172 Lenel: Mapping, S. 392–395; Armatte: Conjections, S. 138–140; zum Moskauer Institut: Vincent Barnett: Kondratiev and the Dynamics of Economic Development. Long Cycles and Industrial Growth in Historical Context, Basingstoke 1998; Naum Jasny: Soviet Economists of the Twenties. Names to be Remembered, Cambridge 1972, S. 163–167; Gründung des japanischen Instituts: Office Permanent de l'Institut International de Statistique: Répertoire international des institutions statistiques, Den Haag 1934, S. 113; zur Rolle der beiden Genfer Organisationen: International Labour Organisation: Economic Barometers. Report Submitted to the Economic Committee of the League of Nations, Genf 1924; Report of the Committee of Experts on Economic Barometers, in: Official Journal of the League of Nations [im Folgenden OJ] 8 (1927), S. 589–590.

173 Stapleford: The Cost of Living; Friedman: Fortune Tellers, S. 51–85; Franz Žižek: Grundriss der Statistik, 2., neu bearbeitete Auflage, München / Leipzig 1923, S. 413–424.

Einen der ältesten, regelmäßig erscheinenden Großhandelspreisindizes, der Hinweise auf volkswirtschaftlich relevante Entwicklungen zu geben versprach, erstellte und veröffentlichte der Londoner *Economist* seit 1869. Bis zum Ersten Weltkrieg begannen Publizisten, Wissenschaftler und ab den 1890er Jahren zunehmend auch staatliche Behörden in Ländern aller Kontinente solche Indizes zu erheben und zu veröffentlichen. Die darin abgebildete Anzahl von Waren (und damit die Repräsentativität der Indizes) unterschieden sich ebenso stark voneinander, wie ihre geographischen Bezugsräume, die verwendeten Berechnungsmethoden und ihre Erscheinungshäufigkeit. Zudem waren die wenigsten dieser Indizes aktuell im heutigen Sinne, schon allein, weil Erhebung der Einzelpreise und die anschließende Berechnung der Indizes gewisse Zeit in Anspruch nahmen; die veröffentlichten Indizes bezogen sich oft auf mehrere Wochen oder gar Monate alte Preise. Einen Boom erlebten regelmäßig erhobene und veröffentlichte Preisindizes dann nach Ende des Weltkriegs, als die vielerorts deutlichen, teils extremen Preissteigerungen zu einem eminent politischen Problem und die permanente und möglichst aktuelle Preisbeobachtung zu einer Notwendigkeit für Regierungen, Unternehmer und selbst Konsumenten wurde (ganz abgesehen von spezifischen, politischen Dimensionen solcher Statistiken, wie sie oben im Falle Chinas skizziert wurden). Entsprechend wurden sie in vielen Fällen häufiger erhoben und schneller veröffentlicht (oft in monatlichem Rhythmus) und sie fanden in wachsendem Maße Eingang in Massenmedien oder wurden von diesen gleich selbst erstellt.[174]

Diese bei Preisstatistiken nach dem Krieg zu beobachtende Beschleunigung von Erhebung und Verbreitung sowie die Zunahme ihrer politischen Relevanz unterstreicht den Zäsurcharakter jener Jahre für die Entwicklung der internationalen Wirtschaftsstatistik erneut. Schließlich wurden Wirtschaftsstatistiken, wie Adam Tooze in diesen Zusammenhang zu Recht betonte, nach dem Ersten Weltkrieg mehr und mehr zu jenen „Taktgeber[n] für die Wirtschaft und die Politik“, die sie bis heute sind.[175] Das traf in erster Linie auf die auf einzelne Länder bezogenen Statistiken zu, da wirtschaftliche und soziale Konflikte vor allem im Rahmen von Staaten ausgetragen wurden. Für die vorliegende Arbeit ist zudem relevant, dass in dem Maße, in dem Zeitungen und Zeitschriften ihr permanentes wirtschaftsstatistisches Monitoring ausbauten, auch die Zahl von Akteuren und Institutionen

174 Für einen Überblick über Inhalt und Methoden der wichtigen Großhandelspreisindizes Anfang der 1920er Jahre vgl. Anonymus [Wesley C. Mitchell]: Index Numbers of Wholesale Prices in the United States and Foreign Countries. Revised Edition, Washington 1921, S. 115–336. Zu den preis- und konjunkturstatistischen Aktivitäten deutscher Zeitungen Bernd Kulla: Die Anfänge der empirischen Konjunkturforschung in Deutschland 1925–1933, Berlin 1996, S. 164–166; vgl. zudem Tooze: Statistics, S. 91 f.

175 Tooze: Die Vermessung, S. 341 f. (Zitat S. 341).

anstieg, die in eine internationale wirtschaftsstatistische Infrastruktur integriert werden konnten. In den internationalen Übersichten von Preisindizes jedenfalls, die der Londoner *Statist*, das statistische Bulletin des ISI oder auch das MBS regelmäßig veröffentlichten, standen diejenigen des Londoner *Economist*, der Stockholmer *Svensk Handelstidning* und der *Frankfurter Zeitung* ganz selbstverständlich und gleichrangig neben jenen von Regierungsbehörden wie dem US-amerikanischen *Bureau of Labour*, dem indischen *Director of Statistics* und der *Bank of Japan*.[176]

Gerade das MBS, das der Frankfurter Statistikprofessor Franz Žižek 1923 als eine „seinem ganzen Inhalte nach [...] internationale Konjunkturst[atistik]" charakterisierte,[177] macht aber auch deutlich, dass im Kontext der drängenden internationalen ökonomischen Probleme und Konflikte auch die zeitnahe und vergleichende wirtschaftsstatistische Beobachtung anderer Länder und Regionen wachsende Relevanz für die Zeitgenossen erlangte. Nicht nur wurde die Zeitschrift, wie eingangs des Kapitels erwähnt, in der zeitgenössischen Presse gelobt; es herrschte auch kein Mangel an Abnehmern. Von den 1.750 Exemplaren, die die britische Regierung Ende 1920, Anfang 1921 von jeder Ausgabe drucken ließ, behielt sie rund 500 Stück für eigenen Zwecke und sandte etwa 100 Freiexemplare an kooperierende Statistiker und Behörden in Frankreich, Italien, Japan, den USA und den Dominions sowie an einige Zeitungen und britische Universitäten; der SEC als herausgebende Institution versendete seinerseits weitere 50 Freiexemplare. Die übrig bleibenden rund 1.000 Hefte gingen in den freien Verkauf an Buchhändler im In- und Ausland.[178] Diese hatten offenbar kein Problem, Abnehmer für das MBS zu finden,[179] und das, obwohl das dafür zuständige *Stationary Office* der britischen Regierung den Verkaufspreis im Januar 1920 sowie im April und Juni 1921 dreimal erhöhte, um steigende Produktionskosten zu decken.[180] Einigen Lesern war zudem selbst die monatliche Erscheinungsweise nicht schnell genug und zumindest in den 1920er und 1930er Jahren fragten Unternehmen, Verbände und Zeitungen immer

176 Vgl. z. B. Monthly Bulletin of Statistics 2 (1920/21), Nr. 5, S. 10 f.

177 Žižek: Grundriss, S. 529.

178 NCL, Loveday Papers, Box 4, Dorothy P. Etlinger, Büro des *Völkerbunds*, London, an Hugh McKinnon Wood, *Legal Section* des *Völkerbunds*, 11.07.1921; LoNA, R.309, 10/6408/6408, Sydney J. Chapman, *Board of Trade*, an Maurice Hankey, *British Cabinet Office*, 01.06.1921; Etlinger an Loveday, 13.06.1921.

179 LoNA, London Office, C.1785, 1/1, Etlinger an Loveday, 02.07.1921; NCL, Loveday Papers, Box 4, *Publication Department* des *Völkerbunds* an Michael Sadler, *Constable & Co., Ltd.*, London, 15.07.1921.

180 TNA, BT 198/5, Protokoll des Morning Meeting des *Board of Trade Councils*, 02.12.1919, S. 3; LoNA, London Office, C.1785, 1/1; LoNA, R.309, Etlinger an Loveday, 19.04.1921, 10/6408/6408, Chapman, *Board of Trade*, an Hankey, *Cabinet Office*, 01.06.1921.

wieder in Genf an, ob sie die jeweils neuesten Daten schon vor deren Abdruck im Monatsjournal telegraphisch erhalten könnten.[181]

Möglich wurde die Beschleunigung – und der dafür notwendige, kostenverursachende Ausbau statistischer Infrastrukturen –, zum einen deshalb, weil in den krisenhaften und unsicheren Nachkriegsjahren die Nachfrage nach aktuellen Wirtschaftszahlen und damit nach einer vermeintlich rationalen Orientierung in unsicheren Zeiten deutlich anstieg und damit Investitionen in statistisches Monitoring legitimierte. Diese Nachfrage stieg umso mehr, als statistisches Wissen nun zunehmend in möglichst einfach verständlicher Form dargebracht wurde, namentlich in Diagrammen und Grafiken. Wirtschaftsstatistische Daten waren zwar bereits seit dem ausgehenden 18. Jahrhundert bildlich dargestellt worden. Aber nach dem Ersten Weltkrieg wurde diese Form der Vermittlung statistischer Informationen alltäglich und fand Eingang in massenmediale Öffentlichkeiten, ins Unternehmensmanagement und in staatliche Verwaltungen.[182]

Zum anderen standen hinter der Beschleunigung neue Techniken des Wissensmanagements und der Datenverarbeitung, die seit dem ausgehenden 19. Jahrhundert Unternehmen, Verwaltungen und auch statistische Büros zu erobern begonnen hatten. Schreib- und Rechenmaschinen gehörten ebenso dazu wie Hängeregistraturen und Karteikartensysteme.[183] Es verwundert daher kaum, dass Arthur Salter das mehrfarbige Karteikartensystem, das das britische Schifffahrtsministerium während des Kriegs auf sein Drängen hin etabliert hatte, um aktuelle Informationen über den globalen Schiffsverkehr bereitzustellen, später ausführlich und mit stolzem Unterton beschrieb.[184] Revolutionär war zudem die Einführung der elektromechanischen Datenverarbeitung. Diese war zu Beginn des 20. Jahrhunderts

---

181 Vgl. LoNA, R.309, 10/18171/6408, R.C. Craig, New York Trust Company, New York, an Loveday, 06.12.1921; LoNA, R.309, 10/27814/6408, Telegramm von Walter Layton, *The Economist*, London, an Loveday, 18.05.1925; LoNA, R.2690, 10B/18929/1095, Sidney S. Gampells, London, an Loveday, 25.03.1930; LoNA, R.2692, 10B/38695/1219, Joseph C. [Guiseppe] Rocca, Washington, an Loveday, 16.08.1932; LoNA, R.5517, 19/17923/1749, *Reuters, Ltd.*, London, an Loveday, 07.05.1935; LoNA, R.4533, 10B/21189/10942, L.P. Thompson, *Moodys-Economist Services Ltd.*, London, an *Distribution Service, Völkerbund*, 25.09.1936.

182 Tooze: Vermessung, S. 344–346; Jakob Tanner: Wirtschaftskurven. Zur Visualisierung des anonymen Marktes, in: David Gugerli / Barbara Orland (Hrsg.): Ganz normale Bilder. Historische Beiträge zur visuellen Herstellung von Selbstverständlichkeit, Zürich 2002, S. 129–158; für Darstellung seit dem 18. Jahrhundert vgl. Kimball: Moutains; H. Gray Funkhouser: Historical Development of the Graphical Representation of Statistical Data, in: Osiris 3 (1937), S. 269–404.

183 Vgl. James R. Beniger: The Control Revolution. Technological and Economic Origins of the Information Society, Cambridge / London 1986, S. 390–425; Markus Krajewski: Zettelwirtschaft. Die Geburt der Kartei aus dem Geiste der Bibliothek, Berlin 2002 sowie Gianenrico Bernasconi / Stefan Nellen (Hrsg.): Das Büro. Zur Rationalisierung des Interieurs, 1880–1960, Bielefeld 2019.

184 Salter: Allied Shipping Control, S. 56.

vor allem mit den Namen Herman Hollerith verbunden. Er hatte mit seiner Lochkartenmaschine 1890 beim US-amerikanischen Zensus eine größere Datenmenge in zwei statt in sieben Jahren ausgewertet. Bis zum Ersten Weltkrieg wurden Lochkartenmaschinen auch in anderen Ländern verwendet oder zumindest erprobt, vor allem für die Auswertung landesweiter Zensus.[185] Eingang in die alltägliche Arbeit statistischer Ämter aber fanden sie vor allem ab dem Ersten Weltkrieg, als die Menge zu verarbeitender Daten und der Druck zur Beschleunigung ebenso zunahm, wie es vielerorts einen ständigen Spardruck gab. Ab 1915 experimentierte das amerikanische Handelsministerium mit ihnen, um die Berechnung der Außenhandelsstatistik zu beschleunigen, ab 1923 übernahmen Hollerith-Maschinen die Kalkulation der deutschen Außenhandelsstatistik und in China erforderte die Umstellung der Außenhandelsstatistik von einem vierteljährlichen zu einem monatlichen Rhythmus 1931/32 die mechanisierte Auswertung.[186] Die Aktualität der im MBS präsentierten Statistiken hing also auch in dieser Hinsicht direkt von der Bereitschaft der Regierungen einzelner Länder ab, in ihre eigene statistische Infrastruktur zu investieren.

4.4 Fazit

Bis zum Ersten Weltkrieg hatten vor allem kommerziell und akademisch motivierte Akteure internationale Wirtschaftsstatistiken erarbeitet und veröffentlicht. Das *Statesman's Year-Book*, Otto Hübners *Geographisch-statistische Tabellen*, die Statistiken der Frankfurter *Metallgesellschaft* oder der Gotha'sche Almanach gehörten zu den meist genutzten internationalen (Wirtschafts-)Statistiken, waren aber weit Weitem nicht die einzigen Publikationen ihrer Art. Sie fanden auch während des Ersten Weltkriegs eine Leserschaft und angesichts eines wachsenden Marktes für wirtschaftsstatistische Publikationen in den 1920er und 1930er Jahren stieg die Zahl von Autoren und Publikationen auch danach weiter an. In Deutschland gehörten dazu beispielsweise die grafischen Ländervergleiche von Salomon *Zuckermann's*

---

185 Agar: The Government Machine, S. 143–199; Desrosières: Politik, S. 174 f.; Tooze: Statistics, S. 25–27; Tooze: Vermessung, S. 342 f.; Zahn: Statistik, S. 894 f.; Hartmut Petzold: Rechnende Maschinen. Eine historische Untersuchung ihrer Herstellung und Anwendung vom Kaiserreich bis zur Bundesrepublik, Düsseldorf 1985, S. 195–203.

186 Für die USA: Publication of Statistics, Washington 1921, S. 11; für Deutschland: Petzold: Rechnende Maschinen, S. 207 f.; Tooze: Statistics, S. 137; für China: Friedrich Otte: Commercial Statistics in China, in: Chinese Economic Journal 12 (1933), S. 241–257, hier S. 246–250.

Graphischen Wirtschaftsdienst.[187] Lesenswert fanden viele deutschsprachige Zeitgenossen ab Mitte der 1920er Jahre zudem Wladimir Woytinskys siebenbändige *Welt in Zahlen* (ein Kollege meinte freilich, das Werk sei eher eine „Welt voll Zahlen")[188] oder das 1917 von der *Dresdner Bank* erstmals erstellte und bis 1930 mehrfach überarbeitete Kompendium *Die wirtschaftlichen Kräfte der Welt.*[189]

Viel wichtiger für die öffentliche und diplomatisch-politische Verhandlung der sozialen, ökonomischen und finanzwirtschaftlichen Probleme der Zeit wurden ab dem Ersten Weltkrieg jedoch auslandsstatistische Publikationen von statistischen Regierungsämtern einzelner Staaten sowie die wirtschaftsstatistischen Veröffentlichungen internationaler Regierungsorganisationen. Ohne die finanziellen Ressourcen, die politische Macht und die administrativen Befugnisse von Regierungen, die – koordiniert von diesen Organisationen – miteinander kooperierten, waren internationale Wirtschaftsstatistiken nicht in der Qualität und Häufgkeit sowie in der inhaltlichen und geographischen Breite zu erarbeiten, wie sie ab 1919 das MBS repräsentierte und wie dies später in den Periodika des *Völkerbunds* und einiger anderer nationaler und internationaler Einrichtungen zum Ausdruck kam. Der Aufwand war zu hoch. Der Erste Weltkrieg hatte also eine ‚Verstaatlichung' der internationalen Wirtschaftsstatistik zur Folge, ohne die es keine Weltwirtschaftsstatistik geben konnte.

Die wirtschaftsstatistischen Aktivitäten des AMTC, des SEC und später des *Völkerbunds* beruhten darauf, dass Regierungen der beteiligten Staaten ihr permanentes wirtschaftsstatistisches Monitoring während des Kriegs deutlich intensivierten und ihr diesbezügliches Engagement danach nicht einstellten. Zur Weltwirtschaftsstatistik konnten sich diese Aktivitäten entwickeln, weil die staatlich getragene wirtschaftsstatistische Expansion nicht auf die industrialisierten Staaten Europas und Nordamerikas beschränkt blieb, sondern ein (fast) globales Phänomen war. Diese Zäsur lässt sich nur mit den Herausforderungen und den Folgen des Ersten Weltkriegs erklären. Der AMTC war die erste internationale Organisation, in deren Rahmen eine weitgehend eigenständig agierende statistische Behörde mit dem Ziel etabliert wurde, Regierungshandeln nicht nur zu informieren, sondern

---

187 Vgl. insbesondere S[alomon] Zuckermann: Statistischer Atlas zum Welthandel, Berlin 1921; sehr positive Besprechungen dieses Werks von dzt.: Handelsstatistik und Weltwirtschaft, in: Königsberger Hartungsche Zeitung, 21.12.1921; R[ichard] van der Borght: Handelsstatistik, in: Der Tag, 01.02. 1922.

188 Woytinsky, Wl[adimir] S.: Die Welt in Zahlen, 7 Bde., Berlin 1925–28; Arnold Schwarz: Probleme der internationalen Vergleichbarkeit der Wirtschaftsstatistik, in: Weltwirtschaftliches Archiv 57 (1943), S. 572–583, hier S. 574.

189 Dresdner Bank: Die wirtschaftlichen Kräfte der Welt, Berlin ^{2}1927; 3., erweitere und verbesserte Auflage, Berlin 1930.

praktisch zu ermöglichen. Der Krieg zwang die Regierungen der drei europäischen alliierten Staaten und der USA dazu, wirtschaftliche Ressourcen zu bündeln und deren Verteilung und Einsatz tatsächlich gemeinsam zu koordinieren. Dazu war eine gemeinsame Wissensgrundlage vonnöten, die der AMTC zu erarbeiten hatte. Die notwendigen Daten zu verfügbaren Waren, Importbedürfnissen und nutzbarer Schiffstonnage in ihren jeweiligen Ländern zu erheben und dann der alliierten Behörde in London mitzuteilen fiel den Regierungen nicht leicht und vor allem Washington zögerte. Zu groß war das Misstrauen, Informationen an potentielle Konkurrenten weiterzugeben. Der Kriegsverlauf im Frühjahr und Sommer 1918 aber ließ den alliierten Administrationen kaum eine andere Wahl und die vom AMTC ab dem Sommer jenes Jahres erarbeiteten Zahlen und Tabellen erhielten eine funktionale Bedeutung, die internationale Wirtschaftsstatistiken zuvor nicht besessen hatten.

Die amtlichen Statistiker der beteiligten Länder mussten dafür gemeinsame Standards etablieren und relevante Daten in kurzen zeitlichen Abständen untereinander austauschen. Dazu mussten sie mangels Vorbildern zunächst passende Methoden und Arbeitsroutinen entwickeln, so dass die wenigen Wochen bis zum Waffenstillstand vor allem als Lernphase wirtschaftsstatistischer Aktivität internationaler Organisationen zu interpretieren sind. Zu den zentralen Erkenntnissen dieser Phase gehörte, dass die offizielle Zusammenarbeit von Behörden und Beamten ebenso notwendig für das Funktionieren einer statistischen Infrastruktur war wie der informelle Austausch zwischen den Beteiligten und anderen interessierten Akteuren.

Nach dem Friedensschluss im Sommer 1919 verloren internationale Wirtschaftsstatistiken ihre funktionale Bedeutung. Es gab keine Institution mehr, die solche Zahlen zwingend benötigte. Vor allem der US-amerikanische Widerstand gegen eine Fortsetzung und den Ausbau der interalliierten Kooperation setzte den diesbezüglichen Hoffnungen einiger Europäer ein ebenso rasches Ende wie dem ersten ‚non-national' statistischen Amt, das Joseph S. Davis geleitet hatte.

Die dort gesammelten Erfahrungen aber waren nicht umsonst. Die Nachfrage nach häufig aktualisierten, möglichst vergleichbaren und viele Länder umfassenden internationalen Wirtschaftsstatistiken stieg an und rechtfertigte eine Intensivierung diesbezüglicher Aktivitäten des SEC ebenso wie die Veröffentlichung von deren Ergebnissen im MBS. Die Nachfrage entstand, weil die direkten und indirekten sozialen, ökonomischen und finanzwirtschaftlichen Folgen des Ersten Weltkriegs so stark in den Fokus grenzüberschreitender Diplomatie und öffentlicher Debatten rückten, dass der während des Kriegs erreichte qualitative Standard des permanenten wirtschaftsstatistischen Monitorings auf der nationalen wie auf der internationalen Ebene mindestens beibehalten werden musste. Wissen über die aktuelle ökonomische und finanzwirtschaftliche Situation in fremden Ländern auf vergleichsweise einfache und kostengünstige Art und Weise zu erwerben sowie gleichzeitig die Meinungshoheit über Aussagen zum jeweils eigenen Land und zu internationalen Problemen zu erlangen bzw. zu erhalten, wurde zu einem wichtigen Motiv für Regierungen, sich am Unterhalt und dem Ausbau einer wirtschaftsstatistischen Infrastruktur zu beteiligen – sowohl inner- als auch außerhalb der eigenen Grenzen. Diese Dynamik sich gegenseitig beobachtender und optimierender nationaler und internationaler Statistik charakterisierte auch das spätere Verhältnis des *Völkerbunds* zu den wirtschaftsstatistisch berichtenden Ländern.

Die MBS-Autoren beabsichtigten, in ihren Heften die ‚economic activity' möglichst vieler Länder sichtbar zu machen. Darunter verstanden sie das Zusammenspiel von Produktion, Handel, Preisen und Konsumtion. Mangels eines entsprechenden Beobachtungsgegenstands – es gab keine singulär zu verstehende ‚economic activity' – ließ sich diese nicht unmittelbar statistisch erfassen. Obwohl es mangels aussagekräftiger Quellen unmöglich ist, die Kriterien zu benennen, nach denen die im MBS zu findenden Datenreihen ausgesucht wurden, sprechen die abgedruckten Zahlen dafür, dass die Autoren sich für all jene entschieden, die einerseits die ‚economic activity' weitestmöglich abdeckten und andererseits überhaupt verfügbar waren. Die Leser des MBS mussten sich daher damit begnügen, die wenigen statistischen Reihen präsentiert zu bekommen, die in den ‚leading countries' vor allem Europas und Nordamerikas dauerhaft von Regierungen und einigen privaten Einrichtungen erhoben wurden. Ein Blick auf die zu Beginn eines jeden MBS-Heftes abgedruckte Überblickstabelle zur ‚economic activity' von Großbritannien, Frankreich, Italien, Deutschland und den USA verrät, woran die wirtschaftliche Leistungsfähigkeit eines Landes in jener Zeit vor allem gemessen wurde: Förderung von Kohle, Produktion von Roheisen und Schiffen sowie die Entwicklungen von Außenhandel, Preisen und Wechselkursen.[190] Ein möglichst alle Wirtschaftsbereiche umfassender Blick, wie ihn die zeitgenössische Volkseinkommensrechnung anstrebte und wie ihn später die volkswirtschaftliche Gesamtrechnung repräsentierte, war zu aufwändig und praktisch zu wenig relevant, um regelmäßig oder gar monatlich wiederholt zu werden.[191] Selbst die permanente statistische Beobachtung der gewerblichen Produktion – in den meisten der ‚leading countries' der wichtigste Wirtschaftssektor – steckte Anfang der 1920er Jahre noch in den Kinderschuhen und wurde erst dank der vom *Völkerbund* koordinierten Bemühungen der 1920er und 1930er Jahre möglich (vgl. Kap. 6.2).

---

190 Vgl. etwa Monthly Bulletin of Statistics 2 (1920/21), Nr. 5, S. 1 f.

191 Žižek: Grundriss, S. 459 f.; Studenski: The Income, S. 142–151; Speich Chassé: Die Erfindung; Lepenies: Die Macht.

Ebenfalls nicht eindeutig nachvollziehbar sind aufgrund der Quellenlage die Kriterien, nach denen die MBS-Autoren die Länder auswählten, über die ihre Hefte berichteten. Die geschilderten Motive der britischen Regierung sowie die einzelnen Ausgaben des Bulletins legen gleichwohl nahe, dass das Interesse der Autoren vor allem dem wirtschaftlichen und finanziellen Wiederaufbau des von den Kriegsfolgen zerrütteten europäischen Kontinents galt sowie diesbezüglichen Problemen industrialisierter Staaten. Länder außerhalb Europas und Nordamerikas erhielten normalerweise nur dann Beachtung, wenn sie wie Japan aufgrund ihrer politischen und wirtschaftlichen Potenz nicht unbeachtet bleiben konnten,[192] oder wenn sie Teil des britischen Empire waren. Vorwiegend agrarisch geprägte Länder fanden vor 1921 nur in Sonderfällen Aufnahme in das Heft, etwa, wenn über die jährliche Produktion von Agrargütern berichtet wurde.

Neben den spezifischen Interessen der Autoren und potentiellen Leser des MBS hing der geographische Fokus des Bulletins von der Verfügbarkeit entsprechender statistischer Daten und der Existenz statistischer Behörden in anderen Ländern ab. Die bis 1921 im Monatsheft beobachteten Länder waren alle schon vor dem Ersten Weltkrieg in das bestens entwickelte wirtschaftsstatistische Kommunikationsnetzwerk des *Board of Trade* eingebunden gewesen. Die Erarbeitung des Bulletins bedurfte daher in infrastruktureller Hinsicht keines übermäßig großen Aufwands seitens der Regierungen, die es finanzierten. Die von Beginn an in Aussicht genommene Übergabe der Herausgeberschaft an den *Völkerbund* mag das Engagement der Statistiker in London zusätzlich gebremst haben. Tatsache jedenfalls ist, dass das MBS erst ab dem Sommer 1921 unter der Obhut des Völkerbundsekretariats zu einer Publikation mit globalem Charakter wurde.

192 Allerdings fehlte das Land in der die ‚leading countries' umfassenden, eben erwähnten einführenden MBS-Tabelle und wurde in dieser erst aufgenommen, als der *Völkerbund* die Publikation übernahm.

5 Der *Völkerbund* wird zum Zentrum und Motor der Weltwirtschaftsstatistik, 1919 – 1922

Als mit der Unterzeichnung des Versailler Vertrags Ende Juni 1919 der *Völkerbund* etabliert wurde, war es höchst unwahrscheinlich, dass er eine global agierende wirtschaftsstatistische Institution würde. Im Statut kam der Begriff ‚Statistik' nicht vor und ökonomischen Aspekten wies es nur geringen Stellenwert zu. Sein Sekretariat stand von Beginn an unter permanentem Spardruck und einige bereits bestehende oder in Gründung befindliche Organisationen schienen viel eher für diese Aufgabe prädestiniert und forderten diese Stellung ein. Wie und warum der *Völkerbund* dennoch innerhalb weniger Jahre zum Zentrum und Motor der entstehenden Weltwirtschaftsstatistik werden konnte, erörtert dieses Kapitel. Dabei wird mit Blick auf das MBS der Auf- und Ausbau der tendenziell globalen wirtschaftsstatistischen Infrastruktur in den Blick genommen, um die in der bisherigen Literatur vorgebrachten Charakterisierungen der Genfer wirtschaftsstatistischen Aktivitäten als ‚pioneering' und ‚path-breaking' inhaltlich zu füllen und zu differenzieren. Dabei wird deutlich, dass das Genfer Sekretariat diese Infrastruktur in den 1920er Jahren in einer Form begann zu etablieren, die die wirtschaftsstatistische Beobachtung der Welt bis nach dem Zweiten Weltkrieg prägte.

Zunächst steht die Formierungsphase der wirtschaftsstatistischen Arbeit des Sekretariats im Fokus. Diese prägte vor allem eine rund zweijährige, heftig geführte Auseinandersetzung um institutionelle Zuständigkeiten. Das Sekretariat entschied diesen Streit für sich, schaffte es aber nicht, eine eigenständige statistische Abteilung zu etablieren. Anhand dieses Streits lassen sich Grundprobleme skizzieren, die den Auf- und Ausbau einer weltumspannenden Infrastruktur in den 1920er und 1930er Jahren erschwerten: Kompetenzstreitigkeiten, konzeptionelle Uneinigkeit, Sprachprobleme und kulturelle Differenzen (Kap. 5.1). Die wirtschaftsstatistische Feuertaufe des *Völkerbunds* erfolgte 1920, als das Sekretariat die Brüsseler Finanzkonferenz vorbereitete. Personell, konzeptionell und methodisch wurden hier wichtige Grundlagen für die entstehende Weltwirtschaftsstatistik gelegt (Kap. 5.2). Im dritten Schritt wird untersucht, wie die Mitarbeiter der *Economic and Financial Section* diese Infrastruktur nach der Übernahme des MBS im Frühjahr 1921 von Genf aus festigten und ausbauten. Sie mussten das Sekretariat personell und materiell so organisieren, dass dort große Mengen disparater Daten verarbeitet, die notwendigen Informationen aus einer wachsenden Zahl von Ländern in der erforderlichen Häufigkeit und Schnelligkeit nach Genf geleitet und Publikationen erarbeitet sowie weltweit verbreitet werden konnten, die auf weltweites Interesse stießen (Kap. 5.3).

https://doi.org/10.1515/9783111207124-006

Zum besseren Verständnis seien zu Beginn die zentralen Gremien des *Völkerbunds* skizziert.[1] *Erstens* war dies das Sekretariat, das im Sommer 1919 unter Leitung des Briten Eric Drummond in London seine Arbeit aufnahm und ab Ende 1920 in Genf ansässig war. In dessen Rahmen existierte von Beginn an eine *Economic and Financial Section*, die Arthur Salter 1919 und dann erneut von Sommer 1922 bis 1931 leitete. In der Zwischenzeit, in der Salter Sekretär der alliierten Reparationskommission war, übernahmen die Briten Walter Layton bzw. Frank H. Nixon diese Funktion. Es waren Mitarbeiter dieser Sektion, die die wirtschaftsstatistischen Arbeiten des *Völkerbunds* erledigten.

Das *zweite* Organ war der im Januar 1920 erstmals zusammentretende Völkerbundrat. Ihm gehörten ständig vertretene Delegierte der vier Siegermächte des Ersten Weltkriegs Großbritannien, Frankreich, Italien und Japan an (1926 ergänzte Deutschland diese Reihe) sowie für jeweils drei Jahre von der Vollversammlung gewählte Delegierte von vier (ab 1922 sechs, ab 1926 neun und ab 1933 zehn) weiteren Mitgliedsländern des *Völkerbunds*. Der Rat traf sich etwa viermal im Jahr, bei Bedarf auch häufiger. Er hatte die Umsetzung des Statuts und der Beschlüsse der Vollversammlung zu sichern und in diesem Zusammenhang auftretende zwischenstaatliche Konflikte zu lösen. Zudem diskutierte er organisatorische Probleme des *Völkerbunds* und war *de facto* das wichtigste Gremium der Organisation. Für deren wirtschaftsstatistische Aktivitäten war er von Bedeutung, weil er dem Sekretariat Aufgaben erteilte, Kommissionen einsetzte und Personal ernannte.

Das *dritte* Organ war die ab 1920 einmal im Jahr zusammentretende Vollversammlung des *Völkerbunds*. Alle Mitgliedsländer waren in ihr vertreten und hatten die gleichen Stimmrechte. Sie wählte die nichtständigen Mitglieder des Rats, bestimmte das Budget der Organisation und diente den Delegierten aller Länder als Forum, um vor der ‚Weltöffentlichkeit' aktuelle Probleme zu diskutieren. Mehrere Kommissionen waren für einzelne thematische Aspekte zuständig, wie etwa die zweite Kommission für die sozial- und wirtschaftsbezogenen Aktivitäten des *Völkerbunds* und die vierte Kommission für die Beratung des Budgets. Für die wirtschaftsstatistischen Arbeiten war die Vollversammlung von Bedeutung, weil sie die Arbeitsbedingungen des Sekretariats beeinflusste.

Viertens sind die 1920 provisorisch eingerichteten und 1923 in ihrer Existenz bestätigten Wirtschafts- und Finanzkommissionen zu nennen. Ihnen gehörten Ministerialbeamte, Bankiers und Fachleute an, die nicht ihre Regierungen vertreten sollten, sondern aufgrund ihrer Expertise in die beiden Gremien berufen wurden.

1 Vgl. als Überblicke F[rancis] W. Walters: A History of the League of Nations, London / New York / Toronto 1952; Housden: The League of Nations; Hill: The Economic and Financial Organization; Clavin/Wessels: Transnationalism; Clavin: Securing; Decorzant: La Société des Nations.

Ihre Aufgabe war es, das Sekretariat, den Rat und die Vollversammlung hinsichtlich ihrer Fachgebiete zu beraten. *De facto* aber setzten ihre Mitglieder in Kooperation mit den Sekretariatsmitarbeitern die Themen und formulierten die Probleme, die im Rahmen des *Völkerbunds* verhandelt wurden. Zugleich dienten sie dazu, informelle Verbindungen des Sekretariats in die jeweiligen Länder zu etablieren und Einfluss auf dortige Behörden auszuüben. Für die wirtschaftsstatistischen Aktivitäten waren sie insofern von Bedeutung, als sie diesbezügliche Vorlagen für den Rat formulierten und ihre Mitglieder sich wenigstens zum Teil in den jeweils eigenen Ländern darum bemühten, Kommunikationswege mit dem Sekretariat zu ebnen.

5.1 Die unwahrscheinliche Karriere des *Völkerbunds* als wirtschaftsstatistische Institution, 1919 – 1921

Das Völkerbundstatut wurde Ende April 1919 fertiggestellt und war Teil aller Friedensverträge. Es ließ nicht vermuten, dass die neue Organisation eine zentrale wirtschaftsstatistische Bedeutung erlangen würde. Nur zwei Artikel enthielten überhaupt Hinweise auf wirtschaftlich relevante Aspekte. Artikel 23(e) legte fest, dass die Mitglieder des *Völkerbunds* sich für die Aufrechterhaltung der Verkehrs- und Kommunikationsfreiheit sowie die Gleichbehandlung aller Mitgliedsländer in Handelsfragen einsetzen sollten. Artikel 24 sah vor, bestehende, auf völkerrechtlichen Verträgen basierende internationale Organisationen bei Zustimmung ihrer Mitglieder unter Aufsicht des *Völkerbunds* zu stellen.[2]

Dennoch leitete Arthur Salter ab Mitte Juni 1919 eine *Economic and Financial Section* im Völkerbundsekretariat.[3] Die Beschäftigung mit internationalen Wirtschaftsstatistiken besaß für ihn eine hohe Priorität. Schon im Mai 1919 hatte er dafür plädiert, eine *Intelligence and Research Division* als eine der wichtigsten Sekretariatsabteilungen zu etablieren.[4] Schon kurz nach Unterzeichnung des Versailler Vertrags begannen seine (noch wenigen) Mitarbeiter eine solche aufzubauen.[5] Anfang Juli 1919 nannte Salter elf unmittelbar anstehende Aufgaben. An erster Stelle stand, „statistical and other information" sammeln und auswerten zu wollen. Dann folgte die „[i]nvestigation of actual statistical publications (whether official or unofficial) and consideration of practicability of rendering them more uniform and

2 Walters: A History, S. 58 – 60 ; vgl. Leonhard: Der überforderte Frieden, S. 687– 708; MacMillan: Die Friedensmacher, S. 130 – 147.

3 Aster: Power, S. 89.

4 Salter: The Organization.

5 Vgl. Decorzant: La Société des Nations, S. 302 – 308.

comparable".[6] Entsprechend dieser Priorisierung wandte sich Salters Mitarbeiter Edward M.H. Lloyd am 30. Juni 1919 an den britischen Statistiker Udny Yule und bat diesen um Kontakte zum *Internationalen Statistischen Institut* (ISI) und zur *Royal Statistical Society*, um Publikationen zur amtlichen Statistik einzelner Länder und um „proposals for improvement and unification".[7] Am Tag darauf übernahm der 32jährige Brite Alexander Loveday die Verantwortung für diese Aufgaben und behielt sie fast 27 Jahre lang.

Bereits in seiner 1914 veröffentlichten Dissertation über Hungerkrisen in Indien hatte sich der 1886 geborene Ökonom Loveday mit Problemen der statistischen Beobachtung wirtschaftlich relevanter Prozesse vertraut gemacht.[8] Sein frühes Engagement im Völkerbundsekretariat verdankte Loveday vermutlich seiner Tätigkeit im *War Office*, die ihn in Kontakt mit Lloyd und Edward F. Wise brachte. Diese spielten auch zentrale Rollen im SEC und Lloyd gehörte zu den ersten Mitarbeitern der *Economic and Financial Section*. Zudem ist anzunehmen, dass Loveday während des Kriegs mit Salter und den interalliierten Gremien samt deren ausländischen Beamten bekannt wurde.[9] Im Juni 1919 war er, wie erwähnt, an der Etablierung des MBS beteiligt. Loveday mit dem Aufbau einer *Statistical Section*, einer *Statistical Branch* oder einer *Intelligence and Statistical Section* zu betrauen (diese Bezeichnungen finden sich bis 1921 in Korrespondenzen[10] und waren weder eindeutig noch unumstritten[11]), lag also nahe und sollte sich als hervorragende Wahl erweisen.

---

6 LoNA, R.291, 10/243/243, General Note as to Immediate Work and Requirements of Economic and Finance Section, Memorandum, Arthur Salter, 10.07.1919.

7 LoNA, R.289, 10/80/80, Edward M.H. Lloyd an Udny Yule, 30.06.1919.

8 Zur Biographie Lovedays vgl. die Angaben im Anhang. A[lexander] Loveday: History and Economics of Indian Famines, London 1914; Rezension von J.M. Douie in: The Economic Journal 25 (1915), S. 66–68; zum mäßigen Verkaufserfolg: NCL, Loveday Papers, Box 5, *G. Bell & Sons, Ltd.*, London, an Loveday, 19.02.1924.

9 Die ausgewerteten Quellen geben kaum Aufschluss über dessen Tätigkeiten im *War Office*. Zu Lloyds und Wises Kriegskarrieren vgl. die biographischen Angaben im Anhang bzw. Thompson: Wise, und E[dward] M.H. Lloyd: Experiments in State Control at the War Office and the Ministry of Food, Oxford 1924.

10 Beispielsweise NCL, Loveday Papers, Box 3, Walter Layton an Loveday, 30.12.1920; LoNA, S.820, Personnel Files, 125/15, Personalakte A. Loveday, Proposal Involving Expenditure, 30.12.1920; LoNA, Loveday Archives, P.133/2, Aktenvermerk Lovedays für Frank H. Nixon, 18.01.1921.

Die Bezeichnung *Economic Intelligence Service* wurde erst nach der Aufspaltung der *Economic and Financial Section* 1931 offiziell in den Namen der neuen, von Loveday geleiteten *Financial Section and Economic Intelligence Service* aufgenommen. Zum vermutlich ersten Mal verwendet wurde der Begriff vermutlich 1924: LoNA, R.309, 10/19197/6408, Loveday an M. Elisabeth Hocking, *Distribution Section*, o. Dat. [August 1924].

11 Loveday plädierte ab 1921 dafür, von „Intelligence and Statistics" zu sprechen, vor allem weil er und seine Kollegen keine eigenen Statistiken erhoben, sondern bereits erhobene auswerteten und

Vielsprachig – neben seiner Muttersprache beherrschte er fließend Französisch, Deutsch und später auch Rumänisch (seine Ehefrau war Rumänin) –, „a little pedantic“[12] und laut einem seiner Nachrufe ausgestattet mit einem „deep and essentially Christian sense of duty“[13] gehörte er dem Völkerbundsekretariat so lange an, wie nur wenige andere (vom 1. Juli 1919 bis zum 16. Februar 1946[14]). Die ökonomischen und wirtschaftsstatistischen Aktivitäten des *Völkerbunds* sind daher maßgeblich mit Lovedays Namen verbunden.

Kompetenzstreitigkeiten in London und Paris

In den ersten Wochen suchten Loveday und seine wenigen Kollegen vor allem Kontakte zu potentiellen Kooperationspartnern in einzelnen Ländern, internationalen Organisationen und wissenschaftlichen Einrichtungen. Direkt oder mittelbar über andere Experten nahmen sie Verbindung auf zu Statistikern und Ökonomen in Großbritannien und Frankreich, zum SEC, zum ISI, zum *Internationalen Landwirtschaftsinstitut* (IIA) in Rom sowie zur im Aufbau befindlichen *Internationalen Arbeitsorganisation* (ILO).[15]

Mit den potentiellen Kollegen sollte erörtert werden, welche Rolle der *Völkerbund* und dessen Sekretariat in der internationalen Statistik einnehmen könne. Für Mitte August lud der Generalsekretär des *Völkerbunds* Eric Drummond nach London ein, um diese Frage zu diskutieren. Das Treffen, das am 14. und 15. August 1919 in der britischen Hauptstadt stattfand, kann als eine der ersten öffentlich wahrgenommenen Fachkonferenzen des *Völkerbunds* gelten.[16] Dies und die Tatsache, dass neben Drummond mit Raymond Fosdick, Jean Monnet und Nitobe Inazō auch drei seiner Stellvertreter an der Tagung teilnahmen, zeigt die Bedeutung, die die *Eco-*

---

neu zusammenstellten, und weil sie von Beginn an auf Statistiken basierende ökonomische Analysen verfassten. Vgl. etwa LoNA, S.138, E&F Section, 9/3/1, Aktennotiz Lovedays vom 01.03.1921.

12 So sein Mitarbeiter Per Jacobsson im Mai 1920: Erin E. Jacobsson: A Life for Sound Money. Per Jacobsson: His Biography, Oxford 1979, S. 36.

13 K.-L.: Obituary.

14 Beschäftigungsverhältnisse Lovedays in LoNA, S.820, Personnel Files, 125/15, Personalakte A. Loveday.

15 Vgl. etwa LoNA, R.289, 10/80/80, Edward M.H. Lloyd an G. Udny Yule, 30.06.1919; NCL, Loveday Papers, Box 2, Loveday an Ernest Charles Snow, 03.07.1919; LoNA, R.289, 10/213/80, Aktennotiz Lloyds über Gespräch mit Henry Rew, amtierender Schatzmeister des *International Statistical Institute*, 10.07.1919.

16 Anonymus: World Statistics, in: The Times, 15.08.1919.

nomic and Financial Section und ihre wirtschaftsstatistischen Aktivitäten für die junge Organisation besaß.[17]

Gleichzeitig war das Londoner Treffen der Beginn eines mehr als zweijährigen heftigen Streits zwischen dem *Völkerbund*, anderen internationalen Organisationen und Regierungen über die zukünftige Aufgaben- und Ressourcenverteilung im Feld der internationalen Wirtschaftsstatistik. Er zeigt, dass die wirtschaftsstatistischen Aktivitäten des Sekretariats nicht so ‚technisch' und unpolitisch waren, wie sie erscheinen sollten.[18] Der Kompetenzstreit eskalierte im Oktober 1920, als in Paris die im Sommer zuvor vom Völkerbundrat eingesetzte *Internationale Statistische Kommission* einmalig zusammentrat.[19] Dank einer dilatorischen Strategie des Völkerbundsekretariats und diplomatischer Unterstützung britischer Behörden wurde der Streit in den folgenden anderthalb Jahren im Sinne der Genfer Organisation gelöst. Allerdings musste der *Völkerbund* dabei darauf verzichten, ein eigenständiges statistisches Büro zu etablieren. Die drei Etappen dieser Auseinandersetzung offenbaren Grundprobleme, die auch die weitere grenzüberschreitende Zusammenarbeit charakterisierten: Institutionelle Rivalitäten, an denen sich neben Organisationsfunktionären auch Regierungsbeamte verschiedener Länder beteiligten, konzeptionelle Uneinigkeit darüber, was die internationale Wirtschaftsstatistik ausmacht, Sprachprobleme und kulturelle Differenzen.

Sechs Organisationen beteiligten sich an dem Streit: Der *Völkerbund*, die ILO, das IIA und das *Internationale Handelsstatistische Büro*, das 1919 infolge der handelsstatistischen Konvention von 1913 in Brüssel etabliert worden war, sowie mit dem ebenfalls 1919 in Brüssel gegründeten *Internationalen Handelsinstitut* (eine Einrichtung der *Interparlamentarischen Union*) und dem ISI zwei zivilgesellschaftliche Organisationen. ILO, IIA und die beiden handelsstatistischen Institutionen befassten sich von vornherein nur mit Teilen der Wirtschaftsstatistik. Sie nutzten den Konflikt, um ihre jeweiligen Arbeitsfelder möglichst klar von denen anderer Organisationen abzugrenzen. Sie lehnten es auch ab, sich Artikel 24 des Völkerbundstatuts entsprechend der Genfer Organisation unterzuordnen. Der wichtigste Kompetenzstreit aber konzentrierte sich auf das Völkerbundsekretariat und das ISI.

Die Londoner Tagung war ein unverbindlicher Meinungsaustausch und mündete in der Forderung, die zukünftige Gestaltung der internationalen Statistik von

---

17 Leicht unterschiedliche Teilnehmerlisten in: League of Nations: Conference on International Cooperation in Statistics, August 14th and 15th, 1919, London 1919, S. 40; ILOA, L 23/1/1.

18 Clavin/Wessels: Transnationalism, S. 470 f.

19 Cussó: L'activité, S. 122 f.; Cussó: Building, S. 5 f.; Nixon: A History, S. 28–31; David A. Worton: Robert H. Coats, Architect of Canada's National Statistical System, in: Jean-Pierre Beaud / Jean-Guy Prévost (Hrsg.): L'ère du chiffre. Systèmes statistiques et traditions nationales, Sainte-Foy 2000, S. 87–104, hier S. 94 f.

Experten diskutieren zu lassen. Infolgedessen berief der Völkerbundrat die *Internationale Statistische Kommission* ein. Sie sollte Vorschläge zur Ausgestaltung eines zukünftigen internationalen Systems der internationalen Wirtschaftsstatistik formulieren und die Rolle des Völkerbundsekretariats darin klären.[20] Dass diese eine wichtige und vor allem aktive sein sollte, war für Loveday klar. Er forderte, bereits 1920 begonnene statistische Arbeiten fortzuführen (vgl. Kap. 5.2) und alsbald das MBS zu übernehmen. Ein *Intelligence and Statistical Bureau* solle ständig Informationen sammeln zu „international trade, transport, commercial treaties, production of raw materials, public finance with special reference to expenditure on armaments and, generally, statistics with reference to the mutual inter-dependence of different Nations“. Diese Daten seien nötig, so Loveday, weil der *Völkerbund* die Aufgabe habe, „to keep itself informed of any economic conditions or events which may lead to international dispute“.[21]

Das entsprach dem Verständnis einer präventiven Form kollektiver Friedenssicherung, das alle ‚technischen Aktivitäten‘ des *Völkerbunds* prägte.[22] Gleichzeitig repräsentierte Lovedays Formulierung ein weiteres Motiv, internationale Wirtschaftsstatistiken zusammenzustellen und zu veröffentlichen. In den Folgejahren wurde es in Varianten immer wieder formuliert und kann als ‚konfliktpräventives Informationsmotiv‘ bezeichnet werden.[23] Die Generierung und Verbreitung statistischen Wissens diene dem ‚Weltfrieden‘, weil dies im Interesse von Regierungen und Unternehmen überall auf der Welt geschehe, weil dafür grenzüberschreitende Kooperation nötig sei, weil es internationale wirtschaftliche Krisen beschreib- und diskutierbar mache und weil nur so die notwendige Verständigungsbasis geschaffen werde, um multilaterale Problemlösungsstrategien erarbeiten und umsetzen zu können. In einer Zeit, in der weltweit wirtschaftliche Krisensymptome beobachtet

20 Procès-Verbal of the Fifth Session of the Council of the League of Nations [Rom, 14.-19.05.1920], in: OJ 1 (1920), S. 115–157, hier S. 127.

21 LoNA, R.291, 10/12145/80, International Commission of Statisticians. Introductory Remarks by the Chairman on Behalf of the Secretary-General, and Terms of Reference, Entwurf von Alexander Loveday, 09.09.1920.

22 Walters: A History, S. 175–197; Clavin: Securing, S. 162–164; Housden: The League, S. 75–92; League of Nations. Information Section: The Development of International Co-operation in Economic and Social Affairs. Report of the Special Committee, Genf 1939.

23 Etwa Lucien March: International Statistics and the League of Nations, in: Quarterly Publications of the American Statistical Association 17 (1921), S. 629–635, hier S. 629; der niederländische Ministerpräsident Charles Rijs de Beerenbrouch am 10.01.1923: LoNA, R.390, 10/26869/25152, Procès-Verbal de la prémiere session de la Commission d'Études, tenue à la Haye au Bureau Central de Statistique des Pays-Bas, les 10 et 11 Janvier 1923, S. 4; William E. Rappard: Zum internationalen Abkommen über Wirtschaftsstatistik vom 14. Dezember 1928, in: Weltwirtschaftliches Archiv 30 (1929), S. 95–111, hier S. 111.

wurden und Wirtschaftsbarometer zukünftige Entwicklungen vorherzusehen versprachen, klang dies plausibel.

Walter Layton, der 1920 die *Economic and Financial Section* des Völkerbundsekretariats kommissarisch leitete, bekräftigte Lovedays Forderungen in Paris.[24] Der Kanadier Robert H. Coats, Verfechter konsequenter Zentralisierung statistischer Behörden,[25] wollte die Genfer Statistikabteilung sogar mit Weisungsbefugnissen gegenüber anderen internationalen Organisationen ausstatten. Sie sollte die gesamte internationale wirtschaftsstatistische Arbeit koordinieren und kontrollieren.[26]

Mit Ausnahme Royal Meekers, dem US-amerikanischen Chefstatistiker der ILO, lehnten das die Vertreter der anderen präsenten Organisationen ab. Sie forderten stattdessen eine Stärkung des *Internationalen Statistischen Instituts.* Das ISI war 1885 als wissenschaftliche Vereinigung gegründet worden und damit die älteste Organisation, die sich an den Auseinandersetzungen beteiligte.[27] Bereits 1919 in London hatte sich Willem Methorst bemüht, das 1913 in Den Haag gegründete und von ihm geleitete Ständige Büro des ISI als *das* zukünftige internationale statistische Amt vorzustellen. Habe dieses in den Kriegsjahren vor allem demographische Statistiken europäischer Länder publiziert, erweitere sich das Aufgabenfeld nun deutlich. Die satzungsgemäße Publikation eines inhaltlich breiten internationalen statistischen Jahrbuchs werde bald möglich. Bereits begonnen habe das Büro, ein statistisches Monatsbulletin zu erarbeiten. Laut Methorst sollte der *Völkerbund* dem ISI nur Arbeitsfelder benennen, die sich aus seiner Tätigkeit ergäben.[28] Ein Jahr später, in Paris, war neben Methorst auch der amtierende Präsident des ISI, der Italiener Luigi Bodio, und mit dem Franzosen Albert Delatour einer der zwei Vize-Präsidenten der Vereinigung vertreten. Letzterer schlug vor, dem *Völkerbund* eine Expertenkommission zur Seite zu stellen, die statistische Vorhaben der Organisation formulieren und dann an thematisch passende Organisationen weiterleiten sollte. Das ISI sollte zu einer Art internationaler Aufsichtsbehörde werden, die

24 LoNA, S.138, E&F Section, 19/6/1, Protokoll d. Pariser Konferenz der Internationalen Statistischen Kommission, S. 8 f.,; Projet d'un organisme de statistique pour la Société des Nations, Dokument S.12 des Protokoll.

25 Worton: Robert H. Coats; Prévost/Beaud: Statistics, S. 77.

26 LoNA, S.138, E&F Section, 19/6/1, Protokoll der Pariser Konferenz der Internationalen Statistischen Kommission, S. 9–12, sowie Projets de resolutions proposes par M. Coats, Dokument S.7 zum Protokoll.

27 Zum ISI vgl. insbesondere Zahn: 50 années; Nixon: A History; Horstmann: Halbamtliche Wissenschaft.

28 League of Nations: Conference, S. 4, 19–32.

solche Vorhaben und jene anderer internationaler Organisationen prüfen und gegebenenfalls Änderungsvorschläge machen sollte.[29]

Das selbstbewusste Auftreten der ISI-Vertreter in London und Paris speiste sich aus der Expertise, die sie und ihre Organisation verkörperten, aus dem weitverzweigten Expertennetzwerk, das die gut 200 ISI-Mitglieder (Stand 1913) aus 27 Ländern vor allem Europas, aber auch Nord- und Südamerikas, den britischen Dominions und Japan miteinander verband, sowie aus der Tatsache, dass das ISI eine renommierte Fachvereinigung war, der amtliche und akademische Statistiker sowie Vertreter anderer Professionen angehörten. Gleichzeitig agierten die ISI-Vertreter aus einer Position institutioneller Unsicherheit heraus; sie traten in London und Paris eine Flucht nach vorn an. Nicht nur, dass Methorsts Ständiges Büro, das bereits bei seiner Gründung umstritten und nur während des Krieges existiert hatte, erneute Kritik befürchtete; viele Aufgaben, die Methorst angehen wollte, konnten auch andere Einrichtungen erledigen. Insgesamt stand das ISI vor einer ungewissen Zukunft. Die Mitarbeit der 35 deutschen, 16 österreichischen, sechs ungarischen und 17 russischen Mitglieder war aufgrund der kriegs- und revolutionsbedingten Animositäten alles andere als gesichert. 1919/20 war daher unklar, ob das ISI seine vormalige internationale Repräsentanz zurückerlangen würde oder die dringend notwendigen Mitgliedsbeiträge von Angehörigen der früheren Mittelmächte und des nun bolschewistisch regierten Russlands eintreiben könnte. Außerdem waren zahlreiche Mitglieder sehr alt oder bereits tot; Präsident Luigi Bodio verstarb wenige Tage nach der Pariser Statistikkonferenz. Infolgedessen dominierten französische und belgische Akteure das ISI, was in Großbritannien für Unmut sorgte. „[T]he dominance of the French", so Alfred W. Flux vom *Board of Trade*, „had taken a form so extreme that the welfare of the Institute was threatened".[30]

Verstärkt wurde dieser Eindruck dadurch, dass französische Regierungsbeamte sowie frankophone Experten anderer Länder aktiv versuchten, das ISI zu stärken. Das ISI war keine französische Organisation, Ende des Ersten Weltkriegs aber stark französisch geprägt. Geschäftssprache war Französisch und die laufenden Geschäfte erledigten in erster Linie der frankophile Generalsekretär Methorst und der

29 LoNA, S.138, E&F Section, 19&6/1, Protokoll der Pariser Konferenz der Internationalen Statistischen Kommission, S. 15, sowie Projets de resolutions proposer par M. Delatour, Dokument S.9 zum Protokoll.

30 TNA, BT 70/38/S.1539/33, International Statistical Institute, Memorandum, Alfred W. Flux, 10.10.1923; Mitgliederlisten des ISI von 1913 und 1923 in Bulletin de l'Institut International de Statistique 20 (1915), Nr. 1, S. 345–380; Bulletin de l'Institute International de Statistique 21 (1924), Nr. 1, S. 235–261; zum ISI 1919/20 zudem: Martin Bemmann: Sidelined but Essential. The International Statistical Institute, the League of Nations and the Statistical Observation of the 'World Economy' after the First World War, in: European Review of History 30 (2023), S. 101–122.

französische Vizepräsident Delatour. Methorst stand in einer statistischen Tradition, die sich am frankophonen belgischen Begründer der internationalen statistischen Kongresse Adolphe Quetelet orientierte.[31] Delatour, der hauptberuflich im französischen Finanzministerium arbeitete, war spätestens ab dem Tod von Präsident Bodio im November 1920 eine prägende Figur im ISI. Er leitete die Organisation kommissarisch bis zur ersten Nachkriegskonferenz im Oktober 1923, der den Franzosen dann offiziell zum Präsidenten wählte. Der 1913 gewählte zweite Vizepräsident neben Delatour war der Deutsche Georg von Mayr; aus naheliegenden Gründen spielte dieser nach dem Krieg aber keine Rolle mehr, so dass die Dominanz frankophoner Funktionäre noch größer wurde.

Bemerkenswert war bereits in London, dass die drei Briten, die dort neben Methorst das ISI repräsentierten,[32] dessen Anliegen nicht unterstützten. Befürwortet wurde es stattdessen vom Leiter der französischen Statistikbehörde Lucien March, der im Frühjahr 1919 das ISI-Monatsbulletin angeregt hatte.[33] Da er dies zeitlich parallel zur Vorbereitung des MBS in London tat, ist es ebenfalls als Versuch zu werten, das ISI gegenüber dem britisch geprägten SEC und dem entstehenden *Völkerbund* zu stärken. Bei der Pariser Statistikkonferenz 1920 jedenfalls führte die starke französische Prägung des ISI zu einer unüberbrückbaren Frontstellung der frankophonen gegen die anglophonen Experten. Neben den ISI-Funktionären Bodio, Delatour und Methorst sowie dem die französische *Statistique générale* repräsentierenden March waren mit Louis-Jean Dop ein weiterer französischer Beamter und mit Paul Delombre ein Politiker und vormaliger Minister Frankreichs stimmberechtigte Mitglieder der Kommission; sie vertraten dort das IIA und das *Internationale Handelsinstitut*. Verstärkt wurde die frankophone Gruppe von Camille Jacquart, einem renommierten Statistiker und leitenden Beamten des belgischen Innenministeriums, der das Brüsseler handelsstatistische Büro repräsentierte. Dazu kamen der Spanier José de Elola und der Japaner Marumo Naotos, die aber beide keine Statistiker waren und an den Diskussionen in Paris praktisch nicht teilnahmen.[34]

---

31 Zu unterschiedlichen Kulturen amtlicher Statistik: Desrosières: Politik, Kap. 5–6.

32 Dies waren der vormalige Schatzmeister des ISI Alfred Bateman, der aktuelle Schatzmeister Henry Rew und das langjährige ISI-Mitglied Athelstane Baines.

33 League of Nations: Conference, S.5 f., 31 f.; Bulletin mensuel de l'Office Permanent [de l'Institut International de Statistique] 1 (1920), Nr. 1, S. 1; [Willem] Methorst: Rapport du Secrétaire général, in: Bulletin de l'Institut International de Statistique 21 (1924), Nr. 1, S. 98–106, hier S. 102; Zahn: 50 années, S. 40.

34 March, Lucien: International Statistical Commission. Report (LoN Document E.F.S. 74), Genf 1921, S. 5.

Ihnen gegenüber standen der US-amerikanische ILO-Vertreter Royal Meeker, der Brite Alfred W. Flux, der Kanadier Robert H. Coats sowie die nicht stimmberechtigten Völkerbundbeamten Layton und Loveday. Gegen sie ließ sich Delatours Vorschlag, den ISI zu einer Art Aufsichtsbehörde für die internationale Statistik zu machen, allein aus quantitativen Gründen weitgehend durchsetzen. Die frankophonen Experten profitierten jedoch auch von Machtpositionen und Verständigungsproblemen. Letztere waren verursacht durch unterschiedliche Auffassungen darüber, wie eine Expertenkommission zu arbeiten habe, und durch Sprachbarrieren. All das verfestigte bei Meeker, Flux und Coats den Eindruck, „that a prearranged plan was being forced through the Commission".[35]

Bodio, Delatour und de Elola leiteten die Tagung. Damit führten zwei hohe ISI-Funktionäre eine Veranstaltung, in der es auch um die Zukunft ihrer eigenen Einrichtung ging. Dass sie dies zugunsten ihrer Organisation ausnutzten, wies Bodio gegen Ende der Veranstaltung zwar explizit zurück (der Verdacht stand also offenbar im Raum), zeigte sich aber unter anderem daran, dass sie Delatours Resolutionsentwurf, der dem *Völkerbund* statistische Aktivitäten untersagte und dem ISI eine herausgehobene Stellung zugestand, *de facto* als Leitantrag behandelten. Laytons Plan hingegen ließen sie nur auf Drängen der anglophonen Delegierten und dann auch nur in Teilen diskutieren. Einige Einsprüche und Anträge von Meeker, Coats und Flux ignorierten sie, lehnten sie ab oder verschoben sie. Sofern darüber abgestimmt wurde, fanden sie die Unterstützung der frankophonen Delegierten.[36]

Sprachliche Probleme führten zu Missverständnissen über den Inhalt von Entscheidungen[37] und zu unterschiedlichen Interpretationen der Kompetenzen und Ziele der Kommission. Zudem sorgten sie am Ende der Veranstaltung für Ärger. Die Verhandlungen der Kommission wurden auf Englisch und Französisch stenographiert und sollten in gleichwertigen Protokollen wiedergegeben werden. Als sich aber herausstellte, dass beide Versionen nicht übereinstimmten, schlug Bodio aufgrund des Zeitdrucks vor, die französische Version vorerst als offizielle Fassung und Grundlage der Abschlussdiskussion zu nutzen. Flux protestierte. Englisch und Französisch seien gleichberechtigte Amtssprachen des *Völkerbunds*, weshalb auch diese Kommission konsequent zweisprachig sein müsse. Dass das nicht nur Pres-

35 TNA, BT 198/6, International Statistical Commission, Memorandum, Alfred W. Flux, 22.10.1920 (B.T.C. 493), S. 2.

36 LoNA, S.138, E&F Section, 19/6/1, Protokoll d. Pariser Konferenz der Internationalen Statistischen Kommission.

37 Das gab Meeker offen zu. LoNA, S.138, E&F Section, 19/6/1, Protokoll der Pariser Konferenz der Internationalen Statistikkommission, S. 22.

tigegründe hatte, lag angesichts der kontrovers verlaufenen Diskussion auf der Hand.[38]

Unterschiedliche Vorstellungen über die Arbeitsweise der Kommission sowie Sprachprobleme führten auch zu Streit darüber, was das offizielle Ergebnis der Beratungen war. March sollte einen Bericht für den Völkerbundrat verfassen. Flux und Coats waren aber irritiert, als sich herausstellte, dass March den Bericht erst nach der Veranstaltung schreiben wollte. Einerseits habe Layton zu Beginn der Konferenz darum gebeten, dem Völkerbundrat bereits zu dessen am 20. Oktober 1920 in Brüssel beginnenden Sitzung Bericht zu erstatten. Andererseits könnten sie als Vertreter einer Minderheitsposition dann keine Stellung zu diesem Bericht nehmen; er könne daher nicht als Kommissionsbericht anerkannt werden. Noch nie, so Coats und Flux, seien sie an Kommissionen beteiligt gewesen, deren Abschlussberichte nicht diskutiert worden wären. In einer heftigen Diskussion stellte sich heraus, dass die Konferenzleitung beabsichtigte, die verabschiedete Resolution gleich nach Tagungsende an den *Völkerbund* zu senden und dies als ‚Bericht' zu deklarieren. Der vollständige Kommissionsbericht Marchs, der allen Mitgliedern natürlich zur Kommentierung vorgelegt werde, sollte nachgeliefert werden. Energisch insistierten Coats und Flux, dass ihre ablehnende Position auch unmittelbar dem Völkerbundrat mitgeteilt werde, denn sonst erhalte dieser einen falschen Eindruck von der Kommissionsarbeit. Man einigte sich darauf, den Bericht mit einem Hinweis auf den Dissens zu versehen. Zudem wurden die Absätze der Resolution jeweils mit Hinweisen versehen, mit wie vielen Stimmen sie jeweils angenommen worden waren. In dieser Form sandte Bodio das Ergebnis der Beratungen am 16. Oktober 1920 an Generalsekretär Drummond; einen ‚Minority Report' schickte Flux zwei Tage später. Marchs ausführlicher Bericht folgte im November 1920.[39]

Es waren aber nicht nur grundsätzlich lösbare Probleme, die in London und Paris eine Verständigung zwischen den Beteiligten erschwerten, sondern auch unterschiedliche, teils konträre Vorstellungen über Aufgaben, sinnvolle Organisationsweisen und Kooperationsmöglichkeiten internationaler statistischer Einrichtungen. Es war kaum möglich, das Arbeitsfeld internationaler Wirtschaftsstatistik klar zu be- und die Kompetenzen einzelner Institutionen voneinander abzugrenzen. Außerdem wurden die erwähnten Konflikte über Sinn und Unsinn einer Zentrali-

---

38 LoNA, S.138, E&F Section, 19/6/1, Protokoll der Pariser Konferenz der Internationalen Statistikkommission, S. 36.

39 LoNA, S.138, E&F Section, 19/6/1, Protokoll der Pariser Konferenz der Internationalen Statistikkommission, S. 54–69; March: International Statistical Commission, S. 18–21; LoNA, S.138, E&F Section, 63/5/1, Flux an Drummond, 18.10.1920; LoNA, R.290, 10/8145/80, March an Drummond, 08.11.1920.

sierung statistischer Erhebungen nun auf die internationale Ebene gehoben. Methorsts 1919 in London vorgestelltem Arbeitsplan für das geplante Jahrbuch des ISI lag kein klares inhaltliches Konzept zugrunde, sondern war davon geprägt, welche statistischen Daten er bekommen konnte. Inhaltlich überschnitt er sich zudem mehrfach mit Themen, denen sich das IIA, die ILO und das Brüsseler handelsstatistische Institut widmeten.[40] Gleichzeitig wurden Phänomene und Prozesse, die für eine wirtschaftsstatistische Beobachtung der modernen Welt zentral erschienen, nur am Rande oder gar nicht abgedeckt, wie etwa die Entwicklung von Preisniveaus in einzelnen Ländern, die gewerbliche Produktion oder die Finanzwelt. Auch Branchen wie Fischerei oder Forstwirtschaft beobachtete keine der bestehenden Organisationen.

Grundsätzlich waren sich die involvierten Experten und Funktionäre einig, dass es wünschenswert sei, das Arbeitsfeld der internationalen Wirtschaftsstatistik thematisch aufzuteilen und die einzelnen Aspekte jeweils von einer internationalen Organisation bearbeiten zu lassen; sinnvoll sei auch eine zentrale Koordination dieser Aktivitäten. Wie das aber genau geschehen könne, welche Institutionen und Akteure beteiligt werden sollten, welche Form die Koordination annehmen müsste und welche Kompetenzen die dafür zu etablierenden Einrichtungen haben könnten – darüber gingen die Meinungen weit auseinander. Deutliche Differenzen gab es zudem hinsichtlich der Frage, welche Rolle private Verbände und Organisationen spielen sollten, die ja ebenfalls Statistiken erhoben und veröffentlichten. Auch diese konzeptionellen Unterschiede führten zu den skizzierten Frontstellungen zwischen den Befürwortern starker Stellungen des Völkerbundsekretariats bzw. des ISI.

Taktieren und Aussitzen: Das Völkerbundsekretariat gewinnt den Streit

Das Verhältnis zwischen den frankophonen Unterstützern des ISI und den anglophonen Beamten, die das Völkerbundsekretariat stärken wollten, war nach der Pariser Konferenz belastet. Das war bedeutsam, weil (fast) alle Beteiligten in den Folgejahren in die Bemühungen des *Völkerbunds* eingebunden wurden, eine funktionierende wirtschaftsstatistische Infrastruktur zu etablieren sowie Konzepte und Methoden international zu standardisieren. Coats war der Meinung, er und Meeker sollten „individually make it our business to fight this Paris farce to a finish“. Meeker sei in der ILO gut positioniert, um „strategically to expose the hollowness of the so-called ‚plan' from the inside“. Coats selbst wollte die kanadische Regierung dazu bringen, das Vorhaben zu torpedieren. Meeker versicherte „[that] I am doing

40 Vgl. League of Nations: Conference.

everything in my power to make it uncomfortable for the Majority of our Commission".[41] ILO-Direktor Albert Thomas hatte er bereits in deutlichen Worten begründet, weshalb er und seine zwei Kollegen gegen die Resolutionen der Mehrheit gestimmt hatten.[42]

Auch die Wortführer der Gegenseite gingen mit Groll vom Konferenztisch. March verfasste innerhalb einer Woche den Entwurf seines Berichts und bat die anderen Kommissionsmitglieder um Kommentare, die der finalen Fassung des Berichts beigefügt werden sollten.[43] Meekers sehr deutliches Schreiben[44] kürzte March allerdings ohne Rücksprache. Meeker zufolge ergab es so keinen Sinn mehr und spare zentrale Kritikpunkte aus. Er insistierte bei Loveday, dass sein gesamter Brief an Marchs Bericht angehängt werde, und dieser sorgte dafür, ohne dies mit March abzusprechen.[45] Noch im Oktober 1923 hob Delatour öffentlich hervor, Bodio habe in Paris den Plan ‚bekämpft' („combattit"), den *Völkerbund* mit der Erstellung von Statistiken zu betrauen, und mit Unterstützung von March, Methorst und Delatour einen ‚Gegenentwurf' („Contre-projet") erfolgreich durchgesetzt.[46]

Für den Völkerbundrat war der Dissens der Statistikkommission wenig hilfreich. Seine Mitglieder konnten mithilfe der beiden Berichte nicht klären, welche Beziehungen der *Völkerbund* zu anderen internationalen Organisationen pflegen sollte und wie er dazu beitragen könnte, die internationale Wirtschaftsstatistik zu koordinieren und zu verbessern. Stattdessen baten sie die Mitgliedsländer des *Völkerbunds*, sich zur Sache zu äußern. Erst danach könnten sie endgültig entscheiden.[47]

---

41 ILOA, L 23/2/1, Coats an Meeker, 17.10.1920; Meeker an Coats, 21.10.1920.

42 ILOA, L 23/2/1, Meeker an Coats, 21.10.1920; eine Kopie des Reports in LoNA, S.138, E&F Section, 63/5/1.

43 ILOA, L 23/2/1, March an Meeker, 22.10.1920.

44 Meeker sei „in absolute disagreement" mit der Mehrheitsresolution und der festen Überzeugung „that you misunderstood entirely what the Secretariat and the Council of the League of Nations really wanted". Jeder Versuch von ihm, Flux und Coats, dieses Bedürfnis auch nur anzusprechen, sei blockiert worden. Die Resolutionen seien „beside the mark [...] unasked for and incapable of utilisation by the League of Nations". Die Resolution umzusetzen sei illusorisch, da kein Staat der starken Stellung des ISI zustimmen werde, das „a sort of statistical Czar" werden würde. Es bereite ihm große Schmerzen, „that I am unable to comprehend the minds and the motives of the Majority" (ILOA, L 23/2/1, Meeker an March, 02.11.1920).

45 LoNA, R.290, 10/8145/80, Berichtsentwurf Marchs vom 08.11.1920; ILOA, 23/2/1, Loveday an Meeker, 27.11.1920; Meeker an Loveday, 29.11.1920; Meeker an Coats, o.Dat. [06.12.1920]; March: International Statistical Commission, S. 30; vgl. NCL, Loveday Papers, Box 3, Aktenvermerk Lovedays vom 27.11.1920.

46 Bulletin de l'Institut International de Statistique 21 (1924), Nr. 1, S. 30.

47 Procès-Verbal of the Tenth Session of the Council [Brüssel,20.-28.10.1920], in: OJ 1 (1920), Nr. 8, S. 4–36, hier S. 6; ILOA, L 23/2/1, Drummond an Royal Meeker, 29.10.1920.

Dazu kam es aber nie und das Sekretariat gab das Ziel auf, eine statistische Sektion zu etablieren. Nach dem Eklat in Paris traf der scheidende Sektionsleiter Layton im Dezember 1920 Albert Delatour „[to] patch up a peace with the Statisticians".[48] Beide waren sich einig, dass das Verhältnis des *Völkerbunds* zu anderen Organisationen vorerst nicht zu klären sei. Gleichzeitig benötige der *Völkerbund* aber statistische Daten, die auch publiziert werden könnten. Damit diese nicht dilettantisch erhoben und verarbeitet würden und so dem Ruf der Organisation schadeten, empfahlen Layton und Delatour, ein Expertengremium einzurichten, das den Völkerbundrat in allen Fragen zur Statistik beraten sollte. Zudem betonte Delatour, dass das ISI immer um Rat gefragt werden könne.[49]

Sowohl der von Layton konsultierte Hubert Llewellyn Smith vom *Board of Trade* als auch das Genfer Sekretariat begrüßten die Einrichtung einer solchen Kommission. Die Forderung Delatours aber, dem ISI eine beratende Rolle zuzugestehen, lehnten sie ab. Der pragmatische Ausweg bestand darin, vorerst darauf zu verzichten, das Verhältnis zu anderen Organisationen zu klären, und eine sekretariatsinterne Kommission einzurichten, die die statistischen Erhebungen und Publikationen des *Völkerbunds* koordinieren sollte.[50] Die Vollversammlung stimmte dem im September 1921 zu.[51]

Auch Loveday gab es nun auf, eine eigenständige statistische Abteilung in Genf anzustreben.[52] Zudem versuchten er und seine Kollegen, eine Entscheidung seitens des Rats oder der Vollversammlung zu verhindern, die jene wirtschaftsstatistischen Aktivitäten hätte gefährden können, die das Sekretariat 1920 begonnen hatte (vgl. Kap. 5.2) und zu denen auch die Übernahme des MBS gehörte.[53] Der Versuch, das Thema von der Tagesordnung der zweiten Vollversammlung des *Völkerbunds* zu

---

48 LoNA, R.290, 10/9374/80, Aktenvermerk Laytons, 12.12.1920.

49 LoNA, S.138, E&F Section, 63/9/1, Note of Conversation between M. Delatour and Mr. Layton on the Statistical Organisation of the League, Walter Layton, 20.12.1920.

50 LoNA, R.290, 10/10213/80, Aktenvermerk Drummonds, 28.12.1920; LoNA, S.138, E&F Section, 63/9/1, Llewellyn Smith an Layton, 12.01.1921; Statistical Organisation of the League, Memorandum, Edward M.H. Lloyd, 01.02.1921; Compilation of Statistics by the League, Memorandum, Frank H. Nixon, 03.02.1921; vgl. weitere Memoranden und Korrespondenz in LoNA, S.138, E&F Section, 19/3/1 sowie R.1458, 29/14342/14342.

51 League of Nations: Records of the Second Assembly. Plenary Meetings, Genf 1921, S. 464. Die Kommission trat im März 1922 zusammen, doch ihre Bedeutung blieb gering. 1933 entstand eine ähnliche Kommission. Vgl. Protokolle in LoNA, R.309, 10/22797/6408, sowie Korrespondenz und Memoranden bezüglich des 1933 gebildeten *Internal Statistical Committee* in ILOA, O 2/6/1.

52 LoNA, S.138, E&F Section, 19/3/1, Aktenvermerk Lovedays, 01.03.1921.

53 LoNA, R.291, 10/12868/80, Aktenvermerke von Loveday, 30.06.1921 sowie von Hugh McKinnon Wood an Drummond, 01.07.1921; LoNA, S.138, E&F Section, 19/1/1, McKinnon Wood an Frank H. Nixon, 25. und 30.07.1921; Nixon an McKinnon Wood, 28.07.1921; Aktennotiz McKinnon Woods, 30.07.1921.

streichen,[54] scheiterte zwar am Einspruch der niederländischen Regierung (in Genf vermutete man dahinter Methorst und das ISI).[55] Die Kontakte Lovedays und seiner Mitarbeiter nach London und in die britischen Dominions[56] halfen aber, ihr Ziel zu erreichen. Dies erfolgte auf eine für das Sekretariat charakteristische Weise: „behind the scenes".[57] Zum einen bewegte man London, eine den Pariser Mehrheitsbeschluss deutlich ablehnende offizielle Stellungnahme zu verfassen.[58] Zum anderen beeinflussten die Sekretariatsmitarbeiter die Diskussion indirekt über die Wirtschafts- und Finanzkommissionen des *Völkerbunds.*[59] Diese formulierten eine entsprechende Stellungnahme für die Vollversammlung, wo das Thema im September 1921 verhandelt und mit einer den Plänen des Sekretariats entsprechenden Resolution abgeschlossen wurde.[60]

Der Wandel des Vorgehens des Völkerbundsekretariats in Hinsicht auf die Institutionalisierung ihrer wirtschaftsstatistischen Aktivitäten war eine bemerkenswerte taktische Leistung. Die Genfer Beamten reagierten so auf die „jealousies"[61] anderer Organisationen. Zudem zeigten die bis zum Sommer 1921 nur spärlich eingehenden Stellungnahmen von Regierungen auf die Pariser Beschlüsse, dass Zentralisierungsabsichten kaum Rückhalt besaßen.[62] Vor allem aber musste das

---

54 LoNA, R.290, 10/11600/80, Rundschreiben von Drummond, 28.03.1921.

55 LoNA, R.291, 10/14167/80, niederländische Gesandtschaft, Bern, an Drummond, 21.07.1921; LoNA, S.138, E&F Section, 19/1/1, James W. Nixon, ILO, an Frank H. Nixon, 29.07.1921; McKinnon Wood an Frank H. Nixon, 30.07.1921.

56 Bereits im Februar 1920 hatten der Kanadier Robert Coats und sein australischer Kollege George H. Knibbs Drummond mitgeteilt, ein zentrales internationales statistisches Amt zu unterstützen. TNA, T 161/36/4, Minutes of the Conference with British Imperial Statisticians, 17.02.1920.

57 Clavin/Wessels: Transnationalism, S. 475.

58 LoNA, S.138, E&F Section, 19/1/1, McKinnon Wood an Frank H. Nixon, 30.07.1921; TNA, T 161/36/4, Thomas Jones, *British Cabinet Office*, an Drummond, 25.08.1921; TNA, FO 371/7062, W 9741/8978/98, League of Nations. Assembly Document A.12 (3).1921, 31.08.1921.

59 LoNA, S.138, E&F Section, 19/1/1, Memorandum on the Statistical Organisation of the League of Nations, Alexander Loveday, o.Dat. [August 1921]; Frank H. Nixon an Basil Blackett, Hubert Llewellyn Smith und Joseph Avenol, 18.08.1921; vgl. LoNA, S.138, E&F Section, 19/3/1, McKinnon Wood an Loveday, 16.08.1921.

60 Provisional Economic and Financial Committee. Report to the Council, in: OJ 2 (1921), S. 1142–1156, hier S. 1150; League of Nations: The Records of the Second Assembly. Plenary Meetings, Genf 1921, S. 459–464; League of Nations: The Records of the Second Assembly. Meetings of the Committees, Bd. 1, Genf 1921, S. 230–232.

61 LoNA, S.138, E&F Section, 63/9/1, Llewellyn Smith an Layton, 12.01.1921.

62 Bis zur Vollversammlung unterstützten zehn Rückmeldungen den Mehrheitsbericht eindeutig (darunter jene aus Belgien, Italien und Frankreich), sechs den Minderheitsbericht (darunter jene Australiens, Neuseelands und Südafrikas sowie Japans) und drei blieben uneindeutig (darunter die Großbritanniens und Indiens). BL IOR, L/E/7/1223, League of Nations. Assembly Document A.12 (1)-(6).1921, 13.08.–23.09.1921.

Sekretariat die Gefahr bannen, finanziell ausgetrocknet zu werden. Es weite, so eine wachsende Schar von Kritikern 1920/21, seine Kompetenzen übermäßig und zu schnell aus und es veranstalte Tagungen und Konferenzen, die viel zu lang dauerten; in Zeiten verschuldeter öffentlicher Haushalte müsse der *Völkerbund* sparen.[63] Angesichts dessen suchte das Sekretariat den Eindruck zu vermeiden, eine kostenintensive Statistikabteilung einrichten zu wollen. Gleichzeitig erreichten sie mit der von der Vollversammlung beschlossenen Regelung ihr Ziel, bereits begonnene Arbeiten fortsetzen zu können. Die Resolution verbot dem *Völkerbund*, statistische Arbeiten „in the scientific sense" zu unternehmen, solange die Frage der künftigen Organisation internationaler Statistiken nicht geklärt sei (das solle die nächste Vollversammlung tun). Aber sie gestand dem Sekretariat und den Kommissionen des *Völkerbunds* auch zu, alle statistischen Unterlagen zu sammeln und auszuwerten, die sie für ihre Arbeiten benötigten. Die Autonomie anderer internationaler Organisationen solle nicht angetastet werden.[64]

Dennoch blieb die Resolution wirkungslos. Zum einen besprach keine weitere Vollversammlung das Thema. Stattdessen bildeten der *Völkerbund* und das ISI ab dem Sommer 1922 eine Art Interessengemeinschaft, als sie eine Empfehlung der Wirtschaftskonferenz von Genua aufgriffen und die jahrzehntealten Bemühungen vorantrieben, wirtschaftsstatistische Konzepte und Methoden international zu standardisieren (Kap. 6). Das gemeinsame Ziel ließ die Differenzen verblassen. Zum anderen war das Sekretariat faktisch seit dem Frühjahr 1920 wirtschaftsstatistisch aktiv. Lovedays Team erledigte statistische Aufgaben, die die Verwaltung der neuen Organisation erforderte. Geklärt werden musste etwa, wie die Kosten des *Völkerbunds* auf die Mitgliedsländer umzulegen waren oder welche die acht industriell wichtigsten Staaten der Welt waren, denen ein permanenter Sitz im Leitungsgre-

---

63 Walters: A History, S. 129 f.; vgl. LoNA, S.138, E&F Section, 19/1/1, McKinnon Wood an Frank H. Nixon, 22.07.1921, samt einem vertraulichen Bericht Adriaan Pelts über seine Gespräche mit dem niederländischen Außenminister und hohen Beamten seiner Behörde; TNA, BT 198/7, The Economic Organisation of the League of Nations, Memorandum, Hubert Llewellyn Smith, 12.12.1920 (B.T.C. 545), S. 2 f.

Auch aus politischen Gründen standen britische Politiker – namentlich Premierminister Lloyd George – dem *Völkerbund* zunehmend kritisch gegenüber und an den drei großen diplomatischen Konferenzen der Jahre 1921/22 in Washington, Genua und Lausanne war die neue Organisation nicht oder nur am Rande beteiligt. Zum Kontext dieser Kritik: Clavin/Wessels, Transnationalism, S. 471; Decorzant: La Société des Nations, S. 292–302; Marie-Renée Mouton: La Société des Nations et les intérêts de la France (1920–1924), Bern et al. 1995, S. 470–473; TNA, BT 198/6, Economic Organisation of the League of Nations, Memorandum, Hubert Llewellyn Smith, 20.08.1920 (B.T.C. 448).

64 League of Nations: Records of the Second Assembly. Plenary Meetings, S. 459–464; League of Nations: The Records of the Second Assembly. Meetings of the Committees, Bd. 1, Genf 1921, S. 230–232.

mium der ILO zustand (Kap. 9.1). Zudem hatte das Sekretariat begonnen, Statistiken zu erheben und zu veröffentlichen, die den Anspruch hatten, wirtschaftliche Entwicklungen in der Welt darzustellen. Diese nun zu thematisierenden Bemühungen widersprachen der Resolution von 1921 und machten den *Völkerbund de facto* zu einem internationalen wirtschaftsstatistischen Amt. Das nahmen nicht nur Zeitgenossen wahr,[65] auch ein Mitarbeiter der EFO gab dies später offen zu. Als er 1943 auf die Empfehlung des ‚Minority Reports' von 1920 hinwies, „a permanent organ" im Sekretariat zu etablieren, schloss er mit dem Halbsatz: „and such became the case".[66]

5.2 Learning by Doing: Die Vorbereitung der Internationalen Finanzkonferenz von Brüssel, 1920

Im Februar 1920 beschloss der Völkerbundrat, eine internationale Konferenz einzuberufen, die die gegenwärtige, weltweite Finanzkrise analysieren und erörtern sollte, wie ihr entgegengewirkt und ihre Folgen abgemildert werden könnten.[67] Sie fand vom 24. September bis zum 8. Oktober 1920 in Brüssel statt. Delegierte aus 39 Ländern aller Kontinente nahmen teil und repräsentierten überwiegend Mitgliedstaaten des *Völkerbunds.* Auch die USA war vertreten und die ehemaligen Mittelmächte. Möglich wurde dies, weil die Delegierten nicht als Regierungsvertreter vor Ort waren, die Beschlüsse fassen sollten, sondern als Experten, die die anliegenden Probleme zu diskutieren hatten. Japan und Indien waren als Gründungsmitglieder des *Völkerbunds* und wirtschaftlich wichtige Länder Asiens von Beginn an als Teilnehmer vorgesehen; auch die Beijinger Regierung war interessiert, wurde aber erst eingeladen, nachdem sie im Sommer 1920 dem *Völkerbund* beigetreten war.[68]

---

65 Etwa Maurice de Smet: L'Institut International du Commerce et l'organisation des statistiques internationales, in: Revue Économique Internationale 14,2 (1922), S. 149–157, hier S. 154.

66 Nichols: The Statistical Work, S. 338. Auch Lovedays Mitarbeiter Martin Hill nannte den *Economic Intelligence Service* „a self-contained unit within the section" (Hill: The Economic and Financial Orgainzation, S. 109).

67 Procès-Verbal of the Second Meeting of the Council of the League of Nations, in: OJ 1 (1920), S. 29–59, hier S. 58.

68 LoNA, R.293, 10/3541/2845, Gu Weijun/Wellington Koo an Generalsekretär Drummond, 21.03.1920; Anonymus: The League of Nations…, in: North China Herald, 17.07.1920, S. 145; Verzeichnis der Delegierten in Report of the International Financial Conference, in: World Peace Foundation: League of Nations, Bd. 3, Nr. 5, Boston 1920, S. 225–254, hier S. 249–252.

Historikern galt die Brüsseler Finanzkonferenz lange als wenig folgenreich und bedeutungsvoll.[69] Das hat sich in jüngster Zeit geändert. Neuere Studien betonen, dass sich Experten aus verschiedenen Ländern in Brüssel über zentrale ökonomische Probleme und deren Ursachen zunehmend einig wurden und gemeinsame Begriffe dafür fanden (das Wort ‚Inflation' etwa wurde in den Berichten noch in Anführungszeichen genutzt, setzte sich nach der Brüsseler Konferenz aber rasch durch). Michel Fior, Yann Decorzant und Patricia Clavin zufolge markiert die Brüsseler Konferenz zudem den Beginn einer neuen Epoche internationaler finanz- und wirtschaftspolitischer Debatten sowie diesbezüglicher Politik. Außerdem habe die Konferenz die permanente wirtschaftsstatistische Aktivität ausgelöst, welche die *Economic and Financial Section* des *Völkerbunds* faktisch zu jener *Intelligence and Research Division* machte, die Salter im Mai 1919 anvisiert hatte.[70] Im Frühjahr und Sommer 1920 mussten Loveday und sein noch kleines Team zeigen, dass sie fähig waren, anwendungsorientiertes Wissen über „the general economic movements"[71] zusammen- und in verständlicher Form zur Verfügung zu stellen.

Der Völkerbundrat berief im Februar 1920 Banker, Finanzbeamte und die Sekretariatsmitarbeiter Jean Monnet und Walter Layton in eine Kommission, die die Konferenz vorbereiten sollte. Ihnen zufolge solle die Konferenz „obtain as complete a picture as possible of the situation of the world and by comparison of the situation in the various countries to make it possible to form a judgment as to the importance and difficulty of the problems". Zudem sollten die Delegierten erörtern, wie diese Probleme zu lösen seien.[72] Wenngleich ‚world' hier nicht wörtlich zu nehmen war und die Probleme der europäischen Industriestaaten im Mittelpunkt des Interesses standen, ging es doch darum, aktuelle Informationen aus so vielen Ländern wie möglich zu erhalten. Dies konnten die wenigen Sekretariatsbeamten allein unmöglich schaffen, weder in intellektueller Hinsicht noch in Anbetracht der wenigen zur Verfügung stehenden Zeit (die Konferenz war für Ende Mai geplant, wurde dann auf Juli verschoben und schließlich auf Ende September terminiert). Sie schlugen daher zwei Wege ein.

Zum einen baten sie fünf Ökonomen mit unterschiedlichen Schwerpunkten und Ansichten um Gutachten, von denen das *Memorandum on the World's Monetary*

---

69 Etwa Barry Eichengreen: Golden Fetters. The Gold Standard and the Great Depression, 1919–1939, New York / Oxford 1992, S. 154–157; Charles Kindleberger: A Financial History of Western Europe, London 1984, S. 333 f.; vgl. auch Fior: Institution global, S. 127 sowie Orde: British Policy, S. 104–107.

70 Clavin: Securing, S. 16–23; Decorzant: La Société des Nations, S. 163–290; Fior: Institution global, S. 120–145.

71 LoNA, S.138, E&F Section, 19/3/1, Aktennotiz Lovedays, 01.03.1921.

72 International Financial Conference: Report of the Advisory Council, London 1920, S. 9.

Problems des Schweden Gustav Cassel das gewichtigste war.[73] Im Juli 1920 formulierten die fünf Experten zudem in London gemeinsam die aus ihrer Sicht wichtigsten Probleme und notwendigen Maßnahmen: Die Inflation müsse gestoppt, Währungen stabilisiert, der internationale Warenaustausch angekurbelt und die grenzüberschreitende Kreditvergabe ermöglicht werden. Dazu müssten Regierungen ihre Ausgaben senken, zum Goldstandard zurückkehren und Handel wie Kreditvergabe gesetzlich erleichtern.[74]

Zum anderen versandte Generalsekretär Drummond Mitte April 1920 einen Fragebogen an die 44 Mitgliedstaaten des *Völkerbunds* und die USA. Darin bat er um Informationen zum jeweils aktuellen Staatshaushalt, zur öffentlichen Verschuldung, zur staatlichen Kreditvergabe, zum monatlichen Außenhandel im Jahr 1919, zu den Gold- und Silberbeständen der Regierungen und Zentralbanken, zum Geldnotenumlauf, zu den Bankeinlagen und zu den jeweils gültigen Gesetzen und Verordnungen, die den internationalen Waren- und Kapitalverkehr regelten.[75] Informationen zu den vormaligen Mittelmächten sollte die Reparationskommission liefern.[76]

Die Regierungen direkt anzufragen war nötig, weil die Informationen durch das Auswerten von Publikationen allein nicht in der nötigen Breite und Aktualität zu erlangen waren. Zwar veröffentlichten viele Administrationen entsprechende Informationen. Doch taten dies eben nicht alle, und wenn, dann nicht mit dem gleichen Inhalt, der gleichen Ausführlichkeit oder der gleichen Aktualität. Aufgrund dieser mittelbaren, durch den *Völkerbund* hergestellten Öffentlichkeit standen die Regierungen nun unter einem gewissen Druck, sich zu allen Fragen in weitgehend gleicher Art zu äußern. Eine derartige Offenlegung öffentlicher Haushalte sowie der wirtschaftlichen und finanziellen Situation des jeweils eigenen Landes kann daher mit Yann Decorzant als „une réelle innovation“ gesehen werden, die „un véritable

---

73 Die anderen vier waren der Brite Arthur C. Pigou, der Italiener Maffeo Pantaleoni, der Franzose Charles Gide und der Holländer Gijsbrecht W. J. Bruins.

74 International Financial Conference: Monetary Problems. Memoranda prepared by Economic Experts, London 1920; vgl. Decorzant: La Société des Nations, S. 186–196; Clavin: Securing, S. 19 f.; zeitgenössisch: Joseph S. Davis: World Currency and Banking. The First Brussels Financial Conference, in: Review of Economic Statistics 2 (1920), S. 349–360, hier S. 351–356; Harry A. Siepmann: The International Financial Conference at Brussels, in: The Economic Journal 30 (1920), S. 436–459, hier S. 438–441.

75 Fragebogen in International Financial Conference: Report of the Advisory Council, S. 14–19; Liste der angeschriebenen Länder in LoNA, R.293, 10/3746/2845.

76 LSE Archives, Lloyd Papers, LLOYD 3/5, Lloyd an Salter, 10.03.1920.

challenge pour la souveraineté étatique et les politiques de sécurité nationale" darstellte.[77]

Viele der angeschriebenen Regierungen kündigten an, die angeforderten Informationen so bald wie möglich zu liefern. Das Völkerbundsekretariat erwartete daher ab Mitte April 1920 große Mengen an Papier und Daten, die es in eine verständliche und einigermaßen vergleichbare Form zu bringen galt. Dafür aber war mehr ausgebildetes Personal vonnöten, als es das Sekretariat bis dahin besaß.

Bereits im Sommer 1919 hatten Loveday und Salter nach geeigneten Mitarbeitern gesucht. Salter hatte Edwin F. Gay als Leiter der angestrebten statistischen Abteilung gewinnen wollen, der 1918/19 vergeblich versucht hatte, in den USA ein zentrales statistisches Amt zu etablieren.[78] Loveday und Salter hatten zudem einen skandinavischen Ökonomen und einen Chinesen gesucht. Letzterer sollte über ökonomisches Wissen verfügen und mit statistischen Methoden vertraut sein. Für die anstehende statistische Arbeit, die „rather dull" sein werde, war Loveday „a methodical oriental mind" bestens geeignet erschienen.[79] Diese Versuche waren jedoch gescheitert, unter anderem, weil das Sekretariat Interessenten nur kurzfristige und finanziell unattraktive Engagements bieten konnte, da ihm bis zur Ratifikation des Friedensvertrages rechtlich und finanziell die Hände gebunden waren. Die Belegschaft der Sektion bestand daher anfangs neben Salter, Loveday und Lloyd vor allem aus wenigen britischen Sachbearbeiterinnen, die teils sogar weiterhin vom britischen Staat bezahlt wurden.[80]

Die Vorbereitung der Brüsseler Konferenz änderte das. Mitte April 1920 stellte das Sekretariat mit dem 26jährigen Schweden Per Jacobsson einen talentierten Ökonomen ein, der anfangs nur für die Dauer der Konferenz engagiert war, dann aber bis 1928 in Genf blieb und später Direktor des *Internationalen Währungsfonds* wurde.[81] Zudem gewann Loveday für die statistischen Arbeiten der Brüsseler

77 Decorzant: La Sociéte des Nations, S. 254; mit Bezug auf Deutschland verwiesen auch Gerald D. Feldman und Adam Tooze auf diesen, durch die Offenlegung öffentlicher Finanzen entstehenden Handlungsdruck: Gerald D. Feldman: The Great Disorder. Politics, Economics, and Society in the German Inflation 1914–1924, Oxford 1997, S. 317, 322; Tooze: Trouble, S. 691 f.

78 Obwohl Salter Gay nicht gewann, unterstreicht dies die Bedeutung der interalliierten Kooperation während des Kriegs für die wirtschaftsstatistischen Aktivitäten des *Völkerbunds*.

79 LoNA, R.291, 10/243/243, General Note as to Immediate Work and Requirements of Economic and Finance Section, Arthur Salter, 10.07.1919, S. 3; NCL, Loveday Papers, Box 2, Loveday an H.C.O. Neill, *News Department*, London, 17.07.1919; Loveday an T. Gregory, *London School of Economics*, 11.08.1919 (Zitate).

80 LoNA, R.291, 10/243/243, General Note as to Immediate Work and Requirements of Economic and Finance Section, Arthur Salter, 10.07.1919, S. 4; Decorzant: La Société des Nations, S. 307.

81 NCL, Loveday Papers, Box 39, Chronology, Alexander Loveday, o. Dat., Einträge zu 1920; Jacobsson: A Life, S. 35–42; vgl. die biographischen Angaben im Anhang.

Konferenz Dorothy Etlinger, die er offenbar aus dem *War Office* kannte und die statistisch gut ausgebildet war (im Sommer 1919 war sie zu einer der wenigen weiblichen Fellows der *Royal Statistical Society* gewählt worden). Sie arbeitete bis 1940 im kleinen Londoner Büro des *Völkerbunds* und erwies sich dort zusammen mit Kathleen Brown, die bereits seit August 1919 engagiert war, und Kathleen Bodkin als unverzichtbare Stütze für die wirtschaftsstatistischen Aktivitäten der EFO.[82]

In methodischer Hinsicht konfrontierte die Vorbereitung der Brüsseler Konferenz Loveday und seine Mitarbeiter mit vier Problemen, die zu lösen in den folgenden Jahren Voraussetzung war, um die wirtschaftsstatistischen Aktivitäten erfolgreich verfolgen zu können. Dabei übten sie Routinen ein, die ihre Arbeit und Publikationen in den kommenden Jahren prägen sollten.

Erstens war die Datenübermittlung ein Zeitproblem. Fragebögen mussten ihren Bestimmungsort erreichen, dort von den zuständigen Personen sachkundig ausgefüllt und anschließend wieder zurückgesandt werden. Das konnte lange dauern und gefährdete die Aktualität von Statistiken. Ganz unabhängig davon, dass Postsendungen 1920 infolge des Krieges und der laufenden Konflikte im Osten Europas problematisch war, gestaltete es sich für Länder außerhalb dieses Kontinents schwierig bis unmöglich, Fragebögen kurzfristig ausgefüllt zurückzusenden. Die am 20. April 1920 versendeten Fragen etwa sollten bis zum 1. Mai beantwortet werden. Der peruanische Botschafter in London verwies jedoch darauf, es sei „materially impossible for this Questionnaire even to reach the Peruvian Government by the date fixed". Eine Antwort könne frühestens in zwei Monaten vorliegen. Angesichts der spezifischen Fragen müsse man eher mit drei Monaten rechnen. Ähnliches schrieben seine Kollegen aus Bolivien und China und selbst der griechische Botschafter bat um Verständnis, erst später antworten zu können. Der Postverkehr zwischen London und Athen sei „extremely slow".[83] Diese sich aus großen geographischen Distanzen ergebenden Probleme belasteten generell das Verhältnis des *Völkerbunds* zu außereuropäischen Ländern. Sie sahen sich angesichts des europäischen Schwerpunkts der meisten seiner Gremien strukturell benachteiligt. Eine Möglichkeit, diesem Problem zu begegnen, war die Einrichtung permanenter Ver-

82 NCL, Loveday Papers, Box 3, Loveday an Etlinger, 21. und 26.04.1920; vgl. die biographischen Angaben im Anhang.

83 LoNA, R.293, 10/3936/2845, Peruanische Gesandtschaft, London, an Generalsekretär Drummond, 21.04.1920; LoNA, R.293, 10/3965/2845, Bolivianische Gesandtschaft, London, an Generalsekretär Drummond, 21.04.1920; LoNA, R.293, 10/4326/2845, Chinesische Gesandtschaft, London, an Generalsekretär Drummond, 15.05.1920; LoNA, R.293, 10/3937/2845, Griechische Gesandtschaft, London, an Generalsekretär Drummond, o.Dat.

bindungsbüros zum *Völkerbund* in Genf oder Paris wie sie etwa China und Japan etablierten.[84]

Loveday und sein Team begegneten dem Problem auf zwei Weisen. Zum einen richteten sie im Frühjahr 1921 eigens für das MBS einen telegraphischen Dienst ein, der es selbst fernen Regierungen ermöglichte, ihre jeweils aktuellen Zahlen bis kurz vor Redaktionsschluss zu übermitteln. Zum anderen versuchte Loveday ein Netz persönlicher Kontakte zu etablieren, das ihm half, schnellstmöglich und teils unter Umgehung offizieller Wege benötigte Daten und erläuternde Informationen zu erlangen. „I use foreign experts all over the world some gov some private for advice", beschrieb Loveday retrospektiv diesen Ansatz und ergänzte „I treat non M[ember] states just as others" und „I write in great detail to govs about what I want and am extraordinarily polite".[85] Auf diese Weise, die dem Vorgehen Joseph S. Davis' im AMTC entsprach, knüpfte Loveday neben dem offiziellen, über die Quellenangaben in den EFO-Publikationen nachvollziehbaren Netzwerk statistischer und anderer Einrichtungen ein weitgehend unsichtbares Netzwerk von Gewährsleuten, das in manchen Fällen zentral war, um überhaupt Daten zu erhalten. Im Sommer 1920 wurde es etwa nötig, auf dieses entstehende ‚unsichtbare Netzwerk' zurückzugreifen, als die zweifache Verschiebung der Brüsseler Finanzkonferenz dafür sorgte, dass bereits vorhandene Daten nicht mehr aktuell waren. Die jeweils neuesten Großhandelspreisindizes aus Japan und Frankreich fragte Loveday mehrfach direkt bei Mori Kengo von der japanischen Finanzkommission in London und bei Lucien March von der *Statistique générale* in Paris an.[86] Und eine Bitte, nun doch endlich die angefragten Informationen über Brasilien zu liefern, richtete Loveday Mitte Juli 1920 persönlich an den Handelsattaché in Paris, Julio Barboza-Carneiro, der sein Land später in der Wirtschaftskommission des *Völkerbunds* vertrat.[87]

Das ‚unsichtbare Netzwerk' half in den folgenden Monaten und Jahren auch, ein *zweites* Problem zu lösen. Die Fragebögen verschickte der Generalsekretär im April 1920 an die diplomatischen Vertretungen der Länder in London. Das war

---

84 Walters: A History, S. 128, 197–199, 298 f.; Burkman: Japan, S. 111, 116; Gerald Chauldron: New Zealand and the League of Nations. The Beginnings of an Independent Foreign Policy, 1919–1939, Jefferson / London 2012, S. 26; Stefan Hell: Siam and the League of Nations. Modernisation, Sovereignty and Multilateral Diplomacy, 1920–1940, Bangkok 2010, S. 53–73; Kuss: Der Völkerbund, S. 98 f.

85 NCL, Loveday Papers, Box 39, Chronology, Alexander Loveday, o.Dat., „Notes for Chapter on EIS", S. 3.

86 NCL, Loveday Papers, Box 3, Loveday an Mori Kengo, *Japanese Financial Commission*, London, 12.05., 23.06. und 09.09.1920; Loveday an Ohno R., *Japanese Financial Commission*, London, 02.09.1920; Loveday an Goto Kaichi, *Japanese Financial Commission*, London, 14.09.1920; Loveday an March, 23., 28.06., 02.09.1920.

87 NCL, Loveday Papers, Box 3, Loveday an Barboza-Carneiro, Paris, 30.06., 12.07. und 17.07.1920.

grundsätzlich der Weg, den der *Völkerbund* einzuschlagen hatte, wenn er mit seinen Mitgliedsländern kommunizierte. Um schnelle und den Anforderungen genügende Antworten sicherzustellen, war das aber nur bedingt sinnvoll, da die Wege innerhalb der Verwaltungen oft lang waren. So drohte dieses Vorgehen 1921 selbst im Falle Großbritanniens den Fluss aktueller Informationen für das MBS zu verlangsamen, und es erforderte die Intervention Drummonds, einen direkten Kommunikationskanal zwischen dem *Board of Trade* und den neuen MBS-Autoren in Genf zu etablieren.[88] Teils ließen sich auf diplomatischem Wege sogar gar keine Informationen einholen, etwa, wenn der *Völkerbund* bei einzelnen Staaten aus politischen Gründen auf taube Ohren stieß. Anfang der 1920er Jahre betraf das vor allem Russland bzw. die Sowjetunion, die als Unbekannte im wirtschaftsstatistischen Raum stand und mit deren Regierung der *Völkerbund* offiziell keine Beziehungen unterhielt. Gleichwohl war man in Genf und anderswo sehr an den dortigen wirtschaftlichen und sozialen Verhältnissen und damit auch an entsprechenden Daten interessiert. Ein unsichtbar bleibendes Netzwerk half ab dem Frühjahr 1922, an solche Zahlen zu gelangen und die Sowjetunion in die internationale wirtschaftsstatistische Infrastruktur einzubinden (vgl. Kap. 5.3).

Ein *drittes* Problem für die Erarbeitung aktueller und vergleichbarer internationaler Statistiken stellten Fragebögen in inhaltlicher Hinsicht dar. Ihre Beantwortung bedeutete für Regierungen Aufwand, den es im Interesse hoher Rücklaufquoten zu minimieren galt. Das war aber nur bis zu einem gewissen Grad möglich. Einerseits mussten die Fragen möglichst präzise formuliert sein, um vergleichbare Antworten zu erhalten. Andererseits durften sie nicht so technisch verfasst werden, dass nur wenige Fachleute sie verstanden. Folge waren Ungenauigkeiten und Missverständnisse. Auch die Tatsache, dass nicht alle Beamten der Welt die Amtssprachen Englisch und Französisch einwandfrei beherrschten, verminderte die Rücklaufquote zum Teil erheblich.[89] Lovedays Team musste deshalb immer wieder Antworten anmahnen, Angaben präzisieren und Informationen erläutern lassen. Bei der Vorbereitung der Brüsseler Konferenz trat dieses Problem etwa hinsichtlich der Außenhandelsstatistik auf. Zahlen, die die japanische Regierung in ihrer Antwort auf den Fragebogen zum Außenhandel von 1919 nannte, wichen von bereits publizierten ab und Loveday musste nachfragen, ob es sich

88 LoNA, R.349, 10/13306/12361, Korrespondenz zwischen Frank H. Nixon, *Economic and Financial Section*, Drummond und Gerald S. Spicer, *Cabinet Office*, 03.-07.06.1921; LoNA, R.309, 10/6408/6408, Etlinger an Loveday, 10.06.1921; Sydney Chapman, *Board of Trade*, an Maurice Hankey, *Cabinet Office*, 23.06.1921.

89 Vgl. zu sprachlichen und kulturellen Verständigungsprobleme zwischen dem Sekretariat und lateinamerikanischen Regierungen Thomas Fischer: Die Souveränität der Schwachen. Lateinamerika und der Völkerbund, 1920–1936, Stuttgart 2012, S. 187–190.

dabei um Angaben des Generalhandels handele statt um solche zum Spezialhandel, nach denen gefragt worden war.[90] Auch bei den Regierungen von Peru, Bolivien, Paraguay und Griechenland erkundigte sich Loveday, wie die jeweils mitgeteilten Wertangaben zum Außenhandel zustande gekommen seien.[91] Um solchen Verständigungsproblemen vorzubeugen, zog Loveday – sobald es sich anbot – eine Methode vor, die bereits das britische *Board of Trade* im 19. Jahrhundert erprobt hatte. Sein Team füllte zu druckende Tabellen soweit aus, wie es ihnen die verfügbaren Informationen erlaubten. Die angeschriebenen Regierungen und/oder Fachleute sollten die Zahlen dann bestätigen, korrigieren und/oder ergänzen. Auf gleiche Weise verfuhr Lovedays Sektion mit einigen der zahlreichen Broschüren und Berichte, die ihre Mitarbeiter im Laufe der Jahre verfassten.

Viertens mussten Loveday und seine Mitarbeiter mit dem Grundproblem ländervergleichender Wirtschaftsstatistiken umgehen – unterschiedlichen Konzepten und Methoden, die in teils kaum oder gar nicht vergleichbaren Zahlen resultierten. Kurzfristig lösten sie dieses Problem, indem sie den Broschüren, die sie auf Grundlage der Fragebögen und eigener Recherchen für die Brüsseler Konferenz verfassten, methodische Erläuterungen hinzufügten, die die Unzulänglichkeiten und Unvergleichbarkeit der Zahlen verdeutlichten. Das war ein weithin gelobtes Charakteristikum dieser und aller weiteren wirtschaftsstatistischen Publikationen des *Völkerbunds* und unterschied sie von früheren internationalen (Wirtschafts-)Statistiken. Langfristig aber konnte hier nur die internationale Standardisierung wirtschaftsstatistischer Konzepte und Methoden helfen, die Statistiker schon so lange und fast vergeblich einforderten. Hier eröffnete sich dem *Völkerbund* ab dem Sommer 1922 ein neues Tätigkeitsfeld, das die *Economic and Financial Section* tatkräftig beackerte und auf dem sie innerhalb weniger Jahre beachtenswerte Erfolge erzielte.

Die aufwändige Vorbereitung der Brüsseler Finanzkonferenz mündete in 14 Broschüren, die zu Beginn der Veranstaltung veröffentlicht wurden. Deren Erarbeitung kontrollierte Loveday persönlich und sorgte mit permanenten Druckfahnenkontrollen dafür, dass die Hefte inhaltlich richtig und aktuell waren sowie dem Aufbau und Layout entsprachen, die er für sinnvoll erachtete.[92] Als die Konferenz begann, bildeten Loveday und sein Team vor Ort eine *Intelligence Section.* Alle Delegationen sollten die Broschüren auf ihre Korrektheit und Aktualität überprüfen

---

90 NCL, Loveday Papers, Box 3, Loveday an die Botschaft Japans, London, 13.05.1920.

91 NCL, Loveday Papers, Box 3, Loveday an die Botschaften Perus, Griechenlands, Uruguay, Paraguay und Bolivien, London, 07.06. bzw. 16.06.1920; Antwort der peruanischen Gesandtschaft vom 11.06.1920; ähnlich auch Loveday an die Botschaft Argentiniens, London, 13.05.1920.

92 Vgl. NCL, Loveday Papers, Box 3, Korrespondenz zwischen Loveday und dem Mitarbeiter des Verlags *Harrison & Co.* Bishop im Mai und Juni 1920.

und eventuelle Änderungen Lovedays mitteilen; nur so könnten Diskussionen auf Grundlage aktueller und verifizierter Zahlen stattfinden.[93]

Mit seiner Penibilität setzte Loveday ebenso die Standards für die künftigen Publikationen seiner Sektion wie mit deren darstellerischer Form. Vier der Broschüren waren im engeren Sinne statistische Publikationen.[94] Sie enthielten die Daten, die die Länder mitgeteilt bzw. die Lovedays Team recherchiert hatte, und einen Abschnitt, in dem die Informationen der einzelnen Länder thematisch zusammengestellt, miteinander verglichen und verbal interpretiert wurden. Dies entsprach Lovedays Ansatz, anwendungsorientiertes Wissen (‚intelligence') zur Verfügung zu stellen und sein Team nicht nur rein statistische Arbeit verrichten zu lassen. Zudem diente diese Zweiteilung zwischen Zahlen und Interpretation als Vorbild für die meisten Periodika, die Lovedays Team in der Folgezeit erarbeitete.

Alle Broschüren gaben, soweit möglich, Daten für die Vorkriegszeit (meist 1913 bzw. 1914) an sowie für 1919 und 1920. Bis Mitte der 1920er Jahre waren solche Vergleiche mit dem letzten Vorkriegsjahr Standard der wirtschaftsstatistischen Publikationen des *Völkerbunds*; später diente üblicherweise das Jahr 1920 als ‚Normjahr' und in den 1930er Jahren die Jahre 1924 bis 1928. Konsequent wurden, dem Völkerbundstandard entsprechend, Texte und Tabellen in Englisch und Französisch wiedergegeben.

In geographischer Hinsicht umfassten die statistischen Bände vor allem europäische Länder, die USA, Japan und die britischen Dominions. Die Zahl der Länder, über die Daten mitgeteilt wurden, variierte aber und hing in erster Linie von der Verfügbarkeit statistischer Informationen ab. Keiner der Broschüren erweckt den Eindruck, die Autoren hätten sich aus inhaltlichen Gründen auf die industrialisierten Länder Europas und Nordamerikas konzentriert; immer wieder ließen sich etwa Daten aus lateinamerikanischen Ländern, Siam oder China nachschlagen.[95] Zusätzlich bekamen die Delegierten der in Brüssel vertretenen Länder die Gelegenheit, vor dem Plenum kurze Berichte über die finanzielle Lage ihrer Staaten abzugeben, die anschließend ebenfalls gedruckt wurden. So kamen Zahlen weiterer

---

93 NCL, Loveday Papers, Box 3, Loveday an die Delegationssekretariate, 24.09.1920.

94 Bd. 3: Currency Statistics; Bd. 4: Public Finance; Bd. 5: International Trade und Bd. 8: Coal Statistics; Liste der Publikationen für die Konferenz in International Financial Conference: Report of the Advisory Committee, S. 23.

95 Vgl. etwa International Financial Conference: Currency Statistics, Revised Edition, London 1920, S. 36 f.; International Financial Conference: Public Finance, London 1920, S. 35; International Financial Conference: International Trade, Revised Edition, London 1920, S. 31 f., 51, 53, 77, 79.

Länder auf den Tisch.[96] Nicht berücksichtigt wurden hingegen kolonial abhängige Länder, mit der wichtigen Ausnahme und völkerrechtlichen Anomalie Indiens.

Es besteht daher zwar kein Zweifel daran, dass das Interesse der Delegierten in Brüssel sowie der zeitgenössischen Ökonomen und tonangebenden Akteure auf der internationalen Bühne fast ganz dem europäisch-atlantischen Raum und industrialisierten Ländern galt. Doch das Ziel von Lovedays Team war es, möglichst viele Länder statistisch abzubilden und in ihre Analysen einzubeziehen. Dies wurde zu einem Merkmal der wirtschaftsstatistischen Publikationen aus Genf und korrespondierte mit dem globalen Anspruch des *Völkerbunds*, der souveräne Staaten überall auf der Welt formal gleichstellte, auch wenn sich die ungleichen politischen und wirtschaftlichen Machtverhältnisse *de facto* in Strukturen und Gebaren der Organisation niederschlugen. Einige Jahre später betonte Loveday diesen globalen Anspruch explizit in einem Beitrag über die wirtschaftsstatistischen Aktivitäten.[97]

Der Eurozentrismus von Lovedays Team ließ sich in anderer Hinsicht jedoch nicht verstecken. Die Anordnung der Daten folgte der Praxis früherer internationaler (Wirtschafts-)Statistiken, europäische Länder zuerst zu benennen, Statistiken außereuropäischer Staaten danach. Die europäischen Länder wurden zudem verschiedenen regionalen Gruppen zugeteilt: Die west- und südeuropäischen Alliierten, Belgien und Portugal bildeten die erste Gruppe, die im Krieg neutralen Länder Schweiz, Spanien und Niederlande eine zweite, die skandinavischen Staaten eine dritte, die Nachfolgestaaten in Ostmitteleuropa, Griechenland und Rumänien eine vierte und die früheren Mittelmächte eine fünfte Gruppe. Einem imperialen Gestus folgend wurden Angaben der vier britischen Dominions und Indiens direkt nach Großbritannien eingefügt. Bis Mitte der 1920er Jahre prägte dieses politisch begründete Ordnungsprinzip die Anordnung statistischer Daten in den Publikationen des *Völkerbunds*. Danach dominierte fast ausnahmslos die alphabetische Gliederung.

Der professionelle Anspruch der Brüsseler Broschüren ließ sich an den erwähnten methodischen Anmerkungen ablesen. Auch dass Loveday insistierte, offizielle Daten aus Fragebögen im Einzelnen zu prüfen und gegebenenfalls Korrekturen oder Erläuterungen einzufordern, unterstrich diesen Anspruch, den er später auch an das MBS und andere Veröffentlichungen seiner Sektion anlegte. „No matter how authoritative its source might be, no figure was accepted at its face value",

96 Conférence Financière Internationale: Comptes Rendus de la Conférence, Bd. 3: Exposés sur la Situation Financière des Pays représentés à la Conférence, Brüssel 1920.
97 Loveday: Geneva, S. 198.

betonte noch Jahre später ein Beobachter.[98] Damit unterschieden sich bereits diese ersten Publikationen von jenen des *Internationalen Landwirtschaftsinstituts* in Rom. Dessen ländervergleichende Statistiken basierten zwar ebenfalls auf der Auswertung von Fragebögen, die Regierungen zuvor ausgefüllt hatten. Doch das Institut hatte kein Recht, so Edward Lloyd 1919, diese zu hinterfragen, zu kritisieren oder zu ergänzen. Das IIA druckte also offizielle Statistiken ab, selbst wenn Experten wussten, so Lloyd, dass sie inkorrekt oder gar gefälscht waren. IIA-Statistiken waren also Kompilationen zuvor erhobener Daten, wie sie bereits im 19. Jahrhundert erarbeitet worden waren. Sie seien, so Lloyd, bereits für die interalliierten Gremien, die sich während des Krieges mit Ernährungsfragen befasst hatten, kaum hilfreich gewesen.[99]

Von den Publikationen hingegen, die Lovedays Team für die Brüsseler Konferenz erarbeiteten, waren zeitgenössische Beobachter begeistert. Die Bände 3 und 5 der Broschürenreihe waren nach dem Ende der Tagung so begehrt, dass Lovedays Sektion eine überarbeitete und aktualisierte Neuauflage besorgte, die Ende 1920 auf den Markt kam. „No Conference was ever so well provided with documents as this one“, schrieb der britische Ökonom und Bankier Harry Siepmann. Der frühere Leiter des Statistikbüros des AMTC Joseph S. Davis sah in den Broschüren eine große Errungenschaft und das Ergebnis sorgfältiger Editionsarbeit. So unvollkommen sie auch seien, so Davis, „the figures are more complete and the interpretation is more adequate than any one nation could have prepared for itself“. Dies zeige, wie der *Völkerbund* zur Lösung internationaler Probleme beitragen könne.[100]

Die Brüsseler Delegierten teilten diese Einschätzungen. Sie empfahlen, der *Völkerbund* solle zur Verbesserung der internationalen Finanzlage beitragen, indem er „financial information in a clear comparative form“ publiziere.[101] Die neue Finanzkommission des *Völkerbunds* bekräftigte dies im November 1920; sie riet, die für die Brüsseler Konferenz erstellten finanzstatistischen Publikationen zu verstetigen. Die Wirtschaftskommission empfahl zudem, der *Völkerbund* solle das MBS übernehmen, inhaltlich überarbeiten und zukünftig in eigener Regie erstellen und

---

98 John B. Condliffe im Vorwort zu Gregory Frumkin: Population Changes in Europe Since 1939. A Study of Population Changes in Europe During and Since World War II as Shown by the Balance Sheets of Twenty-Four European Countries, New York 1951, S. 5–7, hier S. 5.

99 LSE Archives, Lloyd Papers, LLOYD 3/7, Report of Visit to International Institute of Agriculture, Rome, Edward M.H. Lloyd, o.Dat. [ca. Dezember 1919], S. 9 f.; vgl. zudem Hobson: The International Institute, S. 125 f.

100 Siepmann: The International Financial Conference, S. 441; Davis: World Currency, S. 350 f.

101 Report of the International Financial Conference, S. 237.

publizieren.[102] Mitte Dezember 1920 bestätigte der Völkerbundrat diese Empfehlungen und wies das Sekretariat an, die nötigen Schritte einzuleiten. Dies resultierte zum einen in Jahrbüchern, die unter anderen Titeln bis zum Zweiten Weltkrieg fortgesetzt und später teilweise vom *Internationalen Währungsfonds* weitergeführt wurden.[103] Zum anderen begann Lovedays Team, das MBS zu übernehmen.

5.3 „The Spine of Our Work": Das *Monthly Bulletin of Statistics* in Genf

Wenige Tage nach dem Votum des Völkerbundrats, die MBS-Redaktion in Genf zu etablieren, initiierte Loveday deren Transfer von London.[104] Er musste das nötige Personal finden sowie die nun umfangreichere und permanente statistische Arbeit sinnvoll organisieren. Zudem musste er sich über die Inhalte des neuen MBS klar werden und Wege finden, wie die nötigen Daten zu beschaffen waren.

Personelle Vorbereitungen

Ab Januar 1921 standen Loveday deutlich höhere Personalmittel zur Verfügung als noch zuvor. Er selbst erhielt einen Fünfjahresvertrag und höheren Lohn. Zudem konnte er neben Jacobsson zwei weitere, nicht-britische Assistenten sowie mehrere Sachbearbeiter einstellen.[105] Anders als noch 1919 suchte Loveday nun ausschließlich Europäer, was der seinerzeitigen Einstellungspraxis des Sekretariats entsprach, und stellte hohe Ansprüche an deren Sprach- und Fachkenntnisse.[106] Nicht alle seine Wünsche ließen sich realisieren. Aber seine Wahl legte den Grundstein für ein jahrelang stabiles Personaltableau des *Economic Intelligence Service*, das ein zentraler Faktor für das Funktionieren der entstehenden wirtschaftsstatistischen Infrastruktur war. Die hohe personelle Kontinuität wirkte sich

102 Report of the Provisional Economic and Financial Committee of the Council, in: OJ 2 (1921), S. 44–62, hier S. 52, 54–56.

103 Dies waren das Memorandum on Currency, Memorandum on Central Banks und Memorandum on Public Finance (alle ab 1922) sowie das Memorandum on Balances of Payments and Foreign Trade Balances (ab 1924).

104 NCL, Loveday Papers, Box 3, Aktenvermerk Lovedays für Frank H. Nixon, 28.12.1920.

105 NCL, Loveday Papers, Box 3, Layton an Loveday, 30.12.1920.

106 LoNA, Loveday Archives, P.133/2, Aktenvermerk Lovedays, 18.01.1921; vgl. Klaas Dykmann: How International was the Secretariat of the League of Nations?, in: The International History Review 37 (2015), S. 721–744.

positiv aus auf das in Genf abrufbare Wissen über Informationsquellen und Ansprechpartner, auf die Arbeitsroutinen und damit auch auf die Qualität der Publikationen.

Als erster neuer Mitarbeiter kam im April 1921 der 31jährige italienische Statistiker Marcello Boldrini nach Genf. Er blieb jedoch nur zehn Monate in der Sektion, war anschließend in der Abrüstungssektion tätig und ab 1924 Statistikprofessor in Mailand. Seine Stelle übernahm von Februar 1922 bis Oktober 1923 Aldo Crosara und anschließend bis Sommer 1927 Guiseppe Rocca. Waren diese drei nur kurz in Lovedays Sektion beschäftigt, blieben andere deutlich länger. Im Juni 1921 stieß der 26jährige Pole Grzegorz Frumkin zum Team. Er übernahm die Auswertung der slawischsprachigen Presse, redigierte ab 1926 das Statistische Jahrbuch des *Völkerbunds* und blieb dem Sekretariat bis 1946 erhalten. Das gleiche galt für den Neuseeländer John H. Chapman, der im September 1921 nach Genf kam. Loveday hatte Chapman nicht selbst ausgesucht, sondern musste auf die Einschätzung der neuseeländischen Regierung vertrauen, die mit dem vormaligen statistischen Beamten der Zollbehörde seines Landes endlich einen Mitarbeiter im Sekretariat unterbringen wollte. Chapman erwies sich als fähiger Mitarbeiter und widmete sich vor allem Außenhandelsstatistiken sowie den diesbezüglichen Publikationen. Ein wesentlicher Zugang zum Sekretariat war im Herbst 1921 der 28jährige Schwede Ansgar Rosenborg. Er wurde rasch zur tragenden Säule der wirtschaftsstatistischen Aktivitäten des *Völkerbunds*, vertrat Loveday, als dieser in den 1930er Jahren zum Sektionschef wurde und blieb ebenfalls bis 1946 in der EFO.[107]

Weitere langjährige Mitarbeiter im Genfer Sekretariat, die sich vor allem wirtschaftsstatistischen Publikationen widmeten, waren der Brite Elliot Felkin (1923 bis 1938 in der Sektion), der Österreicher Alfred von Suchan (1924–1939), der Schwede Folke Hilgerdt (1927–1946), der Finne Tapio Voionmaa (1929–1937), der Deutsche Gerhard Fürst (1930–1939) und der Kanadier Louis Rasminsky (1930–1940).[108] Auch Dorothy Etlinger nahm ihre Aufgabe als Verbindungsfrau in London von 1921 bis 1940 wahr und mindestens ein Sachbearbeiter (Francesco Cresto) arbeitete von 1921 bis 1940 am MBS.[109]

---

107 Vgl. die biographischen Angaben im Anhang.

108 Vgl. die biographischen Angaben im Anhang.

109 Vgl. LoNA, Loveday Archives, P.150/6, Organisation of the Economic Intelligence Service, Memorandum, Anonymus, o.Dat. [1940], S.1; zu Francesco Crestos Aufgabe 1921: NCL, Loveday Papers, Box 4, Memorandum on Points Discussed at the Branch Meeting, 13th December 1921, 13.12.1921.

Arbeitsorganisation und Arbeitsweise

Alle 1921 neu eingestellten Mitarbeiter waren für jeweils eine der Sektionspublikationen verantwortlich; Sachbearbeiter erhielten Aufgaben je nach Bedarf. Das MBS redigierten zunächst nacheinander bis 1927 Boldrini, Crosara und Rocca, danach übernahmen vermutlich Loveday und die Sachbearbeiterin Suzanne I. Godard.[110] Von 1932 bis Oktober 1939 verantwortete Gerhard Fürst das MBS, der spätere erste Präsident des deutschen *Statistischen Bundesamts.* Nach dessen kriegsbedingtem Ausscheiden übernahm Phyllis van Ittersum die Redaktion, die in den 1920er Jahren Lovedays und später Fürsts Assistentin gewesen war.[111] Gedruckt wurde das Journal aber vor allem in den Anfangsjahren erst nach Lovedays Prüfung. Seine pedantische Kritik an Publikationsentwürfen seiner Mitarbeiter behielt Loveday bei allen Veröffentlichungen seines Teams bis in die 1940er Jahre bei und ist in teils sehr detaillierten Anmerkungslisten dokumentiert.[112]

Trotz der klaren Aufgabenverteilung waren alle Mitarbeiter der Sektion über die Arbeiten der anderen informiert und übten bei Bedarf Kritik an Entwürfen, einzelnen Tabellen, Formulierungen oder Darstellungsweisen. Das wichtigste Forum dafür war ab September 1921 ein etwa alle 14 Tage stattfindendes Treffen der Sektionsmitarbeiter. Im Laufe der Zeit nahmen an diesen Treffen Kollegen der ILO und weitere ökonomisch Interessierte aus Genf teil. Zunehmend wurde es institutionalisiert und in den 1930er Jahren als *Economic Intelligence Committee* bezeichnet.[113] Ebenfalls in den 1930er Jahren etablierte diese Runde die Praxis, im Oktober eines jeden Jahres die Redaktions- und Publikationsarbeiten des Folgejahres zu planen. Aufgaben sollten so möglichst gleichmäßig über das Jahr verteilt und mit anderen Abteilungen des Sekretariats abgestimmt werden. Das MBS nahm wegen seiner monatlichen Erscheinungsweise eine Sonderrolle ein, besaß aber ebenso feste Bearbeitungs- und Publikationszeiten.[114]

---

110 Das geht aus interner Korrespondenz hervor, etwa in LoNA, R.2690, 10B/1095/1095 und 10B/5389/1095.

111 LoNA, R.2690, 10B/1095/1095, Godard an Etlinger, 16.06.1932; NCL, Loveday Papers, Box 13, Aktenvermerk Lovedays für Sean Lester, amtierender Generalsekretär des *Völkerbunds*, 14.11.1939.

112 Bezüglich des MBS vgl. etwa seine Kritik von Fürsts Entwurf für den Jahrgang 1935, die er während einer USA-Reise verfasste: LoNA, R.4533, 10B/14704/10942, Loveday an Fürst, 03.11.1934.

113 NCL, Loveday Papers, Box 4, Aktenvermerk Lovedays an Jacobsson, Boldrini, Chapman und Frumkin, 16.09.1921, S. 2; NCL, Loveday Papers, Box 10, Aktenvermerk Lovedays an Fritz Schnabel, *Publication Section*, 23.01.1936. Protokolle dieser Runde gibt es weder im Völkerbundarchiv noch in Lovedays Nachlass. Auszüge aber etwa in LoNA, R.4533, 10B/14704/10942 (84. Sitzung des *Economic Intelligence Committee*, 16.04.1935).

114 LoNA, R.309, 10/11617/6408, Monthly Questionnaire; LoNA, R.309, 10/18171/6408 , Loveday an R.C. Craig, *New York Trust Company*, 21.12.1921 (Zitat); LoNA, R.309, 10/40070/6408, Loveday an Arthur

Neben Sektionsangelegenheiten diskutierte die Mitarbeiterrunde aktuelle wirtschafts- und finanzpolitische Fragen. Im September 1921 waren dies etwa damalige Wechselkursschwankungen.[115] Zudem teilten die Teilnehmer die permanente Auswertung der internationalen Tages- und Wirtschaftspresse entsprechend den Sprachkenntnissen unter sich auf. Auch wirtschaftstheoretische Probleme wurden erörtert, so dass sich intern der Name „Economic Discussion Club“ einbürgerte.[116] Alle Sektionsmitarbeiter sollten zudem regelmäßig Anschaffungsvorschläge für die Bibliothek in der gemeinsamen Runde vorstellen, die Loveday anschließend an die Bibliothek weiterleitete.[117]

Der institutionalisierte Austausch über aktuelle Entwicklungen in der Wirtschafts- und Finanzpolitik sowie den Wirtschaftswissenschaften diente Loveday dazu, die Publikationen der Sektion an Bedürfnissen ihrer potentiellen Leser ausrichten zu können und einen „academic sleep“ seiner Mitarbeiter zu vermeiden, den er bei rein statistischer Arbeit befürchtete.[118] Gleichzeitig legte er damit den Grundstein dafür, dass Genf ab Ende der 1920er Jahre zu einem der Hotspots internationaler wirtschaftswissenschaftlicher Debatten und des wirtschaftsliberalen Denkens wurde, der Zentrum dessen war, was Quinn Slobodian als neoliberale ‚Geneva School‘ bezeichnete.[119]

Eine weitere wichtige Form der innersektionalen Kommunikation – und gleichzeitig der Wissensorganisation – war eine statistische Kartei, in der ab 1921 Informationen gesammelt und aktualisiert wurden. 1931 umfasste diese Sammlung rund 10.000 Karteikarten und bis 1946 verdoppelte sich ihre Zahl. Alle Sektionsmitarbeiter hatten Zugang zu diesen Karten, ergänzten oder korrigierten Daten darauf und nutzten sie für ihre eigenen Arbeiten.[120]

Bowley, 10.10.1925; LoNA, R.5517, 19/17923/1749, Fritz Schnabel, *Publication Section*, an *Reuters Ltd.*, London, 17.05.1935.

115 NCL, Loveday Papers, Box 4, Aktenvermerk Lovedays, 16.09.1921, S. 2.

116 NCL, Loveday Papers, Box 10, Aktenvermerk Lovedays an Fritz Schnabel, *Publication Section*, 23.01.1936; Hildegard Bartels: Gerhard Fürst – Mensch und Werk, in: Willi Hüfner (Hrsg.): Die Statistik im Dienste der Wirtschaftspolitik. Festschrift für Gerhard Fürst zu seinem 70. Geburtstag, Göttingen 1967, S. 1*-12*, hier S. 3*.

117 Frühe Beispiele solcher Anschaffungslisten etwa in LoNA, Loveday Archives, P.133/2.

118 LoNA, S.138, E&F Section, 19/3/1, Aktenvermerk Lovedays, 01.03.1921.

119 Clavin: Securing; Endres/Fleming: International Organizations; Schulze-Forberg: Neoliberalism; Slobodian: Globalists.

120 NCL, Loveday Papers, Box 4, Memorandum on Points Discussed at the Branch Meeting, 13th December, 1921, Alexander Loveday, 13.12.1921; LoNA, Princeton Office, C.1623, 3, Aktenvermerk Elliot Felkins an Seymour Jacklin, Treasurer des *Völkerbunds*, 04.12.1931; Inventory Princeton L.o.N. to U.N., Sept. 1, 1946 (Publications, Furniture and Equipment), o.Dat. [Sept. 1946], Annex B.2.

Zentrale Bedeutung für das MBS und die anderen wirtschaftsstatistischen Publikationen besaß das Londoner Büro des *Völkerbunds*. Dessen Mitarbeiterinnen Dorothy Etlinger, Kathleen Bodkin und Kathleen Brown erwiesen sich als unverzichtbar, um Publikationen zu besorgen und auszuwerten, die es in Genf nicht gab, und um Tabellen und Darstellungen zusammenzustellen und zu überprüfen. Vor allem aber fungierten sie – insbesondere Etlinger – als Vermittlerinnen, die direkt und notfalls in persönlichen Gesprächen mit Kooperationspartnern des Genfer Sekretariats in London konferierten. Sie beschafften Daten, Hintergrundinformationen und Erläuterungen von Behörden der britischen Regierung, von Vertretungen anderer Länder, von Banken und Unternehmensverbänden, von akademischen Institutionen und von einzelnen Experten und Gewährsleuten, die zu erhalten auf offiziellen Wege deutlich aufwändiger und langsamer oder gar nicht möglich gewesen wäre.[121] Auch der Kontakt zur *Royal Statistical Society* war dank Etlinger eng. Sie war Fellow der Vereinigung, nahm regelmäßig an dessen Sitzungen teil und wurde 1924 in dessen Leitungsgremium gewählt.[122]

Die fast tägliche Korrespondenz Etlingers mit Lovedays Sektion zeigt, dass die Aktualität und die große inhaltliche wie geographische Breite, für die die wirtschaftsstatistischen Publikationen des *Völkerbunds* gelobt wurden, ohne mechanische Rechenmaschinen nicht erreicht worden wären. Immer wieder bat Etlinger Loveday darum, Geld für die Reparatur bereits genutzter Maschinen bereitzustellen oder neue Apparate zu mieten oder zu kaufen. „It is making the greatest difference to the speed with which we can get through the work, and we feel most fearfully grand!"[123] Auch in Genf war Lovedays Team in wachsendem Maße auf mechanische oder halbelektronische Rechenmaschinen angewiesen und 1925 begründete Loveday den letztlich genehmigten Kauf einer solchen Maschine mit dem Argument, ansonsten mehr Sachbearbeiter einstellen zu müssen.[124]

---

121 Die Korrespondenz von Loveday und seinen Mitarbeitern in Genf mit Etlinger ist sehr umfangreich und auf zahlreiche Akten im Archiv des *Völkerbunds* verteilt. Einen Eindruck mit Bezug auf das MBS bieten beispielsweise LoNA, R.309, 10/27226/6408; R.2690, 10B/1095/1095; LoNA, London Office, C.1785, 1/1–1/5; C.1786, 1/34–35; C.1786, 1/36–39; C.1791, 1/2 und 1/3.

122 Report of the Council for the Financial Year Ended December 31, 1923, and for the Sessional Year Ending June 17, 1924, Presented at the Ninetieth Annual General Meeting of the Royal Statistical Society, in: Journal of the Royal Statistical Society 87 (1924), S. 599–613, hier S. 604; Report of the Council for the Financial Year Ended December 31, 1924, and for the Sessional Year Ending June 16, 1925, Presented at the Ninety-First Annual General Meeting of the Royal Statistical Society, in: Journal of the Royal Statistical Society 88 (1925), S. 581–598, hier S. 586.

123 LoNA, R.309, 10/27226/6408, Etlinger an Loveday, 22.10.1923; vgl. auch LoNA, R.400, 10/27498/27498, Etlinger an Loveday, 05.11.1923; LoNA, London Office, C. 1785, 1/3, Etlinger an Loveday, 20.06.1924; LoNA, London Office, C.1785, 1/4, Etlinger an Loveday, 23.05. und 22.06.1928 sowie 14.05.1929.

124 LoNA, R.1535, 32/9564/9564, Aktenvermerk Lovedays an Benoît Leon-Dufour, 02.04.1925.

Inhaltliche Vorbereitungen

Schon im Juli 1920 hatte Loveday das MBS einer eingehenden inhaltlichen Kritik unterzogen. Neben der missverständlichen Darstellungsweise einiger Tabellen sowie kleineren inhaltlichen Aspekten hatte er vor allem die zu große Konzentration auf Großbritannien kritisiert. „If this is going to become really an international document“, hob er bezüglich der Außenhandelsstatistiken hervor, müsse auf die Umrechnung der Wertangaben in Pfund Sterling verzichtet werden. Einige Tabellen – etwa zum Außenhandel und zu den Groß- und Einzelhandelspreisindizes – sollten um weitere Länder erweitert werden. Japan und China müssten in die Tabelle zum Banknotenumlauf aufgenommen werden. Fragwürdig sei zudem „whether it is happy for an international body to speak of ‚principal‘ countries“. Polen etwa habe eine größere Bevölkerungszahl, als die Hälfte jener Länder zusammengenommen, die die Tabelle zum Banknotenumlauf als „all the principal countries“ bezeichnete. Zudem sollten Wertangaben in Dollar angegeben und weniger Informationen zu Großbritannien gedruckt werden.[125]

Als Loveday Ende Januar 1921 begann, einen Entwurf des ‚neuen‘ MBS zu verfassen – „a pretty big job“[126] –, nahm er seine Kritik ernst. Sein Konzept war teils detaillierter als das ‚alte‘ MBS und enthielt beispielsweise nicht nur Angaben zur Kohleproduktion, sondern unterschied auch zwischen der Förderung von Stein- und Braunkohle. Der Außenhandel sollte nicht mehr nur wert-, sondern auch mengenmäßig erfasst werden. Des Weiteren umfasste Lovedays Konzept zusätzliche Aspekte wie Bankrotte und Spareinlagen. Gleichzeitig hielt er weitgehend an der bestehenden Gliederung fest; Produktion, Außenhandel, Preise und der Geldmarkt waren auch für ihn diejenigen Aspekte, deren Beobachtung Aufschluss über „commercial movements in various countries“ geben sollte.[127] Die Anordnung der Länderangaben blieb ebenfalls weitgehend gleich. In den Tabellen des ‚alten‘, vom *Board of Trade* redigierten MBS tauchen zuerst die alliierten Länder Europas und die USA auf, anschließend die übrigen europäischen Länder, die beachtet wurden, und schließlich die wenigen Staaten anderer Kontinente (darunter Indien und Japan). Loveday änderte dies geringfügig entsprechend der ebenso politisch begründeten Reihenfolge, die bereits in den Brüsseler Broschüren Anwendung gefunden hatte, mit der Ausnahme, dass die britischen Dominions und Indien nicht direkt auf Großbritannien folgten. Erhalten blieb zudem der Beobachtungszeitraum. So enthielten die Tabellen immer Angaben zu 1913, den Folgejahren sowie zu den jeweils

125 NCL, Loveday Papers, Box 3, Notes on Bulletin, Memorandum, Alexander Loveday, 26.07.1920.

126 LoNA, Loveday Archives, P.133/2, Loveday an Frank H. Nixon, 01.02.1921.

127 LoNA, R.309 10/11617/6408, Lovedays Entwurf eines Begleitschreibens für den MBS-Fragebogen, o. Dat. [Februar 1921].

12 jüngsten Monaten. Das letzte Vorkriegsjahr war also der Maßstab, an dem alle weiteren Entwicklungen zu messen waren.

Loveday verfasste einen Fragebogen, in dem Beiträger zu Beginn alle im MBS enthaltenen Informationen angeben sollten. Auch einen monatlich zurückzusendenden Fragebogen entwarf er, in den die Berichterstatter nur die jeweils aktuellen Daten einzutragen hatten. In letzterem war jede zu machende Angabe mit einem Buchstaben versehen, der als Code für telegrafisch übermittelte Daten diente, um Übertragungskosten zu minimieren (‚A' stand etwa für Steinkohleproduktion, ‚E' für den Wert der Einfuhren im Spezialhandel). Die Wirtschaftskommission des *Völkerbunds* sanktionierte diese Ideen Lovedays und die Fragebögen samt dem MBS-Entwurf wurden im April 1921 versendet.[128]

Die Gliederung des MBS änderte sich bis 1946 nicht grundsätzlich. Inhaltlich passten es Loveday und sein Team aber immer wieder neuen Bedürfnissen an. Dabei setzten sie eigene Ideen um oder griffen, wie gleich gezeigt wird, Anregungen ihrer Leser auf. Das ‚alte' Bulletin ergänzten sie vor allem um finanzwirtschaftlich relevante Aspekte und knüpften damit an die Veröffentlichungen der Brüsseler Finanzkonferenz sowie deren Folgepublikationen an. Auch die aufwändige Aktualisierung von Wechselkursen wurde ausgebaut und erfolgte 1939 für fast 60 Länder. Ab Ende der 1920er und vor allem in den 1930er Jahren lag das Hauptaugenmerk inhaltlicher Erweiterung darauf, Produktionsstatistiken und diesbezügliche Indizes einzubeziehen. Die Aufnahme solcher statistischer Reihen in das MBS geschah zum Teil in Reaktion auf veränderte weltwirtschaftliche Verhältnisse, wie etwa 1930, als Statistiken zur Erdölförderung aufgenommen wurden. Die ab 1929 abgedruckten acht Indizes gewerblicher Produktion einzelner Länder hingegen, deren Zahl bis zum Sommer 1939 auf 25 anstieg, waren eine Innovation und ein deutlicher qualitativer Sprung. Sie waren die ersten erfolgreichen Versuche, die gewerbliche Produktion möglichst vollständig und dauerhaft statistisch zu erfassen und so die ‚economic activity' industrialisierter Länder adäquater abzubilden, als das bis dahin möglich war (vgl. Kap. 6.2 und 7.2).

Eine grundlegende Änderung in darstellerischer Hinsicht erfuhr das MBS 1926, als die behandelten Länder ohne Rücksicht auf politische oder wirtschaftliche Verfassungen sukzessive in allen Tabellen in alphabetischer Reihenfolge angeordnet wurden. Eine weitere Gliederungsform wählten die Autoren in den ab 1928 erfolgenden jährlichen Zusammenfassungen des ‚Welthandels', in denen jedes Land

128 LoNA, R.309, 10/11617/6408, Recommendations of the Statistical Sub-Committee of the Provisional Economic & Finance Committee, Economic Section, Adolph Jensen und Sekiba Teiji, 25.02.1921 (LoN Document, E.F. 49); League of Nations. Provisional Economic and Financial Committee. Questionnaire to the Governments – Monthly Bulletin of Statistics, o. Dat. [April 1921] (LoN Document E.F.S. 72).

entsprechend seiner quantitativen Anteile in einer Rangliste genannt wurde. Mehrfach änderte sich aus Platzgründen und wegen inhaltlicher Erwägungen das jeweilige Bezugsjahr der zeitlich vergleichenden Tabellen. Ab 1930 diente das Jahr 1920 überwiegend als Vergleichsgröße und in den späteren Jahren – abhängig vom Thema – eines der Jahre 1924 bis 1929. Zudem war das in Genf erarbeitete MBS im Gegensatz zu jenem des *Board of Trade* konsequent zweisprachig und es erhöhte bezüglich fast aller behandelten Themen die Zahl der Länder, zu denen entsprechende Daten im Monatsrhythmus abgedruckt wurden (vgl. Tab. 1).

Die praktische Übernahme des *Monthly Bulletin of Statistics*

Die Vorbereitungsarbeiten liefen parallel zu den geschilderten institutionellen Streitigkeiten über die zukünftige Organisation internationaler Wirtschaftsstatistik. Die Völkerbundbeamten achteten daher darauf, Regierungen keinen Anlass zu geben, die Übernahme des Monatshefts zu boykottieren. Am Wortlaut des Begleitschreibens an die Regierungen, das den von Loveday verfassten Fragebögen im April 1921 beigelegt wurde und um Kommentare zum MBS-Entwurf bat, feilten Sekretariatsbeamte daher mehrere Wochen lang.[129] Rückmeldungen erachtete Loveday als sehr wichtig, um das MBS an Bedürfnisse von Regierungen anpassen und sie als Leser und Beiträger gewinnen zu können. Zudem zeigt das Vorgehen den professionellen Anspruch Lovedays. Er ging davon aus, dass Leiter statistischer Ämter und damit Fachleute die Kommentare formulieren würden. Sie allein waren auch in der Lage, mitzuteilen, welche Daten sie tatsächlich regelmäßig zu liefern in der Lage waren.

Gleichzeitig mussten die Völkerbundbeamten rasch handeln. Zum einen entfielen mit der Abwicklung des SEC Ende März 1921 die Mittel, mit denen das *Board of Trade* das MBS bis dahin finanziert hatte. Auch die britische Regierung wollte das Journal nicht fortführen.[130] Zwei Ausgaben des Bulletins erarbeitete Flux noch, die im Januar und März 1921 erschienen. Dann aber drohte dem MBS „an immediate and sorry death“ oder zumindest eine zeitliche Lücke, die die Gefahr in sich trug, Kooperationspartner und Abonnenten zu verlieren.[131] Zum anderen drängte die

---

129 Diesbezügliche Korrespondenz und Aktenvermerke in LoNA, R.309, 10/11617/6408. Das Rundschreiben des Generalsekretärs Drummond mit den Fragebögen vom 15.04.1921 an das *British Cabinet Office*, 15.04.1921, in TNA, FO 371/7058, W 5105/4548/98.

130 LoNA, R.309, 10/6408/6408, Layton an Edward F. Wise, 14.12.1920; vgl. TNA, BT 70/2/S.609/22, Liste von Periodika des *Board of Trade* samt Hinweisen, welche eingeschränkt oder aufgegeben wurden (März 1923).

131 LoNA, London Office, C.1785, 1/1, Etlinger an Loveday, 15.04.1921.

belgische Regierung darauf, die MBS-Redaktion dem Brüsseler *Internationalen Handelsinstitut* zu übertragen. Schon Anfang Dezember 1920 hatte die das Institut tragende *Interparlamentarische Handelskonferenz* den *Völkerbund* aufgefordert, sich auf die Koordination der internationalen Statistik zu konzentrieren. Im März 1921 teilte der belgische Delegierte im *Permanent Committee* des SEC seinem britischen Kollegen Wise mit, das Brüsseler Institut könne das MBS billiger und besser erstellen als der *Völkerbund.* Kurz darauf beantragte die belgische Regierung im Völkerbundrat, das Institut mit der „collection of commercial and economic statistics and documents for the League of Nations“ zu beauftragen.[132]

Dass die MBS-Redaktion dennoch nach Genf kam, lag nicht zuletzt an den engen Verbindungen des Sekretariats nach London. Drummond, Loveday und sein Team arrangierten, dass das *Board of Trade* noch eine weitere Ausgabe des MBS auf die bisherige Art und Weise erarbeitete und veröffentlichte, der *Völkerbund* aber die Kosten übernahm.[133] Gleichzeitig bemühte sich Etlinger in London um Unterlagen, Kontaktadressen und Informationen über Abonnenten und Vertriebswege von der britischen Regierung. Dazu sandte das *Board of Trade* seine Mitarbeiterin Dorothea H. Robinson für drei Monate nach Genf, die zuvor am MBS gearbeitet hatte.[134] Wichtiger noch war, die Namen jener zu erhalten, die das MBS abonniert oder Freiexemplare erhalten hatten. Sie als Leser zu halten war wichtig, weil sie mit ihren Käufen nicht nur die Kosten decken sollten, sondern auch als potentielle Beiträger galten. Die Empfänger von Freiexemplaren teilte das *Board of Trade* im Juni mit.[135] Vom *Stationary Office* der britischen Regierung, das das MBS bis Sommer 1921 druckte und vertrieb, erhielt Genf die Nachricht, dass es keine zahlenden Abonnenten gab. Alle MBS-Kopien, die nicht der Regierung zur Verfügung gestellt oder als Freiexemplare versandt wurden, würden direkt an Buchhändler verkauft, die sie dann ihrerseits vertrieben. Darüber könne das *Stationary Office* allerdings keine Auskunft geben.[136] Die letzte von Flux verantwortete MBS-Ausgabe erschien

---

132 ILOA, L 23/1/1, Eugène Baie, Generalsekretär der *Interparlamentarischen Handelskonferenz*, an Eric Drummond, 07.12.1920; LoNA, R.309, 10/11617/6408, Wise an Loveday, 12.03.1921; General Principles to be Observed in Placing the International Bureaux under the Authority of the League. Report by M. Hanotaux, Approved on June 27th, in: OJ 2 (1921), S. 759–763, hier S. 761; OJ 2 (1921), S. 1149.

133 LoNA, R.309, 10/6408/6408, Generalsekretär Drummond an das britische *Cabinet Office*, 21.04. und 02.06.1921; Sydney Chapman, *Board of Trade*, an Maurice Hankey, *Cabinet Office*, 01., 11. und 23.06.1921; Etlinger an Loveday, 10., 11. und 13.06.1921; LoNA, London Office, C.1785, 1/1, Loveday an Etlinger, 17.06.1921; Etlinger an Loveday, 18. und 20.06.1921.

134 LoNA, London Office, C.1785, 1/1, Etlinger an Loveday, 21.06. sowie 02. und 06.07.1921; www.lonsea.de/pub/person/11472 [23.06.2018].

135 LoNA, R.309, 10/6408/6408, Sydney Chapman, *Board of Trade*, an Maurice Hankey, *Cabinet Office*, 01. und 21.06.1921.

136 NCL, Loveday Papers, Box 4, Etlinger an Hugh McKinnon Wood, 11.07.1921.

im Juni des Jahres; Anfang August 1921 veröffentlichte dann Lovedays Team seine erste Nummer.[137]

Druck und Vertrieb des MBS

Um eine dritte vorbereitende, aber praktisch nie endende Maßnahme kümmerte sich Loveday in Genf. Da das Monatsjournal nicht zuletzt aufgrund des permanenten Spardrucks kostendeckend vertrieben werden sollte,[138] bemühte er sich zum einen darum, Strukturen innerhalb des Sekretariats zu etablieren, mit denen sich dies erreichen ließ. Zum anderen wandte er viel Energie dafür auf, das MBS – wie auch die anderen Publikationen seiner Sektion – weltweit so wirksam wie möglich zu bewerben, um Leser, Käufer und Abonnenten zu gewinnen. Einem ‚trial-and-error'-Verfahren folgend, waren Loveday und seine Mitarbeiter dabei recht erfolgreich.

Druck und Vertrieb oblagen ursprünglich einer *Publication Section* im Sekretariat.[139] Bis zur Übernahme des MBS im Frühjahr 1921 war der Vertrieb von Völkerbundpublikationen allerdings kaum geregelt. Grundsätzlich galt, dass Mitgliedsländer alle Veröffentlichungen kostenfrei in einer angemessenen Zahl erhielten. Dazu kamen Tauschabkommen mit Organisationen und Einrichtungen in einer wachsenden Zahl von Ländern. Darüber hinaus wurden Periodika und Berichte direkt an Interessenten verkauft. Im Sommer 1921, also just zu dem Zeitpunkt, als sowohl die Klagen über zu hohe Sekretariatskosten zunahmen als auch das MBS übernommen wurde, richtete die *Publication Section* eine Abteilung ein, die den Verkauf eigener Publikationen professionalisieren sollte. Sie schloss Verträge mit Verlagen und Großbuchhandlungen in einer wachsenden Zahl von Ländern, die die Veröffentlichungen des *Völkerbunds* vertreiben, bewerben und einen möglichst wachsenden Abonnenten- und Käuferkreis etablieren sollten. In Abstimmung mit der *Publication Section* übernahmen diese ‚agents' eine gewisse Menge der Publikationen, verkauften sie im Namen des *Völkerbunds* und erhielten dafür eine Provision. Ende 1921 gab es ‚agents' in 14 Ländern, darunter *Oxford University Press* in

---

137 Monthly Bulletin of Statistics 2 (1920/21), Nr. 5 (Juni) und Nr. 7 (Juli).

138 LoNA, Loveday Archives, P.133/2, Loveday an Marc Pierre Jean Ferrier, *Internal Services, Völkerbund*, 24.06.1921.

139 Soweit nicht anders angemerkt basiert der folgende Absatz auf LoNA, R.1710, 43/21017/21017, The Work of the Sales Section of the Publication Department, June-December 1921, Memorandum, Farell G.H. Symons, Publication Section, 10.02.1922; LoNA, R.1710, 43/27064/27064, Organisation and Work of the Sales Section of the Publication Department 1922. Memorandum to Sir Herbert Ames from Mr. Symons, 20.03.1923.

Bombay, Madras und Kalkutta sowie *Maruzen Company Ltd.* in Tokio; ein Jahr später waren es bereits 21 Länder und am Vorabend des Zweiten Weltkriegs 55.[140] Interessenten in Ländern ohne ‚agents' mussten sich an das Sekretariat in Genf oder ihre jeweiligen Regierungen wenden. In China war dies bis 1929 der Fall,[141] obwohl Loveday bereits im Oktober 1921 eruiert hatte, welche chinesischen Verlage als ‚agents' in Frage kämen.[142] Neben der Tatsache, dass die Zahl an Publikationen zunahm, half der professionalisierte Verkauf, die diesbezüglichen Einnahmen des *Völkerbunds* zu steigern. Lagen sie im ersten Halbjahr 1921 bei nur 3.200 Francs, so betrugen sie in den folgenden sechs Monaten bereits knapp 15.000 Francs. 1922 überstiegen sie dann mit rund 117.500 Francs die Erwartungen deutlich. Die wichtigsten Märkte waren damals der britische samt der Kolonien und Dominions sowie der US-amerikanische; fast 80 Prozent der Einnahmen stammten von dort. Mit großem Abstand folgte Japan; andere Länder trugen bis dahin nur wenig zum Geschäft bei.[143]

Um das MBS kostendeckend zu vermarkten, bemühte sich Loveday zunächst darum, eine Übersicht über zahlende Abonnenten und Bezieher von Freiexemplaren des ‚alten' MBS zu erlangen. Als sich herausstellte, dass es gar keine zahlenden Abonnenten gab, überließ Loveday den Vertrieb der *Publication Section* und den ‚agents'. Diese orientierten sich bei Auflage und Verkaufspreis an den letzten Ausgaben des ‚alten' MBS (1.750 Exemplare). Entsprechend den Erfahrungen des *Board of Trade* rechnete Loveday mit 750 verkauften Exemplaren. Das hätte die Druckkosten von rund 7.700 Schweizer Franken für die erste Nummer des ‚neuen' MBS nur ansatzweise decken können, entsprach aber fast den Ausgaben für eine ‚normale' Nummer, die sich 1921 und 1922 zwischen rund 1.200 und 1.800 Schweizer Franken bewegten.[144]

Um den Fehlbetrag zu erwirtschaften, wurde Loveday im Herbst 1921 aktiver. Die Verkaufszahlen sollten „by every possible means" erhöht werden.[145] Dazu gehörte effektive Werbung. Im November 1921 stellten Loveday und seine Mitarbeiter Listen mit Banken, Bibliotheken, Ökonomen, Zeitungen und Zeitschriften zusam-

---

140 Die Zahl der ‚agents' 1939 nach League of Nations. Information Section: The Health Work of the League of Nations. The Thirty-First Session of the Health Committee, Genf 1940, 3. Umschlagseite.

141 Auf den ‚agent' *Commercial Press, Ltd.* (Shanghai) verwiesen Annoncen in den MBS-Ausgaben ab April 1929.

142 NCL, Loveday Papers, Box 4, Loveday an Farell G.H. Symons, 08.10.1921.

143 LoNA, R.1710, 43/27064/27064, Organisation and Work of the Sales Section of the Publication Department 1922. Memorandum to Sir Herbert Ames from Mr. Symons, 20.03.1923, S. 6 f.

144 NCL, Loveday Papers, Box 4, Loveday an Ferrier, 13.07.1921; LoNA, R.309, 10/12065/6408, Korrespondenz zwischen Loveday, Ferrier sowie Hugh McKinnon Wood im Herbst 1921 sowie eine Zusammenstellung der Druckkosten für das Jahr 1922.

145 NCL, Loveday Papers, Box 4, Loveday an Madariaz [?], 13.12.1921.

men, die als mögliche Abonnenten in Europa, Neuseeland, Indien und Japan in Frage kamen. Diese erhielten im Januar 1922 ein entsprechendes Werbeschreiben aus Genf.[146] Im Interesse effektiver Werbung überging Loveday teilweise sogar die eigentlich zuständige *Publication Section.*[147] Darüber hinaus fasste Lovedays Team ab Oktober 1921 wichtige Aspekte jeder MBS-Ausgabe in Pressemitteilungen zusammen, die oft auch im *Monthly Summary* des *Völkerbunds* erschienen.[148] Bis zum Zweiten Weltkrieg legte Loveday großen Wert darauf, das MBS und die anderen Publikationen der Sektion so zu bewerben. 1934 und erneut 1938 ermahnte er seine Mitarbeiter etwa, die Pressemitteilungen seien als „news“ und nicht als „scientific propositions“ zu verfassen. „Each sentence ought to be short and crisp. Each paragraph ought to be short. Each paragraph ought to be self-contained, so that an editor can put his blue pencil through any paragraph without having to alter the others.“ Er bestand zudem darauf, sie vor der Publikation zu kontrollieren.[149]

Den Versand von Freiexemplaren zu beschränken war ein weiteres Mittel, um den Kreis zahlender Leser zu erhöhen. Er wolle, so Loveday, kein Exemplar kostenlos abgeben „when there is a chance of selling it“.[150] Arrangements zum Versand von Freiexemplaren gab es mit Universitäten (darunter die japanischen Reichsuniversitäten in Sapporo, Kyoto und Tokio), Bibliotheken, Parlamenten, Ministerien, internationalen Organisationen sowie *Völkerbund*-Gesellschaften (darunter die *Association Chinoise pour la Société des Nations*[151] und die *Association Japonaise pour la Société des Nations*). Aufgrund der Vorgabe, Kosten und Erlöse des MBS im Ausgleich zu halten, so Loveday, eigne sich das Journal nicht für die allgemeine

---

146 NCL, Loveday Papers, Box 4, Aktenvermerk Lovedays an Jacobsson, Frumkin, Chapman und Boldrini, 29.11.1921; LoNA, R.309, 10/6408/6408, Loveday an Farell G.H. Symons, 09.12.1921; Rundschreiben der *Publication Section* vom Januar 1922.

147 NCL, Loveday Papers, Box 4, Loveday an Michael Sadler, *Constable & Co.*, London, 09.12.1921. Erster Abdruck einer Übersichtstabelle aus dem MBS im von Sadler herausgegebenen Economic Review 5 (1921/22), Nr. 1 [11.11.1921], S. 6 f.; erste Werbeanzeige für das MBS in Economic Review 5 (1921/22), Nr. 2 [18.11.1921], S. 27; erster formeller Hinweis auf den Verlag *Constable & Co.* als Verkäufer des MBS in der Übersichtstabelle in: Economic Review 5 (1921/22), Nr. 14 [10.02.1922], S. 276 f.

148 NCL, Loveday Papers, Box 4, Loveday an Boldrini, 21.10.1921; Loveday an den Herausgeber des *Federal Trade Information Service*, Washington, 21.11.1921.

149 NCL, Loveday Papers, Box 8, Aide-Memoire for the Financial Section and Economic Intelligence Service, Alexander Loveday, 29.12.1934, S. 3 f.; LoNA, R.4533 10B/21189/10942, Aktenvermerk Lovedays, 19.03.1938.

150 NCL, Loveday Papers, Box 4, Loveday an Madariaz [?], 13.12.1921.

151 Es gab in China Anfang der 1920er Jahre fünf *Völkerbund*-Gesellschaften. Welche davon die Publikationen erhielt, geht aus der zitierten Liste nicht hervor. Vermutlich war es die *Guoji lianmeng tongzhi-hui* (*Chinesische Liga für den Völkerbund*). Vgl. Kuss: Der Völkerbund, S. 93 – 96; Pan: National Internationalism, S. 179.

Publicityarbeit des *Völkerbunds.*[152] Er strich daher im Sommer 1921 eine Reihe von Institutionen, die das ‚alte' MBS kostenfrei erhalten hatten.[153] Zudem plädierte er dafür, die Verteilung von Freiexemplaren generell zu limitieren, einer zentralen und permanenten Kontrolle durch die *Information Section* zu unterwerfen und die Erlöse aller verkauften Exemplare der Sektion gutzuschreiben, die sie erarbeitet hatte.[154] Infolgedessen bildete sich 1922 ein sekretariatsinternes Komitee, das diesbezügliche Vorhaben begutachten sollte. Als dieses nicht so wirksam war, wie erhofft, wurde es im März 1923 auf eine breitere Grundlage gestellt. Dem neuen *Free Distribution Committee* gehörten die Leiter der *Information Section*, der Verkaufsabteilung der *Publication Section* und der Bibliothek an und es hatte die Aufgabe, den Vertrieb von Publikationen zu koordinieren. ‚Publicity', Verkauf und Schriftenaustausch wurden von da ab als drei zusammenhängende Vertriebswege gesehen und möglichst aufeinander abgestimmt.[155]

In diesem Rahmen versorgte Loveday gezielt Personen und Institutionen kostenfrei mit dem MBS, von denen er sich Auskünfte, Informationen, Kritik und generell Zugang zu Regierungen, Wirtschaftsverbänden, Wissenschaftlern und (Fach-) Öffentlichkeiten einzelner Länder erhoffte. In Kooperation mit seinen Mitarbeitern verfasste er entsprechende Listen, die regelmäßig überprüft und dem *Free Distribution Committee* zur Entscheidung vorgelegt wurden. Einmal im Jahr, so beschrieb Loveday sein Vorgehen 1926, streiche er alle Empfänger, die sich nicht (mehr) für Freiexemplare eigneten. Das erwies sich als sinnvoller Schritt, denn, so Loveday, „those who have found the Bulletin useful proceed to buy it and those who have not no longer involve a waste of money".[156]

In erster Linie gingen Freiexemplare an die Leiter statistischer Einrichtungen, mit denen Loveday im Interesse rascher Datenübermittlung in direkten Kontakt zu treten versuchte und so den üblichen diplomatischen Kommunikationsweg des *Völkerbunds* abkürzen wollte. Dies machte Loveday beispielsweise bezüglich des ägyptischen statistischen Büro deutlich: „My object here is to save time as the Bulletin is [of] no use unless it is up to date, and there will be delay if figures come

152 LoNA, R.1266, 18/14072/14072, Aktenvermerk Lovedays für M. Elisabeth Hocking, *Distribution Section, Völkerbund,* 15.07.1921, inklusive einer Liste der Empfänger aller Publikationen des *Völkerbunds.*

153 LoNA, R.309, 10/6408/6408, Liste der vom SEC versendeten Freiexemplare vom Juni 1921; LoNA, London Office, C.1785, 1/1, Etlinger an Loveday, 07.09.1921; Loveday an Etlinger, 13.09.1921.

154 NCL, Loveday Papers, Box 4, Loveday an Nixon, 29.11.1921.

155 Vgl. diesbezügliche sekretariatsinterne Aktenvermerke und Anweisungen in LoNA, R.1773, 49/26979/26979 sowie die Protokolle des *Free Distribution Committees* 1923 bis 1925 in LoNA, R.1773, 49/27318/26979.

156 LoNA, R.1773, 49/55730/26979, Aktenvermerk Lovedays für Paul Joseph Mantoux, *Political Section, Völkerbund* 03.06.1926.

via London.“[157] Wenngleich die britische Regierung in diesem Fall keine Einwände erhob, sorgte die Frage, wie Daten von politisch abhängigen Gebieten am besten zu erlangen seien und in welcher Form sie wiedergegebenen werden sollten, im Laufe der Jahre immer wieder für politische Verwicklungen mit den jeweiligen Kolonialmächten. Darauf wird zurückzukommen sein.

Neben den statistischen Ämtern erhielten internationale Organisationen Freiexemplare, die wie das *Internationale Landwirtschaftsinstitut* in Rom oder die ILO Daten für das MBS zur Verfügung stellten.[158] Wissenschaftler wie der Italiener Riccardo Bacchi, dessen Großhandelspreisindex das MBS von Beginn an abdruckte, bekamen das Journal ebenfalls kostenfrei. Zudem versorgte das Sekretariat Ökonomen und Statistiker mit Freiexemplaren, mit denen sich Loveday einen stetigen Ideenaustausch wünschte. Dazu gehörten anfangs etwa John Maynard Keynes und Royal Meeker.[159] Mitglieder der Wirtschafts- und Finanzkommissionen des *Völkerbunds* sowie einige ehemalige Sekretariatsbeamte wie Jean Monnet erhielten ebenfalls Freiexemplare. Nutznießer waren auch Zeitungen und Zeitschriften sowie privatwirtschaftliche Verbände und Organisationen, von denen man sich in Genf erhoffte, dass sie als Multiplikatoren für die Arbeitsergebnisse der Sektion und als informelle Kommunikationskanäle in ihre jeweiligen Länder und Branchen dienten. Allerdings achtete Loveday darauf, von den Empfängern kostenfreier Hefte Gegenleistungen zu erhalten, sei es in Form von Daten oder eigener Publikationen.[160] 1934 lag die Zahl der MBS-Freiexemplare bei 847.[161]

Auch wegen dieser Bemühungen Lovedays wurde das MBS ein Verkaufserfolg.[162] Die Kosten ließen sich zwar nie ganz durch Verkäufe decken; 1932 über-

---

157 LoNA, R.1265, 18/12623/12623, Aktenvermerk Lovedays für Frank P. Walters, *Political Section, Völkerbund* 02.05.1921; LoNA, R.1265, 18/12680/12623, Schreiben an die anderen statistischen Ämter.

158 Vgl. diesbezügliche Korrespondenz mit dem IIA und der ILO in LoNA, R.309, 10/16641/6408; 10/15020/6408.

159 NCL, Loveday Archives, Box 4, Aktenvermerke Lovedays an M. Elisabeth Hocking, 05. und 16.12. 1921; Phyllis W. Horne, Sekretärin Lovedays, an Keynes, 18.10.1921; Loveday an Keynes, 05.12.1921; LoNA, R.309, 10/19197/6408, Aktenvermerk Lovedays für M. Bruno, Sekretär des *Free Distribution Committee*, 22.12.1925.

160 Vgl. beispielhaft LoNA, R.309, 10/19197/6408, Liste der Empfänger von Freiexemplaren des MBS von Anfang 1922 sowie die Aktenvermerke bezüglich der Streichung und Aufnahme von Empfängern.

161 LoNA, R.4533, 10B/14704/10942, Monthly Bulletin of Statistics. Plan for the Year 1935, Memorandum, Anonymus [Gerhard Fürst], o. Dat. [Oktober 1934], S. 8; 262 Freiexemplare gingen an Regierungen von Mitgliedsländern, 48 kursierten im Sekretariat, 169 erhielten ‚Depository Libraries‘ in zahlreichen Ländern aller Kontinente, 55 wurden an statistische Ämter geschickt und 313 an sonstige Empfänger.

162 Die Auflage sank zwar bis 1923 auf 1.250 Exemplare, von denen 480 Stück verkauft wurden, erreichte 1924 aber schon wieder 1.500 (verkauft wurden 485 Stück) und schwankte Ende der 1920er

stiegen sie die Abonnementeinnahmen um mehr als 10.000 und 1938 immer noch um rund 6.000 Schweizer Franken.[163] Doch ließ sich dieser Fehlbetrag mithilfe der anderen beiden erfolgreichen Publikationen des *Economic Intelligence Service* aufbringen, dem *Statistical Yearbook* und dem *World Economic Survey*.

Inhaltliche Anpassung des MBS an Bedürfnisse der Leser

Keine noch so effektive Werbung und kein noch so zielgerichteter Schriftenaustausch hätte das MBS zum Verkaufserfolg machen können, wenn der Inhalt nicht den Ansprüchen potentieller Leser entsprochen hätte. Deshalb war es Loveday von Beginn an wichtig, Rückmeldungen der Rezipienten einzuholen sowie Kritik und Anregungen zu beachten, wenn er sie gerechtfertigt und umsetzbar hielt.

Auf die im April 1921 an die Regierungen der Mitgliedstaaten des *Völkerbunds* gerichtete Bitte, die Entwürfe des MBS und der Fragebögen zu kommentieren, reagierten bis zum Erscheinen der ersten Nummer nur jene Südafrikas und Kanadas. Von deren recht konkreten Verbesserungsvorschlägen erachtete Loveday allein die Bitte Südafrikas umsetzbar, den Goldexport dieses Landes auszuweisen und fügte dies bereits in die erste Nummer des Bulletins ein.[164] Im Jahr darauf bat er

---

Jahre zwischen 1.700 und 2.000, von denen rund 800 Stück an zahlende Leser gingen. In den 1930er Jahren stieg sie weiter an. 1932 wurden 2.000 Exemplare gedruckt und etwas mehr als 1.000 verkauft, 1935 lagen diese Zahlen bei 2.300 bzw. 1.300 und von den 2.500 gedruckten Kopien 1938 gingen 1.600 an zahlende Jahresabonnenten.

Für 1923: LoNA, R.1773, 49/27318/26979, Minutes of the 2nd meeting of the Free Distribution Committee, 27.03.1923, Anhang; für 1924: LoNA R.1711, 43/38220/38220, Société des Nations. Commission de Contrôle. La Question des Publications du Secrétariat et des Organisations spéciale de la Société, 21.08.1924, Entwurf (LoN Document C.C. 132), S. 3; für 1929: LoNA, R.2690, 10B/5389/1095, Aktenvermerk der *Distribution Section*, 04.01.1929 sowie *Publication Section* an *Imprimeries Réunies S.A.*, Lausanne, 20.03.1929; für 1932: LoNA, R.4533, 10B/14704/10942, Monthly Bulletin of Statistics. Plan for the Year 1935, Memorandum, Anonymus [Gerhard Fürst], o. Dat. [Oktober 1934], S. 9; für 1935: LoNA, R.4533, 10B/14646/10942, Aktenvermerk von Frederic R. Hapgood, *Distribution Section*, für Hélène Perrot, *Economic Intelligence Service*, 15.04.1935; für 1938: LoNA, R.4533, 10B/14646/10942, Aktenvermerk Gerhard Fürsts, *Economic Intelligence Service*, an Loveday und Rosenborg, 19.11.1937; LoNA, R.5525, 19/36753/3127, Société des Nations. Commission de Contrôle. Douzième rapport annuel du Comité des publications du Secrétariat, März 1939 (LoN Document C.C. 1124), S. 4.

163 LoNA, R.4533, 10B/14646/10942, Aktenvermerk Gerhard Fürsts für Loveday und Rosenborg, 19.11. 1937; LoNA, R.5525, 19/36753/3127, Société des Nations. Commission de Contrôle. Douzième rapport annuel du Comité des publications du Secrétariat, März 1939 (LoN Document C.C. 1124), S. 4.

164 Monthly Bulletin of Statistics 2 (1920/21), Nr. 7, S. 21; NCL, Loveday Papers, Box 4, Loveday an Director of Census, Pretoria, 22.08. und 13.09. 1921; LoNA, R.350, 10/15431/12361, League of Nations. Provisional Economic and Financial Committee. Note on Suggestions and Comments Received from

jene Leiter staatlicher Statistikämter um Verbesserungsvorschläge für das MBS, mit denen er bereits direkt korrespondierte. Mehr als generelles Lob und einige wenige Vorschläge erwuchsen daraus aber nicht.[165] Dafür erreichten Loveday in den Folgejahren immer wieder mehr oder weniger konkrete und nicht immer realisierbare Verbesserungs- und Ergänzungsvorschläge seitens der MBS-Leser. 1924 etwa regte der frühere Leiter des statistischen Büros des AMTC Joseph S. Davis an, die Außenhandelsdaten des Saargebiets und Frankreichs getrennt voneinander anzugeben und die Angaben zum Schiffbau detaillierter darzulegen. 1928 schlug ein Mitarbeiter der *Bank of England* vor, monatliche Übersichten über den internationalen Goldhandel in das Bulletin aufzunehmen. 1930 folgte die New Yorker Handelsfirma *Ivan B. Dahl* mit der Anregung, im Interesse schnellerer Berichterstattung die Tabellen zwischen europäischen und nicht-europäischen Ländern zu trennen, da davon auszugehen sei, dass weiter von Genf entfernte Länder nicht so schnell berichten könnten wie die europäischen Staaten.[166]

Auch aus den Gremien des *Völkerbunds* kamen Anregungen, die halfen, das MBS attraktiver zu gestalten. So griff Loveday 1924 einen Vorschlag auf, den ein Mitglied des 1923 gebildeten *Economic Crises Sub-Committee* machte. Er sah vor, beim *Harvard Committee for Economic Research* sowie beim britischen Pendant *London & Cambridge Economic Service* anzufragen, ob man nicht deren monatlich aktualisierte Wirtschaftsbarometer im MBS abdrucken könne. Entsprechende Anfragen lehnten beide Institutionen mit der Begründung ab, sie seien auf den Verkauf ihrer Indizes angewiesen. Ein Jahr später und nach einem Gespräch zwischen Loveday und Arthur Bowley vom *London & Cambridge Economic Service* stimmte dieser dem Abdruck zu, sofern er mit drei bis vier Wochen Verzögerung erfolge. Infolgedessen enthielt das MBS ab dem Januar 1926 das britische Barometer und einen Index der gewerblichen Produktion der USA, den das amerikanische Wirtschaftsministerium erarbeitete.[167]

Government of Member States with Reference to the Monthly Bulletin of Statistics, Alexander Loveday, 25.08.1921 (LoN Document E.F.S. 141).

165 LoNA, R. 309, 10/24405/6408, League of Nations. Note on the Bulletin of Statistics, Alexander Loveday, 22.08.1922 (LoN Document E.F.S. 323).

166 LoNA, R.309, 10/36947/6408, Davis an Loveday, 14.05.1924; LoNA, R.2690, 10B/5750/1095, J.A.C. Osborne, *Bank of England*, an Loveday, 06.07.1928; LoNA, R. 2691, 10B/21283/1219, William Ries, *Ivan B. Dahl Inc.*, New York, an die MBS-Redaktion, 23.07.1930.

167 LoNA, Official Document Collection, Société des Nations. Comité Économique. Sous-Comité des Crises Économiques. Compte-rendu de la séance du 11 mai 1924 (LoN Document E/C.E./4e Session/P.V. Résumé), S. 11 f.; LoNA, R.309, 10/36947/6408, Loveday an Charles J. Bullock, Cambridge, MA, 21.06. 1924; Bullock an Loveday, 26.08.1924; LoNA, R.309, 10/40070/6408, Loveday an Bowley, 29.10.1924, 10.10. und 10.12.1925; Bowley an Loveday, 03.11.1924; G.L. Schwartz, Sekretär des *London & Cambridge Economic Service*, an Loveday, 19.11.1925; LSE Archives, Papers of the London & Cambridge Economic

Eine weitere Neuerung im MBS, die mehr Leser gewinnen sollte, ging auf eine Anregung aus der Wirtschaftskommission des *Völkerbunds* zurück. Dort schlug der Rumäne Eugeniu Neculcea 1925 vor, das von Loveday angeregte und 1927 erstmals erscheinende statistische Jahrbuch attraktiver zu gestalten, indem es Daten auch grafisch wiedergeben könnte. Da auch andere Sekretariatsabteilungen einen dauerhaften und wachsenden Bedarf an Grafiken und Diagrammen anmeldeten, etablierte das Sekretariat 1927 eine eigene Abteilung mit Zeichnern, die allen Sektionen zur Verfügung stand und deren Dienste auch dem MBS zugutekamen, insbesondere ab 1933.[168]

Sicherung der Aktualität und Ausweitung des geographischen Berichtsraums

Im Interesse der Attraktivität des Bulletins war es ein zentrales Ziel Lovedays, das MBS aktuell zu halten und dessen geographischen Berichtsraum zu erweitern. „Our general principle“, so formulierte er es Mitte der 1930er Jahre, „is to make the Bulletin complete for all countries which publish adequate data“.[169] Beide Ziele erreichten er und seine Kollegen bemerkenswert rasch. Dazu war es in vielen Fällen notwendig, offizielle Kommunikationswege zu verlassen und die jeweiligen Urheber länderbezogener Wirtschaftsstatistiken in möglichst vielen Ländern für eine Kooperation zu gewinnen. Grundsätzlich kamen dafür Akteure aus allen Ländern in Frage, ganz unabhängig davon, wie diese politisch organisiert und wirtschaftlich entwickelt waren. Die Tabelle 1 am Beginn von Kapitel 4 zeigt, dass der Berichtsraum des MBS teils weit über die Völkerbundmitglieder, industrialisierte Länder und souveräne Staaten hinausging. Loveday behauptete später, alle Länder gleich behandelt zu haben, egal, ob sie Mitglied im *Völkerbund* waren oder nicht.[170] Tatsächlich aber lässt sich feststellen, dass er mehr Energie in das Knüpfen und Aufrechterhalten direkter Verbindungen steckte, je größer er die ökonomische und politische Relevanz eines Landes einschätzte. Bei als weniger wichtig empfundenen Ländern ergriff er eher sich ergebende Möglichkeiten, Kontakte herzustellen, als

---

Service, 1, London & Cambridge Economic Service. Minutes of the Twelfth Meeting of the Executive Committee, held at the London School of Economics on Thursday 17th November 1925.

168 LoNA, Official Documents Collection, League of Nations. Economic and Financial Commission. Economic Committee. Minutes of the 17th Session, 9th Meeting, 04.12.1925 (LoN Document E. 17th Session/P.V. 9 (1)), S. 4, 7 f.; Korrespondenz und Notizen zur Etablierung der *Draughting Section* in LoNA, R.1459, 29/36568/36568.

169 LoNA, R.4533, 10B/14704/10942, Aktenvermerk Lovedays an Gerhard Fürst, 04.03.1935.

170 NCL, Loveday Papers, Box 39, Chronology, Alexander Loveday, o.Dat., „Notes for Chapter on EIS“, S. 3.

dass er sie planmäßig anbahnte. Die folgenden Ausführungen zeigen solche Unterschiede. Vor allem aber offenbaren sie vier verschiedene, in der Praxis kombinierte Methoden, die Loveday und seine Kollegen anwendeten, um die Aktualität ihrer Daten zu sichern und den Berichtsraum auszuweiten.

Erstens bemühten sie sich, Kontakte mit den zuständigen statistischen Beamten eines Landes zu etablieren; die direkte Kommunikation mit ihnen sollte der Normalfall sein. Das Sekretariat bat daher im April 1921 mit einem Rundschreiben die Regierungen der Mitgliedstaaten und jene der USA, Deutschlands, Ungarns und Ägyptens, einen solchen Austausch zuzulassen.[171] Anfang 1922 stand Genf jedoch erst mit 15 statistischen Behörden direkt im Kontakt, von denen fast alle in Europa lagen. Allein Südafrika, Kanada und Indien bildeten hier eine Ausnahme.[172] In Bezug auf das südasiatische Land hatte das zur Folge, dass es von den Genfer Statistikern wie europäische Staaten behandelt wurde und Angaben zu Indien bis 1946 in zahlreichen Tabellen des MBS permanent und in relativ großer Aktualität zu finden waren. Viele andere Regierungen, vor allem aus Südamerika, Afrika und Asien, hatten zur Jahreswende 1921/22 das Rundschreiben des Sekretariats noch nicht beantwortet oder eine direkte Kommunikation zwischen Lovedays Team und ihren Statistikbehörden abgelehnt. Zu letzteren gehörte auch Großbritannien, dessen Regierung darauf bestand, allen Austausch zwischen London und Genf über das britische *Cabinet Office* abzuwickeln.[173]

Die unterschiedliche Intensität, mit der Loveday und seine Kollegen versuchten, direkte Kontakte mit Behörden in verschiedenen Ländern herzustellen, zeigt der paradigmatische Blick auf die USA und China. Ohne aktuelle Daten aus der nordamerikanischen Wirtschaftsmacht, so Loveday, sei das MBS „ludicrous“ und „quite useless“.[174] Allerdings war wenige Wochen, bevor das Rundschreiben Genf verließ, die neue US-Regierung von Warren G. Harding ins Amt gekommen, die in den ersten Wochen den Kontakt mit dem *Völkerbund* verweigerte; das Rundschreiben blieb deshalb unbeantwortet. Loveday erwog daher, der US-amerikanischen Regierung die Kosten der telegraphischen Übermittlung abzunehmen, um sie zur Zusammenarbeit zu bewegen. Das realisierte sich zwar nicht, doch innerhalb der folgenden Jahre entspannte sich das Verhältnis zwischen Washington und Genf so,

---

171 TNA, FO 371/7058, W 5105/4548/98, Rundschreiben des Generalsekretärs Drummond, 15.04.1921; LoNA, R.349, 10/12361/12361, Liste der adressierten Staaten.

172 LoNA, R.309, 10/19179/6408, Liste von Staaten samt Kontaktadressen, an die der monatliche MBS-Fragebogen versendet wurde [ca. Januar 1922]; NCL, Loveday Papers, Box 4, Loveday an Nixon, 21.10.1921.

173 TNA, FO 371/7058, W 5105/4548/98, Maurice Hankey, *Cabinet Office*, an *Board of Trade*, 07.05.1921.

174 LoNA, Loveday Archives, P.133/2, Aktenvermerke Lovedays an Frank Nixon, 22.04.1921, und an Hugh McKinnon Wood, 21.06.1921.

dass die amerikanischen Behörden begannen, direkt mit dem Völkerbundsekretariat zu korrespondieren. In den ersten Monaten aber hätte das MBS keine aktuellen Daten aus den USA wiedergeben können, wenn diese nicht auf informellem Wege vom Chefstatistiker des *Federal Reserve Board* Carl Snyder an Loveday übermittelt worden wären.[175]

Ganz anders agierte Lovedays Team im Falle Chinas. Das ostasiatische Land war aus ihrer Sicht ein Staat, von dem es im Interesse der Vollständigkeit des MBS schön wäre, regelmäßig Zahlen präsentieren zu können, dessen vergleichsweise geringe weltwirtschaftliche und politische Relevanz es aber kaum rechtfertigte, sich aktiv um eine direkte Kommunikation zu bemühen. Kontakte wurden geknüpft, wenn sich dies mehr oder weniger zufällig ergab.

Das Rundschreiben des Genfer Sekretariats blieb auch in Beijing unbeantwortet. Lovedays Team aber bemühte sich nicht, die dortige Regierung oder deren Shanghaier *Bureau of Markets* zu kontaktieren, um von ihnen die einzige Statistik zu erhalten, die sie für das MBS liefern konnten, den monatlich aktualisierten Großhandelspreisindex von Shanghai. Stattdessen übernahm man in Genf diese Zahlen aus dem Londoner *Statist*, der sie ab Mai 1921 veröffentlichte. Direkter Kontakt mit dem Shanghaier Büro entstand erst, als dessen Sekretär Thomson J. Paine dem Genfer Sekretariat im Januar 1923 das Angebot unterbreitete, die Zahlen monatlich direkt nach Genf zu schicken. Dies resultierte zwar nicht in aktuelleren Zahlen im MBS, da Paine seine Daten mit der Post verschickte. Doch war nun der direkte Austausch möglich, den Loveday für Rückfragen und Paine für Erläuterungen nutzte.[176]

An dieser passiven Haltung änderte auch die Etablierung der Nationalregierung unter Jiǎng Jièshí (Chiang Kai-shek) 1927/28 nichts. Zwar gründete diese innerhalb kurzer Zeit eine zentrale statistische Behörde, die der international gut vernetzte Liu Dajun bis 1933 leitete und die eine Monatsschrift herausgab.[177] Auch rückte

---

175 LoNA, Loveday Archives, P.133/2, Aktenvermerke Lovedays an Hugh McKinnon Wood, 20. und 21.06.1921; NCL, Loveday Papers, Box 4, Loveday an Carl Snyder, *Federal Reserve Board*, 22.09.1921; zur Haltung der Regierung Harding gegenüber dem *Völkerbund:* Tournès: Les États-Unis, S. 126 f.; Warren F. Kuehl / Lynne K. Dunn: Keeping the Covenant. American Internationalists and the League of Nations, 1920–1939, Kent / London 1997, S. 127–129.

176 Vgl. die diesbezügliche Korrespondenz samt den monatlichen Daten in LoNA, R.399, 10/27117/ 26756.

177 Die Behörde hieß zunächst *Bureau of Statistics of the Legislative Yuan*, später *Directorate of Statistics.* Die Monatsschrift war Tongji yuebao / The Statistical Monthly (1929–34, 1937–48). Vgl. Anonymus: The First Statistical Journal in China, in: The China Weekly Review, 11.05.1929, S. 442; Harry Paxton Howard: The Bureau of Statistics in Nanking, in: The China Weekly Review, 08.06.1929, S. 72; Lieu: A Brief Account, S. 98*-101*; China Weekly Review: Who's Who in China, 1936, S. 171; China

China ab 1928 ins Zentrum einer neuen Form der ‚technischen Zusammenarbeit‘ zwischen dem *Völkerbund* und seinen Mitgliedsländern, die in den Folgejahren breiten Umfang annahm und ökonomische und finanzwirtschaftliche Aspekte umfasste.[178] Ein direkter Kontakt mit dem statistischen Amt in Nanjing kam dennoch erst zustande, als Liu 1931 bei einer Vortragsreise in Europa Lovedays Mitarbeiter Grzegorz Frumkin traf und beide Einrichtungen einen Daten- und Schriftenaustausch vereinbarten.[179] Während das chinesische Monatsheft so im Spätherbst 1932 begann, in unregelmäßigen Abständen Tabellen aus dem MBS wiederzugeben, druckte das Genfer Journal ab Dezember 1932 die nun erstmals monatlich erhobenen Außenhandelsdaten (sowie einige wenige weitere Angaben) ab, die die chinesische Behörde unmittelbar an das Völkerbundsekretariat schickte.[180] Insgesamt aber blieb die Präsenz Chinas im MBS mangels verfügbarer Daten bis zum Zweiten Weltkrieg gering; allein in wirtschaftsstatistischen Periodika des *Völkerbunds*, die keine so oft aktualisierten Daten benötigten, fand das Land häufiger Erwähnung.

Zweitens versuchte Loveday, zusammen mit der Bibliothek des *Völkerbunds* so viele Periodika und wirtschaftsstatistisch relevante Publikationen wie möglich zu erhalten bzw. mit dem MBS und anderen Veröffentlichungen auszutauschen. Mit deren Hilfe konnten fehlende Kontakte kompensiert werden, indem bereits publizierte Zahlen ins MBS übernommen wurden. 1931 hielt ein Mitarbeiter Lovedays fest, im *Economic Intelligence Service* würden regelmäßig etwa 800 „technical pu-

Handbook Editorial Committee: China Handbook 1950, New York 1950, S. 782; Trescott: Jingji Xue, S. 260.

178 Vgl. etwa Borowy: Coming to Terms, S. 305–323; Harumi Goto-Shibata: The League of Nations as an Actor in East Asia. Empires and Technical Cooperation with China, in: International Relations of the Asia-Pacific 17 (2017), S. 435–461; Donald A. Jordan: China's National Economic Council and the League of Nations Experts, 1929–1937, in: Susanne Weigelin-Schwiedrzik / Agnes Schick-Chen / Sascha Klotzbacher (Hrsg.): As China Meets the World. China's Changing Position in the International Community, Wien 2006, S. 123–132; Kuss: Der Völkerbund; Martin: Experts, S. 249–271; Meienberger: Entwicklungshilfe; Jürgen Osterhammel: ‚Technical Co-operation‘ Between the League of Nations and China, in: Modern Asian Studies 13 (1979), S. 661–680; Paul B. Trescott: Western Economic Advisers in China, 1900–1949, in: Research in the History of Economic Thought and Methodology 28-A (2010), S. 1–37, hier S. 14–19; Margherita Zanasi: Exporting Development. The League of Nations and Republican China, in: Comparative Studies in Society and History 49 (2007), S. 143–169.

179 LoNA, R.2687, 10B/31688/533, Frumkin an Lieu [Liu], 03.10.1931; LoNA, R.5533, 19/8247/8247, Frederic R. Hapgood, *Distribution Service, Völkerbund*, an Ku Yu-tsuan, Leiter der *Section of Industrial Planning and Promotion*, Chinesisches Industrieministerium, Nanjing, 06.12.1933.

180 Tongji yuebao / The Statistical Monthly 4 (1932), Nov/Dec, S. 112–127; Nr. 35 (Oct/Nov 1938), S. 60–76; Nr. 37 (Jan/Feb 1939), S. 52–63; Monthly Bulletin of Statistics 13 (1932), S. 530, 542.

blications" ausgewertet.[181] Wie wichtig dies für die inhaltliche und geographische Breite sowie die Aktualität des MBS war, zeigt der Blick auf China und die Sowjetunion.

Neben den staatlichen Statistikbehörden waren in China in den 1920er Jahren einige international renommierte ökonomische Forschungsinstitute gegründet worden, die Wissenschaftler leiteten und dominierten, die in den USA und/oder Europa studiert hatten. Die wichtigste dieser Einrichtung war das 1927 gegründete *Institute of Economics* im nordchinesischen Tianjin. Dessen Leiter He Lian (international bekannt als Franklin L. Ho) initiierte dort zusammen mit Fang Xianting (H[sien] D[ing] Fong) bahnbrechende Studien zur Agrargesellschaft und Industrialisierung Chinas.[182] Ein weiterer Arbeitsschwerpunkt des Instituts war die Preisbeobachtung; ab 1928 veröffentlichte es Preis- und Lebenshaltungskostenindizes zu Nordostchina im institutseigenen *Nankai Weekly Statistical Service.*[183] Zwar fanden diese weithin rezipierten Zahlen keine Aufnahme in das MBS, obwohl die Zeitschrift im Schriftenaustausch in die Genfer Bibliothek gelangte. Als Hintergrundinformation und Maßstab für die im MBS abgedruckten Daten der chinesischen Behörden war das Periodikum aus Tianjin aber zentral.

Als viel wichtiger als Zahlen aus China erachtete Lovedays Team von Beginn an aktuelle Daten aus Russland bzw. aus der Sowjetunion. Diese waren aber angesichts der reservierten bis offen ablehnenden Haltung der Moskauer Regierung dem *Völkerbund* gegenüber nicht auf offiziellem Wege zu erhalten. Erst ab 1922 sorgte eine unkonventionelle Form der Publikationsbeschaffung für gewisse Abhilfe. Anfang jenes Jahres hatte das Moskauer Büro des ‚Hohen Kommissars für Russische Flüchtlinge' Fritjof Nansen einen kostenpflichtigen Informationsservice etabliert, der neben dem Völkerbundsekretariat auch Verbände und Zeitungen in Westeuropa und den USA mit Nachrichten und Übersetzungen aus dem für viele verschlossenen Land versorgte. Die Berichte stammten zum einen von Gewährsleuten in russischen Provinzstädten. Zum anderen werteten die Mitarbeiter des Moskauer Büros russische Zeitungen und Zeitschriften aus und übermittelten übersetzte Beiträge.[184] Als Loveday davon im April 1922 erfuhr, wollte er „*all* such papers"

181 LoNA R.2692, 10B/40161/1219, Elliot Felkin an Seymour Jacklin, Treasurer des *Völkerbunds*, 04.12. 1931.

182 Zum Institut vgl. v. a. Chiang: Social Engineering, S. 78–135; Trescott: Jingji Xue, S. 209–222, 263 f.

183 Vgl. Franklin L. Ho: The Nankai Weekly Index Number of Commodity-prices at Wholesale in China, in: The Chinese Economic Journal 2 (1928), S. 411–417.

184 Zum ‚Hohen Kommissars für Russische Flüchtlinge' Bruno Cabanes: The Great War and the Origins of Humanitarianism, 1918–1924, Cambridge 2014, S. 133–188; zum Informationsservice des Moskauer Nansen-Büros Marin Coudreau: Le Comité International de Secours à la Russie, l'Action Nansen et les Bolcheviks (1921–1924), in: Relations internationales 151 (2012), S. 49–61, hier S. 57 f.

haben.[185] Fast zwei Jahre lang erhielt sein Team von da an monatlich, später sogar vierzehntäglich Zusammenfassungen und Übersetzungen aus der russischen Wirtschaftspresse sowie Listen neu erschienener Bücher und Zeitschriften.[186] Diese konnte das Moskauer Nansen-Büro vergleichsweise einfach beschaffen. Wenngleich die dafür anfallenden Kosten hoch waren, plädierten die Bibliothekarin des *Völkerbunds*, Florence Wilson, und Loveday für das Arrangement. Denn ohne dieses sei die sonst schwer zugängliche Literatur kaum zu beschaffen.[187] Für Lovedays Arbeit zahlten sich die regelmäßigen Sendungen rasch aus. Er konnte dank ihnen im Sommer 1922 einen *Report on the Economic Conditions in Russia* verfassen und ab Februar 1923 den Großhandelspreisindex der sowjetischen Plankommission *Gosplan* sowie Daten zum Banknotenumlauf in Russland in das MBS aufnehmen.[188] Der Leiter des Moskauer Nansen-Büros, John Gorvin, arrangierte zudem den Bezug weiterer sowjetischer Periodika, aus denen Loveday Team Daten ins MBS übernahm. Dazu gehörte ab 1923 etwa das *Ėkonomičeskij Bjulleten'* des von Nikolaj Kondrat'ev geleiteten Moskauer Konjunkturforschungsinstituts.

Im Falle der Sowjetunion hatte diese Abhängigkeit von publizierten Daten zur Folge, dass die im MBS zu findenden Zahlen gegen Ende der 1920er zunehmend auf Misstrauen stießen. Die schwindende Autonomie des zentralen statistischen Amts ab Mitte des Jahrzehnts und die Stalinisierung aller Behörden ab 1928 blieben nämlich nicht unbemerkt.[189] Zudem begann der Datenfluss zu versiegen, weil Zeitschriften eingestellt oder nicht mehr versendet wurden. Nachfragen, etwa beim Konjunkturforschungsinstitut, das Ende 1929 geschlossen wurde, blieben unbeantwortet und vom Schicksal Kondrat'evs (1930 verhaftet, 1932 verbannt, 1938 erschossen) wusste man in Genf natürlich nichts.[190] Angesichts dessen entfernte

185 LoNA, R.376, 10/20082/20082, Randnotiz Lovedays an Aktenvermerk von Phyllis W. Horne, Sekretärin Lovedays, an Philipp Noel-Baker, 24.04.1922 [Hervorhebung im Original].

186 LoNA, R.376, 10/20082/20082, Aktenvermerk Noel-Bakers an Loveday, 25.04.1922, sowie weitere Korrespondenz in LoNA, R.376, 10/33806/20082 sowie 10/34992/20082.

187 LoNA, R.376, 10/34992/20082, Aktenvermerk Lovedays für Wilson, 05.03.1924; Aktenvermerk Wilsons für Loveday, 27.03.1924.

188 Hinweis auf die Vermittlungstätigkeit des Moskauer Nansen-Büros in League of Nations: Report on Economic Conditions in Russia, S. 20, FN 2; Monthly Bulletin of Statistics 4 (1923), Nr. 2, S. 3, 8, 19, 26.

189 Vgl. Blum/Mespoulet: L'Anarchie, S. 95–165; Wheatcroft: Statistical Sources, S. 155 f.; zeitgenössisch etwa PA AA, RZ 303, R 118237, Bericht über die Tagung des Internationalen Statistischen Instituts vom 15. bis 25. September 1930 in Tokio, Hans-Wolfgang Platzer, Statistisches Reichsamt, Berlin, o. Dat. [November 1930], S. 14; Paul Czechowitz: Die Krise der wirtschaftlichen Information und der Wirtschaftsstatistik in der UdSSR, in: Wirtschaftsdienst 17,1 (1932), S. 182–186, 214–218.

190 LoNA, R.2625, 10 A/11215/172, Loveday an Kondrat'ev, 10.05.1929; Aktennotiz von Suzanne I. Godard, 30.06.1933; zum Schicksal Kondrat'evs vgl. Barnett: Kondratiev, S. 189–201; Blum/Mespoulet: L'Anarchie, S. 235–239; Jasny: Soviet Economists, S. 158, 164, 178.

Lovedays Team sukzessive Angaben zur Sowjetunion aus den MBS-Heften.[191] Der Beitritt des Landes zum *Völkerbund* im September 1934 änderte nichts grundsätzlich an dieser Situation. Zwar stieg die Anzahl von Angaben zur Sowjetunion wieder. Aber trotz Zusagen Boris D. Rosenblums, des sowjetischen Mitglieds in der Wirtschaftskommission des *Völkerbunds,* einen besseren Datenfluss zu arrangieren, stammten die meisten dieser Angaben weiterhin aus Publikationen.[192] Dass deren Zuverlässigkeit zu wünschen übrig ließ und die diachrone Vergleichbarkeit selten gegeben war, war Loveday und seinen Mitarbeitern bewusst.[193] Dennoch übernahmen sie sie weiter ins MBS und andere Periodika und verwiesen auf die jeweiligen Quellen (insbesondere *Planovoe Chozjajstvo* und *Plan* der staatlichen Planbehörde *Gosplan*).

Drittens versuchte Loveday, Probleme, die die großen räumlichen Distanzen für die Kommunikation mit einigen außereuropäischen Ländern bedeuteten (vor allem Verzögerung bzw. Verteuerung der Datenübermittlung) dadurch zu minimieren, dass er deren Vertreter davon zu überzeugen versuchte, Institutionen, die sie bereits in Europa etabliert hatten, als Vermittlungsinstanz zu nutzen. Diese Funktion übernahmen beispielsweise die Botschaften Brasiliens in London und Paris,[194] die Gesandtschaft Persiens in London und die dort ansässige *Imperial Bank of Persia.*[195] Prototypisch für dieses Vorgehen war jedoch das Bemühen um Daten aus Japan.

Bereits im April 1921 kontaktierte Loveday Sekiba Teiji, der Japan in der Reparationskommission und der Wirtschaftskommission des *Völkerbunds* vertrat, und bat ihn, Zahlen seines Landes regelmäßig für das MBS nach Genf zu senden. Das sei finanziell günstiger als deren telegraphische Übermittlung von Tokio.[196] Vermutlich Sekiba verwies Loveday dann an die japanische Finanzkommission in London. Das war eine kleine Behörde, die 1921 über sechs Mitarbeiter verfügte und von Mori Kengo geleitet wurde, einem Finanzexperten, der sich seit der Vorkriegszeit in London um Kredite für seine Regierung bemühte und Mitglied der

---

191 Ab Dezember 1929 etwa gab es im MBS keine Spalte ‚Sowjetunion‘ mehr in der Tabelle des Außenhandels (Weight); ab Januar 1931 fehlte der Index zu Lebensmittelpreisen und im März 1934 fiel der Großhandelspreisindex weg, der zuletzt im Juni 1930 aktualisiert worden war.

192 LoNA, R.4529, 10B/10161/10161, Aktenvermerk Lovedays, 03.05.1935; Loveday an Rosenblum, 05.06.1935; Rosenblum an Loveday, 02.07.1935; zu Rosenblum: Plettenberg: Die Sowjetunion, S. 93.

193 Clavin: Securing, S. 194f.

194 Vgl. die diesbezügliche Korrespondenz in LoNA, R.350, 10/17594/12361.

195 Vgl. LoNA, London Office, C.1719, 1/2, Handelsattaché der Gesandtschaft Persiens, London, an Kathleen Bodkin, 27.10.1933; Etlinger an *Imperial Bank of Persia,* London, 05.02.1934; Etlinger an Fürst, 10.02.1934.

196 LoNA, Loveday Archives, P.133/2, Loveday an Sekiba, 29.04.1921.

Finanzkommission des *Völkerbunds* war.[197] Tatsächlich wurde in den ersten Jahren sie und nicht das japanische Außenministerium, das Finanzministerium in Tokio oder das dortige statistische Büro der Regierung (*Naikaku tōkeikyoku*) zum wichtigsten wirtschaftsstatistischen Korrespondenzpartner Genfs und erhielt die monatlichen MBS-Fragebögen.[198]

Für Tokio war das vorteilhaft, da die Regierung so tatsächlich die relativ hohe Summe von 30 Pfund sparte, die die telegraphische Datenübermittlung nach Genf monatlich gekostet hätte. Denn ihre eigene Einrichtung in London erhielt diese Zahlen ohnehin.[199] Für Lovedays Team erwies sich der Kontakt zur japanischen Kommission als sinnvoll, weil das Londoner Büro des *Völkerbunds* direkt mit deren Mitarbeitern kommunizieren konnte. Informationen ließen sich so zumindest theoretisch rasch einholen. Schon Ende August 1921, als die zweite Nummer des MBS in Genf fertiggestellt wurde, bat Loveday Dorothy Etlinger vom Londoner Büro um dringend benötigte Zahlen zum Außenhandel einiger Länder, darunter jene von Japan für Mai bis Juli 1921. „[T]ry Kengo Mori“ fügte er hinzu. Schon drei Tage später erreichten die Zahlen Genf, so dass sie noch in die MBS-Nummer aufgenommen werden konnten.[200] In den folgenden Jahren wurde dieser direkte Zugang zur japanischen Behörde vor allem dann wichtig, wenn es nötig erschien, die Japaner wegen ausbleibender Zahlen zu ermahnen.[201]

Ein Problem dieser Art der Datenbeschaffung war, dass die japanischen Beamten in London nicht diejenigen waren, die die Zahlen erhoben und verantworten. Sie konnten sie vielmals nicht erläutern oder an die Bedürfnisse des MBS anpassen. Notwendige Rückfragen in Tokio waren daher häufig und, wenn überhaupt erfolgreich, oft langwierig. Zum Beispiel bezogen sich die 1921 mitgeteilten Daten zum

---

197 Itoh, Keiko: The Japanese Community in Pre-War Britain. From Integration to Disintegration, Richmond 2001, S. 23; zu Mori Kengo: Mitani Taichirō: Japan's International Financiers and World Politics, 1904–31, in: Michael Smitka (Hrsg.): The Interwar Economy of Japan. Colonialism, Depression and Recovery, 1910–1940, New York / London 1998, S. 21–49, hier S. 30 f.

198 LoNA, R.309, 10/19197/6408, Liste der Empfänger der monatlichen Fragebögen, o.Dat. [ca. Januar 1922].

199 LoNA, Loveday Archives, P.133/2, Aktenvermerk Lovedays für McKinnon Wood, 21.06.1921. Eine Kostenaufstellung für Telegramme aus Genf in verschiedene Länder der Welt von 1921 zeigt, dass für die Versendung von zehn Worten nach New York 15,50 Schweizer Franken, für die gleiche Anzahl an Worten nach Tokio aber 42,50 Schweizer Franken gezahlt werden mussten (LoNA, R.1583, 40/10934/10934).

200 NCL, Loveday Papers, Box 4, Loveday an Etlinger, 29.08.1921; LoNA, London Office, C.1785, 1/1, Kathleen B. [Bodkin oder Brown] an Loveday, 01.09.1921; Monthly Bulletin of Statistics 2 (1920/21), Nr. 8, S. 13.

201 Vgl. etwa LoNA, R.309, 10/27226/6408, Etlinger an Loveday, 25.03.1924; Rosenborg an Etlinger, 24.05.1924; Etlinger an Rosenborg, 28.05.1924; Etlinger an Loveday, 22.12.1924.

Außenhandel auf den Generalhandel und nicht wie verlangt auf den Spezialhandel. Loveday erläuterte Sekiba den Unterschied und bat ihn, in Tokio nachzufragen, ob nicht die gewünschten Daten übermittelt werden könnten. Bis Mitte der 1920er Jahre aber geschah das nicht. Die im MBS jeweils genannten aktuellen Angaben zum japanischen Außenhandel wurden daher immer als provisorisch deklariert und durch Zahlen zum Spezialhandel ersetzt, sobald diese einige Monate später gedruckt aus Tokio in Genf eintrafen.[202] Ein weiteres Problem des Arrangements mit der japanischen Behörde in London war, dass deren Mitarbeiter Englisch und Französisch nicht ausreichend gut beherrschten. Als Etlinger 1924 der Finanzkommission einen Besuch abstattete, suchte sie auf Geheiß Lovedays den Sekretär der Behörde auf. Sie sei sich aber unsicher gewesen, schrieb sie Loveday, ob sie wirklich mit diesem gesprochen habe. Sie war lediglich davon überzeugt, dass es derjenige war „who looks after our figures". Ursache der Konfusion war, dass ihr Gesprächspartner „appeared both to speak and understand very little English". Es sei daher ungewiss, was Erklärungen und Ermahnungen überhaupt bewirkten.[203] Diese Sprachprobleme waren charakteristisch für viele Japaner, die im und mit dem *Völkerbund* arbeiteten, erschwerten die Kommunikation aber auch mit Vertretern anderer Länder.[204] Das trug zu Missverständnissen und Verzögerungen bei, die die Zusammenarbeit mit den japanischen Behörden bis in die 1930er Jahre erschwerten, auch wenn die Kommunikation dann über andere Mittler lief. 1926 war dies das Büro des japanischen Untergeneralsekretärs des *Völkerbunds* Sugimura Yōtaro, Anfang der 1930er das Pariser Verbindungsbüro Japans beim *Völkerbund* und von 1933 bis 1938 das Tokioter Büro der *Information Section* des *Völkerbunds.*[205]

Viertens ergriffen Loveday und seine Kollegen jede sich bietende Gelegenheit, um bestehende Kontakte mit Statistikern und Ökonomen zu pflegen oder neue zu etablieren. Vor allem informeller Austausch war in vielen Fällen zentral, um den

202 NCL, Loveday Papers, Box 4, Loveday an Sekiba, 21.11.1921; vgl. die MBS-Ausgaben 1922 bis 1924.

203 LoNA, R.309, 10/27226/6408, Etlinger an Loveday, 22.12.1924.

204 Burkman: Japan, S. 119; Fischer: Die Souveränität, S. 188 f.

205 DAMFA. Prewar Diplomatic Records. Series 2, Category 4, Section 2: League of Nations. Finance and Economic Provisional Committee, Bd. 2(1). Japan Center for Asian Historical Records (JACAR; www.jacar.ac.jp), Reference Code B06150615100, Bildnummer 226, Außenministerium, Tokio, an Sugimura, 22.01.1926; DAMFA. Records of the Ministry of Foreign Affairs, Myogadani Training Institute. Series B: Administrative Office for the League of Nations. Japan Center for Asian Historical Records (JACAR; www.jacar.ac.jp), Reference Code B05014130200, Bildnummer 51, *Economic and Financial Section* des Völkerbundsekretariats an den Direktor des japanischen Verbindungsbüros beim *Völkerbund*, Paris, 28.01.1933; Ebenda, Reference Codes B05014130200, B05014130300, B05014130400 und B05014130500, ausgefüllte Fragebögen, die das japanische Außenministerium vom Januar 1933 bis Dezember 1937 samt Begleitschreiben an das Tokioter Völkerbundbüro sandte; zum Tokioter Völkerbundbüro vgl. Akami: The Limits.

Datenfluss nach Genf zu beschleunigen oder überhaupt in Gang zu bringen und um konzeptionelle und methodische Unklarheiten zu beseitigen. Das war im Falle der USA so, als Daten für das MBS in den ersten Monaten informell über den Chefstatistiker der Zentralbank nach Genf gelangten. Die Bekanntschaft mit dem Leiter der Statistikabteilung des US-amerikanischen Handelsministeriums Edward Dana Durand, die Loveday 1925 bei der ISI-Konferenz machte, stellte sich ebenfalls als wirkungsvoll heraus. Zum einen vermittelte Dana Durand direkte Zugänge zu Fachleuten seines Ministeriums und anderer statistischer Behörden der US-Regierung.[206] Zum anderen nahm er zunächst informell, ab 1928 auch offiziell an den Bemühungen des Genfer Sekretariats teil, wirtschaftsstatische Konzepte und Methoden international zu standardisieren (Kap. 6 und 7). Ähnliche Folgen hatte die ISI-Konferenz von 1923 in Brüssel. Dort traf Loveday den Leiter der sowjetischen Statistikbehörde Pavel I. Popov. Sie teilten die Meinung, ein Schriftenaustausch zwischen ihren Institutionen sei sinnvoll, aufgrund der politischen Lage aber am ehesten auf informellem Weg möglich.[207] Loveday arrangierte dies mithilfe John Gorvins, dem Leiter des Moskauer Nansen-Büros. Und tatsächlich stieg die Zahl von Angaben zur Sowjetunion im MBS danach sukzessive an. Außerdem erhielt Loveday über Gorvin konzeptionelle Informationen, etwa über den Großhandelspreisindex der Plankommission, die er ohne den „man on the spot" wohl nicht erhalten hätte.[208]

Die Frage nicht-souveräner Länder

Der *Völkerbund* war eine Organisation souveräner Staaten. Das MBS spiegelte dies in den ersten Jahren wider. Angaben zu politisch abhängigen Territorien enthielt es mit Ausnahme jener zu den britisch kontrollierten Sonderfällen Ägypten und Indien zunächst nicht. Im Frühjahr 1927 lehnte es Loveday sogar ab, Daten aus Südrhodesien in das MBS aufzunehmen, einer seit 1923 selbstverwalteten Kronkolonie

206 LoNA, R.414, 10/36262/35913, Etwa Loveday an Dana Durand, 18.01.1926; Dana Durand an Loveday, 03.02.1926; Mortimer B. Lane, Redakteur des Survey of Current Business des US-Handelsministeriums, an Loveday, 05.02.1926.

207 LoNA, R.1262, 18/25940/3570, Aktenvermerk Lovedays für William Rappard, *Free Distribution Committee* des *Völkerbunds*, 26.10.1923.

208 LoNA, R.376, 10/34992/20082, Zitat: Aktenvermerk Lovedays für Eric Drummond, 23.04.1924; LoNA, R.1262, 18/25940/3570, Aktenvermerk Lovedays für Florence Wilson, *Völkerbund*-Bibliothek, 07.05.1924; LoNA, R.399, 10/33745/26756, Korrespondenz Loveday und Gorvin; vgl. League of Nations: Memorandum on Currency, 1913–1923, Genf 1924, S. 260 f.; Monthly Bulletin of Statistics 5 (1924), Nr. 10, S. 3.

Großbritanniens, deren statistisches Amt jener Beamte mit aufbaute, der im Londoner *Board of Trade* von 1919 bis 1921 das MBS redigiert hatte. „If we begin with Southern Rhodesia", so Loveday, „we should certainly have to give data also for a considerable number of other colonies, and I am not quite certain whether the additional value of the Bulletin would equate the additional cost." Allein mit dem Großhandelspreisindex Niederländisch-Ostindiens kam 1924 eine regelmäßig aktualisierte statistische Information eines kolonialen Territoriums ins MBS.[209]

Ab Ende der 1920er Jahre aber wurde das MBS zu einem Journal, das unter ‚Welt' den Globus in seiner Gänze verstand. Vor allem die Tabellen mit den monatlichen Daten zum Außenhandel spiegeln das wider. Im August 1939 enthielten sie Informationen zu 81 Ländern, von denen 24 offiziell[210] und vier *de facto*[211] politisch abhängige Territorien waren. Hinsichtlich ihrer völkerrechtlichen Stellung unterschieden sie sich deutlich von souveränen Staaten, waren aber auch im Vergleich zueinander verschieden. Mandatsgebiete gehörten ebenso dazu wie selbstverwaltete britische Kronkolonien und gänzlich fremdbestimmte Territorien. Auch ihr ökonomischer Entwicklungsstand und ihre weltwirtschaftliche Bedeutung variierten beträchtlich. Dennoch machten die MBS-Autoren keine Unterschiede zwischen diesen Ländern, sondern ordneten sie in alphabetischer Ordnung an.[212]

Angaben zu den meisten dieser Länder übernahm das MBS erst nach 1928. Dies hatte in vielen Fällen sicher politische Gründe, denn nicht selten waren Kolonialmächte wenig erpicht darauf, Daten über die von ihnen abhängigen Territorien zu veröffentlichen.[213] Es mangelte aber in den 1920er Jahren generell an solchen Angaben, weil es in den meisten Kolonien nur rudimentäre oder gar keine statistische Behörden gab. Dies änderte sich erst langsam und hatte mehrere Gründe.

Erstens stieg in den ersten Jahrzehnten des 20. Jahrhunderts in den europäischen Imperialmächten das Interesse daran, kolonialisierte Gebiete sozialwissenschaftlich zu vermessen. Das Sammeln und Kategorisieren von ‚kolonialem' Wissen übernahmen in erster Linie Ethnologen und Anthropologen, während Ökonomen und Statistiker kaum eine Rolle spielten. Gleichwohl fanden deren Arbeitsfelder zunehmend Aufmerksamkeit und bereits vor dem Zweiten Weltkrieg etablierten Wissenschaftler wichtige Grundkategoriegen der späteren Entwicklungsökono-

---

209 LoNA, R.351, 10/62861/12361, Thomas G. Gibson, Salisbury, Südrhodesien, an Loveday, 08.10.1927; Loveday an Gibson, 08.12.1927.

210 Algerien, Burma, Ceylon, Korea, die Goldküste, Curaçao, Formosa, Indien, Niederländisch-Ostindien, Indochina, Kenia-Uganda, Madagaskar, Britisch-Malaya, Marokko, Mosambik, Nigeria, Palästina, Nord- und Südrhodesien, Sudan, Südwestafrika, Syrien-Libanon, Tanganyika und Tunis.

211 Ägypten, der Irak, die Mandschurei und die Philippinen.

212 Monthly Bulletin of Statistics 20 (1939), S. 382–389; vgl. dazu Kapitel 9.3.

213 Martin: Experts, S. 86.

mie.[214] *Zweitens* waren die europäischen Kolonialmächte gerade nach dem Ersten Weltkrieg bestrebt, die Verwaltung vieler der ihnen zugehörigen Territorien zu professionalisieren und auf eine gewisse rationale Grundlage zu stellen. Dazu gehörte vielerorts, statistische Büros oder eigene Ämter zu etablieren, die dann in die entstehende internationale wirtschaftsstatistische Infrastruktur integriert werden konnten. Dahinter stand die Notwendigkeit, koloniale Herrschaft zumindest dort neu legitimieren zu müssen, wo die Bevölkerung in teils großem Maße personell und finanziell für die Kriegführung der jeweiligen Kolonialmacht herangezogen worden war. Auch die wachsende Schlagkraft von Autonomie- und Unabhängigkeitsbewegungen, sowie die Etablierung des Mandatssystems waren Motive dafür, sich stärker um das wirtschaftliche und soziale Wohlergehen der kolonialisierten Bevölkerung zu kümmern und dafür ‚Entwicklungspolitik' *avant la lettre* zu initiieren. In den 1930er Jahren trat zusätzlich das Bestreben hinzu, koloniale Herrschaftsgebiete wirtschaftlich stärker miteinander zu verflechten, um den Folgen des weltweit grassierenden Wirtschaftsnationalismus begegnen zu können. All dies verlangte nach leistungsfähigeren Kolonialverwaltungen, die wiederum auf belastbares, auch wirtschaftsstatistisches Wissen über ihre jeweiligen Regionen angewiesen waren.[215] *Drittens* konnten sich koloniale Statistikbehörden nach 1928 bei der Konzeption und inhaltlichen Ausrichtung ihrer Arbeiten an einer in jenem Jahr unterzeichneten wirtschaftsstatistischen Konvention orientieren. Diese baute maßgeblich auf Vorarbeiten auf, die Lovedays Sektion koordiniert hatte, wurde bis Ende der 1930er Jahre unter anderem von Indien, Südrhodesien und Niederländisch-Ostindien ratifiziert und setzte eine bis dahin nicht gekannte Dynamik internationaler Standardisierung wirtschaftsstatistischer Konzepte und Methoden in Gang (vgl. Kap. 6 und 7).

Eine Sonderstellung nahmen im MBS die Mandatsgebiete ein. Angesichts des Umstandes, dass deren Verwaltung vom *Völkerbund* in Auftrag gegeben worden war und einer gewissen öffentlichen Aufsicht unterstand, die mit der periodischen, auch statistischen Berichterstattung in Genf einherging, lag es nahe, diese Territorien in Publikationen der Organisation aufzunehmen, sofern entsprechende Zahlen vorlagen. Den Anfang machte das britische Mandatsgebiet Palästina, zu dem das MBS ab September 1923 Informationen enthielt (zum monatlichen Außenhandel). Solche zu den Ein- und Ausfuhren des französischen Mandatsgebiets Syrien-Libanon folgten ab Oktober 1926 und im April 1927 fragte das Sekretariat beim britischen

---

214 Vgl. Speich Chassé: Die Erfindung, S. 115–121; Anne Kwaschik: Der Griff nach dem Weltwissen. Zur Genealogie von Area Studies im 19. und 20. Jahrhundert, Göttingen 2018, S. 93–123; Stefan Esselborn: Die Afrikaexperten. Das Internationale Afrikainstitut und die europäische Afrikanistik, 1926–1976, Göttingen 2018.

215 Unger: International Development, S. 34–43; Jansen/Osterhammel: Dekolonisation, S. 40–46.

Colonial Office an, ob es nicht auch entsprechende Zahlen zum britischen Mandatsgebiet Irak gäbe. Der zuständige Beamte bejahte dies und veranlasste die Verwaltung in Bagdad, das entsprechende Periodikum nach Genf zu schicken.[216] Die Tatsache, dass die Initiative zur Aufnahme der Daten in das MBS von der *Economic and Financial Section* ausging[217] und nur die so genannten A-Mandate im Nahen Osten umfasste, die von allen Mandatsgebieten als am weitesten entwickelt galten (B- und C-Mandatsgebiete kamen erst in den 1930er Jahren in das MBS), bestätigt die Beobachtung, dass das Engagement, bestimmte Länder in die monatliche Berichterstattung einzubeziehen, unter anderem davon abhing, welche wirtschaftliche und politische Bedeutung Lovedays Team diesen zusprach. Und als die für den Irak verfügbaren Zahlen nicht dem erwünschten Standard entsprachen, fand das Land auch keine Aufnahme in das Heft, so dass dessen Außenhandel erst nach der formellen Unabhängigkeit 1932 im MBS wiedergegeben wurde.

5.4 Fazit

1919 erschien es sehr unwahrscheinlich, dass das Völkerbundsekretariat eine wichtige Rolle in der internationalen Wirtschaftsstatistik einnehmen würde. Es fehlten entsprechende Hinweise im Statut und es mangelte nicht an konkurrierenden Organisationen. Vor allem das *Internationale Statistische Institut* sowie dessen frankophone Unterstützer in Frankreich und Belgien versuchten in einer heftigen, gut zweijährigen Auseinandersetzung zwischen 1919 und 1921 diese Einrichtung im Zentrum eines globalen (wirtschafts-)statistischen Systems zu etablieren. Die Völkerbundbeamten um Alexander Loveday mussten angesichts dessen ihr ursprüngliches Ziel aufgeben, ihre Organisation zu einem internationalen statistischen Amt zu machen. Gleichwohl schafften sie es, das Genfer Sekretariat *de facto* zum zentralen Akteur und Motor der entstehenden wirtschaftsstatistischen Infrastruktur zu machen. Die erfolgreiche Übernahme des MBS im Sommer 1921 war dafür eine wichtige Etappe.

Drei Gründe erklären, weshalb es die Völkerbundbeamten schafften, institutionelle Widerstände und praktische Probleme zu überwinden. *Erstens* besaßen sie

216 LoNA, R.351, 10/58568/12361, Vito Catastini, *Mandates Section, Völkerbund*, an T.I.K. Lloyd, *British Colonial Office*, 02.04.1927; Lloyd an Catastini, 08.04.1927.

217 Neben dem eben erwähnten irakischen Fall spricht dafür auch, dass die Angaben zu Syrien-Libanon auf der Auswertung eines entsprechenden Periodikums der Mandatsverwaltung basierte; Monthly Bulletin of Statistics 7 (1926), S. 371; vgl. zudem LoNA, R.351, 10/58541/12361, Vito Catastini, *Mandates Section*, an Bertrand Clausel, Leiter des *Service français de la Société des Nations*, 02.04.1927.

hervorragende Verbindungen zur britischen Regierung sowie zu akademischen Institutionen und Unternehmerkreisen Londons. Das verschaffte ihnen diplomatische Unterstützung aus Großbritannien und den britischen Dominions, die insbesondere den Kompetenzstreit 1920/21 in ihrem Sinne beeinflusste. Außerdem profitierten sie von ihren Kontakten zu global bestens vernetzten Statistikern, Ökonomen und Unternehmern in London, das immerhin eines der wichtigsten Zentrum der ‚Weltwirtschaft' war. Vor allem die rasche und erfolgreiche Übernahme des MBS wäre ohne die personelle, materielle und intellektuelle Unterstützung von Lovedays Team durch das britische *Board of Trade* kaum denkbar gewesen, die langjährige persönliche und berufliche Bekannt- und Freundschaften zusätzlich beförderte.

Zweitens waren die für die wirtschaftsstatistischen Arbeiten verantwortlichen Beamten in Genf gut ausgebildet, in internationale Netzwerke von akademischen und amtlichen Statistikern sowie Ökonomen bestens eingebunden und sie verfolgten ihre Ziele mit großem Ehrgeiz. Das bewiesen sie bereits 1920, als sie zeitlich begrenzte Mittel erhielten, um die internationale Finanzkonferenz von Brüssel statistisch vorzubereiten. Mit ihren Broschüren schufen sie qualitativ hochwertige Wissensgrundlagen für die Verhandlungen und setzten neue Maßstäbe für zukünftige, diesbezügliche Arbeiten. Das sahen auch Fachleute und Beamte so, die die Arbeit von Lovedays Team öffentlich lobten und in den Entscheidungsgremien des *Völkerbunds* Ende 1920 für eine Fortführung dieser Arbeit votierten. Darüber hinaus waren vor allem die leitenden Beamten um Loveday in vielen Fällen sehr lange in ihren Funktionen im Völkerbundsekretariat tätig. Das begünstigte die Professionalisierung und Institutionalisierung der grenz- und kontinentüberschreitender Kooperation ebenso wie es zur dauerhaften Etablierung gut funktionierender Arbeitsroutinen und Kommunikationswege führte.

Drittens war für den wirtschaftsstatistischen Erfolg des *Völkerbunds* ausschlaggebend, dass er als formal unparteiischer Zusammenschluss von Regierungen direkten Zugang zu den statistischen Ämtern seiner Mitglieder auf allen Kontinenten besaß (was nicht bedeutete, dass diese alle ihre Daten an die Genfer Organisation weiterleiteten), und trotz des Spardrucks über ein Budget verfügte, das jene früherer Institutionen und potentieller Konkurrenten übertraf. Keiner dieser Konkurrenten und insbesondere nicht das ISI verfügte über so hohe Finanzmittel, wie das Genfer Sekretariat. Dass diese immer wieder bewilligt wurden, lag aber nicht nur am raschen Erfolg der Publikationen und an diplomatischen Geschick. Es basierte auch darauf, dass es Loveday und seinen Unterstützern gelang, ihre Arbeit als integrativen Bestandteil der ‚Friedensarbeit' des *Völkerbunds* zu plausibilisieren. Der Glaube an die Wirksamkeit statistischer Zahlen in politischen Debatten spiegelte sich ebenso darin wider wie ein ‚konfliktpräventives Informationsmotiv', hinter dem das Vertrauen in die langfristig friedenssichernde Wirkung internationaler ‚technischer' Kooperation stand.

Darüber hinaus muss die schlichte aber doch wichtige Notwendigkeit genannt werden, die eigene Existenz zu legitimieren. Die Tatsache, dass der *Völkerbund* beanspruchte, eine globale Organisation zu sein, in der alle souveränen Staaten formal gleich zu sein hatten, erklärt das Bestreben, möglichst viele Länder in die wirtschaftsstatistische Infrastruktur einzubinden. Allein die permanenten Klagen über seine Europazentrierung waren für die Sekretariatsmitarbeiter Antrieb genug, in allen sich bietenden Bereichen möglichst auch mit Akteuren in Asien und in Südamerika zu kooperieren (Afrika spielte aufgrund seiner weitgehenden Aufteilung unter europäische Kolonialmächte kaum eine Rolle).

Der Aufbau der grenz- und kontinentüberschreitenden wirtschaftsstatistischen Infrastruktur, die technische und institutionelle Organisation von Informationsbeschaffung, -verarbeitung und -verbreitung sowie die dauerhafte Beschaffung dafür nötiger finanzieller Mittel (die maßgeblich von der Akzeptanz der Publikationen abhing), fanden bis zur Auflösung des *Völkerbunds* keinen Abschluss. Diese zentralen Voraussetzungen der Weltwirtschaftsstatistik entstanden also nicht in einem bestimmten Zeitraum und waren dann gegeben. Sie begannen sich aber ab dem Ersten Weltkrieg zu entwickeln und die Jahre 1918 bis 1921 waren hinsichtlich der zentralen Akteure, der Arbeitsweisen und der interessierenden Inhalte prägend. Zudem besaßen die beteiligten Akteure mangels bestehender Infrastrukturen vergleichsweise große Gestaltungskraft. Als die *Vereinten Nationen*, der *Internationale Währungsfonds* und die Weltbank den statistischen Apparat des *Völkerbunds* nach dem Zweiten Weltkrieg übernahmen, war diese Offenheit nicht mehr im gleichen Maße gegeben, da nun funktionierende Arbeitsroutinen und Kommunikationsnetzwerke existierten. Die hier geschilderte Formierungsphase prägte daher nicht nur die statistische Arbeit des *Völkerbunds*, sondern war für die Geschichte der internationalen Wirtschaftsstatistik allgemein von großer Bedeutung.

6 Die Internationale Konvention zur Wirtschaftsstatistik und die globale ‚Dominanz westlicher Wissensbestände', 1922 – 1928

Am 25. März 1929 war der Schweizer Internationalist und Ökonom William E. Rappard, Gründungsdirektor des Genfer *Institut universitaire de hautes études internationales* und dem *Völkerbund* eng verbunden, Gast im Kieler *Institut für Weltwirtschaft und Seeverkehr.* Er stellte die am 14. Dezember 1928 unterzeichnete *Internationale Konvention zur Wirtschaftsstatistik* vor. Die Konferenz, die das Abkommen ausgehandelt und die er selbst geleitet hatte, sei außergewöhnlich gewesen. Sie habe so viele Regierungsdelegationen angezogen, wie keine wirtschaftsbezogene diplomatische Konferenz, die der *Völkerbund* bis dahin organisiert habe. Auch der Vertrag selbst sei bemerkenswert. Seine Bestimmungen seien dehnbar, was seine „juristische Kraft wohl mindern, seinen erzieherischen Wert und seine Ausführungsmöglichkeiten aber erhöhen" werde. Zudem besitze die Konvention einen „dynamischen, fortschrittsfördernden Charakter". Sie sei ein Minimalprogramm, auf das sich alle beteiligten Staaten einigen konnten und das künftigen Standardisierungsbemühungen als Ausgangspunkt dienen werde. Die Relevanz des Abkommens, so Rappard, könne man „wohl erst in einem Menschenalter beurteilen". Schon 1929 aber sei klar, dass Konferenz und Konvention Versuche seien, durch grenzüberschreitende Kooperation „die Wirtschaftsstatistik zu vervollkommnen und zu vereinheitlichen" und „der Weltwirtschaftspolitik und in letzter Instanz dem Weltfrieden zu dienen".[1]

Tatsächlich war die Konvention, die bis heute in Kraft ist, ein Meilenstein in der Entwicklung der Weltwirtschaftsstatistik. Sie definierte, was unter Wirtschaftsstatistik zu verstehen war, und legte fest, welche Phänomene und Prozesse staatliche Behörden mit welchen Methoden idealerweise statistisch beobachten und regelmäßig veröffentlichen sollten. Zudem etablierte sie ein ständiges, beim *Völkerbund* angesiedeltes Expertengremium, das die Umsetzung der Konvention verfolgen und sich weiteren, spezifischen Fragen widmen sollte. Die Konvention diente staatlichen Verwaltungen weltweit als Orientierung, wenn sie neue wirtschaftsstatistische Erhebungen planten oder bestehende reformierten. Sie war daher ein wichtiger Motor, um das Verhältnis zwischen länderbezogener und internationaler Wirtschaftsstatistik zu dynamisieren und die Weltwirtschaftsstatistik zu etablieren.

Die hinter diesen Standardisierungsbemühungen stehenden Statistiker, Ökonomen und Vertreter staatlicher und privater internationaler Organisationen bil-

1 Rappard: Zum internationalen Abkommen, S. 95, 110 f.

https://doi.org/10.1515/9783111207124-007

deten ein Paradebeispiel für jene ‚westlich' geprägten Expertennetzwerke, die bis weit in die zweite Hälfte des 20. Jahrhunderts hinein „eine Dominanz westlicher Wissensbestände" garantierten.[2] Gerade am Beispiel der Wirtschaftsstatistik wurde bereits gezeigt, wie eng begrenzt die Möglichkeiten sind, Konzepte und Methoden für die universale Erfassung wirtschaftlichen Geschehens zu verwenden, die für die Beobachtung ökonomischer Phänomene und Prozesse in industrialisierten Länder mit Marktstrukturen entwickelt wurden.[3] Umso wichtiger ist es, zu klären, weshalb es dem *Völkerbund* und den mit ihm kooperierenden Akteuren unterschiedlicher institutioneller Herkunft dennoch gelang, die von ihnen präferierten wirtschaftsstatistischen Konzepte und Methoden nach dem Ersten Weltkrieg zu globalen Standards zu machen. Zudem muss plausibilisiert werden, dass diese Konzepte und Methoden einen ‚westlichen' Charakter besaßen und es muss erörtert werden, weshalb sie nicht nur formuliert, sondern weltweit akzeptiert wurden.

Zur Klärung dieser Fragen konzentriert sich Kapitel 6.1 auf die Entstehung, Zusammensetzung und Aktivitäten dieses Netzwerks formal unabhängig voneinander handelnder Akteure, in dessen Zentrum sich die Wirtschaftskommission und das Sekretariat des *Völkerbunds* rasch etablieren konnten. Trotz Überschneidungen unterschied es sich in einer Hinsicht deutlich von jenem ‚ersten Netzwerk', das Lovedays Team zur gleichen Zeit mit dem Ziel knüpfte, das MBS zu einer globalen Publikation zu machen: Es besaß einen fast rein europäischen Charakter und seine Mitglieder bildeten in biographischer und professioneller Hinsicht eine recht homogene Gruppe.

Eine Folge war, dass wirtschaftsstatistische Inhalte, Konzepte und Methoden, die in den folgenden Jahren und Jahrzehnten zu globalen Standards wurden, deutlich die von beinahe permanenten Krisen bestimmten Interessen industrialisierter Länder des ‚Westens' widerspiegelten. Was das konkret bedeutete, beleuchtet Kapitel 6.2 am Beispiel der beiden Schwerpunktthemen jener Jahre, der Außenhandelsstatistik und der statistischen Erfassung gewerblicher Produktion. Betrachtet man die empfohlenen Konzepte und Methoden der wirtschaftsstatistischen Konvention genau, wird zudem deutlich, dass ‚westlich' in diesem Falle vor allem ‚angelsächsisch' bedeutete.

Kapitel 6.3 erörtert, wie diese ‚westlichen' Sichtweisen zum Kern der global ausgerichteten Konvention wurde und weshalb Regierungen bereit waren, sich

2 Kunkel, Sönke / Christoph Meyer: Dimensionen des Aufbruchs. Die 1920er und 1930er Jahre in globaler Perspektive, in: Dies. (Hrsg.): Aufbruch ins postkoloniale Zeitalter. Globalisierung und die außereuropäische Welt in den 1920er und 1930er Jahren, Frankfurt/Main / New York 2012, S. 7–33, hier S. 18 f. (Zitat: S. 18).

3 Vgl. insbesondere Speich Chassé: Die Erfindung; sowie Morten Jerven: Poor Numbers. How we are misled by African Development Statistics and what to do about it, Ithaka et al. 2013.

stärker als zuvor an den Standardisierungsbemühungen zu beteiligen und zunehmend an den Konventionbestimmungen zu orientieren. Die ökonomischen und sozialen Krisen der Zeit spielten dabei eine wichtige Rolle, nicht zuletzt, wenn es galt, steigende Ausgaben für die eigene und die internationale Statistik zu legitimieren. Mindestens ebenso wichtig – manchmal sogar wichtiger – war aber der Wille von Regierungen, mit anderen Staaten zu konkurrieren – sowohl im ökonomischen als auch in einem ideellen Sinne. Statistisch sicht- und vergleichbar zu sein oder zu werden waren ebenso oft genannte Gründe, sich an internationalen Standards zu orientieren, wie die Hinweise darauf, über die Regeln mitentscheiden zu können und aus Prestigegründen nicht außen vorzubleiben.

6.1 Die Kooperation des *Völkerbunds* mit dem *Internationalen Statistischen Institut*, 1922–1927

Die Wirtschaftskonferenz von Genua und die internationale Wirtschaftsstatistik

Die vom *Völkerbund* koordinierten Bemühungen zur internationalen Standardisierung wirtschaftsstatistischer Konzepte und Methoden begannen im Frühjahr 1922 in Genua. Vertreter von 34, überwiegend europäischen Ländern berieten dort über Wege, die gravierenden wirtschaftlichen und sozialen Probleme des Kontinents zu lösen. Erstmals seit dem Krieg waren die Regierungen der ehemaligen Mittelmächte und Russlands gleichberechtigt vertreten, nicht jedoch jene der USA. Die Konferenz einigte sich vor allem darauf, Handelshemmnisse aller Art möglichst weitgehend zu vermindern, die Transportinfrastruktur des Kontinents auszubauen, und im Interesse der Währungsstabilität öffentliche Haushalte auszugleichen, die Kooperation von Zentralbanken zu verbessern und einen Gold- bzw. Golddevisenstandard anzustreben. Das blieben jedoch weitgehend folgenlose Absichtserklärungen, da es den meisten Regierungen an Handlungsbereitschaft und gegenseitigem Vertrauen mangelte. Die Konferenz von Genua galt und gilt daher als „a total failure“.[4]

4 Steiner: The Lights, S. 211; ähnlich drastisch aus Sicht des *Völkerbunds* Walters: A History, S. 165; zeitgenössisch John Maynard Keynes: The Genoa Conference, in: Manchester Guardian Commercial, Beilage Reconstruction in Europe, Nr. 3, 15.06.1922, S. 132–133; vgl. Orde: British Policy, S. 160–207; Steiner: The Lights, S. 201–213; Tooze: The Deluge, S. 424–436; Carole Fink: The Genoa Conference. European Diplomacy, 1921–1922, Chapel Hill / London 1984; Carole Fink / Axel Frohn / Jürgen Heideking (Hrsg.): Genoa, Rapallo, and European Reconstruction in 1922, Cambridge 1991; Stephen White: The Origins of Détente. The Genoa Conference and Soviet-Western Relations, 1921–1922, Cambridge 1985.

Für die Geschichte der internationalen Wirtschaftsstatistik trifft das nicht zu. Die Brüsseler Finanzkonferenz hatte den *Völkerbund* zu einer wirtschaftsstatistisch ernst zu nehmenden Organisation gemacht, die begann, Zahlen aus aller Welt zu sammeln, zu verarbeiten, zu analysieren und zu veröffentlichen. Die Konferenz von Genua ebnete der Genfer Organisation den Weg, auch die Regeln für deren Erhebung und Darstellung mitzubestimmen. Obwohl der *Völkerbund* die Konferenz weder einberufen noch vorbereitet hatte, übernahm er auf Betreiben der französischen Regierung einige Arbeiten, die aus der Genueser Konferenz resultierten.[5] Basierend auf einer im Kontext der Reparationsdebatte entstandenen Initiative deutscher Wirtschaftsverbände und der deutschen Regierung, in Genua den „einheitlichen Aufbau einer Weltwirtschafts-Statistik" zu verlangen,[6] forderte die Konferenz den *Völkerbund* auf, „common principles for economic statistics" zu etablieren. Dabei sollte er mit allen kompetenten Organisationen kooperieren, namentlich dem IIA.[7] Loveday erachtete diesen Auftrag als „most important" und forderte, umgehend entsprechende Schritte einzuleiten.[8] Noch vor Abschluss der Genueser Konferenz beauftragte der Völkerbundrat das Sekretariat, alle Arbeiten in Angriff zu nehmen, die die Konferenz dem *Völkerbund* überantworten werde.[9]

---

5 Vgl. Fink: The Genoa Conference, S. 61–63, 82, 85, 116–118, 252 f.; Mouton: La Société des Nations, S. 505–532; Anne Orde: France and the Genoa Conference of 1922, in: Mitteilungen des Österreichischen Staatsarchivs 37 (1984), S. 325–361, hier S. 329 f.; Walters: A History, S. 164–167.

6 Material über die Konferenz von Genua, Drucksache Nr. 4378, 27.05.1922, in: Verhandlungen des Reichstags. I. Wahlperiode 1920, Bd. 373: Anlagen zu den Stenographischen Berichten, Nr. 4193 bis 4397, Berlin 1922, S. 108; vgl. TNA, CAB 31/9, Bl. 254–272, Protokoll 8. Sitzung des 1. Unterausschusses der Wirtschaftskommission der Genueser Konferenz, hier Bl. 256–262; BAB, R 401/962, Bl. 114–115, Thesen des Wirtschaftspolitischen Ausschusses des Reichswirtschaftsrates für die Verhandlungen in Genua, o. Dat. [März 1922]; BAB, R. 401/391, Bl. 293–344, Protokoll der 45. Sitzung des Wirtschaftspolitischen Ausschusses des Vorläufigen Reichswirtschaftsrates, 08.03.1922, S. 10–12, 14–19; Ernst Trendelenburg: Weltwirtschaftskrise und Außenhandel. Vortrag, gehalten am 26. Januar 1921 in der Deutschen Hochschule für Politik in Berlin, Berlin o. J. [1921], S. 4; zum wirtschaftsstatistischen Kontext der Reparationsdebatte in Deutschland: Tooze: Trouble.

7 TNA, CAB 31/9, Bl. 384–403, Protokoll der 17. Sitzung des 1. Unterausschusses der Wirtschaftskommission der Konferenz von Genua, 05.05.1922, hier Bl. 386 f., 399–402; Papers Relating to the International Economic Conference, Genoa, April-May 1922 (Cmd. 1667), London 1922, S. 70.

8 LoNA, R.1610, 40 A/20985/20365, Note on Economic Committee, Memorandum Alexander Loveday, o. Dat. [Mai 1922], S. 4, 8 f.

9 Minutes of the Eighteenth Session of the Council [Genf, 11.-17.05.1922], in: OJ 3 (1922), S. 517–707, hier S. 532; The Genoa Conference and the League of Nations. Memorandum by the Secretary-General, submitted to the Council on July 21st, 1922, in: OJ 3 (1922), S. 1002–1006.

Holding the Purse-Strings: Die Kooperation von *Völkerbund* und *Internationalem Statistischen Institut*

Der Eile entsprechend, mit der der *Völkerbund* Aufgaben von der Genueser Konferenz übernahm, gelang es dem Genfer Sekretariat innerhalb weniger Wochen, eine Zusammenarbeit mit dem *Internationalen Statistischen Institut* zu vereinbaren.[10] Der amtierende ISI-Präsident Albert Delatour zeigte sich darüber „considerably surprised",[11] was angesichts des Konflikts beider Organisationen in den Vorjahren nicht überrascht. Doch die Kooperation bot dem Völkerbundsekretariat zwei Vorteile.

Zum einen versprach sie, die notwendige wissenschaftliche Reputation für alle Empfehlungen zu liefern und zu gewährleisten, dass diese nicht zu unrealistisch ausfielen. Schließlich war das ISI die weltweit anerkannte internationale Vereinigung wissenschaftlich arbeitender Statistiker, der gleichzeitig führende statistische Beamte einiger Länder angehörten, die die institutionellen und finanziellen Möglichkeiten von Standardisierungsprojekten kannten. Zum anderen versprach die Zusammenarbeit mit dem ISI, die wirtschaftsstatistische Reputation und Relevanz des Völkerbundsekretariats deutlich zu erhöhen, ohne dass dieses den Beschluss der Vollversammlung vom September 1921 unterlaufen musste, sich nicht statistisch ‚in the scientific sense' zu betätigen. Denn obwohl die Arbeit formal durch unabhängige Experten zu erledigen war, denen der *Völkerbund* inhaltliche Leitlinien geben sollte,[12] erlangte das Sekretariat faktisch die Kontrolle über Form und Inhalte des Austauschs. Das galt umso mehr, als der *Völkerbund* die Reise- und Übernachtungskosten der einzubeziehenden Experten übernahm. Denn, so Loveday, „we can

---

10 LoNA, R.377, 10/21074/21074, Loveday an Willem Methorst, *Permanent Office* ISI, Den Haag 27.05., 12.06. und 06.07.1922; Methorst an Loveday, 31.05., 09.06. und 01.07.1922; Loveday an Delatour, 15.06. und 06.07.1922; Delatour an Loveday, 20. und 30.06.1922; LoNA, R.377, 10/21074/21074, Note on Meeting of the Statistical Sub-Committee of the Economic Committee with M. Delatour and M. Methorst, 7th September 1922; Report of Statistical Sub-Committee concerning the Question of the Coordination of Statistical Methods (LoN Document E.F.S 363); LoNA, Official Document Collection, Minutes of the Economic and Financial Committee. Economic Committee, 5th Session, 4th Meeting, 09.06.1922 (LoN Document E&F/Economic/5th Session/P.V.4(1)), S. 2–5; Minutes of the Economic and Financial Committee. Economic Committee, 5th Session, 5th Meeting, 10.06.1922 (LoN Document E&F/Economic/5th Session/P.V.5(1)), S. 5 f.; Minutes of the Economic and Financial Committee. Economic Committee, 6th Session, 5th Meeting, 09.09.1922 (LoN Document E&F/Economic/6th Session/P.V.5(1)), S. 2–4; Minutes of the Nineteenth Session of the Council [London, 17.-24.07.1922], in: OJ 3 (1922), S. 785–1020, hier S. 815–817.

11 LoNA, R.377, 10/21074/21074, Loveday an Hubert Llewellyn Smith, *Board of Trade*, London, 06.07.1922.

12 LoNA, Offical Document Collection, Minutes of the Economic and Financial Committee. Economic Committee, 5th Session, 4th Meeting, 09.06.1922 (LoN Document E&F/Economic/5th Session/P.V.4(1)), S. 3.

obviously control the policy of the whole very much better if we hold the purse-strings".[13]

Die Kontrolle der Wirtschaftskommission und des Völkerbundsekretariats hatte zur Folge, dass die Kooperation in institutioneller, personeller und inhaltlicher Hinsicht eine deutlich wirtschaftsliberale und angelsächsische Prägung erhielt. Das zeigte sich zunächst daran, dass neben dem ISI nur die sowieso mit dem *Völkerbund* verbundene ILO in die Zusammenarbeit einbezogen wurde. Andere wirtschaftsstatistisch tätige Organisationen blieben außen vor, obwohl die Genueser Konferenz explizit die Kooperation mit dem IIA in Rom eingefordert hatte. In enger Abstimmung mit dem ins Sekretariat zurückgekehrten Arthur Salter, der Wirtschaftskommission und besonders einem ihrer Mitglieder, dem *Chief Economic Adviser* der britischen Regierung Hubert Llewellyn Smith, sorgte Loveday mit einer hinhaltenden und ausweichenden Taktik dafür, dass das IIA und auch das *Internationale Handelsinstitut* in Brüssel sich nicht an den Verhandlungen beteiligten.[14] Ganz anders verhielt er sich hingegen gegenüber der *Internationalen Handelskammer* (*International Chamber of Commerce*, ICC).

In den 1920er und 1930er Jahren war diese in vielen Debatten über internationale wirtschaftsbezogene Aspekte ein zentraler Akteur und für den *Völkerbund* ein wichtiger Kommunikationskanal in die Privatwirtschaft. Die Tatsache, dass der Verband stark US-amerikanisch geprägt war, machte den Austausch für den *Völ-*

13 LoNA, R.377, 10/21074/21074, Loveday an Frank H. Nixon, 06.07.1922. Diese Strategie wurde rasch durchschaut. Als das ISI im Frühjahr 1923 seine deutschen Mitglieder erstmals nach dem Krieg um ihre Mitgliedsbeiträge bat, plädierte der Leiter des *Bayerischen Statistischen Landesamts* sowie spätere Vorsitzende der *Deutschen Statistischen Gesellschaft* und des ISI Friedrich Zahn gegenüber dem Präsidenten des *Statistischen Reichsamts* Ernst Delbrück dafür, vorerst auf Überweisungen zu verzichten und „erst die weitere Klärung der Stellung des Instituts zum Völkerbund und uns Deutschen gegenüber abzuwarten". Denn schließlich habe sich das ISI „ohne Mitwirkung von Deutschland in Abhängigkeit des Völkerbunds begeben". (PA AA, RZ 303, R. 118237, Zahn an Delbrück, 07.04.1923). „[K]ein Deutscher, dem es ernsthaft um die Wahrung der deutschen Statistik und der hinter ihr stehenden politischen Interessen zu tun ist" ließe sich, so Zahn wenig später, von „falscher Eitelkeit verleiten und ködern zu unmittelbarer oder mittelbarer Mitwirkung bei einer Einrichtung, die letzten Endes Mittel gegen uns schmiedet". Die Einrichtung, auf die er sich dabei bezog war die „französisch-englische[] Weltdiktatur, genannt Völkerbund" (Friedrich Zahn: Hermann Losch. Eine Jubiläumsbetrachtung, in: Allgemeines Statistisches Archiv 14 (1923/24), S. 242–244, hier S. 244).

14 LoNA, R.377, 10/21074/21074, Edoardo Pantano, Präsident des IIA, an Bernardo Attolico, Völkerbundsekretariat, 30.06.1922; Attolico an Pantano, 14.07.1922, in: International Statistics. Note of Mr. Loveday, 22.08.1922 (LoN Document E.F.S. 327), Anhänge D und E; vgl. auch Korrespondenz in LoNA, R.390, 10/26040/25152 sowie Minutes of the Twenty-First Session of the Council [Genf, 31.08.-04.10. 1922], in: OJ 3 (1922), S. 1159–1462, hier S. 1189 f.; NCL, Loveday Papers, Box 5, The International Institute of Commerce, Brussels, Memorandum, Alexander Loveday, 06.06.1925.

kerbund zusätzlich attraktiv.[15] Auch wenn die ICC ebenfalls nicht in die konkreten Verhandlungen mit dem ISI einbezogen wurde, weil es ihr an wissenschaftlich arbeitenden Statistikern fehlte, suchte Loveday früh den dauerhaften Austausch mit dem Unternehmerverband. Zum einen stiegen die Erfolgsaussichten wirtschaftsstatistischer Standardisierungsbemühungen, wenn Unternehmen die Ansicht teilten, diese seien sinnvoll. Zum anderen hatte die ICC bereits 1920 beschlossen, sich aktiv für eine internationale Standardisierung von Handels- und Produktionsstatistiken einzusetzen,[16] und gründete zu diesem Zweck 1922 eine eigene ständige Arbeitskommission, die die Kooperation mit dem *Völkerbund* einforderte.[17] Tatsächlich kontaktierte Loveday noch vor seinem ersten Treffen mit dem ISI-Funktionär Willem Methorst die ICC, um mit deren Generalsekretär Édouard Dolléans die künftige Zusammenarbeit hinsichtlich der Standardisierungsbemühungen zu besprechen.[18] Loveday beteiligte sich in den Folgemonaten auch an Sitzungen der Statistikkommission der Organisation und im Oktober 1923 vetrat der Vorsitzende dieser Kommission, Gino Olivetti, die ICC bei der ISI-Konferenz.[19] Einen Höhepunkt erreichte die wirtschaftsstatistische Kooperation von ICC, *Völkerbund* und ISI 1928 in Vorbereitung auf die wirtschaftsstatistische Konferenz des *Völkerbunds*.[20]

15 Bührer: Die Internationale Handelskammer; Druelle-Korn: The Great War; Ridgeway: Merchants; Rosengarten: Die Internationale Handelskammer; Schneider: Global Economic Governance; Slobodian: Globalists.

16 International Chamber of Commerce: Proceedings of the Organization Meeting, Paris, France, June 23 to 30, 1920, Paris 1920, S. 184; ähnlich auch International Chamber of Commerce: Proceedings of the First Congress (London – June 27 – July 1, 1921), Paris 1921, S. 15.

17 Vgl. die Protokolle und Berichte des Komitees vom 13. Januar und 7. Juli 1922 in LoNA, R.291, 10/21099/80.

18 Vgl. die entsprechende Korrespondenz ab Mai 1922 in LoNA, R.291, 10/21099/80.

19 LoNA, R.382, 10/31099/23721, Salter an Dolléans, 22.09.1922; Anonymus: À la Chambre de Commerce Internationale. M. Gino Olivetti est élu président du Comité de Statistique, in: La Journée Industrielle [Paris], 29.08.1923; Bulletin de l'Institut International de Statistique 21 (1924), Nr. 1, S. 18.

20 Olivetti, Gino: Internationale Industriestatistiken, in: Internationale Wirtschaft 1 (1929), S. 21–25; TNA, BT 70/18/S.664/28, International Chamber of Commerce: International Industrial Statistics, Paris 1928, S. 2 f., 7 f.; Chambre de Commerce International: Les statistiques industrielles internationales. Rapport présenté à la Conférence Diplomatique sur les Statistiques Économiques par la Délégation de la Chambre de Commerce International, Paris 1928; A[lexandre] de Lavergne: Internationale Industriestatistiken, in: Internationale Wirtschaft 1 (1929), S. 519–523; Wilhelm Leiße: Völkerbund und Industriestatistik, in: Wirtschaftsdienst 13,2 (1928), S. 1792–1794, hier S. 1794.

Zum Kontext der verstärkten Kooperation des *Völkerbunds* mit privatwirtschaftlichen Akteuren nach der Genfer Weltwirtschaftskonferenz von 1927 vgl. d'Alessandro: Global Economic Governance; Fritz Georg von Graevenitz: Argument Europa. Internationalismus in der globalen Agrarkrise der Zwischenkriegszeit (1927–1937), Frankfurt/Main / New York 2017.

Liberale Europäer: Das wenig diverse *Preparatory Committee*

Im Dezember 1922 trafen sich in London Vertreter der Wirtschaftskommission des *Völkerbunds*, des ISI und der ILO.[21] Diese *Mixed Commission* sollte Experten benennen, die die erste Nachkriegskonferenz des ISI vorzubereiten hatten, die für Oktober 1923 anberaumt und ganz der Wirtschaftsstatistik gewidmet war. Die Zusammenarbeit war daher auch für das ISI enorm wichtig. Sie bot ihm die Möglichkeit, einer kriegsbedingt noch immer prekären Lage zu entkommen und nach zehnjähriger Pause wieder an die Öffentlichkeit zu treten. Außerdem sollte die *Mixed Commission* ein Arbeitsprogramm für die Experten formulieren.

Als Arbeitsprogramm übernahm die *Mixed Commission* ohne größere Diskussion von Alternativen[22] einen Vorschlag, den ihr dänisches Mitglied Adolph Jensen gemacht hatte. Er plädierte für ein enges, der angelsächischen Tradition entsprechendes Verständnis von ‚Wirtschaftsstatistik', das Arbeits- und Finanzstatistiken ausschloss. Um die Erfolgsaussichten der Standardisierungsvorschläge nicht zu gefährden, forderte er, sich auf wenige Aspekte zu beschränken. Die Erfassung land-, forst- und montanwirtschaftlicher sowie der gewerblichen Produktion sei zu erörtern und Fragen der Außenhandelsstatistik zu klären. Jensens Anregung, Schifffahrtsstatistiken zum Thema zu machen, war der einzige Punkt, dem die *Mixed Commission* nicht folgte.[23] Jansens zurückhaltende Vorschläge trafen gerade bei den

---

21 Der *Völkerbund* benannte Hubert Llewellyn Smith, der der Kommission vorstand, den dänischen Statistiker Adolph Jensen sowie die Diplomaten Jan Dvořáček aus der Tschechoslowakei und Eugeniu Neculcea aus Rumänien (Dvořáček und Neculcea waren verhindert und der Tscheche Bohumír Hanošek rückte nach). Das ISI entsandte Albert Delatour, seinen britischen Schatzmeister Henry Rew sowie den Belgier Maurice Sauveur, der die ISI-Konferenz im Herbst 1923 vorbereitete. Zusätzlich hinzu kam mit Royal Meeker der US-amerikanische Chefstatistiker der *Internationalen Arbeitsorganisation.* Loveday und Methorst fungierten als Sekretäre. LoNA, R.382, 10/25112/23721, Decisions and Resolutions unanimously adopted by the Mixed Committee of Representatives of the Economic Committee of the League of Nations, the International Labour Office and the International Institute of Statistics, Set Up to Consider the Programme of the Proposed Meeting of the Institute so far as regards the Unification of Methods in Economic Statistics (LoN Document E.F.S. 383), 05.12. 1922, S. 2f.

22 Vgl. entsprechende Korrespondenz in LoNA, R.382, 10/24233/23721; 10/24234/23721; 10/24237/23721; 10/24235/23721; 10/24238/23721; 10/24239/23721; 10/24303/23721.

23 LoNA, R.382, 10/24241/23721, Jensen an Loveday, 12.10.1922; LoNA, R.382, 10/25112/23721, Decisions and Resolutions unanimously adopted by the Mixed Committee of Representatives of the Economic Committee of the League of Nations, the International Labour Office and the International Institute of Statistics, Set Up to Consider the Programme of the Proposed Meeting of the Institute so far as regards the Unification of Methods in Economic Statistics (LoN Document E.F.S. 383), 05.12.1922, S. 2f.; LoNA, R.390, 10/25784/25152, Report on Action taken with Reference to the Unification of Methods in Economic Statistics. Note by the Secretariat (LoN Document E.F.S. 13), 17.01.1923, S.3.

britisch sozialisierten Experten auf Zustimmung, die die statistischen Arbeiten in Genf dominierten; der Däne ist ein gutes Beispiel, wie stark Vertreter ‚kleiner' europäischer Länder Aktivitäten des *Völkerbunds* prägen konnten.[24]

Die Experten, die die *Mixed Commission* in das *Preparatory Committee* berief (und denen, 1922/23 keineswegs selbststverständlich,[25] ein Österreicher und ein Deutscher angehörten),[26] bildeten hinsichtlich ihres Alters, ihrer soziokulturellen und professionellen Verortung und ihrer ideologisch-politischen Einstellung eine recht einheitliche Gruppe. Das half, die Standardisierungsbemühungen rasch voranzutreiben. Denn die relativ große Homogenität stellte sicher, dass die meisten Beteiligten mit den jahrzehntealten Debatten über die Standardisierung wirtschaftsstatistischer Konzepte und Methoden gut vertraut waren sowie die finanziellen und institutionellen Möglichkeiten und Grenzen diesbezüglicher Bemühungen in den einzelnen Ländern kannten. Zudem waren sich die Experten trotz allem Streit über Details weitgehend über Inhalte und Ziele internationaler Wirtschaftsstatistik einig. Das war nicht selbstverständlich, wie kurz zuvor die heftige Kritik liberaler Ökonomen an einer produktionsstatistischen Untersuchung der ILO gezeigt hatte.[27]

---

24 Clavin: Europe, S. 330; Clavin: Defining, S. 74; Clavin: Securing, S. 210 f.

25 Metzler, Gabriele: Deutschland in den internationalen Wissenschaftsbeziehungen, 1900–1930, in: Michael Grüttner et al. (Hrsg.): Gebrochene Wissenschaftskulturen. Universität und Politik im 20. Jahrhundert, Göttingen 2010, S. 55–82, hier S. 63–80 ; Roswitha Reinbothe: L'exclusion des scientifiques allemands et de la langue allemande des congrès scientifiques internationaux après la Première Guerre mondiale, in: Wolf Feuerhahn / Pascale Rabault-Feuerhahn (Hrsg.): La fabrique internationale de la science. Les congrès scientifiques de 1865 à 1945, Paris 2010, S. 193–208.

26 Neben Delatour, Hanošek, Jensen und Meeker, die bereits Mitglieder der *Mixed Commission* gewesen waren, traten die Briten Alfred W. Flux und Udny Yule (ersetzt von Henry Rew), der Franzose Lucien March, der Belgier Armand Julin, der Italiener Umberto Ricci, der Holländer Coenraad Alexander Verrijn Stuart, der Österreicher Viktor Mataja und der Deutsche Eugen Würzburger. Methorst und Loveday fungierten als Sekretäre, hatten aber auch Beratungs- und Stimmrecht. Royal Meeker wurde im Frühjahr 1923 durch seinen Amtsnachfolger bei der ILO Karl Přibram ersetzt. 1924, nach der Verlängerung des Mandats der Expertenkommission durch den Völkerbundrat, kamen noch der Rumäne Eugeniu Neculcea und der Franzose François Simiand dazu.

27 International Labour Office: Enquiry into Production. Introductory Memorandum, Genf 1920; Bureau International du Travail: Enquête sur la production. Rapport général, 5 Bde., Genf 1923–1925; vgl. die sehr kritische Rezension des Introductory Memorandum von Edmund E. Day in: Quarterly Publications of the American Statistical Association 17 (1921), S. 926–929 sowie Marine Dhermy-Mairal: Du danger des enquêtes savantes. Faire œuvre de science dans l'entre-deux-guerres au Bureau International du Travail, in: Revue d'Histoire Moderne et Contemporaine 62 (2015), Nr. 4, S. 7–32.

Zwölf der sechzehn bis 1928 im *Preparatory Committee* Arbeitenden waren zwischen 1857 und 1873 geboren.[28] Sie hatten ihre Karrieren teils lange vor dem Ersten Weltkrieg begonnen und waren vom Stand der damaligen statistischen und wirtschaftswissenschaftlichen Forschung und Verwaltung geprägt. Neun der Experten hatten Statistikämter geleitet oder taten dies Ende 1922 immer noch. Die meisten Komiteemitglieder waren zudem wissenschaftlich aktiv und international als Autoritäten anerkannt. Manche von ihnen waren auch als Ökonomen tätig und insbesondere Přibram, Ricci, Verrijn Stuart und Loveday verstanden sich in erster Linie als Wirtschaftswissenschaftler. Gemeinsam war den meisten Beteiligten ihre wirtschaftliberale Überzeugung. Vor allem Mataja, Přibram, Ricci und Verrijn Stuart einte eine Nähe zur neoklassischen Ökonomik österreichischer Prägung. Des Weiteren verband viele Komiteemitglieder eine teils jahrzehntealte Bekanntschaft. Acht von ihnen waren 1922 bereits ISI-Mitglieder und mit Ausnahme von Meeker wurden alle anderen dies bis 1925 ebenfalls. Mehrere der Experten waren zudem Mitglieder statistischer Gesellschaften, insbesondere der *Royal Statistical Society* und der *Société de Statistique de Paris.*

Die offensichtlichste Gemeinsamkeit aller Beteiligten aber war ihre europäische Herkunft. Dabei waren sich die Mitglieder der *Mixed Commission* einig gewesen, außereuropäische Experten in die Diskussionen einbeziehen zu wollen. Schließlich, so Henry Rew, „are [we] dealing with the world and not with Europe only".[29] Sie ernannten neun außereuropäische Experten zu Korrespondenzpartnern des *Preparatory Committee,* die alle in statistischen Behörden und Universitäten britischer Dominions, Indiens und der USA tätig waren.[30] Anfang 1923 sammelte Loveday zudem Vorschläge für Experten aus anderen Weltregionen, insbesondere aus Nord- und Südamerika sowie aus Japan. Die Liste der Korrespondenzpartner wurde dadurch aber nur um zwei weitere US-Amerikaner und

28 Vgl. zu diesem Absatz die biographischen Angaben im Anhang dieser Arbeit.

29 LoNA, R.377, 10/21074/21074, Methorst an Loveday, 08.03.1923.

30 Dies waren Robert H. Coats (Kanada), Clarence W. Cousins (Südafrika), George H. Knibbs (Australien) und George Findlay Shirras (Indien). Außerdem wurden die US-amerikanischen Ökonomen und Wirtschaftsstatistiker Irving Fisher, Wesley C. Mitchell, Warren M. Persons und Walter F. Willcox benannt sowie der Leiter des US-Zensusbüros William M. Steuart. LoNA, R.382, 10/25112/23721, Decisions and Resolutions unanimously adopted by the Mixed Committee of Representatives of the Economic Committee of the League of Nations, the International Labour Office and the International Institute of Statistics, Set Up to Consider the Programme of the Proposed Meeting of the Institute so far as regards the Unification of Methods in Economic Statistics (LoN Document E.F.S. 383), 05.12. 1922, S. 4; LoNA, R.390, 10/25784/25152, Report on Action taken with Reference to the Unification of Methods in Economic Statistics. Note by the Secretariat (LoN Document E.F.S. 13), 17.01.1923, S. 3.

einen Brasilianer ergänzt.[31] Allein von ihnen könne man garantieren, so Loveday, „that they had a special knowledge of the subjects with which we are dealing, whereas the knowledge of the other persons put forward is of a rather less definite character".[32] Allein: Die überlieferte Korrespondenz legt nahe, dass keiner der Korrespondenzpartner die Arbeiten des Expertengremiums merklich beeinflusste. Es waren daher dessen europäische Mitglieder, die die Standardisierungsbemühungen des *Völkerbunds* gestalteten. Da der Völkerbundrat das Mandat des Gremiums im März 1924 verlängerte, waren sie es auch, die die Grundlagen für die wirtschaftsstatistische Konvention von 1928 erarbeiteten.

Dies nur als Ergebnis von Klüngelei oder Ausdruck des häufig kritisierten Eurozentrismus des *Völkerbunds* zu interpretierten, griffe jedoch zu kurz. Wegen der großen räumlichen Distanzen konnten außereuropäische Experten nur mittelbar an den Verhandlungen des *Preparatory Committee* teilnehmen. Immerhin sollte dies innerhalb weniger Monate Ergebnisse präsentieren und bedurfte zeitnahe Treffen in Europa. Auch das begrenzte Budget des *Völkerbunds* limitierte die Integration weit entfernt lebender Experten. Des Weiteren schien die Beschränkung auf einen möglichst kleinen Kreis nötig, um rasch zu Ergebnissen zu gelangen. Der Eklat bei der Pariser Konferenz der Statistischen Kommission vom Oktober 1920 war allen gut im Gedächtnis. Das *Mixed Committee* konzentrierte daher die Auswahl der Korrespondenzpartner auf ihm bekannte Fachleute. Kollegen, die insbesondere Loveday nicht einschätzen konnte und deren Fähigkeiten ihm gegenüber nicht deutlich gemacht werden konnten, hatten keine Chance. Sie bargen aus seiner Sicht die Gefahr in sich, die Sitzungsdauer zu verlängern und ein befriedigendes Ergebnis zu verzögern oder gar zu verhindern.[33]

Dem Genfer Beamten kam eine Schlüsselposition in der Besetzung des Expertengremiums zu und sein diesbezüglich wenig ambitioniertes Handeln stand in eklatantem Missverhältnis zu seinem zeitgleichen Bemühen, die wirtschaftsstatistische Infrastruktur so weit auszudehnen, dass seine Sektion Daten aus möglichst vielen Ländern der Erde erhielt. Anders als von der *Mixed Commission* beschlossen, versuchte Loveday nicht, geeignete Japaner zu finden. Dabei verfügte er über die

---

31 Julius Klein, Lateinamerikaspezialist der Außenhandelsabteilung des US-amerikanischen Handelsministeriums, Ethelbert Stewart, Chef des *Bureau of Labor Statistics* in Washington, D.C., und Leo de Affonseca Jr., der im brasilianischen Finanzministerium die Außenhandelsstatistik verantwortete. LoNA, R.377, 10/21074/21074, Loveday an Methorst, 23.01.1923; LoNA, Official Document Collection, Minutes of the Economic and Financial Commission. Economic Committee, 7th Session, 1st Meeting, 20.01.1923 (LoN Document E.F.S./E/7th Session/P.V.1 (1)), S. 5.

32 Loveday an Methorst, 23.01.1923, in: LoNA, R.377, 10/21074/21074.

33 Vgl. LoNA, R.390, 10/26040/25152, Eric Drummond an Edoardo Pantano, Präsident des IIA, 05.03. 1923 [Loveday hatte den Entwurf des Briefs geschrieben].

notwendigen Kanäle und mit Yanagisawa Yasutoshi hätte sogar ein langjähriges ISI-Mitglied befragt werden können, das eine zentrale Rolle in der japanischen Statistik spielte. Auch in Rio de Janeiro hakte Loveday nicht nach, als der Brasilianer Leo de Affonseca Jr. die Anfrage aus Genf nicht beantwortete. Und eine von John Gorvin aus Moskau übermittelte Offerte, den Chefstatistiker des *Obersten Volkswirtschaftsrates* der Sowjetunion Lev B. Kafengauz in die Debatte einzubeziehen, lehnte Loveday ohne Rücksprache mit seinen Kollegen ab. Dabei war Kafengauz ihm als fähiger und englischsprachiger Statistiker vorgestellt worden, der die Rückendeckung seines Vorgesetzten Feliks E. Dzeržinski besaß.[34]

Die große Bedeutung persönlicher Bekanntschaften für die fruchtbare Zusammenarbeit zeigt die Beteiligung US-amerikanischer Experten. Um sie bemühte sich Loveday sehr. Doch selbst das Engagement des Völkerbundbeamten Arthur Sweetser, der als inoffizieller Verbindungsmann zu Regierung, Zivilgesellschaft und Öffentlichkeit der USA fungierte, half nicht, Fachleute seines Landes besser in die Arbeit des *Preparatory Committee* einzubinden. Es fehle, so Sweetser, ein „close personal follow-up".[35] Das änderte sich erst, als Loveday im Herbst 1925 während der ISI-Konferenz in Rom Edward Dana Durand kennenlernte, der die Statistikabteilung des US-Handelsministeriums leitete. Dessen Bereitschaft, an den Standardisierungsbemühungen des *Völkerbunds* mitzuwirken, war für Loveday ein wichtiger Erfolg.[36] Nicht nur trug der Amerikaner ab Herbst 1925 zu den Standardisierungsbemühungen bei, indem er Memoranden kommentierte und Kontakte in die amerikanische Zensusbehörde herstellte, die deren Produktionsstatistiken erhoben.[37] Er blieb auch bis in die 1940er Jahre in unterschiedlicher Funktion in diese Aktivitäten involviert.

34 LoNA, R.382, 10/26062/23721, Llewellyn Smith an Leo de Affonseca, 03.02.1923; LoNA, R.382, 10/25882/23721, Loveday an Willcox, 11.05.1923; LoNA, R.418, 10/36378/36378, Loveday an Gorvin, 01.07. und 08.10.1924; Gorvin an Loveday, 26.09.1924; zu Yanagisawa siehe die biographischen Angaben im Anhang.

35 LoNA, R.419, 10/36897/36897, Sweetser an Salter, 13.06.1924; zu Sweetsers Rolle: Kuehl/Dunn: Keeping, S. 5; Tournès: Les États-Unis, S. 127–129; Isabella Löhr / Madeleine Herren: Gipfeltreffen im Schatten der Weltpolitik. Arthur Sweetser und die Mediendiplomatie des Völkerbunds, in: Zeitschrift für Geschichtswissenschaft 62 (2014), S. 411–424; Madeleine Herren / Isabella Löhr: Being International in Times of War. Arthur Sweetser and the Shifting of the League of Nations to the United States, in: European Review of History 25 (2018), S. 535–552.

36 LoNA, R.383, 10/47979/23721, Loveday an Dana Durand, 26.11.1925.

37 LoNA, R.383, 10/47979/23721, Dana Durand an Loveday, 21.10., 23.11.1925; LoNA, R.414, 10/36262/35913, Dana Durand an Loveday, 03.02.1926; Mortimer B. Lane, *Bureau of the Census*, an Loveday, 05.02.1926.

Die Relevanz des *Völkerbunds* für die Standardisierungsbemühungen

Obwohl Loveday und der ISI-Funktionär Methorst die Arbeiten des *Preparatory Committee* formal gleichberechtigt koordinierten und obwohl die Überlegungen des Expertengremiums auf den ISI-Konferenzen 1923 in Brüssel, 1925 in Rom und 1927/28 in Kairo diskutiert wurden sowie am Ende als ISI-Resolutionen firmierten, war es der *Völkerbund*, der diesen Standardisierungsbemühungen eine neue Qualität gab. Anders als diesbezügliche Diskussionen vor 1914 stellten sie nicht mehr nur Meinungsäußerungen von Experten dar, sondern erhielten staatliche Rückendeckung. Dies äußerte sich darin, dass der *Völkerbund* (faktisch also die ihn finanzierenden Regierungen) wichtigster Geldgeber der Arbeiten war. Des Weiteren war eines der formal wichtigsten internationalen Gremien – der Völkerbundrat – Auftraggeber der Diskussionen und unterstützte explizit einige der Standardisierungsempfehlungen. Zudem erschien die Formulierung einer völkerrechtlich bindenden wirtschaftsstatistischen Konvention ab Frühjahr 1924 als realistisches Ziel der Arbeiten[38] und das *Preparatory Committee* war von da an sichtlich stärker innerhalb des *Völkerbunds* institutionalisiert. Schließlich erkannte auch die 1927 vom *Völkerbund* organisierte Weltwirtschaftskonferenz in Genf die Standardisierungsbemühungen an und forderte ihre Forcierung und Umsetzung durch Regierungen.

Das *Preparatory Committee* arbeitete zwischen Januar 1923 und Januar 1928 in drei Formaten. *Erstens* fanden acht mehrtägige Treffen des gesamten Komitees statt, die 1923 der kommissarische ISI-Präsident Delatour, ab Frühjahr 1924 Eugeniu Neculcea leitete, der die Wirtschaftskommission des *Völkerbunds* vertrat.[39] *Zweitens* rief das Komitee themenspezifische Arbeitsgruppen mit je drei bis vier Mitgliedern ins Leben.[40] Sie verfassten Memoranden und teils konzeptionelle und methodische Empfehlungen, um die jeweils behandelten Statistikarten international vergleichbar zu gestalten. Solche Empfehlungen lagen 1923 zur Außenhandels-, landwirtschaftlichen Produktions- und Fischereistatistik sowie zur Berechnung von Indizes

---

38 Report of the Economic Committee on the Work Accomplished During Its Eleventh Session (February 26th to 29th, 1924), in: OJ 5 (1924), S. 553–557, hier S. 556; Minutes of the Twenty-Eight Session of the Council [Genf, 10.-15.03.1924], in: OJ 5 (1924), S. 501–548, hier S. 504.

39 In Den Haag (Januar und Juni 1923 sowie April 1925), Genf (Mai 1924 und Juni 1926), Brüssel (Oktober 1923), Rom (Oktober 1925) und Paris (Dezember 1926). Protokolle: LoNA, R.390, 10/26869/25152; 10/34164/25152; 10/36121/25152; 10/46951/25152; 10/47914/25152; 10/52135/25152; R.392, 10/57236/25152.

40 LoNA, R.382, 10/25112/23721, Decisions and Resolutions unanimously adopted by the Mixed Committee of Representatives of the Economic Committee of the League of Nations, the International Labour Office and the International Institute of Statistics, Set Up to Consider the Programme of the Proposed Meeting of the Institute so far as regards the Unification of Methods in Economic Statistics (LoN Document E.F.S. 383), 05.12.1922, S. 2 f., 4.

der Wirtschaftsaktivität vor. 1925 folgten solche zur Totalerhebung gewerblicher Produktion (Industriezensus) und 1927 zur laufenden statistischen Beobachtung der gewerblichen Produktion.[41] Alle Berichte diskutierte das gesamte Komitee und leitete sie anschließend an die ISI-Konferenzen weiter. Dort standen sie dann – *drittens* – zur Debatte und die Empfehlungen wurden als teils nochmals veränderte Resolutionen verabschiedet. Obwohl an den drei Konferenzen 1923 in Brüssel, 1925 in Rom und 1927/28 in Kairo jeweils 150 bis 200 Fachleute teilnahmen und immer auch Experten aus südamerikanischen Ländern, der Sowjetunion (1923 und 1925), Indien, China (1925), Japan, Ägypten, den USA und den britischen Dominions vor Ort waren, diskutierten fast nur Briten, Belgier, Franzosen, Deutsche und Italiener die Berichte des *Preparatory Committees.*[42] Auch im ISI blieben die Standardisierungsbemühungen eine Sache der Europäer.

Am Ende erhielt der Völkerbundrat die von den ISI-Konferenzen verabschiedeten Resolutionen. Jene zur Außenhandels- und Fischereistatistik sowie zu den Industriezensus versendete das Sekretariat anschließend an Mitgliedstaaten des *Völkerbunds* sowie einige Nichtmitglieder mit der Bitte, mitzuteilen, inwiefern sie jeweils bereit seien, die Empfehlungen umzusetzen.[43] Gegen den Widerstand des *Preparatory Committee*, ohne Absprache mit dem ISI und auf Initiative Lovedays zirkulierte der *Völkerbund* zudem Vorschläge zur Erfassung der mineralwirtschaftlichen Produktion, die das Londoner *Imperial Mineral Resources Bureau* verfasst hatte.[44] Einmal mehr manifestierte Loveday damit seinen Einfluss auf die

41 March, Lucien: Rapport sur les indices de la situation économique, in: Bulletin de l'Institute International de Statistique 21 (1924), Nr. 2, S. 3–87; A[rmand] Julin: Rapport sur les statistiques du commerce international, in: Ebenda, S. 88–167; Umberto Ricci: Statistique de la production agricole, in: Ebenda, S. 168–259; H[enry] Rew: Statistics of the Fisheries, in: Ebenda, S. 260–268; A[fred] W. Flux: Report on the Census of Industrial Production, in: Bulletin de l'Institut International de Statistique 22 (1926), Nr. 2, S. 74–149; A[lfred] William Flux: Indices of Productive Activity, in: Bulletin de l'Institut International de Statistique 23 (1928/29), Nr. 2, S. 395–433.

42 Zur Zahl und geographischen Herkunft der Konferenzteilnehmer 1923: Bulletin de l'Institut International de Statistique 21 (1924), Nr. 1, S. 19–21; 1925: Bulletin de l'Institut International de Statistique 22 (1926), Nr. 1, S. 29–32; 1927/28: Bulletin de l'Institut International de Statistique 23 (1928/29), Nr. 1, S. 19–21. Die Diskussionen der Berichte und Empfehlungen sind ebenfalls in den eben genannten Bänden dokumentiert.

43 LoNA, R.414, 10/35913/35913, Rundschreiben des Generalsekretärs an die Mitgliedsländer des *Völkerbunds*, 10.05.1924; Loveday an Alexander R. Magruder, US-amerikanische Gesandtschaft, Bern, 09.05.1924; PA AA, Konsulat Genf/131, Loveday an Gottfried Aschmann, Deutsches Konsulat, Genf, 15.05.1924; LoNA, R.418, 10/36378/36378, Loveday an John Gorvin, Moskau, 01.07.1924; LoNA, R.468, 10/54165/54165, Rundschreiben des Generalsekretärs an die Mitgliedsländer des *Völkerbunds*, 07.10.1926; Loveday an Alan Winslow, US-amerikanische Gesandtschaft, Bern, 21.10.1926.

44 LoNA, R.390, 10/26869/25152, Procès-verbal de la première session de la Commission d'Études, tenue à la Haye au Bureau Central de Statistique des Pays-Bas, les 10 et 11 Janvier 1923, S. 22 f.; LoNA,

Standardisierungsbemühungen. Die Empfehlungen zur Statistik der Agrarproduktion leitete der Völkerbundrat an das IIA in Rom weiter und jene zu den Indizes der Wirtschaftsaktivität an die ab 1923 von der ILO organisierten Konferenzen von Arbeitsstatistikern.[45] Bis Anfang 1928 antworten vor allem europäische Staaten sowie Indien[46] und die in Kairo Anfang 1928 verabschiedeten Resolutionen dienten direkt der Vorbereitung der wirtschaftsstatistischen Konvention.

‚The big incentive': Die Weltwirtschaftskonferenz von 1927

Im März 1927 beschloss der Völkerbundrat, die Arbeit des *Preparatory Committee* völkerrechtlich zu kodifizieren.[47] Der Zeitpunkt war kein Zufall. International vergleichbare Wirtschaftsstatistiken forderten nun neben Statistikern und Ökonomen auch verstärkt Politiker und Unternehmer. Das zeigte vor allem die vom *Völkerbund* im Mai 1927 organisierte Weltwirtschaftskonferenz in Genf. Mit rund 400 Delegierten und Experten aus 50 Ländern (darunter der Sowjetunion, Japan, China und Indien) sollte sie Ursachen der allgegenwärtigen Wirtschaftskrisen erörtern und Lösungsvorschläge machen. Eine ihrer Hauptforderungen, zwischenstaatliche Zölle zu senken, verhallte zwar. Aber die Konferenz stieß Diskussionen zu internationalen Unternehmerkartellen an und sie gilt als eine der Wurzeln von Debatten,

---

R.382, 10/25972/23721, Loveday an Llewellyn Smith, 05.07.1923; LoNA, R.382, 10/30336/23721, Note by Mr. Loveday on the Work of the Preparatory Committee on Statistics, o.Dat. [August 1923] (LoN Document E.117), S. 3; LoNA, R.390, 10/34164/25152, Reunion de la Commission d'Études du dimanche, 30 septembre, à la Fondation Universitaire, Bruxelles; LoNA, R.382, 10/33562/23721, Work in Connection with the Unification of Economic Statistics. Note by Mr. Loveday, 17.01.1924 (LoN Document E.139), S. 2; LoNA, Official Document Collection, Economic Committee. Minutes of the 11th Session, 4th Meeting, 28.02.1924, S. 8 f.; Report of the Economic Committee on the Work Accomplished During Its Eleventh Session (February 26th to 29th, 1924), in: OJ 5 (1924), S. 553–557, hier S. 556; Minutes of the Twenty-Eight Session of the Council [Genf, 10.-15.03.1924], in: OJ 5 (1924), S. 501–548, hier S. 504; versendet wurde der Report of the Governors of the Imperial Mineral Resources Bureau on a Proposed Uniform Method of Recording Mining and Metallurgical Statistics, London 1924, (teils in League of Nations. Economic Committee: International Conference, S. 17–63); vgl. Flux: International Statistical Comparisons, S. 297 f., 323 f., 330

45 Report of the Economic Committee on the Work Accomplished During Its Eleventh Session (February 26th to 29th, 1924), in: OJ 5 (1924), S. 553–557, hier S. 556; Minutes of the Twenty-Eight Session of the Council [Genf, 10.-15.03.1924], in: OJ 5 (1924), S. 501–548, hier S. 504.

46 League of Nations. Economic Committee: International Conference on Economic Statistics. Preparatory Documents, Genf 1928, S. 79–98.

47 Minutes of the Forty-Fourth Session of the Council [Genf, 07.-12.03.1927], in: OJ 8 (1927), S. 343–420, hier S. 396.

die sich in den Folgejahren der intensiveren Kooperation in Europa widmeten.[48] Für die wirtschaftsstatistischen Aktivitäten des *Völkerbunds* wiederum war sie von solcher Bedeutung, dass Loveday sie als „the big incentive" bezeichnete.[49]

Einer von drei dabei zu unterscheidenden Aspekten[50] war, dass deutlich wurde, wie wichtig Regierungsbeamte und Unternehmer die internationale Standardisierung wirtschaftsstatistischer Konzepte und Methoden mittlerweile fanden. Die fehlende internationale Vergleichbarkeit von Außenhandelsstatistiken galt der Konferenz als eines von jenen nichttarifären Handelshemmnissen,[51] die zu vermindern oder abzuschaffen zu ihren Zielen gehörte. Der Mangel an aussagekräf-

---

48 Vgl. PA AA, RZ 303, R 118550, Internationale Handelskammer. Deutsche Landesgruppe: Bericht der deutschen Landesgruppe über die weltwirtschaftliche Lage, Berlin 1927, S. 10; Aktennotiz für Ministerialdirektor Walter de Haas, *Auswärtiges Amt*, 22.02.1927; ähnlich Bernhard Harms: Die Weltwirtschaftskonferenz. Vortrag, gehalten am 7. Februar 1927 in der „Gesellschaft der Freunde und Förderer der Universität Köln" im Hause der Kasinogesellschaft, in: Ders.: Vom Wirtschaftskrieg zur Weltwirtschaftskonferenz. Weltwirtschaftliche Gestaltungstendenzen im Spiegel gesammelter Vorträge, Jena 1927, S. 317–359, hier S. 355 f.

Allgemein zur Weltwirtschaftskonferenz: Éric Bussière: L'Organisation économique de la SDN et la naissance du régionalisme économique en Europe, in: Relations Internationales 75 (1993), S. 301–313; Graevenitz: Argument Europa, S. 182–191; Knut Wolfgang Nörr / Dieter Waibel: Die Genfer Weltwirtschaftskonferenz von 1927 und die Frage der internationalen Kartelle, in: Claus Dieter Classen et al. (Hrsg.): „In einem vereinten Europa dem Frieden der Welt zu dienen …" Liber Amicorum Thomas Oppermann, Berlin 2001, S. 345–365; Orde: British Policy, S. 316–321; Schulz: Deutschland, S. 67–131; Steiner: The Lights, S. 446–450; Trentmann: Free Trade Nation, S. 267–273; Clavin: Securing, S. 41–46; d'Alessandro: Global Economic Governance; Jean Halperin: La conference économique international de 1927, in: United Nations Library / Graduate Institute of International Studies (Hrsg.): The League of Nations in Retrospect. Proceedings of a Symposium, Berlin / New York 1983, S. 343–357; Kuniyuki Terada: Actors of International Cooperation in Prewar Japan. The Discourse on International Migration and the League of Nations Association of Japan, Baden-Baden 2018, S. 157–206.

49 NCL, Loveday Papers, Box 39, Chronology, Alexander Loveday, o. Dat., „Notes for Chapter on EIS", S. 2.

50 Neben dem hier erläuterten Aspekt steigerte die Konferenz die Bekanntheit und das Renomé der wirtschaftsstatistischen Aktivitäten des Völkerbundsekretariats, das die Veranstaltung mit statistischen Übersichten und Analysen zur Lage der ‚Weltwirtschaft' in einer bis dahin nicht bekannten Quantität verorgte (vgl. Kap. 8.1). Zudem regte die Konferenz die Wiederaufnahme der Standardisierungsbemühungen der ICC an, die in den folgenden Jahren in weit größerem Maße als zuvor mit dem *Völkerbund* kooperierte und sich in diesem Rahmen aktiv in die Vorbereitung der wirtschaftsstatistischen Konvention einbrachte.

51 Vgl. etwa BAB, R 3101/3008, Bl. 198–226, hier Bl. 199–203, Stellungnahme des *Deutschen Industrie- und Handelstags* zu verschiedenen Programmpunkten des Vorbereitungskomitees, 17.09.1926, S. 1–5; International Chamber of Commerce: Final Report of the Trade Barriers Committee of the International Chamber of Commerce, Genf 1927, S. 33; League of Nations: Report and Proceedings of the World Economic Conference, held at Geneva, May 4th to 23rd, 1927, Bd. 2, Genf 1927, S. 47, 58.

tigen Produktionsstatistiken wiederum verhindere eine adäquate Beschreibung und Verhandlung internationaler Krisensymptome und erschwere Entscheidungen von Unternehmern.[52] Diese als gravierend wahrgenommenen Defizite wurden bei der Konferenz prominent thematisiert. Gleich in der eröffnenden Plenarsitzung beklagte sie der deutsche Delegationsleiter und Unternehmer Carl Friedrich von Siemens und verlangte, eine einheitliche „Sprache“ zu etablieren, ein „Maßsystem[] [...], welches auf der ganzen Welt Gültigkeit hat“. Die zahlreichen Denkschriften und Materialien, die der Konferenz vorlägen, besäßen einen „höheren Wert“, „wenn die Verfasser über wirklich vergleichbares Material hätten verfügen können“. In die gleiche Kerbe hieb zwei Tage später der sowjetische Delegationsleiter Valerian V. Obolenski (alias Osinski). Man brauche international vergleichbare Wirtschaftsstatistiken, denn nur sie könnten verdeutlichen, in welch „pitiful state of affairs attended by startling inequalities“ die Welt sich befände. Auch der Rumäne Eugeniu Neculcea unterstrich die Notwendigkeit, wirtschaftsstatistische Konzepte und Methoden international zu standardisieren, und verwies auf die Arbeiten des *Preparatory Committee.*[53] Loveday griff diese Forderungen dankend auf. Er versorgte von Siemens mit Informationsmaterial zum *Preparatory Committee* und er gab Neculcea Argumentationshilfen an die Hand, als die Industriekommission der Konferenz zusammentrat, die sich mit den Statistiken der gewerblichen Produktion befasste und in der Neculcea vertreten war.[54]

Am Ende standen „fairly strong resolutions“.[55] Alle Staaten sollten die handelsstatistische Konvention von 1913 ratifizieren bzw. ihr beitreten und dem Brüs-

52 BAB, R 3101/3010, Bl. 192–199, *Fachgruppe der Eisen schaffenden Industrie beim Reichsverband der Deutschen Industrie*, gez. Bergmann, an *Reichswirtschaftsministerium*, 11.11.1926; Report on the Second Session of the Preparatory Committee for the International Economic Conference (Geneva, November 15th to 19th, 1926), in: OJ 8 (1927), S. 266–274, hier S. 269; LoNA, Official Document Collection, Economic Committee. Minutes of the 21st Session, 5th Meeting, Rome, February 28th, 1927 (LoN Document E/21st Session/P.V.5.(1)), S. 4; NCL, Loveday Papers, Box 6, Note on Action by Intelligence Service Arising out of the Resolutions of the Economic Conference, Alexander Loveday, 04.09.1927, S. 7.

53 League of Nations: Report and Proceedings of the World Economic Conference, held at Geneva, May 4th to 23rd, 1927, Bd. 1, Genf 1927, S.79, 126, 137 f.; die deutschen Zitate nach E[rwin] Respondek (Bearb.): Verlauf und Ergebnisse der Internationalen Wirtschaftskonferenz des Völkerbunds zu Genf (vom 4. bis 23. Mai 1927). Wiedergabe der Plenar- und Kommissionssitzungen, Berlin 1927, S. 26 f., dort auch Zusammenfassungen und teils wörtliche Wiedergabe der zitierten Stellen in den Reden Obolenskis und Neculceas auf S. 78 f. und 87–89.

54 LoNA, R.383, 10/59204/23721, Loveday an Erwin Respondek, 05.05.1927; Loveday an Neculcea, 09.05.1927.

55 TNA, BT 197/5, Bericht des britischen Delegationsleiters Arthur Balfour an den *Board of Trade:* Minutes of the 72nd Meeting of the *Board of Trade Advisory Council*, 06.07.1927, S. 23.

seler Büro Daten in international vergleichbarer Form zusenden. Außerdem wurden alle Länder aufgefordert, „Rohstoffversorgung, Produktion, Vorräte, Preise, Löhne, Beschäftigungsgrad usw." dauerhaft statistisch zu beobachten, mit deren Hilfe Indizes der gewerblichen Produktion zu erarbeiten sowie periodisch Industriezensus durchzuführen. Orientieren sollten sich die Statistikbehörden dabei an den Empfehlungen des *Preparatory Committee*. Der *Völkerbund* solle weitere Standardisierungsbemühungen koordinieren, die Etablierung von Produktionsstatistiken unterstützen und seine wirtschaftsstatistische Sammlungs-, Analyse- und Publikationstätigkeit fortsetzen.[56]

6.2 ‚Dominanz westlicher Wissensbestände'? Die Diskussionen über Außenhandels- und Produktionsstatistiken

Die Mitglieder des *Preparatory Committee* orientierten sich an den jahrzehntealten Debatten über Inhalte, Formen und Ziele der internationalen Standardisierung wirtschaftsstatistischer Konzepte und Methoden. Dadurch übernahmen sie deren eurozentrische Perspektive und bezogen Diskussionen, Berichte und Empfehlungen in erster Linie auf die wirtschaftsstatistischen Infrastrukturen, Konzepte und Methoden in den industrialisierten und sich industrialisierenden Ländern Europas, den britischen Dominions und den USA – mithin also auf Verhältnisse und Bedingungen im ‚Westen'. Anspruch des *Preparatory Committees* aber war, Standards zu formulieren, die statistische Behörden weltweit anwenden konnten. Folgerichtig spiegeln dessen Diskussionen, Berichte und Empfehlungen eine Weltsicht wider, der zufolge die wirtschaftlichen und behördlichen Verhältnisse in diesen Staaten ein Modell für alle Länder waren. In ihnen manifestiert sich die ‚Dominanz westlicher Wissensbestände'.[57]

Außenhandelsstatistik

Die Erfassung des Außenhandels ist eine der ältesten wirtschaftsstatistischen Aufgaben, die staatlichen Behörden obliegen. Institutionelle Traditionen, politische Umstände, unterschiedliche wirtschaftliche Strukturen und Dynamiken, von Land zu Land variierende Zwecke, die diesbezügliche Zahlen erfüllen sollten, sowie die

56 Völkerbund: Die Weltwirtschaftskonferenz. Genf im Mai 1927. Schlußbericht, hrsg. vom Reichswirtschaftsministerium, Berlin 1927, S. 45, 93–95.
57 Kunkel/Meyer: Dimensionen, S. 18.

variierenden finanziellen und rechtlichen Möglichkeiten von Verwaltungen hatten bis zu Beginn des 20. Jahrhunderts zahlreiche methodisch und konzeptionell unterschiedliche Außenhandelsstatistiken hervorgebracht. Die zuständige Arbeitsgruppe des *Preparatory Committee* erörterte diese Vielfalt, indem sie die außenhandelsstatistische Praxis in verschiedenen Ländern skizzierte. Sie beschränkte sich dabei allerdings weitgehend auf Verfahren großer europäischer Staaten, britischer Dominions und der USA. In ihrem Memorandum wurden Tunesien, Argentinien und Japan erwähnt, dienten aber nur als Additive. Brasilien wurde hinsichtlich einer besonderen Form der Wertermittlung genannt und Indiens Methode zur Klassifikation des Handels in einem kurzen Absatz vorgestellt. Die Schilderung russischer Verhältnisse beschränkte sich auf die Vorkriegszeit.[58]

Dieser geographisch enge Blick spiegelte die Praxis wissenschaftlicher Abhandlungen, Lehr- und Handbücher wider, die bereits vorlagen oder zur gleichen Zeit erschienen.[59] Er war zudem weder unredlich noch ergebnisverzerrend, da sich Konzepte und Methoden weltweit ähnelten. Das hatte historische Gründe, denn die geographische Expansion europäischer Mächte seit der Frühen Neuzeit hatte im 19. Jahrhundert eine Qualität erreicht, die diese Länder in vielerlei Hinsicht zu einem Modell werden ließen, an dem sich Gesellschaften weltweit orientierten.[60] Die Wirtschaftsstatistik war keine Ausnahme. Sofern es irgendwo Ansätze zur quantitativen Erfassung von Außenhandelsbewegungen gegeben haben sollte, die sich von den europäischen grundlegend unterschieden, war von ihnen im 19. Jahrhundert nichts mehr übrig geblieben. Außerdem stand hinter der Ähnlichkeit außenhandelsstatistischer Konzepte und Methoden die Tatsache, dass die Anzahl potentiell verfügbarer Ansätze vergleichsweise gering war. Im Kern handelte es sich ja ‚nur' um die Fragen, was gezählt werden sollte (Warenverzeichnis), wie dies erfolgen sollte (Werte, Mengen/Volumen sowie Herkunfts- und Zielländer) und auf welche Weise die Ergebnisse präsentiert werden sollten (Klassifikation in Ein- und Ausfuhren sowie in Spezial- und Generalhandel). So unterschiedlich sich diese Fragen im Einzelnen beantworten ließen, so sehr waren sich Urheber und Nutzer dieser Statistiken doch einig, dass sie Bestandteil jeder diesbezüglichen Erhebung sein müssten.

---

58 Julin: Rapport, S. 90, 101, 111, 127, 147.

59 Vgl. Alfred Bateman / H[enry] Fountain: The Import and Export Statistics of Various Countries, in: Bulletin de l'Institut International 15 (1906), Nr. 2, S. 219–239; Meerwarth: Wege und Ziele; Breuer: Die Methoden; Armand Julin: Principes de statistique théorique et appliqué, Bd. 2: Statistique économique, Paris / Brüssel 1923, S. 1–121; Rudolf Meerwarth: Nationalökonomie und Statistik. Eine Einführung in die empirische Nationalökonomie, Berlin / Leipzig 1925, S. 353–395; H[ellmuth] Wolff: Wirtschafts-Statistik, Jena 1927, S. 356–384.

60 Osterhammel/Petersson: Globalisierung, S. 58 f.

Gleichzeitig unterstreicht die Konzentration auf Konzepte und Methoden einiger ‚westlicher' Staaten die eurozentrische Perspektive der Autoren. Gerade weil sich die Ansätze weltweit ähnelten, wäre es problemlos möglich gewesen, auch ‚nicht-westliche' Beispielländer zu erörtern. Material dafür lag vor und war dem Fachpublikum bekannt, nicht zuletzt den Völkerbundbeamten.[61] Loveday kritisierte daher Julins Länderauswahl als „a haphazard collection of countries", die „undesirable and dangerous" sowie „much too European" sei. Er plädierte dafür, das Memorandum universaler zu gestalten, etwa, indem japanische oder brasilianische Aspekte berücksichtigt würden.[62] Sein Einspruch blieb jedoch – vermutlich aus Zeitgründen – folgenlos und der Bericht ging in Druck.

Auch auf inhaltlicher Ebene spiegelte sich die eurozentrische Perspektive der Fachleute wider. Bei der Klassifikation des Außenhandels etwa ließen sich dem Memorandum des *Preparatory Committee* zufolge zwei Ansätze unterscheiden. Länder der „groupe anglo-saxon" erfassten demnach alle Waren, die in das Land eingeführt würden, und unterschieden bei der Ausfuhr Waren, die im eigenen Land produziert worden waren von solchen, die aus dem Ausland stammten („re-exports"). Staaten der „groupe continental européene" hingegen differenzierten dies bei der Ein- und Ausfuhr und zeichneten zudem jeweils den General-, Spezial- und Transithandel aus. Die Außenhandelsstatistiken „of the world" ließen sich also einem von zwei europäischen Ansätzen zuordnen.[63]

Außerdem wurden Dinge, die nötig waren, um Außenhandelsstatistiken nach ‚westlichem' Muster zu erheben, zu einem universal anwendbaren und anzustrebenden Modell erhoben. Das galt für die Vorstellung, die politische Macht von Staaten beziehe sich auf Territorien mit eindeutigen Grenzen, die als Referenzrahmen für Ein- und Ausfuhren dieses Areals dienen konnten. Vorausgesetzt wurde zudem, Regierungen hielten es generell für sinnvoll, staatliche Behörden den Au-

61 Vgl. etwa Institut International de l'Agriculture: Notes sur les statistiques du commerce extérieur dans les différents pays, Rom 1914 [die Autoren waren Valentino Dore und Cesare Longobardi]; International Financial Conference: International Trade, S. 13–17; Alfonso de Pietri-Tonelli: Le fonti internazionali della Statistica commerciale, in: Metron 1 (1920/21), Nr. 3, S. 122–164 [Europa]; 2 (1922/23), S. 568–598 [Amerika]; Société des Nations: Mémorandum sur les Balances des paiements et sur les balances du commerce extérieur 1910–1923, Bd. 2, Genf 1924; vgl. LoNA, R.400, 10/27229/27229, Korrespondenz zwischen Loveday und seiner Mitarbeiterin Dorothy Etlinger im März und April 1923 sowie eine von John H. Chapman erarbeitete Liste zu den Methods of Valuation – 1910 onwards für zahlreiche Länder aller Kontinente, o. Dat. [Oktober 1923].

62 LoNA, Loveday Archives, P 134/4, Loveday an Bohumír Hanošek, 14.03.1923; Loveday an Jan Hubert F. Claessens, Leiter der handelsstatistischen Abteilung im niederländischen *Centraal Bureau voor de Statistiek*, 03.04.1923; Loveday an Julin, 03.04.1923.

63 LoNA, R.382, 10/30336/23721, Julin: Rapport, S. 148; Note by Mr Loveday on the Work of the Preparatory Committee of Statistics, o.Dat. [August 1923] (LoN Document E.117), S. 1.

ßenhandel statistisch erfassen zu lassen. Schließlich setzten alle Diskussionen auch unausgesprochen einheitliche Verhältnisse in den jeweiligen Zollgebieten voraus. Das galt für behördliche Befugnisse ebenso wie für Maße, Gewichte und Währungen. Was in Europa als normal oder zumindest ideal galt, konnte demnach der restlichen Welt nur förderlich sein.

Es war natürlich nicht das *Preparatory Committee* oder das ISI, die in den 1920er Jahren ein globales Modell nach europäischen Vorbildern etablierten; sie beschrieben vielmehr seit langem existierende Verhältnisse. Die jahrzehntealte Dominanz zeigte sich vor allem darin, dass Länder als unzivilisiert oder unmodern galten, die Probleme damit hatten, eine Außenhandelsstatistik zu etablieren, die jenen der europäischen Staaten in konzeptioneller und methodischer Hinsicht entsprach.

Ein Paradebeispiel dafür war China. Dem Land fehlte es aus ‚westlicher' Sicht in vielfacher Hinsicht an Merkmalen moderner Staatlichkeit und aus Sicht der Statistiker war das größte Problem die Heterogenität Chinas. Die Seezollbehörde erfasste nur einen Teil des Außenhandels, es mangelte an einer einheitlichen Sprache und es fehlten einheitliche Maße, Gewichte und Währungen (Kap. 4.3). Die außenhandelsstatistischen Empfehlungen des ISI von 1923 umzusetzen, war der chinesischen Regierung daher praktisch unmöglich. Eine der Resolutionen sah etwa vor, ein- und ausgeführte Waren seien mittels Deklarationen der Händler zu bewerten. Das war zwar in China bereits seit langem für den größeren Teil der Waren der Fall, doch da es *de facto* keine einheitliche Währung im Land gab, konnten die angegebenen Werte trotz der 1875 eingeführten Buchwährung Haikwan Tael voneinander abweichen. Zudem richteten sich die Wertdeklarationen in der Regel nach den Preisen der jeweiligen Vertragshafenstadt, die aufgrund der wenig ausgeprägten Marktintegration bis in die 1920er Jahre hinein nicht immer übereinstimmten. Um dennoch zu vergleichbaren Ergebnissen zu kommen, hatte sich nach 1900 die Praxis eingebürgert, vor allem ‚westliche' Waren nach den Verhältnissen in Shanghai zu bewerten. Darüber hinaus basierten Chinas Währungen auf Silber, diejenigen der meisten Handelspartner aber auf Gold. Das erhöhte die Schwierigkeiten eindeutiger Wertangaben und machte Chinas Außenhandelsstatistik international schwer vergleichbar.[64] Die ‚unmoderne Heterogenität' des Landes zu beseitigen und damit – unter anderem – den Weg für die statistische Erfassung des Außenhandels nach ‚modernen Maßstäben' zu ebnen, setzte sich die Ende der 1920er Jahre etablierte

64 Vgl. Boecking: No Great Wall, S. 108–116; Hsiao: China's, S. 9–11; zeitgenössisch: Kries: Seezollverwaltung, S. 35 f., 87–100; Otte: Commercial Statistics [1926], S. 368–370 sowie Li Choh-ming: China's International Trade Statistics. An Evaluation, in: The Nankai Social & Economic Quarterly 10 (1937/38), S. 1–31.

Nationalregierung zum Ziel. Dabei erhob sie – ohne dazu gezwungen zu sein – die konzeptionellen und methodischen Empfehlungen der wirtschaftsstatistischen Konvention von 1928 zum Ideal und trug so zur „adaptive[n] Globalisierung“[65] dieser eurozentrischen Standards bei (vgl. Kap. 6.3).

Gewerbliche Produktionsstatistik

Bewegten sich das *Preparatory Committee* und das ISI in Bezug auf die Außenhandelsstatistik bei allem Streit um Einzelaspekte auf einem Terrain, das seit Jahrzehnten vermessen und in seinen Umrissen nicht umstritten war, so betraten sie hinsichtlich der statistischen Erfassung gewerblicher Produktion weitgehend Neuland. „So little information is available concerning industrial production“, so Loveday 1926, „that it is quite impossible to make any direct estimate of the output of industry in the world as a whole“.[66] Es gab keinen Konsens über Inhalte sowie konzeptionelle und methodische Ansätze einer Gewerbeproduktionsstatistik. Es war unklar, was auf welche Weise gezählt und wie dargestellt werden sollte und konnte. Es war unklar, wo die Grenze zwischen ‚Urproduktion‘, gewerblicher Verarbeitung und Dienstleistungen gezogen werden sollte. Es war unklar, wie sich die große Zahl gewerblicher Betriebe permanent beobachten und die große Vielfalt an Zwischen- und Endprodukten statistisch erfassen ließen. Und zu welchem Zweck sollte die gewerbliche Produktion erfasst werden?

Entsprechend kontrovers verliefen die Diskussionen, entsprechend vorsichtig blieben die Empfehlungen – und entsprechend groß waren die potentiellen Einflussmöglichkeiten des *Preparatory Committee* auf die angestrebte, tendenziell globale Etablierung produktionsstatistischer Erhebungen. Dass es dabei um die Beschreibung, Erklärung und Lösung von Problemen ging, die in erster Linie industrialisierte, auf marktwirtschaftlichen Strukturen basierende Staaten betrafen, machen die Debatten ebenso deutlich, wie die Tatsache, dass sich die Empfehlungen der Experten, die für die ganze Welt gelten sollten, vor allem an US-amerikanischen Erfahrungen orientierten.

Der wichtigste Impuls für die Beratungen zur statistischen Beobachtung der gewerblichen Produktion waren die wirtschaftlichen Krisen, die ab 1920/21 in den Industriewirtschaften des ‚Westens‘ zu ökonomischen, fiskalischen und sozialen Problemen führten, insbesondere zu Arbeitslosigkeit in einem bis dahin unbe-

---

65 Osterhammel/Petersson: Globalisierung, S. 58.

66 League of Nations: Memorandum on Production and Trade, Genf 1926, S. 5; League of Nations: Memorandum on Production and Trade, 1913 and 1923–26, Genf 1928, S. 7.

kannten Ausmaß.[67] Material darüber zu sammeln sowie internationale Standards für die Definition, Beschreibung und Beobachtung von Arbeitslosigkeit zu erarbeiten gehörte zu den Kernaufgaben des *Internationalen Arbeitsamts*, dem ständigen ILO-Sekretariat, um darauf aufbauend Wege zur Minderung der Arbeitslosigkeit zu finden.[68] 1923 bat die ILO den *Völkerbund* um Mitarbeit in diesem Bereich. Daraus entstand eine fruchtbare Zusammenarbeit, die bis zum Zweiten Weltkrieg andauderte und sich vor allem der Konjunkturstatistik und Konjunkturtheorie widmete.[69] Die wirtschaftsstatistischen Aktivitäten von Lovedays Abteilung spielten dabei eine wichtige Rolle und sicherten dieser einen Platz in der wirtschaftswissenschaftlichen Ideengeschichte.[70]

Den Auftakt bot eine ILO-Studie zu Wirtschaftsbarometern,[71] denen sich ab August 1924 auch ein von der ILO und dem *Völkerbund* etabliertes Expertenkomitee widmete.[72] Wirtschaftsbarometer, so die Fachleute, seien für die Beobachtung und

67 Vgl. Barry J. Eichengreen / T[imothy] J. Hatton (Hrsg.): Interwar Unemployment in International Perspective, Dordrecht / Boston / London 1988.

68 International Labour Office: Statistics of Unemployment in Various Countries, 1910 to 1922, Genf 1922; International Labour Office: Unemployment 1920–1923, Genf 1924; vgl. Jasmin van Daele: Engineering Social Peace. Networks, Ideas, and the Founding of the International Labour Organization, in: International Review of Social History 50 (2005), S. 435–466, hier S. 460 f.; Kévonian: La légitimation, S. 103 f.; Liebeskind Sauthier: Modern Unemployment, S. 73–78; Jérôme Gautié: De l'invention du chômage à sa déconstruction, in: Genèses 46 (2002), S. 60–76.

69 Albert Thomas, Direktor des *Internationalen Arbeitsamts*, an Eric Drummond, 22.03. und 02.05. 1923, in: OJ 4 (1923), S. 957–966; Work of the Economic Committee During Its Tenth Session (August 30th – September 3rd 1923), in: OJ 4 (1923), S. 1442–1446, hier S. 1444; vgl. LoNA, Official Document Collection, Economic Committee. Minutes of the 10th session, held at Geneva from August 30th to September 3rd, 1923, S. 6 f.; Comité Economique. Sous-Comité de Crise. Procès-verbal abrégé de la réunion tenue à Genève le 29 février 1924 (LoN Document E/Crises Économique/3e Session/P.V.1&2), S. 7–14, hier S. 7–11; Report of the Economic Committee on the Work Accomplished During Its Eleventh Session (February 26th to 29th, 1924), in: OJ 5 (1924), S. 553–557, hier S. 557.

70 Endres/Fleming: International Organizations, S. 18–57; Clavin: Securing, S. 203–211; Morgan: The History, S. 108–130; Slobodian: Globalists, S. 55–76; Martin: Experts; Marchi: League of Nations; Köhler: The Early Developers.

71 LoNA, Official Document Collection, Economic Committee. Sub-Committee on Crises. Economic Barometers. Memorandum by the International Labour Office, 19.04.1924 (LoN Document E/C.E. 8); im Sommer 1924 wurde die Studie veröffentlicht als International Labour Office: Economic Barometers (Report submitted to the Economic Committee of the League of Nations), Genf 1924.

72 Dieser Absatz basiert auf den Protokollen dieses Komitees: LoNA, Official Document Collection, Société des Nations. Comité Economique. Commission mixte des crises économiques: Compte-rendu de la session tenue à Genève les lundi et mardi 26 et 27 janvier 1925 (LoN Document E/Crise économique/Mixte/1ère session/P.V. Révises); 7ème session [sic!], Procès-verbal de la 2ème séance, tenue le mardi 2 juin 1925 (LoN Document E/Crises économiques/7ème session/P.V. 2(1)); Procès-verbal révise de la 3ème session, jeudi 4 mars 1926 (LoN Document E/Crise économique/Mixte/3ème session/P.V. 1(1));

Prognose wirtschaftlicher Entwicklungen eines Landes enorm hilfreich. Gleichzeitig krankten sie an konzeptionellen und methodischen Schwächen. Selbst in Ländern mit bester statistischer Infrastruktur basierten Barometer auf einer lückenhaften Datenbasis, vor allem, weil es an der statistischen Erfassung gewerblicher Produktion fehle. Neben anderen Zielen strebte das Komitee daher an, Regierungen und private Akteure anzuregen und dabei zu unterstützen, die für die Erarbeitung von Wirtschaftsbarometern notwendigen statistischen Daten zu erheben. Die 1924 bis 1926 geführten Debatten des *Preparatory Commitee* zur statistischen Erfassung von Vorräten und gewerblicher Produktion sind darauf zurückzuführen.

Orientierung boten nur wenige Vorbilder. In erster Linie waren das *Industriezensus*, also aufwändige, periodisch wiederholte Untersuchungen aller Gewerbe eines Landes. Ziel solcher konzeptionell und methodisch im Einzelnen unterschiedlichen Erhebungen war es, Überblicke über den Zustand der gewerblichen Betriebe zu erhalten, Veränderungen gegenüber der Vorerhebung festzustellen, Aussagen über die Produktivität und damit Wettbewerbsfähigkeit von Gewerbezweigen zu treffen sowie Informationen für die Außenhandels- und Wirtschaftspolitik zu erhalten. Bis zu Beginn des 20. Jahrhunderts gab es solche Erhebungen nur in wenigen Ländern. Die USA, wo umfassende Produktionserhebungen seit 1850 Teil der regelmäßigen Bevölkerungszensus waren, galt als Vorreiter, Deutschland hingegen, wo es bis in die 1930er Jahre ‚lediglich' Betriebszählungen und eng begrenzte Teilerfassungen der Produktion hab, als Sonderfall unter den großen Industrieländern.[73] Außerhalb Europas, den USA und den britischen Dominions gab es vor dem Ersten Weltkrieg offenbar keine Industriezensus. Selbst im sich rasch industrialisierenden Japan wurde zwar die Produktion einiger Industriezweige periodisch erhoben, ein Produktionszensus stand aber noch 1930 aus.[74] Einzig Brasi-

---

Procès-verbal révise Quatrième session, 2 mai 1926 (LoN Document E/Crise économique/Mixte/4ème session/P.V. I(1).

73 Vgl. Adolph Jensen: Progress of Industrial Production Statistics, in: Bulletin de l'Institut International de Statistique 22 (1926), Nr. 2, S. 114–149; A[lfred] W. Flux: The Census of Production, in: Journal of the Royal Statistical Society 87 (1923), S. 351–390; Arthur L. Bowley: An Elementary Manual of Statistics, 4. überarbeitete und erweitere Auflage, London 1928 [hier: ND 1931], S. 149–154; Llewellyn Smith: The Board, S. 222; Rudolf Meerwarth: Einleitung in die Wirtschaftsstatistik, Jena 1920, S. 128–153; Žižek: Grundriss, S. 361–365; Ernst von Roeder: Die industrielle Produktionsstatistik, in: Friedrich Burgdörfer (Hrsg.): Die Statistik in Deutschland nach ihrem heutigen Stand. Ehrengabe für Friedrich Zahn, Berlin 1940, S. 1012–1024; Tooze: Statistics, S. 56 f., 129 f., 191–199; Rainer Fremdling: The German Industrial Census of 1936. Statistics as Preparation for the War, in: Jahrbuch für Wirtschaftsgeschichte 2/2005, S. 155–165.

74 Vgl. Charles V. Sale: Some Statistics of Japan, in: Journal of the Royal Statistical Society 74 (1911), S. 467–539, hier S. 504 f.; Flux: The Census, S. 354; E[rnest] F. Penrose: Agricultural and Mineral

lien führte 1920 anlässlich der bevorstehenden Feier zur hundertjährigen Unabhängigkeit einen Industriezensus nach US-amerikanischem Vorbild durch.[75] Der auch in diesem Fall hervortretende Eurozentrismus des *Preparatory Committee*, des ISI und anderer Experten der 1920er Jahre verwundert daher wenig und dass sie wie im Fall der Außenhandelsstatistiken ein „continental system" von einem „Anglo-Saxon system of production statistics" unterschieden, bestätigt dies.[76]

Was es selbst in den meisten ‚westlichen' Ländern nur in Ansätzen gab, war eine *laufende* Erfassung gewerblicher Produktion. Sie allein kam für Barometerprojekte in Frage. Die von staatlichen Behörden erhobenen (nicht immer publizierten) Statistiken, die Produktion im monatlichen, vierteljährlichen oder jährlichen Rhythmus erfassten, beschränkten sich auf wenige Branchen. Dazu gehörten jene, die große ökonomische Bedeutung besaßen und deren Produkte sich relativ einfach erfassen ließen – etwa die Montan- und Schwerindustrie –, sowie mancherorts auch Gewerbe, die landwirtschaftliche Produkte verarbeiteten. Auch zu Gewerbezweigen, die besonderer staatlicher Aufsicht oder Besteuerung unterlagen, gab es laufende Produktionsstatistiken. Darüber hinaus ließen sich Produktionsdaten aus Periodika privatwirtschaftlicher Verbände gewinnen oder – sofern ein Gewerbezweig ausschließlich oder weitgehend auf Rohstoffimporte angewiesen war – über die Außenhandelsstatistik schätzen.[77] Aussagen zur Entwicklung der gesamten Gewerbeproduktion erlaubten diese Daten nicht.

Das *Preparatory Committee* wollte dies ändern. Erster Schritt dazu war eine Bestandsaufnahme weltweit existierender Erhebungen. Eine erste Umfrage, die 25 Regierungen (u. a. der Sowjetunion, Chiles, Kolumbiens und Perus) beantworteten, konzentrierte sich auf staatlich beaufsichtigte oder besonders besteuerte Branchen.[78] Da diese aber nur kleine Segmente volkswirtschaftlicher Aktivität umfass-

---

Production in Japan, in: Bulletin de l'Institut International de Statistique 25 (1931), Nr. 2, S. 221*-282*, hier S. 224*.

75 Jensen: Progress, S. 132.

76 Jensen: Progress, S. 145 f.; ähnlich Meerwarth: Einleitung, S. 121 f., BAB, R 3102/6181, Die industrielle Produktionsstatistik im In- und Ausland, Denkschrift des *Statistisches Reichsamts*, [Wilhelm] Leisse / [Oskar] Dorth, o.Dat. [1927/28], Bl. 170.

77 Für Großbritannien: Bowley: An Elementary Manual, S. 146–149; für Deutschland: Meerwarth: Nationalökonomie, S. 235–242; Wolff: Wirtschafts-Statistik, S. 318–345; internationaler Überblick bei: Fritz H. Betz: Zur Errechnung und Verwertung von Produktionsindizes, in: Weltwirtschaftliches Archiv 31 (1930), S. 286–296 sowie Monthly Bulletin of Statistics 10 (1929), S. 83, 123, 163, 203, 283, 323–325.

78 Julin: Statistique international; Korrespondenz in LoNA, R.418, 10/36378/36378; LoNA, Official Document Collection, Economic Committee. Minutes of the 15th Session, May 26th to 30th, 1925, S. 103 (Zitat); vgl. zudem LoNA, R.390, 10/46951/25152, Réunion de la Commission d'Études, 14–17 avril 1925,

ten, folgte eine zweite Untersuchung, die nach Erfassungsmethoden der gesamten gewerblichen Produktion fragte. Diese Umfrage begrenzten die Mitglieder des *Preparatory Committee* von Beginn an auf ihre jeweiligen europäischen Herkunftsländer und die USA. Sichtweisen anderer Länder seien nicht relevant.[79] Allein mit Blick auf ‚westliche' Erhebungen glaubten sie also, universelle konzeptionelle und methodische Empfehlungen formulieren zu können. Das spiegelte der Bericht des Komitees wider, den federführend der Brite Alfred W. Flux verfasste. Als Vorbild dienten ihm vor allem die USA, wo mehr als 50 % der gewerblichen Produktion monatlich statistisch erfasst wurde.[80]

Flux empfahl zunächst die in den USA etablierte Verknüpfung von Produktionszensus und Produktionsindex. Einen in mehrjährigen Abständen erhobenen Industriezensus solle ein Index ergänzen, der die monatlichen Produktionsdaten einer größtmöglichen Zahl von Gewerbezweigen kombinierte und Aussagen über die Entwicklung der Gewerbeproduktion als Ganzes erlaube.[81] Anders als die Zensus sollten die Indizes nicht die Wertschöpfung, sondern produzierte Mengen, Massen oder Volumen erfassen. Nur so ließen sich Aussagen über tatsächliche Aktivitäten von Unternehmen treffen, die die Werterfassung aufgrund schwankender Geldwerte zum Teil verdecken würden. Sofern die direkte Erfassung der Produktion zu aufwändig oder undurchführbar sei, sollten indirekte Erhebungen aushelfen, etwa zum Verbrauch an Rohstoffen oder der genutzten Energie. Um mittels der

Bureau Central de Statistique, La Haye, S. 30 – 33; Bulletin de l'Institut International de Statistique 22 (1926), Nr. 1, S. 104 f.

79 LoNA, R.390, 10/47914/25152, Procès-verbal de la Réunion de la Commission d'Études que a eu lieu à Rome (Institut International d'Agriculture) le 5 octobre 1925, S. 2, 4 f.

80 LoNA, R.414, 10/36262/35913, Report on the Methods Employed in the Compilation of Industrial Statistics in the United States of America, 31.05.1926 (LoN Document E/C.P.S./13), S. 31; LoNA, R.390 10/52135/25152, Preparatory Committee on Statistics. Minutes of the Seventh Session, First and Second Meetings, 09.06.1926 (LoN Document E/C.P.S./7th Session/P.V.1(1) – P.V.2(1)); LoNA, R.383, 10/52456/23721, Preparatory Committee on Statistics. Resolutions Adopted by the Preparatory Committee on Statistics at its Meeting on June 11th, 1926, 29.06.1926 (LoN Document E/C.P.S./16); LoNA, R.392, 10/57236/25152, Preparatory Committee on Statistics. Minutes of the Eighth Session, First to Seventh Meeting, 17.-21.12.1926 (LoN Document E/C.P.S/8th Session/P.V.1(1) – P.V.7(1)); Flux: Indices of Productive Activity; vgl. A[lfred] W. Flux: Indices of Industrial Productive Activity, in: Journal of the Royal Statistical Society 90 (1927), S. 225 – 271.

81 Vgl. zum ab Januar 1923 vom US-amerikanischen Handelsministerium veröffentlichten Monthly Index of Manufacturing Production: Survey of Current Business Nr. 17 (January 1923), S. 22 – 28; ein anderer Monats-Index der gewerblichen Produktion erschien ab März 1922 im Wochenbericht des *Harvard Committee of Economic Research*; vgl. Edmund E. Day / Warren M. Persons: An Index of the Physical Volume of Production. III. Manufacture, 1899 – 1919, in: Review of Economic Statistics 2 (1920), S. 309 – 337, 361 – 367; Edmund E. Day: Cyclical Fluctuations of the Volume of Manufacture, in: Review of Economic Statistics 5 (1923), S. 30 – 60.

Indizes, die ja nur einen Teil der gewerblichen Produktion umfassten, tatsächlich Aussagen über die konjunkturelle Entwicklung der gewerblichen Produktion als Ganzes treffen zu können, müssten die Ergebnisse der Zensus herangezogen werden. Sie zeigten die relative Bedeutung der beobachteten Branchen auf, die dann in den Indizes entsprechend gewichtet werden könnten. Im Produktionsindex des US-amerikanischen Handelsministeriums diente beispielsweise der Anteil der jeweiligen Branche an der Nettowertschöpfung als Maßstab, um deren relative Bedeutung im Index festzulegen.[82]

Des Weiteren sahen Flux' Empfehlungen vor, dass, wie in den USA, die monatliche Produktion der „adequately developed industries" erfasst und die diesbezüglichen Statistiken veröffentlicht werden sollten. Dies zielte darauf ab, sich wie in den USA nicht auf eine im Vorhinein getroffene Auswahl von zu beobachtenden Gewerbezweigen zu beschränken, sondern deren Zahl so schnell und so weit wie möglich zu erhöhen. Angesichts der deutlich weniger weit entwickelten statistischen Verhältnisse in anderen Ländern war dies außerhalb der USA zwar zunächst nur ein frommer Wunsch und die Empfehlungen des *Preparatory Committee* enthielten eine Liste von Gewerbezweigen, bei denen mit der statistischen Erfassung der monatlichen Produktion begonnen werden sollte. Gleichzeitig aber machte die offene Formulierung „adequately developed industries" sowie der Hinweis, die genannten Gewerbezweigen seien nur der Anfang, klar, dass der weitere Ausbau wünschenswert sei.[83]

Die USA waren zudem Vorbild, als das *Preparatory Committee* die freiwillige Zusammenarbeit privatwirtschaftlicher Akteure mit staatlichen Statistikbehörden als Erfolgsrezept hervorhob.[84] Nicht alle Komiteemitglieder waren davon überzeugt. Allein Karl Přibram von der ILO aber bezweifelte explizit, ohne gesetzlichen Zwang ausreichend Daten erheben zu können. Andere deuteten höchstens an, gesetzlichen Vorgaben etwas Positives abgewinnen zu können.[85] Angesichts gleich-

---

82 Flux: Indices of Productive Activities; LoNA, R.390, 10/52135/25152, Preparatory Committee on Statistics. Minutes of the Seventh Session, Third Meeting, 10.06.1926 (LoN Document E/C.P.S./7th Session/P.V.3(1)), S. 6 f.

83 LoNA, R.383, 10/52456/23721, Preparatory Committee on Statistics. Resolutions Adopted by the Preparatory Committee on Statistics at Its Meeting on June 11th, 1926, 29.06.1926 (LoN Document E/C.P.S./16), S. 1; Flux: Indices of Productive Activities, S. 424; vgl. LoNA, R.390, 10/52135/25152, Preparatory Committee on Statistics. Minutes of the Seventh Session, Second Meeting, 09.06.1926 (LoN Document E/C.P.S./7th Session/P.V.2(1)), S. 9.

84 LoNA, R.390, 10/52135/25152, Preparatory Committee on Statistics. Minutes of the Seventh Session, Second Meeting, 09.06.1926 (LoN Document E/C.P.S./7th Session/P.V.2(1)), S. 9.

85 LoNA, R.390, 10/52135/25152, Preparatory Committee on Statistics. Minutes of the Seventh Session, Second Meeting, 09.06.1926 (LoN Document E/C.P.S./7th Session/P.V.2(1)), S. 6; Preparatory Committee

zeitiger Plädoyers für eine Auskunftspflicht seitens liberaler Publizisten, Wissenschaftler und Unternehmer,[86] fällt diese Zurückhaltung im *Preparatory Committee* auf. Vermutlich hielten es die meisten Komiteemitglieder für unwahrscheinlich, dass Regierungen in Europa gesetzlichen Zwang durchsetzen konnten.[87] Am Ende befürwortete das Komitee den freiwilligen Ansatz und betonte, staatliche Behörden, die die laufende Erfassung der gewerblichen Produktion durchführen sollten, müssten sicherstellen, dass Angaben von Unternehmen und Verbänden vertraulich behandelt würden.[88]

Die Vorbildrolle der USA war kein Zufall. Als Flux seinen Bericht verfasste, konzipierte er auch einen Index der gewerblichen Produktion in Großbritannien und nahm dabei Empfehlungen des *Preparatory Committee* vorweg. Nach drei Jahren war dieser Index etabliert und 1928 verwies Wirtschaftsminister Philip Cunliffe-Lister erstmals im Parlament auf die nun aktuellen Daten zur britischen Industrieproduktion.[89] Auch für deutsche Experten waren angelsächsische Produktionsstatistiken „von besonderer Wichtigkeit".[90] Sie hofften, mit ihrer Hilfe die Zahlungsfähigkeit des Landes einschätzen zu können, die einer der Maßstäbe war, an denen sich die Höhe der Reparationsleistungen orientierte. Die existierenden Statistiken eigneten sich dafür wenig.[91] Der Leiter des *Statistischen Reichsamts* und des Berliner *Instituts für Konjunkturforschung* Ernst Wagemann plädierte daher für

---

on Statistics. Minutes of the Seventh Session, Fourth Meeting, 10.06.1926 (LoN Document E/C.P.S./7th Session/P.V.4(1)), S. 13, 15.

86 Flux: Indices of Industrial Productive Activity, S. 260, 264, 268; ganz ähnlich TNA, BT 70/17/S.351/28, H.T. Tulloch, *Bradford Chamber of Commerce*, an Flux, 03. und 08.02.1927.

87 LoNA, R.390, 10/52135/25152, Preparatory Committee on Statistics. Minutes of the Seventh Session, Fourth Meeting, 10.06.1926 (LoN Document E/C.P.S./7th Session/P.V.4(1)), S. 12–14, 16.

88 Flux: Indices of Productive Activities, S. 427.

89 Hansard, 5th Series, Bd. 218, 12.06.1928, Sp. 835 f., 842–851; vgl LoNA, R.390, 10/44867/25152, Flux an Loveday, 28.08.1925; TNA, BT 198/14, Production Statistics. Note by Mr. Flux, 11.11.1925 (B.T.C. 1276); TNA, BT 198/15, Index Number of Industrial Production. Memorandum by the Board of the Trade for the Committee on Industry and Trade, Juni 1926 (B.T.C. 1318 A); Index Number of Industrial Production. Report by the Committee on Industry and Trade, 21.07.1926 (B.T.C. 1318); Protokoll 134. Sitzung des *Board of Trade Councils*, 26.07.1926, S. 1 f.; TNA, BT 70/17/S.300/28, Flux an *The Food Manufacturers' Federation*, 22.02.1928; Anonymus: Industrial Production. Board of Trade Index Number, in: Board of Trade Journal 121 (1928), Nr. 1651 [26.07.1928], Sp. 104–106; Anonymus: Industrial Production in the Year 1928. Recovery in the Fourth Quarter, in: Board of Trade Journal 122 (1929), Nr. 1681 [21.02.1929], Sp. 252–254; Anonymus: Industrial Production. Revised Board of Trade Index Number, in: Board of Trade Journal 134 (1935), Nr. 1999 [28.03.1935], S. 515–517.

90 BAB, R 3102/6181, Die industrielle Produktionsstatistik im In- und Ausland, Denkschrift des *Statistisches Reichsamts*, [Wilhelm] Leisse / [Oskar] Dorth, o.Dat. [1927/28], Bl. 214.

91 Tooze: Statistics, S. 110–130; Tooze: Imagining; auch Meerwarth: Nationalökonomie, S. 481–484; Wolff: Wirtschafts-Statistik, S. 409–411.

den raschen und umfassenden Aufbau entsprechender Beobachtungsinstrumente. Er verhehlte nicht, dass er dabei den britischen Produktionszensus und die Produktionserhebungen in den USA als Vorbilder sah.[92] Und tatsächlich publizierte sein Institut dank der Zusammenarbeit mit Unternehmensverbänden ab August 1927 einen monatlich aktualisierten Index der Industrieproduktion.[93]

Das *Preparatory Committee*, seine Memoranden und Empfehlungen sowie die diesbezüglichen Diskussionen des ISI sind also Paradebeispiele dafür, dass Experten im Umfeld des *Völkerbunds* in den 1920er und 1930er Jahren ‚westliche Wissensbestände' formulierten, die das Wissen über die Welt bis nach dem Zweiten Weltkrieg prägten. Die Beteiligten waren fast ausschließlich Europäer, die sich mit Problemen befassten, die vorwiegend ‚westliche' Industriestaaten betrafen. Sie führten ihre Debatten über international einheitliche wirtschaftsstatistische Standards in einem wirtschaftlichen, konzeptionellen und rechtlich-behördlichen Rahmen, der bei allen Unterschieden zwischen einzelnen Ländern seit Jahrzehnten im ‚Westen' etabliert war und der Experten als Modell für die restliche Welt galt. Demzufolge waren marktwirtschaftlich organisierte, juristisch eindeutig begrenz- und einheitlich regierbare sowie sprachlich, juristisch und währungspolitisch weitgehend homogene staatliche Gebilde gewissermaßen ein Normalzustand, der für die Etablierung der diskutierten Standards notwendig war. Länder und Gesellschaften, die diesen Vorstellungen nicht entsprachen, erschienen aus dieser Perspektive als ‚unzivilisiert' oder ‚unterentwickelt' und die Etablierung ‚moderner' statistischer Konzepte und Methoden waren ein Mittel, diesem Zustand abzuhelfen. Es lag also aus der Sicht der Beteiligten in der Logik der Sache, ihre Diskussionen an Konzepten, Methoden und Strukturen zu orientieren, die im ‚Westen' seit langem anerkannt waren und sich als nützlich erwiesen hatten. Mögliche Alternativen musste man nicht suchen und Zeitgenossen, die möglicherweise Alternativen hätten formulieren können, wurden nicht in die Diskussionen involviert. Dass es solche gab, bewiesen die sowjetischen Delegierten bei der wirtschaftsstatistischen Konferenz, die im Herbst 1928 in Genf zusammentrat. Dass sie sich mit ihren Vorstellungen dort nicht durchsetzen konnten, zeigt, wie stark die Dominanz ‚westlicher' Konzepte bereits war. Was für den ‚Westen' gut war, konnte für den Rest der Welt

---

92 LoNA, Official Document Collection, Comité Mixte des Crises Économiques. Procès-verbal révise, 3ème session, première séance, 04.03.1926 (LoN Document E/Crise économique/Mixte/3ème session/P.V. 1(1)), S. 6; TNA, BT 198/14, Protokoll der 130. Sitzung des *Board of Trade Councils*, 25.03.1926, S. 2; BAB, R 3102/6181, Die industrielle Produktionsstatistik im In- und Ausland, Denkschrift des *Statistisches Reichsamts*, [Wilhelm] Leisse / [Oskar] Dorth, o.Dat. [1927/28], Bl. 194, 217.

93 Tooze: Statistics, S. 140 f.; Kurt Werner: Die Indexziffer der industriellen Produktion, in: Friedrich Burgdörfer (Hrsg.): Die Statistik in Deutschland nach ihrem heutigen Stand. Ehrengabe für Friedrich Zahn, Berlin 1940, S. 1024–1030; Vierteljahrshefte für Konjunkturforschung 2 (1927), S. 26.

nicht schlecht sein. Insofern setzten die Diskussionen, Berichte und Empfehlungen des *Preparatory Committee* und des ISI jene Debatten statistischer Fachleute fort, die im 19. und frühen 20. Jahrhundert geführt worden waren und in diesem Feld bereits eine ‚Dominanz westlicher Wissensbestände' begründet hatten. Was die Debatten der 1920er Jahre aber von jenen früherer Jahrzehnte unterschied, war die Tatsache, dass sie 1928 in die völkerrechtlich bindende wirtschaftsstatistische Konvention von Genf mündeten und die sowieso dominierenden ‚westlichen' Regeln zu schriftlich fixierten globalen Standards wurden.

6.3 Entstehung, Beratung und Akzeptanz der Internationalen Konvention zur Wirtschaftsstatistik

Die Jahre 1927/28 waren für die Weltwirtschaftsstatistik von entscheidender Bedeutung. Der Weltwirtschaftskonferenz im Mai 1927 folgte im Dezember 1928 die Unterzeichnung einer wirkmächtigen wirtschaftsstatistischen Konvention. Sie war nach der Brüsseler handelsstatistischen Konvention von 1913 die zweite völkerrechtliche Kodifizierung internationaler wirtschaftsstatistischer Standards. Inhaltlich deutlich breiter als ihre Vorgängerin steckte sie das Arbeitsfeld ‚Wirtschaftsstatistik' für künftige Standardisierungsbemühungen ab und galt allen Beteiligten als Minimalprogramm, von dem aus weitere Maßnahmen zu projektieren waren. Von 29 Staaten unterzeichnet trat die Konvention im Dezember 1930 in Kraft, wurde bis 1939 von 26 Ländern ratifiziert (zwei weitere traten ihr bei) und ist – nach ihrer Anpassung an den neuen institutionellen Kontext der *Vereinten Nationen* 1948 – bis heute in Kraft.[94] Eine zentrale Innovation war die Etablierung eines permanent tagenden Expertengremiums – des *Ausschusses Statistischer Sachverständiger* (ASS). Dieses Gremium setzte die Arbeit des *Preparatory Committee* mit größtenteils neuen und jüngeren Akteuren fort und wurde von der bis heute tagenden *Statistical Commission* der *Vereinten Nationen* explizit beerbt (vgl. Kap. 7.1).[95] Unabhängig von der Ratifikation oder dem Beitritt zu der Konvention konnten sich Regierungen, die neue statistische Erhebungen in die Wege leiten oder bestehende reformieren wollten, an den methodischen Empfehlungen orientieren. Insofern förderte der Vertrag die Vereinheitlichung von Konzepten und Methoden und den Ausbau der

94 League of Nations Treaty Series 110 (1930/31), S. 171–282; United Nations Treaty Series 73 (1950), S. 40–54; https://treaties.un.org/doc/Publication/MTDSG/Volume%20II/Chapter%20XIII/XIII-2.en.pdf [06.10.2022].

95 Report of the Statistical Commission to the Economic and Social Council. First Session, 1 to 15 May 1946, 17.05.1946, in: Journal of the Economic and Social Council 1 (1946), S. 223–239, hier S. 236 f.; Ward: Quantifying, S. 36–39.

tendenziell globalen wirtschaftsstatistischen Infrastruktur und stellte in institutioneller und inhaltlicher Hinsicht zentrale Weichen für die weitere Entwicklung internationaler Wirtschaftsstatistik.

Für den *Völkerbund* bedeutete die Konvention eine nochmalige Aufwertung und Zementierung seiner Rolle als wirtschaftsstatistischer Akteur. Insbesondere die institutionelle Anbindung des ASS an die Genfer Organisation unterstrich dies. Nun verantwortete der *Völkerbund* allein, womit sich das Expertengremium befasste und wer diesem angehörte. Das ISI hingegen stürzte die Konvention von 1928 in eine Krise, da ihm das Abkommen keine Rolle mehr zuschrieb. Infolge dessen gab das ISI – bzw. dessen Ständiges Büro in Den Haag – jedwede noch gehegte Hoffnung auf eine Zukunft als internationales statistisches Amt auf und wandelte sich unter teils polemischen Diskussionen zwischen 1928 und 1931 in jene grenzübergreifend wissenschaftliche Akademie, die es bis heute ist.[96]

Vorbereitung, Verlauf und Inhalte sowie die weltweite Rezeption der Konferenz und der Konvention sind aus zwei weiteren Gründen aufschlussreich. Zum einen fand die bis dahin in Expertendebatten zutage tretende Dominanz ‚westlicher Wissensbestände' in der Konvention einen völkerrechtlich bindenden Ausdruck, der sich nicht nur auf spezifische ‚Statistikarten' wie die Außenhandels- oder Produktionsstatistik beschränkte, sondern sich auch in der Definition dessen niederschlug, was als ‚Wirtschaftsstatistik' zu gelten hatte. Diese Definition war wie die Bestimmungen der Konvention stark angelsächsisch geprägt. Zum anderen wurden diese ‚westlichen Wissensbestände' bei der Konferenz erstmals der öffentlichen Kritik von Akteuren aus anderen Weltregionen ausgesetzt. Auch wenn die meisten Teilnehmer weiterhin europäische Staaten vertraten und die Delegationen industrialisierter Länder des ‚Westens' die Debatten dominierten, trugen einige Vertreter anderer Weltregionen konstruktiv zu den Diskussionen bei. Vielfach versicherten sie, ihre Regierungen seien bereit, sich an den neuen Standards zu orientieren. Dass es zudem Alternativen zu den ‚westlich' geprägten Standards gab, machte vor allem die sowjetische Delegation deutlich, auch wenn deren Initiativen überwiegend zurückgewiesen wurden. Dass die neuen Standards fast weltweit als ‚richtig' akzeptiert wurden, lässt sich schließlich damit erklären, dass es neben der funk-

---

96 Nixon: A History, S. 26 f., 34; Zahn: 50 années, S. 51–54; vgl. Gustave Thirring: Idées sur l'Institut International de Statistique, in: Journal de la Société Hongroise de Statistique 6 (1928), Nr. 1, S. 1–9; Karl Pribram: Die Zukunft des Internationalen Statistischen Instituts, in: Allgemeines Statistisches Archiv 18 (1928), S. 589–599; Friedrich Zahn: Internationales Statistisches Institut und Völkerbund, in: Allgemeines Statistisches Archiv 18 (1928), S. 599–604; Camille Jacquart: La Haye ou Genève? Problèmes actuels de l'Institut International de Statistique, in: Journal de la Société Hongroise de Statistique 7 (1929), Nr. 1, S. 6–23; Eugen Würzburger: Zur Entwicklung des Internationalen Statistischen Instituts, in: Deutsches Statistisches Zentralblatt 21 (1929), Sp. 137–142.

tionalen Bedeutung von Statistiken als Informationslieferant ein gesteigerter Wille zur Konkurrenz war, der Regierungen dazu bewog, sich in größerem Maße als vor dem Krieg an der grenzüberschreitenden Kooperation zu beteiligen.

Das ‚Weißbuch' für die wirtschaftsstatistische Konferenz

Im März 1928 übertrug der Völkerbundrat der wirtschaftsstatistischen Konferenz drei Aufgaben. Sie sollte Inhalte und Grenzen der ‚Wirtschaftsstatistik' festlegen, erörtern, welche wirtschaftlich relevanten Phänomene und Prozesse Regierungen bereit wären, regelmäßig statistisch zu beobachten, sowie die vom *Preparatory Committee* erarbeiteten und vom ISI bestätigten konzeptionellen und methodischen Empfehlungen diskutieren und gegebenenfalls als international einheitliche Standards definieren. Arbeitsgrundlage solle ein ‚Weißbuch' sein, das ein Agendakomitee auszuarbeiten hatte.[97]

Diesem zwölfköpfigen Komitee gehörten erneut nur Europäer an und der Führungsanspruch des *Völkerbunds* war angesichts von fünf Vertretern offensichtlich.[98] Die Experten erarbeiteten ein Weißbuch, das dem Konventionsentwurf zugrunde gelegt wurde. Entwürfe wiederum hatten der Norweger Gunnar Jahn und die Briten Sydney Chapman und Loveday verfasst. Die Texte zeigen, wie stark die in

---

97 LoNA, R.479, 10/62524/58274, Note by Mr. A. Loveday on Proposed Statistical Conference, 14.10.1927 (LoN Document E.347); LoNA, R.479, 10/63817/58274, Report of the Sub-Committee on the Statistical Conference, o.Dat. [17.12.1927] (LoN Document E.366); LoNA, Official Document Collection, Economic Committee. Minutes of the Twenty-Third Session. Second Meeting, held at Geneva on Friday, December 16th, 1927 (LoN Document E/23rd Session/P.V.2(1)), S. 1–17; Economic Committee. Minutes of the Twenty-Third Session. Fifth Meeting, held at Geneva on Saturday, December 17th, 1927 (LoN Document E/23rd Session/P.V.5(1)), S. 1–3; Minutes of the Forty-Ninth Session of the Council [Genf, 05.-10.03. 1928], in: OJ 9 (1928), S. 367–453, hier S. 378.

98 Die Wirtschaftskommission des *Völkerbunds* vertraten der Brite Sydney Chapman, der Norweger Gunnar Jahn, der Rumäne Eugeniu Neculcea und der Deutsche Ernst Trendelenburg. Loveday repräsentierte das Sekretariat des *Völkerbunds*. ILO und IIA waren durch ihre Chefstatistiker Karl Přibram und Valentino Dore vertreten, die ICC und das ISI durch Gino Olivetti und Willem Methorst. Alfred W. Flux war Chefstatistiker des *Board of Trade*, Michel Huber Leiter der französischen *Statistique générale*, Ernst Wagemann des *Statistischen Reichsamts* und Corrado Gini des *Istituto Centrale di Statistica* in Rom. Work of the Economic Committee During Its Twenty Third Session (Held at Geneva from December 15th to 21st, 1927), in: OJ 9 (1928), S. 505–513, hier S. 510; LoNA, R.2683, 10B/542/452, Angelo Di Nola, Mitglied der Wirtschaftskommission des *Völkerbunds*, an Pietro Stoppani, *Economic and Financial Section*, Völkerbundsekretariat, 25.02.1928; Jahn an Loveday, 29.02. 1928; Chapman an Stoppani, 02.03.1928; Trendelenburg an Chapman, 10.03.1928; Joseph Avenol an Gini, 14.03.1928.

der Konvention kodifizierten ‚westlichen' Regeln im Kern angelsächsisch geprägt waren.

Im Gegensatz zu den oft breiteren Auffassungen in „European continental countries" gehörten demnach Finanzmarkt-, Bank-, Arbeitsmarkt- und Berufsstatistiken nicht zur ‚Wirtschaftsstatistik'.[99] Deren Zweck sollte es sein, die gesamte „economic activity" eines Landes zu erfassen sowie „the industrial and commercial progress of the world as a whole and the movements in different countries on a comparable basis" aufzuzeigen.[100] Dies verwies auf zeitgenössische Debatten über die Bedeutung von ‚economic activity'.[101] Die Entwürfe Jahns, der betonte, „productive activity" ließe sich wohl nie vollständig statistisch erfassen,[102] und das Weißbuch spiegeln Ansichten wider, die paradigmatisch der britische Ökonom Arthur C. Pigou formuliert hatte. Ihm zufolge schließe eine allgemeine ‚Wohlfahrt' der Gesellschaft eine enger gefasste ‚wirtschaftliche' Wohlfahrt ein. Diese allein solle im Fokus der Ökonomik stehen und umfasse Bereiche der ‚Wohlfahrt', „that can be brought [...] into relation with the measuring-rod of money". Die statistische Beobachtung erschien als *das* Mittel, diese Aktivitäten auf gesellschaftlicher Ebene sicht- und verhandelbar zu machen. Phänomene und Prozesse hingegen, deren Wirkung auf die ‚Wohlfahrt' nicht quantifizierbar war, waren nach diesem Verständnis nicht-wirtschaftlich.[103] Zwar war sich Pigou mit anderen Ökonomen einig, dass wirtschaftliche und nicht-wirtschaftliche Tätigkeiten nicht eindeutig abzu-

99 LoNA, R.2693, 10B/2678/1227, Committee for the Agenda of the Proposed Statistical Conference. Preliminary Report. Part I of the White Book, o. Dat. [März 1928] (LoN Document C.S.O. 1 (Part I)), S. 3; League of Nations. Economic Committee: International Conference ... Preparatory Documents, S. 6; vgl. beispielhaft das Verständnis von ‚Wirtschaftsstatistik' bei Friedrich Zahn (Hrsg.): Die Statistik in Deutschland nach ihrem heutigen Stand. Georg von Mayr bei der Feier seines 70. Geburtstags als Ehrengabe dargebracht, 2 Bde., München / Berlin 1911; Žižek: Grundriss, S. 293 f.; Müller: Deutsche Wirtschaftsstatistik, S. XI-XII, 1–4.

100 LoNA, R.2693, 10B/2678/1227, Committee for the Agenda of the Proposed Statistical Conference. Preliminary Report. Part I of the White Book, o. Dat. [März 1928] (LoN Document C.S.O. 1 (Part I)), S. 3 f., 6; LoNA, R.2683, 10B/1940/452, International Official Statistics, Memorandum, Sydney Chapman, o. Dat. [März 1928], S. 1; League of Nations. Economic Committee: International Conference ... Preparatory Documents, S. 10.

101 Vgl. Lepenies: Die Macht; Speich Chassé: Die Erfindung; Köster: Die Wissenschaft. Zur Begriffsgeschichte von ‚Wirtschaft': Johannes Burkhardt: Wirtschaft, in: Otto Brunner / Werner Conze / Reinhart Koselleck (Hrsg.): Geschichtliche Grundbegriffe, Bd. 7, Stuttgart 1992, S. 511–594; Christof Dejung / Monika Dommann / Daniel Speich Chassé (Hrsg.): Auf der Suche nach der Ökonomie. Historische Annäherungen, Tübingen 2014.

102 LoNA, R.2693, 10B/2678/1227, Committee for the Agenda of the Proposed Statistical Conference. Preliminary Report. Part I of the White Book, o. Dat. [März 1928] (LoN Document C.S.O. 1 (Part I)), S. 4 (Hervorhebung im Original).

103 Pigou, Arthur C.: The Economics of Welfare, London 1920, S. 10 f.; vgl. Lepenies: Die Macht, S. 45 f.

grenzen seien.[104] Das potentielle Untersuchungsfeld der Wirtschaftsstatistik, die ‚economic activity', war gleichwohl abgesteckt: Es ging um all jene Aktivitäten, für die Menschen bereit waren, Geld zu zahlen. Im Weißbuch hieß es entsprechend offen, Wirtschaftsstatistik solle „obtain a survey of productive activity in the widest sense of that term".[105]

Angelsächsisch geprägt war auch die Forderung, die gewerbliche Produktion mittels eines alle zehn Jahre stattfindenden Zensus und eines monatlich aktualisierten „index of industrial activity" zu messen.[106] Das gleiche galt für die Ausführungen zur statistischen Erfassung des Außenhandels, der Agrarproduktion, der Fischerei und des Montangewerbes. Sie entsprachen weitgehend den Empfehlungen des *Preparatory Committee* und des ISI. Jahn und Chapman forderten zudem, die permanente staatliche Erhebung von Volkseinkommens- und Volkswohlstandsstatistiken anzuregen. Das lehnten ihre Kollegen allerdings ab. Ihnen erschien das Unterfangen als zu komplex, als dass es in absehbarer Zeit umsetzbar war; lediglich eine vage Empfehlung dazu fand Eingang ins Weißbuch.[107] Akzeptiert wurden hingegen Jahns Vorschläge, Betriebszählungen nach deutschem Vorbild sowie die statistische Erfassung forstlicher Produktion in das Weißbuch aufzunehmen.[108]

---

104 Speich Chassé: Die Erfindung, S. 86.

105 League of Nations. Economic Committee: International Conference ... Preparatory Documents, S. 6.

106 LoNA, R.2693, 10B/2678/1227, Committee for the Agenda of the Proposed Statistical Conference. Preliminary Report. Part I of the White Book, o. Dat. [März 1928] (LoN Document C.S.O. 1 (Part I)), S. 6f., 10f.; LoNA, R.2683, 10B/1940/452, International Official Statistics, Memorandum, Sydney Chapman, o. Dat. [März 1928], S. 2; League of Nations. Economic Committee: International Conference ... Preparatory Documents, S. 8, 10f.

107 LoNA, R.2693, 10B/2678/1227, Committee for the Agenda of the Proposed Statistical Conference. Preliminary Report. Part I of the White Book, o. Dat. [März 1928] (LoN Document C.S.O. 1 (Part I)), S. 4f.; LoNA, R.2683, 10B/1940/452, International Official Statistics. Memorandum by Sir Sydney Chapman, o. Dat. [März 1928], S. 1; LoNA, R.2683, 10B/4023/452, Committee for Agenda of Proposed Statistical Conference. Minutes of the First Meeting, held at Geneva on Tuesday, 20th March 1928, (LoN Document C.S.O./C.S.I./P.V.1), S. 7f.; Committee for Agenda of Proposed Statistical Conference. Minutes of the Third Meeting, held at Geneva on Wednesday, 21st March 1928 (LoN Document C.S.O./C.S.I./P.V.3), S. 11; Committee for Agenda of Proposed Statistical Conference. Minutes of the Fourth Meeting, held at Geneva on Wednesday, 21st March 1928 (LoN Document C.S.O./C.S.I./P.V.4), S. 1; League of Nations. Economic Committee: International Conference ... Preparatory Documents, S. 6, 11.

108 LoNA, R.2693, 10B/2678/1227, Committee for the Agenda of the Proposed Statistical Conference. Preliminary Report. Part I of the White Book, o. Dat. [März 1928] (LoN Document C.S.O. 1 (Part I)), S. 6f., 10f.; LoNA, R.2683, 10B/1940/452, International Official Statistics. Memorandum by Sir Sydney Chapman, o. Dat. [März 1928], S. 2; League of Nations. Economic Committee: International Conference ... Preparatory Documents, S. 8, 10f; vgl. Bemmann: Das Chaos beseitigen.

Die angelsächsische Prägung des Weißbuchs ging manchen zu weit. Weil dessen außenhandels- und produktionsstatistischen Bestimmungen nur bedingt der Praxis in kontinentaleuropäischen Ländern entsprachen, plädierten deutsche, belgische und französische Experten sogar dafür, die Konferenz zu verschieben. Jahn, Loveday und Chapman widersprachen jedoch vehement. „[A] certain movement of public opinion in favour of unifying statistics" solle nicht verpasst werden. Ein Kompromiss löste die Spannung. Er sah vor allem vor, die Bestimmung, regelmäßige Produktionszensus im angelsächsischen Sinne durchzuführen, zu einer unverbindlichen Empfehlung herabzustufen.[109]

‚Westliche' Dominanz trotz weltweiter Repräsentanz: Die Teilnehmer der wirtschaftsstatistischen Konferenz 1928

An keiner vorherigen wirtschaftsbezogenen diplomatischen Konferenz des *Völkerbunds* waren so viele Staaten vertreten wie bei der am 26. November 1928 beginnenden wirtschaftsstatistischen Konferenz.[110] Dennoch blieb sie ‚westlich' geprägt und viele der bereits in die Vorbereitungsarbeiten involvierten Experten dominierten auch die Debatten in Genf. Von den Mitgliedern des *Preparatory Committee* waren fünf, von jenen des Agendakomitees der Konferenz acht vor Ort. Letztere beteiligten sich maßgeblich an der Formulierung der Konvention und Loveday fungierte als Generalsekretär.[111]

Wie bei anderen Konferenzen waren Anzahl und geographische Verortung der teilnehmenden Länder ein Ausweis für die Relevanz, die Regierungen im jeweiligen Sachthema erkannten, und für die Akzeptanz, die der *Völkerbund* weltweit besaß. In beiderlei Hinsicht war die Statistikkonferenz ein Erfolg. 42 Staaten schickten Delegierte und Experten nach Genf; das IIA und die ICC entsandten Delegationen mit

---

109 League of Nations: Proceedings of the International Conference Relating to Economic Statistics. Geneva, November 26th to December 14th, 1928, Genf 1929, S. 9–19; LoNA, Official Document Collection, Economic Committee. Minutes of the Twenty-Fourth Session. Eighth Meeting, held at Geneva, Thursday, March 29th, 1928 (LoN Document E/24th Session/P.V.8(1)), S. 1–10 (Zitate: S. 3, 9); Economic Committee. Minutes of the Twenty-Fifth Session. Third Meeting, held at Geneva on Tuesday, June 26th, 1928 (LoN Document E/25th Session/P.V.3(1)), S. 7–18 (Zitate: S. 10 f.); Economic Committee. Minutes of the Twenty-Fifth Session. Eighth Meeting, held at Geneva on Thursday, June 28th, 1928 (LoN Document E/25th Session/P.V.8(1)), S. 8–11.

110 Rappard: Zum internationalen Abkommen, S. 101.

111 League of Nations: Proceedings of the International Conference relating to Economic Statistics, S. 54, 333–339; ILOA, L 5/1000/3/1, International Conference on Economic Statistics (Nov. 26 – Dec. 14, 1928), Bericht des ILO-Beobachters James W. Nixon, 24.01.1929, S. 1.

Beobachterstatus.[112] Von 18 außereuropäischen Staaten lagen vier in Asien, acht in Latein-, zwei in Nordamerika und zwei in Afrika.[113] Dazu kamen Australien und die Sowjetunion. Sehr erfreulich aus Sicht Genfs war, dass mit den USA, der Sowjetunion und Brasilien drei große Länder verschiedener Kontinente vertreten waren, die dem *Völkerbund* nicht angehörten. Auch die Nichtmitglieder Danzig, die Türkei, Ägypten und Ecuador entsandten Delegierte nach Genf. Relativ großes Aufsehen erregte die erstmalige Teilnahme Mexikos an einer vom *Völkerbund* organisierten Veranstaltung. Das Land war nach 1918 diplomatisch isoliert gewesen und seine Präsenz in Genf wurde als Schritt zum Beitritt gewertet, der dann 1931 auch erfolgte.[114]

Von den hier besonders interessierenden Ländern fehlte nur *China*. Im Mai 1927 war das Land trotz Bürgerkriegs bei der Weltwirtschaftskonferenz vertreten gewesen und noch im September 1928 im Völkerbundrat repräsentiert. Kurz darauf aber hatte es die Vollversammlung abgelehnt, Chinas Mitgliedschaft im Völkerbundrat zu verlängern. Die Absenz bei der zwei Monate später beginnenden Statistikkonferenz lässt sich daher als Reaktion darauf interpretieren. Tatsächlich fürchtete man in Genf, China könne dem Vorbild Brasiliens folgen und den *Völkerbund* verlassen. Die kurz nach der Konferenz beginnende Reise des stellvertretenden Generalsekretärs Joseph Avenol nach Ostasien sollte das verhindern.[115] Verantwortlich für Chinas Absenz war aber auch, dass sich das Land 1928 im politischen und administrativen Umbruch befand. Erst im Juni jenes Jahres hatte die Guomindang Beijing erobert und die Nationalregierung in Nanjing befand sich im Aufbau. Deren zentrales statistisches Amt unter Leitung Liu Dajuns wurde just im November 1928 gegründet, als die Konferenz in Genf zusammentrat.[116] Da das

---

112 League of Nations: Proceedings of the International Conference relating to Economic Statistics, S. 333–339.

113 Indien, Japan, die Türkei und Siam (als Beobachter); Brasilien, Ecuador, Kuba, Mexiko, Nicaragua, Paraguay, Uruguay und Venezuela; Kanada und die USA; Ägypten und Südafrika.

114 Zum Verhältnis Mexikos zum *Völkerbund* vgl. Fischer: Die Souveränität, S. 124–126, 267–270; Reaktionen auf die Teilnahme Mexikos an der Statistikkonferenz etwa von Anonymus: Le Mexique, pour la première fois, participe à une conférence de la S.D.N., in: Le Petit Journal [Paris], 25.07.1928; Anonymus: Mexico and the League, in: The Times, 25.07.1928; Anonymus: Mexico Waking Up, in: Malaya Tribune [Kuala Lumpur], 25.07.1928; Anonymus: Geneva News and Personality Notes, in: League of Nations News 5 (1928), Nr. 80, S. 1–2, hier: S. 1; Anonymus: World Trade Gain Seen as Object of Latin Americans. Desire for Increased Volume With Europe as Well as U.S. Indicated, in: The Evening Star [Washington, D.C.], 17.11.1928; TNA, BT 70/18/S.664/28, Esmond Ovey, britischer Gesandter, Mexiko-Stadt, an *Foreign Office*, 31.07.1928.

115 Walters: A History, S. 331 f.

116 Howard: The Bureau.

ständige Büro Chinas beim *Völkerbund* 1927 aus Kostengründen geschlossen worden war,[117] fehlte es zudem an Personal vor Ort, um die Konferenz zu beschicken.

Die im Gegensatz dazu engagierte und gut vorbereitete Teilnahme *Japans* entsprach der damaligen Politik der japanischen Regierung und zivilgesellschaftlicher Gruppen, multilaterale Kooperation zu begrüßen.[118] Mit Ito Nobumi hatte die Delegation einen Leiter, der im ständigen Völkerbundbüro Japans in Paris arbeitete, sein Land bei vielen internationalen Konferenzen in Europa vertrat und von 1927 bis 1933 der Wirtschaftskommission des *Völkerbunds* angehörte. Ihm assistierten vier Beamte aus den Tokioter Ministerien für Landwirtschaft, Finanzen und Handel sowie dem zentralen statistischen Amt Japans. Dass die japanische Regierung ihre Delegation inhaltlich so breit besetzte, zeigt ihr Interesse, sich in die Diskussion einzubringen und die Konvention zu unterzeichnen.

Auch die *Sowjetunion* entsandte eine große Delegation, deren engagierte Teilnahme einer ab 1927 verfolgten Annäherung des Landes an die Genfer Organisation entsprach.[119] Personell spiegelte sie die Stalinisierung der Moskauer Zentraldirektion für Statistik wider. Ihr Leiter war Lev N. Kricman, der im März 1928 stellvertretender Direktor des statistischen Amts geworden war. Sholom M. Dvojlackij vertrat das Volkskommissariat für Handel und Marija Falkner-Smit war die einzige weibliche Delegierte der Konferenz. Sie leitete seit 1926 die Abteilung für Industriestatistik des zentralen Statistikamts und galt als stalinistische Aktivistin.[120] Mit nach Genf gereist waren zudem drei weitere Fachbeamte und ein Mitarbeiter des Außenministeriums. Wie die japanische legte also auch die sowjetische Regierung Wert darauf, mit ihren Vertretern ein möglichst breites thematisches Feld abdecken zu können, ohne deren politische Zuverlässigkeit zu vernachlässigen.

Anders als in Tokio und Moskau fiel die Abwägung zwischen den Vorteilen einer Beteiligung *Indiens* und den sich daraus ergebenden Kosten in Simla (dem Sommersitz der Kolonialregierung) zunächst negativ aus. Kurz vor Ablauf der

---

117 Kuss: Der Völkerbund, S. 105.

118 Burkman: Japan, S. 111–141; Dickinson: World War, S. 60–83; Terada: Actors; Tomoko Akami: Internationalizing the Pacific. The United States, Japan and the Institute of Pacific Relations in War and Peace, 1919–45, London / New York 2002.

119 Vgl. Plettenberg: Die Sowjetunion, S. 47 f.

120 1930 forderte sie Kollegen der *Kommunistischen Akademie* auf, „zur GPU des wissenschaftlichen Denkens auf statistischem Gebiet" zu werden, um „Antimarxisten" und „Schädlingstum" zu bekämpfen. M[arija] N. Smit: Zaključitel'noe slovo, in: Planovoe Chozjajstvo 8 (1930), Nr. 10/11, S. 167–168 [ins Deutsche übersetzte Zitate nach: Czechowicz: Die Krise, S. 218]; vgl. zu Falkner-Smit: Mespoulet: Statistique, S. 292–295; Blum/Mespoulet: L'anarchie, S. 98, 208, 214; Laurent Mazliak: The Beginnings of the Soviet Encyclopedia. Utopia and Misery of Mathematics in the Political Turmoil of the 1920s, in: Centaurus 60 (2018), S. 25–51, hier S. 42–44; David R. Shearer: Industry, State, and Society in Stalin's Russia, 1926–1934, Ithaka et al. 1996, S. 115.

Einsendefrist teilte das *Government of India* dem Londoner *India Office*, das die Korrespondenz mit dem *Völkerbund* abwickelte, knapp mit: „We do not desire to be represented at the Conference“.[121] Erst infolge der Intervention Londons, wo man über die indische Haltung sehr irritiert war, änderte Simla die Meinung.[122] Allerdings vertrat mit dem *Director-General of Commercial Intelligence and Statistics* David B. Meek nur ein Delegierter das südasiatische Land, was dieser im Nachhinein als großes Manko ansah. Allein die Kooperation mit Delegierten aus Großbritannien und britischen Dominions habe es ihm ermöglicht, dem Konferenzverlauf zu folgen.[123] Für die britische Regierung wiederum war Indiens Beteiligung wichtig, weil sie möglichst viele Vertreter des Empires in Genf haben wollte, „to secure a Convention on the lines of the present Draft“.[124]

Reaktionen außereuropäischer und wenig industrialisierter Länder auf den Konventionsentwurf

Die große Resonanz, die die Statistikkonferenz weltweit erzeugte, war für den *Völkerbund* gerade 1928 bedeutsam. Nach dem Austritt Brasiliens 1926 und eines nun möglich erscheinenden Rückzugs Chinas aus der Organisation drohte der ihr immer wieder vorgeworfene europäische Charakter noch stärker zu werden. Mit der sich explizit auf die Welt beziehenden wirtschaftsstatistischen Konvention ließ sich hingegen der globale Anspruch des *Völkerbunds* demonstrieren. Allerdings hatte es schon im Vorfeld die Sorge gegeben, nicht alle Regierungen seien an allen Statistiken in gleichem Maße interessiert und nicht immer in der Lage, die erforderlichen Daten erheben zu können.[125] Um dennoch möglichst viele Staaten zu einer Unterschrift zu bewegen – und sich damit der angestrebten ‚Globalität‘ soweit wie möglich anzunähern –, sah der Konventionsentwurf in Artikel 7 vor, dass sich

121 BL IOR, L/E/9/259, Viceroy, *Commerce Department*, Simla, an *Secretary of State for India*, London, 13.06.1928.

122 BL IOR, L/E/9/259, Memoranden von E.J. Turner, *India Office, Economic and Overseas Department*, 15. und 20.06.1928; *Secretary of State for India*, London, an Viceroy, *Commerce Department*, Simla, 23.06.1928; Viceroy, *Commerce Department*, Simla, an *Secretary of State for India*, London, 03.07., 03. und 22.08.1928.

123 Vgl. BL IOR, L/E/9/259, Report of the Representative of India at the International Conference Relating to Economic Statistics, Geneva, 1928, David B. Meek, 21.02.1929, S. 15.

124 TNA, BT 70/22/S.607/29, Diplomatic Conference on Economic Statistics. Instructions to the British Delegation, Philipp Cunliffe-Lister, o.Dat.

125 LoNA, Official Document Collection, Economic Committee. Minutes of the Twenty-Fourth Session, Eighth Meeting, held at Geneva on Thursday, March 29th, 1928 (LoN Document E/24th Session/ P.V.8(1)), S. 7.

Regierungen vorbehalten konnten, manche Vorgaben nicht oder nur eingeschränkt umzusetzen.[126]

Die Regelung stärkte den Modellcharakter ‚westlicher' Staaten. Sie mussten relativ wenig an ihren Verhältnissen ändern, um Bestimmungen der Konvention umzusetzen, konnten sie also ohne größere Bedenken unterzeichnen. Die meisten anderen Länder brauchten dafür deutlich länger. Konferenzpräsident William Rappard betonte dies, als er hervorhob, es sei nicht zu erwarten, dass alle Länder die anvisierten Standards umsetzen könnten. Diese sollten daher als „guidance in the future" dienen. Es sei aber von größter Bedeutung, dass die industrialisierten Länder „pursue a common road". Vergleichbarkeit gehe vor Universalität. Die frühere Betonung aus dem Umfeld des *Preparatory Committee*, es ginge um die Welt, relativierte Rappard also deutlich.[127] Gleichzeitig stellte die so erreichte Flexibilität den Schlüssel zum Erfolg der Konvention dar.

Die beiden brasilianischen Delegierten etwa wiesen mehrfach auf strukturelle Probleme hin, bestimmte Vorgaben in ihrem Land erfüllen zu können. Die Bemühungen ihrer Regierung, die wirtschaftsstatistische Beobachtung stetig auszubauen, würden durch die Größe Brasiliens, die zerstreut lebende Bevölkerung und die mangelhafte Kommunikationsinfrastruktur erschwert. Zum Beispiel verhinderten es die natürlichen und geographischen Verhältnisse, einen einheitlichen Großhandelspreisindex zu berechnen. Aus dem gleichen Grund sei die Fischereistatistik wenig entwickelt und entspreche nicht den Bestimmungen der geplanten Konvention. Selbst die monatliche Publikation aktueller Außenhandelsstatistiken wäre praktisch unmöglich.[128] Auch der Holländer Louis P. le Cosquino de Bussy begründete mit geographischen Verhältnissen die großen Probleme, die der Etablierung einer modernen statistischen Infrastruktur im Inselarchipel Niederländisch-Ostindiens entgegenstünden.[129] Die drei Delegierten betonten damit die engen Grenzen des Vorhabens, einheitliche konzeptionelle und methodische Standards weltweit zu etablieren. Da die Brasilianer den Zweck der Konvention aber befürworteten, unterzeichneten sie diese, verlangten jedoch mit Verweis auf Artikel 7, dass ihr Land einige Bestimmungen nicht umsetzen müsse.

126 League of Nations: Proceedings of the International Conference relating to Economic Statistics, S. 12.

127 League of Nations: Proceedings of the International Conference relating to Economic Statistics, S. 25, 28; das Konzept der Rede stammte von Loveday (NCL, Loveday Papers, Box 6, Loveday an Rappard, 17.11.1928).

128 League of Nations: Proceedings of the International Conference relating to Economic Statistics, S. 89 f., 111 f., 174 f.

129 League of Nations: Proceedings of the International Conference relating to Economic Statistics, S. 36, 189.

Auch sozioökonomische Verhältnisse standen der Umsetzung von Konventionsbestimmungen im Wege. David B. Meek und James I. Craig etwa betonten, Indien bzw. Ägypten könnten in absehbarer Zeit keine Statistiken der gewerblichen Produktion erheben, wie sie die Konvention vorsehe. In beiden Ländern dominierten kleingewerbliche Betriebe, die ohne mehr Personal der statistischen Behörden schwer zu erfassen seien. Zudem könne ein großer Teil der Bevölkerung nicht lesen und schreiben, vestehe den Sinn statistischer Erhebungen nicht oder wertete diese als verschleierte Versuche staatlicher Behörden, Steuern zu erhöhen oder Rekruten einzuberufen.[130] Ähnlich klagte der Holländer Cosquino de Bussy. Die Bewohner Niederländisch-Ostindiens seien intellektuell unterentwickelt, erschwerten statistische Erhebungen oder machten sie gar unmöglich.[131] Einmal mehr diente Statistik dazu, Modernitätsgefälle zwischen ‚westlichen' Ländern und dem Rest der Welt zu artikulieren.

Bestätigt wurde dies nach der einzigen Wortmeldung Alfredo de Castros aus Uruguay. Er forderte, eine der Konvention anzuhängende Liste von Ländern und Territorien alphabetisch zu gliedern, die für die Erhebung von Außenhandelsstatistiken verwendet werden sollte. Der Entwurf nannte europäische Länder an erster Stelle, gefolgt von jenen Asiens, Afrikas, Nord-, Mittel- und Südamerikas sowie Ozeaniens.[132] Castro fand, das internationale Abkommen müsse Anlass sein, „a grouping based on equality of rights" einzuführen. Diese könne nur die alphabetische Reihenfolge „Africa, America, Asia, Australasia, Europe" sein. Die Konferenz lehnte diese leicht umzusetzende Forderung ab, ohne dass das Protokoll einen Hinweis auf die Gründe gibt. Im Gegensatz dazu folgte die Konferenz dem Antrag der türkischen Delegation und machte in der Liste aus dem asiatischen Land Türkei einen europäischen Staat.[133] Das Vertrauen außereuropäischer Akteure in die Unparteilichkeit des *Völkerbunds* – oder der ‚westlichen' Konferenzteilnehmer – wird dieses Vorgehen nicht gesteigert haben.

Auf Hindernisse, die sich aus kolonialen und semi-kolonialen Abhängigkeiten ergaben, wies James I. Craig vom ägyptischen Finanzministerium hin. Ausländische

---

130 League of Nations: Proceedings of the International Conference relating to Economic Statistics, S. 196 f.

131 League of Nations: Proceedings of the International Conference relating to Economic Statistics, S. 36; vgl. auch LoNA, R.2690, 10B/8872/1219, Memorandum der niederländischen Delegation zur Entwicklung der Statistik in Niederländisch-Ostindien für die Teilnehmer der Konferenz.

132 LoNA, Official Document Collection, Diplomatic Conference on Economic Statistics. Draft List of Countries for the Recording of Countries of Provenance and Destination in Foreign Trade Statistics (LoN Document C.S.O.2, Annex), 27.11.1928, S. 1.

133 League of Nations: Proceedings of the International Conference relating to Economic Statistics, S. 70, 72, 75.

Unternehmer in seinem Land würden sich häufig weigern, statistische Fragebögen auszufüllen. Sie beriefen sich dabei auf exterritoriale Rechte, die auf die ungleichen Verträge ihrer Herkunftsländer mit dem Osmanischen Reich zurückgingen. Infolgedessen seien Produktions- und Außenhandelsstatistiken zwangsläufig lückenhaft und es sei seiner Regierung unmöglich, die Konvention als Ganzes zu unterzeichnen.[134] Die türkische Delegation wiederum pries zwar stolz das statistische System, das die türkische Republik ab 1926 unter Leitung des Belgiers Camille Jacquart etabliert hatte (kurz vor der Konferenz war die erste Ausgabe des statistischen Jahrbuchs der Türkei erschienen[135]). Sie weigerte sich aber mehrfach, Bestimmungen der Konvention zuzustimmen (und unterschrieb sie am Ende nicht), weil Ankara sich vorbehielt, statistische Daten nicht zu publizieren, wenn dies die nationale Sicherheit bedrohen könnte.[136]

Zentral waren vielerorts finanzielle Probleme. Laufende industrielle Produktionsstatistiken, wie die Konvention sie fordere, könne die brasilianische Regierung „in view of the present position of [...] the fiscal service“ nicht erheben. Dies galt ebenso für Kuba. Und in Ägypten und Indien, so James I. Craig und David B. Meek, werde der Ausbau der statistischen Infrastruktur, die für die Umsetzung der Konvention vonnöten sei, durch finanzielle Restriktionen deutlich erschwert.[137]

Probleme, Konventionsbestimmungen umzusetzen, hatten auch europäische Staaten. Vor allem Delegierte Portugals und Rumäniens äußerten sich ganz ähnlich wie ihre südamerikanischen und asiatischen Kollegen. Die Grenze zwischen Ländern, die die Konvention (weitgehend) umsetzen konnten, und jenen, die das nicht konnten, verlief nicht zwischen Europa und dem Rest der Welt, sondern zwischen industrialisierten und nicht-industrialisierten Staaten. Japan ist dafür das beste Beispiel. Dessen Vertreter brachten keine einzige der von anderen Delegationen vorgebrachten Entschuldigungen an, Bestimmungen der Konvention nicht umsetzen zu können. Nur für eine Bestimmung der montanwirtschaftlichen Statistik erwirkten sie eine Ausnahmeregelung für Japan.[138]

134 League of Nations: Proceedings of the International Conference relating to Economic Statistics, S. 44.

135 Office central de statistique de la République Turque: Annuaire statistique, Bd. 1, Ankara 1928.

136 League of Nations: Proceedings of the International Conference relating to Economic Statistics, S. 57 f., 65, 70, 84 f., 92.

137 League of Nations: Proceedings of the International Conference relating to Economic Statistics, S. 44, 195 f.

138 League of Nations: Proceedings of the International Conference relating to Economic Statistics, S. 64, 127, 200.

Sowjetische Alternativen zu den ‚westlichen' Regeln

Nach übereinstimmender Aussage von Falkner-Smit, Dana Durand und Loveday verlief der Austausch ‚westlicher' mit den drei sowjetischen Delegierten kollegial und freundschaftlich.[139] Dennoch nahmen Kricman, Dvojlackij und Falkner-Smit eine konfrontative Haltung ein. Sie gehörten zu den aktivsten Konferenzteilnehmern und versuchten, den Konventionsentwurf in konzeptioneller und institutioneller Hinsicht deutlich zu verändern.[140] Insbesondere ihre konzeptionellen Vorschläge zeigen, dass es zu den ‚westlichen' Regeln Alternativen gab. Sie gingen von der Annahme aus, der Konventionsentwurf definiere ‚Wirtschaftsstatistik' aus politisch-ideologischen Gründen zu eng.

Erstens müsse die Liste zu erhebender und zu publizierender Produktionsstatistiken um solche ergänzt werden, die die Herstellung von Kriegswaffen und Munition jährlich erfassten. Diese sei ein „economic factor of primary importance" und ihre Offenlegung würde der gleichzeitig laufenden Vorbereitung der Abrüstungskonferenz sowie dem Frieden allgemein dienen. Mit der Begründung, es handele sich um eine politische Frage, die die Konferenz nicht verhandeln könne, und mit dem Hinweis, die Rüstungsindustrie decke die Konvention durch ihre produktionsstatistischen Bestimmungen ab, lehnte die Konferenz den Antrag nach teils hitzigen Debatten ab.[141]

Zweitens seien die vorgesehenen Erhebungen zur landwirtschaftlichen und gewerblichen Produktion unzureichend. Neben der laufenden Erfassung gewerblicher Produktionsmengen seien jährlich auch Art und Menge der jeweils eingesetzten Energie zu erfragen und das fixe Kapital samt der Abschreibungen regelmäßig zu erfassen. Die Vorschläge zur Energiestatistik bezogen sich explizit auf Empfehlungen früherer internationaler Konferenzen und fanden Eingang in die endgültige Fassung der Konvention (nicht jedoch in der Form, die die sowjetische Delegation intendiert hatte). Die Forderung hingegen, eine laufende Erfassung des fixen Kapitals und der Abschreibungen zu empfehlen, erhielt keine Zustimmung. Dies galt als praktisch nicht umsetzbar. Falkner-Smit wischte die Einwände mit dem Hinweis vom Tisch, in der Sowjetunion seien diese Probleme gelöst (sie hatte gerade

139 Smit, M[arija] N.: Na Ženerskoj diplomatičeskoj konferenzii po ėkonomičeskoj statistike, in: Vestnik Kommunističeskoj Akademii 39 (1929), S. 223–228, hier S. 224, 227; Edward Dana Durand: Memoirs, masch., o.O. 1954, S. 283 (HHPL, Papers of Edward Dana Durand, MF-65/3); LoNA, R.2698, 10B/3186/2809, Aktennotiz Lovedays an Drummond, 11.03.1929.

140 Vgl. Davis: The Soviets, S. 213–217.

141 League of Nations: Proceedings of the International Conference relating to Economic Statistics, S. 52 (Zitat), 66, 198 f., 206 f.

eine einschlägige Studie fertigstellen lassen[142]). Als ein französischer Delegierter daraufhin die von der sowjetischen Regierung nicht anerkannten Schulden Russlands gegenüber europäischen Gläubigern ansprach, die mithilfe solcher Kapitalstatistiken zu beziffern seien, wich sie einer Antwort aus.[143]

Drittens müssten Arbeits- und Sozialstatistiken in die Konvention aufgenommen werden. Ohne sie sei kein „system of economic statistics" vollständig, denn, so Kricman, „all the wealth of the world was created by labour". Um wirtschaftliche Prozesse verstehen zu können, sei die Kenntnis der Lebensverhältnisse von Arbeitern unabdingbar.[144] Dieses Verständnis von Wirtschaftsstatistik widersprach demjenigen, welches das Weißbuch und den Konventionsentwurf prägte. Dass diese Statistiken in die Kompetenz der ILO fielen, wie andere Konferenzteilnehmer betonten, um ihre Ablehnung des Antrags zu begründen,[145] traf zwar zu. Doch aus dem gleichen Grund hätte man auch auf die Aufnahme land- und forstwirtschaftlicher Produktionsstatistiken in die Konvention verzichten können. Denn diese fielen in den Aufgabenbereich des IIA und wurden diesem von der Konvention explizit überlassen. Insofern war der Verzicht auf eine inhaltliche Debatte über den Charakter und die Grenzen von ‚Wirtschaftsstatistik' bezeichnend dafür, dass sich hier ein ‚westliches' bzw. sogar ein engeres angelsächsisches Verständnis von ‚Wirtschaft' und ‚Wirtschaftsstatistik' durchsetzte. Kricman betonte dies in seiner Abschlussrede. Die Konvention etabliere kein statistisches System, sondern begnüge sich mit „a few pitiable and disjoined fragments".[146] Dass Falkner-Smit wenige Monate später Statistiker kapitalistischer Ländern mit Astrologen verglich, die Dinge vorherzusagen versuchten, die Menschen nicht beeinflussen könnten,[147] unterstrich die unterschiedliche Auffassung wirtschaftlicher Prozesse und damit

142 Hinweis auf diese Studie, die Falkner-Smit in Genf explizit erwähnte, bei Shearer: Industry, S. 115 f.

143 League of Nations: Proceedings of the International Conference relating to Economic Statistics, S. 84, 175 f., 184 (Zitat), 196, 202, 205, 215 f.

144 League of Nations: Proceedings of the International Conference relating to Economic Statistics, S. 52 f., 212, 293 f. Schon vor der Konferenz hatte ein Mitarbeiter des statistischen Amts in Moskau so argumentiert und hinzugefügt, Arbeits- und Sozialstatistiken seien für das Verständnis von der Konjunkturen in der Weltwirtschaft unabdingbar und müssten deshalb Teil der angestrebten wirtschaftsstatistischen Konvention werden: A. Kristin: Meždunarodnaja statističeskaja konferencija, in: Statističeskoe Obozrenie 2 (1928), S. 115–116, hier S. 116.

145 League of Nations: Proceedings of the International Conference relating to Economic Statistics, S. 53, 74 f., 212.

146 League of Nations: Proceedings of the International Conference relating to Economic Statistics, S. 97.

147 Falkner-Smit, Marie: La statistique au pays des soviets. Communication présentée à la XVIII session de l'Institut International de Statistique, Moskau 1929, S. 4.

einhergehender unterschiedlicher Definitionen von ‚Wirtschaftsstatistik'. Loveday bestätigte dies einige Jahre später, als er die Verweigerung der Sowjetunion gegenüber der Konvention mit der dortigen „nature of the economic organisation" erklärte.[148]

Die sowjetische Delegation kritisierte auch institutionelle Implikationen des Konventionsentwurfs. Der Mehrheit der Konferenzteilnehmer ginge es gar nicht primär um Fragen der Wirtschaftsstatistik, sondern darum, Staaten an den *Völkerbund* zu binden, die diesem weder angehörten noch angehören wollten.[149] Konkret bezog sich das auf die vorgesehene Bindung des ständigen Expertengremiums an den Völkerbundrat. Nicht dieser, so die sowjetische Delegation, sondern die Unterzeichnerstaaten sollten die Experten ernennen. Wäre dieser Vorschlag angenommen und ein Expertengremium etabliert worden, in dem von vornherein Vertreter aller vertragschließenden Länder saßen, hätte sich die Möglichkeit ergeben, andere als die ‚westlichen' Sichtweisen in die Standardisierungsdebatten einzubringen. Ob dies zu anderen Diskussionen und anderen Ergebnissen geführt hätte ist ungewiss. Doch die Delegierten lehnten diesen Vorschlag mehrheitlich ab und verhinderten so von vornherein, dass die ‚westliche' Dominanz wenigstens auf institutioneller Ebene aufgebrochen werden konnte.[150]

Die wirtschaftsstatistische Konvention als Minimalprogramm

Die Konvention stellte ein Minimalprogramm dar. Ihre Bestimmungen mussten in wenig- bis nichtindustrialisierten Staaten erst erfüllt werden, den industrialisierten Ländern des ‚Westens' aber sollten sie als Ausgangspunkt weiterer Standardisierungs- und Ausbaubemühungen dienen.

In Hinsicht auf Außenhandelsstatistiken verpflichteten sich unterzeichnende Regierungen, Mengen und Werte der Ein- und Ausfuhren monatlich und jährlich zu erheben und zu veröffentlichen. Die Erhebung sollte durch Deklarationen der Aus- und Einführenden erfolgen. Explizit wurde das als ‚angelsächsische' Methode benannt, die sich vom ‚kontinentalen' Vorgehen unterscheide, Werte nachträglich auf Basis vorab bestimmter offizieller Angaben zu schätzen. Festgelegt wurde zudem, welche Werte als Aus- bzw. Einfuhrwerte zu gelten hatten, dass die Maßeinheiten zu erfassender Mengen genau definiert und dass Umrechnungsfaktoren dieser Men-

148 LoNA, R.4529, 10B/10161/10161, Aktenvermerk Lovedays, 10.03.1934.

149 League of Nations: Proceedings of the International Conference relating to Economic Statistics, S. 98 f.

150 League of Nations: Proceedings of the International Conference relating to Economic Statistics, S. 78 f., 83, 262, 265.

gen- in Masseeinheiten festgelegt werden müssten. Schließlich definierte die Konvention die zu betrachtenden ‚statistical territories', benannte in einer eigenen Liste alle Territorien, die zukünftig in Außenhandelsstatistiken ausschließlich verwendet werden sollten, und regelte noch einige weitere spezifische Fragen.[151]

Ungeregelt blieb, wie Außenhandelsdaten zu klassifizieren seien. Die ‚angelsächsische' Methode, alle eingeführten Waren einheitlich zu erfassen und bei der Ausfuhr Exporte aus einheimischer Produktion von ‚re-exports' zu unterscheiden, erlaubte die Konvention ebenso wie den ‚kontinentalen' Ansatz, General- und Spezialhandel bei der Ein- und Ausfuhr auseinanderzuhalten. Allerdings definierte die Konvention zentrale Begriffe beider Systeme, um den Vergleich zwischen ihnen zu vereinfachen. Nicht eindeutig bestimmen ließ sich zudem, ob es besser ist, bei der Einfuhr das Produktions-, Versand- oder Einkaufsland einer Ware anzugeben bzw. bei der Ausfuhr das Verbrauchs-, Bestimmungs- oder Verkaufsland. Welches Verfahren sinnvoll war, hinge von den Zielen ab, die ein Staat mit den Erhebungen verfolge. Alle Regierungen, die die Konvention unterzeichneten, verpflichteten sich aber, zwölf Monate lang alle drei Verfahren anhand einiger, noch festzulegender Waren zu erproben. Das zu schaffende Expertengremium solle die Frage danach neu beraten.[152]

Hinsichtlich der gewerblichen Produktion verpflichteten sich unterzeichnende Regierungen, mindestens alle zehn Jahre Betriebszählungen duchzuführen und deren Ergebnisse zu veröffentlichen. Außerdem bekundeten sie den Willen, laufende statistische Erhebungen gewerblicher Produktion vorzunehmen „as it may be possible [...] with a sufficient degree of accuracy". Und sie willigten ein, „statistical series" zu etablieren, die regelmäßig – möglichst vierteljährlich oder monatlich – publiziert werden und Aufschluss über die „industrial activity" geben sollten. Dies lief auf die Etablierung von Indizes der Industrieproduktion hinaus, für deren Berechnung der Konvention die diesbezüglichen ISI-Empfehlungen angefügt waren. Wie vom Agendakomitee vorgesehen, verpflichtete die Konvention aufgrund des hohen Aufwands keine Regierung, regelmäßige Industriezensus durchzuführen. Sie empfahl es aber all jenen Ländern, „where industry is sufficiently developed", und

---

151 League of Nations: International Conference relating to Economic Statistics (November 26th to December 14th, 1928). International Convention relating to Economic Statistics – Protocol to the International Convention – Final Act of the Conference, Genf 1928, S. 2 [Art. 2 (I)], 25 – 39 [Annex I (I, II)]; League of Nations: Proceedings of the International Conference relating to Economic Statistics, S. 249 – 252.

152 League of Nations: International Conference ... International Convention, S. 4 [Art. 3], 25, 40 [Annex I (I, III)]; League of Nations: Proceedings of the International Conference relating to Economic Statistics, S. 252 – 256.

legte ihnen nahe, die ebenfalls beigefügten ISI-Empfehlungen zur Durchführung von Industriezensus zu beachten.[153]

Solch schwammige Formulierungen unterstrichen, dass das Abkommen nur der erste Schritt weiterer Standardisierungsbemühungen sein sollte, in denen das vorgesehene Expertengremium eine zentrale Rolle zu spielen hatte. Diesbezügliche Ideen formulierten in der Konvention nicht bindende Empfehlungen. Demnach sollte die wirtschaftsstatistische Aktivität der einzelnen Länder generell umfassender sein, als jene, die das Abkommen vorsah und sich am „degree of complexity of their economic organisation" orientieren. Auch sollten sich alle Regierungen bemühen, ihre wirtschaftsstatistischen Tätigkeiten auszubauen und sich dabei an Vorschlägen des Expertengremiums orientieren. Zudem wurden alle Länder „with highly developed statistical systems" aufgefordert, sich bis 1930 auf weitere Statistikarten zu einigen, deren Konzepte und Methoden sie international standardisieren wollten, und diese Ideen an das Expertengremium weiterzugeben. Staaten, deren „basic economic statistics [...] sufficiently developed" seien, sollten darüber hinaus amtliche Statistiken so erheben, dass die regelmäßige Berechnung des Volkseinkommens eines Landes möglich werde. Zudem wurden sie aufgefordert, Daten zu veröffentlichen, die Aufschluss über die Entwicklung der „economic activity in the widest sense" gäben. Und schließlich empfahl die Konferenz, regelmäßige Erhebungen der Vorräte an Rohstoffen und Halbwaren sowie der Stromgewinnung zu etablieren.[154]

All dies waren Aspekte, die seit 1922 in den verschiedenen Gremien bereits besprochen, für die aber noch keine befriedigende Lösung gefunden worden waren. Die Konzentration auf die Probleme und Verhältnisse industrialisierter Länder des ‚Westens' blieb damit bestehen. Nicht umsonst handelte es sich bei den genannten Statistikarten um solche, die für die Konjunkturbeobachtung und -prognose wichtig waren, die vielen Zeitgenossen notwendig erschienen, um Krisen in den Industrieländern beschreib- und lösbar zu machen. Die Betonung, besonders Länder mit weit entwickelter statistischer Maschinerie sollten dabei aktiv werden, verfestigte die konzeptionelle und institutionelle Dominanz ‚westlicher' Staaten. Denn wenn sie Themen setzten und Diskussionen führten, beeinflusste das, welche Experten in das zu schaffende Gremium berufen würden. Die Konvention stärkte so die ‚Dominanz westlicher Wissensbestände', ‚westlicher' Vorstellungen von Wirtschaftsstatistik und ‚westliche' Auffassungen davon, was ‚Wirtschaft' eigentlich sei.

---

153 League of Nations: International Conference ... International Convention, S. 3f. [Art. 2 (V)], 45–49 [Annexes IV, V], 76 [Final Act, Recommendations].

154 League of Nations: International Conference... International Convention, S. 75f. [Final Act, Recommendations].

Konkurrenz und Prestige:
Zur Akzeptanz der wirtschaftsstatistischen Konvention

Alle Teilnehmer der Genfer Konferenz stimmten dem Ziel der Konvention zu, Standards zu etablieren, „to show the economic position and development in the world as a whole and in different countries on a comparable basis".[155] Nicht alle unterzeichneten jedoch den Vertrag und nur einige Staaten ratifizierten ihn. Doch selbst Regierungen, die das nicht taten, akzeptierten Bestimmungen der Konvention als Standards, an denen sich amtliche Statistiker orientieren konnten. Das war ein zentraler Unterschied zu den Standardisierungsbemühungen vor dem Ersten Weltkrieg, die kaum über konzeptionelle und methodische Empfehlungen hinausgekommen waren. Dahinter stand ein gesteigerter Wille von Regierungen, auf mehreren Ebenen miteinander zu konkurrieren sowie sich und die Unternehmen des jeweils eigenen Landes im internationalen diplomatischen und wirtschaftlichen Wettbewerb zu stärken. Dieses Ziel, staatliche Konkurrenz mittels Wirtschaftsstatistiken zu artikulieren, war aber nur mit einer verstärkten internationalen Kooperation zu erreichen.

Am 14. Dezember 1928 unterzeichneten Vertreter von 23 Staaten die Konvention[156] und fünf weitere Regierungen taten dies bis zum Spätsommer 1929.[157] Die sowjetische Delegation unterstrich, die Konvention grundsätzlich zu unterstützen. Deren eindeutig politische Ausrichtung stehe jedoch im Widerspruch zu ihren Instruktionen und man müsse erst Moskau konsultieren. Zumindest in der deutschen Regierung rechnete man mit einer Zeichnung seitens der Sowjetunion.[158] Doch dieser Eindruck trog und Moskau trat dem Abkommen nie bei.

Die erste Regierung, die die Konvention ratifizierte, war jene Norwegens im März 1929. Ihr folgten bis September 1930 diejenigen neun weiterer Staaten und die Konvention trat am 14. Dezember 1930 in Kraft. Bezeichnend für den großen Einfluss, den nordeuropäische und britische Statistiker auf die Konferenz und die

155 League of Nations: International Conference … International Convention, S. 2 [Preamble].

156 League of Nations: Proceedings of the International Conference relating to Economic Statistics, S. 96–100.

157 Rumänien: PA AA, RZ 303, R 118470, Generalkonsul Hans Hermann Völckers, Genf, an *Auswärtiges Amt*, Berlin, 19.12.1928; Jugoslawien: TNA, BT 70/22/S.607/29, International Conference Relating to Economic Statistics. Report of the British Delegation, 13.02.1929, S. 1; Schweiz: OJ 10 (1929), S. 787; Schweden: League of Nations: Records of the Tenth Ordinary Session of the Assembly. Plenary Meetings, Genf 1929, S. 275, 419; Südafrika: TNA, BT 70/25/S.200/30, Außenministerium Südafrikas, Pretoria, an Secretary of State for Dominion Affairs, London, 30.01.1930.

158 League of Nations: Proceedings of the International Conference relating to Economic Statistics, S. 99; PA AA, RZ 303, R 118470, Generalkonsul Hans Hermann Völckers, Genf, an *Auswärtiges Amt*, Berlin, 14.12.1928.

Konvention hatten,[159] war, dass unter diesen ersten zehn ratifizierenden Staaten mit Norwegen, Dänemark und Schweden gleich drei skandinavische Länder waren sowie mit Südafrika, Großbritannien, Ägypten, Kanada und Irland fünf Staaten, die formal oder informell Teil des britischen Reichs waren; zur ‚britischen Ländergruppe' stießen 1931/32 noch Indien, Südrhodesien und Australien.[160] Zu den Ländern, die bis 1939 die Konvention ratifizierten, gehörten die europäischen Industriestaaten Tschechoslowakei, Italien, Niederlande, Polen und Frankreich. Landwirtschaftlich geprägte Länder Europas wie Lettland, Rumänien oder Portugal ratifizierten das Abkommen ebenso und mit Kuba, Chile und Niederländisch-Ostindien auch drei außereuropäische, wenig industrialisierte Länder.[161]

Nicht getan haben dies hingegen Deutschland, Japan und die USA, deren Ratifikation 1928 als sicher bzw. – im Falle der USA – als sehr wahrscheinlich galt.[162] Im Zuge der Weltwirtschaftskrise entstandene Haushaltsprobleme verzögerten in allen drei Ländern eine rasche Ratifikation. Im anschließend deutlich veränderten politischen Kontext verhinderte dann die in der Konvention vorgesehene starke Stellung des *Völkerbunds* eine Zustimmung dieser Regierungen. In Deutschland entschied zwar nach jahrelangem internen Streit[163] die neue nationalsozialistische Regierung im März 1933, das Abkommen zu ratifizieren und im Oktober 1933 lag sogar eine entsprechende Urkunde bereit. Der gleichzeitig verkündete Austritt des Landes aus dem *Völkerbund* aber verhinderte die Unterschrift des Reichspräsidenten. Endgültig schloss das *Auswärtige Amt* die diesbezügliche Akte jedoch erst,

---

159 Mit fünf Ländern stellte das British Empire eine der stärksten Delegationsgruppen in Genf. Deren Mitglieder stimmten sich im Vorfeld über den wahrscheinlichen Verlauf und ihre Absichten ab und hielten in Genf „friendly relations and informal conversations" zu- und miteinander. Auch die zwei Vertreter Ägyptens nahmen daran teil. Vgl. TNA, BT 70/22/S.607/29, International Conference Relating to Economic Statistics. Report of the British Delegation, 13.02.1929, S. 1 f.; BL IOR, L/E/9/259, Report of the Representative of India at the International Conference Relating to Economic Statistics, Geneva, 1928, David B. Meek, 21.02.1929, S. 1, 3, 15.

160 Zu den ersten zehn ratifizierenden Staaten zählten auch Bulgarien und die Schweiz: League of Nations: Work of the League of Nations in the Matter of International Conventions. Signatures, Ratifications and Accessions in Respect of Agreements and Conventions Concluded under the Auspices of the League of Nations, Genf 1944, S. 80 f.

161 League of Nations: Work, S. 80 f.

162 Vgl. Hans Wolfgang Platzer: Das internationale Abkommen über Wirtschaftsstatistik, in: Deutsches Statistisches Zentralblatt 21 (1929), Sp. 66–68, hier Sp. 68; PA AA, RZ 303, R 118470, Hans Hermann Völckers, deutscher Generalkonsul, Genf, an *Auswärtiges Amt*, 08.12.1928; TNA, BT 70/28/S.664/28, Conference on Economic Statistics, Anonymus [A.W. Flux], 17.12.1928, S. 2; PA AA RZ 303, R 118470, Friedrich von Prittwitz, deutscher Botschafter in Washington, D.C., an *Auswärtiges Amt*, 06.06.1929.

163 Vgl. die einschlägige Korrespondenz in BAB, R 2/21654, R 43 I/ 1015, R 43 II/363; PA AA, RZ 303, R 118471.

als Adolf Hitler im Februar 1938 einen Wiedereintritt ausschloss.[164] Japan informierte die Genfer Organisation im Sommer 1935, das Abkommen nicht ratifizieren zu wollen.[165] Und zur gleichen Zeit schlug Franklin D. Roosevelt dem US-amerikanischen Senat vor, der Konvention beizutreten. Das Parlament beriet den Antrag jedoch nie und 1947 zog ihn Harry S. Truman wegen „changed conditions" zurück.[166]

Ungeachtet dessen war Dana Durand später überzeugt, sein Land habe „actually lived up to the obligations of the convention better than many of the ratifying countries did".[167] Das zeigt, dass die Ratifikation nur eine Möglichkeit war, die Bestimmungen der Konvention zu akzeptieren. Die völkerrechtlich unverbindliche Orientierung an ihnen war eine andere. Die Beispiele Chinas und einiger britischer Kolonialverwaltungen zeigen, dass die Konvention Administrationen selbst an entlegenen Orten dazu anregte, wirtschaftsstatistische Aktivitäten zu intensivieren, sie an den nun kodifizierten ‚westlichen' Standards auszurichten oder zumindest über die Möglichkeiten dafür nachzudenken.

Die Nationalregierung in Nanjing hätte dem Abkommen problemlos beitreten können. Allerdings war sie nur ansatzweise in der Lage, deren Bestimmungen umzusetzen, und nur teilweise bereit dazu. Wirkmächtig wurde die Konvention in China dennoch. Ein zentrales Ziel nationalistischer Politik im China der 1920er Jahre war die Wiedergewinnung der Zollautonomie (Kap. 4.3). Die ausländischen Mächte hatten dies der Beijinger Regierung auf der Washingtoner Konferenz von 1921/22 prinzipiell zugesagt und im November 1925 bestätigt, nicht zuletzt unter dem Eindruck der revolutionären Unruhen im Land, die sich vorwiegend gegen die ausländischen Mächte richteten. Dass die Nationalregierung 1928 ankündigte, die Einfuhrzölle zu erhöhen, war deshalb folgerichtig und wurde als Schritt gesehen,

---

164 BAB, R 43 II/363, Bl. 233, *Reichskanzlei* an *Reichswirtschaftsministerium* und *Auswärtiges Amt*, 31.07.1933; PA AA, RZ 303, R 118473, *Auswärtiges Amt* an die *Reichsdruckerei*, 12.09.1933; *Auswärtiges Amt* an den *Reichspräsidenten* (Entwurf), 20.10.1933; Aktenvermerke, 28.10.1933 bis 28.03.1938; Hitlers Äußerungen zum *Völkerbund* in: Verhandlungen des Reichstags. III. Wahlperiode 1936, Bd. 459: Stenographische Berichte. Anlagen zu den Stenographischen Berichten, Berlin 1938, S. 36 f.

165 LoNA, R.4471, 10B/6418/1494, Ito Nobumi, Ständiges Völkerbundbüro Japans, Paris, an Joseph Avenol, Generalsekretär des *Völkerbunds*, 23.08.1933; Nishimura K., japanischer Generalkonsul, Genf, an Hugh McKinnon Wood, Rechtsabteilung des Völkerbundsekretariats, 19.08.1935.

166 Journal of the Executive Proceedings of the Senate of the United States of America 76, Part I: Seventy-Fourth Congress, First Session. From January 3, 1935, to August 26, 1935, Washington 1939, S. 797; Journal of the Executive Proceedings of the Senate of the United States of America 78: Seventy-Fifth Congress, First Session. From January 5, 1937, to August 21, 1937, Washington 1939, S. 31 f.; Journal of the Executive Proceedings of the Senate of the United States of America 85: Seventy-Eighth Congress, First Session. From January 6, 1943, to December 21, 1943, Washington 1944, S. 5; Journal of the Executive Proceedings of the Senate of the United States of America 89, Part I: Eightieth Congress, First Session. From January 3, 1947, to July 27, 1947, Washington 1947, S. 393 f. (Zitat: S. 393).

167 Dana Durand, Edward: Memoirs, masch., o.O. 1954, S. 284 (HHPL, Dana Durand Papers, MF-65/3).

staatliche Souveränität zurückzugewinnen.[168] Dies galt umso mehr, als die Maßnahme mit einem personellen Wechsel an der Spitze der für die Zollerhebung zuständigen Seezollbehörde und deren ‚Sinisierung' einherhing.[169] Neben ihrer politischen Bedeutung besaßen die Verhängung von Einfuhrzöllen und die direkte Kontrolle der Seezollbehörde wirtschaftspolitische und fiskalische Relevanz. Zölle sollten chinesische Unternehmen vor auswärtiger Konkurrenz schützen und ihre sukzessive Erhöhung lag im protektionistischen Trend der Zeit. Zudem gehörten Zölle damals zu den wichtigsten Einnahmequellen der Regierung. Sie finanzierten wachsende Staatsausgaben und sollten ausländischen Gläubigern sowie potentiellen Investoren die Zahlungsfähigkeit der verschuldeten Regierung demonstrieren.[170] Die statistische Erfassung des Außenhandels besaß daher große Bedeutung und die Etablierung genauerer Methoden entsprach nicht nur der Modernisierungspolitik der Nationalregierung, sondern resultierte auch in höheren Einnahmen.[171]

In diesem Kontext reformierten chinesische Behörden die Außenhandelsstatistik. Im Juni 1930 forderte die *National Tariff Commission*, die quartalsweise publizierte Statistik der Seezollbehörde in eine monatliche Berichterstattung umzuwandeln. Explizit tat sie das, um Bestimmungen der Konvention umsetzen zu können. Dies erforderte eine Zentralisierung der statistischen Erfassungen in einem Amt – und damit auch dessen personellen Ausbau – sowie die Mechanisierung der Zählung samt der dadurch bedingten Kodierung statistischer Klassifikationen in maschinell lesbarer Form. Für letzteren Zweck studierten chinesische Beamte die Anwendung von Lochkartenmaschinen in Großbritannien und Japan. 1931 wurden in Shanghai zwei Lochkartenapparate installiert, von denen einer für die Erfassung des Handels in Shanghai, der andere für den Rest des Landes vorgesehen war.[172]

---

168 Bickers: Out of China, S. 43 f., 109 f.; Boecking: No Great Wall, S. 45–62; Osterhammel: China, S. 239 f., 189 f.; Ven: Breaking, S. 201–216; Arthur N. Young: China's Nation-Building Effort, 1927–1937, Stanford 1971, S. 17–20; ausführlich zur Zollfrage: Wright: China's Struggle, Kap. 5–7; eine konzise Einführung in die revolutionäre „30.-Mai-Bewegung": Osterhammel: Shanghai.

169 Boecking: No Great Wall, S. 72–83; Brunero: Britain's Imperial Cornerstone; Ven: Breaking, S. 217–225.

170 Boecking: No Great Wall; Brunero: Britain's Imperial Cornerstone, S. 30–37; Ven: Breaking: S. 219 f.; Young: China's, S. 48–51, 73; zum weltweit beobachtbaren protektionistischen Trend in den 1920er Jahren und dessen Verstärkung ab 1929 vgl. Kindleberger: Die Weltwirtschaftskrise, S. 88–90, 154–159.

171 Boecking: No Great Wall, S. 98–116.

172 The Maritime Customs: Documents Illustrative of the Origin, Development, and Activities of the Chinese Customs Service, Bd. 4: Inspector General's Circulars, 1924–1931, Shanghai 1939, S. 494 f., 502; vgl. Otte: Commercial Statistics [1933], S. 244, 246–250; Anonymus: The Compilation of China's Trade Statistics, in: The China Weekly Review, 29.12.1934, S. 174.

Tatsächlich lagen monatliche Außenhandelsdaten ab August 1931 für Shanghai und ab Oktober jenes Jahres für ganz China vor. Ein Jahr später gelangten diese Zahlen in das Genfer MBS.[173]

Abgesehen vom neuen Erscheinungsrhythmus waren diese Daten weit davon entfernt, den Erfordernissen der Konvention zu entsprechen. China fehlte es an der notwendigen Homogenität und an einer durchsetzungsfähigen Regierungsgewalt. So bezogen sich etwa die Angaben aus einzelnen Vertragshafenstädten, deren Summe das Außenhandelsvolumen Chinas ergab, auf unterschiedliche Zeiträume. Da die Übertragung von Daten aufgrund unzureichender Kommunikationsinfrastruktur nicht überall gleich schnell erfolgte, endete ein ‚außenhandelsstatistischer Monat' im relativ nah an Shanghai gelegenen Qingdao am 26., im zentralchinesischen Chongqing hingegen bereits am 20. eines Monats.[174] Des Weiteren blühte nach der Wiedererlangung der Zollautonomie und der darauf folgenden Erhöhung der Einfuhrzölle vielerorts der Schmuggel,[175] dem der vergleichsweise schwache Staat nur schwer beikam. Allein aus diesem Grund deckten die offiziellen Zahlen nicht den gesamten grenzüberschreitenden Handel ab. Andere Bestimmungen der Konvention, insbesondere jene zur Produktionsstatistik, lagen aus finanziellen Gründen gänzlich außerhalb der Möglichkeiten der chinesischen Regierung.[176] Gleichwohl – und das ist hier ausschlaggebend – bekundete die chinesische Regierung 1930/31 nicht nur ihren Willen, sich zumindest hinsichtlich der Außenhandelsstatistik an den Konventionsbestimmungen zu orientieren, sondern nahm dafür auch wachsende Kosten sowie eine institutionelle Reform der eigenen Behörde in Kauf.

Diese Absicht verfolgten auch andere Regierungen – etwa jene Siams[177] – sowie Beamte von politisch abhängigen Territorien europäischer Kolonialmächte. Offensichtlich war dies im Falle Indiens, Südrhodesiens und Niederländisch-Ostindiens, die dem Abkommen Anfang der 1930er Jahre in Abstimmung mit ihrer jeweiligen Kolonialmacht beitraten.[178] Daneben gab es kleinere Territorien unterschiedlichen

173 Tongji yuebao / The Statistical Monthly, Oktober 1931, S. 80; März/April 1932, S. 65; Monthly Returns of the Foreign Trade of China 1 (1931), Nr. 1 [November]; Monthly Bulletin of Statistics 13 (1932), S. 542.

174 Otte: Commercial Statistics [1933], S. 245.

175 Boecking: No Great Wall, S. 159–188; Ven: Breaking, S. 233–241; Young: China's, S. 51–53, 326.

176 Den ersten und einzigen Industriezensus der Republik China führte Liu Dajun 1933 als Direktor des *Institute of Economic and Statistical Research* in Shanghai durch und veröffentlichte die Ergebnisse 1937. Der Zensus bezog zwar nur Teile des Landes ein, gilt in der Forschung aber als „fairly reliable" (Feuerwerker: Economic Trends, S. 42). Von den ISI-Empfehlungen, die die Konvention nahelegte, war er weit entfernt.

177 Hell: Siam, S. 51f.

178 Im Falle Indiens und Südrhodesiens ging die Initiative dazu von den Verwaltungen in Delhi und Salisbury aus. Vgl. BL IOR, L/E/9/260, J.C.B. Drake, Joint Secretary for Commerce to the *Government of*

Rechtsstatus', deren Verwaltungen aktiv wurden. Gemessen an der Wahrnehmung dieser Bestrebungen im Völkerbundsekretariat waren diejenigen des britischen Reichs am aktivsten.

Artikel 11 der Konvention erlaubte es Kolonialmächten, die von ihnen politisch abhängigen Gebiete von den Bestimmungen auszunehmen. Tatsächlich taten dies alle Kolonialmächte, die die Konvention 1928 unterzeichneten.[179] In London war das Kolonialministerium zwar der Meinung, die Gültigkeit des Abkommen sollte auf alle abhängigen Gebiete ausgeweitet werden, sofern deren Verwaltungen deren Bestimmungen umsetzen könnten. Nach einer Umfrage unter den ihm zugeordneten Kolonien, Protektoraten und Mandatsgebieten urteilte das Kolonialministerium jedoch Ende 1930, dies sei nicht sinnvoll, da die Voraussetzungen dafür nicht gegeben seien.[180]

Der Chefstatistiker der britischen Territorien auf der malaiischen Halbinsel[181] James Innes Miller sah dies anders. Nach Erhalt des Rundschreibens des Londoner Kolonialministeriums bat er um Klärung methodischer Fragen, um die malaiische Außenhandelsstatistik an Vorgaben der Konvention anpassen zu können.[182] Und im Februar 1932 teilte der Gouverneur der Straits Settlements London mit, Millers Behörde arbeite seit 1929 nach den Prinzipien der Konvention. Singapur wolle daher der Konvention so bald wie möglich beitreten. Die dafür nötigen Schritte werde Miller bei einer anstehenden Reise nach England mit den zuständigen Behörden diskutieren.[183] Tatsächlich reiste Miller im Herbst 1932 für Konsultationen mit dem

---

India, New Delhi, an das *India Office*, London, 24.12.1929; TNA, BT 70/25/S.200/30, Sidney Webb (Lord Passfield), *Secretary of State for the Colonies*, an Cecil Hunter-Rodwell, Governor of Southern Rhodesia, 17.03.1930; TNA, BT 70/29/S.1492/30, Cecil Hunter-Rodwell, Governor of Southern Rhodesia, an James H. Thomas, Secretary of State for the Dominions, 19.09.1930.

179 Belgien, Großbritannien, Dänemark, Frankreich, Italien, Japan, die Niederlanden und Portugal. League of Nations: International Conference ... International Convention, S. 5, 7–14.

180 TNA, BT 70/22/S.607D/29, *Colonial Office* an Alfred W. Flux, 06.04.1929; Loveday an Flux, 01.07.1929; Flux an *Colonial Office*, 29.07.1929; Rundschreiben des *Colonial Office*, 01.11.1929; Roland V. Vernon, *Colonial Office*, an *Foreign Office*, 03.12.1930.

181 Dazu gehörten die Straits Settlements, ein Kronkolonie, die vier nicht zusammenhängende Territorien auf der malaiischen Halbinsel umfasste, sowie die Federated und die Unfederated Malayan States, die Zusammenschlüsse jeweils mehrerer Fürstentümer unter britischem Protektorat waren.

182 TNA, BT 70/22/S.607D/29, Government of Straits Settlements an *Colonial Office*, 09.08.1930; *Colonial Office* an *Board of Trade*, 14.08.1930; Flux an *Colonial Office*, 29.10.1930; Hector Leak, *Board of Trade*, an *Colonial Office*, 14.11.1930; *Colonial Office* an Government of Straits Settlements, 07. und 17.11.1930.

183 TNA, BT 70/35/S.518/32, Cecil Clementi, Governor of Straits Settlements, an Philip Cunliffe-Lister, Kolonialminister, 22.02.1932.

Board of Trade nach London und ins Genfer Völkerbundsekretariat.[184] Das resultierte am Ende zwar nicht im von Singapur erhofften Beitritt British Malayas zur wirtschaftsstatistischen Konvention. Aber Miller kehrte Ende 1932 mit konkreten Änderungsvorschlägen für die malaiische Außenhandelsstatistik zurück[185] und ab Januar 1933 erschien das Genfer MBS mit den monatlich aktualisierten Außenhandelsdaten der Kolonie.[186]

Millers Initiative war in ihrem Ausmaß einzigartig. Der einzige Kolonialbeamte, der die Konvention zum Anlass nahm, die eigenen wirtschaftsstatistischen Aktivitäten zu verstärken, blieb er aber nicht. Kollegen Millers in Jamaica, Trinidad und Barbados etwa sendeten in den 1930er Jahren unter Berufung auf die Konvention regelmäßig Außenhandels- und Schifffahrtsstatistiken über London an den *Völkerbund.*[187] In London war man darüber irritiert, doch erst nach sieben Jahren fragte das *Foreign Office* in Genf nach, ob man dort mit diesen Daten etwas anfangen könne. Loveday antwortete uneindeutig und im Interesse eines einheitlichen Vorgehens entschied das Kolonialministerium, alle kolonialen Verwaltungen aufzufordern, jährlich publizierte Außenhandelsstatistiken nach Genf zu schicken.[188] Als der durch die Konvention etablierte *Ausschuss statistischer Sachverständiger* Mitte der 1930er Jahre ein neues internationales Warenverzeichnis verabschiedete (Kap. 7.1), entschied man in London zwar, aus Kostengründen eine entsprechende Umstellung nur Hong Kong, Malaya, Ceylon, Nigeria und der Goldküste zu empfehlen, „whose trade is of some real significance in terms of world trade" .[189] Bis Kriegsbeginn wurde daraus aber nichts mehr. Gleichzeitig schlug der zuständige Beamte Nigerias vor, das alte Warenverzeichnis der westafrikanischen Kolonien

184 TNA, BT 70/35/S.1201/32, Gesprächsnotizen von Miller (20.10.1932) und Hector Leak, Leiter der Statistikabteilung des *Board of Trade* (14.11.1932); LoNA, R.2692, 10B/39638/1219, Gesprächsnotiz von John H. Chapman, 07.12.1932; TNA, BT 70/35/S.1201/32, Miller an Leak, 04.12.1932; TNA, FO 371/16434, W 14111/21/98, Joseph Avenol an das *Foreign Office*, London, 19.12.1932.

185 LoNA, R.2692, 10B/39638/1219, Modification of the Foreign Trade Statistics of British Malaya in Accordance with the Convention of 1928, J. Innes Miller, 01.12.1932; Notiz von John H. Chapman, 07.12. 1932.

186 Monthly Bulletin of Statistics 14 (1933), S. 2, 16.

187 Bsp.: TNA, FO 371/16434, W 21/21/98, Reginald E. Stubbs, Governor of Jamaica an *Colonial Office*, 12.09.1931; TNA, FO 371/16434, W 14113/21/98, Roland V. Vernon, *Colonial Office*, an *Foreign Office*, 23.12. 1932; TNA, CO 852/112/6, Murchison Fletcher, Governor of Trinidad and Tobago, an *Colonial Office*, 17.03., 10.04., 10.05., 31.07. und 30.10.1937; Mark A. Young, Governor of Barbados, an *Colonial Office*, 23.03. und 26.07.1937.

188 LoNA, R.4496, 10B/321/321, Roger M. Makins, *Foreign Office*, an Loveday, 29.10.1937; Loveday an Makins, 16.11.1937; TNA, FO 371/22543, W 438/163/98, Rundschreiben William Ormsby-Gore, Kolonialminister, an die britischen kolonialen Territorien, 06.01.1938.

189 TNA, BT 70/40/S.688/34, Christopher G. Eastwood, *Colonial Office*, an Hector Leak, *Board of Trade*, 21.02.1938 (Zitat); Leak an Eastwood, 24.02.1938.

durch das neue aus Genf zu ersetzen. Und auch der für die Außenhandelsstatistik Fijis zuständige Beamte plädierte dafür, das Warenverzeichnis der Kolonie am neuen internationalen Standard auszurichten. In London stießen diese Überlegungen auf Ablehnung, da dies die Vergleichbarkeit der kolonialen Handelsstatistiken mit jener des Vereinigten Königreichs gefährden würde.[190]

Die Beispiele sollten nicht überbewertet werden. Sie betrafen ausschließlich die Außenhandelsstatistik und zeigen nur, dass sich einige britische Beamte für die Konvention interessierten. Gleichwohl verdeutlichen sie die globale Reichweite und Wirkmacht des Abkommens. Und das gilt nicht nur für die 1930er Jahre. Denn die Entscheidungen der Kolonialbeamten schufen Pfadabhängigkeiten, die über das Ende ihrer Herrschaft hinaus Bestand haben konnten.[191]

Was motivierte Regierungen nun dazu, die Konventionsbestimmungen zu akzeptieren? Die häufigste Begründung war, handlungsrelevantes Wissen über andere Länder zu erhalten, das Verwaltungen und Unternehmen benötigten. Regierungen ‚westlicher' Industriestaaten galt dabei, wenig überraschend, die jeweils eigene amtliche Statistik durchweg als so weit entwickelt, dass die Ratifikation für sie nicht mit größeren Kosten verbunden wäre, sondern stattdessen den Nutzen verbesserter ausländischer Statistiken mit sich bringen würde.[192] Die Vorteile verbesserter ausländischer Statistiken kämen vor allem Unternehmern ihrer Länder zugute.[193] Doch auch Verwaltungen und Wirtschaftspolitikern erwüchsen Vorteile aus weltweit verbesserten Statistiken, insbesondere für Wirtschafts- und Handelsvertragsver-

---

190 TNA, BT 70/40/S.688/34, A.E.V Barton, Comptroller of Customs, Lagos, Nigeria, an T.W. Davies, *Colonial Office*, 30.05.1939; Leak an T.W. Davies, Colonial Office, 28.06.1939; TNA, CO 852/292/2, Harry C. Luke, Governor of Fiji, an *Colonial Office*, 26.12.1939 samt einem Memorandum des Comptroller of Customs der Kolonie, W.T. Martin, 14.11.1939; Leak an Davies, 12.07.1940.

191 Indien und Pakistan unterzeichneten 1948 bzw. 1952 das Protokoll, das die Konvention von 1928 an den institutionellen Kontext der *Vereinten Nationen* anpasste: https://treaties.un.org/doc/Publication/MTDSG/ Volume%20II/Chapter%20XIII/XIII-1.en.pdf; 06.10.2022.

192 Vgl. etwa PA AA, RZ 303, R 118470, *Reichswirtschaftsministerium* an *Statistisches Reichsamt*, November 1928; Vermerk über die diplomatische Konferenz für Wirtschaftsstatistik, Ernst Wagemann, 07.12.1928, S. 4; TNA, BT 70/22/S.607/29, Instructions to the British Delegation, o. Dat., S. 1; PA AA, RZ 303, R 118471, Projet de Loi approuvent la Convention Internationale concernant les Statistiques Économqiues, signée à Genève le 14 décembre 1928. Exposé des Motifs (Doucments parlementaires, Nr. 77, Sénat de Belgique, Séance du 12 Février 1930).

193 Vgl. Botschaft des Bundesrates an die Bundesversammlung betreffend die Ratifikation der internationalen Übereinkunft über Wirtschaftsstatistik (Vom 9. Dezember 1929), in: Bundesblatt 81 (1929), Bd. III, Nr. 50, Bern 1929, S. 437–446, hier S. 445; HHPL, Dana Durand Papers, Box 1, Folder 16, Message of the President of the United States, transmitting an International Convention Relating to Economic Statistics and a Protocol Thereto Signed at Geneva, December 14, 1928 (74th Congress, 1st Session, Executive S), S. 2 f.

handlungen.[194] Denn schließlich, so formulierte es so floskelhaft wie paradigmatisch William Rapparrd, „good economic statistics are an essential condition of good economic policy“ und diese wiederum seien „the essential condition of good international policy“.[195]

Ein weiteres Motiv war die Betonung des nationalen Prestiges, das mit der Unterzeichnung bzw. der Ratifikation der Konvention verbunden sei. Frankreich, so hieß es in Paris, habe die Konvention maßgeblich mit vorbereitet und müsse daher weiterhin mit allen verfügbaren Mitteln an den diesbezüglichen Arbeiten mitwirken um „de préparer la voie de nouveau progrès“.[196] In Brüssel hob man hervor, Belgien müsse, als Heimat des Pioniers internationaler Statistik Adolphe Quetelet, „d'être parmi les premiers Etats à participer à cette œuvre de haute portée pratique et morale“.[197] Die deutsche Delegation wiederum hatte noch während der Konferenz beim *Auswärtigen Amt* auf eine rasche Unterzeichnung gedrängt, um „Verstimmungen der übrigen Mächte“ zu vermeiden. Auch im folgenden regierungsinternen Streit über die Ratifikation verwiesen die Befürworter wiederholt darauf, es sei „eine Prestigefrage für Deutschland“, das „sehr bedeutsame Abkommen“ zu ratifizieren. Eng damit verbunden war das ebenfalls im Berliner Streit stark gemachte Argument, es bestehe für Deutschland bei einem Verzicht auf die Ratifizierung „die dringende Gefahr“, nicht in dem neuen wirtschaftsstatistischen Expertengremium vertreten zu sein, was aber von „grösstem Wert“ für das Land sei.[198] Aus gleichem Grund sah der deutsche Generalkonsul Völckers die nachträgliche Unterzeichnung der Konvention seitens der Sowjetunion als realistisch an.

194 Vgl. etwa Annex 3376 (Séance du 3 juin 1930), in: Journal officiel de la République Française. Chambre des députes, 14e Législature – Session ordinaire de 1930. Documents parlementaires. Annexes aux Procès-Verbaux des Séances. Projets et propositions de loi – Exposés des Motifs et Rapports, Paris 1930, S. 838 f. (Zitat: S. 839); Reichstagsdrucksache V/1460, 27.04.1932, in: Verhandlungen des Reichstags. V. Wahlperiode 1930, Bd. 453: Anlagen Nr. 1431 bis 1595 zu den Stenographischen Berichten, Berlin 1932, S. 112.

195 League of Nations: Proceedings of the International Conference relating to Economic Statistics, S. 27.

196 Annex 3376 (Séance du 3 juin 1930), in: Journal officiel de la République Française. Chambre des députes, 14e Législature – Session ordinaire de 1930. Documents parlementaires. Annexes aux Procès-Verbaux des Séances. Projets et propositions de loi – Exposés des Motifs et Rapports, Paris 1930, S. 838 f., hier S. 839.

197 PA AA, RZ 303, R 118471, Sénat de Belgique. Réunion du 19 juin 1930. Rapport de la Commission des Affaires Étranger, chargée de l'examen du Projet de Loi approuvant la Convention Internationale concernant les Statistiques Économiques, signée à Genève le 14 décembre 1928 (Drucksache Nr. 185), S. 3.

198 PA AA, RZ 303, R 118470, Aktenvermerk für Ministerialdirektor Karl Ritter, Auswärtiges Amt, 14.12.1928; Aktenvermerk des *Reichsfinanzministeriums*, 18.07.1930; BAB, R 2/21654, Protokoll der interministeriellen Besprechung im Reichswirtschaftsministerium, 15.10.1930.

Schließlich würde „sie dann immerhin die Möglichkeit der Teilnahme an der Bildung des Sachverständigenkomitees haben".[199]

Ging es den industrialisierten Ländern des ‚Westens' also in erster Linie darum, andere Staaten zum Handeln zu bewegen, verfolgten eher landwirtschaftlich geprägte Länder andere Ziele. Viele Regierungen übernahmen mindestens implizit das bekannte Mantra, man erkenne die ‚Modernität' eines Landes auch am Zustand seiner amtlichen Statistik, und strebten eine solche Modernität an. Am bereits erläuterten Beispiel Chinas wurde dies offensichtlich. Auch der portugiesische Delegierte verwies in Genf darauf, seine Regierung habe bisher noch nicht den Grad an „development and perfection" seiner Statistik erreicht wie andere Staaten. Da sich Lissabon aber der Notwendigkeit bewusst sei, Erhebungen international möglichst einheitlich zu gestalten, sei seine Regierung bestrebt, „to correct the statistics with a view to co-operating with all countries [...] which were essential to the world's economic growth" – eine Formulierung, die sich an die wirtschaftlichen Schwergewichte in Nordamerika und Europa richtete.[200] Die Unterzeichnung und relativ rasche Ratifizierung der Konvention seitens Portugals bestätigte diese Absichtserklärung zumindest auf dem Papier. Indiens Delegierter David B. Meek war mit einer fast gleichlautenden Direktive nach Genf gereist.[201] Die Teilnahme des siamesischen Beobachters Prinz Varnvaidya Vorvarn wiederum resultierte zwar nicht im Beitritt des Landes zur Konvention. Da deren Bestimmungen und die aus ihr resultierenden Standardisierungsbemühungen aber die wirtschaftsstatistischen Erhebungen in Bangkok beeinflussten, muss dies als Teil der seinerzeitigen Modernisierungsbestrebungen Siams gelten.[202]

Andere Länder ließen sich in den 1920er Jahren gleich direkt von ‚westlichen' Experten beraten oder ernannten sie zeitweilig zu Behördenleitern. Das stellte eine weitgehende Orientierung an ‚westlichen' Vorbildern sicher. In Ecuador und Chile etwa initiierten deutsche Fachleute grundlegende Reformen der staatlichen Wirtschaftsstatistik. Nicht zuletzt dank dieser Reformen gelang es Chile, ab 1928 regelmäßig Daten für das MBS nach Genf zu übermitteln und 1934 der Konvention beizutreten.[203] Die türkische Republik engagierte 1926 den Belgier Camille Jacquart, um

199 PA AA, RZ 303, R 118470, Hans Hermann Völckers, Generalkonsul, Genf, an *Auswärtiges Amt*, 14.12.1928.

200 League of Nations: Proceedings of the International Conference relating to Economic Statistics, S. 45.

201 BL IOR, L/E/9/259, Brief for the Indian Delegate to the International Conference on Economic Statistics, o.Dat. [Oktober 1928], S. 2.

202 Hell: Siam, S. 51 f.

203 Anonymus: Chilenische Statistik, in: Deutsches Statistisches Zentralblatt 22 (1930), Sp. 27–28; Deutsches Statistisches Zentralblatt 18 (1926), Sp. 121; 19 (1927), Sp. 156; Walther Grävell: Die Reor-

den Aufbau einer neuen Statistikbehörde zu beaufsichtigen, nachdem eine ähnliche Mission unter Leitung Eugen Würzburger am Ende des Ersten Weltkriegs folgenlos beendet worden war.[204] Diese Reformen und die Bemühungen, sich dabei an internationalen Normen zu orientieren, sind Paradebeispiele für „[v]erflochtene Nationsbildung[en]“, die jüngst mit Blick auf die Türkei beschrieben worden sind.[205]

Modernisierung um der Modernisierung willen war nicht das einzige Motiv nichtindustrialisierter Staaten, sich an Konventionsbestimmungen zu orientieren. Als die chinesische Zollkommission im Juni 1930 die Umstellung von der vierteljährlichen auf eine monatliche Berichtsweise der Außenhandelsstatistik forderte, argumentierte sie, nur so die ‚internationale Position‘ des eigenen Landes verdeutlichen und mit anderen Staaten vergleichen zu können.[206] Auch die relativ schnelle Entscheidung des *Government of India*, der Konvention beizutreten, war ähnlich motiviert. David B. Meek hob nach der Genfer Konferenz hervor, ein dort verbreitetes Unwissen über die ökonomische Entwicklung und die weltwirtschaftliche Bedeutung Indiens habe ihn überrascht. Dem könne die indische Verwaltung zukünftig unter anderem dadurch entgegenwirken, dass sie ihre statistischen Erhebungen und Publikationen deutlich ausbaue. Allein dies „will place India in her true International perspective“.[207] In London sah man sich angesichts dessen bestätigt. „The correlation & diffusion of international statistics“, resumierte ein Beamter des *India Office* nach Lektüre von Meeks Bericht, „is bound to result in a truer appraisement of India's economic importance“.[208] Das Sichtbarwerden war ganz offenbar auch für Siams Regierung ein zentrales Handlungsmotiv, ihre statistischen Erhebungen an internationalen Standards auszurichten. 1939 jedenfalls betonte Phraya Rajawangsan, Botschafter seines Landes in London und beim *Völkerbund*,

ganisation der Statistik in Chile, in: Allgemeines Statistisches Archiv 18 (1928), S. 604–614; Monthly Bulletin of Statistics 9 (1928), S. 323, 363; 10 (1929), S. 3, 43, 83, 323.

204 League of Nations: Proceedings of the International Conference relating to Economic Statistics, S. 57; Journal of the Royal Statistical Society 92 (1929), S. 292 f.; vgl. Dogan: Transnational Statisticians; Seyfi Yildirim: Belçikalı Nüfusbilimci ve İstatistikçi Camille Jacquart ve Türkiye'de Modern İstatistiğin Kurulması, 1926–1929 [Belgian Demographer and Statistician Camille Jacquart and the Foundation of Modern Statistics in Turkey, 1926–1929], in: Modern Türklük Araştırmaları Dergisi / Journal of Modern Turkish Studies 7 (2010), S. 7–36; Anonymus: Personalnachrichten, in: Deutsches Statistisches Zentralblatt 9 (1917), Sp. 267; E[ugen] Würzburger: Türkische Statistik, in: Deutsches Statistisches Zentralblatt 18 (1926), Sp. 182.

205 Liebisch-Gümüş, Carolin: Verflochtene Nationsbildung. Die neue Türkei und der Völkerbund 1918–38, Berlin 2020; Dogan: L'étatisation.

206 The Maritime Customs: Documents, S. 499.

207 BL IOR, L/E/9/259, Report of the Representative of India at the International Conference Relating to Economic Statistics, Geneva, 1928, David B. Meek, 21.02.1929, S. 15.

208 BL IOR, L/E/9/259, Aktenvermerk von George H. Baxter, *India Office*, 30.04.1929.

„the utility of the League in making Siam better known to the world by providing commercial and statistical information".[209] Und als die britische Regierung wie oben erwähnt 1938 fünf ihrer Kolonien anwies, zukünftig die neue internationale Warenklassifikation, die das von der Konvention etablierte Expertengremium ausgearbeitet hatte, zu nutzen, geschah dies auch mit dem Ziel, diese in einem globalen Kontext sichtbar zu machen.[210]

Für die Welt statistisch ‚sichtbar zu sein' und sich in einen zahlenbasierten Wettbewerb mit anderen Ländern zu begeben war in den 1920er Jahren auf globaler Ebene zu einem Ziel von Regierungen geworden, das sich anzustreben lohnte. Es war aber nur zu erreichen, wenn Verwaltungen bereit waren, mehr Geld in den statistischen Apparat zu investieren und konzeptionelle und methodische Standards ‚westlicher' Provenienz zu akzeptieren. Sie mussten sich dem Vorbild ‚westlicher' Länder annähern, um sich mit diesen und untereinander vergleichen zu können. So lange etwa China keine monatlich aktualisierten Außenhandelsstatistiken besaß, war es nicht nur ein ‚unmodernes' Land, sondern in entsprechenden Übersichten – etwa dem MBS – auch nicht sichtbar.

6.4 Fazit

Regierungen und Verwaltungen in zahlreichen Ländern weltweit akzeptierten die konzeptionellen und methodischen Bestimmungen der wirtschaftsstatistischen Konvention von 1928 als anzustrebende Standards und viele Behörden begannen sich an ihnen zu orientieren. Dies versprach, die Zusammenstellung ländervergleichender Wirtschaftsstatistiken zu vereinfachen. Für die Etablierung der Weltwirtschaftsstatistik war die Standardisierung zentral, da sie auf einheitliche Konzepte und Methoden angewiesen war. Als noch wichtiger stellte sich das mit der Konvention etablierte und institutionell an den *Völkerbund* gebundene Expertengremium heraus. Bis 1946 ging es offengebliebenen Fragen nach, behandelte neu an es herangetragene Probleme und formulierte zu einer Reihe von Aspekten konkrete konzeptionelle und methodische Vorschläge (vgl. Kap. 7.1).

Die Konvention forcierte eine bereits vorhandene Dynamik der wirtschaftsstatistischen Expansion und der Angleichung von Konzepten und Methoden, der sich viele Länder kaum mehr entziehen konnten und oft auch nicht mehr entziehen wollten. Neben dem funktionalen Nutzen, den internationale Statistiken Regie-

209 Hell: Siam, S. 52.

210 TNA, BT 70/40/S.688/34, Christopher G. Eastwood, *Colonial Office*, an Leak, *Board of Trade*, 21.02.1938.

rungen boten, zementierten sie einen permanent vorhandenen, tendenziell globalen Vergleichsrahmen, in dem sich die einzelnen Staaten verorten konnten und wollten. Das dahinter stehende Konkurrenzmotiv hatte bereits Ende des 19. Jahrhunderts ein wachsendes Engagement staatlicher Verwaltungen angestoßen, internationale Statistiken zusammenzustellen und zu veröffentlichen. Das Ringen um ‚weiche globale Güter' (wie etwa nationales Prestige) in einer grenzüberschreitenden Öffentlichkeit[211] hatte insbesondere Regierungen ‚westlicher' Staaten veranlasst, sich durch Vergleiche ökonomisch relevanter Zahlen miteinander zu messen. Neu war nach dem Ersten Weltkrieg die steigende Bereitschaft staatlicher Behörden, für diesen Zweck miteinander zu kooperieren und international vereinbarte Standards einzuhalten, selbst wenn das zusätzliche Kosten verursachte. Ebenso neu war, dass Verwaltungen kleinerer, wenig oder kaum industrialisierter Länder in- und außerhalb Europas und sogar einiger politisch abhängiger Territorien Interesse an solchen Vergleichen hatten. Sie waren nicht mehr nur Objekt eines global interessierten Blicks anderer, sondern wurden selbst zu globalisierenden Subjekten. Da die Vergleichsmaßstäbe und die Messinstrumente jedoch von ‚westlichen' Akteuren nach deren Vorstellungen gestaltet worden waren, lässt sich dies als „adaptive Globalisierung" verstehen.[212]

Die Konvention konnte diese Wirkung entfalten, weil sie flexibel formuliert war. Regierungen konnten der Konvention beitreten ohne alle Bestimmungen umsetzen zu müssen. Diese Flexibilität erlaubte es auch, der Konvention gar nicht beizutreten und die eigene Verwaltung dennoch mit Verweis auf das Abkommen als auf der Höhe der Zeit stehend darstellen zu können, wenn wenigstens einige Vorgaben erfüllt wurden. Die Kennzeichnung der Konvention als Minimalprogramm machte sie gleichzeitig zu einer Art stärker werdenden Magneten, auf den hin sich eine wachsende Zahl von Ländern ausrichtete. Nur wenige Staaten konnten in den 1930er Jahren alle oder wenigstens einen Großteil ihrer Bestimmungen umsetzen. Weil es sich dabei aber um die politisch und wirtschaftlich stärksten Länder der Welt handelte, waren die formulierten Standards für viele attraktiv. Es ging eben nicht nur um den Vergleich von Zahlen, oder darum, umfassendere Informationsgrundlagen für politische Entscheidungen zu erhalten. Die Konvention stand auch für eine staatliche und wirtschaftliche Modernität, die anzustreben fast überall auf der Welt als ein Wert an sich erschien.

Prinzipiell neu war es nicht, die konzeptionellen und methodischen Standards europäischer Länder zum Vorbild zu nehmen. Das Engagement ‚westlicher' Experten außerhalb Europas war dafür nur ein besonders sichtbarer Ausweis. Mit der

211 Werron: Worum konkurrieren Nationalstaaten.

212 Osterhammel/Petersson: Globalisierung, S. 58.

Konvention aber gab es nun *einen* weithin akzeptierten Standard, an dem sich alle orientieren konnten, und *ein* anerkanntes Gremium, das die Standardisierungsbemühungen weiter vorantreiben sollte. Das hatte es zuvor nicht gegeben. Wenn Patricia Clavin mit Verweis auf ökonomische Analysen von Lovedays Team darauf verwies, diese hätten eine „proto theory of modernization" formuliert, in deren Rahmen sich „all societies of the world on a single continuum from the least to the most developed" verorten ließen,[213] dann hatte das viel mit dem zwangsläufig egalisierenden statistischen Blick zu tun, den sie auf die Welt warfen, sowie mit dessen geographischer Reichweite, die die Konvention vergrößern half (vgl. Kap. 9).

Der statistische Blick auf grenz- und kontinentüberschreitende wirtschaftliche Phänomene und Prozesse erfolgte trotz anfänglich ambitionierterer Lippenbekenntnisse weiter durch ‚westliche' Brillen und die Konvention kodifizierte diese Prägung völkerrechtlich bindend in inhaltlicher und institutioneller Hinsicht. Die Erörterung wirtschaftsstatistischer Konzepte und Methoden war in den 1920er Jahren von den Problemen und Verhältnissen sowie den wirtschaftsstatistischen Traditionen und Handlungsmöglichkeiten industrialisierter Länder Europas und Nordamerikas geprägt. Die Konvention stärkte deren Stellung als Vorreiter der wirtschaftsstatistischen Expansion und der internationalen Standardisierung. Denn praktisch waren allein sie in den 1920er und 1930er Jahren in der Lage, die Konventionsbestimmungen umzusetzen, insbesondere jene zur statistischen Erfassung gewerblicher Produktion. Nochmals unterstrichen und institutionell verankert wurde die ‚westliche' Dominanz durch die Regeln und Aufgaben des neuen ständigen Expertengremiums.

Diese ‚westliche' Prägung war angesichts der Entwicklung wirtschaftsstatistischer Konzepte und Methoden seit dem 19. Jahrhundert in gewissem Maße erwartbar. Die am Beispiel der Außenhandels- und Produktionsstatistik erörterte Tatsache aber, dass der ‚westliche' Blick vor allem ‚angelsächisch' geprägt war, lenkt die Aufmerksamkeit auf jene, die die Entscheidungen trafen und beeinflussten.

Zum einen waren dies die Statistiker und Ökonomen, Staatsbeamten und Verbandsfunktionäre, die 1922 bis 1928 die Genfer Konferenz inhaltlich vorbereiteten. Sie waren fast durchweg Europäer, hatten ihre Karrieren oft lange vor dem Ersten Weltkrieg begonnen, kannten sich zum Teil seit Jahren oder gar Jahrzehnten, waren häufig sowohl in der amtlichen Statistik als auch in der akademischen Welt verankert, teilten oft wirtschaftsliberale Überzeugungen und der größere Teil von ihnen galt zudem als Anhänger neoklassischer Ökonomik. Der generationelle Umbruch, den die Jahre 1927/28 mit sich brachten, änderte daran wenig. Die Beteiligten bildeten daher zwar keine Gruppe mit einheitlichen Ansichten, glichen sich aber in

213 Clavin: Securing, S. 286.

vielerlei Hinsicht und teilten ähnliche Meinungen. Das erleichterte eine Verständigung darüber, was unter ‚Wirtschaftsstatistik' verstanden werden sollte und an welchen Vorbildern man sich hinsichtlich Konzepten und Methoden orientieren konnte.

Zum anderen besaß der *Völkerbund* eine Schlüsselrolle. Sie offenbarte sich in der Finanzierung eines Großteils der vorbereitenden Arbeiten, in der institutionellen Aufwertung der ISI-Empfehlungen durch deren Bestätigung im Völkerbundrat, in der Formulierung des Konventionsentwurfs und in der Veranstaltung der Konferenz im November 1928. Angesichts der „British leadership in the League on questions of economic liberalism"[214] überrascht es nicht, dass den beiden Londoner Vertretern Llewellyn Smith und Chapman in den einschlägigen Debatten der Wirtschaftskommission besonderes Gewicht zukam. Vor allem aber koordinierte das Völkerbundsekretariat die Verhandlungen und Loveday spielte dort die maßgebliche Rolle. Das umfasste die Auswahl der zu beteiligenden Experten ebenso wie die Themenfestsetzung und die Priorisierung bestimmter Vorschläge. Lovedays enge Beziehungen zu den beteiligten Briten Flux, Llewellyn Smith und Chapman blieben ebenfalls nicht ohne Einfluss auf Verlauf und Ergebnisse der Debatten. Hinter den Kulissen versuchte Loveday selbst das Stimmenverhältnis der Genfer Konferenz zu beeinflussen. Als Irland und Neuseeland Mitte Oktober 1928 eine Teilnahme an der Konferenz absagten und gleichzeitig noch keine Nachricht aus Kanada und Australien vorlag, schrieb er Chapman, beide Länder sollten unbedingt Vertreter nach Genf schicken. Es bestehe sonst die Gefahr „that when the question of methods to be adopted in trade statistics arise for discussion, the ‚Continental system' countries will take the bit in their teeth".[215]

Der *Völkerbund* war also Ende der 1920er Jahre nicht nur *die* Institution, die im Zentrum einer wachsenden, tendenziell globalen wirtschaftsstatistischen Infrastruktur stand sowie weithin anerkannte und hoch gelobte wirtschaftsstatistische Periodika und Analysen mit der Ambition erarbeitete, die Welt im Wortsinn in den Blick zu nehmen. Sie war auch *die* Einrichtung geworden, der eine Schlüsselstellung dabei zukam, die dafür notwendigen Regeln festzulegen.

---

214 Clavin: Securing, S. 103.

215 TNA, BT 70/18/S.1076/28, Loveday an Chapman, 18.10.1928.

7 Beginn einer neuen Epoche: Zur Verortung des *Völkerbunds* in der Geschichte ökonomischen Wissens

Die 1930er Jahre waren die Blütezeit der wirtschaftsstatischen Aktivitäten des *Völkerbunds*. Der 1931 konstituierte *Ausschuss Statistischer Sachverständiger* (ASS) setzte die Standardisierungsbemühungen fort und verfolgte sie mit größerem Erfolg als jede andere Expertenrunde seit Einberufung des ersten *Internationalen Statistischen Kongresses* 1853. Die inhaltliche und geographische Ausweitung der laufenden statistischen Erfassung wirtschaftlich relevanter Phänomene und Prozesse sowie die anschließende überstaatliche Sammlung und Auswertung solcher Daten erfolgte in einem bis dahin unbekannten Ausmaß. Ihre so häufige wie regelmäßige Aktualisierung im MBS und anderen Periodika des Völkerbunds plausibilisierten die Existenz von Phänomenen wie ‚Welthandel', ‚Weltproduktion' und anderen ‚Weltdingen' (vgl. Kap. 10). Die ‚Weltwirtschaftsstatistik' erhielt so eine neue Qualität.

Sie konnte dies, weil Lovedays Team in den 1920er Jahren die institutionellen Grundlagen etabliert sowie die notwendigen Arbeitsroutinen eingeübt und erprobt hatte, die die wirtschaftsstatistische Beobachtung der Welt benötigte. Zudem war es ihm gelungen, eine gut funktionierende, internationale wirtschaftsstatistische Infrastruktur aufzubauen, die die Beschaffung, Verarbeitung und Verbreitung entsprechender Daten aus einer wachsenden Zahl von Ländern ermöglichte. Resultiert waren die Standardisierungsbemühungen 1928 in der Genfer Konvention, die weitere diesbezügliche Aufgaben formulierte. An diesen institutionellen, konzeptionellen und methodischen Grundlagen der statistischen Beobachtung weltwirtschaftlichen Geschehens änderte sich in den 1930er Jahren nichts Grundlegendes mehr. Dies erlaubt es, in diesem Kapitel die Bedeutung des *Völkerbunds* für die Entwicklung internationaler Wirtschaftsstatistik vor allem in zeitlicher Hinsicht stärker zu akzentuieren.

Zum einen erscheint der bisher oft betonte Zäsurcharakter der 1940er Jahre[1] deutlich weniger ausgeprägt, wenn man die in Kapitel 7.1 im Zentrum stehenden Standardisierungsbemühungen des ASS betrachtet. Die geradezu revolutionäre Bedeutung, die die volkswirtschaftliche Gesamtrechnung ab den 1940er Jahren für die statistische Erfassung wirtschaftlicher Prozesse, den internationalen Vergleich von Volkswirtschaften und das Verständnis der ‚Weltwirtschaft' hatte, soll (und kann) nicht negiert werden. Gleichwohl zeigt dieses Kapitel, dass die ‚weltwirt-

1 Vgl. paradigmatisch Speich Chassé: Die Erfindung.

https://doi.org/10.1515/9783111207124-008

schaftsstatistische Gegenwart‘ institutionell und konzeptionell nicht 1940 mit Colin Clarks Blick auf die ungleiche Welt oder 1944 mit der britisch-kanadisch-US-amerikanischen Angleichung der Volkseinkommensrechnung begann, sondern mit der wirtschaftsstatistischen Konvention von Genf 1928 bzw. mit der Konferenz von Genua 1922, die die Standardisierungsbemühungen des *Völkerbunds* einleitete.

Zum anderen zeigt der in Kapitel 7.2 erfolgende Blick auf die vom Völkerbundsekretariat vorgenommene statistische Erfassung von ‚Welthandel‘ und ‚Weltproduktion‘ sowie die darauf basierenden Analysen der ‚Weltwirtschaft‘, dass auch die Bedeutung der Weltwirtschaftskrise der frühen 1930er Jahre für diese Arbeiten nicht so groß war, wie oft angenommen. Obgleich die Genfer Arbeiten in den 1930er Jahren zweifellos ausgeweitet wurden, ein wachsendes Publikum fanden und die Interpretationen des internationalen wirtschaftlichen Geschehens stark beeinflussten, vollzog Lovedays Team „a concerted turn toward increased surveillance, data collection, and analysis“ der ‚Weltwirtschaft‘ nicht zu Beginn der 1930er, sondern bereits in den 1920er Jahren. Die Existenz einer statistisch beobachtbaren, einheitlichen ‚Weltwirtschaft‘ wurde nicht erst plausibel „through the efforts of economists to understand the causes of the Great Depression and seek remedies for it“.[2] Treffender ist es, sie als Produkt der 1920er Jahre zu verstehen, das in den 1930er Jahren global popularisiert wurde. Die ‚Weltwirtschaft‘ konnte in den 1930er Jahren in ‚Echtzeit‘ (im Monatsrhythmus) und damit in einer bis dahin nicht gekannten Dramatik auseinanderbrechen, weil der *Völkerbund* ab 1919 eine tendenziell globale wirtschaftsstatistische Infrastruktur etabliert hatte.

Kapitel 7.3 skizziert schließlich zwei in der Geschichte internationaler Wirtschaftsstatistik neuartige Bemühungen des Völkerbundsekretariats, die der späteren ‚technischen Hilfe‘ internationaler Organisationen entsprach. Die direkte und indirekte Förderung landesbezogener statistischer Behörden sollte helfen, die tendenziell globale wirtschaftsstatistische Infrastruktur auszubauen sowie Arbeitsweisen und konzeptionelle und methodische Grundsätze wirtschaftsstatistischer Erhebungen international aneinander anzugleichen. Zum einen entsandte Genf infolge der Weltwirtschaftskrise sowie einer zunehmenden Akzeptanz wirtschaftspolitischer Planungen und staatlicher wirtschaftlicher Aktivitäten Experten nach Indien und China, um entsprechende Beratungs- und Planungsinstitutionen nach ‚westlichen‘ Vorbildern zu etablieren. Der Ausbau statistischer Berichterstattung in den jeweiligen Ländern war dabei notwendig und die Orientierung an den Standards der wirtschaftsstatistischen Konvention gehörte zu den zentralen Zielen der Berater. Die Beispiele Indien und China offenbaren aber auch, dass diesem

2 Ekbladh: American Asylum, S. 633; Slobodian: Globalists, S. 57; ähnlich auch Schmelzer: Hegemony, S. 89.

Ansinnen enge politische und finanzielle Grenzen gesetzt waren. Zum anderen rief das Sekretariat Ende der 1930er Jahre mithilfe der *Rockefeller Foundation* ein Austauschprogramm ins Leben, mit dessen Hilfe Beamte aus Ländern mit statistischen Ämtern, deren Arbeit als verbesserungsfähig interpretiert wurden, in Behörden vor allem west- und nordeuropäischer Länder, der USA sowie im Genfer Sekretariat hospitieren sollten.

7.1 Die Standardisierungsbemühungen des *Ausschusses Statistischer Sachverständiger*

Der im Artikel 8 der wirtschaftsstatistischen Konvention vorgesehene *Ausschuss Statistischer Sachverständiger* (ASS) galt Zeitgenossen als eine der wichtigsten Bestimmungen des Vertrags, da er die künftige Gestaltung wirtschaftsstatistischer Erhebungen stark prägen werde. Diese Erwartungen erfüllten sich. Relativ rasch einigte sich der ASS auf internationale Standards, die Regierungen bereit waren umzusetzen. Bereits in den 1930er Jahren begannen einige Länder, außenhandelsstatistische Erhebungen daran anzupassen. Für die international vergleichbare statistische Erfassung der gewerblichen Produktion, für einheitliche Berechnungen des Volkseinkommens sowie für einige speziellere statistische Erhebungen bildeten Diskussionen des ASS zudem die Basis, auf der die *Vereinten Nationen* seit 1945 versuchen, die internationale Vergleichbarkeit von Wirtschaftsstatistiken sicherzustellen. Ohne diese Arbeiten des ASS wäre es den Ende des Kriegs gegründeten internationalen Wirtschafts- und Finanzorganisationen schwerer gefallen, ihre Aktivitäten rasch zu beginnen. Ihnen hätte es an einer funktionierenden grenzüberschreitenden wirtschaftsstatistischen Infrastruktur gemangelt, an Know-How und an anerkannten und eingeübten Routinen, wie Einigung über international standardisierte Konzepte und Methoden zu erzielen war.

„The best people there are": Der *Ausschuss Statistischer Sachverständiger*

Seine Wirkmacht konnte der ASS unter anderem entfalten, weil er in personeller Hinsicht die bewährte Praxis des *Völkerbunds* widerspiegelte, wirtschaftsstatistische Expertengremien zu besetzen: eine kleine Runde miteinander vertrauter Fachleute aus industrialisierten Ländern des ‚Westens', die überwiegend wirtschaftsliberale Ansichten vertraten und in ihren jeweiligen Staaten für die Umsetzung internationaler Beschlüsse sorgen konnten.

Loveday kam dabei wie schon in den 1920er Jahren eine zentrale Rolle zu[3] und sorgte dafür, dass die Ausschussmitglieder die seiner Meinung nach „best people there are" waren.[4] Auf seinem Vorschlag basierend berief der Völkerbundrat Anfang 1931 zehn Experten für drei Jahre in den ASS.[5] 1934 verlängerte der Rat ihr Mandat für weitere drei Jahre (nach Deutschlands Austritt aus dem *Völkerbund* war Ernst Wagemann im Oktober 1933 ausgeschieden).[6] 1937 wurde der Ausschuss ein letztes Mal vor dem Krieg neu besetzt.[7] 1945/46 nahm das ASS die 1938/39 begonnenen Diskussionen zur finanzwirtschaftlichen Statistik und zur Berechnung von Volkseinkommen am *Institute of Advanced Studies* in Princeton, New Jersey, wieder auf, wo Loveday und viele seiner Mitarbeiter seit dem Sommer 1940 im Exil arbeiteten. Da am Ende des Kriegs die meisten ordentlichen ASS-Mitglieder in Europa, verschollen oder tot waren, führten neu hinzugezogene Ökonomen und Statistiker aus Großbritannien, den USA, Kanada und lateinamerikanischen Ländern die Diskussionen.[8] Loveday, Valentino Dore und James W. Nixon vertraten im ASS das

---

3 „I suppose he had more to do than anyone else with the selection of the members of our Committee", schrieb Edward Dana Durand: Memoirs, masch., o.O. 1954, S. 288 (HHPL, Dana Durand Papers, MF-65/3).

4 HHPL, Dana Durand Papers, Box 1, Folder 16, Loveday an Dana Durand, 03.11.1930.

5 Robert H. Coats (Kanada), Edward Dana Durand (USA), Alfred W. Flux (Großbritannien), Corrado Gini (Italien), Michel Huber (Frankreich), Henri Willem Methorst (Niederlande), Gunnar Jahn (Norwegen), Edward Szturm de Sztrem (Polen), Ernst Wagemann (Deutschland) und Jakob Lorenz (Schweiz). LoNA, R.2713, 10B/25595/20823, Report of the Economic Committee to Council. Nomination of Committee of Technical Experts in Accordance with Article 8 of the International Convention relating to Economic Statistics (LoN Document C.31.1931.II), 06.01.1931; Minutes of the Sixty-Second Session of the Council [Genf, 19.-24.01.1931], in: OJ 12 (1931), S. 141–240, hier: S. 206 f.

6 Minutes of the Seventy-Eight Session of the Council [Genf, 15.-20.01.1934], in: OJ 15 (1934), S. 101–250, hier: S. 119; Lorenz wurde ab der vierten Sitzung im Juni 1935 von Carl Brüschweiler vertreten, der Lorenz 1931 auch als Leiter des *Eidgenössischen Statistischen Bureaus* abgelöst hatte (LoNA, R.4502, 10B/19428/397, Comité d'Experts Statisticiens. Résumé des discussions et decisions de la quatrième session. 30 mai – 7 juin 1935 (LoN Document C.E.S. 54), 10.10.1935, S. 19); im September 1935 bestätigte der Rat die Ersetzung Lorenz' durch Brüschweiler (Minutes of the Eighty-Ninth Session of the Council [Genf, 17.09.-07.10.1935], in: OJ 16 (1935), S. 1173–1226, hier S. 1174); PA AA, Referat Völkerbund, R 96834, *Reichswirtschaftsministerium* an *Auswärtiges Amt*, 02.11.1933; zur Entlassung Wagemanns als Direktor des *Statistischen Reichsamts* im Frühjahr 1933: Tooze: Statistics, S. 177–181.

7 Brüschweiler ersetzte nun offiziell Lorenz, der Österreicher Oskar Morgenstern besetzte die seit 1933 vakante Stelle Ernst Wagemanns und der Däne Einar Cohn folgte auf Willem Methorst (Minutes of the Ninety-Sixth Session of the Council [Genf, 21.-27.01.1937], in: OJ 18 (1937), S. 63–134, hier: S. 81; LoNA, R.4502, 10B/19428/397, Comité d'Experts Statisticiens. Résumé des discussions et decisions de la quatrième session. 30 mai – 7 juin 1935 (LoN Document C.E.S. 54), 10.10.1935, S. 19).

8 Gunnar Jahn ließ sich von Arne Skaug vertreten, der Wirtschaftsberater an der norwegischen Botschaft in Washington war. Der Schweizer Julius Wyler, der 1941 in die USA emigriert war und dort eine Professur an der New Yorker *New School for Social Research* übernommen hatte, vertrat Carl

Völkerbundsekretariat, das IIA bzw. die ILO. Gerhard Fürst, der seit 1930 im Genfer Sekretariat arbeitete und nach dem Zweiten Weltkrieg erster Präsident des *Statistischen Bundesamts* wurde, fungierte bis Oktober 1939 als ständiger ASS-Sekretär.

Fast alle ordentlichen Mitglieder des ASS waren aktuelle oder frühere Leiter staatlicher statistischer Ämter bzw. statistischer Abteilungen internationaler Organisationen. Eine Ausnahme war der Wiener Ökonom Oskar Morgenstern, der das Wiener Konjunkturforschungsinstitut leitete. Aufgrund seines Exils in den USA ab 1938 nahm er aber nur an einer ASS-Sitzung im April 1937 teil.[9] Morgenstern war zudem das mit Abstand jüngste ASS-Mitglied (Jahrgang 1902), Alfred W. Flux das deutlich älteste (1867). Flux gehörte dem ASS trotz seiner Pensionierung 1932 bis zu seinem Tod 1942 an, leitete das Gremium von 1931 bis 1937 und blieb einer der wichtigsten Korrespondenzpartner Lovedays.[10] Mit vier Ausnahmen (Brüschweiler, Coats, Cohn, Morgenstern) hatten alle ordentlichen Mitglieder 1928 an der Genfer Statistikkonferenz teilgenommen und außer Jakob Lorenz gehörten alle dem ISI an bzw. wurden kurz nach ihrer Berufung ISI-Mitglied. Seine starke angelsächsische Prägung erhielt das ASS durch die britischen Mitglieder Coats, Flux und Nixon (plus Loveday) sowie den US-Amerikaner Dana Durand. Außerdem war bekannt, dass Jahn, Wagemann und Morgenstern produktions- und konjunkturstatistische Ansätze US-amerikanischer Prägung begrüßten und wirtschaftsliberale Ansichten vertraten. Zu diesen traten weitere britische und US-amerikanische Ökonomen und Statistiker, die von themenspezifischen Arbeitsgruppen konsultiert wurden.[11]

Brüschweiler. Das einzige ordentliche ASS-Mitglied vor Ort war Oskar Morgenstern. Dem im Juni 1945 in Princeton tagenden *Sub-Committee on Banking Statistics* gehörten Winfield W. Riefler (USA), Roy G.D. Allen (Großbritannien), Emilio Barreto (Peru), Antonin Basch (Tschechoslowakei), Leon Dupriez (Belgien), Oskar Morgenstern als ordentliches ASS-Mitglied, W.E. Scott (Kanada) und Woodlief Thomas (USA) an. Mitglieder des *Sub-Committee on Balance of Payments Statistics* waren Dupriez, Allen, Barreto und Morgenstern sowie C.D. Blyth (Kanada), Hal B. Lary (USA), Arne Skaug (Norwegen) und Loreto M. Dominguez (Argentinien), der das *Inter-American Statistical Institute* vertrat. LoNA, Princeton Office, C.1773, 1/1, Committee of Statistical Experts. Sub-Committee Meetings on Banking Statistics and on Balance of Payments Statistics. Agenda and Provisional List of Participants (LoN Document C.E.S. 150), 19.06.1945; Ansgar Rosenborg an Edward Dana Durand, 15.06. 1945.

9 LoNA, R.4502, 10B/19428/397, Comité d'Experts Statisticiens. Résumé des discussions et decisions de la quatrième session. 30 mai – 7 juin 1935 (LoN Document C.E.S. 54), 10.10.1935, S. 19; LoNA, R.4502, 10B/27758/397, Morgenstern an Fürst, 11.02.1937; Work of the Committee of Statistical Experts During Its Sixth Session. Held in Geneva from April 19th to 24th, 1937, in: OJ 18 (1937), S. 433–453.

10 Vgl. ihre ausführliche Korrespondenz in LoNA, R.2713, 10B/25863/20823; R.4501, 10B/9598/397.

11 Carl Snyder, Winfield Riefler, Ernest M. Fisher, R.E. Marsh und Amos Taylor aus den USA sowie die Briten Richard Redmayne, Vincent P.A. Derrick, Henry Clay und Dennis Robertson (LoNA, R.4502, 10B/19428/397, Comité d'Experts Statisticiens. Résumé des discussions et decisions de la quatrième session. 30 mai – 7 juin 1935 (LoN Document C.E.S. 54), 10.10.1935, S. 19; Work of the Committee of

Hinter den Kulissen sorgte Loveday 1931 dafür, dass die von ihm vorgeschlagene Mitgliederliste nicht geändert wurde und ein ägyptischer Gegenvorschlag erfolglos blieb.[12] Er förderte auch die Kooperation mit privatwirtschaftlichen Verbänden, insbesondere der *Internationalen Handelskammer.* Das zeigt, dass das Netzwerk statistischer Experten auch in den 1930er Jahren über den Kreis amtlicher und wissenschaftlich tätiger Statistiker und Ökonomen hinausging.[13]

Plenumssitzungen des ASS fanden jährlich statt, mit Ausnahme von 1932, als die Abrüstungs- und die Londoner Weltwirtschaftskonferenz das Sekretariat voll beanspruchten.[14] Ständige ASS-Arbeitsgruppen befassten sich ab 1931 mit Außenhandels-, Produktions- und Preisstatistiken, zeitweilig arbeitende folgten im Laufe der Jahre und widmeten sich spezielleren Fragen (etwa der holz- oder bauwirtschaftlichen Statistik). Zu fast allen Arbeitsgruppen wurden außerordentliche Mitglieder hinzugezogen. Eine Sonderstellung besaß die 1936 etablierte Arbeitsgruppe zur Finanzstatistik. Ihr gehörten nur drei ordentliche ASS-Mitglieder an, aber gleich sieben außerordentliche Fachleute.[15] Explizit hatte die wirtschaftsstatistische Konvention ausgeschlossen, dass sich das Expertengremium Finanzstatistiken

---

Statistical Experts at Its Seventh Session (Held at Geneva from July 4th to 9th, 1938), in: OJ 19 (1938), S. 891–918, hier: S. 893, 896; LoNA, Princeton Office, C.1773, 1/1, Committee of Statistical Experts, Its Sub-Committees and Programme of Work, Memorandum, Ansgar Rosenborg, 17.03.1945, S. 1).

12 PA AA, RZ 303, R 118472, Abschrift eines Telegramms des ägyptischen Außenministeriums an das Völkerbundsekretariat, 04.01.1931; Loveday an Karl Ritter, *Auswärtiges Amt*, Berlin, 10. und 20.01.1931; Gesprächsnotiz eines deutschen Diplomaten, o.Dat. [22.01.1931]; LoNA, R.2713, 10B/25848/20823, Loveday an Miguel Casarès, 26.04. und 04.07.1932; Casarès an Loveday, 25.07.1932; Minutes of the Sixty-Sixth Session of the Council (Part IV) [Genf, 12.-15.04.1932], in: OJ 13 (1932), S. 1019–1036, hier: S. 1027.

13 Korrespondenz mit und einige Sitzungsprotokolle des ICC-Statistikkomitees in LoNA, R.2693, 10B/1227/1227; Internationale Handelskammer: Die Internationale Handelskammer, Paris o.J. [1934], 3. Umschlagseite; LoNA, R.2693, 10B/28847/28847, Loveday an Edouard Dolléans, Generalsekretär der *Internationalen Handelskammer*, Paris, 02.06.1931; LoNA, Official Document Collection, Committee of Statistical Experts. Report to the Council on the Work of the Second Session. Held at Geneva from December 7th to 12th, 1933 (LoN Document C.E.S. 14(1); C.678.M.322.1933.A.II), 12.12.1933, S. 6; LoNA, R.4501, 10B/11090/397, Committee of Statistical Experts. Summary of the Discussions of the Third Meeting, held in London from April 12th-14th, 1934 (LoN Document C.E.S. 30), 28.04.1934, S. 7; PA AA, Referat Völkerbund, R 96834, Ernst Poensgen, Düsseldorf, an Karl Ritter, *Auswärtiges Amt*, 23.11.1933; Bemmann: Das Chaos beseitigen.

14 LoNA, R.2713, 10B/25863/20823, Loveday an Flux, 30.09. und 31.10.1931; Clavin: Securing, S. 85.

15 LoNA, R.2713, 10B/27359/20823, Committee of Statistical Experts. Provisional Minutes of the Tenth Meeting [of the First Session], held at Geneva on Friday, March 27th [1931] (LoN Document C.E.S./P.V.10), S. 7; LoNA, R.4502, 10B/19428/397, Comité d'Experts Statisticiens. Résumé des discussions et decisions de la quatrième session. 30 mai – 7 juin 1935 (LoN Document C.E.S. 54), 10.10.1935, S. 19; LoNA R.4503, 10B/38118/397, Comité d'Experts Statisticiens. Résumé des discussions et decisions de la huitième session, tenue à Genève du 22 au 27 april 1939 (LoN Document C.E.S. 147), 29.06.1939.

widmete. Erst eine im Mai 1936 von Loveday angeregte Entscheidung des Völkerbundrats änderte das.[16] Diese Außerkraftsetzung einer Konventionsbestimmung und die damit einhergehende Erweiterung des Arbeitsfelds des ASS zeigt, wie sich die EFO bemühte, die eigene Arbeit ab Mitte der 1930er Jahre stärker als zuvor gegenüber dem *Völkerbund* als Ganzes zu profilieren, der politisch zunehmend diskreditiert war.[17]

Hinsichtlich einiger Aspekte schritten die Debatten im ASS soweit fort, dass er konzeptionelle und methodische Empfehlungen formulieren konnte, die Regierungen umsetzen sollten. Einige von ihnen wurden 1938 und 1939 veröffentlicht; 1947 folgten drei weitere Berichte.[18] Diese Empfehlungen dienten daher vor allem nach dem Krieg der internationalen Standardisierung wirtschaftsstatistischer Konzepte und Methoden sowie deren Weiterentwicklung im Rahmen der *Vereinten Nationen.*[19]

Der ASS und die internationale Standardisierung außenhandelsstatistischer Konzepte und Methoden

Die meisten Vorschläge des ASS kamen zu spät, um sie noch vor Beginn des Zweiten Weltkriegs zu realisieren. Seine Empfehlungen zu drei außenhandelsstatistischen Aspekten aber wurden bereits in den 1930er Jahren vielerorts umgesetzt. Dies erfolgte vor allem in industrialisierten Ländern des ‚Westens', teilweise aber auch andernorts. Außenhandelsstatistiken besaßen in den 1930er Jahren für viele Regierungen zwar höhere Relevanz als zuvor, da sie eine wichtige Grundlage für

16 League of Nations: International Conference … International Convention, S. 5 [Art. 8 (2)]; Work of the Financial Committee during Its Sixty First Session (Geneva, April 29th – May 6th, 1936), in: OJ 17 (1936), S. 666–673, hier: S. 673; Minutes of the Ninety-Second Session of the Council (Part I) [Genf, 11.-13.05.1936], in: OJ 17 (1936), S. 533–561, hier S. 550; zu Lovedays Beteiligung: NCL, Loveday Papers, Box 39, Chronology, Alexander Loveday, o.Dat., Einträge zu 1935 und 1936, S. 21 f..

17 Clavin: Securing, S. 124–158.

18 Die *Studies and Reports on Statistical Methods* umfassten konzeptionelle und methodische Empfehlungen zu Berufsstatistiken (Bd. 1, 1938), holzwirtschaftlichen Statistiken (Bd. 3, 1938), Kapitalstatistiken (Bd. 4, 1938), Wohnungsstatistiken (Bd. 5, 1939), Indizes der gewerblichen Produktion (Bd. 6, 1939) und eine überarbeitete *Minimum List of Commodities* für den Außenhandel (Bd. 2, 1938). 1947 folgten Berichte zur Berechnung des Volkseinkommens (Bd. 7) und der Zahlungsbilanz eines Landes (Bd. 9) sowie zu Bankstatistiken (Bd. 8).

19 Ward: Quantifying, S. 63–139; eingehender zu Beschäftigungsstatistiken Wobbe/Renard/Müller: Nationale und globale Deutungsmodelle; Wobbe/Renard: The Category; zu holzwirtschaftlichen Statistiken: Bemmann: Das Chaos beseitigen; zu Volkseinkommen: Speich Chassé: Erfindung, S. 99–112; Schmelzer: Hegemony, S. 88–116.

protektionistische Maßnahmen, Handelsvertragsverhandlungen und Clearingabkommen waren, die die internationalen Wirtschaftsbeziehungen jener Jahre so stark prägten.[20] Die rasche Umsetzung der Standardisierungsvorschläge des ASS ist darauf ebenso zurückzuführen wie auf den Umstand, dass es mit der Brüsseler Konvention von 1913 bereits eine einschlägige internationale Vereinbarung gab. Ohne die Konvention von 1928 aber und das durch sie geschaffene Expertengremium hätte es in den 1930er Jahren an Institutionen gefehlt, denen Regierungen weltweit vertrauten, mit denen sie unabhängig von ihrer Stellung zum *Völkerbund* bereit waren, zu kooperieren, und an deren Empfehlungen sie ihre Maßnahmen ausrichten konnten.

Der *erste* außenhandelsstatistische Aspekt war eine Länderliste, die Staaten zur Klassifikation ihrer Außenhandelsstatistiken nutzen konnten. Bereits im März 1931 einigten sich die ASS-Mitglieder auf eine *Minimum List of Countries* mit Bezeichnungen sowie politischen und geographischen Zuordnungen von Ländern. Sie sollte die mit 203 ‚statistical territories' sehr ausführliche Liste ersetzen, die Teil der wirtschaftsstatistischen Konvention war. Dort genannte kleinere, politisch meist unselbständige Länder wurden zusammengefasst oder den sie kontrollierenden Kolonialmächten zugeordnet. Auf diese Weise schrumpfte die neue *Minimum List* auf 58 ‚statistical territories'. In den Folgejahren übernahmen die meisten Länder, die die wirtschaftsstatistische Konvention ratifiziert hatten, diese Länderklassifikation und selbst Deutschland, das jede offizielle Kooperation mit dem *Völkerbund* verweigerte, folgte den internationalen Vorgaben zumindest teilweise.[21]

Das *zweite* außenhandelsstatistische Projekt des ASS war die Etablierung eines neuen internationalen Warenverzeichnisses, auf dem bis heute die Klassifikation

---

20 Vgl. Kindleberger: Die Weltwirtschaftskrise; Clavin: The Great Depression; Feinstein/Temin/Toniolo: The World Economy; Hesse/Köster/Plumpe: Die große Depression.

21 LoNA, Official Document Collection, Committee of Statistical Experts. Results of an Enquiry on the Adaptation of National Statistics to the Provisions of the International Convention relating to Economic Statistics. Report by the Secretariat, 17.05.1935 (LoN Document C.E.S. 43), S. 27; Diskussionen innerhalb der britischen Regierung über die Anpassung der eigenen außenhandelsstatistischen Länderliste an den neuen internationalen Standard in TNA, BT 70/32/S.776/31; zur Annahme der Liste seitens Indiens: BL IOR, L/E/9/479, Questions relating to International Trade Statistics arising out of the International Convention relating to Economic Statistics, Memorandum, Government of India, o.Dat. [1936], S. 3.

Dass sich auch die deutsche Außenhandelsstatistik an den neuen internationalen Standards orientierte, legt die Tatsache nahe, dass die Türkei wie von der wirtschaftsstatistischen Konvention und der *Minimum List of Countries* gefordert in der deutschen Statistik ab Mitte 1936 als europäisches Land geführt wurde (vgl. Anonymus: Die Bezugs- und Absatzländer im deutschen Außenhandel im 1. Vierteljahr 1936, in: Wirtschaft und Statistik 16 (1936), S. 405–407, hier S. 406; Anonymus: Die Bezugs- und Absatzländer im deutschen Außenhandel im 2. Vierteljahr 1936, in: Wirtschaft und Statistik 16 (1936), S. 624–626, hier S. 625).

der *Vereinten Nationen* basiert. Anknüpfend an Forderungen der ISI-Konferenz von 1923 und der Weltwirtschaftskonferenz von 1927[22] hatte die wirtschaftsstatistische Konvention 1928 empfohlen, das mit 186 Nummern als zu grob geltende Warenverzeichnis der handelsstatistischen Konvention von 1913 zu ersetzen.[23] Eine ASS-Arbeitsgruppe[24] formulierte bis Herbst 1935 diese neue, 456 (mit Unterpunkten 692) Warennummern umfassende *Minimum List of Commodities for International Trade Statistics.* Das Sekretariat bat nun alle Regierungen, mindestens einmal im Jahr zusätzliche Statistiken nach diesen Vorgaben zu erstellen und dem *Völkerbund* zu übermitteln (eine kleine Überarbeitung folgte 1938).[25] Das taten im Oktober 1939 bereits 25 Länder, deren Daten dann veröffentlicht wurden.[26] Außer Deutschland[27] gehörten dazu alle wichtigen ‚westlichen' Industriestaaten.[28] Mitte der 1940er Jahre

---

22 Bulletin de l'Institut International de Statistique 21 (1924), Nr. 1, S. 201; Völkerbund: Die Weltwirtschaftskonferenz, S. 45.

23 League of Nations: International Conference … International Convention, S. 77 [Recommendation XII]; zur Kritik des Warenverzeichnisses von 1913 vgl. Genzmer: Die Bestrebungen, S. 85 f.; League of Nations: Proceedings of the International Conference relating to Economic Statistics, S. 32; Cora Berliner: Die Reform der deutschen Außenhandelsstatistik, in: Weltwirtschaftliches Archiv 29 (1929), S. 320*-333*, hier: S. 329*; PA AA, RZ 303, R 117939, *Reichswirtschaftsministerium* an *Auswärtiges Amt*, 17.05.1934; Conference of British Commonwealth Statisticians, 1935, held at Ottawa, Canada, from September 13th to October 9th, 1935. Report and Resolutions adopted by the Second Conference of Government Officers Engaged in Dealing with Statistics in the British Commonwealth of Nations, Ottawa 1935, S. 21.

24 Mitglieder waren Edward Dana Durand als Leiter, Robert H. Coats, Alfred W. Flux, Valentino Dore und Willem Methorst sowie die außerordentlichen Mitglieder J.P.L. Gayon (Leiter der Statistikabteilung im französischen Zollamt), A. Colombo (Leiter der Zollabteilung im italienischen Finanzministerium) und bis 1933 Walther Grävell (Leiter der handelsstatistischen Abteilung im *Statistischen Reichsamt*): LoNA, R.4501, 10B/8074/397, Committee of Statistical Experts. List of Addresses, o.Dat. [1933], S. 3; erste Überlegungen von Dana Durand vom Mai 1931 in HHPL, Dana Durand Papers, Box 1, Folder 16; sein erster Entwurf vom Herbst 1932 samt einem Kommentar des Handelsstatistikers des *Board of Trade* Henry Macrosty in TNA, BT 70/36B/S.1408/32.

25 Rundschreiben des Generalsekretärs, 04.10.1935, in: TNA, BT 70/40/S.688/34; League of Nations. Committee of Statistical Experts: Minimum List of Commodities for International Trade Statistics, Genf 1938.

26 Work of the Committee of Statistical Experts at its Eight Session (Held in Geneva from April 22nd to 27th, 1939), in: OJ 20 (1939), S. 301–311, hier S. 303 f.; League of Nations: International Trade Statistics 1938, Genf 1939, S. 8.

27 Allerdings diente die *Minimum List* offenbar als Orientierungshilfe bei der Revision des deutschen Warenverzeichnisses Ende der 1930er Jahre (UN Document Collection. Enterprise Search Engine for the United Nations [https://search.un.org], United Nations. Statistical Commission. Committee on Statistical Classification. The 1928 Statistical Convention and the Minimum List of Commodities for International Trade Statistics, 07.04.1948 (UN Document E/CN.3/C.1/7), S. 5).

28 Vgl. etwa United Kingdom Trade Statistics. A New Classification for International Use, in: Board of Trade Journal 138 (1937), Nr. 2112 [27.05.1937], Supplement; United States Exports and Imports

begannen weitere, vor allem südamerikanische Länder solch zusätzliche Übersichten zu erstellen. Dänemark, Norwegen, Burma und Ecuador ersetzten sogar ihre eigenen durch das internationale Warenverzeichnis.[29] Die amtlichen Statistiker des britischen Reichs empfahlen im Sommer 1935 die Nutzung der neuen Liste, weil dies die Vergleichbarkeit der Statistiken innerhalb des Commonwealth steigere (bis 1939 kündigten die Dominions an, das Verzeichnis zu nutzen)[30] und 1938 initiierte das britische Kolonialministerium dessen Anwendung in fünf größeren Kronkolonien in Asien und Afrika (Kap. 6.3).

Viele Länder nutzten das Warenverzeichnis zunächst aber nicht. Indien etwa sagte dessen Übernahme 1936 zwar zu, verwies aber auf die durch eine solche Reform entstehenden Probleme diachroner Vergleiche. Diese könne man sich derzeit nicht leisten, weil die Handelsbeziehungen Indiens öffentlich breit diskutiert und neue Handelsverträge ausgehandelt würden.[31] 1936 stellte auch China in Aussicht, das neue Verzeichnis zu nutzen. Wegen technischer Schwierigkeiten und dadurch verursachter hoher Kosten könne das derzeit aber noch nicht geschehen.[32] Mit der Unvereinbarkeit des internationalen Warenverzeichnisses mit bestehenden Klassifikationen begründeten die japanische und die sowjetische Regierung, das Warenverzeichnis nicht anwenden zu können. In beiden Fällen ist jedoch auch eine politische Motivation hinter der ablehnenden Haltung zu vermuten.[33]

Für die Brüsseler Konvention von 1913 und das von ihr etablierte handelsstatistische Büro in der belgischen Hauptstadt bedeutete diese Arbeit des *Völkerbunds* das Ende. Erneut behauptete sich die Genfer Organisation gegen eine Institution, die älter war, als sie selbst. Bemerkenswerterweise setzte sich in diesem Falle sogar die nationalsozialistische Regierung indirekt für den *Völkerbund* ein. In einer konzer-

---

Classified in Accordance with the League of Nations Minimum List of Commodities for Use in International Trade Statistics. Supplement to Foreign Commerce and Navigation 1935, Washington 1937.

29 UN Document Collection. Enterprise Search Engine for the United Nations [https://search.un.org], United Nations. Statistical Commission. Committee on Statistical Classification. The 1928 Statistical Convention and the Minimum List of Commodities for International Trade Statistics, 07.04.1948 (UN Document E/CN.3/C.1/7); vgl. Anonymus: Current Status of Foreign Trade Statistical Classification Activities in the American Nations, in: Elizabeth Phelps (Hrsg.): First Session of the Inter American Statistical Institute, September 6–18, 1947, Washington, D.C., Kalkutta 1947, S. 340–345.

30 Conference of British Commonwealth Statisticians, S. 21f.

31 BL IOR, L/E/9/479, Hugh Dow, Joint Secretary to the *Government of India*, Simla, an *India Office*, London, 04.06.1936; TNA, BT 70/40/S.688/34, John Matthai, Director-General, *Department of Commercial Intelligence and Statistics*, Simla, an Hector Leak, *Board of Trade*, 03.09.1936.

32 LoNA, R.4536, 10B/16026/11270, Leiter des ständigen Büros der chinesischen Delegation beim *Völkerbund* an Generalsekretär Avenol, 05.06.1936.

33 LoNA, R.4537, 10B/20225/11270, Yokoyama, japanischer Generakonsul, Genf, an Generalsekretär Avenol, 07.10.1935 und 12.02.1937; LoNA, R.4535, 10B/14418/11270, Maksim M. Litvinov, sowjetischer Außenminister, an Generalsekretär Avenol, 02.01.1939.

tierten Aktion kündigten Berlin, London, Paris und Rom 1934 vertragsgemäß das zwanzig Jahre alte Abkommen mit Verweis auf die Bemühungen des *Völkerbunds* auf.[34] Für 1935 übermittelten die Regierungen noch Daten an das handelsstatistische Büro in Brüssel, das diese in einem letzten Jahrbuch 1937 publizierte. Danach stellte es seine Tätigkeit ein.[35]

Der *dritte* außenhandelsstatistische Aspekt, dem sich der ASS widmete, galt der Frage, ob es eine international einheitliche Form der Registrierung von Ziel- und Herkunftsländern von Waren in Außenhandelsstatistiken geben solle. Die Genfer Konvention hatte dafür ein Experiment vorgesehen, in dessen Rahmen Regierungen für zwölf Monate bei der Einfuhr das Produktions-, das Verkaufs- und das Versandland einer Ware registrieren sollten sowie bei der Ausfuhr die Länder, in die eine Ware versendet, verkauft bzw. in denen sie verbraucht werden sollte.[36] Sein Ergebnis bestätigte 1933, dass es nicht *die* beste Lösung gab, um die internationale Vergleichbarkeit der Außenhandelsstatistiken in dieser Hinsicht herzustellen. Alle drei Alternativen hatten ihre Vor- und Nachteile und ihre Anwendung hing von den Zielen ab, die eine Regierung mit diesen Statistiken verfolgte.[37]

Gleichwohl waren die ASS-Mitglieder der Ansicht, die Registrierung von Produktions- und Verbrauchsland „would furnish the most effective statement of the character of the trade of the world and of the volume and direction of world movements of the commodities concerned“. Sie empfahlen Regierungen daher, bei der Ein- und Ausfuhr für eine Reihe von ‚basic commodities‘ immer auch deren Produktions- und Verbrauchsland zu erfragen, sofern sie das nicht generell taten.[38] Völkerbundrat und Vollversammlung unterstützten dies, nicht zuletzt weil Loveday

34 PA AA, RZ 303, R 117939, Leak an Wolfgang Reichardt, Präsident des *Statistischen Reichsamt*, 27.03.1934; *Reichswirtschaftsministerium* an *Auswärtiges Amt*, 17.05.1934, sowie weitere Korrespondenz, aus denen das Beschriebene hervorgeht.

35 Hector Leak, *Board of Trade*, an Albert Janssen, Präsident des *Bureau International de Statistique Commerciale*, Brüssel, 26.10.1936; Bulletin du Bureau International de Statistique Commerciale 14 (1937); Revue de l'Institut International de Statistique 6 (1938), S. 350.

36 League of Nations: International Conference ... International Convention, S. 4 [Art. 3], 40 [Annex I, Part III].

37 LoNA, Official Document Collection, Summary of the Reports Received from the various Countries regarding the Results of the Experiment in the Recording of Commodities by Countries of Provenance and Destination, in: Committee of Statistical Experts. Report to the Council on the Work of the Second Session. Held at Geneva from December 7th to 12th, 1933 (LoN Document C.E.S. 14(1); C.672.M.322.1933.A.II), 12.12.1933, S. 7–18.

38 LoNA, Official Document Collection, Committee of Statistical Experts. Report to the Council on the Work of the Second Session. Held at Geneva from December 7th to 12th, 1933 (LoN Document C.E.S. 14(1); C.672.M.322.1933.A.II), 12.12.1933, S. 3 f.; LoNA, R.4501, 10B/8415/397, Comité d'experts statisticiens. Résmué des discussions de la 2ème sessuons (7 au 12 décembre 1933) (LoN Document C.E.S. 16), 11.01.1934, S. 3 f. (Zitat: S. 3).

die Notwendigkeit vergleichbarer Handelsstatistiken eindringlich unterstrich. Ihm zufolge würden Handelsverträge teils auf Basis von Statistiken verhandelt, die „demonstrably false“ seien.[39] Der ASS benannte daraufhin 35 landwirtschaftliche Waren, Holzprodukte und mineralische Rohstoffe und formulierte Vorschriften, wie deren Aus- und Einfuhr für eine zusätzliche internationale Statistik erfasst werden sollten.[40] Aus den vier in dieser Arbeit besonders interessierenden Ländern erhielt das Sekretariat regelmäßig ausgefüllte Fragebögen nur aus China (bis 1941). Indien und Japan weigerten sich aus Kostengründen, neben ihren üblichen Außenhandelsstatistiken zusätzliche Daten nach den Genfer Vorgaben zu erheben, und die Sowjetunion teilte mit, solche Angaben nicht zu besitzen.[41] Angesichts der vor allem finanziell begründeten Hindernisse, Daten vieler Länder für die neue Statistik zu erhalten, suchten die Sekretariatsmitarbeiter mithilfe veröffentlichter Handelsstatistiken solcher Staaten Lücken durch Berechnungen zu schließen, was etwa im Falle Japans und der Sowjetunion geschah. In anderen Fällen bemühte sich der bis Mitte 1937[42] dafür zuständige Gerhard Fürst erfolgreich, den Bezug von Daten mithilfe informeller Kontakte zu Statistikbeamten und unter Ausnutzung nationalen Prestigestrebens zu sichern. Das gelang etwa hinsichtlich Deutschlands und Großbritanniens.[43]

---

39 Minutes of the Seventy-Eight Session of the Council (Part I) [15.-20.01.1934], in: OJ 15 (1934), S. 101–250, hier: S. 108 f.; League of Nations: Records of the Fifteenth Ordinary Session of the Assembly. Meetings of the Committees. Minutes of the Second Committee, Genf 1934, S. 27–29, Zitat: S. 28; ähnlich NCL, Loveday Papers, Box 9, Loveday an Hector Leak, *Board of Trade*, London, 24.08.1935; Loveday an Charles W. Pearsall, *Office of Census and Statistics*, Pretoria, 24.08.1935.

40 Diesbezügliche Korrespondenz der ASS-Mitglieder in: LoNA, R.4529, 10B/9994/9880; 10B/10551/9880; Rundschreiben des Generalsekretärs, 10.10.1934, samt Liste der adressierten Länder, in: LoNA, R.4530, 10B/9267/9267.

41 Vgl. die diesbezügliche Korrespondenz zu China: LoNA, R.4531, 10B/24188/9267; zu Indien: LoNA, R.4530, 10B/14511/9267; zu Japan: LoNA, R.4531, 10B/24127/9267; und zur Sowjetunion: LoNA, R.4530, 10B/10352/9267.

42 Danach verantwortete John H. Chapman die Redaktion (NCL, Loveday Papers, Box 11, Division of Work, Aktenvermerk Lovedays, 21.10.1937).

43 NCL, Loveday Papers, Box 9, Confidential Report on a Visit to the Statistisches Reichsamt, Berlin, Gerhard Fürst, 08.01.1935, S. 3; LoNA, R.4530, 10B/21445/9267, Minute on Auxiliary International Trade Statistics, Gerhard Fürst, 25.06.1936; League of Nations: International Trade in Certain Raw Materials and Foodstuffs by Countries of Origin and Consumption, Genf 1936, S. 7 f.; TNA, BT 70/39/S.560/34, A. Parcivel Waterfield, *Treasury*, an *Board of Trade*, 19.04.1934 samt einem Memorandum von G.A. Pilgrim, 06.04.1934; LoNA, R.4530, 10B/21933/9267, Korrespondenz zwischen Fürst und Alfred W. Flux; TNA, BT 70/39/S.560/34, Auszug aus dem Protokoll einer internen Besprechung des *Board of Trade*, 01.03.1935; Conference of British Commonwealth Statisticians, S. 23 f.; LoNA, R.4530, 10B/21933/9267, Robert Dunbar, *Foreign Office*, an Joseph Avenol, Generalsekretär des *Völkerbunds*, 14.01.1936.

Das Ende 1936 erstmals erschienene Jahrbuch *International Trade in Certain Raw Materials and Foodstuffs by Countries of Origin and Consumption* enthielt Daten aus 28 Staaten, deren Regierungen den Fragebogen des Sekretariats beantwortet hatten, sowie zu 14 weiteren Ländern, deren publizierte Außenhandelsstatistiken ausgewertet worden waren. In den folgenden drei Jahren erstellte das Sekretariat jeweils ein weiteres Jahrbuch, die inhaltlich um drei Waren erweitert worden waren. Zwei davon waren Holzprodukte. Deren Aufnahme in die Warenliste zeigt, dass privatwirtschaftliche Akteure in den Standardisierungsbemühungen des *Völkerbunds* weiterhin relevant waren. Denn es war das 1932 gegründete, halb-staatliche *Comité International du Bois* (CIB), das die Differenzierung der Holzprodukte angeregt hatte.[44] Neben die inhaltliche Ausweitung des Jahrbuchs trat ab 1936 eine geographische Erweiterung. Sie erfolgte vor allem dadurch, dass publizierte Handelsstatistiken ausgewertet und deren Angaben soweit wie möglich in das methodische Schema des Jahrbuchs integriert wurden. In der letzten Ausgabe fanden auf diese Weise Daten aus 123 ‚statistical territories' Aufnahme, die fast den gesamten Welthandel abdeckten.[45]

Für die betrachteten 38 Waren machte das Jahrbuch erstmals dauerhaft globale Handelsströme sichtbar. Entsprechend erfreut waren Statistiker und Ökonomen über das neue Periodikum.[46] Vor allem Akademiker rezipierten die Jahrbücher,[47] aber auch Unternehmer abseits der industriellen Kernzonen Europas und Nordamerikas nahmen sie wahr.[48] Das explizit als Versuch geltende Projekt der ‚Auxiliary

---

44 LoNA, R.4529, 10B/10551/9880, Fürst an Egon Glesinger, Generalsekretär des CIB, 14.01.1937; Herman Lund, CIB, an Fürst, 03.03.1937; zum CIB vgl. Bemmann: Das Chaos beseitigen; zum Entstehungskontext des CIB: Elina Kuorelahti: The Political Economy of International Commodity Cartels. An Economic History of the European Timber Trade in the 1930s, London / New York 2021.

45 League of Nations: International Trade in Certain Raw Materials and Foodstuffs by Countries of Origin and Consumption 1936, Genf 1937, S. 8 f.; League of Nations: International Trade in Certain Raw Materials and Foodstuffs by Countries of Origin and Consumption 1938, Genf 1939, S. 8 f.

46 K., B.S.: [Rezension von League of Nations: International Trade in Certain Raw Materials ... 1935], in: International Affairs 16 (1937), S. 457; Eugene Staley: [Rezension von League of Nations: International Trade in Certain Raw Materials ... 1935], in: Journal of Political Economy 45 (1937), S. 840–841; A.L. Neal: [Rezension von League of Nations: International Trade in Certain Raw Materials ... 1935], in: Canadian Journal of Economics and Political Science 3 (1937), S. 605–608.

47 Etwa in J. Goldmann: The Economic Significance of French North Africa, in: Bulletin of the Oxford University Institute of Statistics 4 (1942), Nr. 16, S. 308–310; G. Donald A. MacDougall: Notes on Britain's Bargaining Power, in: Oxford Economic Papers, NF 1 (1949), S. 18–39; Sanjiva Shetty: Coffee in South India, in: The Madras Agricultural Journal 27 (1939), S. 388–400; Howard J. Trueblood: Raw Material Resources of Latin America, in: Foreign Policy Reports 15 (1939), S. 114–128.

48 Etwa in L'Information d'Indochine [Saigon], 29.01.1938, S. 8; oder in Anais do Conselho Econômico da Confederação Nacional da Indústria dos Anos de 1947–1948–1949, Rio de Janeiro o. J. [1949], S. 308.

Trade Statistics' wurde nach dem Krieg zwar nicht fortgesetzt. Die beiden in den 1940er Jahren im Völkerbundsekretariat erarbeiteten und weithin rezipierten Studien Folke Hilgerdts zum Welthandel aber, in denen er ein „influential, pioneering model" der integrierten Weltwirtschaft entwickelte, knüpften inhaltlich und methodisch an Fürsts Arbeiten an.[49]

Der ASS und die internationale Standardisierung der statistischen Erfassung gewerblicher Produktion

Ein zentraler Arbeitsschwerpunkt des ASS war die Etablierung internationaler Standards für die statistische Erfassung der gewerblichen Produktion und die Berechnung von Volkseinkommen. Damit befassten sich im Ausschuss ab 1936 drei Arbeitsgruppen unter der Leitung von Alfred W. Flux, Michel Huber und Richard Stone.[50] Ihre Empfehlungen kamen vor dem Krieg nicht mehr zur Anwendung. Sie bildeten aber die Grundlage für die 1946 einsetzenden Standardisierungsbemühungen der *Vereinten Nationen* und sie dienten dem Ausbau der empirischen Grundlagen für die Formulierung weitreichender wirtschaftspolitischer Konzepte, insbesondere die Förderung von Industrialisierungsmaßnahmen im Rahmen der Entwicklungspolitik nach dem Zweiten Weltkrieg.

Erstens etablierte das ASS international einheitliche Klassifikationen von wirtschaftlichen Aktivitäten und Wirtschaftsbranchen, um mit ihnen landesbezogene Berufs-, Arbeits- und Industriestatistiken vergleichen zu können. Dies war ein

49 Endres/Fleming: International Organizations, S. 119 f. (Zitat: S. 120); Marchi: League, S. 155 f., 161–163; vgl. League of Nations: Europe's Trade. A Study of the Trade of European Countries with Each Other and with the Rest of the World, Genf 1941; League of Nations: The Network of World Trade. A Companion Volume to „Europe's Trade", Genf 1942; vgl. zudem die vorbereitenden Memoranden Lovedays und Hilgerdts von Ende 1939, in LoNA, R.4514, 10B/39407/773.

50 Neben Flux tagten im *Sub-Committee on Statistics of Production and Distribution* ab Juli 1936 Brüschweiler, Coats, Durand, Huber, Jahn, Szturm de Sztrem und Nixon. Im Oktober 1936 bildete das ASS das *Sub-Committee on Indices of Industrial Production*, dem Huber, Flux und Jahn angehörten sowie die außerordentlichen Mitglieder Carl Snyder und der Pionier mathematisch orientierter Wirtschaftswissenschaften Oskar Anderson. Dem 1945/46 tagenden *Sub-Committee on National Income Statistics* gehörten unter Leitung des britischen Ökonomen Richard Stone der Australier Horace P. Brown, der Holländer Johannes B.D. Derksen, die beiden Kanadier Agatha L. Chapman und Claude M. Isbister, die drei US-Amerikaner George Jaszi, Hildegard Kneeland und Julius Wyler, der Mexikaner Raúl O. Mena und der Norweger Arne Skaug an. LoNA, R.4502, 10B/26402/397, Committee of Statistical Experts. Summary of the Discussions of the Fifth Session, held in Geneva from October 12th-19th, 1936 (LoN Document C.E.S. 76), 23.11.1933, S. 9; League of Nations. Committee of Statistical Experts: Indices of Industrial Production, Genf 1939, S. 5; United Nations: Measurement of National Income and the Construction of Social Accounts, Genf 1947, S. 5.

Auftrag der wirtschaftsstatistischen Konvention und wurde Mitte der 1930er Jahre akut, weil alle Länder, die das Abkommen ratifiziert hatten, verpflichtet waren, um 1940 einen Bevölkerungszensus durchzuführen, der auch die Berufstätigkeit erfassen sollte (‚economic activity'). [51] Über ihre funktionale Relevanz hinaus waren solche Klassifikationen bedeutsam, weil ihre Urheber zuvor entscheiden mussten, was sie als wirtschaftliche und was als nicht-wirtschaftliche Aktivität ansahen, mithin also, wo die Grenzen der statistisch zu beobachtenden ‚Wirtschaft' lagen. Eine in ‚westlichen' Industriestaaten um 1900 aufkommende Unterscheidung zwischen produktiver Lohn- und unproduktiver, oft weiblich konnotierter Hausarbeit, hat hier einen ihrer Ursprünge. [52] Außerdem halfen die mit Hilfe solcher Klassifikationen erhobenen Statistiken, die relative Bedeutung verschiedener Wirtschaftsbranchen in einem Land festzustellen und bei wiederholter Befragung die diesbezüglichen Veränderungen – den wirtschaftlichen Strukturwandel [53] – zu beobachten. Entwicklungspolitische Konzepte, die ab den 1930er Jahren die Industrialisierung agrarisch geprägter Länder propagierten, um ökonomische Abhängigkeitsverhältnisse zu verringern und den Lebensstandard der dortigen Bevölkerungen zu erhöhen, basierten auf solchen Überlegungen. [54]

---

51 League of Nations: International Conference … International Convention, S. 3 [Art. 2 (II)], 76 [Recommendation IV].

52 LoNA, R.4544, 10B/24590/23826, Committee of Statistical Experts. Sub-Committee on Statistics of Production and Distribution. Survey of Problems falling within the Competence of the Sub-Committee, Memorandum, Gerhard Fürst, 18. 06. 1936 (LoN Document C.E.S./S.C. Prod/4), S. 3; vgl. Wobbe/Renard: The Category; Luke Messac: Outside the Economy. Women's Work and Feminist Economics in the Construction and Critique of National Accounting, in: Journal of Imperial and Commonwealth History 46 (2018), S. 552 – 578; zudem Lepenies: Die Macht; Speich Chassé: Die Erfindung; Schmelzer: The Hegemony.

53 Kritisch zum Begriff: Jan-Otmar Hesse: Ökonomischer Strukturwandel. Zur Wiederbelebung einer wirtschaftshistorischen Leitsemantik, in: Geschichte und Gesellschaft 39 (2013), S. 86 – 115.

54 Etwa Ludwik Landau: Gospodarka światowa. Produkcja i dochód społeczny w liczbach, Warschau 1939 (franz. Zusammenfassung auf S. 145 – 151); Benoy Kumar Sarkar: The Equations of World-Economy in their Bearings on Post-War Reconstruction, Kalkutta 1943; P[aul] N. Rosenstein-Rodan: Problems of Industrialisation of Eastern and South-Eastern Europe, in: The Economic Journal 53 (1943), S. 202 – 211; League of Nations: Industrialization and Foreign Trade, Genf 1945; vgl. Malgorzata Mazurek: Measuring Development. An Intellectual and Political History of Ludwik Landau's Scale of World Inequality, in: Contemporary European History 28 (2019), S. 156 – 171; Kunkel/Meyer: Fortschritt nach Plan?; Speich Chassé: Die Erfindung, Kap. 2; Clavin: Securing, Kap. 5 und 6; vgl. Unger: International Development; Gerald Ambrosius: Wirtschaftsstruktur und Strukturwandel. Gesamtwirtschaft, in: Ders. / Dietmar Petzina / Werner Plumpe (Hrsg.): Moderne Wirtschaftsgeschichte. Eine Einführung für Historiker und Ökonomen, München 1996, S. 175 – 191; Toni Pierenkemper: Wirtschaftsgeschichte. Eine Einführung – oder: Wie wir reich wurden, München 2005, S. 123 – 132.

Bereits im 19. Jahrhundert hatte sich das ISI mit der Klassifikation von Wirtschaftsbranchen befasst und nach dem Ersten Weltkrieg auch die ILO und das *Preparatory Committee*. Angesichts der großen Diversität und der unterschiedlichen Ausprägung des verarbeitenden Gewerbes in verschiedenen Ländern konnten sich die Experten aber auf keine Klassifikation einigen, die über grobe Einteilungen von Gewerbegruppen hinausging.[55] Als sich die Experten des ASS im Frühjahr 1936 dieser Aufgabe annahmen, war ihnen die Herausforderung daher klar. Sie einigten sich dennoch innerhalb nur eines Jahres auf Definitionen der wirtschaftlich aktiven Bevölkerung und deren Klassifikation sowie auf ein Verzeichnis von Wirtschaftsbranchen. Regierungen müssten entsprechend der jeweiligen sozialen und ökonomischen Verhältnisse ihrer Länder selbst entscheiden, wie sie ihre diesbezüglichen Erhebungen durchführten. Diese sollten aber so angelegt sein, dass detaillierte Klassifikationen einzelner Länder in ein gröberes internationales Schema eingepasst werden konnten. Für dieses schlugen die ASS-Experten vor, nur 92 Wirtschaftsbranchen voneinander zu unterscheiden (zum Vergleich: die deutsche ‚Systematische Ordnung der Industriezweige' von 1936 hatte 321 Nummern).[56] Nach Kommentaren von knapp 30 Regierungen zu diesem Entwurf erschien der Bericht der Arbeitsgruppe samt der Klassifikation von Wirtschaftsbranchen (mit nun 94 Nummern) als erster Band der ASS-Schriftenreihe.[57] Bis zum Kriegsbeginn hatten

---

55 International Labour Office: The Second International Conference of Labour Statisticians. Held at Geneva, 20 to 25 April 1925, Genf 1925, S. 40–47, 73; International Labour Office: The Third International Conference, S. 86–91, 115; Lucien March: La classification des industries. Rapport, présenté au nom de la Commission d'Études, in: Bulletin de l'Institut International de Statistique 22 (1926), Nr. 2, S. 5–22; Bulletin de l'Institut International de Statistique 22 (1926), Nr. 1, S. 211 f.

56 LoNA, Official Document Collection, Comité d'experts statisticiens. Sous-comité sur les statistiques de la production et de la distribution. Note sur la classification des industries et professions, Michel Huber, 15.05.1936 (LoN Document C.E.S./S.C. Prod/1); Committee of Statistical Experts. Sub-Committee on Statistics of Production and Distribution, Memorandum, Edward Dana Durand, 25.05.1936 (LoN Document C.E.S./S.C. Prod/2); Committee of Statistical Experts. Sub-Committee on Statistics of Production and Distribution. Draft Nomenclature of Industries, Memorandum, Gerhard Fürst (LoN Document C.E.S./S.C. Prod/11); LoNA, R.4541, 10B/24791/19198, Committee of Statistical Experts. Sub-Committee on Statistics of Production and Distribution. Report on the Work of the First Session held at Geneva, July 2nd to 4th, 1936, 08.07.1936 (LoN Document C.E.S. 64); LoNA, R.4502, 10B/26402/397, Committee of Statistical Experts. Summary of the Discussions of the Fifth Session, held in Geneva from October 12th-19th, 1936, 23.11.1936 (LoN Document C.E.S. 76), S. 4 f.; Work of the Committee of Statistical Experts during its Sixth Session. Held in Geneva from April 19th to 24th, 1937, in: OJ 18 (1937), S. 433–453, hier S. 435–453; zur deutschen Klassifikation: Roeder: Die industrielle Produktionsstatistik, S. 1020–1024.

57 TNA, FO 371/22544, W 13968/163/98, Committee of Statistical Experts. Observations by Governments concerning Statistics of the Gainfully-Occupied Population, 27.05.1938 (LoN Document C.E.S. 119); Work of the Committee of Statistical Experts at its Seventh Session (Held at Geneva from

diese Empfehlungen kaum mehr eine Chance, umgesetzt zu werden. Gleichwohl nutzte die Schweiz die Klassifikation 1939 für eine Betriebszählung.[58]

Der *zweite* Aspekt, mit dem sich die produktionsstatistische Arbeitsgruppe des ASS befasste, war die Berechnung von Indizes der gewerblichen Produktion. Sie galten als zentrale Indikatoren der wirtschaftlichen Entwicklung eines Landes.[59] Entsprechend viel Energie investierten Ökonomen, Wirtschaftsforschungsinstitute und statistische Behörden in ihre Etablierung und die Verbesserung ihrer statistischen Basis. Dabei diente die Weltwirtschaftskrise zweifellos als Katalysator, doch auch die wirtschaftsstatistische Konvention von 1928 trug ihren Anteil bei. Denn alle Staaten, die sie ratifizierten, verpflichteten sich, mindestens vierteljährlich Zahlen zu veröffentlichen, die „variations of the industrial activity of the most representative branches of production" aufzeigten.[60]

Als sich das *Preparatory Committee* 1925/26 dem Thema gewidmet hatte, gab es solche Indizes in kaum einer Handvoll von Ländern. Zehn Jahre später dokumentierte das MBS hingegen die monatliche Entwicklung der gewerblichen Produktion in 23 Staaten und informierte dank speziellerer Indizes auch über die Entwicklung in der Konsumgüter-, der Maschinenbau- und der Textilindustrie einiger Länder.[61] Diese Indizes unterschieden sich in Anlage und Aussagekraft allerdings teils deutlich voneinander. Die theoretischen und statistischen Grundlagen waren wenig entwickelt, die Gewerbezweige besaßen in den einzelnen Ländern unterschiedlich große Bedeutung, und die Indizes verfolgten jeweils unterschiedliche Zwecke.[62] Hier größere Einheitlichkeit zu schaffen war das Ziel des ASS.

Die einschlägigen konzeptionellen und methodischen Empfehlungen des *Preparatory Committee*, die Teil der wirtschaftsstatistischen Konvention geworden

---

July 4th to 9th, 1938*)*, in: OJ 19 (1938), S. 891–918, hier S. 891f.; League of Nations. Committee of Statistical Experts: Statistics of the Gainfully-Occupied Population. Definitions and Classifications, Genf 1938.

58 Schwarz: Probleme, S. 574.

59 Haberler, Gottfried von: Prosperity and Depression. A Theoretical Analysis of Cyclical Movements, Genf 1937, S. 162–173; Michał Kalecki / Ludwik Landau: Comparibilité international des indices de la production industrielle, Warschau 1934, S. 3.

60 League of Nations: International Conference … International Convention, S. 4 [Art 2 (V, C)].

61 Monthly Bulletin of Statistics 7 (1926), S. 14; Monthly Bulletin of Statistics 10 (1929), S. 88; Monthly Bulletin of Statistics 13 (1932), S. 249; Monthly Bulletin of Statistics 17 (1936), S. 299–301; bis 1939 kamen zwei weitere Länder hinzu (Monthly Bulletin of Statistics 20 (1939), S. 376–378); vgl. Kalecki/Landau: Comparabilité, S. 3.

62 Kalecki/Landau: Comparibilité; LoNA, R.4544, 10B/23826/23826Committee of Statistical Experts. Sub-Committee of Production and Distribution. Indices of Industrial Production or Activity, Memorandum, Gerhard Fürst, 30.05.1936 (LoN Document C.E.S./S/C.Prod./3), S. 2; Rolf Wagenführ: Produktionsindexziffern und ihre Probleme, in: Vierteljahrshefte zur Wirtschaftsforschung NF 13 (1938/39), S. 87–109.

waren, galten zwar weiterhin als richtig, aber auch als überholt.[63] Deshalb etablierte der ASS auf Anraten seiner produktionsstatistischen Arbeitsgruppe im September 1936 ein neues *Sub-Committee on Indices of Industrial Production.* Es sollte den Zweck von Produktionsindizes formulieren, die Wirtschaftsbranchen benennen, auf die sich diese beziehen sollten, und Empfehlungen aussprechen, nach welchen Prinzipien verschiedene Wirtschaftsbranchen in einem Index gewichtet werden sollten.[64] Knapp zwei Jahre später legte die Arbeitsgruppe ihren Bericht vor, den faktisch der Völkerbundbeamte Gerhard Fürst verfasst hatte.[65]

Die Experten beschränkten sich darauf, Leitlinien für einen damals praktisch nicht umsetzbaren idealen Produktionsindex zu formulieren. Dieser müsse „changes in the physical volume of industrial production during a given period" messen. Dazu solle der ‚net output' aller Gewerbebranchen registriert und in einem einheitlichen Index zusammengerechnet werden, in dem diese je nach ihrer relativen Bedeutung für die gesamte Gewerbeproduktion eines Landes gewichtet sein sollten. Das hatte bereits Flux 1926 im Memorandum für das *Preparatory Committee* ganz ähnlich formuliert. Zwei zentrale Aspekte aber unterschieden die ASS-Empfehlungen von den zehn Jahre älteren und spiegelten die Fortschritte wider, die in

---

63 Wagenführ: Produktionsindexziffern, S. 90; ähnlich auch Gerhard Fürst in LoNA, R.4544, 10B/23826/23826, Committee of Statistical Experts. Sub-Committee of Production and Distribution. Indices of Industrial Production or Activity, Memorandum, Gerhard Fürst, 30.05.1936 (LoN Document C.E.S./$^{S}/_{C}$.Prod./3), S. 1f.

64 Vorsitzender der Arbeitsgruppe war Michel Huber, Mitglieder waren Gunnar Jahn und Alfred W. Flux vom ASS sowie die außerordentlichen Mitglieder Carl Snyder (USA) und Oskar Anderson (Bulgarien). LoNA, R.4541, 10B/24791/19198, Committee of Statistical Experts. Sub-Committee on Statistics of Production and Distribution. Report on the Work of the First Session, held at Geneva, July 2nd to 4th, 1936, 08.07.1936 (LoN Document C.E.S. 64), S. 2, 9; LoNA, R.4502, 10B/26402/397, Committee of Statistical Experts. Summary of the Discussions of the Fifth Session, held in Geneva from October 12th–19th, 1936, 23.11.1936 (LoN Document C.E.S. 76), S. 3f.; LoNA, R.4544, 10B/23826/23826, Comité d'Experts Statisticiens. Sous-comité sur les statistiques de la production et de la distribution. Instructions pour le sous-comité des indices de la production industrielle, 05.11.1936 (LoN Document C.E.S. 74).

65 LoNA, R.4544, 10B/23826/23826, Committee of Statistical Experts. Sub-Committee on Indices of Industrial Production. Draft Report, Gerhard Fürst, 25.05.1938 (LoN Document C.E.S. 118); Work of the Committee of Statistical Experts at its Seventh Session (Held at Geneva from July 4th to 9th, 1938), in: OJ 19 (1938), S. 891–918, hier S. 906–914. Der Bericht stützte sich stark auf O[skar] N. Anderson: On the Question of the Construction of an Internationally Comparable Index of Industrial Production, in: Trudove na Statističeskija Institut za Stopanski Proučvanija pri Sofijskija Dăržaven Universitet / Publications of the Statistical Institute for Economic Research, State University of Sofia 3 (1937), S. 121–131; S[lavcho] Zagorov: A Contribution to the Theory of Quantity Indices. Structure and Meaning of the Bulgarian Index of Industrial Production, in: Zeitschrift für Nationalökonomie 8 (1937), S. 461–468; und ähnelte teils Wagenführ: Produktionsindexziffern, was einen Austausch Fürsts mit seinem deutschen Kollegen nahelegt.

der Zwischenzeit bei der Ausweitung der wirtschaftsstatistischen Infrastruktur und bei der Etablierung internationaler Standards erreicht worden waren.

Zum einen erschien es der Arbeitsgruppe nun möglich, nicht nur Produktionsmengen, sondern auch die Wertschöpfung in einzelnen Branchen permanent zu erfassen und beides miteinander in Indizes zu kombinieren. Anders als in Flux' Konzept ließen sich Veränderungen in der Produktivität so ohne größere Zeitverluste messen.[66] Zum anderen unterschieden sich die Empfehlungen von 1926 und 1938 dahingehend, dass letztere bei der Bestimmung, welche Gewerbezweige ein Produktionsindex zu betrachten habe, auf die Klassifikation von Wirtschaftsbranchen zurückgreifen konnte, die der ASS kurz zuvor veröffentlicht hatte. Dies erhöhte die Vergleichbarkeit der Indizes und erlaubte es, Indizes der Produktion einzelner Wirtschaftsbranchen ebenso zu berechnen wie solche von Branchengruppen und des gesamten Gewerbes oder auch der Konsum- und der Kapitalgüterproduktion.[67]

Den Entwurf dieser Empfehlungen schickte das Völkerbundsekretariat an alle Regierungen und bat sie, ihn zu kommentierten. Zudem ging er an über 20 Konjunktur- und Wirtschaftsforschungsinstitute in Europa, den USA und Japan, den schwedischen Industrieverband sowie die Wirtschaftszeitschriften *Capital* in Kalkutta und *The Oriental Economist* in Tokio, die selbst Produktionsindizes erarbeiteten.[68] Aufbauend auf den überwiegend positiven Rückmeldungen einigten sich die ASS-Mitglieder im April 1939 auf eine endgültige Fassung der Empfehlungen.[69]

Das *dritte* produktionsstatistische bzw. volkswirtschaftliche Arbeitsfeld des ASS, die Berechnung von Volkseinkommen, ist das bekannteste von allen, wird aber kaum mit dem *Völkerbund* verbunden. Dies liegt daran, dass die diesbezüglichen ASS-Debatten erst nach Ende des Zweiten Weltkriegs von größtenteils neuen Akteuren im *Sub-Committee on National Income Statistics* geführt wurden, methodische Innovationen der Kriegszeit aufnahmen und die Ergebnisse 1947 von den *Vereinten Nationen* publiziert wurden. In die Entstehung dieses Berichts war der ASS gleichwohl involviert.

66 Flux: Indices of Productive Activity, S. 395 f., 417 f.; Work of the Committee of Statistical Experts at its Seventh Session (Held at Geneva from July 4th to 9th, 1938), in: OJ 19 (1938), S. 891–918, hier S. 907, 911 f.

67 Flux: Indices of Productive Activity, S. 425 f.; Work of the Committee of Statistical Experts at its Seventh Session (Held at Geneva from July 4th to 9th, 1938), in: OJ 19 (1938), S. 891–918, hier S. 908–911.

68 LoNA, R.4557, 10B/35783/35783, Rundschreiben des Generalsekretärs an Regierungen, 17.10.1938; Ansgar Rosenborg an Konjunktur- und Wirtschaftsforschungsinstitute, 05.11.1938; Liste der Adressaten.

69 Work of the Committee of Statistical Experts at its Eighth Session (Held in Geneva from April 22nd to 27th, 1939), in: OJ 20 (1939), S. 301–311, hier S. 302 f.; League of Nations. Committee of Statistical Experts: Indices of Industrial Production, Genf 1939.

Die wirtschaftsstatistische Konvention von 1928 empfahl allen ratifizierenden Staaten, „in which the basic economic statistics are sufficiently developed“, ihre wirtschaftsstatistischen Erhebungen so einzurichten, dass die Schätzung von Volkseinkommen möglich werde.[70] Das Thema stand im März 1931 auch auf der Aufgabenliste des ASS. Konkret wurden Richtlinien angestrebt, die die Inhalte der Volkseinkommensrechnung standardisieren, die dafür notwendigen Statistiken benennen und notwendige Definitionen formulieren sollten. Allerdings waren sich die ASS-Mitglieder 1931 einig, dass sie das Thema erst diskutieren könnten, wenn dringendere Fragen geklärt wären.[71]

Der Zeitpunkt dafür schien Anfang 1939 gekommen zu sein. Ein großer Teil der Aufgaben, die die Konvention dem ASS überantwortet hatte, war vorerst erledigt und das öffentliche und akademische Interesse an Zahlen zum Volkseinkommen hatte in der Zwischenzeit vielerorts deutlich zugenommen. Das spiegelte sich unter anderem darin wider, dass John B. Condliffe, der seit 1932 in den jährlich von ihm verfassten *World Economic Surveys* des *Völkerbunds* Volkseinkommensdaten einiger Staaten veröffentlichte und diskutierte, 1936 in diesem Jahrbuch die methodischen Probleme der Volkseinkommensrechnung und die Schwierigkeiten des internationalen Vergleichs diesbezüglicher Zahlen erörterte.[72] Ende 1938 schlug dann mit Einar Cohn ein ASS-Mitglied vor, das Gremium solle sich mit der Volkseinkommensrechnung beschäftigen.[73] Die anderen Mitglieder begrüßten Cohns Vorschlag im April 1939 und beauftragten Fürst, die notwendigen Vorbereitungsarbeiten zu beginnen. Auf konkrete Schritte wollte man sich in der Folgesitzung im April 1940 einigen.[74]

Der Krieg verhinderte dies. An den folgenden Entwicklungen, die in Großbritannien und den USA aus der bis dahin weitgehend akademischen Berechnung von

---

70 League of Nations: International Conference … International Convention, S. 76 [Recommendation V].

71 LoNA, R.2713, 10B/26678/20823, Committee of Statistical Experts. Note by the Secretariat on the Function of the Committee of Technical Experts set up under the Terms of the International Convention relating to Economic Statistics, 26.02.1931 (LoN Document C.E.S. 1), S. 27; LoNA, R.2713, 10B/27359/20823, Committee of Statistical Experts. Provisional Minutes of the Eighth Meeting [of the First Session], held at Geneva on Thursday, March 26th, 1931 (LoN Document C.E.S./P.V.8), S. 4.

72 League of Nations: World Economic Survey 1935/36, Genf 1936, S. 102 f.; vgl. Studenski: The Income, S. 150 f.

73 LoNA, R.4503, 10B/35194/397, Cohn an Ansgar Rosenborg, 12.12.1938; Aktenvermerk von Rosenborg an Fürst, 07.01.1939.

74 Comité d'Experts Statisticiens. Résume des discussions de la huitième session, tenue à Genève du 22 au 27 avril 1939, 29.06.1939 (LoN Document C.E.S. 147), S. 5, in: LoNA, R.4503, 10B/38118/397; Work of the Committee of Statistical Experts at its Eighth Session (Held in Geneva from April 22nd to 27th, 1939), in: OJ 20 (1939), S. 301–311, hier S. 305.

Volkseinkommen die politisch relevante sowie amtlich und regelmäßig durchgeführte volkswirtschaftliche Gesamtrechnung machten, hatten der *Völkerbund*, der ASS und die in dessen Rahmen bis 1939 agierenden Experten praktisch keinen Anteil.[75] Daran aber, dass Loveday und seine mit ihm 1940 nach Princeton übersiedelten EFO-Mitarbeiter Interesse an diesen Diskussionen hatten, kann kein Zweifel bestehen. Schließlich ging es ebenso um wirtschaftswissenschaftliche Kernfragen – was ist ‚die Wirtschaft'? – wie um eine neuartige und vor allem „dauerhafte Verknüpfung von makroökonomischer Statistik und politischem Prozess".[76] Zudem versprachen die diskutierten Konzepte, wirtschaftsstatistischen Erhebungen aller Art einen makroökonomischen Rahmen zu geben, innerhalb dessen ihr Zusammenhang in länderbezogenen Summen für Einkommen, Produktion oder Investments theoretisch wie praktisch deutlich wurde. „[T]he accounting layout", so formulierte es Richard Stone, der in der Etablierung der volkswirtschaftlichen Gesamtrechnung eine zentrale Rolle spielte, „may be used as a framework into which to fit available information obtained from a large number of different sources official and private".[77] Es ist das Fehlen dieses durch die volkswirtschaftliche Gesamtrechnung gesetzten und sehr rasch akzeptierten Rahmens, der es Zeitgenossen wie späteren Beobachtern nahelegte, Wirtschaftsstatistiken aus der Zeit vor den 1940er Jahren als „collections of large data sets" zu bezeichnen, die „little internal, much less international, consistency" besessen hätten.[78]

Internationale Vergleichbarkeit fehlte allerdings auch den Anfang der 1940er Jahre diskutierten Konzepten der Volkseinkommensrechnung. Das wurde zum Problem, als die Alliierten begannen, die neue internationale Wirtschaftsordnung zu konzipieren.[79] Im September 1944 trafen sich daher die in ihren Ländern für die amtliche Volkseinkommensrechnung Verantwortlichen Richard Stone (Großbritannien) und George Luxton (Kanada) mit dem Team von Milton Gilbert, der in den USA diese Arbeiten leitete. Sie einigten sich darauf, das britische System weitgehend als Standard anzuerkennen, das Stone und sein Kollege James Meade aufbauend auf der Konzeption von John Maynard Keynes erarbeitet hatten. Für die darüber hin-

75 Vgl. zu diesen oft beschriebenen Entwicklungen beispielsweise Lepenies: Die Macht, S. 71–77, 98–122; Speich-Chassé: Die Erfindung, S. 99–102; Schmelzer: The Hegemony, S. 90–93; Studenski: The Income, S. 151–154.

76 Speich Chassé: Die Erfindung, S. 100.

77 United Nations: Measurement, S. 95.

78 Schmelzer: The Hegemony, S. 89; ähnlich auch Ward: Quantifying, S. 35 f.

79 Martin: Experts, S. 316–352.

ausgehende internationale Anerkennung dieses Systems war diese Einigung der wirtschaftlich wie politisch führenden Länder der Welt ein wichtiger Schritt.[80]

Dass der ASS hierbei noch eine Rolle spielte, überrascht, denn die Tage des *Völkerbunds* waren im Herbst 1944 gezählt. Die zur gleichen Zeit beginnende Planung neuer ASS-Tätigkeiten muss daher als Teil des Bemühens von Lovedays Team verstanden werden, „to make a final major effort to shape the new global agenda in the name of the League".[81] Sie waren enttäuscht, dass sich Großbritannien, die USA, die Sowjetunion und China im Spätsommer 1944 in Dumbarton Oaks geweigert hatten, einen der zentralen Schlüsse umzusetzen, die das Völkerbundsekretariat aus den Erfahrungen der 1930er Jahre gezogen hatte: das Konzept von Sicherheit auf soziale und wirtschaftliche Aspekte auszuweiten und in einem Gremium der *Vereinten Nationen* zu institutionalisieren, das dem Sicherheitsrat, der Vollversammlung und dem Sekretariat gleichgestellt war.[82]

In diesem Kontext fand die eben erwähnte Tagung der Volkseinkommensstatistiker in Washington statt und anders als Stone dies später erinnerte[83] traf er Loveday bereits dort. Beide kamen überein, dass es sinnvoll wäre, die getroffenen konzeptionellen und methodischen Einigungen im Rahmen der ASS-Schriftenreihe zu publizieren.[84] Kurz darauf forderte Loveday, die *Vereinten Nationen* sollten die Arbeit des ASS und auch dessen Beschäftigung mit der Volkseinkommensrechnung weiterführen.[85] Praktisch nahm der ASS seine Tätigkeit dann im März 1945 wieder auf. Das war kein Zufall. Just am gleichen Tag, als Loveday seine diesbezügliche Absicht Dana Durand mitteilte, bat ihn der ranghöchste US-amerikanische Regierungsstatistiker Stuart A. Rice[86] nach Washington. Dort besprachen Mitte März 1945 US-amerikanische Beamte mit einem britischen Beobachter, Ansgar Rosenborg vom

80 Lepenies: Die Macht, S. 117 f.; Benjamin Hav Mitra-Kahn: Redefining the Economy. How the 'Economy' was invented in 1620, and has been redefined ever since, masch. Diss. City University London 2011 [https://mitrakahn.files.wordpress.com/2011/11/mitra-kahn-autumn-2011-final.pdf; 17.04.2019], S. 265–268; Speich Chassé: Die Erfindung, S. 97, 102; Studenski: The Income, S. 154;

81 Clavin: Securing, S. 328.

82 Clavin: Securing, S. 327 f.; Speich Chassé: Erfindung, S. 150.

83 Pesaran, M. Hashem: The ET Interview: Professor Sir Richard Stone, in: Economic Theory 7 (1991), S. 85–123, hier S. 94.

84 LoNA, Princeton Office, C.1773, 5/1, Loveday an Stone, 14.06.1945.

85 LoNA, Loveday Archives, P 151/6, The Question of the Transfer of the Economic and Financial Organization of the League to a new United Nations Organization, Memorandum, Alexander Loveday, November 1944 (Document H.S.9), S. 8.

86 Vgl. die biographischen Angaben im Anhang.

Völkerbund sowie Carter Goodrich von der ILO, wie die internationale Statistik zukünftig zu organisieren sei.[87]

Im Juni 1945 sagte Stone Loveday zu, den im vorangegangenen Herbst versprochenen Bericht zu verfassen[88] und im darauffolgenden Dezember diskutierte das eigens zusammengestellte *Sub-Committee on National Income Statistics* diesen Bericht. Als Stone dessen finale Fassung im Juni 1946 fertiggestellt hatte,[89] war es aber zu spät, ihn noch als Völkerbundpublikation zu veröffentlichen. Denn die Genfer Organisation hatte sich Mitte April 1946 aufgelöst.[90] Stattdessen übermittelte Rosenborg den Bericht an die sich konstituierende *Statistische Kommission* der *Vereinten Nationen.*[91] Diese entschied Anfang 1947, den Bericht zu veröffentlichen und in einen bibliographischen Zusammenhang mit den sechs vorangegangenen ASS-Berichten zu bringen.[92]

Der Krieg als Zäsur?

Obgleich es der Vielzahl der bis zum Zweiten Weltkrieg erhobenen, gesammelten und analysierten Daten noch an einem einheitlichen konzeptionellen Rahmen

87 LoNA, Princeton Office, C.1773, 1/1, Loveday an Dana Durand, 06.03.1945; Loveday an Rosenborg, 23.03.1945; Rice an Loveday, 06.03.1945; Informal Discussion of Problems Concerning the Coordination of International Statistics, Agenda, o.Dat. [13.03.1945]; Consensus reached at an Informal Discussion of Problems Concerning the Coordination of International Statistics, called by Division of Statistical Standards, Bureau of the Budget, March 13, 1945, 15.03.1945.

88 LoNA, Princeton Office, C.1773, 5/1, Stone an Loveday, 19.06.1945.

89 LoNA, Princeton Office, C.1773, 5/1, Rosenborg an Stone, 22.03.1946; Stone an Rosenborg, 02., 04., 15. und 23.04. sowie 17. und 24.06.1946; LoNA, Official Document Collection, Committee of Statistical Experts. Report of the Sub-Committee on National Income Statistics, Juni 1946 (LoN Document C.E.S. 156).

90 Walters: A History, S. 814 f.

91 UN Document Collection. Enterprise Search Engine for the United Nations [https://search.un.org], Summary Report of the Third Meeting of the Statistical Commission. Held at Hunter College, New York, on Friday, 3 May 1946, 09.05.1946 (UN Document E/Stat/5); Summary Report of the Fourth Meeting of the Statistical Commission. Held at Hunter College, New York, on Monday, 6 May 1946, 10.05.1946 (UN Document E/Stat/6).

92 UN Document Collection. Enterprise Search Engine for the United Nations [https://search.un.org], United Nations. Statistical Commission. Consideration of Action to be taken with Respect to Unpublished Reports of the Committee of Statistical Experts of the League of Nations, 16.01.1947 (UN Document E/CN.3/13); United Nations. Statistical Commission. First Session. Summary Record of the Fourth Meeting. Held at Lake Success, New York, on Wednesday, 29 January 1947, 29.01.1947 (UN Document E/CN.3/SR.4); United Nations. Statistical Commission. Report of the Statistical Commission to the Economic and Social Council. First Session 27 January to 7 February 1947, 06.02.1947 (UN Document E/CN.3/20/Rev.1), S. 6 f.

fehlte, wie ihn die volkswirtschaftliche Gesamtrechnung ab den späten 1940er Jahren bot, ist es übertrieben, die bis 1939 erstellten internationalen Wirtschaftsstatistiken generell als unsystematische und disparate Datensammlung zu bezeichnen. Bereits die wirtschaftsstatistische Konvention von 1928 formulierte mit ihrer Definition von ‚Wirtschaftsstatistik' und der Festlegung auf bestimmte, von allen das Abkommen ratifizierenden Staaten zu erhebende Statistikarten Leitlinien, an denen sich das ASS in den folgenden Jahren bei seinen Tätigkeiten ebenso orientierte wie dies Staaten beim Ausbau ihrer eigenen wirtschaftsstatistischen Erhebungen tun konnten (und oftmals auch taten). Nicht ohne Grund führten die *Vereinten Nationen*, die Weltbank und der *Internationale Währungsfonds* nach 1945 nicht nur den Großteil der vom Genfer *Economic Intelligence Service* erstellten wirtschaftsstatistischen Periodika fort, sondern auch die *Statistische Kommission* der neuen Weltorganisation knüpfte nahtlos an die Standardisierungsbemühungen des ASS an. Die 1928 vereinbarten Leitlinien wurden auf diese Weise zu international akzeptierten Standards und halfen, den von der volkswirtschaftlichen Gesamtrechnung vorgegebenen Rahmen mit konkreten Inhalten füllen zu können.

Bereits in ihrer ersten Sitzung Anfang Januar 1947 befasste sich die *Statistische Kommission* der *Vereinten Nationen* mit der 1938 vom ASS verabschiedeten Klassifikation von Wirtschaftsbranchen. Einige ihrer Mitglieder verfassten dann bis Sommer 1947 einen Bericht, in dem sie die ASS-Klassifikation und die ihr zugrundeliegenden Kriterien begrüßten. Gleichwohl legten die Entwicklungen der vorangegangenen zehn Jahre ihrer Meinung nahe, die Klassifikation stärker zu differenzieren.[93] Darauf und auf Kommentaren konsultierter Regierungen und internationaler Organisationen basierend verabschiedete die *Statistische Kommission* im August 1948 eine nun 120 Einzelnummern umfassende „amended version" des ASS-Verzeichnisses. Diese *International Standard Industrial Classification of all Economic Activities* dient seither vielen Ländern als Orientierung bei der Aufstellung ihrer eigenen Klassifikationen und wurde 2008 zum vierten und bisher letzten Mal aktualisiert.[94]

---

93 UN Document Collection. Enterprise Search Engine for the United Nations [https://search.un.org], United Nations. Statistical Commission. Report of the Committee on Industrial Classification. A Proposed International Standard Industrial Classification, 29.08.1947 (UN Document E/CN.3/35).

94 UN Document Collection. Enterprise Search Engine for the United Nations [https://search.un.org], United Nations. Statistical Commission. Committee on Statistical Classification. International Standard Industrial Classification, 14.04.1948 (UN Document E/CN.3/C.1/8) (Zitat: S. 3); United Nations. Statistical Commission. Third Session, 26 April – 6 May 1948. Report of the Statistical Commission to the Economic and Social Council, 11.05.1948 (UN Document E/CN.3/50), S.9 f.; United Nations. Statistics Division: International Standard Industrial Classification of All Economic Activities (ISIC), Rev. 4, New York 2008.

In ähnlicher Weise überarbeitete die *Statistische Kommission* ab 1948 die *Minimum List of Commodities* und ab 1950 die *Minimum List of Countries.* Seither mehrfach aktualisiert dienen die nun *Standard International Trade Classification* bzw. *Standard Country or Area Codes for Statistical Use* genannten Klassifikationen als Grundlage außenhandelsstatistischer Erhebungen in den meisten Ländern der Welt.[95] Ebenfalls übernommen und regelmäßig aktualisiert hat die *Statistische Kommission* ab 1948 die Empfehlungen des ASS zur Erstellung von Indizes der gewerblichen Produktion.[96] Das 1953 etablierte *System of National Accounts* knüpfte schließlich ebenso direkt an den Bericht zur Volkseinkommensberechnung von 1947 an,[97] wie der *Internationale Währungsfonds* die 1939/45 erarbeiteten Empfehlungen der finanzstatistischen ASS-Arbeitsgruppe zu *Balance of Payments Statistics* zum Ausgangspunkt seiner diesbezüglichen Erhebungen machte.[98]

Wenn es also stimmt, dass die Schaffung „of a universally acknowledged statistical system and of a general framework guiding the collection and compilation of data according to recognized professional standards" eines der wichtigsten, aber weitgehend unbekannten Erfolge der *Vereinten Nationen* ist,[99] dann begann dieser

---

95 UN Document Collection. Enterprise Search Engine for the United Nations [https://search.un.org], United Nations. Statistical Commission. Committee on Statistical Classification. The 1928 Statistical Convention and the Minimum List of Commodities for International Trade Statistics, 07.04.1948 (UN Document E/CN.3/C.1/7); United Nations. Statistical Commission. Third Session, 26 April – 6 May 1948. Report to the Economic and Social Council, 11.05.1948 (UN Document E/CN.3/50), S. 10 f.; United Nations. Statistical Commission. Standard List of Commodities for International Trade Statistics, 11.04.1949 (UN Document E/CN.3/C.1/13); United Nations. Statistical Commission. Draft Report to the Economic and Social Council on the Fifth Session of the Commission, 8 May to 15 May 1950, 15.05.1950 (UN Document E/CN.3/L.5), S. 6–9; United Nations. Statistical Commission. The Customs Areas of the World (Memorandum prepared by the Secretary-General) (UN Document E/CN.3/127), 07.03.1951; United Nations. Statistical Commission. Draft Report of the Commission (Sixth Session) to the Economic and Social Council, Lake Success, New York, 7–18 May 1951, 14.05.1951 (UN Document E/CN.3/L.11), S. 6 f.; United Nations. Statistical Commission. The Customs Areas of the World (Memorandum prepared by the Secretary-General), 18.01.1954 (UN Document E/CN.3/174); United Nations. Statistics Division: Standard International Trade Classification. Revision 4, o.O. [New York] 2006; United Nations. Statistics Division: Standard Country or Area Codes for Statistical Use, o.O. [New York] 1999.

96 UN Document Collection. Enterprise Search Engine for the United Nations [https://search.un.org], United Nations. Statistical Commission. Third Session, 26 April – 6 May 1948. Report to the Economic and Social Council, 11.05.1948 (UN Document E/CN.3/50), S. 26 f.; United Nations. Statistical Office: Index Numbers of Industrial Production, New York 1950; United Nations. Statistics Division: International Recommendations for the Index of Industrial Production 2010, New York 2013.

97 United Nations. Statistical Office: A System of National Accounts and Supporting Tables, New York 1953; United Nations. Statistics Division et al.: System of National Accounts 2008, New York 2009.

98 International Monetary Fund: Balance of Payments Yearbook 1938–1946–1947, Washington 1949, S. 1.

99 Ward: Quantifying, S. 2.

Schaffensprozess nicht 1945 in San Francisco oder 1946 in Lake Success, sondern 1928 in Genf oder gar 1922 in Genua.

7.2 Die statistische Erfassung des ‚Welthandels', der ‚Weltproduktion' und die dauerhafte Analyse der ‚Weltwirtschaft'

Den Beginn der ‚weltwirtschaftsstatistischen Gegenwart' in den 1920er Jahren zu verorten, wird noch plausibler, wenn der Blick auf die Datensammlung und -analyse der Genfer Organisation erweitert wird. Neben dem Erscheinungsverlauf wirtschaftsstatistischer und -analytischer Periodika bestätigt sich diese Periodisierung, weil in diesen Publikationen ‚die Welt' im globalen Sinne ab Mitte der 1920er Jahre das primäre Untersuchungsobjekt war. Die Bedeutung der folgenden Weltwirtschaftskrise lag eher darin, die Aufmerksamkeit für und die Nachfrage nach dieser Art der statistischen bzw. statistikbasierten Berichterstattung zu erhöhen und die Bereitschaft von Regierungen zu steigern, sich an der Erarbeitung dieser Periodika zu beteiligen. Und: Fast alle wirtschaftsstatistischen und -analytischen Periodika, die der Genfer *Economic Intelligence Service* erarbeitete, waren nicht nur in den 1920er Jahren ins Leben gerufen worden, sondern wurden nach 1945 fortgesetzt.[100]

Das neben dem MBS und dem statistischen Jahrbuch bekannteste wirtschaftsbezogene Periodikum aus Genf war der *World Economic Survey*. Er erschien 1932 bis 1939 jährlich zur Vollversammlung und drei weitere Male während des

---

100 Die *Vereinten Nationen* führten das MBS (1947 ff.), das statistische Jahrbuch (1949 ff.) und die International Trade Statistics (1951 ff.) fort. Mit Salient Features of the World Economic Situation 1945–47 knüpften sie 1948 auch an den prestigeträchtigen World Economic Survey an und veröffentlichten die Publikation ab 1949 regelmäßig als World Economic Report. Der *Internationale Währungsfonds* führte 1948 mit International Financial Statistics die seit den frühen 1920er Jahren in verschiedenen Periodika veröffentlichten finanzwirtschaftlichen Statistiken fort (Wechselkurse, Zinssätze, Bankeinlagen etc.). Ab 1949 setzte er zudem das von 1924 bis 1946 in Genf erschienene Jahrbuch Balances of Payments fort. Die vom Sekretariat der *Vereinten Nationen* teils gemeinsam mit Weltbank und IWF erarbeiteten speziellen handelsstatistischen Periodika Direction of International Trade (1950 ff.) und Commodity Trade Statistics (1951 ff.) knüpften inhaltlich an die 1936 erstmals erschienene Völkerbundpublikation International Trade in Certain Raw Materials an, indem sie den zwischenstaatlichen Handel als Ganzes und mit einzelnen Waren aufzuzeigen suchte. Die Konzentration auf die jeweiligen Produktions- und Konsumtionsländer, die im Mittelpunkt der Völkerbundpublikation gestanden hatte, spielte dabei aber keine Rolle mehr. Die bis in die Mitte der 1920er Jahre zurückzuführenden Periodika Review of World Trade und World Production and Prices wurden in eigenständiger Form nicht weitergeführt, fanden aber zum Teil Fortsetzung in anderen Publikationen.

Kriegs. Der Bericht umfasste jeweils eine monographische Darstellung der weltwirtschaftlichen Entwicklung des Vorjahres und beruhte vor allem auf den statistischen Studien des *Economic Intelligence Service.* Neben der Präsentation und Diskussion zentraler Aspekte wie der gewerblichen Produktion, dem Außenhandel, der Arbeitslosigkeit, der Preis- und der Währungsentwicklung in einigen Ländern sowie der Welt als Ganzes erörterte das Jahrbuch immer wieder Einzelfragen. 1936 etwa befasste sich ein Kapitel mit „The Evolution of Autarchy“ und 1937 eines mit dem von Frankreich, Großbritannien und den USA abgeschlossenen Währungsabkommen.[101] Als verbale Zusammenfassung langer Zahlenreihen wurde diese Jahresschrift ein Bestseller und stellte eine der wenigen Publikationen des Genfer Sekretariats dar, die ihm einen kleinen finanziellen Gewinn einbrachte.[102] Das lag unter anderem daran, dass der *World Economic Survey* weite Verbreitung über die engen Kreise von Ökonomen hinaus fand[103] und von Fachleuten hoch gelobt wurde.

Ihnen zufolge habe der Survey – vor allem – einen inhaltlich wie geographisch breiten Blickwinkel, der alle Kontinente umfasse. Zwar dominierten die Belange industrialisierter Staaten des ‚Westens'. Doch soweit die Quellenlage es erlaube, seien alle anderen Weltregionen gut abgebildet.[104] Darüber hinaus, so Rezensenten, seien die Surveys „ausgezeichnet geschriebene“ Berichte, „qui s'efforce d'être aussi objectif que possible“. Sie verfolgten einen „non-partisan approach“ und enthielten sich ideologisch geprägter Interpretationen.[105] Diese Einschätzung ließ sich freilich nur dann treffen, wenn die Leser die wirtschaftsliberalen Einstellungen der Genfer Autoren John B. Condliffe (1932–1937) und James Meade (1938/39) teilten.[106] Beide

---

101 League of Nations: World Economic Survey 1935–36, S. 185–213; League of Nations: World Economic Survey 1936–37, Genf 1937, S. 7–31.

102 Vgl. etwa für die Ausgaben und Einnahmen 1935/36 und 1936/37: LoNA, R.4518, 10B/32635/2194, Extract from a Report ... by the Sales Department on World Economic Survey, 17.02.1938.

103 Vgl. etwa Anonymus: Economic Survey. League of Nations Review, in: The Telegraph [Brisbane], 06.10.1932; Anonymus: Recovery Signs Noted by League Economic Survey, in: The Japan Times & Mail, 23.10.1934; Anonymus: Limited Recovery Seen Unless Nations of World Co-operate, in: The China Press, 02.12.1935; Anonymus: World Economic Survey. League Service's Appraisal, in: Sydney Morning Herald, 20.11.1936; Anonymus: World Economic Survey. More Stable Exchanges, in: The Straits Times [Singapur], 30.09.1937.

104 Paradigmatisch für diese Einschätzung: Colin Clark: [Rezension von League of Nations: World Economic Survey 1934–35], in: The Economic Journal 46 (1936), S. 314–315.

105 Kolm, Gerhard: [Rezension von League of Nations: World Economic Survey 1931–32], in: Weltwirtschaftliches Archiv 37 (1933), S. 55*-57*, hier: S. 55*; B[ernard] Nogaro: [Rezension von League of Nations: World Economic Survey 1936–37], in: Revue d'economique politique 36 (1937), S. 464–467, hier: S. 466.; Michael T. Florinsky: [Rezension von League of Nations: World Economic Survey 1934–35], in: Political Science Quarterly 51 (1936), S. 297–299, hier: S. 297

106 Als Gegenbeispiel vgl. etwa Fritz Meyer: [Rezension von League of Nations: World Economic Survey 1937–38], in: Weltwirtschaftliches Archiv 50 (1939), S. 131*-134*.

hielten sich zwar mit Kritik an konkreten Maßnahmen zurück. Ihre Ablehnung wirtschaftsnationaler Alleingänge und des zunehmenden Protektionismus konnten sie aber kaum verbergen.[107] Schließlich unterstrichen Beobachter, die Autoren des Surveys würden Geschehnisse aus einer Perspektive beschreiben, die „international rather than by countries" sei und böten so eine Übersicht über „the whole world process".[108]

Weil sich die Fokussierung auf die ‚Welt' ab 1932 nicht nur im *World Economic Survey* widerspiegelte, sondern auch in anderen Genfer Periodika, schlossen Historiker, dieser explizit globale Blick sei eine Reaktion auf die Weltwirtschaftskrise gewesen.[109] Der *Economic Intelligence Service* nahm die ‚Weltperspektive' jedoch bereits viel früher ein, wie die Entstehungsgeschichte des Surveys und die statistische Erfassung von ‚Welthandel' und ‚Weltproduktion' zeigen. Die Weltwirtschaftskrise wirkte dann eher katalytisch und brachte den Genfer Periodika sowie den dortigen Publikationsplänen neue Legitimation, Unterstützung und Breitenwirkung ein.

Der *World Economic Survey* verdankte sein Erscheinen einem Beschluss der Vollversammlung vom 23. September 1929. Das war vier Wochen vor dem New Yorker Börsencrash, der trotz vielerorts bereits ab 1928 wahrgenommener Hinweise auf eine beginnende Rezession als Beginn der beispiellosen Weltwirtschaftskrise galt und gilt.[110] Hinter der Resolution stand der Australier Frank L. McDougall.[111] Dieser lobte 1929 die wirtschaftsstatistische Konvention, hoffte auf besser vergleichbare Daten und schlug vor, das Sekretariat solle beginnen, „a comprehensive annual survey of economic developments" zu verfassen. Einerseits sollten so die verfügbar werdenden besseren Informationen über weltweite ‚Produktionsfakto-

---

107 Beispielhaft: League of Nations: World Economic Survey 1931–32, Genf 1932, S. 290.

108 Troutman, O.F.: [Rezension von League of Nations: World Economic Survey 1935–36], in: The Australian Quarterly 9 (1937), S. 107–108, hier: S. 107; Roy F. Harrod: [Rezension von League of Nations: World Economic Survey 1937–38], in: International Affairs 18 (1939), S. 268; R[ichard] F. Kahn: [Rezension von League of Nations: World Economic Survey 1938–39, Genf 1939], in: The Economic Journal 49 (1939), S. 96–98.

109 Etwa Ekbladh: American Asylum, S. 633; Marchi: League of Nations, S. 144; Slobodian: Globalists, S. 57; Schmelzer: Hegemony, S. 89.

110 Hesse/Köster/Plumpe: Die große Depression, S. 11; Steiner: The Lights, S. 638 f.; zeitgenössisch: League of Nations: The Course and Phases of the World Economic Depression. Report presented to the Assembly of the League of Nations, Genf 1931, S. 129–131; Wilhelm Röpke: Der Weg des Unheils, Berlin 1931, S. 26; Paul Einzig: The World Economic Crisis 1929–1931, London 1932, S. 11 f.

111 Zu McDougall: Clavin: Securing, S. 166–172; John B. O'Brien: F.L. McDougall and the Origins of the FAO, in: Australian Journal of Politics and History 46 (2000), S. 164–174; Sean Turnell: F.L. McDougall. Éminence Grise of Australian Economic Diplomacy, in: Australian Economic History Review 40 (2000), S. 51–70.

ren' helfen, den internationalen Güteraustausch zu fördern und damit den Lebensstandard vieler Menschen zu steigern.[112] Andererseits störte sich McDougall an einer aus seiner Sicht wachsenden Europazentrierung des *Völkerbunds* und sah in der Stärkung des global ausgerichteten *Economic Intelligence Service* eine Möglichkeit, dieser Tendenz entgegenzuwirken.[113]

Inspiriert hatten McDougall drei Übersichten, die Lovedays Team seit Mitte der 1920er Jahre verfasste und die über weltwirtschaftliche Entwicklungen in bis dahin nicht gekannter Ausführlichkeit und Aktualität informierten. *Erstens* war dies das ab 1924 publizierte (und mehrfach den Titel wechselnde) *Memorandum on Balance of Payments and Foreign Trade Balances.* Ab 1925 präsentierte dieses Jahrbuch Indexzahlen zur Entwicklung des Außenhandels der Welt, kontinentaler Großregionen[114] sowie einiger Ländergruppen im Vergleich zu 1913. Diese Indizes beruhten auf den Außenhandelsstatistiken von zunächst 56, ab der dritten Ausgabe (1926) von 152 Ländern.[115]

---

112 League of Nations: Records of the Tenth Ordinary Session of the Assembly. Meetings of the Committees. Minutes of the Second Committee, Genf 1929, S. 21.

113 Report of the Australian Representative on the Proceedings of the Economic Consultative Committee (League of Nations) at Its First Session. Held in Geneva from May 14th to 19th, 1928, 22.05. 1928 (Parliament of Australia. Tabled Senate Paper 1677/1926–28), S. 8 f. [https://ecm1.fxdms.net/senat_prd/ies/iv_web_client.iv_start?SessionKey=dHF6GmOBb2000002803D; 07.05.2019]; McDougall an den australischen Premierminister Stanley M. Bruce, 09.05.1928 sowie 27.02, 24.04., 15.05., 04.06., 24.07., 22.08., 11.09. und 18.09.1929, in: W[illiam] J. Hudson / Wendy Way (Hrsg.): Letters from a 'Secret Service Agent'. F.L. McDougall to S.M. Bruce 1924–1929, Canberra 1986, S. 569 f., 750 f., 784 f., 799 f., 820 f., 865 f., 880, 887 f., 889 f.; League of Nations: Records of the Tenth Ordinary Session of the Assembly ... Second Committee, S. 20 f.; LoNA, Official Document Collection, Economic Committee. Thirtieth Session. Minutes of the First Meeting, Thursday, October 24th, 1929 (LoN Document E/30th Session/P.V.1(1)), S. 10; NCL, Loveday Papers, Box 7, McDougall an Loveday, 08.06.1931.

Dass europäische Probleme Debatten des *Völkerbunds* beherrschten, wurde gerade bei der Vollversammlung 1929 offenbar. Nur wenige Tage bevor McDougall seinen Vorschlag formulierte, hatte der französische Premierminister Aristide Briand in Genf seinen Plan einer engeren wirtschaftlichen und politischen Kooperation europäischer Staaten vorgestellt. Steiner: The Lights, S. 583–587; Antoine Fleury (Hrsg.): Le Plan Briand d'Union fédérale européenne. Perspectives nationales et transnationales, avec documents. Actes du colloque international tenu à Genève du 19 au 21 septembre 1991, Bern et al. 1998; sowie die jüngeren Beiträge samt Hinweisen auf ältere Literatur Joseph Bohling: Colonial or Continental Power? The Debate over Economic Expansion in Interwar France, 1925–1932, in: Contemporary European History 26 (2017), S. 217–241; Conan Fischer: A Vision of Europe. Franco-German Relations during the Great Depression, 1929–1932, Oxford 2017.

114 Ost- und Mitteleuropa, Europa, Nordamerika, Mittelamerika, Südamerika, Afrika, Asien und Ozeanien

115 League of Nations: Memorandum on Balance of Payments and Foreign Trade Balances 1910–1924, Genf 1925, Bd. 1, S. 89–91; League of Nations: Memorandum on Balance of Payments and Foreign Trade Balances 1911–1925, Genf 1926, Bd. 1, S. 129–166.

Zweitens war McDougall vom *Memorandum on Production and Trade* angeregt, das das Sekretariat erstmals 1926 in Vorbereitung der Genfer Weltwirtschaftskonferenz verfasst hatte und ab 1928 jährlich veröffentlichte. Es präsentierte Indexzahlen zur Entwicklung der Weltbevölkerung und der globalen Produktion von rund 60 (später mehr als 80) Rohstoffen und Lebensmitteln. Dieser Produktionsindex war eine Reaktion auf den Mangel an Möglichkeiten, die wirtschaftliche Aktivität oder zumindest die als besonders wichtig erachtete gewerbliche Produktion eines Landes direkt zu messen. Denn er ermöglichte es, auf indirektem Wege wenigstens schätzungsweise Aussagen darüber zu treffen, indem er die Nachfrage nach diesen Produktions- und Konsumgütern beobachtete. Gleichzeitig standen dadurch Länder im Fokus des Index, die vergleichsweise stark agrarisch geprägt waren sowie oft außerhalb Europas lagen. Denn sie waren die wichtigsten Produzenten dieser Waren. Das *Memorandum on Production and Trade* war deshalb automatisch ‚globaler', als es eine Fokussierung auf die gewerbliche Produktion erlaubt hätte. Neben der Entwicklung der Bevölkerung und der Produktion übernahm das Jahrbuch als dritten inhaltlichen Schwerpunkt die Ergebnisse des Außenhandelsmemorandums und kombinierte die dort präsentierten Indizes mit den anderen beiden. Auch hier basierten alle Indizes auf Länderdaten, die im Jahrbuch selbst nicht nachzulesen waren. Das Interesse galt also dem Verständnis der Entwicklungen in der Welt als Ganzes sowie kontinentalen Großregionen und nicht jenen in einzelnen Ländern. Die Memoranden zeigten auf, dass der ‚Welthandel' nach dem Ersten Weltkrieg im Vergleich zu 1913 langsamer wuchs als die Weltbevölkerung und die ‚Weltproduktion'. Sie machten damit Symptome eines der zentralen weltwirtschaftlichen „Krisenherde der Goldenen 1920er Jahre" statistisch greifbar: die kriegsbedingte Ausweitung von Produktionskapazitäten in außereuropäischen Ländern, die in tendenziell sinkenden Weltmarktpreisen resultierten und vielerorts protektionistische Maßnahmen zur Folge hatten.[116] „[L]'économie mondiale de 1914 n'existe plus" ließ sich daher zu Recht aus der Lektüre folgern.[117]

Drittens orientierte sich McDougall an einem Überblick über die weltwirtschaftliche Entwicklung, den das Völkerbundsekretariat jährlich im Auftrag eines Gremiums erarbeitete, das infolge der Weltwirtschaftskonferenz von 1927 gegrün-

---

116 Hesse/Köster/Plumpe: Die große Depression, S. 25, 27 f.; vgl. Kap. 8.1.

117 Hantos, Elemér: L'économie mondiale et la Société des Nations, Paris 1930, S. 26. Das Memorandum zeigte auch den zeitgenössisch konstatierten relativen Bedeutungsverlust Europas im Welthandel auf: Trendelenburg: Weltwirtschaftskrise, S. 6 f.; Franz Eulenburg: Die Verschiebung des weltwirtschaftlichen Schwergewichts, in: Weltwirtschaft. Monatsschrift für Weltwirtschaft und Weltverkehr 16 (1925), S. 121–123; Hermann Levi: Die Enteuropäisierung der Weltwirtschaft, in: Zeitschrift für Geopolitik 2 (1925), S. 576–591; Hermann Levi: Die Enteuropäisierung der Welthandelsbilanz, in: Weltwirtschaftliches Archiv 23 (1926), S. 329*-341*.

det worden war. Dieses *Economic Consultative Committee* war der Wirtschaftskommission des *Völkerbunds* zugeordnet und mit Vertretern staatlicher Behörden, internationaler Organisationen sowie halbstaatlicher und privatwirtschaftlicher Interessenverbände besetzt.[118] McDougall repräsentierte dort das britische *Imperial Economic Committee.* Im Mai 1928 und 1929 verabschiedete das Gremium Berichte an den Völkerbundrat, die unter anderem wenige Seiten umfassende Überblicksdarstellungen zur weltwirtschaftlichen Entwicklung des Vorjahres enthielten, die auf Periodika von Lovedays Abteilung basierten. Auch diese Darstellungen konzentrierten sich auf die Welt und kontinentale Großregionen, nicht auf einzelne Ländern.[119]

Obwohl die Vollversammlung McDougalls Vorschlag im September 1929 billigte, einen weltwirtschaftlichen Jahresbericht zu erstellen, verzögerte die mit der Umsetzung betraute Wirtschaftskommission des *Völkerbunds* praktische Schritte. Insbesondere Loveday plädierte dafür, den anvisierten Bericht erst in Angriff zu nehmen, wenn die wirtschaftsstatistische Konvention in Kraft getreten und die statistische Basis eines solchen Unterfangens durch sie besser geworden sei. Die Wirtschaftskommission folgte der Argumentation, forderte das Sekretariat aber auf, in der Zwischenzeit die anderen Periodika auszubauen und zu verbessern.[120] Infolgedessen fanden die bereits seit März 1929 im MBS abgedruckten Produktionsindizes Aufnahme in das im Mai 1930 erscheinende statistische Jahrbuch des *Völkerbunds* und die vierte Ausgabe des *Memorandum on Production and Trade* enthielt im Juni 1930 erstmals einen Abschnitt zur Entwicklung der gewerblichen Produktion.[121]

Im Oktober 1930 war die wirtschaftsstatistische Konvention in Kraft getreten und die Vollversammlung beschloss, das weltwirtschaftliche Jahrbuch 1931 in An-

---

118 Vgl. d'Allesandro: Global Economic Governance, S. 261–263, 267 f.; Endres/Fleming: International Organizations, S. 107; Schulz: Deutschland, S. 127–131.

119 Report of the Economic Consultative Committee on the Work of its First Session (Geneva, May 14th to 19th, 1928), in: OJ 9 (1928), S. 1114–1129, v. a. S. 1114 f.; Work of the Economic Consultative Committee during its Second Session (Held at Geneva from May 6th to 11th, 1929), in: OJ 10 (1929), S. 1234–1257, v. a. S. 1249–1253.

120 LoNA, Official Document Collection, Economic Committee. Thirtieth Session. Minutes of the First Meeting, Thursday, October 24th, 1929 (LoN Document E/30th Session/P.V.1(1)), S. 5–11; Work of the Economic Committee during its Thirtieth Session. Held at Geneva from October 24th to November 1st, 1929, in: OJ 11 (1930), S. 150–159, hier: S. 159.

121 League of Nations: International Statistical Year-Book 1929, Genf 1930, S. 127–137; League of Nations: Memorandum on Production and Trade, 1923 to 1928/29, Genf 1930, S. 35–61.

griff zu nehmen.[122] Mit John B. Condliffe hatte Loveday in der Zwischenzeit[123] einen Autor gefunden, der für diese Aufgabe bestens geeignet war, seine Stelle in Genf allerdings erst im September 1931 antreten konnte. Er brachte das Know-how eines für historische Entwicklungsprozesse sensibilisierten Ökonomen mit, Erfahrungen als Zollstatistiker und schriftstellerische Fähigkeiten. Zudem besaß Condliffe ausgezeichnete Kenntnisse über und Kontakte in die pazifische Region, die er als Forschungsleiter des in Honolulu ansässigen *Institute of Pacific Relations* erworben und geknüpft hatte. Das Völkerbundsekretariat bereicherte er also auch um einen außereuropäischen Blick, den in Genf viele vermissten.[124] Von 1932 bis 1937 verfasste Condliffe die hoch gelobten Surveys und erhielt dafür im Januar 1939 den *Howland Memorial Prize* Preis der US-amerikanischen Yale University.[125]

Bereits ab 1925 bot der *Economic Intelligence Service* seinen Lesern also jährlich aktualisierte Zahlen zum ‚Welthandel' und dessen geographischer Verteilung nach kontinentalen Großregionen. Sie basierten auf Daten von mehr als 150 Ländern und wurden ab 1928 einmal im Jahr im MBS und im statistischen Jahrbuch des *Völkerbunds* abgedruckt. Monatlich aktualisierte Außenhandelsdaten (Werte) erhielt der *Economic Intelligence Service* Anfang 1928 hingegen nur von 43, im Januar 1930 von 46 und im Dezember 1932, als das MBS erstmals die nunmehr monatlich aktualisierte Angabe des ‚Welthandels' druckte, von 49 Ländern. Die geographische Breite der monatlichen Berichterstattung nahm in diesen knapp fünf Jahren also nur moderat zu.[126] Die Weltwirtschaftskrise hatte also für die Etablierung jener

---

122 League of Nations: Records of the Eleventh Ordinary Session of the Assembly. Meetings of the Committees. Minutes of the Second Committee, Genf 1930, S. 53, 101, 126; League of Nations: Records of the Eleventh Ordinary Session of the Assembly. Plenary Meetings, Genf 1930, S. 190, 197.

123 LoNA, London Office, C.1785, 1/4, Loveday an Etlinger, 25.07.1930; BL UCB, Condliffe Papers, Box 25, Loveday an Condliffe, 10.10.1930; vgl. zudem CCA, Salter Papers, SALT 7/2, Condliffe an Sidney Aster, 30.07.1979; John B. Condliffe: Reminiscences of the Institute of Pacific Relations (Stanford 1981), in: Paul F. Hooper (Hrsg.): Remembering the Institute of Pacific Relations. The Memoirs of William L. Holland, Tokio 1995, S. 426–474, hier: S. 467 f.

124 Zu Condliffe: A[nthony] M. Endres: J.B. Condliffe and the Early Canterbury Tradition in Economics, in: New Zealand Economic Papers 25 (1991), Nr. 2, S. 171–191; Grant Fleming: Condliffe, John Bell, in: Dictionary of New Zealand Biography, Wellington 1998 [https://teara.govt.nz/en/biographies/4c28/condliffe-john-bell [03.05.2019]; Akami: Internationalizing, S. 133–136, 155; Condliffe: Reminiscences.

125 Yale University Library, Manuscripts and Archives, New Haven, RU 23, Charles Seymour Records, Series I, Box 84, Folder 729, Memorandum for the President [of Yale University, Charles Seymour] on Introducing Mr. Condliffe, Monday, January 9, 1939.

126 1928 erschienen diese Zahlen im Februar (mit Bezug auf 1926) und im November (mit Bezug auf 1927; Monthly Bulletin of Statistics 9 (1928), S. 46 f., 404–406), in den darauffolgenden Jahren bis 1932 nur noch in der jeweiligen Novemberausgabe. Die ersten Monatszahlen zum Welthandel in:

Statistik, die Condliffe im Frühjahr 1933 in seiner Spirale des schrumpfenden Welthandelsvolumens visualisierte, bestenfalls eine katalytische Wirkung. Sie waren nicht das Ergebnis einer mit der Weltwirtschaftskrise einsetzenden neuartigen Beschäftigung mit der ‚Weltwirtschaft' in Genf, sondern Resultat des seit 1921 erfolgenden Aufbaus der tendenziell globalen wirtschaftsstatistischen Infrastruktur und der Akzeptanz der wirtschaftsstatistischen Konvention. Dass die Nachfrage nach solchen Zahlen sowie nach einer geographisch möglichst breiten und aktuellen Berichterstattung mit der Krise zunahm, förderte den Ausbau der Infrastruktur, aber sie brachte sie nicht hervor. Was sich Ende 1932 änderte, war lediglich, dass der *Economic Intelligence Service* den Aufwand auf sich nahm, die monatlichen Wertangaben in US-Dollar umzurechnen, um sie dann summieren zu können. Ein Aufwand, der aufgrund der gleichzeitig stattfindenden Abkehr vieler Länder vom Goldstandard zweifelsohne größer wurde,[127] der aber nichts an der Funktionsweise der wirtschaftsstatistischen Infrastruktur änderte. Denn auch die bereits seit 1919 im MBS abgedruckten länderbezogenen Daten wurden weiterhin (und in wachsender Zahl) im Heft abgedruckt und die summierten Welthandelszahlen waren nur ein zusätzlicher Service.

In abgeschwächter Form gilt dies ebenso für die statistische Erfassung der globalen ‚Produktion', insbesondere jener des verarbeitenden Gewerbes. Auch in diesem Fall wurden konzeptionelle und methodische Weichen in den 1920er Jahren gestellt – vor allem durch das *Preparatory Committee* und die wirtschaftsstatistische Konvention. Es fehlte in den 1920er Jahren nicht am Willen in Genf, die ‚Weltproduktion' statistisch zu erfassen, sondern an genügend Daten, die sich für diesen Zweck auswerten ließen. Das Hauptaugenmerk des *Economic Intelligence Service* lag daher zunächst darauf, die wenigen Hinweise auf die Entwicklung der landwirtschaftlichen und gewerblichen Produktion zusammenzufassen. Das MBS enthielt entsprechend von Beginn an regelmäßig Daten zur weltweiten Jahresproduktion global gehandelter Landwirtschaftsprodukte, die das IIA in Rom erhoben hatte. Ab 1925 kamen Zahlen zur ‚World's Production' von Kohle und Erdöl sowie einiger ebenfalls relativ leicht statistisch zu erfassender Metalle und erzhaltiger Produkte hinzu (Kupfer, Zink, Zinn, Blei, Gold, Silber, Eisenerz, Stahl). In zunächst unregelmäßiger Folge wurden diese Angaben im MBS veröffentlicht.

Monthly Bulletin of Statistics 13 (1932), S. 536; die erste Aufnahme im statistischen Jahrbuch: League of Nations: International Statistical Year-Book 1927, Genf 1928, S. 128 f.

127 Im Londoner Büro des *Völkerbunds* verbrachten Dorothy Etlinger und ihre Kolleginnen viel Zeit damit, Monatsdurchschnitte der jeweils aktuellen Wechselkurse der meisten Länder der Erde regelmäßig zu erfahren, um sie anschließend nach Genf zu schicken, wo sie im MBS abgedruckt wurden.

Einen großen Schritt nach vorn markierte die Berechnung des Index der globalen Produktion einiger Rohstoffe und Lebensmittel, die der *Economic Intelligence Service* ab 1926 für das jährliche *Memorandum on Production and Trade* vornahm. Dies war der weltweit erste Versuch, Aussagen zur Entwicklung der (welt-)wirtschaftlichen Aktivität als Ganzes auf der Basis regelmäßig aktualisierter Statistiken zumindest indirekt treffen zu können, indem die Nachfrage nach einigen wichtigen Produktionsmitteln des verarbeitenden Gewerbes gemessen wurde. Der Index galt von Beginn an als methodisch problematisches Provisorium, bis es mittels der Etablierung von Indizes der gewerblichen Produktion in möglichst vielen Ländern gelänge, deren Entwicklung direkt zu messen. Die Arbeiten des *Preparatory Committee* und die Empfehlungen der wirtschaftsstatistischen Konvention zielten entsprechend darauf, dieses Ziel zu erreichen. Wie bereits erwähnt, spiegelte sich der Fortgang dieser Bemühungen an der steigenden Anzahl monatlich aktualisierter Produktionsindizes im MBS wider.[128]

Im Juni 1933 präsentierte das anlässlich der Londoner Weltwirtschaftskonferenz publizierte Jahrbuch *World Production and Prices* erstmals einen Index der gewerblichen ‚Weltproduktion'.[129] Er war allerdings nicht in Genf, sondern vom Berliner *Institut für Konjunkturforschung* erstellt worden. Das Institut kombinierte dafür existierende Produktionsindizes mit einer Reihe weiterer statistischer Reihen aus insgesamt 38 vorwiegend europäischen Ländern (aber auch aus Japan und Indien). Erstmals hatte das Berliner Institut einen solchen Index im Herbst 1931 berechnet und veröffentlichte ihn ab Anfang 1933 in revidierter Form mehr oder weniger regelmäßig.[130]

Lovedays Team hatte bereits im Sommer 1929 Überlegungen zu einem ähnlichen Projekt angestellt, dann aber angesichts einer noch zu beschränkten statistischen Basis darauf verzichtet, selbst einen ‚Weltindex' zusammenzustellen.[131] Als der *Economic Intelligence Service* 1933 und 1934 den Berliner Index in sein Jahrbuch zu *World Production and Prices* übernahm, geschah dies nur mit einigen, nicht

128 1926 gab es nur einen Produktionsindex im MBS, ab März 1929 acht, ab April 1933 14 und im Januar 1939 25.

129 League of Nations: World Production and Prices, 1925–1932, Genf 1933, S. 43–48 (Zitat: S. 44).

130 Anonymus: Die industrielle Produktion der Welt, in: Wochenbericht des Instituts für Konjunkturforschung 4 (1931), Nr. 30 [21.10.1931], S. 121–123; Rolf Wagenführ: Die Industriewirtschaft. Entwicklungstendenzen der deutschen und internationalen Industrieproduktion 1860 bis 1932, Berlin 1933, v. a. S. 53–55; Anonymus: Die Industrieproduktion in der Welt, in: Wochenbericht des Instituts für Konjunkturforschung 6 (1933), Nr. 7 [17.05.1933], S. 27–30; Anonymus: Die Industrieproduktion in der Welt, in: Wochenbericht des Instituts für Konjunkturforschung 6 (1933), Nr. 19 [09.08.1933], S. 81–82.

131 LoNA, R.4545, 10B/31565/23826, Aktenvermerk Lovedays an Tapio Voionmaa, 16.05.1929; Note on the Statistics of Industrial Structure, Tapio Voionmaa, o. Dat. [Sommer 1929].

öffentlich geäußerten methodischen Vorbehalten. Konsequenterweise schlugen der zuständige Beamte Tapio Voionmaa und John B. Condliffe im Sommer 1934 angesichts einer nun verbesserten statistischen Grundlage vor, in Genf selbst einen solchen Index der gewerblichen ‚Weltproduktion' zu erarbeiten.[132] Die diesbezüglichen Vorbereitungsarbeiten – die vor allem Voionmaa und Ansgar Rosenborg erledigten – erwiesen sich im Winter und Frühjahr 1935 allerdings als so aufwändig, dass ein Genfer ‚Weltindex' noch nicht im folgenden Jahrbuch veröffentlicht werden konnte.[133]

Gleichwohl verabschiedete sich Rosenborg 1935 vom Berliner Index. Für das Jahrbuch kombinierte er die in Genf gesammelten Länderindizes und nutzte die Berliner Angaben nur für deren Gewichtung, um der relativen Bedeutung der einzelnen Länder für die gewerbliche ‚Weltproduktion' Rechnung zu tragen. Rosenborg zufolge repräsentiere der Index 90 Prozent der „industrial world production" und spiegele den „general course of the world's industrial activity" wider.[134] Ein Jahr später veröffentlichte Genf erstmals einen eigenen, vor allem von Voionmaa konstruierten „world index of industrial production". Bis 1939 jährlich aktualisiert unterschied sich dieser von seinem Berliner Pendant in erster Linie durch seine Beschränkung auf die vorhandenen Länderindizes, durch eine andere Gewichtung der Länder und durch den Ausschluss der Produktion von elektrischer Energie und des Baugewerbes aus der Berechnung.[135] Beide Indizes blieben international anerkannt und dienten zusammen mit den Zahlen zum ‚Welthandel' und dem ab 1937 ebenfalls in Genf erarbeiteten Index der globalen Vorräte Rohstoffen und Lebensmitteln weithin als Indikator für die Entwicklung der ‚Weltwirtschaft' (Kap. 10).

Dass die ab Beginn der 1930er Jahre vielerorts zunehmende Beschäftigung mit ‚weltwirtschaftlichen' Problemen weniger einen qualitativen denn einen quantitativen Wandel darstellte, wird auch beim Blick auf die internationale Berichterstattung einiger staatlicher Statistikbehörden deutlich. Das statistische Amt Japans etwa veröffentlichte ab 1921 ein Jahrbuch, das statistische Übersichten mit Informationen

---

132 LoNA, R.4518, 10B/13492/2194, World Economic Survey – Fourth Year, 1934–35. Memorandum for Dr. Fürst re Certain New Work desired from the Statistical Pool and Certain New Statistical Series for the Monthly Bulletin of Statistics, o.A. [John B. Condliffe], 13.09.1934; LoNA, R.4532, 10B/13500/9995, Aktenvermerk Lovedays für Rosenborg, Voionmaa und Fürst, 18.09.1934; LoNA, R.4532, 10B/15718/9995, Note on the Next Edition of „World Production and Prices" (1925–1934), Tapio Voionmaa, 04.12.1934, S. 3f.

133 LoNA, R.4545, 10B/31566/23826, Preliminary Note on the Construction of a World Index of Industrial Activity, Olavi Tapio Voionmaa, 28.02.1935; Aktenvermerk Lovedays an Rosenborg und Voionmaa, 09.03.1935; LoNA, R.4532, 10B/15718/9995, Extract from the Minutes of the 83rd Meeting of the Economic Intelligence Committee, held on March 26th, 1935.

134 League of Nations: World Production and Prices, 1925–1934, Genf 1935, S. 22f.

135 League of Nations: World Production and Prices, 1935/36, Genf 1936, S. 21–23.

zu anderen Ländern zusammenstellte und vergleichend präsentierte. Hatte dieses Jahrbuch 1921 nur knapp 60 Seiten, betrug dieser Umfang 1929 bereits 152 Seiten.[136] Eine besondere Bedeutung aber besaß Deutschland. Das *Statistische Reichsamt* und das 1925 gegründete Berliner *Institut für Konjunkturforschung* wurden spätestens ab Ende der 1920er Jahre zu weltweit anerkannten Urhebern internationaler Wirtschaftsstatistiken. Die Berechnung eines Index der gewerblichen ‚Weltproduktion' war dafür nur ein Ausweis. Bereits 1924 hatte das *Statistische Reichsamt* ein eigenes Referat für ‚Ausländische Wirtschaftsstatistik' eingerichtet.[137] Dank dieses Referats nahm der Umfang der ‚Internationalen Übersichten' im statistischen Jahrbuch stetig zu; betrug er 1920 noch 44 Seiten, waren es 1928 bereits 183 und 1932 201 Seiten.[138] Des Weiteren verfasste das Referat jährlich sukzessive ausführlicher werdende Berichte über die ‚Weltwirtschaftskonjunktur'. Die erste Ausgabe war noch Teil eines seit 1919 vom *Statistischen Reichsamt* und dem *Reichswirtschaftsministerium* für den Reichspräsidenten und die Reichsregierung zusammengestellten Memorandums über die wirtschaftliche Entwicklung Deutschlands. Doch bereits die zweite Ausgabe zur ‚Weltwirtschaftslage im Frühjahr 1925' verbreitete das *Reichswirtschaftsministerium* als separaten Manuskriptdruck. 1928 und 1929 waren diese Berichte zu fast tausendseitigen Denkschriften mit statistischen Angaben und verbalen Konjunkturanalysen zu zahlreichen Ländern und der Welt als Ganzes angewachsen, die die Reichsdruckerei veröffentlichte.[139] Alle diese Arbeiten wurden international weit rezipiert. Gleichzeitig weiteten auch andere Regierungen ähnliche Untersuchungen der jeweils eigenen Behörden aus und die statistische Berichterstattung von internationalen Organisationen expandierte. Dies führte zu einer wirtschaftsstatistischen Vielstimmigkeit, die in diesem Ausmaß bis dahin unbekannt war (vgl. Kap. 8).

---

136 Rekkoku kokusei yōran 1 (1921); 9 (1929).

137 Fürst, Gerhard: Wandlungen im Programm und in den Aufgaben der amtlichen Statistik in den letzten 100 Jahren, in: Statistisches Bundesamt (Hrsg.): Bevölkerung und Wirtschaft 1872–1972, Stuttgart/Mainz 1972, S. 13–83, hier: S. 40.

138 Internationale Übersichten, jeweils in Statistisches Jahrbuch für das Deutsche Reich 41 (1920); 47 (1928); 51 (1932), Anhang.

139 Reichswirtschaftsministerium an Reichspräsident, 14.07.1924; Reichswirtschaftsministerium: Die Weltwirtschaftslage im Frühjahr 1925, Memorandum, 07.03.1925, in: BAB, R 3101/7607; Statistisches Reichsamt: Die Wirtschaft des Auslands Ende 1926 (nach Ländern), masch. Berlin 1927, in: BAB, R 3102/2157; Statistisches Reichsamt: Die Wirtschaft des Auslandes 1900/27, Berlin 1928; Statistisches Reichsamt: Die Wirtschaft des Auslandes 1928. Entwicklungen in der Weltwirtschaft, Berlin 1929.

7.3 Technische Hilfe für eine bessere Wirtschaftsstatistik

Die Weltwirtschaftskrise war keine so starke Zäsur in der Entwicklung der ‚Weltwirtschaftsstatistik' und der dafür nötigen, tendenziell globalen statistischen Infrastruktur, wie es bisherige Studien nahelegen. Unzweifelhaft aber ist, dass sie diesen Prozess sehr befördert hat. Regierungen und staatliche Behörden wurden in den 1930er Jahren in bis dahin unbekanntem Ausmaß direkt und indirekt wirtschaftlich aktiv und waren dabei auf möglichst aktuelle, verlässliche und umfangreiche wirtschaftsstatistische Informationen angewiesen. Spätestens Anfang der 1930er Jahre glaubte kaum ein zeitgenössischer Beobachter mehr daran, die lange Zeit von vielen idealisierte Welt der Vorkriegsjahre ließe sich wiederherstellen. Retrospektiv galten sie Vielen als eine Periode, in der Gewerbe und Industrie weithin prosperiert, in der eine zunehmend globale Arbeitsteilung effizient funktioniert und in der Waren, Kapital und Menschen Grenzen und Kontinente ohne große Hürden überquert hatten. Und das alles, ohne dass Regierungen in größerem Ausmaße wirtschaftlich aktiv gewesen wären. Nun aber schienen marktwirtschaftliche Mechanismen nicht mehr zu funktionieren, die nach (neo-)klassischer Annahme automatisch Gleichgewichte zwischen Angebot und Nachfrage herstellen würden. Stattdessen zeigten die zehn Nachkriegsjahre, dass staatliche Behörden vielerorts zu zentralen ökonomischen Faktoren geworden waren, die direkt und indirekt die wirtschaftlichen Geschicke ganzer Länder massiv beeinflussten. Ein Rückzug ‚des Staates' aus ‚der Wirtschaft' schien schon allein angesichts der großen sozialen Probleme unmöglich, die in diesem Ausmaß vor dem Krieg unbekannt gewesen waren. Und die Tatsache, dass mit der Sowjetunion vor allem das Land, das ein marktbasiertes Wirtschaftssystem explizit ablehnte, im Gegensatz zum Rest der Welt industrielles Wachstum aufwies, schien vielen Zeitgenossen Beweis genug dafür zu sein, dass aktives staatliches Handeln notwendig sei, um die Krise überwinden zu können. Ein Zurück zu Vorkriegsverhältnissen, das lange Zeit mindestens implizit das Ziel auch internationaler wirtschaftspolitischer Verhandlungen gewesen war, schien ausgeschlossen. Stattdessen wurde ‚Planung' weltweit nicht nur zum Schlagwort, sondern in vielen Ländern auch praktische Regierungspolitik.[140]

Jedwede ‚Planung' erforderte bessere, schnellere und umfangreichere Informationen über wirtschaftliche Phänomene und Prozesse, als sie bis dahin in den meisten Ländern verfügbar waren. Den damit einhergehenden Ausbau statistischer Behörden konnte der *Völkerbund* nutzen, um die bereits bestehende wirtschaftsstatistische Infrastruktur zu erweitern sowie seine laufende Berichterstattung in-

140 Vgl. Patel: The New Deal, S. 90–97; Dirk van Laak: Planung. Geschichte und Gegenwart des Vorgriffs auf die Zukunft, in: Geschichte und Gesellschaft 34 (2008), S. 305–326.

haltlich wie geographisch auszubauen. Und er konnte darauf hinwirken, dass die von der wirtschaftsstatistischen Konvention vorgesehenen und vom ASS vorgeschlagenen Standards bei der Entwicklung neuer statistischer Erhebungen und Publikationen soweit wie möglich eingehalten wurden. Dafür ergriff das Sekretariat in den 1930er Jahren Maßnahmen, die nach dem Zweiten Weltkrieg als ‚technische Hilfe' internationaler Organisationen für Regierungen mit dem Ziel der ‚Entwicklung' üblich wurde.

Sie schlugen sich zum einen darin nieder, dass Sekretariatsmitarbeiter sowie von ihnen empfohlene Experten Anfang der 1930er Jahre die Regierungen Indiens und Chinas mit dem Ziel berieten, Gremien einzurichten, die helfen sollten, staatliche Wirtschaftspolitik zentral zu planen und zu koordinieren. Dies erforderte eine ausreichend breite und aktuelle Informationsbasis, die in beiden Ländern so nicht vorhanden war. Die Projektierung und Durchführung von Planungsinitiativen erforderten daher neben anderen Dingen den Ausbau bereits bestehender amtlicher Statistikbehörden. Zum anderen initiierte der *Völkerbund* Mitte der 1930er Jahre ein Austauschprogramm für Statistikbeamte, das bis zum Zweiten Weltkrieg mit finanzieller Hilfe der *Rockefeller Foundation* bestand und danach von den *Vereinten Nationen* fortgesetzt wurde.

Planwirtschaft für Indien und der Ausbau der amtlichen Statistik auf dem Subkontinent

In Indien beteiligten sich Anfang der 1930er Jahre Arthur Salter und Alexander Loveday direkt und indirekt an Debatten über die Formulierung neuartiger Wirtschaftsplanungsinstitutionen, die in Hinsicht auf die wirtschaftsstatistische Aktivität der Kolonialregierung in Delhi dazu beitrugen, eine restriktive Sparpolitik zu beenden und den Trend umzukehren. Anfang der 1920er Jahre war der vom Chefstatistiker George Findlay Shirras beabsichtigte Aufbau eines zentralen statistischen Amts seitens des *Government of India* aus politischen, vor allem aber aus Haushaltsgründen gestoppt und teils sogar rückgängig gemacht worden (Kap. 4.3). Offizielle Expertenkommissionen empfahlen der Kolonialregierung jedoch bereits ab Mitte der 1920er Jahre, die wirtschaftsstatistische Beobachtung und Berichterstattung auszuweiten und ein zentrales statistisches Amt einzurichten. Ihre Forderungen blieben aufgrund von Kompetenzstreitigkeiten und einer restriktiven Haushaltspolitik des *Government of India* zunächst folgenlos.[141] Letztere stützte die

141 Subramanian: A Brief History, S. 112 f.; vgl. Government of India: Report of the Indian Economic Enquiry Committee 1925, Bd. 1: Report, Reprint, Kalkutta 1927.

von London bestimmte Währungspolitik, die die internationale Wettbewerbssituation Indiens schwächte. Große Teile der Bevölkerung gerieten auch durch sie in Armut und Verschuldung, und die Entwicklung einer exportorientierten Industrie wurde gehemmt. Den antikolonialen Widerstand gegen die Briten wiederum befeuerte diese Politik; ihr wurde vorgeworfen, die indische Wirtschaftskraft bewusst zu schwächen.[142] Die Sparpolitik war auch verantwortlich dafür gewesen, dass Delhi 1928 anfangs keine Delegation zur wirtschaftsstatistischen Konferenz senden wollte, und dann mit David B. Meek nur einen Beamten schickte. Angesichts dessen etwas überraschend trat das *Government of India* der wirtschaftsstatistischen Konvention jedoch bereits Ende 1929 bei. Auch wenn es einige der Vertragsbestimmungen nicht umsetzen wollte, legte es sich doch grundsätzlich fest, wirtschaftsstatistische Beobachtungen auszubauen und sich dabei an internationalen Standards zu orientieren. Neben dem Wunsch, das Land international besser sichtbar zu machen (Kap. 6.3), war diese Entscheidung dadurch begründet, dass zur gleichen Zeit innerhalb der indischen Administration Debatten über die Möglichkeiten staatlicher Wirtschaftsplanung begannen.

Mit George Schuster war 1928 ein Finanzminister im Kabinett des Vizekönigs in Delhi ernannt worden, der sich für ein deutlich stärkeres Engagement staatlicher Behörden für die wirtschaftliche Entwicklung einsetzte.[143] Gesprächen mit Kollegen im Winter 1929/30 folgte im Mai 1930 Schusters Plädoyer, in Delhi einen Wirtschaftsrat einzurichten, dem neben Ökonomen auch Unternehmensvertreter angehören sollten, die eine ‚unofficial opinion' äußern könnten. Dies bedeutete, außerhalb der Verwaltung stehende indische Akteure in die Entscheidungsfindung der Kolonialregierung einzubeziehen, und damit einen Schritt auf die Unabhängigkeitsbewegung zuzugehen. Der Rat sollte helfen, die soziale und ökonomische Situation Indiens zu verbessern, und so die brüchiger werdende britische Herrschaft im Land sichern. Dies erschien umso dringender, als die Kolonialregierung just zur gleichen Zeit mit dem im April 1930 beginnenden Salzmarsch Gandhis erneut attackiert wurde.[144]

---

142 Rothermund, Dietmar: Die Weltwirtschaftskrise und die Länder der Peripherie, in: Otto Büsch / Peter-Christian Witt (Hrsg.): Internationale Zusammenhänge der Weltwirtschaftskrise. Präsentationen aus Anlaß einer Fachkonferenz, Berlin 1994, S. 71–94, hier: S. 81; vgl. B[rian] R. Tomlinson: The Political Economy of the Raj 1914–1947. The Economics of Decolonization in India, London / Basingstoke 1979, S. 64–79.

143 Rothermund, Dietmar: India in the Great Depression 1929–1939, New Delhi 1992, S. 38–43, 74; Tomlinson: The Political Economy, S. 85, 88 f.

144 Zu Schusters Initiative Raghabendra Chattopadhyay: An Early British Government Initiative in the Genesis of Indian Planning, in: Economic and Political Weekly 22 (1987), Nr. 5, S. PE-19-PE-29; Martin: Experts, S. 231–238; Benjamin Zachariah: Developing India. An Intellectual and Social History, c. 1930–50, New Delhi 2012, S. 88–93; zu der von Gandhi initiierten zweiten Bewegung zivilen

In diesem Zusammenhang kontaktierte Schuster im März 1930 unter anderem Arthur Salter und bat ihn um Auskünfte über bereits bestehende Wirtschaftsräte in anderen Ländern.[145] Zudem wollte Schuster von Salter wissen, ob er nach Indien kommen könne, um die Regierung über den Stand der Dinge zu informieren. Salter zu kontaktieren war kein Zufall. Er war international als Wirtschaftsexperte anerkannt sowie als Verfechter staatlicher Wirtschaftspolitik und -planung sowie der Schaffung entsprechender Beiräte bekannt.[146] Darüber hinaus sollte Salters Engagement dazu beitragen, das Image des *Völkerbunds* in Indien zu verbessern. Dort galt die Organisation Anfang der 1930er Jahre vielen Verfechtern der indischen Unabhängigkeit vor allem als Instrument imperialer Herrschaft.[147] Tatsächlich kam Salter Anfang 1931 nach Indien und bereiste das Land vier Wochen lang. Anschließend verfasste er eine ausführliche Empfehlung, wie ein indischer Wirtschaftsrat seiner Meinung nach – die sich mit Schusters Überlegungen deckte – aussehen sollte.[148]

Die weitgehenden Pläne Salters und Schusters scheiterten vor allem daran, dass die meisten Mitglieder des *Government of India* sie aus ideologischen Gründen und aus Sorge um Machtverluste ablehnten.[149] Sie bildeten gleichwohl die Grundlage für Industrialisierungs- und Entwicklungspläne indischer Nationalisten, die ab Mitte der 1930er Jahre diskutiert wurden und nach der Unabhängigkeit des Landes konkret in die Fünfjahrpläne der neuen Regierung in Delhi mündeten.[150] Und Schusters und Salters Pläne waren Anlass dafür, die restriktive Sparpolitik in Hinsicht auf die wirtschaftsstatistische Aktivität der indischen Kolonialregierung zu beenden.

Ungehorsams vgl. Brown: Modern India, S. 255–283, v. a. S. 265–272; Mann: Geschichte Indiens, S. 112 f.; Metcalf/Metcalf: A Concise History, S. 190–193.

145 Zeitgenössischer Überblick über die in unterschiedlicher Form seit den frühen 1920er Jahren vor allem in Europa, aber auch in Japan, Australien und Südamerika etablierten Wirtschaftsräte und deren unterschiedliche Formen und Funktionen bietet Elli Lindner: Review of the Economic Councils in the Different Countries of the World, Genf 1932.

146 Salter, Arthur: Recovery. The Second Effort, London 1932; vgl. Holthaus/Steffek: Experiments, S. 126–128.

147 Martin: Experts, S. 233–235; zum problematischen Verhältnis Britisch-Indiens zum *Völkerbund* vgl. D[ina] N. Verma: India and the League of Nations, Patna 1968, v. a. S. 270–302; Legg: An International Anomaly?.

148 Salter, Arthur: A Scheme for an Economic Advisory Organisation in India, Delhi 1931; zu Salters Reise Chattopadhay: An Early British, S. PE-24 f.; sowie Salter: Memoirs, S. 208–214.

149 Chattopadhyay: An Early British, S. PE-25; Zachariah: Developing India, S. 93.

150 Chattopadhyay: An Early British, S. PE-26 f.; Aditya Balasubramanian / Srinath Raghavan: Present at the Creation. India, the Global Economy, and the Bretton Woods Conference, in: Journal of World History 29 (2018), S. 65–94, hier: v. a. S. 77–81; Martini: Postimperiales Asien, S. 129–140.

Bereits 1930 hatte Schuster beabsichtigt, die wirtschaftsbezogenen Informationsgrundlagen der Regierung auszuweiten und deren wissenschaftliche Auswertung zu fördern. Entscheidungen sollten nicht mehr „in an athmosphere of political bias“, sondern auf rationaler, wissenschaftlicher Grundlage diskutiert und getroffen werden. Schon zuvor hatte Schuster dafür gesorgt, dass das *Directorate of Commercial Intelligence and Statistics* mehr Personal erhielt, die Regierung Unternehmensverbände bei der Herausgabe eines monatlichen Wirtschaftsjournals unterstützte und der Leiter der Behörde, David B. Meek, für zwei Monate in die USA reisen konnte, um sich dort Rat für die anzugehenden Aufgaben einzuholen.[151] In die gleiche Zeit fiel auch die Entscheidung der Kolonialregierung, der wirtschaftsstatistischen Konvention beizutreten. Und wenig überraschend war, dass auch Salter 1931 forderte, die wirtschaftsstatistische Berichterstattung zu verbessern und auszubauen.[152]

Im Juni 1932 forderte Schuster das *Government of India* zum zweiten Mal auf, einen gesamtindischen Wirtschaftsrat zu etablieren und erneut lehnten seine Kollegen das Vorhaben ab. Sie einigten sich aber darauf, einem weniger ambitionierten Plan Schusters zu folgen, den dieser mit David B. Meek entworfen hatte. Er sah vor, ein ökonomisches Beratungsgremium einzurichten, das sich am 1930 gegründeten britischen *Economic Advisory Council* orientierte[153] und keine ‚unofficial opinions‘ einbezog. Da dieses *Economic Sub-Committee* der indischen Kolonialregierung bei seiner Gründung 1933 mit den weiterhin wenig befriedigenden Möglichkeiten konfrontiert war, belastbare und aktuelle Aussagen über den Zustand und die Entwicklung der indischen Wirtschaft treffen zu können,[154] beinhaltete

151 Chattopadhay: An Early British, S. PE-22; NAI Digitized Public Records, Education and Health, Agriculture_B, EDUCATION AND HEALTH_AGRICULTURE_B_1931_MAR_176, Note on Economic Policy, George Schuster, 22.05.1930, S. 7; Kritik am angeblich tendenziösen Gebrauch mangelhafter indischer Statistiken in politischen Debatten wurden Ende 1932 auch in der Diskussion eines Vortrags zur Entwicklung der Statistik in Indien vor der *Royal Statistical Society* geäußert ([John] Meston: Statistics in India, in: Journal of the Royal Statistical Society 96 (1933), S. 1–20, hier: S. 15, 18 f.); Hinweis des vormaligen Handelsbeauftragten der indischen Regierung in London, Harry Lindsay, zu dem im März 1937 gehaltenen Referat seines Amtsnachfolgers David B. Meek: Some Measures of Economic Activity in India, in: Journal of the Royal Statistical Society 100 (1937), S. 363–395, hier: S. 389.

152 Chattopadhyay: An Early British, S. PE-22; Salter: A Scheme, S. 12 f.

153 Zu diesem Gremium Susan Hawson / Donald Winch: The Economic Advisory Council 1930–1939. A Study in Economic Advice during Repression and Recovery, Cambridge 1977.

154 Anders als oft nahegelegt (Tomlinson: The Political Economy, S. 90; Martin: Experts, S. 241), war die amtliche Wirtschaftsstatistik Indiens nur im Vergleich mit ‚westlichen‘ Staaten defizitär, kaum aber mit anderen Ländern der Region (vgl. Kap. 4.3). Dies sollte bei der Interpretation zeitgenössischer Klagen über den Zustand der indischen Wirtschaftsstatistik beachtet werden, die in mindestens gleichem Maße Teil politischer Argumentation seitens statistischer Behörden und Statistikern waren wie sie reale Verhältnisse abbildeten. Seit dem 19. Jahrhundert gehörten solche Klagen

Schusters Plan auch den Ausbau der zentralen statistischen Behörde des Landes unter Leitung Meeks, die Erweiterung von deren permanenter wirtschaftsstatistischer Berichterstattung und die Einrichtung eines wirtschaftsstatistischen Forschungsbüros in Delhi (die statistische Behörde blieb in Kalkutta).[155]

Dieses neue wirtschaftsstatistische Behördensystem begann 1932, ein produktionsstatistisches Monatsjournal zu publizieren, nahm 1933 die zehn Jahre zuvor ausgesetzte Erhebung und Veröffentlichung monatlicher Statistiken zum Inlandshandel wieder auf und begann Anfang 1934 nach US-amerikanischem Vorbild ein *Monthly Survey of Business Conditions in India* zu erstellen.[156] Ziel dieses Periodikums war es, für Indien möglichst repräsentative wirtschaftsstatistische Reihen (Produktion, Handel, Preise, Lebenshaltungskosten) zu etablieren, die die regelmäßige Berechnung eines ‚index of economic activity' ermöglichen würden, wie ihn die wirtschaftsstatistische Konvention vorsah. Auch wenn dies bis 1939 nur teilweise gelang, wurde die Berichterstattung unter Leitung von David B. Meek und seinem im Januar 1935 das Amt antretenden Nachfolger John Matthai sichtbar verbreitert. Nach der Unabhängigkeit 1947 setzte die indische Regierung alle in diesem Zusammenhang etablierten statistischen Reihen und Publikationen fort.

Ihr zentrales Ziel aber, eine wirtschaftsstatistische Bestandsaufnahme des Landes samt der Berechnung des indischen Volkseinkommens durchzuführen, die jedweder ernsthaften gesamtwirtschaftlichen Planung zugrunde liegen musste (ein ‚national economic census'), erreichten Schuster und Meek nicht. Dafür hatte Schuster bereits Anfang 1933 geworben[157] und erneut Salter um Rat gebeten, der ihn an Loveday weiterverwies. Loveday begrüßte das Vorhaben eines ‚economic census'. Allerdings könne das Sekretariat Delhi aus finanziellen Gründen keine kon-

---

zu den Standardargumenten von Statistikern und Ökonomen und es kommt darauf an, zu erklären, weshalb Regierungen und Entscheidungsträgern sie sie in manchen Fällen beachteten, in den meisten Fällen aber ignorierten.

155 Chattopadhay: An Early British, S. PE-25 f.; Martin: Experts, S. 242; Tomlinson: The Political Economy, S. 89 f.; Subramanian: A Brief History, S. 115 f.

156 Monthly Statistics of the Production of Certain Selected Industries of India, Delhi 1932 ff.; Accounts relating to the Inland (Rail and River-Borne) Trade Consignments of India, Kalkutta 1933 ff.; Monthly Survey of Business Conditions in India, Delhi 1934 ff. [Heft 1 mit Bezug auf 1933]; vgl. H[aris Chandra] Sinha: Economic and Business Statistics in India, in: Sankhyā. The Indian Journal of Statistics 5 (1940), S. 37–56, hier: S. 40; A[rthur] L. Bowley / D[ennis] H. Robertson: A Scheme for an Economic Census of India with Special Reference to a Census of Production and Re-Organization of Statistics, New Delhi 1934, S. 59; Meek: Some Measures.

157 Dies tat er Anfang Januar 1933 bei einer Wirtschaftskonferenz; Anonymus: Indian Economic Conference, in: The Times of India [Delhi], 04.01.1933; Georg-August-Universität Göttingen. Centre for Modern Indian Studies. ILO India Monthly Reports Collection [www.uni-goettingen.de/downloads/cemis/1933.zip; 13.05.2019], International Labour Office. Indian Branch [Delhi]. Report for January 1933, S. 41.

krete Hilfe in Form einer Expertenkommission leisten. Auch inhaltlich sah Loveday wenig Sinn darin, eine staatliche Behörde das Volkseinkommen berechnen zu lassen. Das sei technisch schwierig und „useless“. Politisch stand der Entsendung von Völkerbundexperten zudem der Widerstand des Londoner *India Office* entgegen; es befürchtete, derartige Untersuchungen könnten der indischen Nationalbewegung argumentative Schützenhilfe leisten. Das einzige, was Loveday sich angesichts dessen im Februar 1933 imstande sah zu unternehmen, war, Delhi europäische Ökonomen vorzuschlagen, an die sich die indische Regierung wenden könne.[158] Infolgedessen bat das *Government of India* im Spätsommer 1933 den in Cambridge lehrenden Ökonomen Dennis Robertson und den an der *London School of Economics* tätigen Statistiker Arthur L. Bowley um ihre Einschätzung. Sie reisten im Dezember 1933 nach Indien und verfassten anschließend zusammen mit drei indischen Ökonomen *A Scheme for an Economic Census of India.* Im Kern wiederholten sie darin die bereits mehrfach geäußerte Kritik am Zustand der amtlichen Wirtschaftsstatistik des Landes und forderten, sie auszubauen. Dabei erwähnten sie die wirtschaftsstatistische Konvention von 1928 zwar nicht explizit. Die vorgeschlagenen Maßnahmen aber entsprachen hinsichtlich der statistischen Erfassung der gewerblichen Produktion dem internationalen Abkommen.[159]

Korrespondierend mit dieser Entwicklung und die wirtschaftsstatistische Aktivität in Indien insgesamt befördernd war die Gründung des *Indian Statistical Institute* im Dezember 1931. Bereits in den 1920er Jahren hatte Prasanta Chandra Mahalanobis, der zuvor in Cambridge Physik studiert hatte, am *Presidency College* in Kalkutta begonnen, Statistik zu lehren. In den 1950er und 1960er Jahren wurde er, der ‚Vater der indischen Statistik‘, in die Formulierung der Fünfjahrpläne des unabhängigen Indiens involviert und 1946 war er Gründungsmitglied der *Statistischen Kommission* der *Vereinten Nationen.*[160] In den 1920er Jahren begründete Mahalanobis zusammen mit Kollegen in Kalkutta einen Forschungsverbund, der als *Statistical Laboratory* bekannt wurde. Dieser erhielt in der zweiten Hälfte des Jahrzehnts zunehmend öffentliche Aufmerksamkeit, behördliche Forschungsaufträge und damit auch finanzielle Mittel, die letztlich 1931 die Institutsgründung ermöglichten. Neben das Institut trat Ende 1931 auch eine statistische Gesellschaft, die Mahalanobis zusammen mit seinen Kollegen und dem ebenfalls in Kalkutta ar-

158 Martin: Experts, S. 243–246.

159 Bowley/Robertson: A Scheme; vgl. Subramanian: A Brief History, S. 116 f.

160 Ghosh, J[ayanta] K.: Mahalanobis and the Art and Science of Statistics. The Early Days, in: Indian Journal of History of Science 29 (1994), S. 89–98; H. Sanyal: Prasantachandra Mahalanobis. A Biographical Sketch, in: Sankhyā. The Indian Journal of Statistics. Series B 35 (1973), S. 3–11; C[alyampudi] R. Rao: Prasanta Chandra Mahalanobis 1893–1972, in: Biographical Memoirs of Fellows of the Royal Society 19 (1973), S. 454–492.

beitenden David B. Meek ins Leben rief. Meek wurde einer von acht Vizepräsidenten dieser Gesellschaft und Redaktionsmitglied ihrer Zeitschrift. Im Verwaltungsrat der Gesellschaft war Meek ebenso vertreten wie sein Amtsvorgänger George Findlay Shirras und sein Amtsnachfolger John Matthai. Finanzminister George Schuster wiederum hatte die Gründung des Instituts begrüßt, nahm an der Gründungsversammlung teil und wurde dessen Ehrenmitglied.[161] Zwar befasste sich das Institut in erster Linie mit analytischer Statistik und nur am Rande mit der deskriptiven wirtschaftsstatistischen Arbeit, die im Mittelpunkt dieser Arbeit steht. Es kann aber kein Zweifel daran bestehen, dass die nach dem Vorbild der britischen *Royal Statistical Society* arbeitende Gesellschaft schon allein durch die nun institutionalisierte akademische Debatte für die statistische Beobachtung der indischen Wirtschaft förderlich war. Sie brachte führende Ökonomen und Statistiker regelmäßig zusammen und ermöglichte über die ab 1933 erscheinende Zeitschrift *Sankhyā* einen dauerhaften Austausch. Zudem begann das Institut Ende der 1930er Jahre ein Ausbildungsprogramm für Statistiker, das in der Folge viele zukünftige Beamte staatlicher statistischer Ämter durchliefen. Und Mahalanobis und seine Institutskollegen entwickelten Stichprobenverfahren, mit denen sie hofften, eines der zentralen Probleme statistischer Erhebungen in Indien lösen zu können: die schiere Größe des Landes, die Vollerhebungen zu extrem teuren Unternehmen machte. Schon der 1941 erfolgende Bevölkerungszensus in Indien konnte darauf zurückgreifen und profitieren.[162]

Entwicklungspolitik ohne Statistik – das Beispiel China

Von Indien reiste Salter im Februar 1931 weiter nach China.[163] Die Nationalregierung in Nanjing hatte ihn darum gebeten und auch ihr empfahl der Ökonom, einen

161 Anonymus: The Statistical Laboratory. A Short Account of its History, Nature of Work, Published Papers, List of Workers, etc., in: Sankhyā. The Indian Journal of Statistics 4 (1938), S. 285–311; Anonymus: Indian Statistical Institute. Annual Report and Accounts for 1932–33, in: Sankhyā. The Indian Journal of Statistics 1 (1933), S. 123–153; Jayanta K. Ghosh / Pulakesh Maiti / Anil K. Bera: Indian Statistical Institute. Numbers and Beyond, 1931–1947, in: Uma Das Gupta (Hrsg.): Science and Modern India. An Institutional History, c. 1784–1947, Delhi et al. 2011, S. 1013–1056.

162 Prévost/Beaud: Statistics, S. 166 f.

163 Zur Reise und deren Bedeutung für den *Völkerbund*, China und die Genese der Entwicklungspolitik liegen Darstellungen vor, auf denen die folgende Skizze weitgehend beruht: Jordan: China's; Kuss: Der Völkerbund, S. 131–162; Martin: Experts, S. 249–260; Meienberger: Entwicklungshilfe, v. a. S. 59–62; Osterhammel: ‚Technical Co-operation'; Young: China's, S. 293, 298, 342–349; Margherita Zanasi: Saving the Nation. Economic Modernity in China, Chicago/London 2006, S. 81–101.

nationalen Wirtschaftsrat einzurichten. Das Gremium sollte die wirtschaftliche Modernisierung und vor allem Industrialisierung Chinas planen und koordinieren und dabei Rat von Experten erhalten, die der *Völkerbund* vermitteln wollte. Auf diese Weise sollte mittel- bis langfristig sowohl die Inlandsnachfrage erhöht und damit die Kapitalbildung in China gefördert als auch eine Situation geschaffen werden, die für ausländische Investoren attraktiv genug war, sich in dem Land zu engagieren.[164] In Nanjing musste Salter niemand von diesem Vorhaben überzeugen. Bereits am Ende des Ersten Weltkriegs hatte Sūn Yixiān (Sun Yat-sen), einer der Gründerväter der chinesischen Nationalbewegung, für eine Entwicklungspolitik in China plädiert, die auf internationalem Know-How und Kapital basieren sollte.[165] Als die Nationalregierung 1927 die Macht übernommen hatte, initiierte sie ein sich auf Sūn beziehendes Modernisierungsprogramm. Anders als in Indien erhob in China zudem keine koloniale Macht direkten Einspruch. Und schließlich war das Frühjahr 1931 aus wirtschaftlicher Perspektive ideal, um entwicklungspolitische Maßnahmen zu initiieren.[166]

Die institutionellen, ideologischen und ökonomischen Rahmenbedingungen begünstigten im Frühjahr 1931 also die Etablierung staatlicher Einrichtungen in China mit dem Ziel, wirtschaftliches Handeln zentral zu planen und zu koordinieren. Die dabei vorgesehene Zusammenarbeit mit dem *Völkerbund* entwickelte sich in den folgenden Jahren zu einer bis dahin unbekannten Form ‚technischer Kooperation' eines (formal) souveränen Staats mit einer internationalen Organisation. 1933 rief der der Völkerbundrat zudem ein ständiges China-Komitee ins Leben und entsandte einen permanenten Vertreter nach Nanjing. Mehrere Dutzend Experten verschiedener Profession kamen bis Anfang der 1940er Jahre nach China und verfassten Gutachten, an denen sich die chinesische Regierung zumindest orientieren konnte. Diese neuartige Form der Zusammenarbeit gilt als institutionelle Innovation der Entwicklungspolitik, sprengte sie doch den bis dahin vorherrschenden

164 Martin: Experts, S. 256 f.; Note on Industrial Development, Arthur Salter, o.Dat. [1931], in: Arthur Salter: China and the Depression. Impressions of a Three Months Visit, masch., Nanjing o.Dat. [1934], Annex 4.

165 Sun Yat-sen: The International Development of China, New York 1922; vgl. Martini: Postimperiales Asien, S. 140–143.

166 Bis 1933/34 war China vor allem wegen seiner auf Silber basierenden Währung(en) von den Verwerfungen der Weltwirtschaftskrise nur wenig betroffen, ja profitierte sogar davon, da es eigene Produkte günstiger exportieren konnte, während sich Importe von Auslandswaren nach China verteuerten. Vgl. Osterhammel: China, S. 293 f.; Hesse/Köster/Plumpe: Die große Depression, S. 150–162; Ramon H. Myers: The World Depression and the Chinese Economy 1930–6, in: Ian Brown (Hrsg.): The Economies of Africa and Asia in the Inter-war Depression, London/New York 1989, S. 253–278; Tomoko Shiroyama: China During the Great Depression. Market, State, and the World Economy, 1929–1937, Cambridge/London 2008.

kolonialen Rahmen von Entwicklungsmaßnahmen.[167] Die wirtschaftliche Modernisierung Chinas aber förderte die Kooperation kaum.[168] Schon Zeitgenossen kritisierten, die Empfehlungen ausländischer Experten würden „serving no other purpose than the satisfaction of having added another paper plan to the government archive".[169] Ausschlaggebend dafür waren vor allem die prekäre Machtstellung der Nationalregierung, der andauernde Bürgerkrieg, regierungsinterne Streitigkeiten, weiter bestehende Sonderrechte der imperialen Mächte, militärische Angriffe der Japaner, der chronische Kapitalmangel sowie nicht zuletzt eine verheerende Flutkatastrophe im Sommer 1931.[170]

Aus der Perspektive dieser Arbeit fällt ins Auge, dass Salter anders als in Indien keinen Ausbau der amtlichen Statistik einforderte.[171] Auch eine gesamtwirtschaftliche, das ganze Land in den Blick nehmende Perspektive, wie sie Schuster und Meek 1932/33 mit der Forderung nach einem indischen *Economic Survey* einnahmen, fehlte in China. Salter verwies zwar darauf, ein „general plan", den der Wirtschaftsrat zu entwerfen und umzusetzen habe, dürfe nicht nur die Industrialisierung des Landes in den Blick nehmen, sondern müsse die chinesische Wirtschafts- und Finanzpolitik als Ganzes im Auge behalten.[172] Als Jiǎng Jièshí (Chiang Kai-shek) im November 1931 den neuen Wirtschaftsrat eröffnete und dabei die Umrisse eines Dreijahresplans skizzierte, war daraus aber bereits ein weniger ambitionierter„survey […] of the chief industries" geworden.[173] Und wenngleich es das Ziel von Finanzminister Sòng Zǐwén (Soong Tse-ven) und anderer chinesischer Akteure war, China mithilfe gezielter staatlicher Entwicklungspolitik in eine zentral

167 Martin: Experts, S. 269 f.; Meienberger: Entwicklungshilfe; Zanasi: Exporting;

168 Osterhammel: ‚Technical Co-operation'; Kuss: Der Völkerbund; Meienberger: Entwicklungshilfe; zeitgenössisch: League of Nations. Council Committee on Technical Co-operation Between the League of Nations and China: Report of the Technical Agent of the Council on his Mission in China from the Date of his Appointment until April 1st, 1934, Genf 1934; Tao Siu: L'Œuvre du Conseil National Économique Chinois, Diss. Universität Nancy 1936.

169 Fong H[sien]-D[ing]: Toward Economic Control in China, in: Nankai Social & Economic Quarterly 9 (1936/37), S. 296–397, hier: S. 388.

170 Dabringhaus: Geschichte, S. 91–100; Osterhammel: China, Kap. 12–14; Bickers: Out of China; Zanasi: Saving, S. 84–99; Goto-Shibata: The League.

171 CCA, Salter Papers, SALT 1/10, A Suggestion for a National Development Council in China, Memorandum, Arthur Salter, 09.03.1931.

172 Note on Industrial Development, Arthur Salter, o.Dat. [1931], in: Arthur Salter: China and the Depression. Impressions of a Three Months Visit, masch., Nanjing o.Dat [1934], Annex 4, S. 3; CCA, Salter Papers, SALT 1/10, Notes on Industry, Memorandum, o.A. [vermutlich Salter und Elliot Felkin], o.Dat. [1931], S. 5.

173 LoNA, R.2668, 10 A/31880/29179, Anonymus [Jiǎng Jièshí]: The National Economic Council. The Opening Address delivered at the First Meeting on November Fifteenth in the Twentieth Year of the Republic of China, Nanjing o.J. [1931], S. 13.

gesteuerte wirtschaftliche Einheit zu verwandeln,[174] schlug sich das nur ansatzweise darin nieder, einen entsprechenden statistischen Behördenapparat aufzubauen.

Ungeachtet dessen herrschte in China in den 1930er Jahren ein „enthusiasm for statistics".[175] „Numerous research bureaus of all sorts have sprung up almost over night", schrieb ein Beobachter 1936. „[H]undreds and thousands of serious minded individuals are devoting long hours [...] to collect and tabulate statistical data."[176] Neben dem zentralen *Directorate of Statistics* entstanden zahlreiche weitere Behörden, die statistische Übersichten mit teils widersprüchlichen Inhalten publizierten. Vor allem aber übernahm das Industrieministerium, das die Industrialisierungspläne der Regierung verantworte, ab 1932 eine wichtige Rolle in der wirtschaftsstatistischen Beobachtung Chinas.

Zum einen publizierte es von 1933 bis 1936 die Vierteljahrschrift *Shiye tongji / The Industrial Statistics*. Die darin enthaltenen, teils langen statistischen Anhänge waren wie das Genfer MBS gegliedert (Produktion, Handel, Preise, Finanzen, Arbeit) und umfassten neben Daten zu China auch internationale Übersichten, die teils dem MBS entstammten. Im Frühjahr 1936 folgte die Monatsschrift *Shiye banyuekan*, die aber nach Kriegsbeginn im Sommer 1937 eingestellt wurde.[177] Zum anderen war dem Industrieministerium das 1920 gegründete *Bureau of Economic Information* zugeordnet worden. Es firmierte nun als *Bureau of Foreign Trade*[178] und initiierte 1932 die von Jiǎng Jièshí anberaumte industriewirtschaftliche Bestandsaufnahme Chinas.[179] Angesichts der rudimentären Informationsbasis konzentrierten sich die Untersuchungen auf die wirtschaftsstarken Provinzen Jiangsu, Zhejiang, Hubei, Hebei und Guangdong. 1933 veröffentlichte das Ministerium zwei dickleibige und von Rezensenten hoch gelobte Bände zu den beiden erstgenannten Provinzen, die 1933 und 1935 ins Englische übersetzt wurden. 1934 und 1935 folgten zwei weitere

174 Zanasi: Saving, S. 4.

175 Fong, H[sien]-D[ing]: [Rezension von Directorate of Statistics: Zhonghua minguo tongji tiyao, Nanjing 1935], in: The Nankai Social & Economic Quarterly 9 (1936/37), S. 550–552, hier: S. 550.

176 Arnold, Julean: China Embarks upon its Statistical Era, in: Chinese Economic Journal and Bulletin 19 (1936), S. 641–645, hier: S. 642; Vgl. Lieu: A Brief Account, S. 104*-120*; Fong H[sien]-D[ing]: Economic Statistics in China, in: Monthly Bulletin on Economic China 7 (1934), S. 15–27; Christa Hasenclever: Bibliographie zur Industrialisierung Chinas, in: Weltwirtschaftliches Archiv 45 (1937), S. 442–466.

177 Shiye tongji / The Industrial Statistics, Nanjing 1933–1936; Shiye banyuekan, Nanjing 1936/37.

178 Fong, H[sien]-D[ing]: Economic Statistics, S. 15; Anonymus: Bureau Service to be Expanded. Dr. Kuo Outlines Plans for more Information at Meeting, in: The China Press, 07.04.1931.

179 Ho Ping-yin: Preface to the China Industrial Handbook, in: Ministry of Industry. Bureau of Foreign Trade: China Industrial Handbooks. Chekiang: Second Series of the Reports by the National Industrial Investigation, Nanjing 1935 [ND Taipeh 1973], S. VII-X.

Ausgaben zu den Provinzen Shandong und Hunan.[180] Außerdem veröffentlichte das Industrieministerium 1934 und 1936 je ein Wirtschaftsjahrbuch und 1935 publizierte auch das *Directorate of Statistics* einen mehr als 1.200 Seiten umfassenden Band, der den Großteil der behördlichen Statistik versuchte zusammenzufassen.[181]

Belastbare Aussagen zur wirtschaftlichen Entwicklung Chinas als Ganzes ließen sich in den 1930er Jahren dennoch nur schwer treffen; allein die Außenhandelsstatistik stellte eine gewisse Ausnahme dar.[182] Fast alle anderen Statistiken krankten an konzeptioneller und methodischer Inkohärenz, an fehlender Aktualität und daran, dass die chinesische Regierung nicht in der Lage war, ein auch nur annähernd flächendeckendes Netz statistischer Behörden und Berichterstatter im Land zu etablieren.[183] Viele Statistiken bezogen sich lediglich auf einzelne Städte (vor allem Shanghai, Nanjing, Tianjin, Beijing und Guangzhou) oder Provinzen.[184] Darüber hinaus kooperierten Behörden und Ministerien der Nationalregierung nur bedingt und arbeiteten zum Teil sogar gegeneinander; eine Koordination statistischer Erhebungen fand offenbar kaum statt.[185] Dass die Seezollbehörde 1930/31 ihre außenhandelsstatistischen Erhebungs- und Darstellungsmethoden änderte und

---

180 Ministry of Industry. Bureau of Foreign Trade: Zhongguo shiye zhi (Jiangsu Sheng), Nanjing 1933; Zhongguo shiye zhi (Zhejiang Sheng), Nanjing 1933; Zhongguo shiye zhi (Shandong Sheng), Nanjing 1934; Zhongguo shiye zhi (Hunan Sheng), Nanjing 1935; Ministry of Industry. Bureau of Foreign Trade: China Industrial Handbooks. Kiangsu: First Series of the Reports by the National Industrial Investigation, Nanjing 1933 [ND Taipeh 1973]; China Industrial Handbooks. Chekiang: Second Series of the Reports by the National Industrial Investigation, Nanjing 1935 [ND Taipeh 1973]; Leonard G. Tang: [Rezension von Ministry of Industry. Bureau of Foreign Trade: Zhongguo shiye zhi (Jiangsu Sheng); Zhongguo shiye zhi (Zhejiang Sheng)], in: Monthly Bulletin on Economic China 7 (1934), S. 378–379; C.D.A.: Kiangsu Handbook proves Valuable and Useful Book. First of New Industrial Series Appears, is Asset to Business, in: The China Press, 03.09.1933; S. T. Chang: [Rezension von Ministry of Industry. Bureau of Foreign Trade: Zhonguo shiye zhi (Jiangsu Sheng)], in: Pacific Affairs 7 (1934), S. 95–98.

181 Ministry of Industry. Committee on the Compilation of the Chinese Economic Year Book: Zhongguo jingji nianjian [The Chinese Economic Year-Book], Nanjing/Shanghai 1934; 1936; Directorate of Statistics: Zhonghua.

182 Osterhammel: China, S. 22; vgl. zur Außenhandelsstatistik Kap. 6.

183 Vgl. die entsprechende Kritik von Arnold: China; Fong: [Rezension]; sowie Li Choh-ming: The Statistical System of Communist China, Berkeley / Los Angeles 1962, S. 3 f.; Ghosh: Making it Count, S. 34–37.

184 Vgl. etwa die Daten in Tongji yuebao / The Statistical Monthly 29 (1937), Teil V [„Statistical Data"].

185 Das zeigte sich etwa daran, dass verschiedene Abteilungen des Industrieministeriums unabhängig voneinander in Genf um die Zusendung von Völkerbundperiodika baten. LoNA, R.5533, 19/8247/8247, Ku Yu-tsuan, *Ministry of Industries. Section of Industrial Planning & Promotion*, Nanjing, an Loveday, 26.10.1933; Aktenvermerk Elliot Felkins für Nina Spiller, *Information Section* des Völkerbundsekretariats, 04.12.1933 Frederic R. Hapgood, *Distribution Section* des Völkerbundsekretariats, an Ku, 06.12.1933.

versuchte, an die Vorgaben der wirtschaftsstatistischen Konvention von 1928 anzupassen (vgl. Kap. 6.3), während andere Behörden dies offenbar nicht einmal als Ziel formulierten, bestätigt die vorherrschende Inkohärenz der amtlichen chinesischen Statistik in der Republikzeit.

Salters Verzicht darauf, den Ausbau der amtlichen Statistik 1931 anzumahnen, lässt sich daher am ehesten mit der Einsicht in die damaligen Handlungsmöglichkeiten der Nationalregierung erklären.[186] Dass die Regierung sich aber nicht einmal bemühte, den Rat ausländischer Statistikexperten einzuholen, ist mit den herangezogenen Quellen nicht nachzuvollziehen. Die erwähnten Engagements europäischer Fachleute in der Türkei, Ecuador und Kolumbien zeigen, dass solche Konsultationen möglich gewesen wäre. Auch die Tatsache, dass die chinesische Regierung in anderen Bereichen ausländische Berater in großer Zahl ins Land holte,[187] verdeutlicht, dass die Einholung ausländischer statistischer Expertise für China keinesfalls ungewöhnlich gewesen wäre. Und gerade das mit Genf 1931 vereinbarte Expertenprogramm hätte hierzu die Möglichkeit geboten. Doch keiner der Fachleute, die China in den 1930er Jahren in diesem Rahmen bereisten und Gutachten zu spezifischen Themen verfassten, war Statistiker.[188] Stattdessen forderten die Experten nachdrücklich eine bessere staatliche Statistik ein.[189] Diese aber blieb China bis lange nach dem Zweiten Weltkrieg schuldig.[190]

Das Austauschprogramm für amtliche Statistiker 1936 – 1939

Eine zweite Form ‚technischer Hilfe' des *Völkerbunds* – und später der *Vereinten Nationen* – bestand darin, amtliche Statistiker dabei zu unterstützen, die Arbeit ihrer Kollegen in anderen Ländern kennenzulernen. Ziel des Programmes war, leitenden Beamten statistischer Ämter ein Training hinsichtlich der administrativen Prozeduren zu ermöglichen, um internationale konzeptionelle und methodische Standards besser umsetzen zu können. Dahinter stand die Erkenntnis, dass staatliche Behörden ihre statistischen Erhebungen meistens nicht nach einem umfassenden und/oder theoretisch hergeleiteten Konzept initiierten und umsetz-

---

186 Dafür spricht auch Salters Einschätzung der prekären machtpolitischen und finanziellen Lage der chinesischen Regierung im Frühjahr 1931, die er in einem Bericht über seine Reise festhielt: CCA, Salter Papers, SALT 1/10, Supplementary Note on China, Memorandum, Arthur Salter, o.Dat. [1931].

187 Bickers: Out of China, S. 255; ähnlich Osterhammel: China, S. 305 f.

188 Kuss: Der Völkerbund; Meienberger: Entwicklungshilfe; Osterhammel: ‚Technical Co-operation'.

189 So etwa der Agrarexperte Carlo Dragoni laut Meienberger: Entwicklungshilfe, S. 81.

190 Vgl. Ghosh: Making it Count.

ten, sondern entsprechend bestimmter praktischer Ziele und/oder in Reaktion auf bestimmte Ereignisse. Angesichts der unterschiedlich umfangreichen finanziellen Ressourcen und rechtlichen Handlungsmöglichkeiten, über die statistische Ämtern verfügten, angesichts institutioneller Eigenlogiken und angesichts behördlicher Traditionen in verschiedenen Ländern führte dies Loveday zufolge dazu, dass statistische Erhebungen „[are] built up gradually by a process of more or less haphazard trial and error in each country independently". Resultat seien Strukturen und Arbeitsroutinen, die manche Länder besser, andere schlechter für die Übernahme internationaler Standards erscheinen ließen. Hospitationen leitender Beamter könnten daher helfen, Arbeitsweisen und Organisationsstrukturen effektiver zu gestalten.[191]

Das Sekretariat besaß keine Mittel für solche Reisen. Loveday fragte daher im Spätsommer 1936 die US-amerikanische *Rockefeller Foundation*, ob sie diese finanzieren könne.[192] Dies lag seinerzeit nahe. Zusammen mit dem *Carnegie Endowment for International Peace* und anderen US-amerikanischen philanthropischen Organisationen trug die Stiftung seit den 1920er Jahren maßgeblich zum Gelingen verschiedener Aktivitäten des *Völkerbunds* bei, indem sie diese finanzierte; zwischen 1922 und 1945 umfassten solche Zuschüsse rund 15 % des gesamten Budgets der Genfer Organisation. Da die Stiftungen als wichtige Vehikel des US-amerikanischen Internationalismus der Nachkriegsjahre sowie als Teil inoffizieller US-amerikanischer Diplomatie gelten, interpretierte Ludovic Tournès ihr finanzielles Engagement als Ausweis einer „American membership" im *Völkerbund*.[193]

In den 1930er Jahren profitierte der *Economic Intelligence Service* sehr von der Förderung der *Rockefeller Foundation*. Einer ihrer Förderschwerpunkte galt der Konjunkturforschung, für die das Genfer Sekretariat ab 1933 für knapp zehn Jahre mehr als 200.000 Dollar erhielt. Damit finanzierte es die konjunkturtheoretischen und ökonometrischen Forschungsarbeiten, die Gottfried Haberler, Jan Tinbergen, Jacques J. Polak und Tjalling C. Koopmans durchführten und die in wirtschafts-

---

191 LoNA, R.4548, 10B/27741/27741, Aktenvermerk Lovedays für Joseph Avenol, 16.12.1936.

192 Rockefeller Archives Center, Sleepy Hollow, New York, Rockefeller Foundation Records, Project Files, RG 1.1, Series 100, Box 18, Folder 150, Tracy B. Kittredge, *Rockefeller Foundation*, Paris, an John van Sickle, *Rockefeller Foundation*, New York, 02.10.1936.

193 Tournès, Ludovic: American Membership of the League of Nations. US Philanthropy and the Transformation of an Intergovernmental Organisation into a Think Tank, in: International Politics 55 (2018), S. 852–869; Tournès: Les Etats-Unis; zur Relevanz der US-amerikanischen Stiftungen für die transnationalen Beziehungen der USA vgl. Helke Rausch: Akademische Vernetzung als politische Intervention in Europa. Internationalismus-Strategien US-amerikanischer Stiftungen in den 1920er Jahren, in: Jahrbuch für Universitätsgeschichte 18 (2016), S. 163–187; Katharina Rietzler: Before the Cultural Cold Wars. American Philanthropy and Cultural Diplomacy in the Inter-war Years, in: Historical Research 84 (2011), Nr. 223, S. 148–164.

wissenschaftlichen Pionierarbeiten mündeten.[194] Die Stiftung übernahm auch einen großen Teil der Kosten, die das Exil des *Economic Intelligence Service* in Princeton verursachte. Insgesamt erhielt Lovedays Abteilung zwischen 1931 und 1946 mindestens 800.000 Dollar.[195] Auch indirekt profitierte der *Economic Intelligence Service* von der Förderpraxis der *Rockefeller Foundation*, weil diese zahlreiche wirtschaftswissenschaftliche Einrichtungen (vor allem in Europa) unterstützte, deren Mitarbeiter eng mit Genf kooperierten. In erster Linie aus diesen Instituten rekrutierte sich zudem der Kreis von Fachleuten, die Haberlers und Tinbergens in Genf angefertigte Studien diskutierten. Und diese waren es auch, die zum Kern jener Gruppe liberaler Ökonomen, Sozialwissenschaftler und Publizisten gehörten, die als ‚Neoliberale' bekannt wurden.[196] Zudem spendete John D. Rockefeller Jr. 1927 persönlich zwei Millionen Dollar für die Bibliothek der Genfer Organisation, wovon der *Economic Intelligence Service* angesichts seines Informationsbedarfs ebenfalls profitierte.[197]

Dass die *Rockefeller Foundation* im Dezember 1936 zustimmte, das Austauschprogramm für Statistikbeamte zu finanzieren, war daher naheliegend, zumal es sie vergleichsweise wenig kostete und ihr kaum Arbeit verursachte.[198] Denn die Auswahl geeigneter Entsende- und Zielländer sowie der Stipendiaten oblag Loveday und seinen Kollegen. Ihr Auswahlprozess zeigt, wie man in Genf Ende der 1930er Jahre den Entwicklungsstand der amtlichen Wirtschaftsstatistik in der Welt einschätzte und welchen Fortschritt man dabei in einzelnen Staaten erkannte.

In keinem Land der Welt, so Ansgar Rosenborg im Januar 1937, seien alle statistischen Erhebungen auf der Höhe der Zeit. Allenfalls ließen sich einige wenige

---

194 Craver, Earlene: Patronage and Directions of Research in Economics. The Rockefeller Foundation in Europe, 1924–1938, in: Minerva 24 (1986), Nr. 2/3, S. 205–222; Rausch: Akademische Vernetzung, S. 167; Helke Rausch: US-amerikanische „Scientific Philanthropy" in Frankreich, Deutschland und Großbritannien zwischen den Weltkriegen, in: Geschichte und Gesellschaft 33 (2007), S. 73–98, hier v. a.: S. 84–88; Tournès: Les Etats-Unis, S. 275–290; Endres/Fleming: International Organizations, S. 35–42; Clavin: Securing, S. 74, 203–211; Morgan: The History, S. 108–130; zur Höhe der Förderung: The Rockefeller Foundation: Annual Report 1933, New York o. J. [1934], S. 252; The Rockefeller Foundation: Annual Report 1937, New York o. J. [1938], S. 259.

195 Tournès: American Membership, S. 857; Ludovic Tournès: The Rockefeller Foundation and the Transition from the League of Nations to the UN, in: Journal of Modern European History 12 (2014), S. 323–341.

196 Tournès: American Membership, S. 862 f.; Craver: Patronage, S. 210–213; Slobodian: Globalists, S. 68–87; Gunnar Take: „One of the Bright Spots in German Economics". Die Förderung des Kieler Instituts für Weltwirtschaft durch die Rockefeller Foundation, 1925–1950, in: Jahrbuch für Wirtschaftsgeschichte 59 (2018), S. 251–328.

197 Tournès: American Membership, S. 860.

198 LoNA, R.4548, 10B/27741/27741, Van Sickle an Kittredge, 04.12.1936; Aktenvermerk Lovedays für Joseph Avenol, 16.12.1936.

Länder nennen, in denen manche Statistikarten weiter entwickelt seien als in anderen. Für diese Statistikarten könnten diese Länder daher als „model countries" gelten.[199] In einem vergleichenden Schema, das Bevölkerungs- und Sozialstatistiken, Produktions-, Schifffahrts- und Eisenbahnstatistiken, Konsumptions-, finanzwirtschaftliche sowie Preisstatistiken betrachtete, unterschieden die Genfer Beamten Länder voneinander, indem sie diese den Kategorien „weak or not satisfactory" oder „good" zuordneten. Nicht immer wurden alle Länder erwähnt. Tendenziell aber überraschte es wenig, dass west- und mitteleuropäische sowie skandinavische Länder, die britischen Dominions sowie die USA fast immer als weiter entwickelt galten als Staaten in Asien, Afrika und Lateinamerika. Japan fand sich in mancher Hinsicht in der Kategorie weiter entwickelter Länder, China hingegen immer in jener der weniger fortgeschrittenen Staaten. Indien fand keine Erwähnung außer in dem allgemeinen Hinweis, es bestünde „a great difference" zwischen den Statistiken Indiens und Japans einerseits und jenen Chinas andererseits. Auch die Sowjetunion kam im Schema nicht vor.[200]

Was eher überrascht als die tendenziell positive Bewertung ‚westlicher' Länder ist die Tatsache, dass keines von ihnen in allen betrachteten Kategorien ‚good' war. Die Übersicht ist Ausweis für eine bemerkenswert differenzierte und globale Perspektive der Genfer Statistiker. Nicht nur Australien, Kanada, Neuseeland, Deutschland und die USA erhoben beispielsweise ‚gute' Produktionsstatistiken, sondern auch Japan sowie mit leichten Einschränkungen Ägypten, Chile und Argentinien. Frankreich, die Schweiz und Großbritannien hingegen fanden sich in der Kategorie verbesserungsfähiger Produktionsstatistiken wieder. Bemerkenswert ist auch, dass ‚junge' Länder Ostmitteleuropas wie Polen, Estland und Finnland gleich mehrfach als potentielle ‚model countries' genannt waren.[201]

Welche Kriterien diesem Schema zugrunde lagen, ist nicht ersichtlich. Ein Memorandum von Rosenborg legt zumindest offen, dass er vor allem Staaten als ‚model country' in Erwägung zog, wenn sie eine zentralistische statistische Behördenstruktur besaßen, wie es sie in den britischen Dominions, den Niederlanden und Deutschland gab. Großbritanniens statistischer Apparat sei in mancherlei Hinsicht weit entwickelt, lasse in anderer jedoch viel zu wünschen übrig. Von einem Austauschprogramm profitieren würden Rosenborgs Meinung nach vor allem Länder, die erst vor kurzem statistische Behörden etabliert hätten oder dabei seien, dies zu tun. Er dachte dabei vor allem an Iran und Irak, die Türkei, Ägypten und China sowie lateinamerikanische Länder. In Europa würden praktisch alle Länder im

199 LoNA, R.4548, 10B/27741/27741, Aktenvermerk Rosenborgs für Loveday, 28.01.1937.
200 LoNA, R.4548, 10B/27741/27741, Memorandum, Ansgar Rosenborg, o. Dat. [Januar 1937].
201 LoNA, R.4548, 10B/27741/27741, Memorandum, Ansgar Rosenborg, o. Dat. [Januar 1937].

Osten und Süden des Kontinents von dem Programm profitieren. Gleichwohl gebe es in Polen und der Tschechoslowakei Aspekte, die sie in diesen Hinsichten als ‚model countries' auszeichneten. Eine ähnlich differenzierte Analyse mit Blick auf Lateinamerika lieferte Rosenborgs Kollege John H. Chapman, der diese Region bereiste. Er befand insbesondere Mexiko und El Salvador als Länder, in die andere Länder des Kontinents ihre Statistiker mit Gewinn schicken könnten.[202]

Nach diesen Vorbereitungsarbeiten stellte Loveday das Vorhaben im April 1937 dem ASS vor. Die Experten begrüßten das Programm, wollten aber keine offizielle Liste von Ländern zusammenzustellen, für die es sinnvoll erschien. Offensichtlich fürchteten sie die Folgen, die die Markierung eines Staates als wirtschaftsstatistisches Entwicklungsland für sie, den ASS und den *Völkerbund* haben würde. Gleichzeitig bestätigten sie damit die differenzierte Sichtweise der Genfer Beamten, die eindeutige Kategorisierungen in mehr und weniger entwickelte Länder ablehnten. Ungeachtet dessen entwarfen die ASS-Mitglieder zusammen mit Loveday inoffiziell eine Liste von Staaten, die das Sekretariat von dem Programm informieren und zur Mitarbeit ermuntern solle.[203]

Nachdem Loveday anschließend die konkrete Finanzierung mit der *Rockefeller Foundation* geklärt hatte, kontaktierte das Sekretariat im August 1937 eine Reihe von Staaten. Belgien, Frankreich und die Schweiz wurden gefragt, ob sie Interesse hätten, Beamte in andere Länder zu senden, und ob sie bereit wären, ausländische Statistiker in ihren Behörden hospitieren zu lassen. Argentinien, Peru, Indien, Mexiko, die Türkei, Venezuela und Jugoslawien erhielten die Anfrage, ob sie jemanden entsenden wollten. Und Kanada, Dänemark, Norwegen, Schweden, Großbritannien und die USA sollten mitteilen, ob sie Beamte anderer Länder empfangen würden.[204]

Bis Kriegsbeginn erhielten zwölf aus Europa stammende Statistiker ein Reisestipendium, die in ihren jeweiligen Heimatländern leitende Positionen in statistischen Ämtern innehatten.[205] Fast alle von ihnen bereisten Großbritannien und viele studierten die statistischen Behörden der Niederlande, Belgiens, Dänemarks, Nor-

202 LoNA, R.4548, 10B/27741/27741, Aktenvermerk Rosenborgs für Loveday, 22.12.1936; Chapman an Loveday, 24.01.1937.

203 LoNA, R.4502, 10B/28893/397, Committee of Statistical Experts. Summary of the Discussions of the Sixth Session held in Geneva from April 19th to 26th, 1937 (LoN Document C.E.S. 95), 31.05.1937, S. 6; LoNA, R.4548, 10B/27741/27741, Aktenvermerk Lovedays für Joseph Avenol, 25.05.1937.

204 Entwürfe der Schreiben in: LoNA, R.4548, 10B/27741/27741.

205 1938 der Jugoslawe Borivoj T. Panjevac, die Schweizer Julius Wyler, Rudolf Schwarzmann und Hermann Bodenmann, die Belgier Alphonse Dufrasne und Dujardin, die Rumänen Aurel Pavel und Sabin Manuilă sowie die Dänen Einar Cohn, Inger Alsing und Rigmor Skade; 1939 folgte der schottische Leiter des indischen Zensus für 1941, Maurice W. M. Yeatts.

wegens und Schwedens. Wyler, Pavel, Manuilă und Yeatts fuhren zudem in die USA und nach Kanada. Fast alle Stipendiaten machten während ihrer Reisen Halt in Genf, um die dortige wirtschaftsstatistische Arbeit des Sekretariats kennenzulernen und über ihre Erfahrungen in den jeweils bereisten Ländern zu berichten.[206] Mehrfach vorgetragene Pläne hingegen, auch Italien und Deutschland zu besuchen, lehnte man in Genf aus naheliegenden Gründen ab; mit den Regierungen in Berlin und Rom seien keine Vereinbarungen getroffen worden.[207]

Neben den Europäern bewarben sich auch drei Statistiker aus außereuropäischen Ländern um ein Stipendium. Trotz grundsätzlicher Förderzusagen der *Rockefeller Foundation* kam jedoch keiner von ihnen in diesen Genuss. Die Reise des Mexikaners Agustin L. Olmeda scheiterte, weil seine Regierung ab dem Sommer 1938 nicht mehr auf Rückfragen des Genfer Sekretariats reagierte. Der Brasilianer Jorge Kingston wandte sich erst im Juli 1939 an das Sekretariat und seine Reise kam aufgrund des Kriegsbeginns nicht mehr zustande. Und der Türke Sabit Aykut musste auf ein Stipendium verzichten, weil er von Loveday und Kittredge als ungeeignet eingeschätzt wurde, nachdem ein Mitarbeiter der *Rockefeller Foundation* ihn als „Turk of the old school" charakterisierte, der mehr an Prestige als einer Verbesserung der Statistikbehörde interessiert sei.[208]

Inwiefern dieses Stipendienprogramm zu ‚real improvement' in den statistischen Behörden führte, in denen die genannten Statistiker tätig waren, lässt sich im Rahmen dieser Arbeit nicht beantworten. Es sei aber darauf verwiesen, dass Maurice Yeatts, der seine Reise in die USA und Kanada vor allem unternahm, um dort die Organisation und Arbeitsweise regelmäßiger Bevölkerungszensus zu studieren, mehrfach auf die Praxis in den USA verwies, als er 1941 in seinem Bericht zu dem von ihm geleiteten indischen Zensus methodische Neuerungen erläuterte und seiner Meinung notwendige, von der indischen Regierung aber nicht umgesetzte administrative Veränderungen anmahnte. Auch den erstmaligen Einsatz von Lochkartenmaschinen bei einem indischen Zensus – allerdings nur in Delhi – hatte Yeatts mit Studien in Washington und Ottawa vorbereitet.[209]

---

206 LoNA, R.4548, 10B/27741/27741, Statistical Study Tours, Memorandum, Alexander Loveday, 28.09.1939.

207 Vgl. etwa LoNA, R.4549, 10B/32339/27741, Loveday an Cecil H. Kisch, *India Office*, London, 07.03.1938; LoNA, R.4549, 10B/32570/27741, Sabit Aykut, Ankara, 08.07.1938.

208 LoNA, R.4549, 10B/32338/27741, Eduardo Hay, Außenminister Mexikos, an Joseph Avenol, 04.07.1938; Royall Tyler, *Economic Intelligence Service*, an Hay, 23.07.1938; LoNA, R.4548, 10B/27741/27741, Rosenborg an Kittredge, 06.10.1938; LoNA, R.4549, 10B/39138/27741, Jorge Kingston, Rio de Janeiro, an Loveday, 25.07.1939; Rosenborg an Kingston, 14.09.1939; LoNA, R.4549, 10B/32570/27741, Kittredge an Loveday, 05.07.1938 (Zitate); Kittredge an Aykut, Ankara, 08.09.1938.

209 Yeatts, M[aurice] W.M.: Census of India. Bd. 1: India, Teil II: Administration Report, Simla 1942, S. 10, 14 f., 57.

Ein bleibender Effekt der Studienreisen war die Etablierung und/oder Festigung freundschaftlicher und beruflicher Netzwerke, die die Mitarbeiter des Genfer Sekretariats einschloss.[210] Der Schweizer Julius Wyler etwa, der seit 1916 im Berner *Eidgenössischen Statistischen Bureau* arbeitete, reiste mit dem Stipendium 1938 in die USA und nach Kanada, um die dortige Erhebung von Statistiken der gewerblichen Produktion und Zahlungsbilanzen zu studieren. Zu letzterem Aspekt verfasste er auf Lovedays Bitte einen Bericht, der in die Arbeit der diesbezüglichen ASS-Arbeitsgruppe einfloss. 1941 emigrierte Wyler in die USA, wo er Professor an der *New School for Social Research* wurde und erneut mit Lovedays Team in Princeton kooperierte. 1945 beriefen Loveday und Rosenborg ihn in die ASS-Arbeitsgruppe zur Volkseinkommensrechnung.[211] Yeatts wiederum berichtete dem *Völkerbund* nach seiner Studienreise in die USA und Kanada ausführlich, was aus seiner Perspektive aus der Zensuspraxis beider Länder in Indien umsetzbar erschien, empfahl den Genfer Beamten einzelne Kollegen für zukünftige Kooperationen und etablierte lebenslange Arbeitskontakte und Freundschaften.[212]

Der Krieg beendete das Austauschprogramm. Bereits in ihrer ersten Sitzung im Mai 1946 forderte die *Statistische Kommission* der *Vereinten Nationen* aber, staatlichen Statistikbehörden Beratung zukommen zu lassen. Bis Ende der 1940er Jahre entwarf sie zusammen mit Beamten des New Yorker UN-Sekretariats und dem ISI ein Programm zur statistischen Ausbildung und zum ‚training' amtlicher Statistiker, das auch Stipendien für Reisen in andere Länder vorsah, um die Arbeit dortiger Behörden zu studieren. Bis 1950 nutzten Beamte aus dem Iran, Pakistan, Syrien und Thailand diese Möglichkeit und reisten nach Belgien, Frankreich, die Niederlande und die USA.[213] Ohne dass dabei das *Völkerbund*-Programm erwähnt wurde, stellte

210 Tournès, Ludovic / Giles Scott-Smith: A World of Exchanges. Conceptualizing the History of International Scholarship Programs (Nineteenth to Twenty-First Centuries), in: Dies. (Hrsg.): Global Exchanges. Scholarships and Transnational Circulations in the Modern World, New York / Oxford 2018, S. 1–29.

211 LoNA, R.4548, 10B/27741/27741, Statistical Study Tours, Memorandum, Alexander Loveday, 28.09.1939; Sandra H. Hawrylchak: Findbuch zum Nachlass Wylers am M.E. Grenander Department of Special Collections & Archives, State University of New York, University at Albany [https://archives.albany.edu/collections/ catalog/ger102; 24.04.2019].

212 LoNA, R.4549, 10B/32339/27741, Preliminary Report on a Visit to the United States and Canada, Maurice W. M. Yeatts, o.Dat. [August 1939], Zitat: S. 2; Yeatts an Loveday, August 1939; vgl. Anonymus: Maurice W.M. Yeatts, 1894–1950, in: The American Statistician 4 (1950), Nr. 4, S. 3.

213 UN Document Collection. Enterprise Search Engine for the United Nations [https://search.un.org], United Nations. Statistical Commission. Development of National Statistics (Memorandum prepared by the Secretariat), 26.04.1950 (UN Document E/CN.3/98), S. 12; in diesem Bericht findet sich auch ein knapper Überblick über die Genese des Programms samt Angaben zu früheren relevanten Dokumenten.

jenes der *Vereinten Nationen* eine direkte Fortsetzung von Lovedays Initiative dar, die nun mit den deutlich größeren finanziellen Mitteln der technischen Hilfe der *Vereinten Nationen* verfolgt werden konnte.

7.4 Fazit

Die Weltwirtschaftskrise der frühen 1930er Jahre war für die Entwicklung der Weltwirtschaftsstatistik von großer Bedeutung. Sie ließ die Nachfrage nach international vergleichender zahlenmäßiger Beobachtung ökonomischer Phänomene und Prozesse ansteigen und sie erhöhte die Akzeptanz staatlicher Interventionsmechanismen, die ohne statistische Wissengrundlage schwer vorstellbar sind. Auch die Gründung der *Vereinten Nationen*, die Etablierung ihres statistischen Büros in New York und die Schaffung ihrer *Statistischen Kommission* läutete in den 1940er Jahren ein neues Kapitel in der Geschichte der internationalen Wirtschaftsstatistik ein, schon allein weil die neue Organisation mit deutlich höheren finanziellen Mitteln und mit größerer politischer Legitimität ausgestattet war als der *Völkerbund*. Und die nach 1945 überraschend schnelle und fast weltweite Durchsetzung der volkswirtschaftlichen Gesamtrechnung nach angloamerikanischem Vorbild als zentrales Leitkonzept für die statistische Beobachtung wirtschaftlicher Prozesse kann in ihrer Bedeutung für das Verständnis von ‚Wirtschaft', für den Vergleich ganzer ‚Volkswirtschaften' miteinander und für die Akzeptanz des Paradigmas permanenten Wirtschaftswachstums kaum überschätzt werden.

Der Schwellencharakter, den die frühen 1930er und mittleren 1940er Jahre in der Geschichte der internationalen Wirtschaftsstatistik besitzen, lässt sich also nicht negieren. Gleichwohl handelte es sich bei ihnen um keine so einschneidenden Zäsuren, wie es bisherige Studien nahelegen. Bezieht man die wirtschaftsstatistischen Aktivitäten des *Völkerbunds* in die Betrachtung ein, wird deutlich, dass nicht erst die Weltwirtschaftskrise einen „concerted turn toward increased surveillance, data collection, and analysis"[214] anstieß. Auch die Feststellung, eine „systematische internationale Statistik" habe sich erst infolge der Gründung der *Vereinten Nationen* herausgebildet,[215] überzeugt angesichts der Genfer Aktivitäten weder in institutioneller noch in inhaltlicher Hinsicht. Des Weiteren lassen sich die vor dem Zweiten Weltkrieg erarbeiteten Wirtschaftsstatistiken nur dann als unzusammenhängende und konzeptionell wenig durchdachte Datensammlungen[216] charakteri-

214 Ekbladh: American Asylum, S. 633.
215 Heintz: Welterzeugung, S. 19.
216 Schmelzer: Hegemony, S. 89.

sieren, wenn die methodisch reflektierten Bemühungen unbeachtet bleiben, vorhandene Statistiken für Periodika wie *World Production and Prices* so miteinander zu verknüpfen, dass belastbare Aussagen über die ‚economic activity' von Ländern, Kontinenten und der Welt getroffen werden können. Zudem formulierte der *Völkerbund* zusammen mit Ökonomen und Statistikern zahlreicher Länder internationale konzeptionelle und methodische Standards, die zum Teil bereits in den 1930er Jahren umgesetzt und seit den 1940er Jahren von der *Statistischen Kommission* der *Vereinten Nationen* explizit nicht ersetzt, sondern überarbeitet wurden. Die Gegenwart internationaler Wirtschaftsstatistik – oder besser: der Weltwirtschaftsstatistik – begann nicht in den 1940er Jahren mit der Etablierung der volkswirtschaftlichen Gesamtrechnung und der Gründung der *Vereinten Nationen.* Stattdessen entstanden die institutionellen, inhaltlichen und methodischen Strukturen, die die statistische Beobachtung der ‚Weltwirtschaft' bis heute prägen, bereits in den 1920er und 1930er Jahren.

In *institutioneller* Hinsicht betrifft dies vor allem die in Kapitel 5 diskutierte Etablierung der wirtschaftsstatistischen Infrastruktur, die bereits in den 1920er Jahren Länder aller Kontinente umfasste und in den 1930er Jahren erweitert, nicht aber begründet wurde. Ohne diese Infrastruktur und die vom Genfer Sekretariat zusammen mit Statistikern in den einzelnen Ländern erprobten und eingeübten Arbeitsroutinen hätte es keine der so hoch gelobten wirtschaftsstatistischen und wirtschaftsanalytischen Publikationen aus Genf gegeben. Vor allem wäre es Anfang der 1930er Jahre kaum möglich gewesen, den Zerfall der ‚Weltwirtschaft' im Monatsrhythmus beobachten zu können. Dass die *Vereinten Nationen* Mitte der 1940er Jahre den Platz des *Völkerbunds* innerhalb dieser Infrastruktur direkt übernahmen unterstreicht deren kontinuierliche Entwicklung seit den frühen 1920er Jahren bis heute. Auch die in Kapitel 6 erörterte Formulierung, Verabschiedung und anschließende Ratifizierung der wirtschaftsstatistischen Konvention von 1928 ist ein Ausweis für die institutionell prägende Bedeutung der 1920er Jahre. Sie etablierte den ASS, der konzeptionelle und methodische Empfehlungen abgab, die weit über das Ende des *Völkerbunds* als internationale Standards anerkannt waren. Zudem knüpfte die 1946 gegründete und bis heute tätige *Statistische Kommission* der *Vereinten Nationen* explizit und direkt an die Arbeit des ASS an.

In *inhaltlicher* Hinsicht sticht hervor, dass die explizite wirtschaftsstatistische Beobachtung der ‚Welt' durch den *Economic Intelligence Service* keine Reaktion auf die Weltwirtschaftskrise war. Stattdessen waren das MBS, das statistische Jahrbuch und die Zusammenstellung staatlicher Außenhandelsstatistiken von Beginn an davon geprägt, so viele Länder wie möglich in ihre Berichterstattung zu übernehmen. Aufbauend auf diesen Statistiken präsentierten analytische Jahrbücher des *Völkerbunds* ab Mitte der 1920er Jahre diachron und synchron vergleichende Darstellungen des Außenhandels und der Produktion kontinentaler Großräume und der ‚Welt' als Ganzes. An diesen Darstellungen und den geographischen Kategorisierungen änderte sich in den 1930er Jahren nichts grundlegend; sie wurden jedoch sukzessive ergänzt und erweitert und erhielten mehr Aufmerksamkeit als zuvor, was wiederum die Bereitschaft in einzelnen Ländern erhöhte, sich an der Erstellung internationaler Wirtschaftsstatistiken zu beteiligen und internationale Standards zu beachten. Am Beispiel des *World Economic Survey* wurde exemplarisch dargestellt, dass selbst diese ab 1932 jährlich erscheinende monographische Darstellung weltwirtschaftlicher Entwicklungen, die in den 1930er Jahren weltweit gelesen und hoch gelobt wurde sowie entsprechende Debatten beeinflusste (vgl. Teil III), auf Diskussionen und Entscheidungen basierte, die im Rahmen des *Völkerbunds* noch vor dem New Yorker Börsencrash 1929 geführt und getroffen worden waren.

In *methodischer* Hinsicht hat sich dieses Kapitel mit zwei Neuerungen befasst, die die Entwicklung internationaler Wirtschaftsstatistik seit den 1930er Jahren prägen. Die erste Neuerung war die 1928 beschlossene, aber erst 1931 erfolgende Etablierung eines permanenten und weltweit anerkannten Expertengremiums, das Empfehlungen für internationale konzeptionelle und methodische Standards formulierte. Der ASS kooperierte eng mit dem Sekretariat des *Völkerbunds* und hing direkt von den fachlichen Fähigkeiten von dessen Mitarbeitern und den in Genf etablierten Arbeitsweisen ab. Die Empfehlungen des ASS wurden zum Teil von Mitarbeitern des Genfer Sekretariats verfasst und anschließend von den Gremienmitgliedern überarbeitet. Sie bildeten ab Ende der 1940er Jahre den Ausgangspunkt für weitergehende Standardisierungsbemühungen der *Statistischen Kommission* der *Vereinten Nationen.* Diesen Arbeitszusammenhang zwischen fachlich versiertem Sekretariat und dem Expertengremium hob Loveday nach dem Krieg explizit als ein zu bewahrendes Charakteristikum der *Völkerbund*-Aktivitäten hervor.[217] Tatsächlich übernahmen die *Vereinten Nationen* diese Arbeitsweise. Die zweite methodische Neuerung war die Etablierung ‚technischer Hilfe' des Völkerbundsekretariats für einzelne Regierungen. Diese nach 1945 zu einem zentralen Arbeitsfeld werdende Aktivität internationaler Organisationen war in den 1930er Jahren im Bereich der Wirtschaftsstatistik noch sehr rudimentär. Doch mit der Vermittlung von Experten wie Robertson und Bowley für Indien sowie der Organisation eines Austauschprogramms, das es staatlichen Statistikbeamten ermöglichte, die Arbeitsweisen und Strukturen von Behörden anderer Länder kennenzulernen, erprobte das Genfer Sekretariat zwei Formen der ‚wirtschaftsstatistischen Entwicklungshilfe', die die *Vereinten Nationen* unverändert aber mit deutlich größeren finanziellen Mitteln fortsetzte.

217 Loveday in der Diskussion zu Campion: International Statistics, S. 134.

Nicht alle wirtschaftsstatistischen Aktivitäten des *Völkerbunds* waren von Erfolg gekrönt. Immer war die Organisation vom Willen staatlicher Regierungen abhängig, mit ihr zu kooperieren und die von Genf gesuchten Zahlen nicht nur zu erheben, sondern auch möglichst rasch zu übermitteln. Der Auf- und Ausbau der internationalen wirtschaftsstatistischen Infrastruktur war zudem von bestehenden Kontakten, persönlichem Engagement Einzelner und Zufällen ebenso abhängig wie sie krisenanfällig und nicht immer in allen Teilen funktionsfähig war. Auch die Umsetzung internationaler Standards lag allein im Zuständigkeitsbereich von Regierungen und nur einige von ihnen waren in den 1930er Jahren bereit bzw. institutionell und finanziell in der Lage, Empfehlungen des ASS umzusetzen. Auch der Umsetzung konkreter Vorschläge, die Experten im Rahmen ‚technischer Hilfe' vorbrachten, um die amtliche Wirtschaftsstatistik einzelner Länder auszubauen, waren, wie das Beispiel Chinas zeigte, in den 1930er Jahren enge Grenzen politischer und finanzieller Natur gesetzt. Das änderte sich ab 1945 mit der engeren Einbindung vieler Staaten in immer mehr internationale Organisationen und Strukturen, die den Austausch vergleichbarer Daten in höherem Maße verlangten, als das vor dem Krieg der Fall war (ganz zu schweigen von der gewachsenen Relevanz wirtschaftsstatistischer Expertise innerhalb der einzelnen Länder, die das Angebot solcher Zahlen automatisch vervielfachte).

All dies ändert aber nichts an der Tatsache, dass der *Völkerbund* spätestens Ende der 1920er Jahre unangefochten in der Mitte der entstandenen internationalen wirtschaftsstatistischen Infrastruktur stand und zum Zentrum aller Bemühungen geworden war, wirtschaftsstatistische Konzepte und Methoden international zu standardisieren. Ein Verständnis weltwirtschaftlicher Strukturen und Entwicklungen ohne die Studien der Genfer Organisation war für viele Zeitgenossen kaum vorstellbar.

Teil III ‚Globale Wirtschaftszahlen', Vergleiche und die Plausibilisierung der einen ‚Weltwirtschaft'

8 ‚Globale Wirtschaftszahlen'? Weltwirtschaftsstatistik und die grenzüberschreitende Verständigung über wirtschaftliche Probleme

Neben dem ausgehenden 19. Jahrhundert gelten die 1920er Jahre als zweite Hochzeit transnationaler Kooperation, grenzüberschreitender Vernetzung und kontinentübergreifenden Austauschs von Informationen und Ideen – kurz: als Hochzeit von Internationalismen verschiedenster Couleur.[1] Eine der dabei intensiv diskutierten Fragen war diejenige nach Möglichkeiten einfacherer Verständigung über Sprach- und Kulturgrenzen hinweg. So genannte Plansprachen, deren Geschichte bis in die Frühe Neuzeit zurückreicht, fanden in Form von Esperanto, Ido, Weltdeutsch, Basic English und vielen weiteren Ausprägungen zahlreiche Anhänger (wenngleich auch nie größere Relevanz).[2] Implizit knüpfte der deutsche Delegationsleiter Carl Friedrich von Siemens bei der Weltwirtschaftskonferenz in Genf 1927 an diese Debatten an. Er forderte, eine international einheitliche „Sprache" zu etablieren, die die grenzüberschreitende Kommunikation zwischen Wirtschaftspolitikern, Unternehmern und Ökonomen erleichtert sollte. „Wenn man sich verständigen will", so von Siemens, „dann muß man sich vorher verstehen" und „unter einem bestimmten Wort auch dasselbe" meinen.[3] Ihm ging es um einheitliche Handelsbegriffe und Nomenklaturen, aber auch um eine international einheitliche Statistik.

Tatsächlich gelten Zahlen und zahlenbasierte Statistiken neben Sprache und Bildern als eigenständiges Kommunikationsmedium, das eine sprach- und kulturunabhängige Verständigung vereinfacht. Die Soziologin Bettina Heintz führt dies auf eine „numerische Differenz" zurück, die sich durch vier Merkmale auszeichne.

1 Sluga: Internationalism; Rosenberg: Transnational Currents; Herren: Internationale Organisationen; Daniel Gorman: The Emergence of International Society in the 1920s, Cambridge 2013; Sluga/Clavin: Internationalisms; Sönke Kunkel / Christoph Meyer (Hrsg.): Aufbruch ins postkoloniale Zeitalter. Globalisierung und die außereuropäische Welt in den 1920er und 1930er Jahren, Frankfurt/Main / New York 2012.

2 Vgl. dazu Detlev Blanke: Internationale Plansprachen. Eine Einführung, Berlin 1985; Andrew Large: The Artificial Language Movement, Oxford 1985; Markus Krajewski: Restlosigkeit. Weltprojekte um 1900, Frankfurt/Main 2006, S. 73–97; Valeska Huber: Eine Sprache für alle. Basic English und die Grenzen der Globalgeschichte, in: Boris Barth / Stefanie Gänger / Niels P. Petersson (Hrsg.): Globalgeschichten. Bestandsaufnahme und Perspektiven, Frankfurt/Main / New York 2014, S. 175–204.

3 Respondek: Verlauf und Ergebnisse, S. 26.

https://doi.org/10.1515/9783111207124-009

Zahlen,[4] so Heintz, seien „in sehr viel höherem Maße selbstexplikativ" als andere Kommunikationsmedien (etwa Bilder oder Worte), sie seien „empirisch fundierte Größen", sie erforderten kaum einer Übersetzungsleistung, da mathematische Regeln weltweit die gleichen seien, und sie suggerierten aufgrund ihrer hohen Formalität, Sachverhalte objektiv wiederzugeben. Diese „numerische Differenz" sei ein wichtiger Grund dafür, dass „quantitativ formulierte Argumente [...] besonders geeignet sind, das Problem der ‚Distanzüberbrückung' zu lösen". Anders ausgedrückt: „numbers travel faster and better than words".[5] Lässt sich angelehnt an diese Charakteristik die ‚Weltwirtschaftsstatistik', wie sie ab dem Ersten Weltkrieg entstand, als eine auf ökonomische Aspekte beschränkte, aber potentiell globale ‚numerische Sprache' (Heintz)[6] verstehen, als eine wirtschaftsstatistische ‚lingua franca', mit deren Hilfe Zeitgenossen über Sprach- und Kulturgrenzen hinweg die internationalen Wirtschaftsprobleme der Zeit diskutieren konnten? Wie in einer ‚verbalen Sprache' müssten dann bestimmte Zahlen eindeutig bestimmten Phänomenen oder Prozessen zuzuordnen sein, um Missverständnisse so weit wie möglich auszuschließen.

Dieses Kapitel zeigt, dass dies nicht der Fall war. Es knüpft an Diskussionen über ‚globale Öffentlichkeiten' im 20. Jahrhundert an, indem es eines ihrer konstituierenden Bestandteile thematisiert, eine gemeinsame Sprache.[7] Deutlich werden dabei vor allem die recht engen Grenzen, die einer sprach- und kulturübergreifenden Diskussion mindestens bis Mitte des 20. Jahrhunderts gesetzt waren, selbst wenn sie mittels des vermeintlich grenzenlosen Kommunikationsmediums der Zahlen geführt wurden. Argumentiert wird zum einen (Kap. 8.1), dass die in Genf entstehenden Statistiken keine ‚numerische Sprache' etablierten, sondern wenige ‚globale Wirtschaftszahlen'[8] hervorbrachten, die es Zeitgenossen ermöglichten, sich ungeachtet sprachlicher und kultureller Unterschiede auf globaler Ebene über die damit bezeichneten Dinge auszutauschen. Deren Verbreitung war in geographi-

4 „[Q]uantitative Werte [...], die auf der Basis von (mehr oder weniger) standardisierten Erhebungsverfahren und anschließenden Rechenoperationen erzeugt werden" (Heintz: Numerische Differenz, S. 167).

5 Heintz: Numerische Differenz, Zitate: S. 167, 172 f.; ähnlich auch Heintz: Welterzeugung, S. 12 f.

6 Damit ist ein Zeichensystem gemeint, das der Kommunikation zwischen Menschen dient und über eine begrenzte Anzahl von Zeichen (Ziffern) verfügt, die nach klar definierten Regeln miteinander kombiniert werden können.

7 Osterhammel, Jürgen: Die Weltöffentlichkeit im 20. Jahrhundert, in: Ders.: Die Flughöhe der Adler. Historische Essays zur globalen Gegenwart, München 2017, S. 54–74; Friedrich Kießling: (Welt-)Öffentlichkeit, in: Jost Dülffer / Wilfried Loth: Dimensionen internationaler Geschichte (Studien zur internationalen Geschichte, Bd. 30), München 2012, S. 85–105; Valeska Huber / Jürgen Osterhammel (Hrsg.): Global Publics. Their Power and Their Limits, 1870–1990, Oxford 2020.

8 Dieser Begriff wird in Kap. 8.1 eingeführt.

scher Hinsicht breit und in sozialer Hinsicht tief genug, um tatsächlich von ihrer ‚globalen' Bekanntheit auszugehen. Zum anderen aber muss dieser Befund gleich mehrfach relativiert werden (Kap. 8.2). Vor allem bezogen sich die in Genf entstehenden ‚globalen Wirtschaftszahlen' auf wenige Sachverhalte und standen in Konkurrenz zu anderen internationalen Wirtschaftsstatistiken. Die Notwendigkeit, bestimmte Zahlen in andere Maße oder Währungen umzurechnen, um sie unterschiedlichen Publika verständlich zu machen, Sprachbarrieren und politisch-ideologische Präferenzen erschwerten es zudem, die gleichen Zahlen weltweit zu verbreiten. Von einer allseits verständlichen wirtschaftsstatistischen ‚lingua franca' konnte daher auch Ende der 1930er Jahre nicht die Rede sein. Generell legen die folgenden Ausführungen nahe, dass es angemessener erscheint, anstatt von ‚numerischer Sprache' von ‚numerischem Alphabet' zu sprechen. Denn trotz einer bis heute zu beobachtenden wirtschaftsstatistischen Vielstimmigkeit gibt es keinen Zweifel daran, dass die Beschränkung auf eine vergleichsweise kleine Menge bestimmter Zeichen (Ziffern) und bestimmte Regeln, wie diese miteinander zu kombinieren sind, sprach- und kulturunabhängig akzeptiert sind, um bestimmte Phänomene zu repräsentieren.

8.1 ‚Globale Wirtschaftszahlen' aus Genf

Was sind ‚globale Wirtschaftszahlen' und wie lassen sie sich empirisch fassen?

Bereits vor dem Ersten Weltkrieg war es selbstverständlich (und kaum anders vorstellbar), die wirtschaftlichen Phänomene und Prozesse eines Landes, einer Region oder der Welt mit Zahlen zu beschreiben sowie Produktion, Handel, Preise und Konsumtion in quantitativen Größen auszudrücken.[9] Diese Zahlen waren jedem verständlich, der Grundkenntnisse von ihrer Bedeutung und mathematischer Regeln besaß. Eine international *einheitliche* wirtschaftsstatistische ‚lingua franca' aber, die eine sprach- und kulturunabhängige Kommunikation auf globaler Ebene ermöglicht hätte, existierte nicht. Zahlen zu den (tatsächlich oder vermeintlich) selben Phänomenen und Prozessen konnten ebenso voneinander abweichen, wie Definitionen und Klassifikationen. Die verbreiteten Klagen über nicht vergleichbare und teils widersprüchliche Daten sowie die seit der Mitte des 19. Jahrhunderts an-

9 Dies betrifft nicht die Quantifizierung der Wirtschaftswissenschaften, die mit der Anwendung mathematischer Modelle und statistischer Analysemethoden einherging und deren Durchbruch in der Regel in den 1920er bis 1940er Jahren gesehen wird.

dauernden und lange Zeit vergeblichen Bemühungen, wirtschaftsstatistische Konzepte und Methoden international zu standardisieren, zeugen davon.

Gleichwohl gibt es Zahlen, die jeweils *ein* bestimmtes wirtschaftliches Phänomen oder *einen* bestimmten Prozess repräsentieren und denen aufgrund ihres institutionellen Ursprungs so viel Vertrauen entgegengebracht wird, dass sie *weithin* als ‚richtig' anerkannt und als ‚wahr' kommuniziert werden. Für diese dient hier der Begriff ‚globale Wirtschaftszahl'.[10] ‚Globale Wirtschaftszahlen', die *überall* auf der Welt als ‚richtig' anerkannt und als ‚wahr' kommuniziert werden, kann es vermutlich nur theoretisch geben. Selbst eine mit der international einheitlichen und formalisierten Methode des *Systems of National Accounts* (2008) ermittelte Zahl wie das Bruttoinlandsprodukt Deutschlands für das Jahr 2016 wird von den *Vereinten Nationen*, dem *Internationalen Währungsfonds* und der OECD, an die die Bundesregierung ihr Rechenergebnis zu übermitteln hat, unterschiedlich angegeben.[11] Trotz dieser vor allem auf unterschiedliche Zeitpunkte der monetären Bewertung und damit unterschiedliche Wechselkurse zurückzuführenden Abweichungen[12] und trotz immer wieder vehement vorgebrachter grundsätzlicher konzeptioneller und methodischer Kritik an der Berechnung und der Aussagekraft des Bruttoinlandsprodukts können diese Angaben als ‚globale Wirtschaftszahlen' gelten. Sie wurden von Institutionen veröffentlicht und verbreitet, die *weltweit* als Autoritäten anerkannt sind und die ihre Daten von den meisten Regierungen der Welt erhalten. Sie dienen *weltweit* als Grundlage für wirtschaftspolitische Verhandlungen und Diskussionen. Auf nationaler und internationaler Ebene sind sie gleichermaßen für eine Vielzahl von Entscheidungsprozessen relevant. Auch sind sie für jeden Erdenbürger mit Zugang zum Internet einseh- und verwendbar. Und schließlich stehen alle vier genannten Zahlen in einem unmittelbaren Zusammenhang mit den vergleichbaren Daten eines Großteils aller anderen Länder der Erde. Sie sind also Teil eines permanent vorhandenen *globalen* Vergleichshorizonts,

---

10 Der Begriff lehnt sich an die Terminologie eines Workshops an, der 2016 in Luzern stattfand. Vgl. Daniel Speich Chassé: Tagungsbericht Geschichte und Soziologie globaler Zahlen, 26.-28.05.2016, Luzern, in: H-Soz-Kult, 27.09.2016 [www.hsozkult.de/conferencereport/id/tagungsberichte-6716; 26.06.2019].

11 Das Statistical Yearbook der *Vereinten Nationen* [Jahrgang 2018, S. 191] gibt das BIP Deutschlands (in laufenden Preisen und US-Dollar) mit 3,477 Billionen Dollar an. Die Analysis of Main Aggregates Database der *Vereinten Nationen* wiederum nennt 3,495 Billionen Dollar [https://unstats.un.org/unsd/snaama/CountryProfile; 26.06.2019], der IWF führt die Zahl von 3,496 Billionen Dollar an [https://imf.org/external/datamapper/NGDPD@WEO/DEU?year=2016; 26.06.2019] und der OECD zufolge betrug das BIP Deutschlands 2016 4,111 Billionen US-Dollar [https://data.oecd.org/gdp/gross-domestic-product-gdp.htm; 26.06.2019].

12 So die Auskunft des Leiters der Abteilung für Volkseinkommensrechnung der *Statistical Division* des Sekretariats der *Vereinten Nationen* Hermanus Smith (Email vom 5. Juli 2019).

in dessen Rahmen ‚öffentliche Vergleichsdiskurse' um ‚weiche globale Güter' (T. Werron) zwischen Staaten ausgetragen werden können (vgl. Kap. 9).

Bereits vor 1914 existierten solche Zahlen. Dazu gehörten Angaben in preis- und marktbezogenen Statistiken für einige global gehandelte Waren (etwa Weizen oder Baumwolle). Solche teils täglich aktualisierten handelsrelevanten Daten aus den jeweiligen Hauptanbau- und Hauptkonsumregionen der Erde konstituierten die neu entstehenden ‚Weltmärkte' für diese Waren, indem sie Produzenten, Händlern und Käufern in wachsendem Maße als Orientierung für ihr Marktverhalten dienten. Teils fanden sie ihren Weg über Informationsdienste und Fachjournale bis in die lokale Tagespresse. Bereits Zeitgenossen galten sie als Ausdruck der sich entwickelnden globalen Netzwerke wirtschaftlich tätiger Akteure mit einheitlichen Regeln, Begriffen und eben Zahlen.[13] Des Weiteren fanden sich vor 1914 ‚globale Wirtschaftszahlen' in Untersuchungen von Wissenschaftlern und staatlichen Behörden, die sich den weltweiten Vorkommen bestimmter Rohstoffe widmeten.[14] Auch die von internationalen Organisationen, privatwirtschaftlichen Verbänden oder einzelnen Unternehmen zusammengestellten internationalen Statistiken zu bestimmten wirtschaftlichen Teilbereichen enthielten Angaben, die weltweit als gültig anerkannt und entsprechend verwendet wurden. Dazu gehörten etwa solche des *Bureau International des Administrations Télégraphique*, des *Internationalen Landwirtschaftsinstituts* oder die Publikationen der Frankfurter *Metallgesellschaft*. Und schließlich enthielten auch die international rezipierten Publikationen von Otto Hübner, Franz Xaver von Neumann-Spallart oder Michael G. Mulhall Informationen, die die genannten Kriterien ‚globaler Wirtschaftszahlen' erfüllten.

Der *Völkerbund* beförderte die sprach- und kulturunabhängige Verständigung über internationale Wirtschaftsprobleme mit seinen wirtschaftsstatistischen Aktivitäten zweifellos. Das Genfer Sekretariat übernahm dabei *de facto* Funktionen, wie sie heute die *Vereinten Nationen*, der *Internationale Währungsfonds* oder die OECD haben. Für die Charakterisierung der vom *Völkerbund* publizierten Daten als ‚globale Wirtschaftszahlen' aber reicht es nicht aus, dass diese von einer weltweit anerkannten Institution erhoben und verbreitet wurden. Geht man von dem erwähnten Beispiel länderbezogener BIP-Zahlen aus, so müssten sie ebenso möglichst weitgehend als ‚richtig' akzeptiert und als ‚wahr' kommuniziert worden sein,

---

13 Vgl. dazu ausführlich Bühler: Von Netzwerken, v. a. S. 119 – 147.

14 Vgl. beispielhaft zu montanwirtschaftlichen Rohstoffen Andrea Westermann: Inventuren der Erde. Vorratsschätzungen für mineralische Rohstoffe und die Etablierung der Ressourcenökonomie, in: Berichte zur Wissenschaftsgeschichte 37 (2014), S. 20 – 40; zu forstlichen Rohstoffen vgl. Christian Lotz: Nachhaltigkeit neu skalieren. Internationale forstwissenschaftliche Kongresse und Debatten um die Ressourcenversorgung der Zukunft im Nord- und Ostseeraum (1870 – 1914), Köln / Weimar / Wien 2018; Bemmann: Das Chaos beseitigen.

sprach- und kulturunabhängig als Grundlage für Debatten und Entscheidungen gedient haben, an möglichst vielen Orten der Welt frei zugänglich und verwendbar sowie in einen globalen Vergleichshorizont eingebettet gewesen sein. Im Mittelpunkt dieses Unterkapitels stehen daher die weltweite Verbreitung und Rezeption der Genfer Zahlen sowie deren Relevanz für zeitgenössische Debatten über internationale Wirtschaftsprobleme.

In der Forschungsliteratur wird oft recht allgemein davon gesprochen, Zeitgenossen hätten die internationalen Wirtschaftsstatistiken aus Genf gelobt.[15] Mit Bezug auf die die Wirtschaftskonferenzen von Brüssel (1920) und Genf (1927) vorbereitenden Dokumentationen, auf einige der jährlich vom *Economic Intelligence Service* erarbeiteten Memoranden und auf das MBS ist das sicher richtig (Kap. 5 und 7). Einige Autoren verweisen zudem darauf, zeitgenössische Ökonomen und Publizisten hätten Zahlen aus Genf in ihren Studien und Veröffentlichungen zu internationalen Wirtschaftsproblemen genutzt.[16] Auch dies lässt sich vergleichsweise einfach mit Beispielen belegen. Die folgenden Ausführungen sollen dieses bisherige, eher impressionistische Bild durch eine systematische Einschätzung der Verbreitung und Rezeption der Genfer Statistiken ergänzen.

Verbreitung und Rezeption bestimmter Äußerungen und Publikationen in der Vergangenheit zu rekonstruieren und die Relevanz bestimmter Argumente und Dokumente für einzelne Entscheidungen im Nachhinein festzustellen, stellt angesichts schwer nachvollziehbarer Kausalzusammenhänge jede historische Arbeit vor große, oft unlösbare methodische Probleme. Umso mehr gilt dies für die Frage nach der *globalen* Verbreitung und Rezeption der Völkerbundstatistiken. Idealerweise müsste diese mithilfe einer breiten quantitativen Analyse verschiedenster solcher Debatten in allen Ländern der Welt beantwortet werden, die von qualitativen Tiefenbohrungen begleitet werden müsste. Dies ist aus arbeitsökonomischen Gründen und aufgrund von Sprachbarrieren nur eingeschränkt möglich. Um dennoch eine Einschätzung geben zu können, wird im Folgenden zunächst nach der globalen Verbreitung der wirtschaftsstatistischen Publikationen des *Völkerbunds* gefragt und die Nachfrage nach ihnen seitens britischer und deutscher Regierungen, Verbände, Akademiker und anderer Akteure untersucht. Zudem wurden schwerpunktmäßig englisch-, deutsch- und französischsprachige akademische und populärwissenschaftliche Abhandlungen aus den 1920er bis 1940er Jahren ausgewertet, Artikel in britischen, deutschen und französischen Zeitungen und Zeitschriften analysiert sowie nach der Verwendung von Völkerbundstatistiken seitens der britischen und

15 Etwa Ekbladh: Exile Economics, S. 3.

16 Etwa Clavin: Europe, S. 341; Clavin: Securing, S. 350; Ekbladh: Exile Economics, S. 3 f.; Pedersen: Back to the League, S. 1109; Schulz: Globalisierung, S. 849; Steiner: The Triumph, S. 174.

deutschen Regierungen gefragt. Schwerpunktmäßig wurden dabei Debatten und Diskussionen rund um die Wirtschaftskonferenzen von 1927 und 1933 untersucht. Da diese nicht repräsentative Quellenauswahl den Blick zweifelsohne verengt, wurden zusätzlich und sofern möglich punktuell Quellen anderer Provenienz hinzugezogen, wobei insbesondere Veröffentlichungen aus den vier in dieser Arbeit besonders interessierenden Ländern Sowjetunion, China, Japan und Indien Beachtung fanden.

Globale Verbreitung der wirtschaftsstatistischen Publikationen des *Völkerbunds*

Die Zahlen, die *die Economic and Financial Section* bzw. der *Economic Intelligence Service* erstellte und in seinen Periodika veröffentlichte, erreichten mehr Zeitgenossen in einer größeren Zahl von Ländern, als der Blick auf Auflagenhöhen und Verkaufszahlen dieser Publikationen nahelegt. Vor allem für die 1930er Jahren kann davon ausgegangen werden, dass sie nicht nur an ein ‚globales Publikum' gerichtet waren, sondern einige von ihnen tatsächlich auch in vielen Ländern aller Kontinente zirkulierten sowie über die engen Kreise von Ökonomen und Statistikern hinaus greifbar waren (über die tatsächliche Wahrnehmung oder Rezeption sagt das freilich nichts aus). Als Multiplikatoren dienten vor allem Zeitschriften und Zeitungen, die sich an ein Massenpublikum wendeten, sowie Periodika einiger staatlicher Statistikämter. Zwei Aspekte sind gleichwohl zu betonen. Zum einen ist es unzweifelhaft, dass die Genfer Zahlen in ‚westlichen' Industrieländern sowie in europäischen Staaten deutlich größere Aufmerksamkeit erhielten als anderswo. Zum anderen waren diese Daten in den 1930er Jahren präsenter in massenmedialen Öffentlichkeiten als im vorangegangen Jahrzehnt.

Mit Blick auf das MBS wurden bereits Bemühungen des Genfer Sekretariats erörtert, die Zeitschrift weltweit zu verbreiten (Kap. 5.3). Analoge Anstrengungen verfolgte es auch für seine anderen Veröffentlichungen. Neben dem Verkauf über autorisierte Händler in über 50 Ländern der Erde gingen weitere Exemplare an zahlende Abonnenten sowie unentgeltlich an Regierungen, internationale Organisationen, Verbände, Bibliotheken und einige wenige Einzelpersonen. Verkaufszahlen für die wichtigsten Publikationen liegen in Gänze erst für die späten 1930er Jahre vor. Für die Zeit davor sind die entsprechenden Informationen zu spärlich, als dass ein tabellarischer Vergleich sinnvoll wäre.[17] Die Verkaufs- und Abonnenten-

17 1936 teilte der zuständige Sekretariatsbeamte während der Vollversammlung mit, es sei ihm nicht möglich, Verkaufszahlen zu nennen, da die autorisierten Buchhändler („agents") es ablehnten, genaue Angaben dazu zu machen (League of Nations: Records of the Seventeenth Ordinary Session

zahlen für das MBS[18] geben jedoch zusammen mit den folgenden Daten einen ungefähren Eindruck, in welchen Größenordnungen die Periodika verkauft wurden. Nicht enthalten in diesen Zahlen sind Frei- und Rezensionsexemplare, die an Gremienmitglieder und Regierungen, Zeitungen und Zeitschriften sowie Organisationen, Verbände und Bibliotheken gingen. Die tatsächlich zirkulierenden Exemplare der Periodika waren also höher, als diese Zahlen suggerieren.

Tabelle 2: Zahl der abonnierten (MBS) bzw. verkauften Exemplare einiger wichtiger Periodika des *Economic Intelligence Service*, 1936–1938[19]

	1936	1937	1938
Monthly Bulletin of Statistics	1505	1505	1603
Statistical Year-Book	2715	2715	2800
International Trade Statistics	860	860	1065
Review of World Trade	1450	1450	1450
World Production and Prices	1340	1340	1200
World Economic Survey	3370	3370	2200

Anders als die Verkaufszahlen einzelner Publikationen wurden die Einnahmen aus dem Verkauf aller Veröffentlichungen ab Ende der 1920er Jahre in Genf nach Ländern registriert. Da die Publikationen des *Economic Intelligence Service* zu den meistverkauften Periodika des *Völkerbunds* zählten, lässt sich aus diesen Statistiken, die in Abbildung 5 zusammengefasst sind, zumindest ein Trend ablesen.

Die Zahlen zeigen, dass die USA und Großbritannien bis 1939 die mit Abstand wichtigsten Verkaufsländer waren. Auch in Deutschland und der Schweiz waren die

of the Assembly. Meetings of the Committees. Minutes of the Fourth Committee, Genf 1936, S. 31). Erst ab dem folgenden Jahr enthielten die jährlichen Berichte des *Publication Committee* entsprechende Zahlen (Tenth Annual Report of the Publications Committee of the Secretariat, in: League of Nations: Records of the Eighteenth Ordinary Session of the Assembly. Meetings of the Committees. Minutes of the Fourth Committee, Genf 1937, S. 97–101, hier S. 99.

18 Vom MBS verkauften sich bzw. gingen an Abonnenten 1921: rd. 750 Exemplare; 1924: 485; 1928: 828; 1932: 1086; 1934: 1261; 1935: 1300 (vgl. Kap. 5.3, FN 162 für die Quellen).

19 Tenth Annual Report of the Publications Committee of the Secretariat, in: League of Nations: Records of the Eighteenth Ordinary Session of the Assembly. Meetings of the Committees. Minutes of the Fourth Committee, Genf 1937, S. 97–101, hier S. 99; Eleventh Annual Report of the Publications Committee of the Secretariat, in: League of Nations: Records of the Nineteenth Ordinary Session of the Assembly. Meetings of the Committees. Minutes of the Fourth Committee, Genf 1938, S. 72–76, hier S. 74; LoNA, R.5525, 19/36753/3127, Société des Nations. Commission de contrôle: Douzième rapport annuel du Comité des publications du Secrétariat (LoN Document C.C. 1124), März 1939, S. 4.

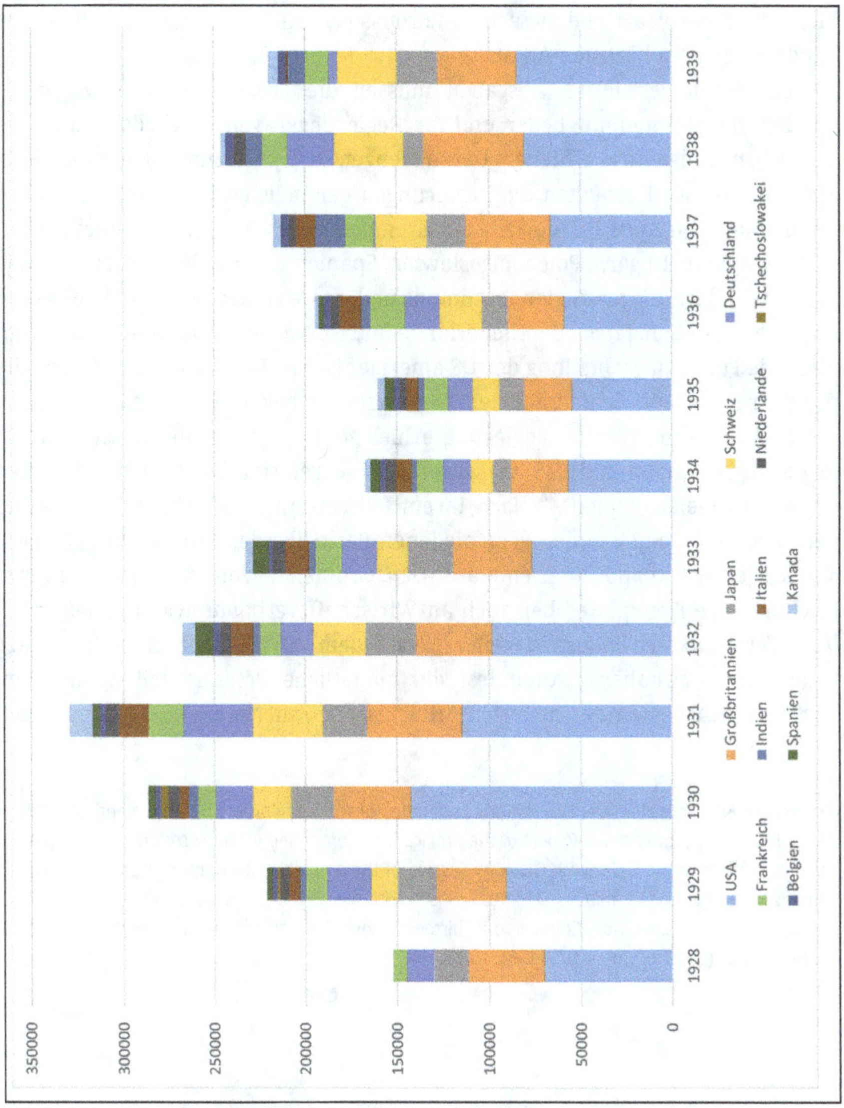

Abbildung 5: Einnahmen des *Völkerbunds* aus dem Verkauf seiner Publikationen in den jeweils wichtigsten Absatzlandern, 1928 – 1939 (in Schweizer Franken).

Quellen: Third Annual Report of the Publications Committee, in: League of Nations: Records of the Eleventh Ordinary Session of the Assembly. Meetings of the Committees. Minutes of the Fourth Committee, Genf 1930, S. 271 – 274, hier S. 273; Fifth Annual Report of the Publications Committee of the Secretariat, for 1931, in: League of Nations: Records of the Thirteenth Ordinary Session of the Assembly. Meetings of the Committees. Minutes of the Fourth Committee, Genf 1932, S. 229 – 231, hier S. 230; LoNA, R.5525, 19/10453/3127, League of Nations. Supervisory Commission: Seventh Annual Report of

Publikationen gefragt und außerhalb Europas gehörten Japan und Indien zu den Ländern mit dem höchsten Absatz.

Zu diesen verkauften Ausgaben müssen die Freiexemplare hinzugezählt werden, die Gremienmitglieder und die Regierungen von Mitgliedsländern des *Völkerbunds* kostenfrei erhielten. Deren Mengen variierten zum Teil deutlich. Vom MBS zum Beispiel erhielten die Regierungen der meisten Mitgliedsländer (darunter China) im April 1922 jeweils ein Exemplar zugeschickt. Argentinien, Österreich, Finnland, Ungarn, Polen, Jugoslawien, Spanien und die Schweiz erhielten je zwei Exemplare, die britischen Dominions und einige weitere Staaten jeweils drei, Frankreich, Indien, Japan, die Niederlande und Norwegen je vier und Italien fünf. Auch die Forschungsabteilung des US-amerikanischen *Federal Reserve Board*, die das Sekretariat mit Zahlen aus den USA versorgte, bekam fünf Exemplare zugesandt. Allein die britische Regierung erhielt 42 Kopien von den insgesamt 146 Regierungsexemplaren (1935 versorgte das Sekretariat Regierungen mit fast doppelt so vielen Kopien).[20] Nach ihrem Beitritt zum *Völkerbund* empfing die deutsche Regierung von den verschiedenen Periodika des *Economic Intelligence Service* jeweils knapp 20 Exemplare. Den Großteil davon verteilte sie intern, reichte einige Exemplare aber auch an Wirtschaftsverbände wie den *Reichsverband der Deutschen Industrie* weiter.[21] Nach dem Austritt Deutschlands aus der Organisation zirkulierte zumindest die monatliche Pressemitteilung mit den wichtigsten Aspekten der neuesten MBS-Ausgabe innerhalb der Berliner Regie-

(Fortsetzung Bildunterschrift) the Publications Committee of the Secretariat (LoN Document C.C.748), 28.03.1934, S. 4; Tenth Annual Report of the Publications Committee of the Secretariat, in: League of Nations: Records of the Eighteenth Ordinary Session of the Assembly. Meetings of the Committees. Minutes of the Fourth Committee, Genf 1937, S. 97–101, hier S. 99; LoNA, R.5525, 19/40225/3127, League of Nations. Supervisory Commission: Thirteenth Annual Report of the Publications Committee of the Secretariat (LoN Document C.C.1198), 16.04.1940, S. 3.

---

20 LoNA, R.309, 10/19197/6408, Aktenvermerk, 24.04.1922; zur Verteilung der Nr. 10/1922 des MBS innerhalb der britischen Regierung vgl. TNA, FO 371/8331, W 9777/6262/98; für Zahl von 1935: LoNA, R.4533, 10B/14704/10942, Monthly Bulletin of Statistics. Plan for the Year 1935.

21 Bezüglich des Statistisches Jahrbuchs 1926 und 1927 vgl. PA AA, Abt. Völkerbund, R 97514, Gottfried Aschmann, Deutsches Konsulat Genf, an das *Auswärtige Amt*, 19.05.1927 bzw. 22.05.1928; *Reichsverband Deutsche Industrie*, gez. Metzner, an *Auswärtiges Amt*, 29.07.1927; Rundschreiben des *Auswärtigen Amts* an Reichsministerien und den *Reichsverband der Deutschen Industrie*, 06.06.1928; bezüglich des Mémorandum sur le Commerce International et sur les Balances des Paiements und des Memorandum sur la Production et le Commerce vgl. PA AA, RZ 303, R 118417, Deutsches Konsulat Genf an Auswärtiges Amt, 02.07.1928, sowie 04.03. und 13.05.1929.

rung.[22] Käuflich erhältlich waren die Genfer Periodika in Berlin ohnehin und wie das Beispiel des *Statistischen Reichsamts* zeigt, nutzten Teile der deutschen Regierung diese Möglichkeit bis zum Beginn des Zweiten Weltkriegs, um Veröffentlichungen zu erwerben.[23]

Freiexemplare verteilte das Sekretariat auch an Wissenschaftler, Organisationen, Verbände, Zeitschriften und Zeitungen. Sie können als Multiplikatoren der Genfer Zahlen verstanden werden, da sie diese in vielen Fällen in den unterschiedlichsten Zusammenhängen weiter verwendeten – sei es, dass sie sie in Büchern, Artikeln oder Vorträgen gezielt für eigene Argumentationen verwendeten, sei es, dass sie die Publikationen in ihren jeweiligen Ländern bewarben. Von der französischen Fassung des *World Economic Survey 1933–34* etwa wurden 192 Besprechungsexemplare in 35 Länder versendet (davon 20 nach Deutschland, 15 nach Argentinien, 11 nach Frankreich, 7 nach Brasilien, 4 nach Mexiko und 2 in die Türkei). Von der englischen Fassung des Surveys gingen 193 Exemplare in 19 Staaten (davon 43 nach Großbritannien, 25 in die USA, 18 nach Indien, 15 nach China und 10 nach Japan).[24]

Lovedays Mitarbeiter verfassten zudem Pressemitteilungen zu (fast) allen Neuerscheinungen und legten großen Wert auf deren Prägnanz und Lesbarkeit. Sie enthielten die jeweils zentralen Aspekte einer Publikation und wurden von der Informationsabteilung des Völkerbundsekretariats versendet. Außerdem erschienen viele von ihnen in einem von 1921 bis 1940 in fünf Sprachen erscheinenden Periodikum der Informationsabteilung, das die wichtigsten Aktivitäten des *Völkerbunds* monatlich zusammenfasste.[25] Die Pressemitteilungen übernahmen viele Zeitschriften und Zeitungen ganz oder ausschnittsweise und halfen somit, die Genfer Zahlen zu verbreiten. Ein Beispiel dafür ist die im Juli 1930 erschienene Ausgabe des *Memorandum on Production and Trade*. Eine diesbezügliche Pressemitteilung bzw. Zusammenfassungen von ihr übernahmen innerhalb mehrerer Monate Zeitungen an so verschiedenen Orten wie Paris, Tokio, Washington, D.C.,

---

22 Vgl. etwa PA AA, RZ 303, R 118426, Deutsches Konsulat Genf an *Auswärtiges Amt*, 19.03.1935; *Reichswirtschaftsministerium*, gez. Fritz Soltau, an *Auswärtiges Amt*, 11.04.1935.

23 BAB, R 3101/32132, Bl. 8–32, Neuanschaffungsliste der Bibliothek des *Statistischen Reichsamts*, Mai 1939, Bl. 20.

24 LoNA, R.4518, 10B/9495/2194, Service de presse du document: Situation économique mondiale 1933–1934, 03.10.1934.

25 The Monthly Summary of the League of Nations / Résumé mensuel des travaux de la Société des Nations / Die Tätigkeit des Völkerbunds / Boletin mensual de la Sociedad de las Naciones / Bolletino mensile della Società delle Nazioni. Die deutsche Ausgabe erschien nur bis 1938, alle anderen bis 1940.

Algier, Antananarivo, Gisborne (Neuseeland) und Hobart.[26] Besondere Aufmerksamkeit erhielt in den 1930er Jahren der *World Economic Survey*. Von dessen im September 1934 publizierten Ausgabe (1933/34) sammelte die zuständige Abteilung des *Völkerbunds* allein innerhalb der ersten drei Monate nach Erscheinen mehr als 120 Annotationen und Rezensionen aus Wirtschaftsjournalen und überregionalen Tageszeitungen, aber auch aus vielen Regional- und Lokalzeitungen aus zahlreichen Ländern Europas, britischen Dominions, Indien und Argentinien.[27] In manchen Fällen überzeugten die Pressemitteilungen ihre Leser aber auch, die Publikationen selbst zu erwerben. So entschied beispielweise die Handelskammer von Hanoi im November 1928, Exemplare des Statistischen Jahrbuchs und des *Memorandum on Production and Trade* zu kaufen, von denen es zuvor eine Pressemitteilung erhalten hatte.[28]

Einige Journale dienten als Multiplikatoren von Völkerbundstatistiken, indem sie regelmäßig eine Reihe von Angaben direkt aus neu erschienenen Publikationen übernahmen, insbesondere dem MBS. Das prominenteste Beispiel dafür war der Londoner *Economist*. Dieses ab 1922 vom vormaligen Interimschef der *Economic and Financial Section* des Völkerbundsekretariats Walter Layton redigierte Wo-

26 Ein Exemplar der französischen Pressemitteilung in PA AA, RZ 303, R 118418; die Zeitungsberichte: Anonymus: L'augmentation de la population du monde, in: Le Figaro, 16.08.1930; Anonymus: Production and Trade, in: The Japan Times & Mail [Tokio], 21.08.1930 ; Anonymus: Population Grows in South America. League of Nations Memorandum reveals Greatest Increase there, in: Evening Star [Washington, D.C.], 24.08.1930; Anonymus: L'augmentation de la population du monde, in: L'Africain [Algier], 05.09.1930; M.P.: Quelques aperçus généraux sur les origines et le développement de la crise économique dans le monde, in: La Gazette du Nord de Madagascar, 18.10.1930; Anonymus: World Production. Remarkable Increases. Fall in Prices Explained, in: Poverty Bay Herald [Gisborne, Neuseeland], 29.10.1930; Anonymus: The World's Wealth. League of Nations Report, in: The Mercury [Hobart], 11.11.1930.

Vgl. LoNA, R.4532, 10B/9995/9995, Pressemitteilung der *Information Section* vom 08.10.1934 zu League of Nations: World Production and Prices, 1925–1933, Genf 1934, sowie veröffentlicht im Monthly Summary 14 (1934), Nr. 10, S. 249–250. Vollständige oder teilweise Übernahmen bzw. Zusammenfassungen dieser Pressemitteilung etwa von Anonymus: La reprise de la Production Mondiale et les Prix, in: L'Ouest-Eclair [St. Denis], 09.10.1934; Anonymus: World Production and Prices. Analysis of Position by League of Nations, in: The Straits Times [Singapur], 30.10.1934; Anonymus: World Production and Prices. Process of Recovery, in: The Times of India, 13.11.1934; Anonymus: World Trade. Distinct Improvement. Geneva Survey, in: Poverty Bay Herald [Gisborne, Neuseeland], 21.11.1934; Anonymus: World Production and Prices, 1925–1933, in: The Japan Times & Mail [Tokio], 16.12.1934; Anonymus: The Depression. League of Nations Survey. Road to Recovery, in: The Examiner [Launceton, Tasmanien], 29.01.1935; Anonymus: The World Depression. League of Nations Survey. On the Road to Recovery, in: The Mackay Daily Mercury [Mackay, Queensland, Australien], 30.01.1935.

27 LoNA, R.4518, 10B/9495/2194, Fritz Schnabel, *Publication Section*, an Condliffe, 11.10., 25.10., 14.11., 13.12.1934.

28 Bulletin de la Chambre de Commerce de Hanoi (Tonkin) 35 (1928), Nr. 296, S. 20 f.

chenblatt druckte von Juni 1923 bis September 1933 regelmäßig Tabellen des MBS in einem *Monthly Supplement* ab.[29] Die Auflage des *Economist* wuchs von etwas mehr als 6.000 Exemplaren pro Ausgabe im Jahr 1920 auf 10.000 im Jahr 1938, von denen rund die Hälfte ins Ausland verkauft wurde.[30] Dies vergrößerte die geographische Reichweite der Genfer Zahlen, nicht nur, weil das renommierte Journal gelesen wurde, sondern auch, weil die darin enthaltenen Daten ihrerseits von anderen übernommen wurden. So nutzte etwa der deutsche Ökonom Hermann Levy 1926 die im *Economist* veröffentlichten MBS-Zahlen in seiner populärwissenschaftlichen Darstellung zur Entwicklung der Weltwirtschaft.[31] Und regelmäßig erschienen sie in den späten 1920er Jahren in der vom ungarischen Ökonomen Evgënij [Jenő] S. Varga in Moskau redigierten Zeitschrift *Mirovoe chozjajstvo i mirovaja politika* (*Weltwirtschaft und Weltpolitik*).[32]

Der Großteil der Völkerbundzahlen geriet unregelmäßig in die Massenpresse. Insbesondere in den 1930er Jahren übernahmen Zeitungsredakteure in vielen Ländern der Erde Zahlen neu erschienener Publikationen, insbesondere aus dem MBS, dem *World Economic Survey*, *World Production and Prices* und der *Review of World Trade*. Ihr Interesse galt in erster Linie Informationen zum ‚Welthandel', zur gewerblichen Produktion in der Welt oder den wichtigsten Industrieländern sowie zu Preisen und Lebenshaltungskosten. Zum Teil dienten auch dafür Pressemitteilungen,[33] viele Beiträge legen aber nahe, ihre Autoren hätten die jeweiligen Hefte selbst in der Hand gehabt. Dabei übernahmen Redakteure Zahlen direkt aus einer Publikation in einen laufenden Text,[34] reproduzierten Grafiken und Tabellen aus Völkerbundperiodika (Abbildungen 6–9) oder entwarfen eigene Schaubilder, um die Zahlen zu veranschaulichen (Abbildungen 10–12).

---

29 The Economist Monthly Supplement, in: The Economist 96 (1923), Nr. 4165 [23.06.1923]; The Economist Monthly Supplement, in: The Economist 117 (1933), Nr. 4701 [30.09.1933].

30 https://www.economistgroup.com/what_we_do/our_history.htm; 03.07.2019.

31 Levy, Hermann: Der Weltmarkt 1913 und heute, Berlin 1926, v. a. S. 4–7.

32 Z. B. in Anonymus: Statistika mirovogo chozjajstva, in: Mirovoe chozjajstvo i mirovaja politika 3 (1928), Nr. 1, S. 156–159.

33 Eine wortgleiche Nachricht über die wichtigsten Inhalte der Juni-Nummer des Jahrgangs 1934 des MBS brachten etwa Anonymus: Economic Recovery. Positions Stabilised, in: Sunday Tribune [Singapur], 23.09.1934; Anonymus: Economic Recovery, in: South China Morning Post, 26.09.1934.

34 Vgl. etwa Artikel, die Zahlen aus der Dezemberausgabe 1933 des MBS übernehmen: Anonymus: Légère reprise du commerce mondial, in: L'Œuvre [Paris], 19.12.1933; Anonymus: Increase in World Trade, in: The Times, 19.12.1933; Anonymus: Le mouvement du commerce mondial. Les statistiques de la S.D.N. font ressortir une légère amélioration, in: Le Peuple. Quotidien du syndicalisme [Paris], 06.01.1934; Anonymus: World Trade Increases, in: The Telegraph [Brisbane], 02.02.1934; Anonymus: Le mouvement du commerce mondiale, in: La Croix [Paris], 24.03.1934.

Neben Zeitungen und Zeitschriften, die Zahlen aus den Genfer Periodika abdruckten, übernahmen auch die statistischen Ämter einiger Länder sie in ihre eigenen Veröffentlichungen. Ein Beispiel dafür waren in den 1930er Jahren die beiden chinesischen Journale *Tongji yuebao / The Statistical Monthly* und *Shiye tongji / The Industrial Statistics.*[35] Auch das statistische Amt der lettischen Regierung sparte sich eine eigene Abteilung für internationale Übersichten und druckte stattdessen Ende der 1930er Jahre Tabellen des Statistischen Jahrbuchs des *Völkerbunds* und anderer Organisationen ab.[36]

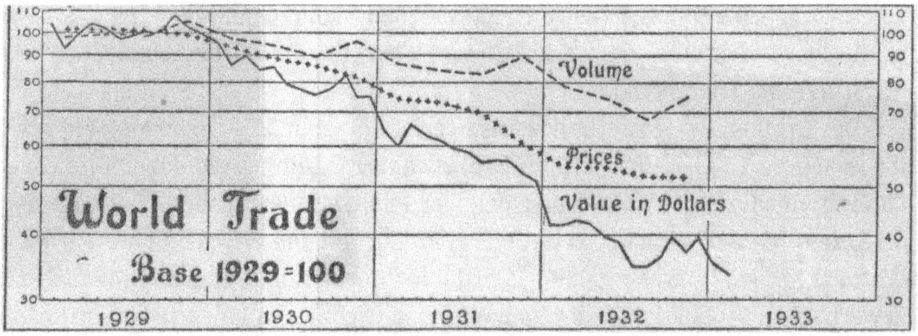

Abbildung 6: Leicht veränderte Übernahme einer Grafik aus dem Monthly Bulletin of Statistics 14 (1933), Nr. 4, S. 153; erschienen in: Sydney Morning Herald, 30.06.1933

Rezeption der Publikationen

Die Verfügbarkeit von Zahlen sagt nichts über deren Rezeption aus. Wer las die wirtschaftsstatistischen Publikationen des *Völkerbunds* und welche der vielen aus Genf kommenden Daten interessierten und nutzten die Rezipienten für welche Zwecke? Das lässt sich aus methodischen Gründen im Nachhinein höchstens in Einzelfällen feststellen. Die für diese Arbeit ausgewerteten Quellen legen gleichwohl nahe, dass Genfer Publikationen teils weltweit verbreitet waren und die darin dargebotenen Daten auch Eingang in Fachdebatten und breitere öffentliche Diskussionen fanden. Zudem lassen sich mehrere Nutzergruppen, verschiedene Arten der Rezeption und Interessenschwerpunkte benennen.

---

35 Die jeweils ersten MBS-Zahlen in Tongji yuebao / The Statistical Monthly 4 (1932), Nov/Dec, S. 112–127; Shiye tongji / The Industrial Statistics 1 (1933), Nr. 1, Abschnitt „Statistics", S. 30–33, 51–68, 80–107, 116–135.

36 Vgl. Latvijas Statistiskas Gada Grāmata 1939 / Annuaire Statistique de la Lettonie 1939, Riga 1939, S. 256–295.

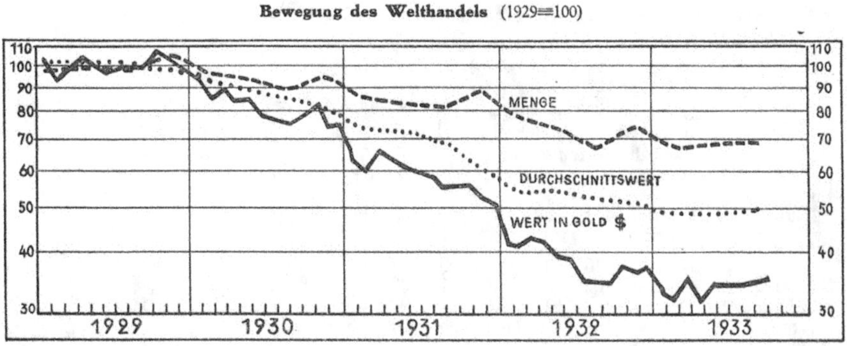

Abbildung 7: Leicht veränderte Übernahme einer Grafik aus dem Monthly Bulletin of Statistics 14 (1933), Nr. 11, S. 434; erschienen in: John Brech: Weltwirtschaftliche Perspektiven, in: Wirtschaftsdienst NF 18 (1933), Nr. 51 [22.12.1933], S. 1742–1744, hier S. 1743.

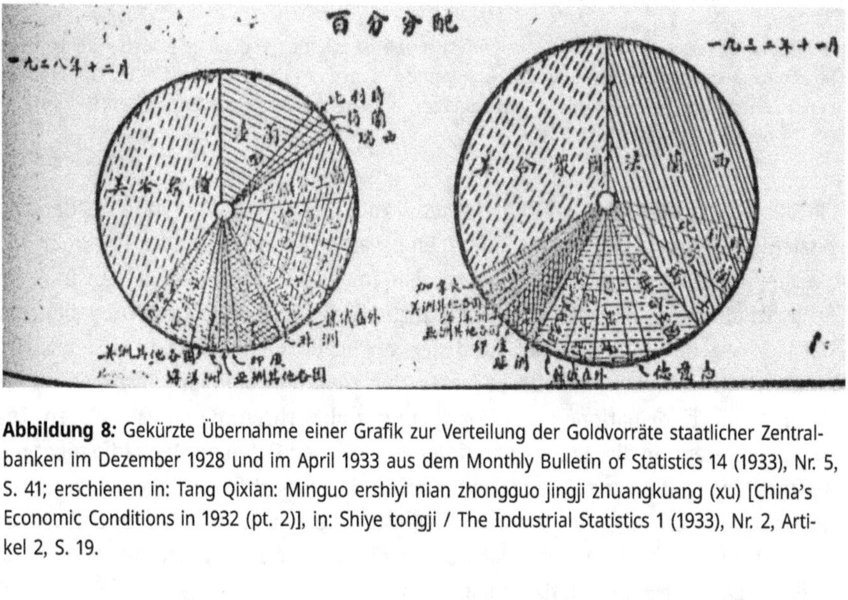

Abbildung 8: Gekürzte Übernahme einer Grafik zur Verteilung der Goldvorräte staatlicher Zentralbanken im Dezember 1928 und im April 1933 aus dem Monthly Bulletin of Statistics 14 (1933), Nr. 5, S. 41; erschienen in: Tang Qixian: Minguo ershiyi nian zhongguo jingji zhuangkuang (xu) [China's Economic Conditions in 1932 (pt. 2)], in: Shiye tongji / The Industrial Statistics 1 (1933), Nr. 2, Artikel 2, S. 19.

Neben Ökonomen verwendeten Regierungen, Politiker, Journalisten, Unternehmen, privatwirtschaftliche Verbände und Einzelpersonen die gesamte Bandbreite an Informationen, die ihnen die Völkerbundpublikationen boten. Um über bestimmte, sie interessierende Entwicklungen zu berichten, um Argumente und Forderungen zu stützen, um Entscheidungen oder Handlungsweisen zu legitimieren oder um Sachverhalte zu illustrieren verwendeten sie entweder einzelne, direkt in den Veröffentlichungen zu findende Daten oder sie nutzten darauf basierende Berechnungen, die Entwicklungstendenzen aufzeigten. Insbesondere interessierten

Entwicklung der Weltproduktion an Rohstoffen und des Welthandels von 1925 bis 1931. (1925—1929 = 100).

Erdteile	Produktion an unerarbeiteten Lebensmitteln u. Rohstoffe (gewichtet nach d. Werten v. 1930					Mengenmäßige Bewegung des Welthandels (alle Waren)				
	1925	1927	1929	1930	1931	1925	1927	1929	1930	1931
Europa ohne Rußland	95	100	112	103	98	91	102	112	·	·
Europa mit Rußland	94	100	110	104	100	90	102	112	(107)	·
Nordamerika	96	98	102	93	88	91	100	110	(95)	·
Lateinamerika	96	101	104	102	97	91	102	109	·	·
Afrika	95	98	108	106	(104)	86	101	116	·	·
Asien (ohne Rußland)	97	99	105	108	(102)	96	100	104	·	·
Ozeanien	93	99	102	110	108	96	104	103	·	·
Welt	95	99	106	101	96	91	101	110	101	85/90

Welt		1925	1927	1929	1930	1931
Welt	Lebensmittel	97	100	103	101	99
Welt	Rohstoffe	92	99	111	101	81

Abbildung 9: Leicht veränderte Übernahme einer Tabelle zur ‚Weltproduktion' an Lebensmitteln und Rohstoffen aus League of Nations: Review of World Production 1925 – 1931, Genf 1932, S. 8; erschienen in: Anonymus: Tendenzen der Weltproduktion, in: Deutsche Wirtschafts-Zeitung 29 (1932), Nr. 37 [15. 09. 1932], S. 893 – 894, hier S. 893.

sie dabei Angaben zum ‚Welthandel' und zur ‚Weltproduktion', die sich dann in Beziehung zur entsprechenden Entwicklung einzelner Länder oder Regionen setzen ließen. Diese ‚Weltzahlen' dienten also vor allem Vergleichszwecken und der Kontextualisierung einzelner Entwicklungen. Des Weiteren fanden Angaben zur Entwicklung des Außenhandels und der gewerblichen Produktion in einzelnen Ländern die Aufmerksamkeit der Leser, der zwischenstaatliche Vergleich dieser Daten sowie Informationen zur Herstellung und Verbreitung einiger Waren. Die parallele Rezeption dieser Daten an unterschiedlichen Orten der Welt (die nicht mit deren gleichen Wertung verwechselt werden darf) machte eine grenzüberschreitende Diskussion über die von ihnen repräsentierten Phänomene und Prozesse einfacher; solche Zahlen lassen sich daher als ‚globale Wirtschaftszahlen' charakterisieren. Ein Beispiel soll das illustrieren.

In der zweiten Hälfte der 1920er Jahre tauchten in zahlreichen Publikationen Angaben aus dem 1926 veröffentlichten *Memorandum on Production and Trade* auf, die ganz offenbar als ‚richtig' galten und als ‚wahr' kommuniziert wurden. In dem Memorandum heißt es, *erstens,* die ‚Weltbevölkerung' und das Mengenvolumen des ‚Welthandels' habe zwischen 1913 und 1925 um jeweils rund 5 Prozent zugenommen, während die ‚Weltproduktion' an Lebensmitteln und Rohstoffen um 16 bis 18 Prozent gewachsen sei. *Zweitens* erfasste das Memorandum den relativen Bedeutungsverlust Europas im weltweiten Warenhandel quantitativ. Der Anteil Europas

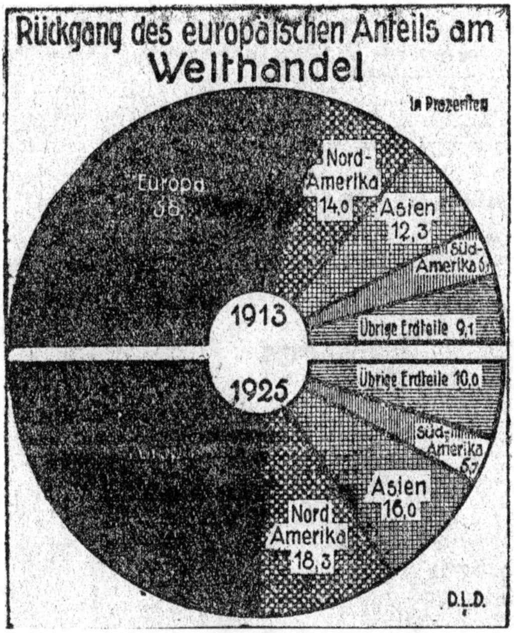

Abbildung 10: Eigenes Schaubild mit Daten von League of Nations: Memorandum on Production and Trade [1926], S. 38; erschienen in: Der Jungdeutsche [Berlin], 30.01.1927.

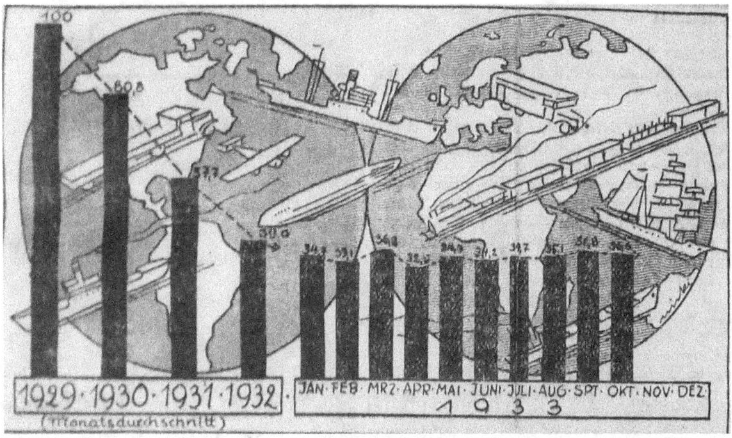

Abbildung 11: Eigenes Schaubild mit (fehlerhaft übernommenen) Daten zum Welthandelsvolumen 1929–1933 aus dem Monthly Bulletin of Statistics 15 (1934), S. 3; erschienen in unbekannter Zeitung [BAB, R 8034II/5885; dort ist fälschlicherweise als Erscheinungsort angegeben: Der Tag [Berlin], 11.02.1934].

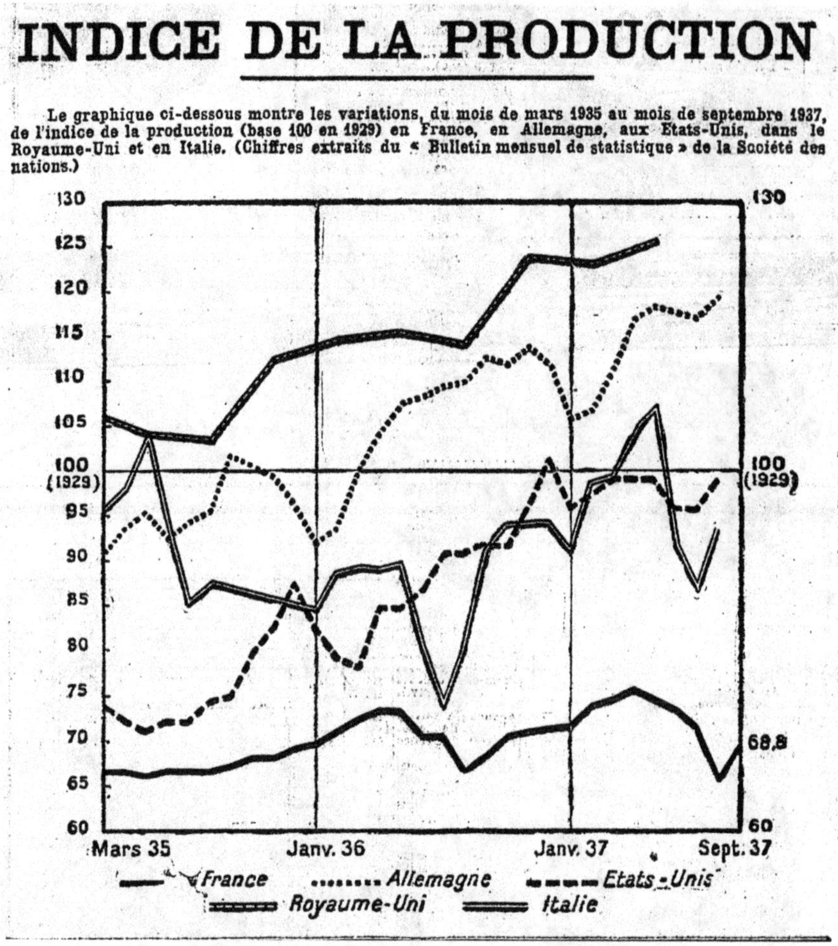

Abbildung 12: Eigenes Schaubild zur Entwicklung der gewerblichen Produktion in einigen Ländern mit Daten aus dem Monthly Bulletin of Statistics 18 (1937), S. 491; erschienen in: Le Temps [Paris], 14. 12. 1937.

(inklusive Russlands/der Sowjetunion) an den weltweiten Einfuhren sei zwischen 1913 und 1925 von 61,6 auf 55,1 Prozent gefallen, derjenige an der globalen Ausfuhr von Waren von 55,2 auf 44,7 Prozent und derjenige am gesamten Welthandel von 58,5 auf 50 Prozent. *Drittens* schließlich sei auch Europas Anteil an der Produktion von Lebensmitteln und Rohstoffen zwischen 1913 und 1925 relativ gesehen zurückgegangen; im Vergleich zur globalen Zunahme von 16 – 18 Prozent zeichne dieser Index für Europa nur ein Wachstum von 5 Prozent aus.[37] Diese Feststellungen verbreiteten Loveday, Salter, Condliffe und andere Sekretariatsmitarbeiter in ihren eigenen, meist an einen breiten Leserkreis gerichteten Publikationen.[38]

Auf diese Weise schufen sie weithin akzeptierte Zahlen, die die Entwicklung der ‚Weltwirtschaft' im ersten Nachkriegsjahrzehnt repräsentierten und bis heute genutzt werden.[39] Sie spiegelten nicht ‚die' Realität wider, vor allem weil die ihnen zugrundeliegenden Daten weder in diachroner noch in synchroner Hinsicht miteinander vergleichbar waren.[40] Dennoch wirkten sie aus der ‚statistischen Realität', in der sie existierten, in die ‚reale Welt' der 1920er und 1930er hinein, denn Zeitgenossen nahmen sie wahr und nutzten sie in unterschiedlichen Zusammenhängen für unterschiedliche Zwecke.

Einige Ökonomen und Journalisten nutzten die Zahlen, um die weltwirtschaftliche Entwicklung nach dem Krieg zu skizzieren und die Schwerpunktverlagerung von Europa zu den USA und nach Asien zu unterstreichen.[41] Andere argumentierten mit ihrer Hilfe, die globale wirtschaftliche Situation sei angesichts der von ihnen aufgezeigten Erholungstendenzen nicht so schlimm wie von manchen Zeitgenossen behauptet.[42] Liberalen Ökonomen dienten die Genfer Zahlen dazu, die

---

37 League of Nations: Memorandum on Production [1926], S. 6, 12 f., 38.

38 Z. B. A[lexander] Loveday: Recent World Economic Tendencies, in: The Nineteenth Century and After 101 (1927), S. 532–647, 633–644, hier S. 633; League of Nations: Course and Phases, S. 14 f.; Salter: Recovery, S. 23; League of Nations: World Economic Survey 1931–32, S. 22 f.; Bertil Ohlin: Internationaler Wiederaufbau der Wirtschaft, in: Gemeinsamer Ausschuss der Carnegie-Stiftung und der Internationalen Handelskammer (Hrsg.): Weltwirtschaftlicher Wiederaufbau. Die Hauptprobleme der Gegenwart in Theorie und Praxis, Paris 1936, S. 17–167, hier S. 41.

39 Etwa in Steiner: The Lights, S. 446.

40 Vgl. die vorangegangenen Kapitel sowie Platt: Mickey Mouse Numbers, S. 30–33.

41 Z. B. E[vgënij S.] Varga: Wirtschaft und Wirtschaftspolitik im IV. Vierteljahr 1926, in: Internationale Presse-Korrespondenz 7 (1927), Nr. 14 [04.02.1927], S. 257–294, hier S. 267; Dresdner Bank: Die wirtschaftlichen Kräfte [1927], S. 9, 125 f.; Allyn A. Young: Economic Changes Since the War. Their Meaning and their Lessons, in: Perry G. Mehling / Roger J. Sandlands (Hrsg.): Money and Growth. Selected Papers of Allyn Abbott Young, New York / London 1999, S. 399–410, hier S. 400 f. [Original: 1929]; John Donaldson: International Economic Relations. A Treatise on World Economy and World Politics, New York 1928, S. 623 f.; V[amand] G. Kale: The World Economic Conference, in: Ders.: Problems of World Economy, Madras 1931, S. 84–110, hier S. 87 f., 92 f.; Hermann Levy: Die Grundlagen der Weltwirtschaft, Leipzig/Berlin [2]1931, S. 24; K.T. Shah: World Depression, Madras 1933, S. 9; R. Palme Dutt: World Politics 1918–1936, London 1936, S. 27 f.

Z. B. Anonymus: Werldhandel en productie, in: De Sumatra Post [Amsterdam], 09.12.1926; Anonymus: Europa und der Welthandel. Der Rückgang des Anteils, in: Der Jungdeutsche [Berlin], 30.01. 1927; Anonymus: The Nation's Trade. 5 per cent Increase in Volume in World's Trade, in: The North Western Courier [Narrabi, New South Wales, Australien], 10.03.1927.

42 So etwa Yves Guyot: Conférence économique internationale, in: Journal des Économistes 86 (1927), S. 145–159, hier S. 146 f.; Jean Lescure: La production et le commerce dans le monde avant et

negativen Folgen protektionistischer Maßnahmen zu unterstreichen und direkt oder indirekt für eine Senkung von Zöllen zu plädieren.[43] Und wieder andere verwendeten sie als Argument für die Gegenposition.[44]

Journalisten boten ihren Lesern ebenfalls teils sehr unterschiedliche Interpretationen der gleichen Zahlen. In den USA, Australien und Neuseeland sowie in Singapur, Shanghai und Hong Kong erschienen beispielsweise positiv konnotierte Berichte, die den hohen Bedeutungsgewinn des pazifischen Raumes und Asiens für den Welthandel betonten, der sich in den Genfer Zahlen widerspiegelte. Eine amerikanische Zeitung fügte hinzu, die höchsten Wachstumsraten des Außenhandels seien in Korea, British Malaya, Honduras und Japan erzielt worden.[45] Im Gegensatz dazu problematisierten europäische Journalisten eher die sinkende weltwirtschaftliche Bedeutung ihres Kontinents und sinnierten darüber, welche Folgen dies für die weitere ökonomische Entwicklung dort haben würde. So sah bei-

---

après-guerre, in: Revue d'économie politique 43 (1929), S. 1143–1148 [bezogen allerdings auf die zweite Ausgabe des Memorandums].

43 Z. B. Ernest Minor Patterson: Europe in 1927. An Economic Survey, in: The Annals of the American Academy of Political and Social Science 134 (1927), S. 1–123, hier S. 7; G[eorge] R. Roorbach: Capacity of World Markets to Absorb Europe's Surplus Products and to Afford Employment to Expanding Population, in: Proceedings of the Academy of Political Science in the City of New York 12 (1928), Nr. 4, S. 77–95, hier S. 78 f.; Walter Layton: The Forthcoming Economic Conference of the League of Nations and Its Possibilities, in: Journal of the Royal Institute of International Affairs 6 (1927), S. 69–87, hier S. 70; Hantos: L'économie mondiale, S. 116; Ernest Minor Patterson: The World's Economic Dilemma, New York 1930, S. 122 f.

44 Manoïlesco, Mihaïl: Théorie du protectionnisme et de l'échange international, Paris 1929, S. 260 f.; Mihaïl Manoïlesco: Die nationalen Produktivkräfte und der Außenhandel. Theorie des internationalen Warenaustauschs, Berlin 1937, S. 313, 316 f.; zur Relevanz Manoïlescos für die Dependenztheorien nach dem Zweiten Weltkrieg vgl. Joseph L. Love: Raúl Prebisch and the Origins of the Doctrine of Unequal Exchange, in: Latin American Research Review 15 (1980), Nr. 3, S. 45–72, hier S. 61 f.; ausführlich Joseph L. Love: Crafting the Third World. Theorizing Underdevelopment in Rumania and Brazil, Stanford 1996.

45 Pearson, Drew: World's Trade Center Moving to Pacific, Economists Find. League of Nations Committee of Experts learns Europe is Losing its Hold in Trade, Population and Production, in: Evening Star [Washington, D.C.], 12.12.1926; Anonymus: Asia Trade increased almost as much as that of U.S. since 1913 states League of Nations Report, in: The China Press, 13.01.1927; Anonymus: World Trade. Development in the Far East. China's New Market, in: The Singapore Free Press and Mercantile Advertiser, 18.01.1927; Anonymus: World Trade. Post-War Movement. Changing Conditions, in: Lake Wakatip Mail [Queenstown, Neuseeland], 22.02.1927; Anonymus: The Rivals. Panama Canal Trade passes that of Suez, in: South China Morning Post, 10.06.1927; vgl. zur Verbreitung der Zahlen in der US-amerikanischen Berichterstattung über die Weltwirtschaftskonferenz von 1927 auch PA AA, RZ 303, R 118553, Die Stellungnahme der amerikanischen Presse zur internationalen Wirtschaftskonferenz in Genf im Mai 1927, Memorandum, Hirschfeld, Deutsches Generalkonsulat New York o. Dat. [Juli 1927], S.3.

spielsweise die *Rote Fahne* aus Wien die Genfer Zahlen als Beleg dafür an, der „europäische Kapitalismus" werde vom „europäischen Proletariat" und den „unterdrückten Kolonialvölkern" Asiens gleichzeitig angegriffen.[46] Für den sozialdemokratischen *Vorwärts* bewiesen die Zahlen, dass der „wesentliche Charakterzug der Nachkriegsentwicklung der Welt" – der Wirtschaftsnationalismus – zugenommen habe. Da dieser die Lage bisher nicht verbessert habe, würden Zahlen wie jene aus Genf den Druck auf Verbände und Regierungen steigern, bereits bestehende Bemühungen zur grenzüberschreitenden Kooperation zu verstärken, und einen „,*welt*'wirtschaftliche[n] Geist" beleben, der „an Stelle kurzsichtiger nationaler Selbstsucht" zu treten habe.[47] In ähnlicher Weise bezog sich die *Magdeburger Zeitung* auf zeitgenössische Debatten über engere grenzüberschreitende Kooperationen in Europa, als sie darauf verwies, dass der in den Zahlen repräsentierte Prozess des Bedeutungsverlusts Europas umkehrbar sei, „wenn Europa sich [...] auf sich selbst besinnt".[48] Dagegen hob ein Autor der konservativen *Deutschen Allgemeinen Zeitung* hervor, die Genfer Statistik zeige nicht nur den relativen Bedeutungsverlust und die absolute Wohlstandsabnahme Europas, sondern auch, dass andere Weltregionen reicher geworden sei. Dies wiederum könne für die europäischen Volkswirtschaften nur von Vorteil sein, weil „jene Teile eher in der Lage sind, Nachfrage nach europäischen Produkten zu entwickeln, als wenn sie jenen Reichtumszuwachs nicht erfahren hätten".[49] In der britischen Presse wiederum nutzten beispielsweise die Befürworter einer ‚imperial preference' – der Etablierung eines imperialen Zollgebiets – die Genfer Zahlen ebenso als Argumentationshilfe wie ihre Gegner.[50]

Regierungen, Politiker und Lobbygruppen verwendeten diese Zahlen, um Entscheidungen zu begründen und Forderungen zu legitimieren. Vor allem im Umfeld der Weltwirtschaftskonferenz dienten sie all jenen als Argument, die sich gegen den wachsenden Wirtschaftsnationalismus und Protektionismus aussprachen und diesen Trend mittelfristig umzukehren versprachen. Dazu gehörte die deutsche Regierung. Als der liberale Staatssekretär im *Reichswirtschaftsministerium* Ernst Trendelenburg im Januar 1927 in einer Rede die Ideen skizzierte, die die Berliner

46 Anonymus: Die Weltwirtschaftskonferenz, in: Die Rote Fahne [Wien], 07.12.1926.

47 H., A.: Europas Wirtschaft 1926. Weltwirtschaftliche Umschau, in: Der Vorwärts, 01.01.1927, 6. Beilage [Hervorhebung im Original].

48 El.: Wir werden einflußloser, in: Magdeburger Zeitung, 21.11.1926.

49 S., F.: Die Verschiebungen in der Weltwirtschaft, in: Deutsche Allgemeine Zeitung, 20.03.1927; das gleiche Argument führte auch der britische Liberale Walter Layton zwei Monate später bei der Genfer Weltwirtschaftskonferenz an (Respondek: Verlauf, S. 58 f.).

50 Vgl. etwa F[rank] L. McDougall: Trade within the Empire. The Market in Great Britain. Effect of Voluntary Preference, in: The Times, 09.05.1927; Anonymus: The Trend of World Trade. Imperial Factors, in: Financial Times, 27.11.1926.

Regierung bei der Weltwirtschaftskonferenz verfolgen werde, nannte er die Zahlen aus dem Völkerbundmemorandum zwar nicht explizit. Doch er bezog sich darauf, als er die aufwändigen Vorarbeiten des Genfer Sekretariats erwähnte und dann auf die bekannten „Symptome" des *„weltwirtschaftlichen Niedergang[s] Europas"* verwies, zu deren Hauptursachen die „Industrialisierung der Neuen Welt" gehöre. Auch der Hinweis auf ein *„Mißverhältnis* zwischen industriewirtschaftlicher Arbeitskapazität und den Absatzmöglichkeiten für industrielle Waren" legt den Bezug auf die Völkerbundpublikation nahe. Tatsächlich gehörte Trendelenburg in Genf zu den Wortführern jener freihandelsorientierten Politik, die die Konferenz am Ende empfahl. Entsprechend teilte das Reichskabinett Anfang Juni 1927 mit, an der Umsetzung der Konferenzbeschlüsse „tatkräftig mitzuwirken". Und kurz darauf bekräftigte Reichswirtschaftsminister Julius Curtius in einer international wahrgenommenen Ansprache vor dem *Deutschen Industrie- und Handelstag* die liberale Strategie der deutschen Zoll- und Handelspolitik.[51]

Die britische Regierung war nicht bei der Genfer Konferenz vertreten, weil sie es angesichts einiger Vorbehalte gegen die Veranstaltung vorzog, keine Beamten, sondern Wirtschaftsvertreter in die Schweiz zu entsenden.[52] Nach Ende der Tagung ließ sie sich zudem vergleichsweise lange Zeit, sich zu deren Empfehlungen zu äußern; noch zwei Monate danach gab es keine offizielle Stellungnahme. Dieser Umstand veranlasste den Liberalen Walter Runciman Mitte Juli 1927 dazu, während der Haushaltsdebatte im Parlament zunächst selbst einen Bericht über die Konferenz zu geben (er hatte dort die *Internationale Handelskammer* vertreten) und anschließend eine Stellungnahme vom Präsidenten des *Board of Trade* einzufordern. Dabei verwies Runciman unter anderem auf die Genfer Zahlen zur ungleichen Nachkriegsentwicklung von ‚Welthandel' und ‚Weltproduktion', die er im Sinne der Konferenz als Zeichen eines politisch lösbaren Problems interpretierte.[53]

Andere britische Parlamentarier verwendeten die Angaben aus dem Völkerbundmemorandum zur schwindenden Bedeutung Europas im ‚Welthandel', um wirtschaftspolitische Forderungen zu rechtfertigen. Im März 1927 stellte etwa der

51 Trendelenburg, Ernst: Die Weltwirtschaftskonferenz, in: Weltwirtschaft 15 (1927), S. 1–6, hier S. 2, 4 (Hervorhebungen im Original); Günter Abramowski (Bearb.): Die Kabinette Marx III und IV. 17. Mai 1926 bis 29. Januar 1927, 29. Januar 1927 bis 29. Juni 1928 (Akten der Reichskanzlei. Weimarer Zeit, Bd. 10,2), Boppard 1988, S. 775–778, 780 f.; Anonymus: Preis- und Zollpolitik. Rede Dr. Curtius' auf dem Industrie- und Handelstag – Gegen Preiserhöhungen – Für Abbau des industriellen Zollniveaus, in: Deutsche Allgemeine Zeitung, 22.06.1927, Abendblatt; zur Rolle Trendelenburgs bei der Genfer Konferenz und zur Haltung der damaligen deutschen Regierung zu deren Beschlüssen vgl. Schulz: Deutschland, v. a. S. 93–99, 107–109.

52 Orde: British Policy, S. 317; Schulz: Deutschland, S. 87.

53 Hansard 5th Series, Bd. 209, 20.07.1927, Sp. 517.

konservative Abgeordnete Lawrence Lumley fest, Großbritanniens Außenhandel sei zwischen 1913 und 1925 um rund 15 Prozent gesunken, während der ‚Welthandel' um fünf Prozent zugenommen habe. Dieser Vergleich, so Lumley, zeige „that gone forever is the day of our facile supremacy, that, instead of being the universal provider, we have to meet formidable competition from every country". Um die grassierende Arbeitslosigkeit[54] im Lande zu reduzieren, müsse Großbritannien viel energischer die Zusammenarbeit mit Ländern des Empires fördern.[55] Einen anderen Vergleich mit den Völkerbundzahlen zog ein Jahr später Handelsminister Philip Cunliffe-Lister, der zu einer deutlich positiveren Einschätzung der Lage kam. Zwar stimme es, dass die Exporte des Landes 1927 noch nicht wieder das Niveau von 1913 erreicht hätten. Doch zeigten die handelsstatistischen Daten, dass der Trend in diese Richtung gehe. Zudem erscheine die Lage in einem anderen Licht, wenn man den Anteil Großbritanniens am Welthandel mit demjenigen Europas vergleiche. Großbritanniens Anteil an den weltweiten Exporten zwischen 1913 und 1927 seien demnach nur von 13 auf 11 Prozent gesunken sei, während der Anteil Europas am gesamten Welthandel um zehn Prozent zurückgegangen sei.[56] Die Botschaft war klar: Die konservative Regierung helfe, den britischen Außenhandel zu beleben. Und obwohl ein großer Teil dieses Handels mit den Ländern des Empire stattfinde und stattfinden sollte, sei es geboten, dass sich britische Exporteure auf alle Weltregionen konzentrierten, in denen es Chancen zum Warenverkauf gäbe.[57] Dies spiegelt die damals auch in der Regierung wachsende Sympathie für Zollschutz und ‚Imperial Preference' wider.[58]

Den im Völkerbundmemorandum in Zahlen dargestellten relativen Bedeutungsverlust Europas verwendeten wirtschaftliche Lobbygruppen mit dem Ziel, Handelshemmnisse zu vermindern. Beispiele dafür sind die *Deutsche Gruppe der Internationalen Handelskammer*, der *Schweizerische Bankverein* und die US-amerikanische Handelskammer. Der *Reichsverband der Deutschen Industrie* sah es zudem als wichtig an, die die Weltwirtschaftskonferenz vorbereitenden Dokumente, zu denen das Memorandum gehörte, für all jene zusammenzufassen und zu veröffentlichen, „die nicht in der Lage sind, die außerordentlich umfangreichen Vorar-

54 Nach der Krise 1920/21 blieb die Arbeitslosigkeit in Großbritannien während der gesamten 1920er Jahren sehr hoch: Clavin: The Great Depression, S. 74 f.

55 Hansard 5th Series, Bd. 204, 23.03.1927, Sp. 491 f.

56 Ob es seinen Zuhörern auffiel, dass er dabei irreführenderweise britische *Exporte* mit dem *gesamten Außenhandel* Europas miteinander verglich und obendrein für den letzteren falsche Zahlen anführte, lässt sich aus dem Parlamentsprotokoll nicht entnehmen.

57 Hansard 5th Series, Bd. 218, 12.06.1928, Sp. 837, 839 f.

58 Vgl. Trentmann: Free Trade Nation, S. 316–330.

beiten [...] zu studieren".[59] Im Gegensatz zu diesen freihändlerisch argumentierenden Organisationen sahen andere Verbände, wie etwa der deutsche *Reichsverband zum Wiederaufbau der deutschen Wirtschaft*, in den Zahlen einen Beweis dafür, dass Bevölkerungswachstum und Produktionszunahme nicht miteinander zusammenhingen und dass dieser schädliche „anarchische Zustand" der ‚Weltwirtschaft' durch eine staatlich koordinierte, „organische Wirtschaftsordnung" ersetzt werden müsse (ähnlich argumentierte auch der Zentrums-Abgeordnete Josef Joos im Oktober 1930 im Reichstag).[60] Und in Österreich warb ein Angehöriger des *Zentralverbands christlicher Angestellter* im März 1927 mithilfe der Zahlen des Völkerbundmemorandums für die Abwahl der Wiener Regierung. Diese zeigten nämlich, dass die „österreichische Wirtschaftskrise [...] nur eine Teilerscheinung der großen Krise Europas, beziehungsweise der Weltwirtschaft" sei, die durch die „brutale Steuerpolitik" der österreichischen Regierung allerdings verstärkt werde und Angestellte besonders hart treffe.[61]

Ein weiteres prominentes Beispiel für aus Genf stammende ‚globale Wirtschaftszahlen' stellten die vom *Economic Intelligence Service* in den 1930er Jahren veröffentlichten Zahlen zur Schrumpfung des Welthandelsvolumens zwischen 1929 und 1933 dar, die Zeitgenossen ebenso nutzten wie spätere Wirtschaftshistoriker, um den einschneidenden Charakter der Weltwirtschaftskrise zu verdeutlichen.[62] Die

---

59 BAB, R 3101/3027, Bl. 318–329, Deutsche Gruppe in der Internationalen Handelskammer: Die internationale wirtschaftliche Lage, Memorandum, o. Dat. [April 1927], S. 6 f.; Anonymus: Eindrücke von der Weltwirtschaftskonferenz, in: Schweizerischer Bankverein. Monatsbericht 5/1927, S. 101–105, hier S. 102; Chamber of Commerce of the United States of America. Foreign Commerce Department: The Three International Commercial Conferences of 1927. Summarizing World Opinion on a Variety of Present-Day Economic Problems, Washington 1927, S. 5; Reichsverband der Deutschen Industrie: Die internationale Wirtschaftskonferenz des Völkerbundes, Berlin 1927, S. VII (Zitat), 40 f.

60 Reichsverband zum Wiederaufbau der deutschen Wirtschaft: Ein Mahnwort an die Weltwirtschafts-Konferenz in Genf, in: Der Wiederaufbau 2 (1927), Nr. 4/5, S. 5–16, hier S. 10; Verhandlungen des Reichstags. V. Wahlperiode 1930, Bd. 444: Stenographische Berichte (von der 1. Sitzung am 13. Oktober 1930 bis zur 26. Sitzung am 14. Februar 1931), Berlin 1931, S. 73.

61 Schmitz, Hans: Die Angestellten und die Ueberwindung der Wirtschaftskrise, in: Reichspost, 21.03.1927.

62 Monthly Bulletin of Statistics 14 (1933), Nr. 5, S. 6 f.; League of Nations. Information Section: The Monetary and Economic Conference, S. 95–97; League of Nations: Review of World Trade 1932, Genf 1933, S. 18–21; League of Nations: Statistical Year-Book of the League of Nations 1933/34, Genf 1934, S. 194 f.

Vgl. Anonymus: Entwicklung des Welthandels, in: Schweizerischer Bankverein. Monatsbericht 3/1933, S. 117; Karl Polanyi: Das Ausmaß der Wirtschaftskrise, in: Der Oesterreichische Volkswirt 25 (1933), S. 801–803, hier S. 802; Werner Bosch: Anarchie oder Neuordnung?, in: Wirtschaftsdienst 18 (1933), S. 754–756, hier S. 754; Shah: World Depression, S. 26 f.; Tang: Minguo, S. 3; George R. Roorbach: Tariffs and Trade Barriers in Relation to International Trade, in: Proceedings of the Academy of

Broschüre, die das Genfer Sekretariat im Mai 1933 vor der Londoner Weltwirtschaftskonferenz veröffentlichte und die Spirale des schrumpfenden Welthandelsvolumens enthielt, zeigt zudem, wie rasch sich diese Zahlen verbreiten konnten. Bereits einen Tag nach der Veröffentlichung der entsprechenden Pressemitteilung übernahm sie der *Manchester Guardian* und innerhalb weniger Tage konnten sie auch Leser von Tageszeitungen in Paris, Innsbruck, Algier, Moskau, Tokio, Brisbane oder Auckland kennen.[63] Ähnliche Beispiele aus den 1930er Jahren ließen sich hinzufügen.

Die Rezeption von Völkerbundstatistiken lässt sich im Falle der publizistisch tätigen Akteure recht einfach nachvollziehen. Schwerer ist hingegen zu fassen, inwiefern Zeitgenossen Genfer Zahlen verwendeten, die nicht öffentlich mit ihnen operierten. Dazu gehörten Politiker in- und außerhalb von Regierungen, Beamte in staatlichen Verwaltungen, Unternehmer, Unternehmensverbände sowie wirtschaftlich interessierte Einzelpersonen. Ein Blick in den Regierungsapparat der deutschen und britischen Regierungen sowie eine Reihe von im Völkerbundarchiv dokumentierten Anfragen und Verbesserungsvorschlägen zeigen, dass Angehörige dieser Akteursgruppen ebenfalls zu den aktiven Lesern der verschiedenen Periodika des *Economic Intelligence Service* gehörten oder deren Daten zumindest in-

Political Science 15 (1933), Nr. 2, S. 84–94, hier S. 85; Edgard Milhaud: Trêve de l'or et clearing des transactions, in: Les Annales de l'Économie Collective 25 (1933), Nr. 284–288, S. 33–189, hier S. 35; J[ohn] B. Condliffe: Vanishing World Trade, in: Foreign Affairs 11 (1933), S. 645–656; Jean Schatz: Le développement du commerce de l'Egypte, in: L'Egypt contemporaine 24 (1933), S. 651–695, 25 (1934), S. 43–103, 283–332, hier S. 660; Schweizerischer Bankverein: Querschnitt durch die Weltwirtschaft, in: Schweizerischer Bankverein. Monatsbericht 6/1934, S. 173–176, hier S. 174 f.; Lionell Robbins: The Great Depression, London 1934, S. 212; Evgënij S. Varga: Die große Krise und ihre politischen Folgen. Wirtschaft und Politik 1928–1934, Moskau / Leningrad 1934, S. 56; F[rederik] H. Fentener van Vlissingen: Voraussetzungen für eine intensivere Weltwirtschaft, in: Weltwirtschaftliches Archiv 42 (1935), S. 347–365, hier S. 348; J[ohn] P. Day: An Introduction to World Economic History since the Great War, London / New York 1939, S. 117 f.; W[ladimir] S. Woytinsky / E[mma] S. Woytinsky: World Commerce and Governments. Trends and Outlook, New York 1955, S. 42; Kindleberger: Die Weltwirtschaftskrise, S. 199.; Feinstein/Temin/Toniolo: The World Economy, S. 94.

63 Anonymus: Hard Facts for Economic Conference. World Trade Slump Growing Worse, in: Manchester Guardian, 20.05.1933; Anonymus: World Trade. Serious Decline, in: Sunday Mail [Brisbane], 21.05.1933; Anonymus: Four Years' Trade. Considerable Decline, in: New Zealand Herald [Auckland], 31.05.1933; Anonymus: Le déclin du commerce mondial en avril 1933, in: L'Echo d'Alger, 01.06.1933; Anonymus: Der Welthandel in zwei Jahren um 27 v.H. gesunken, in: Innsbrucker Nachrichten, 03.06.1933; Anonymus: Padenie mirovoj torgovli, in: Pravda, 05.06.1933; Louis Resse: L'effrayante regression du commerce mondial, in: L'Homme libre [Paris], 10.06.1933; Anonymus: World Trade Touches New Low Level. Value for First Quarter 35 Per Cent of 1929, in: The Japan Times & Mail [Tokio], 22.06.1933; Anonymus: La regression du commerce mondial, in: Le Peuple. Organe quotidien du syndicalisme [Paris], 24.06.1933.

direkt rezipierten. Die ‚globalen Wirtschaftszahlen' aus Genf waren also auch ihnen geläufig und konnten in Debatten oder schriftlichen Beiträgen genutzt werden.

Als Mitglieder des *Völkerbunds* erhielten die Regierungen in Berlin und London eine große Zahl von Exemplaren aller seiner Publikationen. Dass diese nicht nur in den Regalen verstaubten, sondern genutzt wurden, legen Bitten verschiedener Behörden innerhalb der deutschen und britischen Regierungen nahe, die immer wieder um neue oder zusätzliche Exemplare einzelner Veröffentlichungen baten[64] (auch der indische Finanzminister George Schuster las den *World Economic Survey*, wie eine Rückfrage an das Sekretariat zeigt[65]). Und während die Reichstagsbibliothek den deutschen Parlamentariern ganz offenbar nur vereinzelt wirtschaftsstatistische Publikationen des *Völkerbunds* zur Verfügung stellte,[66] konnten deren britische Kollegen mindestens seit 1922 auf das MBS und andere Genfer Periodika zurückgreifen. Dass in London auch eine Nachfrage danach herrschte, geht aus zwei Anfragen im britischen Parlament hervor.[67] Als der Liberale Herbert Samuel im März 1933 im Unterhaus ganz allgemein von „the reduction of world trade by two-thirds in three years" sprach, konnte er angesichts der weiten Verbreitung der Völkerbundpublikationen in- und außerhalb des Hauses davon ausgehen, dass diese

64 Z. B. PA AA, RZ 303, R 118415, Albert Freiherr Dufour, Deutsche Botschaft London, an *Auswärtiges Amt*, 14.09.1926 (Bitte um vorbereitende Dokumente der Weltwirtschaftskonferenz 1927); PA AA, RZ 303, R 118461, Deutsches Generalkonsulat New York an Auswärtiges Amt, 22.06.1932 (Bitte um Zusendung wirtschaftlich relevanter Publikationen des *Völkerbunds*); PA AA, Referat Völkerbund, R 97514, Fritz Soltau, *Reichswirtschaftsministerium*, an *Auswärtiges Amt*, 30.06.1933 (Bitte um zwei zusätzliche Ausgaben des Statistischen Jahrbuchs des *Völkerbunds*, das „hier viel gebraucht" werde); TNA, FO 371/16449, W 13945/283/98, T. Turner, *Import Duties Advisory Committee*, an *Foreign Office*, 17.12.1932 (Bitte um Ausgaben mehrerer Völkerbundpublikationen); TNA, FO 371/19686, W 1561/1561/98, Y.E. Cook, *Mines Department*, an *Foreign Office*, 20.02.1935 (Bitte um Ausgabe des Balance of Payments 1933); TNA, FO 371/22565, W 1430/1430/98, *Stationary Office* an *Foreign Office*, 31.01.1938 (Bitte um zusätzliche Ausgabe des Statistischen Jahrbuchs des *Völkerbunds* für das *Cabinet Office*); TNA, FO 371/22546, W 15015/310/98, *Air Ministry* an *Foreign Office*, 11.11.1938 (Bitte um zusätzliche Ausgaben des World Economic Survey).

65 LoNA, R.4478, 10B/606/221, George Schuster, New Delhi, an Loveday, 22.12.1932.

66 Das legt der 1933 veröffentlichte Katalog der Handbibliothek der Reichstagsbibliothek nahe, der an wirtschaftsstatistischen Periodika neben den Veröffentlichungen des Statistischen Reichsamts nur die jeweils neuesten Ausgaben von Hübner's Geographisch-Statistischen Tabellen sowie des Statesman's Year-Book verzeichnete (Bibliothek des Reichstags: Katalog der Handbibliothek des Lesesaals. Fünfte Ausgabe, Berlin 1933, S. 110 f.). Die monatlichen Anschaffungslisten des deutschen Parlaments bestätigen diesen Eindruck (Ausgewählte Neuerwerbungen. Bibliothek des Reichstags 9 (1921) – 23 (1935)).

67 Hansard, 5th Series, Bd. 157, 24.07.1922, Sp. 18.; Bd. 196, 14.06.1926, Sp. 1976.

(auch) auf den *Economic Intelligence Service* zurückzuführende Zahl als Selbstverständlichkeit aufgefasst wurde.[68]

Inwiefern die Genfer Publikationen aber tatsächlich als Basis für politische Argumentation und Überlegungen dienten, ist schwer nachzuvollziehen. Es finden sich kaum konkrete Hinweise darauf, dass Beamte und Politiker in London oder Berlin wirtschaftspolitische Überlegungen mithilfe von Völkerbundstatistiken entwickelten. In Deutschland gehört der 1925 erstellte Bericht des *Statistischen Reichsamts* zur Lage der Weltwirtschaft zu diesen Ausnahmen. Ohne dass sie es explizit erwähnten, scheinen die Autoren der Ausarbeitung eine Reihe von Daten aus dem MBS übernommen zu haben. Und ein Aktenexemplar des Jahrbuchs *La production mondiale et les prix 1925–1934* in den Unterlagen des *Auswärtigen Amts* enthält Unterstreichungen, die auf eine eingehendere Lektüre seitens eines Beamten des Ministeriums hinweisen.[69] Ein Beispiel aus der britischen Regierung stellt eine Liste mit statistischen Periodika dar, die zur Vorbereitung der Weltwirtschaftskonferenz 1933 dienen sollten und zu denen das MBS und das Statistische Jahrbuch des *Völkerbunds* gehörten.[70] Und 1935 verwendete ein Beamter des Schatzamts im Unterhaus diese beiden Publikationen, um die Anfrage einer Abgeordneten zur fortschreitenden Abkehr von Staaten vom Goldstandard zu beantworten.[71]

In den allermeisten Fällen aber nutzten Angehörige beider Regierungen statt der Genfer Publikationen Ausarbeitungen der jeweils eigenen statistischen Behörden. Auch wenn sich diese zum Teil selbst auf Völkerbundperiodika stützten,[72] lassen die ausgewerteten Quellen kaum einen anderen Schluss zu, als dass zumindest die Beamten der deutschen und britischen Regierungen sich eher auf die Expertise der eigenen Statistiker verließen als auf Arbeiten aus Genf. Paradebeispiele dafür sind regelmäßige Berichte zur wirtschaftlichen Lage des jeweils eige-

68 Hansard, 5th Series, Bd. 275, 15.03.1933, Sp. 2038.

69 BAB, R 3101/7607, Bl. 213–252, Reichswirtschaftsministerium: Die Weltwirtschaftslage im Frühjahr 1925, masch. Berlin 1925. Aus dem MBS scheinen die Zahlen zur Roheisen- und Rohstahlproduktion sowie zu den Konkursen zu stammen (Anlagen 4, 5 und 9); PA AA, RZ 303, R 118427, Arbeitsexemplar von La production mondiale et les prix 1925–1934 (Unterstreichungen auf S. 108, 143 f., 150, 153).

70 TNA, T 188/65, Guide to Statistical Data. Memorandum prepared in the Board of Trade, in relation with the Treasury, and Ministry of Agriculture, 21.09.1932 (D.P.C. Paper No. 20).

71 Hansard, 5th Series, Bd. 297, 07.02.1935, Sp. 1322.

72 Das zeigen etwa Datensammlungen des *Statistischen Reichsamts* zu monatlichen ökonomischen Kennzahlen wie dem Außenhandel oder der gewerblichen Produktion. Die in dieser Sammlung angelegten und monatlich aktualisierten Tabellen zu China wurden zum Teil mithilfe des MBS auf den jeweils letzten Stand gebracht (etwa die Indizes der Großhandelspreise und der Lebenshaltungskosten für Shanghai mit Aktualisierungen bis in den März 1940). Vgl. diese Tabellen in BAB, R 3102/10896.

nen Landes und dessen jeweiliger Stellung im globalen Außenhandel oder hinsichtlich der Produktion bestimmter Waren, die das *Statistische Reichsamt* und das *Board of Trade* erstellten. Selbst darin zu findende Informationen zum ‚Welthandel' oder zum Vergleich einzelner Länder waren – soweit sich dies rekonstruieren lässt, da Quellenangaben meist fehlen – nicht den Völkerbundpublikationen entnommen, sondern mithilfe eigener Berechnungen erstellt worden.[73] Gleichzeitig gab es aber keine in den Quellen nachweisbaren Vorwürfe, Genfer Statistiken seien unzuverlässig oder politisch tendenziös. Im Gegenteil. Selbst im nationalsozialistischen Deutschland waren die statistischen Behörden gut informiert über die wirtschaftsstatistischen Aktivitäten in Genf und, wie der Völkerbundbeamte Gerhard Fürst berichtete, interessiert daran. Mindestens bis Kriegsbeginn erwarben sie zudem Völkerbundpublikationen.[74]

Rückschlüsse auf die Verwendung der wirtschaftsstatistischen Periodika des *Economic Intelligence Service* seitens Unternehmen, Verbänden und interessierten Privatpersonen geben Anfragen und Verbesserungsvorschläge zum MBS, die diese in den 1930er Jahren dem Genfer Sekretariat schickten. Demnach gehörten Zentral- und Geschäftsbanken in Europa und den USA ebenso zu den Abonnenten und Rezipienten des Monatsjournals wie privatwirtschaftliche Lobbyverbände, Investmentfirmen, Handelshäuser, Transportunternehmen, Industriebetriebe und Zeitungsredaktionen. Einige der Einsendungen kamen zudem aus Indien, britischen Dominions und europäischen Kolonien in Afrika und Asien. Und auch eine kleine Zahl wirtschaftlich interessierter Einzelpersonen dieser Regionen entpuppte sich in ihren Anfragen an das Völkerbundsekretariat als Leser des MBS. Diese Schreiben verdeutlichen, dass die mehrheitlich ‚westlichen' Ländern entstammenden Autoren dieser Schreiben zwar auch an den Zahlen zu ‚Welthandel' und ‚Weltproduktion' interessiert waren und dass sie daher in ihrer Mehrzahl die erläuterten ‚globalen Wirtschaftszahlen' aus Genf ebenfalls kannten. Ihre Aufmerksamkeit aber, das wird klar, galt nicht nur diesen eher abstrakten Daten, sondern dem gesamten Spektrum an Informationen, die die Periodika lieferten.

Natürlich lassen sich die Interessen dieser breiten Gruppe von aktiven Rezipienten des MBS aus Genf nicht auf einen Nenner bringen. Die finnische und

---

73 Vgl. z.B. BAB, R 3101/7606, *Reichswirtschaftsministerium* an *Reichspräsidialamt*, 30.03.1922 („Bericht über die Wirtschaftslage im Februar 1922"); TNA, FO 433/3, Quarterly Economic Survey. Covering Period October to December 1935, Memorandum, *Statistical Department*, *Board of Trade*, Februar 1936, in: Further Correspondence respecting General Economic Affairs. Part VIII: January to June 1936 (Foreign Office. Confidential Correspondence), S. 1–14.

74 NCL, Loveday Papers, Box 9, Confidential Report on a Visit to the Statistisches Reichsamt, Berlin, Gerhard Fürst, 08.01.1935; BAB, R 3101/32132, Bl. 8–32, Neuanschaffungsliste der Bibliothek des *Statistischen Reichsamts*, Mai 1939, hier v.a. Bl. 20.

schweizerische Nationalbank etwa baten 1934 um Erläuterungen zur Welthandelsstatistik (auch die Zentralbank von Niederländisch-Ostindien stützte ihren Jahresbericht 1933/34 unter anderem auf die Welthandelszahlen des MBS[75]). Die belgische Zentralbank wollte 1935 eine Auskunft über die Neugestaltung eines im MBS wiedergegebenen belgischen Aktienindex' und 1937 wunderte sich Otto Niemeyer von der *Bank of England* über Angaben zum Goldvorrat der französischen Nationalbank.[76] Geschäftsbanken wie die Londoner *Barclays Bank* oder die New Yorker *Chas. D. Barney & Co.* interessierten sich für Wechselkursdaten, die *Bank voor Handel en Scheepvart* aus Rotterdam informierte sich über die Lebenshaltungskosten in der Schweiz, die staatliche *ETI Bank* aus Ankara über widersprüchliche Angaben zur Kohleproduktion in Deutschland und Frankreich und die *Bank of New South Wales* fragte an, ob sie aktuelle Angaben zum Welthandelsvolumen erhalten könne.[77] Und drei US-amerikanische Investmentfirmen teilten mit, Abonnenten des MBS zu sein und sich besonders für die darin abgedruckten Indizes der gewerblichen Produktion, für Statistiken der Vorräte an Rohstoffen und für Aktienindizes zu interessieren.[78]

Anfragen von Handelsunternehmen und Firmen des produzierenden Gewerbes, die teils ebenfalls angaben, regelmäßige Käufer des MBS zu sein, betrafen überwiegend die Indizes der Lebenshaltungskosten und Großhandelspreise sowie Aktienindizes.[79] Unternehmensverbände wie das französische *Comité de l'Ouest-Expansion* oder die niederländische *Kamer van Koophandel en Fabrieken voor*

75 Anonymus: Het economisch wereldbestel, in: De indische Courant [Sourabaya, Java], 12.07.1934.

76 LoNA, R.4533, 10B/13283/10942, Alf E. Tudeer, Leiter der Statistikabteilung der *Suomen Pankki*, Helsinki, an Loveday, 30.10.1934; *Banque nationale Suisse* an den *Economic Intelligence Service*, 01.11. 1934; *Banque nationale de Belgique. Chef du Service des Etudes Économique* an die MBS-Redaktion, 05.08.1935; Otto Niemeyer, *Bank of England*, an Loveday, 01.03.1937.

77 LoNA, R.4533, 10B/13283/10942, *Chas. D. Barney & Co.*, New York, an *Völkerbund*, 26.01.1936; *Barclays Bank Limited*, London, an *Völkerbund, Publications Section*, 23.10.1935; *Bank voor Handel en Scheepvart N.V.*, Rotterdam, an die MBS-Redaktion, 20.05.1936; *ETI Bank*, Ankara, an *Economic Intelligence Service*, 17.02.1937; *Bank of New South Wales*, London Office, an *Völkerbund, Publication Department*, 16.07.1937.

78 LoNA, R.4533, 10B/13283/10942, *Scudder, Stevens & Clark. Investment Counsel*, New York, an *Völkerbund, Publications Section*, 28.08.1934; *Stein & Roe, Investment Managers and Consultants*, Chicago, an die MBS-Redaktion, 20.01. und 18.02.1938; Donald Myrick, Investment Counselor, Santa Barbara, Kalifornien, an die MBS-Redaktion, 24.05.1938.

79 LoNA, R.4533, 10B/13283/10942, Etwa *H.M. Mehta & Company. Cotton Merchants*, Bombay, an die MBS-Redkation, 05.09.1934; *Papeteries de France*, Paris, an die MBS-Redaktion, 15.12.1936 und 31.03. 1938; *International Harvester Company*, Brüssel, an *Economic Intelligence Service*, 31.12.1936; *Alexander, Wilson & Sons*, London, an *Völkerbund, Publication Section*, 14.06.1937; *Mantetsou* [=Südmandschurische Eisenbahn], Bureau européen, Paris, an *Völkerbund, Publications Section*, 21.08. 1939.

Amsterdam interessierten sich für Produktionsindizes, das Mailänder *Internationale Institut für Sparwesen* für die Statistik der Spareinlagen in Australien, Chile und Neuseeland, das französische *Comité des Forges* für die Eisen- und Stahlproduktion in Japan und die Londoner *National Federation of Building Trades Operatives* informierte sich über die Indizes der Lebenshaltungskosten. Der in Costermansville in Belgisch-Kongo (dem heutigen Bukavu) agierende Zweig der *Association des Fonctionnaires et Agents de la Colonie* wiederum fragte im Herbst 1937 an, wieviel man für ein MBS-Abonnement zu zahlen habe und interessierte sich vor allem für die darin zu findenden Indexzahlen zu Großhandelspreisen, Lebenshaltungskosten und der gewerblichen Produktion.[80]

Dass die Wirtschaftspresse und Informationsdienste Anfragen zu zahlreichen Aspekten schickten,[81] überrascht weniger als die Tatsache, dass wirtschaftlich interessierte Privatpersonen das MBS ganz offenbar nutzten, Rückfragen stellten und Verbesserungsvorschläge machten. Darunter waren Leute wie der (mutmaßliche) Lehrer Walter Simon aus dem böhmischen Aussig, der der MBS-Redaktion 1925 nahelegte, endgültige und vorläufige Zahlen getrennt voneinander abzudrucken, der in Paris lebende Amerikaner Edward A. Sumner, der sich 1931 über Handelsdaten und Einzelhandelspreisindizes informierte, der Chefingenieur der Suezkanalgesellschaft Raymond Escourrou, der 1937 vorschlug, eine Tabelle mit der monatlichen Goldproduktion einzelner Länder zu veröffentlichen, der Glasgower Hugh Ferguson, der 1939 empfahl, den Schuldenstand und das Volkseinkommen pro Kopf als monatliche Angabe in das MBS aufzunehmen, oder Chhanganlal M. Poojara aus dem westindischen Dhrangadra, der Anfang 1935 um die Adressen einer Reihe von

80 LoNA, R.4533, 10B/13283/10942, *Comité de l'Ouest-Expansion*, Paris, an *Economic Intelligence Service*, 14.03.1936; *Kamer van Koophandel en Fabrieken voor Amsterdam* an die MBS-Redaktion, 10.11.1937; Filippo Ravizza, Direktor des *Internationalen Instituts für Sparwesen*, Mailand, an Generalsekretär des *Völkerbunds*, 29.10.1935; *Comité des Forges*, Paris, an die MBS-Redaktion, 29.09.1937; *The National Federation of Building Trades Operatives*, London, an den Völkerbund, Publication Section, 08.06.1938; *Association des Fonctionnaires et Agents de la Colonie. Section de Costermansville* an die MBS-Redaktion, 16.10.1937.

81 Etwa LoNA, R.1773, 49/27264/27264, *Deutscher Wirtschaftsdienst*, Berlin, an die MBS-Redaktion, 14.03.1923; LoNA, R.4533, 10B/13283/10942, *World Trade. Journal of the International Chamber of Commerce*, Paris, an Loveday, 13.09.1934; Gerhard Fürst, *Economic Intelligence Service*, an René Moreux, *Journal de la Marine Marchande*, 29.01.1935; F.J. Scanlan, *Banker's Magazine*, London, an die MBS-Redaktion, 06.10.1937; Hoffmann, *Frankfurter Zeitung*, an *Economic Intelligence Service*, 01.12.1937; A. Radi, *Atlas Permanent, S.A.*, Genf, an *Economic Intelligence Service*, 03.05.1939; vgl. zudem LoNA, R.2691, 10B/15413/1219, *Investment Statistics Ltd.*, London, an Loveday, 14.10.1929; LoNA, R.2690, 10B/18929/1095, Sydney S. Gampell, Inhaber eines statistischen Informationsdienstes für Baumwolle, Getreide etc., London, an Loveday, 25.03.1930.

Konjunkturforschungsinstituten in Europa, der Sowjetunion und Japan bat, auf deren Zahlen einige Tabellen des MBS basierten.[82]

8.2 Wirtschaftsstatistische Vielfalt statt einer ‚lingua franca'

Zweifellos nahmen einige der aus Genf in die Welt gelangenden Informationen den Charakter ‚globaler Wirtschaftszahlen' an, auf die Historiker bis heute Bezug nehmen können. Daraus lässt sich allerdings nicht schließen, die internationalen Wirtschaftsstatistiken aus Genf wären zur dominierenden oder gar alleinigen Datenbasis von Debatten über internationale Wirtschaftsprobleme geworden. Einer solchen Entwicklung standen vier nur schwer überwindbare Hindernisse entgegen, die dafür sorgten, dass globale Diversitäten, die ‚globale Wirtschaftszahlen' überbrücken hätten können, immer wieder zutage traten und grenzüberschreitende Debatten erschwerten. Der weltweiten Verbreitung von nominal oder zumindest inhaltlich gleichen Zahlen, die sich jeweils auf die gleichen Phänomene bezogen, waren enge Grenzen gesetzt.

Erstens bezogen sich die Statistiken aus Genf nur auf einen Ausschnitt der ökonomischen Realität und auf einen kleinen Teil der wirtschaftlichen Probleme, mit denen die Zeitgenossen nach dem Ersten Weltkrieg konfrontiert waren. Die meisten wirtschaftlichen Phänomene und Prozesse erfassten die Statistiken des *Völkerbunds* gar nicht, sondern fanden Ausdruck in lokal, regional oder national begrenzten Zahlen sowie in Übersichten, die inhaltlich detaillierter waren, als der auf mehrere Länder, Kontinente und die Welt gerichtete Blick in Genf es erlaubte. So wichtig internationale Wirtschaftsprobleme in den 1920er und 1930er Jahren auch wurden, so wenig verdrängten sie auf einzelne Orte, Regionen und Länder beschränkte Angelegenheiten. Auch die grenzüberschreitenden Phänomene, die man in Genf in den Blick nahm, schlugen sich für die meisten Zeitgenossen zunächst in konkret spürbaren Preisveränderungen oder dem Verlust von Arbeitsplätzen nieder. Da auch Regierungen nur innerhalb der jeweils eigenen Staatsgrenzen gegen solche Probleme vorgehen konnten, überrascht es nicht, dass räumlich begrenzte bzw. inhaltlich relativ detaillierte Statistiken die Zeitungs- und Magazinspalten ebenso dominierten wie die Diskussionen zeitgenössischer Wirtschaftspolitiker und

82 LoNA, R.309, 10/46776/6408, Walter Simon, Aussig, an die MBS-Redaktion, 22.09.1925; LoNA, R.2690, 10B/33024/1095, Edward A. Sumner, Paris, an *Economic Intelligence Service*, 12.02., 17.03, 17.08. und 20.11.1931; LoNA, R.4533, 10B/13283/10942, Raymond Escourrou, Port Fuad (Ägypten), an *Völkerbund, Publication Section*, 26.07.1937; Hugh Ferguson, Glasgow, an *Völkerbund, Publication Section*, 21.07. 1939; Chhanganlal M. Poojara, Dhrangadra (Britisch-Indien), an *Economic Intelligence Service*, 12.01. 1935.

Ökonomen. Statt zu einer größeren Einheitlichkeit wirtschaftsstatistischer Darstellungen beizutragen vergrößerten die Genfer Publikationen also eher die wachsende Vielfalt an verfügbaren und sich zum Teil widersprechenden Zahlen zu ökonomischen Fragen. Potentiell erhöhten sie damit vorhandene Unsicherheiten, die widersprüchliche Informationen zu einem Aspekt bei Zeitgenossen hervorriefen. Eine sinnvolle Referenzquelle stellten sie praktisch nur dann dar, wenn es um eher abstrakte oder aggregierte Informationen über Entwicklungen in anderen Staaten ging, wenn Vergleiche einzelner Phänomene oder Prozesse mit jenen in anderen Ländern angestellt wurden, oder wenn das Interesse der ‚Weltwirtschaft' galt.

Völkerbundperiodika waren beispielsweise kaum sinnvoll nutzbar, wenn in Regierungen und der Öffentlichkeit Handelsverträge diskutiert oder warenspezifische Zollsätze beraten und festgesetzt wurden. Denn dabei ging es sehr häufig um Detailfragen, die man in den wirtschaftsstatistischen Veröffentlichungen aus Genf vergeblich suchte.[83] Aufgrund der dabei oft notwendigen Detailliertheit verzichteten auch Autoren wissenschaftlich inspirierter Abhandlungen über zwischenstaatliche Wirtschaftsverflechtungen oder die Einbindung einzelner Länder in die ‚Weltwirtschaft' häufig darauf, Völkerbundstatistiken zu nutzen.[84] Für die statistische Repräsentation eines der zentralen Probleme internationaler Wirtschaftsbeziehungen der 1920er Jahre – der Frage nach den Möglichkeiten Deutschlands, seine Reparationslasten zu zahlen – waren die international vergleichenden Zahlen aus Genf ebenfalls wenig hilfreich; diesbezügliche Beiträge stützten sich in erster Linie auf deutsche und andere länderbezogene Statistiken. Eine Ausnahme davon stellte das ab 1924 erscheinende *Memorandum on Balance of Payments and Foreign Trade Balances* dar. Doch auch dieses Jahrbuch entwickelte sich nicht zu einer Standardreferenz für das genannte Problem.[85] Schließlich sei noch daran erinnert, dass

83 Vgl. beispielhaft die 1928 bis 1938 jährlich vom Reichswirtschaftsministerium veröffentlichte Übersicht über den Stand der wirtschaftspolitischen Beziehungen Deutschlands, sowie die länderbezogenen Materialsammlungen, die der Staatssekretär im *Reichswirtschaftsministerium* Julius Hirsch Anfang der 1920er Jahre begann, für Handelsvertragsverhandlungen zusammenzustellen (BAB, R 3101/20357).

84 Vgl. z.B. Klaus Löffler: Deutsch-französische Wirtschaftsbeziehungen und die Probleme einer steigenden wirtschaftlichen Verflechtung, Freiburg 1934; E[rnst] Hickmann: Amerikas sinkende Bedeutung für die Weltwirtschaft, in: Deutsche Wirtschafts-Zeitung 32 (1935), S. 530 – 532; Tien Shuchih: Die Stellung der Mandschurei in der Weltwirtschaft, Diss. Universität Berlin 1935.

85 Vgl. beispielhaft John Maynard Keynes: A Revision of the Treaty. Being a Sequel to the Economic Consequences of the Peace, London 1922; Harold G. Moulton / Constantine E. McGuire: Germany's Capacity to Pay. A Study of the Reparation Problem, New York 1923; Die Berichte der von der Reparationskommission eingesetzten beiden Sachverständigenkomitees, Berlin 1924; Harold G. Moulton: The Reparation Plan. An Interpretation of the Reports of the Expert Committees appointed

die Verhandlung vieler ökonomischer Probleme ganz ohne den Rückgriff auf (aktuelle) Statistiken auskam. Das traf vor allem auf theoretische Abhandlungen zu wie Frank Taussigs, Bertil Ohlins und Jacob Viners Studien zur Außenhandelstheorie.[86] Aber auch eine 1927 einsetzende und über mehrere Jahre im *Weltwirtschaftlichen Archiv* geführte Debatte darüber, inwiefern sich die kapitalistische Wirtschaftsweise und mit ihr weltwirtschaftliche Zusammenhänge zukünftig verändern würden (Ökonomen wie Werner Sombart und Edgar Salin prognostizierten einen Rückgang globaler Austauschprozesse und den ‚Zerfall der Weltwirtschaft'), kam weitgehend ohne Zahlen aus.[87]

Zweitens stieg auch in Bezug auf das eigentliche Tätigkeitsfeld der Genfer Statistiker – die international vergleichende und summierende Wirtschaftsstatistik – die Zahl verfügbarer Publikationen sowie der in der Öffentlichkeit kursierenden Daten zu internationalen Wirtschaftsphänomenen permanent an. Die in Genf generierten Informationen konkurrierten also immer mit anderen, von denen zumindest einige die gleiche Glaubwürdigkeit besaßen. Quantitative Aussagen unterschiedlicher Autoren zu den tatsächlich oder vermeintlich gleichen Phänomenen unterschieden sich daher teils voneinander oder wichen sogar deutlich voneinander ab. Dass gerade in politischen Debatten und in Beiträgen in der massenmedialen Öffentlichkeit häufig Quellenangaben fehlten, verstärkte den Eindruck einer wirtschaftsstatistischen Polyphonie. Anders als Soziologen annahmen, ist die gleichzeitige Existenz sich widersprechender und trotzdem autoritativer Zahlen zu

by the Reparation Commission, Nov. 30, 1923, New York 1924; Kurt Fudickar: Deutsche Reparationen und interalliierte Kriegsschulden-Abkommen, Berlin 1926; Das Memorandum des Reparationsagenten und die Antwort der Reichsregierung in der amtlichen Fassung, Berlin 1927; Max Sering: Deutschland unter dem Dawes-Plan. Entstehung, Rechtsgrundlagen, wirtschaftliche Wirkungen der Reparationslasten, Berlin 1928.

86 Taussig, F[rank] W.: International Trade, New York 1927; Bertil Ohlin: Interregional and International Trade, Cambridge 1933; Jacob Viner: Studies in the Theory of International Trade, New York / London 1937.

87 Vgl. v. a. Bernhard Harms: Strukturwandlungen der Weltwirtschaft, in: Weltwirtschaftliches Archiv 25 (1927), S. 1–58; Werner Sombart: Die Wandlungen des Kapitalismus, in: Weltwirtschaftliches Archiv 28 (1928), S. 243–256; Christian Eckert: Aussichten des Kapitalismus, in: Weltwirtschaftliches Archiv 29 (1929), S. 1–25; Karl Muhs: Die Chance des Kapitalismus, in: Weltwirtschaftliches Archiv 31 (1930), S. 1–34; Edgar Salin: Von den Wandlungen der Weltwirtschaft in der Nachkriegszeit, in: Weltwirtschaftliches Archiv 35 (1932), S. 1–33; Wilhelm Röpke: Die säkulare Bedeutung der Weltkrisis, in: Weltwirtschaftliches Archiv 37 (1933), S. 1–27; Mihaïl Manoïlesco: Die Zersplitterung und Wiederergänzung der Weltwirtschaft, in: Weltwirtschaftliches Archiv 37 (1933), S. 28–41; zum Kontext dieser Debatte Köster: Die Wissenschaft, S. 295–302.

den tatsächlich oder vermeintlich gleichen Phänomenen keine jüngere Erscheinung einer ‚reflexiven Moderne'.[88]

Nach dem Ersten Weltkrieg existierten praktisch alle Arten internationaler Wirtschaftsstatistiken, die bereits im 19. Jahrhundert entstanden waren, weiter und wurden verwendet. Dazu gehörten periodisch erscheinende internationale Übersichten und ‚Weltzahlen' zu Einzelaspekten wie der Produktion von und den Handel mit bestimmten Waren, denen sich spezialisierte Verbände und Organisationen widmeten wie die Frankfurter *Metallgesellschaft* oder die *International Federation of Master Cotton Spinners' and Manufacturers' Association.* Neue Organisationen wie das 1932 gegründete *Comité International du Bois* oder das 1934 ins Leben gerufene *International Rubber Regulation Committee* steigerten die Menge veröffentlichter internationaler Wirtschaftsstatistiken weiter.[89] Ebenfalls fortgesetzt wurden periodisch erscheinende Publikationen wie *Hübner's Geographisch-statistische Tabellen,* der *Gotha'sche Almanach / Almanac de Gotha* oder das *Statesman's Year-Book.* Sie erfreuten sich weiterhin großer Beliebtheit und wurden international rezipiert, wie das ab 1921 von der japanischen Regierung erstellte Jahrbuch *Rekkoku kokusei yōran* zeigt.[90] Und 1924 urteilte der deutsche Ökonom Hermann Levy in einem populärwissenschaftlichen Buch, „[n]iemand, der an der statistischen Entwicklung der weltwirtschaftlichen Beziehungen der Länder Interesse nimmt," komme am *Statesman's Year-Book* vorbei.[91]

Neben den Periodika konnten die Zeitgenossen auch in den 1920er und 1930er Jahren auf monographisch erscheinende internationale Wirtschaftsstatistiken zurückgreifen, die Publizisten und Wissenschaftler aus kommerziellem oder akademischem Interesse verfassten. Ein Beispiel dafür aus Deutschland ist der russisch-

88 So Benedikt Köhler / Wolfgang Bonß: Die reflexive Modernisierung des Zählens. Von der amtlichen zur post-amtlichen Statistik, in: WestEnd 4 (2007), Nr. 2, S. 96–121, hier v. a. S. 104 f.; sich darauf beziehend auch Heintz: Numerische Differenz, S. 172.

89 Beide Körperschaften gingen auf Versuche zurück, den internationalen Handel mit den jeweiligen Waren zu regulieren und statistische Periodika dienten der Transparenz dieser Bemühungen und getroffener Maßnahmen. Das *Comité International du Bois* begann 1933, Statistiken zum internationalen Handel mit Holzprodukten zu publizieren (Comité International du Bois: Statistiques relatives au commerce international du bois tendre scié et raboté au cours de la période 1928–1933, Wien 1933), das *International Rubber Regulation Committee* veröffentlichte ab 1935 ein statistisches Bulletin (Statistical Bulletin of the International Rubber Regulation Committee, London 1935–1940). Zur Gründung und der statistischen Arbeit des *Comité International du Bois* vgl. Bemmann: Das Chaos beseitigen.

90 Vgl. beispielhaft die verwendeten Quellen des Jahrgangs 1926 dieses Jahrbuchs: Rekkoku kokusei yōrei, Tokio 1926, S. 2–7.

91 Levy, Hermann: Die Grundlagen der Weltwirtschaft. Eine Einführung in das internationale Wirtschaftsleben, Leipzig / Berlin 1924, S. 185.

stämmige Salomon Zuckermann, der seit dem Ersten Weltkrieg grafische Darstellungen statistischer Daten veröffentlichte und Anfang der 1920er Jahre in Berlin *Zuckermann's Graphischen Wirtschaftsdienst* gründete. Bis Mitte der 1930er Jahre publizierte er eine Reihe populärwissenschaftlicher statistischer Darstellungen zu grenzüberschreitenden Wirtschaftsphänomenen wie dem Außenhandel verschiedener Länder, dem Welthandel oder der Devisenproblematik.[92] International rezipiert wurden zudem Wladimir Woytinskys zwischen 1925 und 1928 erscheinende siebenbändige Buchreihe *Die Welt in Zahlen* sowie das von der *Dresdner Bank* in drei Auflagen 1917, 1927 und 1930 herausgegebene Werk *Die wirtschaftlichen Kräfte der Welt*.

Die größte Konkurrenz für die wirtschaftsstatistischen Völkerbundpublikationen stellten amtliche und halbamtliche Berichte dar, die Regierungen vieler Staaten nach dem Ersten Weltkrieg in Auftrag gaben, sowie die Periodika ihrer statistischen Ämter. Weit über die Grenzen des Vereinigten Königreichs hinaus rezipiert wurde etwa der britische *Survey of Overseas Markets* von 1925 oder das 1929 erschienene *Memorandum on the Trade of the British Empire 1913 and 1925 to 1928*.[93] Das *Board of Trade* publizierte zudem weiterhin vierteljährlich Übersichten mit den monatlich aktualisierten Außenhandelsstatistiken zahlreicher Länder und nutzte sein hauseigenes *Board of Trade Journal* dafür, eigene wirtschaftsstatistische Übersichten zu veröffentlichen.[94] In Deutschland wurde der 1932 veröffentlichte Bericht *Der deutsche Außenhandel unter der Einwirkung weltwirtschaftlicher Strukturwandlungen* zur viel genutzten Referenzquelle. Verfasst hatten ihn zwar Mitarbeiter des Kieler *Instituts für Weltwirtschaft*. Er ging aber auf die Arbeit des 1925 von der Reichsregierung eingesetzten *Ausschusses zur Untersuchung der Erzeugungs- und Absatzbedingungen der deutschen Wirtschaft* zurück (meist kurz als ‚Enquete-Ausschuss' bezeichnet), der infolge von Sparmaßnahmen nach 1929 vorzeitig aufgelöst wurde.[95] Auf die ab 1924 deutlich intensivierte Aktivität des deutschen *Statistischen Reichs-*

92 Z. B. Zuckermann: Statistischer Atlas; S[alomon] Zuckermann: Devisen-Graphik, Berlin 1923; S[alomon] Zuckermann: Der Wettbewerb auf dem Weltmarkt, Berlin 1934; S[alomon] Zuckermann: Graphischer Atlas des Aussenhandels, Berlin 1934; S[alomon] Zuckermann: Sowjetrußlands Außenhandel in graphischen Darstellungen 1928–1935, Berlin 1935; S[alomon] Zuckermann: Le commerce éxterieur du Congo Belge. En tableaux graphiques 1909/13 et 1928–1936, Brüssel/Berlin 1937.

93 Committee on Industry and Trade: Survey of Overseas Markets, London 1925; Imperial Economic Committee: A Memorandum on the Trade of the British Empire 1913 and 1925 to 1928, London 1929.

94 Accounts relating to the Trade and Commerce of Certain Foreign Countries and British Possessions, London 1901–1932; Foreign Trade & Commerce Accounts relating to the Trade and Commerce of Certain Foreign Countries and British Countries Overseas, London 1933–1939.

95 Ausschuss zur Untersuchung der Erzeugungs- und Absatzbedingungen der deutschen Wirtschaft: Der deutsche Außenhandel unter der Einwirkung weltwirtschaftlicher Strukturwandlungen, Berlin 1932.

amts und des Berliner *Instituts für Konjunkturforschung* hinsichtlich der dauerhaften statistischen Beobachtung ‚weltwirtschaftlicher' Entwicklungen wurde bereits verwiesen (Kap. 7.2). Die jährlich aktualisierten internationalen Übersichten des deutschen *Statistischen Jahrbuchs*, die ab 1926 erscheinenden *Vierteljahrshefte zur Konjunkturforschung* samt ihrer Supplemente, die ab 1928 publizierten *Wochenberichte* des Konjunkturforschungsinstituts, die Zeitschrift *Wirtschaft und Statistik*, die das *Reichswirtschaftsministerium* herausgab, sowie einige monographische Darstellungen zur wirtschaftlichen Entwicklung der Welt und einzelner Länder[96] gehörten weltweit zu den meist zitierten Quellen, wenn es um internationale Wirtschaftsprobleme ging.

Angesichts dieser Fülle verschiedener Urheber internationaler Wirtschaftsstatistiken verwundert es nicht, dass sich viele der von ihnen präsentierten und sich auf tatsächlich oder vermeintlich gleiche Phänomene beziehenden Zahlen voneinander unterschieden. Das gilt weniger für konkrete Einzeldaten, wie etwa den jährlichen Außenhandel oder die monatliche Kohleproduktion eines Landes. Da sich die meisten Autoren in dieser Hinsicht auf die gleichen, oft amtlichen Ursprungsdaten stützten, stimmten diese Angaben in vielen Fällen überein. Manchmal aber widersprachen sich selbst solche Zahlen. Die 69. Ausgabe von *Hübner's Geographisch-statistischen Tabellen* und der erste Band des Statistischen Jahrbuchs des *Völkerbunds* beispielsweise wurden beide im April 1927 fertiggestellt. Und beide stützten ihre Angaben zur Ein- und Ausfuhr einzelner Länder auf deren jeweiligen offiziellen Außenhandelsstatistiken. Gleichwohl wichen die entsprechenden Zahlen zu China, Indien, Japan und Russland in den beiden Publikationen deutlich voneinander ab.[97]

In den meisten Fällen allerdings betrafen sich widersprechende Zahlen berechnete Werte. Die beiden oben erläuterten ‚globalen Wirtschaftszahlen' aus Genf sollen als Beispiele dienen, um solche sich für die Zeitgenossen darbietenden Abweichungen zu illustrieren. Zeitgenossen, die das 1926 erschienene *Memorandum on Production and Trade* aus Genf in die Hand nahmen, lernten, dass das ‚Welthandelsvolumen' des Jahres 1925 jenes von 1913 um fünf Prozent übertraf. Die Zahlen des erwähnten Berichts des deutschen Enquete-Ausschusses zur Entwicklung des Außenhandels legten eine Steigerung um nur 1,2 Prozent nahe. Leser des 1927 publizierten fünften Bandes von Wladimir Woytinskys *Welt in Zahlen* konnten anhand einer darin abgedruckten Tabelle ausrechnen, dass das ‚Welthandelsvolu-

96 Z. B. Statistisches Reichsamt: Die Wirtschaft des Auslandes 1900/27; Statistisches Reichsamt: Die Wirtschaft des Auslandes 1928.

97 League of Nations: International Statistical Year-Book 1926, Genf 1927, S. 108 f.; Eugen Würzburger / Ernst Roesner: Otto Hübner's Geographisch-statistische Tabellen aller Länder der Erde, 69. Jahrgang, Wien 1927, S. 94 f., 118 f., 130 f., 144 f.

men' 1925 nicht größer als jenes von 1913 war, sondern im Gegenteil um fast zwei Prozent abgenommen hatte. Und die Zahlen des Berliner *Instituts für Konjunkturforschung* gaben sogar einen Rückgang um 2,7 Prozent an.[98] Der Grund für diese Abweichungen lag vor allem daran, dass die jeweiligen Autoren unterschiedlich viele Länder in ihre Berechnungen einbezogen. In Bezug auf das schrumpfende Welthandelsvolumen zwischen 1929 und 1933 waren sich zwar praktisch alle Autoren einig, dass dessen Geldwert um mehr etwa zwei Drittel abgenommen habe. Hinsichtlich der Entwicklung der Welthandels*menge* aber, die die sinkenden Preise nicht widerspiegelte, unterschieden sich die verfügbaren Zahlen deutlich voneinander, wie eine Gegenüberstellung des deutschen Ökonomen und Wirtschaftsstatistikers Ernst Wagemann zeigt.[99] Hier bedingten unterschiedliche Berechnungsweisen die Abweichungen, da es keine unmittelbare statistische Erfassung der global ein- und ausgeführten Menge von Waren gab, sondern diese mittels einer Herausrechnung der Preisschwankungen ermittelt werden mussten.

Drittens stand der Etablierung ‚globaler Wirtschaftszahlen' aus Genf die Tatsache entgegen, dass es keine einheitliche, singulär gedachte ‚globale Öffentlichkeit' gab, in der gleiche Zahlen zirkulieren und gleich verstanden werden konnten. Stattdessen existierten zahlreiche sprachlich, staatlich, sozial und inhaltlich definierte Teilöffentlichkeiten, an deren kommunikative Regeln einzelne Wissensbestände jeweils angepasst werden mussten, um rezipiert werden zu können. Konkret bedeutete dies, dass Zahlen des *Völkerbunds* oftmals in Werte umgerechnet wurden, die den Lesegewohnheiten des jeweils adressierten Publikums entsprachen. Vor allem betraf dies Maß- und Gewichtseinheiten sowie Währungen. Zwar war dies eigentlich eine Maßnahme, die die Rezeption der Völkerbunddaten erhöhten. Die Umrechnung ging aber in vielen Fällen mit Veränderung von Zahlen einher, deren Werte am Ende nicht mehr mit jenem der Ausgangsdaten übereinstimmten. Die Vielfalt an kursierenden Zahlen, die sich auf die gleichen Phänomene bezogen, stieg dadurch weiter an und erschwerte die grenzüberschreitende Kommunikation zusätzlich.

Solche verschiedenartigen und sich widersprechenden Angaben betrafen beispielsweise die Wiedergabe von Produktions- und Handelsmengen bestimmter Waren in Volumen- und Gewichtseinheiten. Da dies häufig Naturprodukte betraf,

---

98 Ausschuss zur Untersuchung der Erzeugungs- und Absatzbedingungen der deutschen Wirtschaft: Der deutsche Außenhandel, S. 348 (das preisbereinigte Welthandelsvolumen habe demnach 1913 bei 170 und 1925 bei 172,1 Milliarden Reichsmark gelegen); Wl[adimir S.] Woytinsky: Die Welt in Zahlen, Bd. 5: Handel und Verkehr, Berlin 1927, S. 177; Vierteljahrshefte zur Konjunkturforschung 1 (1926), Nr. 2, S. 95.

99 Wagemann, Ernst: Welthandel und Handelspolitik, in: Vierteljahrshefte zur Konjunkturforschung 10 (1935), S. 7–28, hier S. 15.

deren Eigenschaften je nach Herkunft deutlich variieren konnten, gab es meist keine global einheitlichen Umrechnungsfaktoren. Kursierende Zahlen zu den gleichen Phänomenen wichen deshalb teils deutlich voneinander ab. Das Statistische Jahrbuch des *Völkerbunds* gab beispielsweise die Produktion von Erdöl in metrischen Tonnen an, während die verbreitetere Einheit das Volumenmaß Barrel war. Die Angaben zur ‚Weltproduktion' an Erdöl 1932 und 1933 im Statistischen Jahrbuch des *Völkerbunds* stimmten deshalb nicht mit jenen überein, die die *Deutsche Wirtschafts-Zeitung* im Februar 1934 ihren Lesern mitteilte, selbst wenn man sie mit dem durchschnittlichen Umrechnungsfaktor der OPEC (1 Barrel = 0,136 Tonnen) gegenrechnet.[100] Ganz ähnliche Probleme ergaben sich bei Angaben zur Produktion von und zum Handel mit Holz und Holzprodukten.[101]

Am augenfälligsten waren die auf Umrechnungen zurückzuführenden Unterschiede von Zahlen bei Wertangaben in Handelsstatistiken. Wechselkursschwankungen – insbesondere infolge der Inflation in der ersten Hälfte der 1920er Jahre und nach der Aufgabe des Goldstandards in vielen Ländern zu Beginn der 1930er Jahre – sorgten dafür, dass viele der in unterschiedlichen Währungen ausgedrückten und vermeintlich gleichwertigen Zahlen nicht identisch waren. Das resultierte darin, dass Zahlen, die sich auf gleiche Phänomene bezogen, aber in unterschiedlichen Währungen ausgedrückt waren, häufig nicht übereinstimmten, weil die jeweiligen Rechenmethoden praktisch nie offengelegt wurden.[102] Da Summierungen von Außenhandelsdaten, die in unterschiedlichen Währungen erhoben worden waren, ebenfalls nur nach der Umrechnung in eine einheitliche Währung möglich waren, mussten Angaben zum daraus resultierenden ‚Welthandel' ebenfalls voneinander abweichen, wenn unterschiedliche Umrechnungskoeffizienten verwendet wurden.

Dass diese Probleme nicht nur einige Statistiker umtrieben, sondern ganz praktische Folgen für alle haben konnte, die in den internationalen Austausch von Waren und Kapital involviert waren, zeigt ein Beispiel aus den späten 1920er Jahren. Die Londoner Zweigfirma des amerikanisch-französisch-britischen Bankhauses *Lazard Brothers* bemängelte im April 1929, der im MBS angegebene Wechselkurs des bulgarischen Lev in Pfund Sterling und Dollar könne nicht stimmen. Dorothy Etlinger vom Londoner Büro des *Völkerbunds* überprüfte daraufhin den Wert und teilte Loveday anschließend mit, sie komme mit ihren Berechnungen weder auf den

100 League of Nations: Statistical Year-Book 1933/34, S. 128; Ernst Hickmann: Fragen der internationalen Erdölwirtschaft, in: Deutsche Wirtschafts-Zeitung 31 (1934), Nr. 7 [15.02.1934], S. 152–154, hier S. 152; der Umrechnungsfaktor nach OPEC Annual Statistical Bulletin 52 (2017), S. 144.

101 Vgl. Bemmann: Das Chaos beseitigen.

102 So etwa in dem oben angesprochenen Beispiel zum ‚Welthandel' bei Woytinsky: Welt in Zahlen, Bd. 5, S. 177.

im MBS angegebenen Wert noch auf jenen, den das Bankhaus als richtigen genannt hatte. Sie empfahl Loveday, die Sache zu überprüfen. Der Genfer Beamte stimmte zu und nutzte die Gelegenheit, alle im MBS abgedruckten Wechselkurse kontrollieren und gegebenenfalls korrigieren zu lassen. Er bat Etlinger, einen Teil dieser Arbeit zu übernehmen und dabei Umrechnungskoeffizienten mit vier bis fünf Nachkommastellen zu nutzen. Etlinger erkundigte sich daraufhin bei der *Bank of England* und erfuhr, dass die britische Zentralbank für ihre eigenen Berechnungen Umrechnungskoeffizienten mit zehn Nachkommastellen nutze. Dies sei insbesondere bei größeren Summen nötig, da die Ergebnisse sonst zu stark voneinander abwichen. Das überraschte Loveday sichtlich: „The Bank of England's ten points of decimals have made me sit up and reconsider the whole of these parities. Obviously life and the Bulletin are both too short to permit us to compete."[103] Angesichts der Tatsache, dass es in diesem Beispiel um den genauen Goldwert einer Währung ging, der sich nicht veränderte, lassen sich die Probleme erahnen, die Währungsumrechnungen nach der Aussetzung des Goldstandards hervorriefen. Und weil die Genfer Zahlen zum ‚Welthandel' auf den in Golddollar umgerechneten Außenhandelsdaten nationaler Statistikbehörden basierten, hatten solche kaum überwindbaren methodischen Probleme Einfluss darauf, wie groß letztlich das als ‚richtig' kommunizierte Welthandelsvolumen war.

Viertens standen einer weltweiten Rezeption der Genfer Zahlen Sprachbarrieren und zumindest teilweise auch eine politisch-ideologische begründete Ablehnung des *Völkerbunds* entgegen. Die Völkerbundpublikationen erschienen grundsätzlich zweisprachig. Die meisten wirtschaftsbezogenen Veröffentlichungen wurden in einer englischen und einer französischen Fassung herausgegeben; das MBS und das Statistische Jahrbuch waren als Ganzes zweisprachig. Für Leser, die diese Sprachen nicht beherrschten, waren die statistischen und insbesondere die analytischen Periodika des *Economic Intelligence Service* daher nur bedingt zugänglich. Doch selbst wenn potentielle Rezipienten die Sprachen beherrschten, scheinen Rücksichten auf politische Meinungen und ideologische Überzeugungen einige Autoren davon abgehalten zu haben, die Genfer Publikationen zu nutzen. Zumindest lassen dies die folgenden Beispiele aus Deutschland und der Sowjetunion vermuten.

In Bezug auf Deutschland fällt ins Auge, dass, wie erwähnt, der *Reichstag* anders als das britische Parlament die Genfer Periodika nicht im Abonnement bezog. Ebenso fällt auf, dass Ökonomen und Autoren, die für ein breiteres Publikum schrieben, Genfer Periodika erst ab Mitte der 1920er Jahre verstärkt nutzten. Dass

103 LoNA, R.2690, 10B/1095/1095, Etlinger an Loveday, 18., 26. und 27.04.1929; Loveday an Etlinger, 25. und 29.04.1929 (Zitat).

beides aus Rücksicht auf eine verbreitete Ablehnung des *Völkerbunds* in Teilen der deutschen Bevölkerung geschah, ist daher möglich. Der Ökonom Hermann Levy beispielsweise befasste sich seit dem Ersten Weltkrieg mit internationalen Wirtschaftsbeziehungen und legte zahlreiche Aufsätze sowie mehrere Monographien zum Thema vor. Zu seinen Arbeitsschwerpunkten gehörten die britische und die US-amerikanische Wirtschaft und die englische Sprache beherrschte Levy gut. Seine 1924 erschienenen *Grundlagen der Weltwirtschaft* verfasste Levy vor allem mithilfe von Periodika amtlicher Statistikbehörden einzelner Länder, Wirtschaftszeitschriften wie dem britischen *Economist* oder dem deutschen *Wirtschaftsdienst* sowie zahlreichen regierungsamtlichen Berichten, insbesondere aus Großbritannien. Am Ende seines populärwissenschaftlichen Buchs äußerte Levy den Wunsch, „das steigende Interesse an einer internationalen Beobachtung der Wirtschaft [möge] die einzelnen Staaten bald veranlassen [...], eine international-wirtschaftliche Veröffentlichung anzustreben“.[104] Dass das MBS bei Erscheinen des Buchs im Sommer 1924 bereits eine solche Veröffentlichung bot, schien Levy ignoriert zu haben. Denn unbekannt kann es ihm angesichts seines Forschungsinteresses und seiner vor allem auf die britische und amerikanische Fachliteratur gestützten Arbeiten kaum gewesen sein. Als er ein Jahr später einen Beitrag zur „Enteuropäisiserung der Weltwirtschaft“ veröffentlichte, griff er denn auch auf den ersten Band des *Memorandum on Balance of Payments and Foreign Trade Balances* zurück, um seine These zu plausibilisieren.[105] Und in den folgenden Jahren nutzte Levy Genfer Periodika als „willkommene statistische Ergänzung“[106] direkt oder indirekt (vor allem über die monatlich im *Economist* abgedruckten Daten[107]), wenn er sich mit weltwirtschaftlichen Summen befasste.[108]

Der Blick in deutsche Fach- und Publikumszeitschriften sowie Zeitungen der 1920er und 1930er Jahre legt zudem den Schluss nahe, dass die darin über internationale Wirtschaftsprobleme schreibenden Autoren sich häufiger auf Zahlen des *Statistischen Reichsamts* und des *Instituts für Konjunkturforschung* stützten, als auf solche des *Völkerbunds.*[109] Das konnte nicht daran liegen, dass letztere schwerer erreichbar waren. Sie waren in Deutschland selbst nach dem Oktober 1933 weit verbreitet, als die nationalsozialistische Regierung die offiziellen Beziehungen

---

104 Levy, Hermann: Die Grundlagen der Weltwirtschaft. Eine Einführung in das internationale Wirtschaftsleben, Leipzig / Berlin 1924, Zitate: S. 185.

105 Levy: Die Enteuropäisierung [1925]; Levy: Die Enteuropäisierung [1926].

106 Levy: Der Weltmarkt, S. 78.

107 Etwa in Levy: Der Weltmarkt, S. 4–7.

108 Vgl. etwa Levy: Die Grundlagen [^{2}1931].

109 Diese Feststellung basiert auf BAB, R 8034II/5884–5887, Zeitungsausschnittsammlung des *Reichslandbunds* bzw. des *Reichsnährstands* zu den Themen „Welthandel, Weltwirtschaft“.

aufkündigte und die Organisation in erster Linie als feindselige Einrichtung darstellte. Manche Bibliotheken waren in den 1930er Jahren sogar besser mit Völkerbundpublikationen ausgestattet als in den Jahren zuvor (etwa die Freiburger Universitätsbibliothek).[110] Und auch die deutsche Wirtschaftspresse referierte die regelmäßigen Veröffentlichungen des *Economic Intelligence Service* weiterhin, weil der sich „im Gegensatz zu der politischen Tätigkeit [des *Völkerbunds*] vielfach durch hervorragende wissenschaftliche Untersuchungen und statistische Arbeiten [...] ausgezeichnet" habe.[111] Die offenbar stärkere Nutzung der Zahlen aus Berlin ist daher am ehesten damit zu erklären, dass sie keine Sprachbarriere enthielt. Auch der Umstand, dass die Darstellungen des *Statistischen Reichsamts* und des *Instituts für Konjunkturforschung* oft deutlich detaillierter waren als jene des *Völkerbunds* sowie international einen hervorragenden Ruf genossen, wird die Wahl erleichtert haben.

Dass politisch-ideologische Überzeugungen oder Rücksichtnahmen dazu führen konnten, dass Völkerbundpublikationen nicht verwendet wurden, legen zudem die weltwirtschaftlichen Vierteljahresberichte nahe, die der ungarische Ökonom Evgënij S. Varga zwischen 1922 und 1939 in Zeitschriften der *Kommunistischen Internationale* veröffentlichte. Zunächst an der sowjetischen Botschaft in Berlin und ab 1927 im Moskauer *Institut für Weltwirtschaft und Weltpolitik* werteten Varga und seine Kollegen für diese Berichte eine Vielzahl britischer, US-amerikanischer und französischer sowie vor allem deutscher wirtschaftsbezogener Periodika aus, analysierten die jeweilige Tagespresse und stützten sich auf Regierungsmemoranden der genannten Länder. Ins Auge fällt dabei, dass Völkerbundpublikationen in diesen regelmäßigen Berichten bis ins Jahr 1932 kaum als Quelle genannt werden (indirekt flossen deren Daten durchaus in die Darstellungen ein, etwa über Mitteilungen des Londoner *Economist*); nur sehr vereinzelt verwies Varga ab 1926 auf das Genfer Statistische Jahrbuch und einige weitere Jahrbücher des *Economic Intelligence Service*. Die direkte Zitation – insbesondere des MBS – begann Varga zurückhaltend im Sommer 1932. Ab dem Frühjahr 1933 gehörten das MBS und das Genfer Statistische Jahrbuch dann zu den regelmäßig genutzten Quellen der Be-

110 Im Herbst 1930 entschied das *Publication Committee* des Genfer Sekretariats, einer Reihe von deutschen Universitätsbibliotheken – darunter jene Freiburgs – unentgeltlich einige ihrer Periodika zuzuschicken, was angesichts der überprüfbaren Bestände auch nach 1933 fortgeführt wurde. LoNA, R.3469, 19/20613/184, Tietse P. Sevensma, Bibliothekar des *Völkerbunds*, an Joseph Avenol, stellvertretender Generalsekretär, 25.06.1930; Aktenvermerk von Nina Spiller, *Information Section* des *Völkerbunds*, 22.10.1930.

111 Hi[ckmann, Ernst]: Neuordnung der internationalen Zahlungsbilanzen, in: Deutsche Wirtschafts-Zeitung 31 (1934), Nr. 2 [11.01.1934], S. 33–36, hier S. 33.

richte.[112] Auch eine 1933 für Stalin verfasste Analyse der Weltwirtschaftskrise, die nach Vargas Einschätzung „das weitere Heranreifen der revolutionären Krise" sichere, stützte er vielfach ebenso auf Statistiken des *Völkerbunds*, wie ein daraus entstandenes und in mehrere Sprachen übersetztes Buch. Einem britischen Rezensenten fiel das so sehr auf, dass er den Umstand in seiner Besprechung erwähnte.[113]

Die auffallende Zäsur in Vargas Bezugnahme auf die Genfer Publikationen 1932/33 lag nicht daran, dass er diese zuvor nicht gekannt oder lesen hätte können. Bis 1927 waren sie ihm in Berlin sehr leicht zugänglich und auch in Moskau waren die Periodika zumindest in den Bibliotheken des Konjunkturforschungsinstitut Kondrat'evs, der statistischen Zentralbehörde und des Außenministeriums vorhanden (vgl. Kap. 5.3). Auch die Tatsache, dass sich ein Kollege Vargas 1931 unter anderem auf MBS-Daten stützte,[114] zeigt, dass sowjetische Ökonomen auf Daten des *Völkerbunds* zurückgreifen und dies auch öffentlich mitteilen konnten, wenngleich dies in den späten 1920er und frühen 1930er Jahren nicht gänzlich ohne Risiken für die berufliche Karriere war. Varga scheint dafür ein gutes Beispiel zu sein, denn er wurde im Rahmen des Machtkampfs Stalins Ende der 1920er Jahre, der auch im Bereich der Wirtschaftswissenschaften ausgetragen wurde, eine Zeitlang heftig dafür kritisiert, ‚bourgeoise Statistiken' zu nutzen und daraus falsche Rückschlüsse zu ziehen.[115] Dass er dann ab 1932/33 in deutlich größerem Maße Völkerbundstatistiken nutzte, korrespondiert zeitlich zum einen mit seiner inoffiziellen Beförderung zu „Stalin's Economist" (A. Mommen), die sein *Institut für Weltwirtschaft und Weltpolitik* zum wichtigsten Forschungsinstitut für internationale Wirt-

112 Faksimiledrucke der Berichte in E[vgënij S.] Varga: Wirtschaft und Wirtschaftspolitik. Vierteljahresberichte 1922–1939, hrsg. von Jörg Goldberg, 5 Bde., Berlin 1977; vgl. Gerhard Duda: Jenő Varga und die Geschichte des Instituts für Weltwirtschaft und Weltpolitik in Moskau, 1921–1970. Zu den Möglichkeiten und Grenzen wissenschaftlicher Auslandsanalyse in der Sowjetunion, Berlin 1994; André H. Mommen: Stalin's Economist. The Economic Contributions of Jenő Varga, London / New York 2011; Kyung Deok Roh: Stalin's Economic Advisors. The Varga Institute and the Making of Soviet Foreign Policy, London / New York 2018.

113 Varga, E[vgënij] S.: Neue Erscheinungen während der Weltwirtschaftskrise, in: Ders.: Ausgewählte Schriften 1918–1964, Bd. 2: Die Wirtschaftskrisen, 2., überarbeitete Auflage, Köln 1982, S. 307–392, hier S. 392 [Original: Novye javlenija v mirovom ėkonomičeskom krizise, Moskau 1934]; Varga: Die große Krise; Harold Barger: [Rezension von Evgënij S. Varga: The Great Crisis and Its Political Consequences, London 1934], in: The Economic Journal 45 (1935), S. 557–558; zum Entstehungskontext beider Texte vgl. Duda: Jenő Varga, S. 110; Roh: Stalin's, S. 109.

114 Motylev, V[ol'f E.]: Osnovnye problemy sovremnnogo mirovogo krizisa, in: E[vgënij S.] Varga / V[ol'f E.] Motylef / L[ev A.] Mendel'son: Problemy mirovogo krizisa kapitalizma, Moskau / Leningrad 1931, S. 37–59, hier S. 43 (Produktionsindizes aus dem Monthly Bulletin of Statistics 11 (1930), S. 492).

115 Vgl. Mommen: Stalin's Economist, S. 71 f., 76, 78; Duda: Jenö Varga, S. 61–75; Richard B. Day: The ‚Crisis' and the ‚Crash'. Soviet Studies of the West (1917–1939), London 1981, S. 166–169.

schaftsprobleme in der Sowjetunion machte und ihn ganz offenbar fortan vor solchen Vorwürfen schützte.[116] Zum anderen fällt auf, dass Varga genau dann begann, Völkerbundstatistiken in größerem Maße zu nutzen, als sich auch das offizielle Verhältnis der sowjetischen Regierung zum *Völkerbund* änderte. Politisch näherte sich Moskau der Genfer Organisation zwar bereits Anfang der 1930er Jahre behutsam an. Den Ausschlag für die Entscheidung aber, ihr ganz offiziell beizutreten, gaben die nationalsozialistische Machtübernahme im Januar 1933 sowie die in den Folgemonaten verkündeten Austritte Japans und Deutschlands aus dem *Völkerbund*, die in Moskau zu einer Neueinschätzung der Möglichkeiten und der Notwendigkeit einer Kooperation mit den Ländern Westeuropas führten.[117]

8.3 Fazit

Die wirtschaftsstatistischen Publikationen des *Völkerbunds* waren in zahlreichen Ländern erhältlich und wurden dort von einer Vielzahl unterschiedlicher Akteure genutzt. Obwohl die aktiven Rezipienten vor allem aus industrialisierten Ländern des ‚Westens' und aus weiteren sich industrialisierenden Staaten Europa kamen, lebten sie auch in anderen Weltregionen. Zudem fanden viele der in den Publikationen enthaltenen Informationen weit über die kleinen Kreise von Ökonomen und Regierungsbeamten hinaus Verbreitung und Verwendung. Unternehmen und Unternehmensverbände gehörten ebenso dazu wie Politiker, Journalisten, sozialpolitische Lobbygruppen und wirtschaftlich interessierte Einzelpersonen. Dennoch blieben die Genfer Statistiken weit davon entfernt, eine ‚lingua franca' darzustellen, die von allen Zeitgenossen verwendet worden wäre, um sich über internationale Wirtschaftsprobleme auszutauschen. Zwar lässt sich theoretisch eine Welt denken, in der eine Institution die weltweite statistische Erfassung wirtschaftlicher Phänomene zentral koordiniert, die Ergebnisse anschließend bündelt, veröffentlicht und wieder verbreitet und obendrein auch noch von allen Zeitgenossen als die autoritative Quelle diesbezüglicher Daten anerkannt ist.[118] Angesichts der Komplexität wirtschaftlicher Phänomene und Prozesse[119] und angesichts einer fehlenden ‚Weltregierung' ist dies aber praktisch unmöglich. Auch die Eigenschaft von Zahlen, sehr einfach miteinander kombinier- und verrechenbar zu sein, macht es

116 Vgl. v. a. Duda: Jenö Varga, S. 109 – 119.

117 Plettenberg: Die Sowjetunion, S. 50 – 65.

118 Die Etablierung einer solchen Institution hatte 1920 der Kanadier Robert H. Coats bei der Pariser Tagung der *International Statistical Commission* des *Völkerbunds* vorgeschlagen (vgl. Kap. 5.1).

119 Ganz abgesehen davon, dass die Vorstellungen davon, was ‚wirtschaftliche Phänomen und Prozesse' sind, wandelbar sind und auf bestimmten Konventionen basieren.

unwahrscheinlich, dass es jemals so etwas wie eine wirtschaftsstatistische ‚lingua franca' geben kann. Der von Bettina Heintz verwendete Begriff der ‚numerischen Sprache' erscheint angesichts dessen missverständlich. Passender wäre es, von einem ‚numerischen Alphabet' zu sprechen, das eine weltweit akzeptierte, kleine Menge von Zeichen umfasst, die sich nach bestimmten Regeln miteinander kombinieren lassen.

Dennoch fanden einige der vom Genfer *Economic Intelligence Service* generierten Zahlen eine große Verbreitung in geographischer wie sozialer Hinsicht und wurden weithin als ‚richtig' anerkannt und als ‚wahr' kommuniziert. Dies waren weniger konkrete Angaben wie die jährliche Kohleproduktion in einem Land oder die Höhe von Spareinlagen in einem anderen Staat, sondern eher Werte, die Entwicklungen abstrakter Phänomene repräsentierten, etwa diejenige des Welthandelsvolumens oder der ‚Weltproduktion'. Solche Zahlen lassen sich als ‚globale Wirtschaftszahlen' im oben vorgestellten Sinne verstehen, auf die Autoren unterschiedlichster Provenienz und unterschiedlicher geographischer Herkunft zurückgriffen, um Entwicklungen zu beschreiben, Argumente zu unterfüttern und Forderungen zu legitimieren. Diese Zeitgenossen unterschieden sich dabei hinsichtlich ihrer Interpretation dieser Zahlen, zweifelten aber nicht an deren ‚Richtigkeit'. Am Beispiel der weltwirtschaftlichen Entwicklung zwischen 1913 und 1925, wie sie der *Economic Intelligence Service* 1926 formulierte, wurde dies exemplarisch gezeigt. Mit solchen Zahlen – und mit geringeren Reichweiten natürlich auch mit vielen ihrer anderen Daten – förderten die Genfer Periodika zweifellos die sprach- und kulturübergreifende Kommunikation über internationale Wirtschaftsprobleme.

Allerdings waren der Etablierung solch ‚globaler Wirtschaftszahlen' mindestens bis Mitte des 20. Jahrhunderts enge Grenzen gesetzt. Nicht nur beleuchteten die Genfer Statistiken nur einen kleinen Ausschnitt der ökonomischen Wirklichkeit, sie konkurrierten auch von Beginn an mit den teils die gleichen Aspekte betreffenden, aber nicht immer übereinstimmenden Daten einer Vielzahl von anderen Institutionen und einzelnen Autoren. Die Zahlen des *Economic Intelligence Service* genossen zweifelsohne weltweit höchstes Vertrauen. Doch dies taten auch diejenigen des Berliner *Statistischen Reichsamts* und des dortigen *Instituts für Konjunkturforschung*, des Londoner *Board of Trade* und einiger anderer Einrichtungen. Sprachbarrieren und politisch-ideologische Präferenzen konnten ebenfalls verhindern, dass Zeitgenossen Völkerbundstatistiken verwendeten, selbst wenn sie verfügbar waren. Die Notwendigkeit wiederum, bestimmte Zahlen weltweit verständlich zu machen, indem sie mittels Umrechnungen an das jeweilige Zielpublikum angepasst wurden, resultierte sehr häufig in nicht nur nominal, sondern auch inhaltlich voneinander abweichenden Zahlen, die sich vermeintlich auf das gleiche Phänomen bezogen. Der 1927 von Carl Friedrich von Siemens geäußerte Wunsch, für die grenzüberschreitende Diskussion über internationale Wirtschaftsprobleme „ein

Maßsystem zu begründen, welches auf der ganzen Welt Gültigkeit" habe,[120] war daher kaum in die Praxis umzusetzen, wenn dieses System noch einen Bezug zu realen Verhältnissen haben sollte.

Wenngleich daher an dem Satz, „numbers travel faster and better than words", wenig auszusetzen ist, so kam es mit Blick auf die internationalen Wirtschaftsstatistiken des *Völkerbunds* doch auf den Einzelfall und den jeweiligen gesellschaftspolitischen Kontext an, ob Zahlen zu einer besseren Verständigung über Sprach- und Kulturgrenzen hinweg beitrugen oder ob sie diesen Austausch im Gegenteil erschwerten, weil es ihrer zu viele gab, die sich auf das gleiche Phänomen bezogen.

---

120 Respondek: Verlauf und Ergebnisse, S. 26 f.

9 Die ‚Seele der Statistik': Weltwirtschaftsstatistik, ‚globale Vergleichshorizonte' und die diskursive Egalisierung aller Länder der Erde

Der Vergleich sei die „Seele der Statistik", so der deutsche Statistiker und spätere ISI-Präsident Friedrich Zahn 1926 in einem Beitrag für ein das *Handwörterbuch der Staatswissenschaften.*[1] Zunehmend, so Zahn, müssten amtliche und private Akteure ein „stetig wachsende[s] Bedürfnis" nach international vergleichenden Statistiken befriedigen. Damit verwies er sowohl darauf, dass wirtschaftsstatistische Ländervergleiche altbekannt waren, als auch darauf, dass ihre Zahl nach dem Ersten Weltkrieg spürbar zunahm, sie eine neue Qualität erhielten sowie eine größere Bedeutung für politische Entscheidungen und für Debatten in der Öffentlichkeit erlangten. Dieses Kapitel erläutert diese Entwicklungen und zeigt, dass die entstehende ‚Weltwirtschaftsstatistik' *permanent* existierende globale Vergleichshorizonte etablierte, die im Vergleich zu jenen des 19. Jahrhunderts *stabiler* und *dynamischer* zugleich erschienen, weil die gleichen Aspekte in einer größeren Zahl von Ländern in regelmäßigen Abständen aktualisiert wurden. Und anders als im 19. Jahrhundert bezogen sich die Vergleiche nicht mehr nur auf einzelne wirtschaftliche Branchen oder die Bewegung von Warenpreisen, sondern zunehmend auch auf die ‚economic activity' ganzer Länder.

Gegenüber dem 19. Jahrhundert verbesserten sich damit jene Bedingungen, die Bettina Heintz und Tobias Werron zufolge gegeben sein müssen, um „Globalisierungsdynamiken" in Gang zu setzen. Der „Nachschub von Vergleichsereignissen" erfolgte dauerhaft und in zeitlich höherer und regelmäßiger Frequenz. Die Bemühungen, internationale „Vergleichbarkeit herzustellen", zeitigten erstmals spürbar Erfolge. Vergleichskriterien wurden explizit und in einem weltweit anerkannten Forum formuliert und abgestimmt (dem ASS). Und der bereits im 19. Jahrhundert vorhandene „öffentliche Vergleichsdiskurs" umfasste eine wachsende Zahl aktiver und passiver Teilnehmer, die sich zumindest in einigen Fällen auf die gleichen

1 Zahn: Statistik, S. 937; ebenso formulierten etwa auch Rappard: Zum internationalen Abkommen, S. 96; A[lbert] Hesse: Gewerbestatistik, 2., völlig umgearbeitete Auflage, Jena 1914, S. 4; Franz Žižek: „Nicht vergleichbare" statistische Zahlen, in: Schmollers Jahrbuch für Gesetzgebung, Verwaltung und Volkswirtschaft im Deutschen Reiche 51 (1927), Bd. 1, S. 29–48, hier S. 29; Julius Wyler: Das schweizerische Volkseinkommen, in: Schweizerische Zeitschrift für Volkswirtschaft und Statistik 77 (1941), S. 171–186, hier S. 174.

https://doi.org/10.1515/9783111207124-010

Zahlen berufen konnten.[2] Beide bereits vorgestellten Globalisierungswirkungen wirtschaftsstatistischer Ländervergleiche beeinflussten daher ab den frühen 1920er Jahren die zeitgenössische Wahrnehmung globaler Zusammenhänge in stärkerem Maße als zuvor: die Artikulation zwischenstaatlicher Konkurrenz und die diskursive Egalisierung aller Länder der Erde.

Wirtschaftsstatistische Ländervergleiche erhielten ab 1919 eine bis dahin unbekannte Funktion und schufen eine zusätzliche Möglichkeit, zwischenstaatliche Konkurrenz mit ihrer Hilfe zu artikulieren. Sie sollten helfen, die Finanzierung internationaler Organisationen zu regeln und deren Gremien zu besetzen. Kapitel 9.1 zeigt allerdings, wie schwer dies angesichts mangelhafter statistischer Unterlagen in den 1920er Jahren noch fiel. Zudem offenbart es, wie mithilfe solcher Vergleiche politische Entscheidungen auf ‚technischer' Ebene entpolitisiert werden sollten. Das gelang nur bedingt und hatte vor allem zur Folge, dass sich die politische Relevanz internationaler Wirtschaftsstatistiken erhöhte und neue Anreize für Regierungen entstanden, Statistiken nicht nur zu erheben, sondern dabei auch international einheitliche konzeptionelle und methodische Standards einzuhalten.

Kapitel 9.2 befasst sich mit der zunehmenden Verwendung wirtschaftsstatistischer Ländervergleiche in öffentlichen Debatten und erörtert deren qualitative Veränderungen im Vergleich zur Vorkriegszeit. Die vor allem zum Zweck der Information, der Legitimation eigener Argumente und Entscheidungen sowie der Propaganda genutzten Vergleiche hatten zur Folge, dass Regierungen großes Interesse daran hatten, den Auf- und Ausbau einer internationalen wirtschaftsstatistischen Infrastruktur zu unterstützen und internationale Standards einzuhalten. In den 1920er und 1930er Jahren begründete die zunehmende Nutzung internationaler Wirtschaftsstatistiken für die Artikulation zwischenstaatlicher Konkurrenz eine Form des öffentlichen Wettbewerbs, dem sich Regierungen kaum dauerhaft entziehen konnten. Konkurrenz und Kooperation entwickelten dabei eine sich gegenseitige verstärkende Dynamik, die die Etablierung eines global einheitlichen Blicks auf die Bestandteile der ‚Weltwirtschaft' beförderten, also auf die in statistischen Tabellen und Grafiken betrachteten Länder.

Kapitel 9.3 erörtert die Erweiterung, Stabilisierung, Differenzierung und Dynamisierung des tendenziell globalen ‚wirtschaftsstatistischen Zahlenraums',[3] der schon im 19. Jahrhundert entstanden war und in dem alle betrachteten ‚statistical areas' als formal gleichartig galten, um sie dann mit Blick auf ihre ökonomischen Differenzen zu vergleichen. Wirtschaftsstatistische Ländervergleiche, die aus methodischen Gründen meist politische Machtgefälle und angenommene ‚rassische',

2 Vgl. Heintz/Werron: Wie ist Globalisierung möglich, S. 365, 384.

3 Vgl. Speich Chassé: Statistische Grössen.

kulturelle und zivilisatorische Völkerhierarchien ausblendeten, die die imperiale Weltordnung bis weit in die Mitte des 20. Jahrhunderts prägten, wurden nach dem Ersten Weltkrieg zu einem alltäglichen Phänomen und zu einem Bezugspunkt wirtschaftspolitischer Argumentation. Es wurde nun ‚normaler', globale Ungleichheiten zwischen Ländern und Gesellschaften, die bis dahin qualitativ formuliert und für unüberwindbar angesehen worden waren, quantitativ und damit als grundsätzlich verminderbar zu artikulieren. Das ebnete den Weg für ein ökonomisches Entwicklungsparadigma, das die internationale Politik nach dem Zweiten Weltkrieg prägte. Die realitätsverändernde Wirkung von Vergleichen, „[t]he force of comparison",[4] wird hier sehr deutlich: Wirtschaftsstatistische Ländervergleiche trugen neben anderen Aspekten im 20. Jahrhundert zur globalen Akzeptanz der Idee bei, der souveräne Nationalstaat sei die ideale Form politischer Herrschaft.[5]

9.1 ‚Technisierung' politischer Entscheidungen und Politisierung der Wirtschaftsstatistik

Als die „Friedensmacher" (Margaret MacMillan) 1919 in Paris den *Völkerbund* und die *Internationale Arbeitsorganisation* (ILO) gründeten,[6] waren sie mit organisatorischen Problemen konfrontiert, die teilweise der globalen Ausrichtung dieser neuen Organisationen entsprangen. Im Falle des *Völkerbunds* betraf dies die Festlegung der Mitgliedsbeiträge, in jenem der ILO die Besetzung eines ihrer zentralen Gremien. Der Versuch, diesen Problemen mit bekannten Lösungsansätzen beizukommen, scheiterte sehr rasch und die Organisationen mussten neue Wege einschlagen. In beiden Fällen wird deutlich, wie sich politischen Akteuren dabei ein neuer Handlungsraum eröffnete, in dem wirtschaftsstatistische Ländervergleiche eine zusätzliche, bis heute genutzte Möglichkeit boten, Lösungen für kontroverse,

---

4 Steinmetz, Willibald (Hrsg.): The Force of Comparison. A New Perspective on Modern European History and the Contemporary World, New York 2019.

5 Vgl. Jansen/Osterhammel: Dekolonisation, v. a. S. 10–15; Dietmar Rothermund: The Routledge Companion to Decolonization, London / New York 2006, v. a. S. 243 f.; Speich Chassé: Die Erfindung, S. 187–189.

6 Die Statuten beider Organisationen waren integrale Bestandteile der in Paris ausgehandelten Friedensverträge; vgl. MacMillan: Die Friedensmacher, S. 129–147 und Leonhard: Der überforderte Frieden, S. 687–708; zur Einführung in die Geschichte der ILO: Antony E. Alcock: History of the International Labour Organisation, London / Basingstoke 1971; Daniel Maul: The International Labour Organization. 100 Years of Global Social Policy, Berlin 2019; Jasmin van Daele (Hrsg.): ILO Histories. Essays on the International Labour Organization and Its Impact on the World During the Twentieth Century, Bern et al. 2010; Sandrine Kott / Joëlle Droux (Hrsg.): Globalizing Social Rights. The International Labour Organization and Beyond, Basingstoke 2013.

aber unumgehbare Fragen zu finden. Statistiken sollten diese entpolitisieren und zu ‚technischen' Aspekten machen. Das aber war nur begrenzt möglich. Nicht nur behinderten teils schwer lösbare methodische Probleme die Umsetzung dieses Vorhabens, sondern es wurde auch rasch deutlich, dass die ‚Technisierung' selbst politisch war. Sie war nur möglich, wenn politische und wirtschaftliche Großmächte sie unterstützten, und im Zweifelsfall ließ sie sich leicht umgehen. Einigen Akteuren diente sie zudem als eine Art Feigenblatt, um die Durchsetzung eigener Interessen als ‚objektiv' notwendig zu deklarieren. Gleichzeitig ließen sich die Verfahren nutzen, um nationales Prestige zu steigern und die politische Dominanz von Großmächten in den Organisationen in Frage zu stellen. Denn die Klassifizierung und Auswahl einzelner Länder mittels wirtschaftsstatistischer Ländervergleiche bedingte deren formale Egalisierung, weil alle betrachteten Länder mit den gleichen Methoden ‚vermessen' werden mussten und konnten.

‚Another more equitable method'? Die Verteilung der Kosten des *Völkerbunds*

Einer der Aspekte, über die sich die Verfasser des Völkerbundstatuts wenig Gedanken machten,[7] war die Finanzierung der neuen Organisation. Entsprechend einer seit dem ausgehenden 19. Jahrhundert üblichen Lösung des Problems, wie entstehende Kosten einer internationalen Organisation gerecht auf die Mitgliedstaaten zu verteilen wären, legte Artikel 6 des Statuts fest, den Regelungen des *Weltpostvereins* zu folgen. Diese sahen vor, alle Mitgliedstaaten in sieben unterschiedliche Klassen einzuteilen, auf die jeweils unterschiedliche viele Anteile des Gesamtbudgets entfielen. Staaten, die in die erste Klasse eingeteilt waren, trugen jeweils 25 Anteile des Gesamtbudgets, Länder der siebten Klasse nur je einen Anteil. Die Klassifizierung richtete sich dabei nach der Bevölkerungszahl, der Landesfläche und dem Umfang des Postverkehrs. Was allerdings beim *Weltpostverein* und anderen Organisationen funktionierte, stellte sich im Falle des *Völkerbunds* rasch als undurchführbar heraus.[8]

Zum einen war das Budget des *Völkerbunds* deutlich höher als jenes aller anderen damaligen internationalen Organisationen.[9] Der erste Haushalt (1919/20),

---

7 Walters: A History, S. 134.

8 Zu Artikel 6 des Völkerbundstatuts und der Übernahme der Regelungen des Weltpostvereins vgl. Herbert Ames: Financial Administration and Apportionment of Expenses, Genf 1923, S. 22–25; Léon G. Marcantonato: L'Administration financière de la Société des Nations, Diss. Paris 1938, S. 13–15.

9 Sofern nicht anders angegeben basieren die folgenden Ausführungen zur Verteilung der Kosten des *Völkerbunds* auf Ames: Financial Administration, S. 25–42; Marcantonato: L'Administration,

dessen Kosten Generalsekretär Eric Drummond im Oktober 1919 auf 32 designierte Mitgliedstaaten verteilte, betrug 6 Millionen Goldfrancs, jener des *Weltpostvereins* hingegen nur 125.000 Goldfrancs, die von mehr als 80 Staaten gezahlt wurden. Die Aufwendungen der einzelnen Staaten für den *Völkerbund* waren also deutlich höher. Zum anderen betrug das Verhältnis zwischen den Beiträgen, die Staaten zahlen mussten, die der siebten Klasse zugeteilt waren, und jenen, die Länder der ersten Klasse aufzubringen hatten, nur 1 zu 25. In vielen Fällen entsprach dies aber nicht den tatsächlichen Verhältnissen zwischen Staaten beider Klassen in Hinsicht auf die zugrunde liegenden Kriterien (Bevölkerung, Fläche und Postverkehr). Das belastete in erster Linie kleine Länder. Zudem fanden sich Staaten mit großer Fläche und hoher Bevölkerungszahl plötzlich in der Spitzengruppe wieder, gehörten aber wie Indien oder China oft zu den wirtschaftlich schwächeren Ländern. Obendrein hatten sich die Flächen- und Bevölkerungszahlen vieler Länder während des Kriegs deutlich verändert und manche waren neu entstanden. Für diese bot die Klassifizierung des Weltpostvereins gar keine Einstufung. Es mangelte daher bereits 1919 nicht an Kritik und es bestand die reale Gefahr, dass Staaten ihre Beiträge nicht zahlen können würden oder dies aus Protest gegen eine als ungerecht empfundene Verteilung verweigerten.

Ein im Sommer 1920 eingesetztes Expertengremium sollte deshalb „another more equitable method" finden.[10] Noch vor der ersten Vollversammlung kam die Kommission zum Schluss, die Beiträge der einzelnen Länder wären am besten nach dem Grundsatz ‚ability/capacity to pay' zu berechnen. Am sinnvollsten erschien es den Experten, zu diesem Zweck das Volkseinkommen der betroffenen Staaten miteinander zu vergleichen. Da dies jedoch mangels genügend aussagekräftiger Zahlen unmöglich war, erörterte das Komitee andere verfügbare Statistiken, die als Indikatoren dienen könnten. Dazu gehörten Flächen- und Bevölkerungsstatistiken ebenso wie Handels-, Verkehrs- und Poststatistiken sowie Zahlen zu den staatlichen Haushalten. Nichts davon aber lag 1920 in einer Form vor, die belastbare und vor allem faire Ländervergleiche erlaubte. Am Ende empfahlen die Experten daher, nur zwei Zahlen als Entscheidungsgrundlage für eine neue Klassifikation der Länder zu nehmen: Die Nettoeinnahmen der Regierungen 1913 und die Bevölkerungszahlen der jeweiligen Länder von 1919. Um bevölkerungsreiche, aber arme Länder wie Indien oder China nicht zu überlasten, empfahl das Komitee zudem, die Zahl der Einwohner nie höher als diejenige zu werten, die das bevölkerungsreichste Land Europas besaß. Mithilfe der für diese Aspekte zusammengestellten Daten erarbei-

S. 15–34; J. David Singer: The Finances of the League of Nations, in: International Organization 13 (1959), S. 255–273, hier S. 264–267.

10 Quinones de Leon[, José Maria]: The Budget of the League, in: OJ 1 (1920), S. 139–145, hier S. 143.

tete das Komitee schließlich eine neue Länderklassifikation. Von den zehn Ländern, die ursprünglich der ersten Klasse zugeordnet gewesen waren, verblieben nur Großbritannien, Frankreich, Italien und Japan dort. China, Indien und Polen fanden sich nun in der zweiten Klasse wieder und Australien, Kanada und Südafrika sogar in der dritten.

Der Umsetzung dieser Klassifikation standen aber juristische und statistisch-politische Probleme entgegen. Die rechtliche Hürde bestand darin, dass zunächst das Völkerbundstatut geändert werden musste. Drei Vollversammlungen befassten sich mit dem Ob und Wie dieser Maßnahme und eine entsprechende Reform des Artikels 6 wurde erst im Herbst 1922 verabschiedet (und im Sommer 1924 in Kraft trat). In seiner neuen Form besagte der Artikel, die Vollversammlung habe über die Beitragshöhe der einzelnen Staaten zu bestimmen. Obwohl also alle Beteiligten das ursprüngliche Beitragssystem bereits im Herbst 1919 als unzureichend empfanden, musste es für vier Haushalte (1919–1922) verwendet werden. Und bis zum Inkrafttreten der Statutenreform 1924 verhinderte allein ein provisorischer Zusatz zum Statut, dass dies auch noch weiter der Fall war.

Die statistisch-politischen Probleme schlugen sich in Klagen vieler Staaten nieder, sie müssten zu viel zahlen. Die erste Vollversammlung setzte aus diesem Grund Ende 1920 eine Kommission ein, die ein System erarbeiten sollte, das die möglichst gerechte Verteilung der Kosten erlaubte. Ursprünglich befristet, verlängerte die Vollversammlung in den Folgejahren das Mandat dieses *Committee on Allocation of Expenses* immer wieder, das im bis heute bestehenden *Committee on Contributions* der *Vereinten Nationen* seine Fortsetzung fand. Bis 1925 schlug das Gremium mehrfach Veränderungen der Klassifikationen von Staaten vor, die die Vollversammlung anschließend teils heftig diskutierte, am Ende aber meist bewilligte. Diese Veränderungen basierten allein auf politischen Zugeständnissen, nicht aber auf neuen statistischen Grundlagen. 1922 wurden etwa die Beiträge einiger europäischer Staaten mit der Begründung verringert, deren ‚capacity to pay' sei durch den Ersten Weltkrieg und seine Folgen vermindert worden. Eine weitere Erleichterung für ärmere Länder war der ebenfalls 1922 gefasste Beschluss, nicht mehr nur zwischen zwei und 90 Einheiten pro Land vergeben zu können, sondern zwischen einer bis 95 Einheiten (später sogar 105 Einheiten). Und 1923 erließ die Vollversammlung Japan wegen des Kantō-Erdbebens vom September jenes Jahres[11] einen Teil seines Jahresbeitrags. Im Gegensatz dazu entschied sich Polen 1922 aus Prestigegründen, zwei Drittel mehr zu zahlen, als es eigentlich hätte müssen.

11 Vgl. Charles Schencking: The Great Kantō Earthquake and the Chimera of National Reconstruction in Japan, New York 2013.

Erfolgte die Anpassung von Beitragshöhen anfangs jährlich, so ging die Vollversammlung 1925 dazu über, Klassifikationen für jeweils drei Jahre zu diskutieren und zu verabschieden (eine Praxis, die die *Vereinten Nationen* bis heute beibehalten haben). Als sie sich 1928 mit einer möglichen Anpassung befasste, befanden die Delegierten, eine solche sei erst 1930 möglich, weil die verfügbaren Statistiken sich auf eine instabile und ‚unnormale‘ weltwirtschaftliche Situation bezögen (1926/27). Da sich die Unsicherheit und ‚Unnormalität‘ in den Folgejahren fortsetzte, mit der Weltwirtschaftskrise sogar noch verschärfte, kam es bis Ende der 1930er Jahre zu keiner grundlegenden Reform des Beitragssystems. Allein der Ein- und Austritt von Ländern sowie besondere politische oder wirtschaftliche Notstände sorgten für eine Neuverteilung der Beitragsanteile.

Während sich die Budgetbeiträge einzelner Staaten also mehrfach aufgrund solcher Überlegungen änderten, blieb die statistische Grundlage, auf der deren Zuteilung eigentlich basierte, von 1922 bis 1939 fast unverändert. Das lag nicht daran, dass diese Basis die Beteiligten zufrieden stellte, sondern weil sich das *Committee on Allocation of Expenses* auf keine sinnvolleren und für alle akzeptablen Indikatoren einigen konnte. Bereits 1921 hatte sich das Komitee mit der Möglichkeit befasst, Statistiken zur Agrar- und Industrieproduktion sowie zum Außenhandel anstelle der Bevölkerungs- und Haushaltsstatistiken als Vergleichsgrundlage zu nutzen. Auch die Belast- und Vergleichbarkeit von Zahlen zum Volkseinkommen stand Mitte 1922 zur Debatte.[12] In den Folgejahren sammelte das Komitee mithilfe der *Economic and Financial Section* des Sekretariats sehr viel wirtschaftsstatistisches Material aller Länder und manche Delegation plädierte während der Vollversammlungen dafür, mit ihrer Hilfe neue Kriterien zu etablieren. 1925 etwa forderte der litauische Vertreter, neben der Landesfläche und der Bevölkerungszahl auch den ‚Volkswohlstand‘ („national wealth“), den Außenhandel und die Wechselkursverhältnisse der jeweiligen Währungen mit in Betracht zu ziehen. Zu diesem Zeitpunkt aber waren die politisch ausgehandelten Veränderungen der Beitragseinheiten bereits weithin als pragmatische Lösung des Problems akzeptiert. Einer der Beteiligten hob deshalb hervor, die zuständige Kommission der Vollversammlung vertrete die Meinung, „that the effect of […] proposed modifications [of the statistical basis] was to upset the delicate balance of the scale and inevitably entail further changes the fatal results of which it is easy to imagine“.[13] Grundsätzliche Änderungen waren ab Mitte der 1920er Jahre kaum mehr durchzusetzen, weil sich eine Praxis des

12 Das legt eine Korrespondenz nahe, die die Völkerbundbeamten Eric Drummond (Generalsekretär), Hugh McKinnon Wood, (Legal Section) und Loveday miteinander und mit dem italienischen Statistiker Corrado Gini im Frühjahr 1922 führten (LoNA, R.1192, 15/20003/245).

13 League of Nations: Records of the Sixth Assembly. Meetings of the Committees. Minutes of the Fourth Committee (Budget and Financial Questions), Genf 1925, S. 62, 244.

‚Durchwurstelns' etabliert hatte. Entsprechend resümierte ein vormaliger Mitarbeiter des Sekretariats 1946, das Beitragssystem „has worked remarkably smoothly".[14]

Der wirtschaftsstatistische Ländervergleich, den alle Beteiligten ab 1919 als die beste Möglichkeit ansahen, um die ‚capacity to pay' der Mitgliedsländer zu bestimmen und die Kosten des *Völkerbunds* gerecht zu verteilen, erwies sich also in der Praxis zunächst als ungeeignet dafür. Die Aussagekraft verfügbarer Statistiken erschien nicht ausreichend, die Daten nicht vergleichbar und die wirtschaftliche Situation, auf die sie sich bezogen, als zu ‚unnormal', um eine so wichtige Entscheidung darauf zu basieren. Gleichzeitig deutet die politische Aushandlung von tatsächlich zu leistenden Beiträgen darauf hin, dass diese Zahlungen für die beteiligten Regierungen zu brisant waren, um sie mittels wirtschaftsstatistischer Ländervergleiche zu entpolitisieren. Umso bemerkenswerter ist die zentrale Bedeutung, die wirtschaftsstatistische Ländervergleiche zur gleichen Zeit erhielt, um eines der wichtigsten ILO-Gremien zu besetzen, das so genannte *Governing Body*.

Das Governing Body der ILO und die Frage der acht wichtigsten Industrieländer der Welt

Das *Governing Body* sollte (und soll) das ständige ILO-Sekretariat kontrollieren, das *Internationale Arbeitsamt* in Genf. Ursprünglich als eher administratives Gremium gedacht erwies sich das *Governing Body* rasch als Einrichtung, die die Arbeiten der neuen Organisation maßgeblich beeinflusste und für die ILO eine ähnliche Funktion einnahm, wie der Rat für den *Völkerbund*.[15] Bis heute unterscheidet sich die ILO von anderen internationalen Regierungsorganisationen dadurch, dass ihre Mitgliedsländer von Regierungsbeamten und von Vertretern jeweiliger Arbeitgeber- und Arbeitnehmerverbände repräsentiert werden. Dieses tripartistische Organisationsprinzip prägt auch das *Governing Body* und war bereits im Statut von 1919 vorgesehen. Artikel 393 des Versailler Vertrags legte fest, dass von den 24 Mitgliedern des *Governing Body* zwölf Regierungsbeamte sein sollten und jeweils sechs Delegierte Arbeitgeber und Arbeitnehmer zu vertreten hatten. Von den zwölf Staatsbeamten wiederum sollten acht von denjenigen Mitgliedstaaten der Organisation gestellt werden, „denen die größte industrielle Bedeutung zukommt" („Members which are of the chief industrial importance"). Die restlichen vier Sitze

14 Hill: The Economic, S. 105.
15 Alcock: History, S. 40 f.

sollten Regierungsvertreter einnehmen, die alle drei Jahre von den auf den Jahreskonferenzen der ILO repräsentierten Regierungen gewählt würden.[16]

Keine Aussage traf der Artikel aber darüber, was unter ‚industrial importance‘ zu verstehen sei und wie sich diese messen ließe. Er vermerkte lediglich, eventuelle Auseinandersetzungen darüber solle der Völkerbundrat klären. Da dieser sich aber erst im Januar 1920 konstituierte, musste das siebenköpfige Komitee von Sozialwissenschaftlern und Beamten aus den USA, Japan und fünf europäischen Ländern, das die erste ILO-Konferenz vorbereitete,[17] selbst darüber entscheiden, welche Länder die acht industriell wichtigsten der Welt seien.[18] Denn den Komiteemitgliedern war klar, dass das *Internationale Arbeitsamt* angesichts der katastrophalen sozialen Situation in vielen Ländern Europas und anderer Kontinente so rasch wie möglich eingerichtet werden musste und die Berufung des *Governing Body* der dafür notwendige erste Schritt war.[19] Auf keinen Fall wollten sie die Frage zu einem Thema der Konferenz werden lassen, da Streit vorprogrammiert war. Ab Anfang Mai 1919 stellte deshalb der britische Regierungsbeamte und spätere ILO-Direktor Harold B. Butler statistische Übersichten von 15 Ländern zusammen, die als wichtige Industrieländer galten. Anhand von sieben Kriterien sollten diese Länder miteinander verglichen werden:

(1) ‚Motive Power‘ von Dampf- und Wasserkraftanlagen in PS in absoluten Zahlen;
(2) ‚Motive Power‘ von Dampf- und Wasserkraftanlagen in PS pro 1.000 Einwohner;
(3) Zahl der Arbeiter im industriellen und im Transportgewerbe in absoluten Zahlen;
(4) Zahl der Arbeiter im industriellen und im Transportgewerbe pro 1.000 Einwohner;
(5) Länge des Eisenbahnnetzes in absoluten Zahlen;
(6) Länge des Eisenbahnnetzes pro 1.000 Quadratkilometer;
(7) Tonnage der Handelsflotte.[20]

16 Friedensbedingungen, S. 242 f., Zitat: S. 243, in: Verhandlungen der verfassunggebenden Deutschen Nationalversammlung, Bd. 337: Anlagen zu den stenographischen Berichten, Berlin 1920.

17 Diese war für den Oktober 1919 in Washington anberaumt worden.

18 Friedensbedingungen, S. 252 f., in: Verhandlungen der verfassunggebenden Deutschen Nationalversammlung, Bd. 337: Anlagen zu den stenographischen Berichten, Berlin 1920.

19 Delevingne, Malcolm: The Organizing Committee, in: James T. Shotwell (Hrsg.): The Origins of the International Labor Organization, Bd. 1: History, New York 1934, S. 285–304, hier S. 301.

20 ILOA, D 600/2/1, Minutes of the First Meeting of the Organising Committee of the International Labour Conference, 06.05.1919, S. 2; vgl. Delevigne: The Organizing Committee, S. 302.

Weshalb das Komitee diese Kriterien wählte, ist nicht klar, doch scheint die Verfügbarkeit statistischer Daten der ausschlaggebende Grund gewesen zu sein.[21] An Kritik mangelte es freilich schon im Sommer 1919 nicht. Der italienische Delegierte im Organisationskomitee beanstandete, die Angaben zur ‚industrial population' seines Landes umfassten offenbar keine Landarbeiter. Andere führten an, der Außenhandel solle als zusätzliches Kriterium genutzt werden. Ende Juni 1919 einigte sich das Gremium darauf, diesen Anregungen Folge zu leisten und zudem die jeweiligen Zahlen der Industriearbeiter und der verfügbaren Energie doppelt zu gewichten.[22]

Doch selbst dann war es ein unmögliches Unterfangen, zu eindeutigen Ergebnissen zu kommen. Es fehlte etwa, so das Organisationskomitee im Nachhinein, an klaren Definitionen der genannten Begriffe. Betrachte man beispielsweise die Zahl der Industriearbeiter, müsste Indien als eines der industriell wichtigsten Länder der Erde gelten, auch wenn der Großteil der dabei Gezählten eher Heim- als Fabrikarbeit leiste. Eine Grenze zwischen beiden ließe sich kaum ziehen. Ähnliches gelte für Japan, dessen Industrie „in the state of transition to the western system of industrial organization" sei und noch stark auf Heimarbeit basiere. Angesichts des starken Aufschwungs von Japans Industrie und Außenhandel während des Kriegs, der großen wirtschaftlichen Bedeutung des Landes „in the East" und seiner Stellung als eine der fünf Großmächte, „the Committee felt no doubt as to her inclusion". Neben Definitionsproblemen stellte die Verfügbarkeit von Statistiken das Komitee vor unüberwindbare Hindernisse. Daten zu Rohstoffimporten und zur Ausfuhr von Industrieprodukten seien nicht verfügbar gewesen. Polen und die Tschechoslowakei, die zweifelsohne über Regionen verfügten „which before the war were industrially of considerable importance", habe man gar nicht in die Betrachtung einbezogen. Eben erst gegründet, sei ihre politische Situation „not yet clear" und sie müssten sich erst etablieren. Selbst wenn Regierungen Zahlen geliefert hätten, seien diese oft veraltet gewesen und ganz offensichtlich mit unterschiedlichen Methoden erhoben worden. Angesichts dessen sei man gezwungen gewesen, eine Entscheidung auf der Grundlage einer „general review of the position of the various States" zu treffen. Heraus kam eine Liste von neun Ländern. Neben Deutschland, von dem noch nicht klar war, ob es der ILO beitreten durfte, waren dies – gereiht nach ‚in-

21 Das legt ein späterer Bericht nahe: Report of the Committee Appointed to consider the Criteria to be adopted in the Selection of the Eight States of Chief Industrial Importance, in: OJ 3 (1922), S. 1343–1374, hier S. 1345.

22 ILOA, D 600/2/1, Minutes of the Third and Fourth Meeting of the Organising Committee for the International Labour Conference, 28./29.06.1919, S. 4 f.

dustrieller Wichtigkeit' – die USA, Großbritannien, Frankreich, Italien, Belgien, Japan, die Schweiz und Spanien.[23]

Bis zur ersten ILO-Konferenz im Oktober 1919 erhoben die Regierungen von Polen, Schweden und Kanada sowie die indische Kolonialregierung Einsprüche gegen diese Liste. Statutengemäß leitete das Organisationskomitee die Angelegenheit an den Völkerbundrat weiter und bat diesen, bis zum Ende der ILO-Konferenz eine Entscheidung zu treffen.[24] Das jedoch war aus Zeitgründen kaum zu schaffen, denn der Völkerbundrat konnte erst nach dem Inkrafttreten des Versailler Vertrags zusammentreten. Auch der Versuch des Völkerbundsekretariats, eine informelle Einigung zwischen den beteiligten Regierungen zu erreichen, schlug fehl.[25] Es blieb daher bei den acht auf der Liste stehenden Regierungen inklusive Deutschlands (Spanien blieb deshalb außen vor). Zusätzlich wählte die Konferenz noch die Regierungen von Spanien, Argentinien, Kanada und Polen in das *Governing Body*. Da Dänemark zudem die Zusage erhielt, die skandinavischen Länder in dem Gremium zu vertreten, solange die USA der ILO nicht beiträten, blieb allein die Beschwerde Delhis unberücksichtigt.[26]

Aus diesem Grund eskalierte die indische Regierung – faktisch also London – die Angelegenheit politisch so weit, wie es im Rahmen des *Völkerbunds* möglich war – und war am Ende erfolgreich. Trotz Beschwichtigungsversuchen seitens Generalsekretärs Eric Drummond[27] erneuerte Delhi die Klage im Januar 1920 und reichte im April jenes Jahres ein mit neuesten Daten unterfüttertes Memorandum nach, das zeigen sollte, dass das südasiatische Land eines der acht industriell wichtigsten Staaten war.[28] Folgerichtig befasste sich der Völkerbundrat im August 1920 mit der

23 LoNA, R.1191, 15/1710/245, International Labour Organization. Article 393 of the Treaty of Peace, Memorandum, Arthur Fontaine, 08.10.1919.

24 LoNA, R.1191, 15/1151/245, Arthur Fontaine, Vorsitzender des Organising Committee for the International Labour Conference, an Eric Drummond, Generalsekretär des *Völkerbunds*, 22.09.1919; Malcolm Delevigne, *Organising Committee for the International Labour Conference*, an Drummond, 08.10.1919; LoNA, R.1191, 15/1710/245, International Labour Organization. Article 393 of the Treaty of Peace, Memorandum, Arthur Fontaine, 08.10.1919.

25 Vgl. LoNA, R.1191, 15/1151/245, Drummond an Raymond B. Fosdick, stellvertretender Generalsekretär des *Völkerbunds*, 10.10.1919; Drummond an Delevingne, 09.10.1919.

26 League of Nations: International Labor Conference [1919], S. 131; International Labour Office: Minutes of the Second Session of the Governing Body of the International Labour Office, held in Paris, January 26–28, 1920, o.O. [London] 1920, S. 49 [www.ilo.org/public/libdoc/ilo/P/09601(1920–2).pdf; 23.09.2019].

27 LoNA, R.1191, 15/2742/245, Drummond an Alan Parsons, *India Office*, London, 31.01.1920; LoNA, R.1191, 15/3146/245, Aktenvermerk von Drummond, 19.02.1920.

28 Edwin Montagu, *Secretary of State for India*, an Drummond, 13.01. und 14.04.1920, in: League of Nations: The Records of the First Assembly. Meetings of the Committees, Bd. 1, Genf 1920, S. 207–209; eine Kopie des Memorandums in LoNA, R.1191, 15/3826/245.

Frage. Als er die indische Forderung nicht unterstützte, sondern das bestehende *Governing Body* für die erste dreijährige Wahlperiode sanktionierte und lediglich eine Studie darüber in Aussicht stellte, was ‚industrial importance' eigentlich meine und wie sie zu messen sei, brachte Delhi die Angelegenheit im November 1920 vor die erste Vollversammlung des *Völkerbunds.* Sie wies das Anliegen zwar mit dem Hinweis ab, allein der Rat, nicht die Vollversammlung sei für die Frage zuständig.[29] Doch der große Aufruhr, den diese Manöver im *Völkerbund* und in der ILO auslöste, sorgte dafür, dass der Völkerbundrat Indien im Herbst 1922 auf Grundlage eines nachvollziehbaren und weithin akzeptierten wirtschaftsstatistischen Vergleichs als eines der acht industriell wichtigsten Länder der Erde akzeptierte.[30]

In all diesen Diskussionen ging es immer um mehr als nur die Besetzung eines ILO-Gremiums. Die Sache war in den Augen der Beteiligten „clearly a matter of great political importance".[31] Das Streben nach nationalem und imperialem Prestige sowie der Wunsch, politischen Einfluss innerhalb einer internationalen Organisation auszubauen, bestimmten das Handeln der beteiligten Akteure. Trotz der offensichtlich zentralen Rolle der britischen Kolonialregierung in Indien waren die Debatten aber auch eingebettet in Versuche, die europäische Dominanz innerhalb der sich neu etablierenden multilateralen Ordnung zu vermindern und den politischen Einfluss von außereuropäischen Akteuren zu steigern. Und es ging um die Frage, inwieweit die industrialisierten Gesellschaften des ‚Westens' tatsächlich hinter den im Friedensvertrag mit hehren Worten umrissenen Ziel standen, soziale Gerechtigkeit für alle Menschen gleichermaßen zu schaffen und damit den ‚Weltfrieden' zu sichern. Die methodischen Zwänge wirtschaftsstatistischer Ländervergleiche trugen dazu bei, dass diese Fragen offen diskutiert werden mussten und Doppelstandards als solche erkennbar wurden.

Bereits die Bestimmung zu den acht industriell wichtigsten Ländern war ein Kompromiss zwischen den Großmächten und kleineren Staaten gewesen. Der aus London stammende erste Entwurf hatte vorgesehen, den fünf Großmächten USA, Großbritannien, Frankreich, Italien und Japan je einen permanenten Sitz im *Governing Body* zuzubilligen.[32] Dagegen aber wandte sich Ende Februar 1919 der langjährige Vorsitzende der Sozialistischen Internationale Émile Vandervelde aus Belgien. Seiner Meinung nach bestehe kein Zweifel daran, dass die Großmächte in

29 League of Nations: The Records ... Meetings of the Committees, Bd. 1, S. 120; League of Nations: The Records of the First Assembly. Plenary Meetings, Genf 1920, S. 539.

30 Minutes of the Twentieth Session of the Council [Genf, 31.08.-04.10.1922], in: OJ 3 (1922), S. 1149–1211, hier S. 1200, 1206.

31 LoNA, R.1191, 15/3293/245, Aktennotiz Edward M.H. Lloyd für Drummond, 16.03.1920.

32 Drafts of the Labor Convention, in: James T. Shotwell (Hrsg.): The Origins of the International Labor Organization, Bd. 1: History, New York 1934, S. 371–423, hier S. 418.

dem neuen Gremium vertreten sein müssten und auch tatsächlich würden. Dies aber explizit im Statut festzuschreiben und ihnen mittels der Permanenz ihrer Sitze obendrein auch noch eine besondere Stellung zuzugestehen, „would offend the smaller Powers". Um die Arbeitsfähigkeit der neuen Organisation zu gewährleisten, brauche man „the goodwill of all". Es wäre deshalb ein Fehler, so Vandervelde, eine derart dominante Position der Großmächte statuarisch festzuschreiben „which corresponded to the situation during the war, but which would be out of place in the peaceful world of to-morrow". Er schlug stattdessen vor, alle Regierungssitze des *Governing Body* regelmäßig von den ILO-Jahreskonferenzen wählen zu lassen. Schon einen Tag später, am 28. Februar 1919, präsentierte die britische Delegation die neue und dann angenommene Formulierung, die den Hinweis auf die acht Staaten ‚of chief industrial importance' enthielt. Diese sicherte den fünf Großmächten einen festen Sitz im *Governing Body*, hielt einen für Deutschland frei, über dessen Beitritt die erste ILO-Konferenz entscheiden sollte, und versprach auch einigen wenigen kleineren Ländern Europas Zugang zu diesem exklusiven Kreis.[33]

Im Herbst 1919 wurde aus dieser europäischen Angelegenheit ein bis heute andauernder globaler Streit um eine territorial gerechte Repräsentanz im *Governing Body*. Von den 15 Ländern, für die das Organisationskomitee 1919 statistische Daten zusammenstellte, waren fünf außereuropäisch: die USA, Kanada, Argentinien, Japan und Indien.[34] Die dann im ersten *Governing Body* tatsächlich vertretenen acht industriell wichtigsten Länder lagen mit Ausnahme Japans aber alle in Europa und unter den insgesamt 24 Mitgliedern des Gremiums waren nur zwei Kanadier, ein Argentinier und ein Japaner.[35]

Eines der zentralen Argumente gegen diese europäische Dominanz kam aus Delhi. Der ILO gehe es um die Regulierung von Arbeitsbedingungen in der ganzen Welt. Zwangsläufig werde es dabei zu Interessengegensätzen zwischen ‚westlichen' und ‚östlichen' Ländern kommen. Zudem würden Regelungen der ILO in erster Linie Menschen in den ‚östlichen' Staaten betreffen. Deshalb müssten letztere in den wichtigen Gremien der neuen Organisation vertreten sein.[36] In ähnlicher Weise protestierte die indische Regierung zusammen mit jener Chinas während der ersten ILO-Konferenz gegen die Liste der acht industriell wichtigsten Staaten. Sie betonten,

---

33 Minutes of the Meetings of the Commission on International Labour Legislation, February 1 to March 24, 1919, in: James T. Shotwell (Hrsg.): The Origins of the International Labor Organization, Bd. 2: Documents, New York 1934, S. 149–322, hier S. 206–208.

34 LoNA, R.1191, 15/1710/245, International Labour Organization. Article 393 of the Treaty of Peace, Memorandum, Arthur Fontaine, 08.10.1919, Appendix 4.

35 League of Nations: International Labor Conference [1919], S. 131.

36 Edwin Montague, Secretary of State for India, an Drummond, 07.10.1919, in: League of Nations: The Records ... Meetings, Bd. 1, S. 205–207, hier S. 206 f.

die Einwohner ihrer Länder stellten zusammen ein Drittel der Weltbevölkerung; sie müssten daher, so die implizite Forderung, in wichtigen Gremien vertreten sein.[37] Südamerikanische und südafrikanische Delegierte schlossen sich diesen Klagen an. Infolgedessen nahm bereits die erste ILO-Konferenz eine Resolution an, die die Dominanz der Europäer im *Governing Body* anprangerte. Sie verabschiedete zudem 1922 eine Statutenänderung, die das Gremium vergrößerte und die Präsenz außereuropäischer Delegierter stärken sollte (die Reform trat aber erst 1934 in Kraft).[38] Ähnliche Reformen folgten in den Jahrzehnten danach. Vorschläge hingegen, die permanenten Sitze abzuschaffen und das *Governing Body* nach einem geographischen Proporz zu besetzen, hatten keine Chancen, umgesetzt zu werden. Erst 1986 einigte sich die ILO-Konferenz auf eine solche Reform. Doch bis Dezember 2022 fehlten für deren Umsetzung immer noch die Ratifikationen von drei der derzeit als industriell wichtigste Staaten deklarierten Mitglieder des *Governing Body*.[39] Eine Definition, was unter ‚industrial importance' zu verstehen, und Kriterien, wie diese zu messen sei, waren und bleiben daher notwendig.

Wie erwähnt, waren sich bereits die Mitglieder des Organisationskomitees der ersten ILO-Konferenz der prekären statistischen Grundlage ihrer Achterliste bewusst. Zeitgenössischen Beobachtern[40] und den klagenden Regierungen – allen voran Delhi – war dies ebenso klar. Zudem hoben sie hervor, wie wenig transparent das Verfahren gewesen sei und wie stark die europäischen Länder dadurch bevorzugt worden wären. „It is a somewhat remarkable coincidence", so William Meyer, der Indien im Herbst 1920 bei der Vollversammlung des *Völkerbunds* vertrat, dass das Organisationskomitee „proposed all the seven States to which they collectively belonged as great industrial Powers".[41] Verstärkt wurden solche Ansichten dadurch, dass das Organisationskomitee bei der ILO-Konferenz 1919 explizit darauf

37 League of Nations: International Labor Conference [1919], S. 131.

38 Alcock: A History, S. 40 f., 73–75; League of Nations: International Labor Conference [1919], S. 137, 191,195–197, 275, 277; Hugh McKinnon Wood, Legal Section des *Völkerbunds*, an den ILO-Direktor, 05.06.1934, in: League of Nations: International Labour Conference. Eighteenth Session, Geneva 1934. Record of Proceedings, Genf 1934, S. 658.

39 International Labour Office: Questions and Answers about the 1986 Instrument of Amendment to the ILO Constitution, Genf 2022 [https://www.ilo.org/global/about-the-ilo/how-the-ilo-works/departments-and-offices/jur/legal-instruments/WCMS_448693/lang--en/index.htm; 15.12.2022].

40 Die Londoner *Times* etwa schrieb, die Auswahl der Länder „probably [...] will be ‚diplomatic', as it seems hardly possible to obtain figures and facts which will indicate incontrovertibly the comparative position of different countries" (Anonymus: World Labour Conference. III. The Permanent Organization, in: The Times, 29.10.1919).

41 League of Nations: The Records ... Plenary Meetings, S. 552.

verzichtete, die Kriterien öffentlich zu kommunizieren.[42] Zudem war es ein offenes Geheimnis, dass die zugrunde gelegten Statistiken unterschiedlich stark gewichtet worden waren.[43] Als die indische Regierung im Frühjahr 1920 ihr Memorandum an den *Völkerbund* schickte, bemerkte sie deshalb, es sei unredlich und widerspreche den Gleichheitsgrundsätzen des ILO-Statuts, die unterschiedliche Produktivität in einzelnen Länder als Faktor zu nutzen, um die Zahl der statistisch ausgewiesenen Industriearbeiter herunterzurechnen. Es werde zwar allgemein angenommen, die Produktivität eines Arbeiters in der Baumwollindustrie Europas sei doppelt bzw. dreimal so hoch wie jene eines seiner Kollegen in Japan und Indien. Aber: „The worker, whether he be a highly skilled operative in a European factory or a semi-skilled Oriental, is still a human being."[44] Und als der japanische ILO-Beamte Ayusawa Iwao nach einer Diskussion über die Frage der acht industriell wichtigsten Staaten dem *Völkerbund*-Juristen Hugh McKinnon Wood nahelegte, bei der Auswahl dieser Länder „to take account of the sense of prestige [...] and of the great industrial future which obviously lay before certain countries", versicherte der Rechtsexperte, der Völkerbundrat „would not be deaf to these considerations".[45] Delhis Befürchtungen, übervorteilt zu werden, waren also begründet. Die Frage, da waren sich Beteiligte wie Ayusawa oder der Völkerbundbeamte Edward Lloyd einig, war eben „not one to be settled by mere statistical methods".[46]

Dass man trotz der großen methodischen Probleme und der massiven Kritik dabei blieb, die kontroverse Frage mittels wirtschaftsstatistischer Ländervergleiche zu lösen, kann daher nur als Versuch gewertet werden, die Angelegenheit formal zu entpolitisieren. Aus Sicht der industrialisierten Staaten des ‚Westens' hatte das nicht nur den Vorteil, lästige Diskussionen zu vermeiden, sondern auch einen statistischen ‚Beweis' zu haben, zurecht dauerhaft im wichtigsten Gremium der ILO ver-

---

42 Fontaine[, Arthur]: Report of the President of the Organizing Committee, in: League of Nations: International Labor Conference. First Annual Meeting, October 29, 1919 – November 29, 1919, Washington 1920, S. 12–16, hier S. 14.

43 LoNA, R.1191, 15/1511/245, Aktenvermerk Lovedays an Arthur Salter, o.Dat. [September 1919]; LoNA, R.1191, 15/11216/245, Memorandum on the Reform of the Composition of the Governing Body, *Internationales Arbeitsamt*, o.Dat. [Mai 1920], S. 10.

44 LoNA, R.1191, 15/3826/245, Memorandum on the Claim of India to be Included Among the Eight States of Chief Industrial Importance, India Office, London, 04.04.1920, S. 12.

45 LoNA, R.1192, 15/20003/245, Aktenvermerk Hugh McKinnon Woods für Drummond, o.Dat. [April 1922], S. 3.

46 So Ayusawa gegenüber dem Leiter der *Legal Section* des Völkerbundsekretariats, Hugh McKinnon Wood, am Rande einer Expertentagung zum Thema: LoNA, R.1192, 15/20003/245, Aktenvermerk Hugh McKinnon Woods für Drummond, o.Dat. [April 1922], S. 3; ganz ähnlich auch LoNA, R.1191, 15/3293/245, Edward M. H. Lloyd in einem Aktenvermerk für Drummond, 16.03.1920; zu Ayusawas Rolle in der ILO Burkman: Japan, S. 136, 140.

treten zu sein. Tatsächlich zweifelte niemand daran, dass Ländern wie Deutschland, Frankreich oder Großbritannien ein Platz im *Governing Body* gebührte. Doch der statistische Vergleich erwies sich als zweischneidiges Schwert. Er bot außereuropäischen Staaten die Chance, kleinere europäische Länder wie Belgien, die Schweiz oder Spanien von den hinteren Plätzen der Achterliste zu verdrängen. Mit ihrem konfrontativen Verhalten 1919/20 erreichte die indische Regierung genau das. Als der Völkerbundrat Indien und Kanada im Herbst 1922 als zwei der acht industriell wichtigsten Länder der Welt anerkannte, verloren die Schweiz und Dänemark diesen Status.[47]

Diese Entscheidung des Völkerbundrats war zweifellos zuvorderst Ergebnis erfolgreicher Lobbyarbeit von Beamten der drei britischen Länder Kanada, Indien und Großbritannien und resultierte in einem Zuwachs an politischem Einfluss des britischen Imperiums. Sie markierte aber auch einen entscheidenden methodischen Wandel. Statt auf zweifelhaften Berechnungen und öffentlich nicht nachvollziehbaren Absprachen wie noch 1919 basierte die Entscheidung auf eindeutigen und schriftlich fixierten Kriterien und Methoden. Diese hatte eine vom *Governing Body* und dem Völkerbundrat eingesetzte Expertenkommission erarbeitet, um den ‚Industrialisierungsgrad' von Ländern zu messen. Mit ihnen gab es nun einen global einheitlichen und vor allem transparenten Vergleichsmaßstab, an dem sich alle Länder messen und mit dessen Hilfe sie zumindest versuchen konnten, Zugang zu dem offiziell und weltweit anerkannten Kreis der acht industriell wichtigsten Länder der Erde zu erhalten. Politische Machtgefälle und vermeintliche ‚rassische', kulturelle und zivilisatorische Unterschiede wurden dadurch zumindest theoretisch umgehbar.

Dem im Frühjahr 1921 eingesetzten Expertengremium gehörten vier Mitglieder des *Governing Body* und zwei Vertreter des *Völkerbunds* an.[48] Nach einem Jahr

47 Minutes of the Twentieth Session of the Council [Genf, 31.08.-04.10.1922], in: OJ 3 (1922), S. 1149–1211, hier S. 1200, 1206.

48 Das *Governing Body* repräsentierten der französische ILO-Präsident Albert Thomas, der Japaner Inuzuka Katsutarō als Vertreter der Regierungen, der Tscheche František Hodacz als Vertreter der Arbeitgeber und und der Franzose Léon Jouhaux als Vertreter der Arbeitnehmer. Der *Völkerbund* entsandte den italienischen Statistiker Corrado Gini sowie den stellvertretenden Generalsekretär Dionisio Anzilotti. Der britische Statistiker Josiah Stamp, den der *Völkerbund* ebenso entsenden wollte, lehnte ab und als Anzilotti im Dezember 1921 an den *Ständigen Internationalen Gerichtshof* wechselte, übernahm der Brite Hugh McKinnon Wood seinen Platz (Report of the Committee Appointed to consider the Criteria to be adopted in the Selection of the Eight States of Chief Industrial Importance, in: OJ 3 (1922), S. 1343–1374, hier S. 1343; LoNA, R.1191, 15/10826/245, Stamp an Drummond, 13.05.1921; Anzilotti an Drummond, 22.11.1921, Drummond an Arthur Fontaine, 24.11.1921).

Diskussion einigten sie sich auf vier Punkte.[49] *Erstens* gäbe es grundsätzlich kein mathematisch-statistisches Verfahren, mit dem sich die acht industriell wichtigsten Länder eindeutig bestimmen ließen. *Zweitens* begrüßten sie den Vorschlag des Statistikers Corrado Gini, die sieben Kriterien des Jahres 1919 durch acht andere zu ersetzen, die logisch aufeinander bezogen waren und das Volkseinkommen sowie den Umfang der Lohnarbeiterschaft eines Landes in den Mittelpunkt der Überlegungen setzten. *Drittens* waren sie sich einig, dass Ginis System erstrebenswert, derzeit aber nicht praktikabel sei. Dazu seien die statistischen Daten zu mangelhaft, die für die von ihm vorgeschlagenen Kriterien verfügbar waren, und auch die weltweit instabile wirtschaftliche und politische Situation mache ihre Anwendung unmöglich. Das Expertengremium kam deshalb, *viertens*, überein, die Kriterien von 1919 mit kleinen Änderungen[50] vorerst beizubehalten und die diesbezüglichen neuesten statistischen Daten von 18 Ländern zusammenzustellen. Diese Angaben sollten dann mithilfe einer Indexberechnung in eine einzige Zahl pro Land zusammengeführt werden, die die relative Stellung der einzelnen Staaten in einer nummerierten Reihenfolge markieren würde. Abbildung 13 zeigt das Ergebnis dieser Berechnung auf Grundlage der im Mai 1922 verfügbaren Daten.

Auf Grundlage dieser Tabelle entschied der Völkerbundrat, Indien in die Reihe der acht industriell wichtigsten Länder der Welt aufzunehmen. Zwar protestierten einige Länder auch gegen diese Kriterien.[51] Doch der Völkerbundrat ließ trotz Vorbehalten gegenüber dem Aussagewert der verfügbaren Statistiken keinen Zweifel daran, die acht Staaten mit Hilfe dieses wirtschaftsstatistischen Ländervergleichs auszuwählen. Den Einwand des Franzosen Gabriel Hanotaux, die Regelung führe dazu, dass das britische Reich im *Governing Body* überrepräsentiert werde, konnte sein Kollege, der kommissarische britische Außenminister Arthur Balfour, deshalb mit dem Hinweis parieren, es handele sich um keine politische Frage, sondern um eine „industrial question". Und die gleichzeitig von Hanotaux im Namen Polens vorgebrachte Forderung, die Kriegszerstörungen des Landes sowie dessen industrielles Potential in die Betrachtung einzubeziehen, wies Balfour mit

49 Diese Zusammenfassung basiert auf dem Report of the Committee Appointed to consider the Criteria to be adopted in the Selection of the Eight States of Chief Industrial Importance, in: OJ 3 (1922), S. 1343–1374.

50 Statt Zahlen der ‚industrial population' wurden nun solche zur Lohnarbeiterschaft herangezogen.

51 Claim of India to be included among the Eight States of Chief Industrial Importance, in: OJ 3 (1922), S. 1374–1379; Claim of Poland to be included among the Eight States of Chief Industrial Importance, in: OJ 3 (1922), S. 1380–1382; The Question of the Eight States of Chief Industrial Importance. Letter from M. Quiñones, Spanish Representative on the Council of the League, to the President of the Council, in: OJ 3 (1922), S. 1510–1512; Minutes of the Twentieth Session of the Council [Genf, 31.08.-04.10.1922], in: OJ 3 (1922), S. 1149–1211, hier S. 1184–1187, 1191–1195, 1199 f.

TABLEAU VIII.

A titre de renseignement provisoire.

Les Etats classés d'après les sept caractéristiques de Londres, double poids étant donné aux indices absolus (chemins de fer exceptés).

Rang	1	2	3	4	5	6	7	8	9	10	11	12	13	14	15	16	17	18
Caractéristiques	Royaume-Uni	Allemagne	France	Canada	Italie	Belgique	Japon	Indes[1]	Suisse	Norvège	Tchéco-slovaquie	Suède	Pays-Bas	Danemark	Pologne[1]	Argentine	Espagne	Brésil
A. Population industrielle ..	100	91,6	61,5	9,6	42,0	10,4	38,4	61,5	7,6	2,6	19,2	4,6	6,3	3,1	16,1	2,8	10,0	1,2
B. Longueur des voies ferrées	59,6	90,6	93,3	100	34,4	14,9	24,4	92,3	7,9	5,0	21,3	23,6	5,3	6,7	25,8	56,4	24,5	46,8
C. Force motrice	100	76,6	61,2	21,3	23,7	12,1	31,1	10,7	6,6	9,7	7,4	13,0	7,3	2,1	5,6	6,2	5,7	—
D. Marine marchande	100	3,6	17,7	5,3	13,7	2,3	16,3	1,0	0,4	13,3	1,1	5,9	9,8	4,4	—	0,8	5,4	2,7
Total absolu	359,6	262,4	233,7	136,2	113,8	39,7	110,2	165,5	22,5	30,6	49,0	47,1	28,7	16,3	47,5	66,2	45,6	50,7
E. Rapport entre la population industrielle et la population totale	100	72,4	73,9	51,0	51,0	65,9	31,8	9,05	92,7	47,8	66,3	36,9	43,1	44,9	28,9	15,5	22,1	2
F. Long. voies ferrées par km²	37,2	37,5	33,3	2,02	21,7	100	12,5	3,8	37,7	3,07	29,3	10,3	31,0	30,7	13,0	3,7	9,5	1,7
G. Force motrice par tête habitant	57,7	34,6	42,3	65,7	16,5	44,0	14,9	0,9	46,0	100	14,8	60,0	29,2	17,5	5,8	20,0	7,4	—
Total relatif...	194,9	144,5	149,5	118,72	89,2	209,9	59,2	13,75	176,4	150,87	110,4	107,2	103,3	93,1	47,7	39,2	39,0	3,7
2(A+C+D)+(B+E+F+G)	854,5	578,7	523,6	291,12	282,4	274,4	254,2	252,45	213,5	207,07	187,1	177,8	155,4	119,0	116,9	115,2	106,7	57,7

[1] Voir notes aux tableaux VIII A et IX.

Abbildung 13: Indexberechnung des Expertenkomitees von ILO und *Völkerbund* zur Ermittlung der acht industriell wichtigsten Länder der Welt, Mai 1922, in: OJ 3 (1922), S. 1369.

dem unwidersprochen bleibenden Argument ab, „the Council was not discussing either past history or future possibilities. It was dealing with present facts."[52]

Die Kriterien wurden in den folgenden Jahrzehnten immer wieder kritisiert und sind seit 1922 mehrfach verändert worden.[53] Bis zum Beginn des Zweiten Weltkrieges fand allerdings nur eine solche Reform statt, als der Austritt Deutschlands aus der ILO 1933 und die Eintritte der USA und der Sowjetunion in die Organisation im Jahr darauf die Frage der acht industriell wichtigsten Länder akut werden ließ. Ein neues Expertengremium empfahl, die alten Kriterien gegen vier neue zu ersetzen, die einen „more general character" besäßen und auf „sufficiently reliable and comparable data" basierten:

(1) an den *Völkerbund* gezahlte Mitgliedsbeiträge;
(2) der vom Berliner *Institut für Konjunkturforschung* berechnete Index der gewerblichen Produktion;
(3) die vom *Völkerbund* veröffentlichten Außenhandelsstatistiken;
(4) die Zahl der Lohnarbeiter eines Landes.[54]

Der Ausbau der internationalen wirtschaftsstatistischen Infrastruktur in den 1920er und 1930er Jahren sowie die vom *Völkerbund* maßgeblich mit gestalteten Standardisierungsbemühungen halfen also, die Besetzung des *Governing Body* auf eine solidere empirische Grundlage zu stellen. Gleichzeitig diente die Existenz dieser Kriterien als Anreiz für Regierungen, entsprechende Statistiken in ihren jeweiligen Ländern zu erheben. Chinas neue Nationalregierung meldete beispielsweise 1930 den Anspruch an, angesichts von zwei Millionen „workers employed in modern industries" als eines der acht industriell wichtigsten Länder anerkannt zu werden. Als sie diese Forderung 1940 wiederholte, unterfütterte sie diese mit statistischen Unterlagen für die geforderten Kriterien.[55] Eine vom *Internationalen Arbeitsamt*

52 Minutes of the Twentieth Session of the Council [Genf, 31.08.-04.10.1922], in: OJ 3 (1922), S. 1149–1211, hier S. 1199 f.

53 Osieke, Ebere: Constitutional Law and Practice in the International Labour Organisation, Dordrecht / Boston / Lancaster 1985, S. 104–107.

54 ILOA, Official Document Collection, Report on the Question of the Eight States of Chief Industrial Importance (ILO Document G.B. 69/5/1024), 29.01.1935, S. 2. 1940 wurde der Berliner Index durch den nun zur Verfügung stehenden Index der gewerblichen Produktion des Genfer *Economic Intelligence Service* ersetzt (ILOA, Official Document Collection, Report of the Officers of the Governing Body on the Questions Arising out of the List of the Eight States of Chief Industrial Importance, in: International Labour Office: Minutes of the Sixth Sitting (Private) of the Eighty-Ninth Session of the Governing Body. Geneva – 3–5 February 1940, Genf o. J. [1940], S. 44–46, hier S. 45).

55 League of Nations: International Labour Conference. Fourteenth Session. Geneva 1930, Bd. 1, Genf 1930, S. 147; ILOA, Official Document Collection, International Labour Office: Minutes of the Sixth

daraufhin versprochene Prüfung der chinesischen Zahlen erfolgte wegen der Kriegsereignisse vor 1945 zwar nicht mehr; gleichwohl erhielt China 1944 einen der permanenten Sitze im ILO-Gremium.[56]

Spätestens ab 1922 stellte niemand mehr infrage, dass wirtschaftsstatistische Ländervergleiche eine sinnvolle Entscheidungsgrundlage darstellten, um die permanenten Sitze im *Governing Body* zu besetzen. Dementsprechend wurde die Frage der acht industriell wichtigsten Länder auch nie wieder im Völkerbundrat thematisiert; der 1919 bis 1922 ausgetragene heftige politische Streit war auf eine vermeintlich technische Ebene verwiesen worden und erschien mittels ‚richtiger' Zahlen lösbar. Möglich war das aber nur, weil die Berechnungen den Interessen der involvierten Großmächte entsprachen. Diese politische Dimension der ‚Technisierung' war allen Beteiligten bewusst.

Manche Zeitgenossen waren von dem Verfahren, das alle in die Betrachtung einbezogenen Länder formal gleichartig stellte, so überzeugt, dass sie es als Mittel ansahen, die Dominanz der europäischen Großmächte im *Völkerbund* und der internationalen Ordnung allgemein zu brechen oder zumindest zu vermindern. Im renommierten englischen Magazin *The Fortnightly Review* erschien beispielsweise 1926 ein Artikel, der eine an das ILO-Verfahren angelehnte Regelung für die Bestimmung der ständigen Mitglieder des Völkerbundrats vorschlug, um die permanenten Sitze der europäischen Großmächte in diesem Gremium abzuschaffen. Für das Gleiche plädierte auch die österreichische Regierung im Rahmen eines Ausschusses, der sich Mitte der 1920er Jahre mit der Reform des Völkerbundrats befasste. Und 1940 vertrat der vormalige ILO-Beamte Ayusawa Iwao die Meinung, statistische Ländervergleiche sollten als Grundlage dienen, um Macht und Einfluss innerhalb einer neu zu schaffenden Weltordnung gerechter zu verteilen.[57]

Sitting (Private) of the Eighty-Ninth Session of the Governing Body. Geneva – 3–5 February 1940, Genf o. J. [1940], S. 12–14, 16.

56 International Labour Office: International Labour Conference. Twenty-Sixth Session, Philadelphia, 1944. Records of Proceedings, Montreal 1944, S. 517; Anonymus: I.L.O. Seat for China, in: Manchester Guardian, 24.04.1944.

57 „Argus": After Geneva, in: The Fortnightly Review NF 119 (1926), S. 577–587; League of Nations. Committee on the Composition of the Council: Report on the Work of the First Session of the Committee, held at Geneva from May 10th to 17th, 1926 with the Minutes and Appendices, Genf 1926, S. 117–139; Ayusawa Iwao: Search for a new World Order. A Japanese View: Emergence of the Regional System of Security. Small States and their Sovereignty, in: The Japan Weekly Chronicle, 11.07.1940, S. 57–58 und 18.07.1940, S. 86–87.

9.2 Wirtschaftsstatistische Ländervergleiche in öffentlichen Debatten

Bis zum Zweiten Weltkrieg blieb es eine Ausnahme, dass wirtschaftsstatistische Ländervergleiche eine unmittelbar funktionale Relevanz erhielten wie im Falle der Regelung zur Besetzung des *Governing Body*. Abgesehen davon aber waren sie omnipräsent. Seit Jahrzehnten schon waren sie Teil öffentlicher Debatten und informierten politische wie wirtschaftliche Entscheidungsträger. In den 1920er und 1930er Jahren scheint der öffentliche Gebrauch solcher Vergleiche gleichwohl zugenommen zu haben. Der Eindruck entsteht zumindest bei der stichprobenhaften Analyse digitalisierter Zeitungen und Zeitschriften wie dem *Economist*, bei der Durchsicht zeitgenössischer Presseausschnittsammlungen zu weltwirtschaftlichen Fragen wie jener des *Reichslandbundes* im deutschen *Bundesarchiv* oder angesichts der Ausweitung grafischer Darstellungen in den Völkerbundpublikationen (Kap. 5.3). Bestärkt wird der Eindruck durch zahlreiche unspezifische Forderungen von Zeitgenossen, wirtschaftsstatistische Konzepte und Methoden international zu standardisieren, um eine von ihnen wahrgenommene steigende Nachfrage nach wirtschaftsstatistischen Ländervergleichen zu decken.[58]

Quantitativ lässt sich diese Entwicklung nur schwer fassen. Zwei qualitative Veränderungen können aber konkretisiert werden, die die breite Rezeption und Verwendung wirtschaftsstatistischer Ländervergleiche erleichterten und deren Relevanz für politische Debatten erhöhten. Dank ihnen stieg tendenziell die Nachfrage nach solchen Vergleichen an und auch der Druck auf Regierungen nahm zu, ihre eigenen wirtschaftsstatistischen Beobachtungen so anzulegen und gegebenenfalls auszubauen, dass der Vergleich der beobachteten Aspekte mit jenen anderer Länder möglich wurde.

Zum einen wuchs nach dem Ersten Weltkrieg – auch dank verbesserter Drucktechniken – die Zahl von Infografiken in der Massenpresse und in wirtschaftsbezogenen populären Publikationen.[59] Sie halfen, wirtschaftsstatistische Ländervergleiche in einer leicht verständlichen und eindrücklichen Form wiederzugeben, und steigerten damit tendenziell die Nachfrage nach solchen Statistiken weiter. Daten visualisierende Diagramme veranschaulichen dem Philosophen Gottfried Boehm zufolge „abstrakte Zahlengrößen" aber nicht nur, sondern zeigen auch auf spezifische Art und Weise, „was man aus blossen Zahlenkolonnen niemals

58 Vgl. beispielhaft Anonymus: Ein Statistischer Atlas zum Welthandel, in: Vossische Zeitung, 08.06. 1921; Levy: Die Grundlagen, S. 185; Zahn: Statistik, S. 937.

59 Vgl. Rudolf Stöber: Deutsche Pressegeschichte. Von den Anfängen bis zur Gegenwart, 3., überarbeitete Auflage, Konstanz / München 2014, S. 125; Konrad Dussel: Pressebilder in der Weimarer Republik. Entgrenzung der Information, Berlin 2012, zu Infografiken v. a. S. 305–307.

lesen könnte“. Grafiken und Bilder besitzen also einen Eigensinn.[60] Im Falle grafischer Darstellungen wirtschaftsstatistischer Ländervergleiche betrifft dies etwa die Suggestion kontinuierlicher und offener Entwicklungen. Balken und Linien, die in Grafiken einzelne Datenpunkte verbinden, plausibilisieren Zusammenhänge und projizieren zukünftige Entwicklungen, die in einer Tabelle nicht sichtbar sein können. Nun sind Diagramme und Grafiken bereits seit der Frühen Neuzeit genutzt worden, um statistische Daten zu visualisieren. In der zweiten Hälfte des 19. Jahrhunderts erhielten solche Darstellungen dank methodischer Innovationen jedoch eine neue Form, fanden bei professionellen Statistikern zunehmend Akzeptanz und wurden popularisiert. Vor allem ab dem Ersten Weltkrieg, so ein zeitgenössischer Experte, „the use and development of charts has been almost phenomenal – so large, indeed, that at least one able economist [...] thinks that we as a country have gone chart-mad“.[61] Ein anderer Beobachter meinte angesichts der zunehmenden Verwendung statistischer Infografiken, „that the graphic method is rapidly becoming a universal language“.[62] Visualisierte wirtschaftsstatistische Ländervergleiche waren dabei nur einer von vielen Aspekten und dienten zahlreichen Zwecken. Vor allem aber nutzten Autoren sie zur Information und Aufklärung (Abb. 14–15), zur Legitimation eigener Argumente (Abb. 16) und zur politischen Propaganda (Abb. 17).

Zum anderen half die ab etwa 1920 vielerorts stattfindende Erweiterung der wirtschaftsstatistischen Beobachtung und Berichterstattung auf neue Sachverhalte, nicht mehr nur einzelne wirtschaftliche Phänomene und Prozesse wie die Stahlproduktion oder den Außenhandel miteinander zu vergleichen, sondern auch abstrakte Rechenergebnisse, wie Indizes der gewerblichen Produktion oder das jeweilige Volkseinkommen. In wachsendem Maße schien es Zeitgenossen zudem möglich – und nötig –, den Umfang und Charakter, die Dynamik und das Entwicklungspotential ganzer Volkswirtschaften miteinander zu vergleichen. Es fehlte zwar

---

60 Boehm, Gottfried: Wie Bilder Sinn erzeugen. Die Macht des Zeigens, Berlin ³2010, S. 51f.; ähnlich auch Uwe Pörksen: Weltmarkt der Bilder. Eine Philosophie der Visiotype, Stuttgart 1997, S. 186; vgl. Kuchenbuch: Welt-Bildner; Sebastian W. Hoggenmüller: Globalisierungsforschung als Bildforschung. Zur bildlichen Erzeugung globaler Beobachtungsordnungen und ihrer Analyse, in: Hannah Bennani et al. (Hrsg.): Global beobachten und vergleichen. Soziologische Analysen zur Weltgesellschaft, Frankfurt/Main / New York 2020, S. 435–472.

61 Snyder, Carl: Introduction, in: Karl G. Karsten: Charts and Graphs. An Introduction to Graphic Methods in the Control and Analysis of Statistics, New York 1923, S. XXXVII-XL, hier S. XXXVII; Michael Friendly: A Brief History of Data Visualization, in: Chun-houh Chen / Wolfgang Härdle / Antony Unwin (Hrsg.): Handbook of Data Visualization, Berlin / Heidelberg 2008, S. 15–56, v. a. S. 29–39; vgl. auch Funkhouser: Historical Development; Kimball: Mountains of Wealth; Tanner: Wirtschaftskurven.

62 Funkhouser: Historical Development, S. 270.

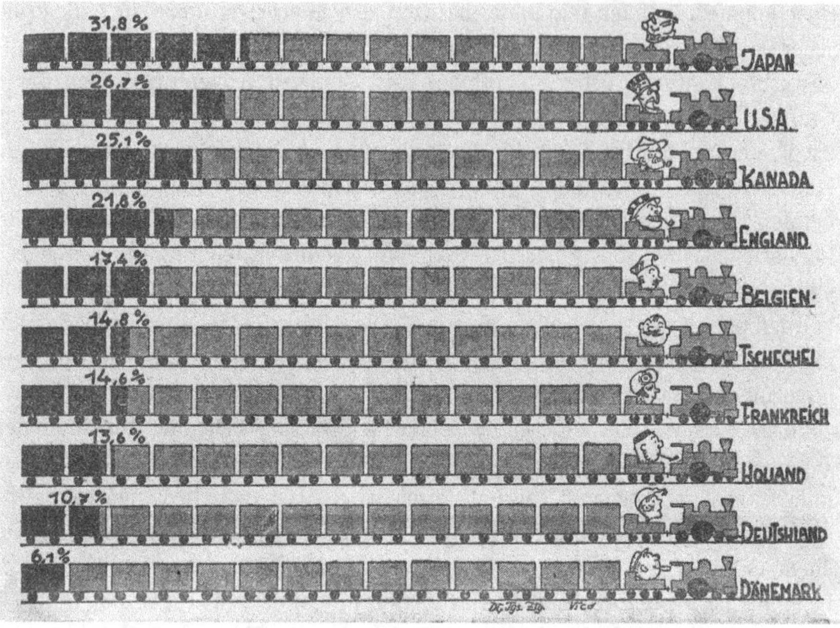

Abbildung 14*:* Grafik zur Illustration des relativen Rückgangs des Exports einiger Länder zwischen 1929 und 1930; erschienen in: Deutsche Tageszeitung, 03.05.1931.

weiterhin an Standards, wie die ‚economic activity' eines Landes als Ganzes zu messen sei. Forderungen und Versuche, dies zu tun, gab es gleichwohl.

Valerien Obolenski etwa, Leiter der sowjetischen Delegation bei der Weltwirtschaftskonferenz in Genf 1927, forderte dazu auf, international vergleichende Wirtschaftsstatistiken zu etablieren, die die „economic prosperity" aller Länder widerspiegelten. Existierten Statistiken zu „national wealth, the national income per head […], the consumption of certain commodities, the average wages paid, the average length of the working day", so Obolenski, „we should find a pitiful state of affairs attended by startling inequalities". Solche statistischen Vergleiche würden auch am Genfer See die Aufmerksamkeit für die weltweiten sozialen und wirtschaftlichen Ungleichheiten schärfen.[63] Was Obolenski forderte, versuchten andere bereits umzusetzen. Drei konzeptionell unterschiedliche Ansätze lassen sich unterscheiden, die jedoch die Annahme einte, einzelne Länder seien unabhängig von ihrer politischen, kulturellen und sozialen Ordnung als gleichartige wirtschaftliche Einheiten zu verstehen, die miteinander verglichen werden konnten.

63 League of Nations: Reports and Proceedings, Bd. 1, S. 126.

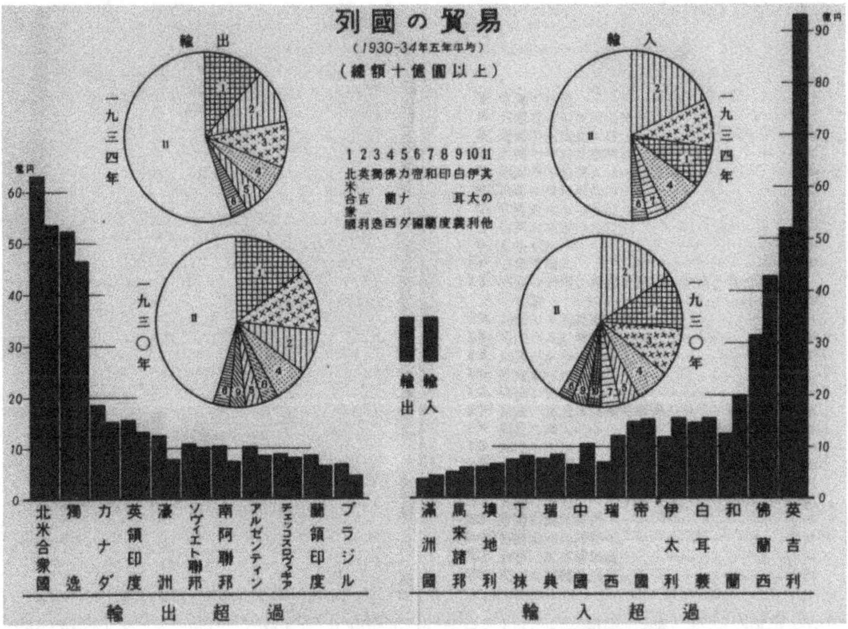

Abbildung 15*:* Durchschnittliche jährliche Volumina der Einfuhren (jeweiliger linker Balken) und Ausfuhren (jeweiliger rechter Balken) von 24 Ländern 1930–1934 in Mrd. Yen; in: Rekkoku kokusei yōran 16 (1936), o. Pag. (Die Länder von links: USA, Deutschland, Kanada, Indien, Australien, Sowjetunion, Südafrika, Argentinien, Tschechoslowakei, Niederländisch Ostindien, Brasilien, Mandschurei, British Malaya, Österreich, Dänemark, Schweden, China, Schweiz, Japan, Italien, Belgien, Niederlande, Frankreich, Großbritannien.)

Erstens gab es Versuche, absolute Zahlen miteinander in Beziehung zu setzen, die als Indikatoren der Wirtschaftsleistung eines Landes galten. Dazu gehörte das Volkseinkommen, das Experten als den sinnvollsten Maßstab ansahen, um die wirtschaftliche Leistungsfähigkeit eines Landes zu messen.[64] Obwohl Ökonomen und Statistiker Vergleiche solch komplexer Zahlen bis Mitte des 20. Jahrhunderts mehrheitlich als unzulässig ansahen, weil sie auf sehr verschiedenen methodischen und statistischen Grundlagen basierten,[65] gab es seit langem immer wieder Versuche, Volkseinkommensschätzungen mit der jeweiligen Bevölkerungszahl eines Landes zu verrechnen und so vermeintlich vergleichbare Daten zu ermitteln. Eines der bekanntesten Beispiele aus dem 19. Jahrhundert sind die Vergleiche von Pro-

64 Vgl. Studenski: The Income sowie Kapitel 10.1.

65 Beispielhaft für zeitgenössische Kritik: Paul Jostock: Wieweit sind Volkseinkommen international vergleichbar?, in: Weltwirtschaftliches Archiv 49 (1939), S. 241–274; ausführlich dazu Speich Chassé: Die Erfindung.

Abbildung 16*:* Grafik aus Delegazione alla Conferenza per il Consolidamento del Debito di Guerra: Graphics showing several Aspects of Italian Conditions and of the International Economic Situation, Rom 1925, o. Pag. (Diese Broschüre enthielt graphische Darstellungen mit wirtschaftsstatistischen Vergleichen zwischen den vormaligen Kriegsalliierten USA, Italien, Frankreich und Großbritannien sowie Belgien. Die italienische Regierung bereitete mit ihnen 1925 ihre Verhandlungen mit der US-amerikanischen Regierung über die Verminderung bzw. den Erlass ihrer kriegsbedingten Schulden vor. Vgl. Prévost/Beaud: Statistics, S. 147 – 150.)

Kopf-Einkommen verschiedener Länder des Publizisten Michael G. Mulhall, die dieser ab 1884 publizierte (Abb. 18). Andere Autoren erarbeiteten ähnliche Vergleiche, darunter der britische *Economist* 1915 oder der US-amerikanische Bankier und Publizist Harvey E. Fisk 1924 und 1930.[66]

Eine ganz neue Qualität hinsichtlich der methodischen Sorgfalt sowie der geographischen Reichweite erhielten die Vergleiche von Pro-Kopf-Einkommen verschiedener Länder Ende der 1930er Jahre. Bis dahin hatten sich die meisten Autoren auf den Vergleich der Pro-Kopf-Einkommen in einigen, meist industrialisierten Ländern beschränkt. Nun aber profitierten Autoren von der weltweiten Expansion der permanenten wirtschaftsstatistischen Beobachtung und betrachteten mehr Regionen der Welt. So veröffentlichte etwa im Frühjahr 1939 der polnische Ökonom Ludwik Landau Ergebnisse seiner statistischen Analyse globaler ökonomischer Ungleichheiten. Darin verglich er Produktionswerte in der Landwirtschaft,

66 Anonymus: The Cost of the War and Its Financial Effects during the Year 1915, in: The Economist, 18.12.1915, War Supplement, S. 3 – 24, hier S. 5; Harvey E. Fisk: The Inter-Ally Debts. An Analysis of War and Post-War Public Finance 1914 – 1923, New York / Paris 1924, S. 263; Harvey E. Fisk: Some New Estimates of National Incomes, in: American Economic Review 20 (1930), S. 20 – 27, hier v. a. S. 23.

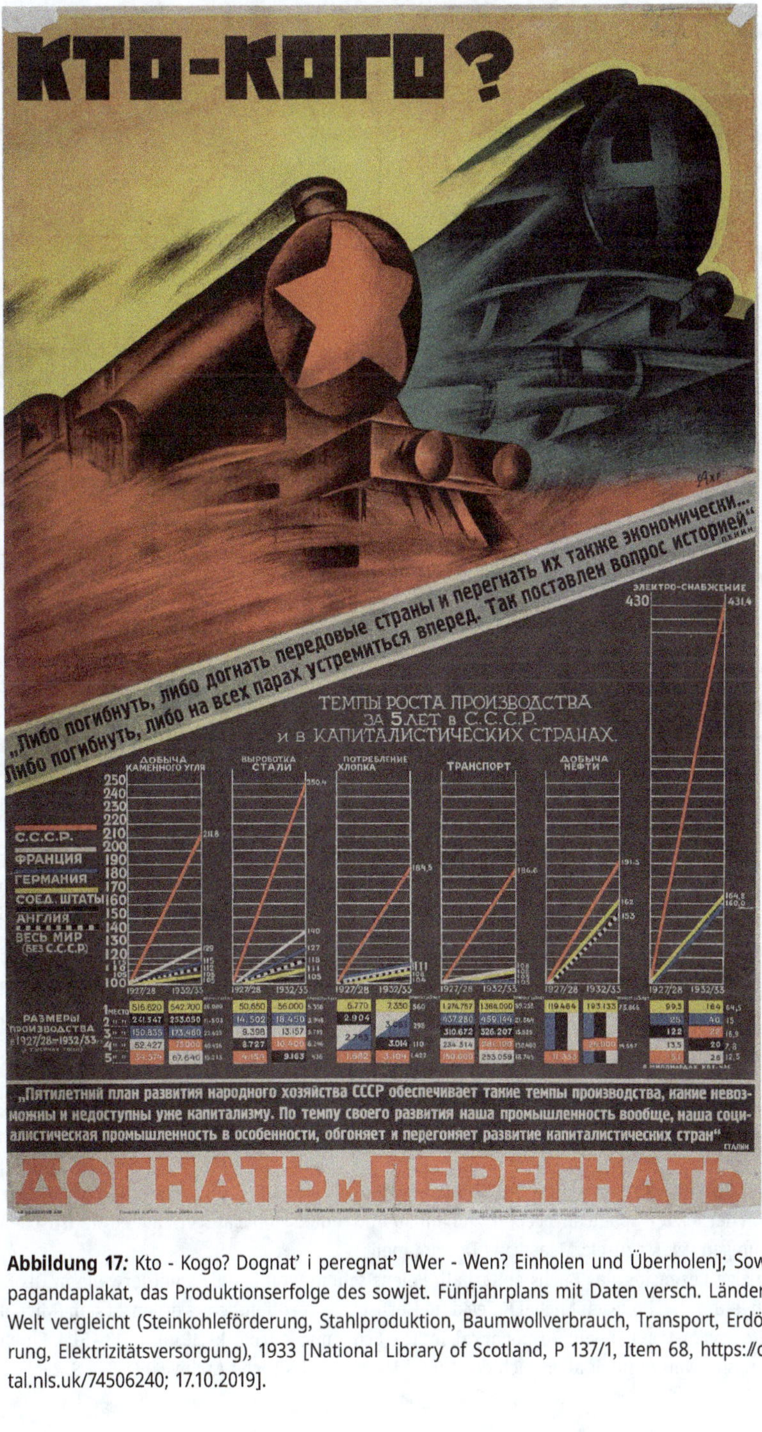

Abbildung 17: Kto - Kogo? Dognat' i peregnat' [Wer - Wen? Einholen und Überholen]; Sowjet. Propagandaplakat, das Produktionserfolge des sowjet. Fünfjahrplans mit Daten versch. Länder und der Welt vergleicht (Steinkohleförderung, Stahlproduktion, Baumwollverbrauch, Transport, Erdölförderung, Elektrizitätsversorgung), 1933 [National Library of Scotland, P 137/1, Item 68, https://digital.nls.uk/74506240; 17.10.2019].

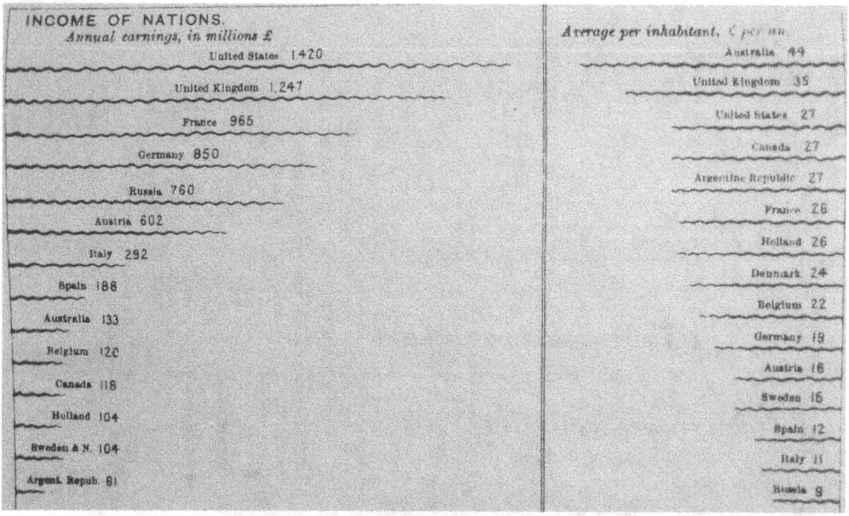

Abbildung 18: Absolute Volkseinkommen und Pro-Kopf-Einkommen von 15 Staaten, in: Mulhall: Mulhall's Dictionary [1884], o. Pag. [zwischen S. 244 und 245].

dem Bergbau und der gewerblichen Produktion zahlreicher Länder aller Kontinente miteinander. Diese hatte er in den meisten Fällen aus Publikationen der einzelnen Länder, des *Völkerbunds* und des IIA zusammengestellt, konnte sie für einige kontinentale Großregionen aber mangels Datenmaterial aber nur grob schätzen (etwa Südamerika ohne Argentinien, Asien ohne China, Indien und Japan, Ozeanien ohne Australien und Neuseeland sowie Afrika). Zusätzlich veröffentlichte Landau Daten und Schätzungen zu den Pro-Kopf-Einkommen in allen von ihm betrachteten Ländern und gab so eine Übersicht über die immensen Wohlstandsunterschiede in der Welt.[67] Während Landaus Buch – eine im Frühjahr 1939 von einem Juden auf Polnisch veröffentlichte Studie – kaum international wahrgenommen wurde,[68] erhielt die ein Jahr darauf von seinem britischen Kollegen Colin Clark veröffentlichte Arbeit *The Conditions of Economic Progress* immense Aufmerksamkeit und gilt als epochemachendes Werk. Er stellte verfügbare und von ihm

67 Landau: Gospodarka, v. a. die zusammenfassende Tabelle 16 auf S. 128 f.; die Pro-Kopf-Einkommen sind in der letzten Spalte angegeben; zu Landau und seinen global ausgerichteten statistischen Untersuchungen vgl. Mazurek: Measuring Development.

68 Die einzige Rezension des Buchs außerhalb Polens scheint von Landaus mittlerweile in Großbritannien lehrenden Kollegen Michał Kalecki im Herbst 1939 veröffentlicht worden zu sein (Michał Kalecki: [Rezension von Landau: Gospodarka], in: The Economic Journal 49 (1939), S. 513 – 515). Einen Erscheinungshinweis enthielt aber auch das Kieler Weltwirtschaftliche Archiv 50 (1939), S. 23*.

selbst geschätzte Zahlen zum Volkseinkommen von praktisch allen Ländern der Erde zusammen, rechnete sie anschließend in eine fiktive Währung um,[69] ermittelte dann Pro-Kopf-Einkommen und traf damit Aussagen über Reichtum und Armut dieser Länder. Die Welt, so sein pointiertes Fazit, sei nicht nur von großen Ungleichheiten geprägt, sondern auch „a wretchedly poor place".[70]

Zweitens traten neben diesen aufwändigen und methodisch umstrittenen Ansatz in den 1920er Jahren Versuche von Vertretern der empirischen Konjunkturforschung, die Wirtschaftsentwicklung ganzer Länder miteinander zu vergleichen. Sie setzten nicht absolute Zahlen zueinander in Beziehung, sondern Indizes, die sie berechneten, indem sie zahlreiche statistische Reihen einzelner Länder miteinander kombinierten, von denen sie glaubten, sie repräsentierten die wirtschaftliche Entwicklung eines Landes (vgl. Kap. 4.3 und 10.3). Auf diese Weise verglich beispielsweise das US-amerikanische *National Bureau of Economic Research* 1926 die gesamtwirtschaftliche Konjunkturentwicklung von 17 Ländern aller Kontinente (vor allem Europas und Nordamerikas) zwischen 1890 und 1925.[71] Bis Anfang der 1930er Jahre setzte das New Yorker Institut seine diesbezüglichen Analysen fort und weitete sie auf die doppelte Anzahl beobachteter Länder aus.[72] Selbst Ökonomen, die wie Oskar Morgenstern dieses vergleichende Vorgehen aus methodischen Gründen deutlich kritisierten, sahen in ihm doch einen wichtigen Beitrag zur Konjunkturforschung.[73] Es überrascht daher nicht, dass Bertil Ohlin und John B. Condliffe Anfang der 1930er Jahre ganz ähnlich vorgingen, als sie im Auftrag des

---

69 Anders als Landau, der alle Angaben in polnische Złoty umrechnete, entwarf Clark mit der ‚international unit' eine Recheneinheit, die nicht nominale Währungen, sondern deren jeweilige reale Kaufkraft als Basis des Vergleichs annahm. Eine ‚international unit' entsprach dabei der Menge an Gütern und Dienstleistungen, die mit einem US-Dollar im Durchschnitt der Jahre 1925–1934 in den USA erworben werden konnte.

70 Clark, Colin: The Conditions of Economic Progress, London 1940, S. 3, 54; vgl. Speich Chassé: Die Erfindung, S. 42–55.

71 Thorp: Business Annals; zu den betrachteten Ländern gehörten auch Russland/Sowjetunion, China, Japan und Indien; vgl. zu diesem Projekt Martin: Experts, S. 160–163 sowie Kap. 10.3.

72 Anonymus: World-Wide Business Conditions Pictured. Various Stages of Prosperity and Depression Noted in 17 Countries in 1926, in: News-Bulletin of the National Bureau of Economic Research, Nr. 25 [20.05.1927], S. 1–4; Wesley C. Mitchell: A Review, in: National Bureau of Economic Research (Hrsg.): Recent Economic Changes in the United States. Report of the Committee on Recent Economic Changes of the President's Conference on Unemployment, New York 1929, Bd. 2, S. 841–910, hier S. 858; Willard L. Thorp: The Depression as Depicted by Business Annals, in: News-Bulletin of the National Bureau of Economic Research, Nr. 43 [19.09.1932], S. 1–4.

73 Morgenstern, Oskar: International vergleichende Konjunkturforschung, in: Zeitschrift für die gesamte Staatswissenschaft 83 (1927), S. 261–290; Oskar Morgenstern: On the International Spread of Business Cycles, in: Journal of Political Economy 51 (1943), S. 287–309, hier S. 294.

Völkerbunds den Fortgang der Wirtschaftskrise dokumentierten und in Grafiken visualisierten (Abb. 19).

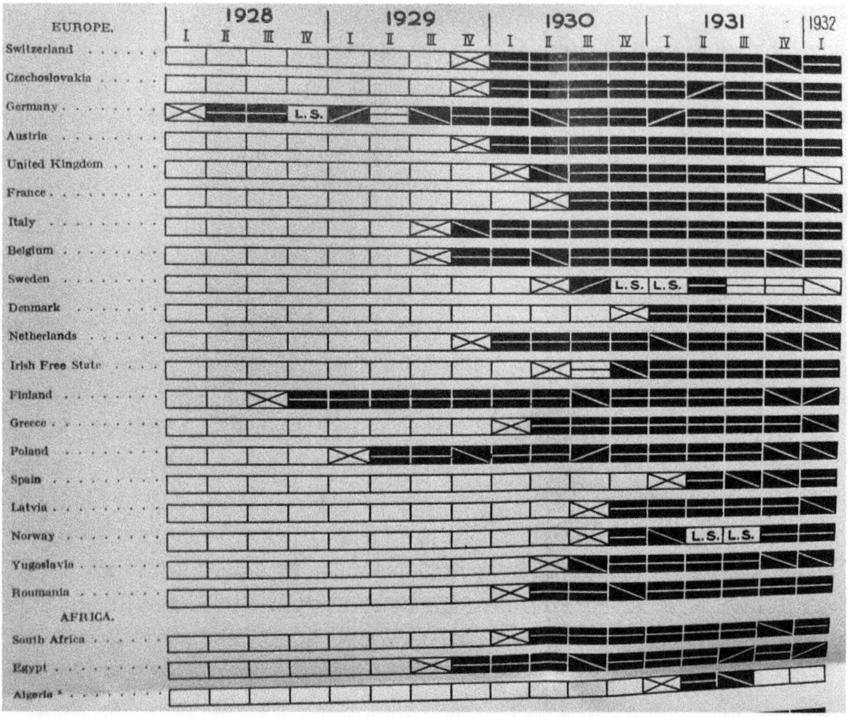

Abbildung 19: Ausschnitt aus der Grafik „The Development of the Depression", in: League of Nations: World Economic Survey 1931–32, o. Pag. [zwischen S. 64 und 65]; die unterschiedlich schraffierten Rechtecke markieren jeweils Veränderungen des Konjunkturverlaufs im Vergleich zum vorangegangenen Quartal. (Neben den in der Abbildung zu sehenden Länder verglich Condliffe zudem: USA, Kanada, Argentinien, Brasilien, Chile, Peru, Japan, Indien, Niederländisch-Ostindien, British Malaya, Australien und Neuseeland.)

„The change in economic conditions" der 35 von ihm verglichenen Länder, maß Condliffe, indem er jeweils nicht näher spezifizierte „statistical series" einzelner Länder miteinander kombinierte, die zusammen Veränderungen des jeweiligen Volkseinkommens widerspiegelten. Das brachte es mit sich, dass er für Länder mit unterschiedlicher wirtschaftlicher Struktur auch jeweils verschiedene statistische Reihen auswählen musste. „For the industrial countries, most stress has been laid upon production and employment; in other cases, such factors as harvest returns, export values and barter terms of trade have been utilised."[74] Absolute Angaben zur wirtschaftlichen Entwicklung ganzer Länder sah Condliffe also als nicht vergleichbar an, deren Veränderungen im Laufe der Zeit hingegen schon.

Ein *dritter* Ansatz, der die methodische Kritik am Vergleich komplexer Zahlen ebenso teilte wie er den Mangel an absoluten Zahlen in den Gegenüberstellungen Condliffes und anderer beseitigte, war die Zusammenstellung wirtschaftsstatistischer Ländervergleiche zu möglichst vielen und aussagekräftig erscheinenden Phänomenen und Prozessen (etwa Außenhandel oder Preise) sowie methodisch weniger umstrittenen komplexen Zahlen (z.B. Indizes der gewerblichen Produktion). Eine Zusammenschau dieser Vielzahl von Daten, wie sie auch im MBS erfolgte, verspreche Rückschlüsse auf die wirtschaftliche Entwicklung und auf die relative weltwirtschaftliche Bedeutung einzelner Länder zu geben. Welche statistischen Daten Experten Ende der 1930er Jahre dafür als essentiell und tatsächlich verfügbar ansahen zeigt die Vorbereitung einer permanenten und regelmäßig zu aktualisierenden Ausstellung wirtschaftsstatistischer Grafiken und Diagramme seitens des *Ausschusses Statistischer Sachverständiger* beim *Völkerbund* (ASS) 1938/39.

Initiiert wurde die Ausstellung im Herbst 1937 vom dänischen Delegierten bei der Vollversammlung des *Völkerbunds*, Rudolf Christiani.[75] Er schlug vor, das Völkerbundsekretariat, das zusammen mit der ILO über ausreichend aussagekräftiges und verlässliches Zahlenmaterial zum „financial and economic life" vieler Länder verfüge und zudem als unabhängig und unparteiisch bekannt sei, solle prüfen, wie eine permanente Ausstellung diesbezüglicher Grafiken zu etablieren sei.[76] Bis Mitte Mai 1938, als der Völkerbundrat die Angelegenheit besprach, hatte Christiani die dänische Stiftung *Otto Mønsteds Fond* dafür gewonnen, das Unternehmen mit 50.000 Kronen zu finanzieren. Die Ausstellung sollte, „demonstrate the economic and financial interdependence of nations by showing the phases of the world depression from 1929 to 1938 and the effects of the depression both on Denmark and on other countries". Außerdem sollte sie „the evolution of those countries" miteinander

74 Methodische Anmerkung Condliffes zur Grafik „The Development of the Depression", in: League of Nations: World Economic Survey 1931–32, o. Pag. [zwischen S. 64 und 65].

75 Vgl. Chr. R. Jansen: Rudolf Christiani, in: Dansk Biografisk Leksikon, 3. Auflage, Gyldendal 1973–1984 [http://denstoredanske.dk/index.php?sideID=288347; 20.10.2019]; Steen Andersen: Escape from „Safehaven". The Case of Christiani & Nielsen's Blacklisting in 1944, in: Business History 51 (2009), S. 691–711.

76 League of Nations: Records of the Eighteenth Ordinary Session of the Assembly. Meetings of the Committees. Minutes of the Second Committee (Technical Questions), Genf 1937, S. 90; League of Nations: Resolutions adopted by the Assembly during its Eighteenth Ordinary Session (September 13th to October 6th, 1937), Genf 1937, S. 14.

vergleichen. Auch bei ihr standen also nicht Einzelaspekte im Fokus, sondern die wirtschaftliche Entwicklung ganzer Länder.[77]

Im Beisein Christianis einigten sich die ASS-Mitglieder im Juli 1938 auf eine von Loveday und seinem Mitarbeiter Gerhard Fürst zusammengestellte Liste mit wünschenswerten und technisch umsetzbaren Grafiken. Den angestrebten Fokus auf den Vergleich der ‚economic activity' einzelner Länder sowie deren globale Zusammenschau bestätigten sie. Der ASS plante, mit der Ausstellung „the main changes in world conditions" im Monats-, Quartals- und Jahresrhythmus aufzuzeigen sowie „the economic interdependence of nations".[78] Konkret enthielt die Liste einen großen Teil der Angaben, die Lovedays Team regelmäßig aktualisierte: die Entwicklung von Bevölkerungszahlen, dem Außenhandel und der gewerblichen Produktion, Preise und Lebenshaltungskosten, Geldumlauf und Goldreserven, Bankeinlagen und Zahlungsbilanzen sowie Beschäftigungs- und Arbeitslosenzahlen. Auch Angaben zur ökonomischen Struktur sowie zum Volkseinkommen einiger Länder sollten gezeigt und regelmäßig aktualisiert werden. Einen Teil dieser Informationen empfahl der ASS auf Weltkarten mit politischen Grenzen darzustellen. Dazu gehörten die Bevölkerungsentwicklung in „territories forming a national economic unit", die Anteile bestimmter Länder am ‚Welthandel' und an der ‚Weltproduktion' von Rohstoffen und Industriewaren sowie der Rückgang der Geldwerte in einzelnen Staaten seit 1929. Die wichtigsten Handelswege einiger weltweit gehandelter Waren sollten ebenfalls auf Weltkarten präsentiert werden, der Außenhandel ausgewählter Länder hingegen auf Karten, die nur das jeweilige Land samt unterschiedlich dicken Pfeilen zeigten, die Umfang, Herkunft und Ziele der jeweiligen Ein- und Ausfuhren verdeutlichten und damit globale Verflechtungen offenbarten. Die meisten Informationen aber wollten die Statistikexperten mittels verschiedenartiger Diagramme visualisieren, die der Genfer *Economic Intelligence Service* für seine regelmäßig aktualisierten Periodika erstellte. Dazu gehörten beispielsweise die Entwicklungen des Außenhandels und der Außenhandelsbilanz sowie der gewerblichen Produktion einzelner Länder (Abb. 20 und 21).[79]

77 Minutes of the Hundred-and-First Session of the Council [Genf, 09.-14.05.1938], in: OJ 19 (1938), S. 301–380, hier S. 352.

78 LoNA, R.4503, 10B/34750/397, Comité d'Experts Statisticiens. Résume des discussions de la septième session, tenue à Genève du 4 au 9 Juillet 1938, 02.09.1938 (LoN Document C.E.S. 128), S. 4 f.; Work of the Committee of Statistical Experts at its Seventh Session (Held at Geneva from July 4th to 9th, 1938), in: OJ 19 (1938), S. 891–918, hier S. 897–900 (Zitate: S. 899).

79 List of Subjects for an Exhibition of Graphs, in: OJ 19 (1938), S. 914–918, Zitate: S. 914 f.; der Entwurf von Loveday und Fürst in LoNA, R.4554, 10B/34021/34021, Committee of Statistical Experts. Permanent Exhibition of Graphs relating to Current Economic and Financial Conditions. Note by the Secretariat, 09.06.1938 (LoN Document C.E.S. 120), S. 8–12.

Alle vier Jahre sollte die Ausstellung grundlegend überarbeitet werden. In der Zwischenzeit sollten einzelne Daten je nach Möglichkeiten des *Economic Intelligence Service* monatlich, vierteljährlich oder jährlich aktualisiert werden.[80] Obwohl es also an international einheitlichen Standards fehlte, wie Charakteristik, Dynamik und Entwicklungspotential ganzer Volkswirtschaften quantitativ und vergleichbar repräsentiert werden konnten, waren sich die ASS-Experten mit Loveday und Fürst einig, die Zusammenschau der vor allem vom *Economic Intelligence Service* erarbeiteten Zahlen liefere einen guten Eindruck der relativen weltwirtschaftlichen Bedeutung einzelner Länder.

Vom September 1938 bis in den Sommer 1939 stellte Carl Major Wright, ein dänischer Ökonom, der in den 1930er Jahren für den *Economic Intelligence Service* und die ILO sowie später für die *Vereinten Nationen* arbeitete,[81] unter Aufsicht von Fürst die Daten für die Ausstellung zusammen.[82]

Im Winter 1939/40 reservierte das Sekretariat einen Raum für die Ausstellung, der einen direkten Zugang von der Assembly Hall des *Palais des Nations* gewährte.[83] Anfang Mai 1940 war die Ausstellung fertig und sollte anlässlich der ILO-Konferenz Anfang Juni des Jahres eröffnet werden sollte. Doch der Angriff Deutschlands auf Frankreich am 10. Mai 1940 vereitelte dies. Die knapp 40 Ausstellungstafeln und -vitrinen blieben deshalb während des Kriegs weitgehend unbeachtet im nur wenig frequentierten Genfer *Palais des Nations* stehen, bis sie im Sommer 1945 in den Keller geräumt wurden.[84]

---

80 LoNA, R.4554, 10B/34021/34021, Provisional Estimate of Costs involved in the Preparation of a Permanent Exhibition of Graphs, o.Dat. [Juni 1938], S. 3.

81 Zu Wrights Biographie vgl. Burckel: Whos's Who, S. 476. 1939 veröffentlichte Wright eine Studie zur weltwirtschaftlichen Lage, die der amerikanische Ökonom Eugene Staley unter anderem wegen ihrer Verarbeitung statistischer Daten als „an important book" bezeichnete „which breaks new ground": Carl Major Wright: Economic Adaptation to a Changing World Market, Kopenhagen 1939; Eugene Staley: [Rezension von Wright: Economic Adaptation], in: American Economic Review 29 (1939), S. 802–803.

82 LoNA, R.4554, 10B/35280/34021, Statement concerning the Collaboration between the Bureau of the Mønsted Foundation and the Secretariat of the League of Nations for the Preparation of the Permanent Exhibition of Graphs, 12.10.1938; Konvolut von Datenlisten entsprechend des Ausstellungsplans, zusammengestellt von Wright, o.Dat. [April 1939]; Wright an Fürst, 31.05.1939.

83 LoNA, R.4554, 10B/35280/34021, Christiani an Ansgar Rosenborg, 14.03.1940.

84 LoNA, R.4554, 10B/40308/34021, Aktenvermerk Rosenborgs für Loveday, 04.05.1940; Joseph V. Wilson, *Central Section* des Völkerbundsekretariats, an Loveday, 11.05.1940; Exposition de Graphiques. Inventaire complet, 12.11.1945. Heute scheinen die Ausstellungstafeln nicht mehr zu existieren und selbst Fotos oder Zeichnungen ließen sich in den Archiven des *Völkerbunds* und der ILO nicht finden.

MOVEMENT OF THE FOREIGN TRADE OF CERTAIN COUNTRIES.
Values in national currencies (000,000's omitted).

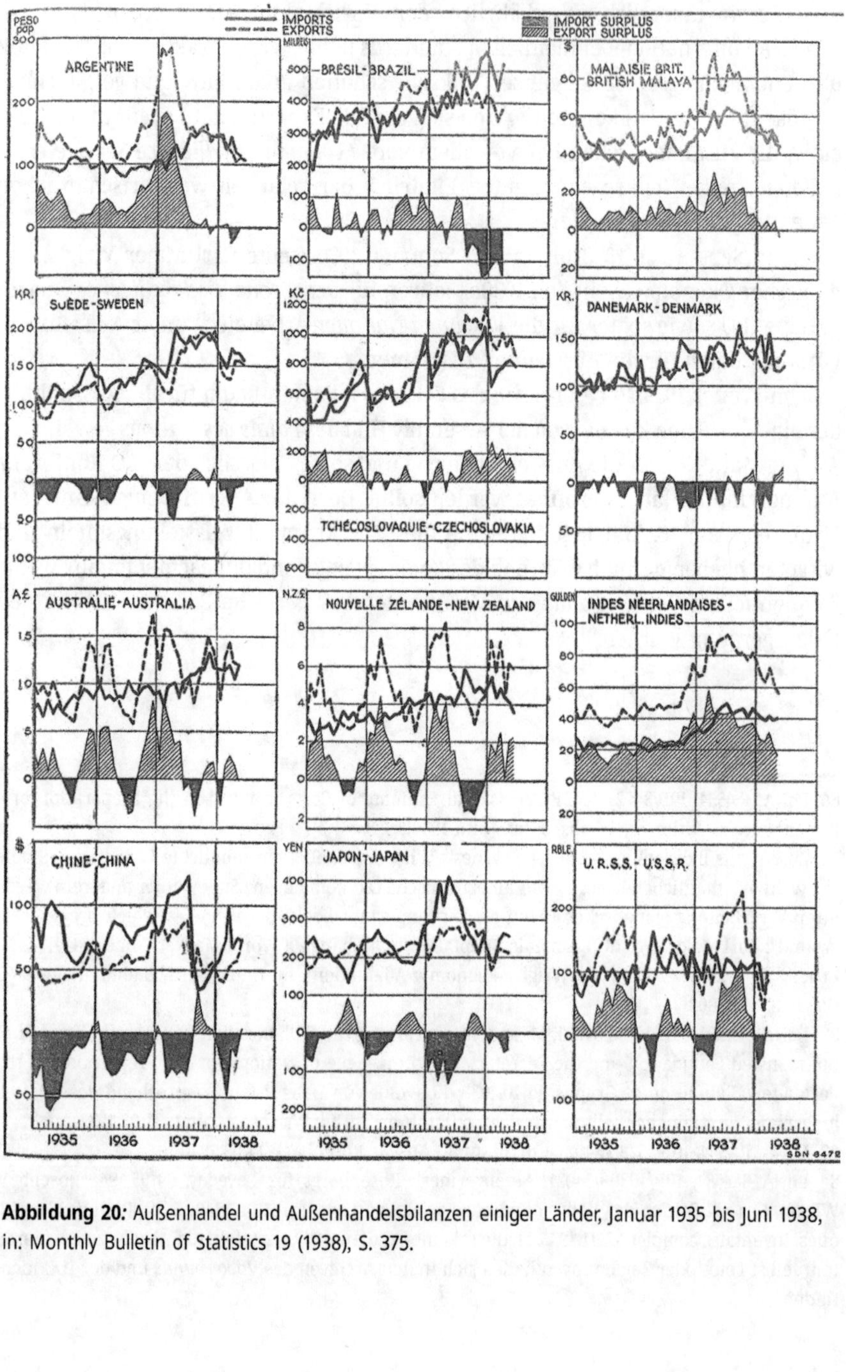

Abbildung 20: Außenhandel und Außenhandelsbilanzen einiger Länder, Januar 1935 bis Juni 1938, in: Monthly Bulletin of Statistics 19 (1938), S. 375.

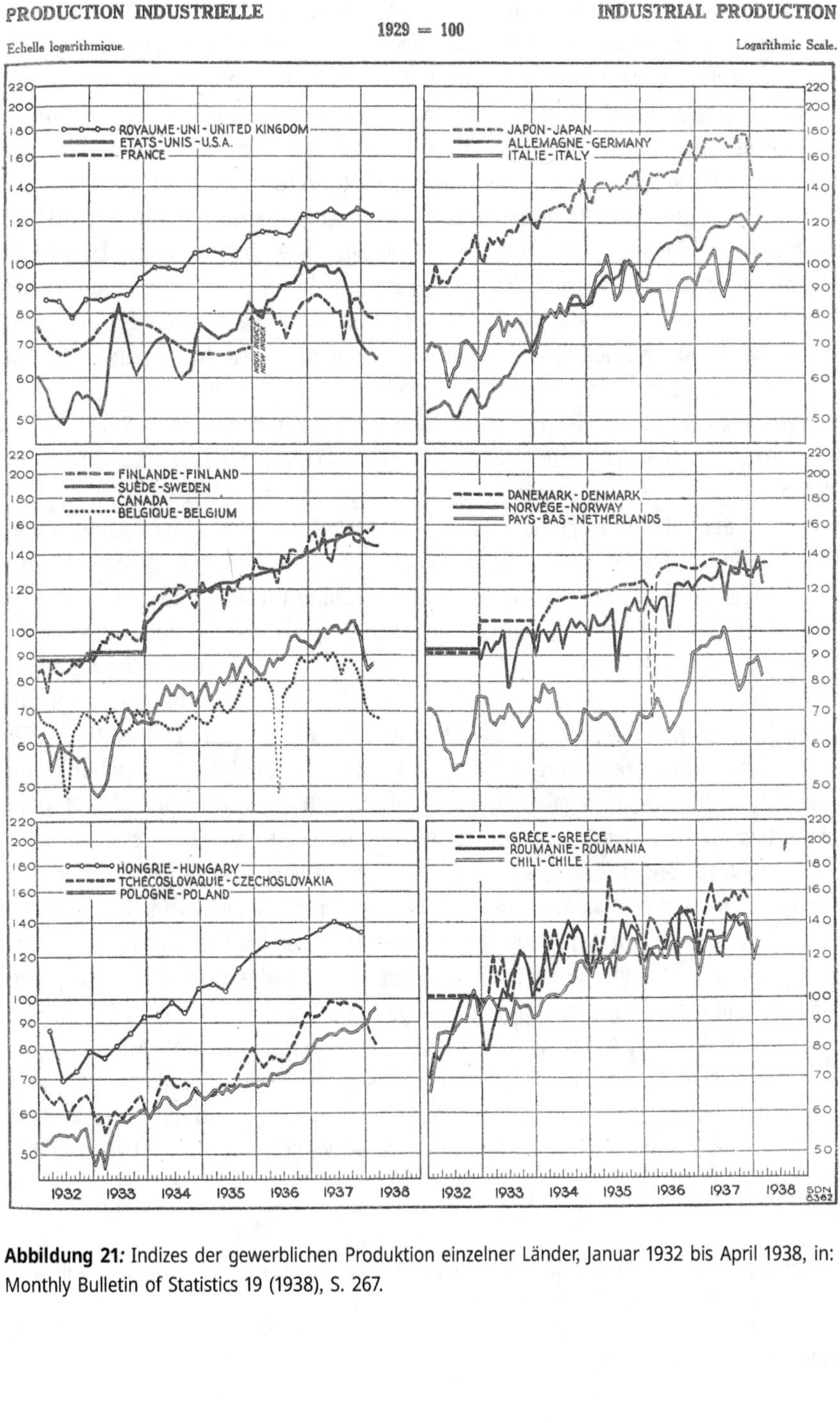

Abbildung 21*:* Indizes der gewerblichen Produktion einzelner Länder, Januar 1932 bis April 1938, in: Monthly Bulletin of Statistics 19 (1938), S. 267.

Die Zunahme öffentlich kommunizierter wirtschaftsstatistischer Ländervergleiche, verstärkt durch ihre leichtere Verständlichkeit dank grafischer Darstellungen, erklären zum Teil, weshalb Regierungen die eigene wirtschaftsstatistische Berichterstattung ausbauten, mit anderen Administrationen sowie dem *Völkerbund* kooperierten und internationale Standards beachteten. Wenn etwa die Regierungen Chinas und Indiens ihre Entscheidungen, Bestimmungen der wirtschaftsstatistischen Konvention von 1928 umzusetzen, damit begründeten, ihre Länder statistisch sichtbar zu machen, dann bezog sich das auf öffentlich kommunizierte wirtschaftsstatistische Ländervergleiche (Kap. 6.3). Auch in Deutschland argumentierte der Präsident des *Statistischen Reichsamts* Ernst Wagemann 1930 mit Blick auf öffentliche Ländervergleiche, Deutschland müsse die wirtschaftsstatistische Konvention ratifizieren und „seine wirtschaftlichen Verhältnisse auf international vergleichbarer Grundlage möglichst offen und ehrlich" darlegen. Nur so könne Vorwürfen vorgebeugt werden, die Regierung verschleiere die „wirkliche Lage" des Landes, „um sich [ihren Reparations-]Verpflichtungen zu entziehen".[85]

Von den ebenfalls globalen Anspruch erhebenden wirtschaftsstatistischen Ländervergleichen des 19. Jahrhunderts[86] unterschieden sich diejenigen der 1920er und 1930er Jahre vor allem dadurch, dass sie stabiler und dynamischer gleichzeitig erschienen. Stabiler erschienen sie, weil ihre empirischen Grundlagen – die landesbezogenen Statistiken – verlässlicher und regelmäßiger vorhanden waren, als dies vor 1914 möglich gewesen war. Vor dem Ersten Weltkrieg hatte es an institutionalisierten Netzwerken gemangelt, die den Datentransfer in kurzer Zeit ermöglicht hätten. Außerdem hatte es keine international einheitlichen Erhebungs- und Darstellungsmethoden gegeben und der Wille von Regierungen hatte gefehlt, Daten nach bestimmten Regeln in vergleichsweise kurzen Abständen an ein internationales Büro zu senden, das diese dann nach eigenen Vorstellungen zusammenstellte und veröffentlichte. Das änderte sich nach 1920 nicht über Nacht. Der Strom an Daten zu bestimmten Aspekten verbreiterte sich aber bis zum Zweiten Weltkrieg nicht nur hinsichtlich seines geographischen Ausmaßes und der beobachteten Sachverhalte, sondern er verstetigte sich auch. Die Entwicklung des Außenhandels, der Produktion von Agrar- wie Industriegütern, von Preisen und Arbeitslosigkeit sowie zahlreichen anderen Aspekten ließ sich in international vergleichender Perspektive über Jahre hinweg in den Publikationen des *Völkerbunds* (sowie einiger anderer Institutionen, die entsprechende Periodika veröffentlichten) verfolgen.

---

85 BAB, R 2/21654, o.Pag, Protokoll einer interministeriellen Besprechung zur Ratifikation des wirtschaftsstatistischen Abkommens durch Deutschland, 15.10.1930.

86 Erinnert sei etwa an die mehr als 150 Länder umfassenden Übersichten zum internationalen Außenhandel von Franz-Xaver von Neumann-Spallart (vgl. Kap. 2.1).

Gleichzeitig sorgten die in den 1920er und 1930er Jahren eintretende Regelmäßigkeit und vor allem die hohe Erscheinungsfrequenz wirtschaftsstatistischer Periodika dafür, dass wirtschaftsstatistische Ländervergleiche dynamischer wirkten. Die immer gleichen Phänomene und Prozesse wurden in verschiedenen Ländern statistisch beobachtet und in den Publikationen miteinander in Beziehung gesetzt. In diachroner und synchroner Hinsicht ließen sich Veränderungen der Werte auf diese Weise sehr rasch ablesen, im Falle der monatlichen Berichtsweise des MBS sogar quasi in ‚Echtzeit'. Das betraf in erster Linie Phänomene wie den Außenhandel, Preise oder Produktionszahlen bestimmter Waren. In dem Maße aber, in dem abstrakte Rechenergebnisse bis hin zum Volkseinkommen in kontinuierlicher Weise aus einer wachsenden Zahl von Ländern zur Verfügung standen, ließ sich auch die wirtschaftliche Entwicklung dieser Länder als Ganzes verfolgen und international vergleichen.

Viele Fachleute erachteten solch abstrakte Zahlen für missverständlich oder wenig aussagekräftig. Ihr internationaler Vergleich galt ihnen zudem meist methodisch unsauber oder unzulässig. Das änderte aber wenig daran, dass sie in einer breiten Öffentlichkeit zirkulierten. Ein bemerkenswertes Beispiel dafür ist eine Meldung, die die britische *Press Association* im Frühjahr 1934 mit der Schlagzeile verbreitete, „Canada leads the Rest of the World in Industrial Production". Diese Nachricht basierte auf Informationen einer kurz zuvor erschienenen Ausgabe des *Monthly Summary* des *Völkerbunds* und bezog sich ‚nur' auf den prozentualen Anstieg des Index' der gewerblichen Produktion im ersten Jahresdrittel 1934 im Vergleich zu jenem des Vorjahres. Sie fand gleichwohl mit der missverständlichen Überschrift den Weg in Tageszeitungen des britischen Imperiums. Dass die verglichenen Indizes nur bedingt miteinander vergleichbar waren, blieb dabei erwartungsgemäß unerwähnt.[87]

9.3 Auf dem Weg zum Entwicklungsparadigma: Die diskursive Egalisierung aller Länder

Eine zentrale Wirkung wirtschaftsstatistischer Ländervergleiche war die diskursive Egalisierung der jeweils betrachteten Länder. Politische, kulturelle und soziale Unterschiede all jener Territorien, die in einer Tabelle, einer Grafik oder auf einer

87 Etwa Anonymus: Canada Leads the World, in: The Independent [Deniliquin, New South Wales, Australien], 03.06.1934; Anonymus: Canada Leads the Rest of the World in Industrial Production, in: Wairarapa Daily Times [Masterton, Neuseeland], 20.06.1934; der Nachricht lag zugrunde: Anonymus: Production and World Trade at the Beginning of 1934, in: Monthly Summary of the League of Nations 14 (1934), S. 128–129.

Weltkarte hinsichtlich ihres Außenhandels, ihrer gewerblichen Produktion oder ihres ‚Industrialisierungsgrades' miteinander verglichen wurden, wurden ausgeblendet, um sie hinsichtlich des jeweils interessierenden ökonomischen Phänomens oder Prozesses miteinander vergleichen zu können. Dieser nicht neue Effekt[88] entfaltete nach dem Ersten Weltkrieg eine größere Breitenwirkung, weil die wirtschaftsstatistischen Ländervergleiche politisch bedeutsamer wurden – wie im Falle der Gremienbesetzung in der ILO – und weil sie in der beschriebenen Art für eine tendenziell wachsende Leserschaft praktisch alltäglich wurden. Öffentlich kommunizierte wirtschaftsstatistische Ländervergleiche normalisierten gewissermaßen die diskursive Egalisierung aller Länder der Erde. Davon betroffen waren nicht nur souveräne Staaten oder Industrieländer der ‚westlichen' Welt, sondern praktisch alle Territorien, unabhängig von ihrem jeweiligen politischen Status. Auf diese Weise bereiteten die wirtschaftsstatistischen Ländervergleiche in den 1920er und 1930er Jahren einer Weltsicht den Weg, in der globale Ungleichheiten nicht mehr in erster Linie als politische Machtgefälle oder vermeintlich existierende ‚rassische', kulturelle und zivilisatorische Völkerhierarchien artikuliert wurden, sondern mittels objektiv erscheinender quantitativer Messergebnisse ökonomischer Verhältnisse und Potentiale. In dieser sich nach dem Zweiten Weltkrieg entfaltenden Weltsicht mangelte (und mangelt) es nicht an Ungleichheiten. Die ihr zugrundeliegende Annahme aber, alle statistisch betrachteten Länder seien formal gleichartig (erst dies ermöglichte den Vergleich), suggerierte, sie befänden sich auf einem einzigen Entwicklungspfad und unterschieden sich allein durch ihr jeweiliges, veränderbares Entwicklungsniveau. Diese zentrale epistemische Grundlage des Fortschritts- und Entwicklungsparadigmas, das die internationale Politik ab den späten 1940er Jahren prägen sollte, war in den 1920er und 1930er Jahren erst im Entstehen und ohne die Abstraktionsleistung der volkswirtschaftlichen Gesamtrechnung wenig plausibel, die Staaten als selbständige „national gefasste wirtschaftliche Einheiten" imaginierte und statistisch darstellte.[89] Die dahinterstehende Logik aber, alle Länder der Erde seien gleichartige Territorien und unterschieden sich ‚nur' hinsichtlich ihrer ökonomischen Performanz voneinander, prägte wirtschaftsstatistische Ländervergleiche bereits vor dem Zweiten Weltkrieg.

Die wirtschaftsstatistischen Ländervergleiche zur Besetzung des *Governing Body* der ILO etablierten etwa eine Staatenhierarchie, die – ungeachtet aller von Experten identifizierten konzeptionellen Probleme – den mit vermeintlich objektiven Methoden erfassten wirtschaftlichen Entwicklungsstand eines Landes an-

---

88 Auf diese Wirkung wurde bereits im Zusammenhang mit wirtschaftsstatistischen Ländervergleichen des 19. Jahrhunderts in Kap. 3 verwiesen.

89 Vgl. dazu ausführlich Speich: Die Erfindung; Zitat aus Speich Chassé: Fortschritt.

zeigte und eine ‚Spitzengruppe' von ‚Verfolgern' sowie allen restlichen Ländern unterschied.[90] Anders als die politisch begründeten Statusunterschiede, die sich in der Besetzung des Völkerbundrats (oder des heutigen UN-Sicherheitsrats) widerspiegelten, ließ sich diese Hierarchie innerhalb des etablierten Systems mittels wirtschaftlicher Entwicklung verändern. Zudem stand es den Regierungen aller souveränen Staaten offen, sich an diesen Vergleichen zu beteiligen, wenn sie über die notwendigen statistischen Daten verfügten. Die für den statistischen Vergleich notwendige diskursive Egalisierung der betrachteten Länder schuf also einen potentiell globalen Vergleichshorizont. Entscheidend war nicht, dass sich alle Länder permanent miteinander verglichen, sondern dass jedes von ihnen die Möglichkeit erhielt, sich um die vorhandenen Plätze zu bewerben.

Dabei ging es nicht nur um die Sicherung von Einfluss auf die Tätigkeit des Gremiums. Die Aufnahme in die Gruppe der acht industriell wichtigsten Länder erschien Regierungen auch als ein Mittel, vor einem imaginierten ‚globalen Publikum' das eigene Ansehen zu steigern. Das erklärt die energischen Versuche der Regierungen Spaniens, der Schweiz und Polens, den Völkerbundrat 1922 zu überzeugen, ihr jeweiliges Land in die Runde der acht Staaten aufzunehmen, obwohl sie bereits mit gewählten Vertretern im *Governing Body* repräsentiert waren.[91] Als das *Governing Body* sich Anfang 1935 auf neue statistische Kriterien einigte, um die acht industriell wichtigsten Länder zu bestimmen, protestierte die Regierung Kanadas gegen deren Annahme, da sie den Ausschluss des Landes aus dieser Gruppe zur Folge hatten.[92] Der Vertreter Japans wiederum habe laut dem Chefstatistiker der ILO nicht verstehen wollen „how India was [now] No. 5 and Japan No. 8, whereas in 1922 the positions were reversed". Werde dies in seinem Land bekannt, so habe der Japaner hinzugefügt, würde die Nachricht „intense disappointment" auslösen.[93] Tatsächlich erwähnten zeitgenössische Beobachter den Status Japans als eines der acht Länder immer wieder, wenn sie dessen raschen Aufstieg zur politischen Großmacht

---

90 Als ‚Spitzengruppe' lassen sich die als acht industriell wichtigste Länder anerkannten Staaten interpretieren, als ‚Verfolgergruppe' jene, von denen statistische Daten geprüft wurden oder die sich aktiv um Zugang zur Achtergruppe zu verschaffen suchten.

91 Claim of Poland to be included among the Eight States of Chief Industrial Importance, in: OJ 3 (1922), S. 1380–1382; The Question of the Eight States of Chief Industrial Importance. Letter from M. Quiñones, Spanish Representative on the Council of the League, to the President of the Council, in: OJ 3 (1922), S. 1510–1512; Minutes of the Twentieth Session of the Council [Genf, 31.08.-04.10.1922], in: OJ 3 (1922), S. 1149–1211, hier S. 1191–1195, 1199 f.

92 ILOA, Official Document Collection, Report on the Question of the Eight States of Chief Industrial Importance. Minority Report by W. Riddell (ILO Document G.B. 69/5/1047), 29.01.1935; ILOA, XGB 1/6/1, International Labour Office. Sixty-Ninth Session of the Governing Body. Geneva – January 1935. Stenographic Record of the Fourth Sitting, Thursday, 31 January 1935 (Morning).

93 ILOA, XGB 1/6/1, Aktenvermerk Nixons, 28.01.1935.

und industriellem Schwergewicht kommentierten.[94] Und die Tatsache, dass die Findung und die Zusammensetzung der Achtergruppe 1919 sowie deren Veränderungen 1922 und 1935 nicht nur in Fachkreisen bekannt war, sondern auch in Tageszeitungen mitgeteilt und kommentiert wurde, zeigt, dass die japanische Sorge vor öffentlichem Unmut nicht aus der Luft gegriffen war.[95]

Besaß der wirtschaftsstatistische Ländervergleich zur Besetzung des *Governing Body* lediglich potentiell einen globalen Charakter, so bezogen andere Statistiken Daten aus teils mehr als 150 ‚statistical areas' aller Kontinente in ihre Betrachtung ein. Unterschiede des jeweiligen politischen Status oder vermeintliche kulturelle und zivilisatorische Gefälle, deren Artikulation die imperiale Weltordnung jener Jahre prägte, blendeten solche Tabellen meist völlig aus. Ausschlaggebend für die Aufnahme in diese Vergleiche war die Verfügbarkeit ausreichender statistischer Daten.

1931 etwa verglich der deutsche Ökonom und Präsident des *Statistischen Reichsamts* Ernst Wagemann in einer Charakterisierung von „Wirtschaftsgebiete[n] der Erde" 62 Länder aller Kontinente miteinander. Dabei betrachtete er die jeweilige Bevölkerungsdichte, den Bestand an Maschinen und Kraftwagen, Eisenbahnlängen, den Anteil der Industriearbeiterschaft an der Arbeitsbevölkerung und den Außenhandel. Anhand des Vergleichs dieser Aspekte ordnete er alle betrachteten Länder vier Kategorien zu: „Hochkapitalismus", „Halbkapitalismus", „Neukapitalismus" und „Nichtkapitalistische Staaten". Souveräne Staaten wie die Sowjetunion, China und Persien befanden sich in diesem Ordnungsprinzip in der gleichen Kategorie wie die politisch abhängigen Territorien Ceylon, Indochina und Marokko („Halbkapitalismus").[96] In John B. Condliffes im Jahr darauf veröffentlichten Ver-

94 Vgl. etwa Francis G. Wilson: The Pacific and the International Labor Organisation, in: Pacific Affairs 5 (1932), S. 497–511, hier S. 502 f.; Anonymus: Industry in Japan. From Feudalism to Modernity, in: Poverty Bay Herald [Gisborne, Neuseeland], 12.07.1933; Anonymus: Japan's Trade Growing. Amazing Progress of 50 Years, in: The Herald [Melbourne], 06.06.1933; Anonymus: Japan To-Day, in: Sydney Morning Herald, 13.02.1934.

95 Vgl. etwa Anonymus: World Labour Conference, in: The Times, 25., 28. und 29.10.1919; Anonymus: World Labour Bureau, in: The Times, 27.11.1919; Anonymus: Statistical Methods. Not Mathematically Certain, in: Daily Herald [Adelaide], 23.03.1923; Anonymus: The Industrial Nations, in: New Zealand Herald [Auckland], 27.03.1923; Anonymus: Puissances industrielles ou grandes puissances?, in: Journal des Nations [Genf], 27./28.01.1935; Anonymus: Chief Industrial States. Geneva's List, in: The West Australian [Perth], 02.02.1935; Anonymus: The Big Eight. Chief Industrial States. International Labour Office, in: Newcastle Morning Herald [Newcastle, New South Wales, Australien], 16.03.1935; Anonymus: The Labour Movement, in: Evening Star [Dunedin, Neuseeland], 22.08.1935; Anonymus: I.L.O. Seat for China, in: Manchester Guardian, 24.04.1944.

96 Wagemann, Ernst: Struktur und Rhythmus der Weltwirtschaft. Grundlagen einer weltwirtschaftlichen Konjunkturlehre, Berlin 1931, S. 406–409.

gleich der Konjunkturentwicklung in 35 Ländern von 1928 bis 1932 standen die Angaben zu Algerien, Indien und British Malaya wie selbstverständlich neben jenen Frankreichs, Großbritanniens und der USA.[97] Und auch der in Abbildung 15 wiedergegebene Vergleich der durchschnittlichen jährlichen Außenhandelsvolumina von 24 Ländern, der 1936 im japanischen auslandsstatistischen Jahrbuch erschien, wählte die betrachteten Territorien danach aus, ob sie Waren im Wert von mehr als einer Milliarde Yen im Jahr handelten. Gleichberechtigt folgte daher in der Darstellung Indien auf Deutschland und Kanada und Niederländisch-Ostindien auf Argentinien und die Tschechoslowakei.

Der Genfer *Economic Intelligence Service* trieb die diskursive Egalisierung soweit, dass er ab 1926 in den meisten von ihm veröffentlichten wirtschaftsstatistischen Ländervergleichen die betrachteten Länder (inklusive politisch abhängiger Territorien) strikt in alphabetischer Reihenfolge bzw. innerhalb kontinentbezogener Abschnitte wiedergab, die ebenfalls alphabetisch angeordnet waren (Abb. 22 und 23). Eine andere, ebenfalls auf der Gleichartigkeit aller Länder basierende Gliederungsform waren Ranglisten. Solche verwendete der *Economic Intelligence Service* beispielsweise in einer ab Mitte der 1920er Jahre jährlich publizierten Tabelle zum internationalen Außenhandel, in der die mehr als 150 betrachteten Länder entsprechend ihrer relativen Bedeutung für den ‚Welthandel' angeordnet waren (Abb. 24). Doch auch weit über den vergleichsweise engen Kreis der Genfer Experten und ihrer aktiven Rezipienten hinaus waren Ranglisten und -grafiken, die die Gleichartigkeit der betrachteten Länder voraussetzten, weit verbreitet und ‚normal' (vgl. Abb. 14, 15 und 17).

9. Importations et Exportations (en valeurs). (Commerce spécial, marchandises seulement.)
En millions d'unités des monnaies nationales.

Période Period Moyenne mensuelle Monthly Average	Irlande Etat libre) Irish Free State	Italie Italy	Japon Japan	Lettonie Latvia	Lithuanie Lithuania	Malaisie britannique British Malaya	Maroc français French Morocco	Mexique Mexico	Norvège Norway	Nouvelle-Zélande New Zealand	Palestine	Paraguay	Pays-Bas Netherlands	Pérou Peru	Philippines
	£	Lira	Yen	Lat	Litas	Straits $	Franc	Peso	Krone	N. Z. £	P. £.	Peso oro	Gulden	Sol	Peso

Abbildung 22: Ausschnitt aus der Tabelle zu den monatlichen Ein- und Ausfuhren des MBS, in: Monthly Bulletin of Statistics 18 (1937), S. 166.

Die in Genf verfolgte diskursive Egalisierung aller Länder umfasste explizit politisch abhängige Territorien. 1934 hob Alexander Loveday dies in einem Überblicksartikel zur Tätigkeit des *Economic Intelligence Service* hervor. Dessen seit 1927 erscheinendes Statistisches Jahrbuch, so schrieb er, sei notwendigerweise eine Auswahl interessanter Aspekte. Allerdings versuche man, in allen betrachteten Fällen einen

97 League of Nations: World Economic Survey 1931–32, o. Pag. [zwischen S. 64 und 65]; vgl. Abb. 19.

CENTRAL MONETARY GOLD RESERVES OF THE WORLD

in old U. S. A. gold dollars (000,000's omitted)[1]

			1937			End of :
X	XI	XII	I	II	III	
						Africa.
8	8	8	8	8	* 8	Algeria.
2	2	* 2	* 2	* 2	* 2	Belgian Congo.
32	32	32	32	32	* 32	Egypt.
5	5	* 5	* 5	* 5	* 5	Morocco.
112	113	120	128	136	141	Union of S. Afr.
159	**160**	**167**	**175**	**183**	**188**	Total.
						North America.
111	112	112	113	113	...	Canada.
6 523	6 605	6 649	6 708	6 754	6 835	U. S. A.
6 634	**6 717**	**6 761**	**6 821**	**6 867**	*** 6 952**	Total.
						Latin America.
238	238	238	238	238	* 238	Argentine.
17	17	17	17	17	* 17	Chile.
10	11	11	11	11	* 11	Colombia.
2	2	2	2	2	* 2	Ecuador.
11	12	12	12	12	* 12	Peru.
40	40	40	40	40	* 40	Uruguay.
* 30	* 30	* 30	* 30	* 30	* 30	Venezuela.
* 40	* 40	* 40	* 40	* 40	* 40	Other Countries.[2]
388	**390**	**390**	**390**	**390**	**390**	Total.
						Asia.
* 2	* 2	* 2	* 2	* 2	* 2	Straits Settlem.
162	162	162	162	162	162	India.
36	36	36	36	36	* 36	Netherl. Indies.
14	14	14	* 14	* 14	* 14	Iran.
269	271	273	275	277	* 279	Japan.
* 1	* 1	* 1	* 1	* 1	* 1	Philippines.
—	—	—	—	—	—	Siam.
484	**486**	**488**	**490**	**492**	**494**	Total.

Abbildung 23: Ausschnitt aus einer Tabelle zu den Zentralbankbeständen an Gold, in: Monthly Bulletin of Statistics 18 (1937), S. 150.

universalen Anspruch umzusetzen. „Uganda is not omitted from the table on tin ore production because her output amounts to only a few thousand, or Liberia from that on motorcycles because there are there only ten." Es sei, so begründete Loveday dieses Vorgehen, das Ziel des Jahrbuchs, „to make it as complete a book of reference as possible on the subjects which it covers".[98]

Dass dies kein Lippenbekenntnis war, zeigte sich im Falle des Bemühens des Genfer Sekretariats, eine möglichst vollständige und differenziert dargestellte Übersicht über die Entwicklung der globalen Goldförderung zu erhalten. Seine Londoner Mitarbeiterin Dorothy Etlinger bat Loveday im September 1926, für die erste Ausgabe des Statistischen Jahrbuchs eine entsprechende Tabelle zu entwerfen und dafür Rücksprache mit Joseph Kitchin zu halten. Dieser war ein in London

98 Loveday: Geneva, S. 198.

TOTAL						COUNTRY *
In million $			As % of total			
1913	1924	1925	1913	1924	1925	
5,771	8,560	9,375	15.24	15.49	15.18	United Kingdom (1)
4,223	8,073	8,997	11.15	14.61	14.57	United States of America
4,966	3,721	5,047	13.12	6.73	8.17	Germany (1)
2,953	4,257	4,262	7.80	7.70	6.90	France (1)
1,359	1,931	2,332	3.60	3.50	3.78	India
1,051	1,859	2,256	2.78	3.36	3.65	Canada
678	1,723	1,929	1.79	3.12	3.12	Japan
1,189	1,470	1,770	3.14	2.66	2.87	Italy (1)
980	1,443	1,598	2.59	2.61	2.59	Argentine
1,597	1,459	1,536	4.22	2.64	2.49	Belgium(1)
755	1,271	1,499	1.99	2.30	2.43	Australia (2)
710	1,450	1,448	1.88	2.62	2.34	China
399	704	1,270	1.05	1.27	2.06	British Malaya(7)
	971	1,079		1.76	1.75	Czechoslovakia
643	722	910	1.70	1.31	1.47	Brazil
624	816	874	1.65	1.48	1.41	Switzerland
456	838	(838)	1.20	1.52	(1.36)	Dutch East Indies
379	702	786	1.00	1.27	1.27	Denmark (1)
446	713	753	1.17	1.29	1.22	Sweden
456	914	739	1.20	1.65	1.20	Spain
517	662	735	1.37	1.20	1.19	Union of South Africa (2)
	764	662		1.38	1.07	Austria
1,475	490	657	3.90	0.89	1.06	Russia (1)
304	723	648	0.80	1.31	1.05	Cuba
291	513	566	0.77	0.93	0.92	Egypt
	529	549		0.96	0.89	Poland
246	454	530	0.65	0.82	0.86	Mexico (2)(7)
204	441	511	0.54	0.80	0.83	New Zealand
	522	506		0.95	0.82	Irish Free State
247	356	431	0.65	0.64	0.70	Norway
270	331	(331)	0.71	0.60	(0.54)	Chile
135	228	318	0.36	0.41	0.51	Ceylon (7)
273	314	(314)	0.72	0.57	(0.51)	Turkey (3) (1) (2)
(36)	228	301	(0.10)	0.41	0.49	S. H. S. (1) (2)
	260	292		0.47	0.47	Hungary

Abbildung 24: Ausschnitt einer Tabelle zum Außenhandel von mehr als 150 Ländern 1913, 1924 und 1925, geordnet nach der relativen Bedeutung der betrachteten Länder für den ‚Welthandel' 1925, in: League of Nations: Memorandum on Balance of Payments ... 1911–1925, Bd. 1, S. 133.

tätiger Fachmann für Edelmetallstatistiken, der zudem in der Konjunkturforschung als Namensgeber der kurzfristigen ‚Kitchin-Zyklen' bekannt wurde. Bat Loveday um ein „quite detailed table showing all countries if possible", so riet Kitchin, sich auf Angaben der wichtigsten Förderländer zu beschränken und jene des Rests der Welt zusammenzufassen. Diese Art der Darstellung wählte Kitchin in seinen eigenen, in den 1920er Jahren mehrfach publizierten Studien zur globalen Goldförderung. Laut Etlinger fand er „that as all the small countries are unimportant, it is not worth while showing them out in detail". Loveday sah das anders. Er beauftragte Etlinger trotz dieser eindeutigen Empfehlung eines Fachmannes, alle in London mit vertretbarem Aufwand verfügbaren Daten zusammenzustellen und „to send me a complete table which I could cut if I so desired".[99] Tatsächlich enthielt die so entstehende Tabelle im ersten Jahrbuch Angaben zur Goldförderung in mehr als

99 LoNA, R.442, 10/54392/48254, Loveday an Etlinger, 20.09. und 01.10.1926; Etlinger an Loveday, 29.09. 1926.

60 Ländern während Kitchin in seiner Übersicht nur jene in sechs Ländern, „Australasia" und dem Rest der Welt unterschied. Dass dabei in Bezug auf Eritrea nur Fördermengen zwischen zwei und 18 Kilogramm Gold angegeben werden konnten, hinderte das Genfer Sekretariat nicht daran, die italienische Kolonie (und zahlreiche weitere) gleichberechtigt mit souveränen Staaten und wichtigen Förderländern wie Südafrika (218 bis 299 Tonnen) in die alphabetisch geordnete Tabelle aufzunehmen.[100]

Das von wirtschaftsstatistischen Ländervergleichen entworfene Bild einer Welt formal gleichartiger ‚statistical areas', die sich ‚nur' hinsichtlich der jeweils betrachteten wirtschaftlichen Phänomene und Prozesse voneinander unterschieden, widersprach der in der ‚realen Welt' weiterhin existierenden imperialen Weltordnung. Die dafür notwendige diskursive Egalisierung aller Länder der Erde war auch nicht selbstverständlich. Tabellen der ILO zur internationalen Migration[101] beispielsweise oder auch solche zur Bevölkerungsentwicklung, die regelmäßig im Statistischen Jahrbuch des *Völkerbunds* erschienen, bildeten politische Statusunterschiede der von ihnen erfassten ‚statistical areas' ab. Explizit erwähnten sie, wenn es sich um Kolonien, Protektorate oder Mandatsgebiete handelte und ordneten sie ihren jeweiligen Imperialmächten zu (Abb. 25).

Umso mehr fällt auf, dass diese für alle Zeitgenossen verständlichen und ‚normalen' Statusunterschiede in vielen wirtschaftsstatistischen Ländervergleichen keine Rolle spielten und dass die beschriebene Diskrepanz von den zeitgenössischen Experten praktisch nicht problematisiert wurde.[102] Die Autoren des *Statistischen Jahrbuchs für das Deutsche Reich* kombinierten sogar die egalisierende und die ‚imperiale' Darstellungsweisen in ihren Tabellen zum globalen Außenhandel, ohne dies zu erläutern.[103] Erklären lassen sich diese unterschiedlichen Länder-

---

100 League of Nations: International Statistical Year-Book 1927, S. 98 f.; Joseph Kitchin: Gold Production. A Survey and Forecast, in: Review of Economics and Statistics 6 (1924), S. 73–76; Joseph Kitchin: Gold Production. A Survey and Forecast, in: Review of Economics and Statistics 8 (1926), S. 114–119.

101 Vgl. etwa International Labour Office: Migration Movements 1925–1927, Genf 1929, S. 40–47.

102 Die einzige in den für diese Arbeit ausgewerteten Quellen dokumentierte Diskussion darüber, wie Länder klassifiziert werden sollten, waren die entsprechenden Forderungen der uruguayischen und türkischen Delegationen bei der wirtschaftsstatistischen Konferenz von 1928, einerseits alle Länder alphabetisch anzuordnen und andererseits die Türkei als europäischen Land zu deklarieren (vgl. Kap. 6.3).

103 Vgl. etwa die Tabelle Der Außenhandel wichtiger Länder und deren Handelsverkehr mit dem Deutschen Reiche, in: Statistisches Jahrbuch für das Deutsche Reich 1929, Berlin 1929, S. 81*-84*.

klassifikationen bisher nicht; es mangelt an eindeutigen Mustern und es fehlt an eingehenden Untersuchungen.[104]

Politische Machtgefälle sowie rassistische, kulturelle und zivilisatorische Überlegenheitsgefühle verschwanden natürlich nicht, nur weil wirtschaftsstatistische Ländervergleiche Außenhandels- und Preisdaten der jeweils betrachteten Territorien in alphabetischer Reihenfolge wiedergaben. Ihr Beitrag zum Akzeptanzverlust der imperialen Weltordnung im 20. Jahrhundert sollte daher nicht überbewertet werden. Dass die in ihnen erfolgende diskursive Egalisierung aller Länder der Erde gleichwohl förderlich dafür war, globale Ungleichheiten zunehmend in quantitativen und damit unmittelbar miteinander vergleichbaren Größen zu artikulieren, legen die folgenden Ausführungen dar.

Daniel Speich Chassé hat in seiner Studie zur „Erfindung des Bruttosozialprodukts" überzeugend argumentiert, die nach dem Zweiten Weltkrieg in weiten Teilen der Welt rasch akzeptierte volkswirtschaftliche Gesamtrechnung habe einen universalen „wirtschaftsstatistischen Zahlenraum" geschaffen, einen „epistemischen Raum der vergleichenden Volkswirtschaft", in dem es möglich war, „zentralamerikanische Verhältnisse zum Bezugspunkt afrikanischer Erfahrung zu machen".[105] Dafür notwendig sei die Vorstellung gewesen, die Welt bestehe aus einer bestimmten Anzahl von Ländern, die sich darin glichen, dass sie jeweils abgeschlossene Volkswirtschaften darstellten, deren Wirtschaftsleistung in der gleichen Art und Weise gemessen werden könnte. Diese Vorstellung habe suggeriert, all diese Länder befänden sich auf dem gleichen Pfad wirtschaftlicher Entwicklung und würden sich lediglich durch ihre Stellung darauf voneinander unterscheiden. Bahnbrechend für die Etablierung dieser Vorstellung sei der britische Ökonom Colin Clark gewesen, der 1940 in seinen *Conditions of Economic Progress* Daten zum Pro-Kopf-Einkommen aller Länder der Erde zusammengestellt und in einer vergleichenden Tabelle wiedergegeben hatte. Obwohl die meisten zeitgenössischen

---

104 Diese Frage war eines der Diskussionsthemen der Workshops *Geschichte und Soziologie globaler Zahlen* (Luzern, 26.-28.05.2016; vgl. Speich: Tagungsbericht) sowie *Views and Construction of Global Numbers* (Berlin 07.-08.10.2019; vgl. Léa Renard / Theresa Wobbe: Tagungsbericht Views and Construction of Global Numbers. History and Sociology of Colonial and International Statistics, 07./08.10.2019, Berlin, in: H-Soz-Kult, 22.01.2020 [www.hsozkult.de/conferencereport/id/tagungsberichte-8604; 22.01.2020]). Im Falle der globalen Bevölkerungsstatistiken, die die *Vereinten Nationen* ab 1948 veröffentlichten, strukturierten imperiale Zugehörigkeiten verglichener Territorien bis Ende der 1960er die Darstellung; vgl. dazu Heintz: Welterzeugung. Zur Irritation, die internationale Migrationsstatistiken in den 1920er Jahren im britischen Imperium hervorriefen vgl. Yann Stricker: Migration Statistics and the Making of an International Point of View in the Interwar Period, in: History of Knowledge, 05.10.2017 [https://historyofknowledge.net/2017/10/05/ migration-statistics-and-the-making-of-an-international-point-of-view-in-the-interwar-period; 30.10.2019].

105 Speich Chassé: Die Erfindung, S. 41, 199.

Dernière estimation officielle Latest official estimates		Estimation Estimates 31. XII. 1936	COUNTRY
			ASIA *(continued).*
			Dependencies,Colonies,etc.
		28 520	*British (incl. Burma)*·
.	.	51	Aden and Perim.
XII.*21*	12	12	Socotra.
.	.	* 15 600	Burma.[3]
			British Borneo :
XII.*36*	291	291	North Borneo.
XII.*36*	34	34	Brunei.
		‡ 600	Sarawak.
XII.*36*	5 678	5 678	Ceylon.
.	.	80	Maldive Islands.
XII.*36*	369	369	Cyprus.
VI.*36*	988	1 000	Hong-Kong.
.	.	2	Kuria Muria Islands.
		4 810	British Malaya.
VI.*37*	1 248	*1 210*	Straits Settl. and dep.[4]
XII.*37*	2 053	*1 900*	Feder. Malay States.[5]
VI.*37*	1 725	*1 700*	Unfeder. Malay St.[5]
			of the U.S.A.
VI.*37*	13 439	13 350	Philippines.[6]
		23 700	*French.*
.	.	‡ 300	French India.
.	.	23 150	French Indo-China. ‡
.	.	.	Annam.
.	.	.	Cambodia.
.	.	.	Cochin-China.
.	.	.	Laos.
.	.	.	Tonkin.
.	.	‡ 250	Kwangchow Wan.
			Italian.
.	.	141	Ægean Islands.
		30 730	*Japanese.*
.	.	23 380	Korea (Chosen).
.	.	5 310	Formosa (Taiwan).
.	.	‡ 1 700	Kwantung.[7]
.	.	340	Sakhalin (Karafuto).

Abbildung 25: Ausschnitt aus der Tabelle 'Area and Population' in: League of Nations: Statistical Year-Book of the League of Nations 1937/38, Genf 1938, S. 16 – 21, hier S. 19.

Ökonomen diesen Vergleich aus methodischen Gründen als unzulässig und kaum erkenntnisfördernd erachteten, habe sich Clarks Sichtweise rasch durchgesetzt, weil sie sich außerhalb der Kreise akademischer Ökonomen als plausibel und vor allem politisch nutzbar erwiesen habe. International vergleichbare Volkseinkommensdaten seien rasch zu Entscheidungsgrundlagen politischer Akteure geworden, hätten die Finanzierung von und damit auch die Machtverteilung in internationalen Organisationen geregelt und zudem versprochen, die Leistungsfähigkeit der neu entstehenden Machtblöcke im Kalten Krieg direkt miteinander vergleichen zu können. Vor allem aber habe die Quantifizierung globaler wirtschaftlicher Ungleichheiten „internationale Entwicklungspolitik überhaupt erst möglich“[106] gemacht und statistisch fundierte Unterteilungen der Welt plausibilisiert, die sich rasch als politisch hochwirksam erwiesen. Die Differenzierung aller Territorien der Erde in entwickelte und unterentwickelte Länder sei ohne die international vergleichende Wirtschaftsstatistik ebenso wenig erklärbar wie die Akzeptanz der Vorstellung, relativ arme Länder in unterschiedlichen Weltregionen konstituierten eine ‚Dritte Welt‘.

Die rasche Durchsetzung der volkswirtschaftlichen Gesamtrechnung als zentrale Methode zur Bestimmung wirtschaftlicher Leistungsfähigkeit und des Entwicklungsstands eines Landes in den Jahren nach dem Zweiten Weltkrieg veränderte den Blick auf die Welt dauerhaft und legte die Grundlage für das ökonomische ‚Wachstumsparadigma‘.[107] Unzweifelhaft ist auch die Bedeutung, die Colin Clark für die Herausbildung der Entwicklungsökonomie und der Entwicklungspolitik hatte; allein die geographische Reichweite und die methodische Sorgfalt seines Vergleichs von Pro-Kopf-Einkommen eines Großteils aller Länder der Erde schuf etwas qualitativ Neues.[108] Die 1940er Jahre aber als Geburtsstunde des universalistischen Anspruchs wirtschaftsstatistischer Ländervergleiche zu deklarieren und Clark als ‚Erfinder‘ des globalen „wirtschaftsstatistischen Zahlenraum[s]“ zu bezeichnen,[109] unterschätzt die vorangegangenen Entwicklungen.

Plausibler erscheint es, in Clark – wie auch im weitgehend vergessenen Ludwik Landau – einen innovativen Wissenschaftler zu sehen, der den bereits existieren-

106 Speich Chassé: Die Erfindung, S. 41.

107 Vgl. dazu Schmelzer: The Hegemony.

108 Neben dem globalen Vergleich enthielt Clarks Studie zwei weitere zentrale Überlegungen, die die Entwicklungsökonomie maßgeblich beeinflussten: die Konzentration auf Produktions- statt auf Verteilungsfragen und die empirisch aufgezeigte Korrelation einer Zunahme der relativen Bedeutung des ‚sekundären‘ und ‚tertiären‘ Wirtschaftssektors mit dem wachsenden Wohlstand eines Landes. Speich Chassés Einschätzung Clarks teilen andere Autoren wie etwa Lepenies: Die Macht, S. 65; H[einz] W. Arndt: Economic Development. The History of an Idea, Chicago / London 1987, S. 35.

109 Speich Chassé: Die Erfindung, S. 41.

den, tendenziell globalen Zahlenraum, den Autoren wirtschaftsstatistischer Ländervergleiche weltweit und täglich in Zeitungen, Zeitschriften und anderen Veröffentlichungen präsentierten, mit neuen, komplexeren Inhalten füllte, den Pro-Kopf-Einkommen eines Großteils aller Länder der Erde. Sofern man sich nicht in die methodischen Probleme einarbeitete, die Experten solche Vergleiche als „charlatanism" erscheinen ließ,[110] stellten die Tabellen eine Weiterentwicklung bereits lange akzeptierter und weit verbreiteter Darstellungsformen dar.

Es sei daran erinnert, dass sich bereits in den wirtschaftsstatistischen Ländervergleichen des 19. Jahrhunderts die diskursive Egalisierung beobachten ließ, die alle Länder der Erde als formal gleichartige Territorien imaginierte. Auch internationale Vergleiche von Pro-Kopf-Einkommen waren, wie das Beispiel Mulhalls zeigt, schon vor 1900 veröffentlicht worden, erreichten allerdings weder die geographische Breite noch die methodischen Standards von Clark. In den 1920er und 1930er Jahren nahm dann die Zahl öffentlich kommunizierter wirtschaftsstatistischer Ländervergleiche ebenso zu, wie jene der Länder, die dafür verwendbare Daten zur Verfügung stellen konnten. Grafische Darstellungen vereinfachten die Popularisierung der Vergleiche und die entstehende, tendenziell globale wirtschaftsstatistische Infrastruktur ließ sie stabil und dynamisch zugleich erscheinen. Mulhalls wirtschaftsstatistische Ländervergleiche des 19. Jahrhunderts und die Arbeiten Clarks aus den 1940er Jahren markieren also verschiedene Entwicklungsschritte einer quantifizierenden Sicht auf globale Ungleichheiten. Unterschiede zwischen ihnen waren gradueller, nicht grundsätzlicher Natur. Und dies gilt nicht nur für den Vergleich von Volkseinkommen, sondern kann für wirtschaftsstatistische Ländervergleiche des 19. und 20. Jahrhunderts insgesamt verallgemeinert werden. Sie unterschieden sich in inhaltlicher, nicht aber in konzeptioneller Hinsicht voneinander.

Bestätigt wird dies dadurch, dass frühe entwicklungspolitische Konzepte bereits in den 1920er und 1930er Jahren mit quantitativ artikulierten Ungleichheitsfeststellungen argumentierten. Ein Beispiel dafür sind Debatten über die notwendige wirtschaftliche Entwicklung – vor allem Industrialisierung – Indiens, in denen wirtschaftsstatistische Ländervergleiche zum Teil sogar zum Mittel antikolonialer Rhetorik wurde.[111] 1934 etwa gründete Mokshagundam Visvesvaraya sein Plädoyer für eine planmäßige Entwicklungspolitik in Indien auf eine statistische „self-examination" der wirtschaftlichen Lage des Landes und dessen Vergleich „with those of her prosperous contemporaries". Dazu setzte er statistische Daten zur Bevölkerung,

110 So urteilte G[eorge] Findlay Shirras: [Rezension von V[ijayendra] K.R. Rao: The National Income of India, 1931–1932, London 1940], in: The Economic Journal 51 (1941), S. 325–333, hier S. 331.
111 Vgl. zu diesen Debatten Zachariah: Developing India; Martini: Postimperiales Asien, S. 129–140.

der Lohnarbeiterschaft, der Bildungs- und Verkehrsinfrastruktur, der Produktion und des Handels sowie des Einkommens seines Landes in Beziehung zu den entsprechenden Angaben der „advanced nations" USA, Großbritannien, Kanada, Deutschland, Frankreich und Japan.[112] Weiter noch ging der Ökonom, Sozialwissenschaftler und Nationalist Benoy Kumar Sarkar.[113] Teils auf Wirtschaftsstatistiken gestützt verglich er ab Mitte der 1920er Jahre die kulturelle, soziale und wirtschaftliche Entwicklung Asiens und vor allem Indiens mit jener in „Eur-Amerika". Er ging dabei davon aus, dass es keine grundsätzlichen ‚rassisch' bedingten oder kulturellen Unterschiede zwischen den Menschen gäbe. Stattdessen seien die „Grundzüge der Zivilisation bei verschiedenen Völkern [...] pragmatisch betrachtet immer dieselben". „Unterschiede zwischen den Völkern" hinsichtlich ihres Entwicklungsstandes seien „in Wirklichkeit nur zeitliche [...]. Die gleichen Merkmale erscheinen heute in einer Rasse oder Gegend, morgen in einer anderen und übermorgen in einer dritten".[114] Auf diese Weise konnte Sarkar eine wirtschaftliche Entwicklungspolitik propagieren, die Indien auf den Stand der ‚westlichen' Industrieländer bringen werde.[115] Er betonte dabei zweierlei. Zum einen müsse man den ‚Fortschritt' und die ‚Modernisierung' Indiens mit denselben Maßstäben messen, „by which the economic well-being of European countries was visualized". Zum anderen konnte er mit Verweis auf den ab 1922 international quasi offiziell anerkannten Status Indiens als eines der acht wichtigsten Industrieländer behaupten, „Indian industrialism is [...] already a force in the industrial and commercial system of the world". Die weitere wirtschaftliche Entwicklung des Landes habe also bereits

112 Visvesvaraya, Mokshagundam: Planned Economy for India, Bangalore ^{2}1936, S. VI, 9–20.
113 Zu Sarkar vgl. Vineeta Sinha: Sarkar, Benoy Kumar (1887–1949), in: George Ritzer (Hrsg.): The Blackwell Encyclopedia of Sociology, Malden et al. 2007, Bd. 11, S. 4006–4009; Bholanath Bandyopadhyay: The Political Ideas of Benoy Kumar Sarkar, Kalkutta 1984; Guiseppe Flora: Benoy Kumar Sarkar (1887–1949). An Intellectual Portrait, New Delhi 1998; Kris Manjapra: Age of Entanglement. German and Indian Intellectuals across Empire, Cambridge / London 2014, S. 151–155; Satadru Sen: Benoy Kumar Sarkar. Restoring the Nation to the World, New Delhi 2015; Clemens Six: Challenging the Grammar of Difference. Benoy Kumar Sarkar, Global Mobility and the Anti-Imperialism around the First World War, in: European Review of History 25 (2018), S. 431–449.
114 Sarkar, Benoy Kumar: Indiens Entwicklung im Vergleich zu Eur-Amerika, in: Deutsche Rundschau 56 (1930), S. 13–21, hier S. 14.
115 Vgl. Sarkar: Indiens Entwicklung; Benoy Kumar Sarkar: Economic Development. Snapshots of World-Movements in Commerce, Economic Legislation, Industrialism and Technical Education, Madras 1926; Benoy Kumar Sarkar: Empire Development and World-Economy. A Study in the New Foundations of National Economy for India, Kalkutta 1927; Benoy Kumar Sarkar: Economic Development. Studies in Applied Economics and World-Economy, Bd. 2: Comparative Industrialism and its Equations with Special Reference to Economic India, Kalkutta 1938.

eine gute Ausgangsbasis, die ein „national gesinnter, aber völkisch-demokratisch verwalteter Staat" zukünftig vorantreiben solle.[116]

Auch außerhalb Indiens griffen Ökonomen auf wirtschaftsstatistische Ländervergleiche zurück, wenn sie einer aktiven Industrialisierung in agrarisch geprägten Regionen das Wort redeten. Dies galt für die ‚Theorie des Protektionismus' von Mihaïl Manoïlescu ebenso wie für Studien des US-amerikanischen Ökonomen Eugene Staley oder auch für eine 1945 erschienene Untersuchung des Völkerbundbeamten Folke Hilgerdt, in der er der Frage nachging, ob die Industrialisierung agrarisch geprägter Staaten dem Außenhandel und dem Wohlstand der Industriestaaten schade.[117]

9.4 Fazit

Friedrich Nietzsche konstatierte 1878, in einem „Zeitalter der Vergleichung" zu leben und bezog dies auf „Weltbetrachtungen, Sitten, Kulturen".[118] Statistische Vergleiche wirtschaftlicher Phänomene und Prozesse in verschiedenen Ländern, die bereits im 19. Jahrhundert weit verbreitet waren und die Existenz einer Welt territorial klar voneinander abgrenzbarer wirtschaftlicher Einheiten suggerierten, stützen diese Einschätzung. Die ab dem Ersten Weltkrieg entstehende ‚Weltwirtschaftsstatistik' verlieh wirtschaftsstatistischen Ländervergleichen jedoch eine neue Qualität, da die Zahl permanent sowie regelmäßig beobachteter ‚statistical areas' zunahm und sich das Spektrum betrachteter Sachverhalte erweiterte. Zudem traten neben den Vergleich von Einzelaspekten wie Außenhandels- oder Preisdaten Versuche, die wirtschaftliche Entwicklung ganzer Länder zueinander in Beziehung zu setzen.

Des Weiteren stärkte die im Vergleich zum 19. Jahrhundert festzustellende Stetigkeit und größere Häufigkeit, mit der ab den 1920er Jahren einige weltweit

116 Sarkar, Benoy Kumar: Greetings to Young India. Messages of Cultural and Social Reconstruction, Kalkutta [2]1938, S. 121; Sarkar: Economic Development [1926], S. 348; B[enoy] K[umar] Sarkar: Die Entwicklung und weltwirtschaftliche Bedeutung des modernen Indien, in: E. Wunderlich (Bearb.): Indien in der modernen Weltwirtschaft und Weltpolitik, Stuttgart 1931, S. 37–54, hier S. 49 f.; ähnlich auch Lanka Sundaram: India and the International Labour Organisation, in: Alfred Zimmern et al.: India Analysed, Bd. 1: International, London 1933, S. 67–90.

117 Manoïlescu: Théorie; Manoïlescu: Die nationalen Produktivkräfte; Eugene Staley: World Economy in Transition. Technology vs. Politics / Laissez Faire vs. Planning / Power vs. Welfare, New York 1939; Eugene Staley: World Economic Development. Effects on Advanced Industrial Countries, Montreal 1944; League of Nations: Industrialization and Foreign Trade, Genf 1945.

118 Nietzsche, Friedrich: Menschliches, Allzumenschliches. I und II, München 1988 [1878/1880], S. 44.

anerkannte Einrichtungen und Organisationen die immer gleichen Aspekte aus einer wachsenden Zahl von Ländern beobachteten, den Eindruck, länderbezogene Außenhandelsdaten, Preisbewegungen oder Konjunkturschwankungen spiegelten überall gleichartige Phänomene und Prozesse wider, die mit denselben Methoden gemessen worden seien. Wirtschaftsstatistische Ländervergleiche und die von ihnen etablierten, tendenziell globalen Vergleichshorizonte stabilisierten sich dadurch. Zur gleichen Zeit wirkten sie dank häufiger, teils monatlicher Aktualisierungen von Zahlen dynamischer als noch im 19. Jahrhundert. Wenngleich es vor dem Zweiten Weltkrieg an internationalen Standards fehlte, wie Charakteristik, Dynamik und Entwicklungspotentiale ganzer Volkswirtschaften quantitativ und vergleichbar repräsentiert werden konnten, so waren viele Zeitgenossen überzeugt davon, mittels des Vergleichs einiger zentral erscheinender wirtschaftlicher Phänomene und Prozesse die ökonomische Entwicklung ganzer Länder dauerhaft miteinander vergleichen zu können.

Neben die größere inhaltliche und geographische Breite sowie die höhere Frequenz wirtschaftsstatistischer Erhebungen erhöhte nach dem Ersten Weltkrieg eine weitere Entwicklung die Resonanz wirtschaftsstatistischer Ländervergleiche. Vor allem technische Innovationen erlaubten es, grafische Darstellungen statistischer Daten zunehmend in der Massenpresse zur Visualisierung von Vergleichen zu verwenden. Dies popularisierte und normalisierte (‚veralltäglichte') wirtschaftsstatistische Ländervergleiche, weil grafische Darstellungen große Zahlensammlungen und teils unübersichtliche Tabellen in eine leichter zu erfassende Form verwandelten. Gleichzeitig trugen sie ihrerseits dazu bei, die Nachfrage nach wirtschaftsstatistischen Ländervergleichen zu erhöhen.

Wie bereits in den Jahrzehnten zuvor dienten wirtschaftsstatistische Ländervergleiche in den 1920er und 1930er Jahren zahlreichen Zwecken, insbesondere der Information, der Legitimation eigener Argumente und Entscheidungen sowie der Propaganda. Eine bis dahin unbekannte Verwendungsform war die ‚Technisierung' politischer Entscheidungen mit ihrer Hilfe. Der noch geringe Grad internationaler Vergleichbarkeit und der Mangel an aussagekräftigen und vergleichbaren komplexen Statistiken setzten dieser Verwendungsform allerdings enge methodische Grenzen. Die ‚Technisierung' erwies sich daher nur bedingt als Mittel, um kontroverse Entscheidungen zu entpolitisieren. Sie verlagerte die politische Diskussion auf methodische Aspekte und war zudem nur möglich, wenn politische und wirtschaftliche Großmächte sie unterstützten.

Sowohl diese direkt funktionale Relevanz entfaltenden wirtschaftsstatistischen Ländervergleiche als auch die in medialen Öffentlichkeiten verbreiteten Tabellen, Diagramme und Grafiken erweiterten darüber hinaus das diskursive Feld, auf dem Regierungen mittels statistischer Daten permanent miteinander konkurrieren konnten. Ging es einerseits um die direkte Erlangung politischen Einflusses – wie im

Falle der acht permanenten Sitze im ILO-Gremium – so stand andererseits – und vor allem – das Streben im Mittelpunkt, vor einem imaginierten, tendenziell globalen Publikum an Prestige zu gewinnen sowie Argumentationshilfen zu generieren, die sich in vielerlei Hinsicht politisch verwenden ließen. Der Antrieb für Regierungen, statistische Daten nach möglichst einheitlichen Vorgaben zu erheben und öffentlich zur Verfügung zu stellen, wurde durch die Popularisierung und Normalisierung wirtschaftsstatistischer Ländervergleiche erhöht. Auf diese Weise entstand eine eigenständige Dynamik hin zum Ausbau statistischer Beobachtungen und der Akzeptanz internationaler konzeptioneller und methodischer Standards, der sich Regierungen kaum entziehen konnten.

Eine weitere Folge war, dass sich der seit dem 19. Jahrhundert existierende, tendenziell globale ‚wirtschaftsstatistische Zahlenraum' erweiterte, stabilisierte, differenzierte und dynamisierte, in dem es normal erschien, Außenhandelsdaten von Ceylon zwischen jenen von Kanada und Chile, solche von Formosa zwischen jenen von Finnland und Frankreich und solche von Südwestafrika zwischen jenen des Sudan und Schwedens abzubilden.[119] Unsichtbar blieben dabei die nicht quantifizierbaren Unterschiede, die zwischen diesen ‚statistical areas' bestanden und deren Beziehungen zueinander in starkem Maße prägten. Politische Abhängigkeiten und Machtgefälle bildeten sie ebenso wenig ab, wie ‚rassische', kulturelle oder zivilisatorische Völkerhierarchien, auf denen die bestehende imperiale Weltordnung basierte. Das einzige, was sie erlaubten, war die Einordnung der betrachteten Länder in einen tendenziell globalen Vergleichshorizont. Und die Stellung der einzelnen ‚statistical areas' darin war grundsätzlich veränderbar.

Auf diese Weise ebneten wirtschaftsstatistische Ländervergleiche den Weg für eine Wahrnehmung der Welt, die sich in der zweiten Hälfte des 20. Jahrhunderts durchsetzte und den Globus als eine Ansammlung formal gleichartiger Länder imaginierte, die sich in erster Linie hinsichtlich ihres sozioökonomischen Entwicklungsstandes voneinander unterschieden. Globale Ungleichheiten ließen sich in dem sich entfaltenden Zahlenraum in quantitativen Größen ausdrücken und erschienen als grundsätzlich reduzierbar. Die rasche Etablierung der volkswirtschaftlichen Gesamtrechnung nach dem Zweiten Weltkrieg und der von ihr ermöglichten Sichtweise auf die Welt als Summe von vermeintlich unabhängig voneinander existierenden Volkswirtschaften, deren Leistungsfähigkeit an einer einzigen Zahl abgelesen und mit der aller anderer Länder verglichen werden konnte, lässt sich also auch darauf zurückführen, dass der dafür nötige Zahlenraum bereits existierte und von vielen Zeitgenossen als ‚normal' empfunden wurde. Es waren Statistiker und Ökonomen, die in den 1940er Jahren Vergleiche solch kom-

---

119 So etwa im Monthly Bulletin of Statistics 20 (1939), S. 124–126, 129.

plexer statistischer Zahlen wie dem Volkseinkommen aus methodischen Gründen für unzulässig und wenig erkenntnisfördernd hielten.[120] Außerhalb dieser Expertenkreise aber hatte die Popularisierung und Normalisierung wirtschaftsstatistischer Ländervergleiche dafür gesorgt, dass diese egalisierende Sicht auf die Welt plausibel war.

---

120 Ausführlich dazu Speich Chassé: Die Erfindung.

10 Weltwirtschaftsstatistik und die Plausibilisierung der einen ‚Weltwirtschaft'

„There is no such thing as a system of world economy, nor can we establish one", konstatierte 1927 G. Caloghirou, griechischer Delegierter bei der Genfer Weltwirtschaftskonferenz. Das bestehende „economic system" entspreche zwar insofern einem „world system", als es Summe einzelner, miteinander im Austausch stehender „elements" sei. Es sei aber kein „world system from the point of view of the idea underlying it [...]. A regular system of world economy is out of the question, for we are still far from the ‚world-conscious' mentality which it connotes and which mankind would find it very difficult to acquire. World economy is not a unitary but a collective concept."[1]

Caloghirous Kommentar zeigt, dass sich Akteure in der zweiten Hälfte der 1920er Jahre überall auf der Welt mit der ‚einen Weltwirtschaft' befassten, während dieses Konzept noch wenige Jahre zuvor praktisch nur im deutschsprachigen Raum existiert hatte.[2] Nicht nur äußerte sich Caloghirou bei der ersten internationalen Konferenz, die die ‚Weltwirtschaft' im Titel trug (*World Economic Conference*[3]) und allein Ausweis dafür war, dass die explizite Beschäftigung mit dieser ‚Weltwirtschaft' in den 1920er Jahren in vielen Ländern ein öffentliches Thema ersten Ranges darstellte.[4] Er deutete auch an, wie unterschiedlich sich diese ‚Weltwirtschaft' charakterisieren ließ – als Summe verschiedener Einzelteile oder als Ganzheit mit untergeordneten Gliedern sowie eigenen Entwicklungsgesetzen. Quinn Slobodian hat diese Debatten aus der Perspektive von Ökonomen und Intellektuellen betrachtet, die sich nach dem Ersten Weltkrieg dafür einsetzten, die ‚Weltwirtschaft' als grenzenlose ökonomische Sphäre staatlich zu schützen und vor politischen Einflüssen weitgehend abzuschirmen. Jamie Martin wiederum beschrieb sie als Teil der Versuche, wirtschaftliche Entwicklungen auf internationaler Ebene zu steuern. Beide Autoren sind sich zudem darin einig, dass die statistische Beobachtung grenz- und kontinentüberschreitender wirtschaftlicher Phänomene und Prozesse dabei eine zentrale Rolle spielten.[5]

---

1 League of Nations: Report and Proceedings, Bd. 1, S. 155.

2 Vgl. dazu Kap. 3 sowie die dort angegebene Literatur.

3 Im Französischen hingegen hieß sie *Conférence économique internationale*.

4 Delegierte vertraten neben 24 europäischen Ländern, den USA und allen britischen Dominions auch Brasilien, Chile, China, Kolumbien, Kuba, Ägypten, Äthiopien, Guatemala, Indien, Japan, Nikaragua, Paraguay, Persien, El Salvador, Siam, die Türkei, die Sowjetunion, Uruguay und Venezuela (League of Nations: Report and Proceedings, Bd. 1, S. 181–193).

5 Slobodian: How to See; Slobodian: Globalists; Martin: Experts.

https://doi.org/10.1515/9783111207124-011

Angesichts dessen konzentriert sich dieses Kapitel darauf, herauszuarbeiten, wie sich die entstehende Weltwirtschaftsstatistik und die globale Akzeptanz des Konzepts der ‚einen Weltwirtschaft' gegenseitig beeinflussten. Die von Slobodian, Martin und einigen anderen Autoren fokussierten Expertendebatten müssen dabei zum Teil erneut skizziert werden, um diese Zusammenhänge verdeutlichen zu können. Stärker als bisher wird zudem nach der Akzeptanz des Konzepts außerhalb des kleinen Kreises von Fachleuten gefragt. Auf diese Weise trägt das Kapitel zu jener Historisierung des „Denken[s] in globalen Bezügen" bei, die aufzeigen soll, „wie historisch variabel, wie brüchig, wie heterogen und wie lokal [...] Vorstellungen der Einheit, Gesamtheit und Geschlossenheit der Welt sind und wie eng sie an spezifische Akteurinnen und Akteure sowie deren Praktiken gebunden sind".[6] Denn die aus unterschiedlichen Gründen vorangetriebene und erweiterte permanente statistische Beobachtung einer wachsenden Zahl wirtschaftlich relevanter Phänomene und Prozesse in einer zunehmenden Zahl von Ländern ab dem Ersten Weltkrieg hatte nicht nur zur Folge, dass wirtschaftsstatistische Ländervergleiche auf Zeitgenossen stabiler und dynamischer wirkten als zuvor. Auch die Betrachtung der ‚Weltwirtschaft' als *ein* ‚Ding', das sich mittels bestimmter statistischer Indikatoren charakterisieren und in seiner Entwicklung permanent beobachten ließ, gewann dadurch an Plausibilität. Das Konzept der *einen* ‚Weltwirtschaft' kann daher als globale Dimension der gleichzeitig entstehenden Vorstellung verstanden werden, ‚die Wirtschaft' sei eine in erster Linie statistisch beschreibbare Entität, die sich als soziale Sphäre diskursiv von jener ‚der Politik' oder ‚der Kultur' unterscheiden ließ. Adam Toozes Klarstellung, die er in einem diesbezüglichen Aufsatz formulierte, ist daher mit Blick auf die globale Dimension dieses Prozesses wenig hinzuzufügen: „The point here is not to deny that ‚real' goods are produced by ‚real labour' and sold for ‚real money', but rather to understand the artificiality of the concept of ‚the economic system' within which we group together enormously diverse activities of production, consumption and exchange."[7]

Kapitel 10.1 wirft zunächst einen Blick auf die quantitative Entwicklung der Verwendung der Begriffe ‚world economy', ‚économie mondiale' und ‚Weltwirtschaft' in öffentlichen Debatten ab dem Ersten Weltkrieg. Die in der vorliegenden Literatur bereits gemachte Beobachtung, dass Experten diese Begriffe in wachsendem Maße benutzten, wird dabei durch eigene zusätzliche Recherchen in massenmedialen Quellen bestätigt. Die ‚Weltwirtschaft' wurde zu einem global

6 Schröder, Iris / Sabine Höhler: Welt-Räume. Annäherungen an eine Geschichte der Globalität im 20. Jahrhundert, in: Dies. (Hrsg.): Welt-Räume. Geschichte, Geographie und Globalisierung seit 1900, Frankfurt/Main / New York 2005, S. 9–47, hier S. 12.

7 Tooze: Imagining National Economies, S. 213; vgl. zudem Mitchell: Fixing the Economy; Mitchell: Economists; Tooze: Statistics.

weithin akzeptierten Objekt öffentlicher Debatten. Kapitel 10.2 charakterisiert drei unterschiedliche Formen, in denen das Konzept der einen ‚Weltwirtschaft‘ in öffentlichen Debatten auftauchte. Neben einem älteren, der deutschsprachigen Historischen Schule der Nationalökonomie entstammenden evolutionären Ansatz sowie einer jüngeren, eher additiven Vorstellung davon, was ‚Weltwirtschaft‘ sei, war es vor allem die dritte Form, die in öffentlichen Debatten implizit das Verständnis der Zeitgenossen davon prägte, was ‚Weltwirtschaft‘ sei – ein statistisch beobachtbares, sich permanent entwickelndes ‚Ding‘. Die Diskussion der verschiedenen Formen zeigt, dass es zwar keine Einigung darüber gab, was die ‚Weltwirtschaft‘ sei, und dass die Begriffe ‚world economy‘, ‚économie mondiale‘ und ‚Weltwirtschaft‘ alles andere als eindeutig (geschweige denn einheitlich) verwendet wurden. Tendenziell aber legt sie nahe, dass der Ausbau der Weltwirtschaftsstatistik mit einer wachsenden Akzeptanz einer statistisch zu charakterisierenden und beobachtbaren, einheitlichen ‚Weltwirtschaft‘ einherging. Kapitel 10.3 geht abschließend auf Debatten ein, die Ökonomen und Konjunkturstatistiker darüber führten, inwiefern landesbezogene Konjunkturbewegungen miteinander verbunden waren, ob es so etwas wie ‚Weltkonjunkturen‘ gäbe und wie diese zu messen seien. Ohne die Entwicklung der Weltwirtschaftsstatistik wären diese Mitte der 1920er Jahre einsetzenden Debatten kaum denkbar gewesen. Denn erst die expandierende, tendenziell globale und vergleichend angelegte wirtschaftsstatistische Bobachtung ermöglichte es, jenes Phänomen plausibel zu machen, das einen der Ausgangspunkte dieser Debatten bildete: die zunehmende Synchronisierung der wirtschaftlichen Entwicklung in einer wachsenden Zahl von Ländern.

10.1 Die globale Karriere des Konzepts der einen ‚Weltwirtschaft‘

1916 konstatierte der österreichische Ökonom Josef Grunzel, der sich seit den 1890er Jahren eingehend mit grenzüberschreitenden wirtschaftlichen Beziehungen befasst und auch einige Arbeiten zur wirtschaftlichen Entwicklung asiatischer Länder veröffentlich hatte, die „theory of world economy“ sei noch auf einer so niedrigen Entwicklungsstufe „that languages other than German have not yet a generally recognized word for it“.[8] Innerhalb nur weniger Jahre änderte sich dies und der bis dahin fast nur im Deutschen geläufige Begriff ‚Weltwirtschaft‘ wurde nach dem Ersten Weltkrieg gewissermaßen globalisiert, indem analoge Begriffe auch in anderen Sprachen zunehmend Verwendung fanden.

8 Grunzel: Economic Protectionism, S. 3.

Ein nicht repräsentatives, aber doch bezeichnendes Beispiel dafür stellt eine Vortragsreihe des Anthroposophen Rudolf Steiner dar. Dieser hatte 1922 dafür plädiert, die Wirtschaftswissenschaften neu zu konzipieren und einen besonderen Fokus auf weltwirtschaftliche Aspekte zu legen. Nach Steiners Tod veröffentlichte der nachlassverwaltende Verein diese Vorträge 1933 unter dem Titel „Nationalökonomischer Kurs". Die spezielle Bedeutung, die Steiner darin der ‚Weltwirtschaft' zuwies, wurde daraus nicht ersichtlich. Die noch im gleichen Jahr publizierte englische Übersetzung hingegen stieß die Leser geradezu darauf, nannte sich das Buch doch „World-Economy. The Formation of a Science of World-Economics".[9]

Über solche Einzelfälle hinaus lässt sich die wachsende internationale Akzeptanz des Konzepts der einen ‚Weltwirtschaft' zumindest ansatzweise quantitativ fassen. Dazu wurden zum einen die Kataloge der britischen, US-amerikanischen, französischen und deutschen Nationalbibliotheken dahingehend ausgewertet, wieviel Bände sie jeweils besitzen, die zwischen 1850 und 1945 erschienen sind und die ‚world economy', die ‚économie mondial' bzw. die ‚Weltwirtschaft' im Titel tragen. Zum anderen wurden einige viel genutzte Zeitschriftendatenbanken und digitalisierte Zeitungen nach diesen Begriffen durchsucht. Das Ergebnis dieser Auswertung stellt Tabelle 1 vor. Auch eine bereits von Quinn Slobodian angestellte Recherche im *ngram viewer* von *Google*[10] (Abb. 26–28) zeigt die Etablierung und Akzeptanz eines Begriffs für die eine ‚Weltwirtschaft' im englisch- und französischsprachigen Raum nach dem Ersten Weltkrieg. Beide Recherchen zeugen zudem davon, dass die absolute Zahl ihrer Verwendung im Englischen, Französischen und Deutschen nach 1920 signifikant zunahm und dass die Weltwirtschaftskrise ab 1929 eine nochmalige Steigerung zur Folge hatte.[11]

---

9 Steiner, Rudolf: Nationalökonomischer Kurs. 14 Vorträge von Dr. Rudolf Steiner, gehalten am Goetheanum in Dornach vom 24. Juli bis 6. August 1922. Nach einer vom Vortragenden nicht durchgesehenen Nachschrift, Dornach 1933; Rudolf Steiner: World-Economy. The Formation of a Science of World-Economics. A Series of Fourteen Lectures by Rudolf Steiner, given at the Goetheanum, Dornach, Switzerland, from 24th July to 6th August, 1922. From Shorthand Notes unrevised by the Lectures, London / New York 1933.

10 Slobodian: How to See, S. 308, FN 3; der „ngram viewer" durchsucht Veröffentlichungen, die *Google* bis 2012 digitalisierte und im Volltext in *Google* Books durchsuchbar sind. Dabei existieren Textkorpora für eine Reihe von Sprachen, darunter auch Englisch, Französisch und Deutsch. Die bei einer Suche generierten Graphen zeigen den Anteil, den der jeweils gesuchte Begriff am gesamten Textkorpus einer Sprache in den angegebenen Jahren hatte [https://books.google.com/ngrams/info#; 26.11.2019].

11 Vgl. zur Zunahme der Verwendung von „Welt-"komposita in deutschen Medien sowie im *Reichstag* im Zuge der Weltwirtschaftskrise zwischen 1929 und 1933 Kristoffer Klammer: ‚Wirtschaftskrisen'. Effekt und Faktor politischer Kommunikation. Deutschland 1929–1976, Göttingen 2019, S. 177 f.

Tabelle 3: Häufigkeit der Begriffe World Economy, Économie mondiale und Weltwirtschaft in den angegebenen Bibliothekskatalogen und Datenbanken zwischen 1850 und 1945 (Einzelheiten in den angegebenen Fußnoten)

	British Library[12]	LoC[13]	Bibliothèque nationale de France[14]	Deutsche National-bibliothek[15]	J-Store[16]	The Times[17]	North China Herald[18]	Gallica[19]	ANNO[20]
1850-1918	0	0	1	210	51	2	1	89	2.625
1919-1929	14	4	2	261	113	16	0	278	6.006
1930-1945	34	39	22	302	1.343	204	18	516	8.525

Unterstrichen werden muss, dass die unterschiedlichen Erwerbungs- und Katalogisierungspraktiken der betrachteten Bibliotheken den Vergleich der präsentierten Angaben ebenso verzerren wie die verschiedenen Publika, die die ausgewerteten Periodika bzw. die in den herangezogenen Datenbanken jeweils verfügbaren Publikationen adressierten. Auch die Tatsache, dass die Textkorpora, die dem *ngram viewer* von *Google* zugrunde liegen, nicht offengelegt sind, sollte bei deren Inter-

12 Suche nach ‚world economy' in den Suchfeldern ‚Main Title' und ‚Other Title'.
13 *Library of Congress*, Washington, D.C., Suche nach ‚world economy' im Suchfeld ‚Title'.
14 Suche nach ‚économie mondiale' im Suchfeld ‚titre'.
15 Suche nach ‚Weltwirtschaft' im Suchfeld ‚Titel'. Die *Deutsche Nationalbibliothek* wurde erst 1913 gegründet und erfasste deshalb erst ab jenem Jahr systematisch Neuerscheinungen.
16 *J-Store* ist eine Datenbank, die eine Volltextsuche in den meist vollständigen Sammlungen von mehr als 2.600 digitalisierten, überwiegend englischsprachigen Fachzeitschriften bietet [jstore.org]. Am 26.11.2019 Suche in der Sammlung englischsprachiger Zeitschriften nach ‚world economy' im Suchfeld ‚All Fields'.
17 Digitalisierte Ausgaben der in London erscheinenden Zeitung in der von der Firma *Gale* angebotenen Datenbank. Suche nach ‚world economy' im Suchfeld ‚Entire Document'.
18 Digitalisierte Ausgaben der in Shanghai erschienen Zeitung in der vom Verlag *Brill* angebotenen Kollektion *The North China Herald Online.* Suche nach ‚world economy' im Suchfeld ‚Search terms' mit der Einstellung ‚this exact phrase'.
19 *Gallica* ist eine Plattform der *Bibliothèque nationale de France*, die eine Volltextsuche in digitalisierten französischsprachigen Periodika und Büchern bietet [https://gallica.bnf.fr]. Am 26.11.2019 Suche in der Sammlung ‚Presses et revues' nach ‚économie mondiale' im Suchfeld „Texte".
20 *ANNO* ist eine Plattform der *Österreichischen Nationalbibliothek*, die eine Volltextsuche in digitalisierten österreichischen Zeitungen und Zeitschriften bietet [anno.onb.ac.at]. Am 26.11.2019 Suche nach ‚Weltwirtschaft' im Suchfeld ‚Text'.

pretation berücksichtigt werden.[21] Die behauptete Tendenz einer ‚Globalisierung' des Konzepts der einen ‚Weltwirtschaft' machen diese Übersichten gleichwohl deutlich.

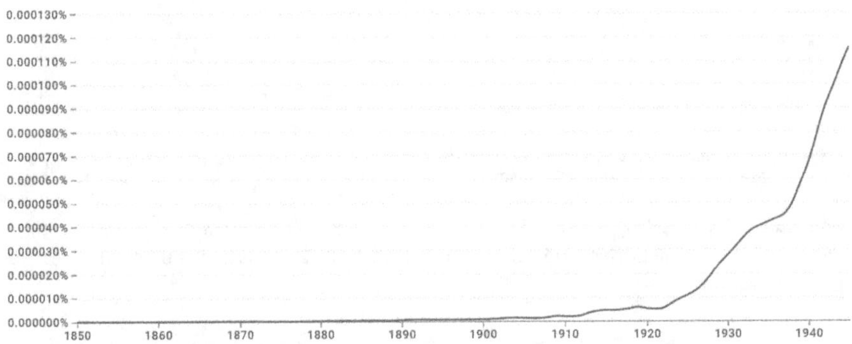

Abbildung 26: Entwicklung der relativen Häufigkeit des Begriffs ***World Economy*** in englischsprachigen, von Google digitalisierten Veröffentlichungen zwischen 1850 und 1945. Die Darstellung des Graphen ist geglättet.

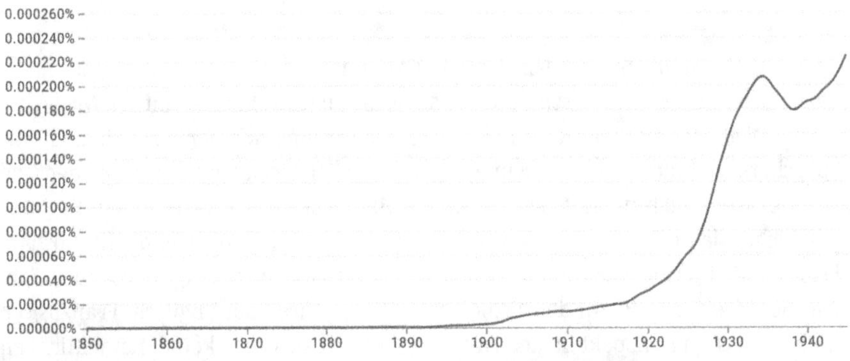

Abbildung 27: Entwicklung der relativen Häufigkeit des Begriffs ***Économie mondiale*** in französischsprachigen, von Google digitalisierten Veröffentlichungen zwischen 1850 und 1945. Die Darstellung des Graphen ist geglättet.

21 Dem englischsprachigen Textkorpus liegen rund 4,5 Millionen Texte zugrunde, dem französischen rund 790.000 und dem deutschen 660.000 (Yuri Lin et al.: Syntactic Annotations for the Google Books Ngram Corpus, in: Proceedings of the 50th Annual Meeting of the Association for Computational Linguistics, 2012, S. 169–174 [adweb.org/anthology/P/P12/P12–3029.pdf; 27.01.2020], hier S. 170).

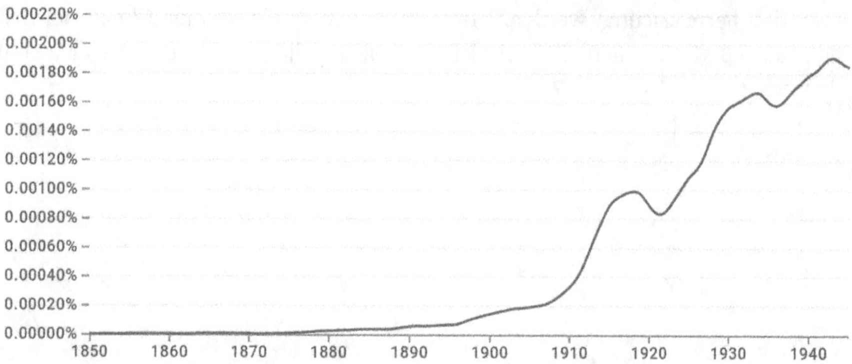

Abbildung 28: Entwicklung der relativen Häufigkeit des Begriffs ***Weltwirtschaft*** in deutschsprachigen, von Google digitalisierten Veröffentlichungen zwischen 1850 und 1945. Die Darstellung des Graphen ist geglättet.

10.2 Was ist die ‚Weltwirtschaft'? Charakteristika unterschiedlicher Sichtweisen in den 1920er und 1930er Jahren

Seit dem 19. Jahrhundert diskutierten Ökonomen im deutschsprachigen Raum darüber, was die ‚Weltwirtschaft' ist und wie sie zu charakterisieren sei. Nach dem Ersten Weltkrieg weitete sich der Kreis der Debattenteilnehmer über die deutsche Sprachgrenze hinaus. Eine Einigung in der Frage ließ sich aber nicht erreichen und kann es wohl auch nicht geben. Denn wie Hans Pohl in seiner konzisen Begriffsgeschichte dargelegt hat, kreisen alle Debatten um drei nicht endgültig lösbare Fragen.[22] Angesichts dessen überrascht es nicht, dass auch in der wachsenden Zahl von Beiträgen, die sich in den 1920er und 1930er Jahren auf Englisch, Französisch und Deutsch mit Aspekten der ‚Weltwirtschaft' befassten, keine Einheitlichkeit darüber herrschte, was damit konkret gemeint war. Es bestehe, so der Ökonom Karl Přibram 1932, ein „Nebel von Unklarheiten um den Begriff [...], der unfruchtbare

22 Diese wurden in Kapitel 3 bereits formuliert: Ist die ‚Weltwirtschaft' Summe einzelner Dinge oder Prozesse, oder ist sie etwas Eigenes, das je nach Standpunkt als System oder als Organismus mit eigenständigen Entwicklungsgesetzen zu beschreiben wäre? Welchen geographischen Raum umschließt die ‚Weltwirtschaft' und welche Kriterien muss dieser erfüllen, damit er als ‚Weltwirtschaft' gelten kann; gibt es gar mehrere ‚Weltwirtschaften'? Und: Ist die ‚Weltwirtschaft' Ausdruck von Austauschprozessen zwischen politisch, kulturell und sozial definierten und klar voneinander abgrenzbaren ‚Volkswirtschaften' oder Inbegriff einer potentiell globalen Arbeitsteilung zwischen wirtschaftlich tätigen Individuen und Unternehmen? Vgl. Pohl: Aufbruch, S. 19–21.

Streitigkeiten begünstigt".[23] In den allermeisten Fällen – vor allem in Beiträgen, die Autoren außerhalb der vergleichsweise kleinen Gruppe grenzüberschreitend diskutierender Ökonomen und Statistiker verfassten – spielte die Frage nach dem Charakter der ‚Weltwirtschaft' nicht einmal eine Rolle. Intuitiv verwendeten die meisten Beiträger den Begriff, wenn sie die Gesamtheit aller wirtschaftlichen Prozesse meinten, die mehr als ein Land betrafen.

Ausgehend von Autoren, die sich näher mit dem Charakter der ‚Weltwirtschaft' befassten, lassen sich aber drei unterschiedliche Formen davon unterscheiden, was Zeitgenossen jeweils meinten, wenn sie von ‚Weltwirtschaft', ‚world economy' oder ‚économie mondiale' sprachen.

Erstens war dies die Vorstellung, die ‚Weltwirtschaft' sei eine, vermutlich die letzte, Stufe eines Entwicklungsprozesses wirtschaftlicher Organisationsformen, die von der Jäger- und Sammlergesellschaft über die Haus-, Dorf- und Stadt- bis hin zu einer Volks- und eben der Weltwirtschaft reicht. Diese Denkrichtung, der in den 1920er und 1930er Jahren nur eine Minderheit publizistisch tätiger Ökonomen anhingen, entstand im Rahmen der Historischen Schule der Nationalökonomie, wie sie im Deutschland des 19. und frühen 20. Jahrhunderts dominierte. Ihr lag die Annahme zugrunde, es gäbe keine universal gültigen wirtschaftlichen Gesetze wie es die ökonomischen Klassiker vorausgesetzt hatten. Die Entwicklung der wirtschaftlichen Ordnung bestimmter sozialer Gruppen erfolge stattdessen eigenständig und in jeweils sehr verschiedenen natürlichen, sozialen, politischen und kulturellen Kontexten. Ohne eingehende empirische Beschreibungen und Erläuterungen der historischen Entstehung einer spezifischen ‚Volkswirtschaft' ließe sich diese nicht nur nicht verstehen, sondern auch keine sinnvollen wirtschaftspolitischen Maßnahmen entwickeln. ‚Volkswirtschaften' galten deshalb als jeweils spezifisch geprägtes Ganzes, das mehr sei als nur die Summe der wirtschaftlichen Akteure in ihren Grenzen. Die einzige ‚Gesetzmäßigkeit', die einige Vertreter der Historischen Schule (vorerst) anerkannten, war die Überlegung, die existierenden wirtschaftlichen Organisationsformen entwickelten sich im Laufe der Zeit.[24] Die ‚Weltwirtschaft' erschien in diesem Sinne als eine bestenfalls im Entstehen begriffene Entwicklungsstufe, die erst in ferner Zukunft voll ausgebildet sein würde. Schließlich setzte sie streng genommen global einheitliche Regeln, Sitten, Gebräuche und po-

23 Pribram, Karl: Die vier Begriffe der Weltwirtschaft und ihre Problematik, in: Schmollers Jahrbuch für Gesetzgebung, Verwaltung und Volkswirtschaft im Deutschen Reiche 56,2 (1932), S. 1051–1080, hier S. 1052.

24 Köster: Die Wissenschaft, S. 38 f.; Pribram: Geschichte des ökonomischen Denkens, S. 401–428, v. a. S .409 f., 424–426; vgl. als dogmenhistorischer Überblick dazu Hans G. Schachschabel (Hrsg.): Wirtschaftsstufen und Wirtschaftsordnungen, Darmstadt 1971, v. a. S. 1–120.

litische Organisation voraus. Weder im 19. noch im 20. Jahrhundert war dies eine auch nur ansatzweise realistische Perspektive.

Entsprechend vage blieben Vertreter dieser Denkrichtung, wenn sie die ‚Weltwirtschaft' charakterisierten. Sofern sie dies überhaupt taten,[25] beschränkten sie sich meist darauf, sinngemäß Franz-Xaver von Neumann-Spallart zu folgen, der 1878 darauf verwiesen hatte, die bestehenden ‚Volkswirtschaften' würden sukzessive die „Function von Gliedern" eines neu entstehenden, „höheren, alle Culturstaaten der Erde umfassenden Organismus" erhalten.[26] Ob – und wenn ja, wann – dies abgeschlossen sein würde, blieb unklar oder wurde teils für ganz unmöglich gehalten.

Dem Anthroposophen Rudolf Steiner zufolge existierte der „soziale Organismus" ‚Weltwirtschaft', dessen Zellen die staatlich organisierten ‚Volkswirtschaften' seien, „wenn die einzelnen Wirtschaftskörper nicht nur ihre Produkte miteinander austauschen, sondern wenn sie nun auch miteinander wirtschaften, d. h. wenn z. B. Halbfabrikate von dem einen Land in das andere gehen, wo sie weiter fabriziert werden".[27] Der Ökonom Hermann Levy meinte 1924 in seinen an ein breites Publikum gerichteten *Grundlagen der Weltwirtschaft*, der „weltwirtschaftliche Gedanke, das Denken in einer Wirtschaftseinheit abstrakter Art, die der Staats- und Volkswirtschaft übergeordnet ist" sei „großen Hemmungen ausgesetzt". Es sei für den einzelnen eben viel schwerer nachzuvollziehen, Teil einer „Gesamtheit" namens ‚Weltwirtschaft' zu sein, als einer ‚Volkswirtschaft' anzugehören, die sich politisch, sprachlich und kulturell definieren lasse.[28] Der US-Amerikaner John Donaldson entwickelte 1928 ebenfalls von einer stufenweisen Entwicklung der Wirtschaftsordnungen ausgehend das Argument, die ‚world economy' existiere, ohne sie zu definieren. Auf deren Existenz ließe sich aber schließen, weil das globale Handelsvolumen eine bis dahin unbekannte Größe erreicht habe, weil die Vielfalt der Konsumgüter nie größer gewesen sei, als Ende der 1920er Jahre, und weil industrielle Produktion nur mehr dank grenzüberschreitender Arbeitsteilung möglich sei. „[E]ven the most superficial knowledge of facts of international trade or of international economic dependence for materials or markets", so Donaldson, „compels recognition of an establishing and growing, though necessarily not per-

25 Der belgische Ökonom Maurice Ansiaux etwa vermittelte den Lesern seines dreibändigen Traité d'économie politique nur *en passant* im Rahmen eines Kapitels über Unternehmen, dass er die ‚Weltwirtschaft' als eine Entwicklungsstufe verstand: „Depuis le régime que l'on a nommé *économie urbaine* jusqu'à celui de l'*économie mondiale* qui est le nôtre […]" (Maurice Ansiaux: Traité d'économie politique, Bd. 1: L'organisation économique, Paris 1920, S. 305).

26 Neumann-Spallart: Uebersichten [1878], S. 1.

27 Steiner: Nationalökonomischer Kurs, S. 15 f., 135.

28 Levy: Die Grundlagen [1924], S. 2.

fectly complete, *world economy*".[29] Ähnlich vage blieb auch Donaldsons Landsmann Ernest Minor Patterson. Der Ökonom und langjährige Präsident der *American Academy of Political and Social Science*[30] unterschied in den 1930er Jahren eine deutlicher zu Tage tretende „world economy" von einer „international economy" und den zahlreichen „national economies". Er vertrat auch die Meinung, Ökonomen müssten sich zunehmend mit ersterer befassen und nicht mehr nur mit den beiden letztgenannten. Nicht die Unterschiede in den einzelnen Volkswirtschaften und deren jeweils auf den eigenen Vorteil gerichtete Politik, sondern die gemeinsamen Interessen der Menschheit sollten im Mittelpunkt des Interesses stehen. Statt zu fragen „What makes a nation prosperous?", riet er Ökonomen, sich damit zu befassen „What makes the world prosperous?"[31] Was genau aber diese ‚world economy' sei, definierte Patterson nie konkret, sondern verwies ebenfalls nur beispielhaft auf Aspekte, die ihm ausschlaggebend zu sein schienen. Demnach verstand er die ‚Weltwirtschaft' als eine eigenständige Ganzheit, die mit einer global einheitlichen Währung, mit einheitlichen Regeln und Gesetzen und auch mit einer gewissen einheitlichen politischen Ordnung einhergehen müsse. Mit der 1930 gegründeten *Bank für Internationalen Zahlungsausgleich* und mit dem *Völkerbund* seien Grundlagen für eine ‚Weltwirtschaft' in seinem Sinne gelegt – aber eben auch nicht mehr. Die (wirtschafts-)politischen Entwicklungen der 1930er Jahre ließen ihm zudem nur wenig Hoffnung auf baldige Besserung. Insofern verwundert es nicht, dass Patterson 1939 konstatierte, „[t]here are not many signs of a ‚world economy'".[32]

Zweitens distanzierten sich viele Ökonomen und wirtschaftlich interessierte Publizisten implizit (teils auch explizit) von den Vertretern der Stufentheorie, indem sie davon ausgingen, die ‚Weltwirtschaft' unterscheide sich zwar qualitativ von ‚Volkswirtschaften', existiere aber als eigene Sphäre gleichberechtigt neben diesen und bezeichne die Gesamtheit aller Austauschprozesse zwischen wirtschaftlich aktiven Akteuren unterschiedlicher ‚Volkswirtschaften'.

---

29 Donaldson: International Economic Relations, S. 65, 68 f., 594 (Zitat [Hervorhebung im Original]).

30 Patterson leitete die Akademie von 1930 bis 1952 und gründete zusammen mit anderen Sozialwissenschaftlern in ihrem Rahmen Anfang 1932 eine *Academy of World Economics* mit Sitz in Washington (The Academy of World Economics: Proceedings of the Opening Meeting, Washington, April 6, 1932, Washington 1932, Frontispiz).

31 Patterson, Ernest Minor: An Approach to World Economics, in: American Economic Review 21 (1931), Nr. 1 – Supplement, S. 142–149, hier S. 142.

32 Patterson, Ernest Minor: The Economic Bases of Peace, New York / London 1939, S. 240; vgl. Ernest Minor Patterson: Les bases économiques de la paix, in: Académie de Droit International de la Haye. Recueil des Cours 37 (1931), S. 419–523, hier v. a. S. 486 f., 503–521.

Einer der bekanntesten Vertreter dieser Sichtweise war zweifelsohne Bernhard Harms.[33] 1912 hatte er sich in seinem Buch *Volkswirtschaft und Weltwirtschaft* nicht nur ausführlich mit der Begriffsgeschichte und dem Wesen der ‚Weltwirtschaft' auseinandergesetzt, sondern auch die Etablierung einer ‚Weltwirtschaftslehre' befürwortet. ‚Volkswirtschaft' und ‚Weltwirtschaft' galten ihm als real existierende ‚Verkehrsgesellschaften', deren wirtschaftlich aktive Subjekte Unternehmen (‚Einzelwirtschaften') seien, die miteinander in Beziehung stünden. Beide ‚Verkehrsgesellschaften' unterschieden sich insofern voneinander, als die ‚Volkswirtschaft' an Staaten gebunden sei, die die Regelungsbefugnis in ihren jeweiligen Territorien besäßen, und in denen Verkehrsfreiheit herrsche. ‚Weltwirtschaft' hingegen sei von zwischenstaatlichen Verträgen geprägt, die den Austausch der ‚Einzelwirtschaften' regelten. Ohne spezifische Entwicklungsstufen anzuerkennen war auch für Harms klar, dass Einzel- und Volkswirtschaften sowie die ‚Weltwirtschaft' nicht naturgegeben seien, sondern historisch entstanden seien. Seine ‚Weltwirtschaftslehre' sah daher vor, die natürlichen Grundlagen wirtschaftlichen Handelns ebenso zu betrachten wie die politischen, kulturellen, sozialen und rechtlichen Rahmenbedingungen in ihrer historischen Entwicklung sowie die Entstehung und gegenwärtige Situation von Verkehrs- und Kommunikationsinfrastrukturen.[34] „Strukturwandlungen der Weltwirtschaft", wie Harms sie 1926 in einem Vortrag beschrieb, machte er daher nicht (nur) an statistisch zu erfassenden „mehr oder weniger stetigen Veränderungen der wertmäßigen Beiträge der einzelnen Wirtschaftszweige und Wirtschaftssektoren zum Sozialprodukt"[35] fest, sondern an den unzähligen Entwicklungen in den von ihm thematisierten Einzelbereichen (etwa die potentielle Entstehung einer Stahlindustrie in China, der massive Ausbau der Kautschukgewinnung in Plantagen in Südostasien seit dem frühen 20. Jahrhundert sowie die Folgen von Modenwechsel für die Textilindustrie). Die ‚Weltwirtschaft' war für ihn ein stark differenziertes Gebilde, das in seinen Einzelheiten zu beschreiben und zu erklären war, nicht ein statistisches Konstrukt, das sich allein mit Zahlen charakterisieren ließe.[36]

Harms' Sicht auf die ‚Weltwirtschaft' teilten in den 1920er und 1930er Jahren viele seiner Kollegen. Der russische Kommunist Nikolaj I. Bucharin etwa folgte ihm 1917, als er die ‚Weltwirtschaft' als „eine der Arten der Sozialwirtschaft" definierte.[37] Der deutsche Ökonom Adolf Löwe verstand unter der ‚Weltwirtschaft' 1925 ein

33 Köster: Die Wissenschaft, S. 45f.; Plehwe/Slobodian: Landscapes of Unrest, S. 190–195.

34 Harms: Volkswirtschaft.

35 So die Definition in einem aktuellen, populären Lexikon: Michael Bauer / Hildegard Hogen: Das Lexikon der Wirtschaft. Grundlegendes Wissen von A bis Z, Bonn 2004, S. 119.

36 Harms: Strukturwandlungen (die genannten Beispiele auf S. 12–14).

37 Bucharin, N[ikolaj I.]: Imperialismus und Weltwirtschaft, Wien/Berlin 1929 [1917], S. 26.

„unfertige[s], noch in der Entwicklung begriffene[s]“ „Wirtschaftsgebilde mit ausgeprägter Struktur“ und eigenen „Gesetzmäßigkeiten“, das aus den „zwischenstaatlichen Wirtschaftsbeziehungen der national geschlossenen Gebiete bzw. der ihnen eingeordneten Wirtschaftssubjekte“ bestehe und „mehr als eine Summe individueller Vertragsabschlüsse“, aber „auch etwas anderes als der Markt der nationalen Wirtschaften“ sei.[38] Der Ungar Elemér Hantos schrieb 1930, es sei „la *somme des activités économiques nationales dépendant les unes des autres et ayant besoin les unes des autres qui constitue l'économie mondiale*“.[39] Ganz ähnlich formulierte auch Ernst Wagemann 1931, die „Weltwirtschaft im engeren Sinne des Worts“ sei das „Zusammenwirken der in den einzelnen Volkswirtschaften und innerhalb dieser in den mannigfaltigsten Organisationen zusammengefaßten Wirtschaftssubjekte“.[40] Der Inder Vaman G. Kale meinte im gleichen Jahr:

> „Most economic phenomena relating to the people of a given country [...] have a two-fold aspect, the internal and the external; and it may be fairly claimed that just as [...] the economic activities of people living in the territory of a State are separately considered and are styled ‚national' economy or *volkswirtschaft*, so with equal right can one designate the aggregate of economic relations between individuals who are subjects of different States, which cross national boundaries, as world economy.“[41]

Über dieses Grundverständnis hinaus gab es wenig Einigkeit. Der Soziologe Leopold von Wiese etwa sah 1922 in der ‚Weltwirtschaft' ein „soziales Gebilde von großer Lockerheit und Veränderlichkeit, das zugleich nur abstrakt als Gebilde zu erfassen“ sei, weil es „in der Hauptsache nur aus der Summierung von Beziehungen als Einheit“ verstanden werden könne.[42] Der Ökonom Karl C. Thalheim stimmte 1934 zwar zu, ‚Weltwirtschaft' sei der „Inbegriff“ „einer Fülle von Wirtschaftsbeziehungen, die über die Grenzen eines *Staates* hinausgehen“. Doch gleichzeitig lehnte er es aus einer nationalistischen Perspektive ab, in ihr eine „höhere Ganzheit“ zu sehen, „die *über* den einzelnen Volkswirtschaften“ stehe. Sie sei lediglich „die Summe der Wirtschaftsbeziehungen, die sich, äußerlich gesehen, zwischen den Einzelwirtschaften der Erde abspielen, die aber in ihrer Zusammenfassung zu Beziehungen der [als Organismus verstandenen] Volkswirtschaften untereinander

---

38 Löwe, Adolf: Chronik der Weltwirtschaft, in: Weltwirtschaftliches Archiv 22 (1925), S. 1–32, hier S. 1f.

39 Hantos: L'économie mondiale, S. 17 [Hervorhebung im Original].

40 Wagemann: Struktur, S. 5.

41 Kale, V[amand] G.: „World Economy“ – Its Nature and Scope, in: Ders.: Problems of World Economy, Madras 1931, S. 52–83, hier S. 55f. [Hervorhebung im Original].

42 Wiese, L[eopold] v.: Die Weltwirtschaft als soziologisches Gebilde, Jena 1923, S. 9.

werden".[43] Für Angehörige der Gruppe von Sozialwissenschaftlern und Intellektuellen wiederum, die in den 1930er Jahren die Denkrichtung des ‚Neoliberalismus' begründeten, gab es ebenfalls keine Zweifel daran, dass die ‚Weltwirtschaft' existierte und als tendenziell (aber nicht notwendigerweise) globaler Raum beschrieben werden konnte, in dem die Bewegung von Menschen, Kapital und Waren weitgehend ohne Restriktionen stattfinde sollte. Ähnlich wie Harms betonten sie zudem, rechtliche, politische, soziale und kulturelle Institutionen seien vonnöten, um diese ‚Weltwirtschaft' zu etablieren und zu erhalten. ‚Volkswirtschaften' hingegen spielten in ihren Überlegungen höchstens eine negative Rolle. Sie galten als Folge politischer Fehlentwicklungen, die mit Planung und Wirtschaftsnationalismus einhergingen und den freien Verkehr von Menschen, Kapital und Waren behinderten. Ökonomen wie Ludwig Mises, Friedrich Hayek und Wilhelm Röpke propagierten in ihren Schriften daher eine Welt, in der einer tendenziell globalen, grenzenlosen und von überstaatlichen Institutionen abgesicherten wirtschaftlichen Sphäre sprachlich, kulturell und sozial getrennte politische Einheiten gegenüberstanden, die wirtschaftliches Handeln nicht behindern sollten.[44]

Die mit Abstand häufigste Form, in der die ‚Weltwirtschaft' Lesern in den 1920er und 1930er Jahren begegnete, war jedoch, *drittens*, die Sammlung von mehr oder minder hoch aggregierten Zahlen zu bestimmten wirtschaftlichen Prozessen. Der statistisch greifbar gemachte Verlauf von ‚Welthandel', ‚Weltproduktion' oder ‚Weltpreisen' diente dazu, die Entwicklung der meist unreflektiert bleibenden und nicht näher definierten ‚Weltwirtschaft' darzustellen. Unabhängig von den skizzierten konzeptionellen Überlegungen der wenigen Ökonomen, die sich mit dem Thema befassten, war die ‚Weltwirtschaft' für die meisten Zeitgenossen daher etwas, das sich mit der zunehmenden Zahl verlässlich wirkender internationaler Wirtschaftsstatistiken detaillierter charakterisieren und permanent beobachten ließ. Mit dieser Sichtweise auf die ‚Weltwirtschaft' und ihre Entwicklung war, wie Wilhelm Röpke 1938 betonte, „jeder vertraut"; sie stelle die globalen wirtschaftlichen Beziehungen als eine „Mechanik von Totalquanten" dar.[45] Und in dem Maße, in dem die tendenziell globale wirtschaftsstatistische Infrastruktur erweitert, die internationale Standardisierung von wirtschaftsstatistischen Konzepten und Methoden vorangetrieben und die regelmäßige, in kurzen zeitlichen Abständen erfolgende wirtschaftsstatistische Berichterstattung für viele Zeitgenossen alltäglich

43 Thalheim, Karl C.: Die Weltwirtschaft, Leipzig 1934, S. 3, 6 [Hervorhebungen im Original].

44 Vgl. Slobodian: Globalists, S. 91–120; beispielhaft: Wilhelm Röpke: International Economic Disintegration, London / Edinburgh / Glasgow 1942, v. a. S. 11–22.

45 Röpke, Wilhelm: Die entscheidenden Probleme des weltwirtschaftlichen Verfalls, in: Zeitschrift für Schweizerische Statistik und Volkswirtschaft 74 (1938), S. 493–506, hier S. 494, 498.

wurde, erschien die Welt, so der liberale Ökonom und zeitweilige Völkerbundbeamte John B. Condliffe im Sommer 1937, „as a developing economic organism".[46]

Die ‚Weltwirtschaft' in erster Linie als statistisch beobachtbares Konstrukt zu verstehen entsprach der sich seit dem 19. Jahrhundert weithin etablierenden Art und Weise, wirtschaftliche Prozesse zu beschreiben und zu untersuchen. Zudem war diese Sichtweise mit den anderen beiden, eben skizzierten Formen kompatibel. Denn obwohl deren Vertreter sich bemühten, die ‚Weltwirtschaft' qualitativ zu charakterisieren, griffen sie auf quantitative Mittel zurück, um Entwicklungsprozesse darstellen zu können. Quinn Slobodian hat darauf hingewiesen, dass deutsche Ökonomen im 19. Jahrhundert die ‚Weltwirtschaft' in erster Linie als breiter und feinmaschiger werdendes Netz darstellten, das sich statistisch fassen und kartographisch visualisieren ließ. Der Ökonom Paul Arndt stand mit seiner Formulierung stellvertretend dafür, als er 1908 schrieb, „[u]nzählbar und äußerst kunstvoll verschlungen sind die wirtschaftlichen Fäden, welche die ganze Erde überziehen".[47] Gerade weil sich die qualitativen Charakteristika der ‚Weltwirtschaft' so schlecht fassen ließen, bot sich die Summierung der in zunehmender Zahl verfügbaren Statistiken zum Außenhandel einzelner Länder sowie zum weltweiten Auf- und Ausbau von Kommunikations- und Transportinfrastrukturen an, um das (nur quantitativ zu denkende) „Wachstum der Weltwirtschaft"[48] zu beschreiben.

Die Etablierung der tendenziell globalen wirtschaftsstatistischen Infrastruktur veränderte den Charakter der statistisch dargestellten ‚Weltwirtschaft' in dreierlei Hinsicht. So ermöglichte die sukzessive inhaltliche Erweiterung internationaler Wirtschaftsstatistiken nach dem Ersten Weltkrieg, ‚Weltwirtschaft' zunehmend mithilfe von Produktions-, Außenhandels-, Preis- und Konsumtionsstatistiken (v. a. Lebenshaltungskosten) darzustellen, während verkehrsstatistische Aspekte eher in den Hintergrund rückten. In den 1930er Jahren, als englisch-, französisch- und deutschsprachige Zeitungen fast täglich über die Ursachen, den Verlauf und die Folgen der globalen Wirtschaftskrise berichteten, spielten die Längen von Eisenbahnstrecken, Schifffahrtslinien und ähnliches nur noch eine untergeordnete Rolle. Üblich waren stattdessen Beschreibungen wie jene geworden, die der liberale Parlamentarier Graham White im März 1933 im britischen Unterhaus formulierte: „We know that since 1929 wholesale prices have fallen by one-third, that the prices of raw material have collapsed to the extent of from 50 per cent. to 60 per cent., and that, as a result of this disequilibrium in the markets of the world, in the principal

46 Condliffe, J[ohn] B.: A World Economic Survey, in: Norman Angell et al.: Geneva and the Drift to War, London 1938, S. 97–115, hier S. 98.

47 Arndt, Paul: Deutschlands Stellung in der Weltwirtschaft, Leipzig 1908, S. 1; vgl. Slobodian: How to See.

48 Levy: Die Grundlagen [1924], S. 13.

countries, there is no relation between their international burdens and their means of carrying them."[49]

Des Weiteren ging der tendenziell globale Ausbau der wirtschaftsstatistischen Infrastruktur damit einher, dass ‚Welt'-Statistiken plausibler wirkten, weil sie sich nicht mehr nur auf vergleichsweise wenige, meist europäische und nordamerikanische Länder bezogen. Das betraf weniger die Außenhandelsstatistiken, die bereits im 19. Jahrhundert in zahlreichen Ländern aller Kontinente periodisch erhoben wurden, sondern vor allem international vergleichende Statistiken zu Großhandelspreisen und der gewerblichen Produktion, die nach dem Ersten Weltkrieg bzw. ab Mitte der 1920er Jahre für eine wachsende Zahl von Ländern verfügbar wurden. Die in den ausgehenden 1920er, vor allem aber in den 1930er Jahren neben den ‚Welthandel' tretende, singulär gedachte ‚Weltproduktion' ließ sich beispielsweise zunehmend überzeugender als Gesamtheit der „Erzeugung von Waren in den einzelnen Volkswirtschaften" darstellen (Abb. 29).[50] Zwar fehlten in vielen Beiträgen gerade in der massenmedialen Öffentlichkeit Angaben zur Menge der in den aggregierten Zahlen repräsentierten Länder, die deren ‚wachsende Globalität' offen gelegt hätten. Leser, die sich die Mühe machten, dieser Frage nachzugehen, stießen jedoch in vielen solcher Fälle auf Publikationen des *Völkerbunds*, des deutschen *Statistischen Reichsamts*, des Berliner *Instituts für Konjunkturforschung*, des britischen *Board of Trade* oder anderer international renommierter Institutionen, von denen solche Zahlen übernommen wurden.[51] Und dort ließ sich die wachsende geographische Breite der wirtschaftsstatistischen Berichterstattung nachvollziehen.

Die vielleicht auffälligste Veränderung, die die Etablierung der tendenziell globalen wirtschaftsstatistischen Infrastruktur nach dem Ersten Weltkrieg mit sich brachte, war jedoch die höhere Frequenz und Regelmäßigkeit der Berichterstattung. Die im MBS des *Völkerbunds* ab 1919 zur Regel gemachte monatliche Erscheinungsweise wurde für eine wachsende Zahl von wirtschaftlich relevanten Phänomenen aus einer zunehmenden Zahl von Ländern zur Norm (und ist es in vielen Fällen bis heute). Dies war ein zentraler Aspekt, in dem sich die Weltwirtschaftskrise der frühen 1930er Jahre von früheren ‚globalen Krisen' unterschied. Denn allein dank der in den 1920er Jahren ausgebauten Infrastruktur, die den perma-

49 Hansard, 5th Series, Bd. 275, 15.03.1933, Sp. 1973.

50 Anonymus: Wandlungen im Welthandel. Erst gesunde Nationalwirtschaften, dann gesunder Welthandel, in: Völkischer Beobachter, 03.07.1938.

51 Es ist nicht klar, auf welchen Zahlen die in Abbildung 29 illustrierte Entwicklung von ‚Welthandel' und ‚Weltproduktion' basierte. Zu vermuten ist, dass sie vom *Institut für Konjunkturforschung* stammen. Dessen im Sommer 1938 aktuellen Daten stimmen jedoch nicht mit den im *Völkischen Beobachter* dargestellten überein. Und auch diejenigen des ebenfalls im Sommer 1938 vom *Völkerbund* veröffentlichten Zahlen zu ‚Welthandel' und ‚Weltproduktion' unterscheiden sich davon.

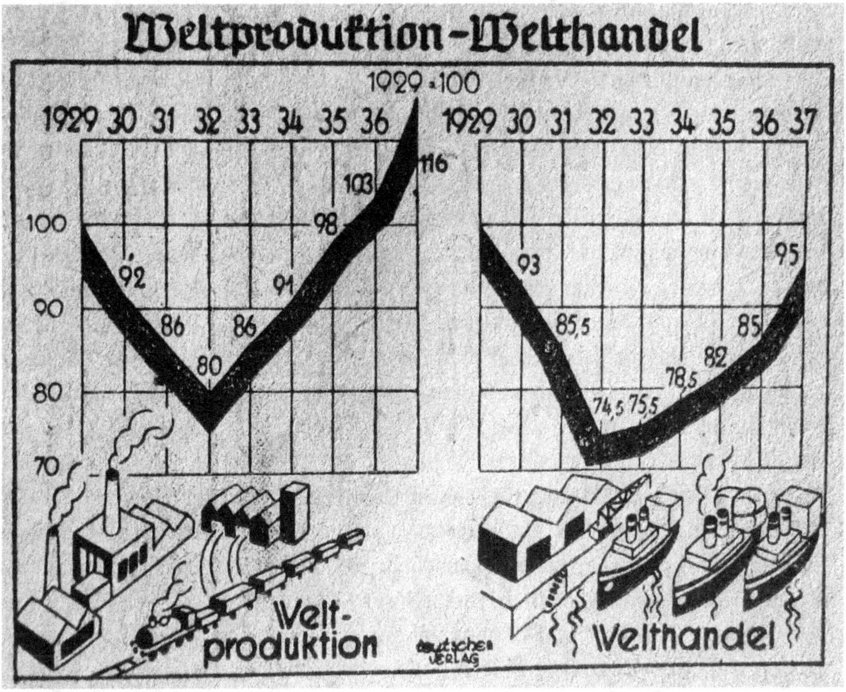

Abbildung 29: Indizes der ‚Weltproduktion' und des ‚Welthandels' 1929 – 1937, in: Anonymus: Wandlungen im Welthandel. Erst gesunde Nationalwirtschaften, dann gesunder Welthandel, in: Völkischer Beobachter (Süddeutsche Ausgabe), 03.07.1938.

nenten und sehr häufigen Nachschub neuer Daten aus einer wachsenden Zahl von Ländern zu den immer gleichen Phänomenen sicherstellte, war es den Zeitgenossen nach 1929 möglich, den „Zerfall der Weltwirtschaft" gewissermaßen in Echtzeit als einen „Zerfall in Zahlen" zu beobachten.[52] Dass diese dank der Weltwirtschaftsstatistik dauerhafte Präsenz von international vergleichenden sowie expliziten ‚Weltzahlen' in öffentlichen Debatten Auswirkungen auf die Wahrnehmung grenzüberschreitender Interdependenzen hatte, war den Zeitgenossen sehr bewusst. „Von der Stimmung, der ‚öffentlichen Meinung' über die Konjunktur", so der Ökonom Julius Wolf 1928, „lassen sich mehr oder weniger alle Faktoren der Volkswirtschaft leiten. […] Alles wirkt in ihr und nur durch sie. Nicht das ‚Ding an sich', sondern die Vorstellung desselben tritt in Erscheinung." Und sein Kollege Oskar Morgenstern schrieb 1943, man liege nicht falsch, „if one surmises that […] psy-

52 Salin: Von den Wandlungen, S. 11; Anonymus: Zerfall in Zahlen.

chological factors always played a great role" bei der ‚Übertragung' von Krisensymptomen von einem Land zum anderen. Die Folgen des New Yorker Börsencrashs von 1929 seien nur ein spektakuläres Beispiel dafür, dass „psychological infection can proceed very rapidly".[53]

Nicht genug betont werden kann allerdings, dass es keine unmittelbare statistische Repräsentanz der ‚Weltwirtschaft' gab. Schon allein mangels einer anerkannten Definition existierte kein methodisches Instrument, um dieses schwer greifbare ‚Ding' als solches darstellen oder gar beobachten zu können. Das wurde in gewisser Weise erst mit der Etablierung der volkswirtschaftlichen Gesamtrechnung nach dem Zweiten Weltkrieg möglich, die es gestattete, die Wirtschaftsleistung ganzer Länder auf formal gleicher methodischer Grundlage zu ermitteln und diese anschließend zu einer globalen Zahl zu summieren, die dann die ‚Weltwirtschaft' darstellte. Bis dahin galt – wie im Falle der Versuche, Aussagen über die wirtschaftliche Entwicklungen einzelner Länder zu treffen – die Zusammenschau möglichst vieler permanent aktualisierter Daten zu verschiedenen, aussagekräftig erscheinenden Phänomenen und Prozessen als beste Möglichkeit, die Entwicklung der ‚Weltwirtschaft' dauerhaft zu beobachten. Den ambitioniertesten, letztlich aber in Anfängen steckengebliebenen Versuch dazu unternahmen in den 1920er und 1930er Jahren Statistiker und Ökonomen, die im Umfeld von *Völkerbund, Internationalem Statistischen Institut* (ISI) und den verschiedenen Konjunkturforschungsinstituten Europas und Nordamerikas der Frage nachgingen, ob es so etwas wie ‚Weltkonjunkturen' gäbe und inwiefern diese zu messen seien.

10.3 Auf der Suche nach ‚Weltkonjunkturen'

Wie der Begriff ‚Weltwirtschaft' war auch jener der ‚Weltkonjunktur' im deutschen Sprachgebrauch seit dem 19. Jahrhundert verbreitet. Entsprechend nutzten Zeitgenossen den Begriff ‚Weltkonjunktur' meist unreflektiert und intuitiv, wenn sie wirtschaftliche Entwicklungen außerhalb der Landesgrenzen bezeichnen wollten; in manchen Fällen stand er sogar synonym für ‚Weltwirtschaft'. Mit dem Aufschwung der empirischen Konjunkturforschung ab dem Ersten Weltkrieg begannen Ökonomen und Statistiker aus Europa und Nordamerika sich jedoch eingehender mit der Frage zu befassen, inwiefern Konjunkturbewegungen eines Landes von solchen anderer Länder beeinflusst wurden und wie das zu messen sei. Damit

53 Wolf, Julius: „Konjunktur" und „Struktur", in: Karl Diehl (Hrsg.): Beiträge zur Wirtschaftstheorie. Zweiter Teil: Konjunkturforschung und Konjunkturtheorie. Wissenschaftliche Gutachten, München / Leipzig 1928, S. 1–38, hier S. 25 f.; Morgenstern: International Spread, S. 295, 306.

einher ging das Interesse, inwiefern so etwas wie global wirksame Konjunkturzyklen (‚Weltkonjunkturen') existierten oder ob sich diese zumindest im Laufe der Zeit entwickeln könnten.

Es sei daran erinnert, dass es Ziel der Konjunkturforscher war, die wirtschaftliche Entwicklung eines Landes als Ganzes mithilfe der Kombination möglichst vieler verschiedener statistischer Reihen abzubilden, kausale Zusammenhänge zwischen den beobachteten Prozessen zu erkennen und im besten Falle Aussagen über wahrscheinliche zukünftige Entwicklungen zu treffen. Erinnert sei auch daran, dass es keine Einigung darüber gab, wie das am besten geschehen sollte, schon allein weil es an einem Konsens mangelte, was unter ‚wirtschaftlicher Entwicklung' eines Landes zu verstehen sei. Und schließlich sei daran erinnert, dass der Aufbau konjunkturstatistisch verwertbarer Reihen in den 1920er Jahren in den meisten Ländern ebenso noch ganz am Anfang stand wie die Diskussion über konzeptionelle und methodische Fragen sowie über den Charakter von Konjunkturzyklen.[54]

Die im Folgenden skizzierten Diskussionen zeigen, dass die Frage nach den Interdependenzen von ‚nationalen' Konjunkturbewegungen sowie die Suche nach ‚Weltkonjunkturen' mit dem Ausbau der tendenziell globalen wirtschaftsstatistischen Infrastruktur ebenso eng verbunden war wie mit theoretischen und konzeptionellen Debatten über die adäquate Interpretation und Analyse der mit ihr erhobenen Daten. Sie verdeutlichen, dass die Etablierung der Weltwirtschaftsstatistik entscheidend dazu beitrug, dass Ökonomen neue Fragen stellen, neue Einsichten gewinnen sowie zumindest potentiell auch neue Gewissheiten etablieren konnten. Und sie zeigen, dass die Weltwirtschaftskrise zwar eine Zäsur darstellte, weil sie die politische Relevanz dieses Aspekts der Konjunkturforschung erhöhte und Katalysator für einen konzeptionellen und methodischen Wandel der Wirtschaftswissenschaft war, dass sie die Suche nach ‚Weltkonjunkturen' aber nicht initiierte.

Ein internationales Wirtschaftsbarometer?

Dass die wirtschaftliche Entwicklung eines Landes mehr oder minder von Prozessen abhing, die außerhalb dessen Grenzen vonstattengingen, war nach dem Ersten Weltkrieg eine so alte wie triviale Feststellung. Die Frage, aber, wie genau und in welchem Grad dies der Fall war, blieb umstritten. Schon 1903 hatte sich der deutsche Ökonom Werner Sombart frontal gegen alle gestellt, die in zunehmenden Ein- und

54 Vgl. Kapitel 4.3 und 6.2 samt der dort angegebenen Literatur.

Ausfuhrzahlen sowie wachsenden Infrastrukturnetzen einen Beleg dafür sahen, eine ‚Weltwirtschaft' entstehe, die zumindest für industrialisierte Länder zunehmend bedeutsam werde. Sombart zufolge wachse die Abhängigkeit sich industrialisierender Länder vom Ausland im Laufe der Zeit nicht, sondern nehme ab. Denn die absolute Zunahme des Außenhandels dürfe nicht davon ablenken, dass die Expansion innerstaatlicher Märkte und das Wachstum der inländischen Nachfrage viel wichtiger für die „Gesamtleistung der wirtschaftlichen Thätigkeit" sei, auch wenn es zu diesen Aspekten (noch) an ausreichenden statistischen Daten mangele.[55] Über den Allgemeinplatz hinaus, (fast) alle Länder seien seit dem 19. Jahrhundert mehr oder minder stark wirtschaftlich miteinander verflochten, waren sich die Fachleute eben nicht einig, in welchem Maße dies der Fall war, wie sich das messen ließ und vor allem, welche Relevanz diese Interdependenzen für die wirtschaftliche Entwicklung eines Landes besaßen. Die empirische Konjunkturforschung nahm sich ab Mitte der 1920er Jahre dieser Fragen an.

Dass die internationale Diskussion darüber 1926 einen ersten Höhepunkt erlebte, war kein Zufall. Die seit dem Ersten Weltkrieg zunehmende Zahl international vergleichbarer und vergleichender Wirtschaftsstatistiken machte die Ähnlichkeit und Gleichzeitigkeit wirtschaftlicher Entwicklungen in verschiedenen Ländern der Welt zunehmend sichtbar. Der Ausbau der tendenziell globalen wirtschaftsstatistischen Infrastruktur ebnete also den Weg zu einer neuartigen Wahrnehmung grenzüberschreitender ökonomischer Wirkungszusammenhänge. Die 1925 beschlossene, 1926 vorbereitete und 1927 in Genf stattfindende Weltwirtschaftskonferenz, für die das Völkerbundsekretariat breit rezipierte empirische Studien zur globalen wirtschaftlichen Entwicklung verfasste (Kap. 7.2), war ebenso Ausdruck dafür, wie drei nicht unmittelbar miteinander in Beziehung zueinander stehende ‚Ereignisse' in New York, Kiel und Genf.

Im Sommer 1926 wurde das US-amerikanische *National Bureau of Economic Research* seinem Ruf gerecht, ein Vorreiter der empirischen Konjunkturforschung zu sein, als es die Studie *Business Annals* veröffentlichte.[56] Die Untersuchung verglich den Konjunkturverlauf von 17 Ländern zwischen 1890 und 1925 (für einige Länder ging der Vergleich viel weiter zurück, im Falle der USA und Großbritanniens bis 1790). Sie beruhte auf der Auswertung von statistischen Publikationen internationaler Organisationen sowie zahlreichen verschiedenen länderbezogenen Statistiken aus Periodika und monographischen Darstellungen. Dazu gehörten auch solche aus bzw. zu Russland und der Sowjetunion, China, Japan und Indien. Der konkrete Vergleich bestand in den *Business Annals* nicht in der Gegenüberstellung

55 Sombart: Die deutsche Volkswirtschaft, S. 427 f. (Zitat: S. 428).
56 Vgl. zu dem Projekt Martin: Experts, S. 160–163.

von Zahlen, sondern in der Zuordnung der jeweiligen wirtschaftlichen Entwicklung eines Landes in einem bestimmten Jahr zu einem der vier Phasen des Konjunkturverlaufs: Prosperity, Boom, Recession und Depression. Dies ließ sich tabellarisch und auch grafisch darstellen.[57]

Wie Wesley C. Mitchell, einer der weltweit führenden Konjunkturforscher der Zeit, in seiner ausführlichen Einleitung zu der Studie hervorhob, zeigten deren Ergebnisse „a trend in the direction of ‚world economy'". Sichtbar werde dies dadurch, dass sich die festgestellten Konjunkturzyklen im Laufe der Jahre zunehmend annäherten, wobei hoch industrialisierte und marktwirtschaftlich organisierte Länder eher Übereinstimmungen zeigten, als stärker landwirtschaftlich geprägte. Je weiter die „economic organization" eines Landes sich derjenigen „of western Europe" annähere, desto wahrscheinlicher werde eine Synchronisierung der wirtschaftlichen Entwicklung. So, wie sich statistisch beobachten ließe, dass die Konjunkturentwicklungen im Norden und Süden der Vereinigten Staaten sich im 19. Jahrhundert aneinander angeglichen hätten, unterstützten die *Business Annals* Mitchell zufolge die These, dies erfolge auch auf der globalen Ebene. „As American business is coming to have one story [...], so, before the war shattered international bonds for a time, world business seemed to be approaching the time when it too would have one story", resumierte Mitchell.[58]

In der Fachwelt wurde die Studie mit verhaltenem Enthusiasmus aufgenommen. Die geographische Breite ihrer Betrachtungsweise sowie die Menge lesbar zusammengefasster statistischer Daten galten ebenso als bemerkenswert wie Mitchells Einleitung (in der die internationalen Interdependenzen nur einen Aspekt darstellten). Sie gehörte für einige Ökonomen „zu dem besten, was in den letzten Jahren in den Vereinigten Staaten über Konjunkturtheorie geschrieben worden ist".[59] Von ‚Weltkonjunkturen' wollte Mitchell allerdings nicht sprechen. Zwar mochte irgendein „cosmic cause" existieren, der die Angleichung landesbezogener Konjunkturzyklen bewirke, weil er „affects all quarters of the globe in much the

57 Thorp: Business Annals; vgl. die methodisch vergleichbare Darstellung in Kapitel 9, Abb. 19.

58 Mitchell, Wesley C.: Introduction. Business Cycles as revealed by Business Annals, in: Thorp: Business Annals, S. 15–100, hier S. 74, 96 f.

59 Morgenstern: International, S. 281; positive Einschätzungen auch von M[arjorie] Tappan: [Rezension von Thorp: Business Annals], in: Economica 21 (1927), S. 373–378; Charles O. Hardy: [Rezension von Thorp: Business Annals], in: Journal of the American Statistical Association 22 (1927), S. 120–122; A.Z.: [Rezension von Thorp: Business Annals], in: Journal of the Royal Statistical Society 90 (1927), S. 599–600.

same way each year". So weitgehende Hypothesen wollte Mitchell aber schon allein aufgrund der weiterhin zu geringen Datengrundlage nicht ernsthaft verfolgen.[60]

Der Kieler Ökonom Bernhard Harms sah das etwas anders. Er verschloss seine Augen zwar nicht vor den konzeptionellen und methodischen Problemen, die die Beobachtung von ‚Weltkonjunkturen' bereite. Er erkannte darin aber eine angesichts ihrer wirtschaftspolitischen Relevanz drängender werdende wissenschaftliche Frage und eine Gelegenheit, sein *Institut für Weltwirtschaft* auszubauen. Als sich der *Verein für Sozialpolitik*, die wichtigste deutschsprachige wirtschaftswissenschaftliche Gesellschaft, im September 1926 zu seinem turnusgemäßen Kongress in Wien traf, sprach Harms dort über die bereits erwähnten „Strukturwandlungen der Weltwirtschaft". In der auf seinen Beitrag folgenden Diskussion ging er näher auf Unterschiede zwischen dem langfristig wirkenden Strukturwandel und den wiederkehrenden Konjunkturzyklen ein. Letztere hätten, so Harms, in den vorangegangenen Jahren zurecht sehr im Fokus der Aufmerksamkeit gestanden und würden es wohl weiterhin tun. Die Konjunkturforschung sei allerdings bis dahin – und vermutlich auch in Zukunft – „ausschließlich territorial orientiert". Zyklen ließen sich statistisch nur im Rahmen von Volkswirtschaften beobachten. Auf der Ebene der ‚Weltwirtschaft' sei mit der bisherigen Konjunkturtheorie „überhaupt nichts anzufangen". Schließlich lasse sich eine „Weltkonjunktur" von den existierenden, landesbezogenen Wirtschaftsbarometern nicht ablesen. „Schon der Gedanke ist absurd!" Allein, so der angesichts dieser drastischen Begrifflichkeit etwas überraschende Schluss Harms', nur weil es an der Methode fehle, um die „Konjunktur der Weltwirtschaft" messen zu können, bedeute dies nicht, dass es sie nicht gebe und sich nicht beobachten ließe. Dies zu erreichen, bezeichnete Harms als „eine der *wichtigsten* Aufgaben der Sozialökonomik". Den weltwirtschaftlichen Krisen, mit denen man seit dem Ersten Weltkrieg konfrontiert sei, „ist planmäßig nur dann beizukommen, wenn wir [sie] in [ihrem] Wesen zu erkennen versuchen". Dazu müssten „alle Elemente der *zwischenvolkswirtschaftlichen Beziehungen* [...] ebenso statistisch erfaßt [...] als auf ihren Symptomcharakter hin kausal erforscht werden".[61]

---

60 Mitchell: Introduction, S. 96; der Hinweis auf den „cosmic cause" bezog sich auf Thesen William Stanley Jevons und Henry L. Moores, nach denen die schwankende Sonnenaktivität, wiederkehrende Wetterereignisse und die Stellung der Venus zur Erde wirtschaftliche Schwankungen verursachten. Vgl. Morgan: The History, S. 18–34.

61 Boese, Franz (Hrsg.): Krisis der Weltwirtschaft, Übervölkerung Westeuropas, Steuerüberwälzung. Verhandlungen des Vereins für Sozialpolitik in Wien 1926. Auf Grund der stenographischen Niederschrift herausgegeben, München / Leipzig 1926, 116–120 (Zitate: S. 117, 119 f. [Hervorhebungen im Original]).

Damit beschrieb Harms praktisch das Arbeitsfeld, das eine im April 1926 neu gegründete ‚Abteilung für statistische Weltwirtschaftskunde und internationale Konjunkturforschung' seines Instituts bearbeiten sollte. Als dessen Leiter hatte er den Ökonomen Adolf Löwe gewinnen können, der ab 1924 für den Aufbau der neuen auslandsstatistischen Abteilung im Berliner *Statistischen Reichsamt* verantwortlich gewesen war und in dieser Funktion weltwirtschaftliche Jahresberichte für die deutsche Regierung verfasst hatte, deren Fortsetzungen Ende der 1920er Jahre veröffentlicht wurden.[62] Bereits im ersten dieser Berichte hatte Löwe 1924 explizit von einer „Weltkonjunktur" gesprochen und die Meinung vertreten, die „weltwirtschaftliche Entwicklung" der Jahre 1919 bis 1923 lasse sich als Einheit verstehen.[63] Obwohl Löwe aber zu Beginn seiner Kieler Zeit tatsächlich die Erarbeitung eines „internationalen Konjunkturbarometers" anstrebte und Harms 1927 (erfolglos) versuchte, in Kiel eine Professur für Statistik und Internationale Konjunkturforschung zu etablieren, spielte die empirische Beobachtung der Wirtschaftsentwicklung in den Folgejahren nur eine untergeordnete Rolle. Stattdessen wurde die neue Abteilung bis 1933 zu einer der führenden europäischen Forschungsinstitute, die sich mit Konjunktur*theorie* befassten. Harms und Löwe gewannen dafür eine Reihe junger und später international renommierter Ökonomen, von denen viele Anfang der 1930er Jahre wie Löwe selbst nach Großbritannien bzw. in die USA auswanderten (zu diesen gehörten Gerhard Colm, der die Abteilung ab 1930 leitete, Hans Neisser, Jacob Marschak und Wassily Leontief). Die statistische Erfassung ‚zwischenvolkswirtschaftlicher Beziehungen', die Harms eingefordert hatte, bildete keinen Schwerpunkt ihrer Arbeit und man blieb weit davon entfernt, ein ‚internationales Konjunkturbarometer' konstruieren zu können.[64]

Nicht nur in New York und Kiel, auch in Genf wurde 1926 die Frage nach ‚Weltkonjunkturen' zum Thema. Schon zwei Jahre zuvor hatte eine für die ILO verfasste Broschüre zu Wirtschaftsbarometern dafür plädiert, den internationalen Austausch zwischen Konjunkturforschern zu intensivieren, nicht nur, um konzep-

---

62 Statistisches Reichsamt: Die Wirtschaft des Auslandes 1900/27; Statistisches Reichsamt: Die Wirtschaft des Auslandes 1928; zu Löwe vgl. Harald Hagemann: Lowe, Adolph, in: Ders. / Claus-Dieter Krohn (Hrsg.): Biographisches Handbuch der deutschsprachigen wirtschaftswissenschaftlichen Emigration nach 1933, Bd. 2: Leichter – Zweig, München 1999, S. 390–399.

63 BAB, R 3101/7607, Bl. 69 f., Die weltwirtschaftliche Entwicklung nach dem Kriege, Memorandum, o.A. [Adolf Löwe] o.J. [Juli 1924], S. 2–4.

64 Kulla: Die Anfänge, S. 151–162, Zitat: S. 153; vgl. zudem Ulf Beckmann: Von Löwe bis Leontief. Pioniere der Konjunkturforschung am Kieler Institut für Weltwirtschaft, Marburg 2000; Harald Hagemann: Zerstörung eines innovativen Forschungszentrums und Emigrationsgewinn. Zur Rolle der „Kieler Schule" 1926–1933 und ihrer Wirkung im Exil, in: Ders. (Hrsg.): Zur deutschsprachigen wirtschaftswissenschaftlichen Emigration nach 1933, Marburg 1997, S. 293–341; Köster: Die Wissenschaft, S. 221–258.

tionelle und methodische Fragen zu klären, sondern auch „to see if any international relation exists".[65] Die Diskussionen über diese Broschüre führten Ende 1924 zur Gründung eines von der ILO und dem *Völkerbund* gemeinsam beschickten ‚Mixed Committee on Economic Crises'.[66] Dessen Mitglieder diskutierten unter anderem, inwiefern international standardisierte Konjunkturbeobachtung möglich war und ob es ‚internationale Barometer' geben könnte.[67]

Um sich darüber klarer zu werden lud das Komitee auf Vorschlag des Leiters des Berliner *Instituts für Konjunkturforschung* Ernst Wagemann[68] Statistiker und Ökonomen aus mehreren europäischen Ländern und den USA für Mitte Dezember 1926 nach Paris ein.[69] Sie sollten über den Stand des diesbezüglichen Wissens informieren und Handlungsvorschläge erteilen. Wagemann, der der Expertenrunde ebenfalls angehörte, kündigte im Vorfeld an, ein Memorandum beizusteuern, in dem er auch auf die Frage eingehen wolle, ob es „neben der volkswirtschaftlichen eine weltwirtschaftliche Konjunktur" gebe.[70] Tatsächlich setzte er darin landesunabhängige Konjunkturzyklen aber bereits voraus. In Bereichen, in denen es grenzüberschreitende Märkte gäbe („money rates, the prices of certain raw materials and the stock exchange quotations"), könne seiner Meinung nach ein „world-barometer" Entwicklungen beobachten, „which are experienced almost simultanously by all the larger capitalist systems". Bevor aber „monetary transactions and the markets" nicht überall Wirtschaftsbeziehungen prägten, würde ein solches

65 International Labour Office: Economic Barometers, S. 25, 27 (Zitat).

66 Zu diesem Komitee, seinen Mitgliedern und seiner Bedeutung für die Etablierung und internationale Standardisierung von Statistiken der gewerblichen Produktion vgl. Martin: Experts, S. 150–156 sowie Kap. 6.2.

67 LoNA, Official Document Collection, Comité Economique. Commission mixte des crises économiques. Compte-rendu de la session tenue à Genève les lundi et mardi 26 et 27 janvier 1925 (LoN Document E/Crise économique/Mixte/1ère session/P.V. Révises), S. 2–8.

68 LoNA, Official Document Collection, Comité Economique. Commission mixte des crises économiques. 7ème session [sic!], Procès-verbal de la 2ème séance, tenue le mardi 2 juin 1925 (LoN Document E/Crises économiques/7ème session/P.V. 2(1)), S. 3–5.

69 Teilnehmer waren der Belgier Raymond Olbrechts, die beiden Briten Arthur L. Bowley und Alfred W. Flux, der der Deutsche Ernst Wagemann, der Franzose Lucien March, der Italiener Corrado Gini, der Niederländer Marius Jeronimo de Bosch Kemper, der Schweizer Vladimir Furlan und der Tscheche Antonín Basch. Zusätzlich nahmen Alexander Loveday vom Völkerbundsekretariat sowie Henri Fuss und Karl Přibram von der ILO an den Diskussionen teil (LoNA, Official Document Collection, Committee of Experts on Economic Barometers. Session held in Paris in December 1926. First Meeting (LoN Document E./B.E./1st Session/P.V.1(1), 13.12.1926, S. 1). Der ebenfalls eingeladene US-Amerikaner Allyn Young sagte aus Zeitgründen ab (LoNA, R.451, 10/52689/51866, Loveday an Flux, 22.10.1926).

70 LoNA, R.451, 10/52192/51866, Wagemann an Loveday, 17.11.1926.

‚Weltbarometer‘ nur Ausschnitte weltwirtschaftlicher Entwicklungen beobachten und müsse durch landesbezogene Instrumente ergänzt werden.[71]

Als die Experten der Pariser Konferenz im Dezember 1926 anhand von Wagemanns Memorandum diskutierten, wie mögliche ‚Weltkonjunkturen‘ gemessen werden könnten, prallten diametrale Meinungen darüber aufeinander, welche Relevanz ‚Volkswirtschaften‘ dabei besäßen.[72] Auf der einen Seite stand die Ansicht, es fördere das Verständnis wirtschaftlicher Entwicklungen wenig, wenn ‚Volkswirtschaften‘ im Sinne eigenständiger, an politische Grenzen gebundener Einheiten als Grundlage konjunkturstatistischer Erhebungen dienten. Überall, wo Märkte existierten und der Zugang zu diesen in gleicher Weise möglich sei, würden sich internationale wirtschaftliche Entwicklungen in ähnlicher Form niederschlagen. Daten einzelner Wirtschaftsbranchen müssten deshalb unabhängig von Ländergrenzen gesammelt und in entsprechend ‚grenzenlose‘ Indizes und Konjunkturbarometer integriert werden. Karl Přibram, Chefstatistiker der ILO, positionierte sich explizit in diesem Sinne, als er meinte, ein Land existiere nicht „as a real economic entity having an organic structure of ist own".[73] Er lässt sich daher jenen liberalen Ökonomen zurechnen, die aus der spezifischen Perspektive der mitteleuropäischen Nachfolgestaaten Österreich-Ungarns Ländergrenzen zwar als politische, nicht aber als wirtschaftliche Ordnungslinien anerkannten.[74] Der ‚methodische Nationalismus‘ der empirischen Konjunkturforschung war aus ihrer Perspektive aus pragmatischen Gründen nachvollziehbar und sinnvoll, konzeptionell aber kaum zu akzeptieren.

Auf der anderen Seite vertrat Wagemann die Meinung, ‚Volkswirtschaften‘ seien tatsächlich eigenständige „economic entities". In der Tradition der Historischen Schule argumentierend verwies er darauf, sie seien charakterisiert durch „their monetary position, policy, credits, frontiers, transport, etc.". Die Beobachtung und das Verständnis von Konjunkturzyklen hingen deshalb davon ab, die ‚Struktur‘ einer ‚Volkswirtschaft‘ korrekt beschrieben zu haben. „A study of cycles will not lead to useful results until a knowledge has been obtained of the structure of the system under examination in all its details […]". Es könne keine international einheitlichen

---

71 LoNA, Official Document Collection, The Problem of the Morphological Characteristics of Economic Fluctuations (Structural Changes and Business Cycles; Dominants and Secondary Series), Memorandum, Ernst Wagemann (LoN Document E./B.E./6), 03.12.1926, S. 6 f.

72 Zum Folgenden vgl. Martin: Experts, S. 164–167.

73 LoNA, Official Document Collection, Committee of Experts on Economic Barometers. Session held in Paris, December 1926. Fourth Meeting (LoN Document E./B.E./1st Session/P.V.4(1)), 14.12.1926, S. 3, 6; vgl. auch Karl Pribram: Konjunkturbeobachtung, in: Zeitschrift für Schweizerische Statistik und Volkswirtschaft 64 (1928), S. 149–169, hier S. 165–169.

74 Slobodian: Globalists.

Methoden der Konjunkturbeobachtung geben, weil die einzelnen ‚Volkswirtschaften' sich zu stark voneinander unterschieden. Und folgerichtig sei der Einfluss internationaler Entwicklungen auf die Konjunktur eines Landes nicht einheitlich zu messen. Nur in Hinsicht auf einige wenige Aspekte ließen sich internationale Indizes im Sinne Přibrams etablieren.[75] Diese und andere grundsätzliche Differenzen – etwa hinsichtlich der Frage, ob es möglich und sinnvoll sei, die wirtschaftliche Entwicklung eines Landes in einer Indexzahl widerzuspiegeln – führten dazu, dass die Teilnehmer der Pariser Konferenz sich am Ende nur darauf einigen konnten, weitere Untersuchungen anzuregen.[76]

Trotz dieses eher mageren Ergebnisses verdeutlichte die Pariser Konferenz zusammen mit dem Erscheinen der *Business Annals* und der Einrichtung der Konjunkturabteilung am Kieler *Institut für Weltwirtschaft*, dass der Ausbau der permanenten wirtschaftsstatistischen Beobachtung in zahlreichen Ländern der Erde und die entstehende Weltwirtschaftsstatistik einen neuartigen Blick auf grenzüberschreitende ökonomische Wirkungszusammenhänge ermöglichte. In Kombination mit der Mitte der 1920er Jahre noch ungebrochenen Hoffnung, die empirische Konjunkturforschung könne Erkenntnisse über zukünftige Entwicklungen liefern, überzeugte dies einige Ökonomen und Statistiker ganz offenbar davon, die Suche nach grenzüberschreitenden oder gar ‚Weltkonjunkturen' biete ein lohnendes Forschungsfeld. In bis dahin unbekannter Ausführlichkeit und Differenziertheit diskutierten sie, ob und wie die Konjunkturbeobachtung zu internationalisieren sei. Zwar war und blieb das bis zum Zweiten Weltkrieg nur ein marginales Forschungsfeld.[77] Die Debatten des Jahres 1926 waren gleichwohl in praktischer wie in konzeptioneller Hinsicht Ausgangspunkt für weitere Arbeiten.

---

75 LoNA, Official Document Collection, Committee of Experts on Economic Barometers. Session held in Paris, December 1926. Fourth Meeting (LoN Document E./B.E./1st Session/P.V.4(1)), 14.12.1926, S. 7; The Problem of the Morphological Characteristics of Economic Fluctuations. Structural Changes and Business Cycles; Dominants and Secondary Series, Memorandum, Ernst Wagemann (LoN Document E./B.E./6), 03.12.1926, S. 3f. (Zitat: S. 4).

76 Report of the Committee of Experts on Economic Barometers, in: OJ 8 (1927), S. 589–590.

77 Dies spiegelte sich etwa darin wider, dass das Thema 1928 bei der Diskussion zur Konjunkturforschung während des Kongresses des *Vereins für Sozialpolitik* praktisch keine Rolle spielte, obwohl Karl Diehl, der die Verhandlungen leitete, es als eines der zu lösenden Probleme aktueller Konjunkturforschung benannt hatte Franz Boese (Hrsg.): Wandlungen des Kapitalismus, Auslandsanleihen, Kredit und Konjunktur. Verhandlungen des Vereins für Sozialpolitik in Zürich 1928. Auf Grund der stenographischen Niederschrift herausgegeben (Schriften des Vereins für Sozialpolitik, Bd. 175), München / Leipzig 1929, S. 275–392, v. a. 280f., 286f.

Auch in der 1933 veröffentlichten Festschrift für den Konjunkturforscher Arthur Spiethoff widmete sich nur einer von mehr als 60 Beiträgern der Frage. Hellmut Gottschalk: Die weltwirtschaftlichen Zusammenhänge als Gegenstand der Wechsellagenforschung, in: Albert Aftalion et al.:

Unmittelbar führten die Erörterungen des ‚Mixed Committee' von ILO und *Völkerbund* dazu, dass die gleichzeitig tagenden Statistikexperten des *Völkerbunds* den Ausbau der permanenten statistischen Beobachtung der gewerblichen Produktion nicht nur forderten, um die empirische Basis von Wirtschaftsbarometern zu verbessern, sondern dafür auch konkrete Vorschläge machten (Kap. 6.2). Des Weiteren war die Pariser Konferenz der Konjunkturforscher der Auftakt zu einer sich ab 1928 institutionalisierenden Form des internationalen Austauschs zwischen den verschiedenen Forschungseinrichtungen. Ausgehend von einer Tagung mitteleuropäischer Konjunkturforscher in Wien im März 1928 gründete sich eine *International Conference of Economic Services*, deren Vertreter sich 1928 in London, 1930 in Berlin, 1931 in Genf, 1934 in Löwen und 1936 in Wien trafen, um vor allem konzeptionelle und methodische Aspekte zu besprechen.[78]

Die institutionalisierte Kooperation von bis zu 31 Instituten aus Ländern aller Kontinente (vor allem aus Europa und Nordamerika)[79] diente auch dazu, den Austausch von Daten zwischen den beteiligten Instituten zu beschleunigen. Dies war bereits 1928 der Hauptgrund gewesen, weshalb Friedrich Hayek vom *Österreichischen Institut für Konjunkturforschung* Kollegen aus Polen, Ungarn, der Tschechoslowakei, der Schweiz und Deutschland (unter anderem Adolf Löwe) sowie Alexander Loveday vom Völkerbundsekretariat und Karl Přibram von der ILO nach Wien einlud.[80] Explizit an eine von Přibram 1926 in Paris formulierte Idee anknüpfend beabsichtigte Hayek, ein internationales Berichtsnetzwerk zu etablieren, dessen Mitglieder nach einem gemeinsam beschlossenen Konzept bestimmte Daten erheben und allen anderen Beteiligten so rasch wie möglich zur Verfügung stellen sollten. Dahinter stand die Idee, die jeweils aufs eigene Land bezogenen Konjunkturbeobachtungen um kompatible Angaben aus dem Ausland zu ergänzen und somit zu realistischeren Einschätzungen der Lage zu gelangen.[81] Bei der folgenden

---

Der Stand und die nächste Zukunft der Konjunkturforschung. Festschrift für Arthur Spiethoff, München 1933, S. 85–91.

78 Die Jahre und Orte der Treffen gehen aus den Sitzungsprotokollen des *Executive Committee* des *London & Cambridge Economic Service* hervor (LSE Archives, Papers of the London & Cambridge Economic Service, 1); vgl. zudem Friedman: Fortune Tellers, S. 150 f.; Slobodian: Globalists, S. 67–70.

79 Permanent Office of the International Statistical Institute: International Abstract of Economic Statistics 1931–1936, Den Haag 1938, S. VII f.

80 Slobodian: Globalists, S. 67 f.; Martin: Experts, S. 167 f.; Anonymus: Die Konferenz für mitteleuropäische Konjunkturforschung, in: Neues Wiener Journal, 24.03.1928; LoNA, R.2815, 10D/2539/2539, Loveday an Hayek, 21.01.1928.

81 LoNA, R.2815, 10D/2539/2539, Einleitende Bemerkungen zu der am 23. März 1928 zusammentretenden Konferenz der Vertreter der mitteleuropäischen Konjunkturforschungsinstitute; Protokoll der Tagung in LoNA, S.82/32/4.

Londoner Konferenz von Konjunkturforschungsinstituten im Juni 1928 einigte sich der nun größere Kreis der Beteiligten auf die Institutionalisierung eines solchen Informationsaustauschs (der allerdings nicht so gut funktionierte wie erhofft[82]) sowie auf regelmäßige Methodendiskussionen.[83] In Berlin beschlossen sie zudem 1930,[84] ein konjunkturstatistisches Sammelwerk zu veröffentlichen, das sich konzeptionell an die *Business Annals* anlehnte. In dem vom späteren Wirtschaftsnobelpreisträger Jan Tinbergen erarbeiteten und 1934 erschienenen Band waren monatliche Daten zu Preisen, Löhnen, Außenhandel, Produktion, Transport und Beschäftigung aus 15 Ländern und den Jahren 1919 bis 1930 in international vergleichender Form zusammengefasst und jedes Jahr einem Abschnitt des Konjunkturzyklus zugeordnet. Ein geographisch deutlich ausgeweiteter und die Jahre 1931 bis 1936 betrachtender Band gleicher Art erschien 1938.[85]

Ein internationales oder ‚Weltbarometer' konstruierte gleichwohl niemand. Während dafür in den 1920er Jahren weitgehend die empirischen Grundlagen fehlten, verlor diese Form der empirischen Konjunkturforschung mit der Weltwirtschaftskrise deutlich an Akzeptanz. Keines der Institute, die mit Wirtschaftsbarometern Prognosen erstellten, hatte die Große Depression vorhergesehen.[86] Wichtiger noch war, dass die Vertreter dieser Forschungsrichtung in den späten 1920er Jahren zunehmend in die Kritik vor allem jüngerer Ökonomen gerieten, die die teils explizit ‚theorielose' Konjunkturbeobachtung als unseriös ablehnten.[87] Theoretische Auseinandersetzungen über konjunkturelle Entwicklungen nahmen infolgedessen zu und im Zuge des Aufstiegs der Ökonometrie fanden auch erstmals mathematisch formulierte Modelle Eingang in die Konjunkturforschung.[88] Am

82 Darauf wiesen 1936 etwa Oskar Morgenstern und Jan Tinbergen hin: Rockefeller Archive Center, Rockefeller Foundation Records, Administration. Program & Policy, RG 3.1, Series 910, Box 4, Folder 31, Record of the Discussions at the Conference called by the Rockefeller Foundation to Consider the Desirability and Feasibility of Encouraging Coordination of Economic Research upon Problems of Economic Change. Annecy, July 3rd, 4th, 5th, 1936, S. 12, 42.

83 Friedman: Fortune Tellers, S. 150 f.

84 LSE Archives, Papers of the London & Cambridge Economic Service, 1, London and Cambridge Economic Service. Minutes of the Twentyfirst Meeting of the Executive Committee, held at the London School of Economics, on Friday, July 18th 1930.

85 Office Permanent de l'Institut International de Statistique / International Conference of Economic Services: Recuèil international de statistiques économiques, 1919–1930 / International Abstract of Economic Statistics, 1919–1930, Den Haag / Brüssel 1934; Permanent Office of the International Statistical Institute: International Abstract.

86 Morgan: The History, S. 67 f.; Friedman: Fortune Tellers.

87 Vgl. beispielhaft Oskar Morgenstern: Aufgaben und Grenzen der Institute für Konjunkturforschung, in: Karl Diehl (Hrsg.): Beiträge zur Wirtschaftstheorie. Zweiter Teil: Konjunkturforschung und Konjunkturtheorie. Wissenschaftliche Gutachten, München / Leipzig 1928, S. 337–353.

88 Vgl. Morgan: The History.

Rande dieser Debatten thematisierten einige wenige Ökonomen auch grenzüberschreitende Interdependenzen von Konjunkturzyklen und fragten nach der Existenz von ‚Weltkonjunkturen'.[89] An dem Bedürfnis jedenfalls, sich mittels statistischer Beobachtungen über die Entwicklung von ‚Volkswirtschaften' und der ‚Weltwirtschaft' klar zu werden, hatte die Große Depression nichts geändert. Im Gegenteil, Ökonomen waren geradezu gezwungen, die durch die permanente statistische Berichterstattung evident werdende Globalität und Gleichzeitigkeit wahrgenommener Krisenerscheinungen zu erklären, die sich im Begriff der ‚Weltwirtschaftskrise' widerspiegelten.[90]

Ökonomen und Statistiker aus dem Umfeld des *Internationalen Statistischen Instituts*, des *Völkerbunds* und der grenzüberschreitenden Kooperation der Konjunkturforschungsinstitute knüpften deshalb an die früheren Debatten über ‚Weltkonjunkturen' ebenso an wie an die Versuche, sie zu messen. Die im Folgenden skizzierten Diskussionen der 1930er Jahren einten vier Dinge: *Erstens* waren an diesen Verhandlungen im stärkeren Maß als zuvor führende, meist liberale Ökonomen der Zeit beteiligt, einige von ihnen sogar an all diesen Diskussionen. *Zweitens* handelte es sich um keine praxisfernen Diskussionen im wirtschaftswissenschaftlichen und statistischen Elfenbeinturm. Die Beteiligten adressierten eines der ökonomischen Grundprobleme der Zeit, das unmittelbare wirtschaftspolitische Relevanz besaß: Wie ließen sich wirtschaftliche Krisen internationalen bis globalen Ausmaßes beschreiben und charakterisieren und was konnte gegen sie getan werden? *Drittens* waren alle Beteiligten überzeugt davon, grenzüberschreitende Interdependenzen von Konjunkturbewegungen seien messbar und auch ‚Weltkonjunkturen' existierten in der ein oder anderen Form. *Viertens* schließlich widmeten sie theoretischen und konzeptionellen Fragen viel mehr Aufmerksamkeit als zuvor

---

89 Vgl. vor allem Wagemann: Struktur sowie Morgenstern: International; zudem Al[exandru] Perietzeanu [eigentlich Perieţanu]: L'équilibre économique mondiale, in: Revue économique internationale 19 (1927), S. 225–240; Albert von Mühlenfels: Internationale Konjunkturzusammenhänge, in: Jahrbücher für Nationalökonomie und Statistik 130 (1929), S. 801–828; Johan Åkerman: Ökonomischer Fortschritt und ökonomische Krisen, Wien 1932, S. 106–122; Ernst Döblin: Internationale Konjunkturabhängigkeit und Autarkie, in: Archiv für Sozialwissenschaft und Sozialpolitik 67 (1932), S. 283–313; Bertil Ohlin: [Rezension von Wagemann: Struktur], in: Weltwirtschaftliches Archiv 36 (1932), S. 190*-194*; Albert Aftalion: Les variations cycliques irrégulières dans les relations internationales, in: Revue d'économie politique 47 (1933), S. 273–291; Gottschalk: Die weltwirtschaftlichen Zusammenhänge; sowie Colin Clark: Die internationale Verflechtung volkswirtschaftlicher Bewegungsvorgänge, in: Weltwirtschaftliches Archiv 42 (1935), S. 400–444; Hans Neisser: Some International Aspects of the Business Cycle, Philadelphia 1936.

90 Beispielhaft: Felix Somary: Die Internationalität der Krise, in: Ders.: Die Ursachen der Krise, Tübingen 1932, S. 51–67.

und ergänzten sie um neue Aspekte, etwa die ökonometrische Messung grenzüberschreitender Konjunkturbewegungen.

Die permanente statistische Beobachtung möglichst vieler wirtschaftlicher Prozesse in möglichst vielen Ländern nach möglichst einheitlichen konzeptionellen und methodischen Standards war weiterhin eine Grundvoraussetzung dafür, grenzüberschreitende Interdependenzen von Konjunkturzyklen oder ‚Weltkonjunkturen' empirisch zu verfolgen. Es mangelte auch weiterhin nicht an den altbekannten Klagen, die vorhandenen Statistiken seien unzureichend und müssten erweitert werden. Tatsächlich expandierte die wirtschaftsstatistische Infrastruktur des *Völkerbunds* ja in den 1930er Jahren in inhaltlicher wie geographischer Hinsicht ebenso weiter, wie die von ihm koordinierten Standardisierungsbemühungen begannen, Früchte zu tragen (Kap. 7). In merklich größerem Maße aber als noch in den 1920er Jahren drehten sich die Debatten der interessierten Ökonomen um die Frage, wie die wachsende Menge von Daten interpretiert und analysiert werden könne. Der Ausbau der Weltwirtschaftsstatistik hatte in den 1930er Jahren ganz offenbar einen Stand erreicht, der die Existenz grenzüberschreitender Konjunkturbewegungen genügend plausibilisierte, um sich eingehender mit deren Charakteristika und Entwicklungstendenzen beschäftigen zu können. Internationale oder gar ‚Weltprobleme' auf empirischer Grundlage zu diskutieren, erschien nicht nur möglich, sondern zu einem gewissen Grade bereits ‚normal'. Dass es dabei zu keiner Einigung in dem Sinne kam, brauchbare Instrumente zur Beobachtung grenzüberschreitender Konjunkturbewegungen zu entwickeln, ja, dass ein gewichtiger Teil der Debattenteilnehmer gegen Ende des Jahrzehnts sogar den Glauben daran verlor, empirische Beobachtungen wirtschaftlicher Prozesse könnten zu einem ‚besseren' Verständnis ökonomischer Zusammenhänge oder gar zu ‚besserer' Wirtschaftspolitik führen,[91] ändert nichts an dieser Einschätzung.

Das *Internationale Statistische Institut*, globale ökonomische (Un-) Gleichgewichte und die Messung grenzüberschreitender Konjunkturbewegungen

Seit seiner Gründung 1885 hatte sich das ISI mehrfach mit konjunkturstatistischen Fragen befasst. Eine neue Qualität erhielten diese Debatten erwartungsgemäß in den 1920er Jahren, als die Frage, wie die wirtschaftliche Entwicklung eines Landes dauerhaft adäquat statistisch beobachtet werden könnte, im Rahmen des von *Völkerbund* und ISI gemeinsam eingesetzten *Preparatory Committee* auf die Tages-

91 Slobodian: Globalists, S. 79–87; Martin: Experts, S. 219–221.

ordnung kam.[92] 1929 etablierte das ISI eine eigene konjunkturstatistische Kommission, die sich vor allem den Möglichkeiten der Prognose widmete. Obwohl sie in personeller wie inhaltlicher Hinsicht an die Pariser Expertenkonferenz vom Dezember 1926 anknüpfte,[93] spielten grenzüberschreitende Interdependenzen von Konjunkturbewegungen und die Existenz von ‚Weltkonjunkturen‘ in ihrer Arbeit keine Rolle. Nach zwei Jahren kamen ihre Mitglieder zudem zur Einsicht, angesichts zu vieler verschiedener Sichtweisen auf das Thema keine sinnvollen Empfehlungen formulieren zu können. Der US-Amerikaner Warren M. Persons hatte seine Mitarbeit zu diesem Zeitpunkt bereits eingestellt und der britische Kommissionsleiter Arthur L. Bowley gab seinen Posten frustriert auf.[94] Zwei Jahre später aber wurde diese konjunkturstatistische Kommission wieder ins Leben gerufen. Hinsichtlich ihrer Mitglieder, ihres Erkenntnisinteresses und dem Forschungskontext, in dem sich ihre Debatten abspielten, unterschied sich diese neue Kommission deutlich von ihrer Vorgängerin und spiegelte den angesprochenen Wandel der Konjunkturforschung wider. Vor allem aber widmete sie sich explizit der Frage nach ‚Weltkonjunkturen‘.

Initiator der neuen Kommission war Karl Přibram, Auslöser ein Referat des US-amerikanischen Ökonomen Irving Fisher bei der ISI-Konferenz 1933 in Mexiko. Fisher, der infolge der Wirtschaftskrise einen Großteil seines privaten Vermögens verloren hatte und sein eigenes Prognoseinstitut nach spektakulären Fehlinterpretationen der wirtschaftlichen Lage schließen musste, vertrat die These, die hohe Verschuldung von privaten Haushalten, Unternehmen und Staaten sowie die restriktive Geldpolitik der US-amerikanischen Notenbank seien „the big bad actors“, die für die Weltwirtschaftskrise und ihren Verlauf hauptverantwortlich seien. In Mexiko regte er an, seine auf Daten aus den USA basierende Theorie durch daran angelehnte internationale Studien zu ergänzen und damit größere Klarheit über den Zusammenhang von Überschuldung, Deflation und Krisenverläufen zu erhalten.[95]

92 Vgl. Zahn: 50 années, S. 161–163 sowie Kapitel 6.

93 Vier der sechs Mitglieder der *Commission de l'étude des eléments statistiques les plus instructifs en vue des prévisions économiques* hatten an der Pariser Konferenz teilgenommen: Arthur L. Bowley, Corrado Gini, Lucien March und Ernst Wagemann. Zusätzlich gehörten ihr noch der US-Amerikaner Warren M. Persons und der Österreicher Walter Breisky an (Bulletin de l'Institute International de Statistique 24 (1930), Nr. 2, S. 219).

94 Bulletin d'Institut International de Statistique 26 (1931/36), Nr. 1, S. 101f.; vgl. Zahn: 50 années, S. 163–165.

95 Fisher, Irving: The Debt-Deflation Theory of Great Depression, in: Econometrica 1 (1933), S. 337–357, Zitat: S. 341; Bulletin de l'Institut International de Statistique 27 (1938), Nr. 1, S. 113; vgl. Friedman: Fortune Tellers, S. 80–83; Sylvia Nasar: Grand Pursuit. The Story of Economic Genius, New York et al. 2012, S. 311–315, 320–322.

Přibram nahm Fishers These zum Anlass, eine Erörterung statistischer Kriterien anzuregen, mit denen ökonomische Gleichgewichte und deren Störungen zu messen seien. Denn wenn Fisher – und andere Autoren – von „over- or underproduction, over- or under-consumption, over- or under-spending, over- or undersaving" sprach,[96] setzte das immer eine bestimmte Vorstellung existierender Gleichgewichte ökonomischer Größen voraus, die in den genannten Fällen gestört wären. Diese Begriffe, so Přibram, seien weit davon entfernt, von Ökonomen und Statistikern in einheitlicher Weise verwendet zu werden. Das aber sei notwendig, um Thesen wie jene Fishers adäquat diskutieren zu können. In Bezug auf die Weltwirtschaftskrise werde zudem meist unterstellt, sie sei Folge von Krisenerscheinungen – also Gleichgewichtsstörungen – in einzelnen Volkswirtschaften, die sich gegenseitig beeinflussten. Da dieser Zusammenhang aber bis dahin nie empirisch untersucht worden sei, wisse man es schlichtweg nicht. Die wieder zu belebende Konjunkturkommission des ISI solle deshalb auch Methoden formulieren „pour l'étude des aspects internationaux des cycles d'affaires".[97]

In den folgenden Jahren befasste sich Přibram eingehend mit dem Konzept des ökonomischen Gleichgewichts und seinen Störungen, dessen Ausprägungen in verschiedenen wirtschaftswissenschaftlichen Denkrichtungen und den Implikationen der verschiedenen Formen für die jeweilige statistische Beobachtung. Eng damit hingen seine Überlegungen zum Konzept des ‚economic system' zusammen, innerhalb dessen Gleichgewichtszustände und -störungen gedacht werden müssen und idealerweise statistisch beschrieben werden können. Explizit stellte er heraus, wie eng theoretische Überlegungen, statistische Beobachtung, die Analyse von Krisenerscheinungen sowie politische Entscheidungen, die diesen Krisen entgegenwirken sollten, miteinander verbunden waren. Die auf die neoklassische Forschungsrichtung zurückzuführende gedankliche Zweiteilung des ‚ökonomischen Systems' in einen monetären und einen materiellen Teil führe beispielsweise dazu, dem Kredit, dem Sparverhalten und den Investitionen in einer Volkswirtschaft besondere Aufmerksamkeit zu widmen. Der Geldpolitik von Zentralbanken könne so eine aktive Rolle in Krisensituationen zugewiesen werden, die sie nach klassischer Auffassung kaum hätte übernehmen können, da in dieser Geld als neutraler Mittler zwischen Produzent und Konsument galt.[98]

---

96 Fisher: The Debt-Deflation Theory, S. 339.

97 Bulletin de l'Institut International de Statistique 27 (1934/38), Nr. 1, S. 114, 148–150, 157.

98 Pribram, K[arl]: Equilibrium Concept and Business Cycle Statistics, in: Bulletin de l'Institut International de Statistique 28 (1935/38), Nr. 2, S. 228–244; Karl Pribram: How to Ascertain the Definition of some Notions which are fundamental to Business Cycle Analysis?, in: Bulletin de l'Institut International de Statistique 29 (1937/38), Nr. 3, S. 186–200; Karl Pribram: The Notion of „Economic System" underlying Business-Cycle Analysis, in: The Review of Economics and Statistics 19 (1937),

Implizit an den Disput mit Ernst Wagemann vom Dezember 1926 anknüpfend arbeitete Přibram in seinen Beiträgen unter anderem heraus, dass es für die empirische Konjunkturforschung eine zentrale Rolle spiele, ob die ‚Weltwirtschaft' als ein System gedacht werde, in dem verschiedene, politisch definierte „national economies" eigenständige Gleichgewichte jeweils betrachteter ökonomischer Phänomene ausbildeten, oder ob es ein „universal system" gebe, „based on the assumption that general economic forces, apart from special national ones, are fundamental to the course of world-wide business events".[99] Im ersteren Falle müsse die Beobachtung von weltweit feststellbaren wirtschaftlichen Entwicklungen durch den Vergleich landesbezogener Konjunkturzyklen erfolgen, wie sie die Autoren der *Business Annals* angestellt hatten. An den bestehenden statistischen Instrumenten der landesbezogenen Konjunkturbeobachtung müsste dann nichts grundsätzlich geändert werden und man könne gleichwohl ein „international pattern in business cycles" herausarbeiten, wie Přibram in Anlehnung an einen Beitrag Wesley Mitchells formulierte. Werde hingegen die zweite Auffassung zugrunde gelegt, müssten Statistiker ‚Weltindizes' erstellen, die entweder landesbezogene Indizes nach einem noch unbestimmten Verfahren kombinierten oder Einzeldaten global zusammenfassen würden, wie es etwa der *Völkerbund* und andere Einrichtungen bei der Erfassung des ‚Welthandels' sowie der ‚Weltproduktion' und der ‚Weltvorräte' einiger Produkte bereits täten. „However", so schloss Přibram seine diesbezüglichen Überlegungen, „the analysis of the behaviour of the universal economic system is rather at an early stage of development".[100]

Um zu klären, inwiefern Konjunkturforscher und Statistiker diese Vorstellungen teilten, und um darauf aufbauend allgemeine Empfehlungen für die statistische Beobachtung zu formulieren, erarbeitete Přibram 1936 zusammen mit Mitgliedern der Konjunkturkommission[101] – „a committee of exceptional strength", wie Patricia

S. 92–99; Karl Pribram: Gleichgewichtsvorstellungen in der Konjunkturtheorie, in: Zeitschrift für Nationalökonomie 8 (1937), S. 129–145.

99 Pribram: How to Ascertain, S. 194.

100 Pribram: How to Ascertain, S. 194f. (Zitate: S. 195); vgl. Wesley C. Mitchell: The International Pattern in Business Cycles, in: Bulletin de l'Institut International de Statistique 28 (1935/38), Nr. 2, S. 397–403.

101 Dies waren neben Přibram die Briten Arthur L. Bowley und Alexander Loveday, der Brasilianer Julio A. Barboza-Carneiro, der Grieche Dimitrius Calitsunakis, der Kanadier Sedley A. Cudmore, die US-Amerikaner Irving Fisher, Carl Snyder und Wesley C. Mitchell, der Südafrikaner John Edward Holloway, der Italiener Giorgio Mortara, der Franzose Charles Rist, der Norweger Nicolai Rygg, die Niederländer Jan Tinbergen und Coenraad Alexander Verrijn Stuart, der Spanier Jozep Antoni Vandellós sowie der Deutsche Ernst Wagemann (Anonymus: Avis aux membres, in: Revue de l'Institut International de Statistique 3 (1935), S. 507–509, hier S. 509).

Clavin anmerkte[102] – einen Fragebogen, der sich an Ökonomen, Konjunkturforschungsinstitute und Statistiker richtete.[103] Die Kommissionsmitglieder und auch die Teilnehmer der ISI-Konferenz im Oktober 1936 in Athen unterstützten Přibrams Vorschlag, zwischen einem ‚internationalen' und einem ‚universalen' Wirtschaftssystem als mögliche konzeptionelle Grundlage zur Beobachtung ‚weltwirtschaftlicher' Entwicklungen zu unterscheiden.[104] Diesbezüglich sollten die Empfänger des Fragebogens mitteilen, ob sie es für sinnvoll erachteten, die Beobachtung internationaler Entwicklungen auf einem Gleichgewichtskonzept zu basieren, wie dieses zu verstehen sei (international-vergleichend oder universal) und wie sie methodische Aspekte spezifischeren Charakters in Bezug auf beide Grundannahmen sähen.[105]

Im Februar 1937 versandte das ISI die Fragebögen an 43 Wissenschaftler und Institute in 23 Ländern, von denen allein neun in den USA und vier in Großbritannien lagen. Die Liste der Adressaten liest sich wie ein ‚Who's Who' der zeitgenössischen Konjunkturforschung, enthielt aber auch weniger prominente Namen. Zu diesen gehörten etwa He Lian [Franklin L. Ho] vom *Nankai Institute of Economics* in Tianjin und Liu Dajun, der nun am *China Institute of Economic and Statistical Research* in Shanghai tätig war. Ebenso wenig selbstverständlich war, dass auch Nagaoka Tokuji vom Tokioter *Mitsubishi Economic Research Bureau* und die von Saburō Shiomi geleitete wirtschaftswissenschaftliche Abteilung der japanischen Reichsuniversität Kyoto zu den Adressaten gehörten sowie Konjunkturforschungsinstitute in Argentinien, Estland und Rumänien. Dass Alexander Loveday vom Völkerbundsekretariat den Fragebogen erhielt, überraschte hingegen wenig.[106]

Einige der im Nachlass von Přibram erhaltenen neun Rückmeldungen[107] bestätigten zuvor geäußerte Befürchtungen, die Fragen seien zu komplex, als dass sie brieflich beantwortet werden könnten. Namentlich Loveday und Gottfried Haberler

102 Clavin: Securing, S. 209, FN 40.

103 Der Fragebogen findet sich in Pribram: How to Ascertain, S. 197 f., 200.

104 UA GDSCA, Papers of Karl Pribram, Box 2, Folder 55, Kommentare zu Přibrams Entwurf des Fragebogens von Arthur Bowley (17.02.1936), Coenraad Alexander Verrijn Stuart (21.02. und 12.08. 1936), Jan Tinbergen (03.03.1936), Sedley Cudmore (07.03.1936), Nicolai Rygg (12.03.1936), Wesley Mitchell (17.03.1936) und Alexander Loveday (18.03.1936). Die Diskussion des Fragebogens bei der ISI-Konferenz in: Bulletin de l'Institut International de Statistique 29 (1937/38), Nr. 1, S. 94–96, 181 f.

105 Pribram: How to Ascertain, S. 198.

106 UA GDSCA, Pribram Papers, Box 2, Folder 56, Rundschreiben von Willem Methorst, Generalsekretär des ISI, 13.02.1937, samt der Adressatenliste.

107 Das *Internationale Statistische Institut* besitzt nach eigener Aussage keine Unterlagen zur konjunkturstatistischen Kommission mehr (Email von Ada van Krimpen, ISI-Direktorin, 25.02.2018). Ein Teil dieser Unterlagen befindet sich eventuell im niederländischen *Nationaalarchief* in Den Haag, Bestand des *Centraal Bureau voor de Statistiek*, 15.1/746, konnte im Rahmen dieser Arbeit aber nicht eingesehen werden.

hatten die Meinung vertreten, Přibrams Vorhaben sei eher philosophischer Natur und „far removed from the practical statistical work".[108] Tatsächlich teilten mehrere Korrespondenten mit, ihnen fehle die Zeit, adäquate Antworten zu formulieren.[109] Andere Ausführungen zeigten hingegen, dass die befragten Experten die statistische Beobachtung grenzüberschreitender Konjunkturbewegungen durchaus für sinnvoll erachteten, auch wenn sie die diesbezügliche konzeptionelle Diskussion noch für wenig entwickelt hielten. Ihnen zufolge wiesen die international ausgerichteten wirtschaftsstatistischen Arbeiten, die der *Völkerbund*, das Berliner *Institut für Konjunkturforschung* und andere Einrichtungen betrieben, in methodischer Hinsicht grundsätzlich in die richtige Richtung. Denn um die grenzüberschreitenden Interdependenzen von Konjunkturbewegungen statistisch aufzeigen zu können, böten sich, so Léon Dupriez und Jan Tinbergen, der internationale Vergleich sowie die Kombination von landesbezogenen Indizes von Großhandelspreisen, Zinssätze und Außenhandelsdaten an.[110]

Inwiefern Přibram diese und eventuelle andere Rückmeldungen für weitergehende Überlegungen nutzte, ist unklar. Für die im September 1938 in Prag stattfindende ISI-Konferenz bereitete er keinen Bericht vor und er reiste auch nicht in die tschechoslowakische Hauptstadt. Da die dortige Konferenz zudem nach zwei Tagen abgebrochen wurde, weil zahlreiche Teilnehmer das Land aufgrund der sich zuspitzenden Sudetenkrise verließen, gibt auch die Tagungsdokumentation keinen Aufschluss über die weitere Verhandlung des Themas.[111] Nach dem Zweiten Weltkrieg spielte es keine Rolle mehr und die Konjunkturkommission des ISI wurde ganz offenbar bei der ersten Nachkriegskonferenz 1947 in Washington aufgelöst.[112] Zu vermuten ist, dass Přibram sich nicht weiter mit diesen Aspekten befasste, weil er von 1935 bis 1951 unterschiedliche Ämter innerhalb der US-Regierung innehatte, die

---

108 LoNA, R.4539, 10B/22711/12653, Aktenvermerk Gottfried Haberlers für Loveday, 10.02.1936; Loveday an Přibram, 18.03.1936.

109 UA GDSCA, Pribram Papers, Box 2, Folder 56, Corrado Gini, Rom, an Přibram, 16.02.1937; Oskar Morgenstern, Wien, an Methorst, 08.04.1937; Walther G. Hoffmann, *Institut für Weltwirtschaft*, Kiel, an Přibram, 27.04.1937; in gewisser Weise auch Saburō an Methorst, 12.04.1937.

110 UA GDSCA, Pribram Papers, Box 2, Folder 56, Dupriez an Přibram, 18.03.1937; Methorst an Přibram [Rückmeldung von Tinbergen], 26.04.1937; Frank W. Paish, Sekretär des *London & Cambridge Economic Service*, an Přibram, 22.04.1937 (er sendete den von Bowley verfassten Bericht der britischen Forschergruppe); Stephan Varga, Budapest, an Přibram, 01.06.1937; Verrijn Stuart hatte sich bereits im Jahr zuvor entsprechend geäußert: UA GDSCA, Pribram Papers, Box 2, Folder 55, Verrijn Stuart an Přibram, 21.02.1936.

111 Bulletin de l'Institut International de Statistique 30 (1938/45), Nr. 1 und 2.

112 Anonymus: Report of the Bureau to the Twenty-Sixth Session of the International Statistical Institute. Berne, September 5–10, 1949, in: Revue de l'Institute International de Statistique 17 (1949), S. 251–270, hier S. 257.

seine Aufmerksamkeit in hohem Maße beanspruchten. Möglich ist aber auch, dass er vor der Komplexität kapitulierte, die die statistischen Instrumente notwendigerweise annehmen mussten, um grenzüberschreitende Interdependenzen landesbezogener Konjunkturzyklen oder gar ‚Weltkonjunkturen' beobachten zu können. Die im Folgenden skizzierten und von Přibram zweifelsohne verfolgten Debatten legten das jedenfalls allen Beobachtern nahe. Und auch das diesbezügliche Fazit, das Přibram in seiner posthum veröffentlichten *Geschichte des ökonomischen Denkens* formulierte, lässt sich so interpretieren. „Sporadische Erörterungen" des Problems, heißt es darin, seien „ergebnislos" geblieben und dafür, dass „Faktoren, die sich auf internationaler Ebene äußern, für das zyklische Verhalten der einzelnen Volkswirtschaften verantwortlich gemacht werden könnten", hätten mehrere Autoren „keinen ausreichenden Beweis" finden können.[113]

Der *Völkerbund* und die empirisch basierte Deutung der Weltwirtschaftskrise

Seit ihrer Gründung 1919/20 hatte sich die *Economic and Financial Section* des Völkerbundsekretariats darum bemüht, statistische Daten zur Entwicklung einzelner wirtschaftlicher Phänomene und Prozesse (wie Produktion, Handel oder Lebenshaltungskosten) aus so vielen Ländern wie möglich auf einer möglichst vergleichbaren Basis zu sammeln und zu veröffentlichen. Ab Mitte der 1920er Jahre wurden diese Bemühungen des *Völkerbunds* von explizit global ausgerichteten Jahrbüchern flankiert, die auf der Basis statistischer Daten aus zahlreichen Ländern die mittel- bis langfristige Entwicklung von Bevölkerungen, gewerblicher Produktion, Außenhandel und anderen wirtschaftlichen Phänomenen und Prozessen erörterten. Insbesondere die Genfer Weltwirtschaftskonferenz von 1927 diente hierfür als wichtiger Katalysator (Kap. 7.2). Die Weltwirtschaftskrise der frühen 1930er Jahre setzte die Beschäftigung mit internationalen ökonomischen Wirkungszusammenhängen daher nicht in Gang, gab ihr aber eine neue Dringlichkeit, die sich in stärker analytisch ausgerichteten Studien niederschlug. Die Frage grenzüberschreitender Interdependenzen landesbezogener Konjunkturzyklen rückte dabei in den Mittelpunkt.

Mitte September 1930 konstatierte Jehangir Coverjee Coyajee, indischer Delegierter bei der Vollversammlung des *Völkerbunds*, es bestehe kein Zweifel, „that the present depression is, equally as regards its range, its causes and its possible remedies, a world problem". Lösungen könnten nur auf der internationalen Ebene gefunden werden. Der *Völkerbund* solle sich deshalb in Kooperation mit Fachleuten

113 Pribram: Geschichte des ökonomischen Denkens, S. 900 f.

verschiedener Länder in einer eigenständigen Untersuchung mit „the course and phases of the present depression" sowie deren Ursachen befassen.[114] Von der Vollversammlung kurz darauf bestätigt[115] hatte Coyajees Anregung zur Folge, dass der schwedische Ökonom und Fachmann für Außenhandelstheorie Bertil Ohlin für einige Monate nach Genf kam und die Studie *The Course and Phases of the World Economic Depression* verfasste.[116] Unterstützt wurde er dabei durch die Mitarbeiter des Genfer *Economic Intelligence Service*, auf deren Publikationen und Datensammlungen Ohlins Untersuchung zudem zum großen Teil basierte. Zudem trafen sich im März und Juli 1931 Vertreter von Konjunkturforschungsinstituten und staatlichen Wirtschaftsberatungsgremien, um Ohlins Vorhaben und Textentwürfe zu diskutieren. Zu dieser Gruppe gehörten die führenden Köpfe der damaligen Konjunkturforschung, die auch an den diesbezüglichen Debatten des ISI beteiligt waren.[117] Innerhalb weniger Monate entstand auf diese Weise eine Studie, die für das zukünftige Verständnis der Weltwirtschaftskrise große Bedeutung besaß. Konzentriert auf die Interdependenzen der Konjunkturbewegungen in einzelnen Ländern arbeitete Ohlin auf Basis verfügbarer statistischer Daten aus mehr als fünfzig Ländern vier Aspekte heraus, die für die internationale Verbreitung der beobachteten Krisensymptome verantwortlich seien und seither Darstellungen des Krisenverlaufs und seiner Ursachen prägen: (1) der Rückgang der Nachfrage nach und der internationale Handel mit Waren (insbesondere Rohstoffen); (2) die eingeschränkten Möglichkeiten von Produzenten vor allem landwirtschaftlicher Güter, ihre Produktion schnell genug an die sinkende Nachfrage anpassen zu können, sowie die damit einhergehenden sinkenden Weltmarktpreise und die abnehmende Kaufkraft in agrarisch geprägten Ländern; (3) die sich verändernden Rahmenbedingungen für internationale Kapitaltransfers; (4) die wachsende Tendenz, den Außenhandel politisch zu kontrollieren und einzuschränken sowie Währungen abzuwerten.[118]

---

114 League of Nations: Records of the Eleventh Ordinary Session […] Minutes of the Second Committee, S. 21, 24.

115 League of Nations: Resolutions and Recommendations adopted by the Assembly during its Eleventh Ordinary Session (September 10th to October 4th, 1930), Genf 1930, S. 20.

116 League of Nations: The Course and Phases.

117 Die beiden Österreicher Friedrich Hayek und Oskar Morgenstern zählten ebenso dazu wie der Belgier Léon Dupriez, der Franzose Lucien March, der Deutsche Ernst Wagemann, der Ungar Stephan Varga, der Italiener Corrado Gini und der Niederländer Coenraad Alexander Verrijn Stuart. John Maynard Keynes war als Vertreter des britischen *Economic Advisory Council* eingeladen worden, dann allerdings verhindert und ließ sich vertreten (League of Nations: The Course and Phases, S. 10 f.; Clavin: Securing, S. 76; Martin: Experts, S. 186 f).

118 Clavin: Securing, S. 76 f.; Endres/Fleming: International Organizations, S. 31–35; Martin: Experts, S. 187–189.

Die ab 1932 jährlich erscheinenden, zunächst von John B. Condliffe, später von James Meade verfassten *World Economic Surveys* knüpften inhaltlich explizit an Ohlins Arbeit an und setzten dessen Bemühen fort, grenzüberschreitende Interdependenzen landesbezogener Konjunkturbewegungen empirisch zu erfassen.[119] Insbesondere durch Condliffes Texte zogen sich dabei Formulierungen, die zeigen, dass er nicht nur die ‚Weltwirtschaft‘ als existent ansah, sondern auch grenzüberschreitende Konjunkturbewegungen für real hielt.[120] Wie er diese greifbar zu machen versuchte, zeigt exemplarisch ein 1935 den „Problems of International Equilibrium“ gewidmetes Kapitel seines Jahresberichts. Condliffe scheint damit auf die Überlegungen Přibrams reagiert zu haben, der sich dem Thema zur gleichen Zeit widmete. Statt wie letzterer deduktiv vorzugehen, betonte Condliffe, für die Analyse des Gleichgewichts zwischen den „national economic units that constitute the modern world“ sei es hilfreicher, „to work from the confused surface of affairs downward to the essential realities of the problem“. So interessant und wertvoll theoretische Überlegungen „under assumed conditions of hypothetical simplicity“ auch seien, der Dynamik der realen Welt würden sie nicht gerecht. Dementsprechend konzentrierte er seine statistisch basierte Schilderung auf die Entwicklung von Währungsverhältnissen, den Kapitalverkehr, Preisbewegungen, den Außenhandel, die Verschuldung und einiger anderer Aspekte in einzelnen Ländern, und zog daraus Rückschlüsse über die grenzüberschreitenden Interdependenzen der Konjunkturentwicklung.[121] Zwar strebte Condliffe nicht an, ‚internationale Barometer‘ zu etablieren oder ‚Weltkonjunkturen‘ aufzuzeigen. Seine Suche nach Mustern in den statistischen Daten, aus denen sich Erkenntnisse über internationale Zusammenhänge gewinnen ließen, erinnert gleichwohl an die Bemühungen früherer Konjunkturforscher.

Konjunkturtheorie, ökonometrische Modelle und ‚Weltkonjunkturen‘

Neben diesen empirisch ausgerichteten Arbeiten, die den internationalen und globalen ökonomischen Wirkungszusammenhängen nachgingen, initiierte der *Völkerbund* weitere Studien, die sich der Konjunkturtheorie widmeten. Sie gingen auf eine Empfehlung der Experten zurück, die im Juli 1931 Ohlins Textentwurf

119 Vgl. zur Entstehung und zu den Inhalten der *World Economic Surveys* Kapitel 7.2.

120 So sprach er beispielsweise 1932 davon, dass „[t]he economic world is a developing organic whole“, und 1935 wies er darauf hin, „in the world as a whole the movement of economic affairs was upward“; League of Nations: World Economic Survey 1931–32, S. 10; League of Nations: World Economic Survey 1934–35, S. 191.

121 League of Nations: World Economic Survey 1934–35, S. 191–229, Zitat: S. 191.

diskutiert hatten.[122] Realisiert wurden sie allerdings erst, als die *Rockefeller Foundation* im Frühjahr 1933 Mittel dafür zur Verfügung stellte. In Reaktion auf die Weltwirtschaftskrise hatte die Stiftung die Konjunkturforschung zu einem ihrer Förderschwerpunkte erhoben und unterstützte den Aufbau und Betrieb zahlreicher einschlägiger Institutionen in Europa.[123] Mit Hilfe dieser Stiftungsmittel erarbeiteten der Österreicher Gottfried Haberler von 1934 bis 1936 sowie der Niederländer Jan Tinbergen von 1936 bis 1938 als Angestellte des Völkerbundsekretariats in Genf konjunkturtheoretische Pionierarbeiten. Wie bereits Ohlin erhielten sie Unterstützung von Sekretariatsmitarbeitern, von denen Jacques J. Polak und Tjalling C. Koopmans ebenfalls mit Mitteln der *Rockefeller Foundation* bezahlt wurden. Und wie im Falle von Ohlins Text wurden auch Entwürfe der Arbeiten von Haberler und Tinbergen in Konferenzen prominenter Ökonomen diskutiert.[124]

Gewissermaßen komplementär zu den Bemühungen des Völkerbundsekretariats, die grenzüberschreitenden Interdependenzen von Konjunkturbewegungen empirisch fassbar zu machen, näherte sich die Arbeitsgruppe um Haberler und Tinbergen dem Aspekt auf theoretischem Wege. Haberler arbeitete Gemeinsamkeiten und Unterschiede existierender Konjunkturtheorien heraus und führte die Aspekte, bei denen er mehr Übereinstimmung als Dissens sah, zu einem „synthetic account of the nature and possible causes of economic fluctuations" zusammen.[125] Grenzüberschreitende Interdependenzen von Konjunkturzyklen erläuterte er, indem er argumentativ von einer „hypothesis of a spaceless closed economy embracing the whole world" ausging. Implizit setzte er damit voraus, in einer solch hypothetischen, globalen Wirtschaft existierten einheitliche ‚Weltkonjunkturen'. In drei Schritten führte er dann „disintegrating factors" ein, die der hypothetisch einheitlichen Entwicklung der globalen Wirtschaft im Wege stünden: Transportkosten, die die unvollkommene Mobilität von Gütern und Dienstleistungen wider-

---

122 Opinion of Meeting of Representatives of National Economic Councils and Research Institutes with References to the Study of the Recurrence of Periods of Economic Depression, in: OJ 12 (1931), S. 2403–2404, hier S. 2404; League of Nations: Resolutions and Recommendations adopted by the Assembly during its Twelfth Ordinary Session (September 7th to 29th, 1931), Genf 1931, S. 16.

123 Craver: Patronage, S. 211–214; Clavin: Securing, S. 74; Tournès: Les Etats-Unis, S. 276–281.

124 Haberler: Prosperity and Depression; Jan Tinbergen: Statistical Testing of Business-Cycle Theories, Bd. 1: A Method and Its Application to Investment Activity, Genf 1939; Jan Tinbergen: Statistical Testing of Business-Cycle Theories, Bd. 2: Business Cycles in the United States of America 1919–1932, Genf 1939.

Vgl. dazu Morgan: A History, S. 101–130; Clavin: Securing, S. 203–210; Endres/Fleming: International Organizations, S. 35–42; Marchi: League of Nations Economists, S. 153 f.; Martin: Experts, S. 212–214; Pribram: Geschichte des ökonomischen Denkens, S. 915 f., 1068 f.; Tournès: Les Etats-Unis, S. 286–288.

125 Haberler: Prosperity and Depression, S. 1.

spiegelten, die räumliche Bindung von Investitionen, Kreditvergabe und Banktätigkeiten, die der unvollkommenen Mobilität von Kapital entspreche, sowie die Existenz staatlich definierter Währungsräume, die einheitliche Preisbildungen verhinderten.[126] Tinbergen, der kurz zuvor am Beispiel der Niederlande „built and estimated the first macrodynamic model of the business cycle",[127] konstruierte ein statistisches Modell, mit dem die von Haberler formulierten Theorien statistisch überprüft werden sollten. Während der erste Teil seiner Studie den methodischen Ansatz vorstellte und an drei Beispielen erprobte, konstruierte Tinbergen im zweiten Teil ein makroökonomisches Modell, das die Konjunkturentwicklung der USA der Nachkriegszeit in einem System mathematischer Gleichungen abbildete.[128]

In seinen Studien spielten grenzüberschreitende Aspekte zwar nur eine untergeordnete Rolle. Sein Assistent Jacques J. Polak aber, der Tinbergens Stelle nach dessen Rückkehr in die Niederlande 1938 übernahm, führte die ökonometrische Modellierung von Konjunkturbewegungen fort und konstruierte ein Modell, das Aufschluss über die Intensität geben sollte „in which the economic situation in one country is influenced by the cyclical position abroad".[129] Ohne sich mit theoretischen Überlegungen über die Existenz von ‚Weltkonjunkturen' aufzuhalten setzte Polak diese mit vom *Völkerbund* und vom Berliner *Institut für Konjunkturforschung* erhobenen Daten gleich. Ein „world cycle" spiegele sich im ‚Welt'-Index der gewerblichen Produktion wider, den der *Economic Intelligence Service* seit Mitte der 1930er Jahre berechnete.[130] Um die Reaktion von Konjunkturbewegungen von acht im Fokus stehenden Ländern auf die ‚Weltkonjunktur' zu beobachten, griff Polak auf die jeweiligen landesbezogenen Indizes der gewerblichen Produktion zurück. Da die Zahlen des *Völkerbunds* nur die Jahre 1925 bis 1936 abdeckten, ergänzte Polak sie durch die rechnerisch angepassten Indizes des Berliner Instituts, um seine Betrachtung bis 1920 zurückverfolgen zu können. Auch die dritte statistische Größe, die er heranzog, die Entwicklung der Währungswerte der acht Länder „against the world", basierte auf Daten des *Economic Intelligence Service.*[131] Polaks Schluss, die

---

126 Haberler: Prosperity and Depression, S. 302–346 (Zitate: S. 303); zum ideengeschichtlichen Kontext von Haberlers hypothetischer Welt vgl. Slobodian: Globalists; Marchi: League of Nations Economists, S. 155–164.

127 Morgan: A History, S. 101.

128 Vgl. dazu Morgan: A History, S. 101–120.

129 Polak, J[acques] J.: International Propagation of Business Cycles, in: The Review of Economic Studies 6 (1938/39), Nr. 2, S. 79–99, hier S. 79.

130 Polak: International Propagation, S. 80; zur Genese des Genfer ‚Welt'-Indexes vgl. Kapitel 7.2.

131 Polak: International Propagation, S. 80; vgl. Clavin: Securing, S. 208 f.; Marchi: League of Nations Economists, S. 167; Endres/Fleming: International Organizations, S. 41 f.

USA sei in messbarer Form Ausgangspunkt für international spürbare Konjunkturbewegungen gewesen, haben Historiker als einen Aspekt interpretiert, der Regierungen von Industrieländern in den 1940er Jahren dazu bewegte, finanz- und wirtschaftspolitische Maßnahmen stärker zu koordinieren.[132] Ohne die Daten des *Völkerbunds*, die auf dem Ausbau der tendenziell globalen wirtschaftsstatistischen Infrastruktur seit den frühen 1920er Jahren beruhte, wäre es Polak schwer gefallen, sein Modell zu konstruieren, wenn es denn überhaupt möglich gewesen wäre.

Die *Rockefeller Foundation*, liberale Ökonomen und die Messung von ‚international economic forces'

Eng mit den Verhandlungen im Rahmen des ISI und des *Völkerbunds* verbunden waren schließlich Diskussionen, die Ökonomen Mitte der 1930er Jahre auf direkte Anregung der *Rockefeller Foundation* führten. Im Rahmen ihres konjunkturtheoretischen Forschungsschwerpunkts finanzierte die Stiftung im Sommer 1936 eine Tagung im französischen Annecy, in deren Mittelpunkt die Fragen standen, ob es tatsächlich eine ‚world economy' gebe und wenn ja, wie deren Entwicklung gemessen werden könne und ob es dazu einer stärkeren Koordination existierender Konjunkturforschung oder gar eines „central observatory" für die Weltwirtschaft bedürfe.[133]

Der Kreis der Teilnehmer dieser Tagung überlappte zu großen Teilen mit jenen, die Mitglieder der Konjunkturkommission des ISI waren und die Haberlers und Tinbergens Textentwürfe diskutierten.[134] Während sie sich nicht darüber einig wurden, ob es sinnvoll sei, die Existenz einer ‚world economy' anzunehmen, zweifelte keiner, dass es starke, aber nicht näher spezifizierte „international economic forces" gebe, die in unterschiedlicher Weise und Intensität in einzelnen Ländern

---

132 So Endres/Fleming: International Organizations, S. 42; vgl. James M. Boughton: Jacques J. Polak and the Evolution of the International Monetary System, in: IMF Economic Review 59 (2011), S. 379–399.

133 Vgl. Marchi: League of Nations Economists (Zitat: S. 149); Slobodian: Globalists, S. 73 f.; Martin: Experts, S. 214–219.

134 John B. Condliffe, Léon Dupriez, Gottfried Haberler, Oskar Morgenstern, Bertil Ohlin und Jan Tinbergen gehörten ebenso dazu wie Ansgar Rosenborg und Alexander Loveday vom Völkerbundsekretariat und Oskar Anderson aus Sofia, der als Experte für die Konstruktion von Indizes der gewerblichen Produktion außerordentliches Mitglied des *Ausschusses Statistischer Sachverständiger* beim *Völkerbund* war (Rockefeller Archive Center, Rockefeller Foundation Records, Administration. Program & Policy, RG 3.1, Series 910, Box 4, Folder 31, The Proceedings of the Conference called by the Rockefeller Foundation to Consider the Desirability and Feasibility of Encouraging Coordination of Economic Research upon Problems of Economic Change, o. Dat., S. 1).

wirkten und die zu messen sich lohne. Man stimmte auch darin überein, dass die existierenden Statistiken nur bedingt brauchbar dafür seien, diese ‚Kräfte' zu benennen und zu verfolgen – sei es, dass sie (noch) zu kurze Zeiträume abdeckten, sei es, dass sie nicht die als zentral angenommenen Phänomene fokussierten, sei es, dass sie in geographischer Hinsicht noch zu stark auf die Industrieländer konzentriert seien. Die Tagung kam zum Schluss, dass es an wissenschaftlichem ausreichend geschultem Personal und an konzeptionellem Konsens mangele, um Daten aus einer internationalen Perspektive zu ordnen und zu interpretieren.[135]

Wie man diesen Missständen abhelfen konnte, blieb unklar. Diskutiert wurde etwa die Ausbildung von Ökonomen in agrarisch geprägten, nicht-‚westlichen' Ländern, um dort Forschungseinrichtungen nach europäisch-amerikanischen Vorbild zu etablieren. Argentinien, Japan, China, Indien und der Nahe Osten wurden als mögliche Orte solcher Einrichtungen genannt. Diese könnten, so Condliffe, „a series of ‚listening posts' round the world" bilden, die in das bestehende Netzwerk von Forschungseinrichtungen zu integrieren wären und Daten sowie Interpretationen aus größeren Regionen beisteuern könnten. Ohlin betonte, dass man nicht nur mehr Daten benötige. Condliffes *World Economic Survey* etwa sei gut, doch eine Kooperation der verschiedenen Forschungsinstitute könne das „interpretative picture of international economic life" verbessern. Wenn man sich darauf einige, wie die wachsende Menge von Daten erhoben, angeordnet und interpretiert werden sollte, könne eine anerkannte und von vielen Experten geteilte Meinung über internationale Entwicklungen entstehen, die Auswirkungen auf politische Entscheidungen haben könnte. Folgerichtig war der größere Teil der Tagung der Frage gewidmet, wie die bereits bestehenden Forschungsinstitute miteinander kooperieren sollten. Einig wurden sich die Teilnehmer gleichwohl nicht, denn ihre Vorstellungen darüber, wie ökonomische Forschung vonstattengehen sollte, wichen zu stark voneinander ab.

Ungeachtet dessen nahm eine 1938 vom *Völkerbund* eingesetzte Kommission die hier skizzierten Debatten sowie die empirisch wie theoretisch ausgerichteten konjunkturökonomischen Arbeiten des *Völkerbunds* und der beteiligten Experten zum Ausgangspunkt, um wirtschaftspolitische Maßnahmen zu entwickeln, die zukünftig helfen sollten, Krisen zu vermeiden oder Gesellschaften zumindest widerstandsfähiger gegen sie zu machen. Ebenfalls besetzt mit teils hochkarätigen Ökonomen, die an den einschlägigen Diskussionen der 1930er Jahre teilgenommen

135 Rockefeller Archive Center, Rockefeller Foundation Records, Administration. Program & Policy, RG 3.1, Series 910, Box 4, Folder 31, Record of the Discussions at the Conference called by the Rockefeller Foundation to Consider the Desirability and Feasibility of Encouraging Coordination of Economic Research upon Problems of Economic Change. Annecy, July 3rd, 4th, 5th, 1936, S. 12, 42.

hatten,[136] resultierten die Verhandlungen dieser *Delegation on Economic Depressions* 1943 und 1945 in Berichten, die mit ihren Empfehlungen die Aushandlung der weltwirtschaftlichen Nachkriegsordnung stark beeinflussten. Die sich aus den empirischen und theoretischen Arbeiten zu den grenzüberschreitenden Interdependenzen von Konjunkturbewegungen der vorangegangen Jahre ergebende Gewissheit, dass sich die wirtschaftliche Entwicklung in einzelnen Ländern auf diejenige vieler oder sogar aller anderen Länder in einer messbaren Weise auswirkt, diente als wichtiger Ausweis dafür, dass internationale wirtschaftspolitische Kooperation von Regierungen nötig und möglich sei.[137]

10.4 Fazit

Die Tatsache, dass es so etwas wie eine ‚Weltwirtschaft' gebe, die sich von anderen Formen der ‚Wirtschaft', insbesondere von staatlich definierten ‚Volkswirtschaften', unterscheiden ließe, wurde nach dem Ersten Weltkrieg zum Allgemeinwissen. In Zeitungen, Zeitschriften und Büchern konnten sich Zeitgenossen mindestens der Englisch-, Französisch- und Deutschsprachigen Länder in wachsendem Maße über ihren Zustand und ihre Entwicklung informieren. Das war bemerkenswert, gab es doch vor 1914 praktisch nur im deutschen Sprachraum einen Begriff für dieses ‚Ding'. Und obwohl es keine Zweifel daran geben kann, dass die weltweit wahrgenommenen Krisenerscheinungen der frühen 1930er Jahre die Beschäftigung mit der ‚Weltwirtschaft' forcierten und sie zum fast alltäglichen Thema werden ließen, lösten sie die globale Popularisierung des Konzepts der ‚einen Weltwirtschaft' nicht aus. Die Beobachtung von Gleichzeitigkeit und Globalität dieser Krisenerscheinungen, die sich im Ausdruck ‚Weltwirtschaftskrise' niederschlug, war vielmehr Ergebnis des seit dem Ersten Weltkrieg betriebenen Ausbaus der tendenziell globalen wirtschaftsstatistischen Infrastruktur. Den „Zerfall in Zahlen",[138] den die anfangs dieser Arbeit vorgestellte Spirale des schrumpfenden Welthandelsvolu-

136 Gottfried Haberler und Oskar Morgenstern gehörten ebenso dazu wie Bertil Ohlin, James E. Meade, Tjalling C. Koopmans und Alexander Loveday. Brieflich korrespondierend beteiligten sich zahlreiche weitere führende Ökonomen der Zeit an diesen Verhandlungen, darunter John Maynard Keynes, Dennis H. Robertson, Lionel Robbins, Irving Fisher, Alvin Hansen, Johan Åkerman und Nicholas Kaldor (Clavin: Securing, S. 212, 221, FN 73).

137 League of Nations: The Transition from War to Peace Economy, Genf 1943; League of Nations: Economic Stability in the Post-War World. The Conditions of Prosperity after the Transition from War to Peace, Genf 1945; vgl. zur Entstehung, den Verhandlungen und dem wirtschaftspolitischen Einfluss der Kommission und ihrer Berichte Clavin: Securing, S. 211–228, 285–294, 327–340; Endres/Fleming: International Organizations, S. 46–54 sowie Martin: Experts, Kap. 6 und 7.

138 Anonymus: Zerfall in Zahlen.

mens zwischen 1929 und 1933 so eindrucksvoll widerspiegelte, hätte ohne die entstehende Weltwirtschaftsstatistik niemand beobachten können.

Bestätigt wird dies durch die Expertendiskussionen über die Frage, wie sich grenzüberschreitende Interdependenzen von Konjunkturbewegungen statistisch beobachten ließen und ob es gar so etwas wie ‚Weltkonjunkturen' gäbe. Auch diese Debatten erlebten in den 1930er Jahren einen Aufschwung und eine Differenzierung. Eingesetzt hatten sie aber bereits Mitte der 1920er Jahre, als nicht nur die Hoffnung bestand, mithilfe von Wirtschaftsbarometern zukünftige Entwicklungen prognostizieren zu können, sondern die sukzessive Synchronisierung von Konjunkturbewegungen verschiedener Länder statistisch evident zu werden schien.

Was genau jeweils mit ‚Weltwirtschaft', ‚international business cycles' oder der ‚économie mondial' gemeint war, spielte für die meisten Zeitgenossen praktisch keine Rolle. Sie nutzten diese Begriffe sowie davon abgeleitete Wörter unreflektiert und intuitiv für wirtschaftliche Phänomene und Prozesse, die sie außerhalb des jeweils eigenen Landes verorteten. Auch unter denjenigen, die sich eingehender mit dem Charakter und der Entwicklung der ‚Weltwirtschaft' beschäftigten, gab es keine Einigkeit darüber, worum es sich dabei handelte. Zwischen der Idee, die ‚Weltwirtschaft' sei ein gewachsener ‚ganzheitlicher Organismus', und der Vorstellung einer „spaceless closed economy embracing the whole world"[139] war konzeptionell keine Vermittlung möglich. Insofern stellte die Annahme, die ‚Weltwirtschaft' lasse sich mit Zahlen beschreiben, gewissermaßen einen pragmatischen Ausweg dar. Diese Sichtweise war mit den anderen beiden in diesem Kapitel dargestellten Formen vereinbar, entband von der Notwendigkeit, qualitative Charakteristika formulieren zu müssen, die sich letztlich nicht überprüfen ließen, und entsprach obendrein der bereits sich seit dem 19. Jahrhundert weltweit verbreitenden Praxis, wirtschaftliche Phänomene und Prozesse quantitativ zu fassen.

Die ‚Weltwirtschaft' als statistisch beobachtbares Konstrukt zu verstehen hatte zudem den Vorteil, ihre Existenz als ein den ganzen Globus umfassendes ‚Ding' plausibilisieren zu können. So wie Bernhard Harms 1926 betonte, die bis dahin bestehende Unmöglichkeit, die „Konjunktur der Weltwirtschaft"[140] zu messen, bedeute nicht, dass sie nicht existiere, so half auch die statistische Sichtweise die Vorstellung zu festigen, eine globale, einheitliche ‚Weltwirtschaft' bestehe, auch wenn sie (noch) nicht in allen Einzelheiten beobachtet werden könne. Die praktisch permanente geographische wie inhaltliche Expansion der wirtschaftsstatistischen Infrastruktur in den 1920er und 1930er Jahren, die ein immer genaueres statistisches Abbild der ‚Weltwirtschaft' zu zeichnen versprach, schien solche Vorstellun-

139 Haberler: Prosperity and Depression, S. 303.
140 Boese: Krisis, S. 120.

gen zu bestätigen. Und die letztliche Abkehr einiger Liberaler von dem Ansinnen, die ‚(Welt-)Wirtschaft' in Zahlen darzustellen und letztlich auch zu beeinflussen, änderte wenig daran, dass der Großteil der Zeitgenossen in den 1930er und 1940er Jahren ganz offenbar davon überzeugt war.

Eine unmittelbare statistische Repräsentation der ‚Weltwirtschaft' gab es vor dem Zweiten Weltkrieg nicht. Die Suggestionskraft beliebig kombinierbarer Zahlen aber war ganz offenbar ausreichend, um in der Summe des Außenhandelsvolumens von 49 Ländern den ‚Welthandel' zu erkennen,[141] um in der Kombination von Indizes der gewerblichen Produktion aus 23 Staaten die ‚Weltproduktion' zu sehen[142] und um die Gesamtheit solcher Zahlen als Abbild der ‚Weltwirtschaft' zu verstehen. Und diese Suggestionskraft haben ‚globale Zahlen' trotz aller Zweifel und Kritik an ihrem Aussagewert seither nicht verloren.

141 So im Falle der Spirale des schrumpfenden Welthandelsvolumens 1933.

142 So im Falle der erstmaligen Berechnung des ‚Welt'-Index der gewerblichen Produktion des *Völkerbunds* 1936.

11 Fazit

Internationale Wirtschaftsstatistiken waren und bleiben unverzichtbare Quellen, um die Entwicklung grenz- und kontinentüberschreitender ökonomischer Beziehungen und Verflechtungen zu untersuchen. Sie tragen so zu einem besseren Verständnis der Globalisierungsgeschichte im 19. und 20. Jahrhundert bei. Das will auch dieses Buch. Doch es nimmt dafür eine andere Perspektive ein, als dies Autoren mit Blick auf internationale Wirtschaftsstatistiken bisher getan haben. Weniger die Zahlen in solchen Statistiken sind für sie von Interesse, sondern deren Entstehung und Wirkungen.

Auf diese Weise zeigt die Studie, *erstens*, dass – anknüpfend an ältere Entwicklungen – ab dem Ersten Weltkrieg eine tendenziell globale, bis heute existierende wirtschaftsstatistische Infrastruktur entstand, die eine neue Sichtweise auf grenz- und kontinentüberschreitende wirtschaftliche Phänomene und Prozesse ermöglichte und das Verständnis von globalen ökonomischen Zusammenhängen und Ungleichheiten bis heute prägt. *Zweitens* unterstreicht diese Arbeit die Bedeutung von (kompetitiven) Ländervergleichen für die Dynamisierung von Globalisierungsprozessen. *Drittens* versteht sie sich als Plädoyer dafür, die teils widersprüchlichen Wechselverhältnisse der materiellen und reflexiven Dimensionen von Globalisierungsprozessen, die sich am Beispiel der internationalen Wirtschaftsstatistik besonders gut untersuchen ließen, systematisch und auf einer breiteren empirischen Grundlage in den Blick zu nehmen.

Internationale Wirtschaftsstatistik

Die Etablierung und Entwicklung der internationalen Wirtschaftsstatistik lässt sich als ein eigenständiger Globalisierungsprozess beschreiben. Dieser besaß eine materielle Dimension, die sich im Auf- und Ausbau einer grenz- und kontinentüberschreitenden, sukzessive globalen Charakter annehmenden Infrastruktur niederschlug, und er hatte eine reflexive Dimension, die sich darin widerspiegelte, dass er die Sicht der Zeitgenossen auf globale Zusammenhänge veränderte.

Internationale Wirtschaftsstatistiken in ihrer heutigen Form gibt es seit etwa Mitte des 19. Jahrhunderts. Neben eine seither existierende ältere Form der internationalen Wirtschaftsstatistik trat ab dem Ersten Weltkrieg mit der Weltwirtschaftsstatistik eine neue Form. Sie ersetzte die ältere Form nicht, sondern ergänzte diese. Zudem ist die Weltwirtschaftsstatistik nicht als klar abgrenzbares Gebilde zu verstehen, das gewissermaßen über Nacht in seiner Gesamtheit etabliert worden wäre. Obwohl sich der Begriff an den terminologischen Vorschlag eines Zeitge-

https://doi.org/10.1515/9783111207124-012

nossen anlehnt,[1] handelt es sich bei ihm um eine analytische Abgrenzung, die graduelle, nicht grundsätzliche Unterschiede zwischen der älteren und jüngeren Form der internationalen Wirtschaftsstatistik verdeutlicht. Diese bestanden hinsichtlich ihrer Urheber und deren Handlungsmotiven, hinsichtlich ihrer institutionellen Verankerung sowie des dafür notwendigen personellen und finanziellen Aufwands und hinsichtlich ihrer Erhebungs- und Erscheinungsweise.

Wie andere Globalisierungsprozesse auch war die Etablierung und Entwicklung internationaler Wirtschaftsstatistik von einer Vielzahl unterschiedlicher Akteure geprägt, die aus verschiedenen Motiven handelten. Bis zum Ersten Weltkrieg waren dies vor allem nicht-staatliche Akteure, die hier ‚Privatstatistiker' bezeichnet wurden. Bei ihnen handelte es sich meist um liberale Ökonomen und Statistiker, Journalisten und Publizisten sowie Mitarbeiter einiger Verlage aus Europa und Nordamerika. Mit ihren monographisch und periodisch erscheinenden Publikationen befriedigten sie eine wachsende Nachfrage nach Informationen über die wirtschaftliche Entwicklung in anderen Ländern und über grenz- wie kontinentüberschreitende ökonomische Phänomene. Das zunehmende Interesse an solchen Informationen folgte dem ab Mitte des 19. Jahrhunderts rasant wachsenden Austausch von Waren, Kapital und Menschen über Grenzen und Kontinente hinweg, war also eine Reaktion auf tendenziell globale wirtschaftliche Verflechtungsprozesse. Neben der Aussicht auf finanziellen Gewinn, den der Verkauf internationaler Wirtschaftsstatistiken ganz offenbar einigen versprach, waren es akademische Neugier, der Glaube an die aufklärerische Wirkung der Zahlen und beruflicher Ehrgeiz, die viele Privatstatistiker bewogen, Daten aus so vielen Ländern wie möglich zusammenzustellen und in vergleichender Weise zu veröffentlichen.

Keiner von ihnen konnte eine institutionalisierte Infrastruktur nutzen, die die Erhebung, Sammlung, Zusammenstellung, Publikation und Verbreitung internationaler Wirtschaftsstatistiken von einzelnen Akteuren unabhängig gemacht hätte. Zwar ist davon auszugehen, dass alle Privatstatistiker im Laufe der Zeit mehr oder minder weitreichende Informationsnetzwerke aufbauten, die ihnen bei der Erstellung ihrer Publikationen halfen. Das Beispiel des *Statistischen Centralarchivs* Otto Hübners aber zeigt, dass sich ein zentrales internationales (wirtschafts-)statistisches Amt auf privater Basis aufgrund des hohen personellen und finanziellen Aufwands sowie – insbesondere – der kaum vorhandenen Kooperationsbereitschaft von Regierungen nicht etablieren ließ. Die Daten, die Privatstatistiker zusammenstellten, waren daher in der Regel bereits von anderen erhoben und oft auch publiziert worden. Bei ihren Veröffentlichungen handelte es sich also um das Ergebnis aufwändiger Kompilationsarbeit, die ohne den Zugang zu gut ausgestatteten Bi-

1 Furlan: Weltwirtschaftsstatistik.

bliotheken und ohne gute Kontakte zu staatlichen und privaten Urhebern statistischer Daten im In- und Ausland praktisch unmöglich war.

Dieses methodische Charakteristikum brachte es zum einen mit sich, dass unterschiedlich erhobene Daten für den Gebrauch in internationalen Statistiken nachträglich vergleichbar gemacht oder mit dem Hinweis versehen werden mussten, dass sie nicht vergleichbar seien (außerhalb der statistischen Fachwelt wurden die Daten ungeachtet dessen gleichwohl oft so verwendet, als ob sie vergleichbar wären). Die internationale Standardisierung (wirtschafts-)statistischer Konzepte und Methoden hätte dieses Problem beheben können und tatsächlich strebten dies Statistiker zusammen mit anderen Fachleuten seit den 1850er Jahren im Rahmen der *Internationalen Statistischen Kongresse* und mithilfe des 1884/85 gegründeten *Internationalen Statistischen Instituts* an. Ihrem Anliegen waren jedoch enge epistemische, methodische, finanzielle und politische Grenzen gesetzt und alle diesbezüglichen Bestrebungen blieben bis zum Ersten Weltkrieg ohne größeren Erfolg.

Zum anderen waren die Privatstatistiker von der Erscheinungsweise und -häufigkeit der von ihnen genutzten statistischen Veröffentlichungen verschiedener Provenienz abhängig, ohne dass sie diese beeinflussen konnten. Die zahlreichen, sehr unterschiedlichen und zu verschiedenen Zeiten verfügbar werdenden Daten aus unterschiedlichen Ländern auszuwerten und in vergleichende Statistiken zu übertragen sowie anschließend zu veröffentlichen, war sehr zeitaufwändig und mühsam. Die Publikationen der Privatstatistiker erschienen deshalb oft in unregelmäßigen oder vergleichsweise großen zeitlichen Abständen. Aufgrund dessen waren die präsentierten Daten vielfach nicht aktuell und von eher akademischem als unmittelbar wirtschaftlich und politisch verwertbarem Nutzen.

Staatliche Verwaltungen waren vor 1914 meist nur insofern an der Entstehung der internationalen Wirtschaftsstatistik beteiligt, als die von ihnen für eigene Zwecke erhobenen und oft publizierten Daten zu den wichtigsten empirischen Grundlagen der Privatstatistiker gehörten. Zwar sammelten viele Regierungen zahlreiche, auch quantitative Informationen über wirtschaftlich relevante Phänomene und Prozesse in anderen Ländern. Einige von ihnen stellten diese zudem mindestens teilweise für Unternehmen und interessierte Zeitgenossen ihrer jeweiligen Länder in regional oder thematisch ausgerichteten Dossiers zusammen. Eine eigenständige auslandsstatistische Publikationstätigkeit aber begannen sie in aller Regel erst um 1900 und bis zum Ersten Weltkrieg nahm diese kaum größeren Umfang an. Eine Ausnahme bildete das britische *Board of Trade*, das bereits in den 1830er Jahren, verstärkt ab den 1850er Jahren eine relativ umfangreiche auslandsstatistische Aktivität entfaltete und eine entsprechende Infrastruktur aufbaute, um Daten regelmäßig zu erheben. Die von der Londoner Behörde erarbeiteten Periodika wurden international rezipiert, doch blieb ihre öffentliche Breitenwirkung hinter jener von Publikationen der Privatstatistiker zurück.

Auch internationale Organisationen spielten bis zum Ersten Weltkrieg nur eine untergeordnete Rolle bei der Etablierung der internationalen Wirtschaftsstatistik. Zwar gehörte die Sammlung und Veröffentlichung von ländervergleichenden Statistiken zu zahlreichen, auch ökonomisch relevanten Sachverhalten zweifellos zu den Hauptaufgaben vieler der vor allem seit dem letzten Drittel des 19. Jahrhunderts gegründeten Organisationen. Die meisten von ihnen befassten sich aber mit eng beschränkten Themenfeldern. Die von ihnen zusammengestellten und veröffentlichten Statistiken lieferten daher eine große Menge an Zahlen, die inhaltlich, konzeptionell und methodisch oft wenig miteinander zu tun hatten. Die akademisch und kommerziell motivierten Kompilatoren internationaler Wirtschaftsstatistiken verwendeten sie deshalb genauso, wie diejenigen staatlicher Verwaltungen oder privater Verbände. Eine Einrichtung, die anstrebte, das wirtschaftliche Geschehen in der Welt als Ganzes statistisch zu erfassen, dauerhaft zu beobachten und dafür ein tragfähiges Konzept zu erarbeiten, gab es nicht. Zaghafte Ansätze dazu lassen sich zwar im Rahmen der *Internationalen Statistischen Kongresse* und des *Internationalen Statistischen Instituts* ausmachen. Keine dieser Bemühungen hatte aber Erfolg. Der dafür nötige finanzielle hohe Aufwand und die unabdingbare, grenzüberschreitende Koordination statistischer Einrichtungen stand einem ausgeprägten Unwillen von Regierungen gegenüber, im Interesse internationaler statistischer Vergleichbarkeit miteinander zu kooperieren oder gar einheitliche konzeptionelle und methodische Standards anzuwenden. Die Bedeutung der Kongresse wie auch des ISI lag vielmehr darin, soziale Netzwerke zwischen amtlichen, akademisch tätigen und kommerziell agierenden Statistikern zu begründen und zu verstetigen.

Weltwirtschaftsstatistik

Der Erste Weltkrieg erscheint mit Blick auf die internationale Wirtschaftsstatistik einmal mehr als eine einschneidende globalhistorische Zäsur. Er beschleunigte und intensivierte den bereits laufenden Globalisierungsprozess deutlich und stieß institutionelle, infrastrukturelle, konzeptionelle und methodische Neuerungen an. Damit markierte er den Beginn der ‚weltwirtschaftsstatistischen Gegenwart', denn die *Vereinten Nationen* und die Bretton Woods-Institutionen übernahmen nach 1945 das gut funktionierende wirtschaftsstatistische System, das in den 1920er und 1930er Jahren entstanden war und entwickeln es seither weiter. Dass der Erste Weltkrieg eine solche Zäsur darstellt ist nur mit den spezifischen politischen und wirtschaftlichen Friktionen zu erklären, die der Konflikt verschärfte oder hervorbrachte, und wurde durch institutionelle und technische Innovationen begünstigt, die so vor 1914 nicht vorhanden gewesen waren. Die historische Kontingenz von Globalisierungsprozessen zeigt sich hier sehr deutlich.

Während des Kriegs und in den unmittelbaren Nachkriegsjahren weiteten kriegführende Staaten, aber auch Regierungen von nur mittelbar in den Konflikt involvierten Ländern ihre jeweils eigene wirtschaftsstatistische Beobachtung deutlich aus, um die Kriegswirtschaft organisieren und auf direkte und indirekte Folgen des Krieges reagieren zu können. Diese wirtschaftsstatistische Expansion ist bisher vor allem für industrialisierte und statistisch relativ weit entwickelte Länder Europas und Nordamerikas untersucht und als Beginn der wirtschaftsstatistischen Gegenwart gekennzeichnet worden. Diese Arbeit bestätigt diese Feststellung, indem sie entsprechende Entwicklungen in der Kriegs- und unmittelbaren Nachkriegszeit auch in Russland, China, Japan und Indien nachzeichnet. In Bezug auf die internationale Wirtschaftsstatistik spiegelte sich der Zäsurcharakter des Ersten Weltkriegs vor allem in einer deutlich zunehmenden staatlichen Aktivität wider. Ohne dass sie die Privatstatistiker ersetzten oder verdrängten wurden Regierungen und intergouvernementale Organisationen rasch zu den wichtigsten Akteuren auf diesem Feld.

Diese ‚Verstaatlichung' schlug sich in der neuartigen Bereitschaft vieler Regierungen nieder, sich am Auf- und Ausbau einer dauerhaften, tendenziell globalen wirtschaftsstatistischen Infrastruktur zu beteiligen. Außerdem zeigte sie sich im wachsenden Willen von Regierungen, international einheitliche wirtschaftsstatistische Konzepte und Methoden anzuwenden. Das Konglomerat aus grenz- und kontinentüberschreitenden Netzwerken materieller, institutioneller und sozialer Natur, in dem diese Infrastruktur Gestalt annahm, sowie das Set von Regeln und Arbeitsroutinen, die diese voraussetzte, knüpften an Entwicklungen aus der Vorkriegszeit an. Was dabei jedoch entstand, war in qualitativer wie quantitativer Hinsicht eine neue, besondere Form der internationalen Wirtschaftsstatistik: die Weltwirtschaftsstatistik. Die sie charakterisierende Infrastruktur sowie die sie ermöglichenden internationalen konzeptionellen und methodischen Standards, deren Grundlagen bis Ende der 1930er Jahre gelegt wurden, prägen den statistischen Blick auf grenz- und kontinentüberschreitende ökonomische Phänomene und Prozesse bis heute.

Die ‚Verstaatlichung' lässt sich damit erklären, dass viele Regierungen zunehmend gewillt waren, zwischenstaatliche Konkurrenz mithilfe von internationalen Wirtschaftsstatistiken zu artikulieren. Die Zusammenarbeit von Regierungen auf diesem Feld versprach nicht nur, relativ rasch und kostengünstig an Informationen über die wirtschaftliche Lage und Entwicklung in anderen Ländern zu gelangen, die Regierungen und Unternehmen nach dem Ersten Weltkrieg vermehrt nachfragten, weil sich die weltwirtschaftliche Situation gravierend verändert hatte. Auf unterschiedlichen Ebenen ermöglichten internationale Wirtschaftsstatistiken auch ‚öffentliche Vergleichsdiskurse' (B. Heintz / T. Werron) über den Grad der ‚Modernität' eines Landes, über dessen Wirtschaftskraft, über den Einfluss eines Landes auf die

Formulierung internationaler Standards und über damit verbundenes nationales Prestige. Solche mittels Wirtschaftsstatistiken angestellten kompetitiven Ländervergleiche waren nichts grundsätzlich Neues. Sie erlangten aber ab dem Ersten Weltkrieg eine neue politische Relevanz und in inhaltlicher, geographischer und publizistischer Hinsicht eine neue Qualität. Der Ausbau der wirtschaftsstatistischen Infrastruktur und die mit ihrer Hilfe angestellten Ländervergleiche verstärkten sich gegenseitig und setzten eine Entwicklungsdynamik in Gang, der sich keine Regierung entziehen konnte. Kooperation und Konkurrenz waren zwei Seiten der ‚weltwirtschaftsstatistischen' Medaille.

Die politische Relevanz wirtschaftsstatistischer Ländervergleiche wuchs, als sich die alliierten Großmächte im letzten Kriegsjahr zu einer bis dahin unbekannten wirtschaftlichen Zusammenarbeit gezwungen sahen, die ohne wirtschaftsstatistische Kooperation unmöglich war. Der Prototyp eines zentralen internationalen wirtschaftsstatistischen Amts entstand als explizit überstaatlich deklarierte statistische Abteilung des *Allied Maritime Transport Council* in London. Von den Erfahrungen, die die Mitarbeiter dieser Abteilung beim schwierigen Aufbau einer funktionierenden wirtschaftsstatistischen Infrastruktur machten, profitieren die späteren Völkerbundbeamten.

Des Weiteren verursachte der Krieg mittel- bis langfristige ökonomische, finanzwirtschaftliche und sozialpolitische Probleme, die in diesem Ausmaß bis dahin unbekannt waren (beispielsweise Inflation und Arbeitslosigkeit) und deren internationale Dimension jedem Beobachter einleuchtete (wie etwa im Falle der Reparations- und Schuldenproblematik). Bereits 1919 führte dies dazu, dass Regierungen in zwischenstaatlichen Verhandlungen und in öffentlichen Debatten in bis dahin nicht gekannter Weise in zahlenbasierte Diskussionen verstrickt wurden. Die Meinungshoheit über Zahlen zum jeweils eigenen Land in solchen Auseinandersetzungen zu erlangen und zu behalten sowie Debatten auf internationaler Ebene damit im eigenen Sinne zu beeinflussen schien vielen Regierungen am ehesten möglich zu sein, wenn sie ihre selbst erhobenen Daten einem international anerkannten, im besten Fall unparteiischen Büro übermittelten, das diese allen Interessierten zur Verfügung stellte.

Politische Relevanz entfalteten wirtschaftsstatistische Ländervergleiche auch auf weniger offensichtliche Weise. Nach dem Krieg wieder oder neu entstandenen Staaten wie Polen und der Tschechoslowakei, aber auch agrarisch geprägten Ländern außerhalb Europas wie China, Indien oder Chile diente die Beteiligung am Auf- und Ausbau der internationalen wirtschaftsstatistischen Infrastruktur und die Orientierung an international einheitlichen Standards dazu, die Modernität und Effektivität ihrer eigenen (statistischen) Verwaltung zu demonstrieren und ihre weltwirtschaftliche Relevanz sichtbar zu machen. Das Beispiel indischer Nationalisten zeigt zudem, dass wirtschaftsstatistische Ländervergleiche bereits in den

1920er und 1930er Jahren als Mittel antikolonialer Agitation genutzt wurden. Doch auch Beamte britischer Kolonien strebten in den 1930er Jahren unabhängig von London danach, sich an den 1928 in der wirtschaftsstatistischen Konvention festgeschriebenen konzeptionellen und methodischen Standards zu orientieren, um international ‚sichtbar zu werden'. Die britische Regierung unterstützte dieses Ansinnen zumindest in Bezug auf die wirtschaftlich wichtigsten Kolonien, um so das ökonomische Gewicht des Empires aufzuzeigen.

In den industrialisierten und statistisch weit entwickelten Ländern Europas und Nordamerikas hatte die aktive Beteiligung an der Weltwirtschaftsstatistik noch einen weiteren politischen Zweck: den Gewinn von Prestige und von Möglichkeiten, zukünftige Regeln mitzubestimmen. Die Regierungen von Ländern wie Deutschland, Großbritannien, Frankreich, Belgien oder den USA bauten parallel zum *Völkerbund* ihre eigene auslandsstatistische Berichterstattung aus, erfüllten viele Bestimmungen der wirtschaftsstatistischen Konvention von 1928 bereits und waren daher nicht auf deren Unterzeichnung und Ratifikation angewiesen. Dass sie dies in den meisten Fällen dennoch befürworteten und damit der Anwendung von in der Konvention formulierten konzeptionellen und methodischen Standards zustimmten lag zum einen daran, dass der Schritt für sie nur wenige Veränderungen brachte und dass sie auf eine größere Menge von Daten aus Ländern hofften, mit denen sie ihre eigenen Statistiken bis dahin nicht vergleichen konnten. Zum anderen begründeten sie ihre Ratifikationen intern und öffentlich damit, nicht hinter den anderen Staaten zurückbleiben zu können und ‚mit am Tisch sitzen' zu wollen, wenn das ständige Expertengremium, das durch die Konvention etabliert wurde, die zukünftigen Standardisierungsarbeiten prägen würde.

Diese politischen Motivationen wirkten selbstverstärkend und dynamisierten den Ausbau der wirtschaftsstatistischen Infrastruktur. Je mehr Länder sich beteiligten, umso weniger überzeugend ließ sich erklären, nicht mitzuwirken. Zudem erhöhten die zunehmend in massenmedialen Öffentlichkeiten kommunizierten wirtschaftsstatistischen Ländervergleiche die Attraktivität und den Druck, das eigene Land in ihnen ‚sichtbar zu machen' und dafür die jeweils eigene statistische Berichterstattung an internationalen Standards auszurichten. Die sich beschleunigende sowie sich inhaltlich und geographisch verbreiternde Berichterstattung des in Genf redigierten *Monthly Bulletin of Statistics* spiegelt diese Entwicklung wider. Dessen monatlicher Berichtsrhythmus wurde rasch zum internationalen Standard, an dem sich staatliche Behörden orientierten.

Der wachsende Wille von Regierungen, zwischenstaatliche Konkurrenz mithilfe wirtschaftsstatistischer Ländervergleiche zu artikulieren, ist allein jedoch nicht ausreichend, um die Entstehung der Weltwirtschaftsstatistik ab dem Ersten Weltkrieg zu erklären. Sie wurde durch drei weitere Umstände begünstigt, die so vor 1914 nicht gegeben waren.

Erstens fanden in den 1920er Jahren neuartige Techniken der Datenverarbeitung und des Wissensmanagements zunehmend Verwendung, ohne die die zentrale Sammlung, Auswertung und Wiederverbreitung so großer Mengen an statistischen Informationen, wie sie die Weltwirtschaftsstatistik erforderte, nicht möglich gewesen wäre. Keine dieser Techniken, zu denen mechanische und halb-elektronische Rechenmaschinen ebenso gehörten wie Karteikartensysteme und Hängeregistraturen, war grundsätzlich neu. Doch alle erfuhren in den 1920er Jahren im Rahmen von Rationalisierungskampagnen eine Aufwertung. Darüber hinaus ermöglichten Verbesserungen der Drucktechniken eine wachsende Verwendung grafischer Darstellungen statistischer Daten, die deren Rezeption beförderten und gleichzeitig die Nachfrage nach weiteren und neuen Statistiken erhöhte.

Zweitens erlebten die empirische Konjunkturforschung und die zahlenbasierte, ökonomische Prognostik ab dem Ersten Weltkrieg und ausgehend von den USA einen Boom. In vielen Ländern entstanden private und akademische Forschungseinrichtungen, die nicht nur für einen stetigen und systematischen Ausbau der wirtschaftsstatistischen Beobachtung plädierten, sondern auch versuchten, die verfügbaren Zahlen in einen kausalen Zusammenhang zu setzen, um so ökonomische Entwicklungsprozesse beschreiben und bestenfalls voraussagen zu können. Ihre Untersuchungen und Bewertungen bezogen sich fast ausschließlich auf einzelne Länder, doch begünstigte die zunehmende Akzeptanz von ‚Wirtschaftsbarometern' und die infolgedessen wachsende Menge von landesbezogenen Zahlen auch die Weiterentwicklung der Weltwirtschaftsstatistik.

Drittens war der 1919 gegründete *Völkerbund* in personeller und institutioneller Hinsicht zentral dafür, dass die Weltwirtschaftsstatistik entstehen konnte. Obwohl es sein Statut nicht vorsah und obwohl es am Ende des Ersten Weltkriegs mehrere Organisationen gab, die für diese Aufgabe besser geeignet erschienen als der *Völkerbund*, entwickelte sich dieser ab 1920/21 *de facto* zu einem zentralen internationalen Amt für Wirtschaftsstatistik. Hinsichtlich der Datensammlung und -verarbeitung und deren publizistischer Wiederverbreitung sowie bezüglich der erfolgreichen Koordinierung der internationalen Standardisierungsbemühungen leisteten die Völkerbundbeamten zusammen mit Statistikern, Ökonomen, Unternehmern und Beamten in zahlreichen Ländern der Erde Pionierarbeit. Bis zum Zweiten Weltkrieg legten sie die institutionellen, konzeptionellen und methodischen Grundlagen, auf denen die statistische Berichterstattung der *Vereinten Nationen*, des *Internationalen Währungsfonds* und der Weltbank nach dem Zweiten Weltkrieg aufbaute.

Für die 1919 eher unwahrscheinliche Entwicklung des *Völkerbunds* zum zentralen Akteur der Weltwirtschaftsstatistik waren vier Gründe ausschlaggebend. *Erstens* profitierten die Genfer Beamten gerade in den Anfangsjahren von den engen Kontakten, die sie in die britische Regierung, Wissenschaftslandschaft und

Privatwirtschaft besaßen. Diese Kontakte trugen dazu bei, dass die britische Regierung 1920/21 die Etablierung des *Völkerbunds* als wirtschaftsstatistischer Akteur energisch verfolgte und gegen frankophone Konkurrenzorganisationen Stellung nahm. Außerdem war bis 1940 ein kleines Büro in der britischen Hauptstadt unabdingbar dafür, dass die wirtschaftsstatistischen Publikationen des *Völkerbunds* regelmäßig, pünktlich und inhaltlich verlässlich erschienen. *Zweitens* waren einige der leitenden Völkerbundbeamten 1917 bis 1921 in den interalliierten Koordinationsgremien tätig gewesen, so dass ihre Verbindungen von Beginn an auch in die Verwaltungen der anderen beteiligten Länder reichten. *Drittens* waren viele Sekretariatsmitarbeiter gut ausgebildet, engagierten sich sehr für die Optimierung der wirtschaftsstatistischen Berichterstattung und waren zumindest auf der Leitungsebene sehr lange für den *Völkerbund* tätig. Arbeitsroutinen, technisches Know-How und die unabdingbaren Kontakte zu statistischen Behörden und Einrichtungen weltweit konnten sich so in einer Art und Weise entwickeln und stabilisieren, die bei häufiger wechselndem Personal unmöglich gewesen wäre. *Viertens* lässt sich der Erfolg des *Völkerbunds* auf seine Struktur als intergouvernementale Organisation zurückführen. Den in Genf koordinierten Standardisierungsbemühungen verlieh die institutionelle Autorität des Völkerbundrats deutlich mehr Gewicht als solche Formulierungen privater oder akademischer Vereinigungen wie dem ISI bis dahin erhalten hatten.

‚Westliche' Dominanz und ‚westliche' Prägung

Die entstehende wirtschaftsstatistische Infrastruktur sowie die sie bedingenden konzeptionellen und methodischen Standards waren nicht das Ergebnis gleichberechtigter Kooperation von Akteuren aller involvierten Länder. Politische und wirtschaftliche Machtgefälle spiegelten sich in ihnen wider und prägten somit auch die durch sie ermöglichten Einsichten in globale ökonomische Zusammenhänge.

Von Beginn seiner wirtschaftsstatistischen Tätigkeiten an war das Völkerbundsekretariat darum bemüht, Daten zu Phänomenen und Prozessen aus so vielen Ländern wie möglich zu erhalten. Nicht der wirtschaftliche Entwicklungsstand, der politische Charakter, der völkerrechtliche Status oder die räumliche Entfernung eines Landes von Genf waren ausschlaggebend dafür, dass es Teil der Infrastruktur werden konnte, sondern die Verfügbarkeit von Daten. Das zeigte sich insbesondere in den außenhandelsstatistischen Tabellen und Grafiken, die der Genfer *Economic Intelligence Service* zusammenstellte und regelmäßig publizierte. Bereits Mitte der 1920er Jahre enthielten diesbezügliche Jahresberichte Informationen aus mehr als 150 Ländern und damit aus deutlich mehr Territorien, als es souveräne Staaten gab. Aber auch die Zahl von Ländern, die monatlich aktualisierte Außenhandelsdaten nach Genf übermittelten, war zu Beginn des Zweiten Weltkriegs größer als die Zahl souveräner Staaten. Hinsichtlich anderer Phänomene war die regelmäßige Berichterstattung weniger dicht, doch am Bestreben der Völkerbundbeamten, tendenziell alle Länder der Erde in ihre Infrastruktur einzubinden, kann kein Zweifel bestehen.

Gleichwohl dominierten ‚westliche' Akteure und Institutionen die entstehende Infrastruktur, und die von ihnen erarbeiteten internationalen Statistiken waren ‚westlich' geprägt.[2] Das hatte mehrere Ursachen. So prägten Fachleute ‚westlicher' Länder bis in die Mitte des 20. Jahrhunderts fast überall auf der Welt die Arbeit wirtschaftsstatistischer Behörden. Auch die Beamten des Genfer *Economic Intelligence Service* kamen fast ausschließlich von dort. Selbst viele ‚Einheimische', die in Ländern wie China oder Indien leitende Positionen in statistischen Behörden übernahmen, waren in ‚westlichen' Ländern ausgebildet und fachlich sozialisiert worden. Regierungen anderer Länder, wie etwa jene der Türkei oder Chiles, engagierten direkt europäische Experten, um ihre wirtschaftsstatistischen Behörden aufbauen oder reformieren zu lassen. All das beförderte eine inhaltliche Ausrichtung internationaler Wirtschaftsstatistiken an den Problemen und Ansprüchen von Regierungen, Wirtschaftspolitikern, Unternehmern und Ökonomen in industrialisierten Ländern des atlantischen Raums, die in den 1920er und 1930er Jahren stark von kriegsbedingten Krisen geprägt waren. Des Weiteren hing der Inhalt internationaler Wirtschaftsstatistiken unmittelbar von der Existenz entsprechender landesbezogener Erhebungen ab. Ohne die monatliche Erhebung des Außenhandels und ohne die Berechnung von Produktionsindizes in einzelnen Ländern konnte es keine Zahlen zum monatlichen ‚Welthandelsvolumen' oder zur ‚Weltproduktion' geben. Da die statistischen Behörden ‚westlicher' Staaten diejenigen anderer Länder hinsichtlich ihrer finanziellen und personellen Ausstattung meistens ebenso übertrafen wie hinsichtlich der inhaltlichen Breite und der Frequenz ihrer statistischen Erhebungen, bedingten auch diese institutionellen Unterschiede die inhaltliche Dominanz ‚westlicher' Staaten in den internationalen Wirtschaftsstatistiken der Zeit. Die meisten Länder der Erde konnten vor dem Zweiten Weltkrieg oft nur Daten zum Außenhandel regelmäßig mitteilen.

Verstärkt und gefestigt wurde die ‚westliche' Dominanz durch die noch wenig institutionalisierte Form des grenz- und kontinentüberschreitenden Datenaustauschs. Im Normalfall nutzte das Völkerbundsekretariat für die Zusammenstellung seiner statistischen Übersichten offizielle Zahlen. Diese erhielt es in vielen Fällen

2 Wie in der Einleitung dargelegt, wird hier mit ‚westlich' bzw. dem ‚Westen' keine konzeptionelle oder methodische Homogenität unterstellt. Es handelt sich lediglich um Sammelbegriffe für die Länder Süd-, Mittel-, Nord- und Westeuropas, die USA sowie die britischen Dominions.

unmittelbar von den entsprechenden Behörden bzw. über diplomatische Einrichtungen; oft entnahm es sie auch aktuellen amtlichen Publikationen. Stand beides nicht zur Verfügung, griffen die Genfer Beamten auch auf Daten privater Akteure zurück. Ihr Berichtsnetzwerk war überwiegend transparent und ließ sich meist mit Quellenverweisen in den Publikationen nachvollziehen. In manchen Fällen aber waren informelle Kontakte nötig, um Länder in die wirtschaftsstatistische Infrastruktur einbinden zu können. Das traf etwa auf die Sowjetunion in den 1920er Jahren zu, für einige Zeit aber auch auf die USA und Deutschland. Ebenfalls notwendig waren ‚unsichtbare' Netzwerke dann, wenn der rasche Datenfluss ins Stocken geriet. Es liegt auf der Hand, dass dies umso leichter fiel, je näher man die entsprechenden Akteure kannte, je vertrauter man mit deren Arbeitsweisen und Institutionen war, je enger man mit den jeweiligen Behörden und Verbänden vernetzt war und je besser man deren Sprachen beherrschte.

Dies sowie die begrenzten personellen und finanziellen Mittel sorgten dafür, dass die Genfer Beamten beim Aufbau der wirtschaftsstatistischen Infrastruktur Prioritäten setzten. Diese orientierten sich an der jeweils wahrgenommenen wirtschaftlichen und politischen Relevanz von Ländern und bevorzugten ‚westliche' Industriestaaten. Ohne Zahlen zu Großbritannien, Deutschland und den USA erschienen viele der in Genf erarbeiteten Wirtschaftsstatistiken wenig sinnvoll. Die Beamten des *Economic Intelligence Service* bemühten sich deshalb auf offiziellen und informellen Wegen sehr darum, Daten aus diesen Ländern regelmäßig und rasch zu erhalten. Das gleiche galt für den regelmäßigen Empfang von Daten aus Tokio und Moskau. Im Gegensatz dazu waren die Völkerbundbeamten deutlich weniger aktiv, um China oder andere, eher agrarisch geprägte Länder (vor allem in Südamerika und Asien) in die wirtschaftsstatistische Infrastruktur einzubinden. Wenn dies geschah, ging es oft auf Bemühungen von Akteuren aus diesen Ländern selbst zurück. Die nach dem Ersten Weltkrieg entstehende Infrastruktur umfasste daher trotz der sie dominierenden ‚westlichen' Akteure in wachsendem Maße Institutionen, Beamte und Fachleute aus Ländern aller Kontinente und nahm sukzessive einen globalen Charakter an.

Im Gegensatz dazu waren die konzeptionellen und methodischen Standards, die die wirtschaftsstatistische Konvention von 1928 kodifizierte und die der *Ausschuss Statistischer Sachverständiger* in den 1930er Jahren formulierte, das Ergebnis von Diskussionen einer vergleichsweise kleinen Gruppe ausschließlich ‚westlicher', vorwiegend europäischer Experten. Die Fachleute ähnelten sich zudem überwiegend hinsichtlich ihres Alters, ihrer beruflichen Sozialisation und ihrer liberalen Überzeugungen. Diese recht große Homogenität lässt sich vor allem auf die Auswahl der beteiligten Experten durch Alexander Loveday und einige weitere, meist britische und anglophile Völkerbundmitarbeiter und Delegierte in Völkerbundgremien zurückführen. Die wenig ambitionierten Versuche, außereuropäische Fachleute in die Beratungen einzubeziehen, beschränkten sich fast ausschließlich auf US-Amerikaner und Statistiker innerhalb des britischen Reichs.

Gleichzeitig war die Homogenität der Expertenrunden zum Teil durch zwei zusätzliche Umstände bedingt, die zeigen, dass der bereits zeitgenössisch oft beklagte Eurozentrismus des *Völkerbunds* nicht allein auf zivilisatorische Überlegenheitsgefühle und Ignoranz zurückgeführt werden sollte. Zum einen erschien es den Völkerbundbeamten angesichts notorisch knapper Mittel notwendig, rasch effiziente Entscheidungsroutinen zu entwickeln, denen fachlich disparate und große Gremien eher entgegenstanden. Insbesondere in den Anfangsjahren der vom Völkerbundsekretariat koordinierten Standardisierungsbemühungen erschien es ihnen zudem notwendig, rasch Ergebnisse zu liefern. Denn die Genfer Organisation unterlag nicht nur einem permanenten Spardruck, sondern war auch in ihrer Existenz noch nicht gefestigt. Die wirtschaftsstatistischen Aktivitäten halfen ihr, sich selbst zu legitimieren. Zum anderen trugen die zeitgenössischen Probleme, räumliche Distanzen in kurzen Zeiträumen überbrücken zu müssen, zu der in geographischer Hinsicht homogenen Zusammensetzung der entscheidenden Expertenrunden bei. Es war praktisch unmöglich, leitende Beamte und führende Wissenschaftler aus außereuropäischen Ländern ein- oder gar mehrmals im Jahr an regelmäßigen Tagungen in europäischen Städten, vor allem in Genf teilnehmen zu lassen.[3] Der anfängliche Versuch, deren Beteiligung mittels schriftlicher Korrespondenzen sicherzustellen, wurde rasch eingestellt.

Der ‚westliche' Charakter dieser wirtschaftsstatistischen Expertengremien schlug sich in den Inhalten, Konzepten und Methoden nieder, über die sie debattierten und entschieden, und die in den folgenden Jahren und Jahrzehnten zu globalen Standards wurden. Diese lassen sich daher als Paradebeispiel einer ‚Dominanz westlicher Wissensbestände'[4] ansehen. Die Debatten der Fachleute orientierten sich überwiegend an den wirtschaftlichen, rechtlichen und behördlichen Verhältnissen in den marktwirtschaftlich strukturierten Staaten Europas und sie setzten Auseinandersetzungen über institutionelle, konzeptionelle und methodische Aspekte fort, die (meist europäische) Statistiker und Ökonomen bereits im 19. Jahrhundert geführt hatten. Befassten sich die Experten mit der Umsetzbarkeit der von ihnen formulierten Standards, so bezogen sie sich meist auf Möglichkeiten und Grenzen in ‚westlichen' Ländern. Epistemologische Schwierigkeiten, wirt-

3 Die Veranstaltung solcher Treffen außerhalb Europas wäre angesichts der vielen europäischen Fachleute noch teurer gewesen und schied daher allein aus finanziellen Gründen praktisch aus. Obwohl vermutlich für viele ‚westliche' Experten Konferenzen außerhalb Europas auch aufgrund zivilisatorischer Überlegenheitsgefühle wenig sinnvoll erschienen, zeigen die ISI-Konferenzen in Kairo (1927/28), Tokio (1930) und Mexiko (1933), dass sie grundsätzlich möglich waren.

4 Kunkel/Meyer: Dimensionen, S. 18.

schaftliche Phänomene und Prozesse in anders strukturierten Gesellschaftsformen zu erfassen, galten fast ausnahmslos als Ausweis ‚unzivilisierter' Bevölkerungen und eines geringen ‚Modernisierungsgrades'.

Allerdings ist ‚Dominanz westlicher Wissensbestände' nicht misszuverstehen als globale Vorherrschaft eines einheitlichen ‚westlichen' Ansatzes, wirtschaftliche Phänomene und Prozesse dauerhaft statistisch zu beobachten. Dazu war die Vielfalt je eigener statistischer Traditionen in den einzelnen ‚westlichen' Ländern zu groß, die sich seit dem 18. Jahrhundert in unterschiedlichen Behördenstrukturen, rechtlichen Befugnissen und inhaltlichen Schwerpunkten der statistischen Berichterstattung niedergeschlagen hatte. Auch die verschiedenartige ökonomische Struktur und Entwicklung in den einzelnen Ländern bedingte unterschiedliche wirtschaftsstatistische Praktiken. Alle Experten waren sich daher einig, dass es nicht nur unmöglich war, international standardisierte Konzepte und Methoden überall anzuwenden, sondern auch nicht sinnvoll. Stattdessen strebten sie an, neben den verschiedenen landesbezogenen auf internationaler Ebene eine weniger komplexe Wirtschaftsstatistik zu etablieren. Idealerweise sollten alle Länder ihre eigenen wirtschaftsstatistischen Erhebungen so konzipieren, dass die dabei entstehenden (teils zusammengefassten) Daten problemlos in internationale Statistiken integriert werden konnten. In den Debatten über internationale wirtschaftsstatistische Standards ging es den Beteiligten daher auch darum, diese möglichst eng an den jeweils eigenen Traditionen und Praktiken auszurichten. Das versprach nicht nur einen gewissen Prestigegewinn, sondern war auch finanziell relevant, da eventuell notwendige institutionelle, konzeptionelle und methodische Anpassungen an internationale Vorgaben nicht so umfangreich ausfallen mussten, wenn diese den eigenen Praktiken weitgehend entsprachen.

Die wirtschaftsstatistischen Standards, die in den 1920er und 1930er Jahren erarbeitet wurden und nach dem Zweiten Weltkrieg die Grundlage für die Standardisierungsaktivitäten der *Vereinten Nationen* bildeten, waren in diesem Sinne angelsächsisch geprägt. Das spiegelte sich im Verständnis von ‚Wirtschaftsstatistik' wider, das der Konvention von 1928 zugrunde lag, und in deren Bestimmungen zur Außenhandelsstatistik. Besonders deutlich war die angelsächsische Prägung aber bei jenen Vorgaben, die die dauerhafte statistische Beobachtung gewerblicher Produktion regelten.

Neue Sichtweisen auf die ‚Welt'

Die ab dem Ersten Weltkrieg sukzessive globalen Charakter annehmende wirtschaftsstatistische Infrastruktur und die mit ihrer Hilfe ermöglichten dauerhaften ‚öffentlichen Vergleichsdiskurse' beförderten neue Sichtweisen auf die ‚Welt'. Zudem standen sie in einem so komplexen wie interdependenten Verhältnis zur im 20. Jahrhundert weltweit wachsenden Akzeptanz des souveränen Nationalstaats als wichtigste politische Organisationsform. Im politisch motivierten Interesse des kompetitiven Vergleichs bewirkte der hier untersuchte Globalisierungsprozess einerseits Verflechtungen und Konvergenzzunahmen im Sinne gleichartiger statistischer Erhebungen in einer wachsenden Zahl von Ländern sowie der damit einhergehenden Plausibilisierung der einen ‚Weltwirtschaft'. Andererseits bereitete er zur gleichen Zeit den Weg für eine neuartige Form, globale Ungleichheiten zu artikulieren, und er beförderte tendenziell den Niedergang der imperialen Weltordnung. Er ist daher ein Paradebeispiel für die Ko-Evolution von ‚Nationalität' und ‚Internationalität' als politische Orientierungsmodelle; seine Untersuchung zeigt an einem konkreten Fall die „Geschichtsmächtigkeit globaler Verbindungen"[5] auf, die über deren unmittelbare funktionale Relevanz hinausreichte.

Damit internationale Wirtschaftsstatistiken diese Wirkungen entfalten konnten, mussten sie Interessierten zugänglich sein und von diesen rezipiert werden. Bereits einige Publikationen von Privatstatistikern des 19. Jahrhunderts waren auf allen Kontinenten verbreitet, wie das Beispiel Otto Hübners *Statistischer Tafel aller Länder der Erde* zeigt. International weit verbreitet waren aber auch der *Gotha'sche Almanach*, das *Statesman's Year-Book*, Franz-Xaver von Neumann-Spallarts *Uebersichten der Weltwirthschaft* und die verschiedenen Publikationen von Michael G. Mulhall.

Eine neue Qualität erhielt die globale Verbreitung internationaler Wirtschaftsstatistiken nach dem Ersten Weltkrieg. Insbesondere das Völkerbundsekretariat bemühte sich sehr darum, die von ihm erarbeiteten wirtschaftsstatistischen und -analytischen Periodika in möglichst hoher Zahl zu verkaufen (nicht zuletzt, um mit den Erlösen die Kosten zu decken). Die größte Resonanz entfalteten neben dem ab 1921 in Genf redigierten *Monthly Bulletin of Statistics* das ab 1927 erscheinende Statistische Jahrbuch und der von 1932 an jährlich publizierte *World Economic Survey*. Rückmeldungen einiger Leser auf diese Publikationen zeigen, dass sie tatsächlich auf allen Kontinenten von Statistikern und Ökonomen, Politikern und Verwaltungsbeamten, Unternehmern und privatwirtschaftlichen Verbänden sowie von interessierten Einzelpersonen gelesen und genutzt wurden. Ein Schwerpunkt des Absatzes lag gleichwohl in den ‚westlichen' Industriestaaten und in Japan und die Zahl der in Umlauf gelangenden Exemplare erscheint gemessen am globalen Anspruch des *Völkerbunds* eher gering.[6] Die geographische und soziale Reichweite der Genfer Publikationen lässt sich allerdings nicht allein an diesen Zahlen messen.

---

5 Wenzlhuemer: Globalgeschichte schreiben, S. 23.

6 Vgl. Tabelle 2 (S. 374).

Fast alle ihrer Ausgaben wurden von so konzisen wie prägnanten Zusammenfassungen für die Presse begleitet, die in Ländern aller Kontinente vollständig oder auszugsweise in Fachzeitschriften und in Zeitungen jedweder Art übernommen wurden. Einige Journale, wie etwa der britische *Economist* oder das sowjetische Periodikum *Mirovoe chozjajstvo i mirovaja politika* übernahmen zudem in regelmäßigen Abständen Daten des MBS, um ihren Lesern eine dauerhafte Beobachtung grenz- und kontinentüberschreitender ökonomischer Phänomene und Prozesse zu ermöglichen.

Auf diese Weise fanden die Ergebnisse der wirtschaftsstatistischen Aktivitäten des *Völkerbunds* ebenso Eingang in wissenschaftliche Abhandlungen und politische Debatten wie in die tägliche mediale Berichterstattung. Zeitgenossen an vielen Orten der Welt konnten so zur fast gleichen Zeit an die Informationen aus Genf gelangen. Allerdings entstand dabei keine global einheitliche wirtschaftsstatistische ‚lingua franca', mit deren Hilfe sich ökonomische Aspekte über Sprach- und Kulturgrenzen hinweg problemlos hätten diskutieren lassen. Nur in Bezug auf einige wenige, meist abstrakte Phänomene wie die industrielle ‚Weltproduktion' oder auf berechnete Werte, wie den Rückgang des Welthandelsvolumens um zwei Drittel zwischen 1929 und 1932 lässt sich feststellen, dass sie den Charakter ‚globaler Wirtschaftszahlen' annahmen.

Doch selbst der Etablierung solcher ‚globalen Wirtschaftszahlen' waren enge Grenzen gesetzt. Internationale Wirtschaftsstatistiken erhöhten die Vielfalt öffentlich kommunizierter Zahlensammlungen und steigerten damit im Zweifelsfall eine als problematisch, weil widersprüchlich wahrgenommene statistische Polyphonie. Denn sie bezogen sich nur auf einen kleinen Ausschnitt der ökonomischen Entwicklung in der ‚realen Welt' und konkurrierten mit sich teils auf die gleichen Phänomene beziehenden, aber oft abweichenden Daten einer wachsenden Zahl wirtschaftsstatistisch tätiger Einrichtungen und Autoren. Insbesondere die Veröffentlichungen des Berliner *Statistischen Reichsamts*, des dortigen *Instituts für Konjunkturforschung*, des Londoner *Board of Trade* und des US-amerikanischen Handelsministeriums waren in zahlreichen Ländern ebenso akzeptierte Informationsquellen zu grenz- und kontinentüberschreitenden ökonomischen Entwicklungen, wie jene des *Völkerbunds*. Des Weiteren scheinen – unabhängig von der Zugänglichkeit wirtschaftsstatistischer Publikationen – sprachliche und politisch-ideologische Präferenzen in manchen Fällen mitbestimmt zu haben, welche wirtschaftsstatistischen Publikationen Zeitgenossen nutzten. Vor allem aber bewirkten Umrechnungen, mit deren Hilfe Zahlen den jeweils adressierten Publika verständlich gemacht wurden, dass Angaben, die vermeintlich das gleiche Phänomen repräsentierten (etwa die ‚Weltproduktion' an Erdöl), teils deutlich voneinander abwichen.

Die globalisierende Wirkung internationaler Wirtschaftsstatistiken betraf deshalb eher andere Aspekte. Zwei davon wurden in dieser Arbeit beleuchtet: die diskursive Egalisierung aller Länder der Erde mit Folgen für die Wahrnehmung globaler Ungleichheiten und die Plausibilisierung der Existenz der einen ‚Weltwirtschaft'. Beide Aspekte zeigen, wie die entstehende Weltwirtschaftsstatistik nach dem Ersten Weltkrieg akademische, politische und öffentliche Debatten über internationale wirtschaftliche Probleme anregte und bereicherte, da sie Phänomene und Prozesse in bis dahin unbekannter Form beobachtbar und verhandelbar machte. Gleichzeitig wird deutlich, wie der politisch motivierte Ausbau und an staatlichen Grenzen orientierte Zuschnitt der wirtschaftsstatistischen Infrastruktur die Wahrnehmung globaler ökonomischer Zusammenhänge beeinflusste.

Um bestimmte Eigenschaften der in einer statistischen Tabelle zueinander in Beziehung gesetzten Einheiten miteinander vergleichen zu können – der Hauptzweck statistischer Erhebungen –, müssen diese Einheiten in mindestens einer Hinsicht gleichartig sein bzw. als gleichartig angenommen werden. In internationalen Wirtschaftsstatistiken bilden Länder diese Einheiten, die hinsichtlich jeweils interessierender ökonomischer Phänomene und Prozesse miteinander verglichen werden. Seit dem 19. Jahrhundert setzten Autoren internationaler Wirtschaftsstatistiken voraus, die von ihnen betrachteten Länder seien geographisch eindeutig begrenzte, staatlich in einer bestimmten Form organisierte Territorien, deren politische gleichzeitig wirtschaftlich relevante Grenzen darstellten. Alle Länder wurden in dieser Hinsicht als gleichartig imaginiert, auch wenn dies in vielen Fällen nicht mit realen Verhältnissen übereinstimmte. Denn diese Sicht auf die Welt übertrug nicht nur stillschweigend zeitgenössische europäische Ideale territorial gebundener Staatlichkeit und der inneren Homogenität von Staaten auf eine globale Ebene. Sie blendete auch die großen politischen Machtgefälle und Abhängigkeiten aus, die zwischen einzelnen Ländern bestanden und sie verschleierte tatsächliche oder vermeintliche ‚rassische', kulturelle und zivilisatorische Völkerhierarchien. Unterschiede zwischen den betrachteten Ländern erschienen ausschließlich als quantitative, grundsätzlich verminderbare Größen.

Diese Perspektive war zeitspezifisch, denn noch Ende des 18. Jahrhunderts hatten politisch abhängige Territorien Vertretern der vergleichenden Staatskunde wie dem Göttinger Historiker und Statistiker Johann Christoph Gatterer nicht als Länder gegolten, die in einer ‚Weltstatistik' betrachtet werden könnten. 80 Jahre später gehörten diese wie selbstverständlich zu den über 90 Ländern, die Otto Hübner in seiner Statistischen Tafel miteinander verglich. Allerdings bedeutete das nicht, dass deren politische, ‚rassische', kulturelle und zivilisatorische Unterschiede gänzlich unbeachtet bleiben mussten. Trotz der vorausgesetzten territorialen Gleichartigkeit der in internationalen Wirtschaftsstatistiken verglichenen Länder ließen sich diese Differenzen darstellerisch hervorheben. In Hübners Tafel wie auch in vielen anderen wirtschaftsstatistischen Ländervergleichen wurden politisch abhängige Territorien bis ins frühe 20. Jahrhundert den jeweiligen Kolonialmächten zugeordnet und entsprechend optisch akzentuiert. Zudem dominierten europäische Länder solche Tabellen fast immer in Hinsicht auf ihre Anzahl und sie standen oft an deren Spitze.

Das begann sich erst in den 1920er Jahren zu ändern, als die stringent alphabetische Gliederung aller betrachteten Länder und deren Anordnung in Ranglisten in immer mehr wirtschaftsstatistischen Ländervergleichen Verwendung fanden. Der *Völkerbund* kann auch in dieser Hinsicht als Pionier gelten. Dessen *Economic Intelligence Service* hatte in seinen frühen wirtschaftsstatistischen Publikationen die verglichenen Länder nach politischen Kriterien angeordnet. 1926 aber wechselte er sukzessive in allen seinen Tabellen zu egalitären alphabetischen oder Ranglisten-Darstellungen. Ohne dass dies in den herangezogenen Quellen thematisiert wurde, scheint dies ein Versuch der Genfer Beamten gewesen zu sein, dem Vorwurf des Eurozentrismus entgegenzutreten und dem selbst gesteckten globalen Anspruch gerecht zu werden.

Die diskursive Egalisierung aller in internationalen Wirtschaftsstatistiken betrachteten Länder konstituierte bereits im 19. Jahrhundert einen potentiell globalen ‚wirtschaftsstatistischen Zahlenraum' (D. Speich Chassé), in dem jene ‚öffentlichen Vergleichsdiskurse' stattfinden konnten, die bereits angesprochen wurden. Die Etablierung der Weltwirtschaftsstatistik ab dem Ersten Weltkrieg erweiterte, stabilisierte, differenzierte und dynamisierte diesen Zahlenraum. Dank ihrer häufigeren und regelmäßigeren Erscheinungsweise, dank ihrer wachsenden inhaltlichen und geographischen Breite und dank der zunehmenden Vergleichbarkeit landesbezogener Daten vermittelten wirtschaftsstatistische Ländervergleiche den Zeitgenossen ab den 1920er Jahren ein stabileres und gleichzeitig dynamischeres Bild von wirtschaftlichen Phänomenen und Prozessen in den einzelnen Ländern als vor dem Ersten Weltkrieg. Monatlich aktualisiert ließen sich mit ihrer Hilfe die Entwicklung von Außenhandel oder der Produktion bestimmter Güter ebenso fast in ‚Echtzeit' verfolgen, wie die Fluktuation von Preisen und Wechselkursverhältnissen.

Dauerhafte internationale Vergleiche dieser Phänomene und Prozesse waren dadurch in besserer und überzeugenderer Form möglich und fanden in zunehmenden Maße in Massenpresse, Parlamenten und zwischenstaatlichen politischen Verhandlungen statt. Dort dienten sie der Information, der Legitimation eigener Argumente und Entscheidungen sowie der Propaganda. Diese ‚Veralltäglichung' wirtschaftsstatistischer Ländervergleiche wurde nach dem Ersten Weltkrieg durch drucktechnische Innovationen befördert, die die Aufnahme grafischer Darstellungen statistischer Daten auch in der Massenpresse ermöglichten. Gleichzeitig sollten wirtschaftsstatistische Ländervergleiche dazu genutzt werden, kontroverse politische Entscheidungen auf internationaler Ebene zu ‚technisieren'. Das war allerdings nur bedingt möglich, wie der Blick auf die Versuche zeigt, die Kosten des *Völkerbunds* gerecht zu verteilen und die permanenten Sitze des *Governing Body* der ILO zu besetzen. Beides, die öffentliche Nutzung wirtschaftsstatistischer Ländervergleiche und deren Verwendung als vermeintliches Mittel der ‚Entpolitisierung' kontroverser Entscheidungen, erhöhte die politische Relevanz internationaler Wirtschaftsstatistiken und schuf, wie erläutert, neue Anreize für Regierungen, sich am Auf- und Ausbau der Weltwirtschaftsstatistik zu beteiligen.

Darüber hinaus bewirkte die ‚Veralltäglichung' wirtschaftsstatistischer Ländervergleiche nach dem Ersten Weltkrieg, dass auch die ihnen zugrundeliegende diskursive Egalisierung der betrachteten Länder normalisiert und popularisiert wurde. Diese Betrachtung der Welt als eine Ansammlung gleichartiger, politisch definierter Wirtschaftseinheiten, die in vielen Fällen politisch abhängige Territorien einschloss, widersprach der bestehenden, imperialen Weltordnung. Wenngleich letztere nicht dadurch ins Wanken geriet, dass Länder in statistischen Tabellen alphabetisch angeordnet waren, so trug die Normalisierung dieser Sichtweise doch langfristig dazu bei. Denn sie ebnete den Weg für eine Weltwahrnehmung, die sich nach dem Zweiten Weltkrieg weithin durchsetzte und den Globus als Summe formal gleichartiger Länder imaginierte, die sich in erster Linie hinsichtlich ihres sozioökonomischen Entwicklungsstandes voneinander unterschieden. Daniel Speich Chassé hat die Etablierung dieser Weltsicht auf die steile Karriere der volkswirtschaftlichen Gesamtrechnung nach dem Zweiten Weltkrieg sowie auf den politischen Nutzwert des mit ihr möglich und ‚normal' werdenden Vergleichs der ‚Wirtschaftsleistung' ganzer Länder zurückgeführt. Die vorstehenden Kapitel aber zeigen, dass der dafür notwendige ‚wirtschaftsstatistische Zahlenraum', in dem globale Ungleichheiten quantitativ ausgedrückt wurden und damit als grundsätzlich verminderbar erschienen, nicht in der Mitte des 20. Jahrhunderts entstand, sondern deutlich älter ist. Nur weil wirtschaftsstatistische Ländervergleiche samt der ihnen inhärenten diskursiven Egalisierung aller betrachteten Länder im politischen und massenmedialen Diskurs bereits seit langem alltäglich und normal waren, konnten politische Entscheidungsträger nach dem Zweiten Weltkrieg die konzeptionellen und methodischen Einwände problemlos beiseite wischen, die Experten gegen die Gleichsetzung und den Vergleich verschiedenartiger ‚Volkswirtschaften' vorbrachten.

Die quantitative Form internationaler Wirtschaftsstatistiken erlaubte nicht nur den Vergleich der von ihnen betrachteten Länder. Die einzelnen Zahlen ließen sich auch beinahe beliebig miteinander kombinieren, insbesondere summieren. ‚Welthandel', ‚Weltproduktion' und ‚Weltpreise' wurden auf diese Weise seit dem 19. Jahrhundert mithilfe von Daten internationaler Wirtschaftsstatistiken in der ‚statistischen Realität' konstruiert und zu wirkmächtigen Phänomenen. Die Weltwirtschaftsstatistik verlieh ihnen nach dem Ersten Weltkrieg eine neue Evidenz und

Überzeugungskraft. In ihrer Zusammenschau plausibilisierten sie zudem einer wachsenden Zahl von Zeitgenossen, dass es so etwas wie eine einheitliche ‚Weltwirtschaft' gäbe, die sich statistisch beschreiben, in ihrer Entwicklung dauerhaft beobachten sowie unter bestimmten Umständen sogar zentral steuern ließe. Diese Studie zeigt die wechselseitige Dynamik auf, die zwischen der entstehenden Weltwirtschaftsstatistik und der Plausibilisierung der einheitlichen ‚Weltwirtschaft' bestand.

Überall, wo vor dem Ersten Weltkrieg internationale Wirtschaftsstatistiken verfügbar waren und rezipiert wurden, äußerten sich Zeitgenossen zu grenz- und kontinentüberschreitenden wirtschaftlichen Zusammenhängen. Deren begriffliche Zusammenfassung zu einer als einheitlich gedachten ‚Weltwirtschaft' aber blieb auf den deutschsprachigen Raum begrenzt, was vermutlich mit der dortigen Dominanz der Historischen Schule der Nationalökonomie zusammenhing. Umso bemerkenswerter ist die rasche Übernahme entsprechender Begriffe in andere Sprachen nach dem Ersten Weltkrieg. Es liegt nahe, diese Beobachtung mit den kriegsbedingten Wirtschaftskrisen sowie der Weltwirtschaftskrise der frühen 1930er Jahre zu erklären, die viele Zeitgenossen als grenzüberschreitende und tendenziell globale Phänomene wahrnahmen. „Like family members and breathable air", schrieb Quinn Slobodian pointiert, „the world economy was discussed most when it was gone".[7] Die Frage nach den kausalen Zusammenhängen zwischen den Krisenwahrnehmungen und der begrifflichen Fassung der einheitlichen ‚Weltwirtschaft' ähnelt jedoch jener nach der Henne und dem Ei und wird wohl nie eindeutig zu beantworten sein. Dass die entstehende Weltwirtschaftsstatistik darin eine zentrale Rolle spielte, liegt gleichwohl auf der Hand.

Erst die Weltwirtschaftsstatistik ermöglichte die Beobachtung von Gleichzeitigkeit, Globalität und Dynamik der wahrgenommenen Krisenerscheinungen. Der Auf- und Ausbau der tendenziell globalen wirtschaftsstatistischen Infrastruktur ab dem Ersten Weltkrieg und die spätestens ab den 1930er Jahren zunehmende Verwendung international einheitlicher konzeptioneller und methodischer Standards bewirkten, dass die auf dieser Basis entstehenden Statistiken einer wachsenden Zahl von Zeitgenossen plausibel machten, bestimmte Phänomene und Prozesse besäßen einen ‚globalen' Charakter. Die häufiger und regelmäßig werdende sowie sich inhaltlich verbreiternde statistische Beobachtung von wirtschaftlich relevant und gleichartig erscheinenden Phänomenen in einer wachsenden Zahl von Ländern erweckte den Eindruck, ‚Welthandel', ‚Weltproduktion', ‚Weltpreise' und andere ‚Weltaspekte' seien real existierende Phänomene und Prozesse, die in ihrer Gesamtheit eine einheitliche ‚Weltwirtschaft' ausmachten. Gleichzeitig suggerierten

7 Slobodian: Globalists, S. 28.

die vergleichende Zusammenschau entsprechender Zahlen, deren Summierungen sowie deren grafische Darstellungen, dass grenzüberschreitende Entwicklungsdynamiken existierten, deren globale Reichweite mit dem weiteren Ausbau der wirtschaftsstatistischen Infrastruktur sichtbar werden würde. Der Genfer *Economic Intelligence Service* nahm dabei eine Pionierrolle ein. In bis dahin unbekannter Häufigkeit und Regelmäßigkeit sowie in präzedenzloser inhaltlicher wie geographischer Breite konnte er dank der von ihm geprägten Infrastruktur ab Mitte der 1920er Jahre Daten zu ‚Weltzahlen' zusammenfassen und aktualisieren, veröffentlichen und verbreiten. Allein blieb er damit freilich nicht nicht. In den 1930er Jahren wurden insbesondere die Arbeiten des Berliner *Instituts für Konjunkturforschung* gleich jenen des *Völkerbunds* international rezipiert.

Ökonomen und Statistiker blieben sich uneinig, wie eine solch verstandene ‚Weltwirtschaft' zu charakterisieren sei und ob sie überhaupt existierte. Mangels eindeutiger Eigenschaften ließ sie sich deshalb anders als der ‚Welthandel', die ‚Weltproduktion' oder ‚Weltpreise' nicht statistisch konstruieren und beobachten. Über die wenig originelle Einsicht hinaus, dass sich die wirtschaftliche Entwicklung in verschiedenen Ländern durch den grenzüberschreitenden Austausch von Gütern und Kapital, von Menschen und Ideen mehr oder weniger stark gegenseitig beeinflusste, gab es daher kaum Konsens darüber, wie die Konjunkturbewegungen zusammenhingen, die in einzelnen Ländern seit den 1920er Jahren in zunehmendem Maße statistisch beobachtet wurden. Die entstehende Weltwirtschaftsstatistik ließ einige Experten hoffen, es werde mit ihrer Hilfe möglich, ‚Weltkonjunkturen' sichtbar zu machen. Bis zum Zweiten Weltkrieg entspann sich eine akademische Diskussion darüber, inwiefern diese tatsächlich existierten und wie sie statistisch erfasst werden könnten. Angesichts der enormen Komplexität, die ein solches Unterfangen annehmen mußte, angesichts des geringen zeitgenössischen Konsenses über die Natur und den Verlauf von Konjunkturbewegungen und angesichts der wachsenden Skepsis, die einige Ökonomen gegenüber dem Erkenntniswert der empirischen Konjunkturforschung entwickelten, kamen diese Debatten über Anfänge nicht hinaus und alle Konjunkturstatistik blieb auf landesbezogene Beobachtungen angewiesen. Allein die inhaltliche und zeitliche Kongruenz von ökonomischen Entwicklungsprozessen in verschiedenen Ländern, die der Vergleich von Konjunkturbeobachtungen aufzeigte, deutete manchen Beobachtern zufolge darauf hin, dass es länderübergreifende Phänomene geben könnte.

Außerhalb der vergleichsweise kleinen Expertenrunden war die Suggestionskraft und die objektivierende Wirkung der international bis global aggregierten Zahlen gleichwohl so groß, dass die Zweifel von Fachleuten an der Evidenz der ‚Weltwirtschaft' nichts daran änderten, dass diese ab Mitte der 1920er Jahre zu einem Objekt politischer Debatten und öffentlicher Diskussionen wurde. Für die meisten Zeitgenossen spielte es keine Rolle, was mit ‚Weltwirtschaft' oder ‚Weltkonjunktur' konkret gemeint war; sie verwendeten diese und davon abgeleitete Begriffe oft unreflektiert und intuitiv für grenzüberschreitende wirtschaftliche Phänomene und Prozesse, die sie außerhalb der jeweils eigenen Landesgrenzen verorteten. Die zeitgenössische Wahrnehmung der Weltwirtschaftskrise als ein Bündel wirtschaftlicher Entwicklungen, die dank ihrer statistischen Beobachtung innerhalb kürzester Zeit in ähnlicher Weise (fast) überall auf der Welt sichtbar wurden, lässt sich ohne den Auf- und Ausbau der tendenziell globalen wirtschaftsstatistischen Infrastruktur schwer erklären. Die Dramatik fand Ausdruck in monatlich aktualisierten Tabellen, steil nach unten zeigenden Diagrammgrafen und ikonischen Darstellungen wie der eingangs gezeigten Spirale des im Monatsrhythmus schrumpfenden Welthandelsvolumens. Die von ihnen ermöglichte, permanente öffentliche Verhandlung des ‚Zerfalls in Zahlen' und des ‚Zusammenbruchs der Weltwirtschaft' war der Hintergrund, vor dem Politiker und Regierungen ihre Problemlösungsstrategien formulieren, umsetzen und legitimieren mussten. Das hatte es so zuvor bei keiner der ebenfalls als weltumspannend deklarierten Wirtschaftskrisen gegeben und verstärkte den bereits zeitgenössisch wahrgenommenen Zäsurcharakter der Großen Depression.

Die Etablierung und Entwicklung der internationalen Wirtschaftsstatistik und insbesondere ihrer Sonderform, der Weltwirtschaftsstatistik, war also ein paradox erscheinender Globalisierungsprozess. Die seit dem 19. Jahrhundert andauernde, vor allem aber ab dem Ersten Weltkrieg aus politischen Konkurrenzmotiven heraus intensivierte und beschleunigte globale Vernetzung von Statistikern, Ökonomen, Unternehmern und staatlichen Institutionen bereitete nicht nur den Weg für neue, bis heute prägende Sichtweisen auf die Welt. Sie ermöglichte es auch, dass globale Entflechtungsprozesse für die Zeitgenossen zu einem Politikum ersten Ranges wurden. Anders ausgedrückt: Erst die zunehmende, von Partikularinteressen getriebene *Globalisierungs*dynamik im materiellen Sinne ermöglichte die Beobachtung von *Deglobalisierungs*prozessen im reflexiven Sinne.

Im allgemeinen Sinne ist es zwar wenig überraschend, dass die jeweils zeitgenössische Wahrnehmung der Welt und deren materielle, institutionelle und personelle Ver- und Entflechtung voneinander abhängig waren und sind. Wenn es aber das Erkenntnisinteresse von Globalgeschichte ist, Entstehung und Wirkung ‚globaler Verbindungen' zu erklären und deren sich im Laufe der Zeit verändernde Relevanz aufzuzeigen, dann scheint ein Vorgehen wie in dieser Arbeit fruchtbar zu sein. Sich an konkreten Beispielen näher damit zu beschäftigen, unter welchen Umständen und wie genau sich Ver- und Entflechtungsprozesse einerseits und globales Bewusstsein der jeweiligen Zeitgenossen andererseits gegenseitig beeinflussten, erscheint angesichts der widersprüchlichen Entwicklungs- und Wirkungsgeschichte internationaler Wirtschaftsstatistiken als lohnenswertes Unterfangen. Globalisierungsprozesse ließen sich so angemessener, weil differenzierter periodisieren, ihre Eigendynamiken könnten in der Zusammenschau ihrer materiellen und reflexiven Dimension besser erklärt werden, die Inklusion und Exklusion bestimmter Akteure sowie die jeweiligen Motivationen der Beteiligten würden verständlicher werden, begünstigende und behindernde Umstände träten klarer hervor und die Ursachen sowie die intendierten und nicht-intendierten Folgen ‚globaler Verbindungen' könnten besser als bisher in kausale Beziehungen zueinander gesetzt werden.

Biographische Informationen zu zentralen Akteuren der internationalen Wirtschaftsstatistik im 19. und in der ersten Hälfte des 20. Jahrhunderts

Diese Übersicht enthält die Namen, Lebensdaten und wichtige berufliche Angaben von Statistikern, Ökonomen und Personen anderer Profession, die im 19. und in der ersten Hälfte des 20. Jahrhunderts an der Etablierung und Entwicklung internationaler Wirtschaftsstatistik beteiligt waren und in dieser Arbeit erwähnt werden. Beigefügt sind jeweils bibliographische Angaben zu weiteren Informationen. Ein Anspruch auf Vollständigkeit besteht nicht. Die Hinweise auf Mitgliedschaften im *Internationalen Statistischen Institut* entstammen überwiegend einer Broschüre der Organisation.[1]

Allen, Roy G.D. (1906–1983) Ökonom und Statistiker; 1934–1938 Assistant Lecturer, 1938 Lecturer, 1939 Reader und 1944–1973 Professor für Statistik, *London School of Economics*; 1945 Mitglied des *Sub-Committee on Banking Statistics* und des *Sub-Committee on Balance of Payments Statistics* des *Ausschusses Statistischer Sachverständiger* beim *Völkerbund*; ab 1948 Mitglied des ISI.

J.J. Thomas: Allen, Sir Roy George Douglas, in: Oxford Dictionary of National Biography, Oxford 2004 [https://doi.org/10.1093/ref:odnb/66808; 09.09.2019].

Anderson, Oskar (1887–1960) Statistiker und Ökonom; 1912 wirtschaftswissenschaftliche Promotion in St. Petersburg, 1918 statistische Habilitation in Kiew; 1924–1935 Professor für Nationalökonomie und Statistik an der Handelshochschule Varna (Bulgarien); 1935–1942 Leiter des *Statistischen Instituts für Wirtschaftsforschung* der Universität Sofia; 1942–1947 Professor für Statistik an der Universität Kiel; 1947–1956 Professor für Statistik an der LMU München; 1936–1938 Mitglied des *Sub-Committee on Indices of Industrial Production* des *Ausschusses Statistischer Sachverständiger* beim *Völkerbund*; ab 1937 Mitglied des ISI.

S[lawtscho] Sagoroff: Nachruf für Oskar Anderson, in: Metrika 3 (1960), S. 89–94; B. Herman Wold: Oskar Anderson, 1887–1960, in: Annals of Mathematical Statistics 32 (1961), S. 651–660.

1 Stemerdink, Gerrit J.: Members of the International Statistical Institute. A Cumulative List for the Period 1885–2002. A Publication to Celebrate 150 Years of International Statistical Congresses, Voorburg 2003 [https://www.isi-web.org/files/docs/members-of-the-isi-1885–2002.pdf; 07.10.2022].

https://doi.org/10.1515/9783111207124-013

Barboza-Carneiro, Julio A. (1891–1989) Ökonom und Diplomat; 1915–1919 Beamter im brasilianischen Landwirtschaftsministerium; 1919–1924 und 1926/27 Handelsattaché an der brasilianischen Botschaft in London; 1924–1926 Ständiger Vertreter Brasiliens beim *Völkerbund*; 1931/32 Mitarbeiter an der brasilianischen Botschaft in Berlin; 1936–1939 Direktor des brasilianischen *Conselho Federal de Comércio Exterior*; ab 1939 in verschiedenen leitenden Positionen des diplomatischen Dienst Brasiliens; 1920–1927 Mitglied der Wirtschaftskommission des *Völkerbunds*; 1920 Delegierter Brasiliens bei der Internationalen Finanzkonferenz, Brüssel; 1928 Delegierter Brasiliens bei der Internationalen wirtschaftsstatistischen Konferenz; ab 1931 Mitglied des ISI.

Guilherme Cintra: Brazil and League of Nations Economic and Financial Organization (1919–1930), masch. Diss. Universität Genf 2009, S. 22–24.

Barreto, Emilio G. (1909–2009) Ökonom; 1945 Berater, ab 1959 Direktor und ab 1969 Leiter der peruanischen *Banco Central de Reserva del Perú*; 1945 Mitglied des *Sub-Committee on Banking Statistics* und des *Sub-Committee on Balance of Payments Statistics* des *Ausschusses Statistischer Sachverständiger* beim *Völkerbund*; 1944 peruanischer Delegierter bei der *International Monetary and Financial Conference*, Bretton Woods.

Anonymus: Emilio Barreto. Muere ex presidente del BCR, in: Correo [Lima], 27.05.2009, S. 10; Banco Central de Reserva del Perú: Historial de autoridades del Perú desde 1922, o.O. o.J. [2018; www.bcrp.pe/docs/sobre-el-bcrp/historial-de-autoridades-del-banco.pdf; 12.04.2019]; Kurt Schuler / Mark Bernkopf: Who Was at Bretton Woods? New York 2014, S. 15.

Basch, Antonin (1896–1971) Ökonom; 1919–1923 Beamter im tschechoslowakischen Außenministerium; 1926–1933 Leiter der Forschungsabteilung der tschechoslowakischen Nationalbank; 1933–1939 leitende Positionen in der tschechoslowakischen Industrie; 1939/40 University of Chicago; 1941–1944 Columbia University, New York; 1944–1957 Chefvolkswirt der *International Bank for Reconstruction and Development*, Washington; Privatdozent für Politische Ökonomie, Karls-Universität Prag; 1945 Mitglied des *Sub-Committee on Banking Statistics* des *Ausschusses Statistischer Sachverständiger* beim *Völkerbund*; 1944 tschechoslowakischer Delegierter bei der *International Monetary and Financial Conference*, Bretton Woods.

Anonymus: Basch, Antonin, in: České biografie, Serie 3, B, Prag, 05.10.1936; Vlatislav Lacina: Basch, Antonín, 5.6.1896–18.3.1971, in: Biografický slovnik Českých Zemi [biography.hiu.cas.cz/Personal/index.php /BASCH-Antonin_5.6.1896–18.3.1971; 09.09.2019]; Schuler/Bernkopf: Who Was at Bretton Woods, S. 8.

Bateman, Alfred (1844 – 1929) Statistiker und Jurist; 1865 – 1903 Beamter des britischen *Board of Trade*; Experte für Außenhandelsstatistik; ab 1886 Mitglied, 1897–1907 Schatzmeister und ab 1913 Ehrenmitglied des ISI.

Anonymus: Sir Alfred Edmund Bateman, K.C.M.G., in: Journal of the Royal Statistical Society 92 (1929), S. 641 – 643; A[rthur] L. Bowley: Bateman, Sir Alfred Edmund, K.C.M.G. (1844 – 1929), in: Bulletin de l'Institut International de Statistique 24 (1930), Nr. 1, S. 355 – 356.

Blyth, Cecil D. (1907-?) Mitarbeiter des kanadischen *Dominion Bureau of Statistics*; 1945 Mitglied des *Sub-Committee on Balance of Payments Statistics des Ausschusses Statistischer Sachverständiger* beim *Völkerbund.*

Bodio, Luigi (1840 – 1920) Ökonom und Statistiker; 1872 – 1898 Sekretär der *Giunta Centrale di Statistica del Regno d'Italia*; 1898 – 1920 Präsident des *Consiglio Superiore di Statistica*; 1920 Vorsitzender der *International Statistical Commission* des *Völkerbunds*; ab 1885 Mitglied, 1885 – 1905 Generalsekretär und 1909 – 1920 Präsident des ISI.

[Albert] Delatour: Discours, in: Bulletin de l'Institut International de Statistique 21 (1924), Nr. 1, S. 26 – 39, hier S. 27 – 31; Prévost: A Total Science, S. 24 f.

Boldrini, Marcello (1890 – 1969) Statistiker; 1921/22 Mitarbeiter im *Economic Intelligence Service* und dort verantwortlich für die Redaktion des MBS; ab 1924 Professor für Statistik an den Universitäten Mailand, Messina, Padua und Rom; ab 1935 Mitglied und 1960 – 1963 Präsident des ISI.

A[lbino] Uggè: Marcello Boldrini 1890 – 1969, in: Revue de l'Institut International de Statistique 37 (1969), S. 335 – 343; Prévost: A Total Science, S. 71, 183, 276 (FN 11); Tollardo: Fascist Italy, S. 88, 95, 104.

Borght, Richard van der (1861 – 1926) Statistiker; 1884 – 1890 Syndikus der Handelskammer Aachen; 1890 – 1892 Syndikus der Handelskammer Köln; 1892 – 1904 Professor für Nationalökonomie an der Technischen Hochschule Aachen; 1904 – 1912 Präsident des *Kaiserlichen Statistischen Amts*; ab 1905 Mitglied des ISI.

Friedrich Zahn: Van der Borght Richard 1861 – 1926, in: Bulletin de l'Institut International de Statistique 23 (1928/29), Nr. 1, S. 327 – 330.

Brüschweiler, Carl (1878 – 1956) Statistiker; 1908 – 1924 Mitarbeiter des *Eidgenössischen Statistischen Bureaus*; 1924 – 1931 Leiter des Statistischen Amts der Stadt Zürich; 1931 – 1946 Leiter des *Eidgenössischen Statistischen Bureaus*; 1937 – 1939/46

Mitglied des *Ausschusses Statistischer Sachverständiger* beim *Völkerbund*; ab 1933 Mitglied des ISI.

A[lbert] Bruckner (Red.): Neue Schweizer Biographie, Basel 1938, S. 75–76; A. Koller: Carl Brüschweiler 1878–1956, in: Revue de l'Institut International de Statistique 24 (1956), S. 159–160.

Bullwinkle, Leonard A. (?-1973/74) Statistiker; während des Ersten Weltkriegs Mitarbeiter des britischen Schifffahrtsministeriums; 1922–1938 *Registrar-General and Statistician of Northern Ireland*; 1918/19 Mitarbeiter des ‚non-national' Statistikbüros des AMTC bzw. der *Shipping Section* des SEC.

Registrar General Northern Ireland: Annual Report 2011, Belfast 2012, S. 68; Journal of the Royal Statistical Society. Series A 137 (1974), S. 605.

Chapman, Agatha L. (1907–1963) Statistikerin und Ökonomin; 1940–1942 Mitarbeiterin der *Bank of Canada*; 1942–1947 Mitarbeiterin des kanadischen *Dominion Bureau of Statistics*; 1947–1949 Mitarbeiterin am *Department of Applied Economics*, Cambridge; 1945/46 Teilnehmerin an den Verhandlungen des *Sub-Committee on National Income Statistics* des *Ausschusses Statistisches Sachverständiger* beim *Völkerbund*.

Judith A. Alexander: Agatha Louisa Chapman (1907–639), in: Robert W. Dimand / Mary Ann Dimand / Evelyn L. Forget (Hrsg.): A Biographical Dictionary of Women Economists, Cheltenham 2000, S. 103–106.

Chapman, John H. (1886–1948) Statistiker; 1903–1921 Mitarbeiter des neuseeländischen Zollbehörde, wo er für die Handelsstatistik zuständig war; 1921–1946 Mitarbeiter im *Economic Intelligence Service* und dort verantwortlich für außenhandelsstatistische Fragen; 1946–1948 Mitarbeiter in der *Statistical Division* der *Vereinten Nationen*.

Auberer, Benjamin: „From the Australian Bush to the International Jungle". International Careers and the League of Nations, Vortragsmanuskript, Fifth Congress on World and Global History, Budapest, 31.08.-03.09.2017 (ich danke Benjamin Auberer dafür, sein unveröffentlichtes Referat lesen und zitieren zu können).

Chapman, Sydney J. (1871–1951) Ökonom; 1895–1898 Reader am Trinity College (Moral Science Tripos), University of Cambridge; 1899–1901 Lecturer für Ökonomie, University College, Cardiff; 1901–1919 Stanley Jevons Professor of Political Economy, Owens College, ab 1904 Victoria University of Manchester; 1915–1918 Forschungsarbeiten für das *Board of Trade*; 1919/20 Joint Permanent Secretary des *Board of*

Trade; 1920–1939 Permanent Secretary des *Board of Trade*; 1927–1932 *Chief Economic Adviser* der britischen Regierung; 1932–1939 Mitglied des *Import Duties Advisory Committee* der britischen Regierung; 1927–1932 Mitglied der Wirtschaftskommission des *Völkerbunds*; 1928 Vorsitzender des Agendakomitees zur Vorbereitung der Internationalen wirtschaftsstatistischen Konferenz; 1928 Delegierter Großbritanniens bei der Internationalen wirtschaftsstatistischen Konferenz; ab 1923 Mitglied des ISI.

Peter Groenewegen: The Minor Marshallians and Alfred Marshall. An Evaluation, London / New York 2012, S. 52–67; Keith Tribe: Chapman, Sir Sydney John (1871–1951), in: Oxford Dictionary of National Biography, Oxford 2004 [https://doi.org/10.1093/ref:odnb/32368; 29.01.2019].

Coats, Robert H. (1874–1960) Statistiker; 1915–1942 Dominion Statistician der kanadischen Regierung, Ottawa; 1920 Mitglied der *International Statistical Commission* des *Völkerbunds*; 1923 korrespondierendes Mitglied des *Preparatory Committee* des *Völkerbunds* und des ISI; 1931–1939/46 Mitglied des *Ausschusses Statistischer Sachverständiger* beim *Völkerbund*; ab 1924 Mitglied des ISI.

N[athan] Keyfitz / H[arold] F. Greenway: Robert Coats and the Organization of Statistics, in: Canadian Journal of Economics and Political Science 27 (1961), S. 313–322; Worton: Robert H. Coats.

Cohn, Einar (1885–1969) Ökonom und Statistiker; ab 1907 und 1936–1955 Mitarbeiter der Statistikabteilung des dänischen Finanzministeriums; 1909–1937 dänischer Delegierter beim *Internationalen Landwirtschaftsinstitut*, Rom; 1923–1936 statistischer Berater der dänischen Zentralbank; 1937–1939/46 Mitglied des *Ausschusses Statistischer Sachverständiger* beim *Völkerbund*; ab 1937 Mitglied des ISI.

Palle Birkelund: Danmarkshistoriens blå bog, Kopenhagen 1971, S. 77.

Crosara, Aldo (1899–1976) Jurist und Ökonom; 1922/23 Mitarbeiter im *Economic Intelligence Service* und dort verantwortlich für die Redaktion des MBS; ab 1923 Professor für Ökonomie an den Universitäten Padua und Perugia.

Tollardo: Fascist Italy, S. 89; Inventario Carte Adolfo Crosara. Biblioteca Civica Bertoliana, Vicenza, o.J. [www.bibliotecabertoliana.it/file/3140-Inventario_Carte_ Adolfo-Crosara.pdf; 09.09.2019].

Dana Durand, Edward (1871–1960) Ökonom und Statistiker; 1898–1899 Assistenzprofessor für Wirtschaftswissenschaften, Stanford University; ab 1900 verschiedene Funktionen innerhalb der US-amerikanischen Bundesverwaltung; 1909–1913 Direktor des *US Census Bureau*; 1913–1917 Professor für Wirtschaftswissenschaften, University of Minnesota; 1917–1919 Experte in der *US Food Administration*; 1919 – 1921 Berater der polnischen Regierung; ab 1921 Mitarbeiter im US-amerikanischen Handelsministerium; 1924 – 1929 Leiter der Statistikabteilung des *Bureau of Foreign and Domestic Commerce* des US-amerikanischen Handelsministeriums; 1929/30 Statistischer Berater des US-Handelsministers; 1930 – 1935 Chefökonom der US *Tariff Commission*; 1935 – 1952 Mitglied der US *Tariff Commission*; 1931 – 1939/46 Mitglied des *Ausschusses Statistischer Sachverständiger* beim *Völkerbund*; 1928 Delegierter der USA bei der Internationalen wirtschaftsstatistischen Konferenz; ab 1910 Mitglied des ISI.

K[arl] Pribram: Edward Dana Durand (1871–1960), in: Revue de l'Institut International de Statistique 28 (1960), S. 118 – 120.

Davis, Joseph S. (1885 – 1975) Ökonom; 1913 – 1921 Lecturer in Economics, Harvard University; 1921 – 1952 Direktor des *Food Research Institute*, Stanford University; 1918 Mitarbeiter der Statistikabteilung des US-amerikanischen Departments des AMTC; 1918/19 Leiter des ‚non-national' Statistikbüros des AMTC bzw. der *Shipping Section* des SEC; ab 1939 Mitglied des ISI.

Anonymus: In Memoriam: Joseph Stancliffe Davis 1885 – 1975, in: Food Research Institute Studies 14 (1975), S. 183 – 185; Saul Engelbourg: Joseph S. Davis. „The Evolution of one Economist's Work", in: History of Political Economy 12 (1980), S. 243 – 266.

Delatour, Albert (1858 – 1938) Ökonom; ab 1879 Beamter im französischen Finanzministerium; ab 1895 ‚Conseiller d'État en service extraordinaire'; 1920 Mitglied der *International Statistical Commission* des *Völkerbunds*; 1923 – 1926 Mitglied und 1923 Vorsitzender des *Preparatory Committee* des *Völkerbunds* und des ISI; 1919 Teilnehmer der Internationalen Statistikkonferenz des *Völkerbunds* in London; ab 1891 Mitglied des ISI; 1913 – 1923 Vizepräsident, 1920 – 1923 amtierender Präsident, 1923 – 1931 Präsident und ab 1931 Ehrenpräsident des ISI.

Anonymus: Albert Delatour 1858 – 1938, in: Journal of the Royal Statistical Society 101 (1938), S. 652; Michel Huber: Albert Delatour (1858 – 1938), in: Bulletin de l'Institut International de Statistique 30 (1938/45), Nr. 1, S. 107 – 110

Derksen, Johannes B.D. (1908 – 1992) Statistiker; 1935 – 1947 Mitarbeiter des *Centraal Bureau voor de Statistiek*, Den Haag, verantwortlich für die Volkseinkommensrechnung; 1938 – 1940 Dozent für Statistik, Universität Leiden; 1945 – 1947 Associate Professor für Statistik, Universität Rotterdam; 1947 – 1957 Leiter der Abteilung für Volkseinkommens- und Finanzstatistik im Generalsekretariat der *Vereinten Nationen*, New York; 1950 Berater der brasilianischen und 1950/51 der indischen Regierung; 1957–1973 Leiter der Abteilung für statistische Analyse im *Centraal Bureau voor de Statistiek*, Den Haag; 1945/46 Mitglied des *Sub-Committee on National Income Statistics* des *Ausschusses Statistisches Sachverständiger* beim *Völkerbund*; ab 1948 Mitglied des ISI.

Christian E. Burckel (Hrsg.): Who's Who in the United Nations. The Authoritative, Illustrated, Biographical Dictionary of Key Persons Associated With the United Nations, New York 1951, S. 118; Anonymus: Biographical Directory of Members of the Econometric Society, in: Econometrica 25 (1957), Nr. 5, S. 19–185, hier: S. 52; Nationaal Archief: Inventaris van het archief van het Centraal Bureau voor de Statistiek, (1882) 1899–1950, Amsterdam o. J. [www.gahetna.nl/archievenoverzicht/pdf/NL-HaNA_2.06.118. ead.pdf; 25. 04. 2019], S. 36.

Dominguez, Loreto M. (1915-?) Statistiker und Ökonom; ab 1938 Postgraduiertenstudium an der Harvard University; vor 1944 Mitarbeiter der argentinischen Zentralbank; ab 1944 Mitarbeiter des *Inter-American Statistical Institute*; 1948 Mitarbeiter einer privaten (?) argentinischen Im- und Exportfirma; in den 1960er Jahren Mitarbeiter der Weltbank; 1945 Mitglied des *Sub-Committee on Balance of Payments Statistics* des *Ausschusses Statistischer Sachverständiger* beim *Völkerbund*.

Personalidades de la Argentina. Diccionario biográfico contemporaneo, Buenos Aires [3]1948; Anonymus: International Bank for Reconstruction and Development. Economic Development Institute, in: International Social Science Journal 18 (1966), S. 434–436, hier: S. 435.

Dore, Valentino (1886–1948) Statistiker; ab 1909 Mitarbeiter und 1923–1946 Leiter der statistischen Abteilung des *Internationalen Landwirtschaftsinstituts*, Rom; 1947/48 Berater der *Food and Agriculture Organisation* der *Vereinten Nationen*; 1928 Mitglied des Agendakomitees für die Vorbereitung der Internationalen wirtschaftsstatistischen Konferenz; 1928 Vertreter des IIA bei der Internationalen wirtschaftsstatistischen Konferenz; 1931–1939/46 Vertreter des IIA im *Ausschuss Statistischer Sachverständiger* beim *Völkerbund*; ab 1932 Mitglied des ISI.

Anonymus: *I*n Memoriam, in: Yearbook of Food and Agricultural Statistics 2 (1948), Part I: Production, S. IV; C[orrado] Gini: Valentino Dore (1886–1948), in: Bulletin de l'Institut International de Statistique 32 (1952), Nr. 1, S. 183; Ribi Forclaz: Agriculture, S. 55; Bemmann: Das Chaos beseitigen.

Dupriez, Léon H. (1901–1986) Ökonom; 1925–1928 Mitarbeiter der belgischen Zentralbank; 1928 Mitbegründer des *Institut de recherche économique de l'Université catholique* in Löwen; 1930–1972 Professor für Wirtschaftswissenschaften an der Universität Löwen; 1945 Mitglied des *Sub-Committee on Banking Statistics* und des *Sub-Committee on Balance of Payments Statistics* des *Ausschusses Statistischer Sachverständiger* beim *Völkerbund*; ab 1937 Mitglied des ISI.

Philippe de Woot: Dupriez, Léon, in: Nouvelle biographie nationale, Bd. 5, Brüssel 1999, S. 140–143.

Dvořáček, Jan (1887–1956) Ingenieur, Diplomat und Politiker; 1918–1922 Mitarbeiter des tschechoslowakischen Handelsministeriums; 1922–1925 Leiter der volkswirtschaftlichen Abteilung des tschechoslowakischen Außenministeriums; 1926–1945 Mitarbeiter und Abteilungsleiter in der *Živnostenská banka*, Prag; nach 1945 in die Handelsdiplomatie der Tschechoslowakei mit der Sowjetunion involviert; 1922 Mitglied der Wirtschaftskommission des *Völkerbunds*; 1922/23 Mitglied des Statistischen Unterkomitees der Wirtschaftskommission des *Völkerbunds*.

Josef Justh: Köpfe der Politik, Wirtschaft, Kunst und Wissenschaft in Europa, Bd. 1: Tschechoslowakei, Wien 1936; Josef Tomeš / Alena Léblová: Československý biografický slovnik, Prag 1992.

Elderton, William Palin (1877–1962) Statistiker; 1917–1920 statistischer Berater des britischen Schifffahrtsministeriums; 1918 Mitglied des *Statistical Sub-Committee* des AMTC.

E[gon] S. Pearson: William Palin Elderton, 1877–1962, in: Biometrika 49 (1962), S. 297–303.

Elola, José de (1859–1933) Schriftsteller und Beamter; 1920 Leiter des *Instituto Geográfico y Estadístico*, Madrid; 1920 Mitglied der *International Statistical Commission* des *Völkerbunds*.

Federico Carlos Sainz de Robles: Ensayo de un Diccionario de la Literatura, Bd. 2: Escritores Españoles e Hispanoamericanos, Madrid [2]1953, S. 328.

Etlinger, Dorothy P. (1886–1984/85) Statistikerin; während des Ersten Weltkriegs Mitarbeiterin des britischen *Ministry of Munitions*; 1920–1940 Mitarbeiterin des *Economic Intelligence Service*, Leiterin des Außenbüros London; ab 1919 Fellow der *Royal Statistical Society*.

Personalakte im LoNA; Journal of the Royal Statistical Society. Series A 148 (1985), S. 372.

Falkner-Smit, Marija N. (1878–1968) Ökonomin und Statistikerin; 1918–1920 Abteilungsleiterin im *Obersten Volkswirtschaftsrat* der bolschewistischen Regierung; 1921–1925 Professorin für Wirtschaftswissenschaften am *Moskovskij kommerčeskij institut* (ab 1924 ‚Plechanov-Institut'); Mitglied der *Sozialistischen/Kommunistischen Akademie*; Mitarbeiterin an der staatlichen Planbehörde *Gosplan* und am Institut für Wirtschaftswissenschaften der sowjetischen Akademie der Wissenschaften; ab 1926 Mitglied des Aufsichtsgremiums der sowjetischen Zentralverwaltung für Statistik (*Central'noe Statističeskoe Upravlenie*); 1928 Delegierte der Sowjetunion bei der Internationalen wirtschaftsstatistischen Konferenz.

Mespoulet: Statistique, S. 292–295; Blum/Mespoulet: L'anarchie, S. 98, 208, 214; Laurent Maziak: The Beginnings of the Soviet Encyclopedia. Utopia and Misery of Mathematics in the Political Turmoil of the 1920s, in: Centaurus 60 (2018), S. 25–51, hier S. 42–44.

Felkin, Arthur Elliot (1899–1968) Ökonom und Diplomat; 1921–1922 Persönlicher Sekretär von Arthur Salter in der alliierten Reparationskommission; 1923–1938 Mitarbeiter der *Economic and Financial Section* bzw. der *Financial Section and Economic Intelligence Service* des Sekretariats des *Völkerbunds*; teilweise Mitarbeit an den wirtschaftsstatistischen Publikationen des *Economic Intelligence Service*; 1938–1946 Leiter des Sekretariats des *Central Opium Boards* mit Sitz im Sekretariat des *Völkerbunds*.

The Papers of Arthur Elliot Felkin, King's College, University of Cambridge [https://janus.lib.cam.ac.uk/db/node.xsp?id=EAD/GBR/0272/PP/AEF; 09.09.2019]; Official Journal of the League of Nations, verschiedene Ausgaben.

Field, James A. (1880–1927) Ökonom; 1908–1918 Dozent, ab 1918 Professor für Wirtschaftswissenschaften an der University of Chicago; 1918 Leiter der Statistikabteilung im US-amerikanischen Departments des AMTC; Mitglied des *Statistical Sub-Committee* des AMTC.

Helen Fisher Hohman: James Alfred Field, in: Dies. (Hrsg.): Essays on Population, and other Papers, by James Alfred Field, together with Material from his Notes and Lectures, Chicago 1931, S. XIX-XXVIII.

Findlay Shirras, George (1885–1955) Ökonom; 1909–1914 Professor für Wirtschaftswissenschaften am *Dacca College*; 1914–1921 *Director of Statistics* des *Government of India*, Kalkutta; 1921–1926 Leiter des *Labour Office* des Government of Bombay; 1926–1939 Professor für Wirtschaftswissenschaften am *Gujarat College*, Ahmedabad; 1940–1945 Professor für Wirtschaftswissenschaften an der University of Exeter; 1946 Beamter der britischen Besatzungsverwaltung in Deutschland; 1923 korrespondierendes Mitglied des *Preparatory Committee* des *Völkerbunds* und des ISI; ab 1924 Mitglied des ISI.

John F. Riddick: Who Was Who in British India, Westport / London 1998, S. 329 f.; J[ames] W. Nixon: George Findlay Shirras, in: Journal of the Royal Statistical Society, Series A 118 (1955), S. 499–500.

Flux, Alfred W. (1867–1942) Ökonom und Statistiker; 1889–1893 Fellow des *St John's College*, University of Cambridge; 1893–1901 Cobden Lecturer in Political Economy, ab 1898 Stanley Jevons Professor of Political Economy, Owens College, Manchester; 1901–1908 William Dow Professor of Political Economy, McGill University, Montreal, Kanada; 1908–1911 Statistischer Berater des ersten Industriezensus im *Board of Trade*, London; ab 1911 Direktor des Industriezensus im *Board of Trade*; 1918–1932 Assistant Secretary und Leiter der Statistikabteilung des *Board of Trade*; 1919/20 Mitglied der Statistikkommission des SEC; 1920 Mitglied der *International Statistical Commission* des *Völkerbunds*; 1923–1926 Mitglied des *Preparatory Committee* des *Völkerbunds* und des ISI; 1928 Mitglied des Agendakomitees des *Völkerbunds* zur Vorbereitung der Internationalen wirtschaftsstatistischen Konferenz; 1931–1939 Mitglied und 1931–1936 Vorsitzender des *Ausschusses Statistischer Sachverständiger* beim *Völkerbund*; 1919 Teilnehmer der Internationalen Statistikkonferenz des *Völkerbunds* in London; 1928 Delegierter Großbritanniens bei der Internationalen wirtschaftsstatistischen Konferenz; 1900/01 Präsident der *Manchester Statistical Society*; ab 1893 Fellow, 1910–1928 Honorary Secretary und 1928–1930 President der *Royal Statistical Society*; ab 1923 Mitglied des ISI.

S[ydney] J. Chapman: Obituary. Sir Alfred Flux, in: The Economic Journal 52 (1942), S. 400–403; Henry Clay / John K. Whitaker: Flux, Sir Alfred William (1867–1942), in: Oxford Dictionary of National Biography, Oxford 2004 [https://doi.org/10.1093/ref:odnb/33186; 02.03.2018]; Groenewegen: The Minor Marshallians, S. 23–47; H[ector] L[eak]: Obituary. Sir Alfred William Flux, C.B., in: Journal of the Royal Statistical Society 105 (1942), S. 144–147.

Frumkin, Grzegorz (1895–1981) Statistiker und Demograph; 1919–1921 Mitarbeiter der *League of Red Cross Societies*, Genf; 1921–1946 Mitarbeiter im *Economic Intelligence Service* und dort verantwortlich für die Redaktion des *International Statistical Yearbook*; 1940–1945 Vertreter Lovedays im Genfer Völkerbundsekretariat; ab 1946 Berater für die *Vereinten Nationen* und Publizist.

Stephen Taylor: Who's Who in Central and East Central Europe 1933/34, Zürich 1935; Condliffe: Preface; www.lonsea.de/pub/person/8656 [23.06.2018]; schriftliche Informationen von Lukas Cladders, *Institut für Geschichte der Medizin und Ethik in der Medizin*, Charité, Berlin.

Fürst, Gerhard (1897–1988) Statistiker; 1923–1930 Mitarbeiter des deutschen *Statistischen Reichsamts*; 1930–1939 Mitarbeiter im *Economic Intelligence Service* und dort ab 1932 verantwortlich für die Redaktion des MBS sowie ab 1935/36 für die Redaktion des Jahrbuchs *International Trade in Certain Raw Materials and Foodstuffs by Countries of Origin and Consumption*; 1931–1939 Sekretär des *Ausschusses Statistischer Sachverständiger* beim *Völkerbund*; 1939/40 Mitarbeiter des deutschen Generalkonsulats in Genf; 1940–1945 Mitarbeiter der volkswirtschaftlichen Abteilung der IG Farben; 1945–1948 Leiter des Statistischen Landesamts Hessen; 1948–1964 Präsident des deutschen *Statistischen Bundesamts*; ab 1948 Mitglied und 1960–1964 Vizepräsident des ISI.

Bartels: Gerhard Fürst.

Giannini, Francesco (1886-?) Jurist, Diplomat und Wirtschaftsberater der italienischen Regierung; ab 1917 Mitarbeiter der italienischen Botschaft in London; 1918/19 italienischer Delegierter in mehreren interalliierten Gremien, unter anderem dem SEC; spielte 1922 eine zentrale Rolle bei der Vorbereitung der Konferenz von Genua und bei der Annäherung zwischen Deutschland und Sowjetrussland; 1919/20 Mitglied der Statistikkommission des SEC.

Gennaro Vaccaro: Panorama biografico degli italiani d'oggi, Bd. 1, Rom 1956, S. 360; Eva Ingeborg Fleischhauer: Rathenau in Rapallo. Eine notwendige Korrektur des Forschungsstandes, in: Vierteljahrshefte für Zeitgeschichte 54 (2006), S. 365–415.

Gini, Corrado (1884–1965) Sozialwissenschaftler und Statistiker; 1910–1913 Professor für Statistik an der Universität Cagliari; 1913–1925 Professor für Statistik an der Universität Padua; 1925–1955 Professor für Statistik an der Universität Rom; 1910 Mitglied des *Consiglio Superiore di Statistica* der italienischen Regierung; 1926–1932 Präsident des neu gegründeten *Istituto Centrale di Statistica*, Rom; 1941–1965 Präsident der *Società Italiana de Statistica*; 1920 Gründer der internationalen Zeitschrift *Metron*; 1918 Mitglied des *Inter-Allied Scientific Food Council*; 1928 Mitglied des Agendakomitees des *Völkerbunds* zur Vorbereitung der Internationalen wirtschaftsstatistischen Konferenz; 1931–1939/46 Mitglied des *Ausschusses Statistischer Sachverständiger* beim *Völkerbund*; 1928 Delegierter Italiens bei der Internationalen wirtschaftsstatistischen Konferenz; ab 1923 Mitglied des ISI.

Prévost: A Total Science, S. 104–120; Prévost: Statistics, Expertise and Politics.

Glesinger, Egon (1907–1979) Jurist, Statistiker und Funktionär; 1933–1939 Leiter der statistischen Abteilung sowie 1934–1946 Generalsekretär des *Comité International du Bois*; 1935–1939 Generalsekretär der *European Timber Exporter's Convention*; 1943/44 Mitglied des Gremiums von Forstexperten, das die forst- und holzwirtschaftliche Arbeit der *Food and Agricultural Organisation* der *Vereinten Nationen* (FAO) plante; 1945–1969 leitender Mitarbeiter in der und 1959–1963 Leiter der forst- und holzwirtschaftlichen Abteilung der FAO; ab 1970 Mitarbeit im Stockholmer Friedensforschungsinstitut SIPRI; 1935–1938 außerordentliches Mitglied des

Sub-Committee on Timber Statistics des *Ausschusses Statistischer Sachverständiger* beim *Völkerbund*.

Bemmann: Das Chaos beseitigen; Bemmann: Cartels, Grossraumwirtschaft, and Statistical Knowledge. The Comité International du Bois, the Centre International du Sylviculture and the Challenge to Govern Europe's Forest Resources in the 1930s and 1940s, in: Liesbeth van de Grift / Amalia Ribi Forclaz (Hrsg.): Governing the Rural in Interwar Europe, New York / London 2017, S. 233–258; Gunnar Myrdal: In Memoriam: Egon Glesinger's Contribution to International Forestry and FAO, in: Unasylva 30 (1978), Nr. 122, S. 39–40.

Grävell, Walther (1891-?) Statistiker; 1919 Mitarbeiter des *Sächsischen Statistischen Landesamts*, Dresden; 1920–1924 Mitarbeiter des *Statistischen Reichsamts*; 1924–1926 Mitarbeiter in der Reichskanzlei; 1926/27 Generalsekretär des *Ausschusses zur Untersuchung der Erzeugungs- und Absatzbedingungen der deutschen Wirtschaft* des *Reichstags*; 1927–1929 Reorganisator der amtlichen Statistik Chiles; 1929/30 Mitarbeiter in der Reichskanzlei; 1930–1945 Leiter der Abteilung Außenhandels- und Verkehrsstatistik im *Statistischen Reichsamt*; 1939 Leiter der Geschäftsstelle des *Statistischen Zentralausschusses*; 1950–1956 Mitarbeiter im Statistischen Landesamt Rheinland-Pfalz; zusammen mit Ernst Würzburger Bearbeiter und Herausgeber der ersten Ausgabe von *Otto Hübner's Geographisch-Statistischen Tabellen* nach dem Ersten Weltkrieg; 1931–1933 außerordentliches Mitglied des *Sub-Committee on Classification of Commodities* des *Ausschusses Statistischer Sachverständiger* beim *Völkerbund*.

Anonymus: Walther Grävell 65 Jahre alt, in: Allgemeines Statistisches Archiv 40 (1956), S. 176; Walter Nellessen: Walther Grävell, in: Allgemeines Statistisches Archiv 46 (1962), S. 81–83; Tooze: Statistics, S. 232–282.

Hanošek, Bohumír (1883–1942) Jurist und Statistiker; 1919–1924 Leiter der außenhandelsstatistischen Abteilung des zentralen statistischen Amts der Tschechoslowakei (*Státní Úřad Statistický*); ab 1925 Abteilungsleiter im tschechoslowakischen Landwirtschaftsministerium; 1922 Mitglied der *Mixed Commission* des *Völkerbunds* und des ISI; 1923–1926 Mitglied des *Preparatory Committee* des *Völkerbunds* und des ISI; 1923–1937 Mitglied des ISI.

Miroslava Menšikova: JUDr. Bohumír Hanošek, in: Internetová Encyklopedie Dějin Brna, 31.03.2018 [https://encyklopedie.brna.cz/home-mmb/?acc=profil_osobnosti&load=20820#top; 19.03.2019]; Prokop Závodsky / Ondřej Šimpach: The Development of Statistics in the First Decade of Czechoslovak Republic, in: Tomáš Löster / Tomáš Pavelka (Hrsg.): The 11th International Days of Statistics and Economics. Conference Proceedings, Prague, September 14–16, 2017, o.O. 2017, S. 1903–1913, hier S. 1906; Bulletin de l'Institut International de Statistique 29 (1937/38), Nr. 1, S. 258.

Hilgerdt, Folke (1894 - 1956) Ökonom; 1914–1926 Mitarbeiter der schwedischen Regierung; 1927–1946 Mitarbeiter des *Economic Intelligence Service* und dort zuständig für handelsstatistische Publikationen, insbesondere das *Review of World Trade*; ab 1946 leitender Mitarbeiter im *Department of Economic Affairs* des Sekretariats der *Vereinten Nationen*, New York.

Burckel: Who's Who, S. 200; Anonymus: Folke Hilgerdt, 61, Ex-U.N. Economist, in: New York Times, 17.07.1956.

Huber, Michel (1875 - 1947) Statistiker; ab 1900 Mitarbeiter und 1919/20–1936 Leiter der *Statistique générale de la France*; 1912–1936 Herausgeber des *Bulletin de la Statistique Générale de la France*; 1923–1944 Professuren für Demographie und Statistik am sowie 1933–1942 Forschungsleiter des *Institut de Statistique* der Universität Paris (Sorbonne); 1928 Mitglied des Agendakomitees zur Vorbereitung der Internationalen wirtschaftsstatistischen Konferenz; 1931–1939 Mitglied und 1937–1939 Vorsitzender des *Ausschusses Statistischer Sachverständiger* beim *Völkerbund*; 1928 Delegierter Frankreichs bei der Internationalen wirtschaftsstatistischen Konferenz; ab 1910 Mitglied, 1931–1936 Vizepräsident und ab 1937 Ehrenmitglied des ISI; ab 1933 Mitherausgeber der *Revue de l'Institut International de Statistique.*

A[lfred] Sauvy: Michel Huber, in: Journal de la Société de Statistique de Paris 88 (1947), S. 392–394; J[ames] W. N[ixon]: Michel Huber, in: Journal of the Royal Statistical Society 110 (1947), S. 85–86.

Hübner, Otto (1818 - 1877) Kaufmann, Journalist und Politiker; in den 1830er Jahren als Kaufmann und Journalist in London tätig; in den 1840er Jahren Generalagent der *Dampfschifffahrtsgesellschaft des Österreichischen Lloyd*, Triest; in den 1840er und 1850er breite publizistische Tätigkeit mit einem Fokus auf Fragen des Freihandels und liberale politische Positionen; 1847 Mitbegründer des *Vereins für Deutsche Statistik*; 1862 Gründer der *Preußischen Hypothekenversicherungs-Gesellschaft*; 1851–1877 Autor und Herausgeber von *Hübner's Statistischer Tafel aller Länder der Erde*; 1852–1863 Herausgeber und Redakteur des *Jahrbuchs für Volkswirthschaft und Statistik*; 1852 Gründer des von ihm geleiteten (internationalen) *Statistischen Central-Archivs* in Berlin; 1853–1872 Teilnehmer der *Internationalen Statistischen Kongresse*; Mitglied zahlreicher statistischer Vereine in mehreren Ländern Europas.

Inama [von Sternegg]: Hübner; Anonymus: Der dritte internationale statistische Kongreß, S. 59; Artikel Hübner, Otto, in: H. J. Meyer: Neues Konversations-Lexikon für alle Stände, Bd. 8: Grossenhain – Hysterion proteron, Hildburghausen / New York 1858, S. 1138; Artikel Hubner (Frédéric-Othon), in: G[ustave] Vapereau: Dictionnaire universel des contemporains, 3. überarbeitete und erweiterte Auflage, Paris 1865, S. 911–912.

Isbister, Claude M. (1914 – 1996) Ökonom, Beamter und Politiker; 1945 Abteilungsleiter im kanadischen *Dominion Bureau of Statistics*, zuständig für die volkswirtschaftliche Gesamtrechnung; bis in die 1960er Jahre leitende Positionen in verschiedenen Ministerien der kanadischen Regierung; 1970 – 1975 Mitglied des *Board of Directors* der *International Bank for Reconstruction and Development*; 1945/46 Mitglied des *Sub-Committee on National Income Statistics* des *Ausschusses Statistisches Sachverständiger* beim *Völkerbund*.

Sarah Ramsden / Gordon Goldsborough: Memorable Manitobans: Claude Malcolm Isbister (1914–1996), o.O. 2015 [www.mhs.mb.ca/docs/people/isbister_c.shtml [10.09.2019]; Worton: The Dominion Bureau of Statistics, S. 209.

Jacobsson, Per (1894 – 1963) Ökonom; 1917 Mitbegründer eines ökonomischen Debattierklubs in Stockholm, an dem u. a. auch Gustav Cassel, Eli Heckscher, Knut Wicksell und Bertil Ohlin teilhatten; 1918 – 1920 Mitarbeiter im schwedischen Finanzministerium, Dozent für Forstökonomie und Statistik an der Stockholmer Forsthochschule sowie Redakteur der *Svensk Handelstidning*; 1920 – 1928 Mitarbeiter des *Economic Intelligence Service* und dort vor allem zuständig für Fragen öffentlicher Finanzen; 1929/30 Generalsekretär der schwedischen *Rikskommissionen för ekonomisk försvarsberedskap* (*Economic Defence Commission*); 1930/31 Finanzexperte in Ivar Kreugers Konzern *Kreuger & Toll AB*; 1931 – 1956 Abteilungsleiter für Wirtschafts- und Geldpolitik der *Bank for International Settlements*, Basel; 1956 – 1963 Managing Director des *Internationalen Währungsfonds*.

Jacobsson: A Life.

Jacquart, Camille (1867 – 1931) Journalist, Statistiker und Sozialwissenschaftler; 1889 – 1898 Redakteur der Zeitschrift *XXe Siècle*; ab 1898 Mitarbeiter des belgischen Innenministeriums in verschiedenen Funktionen, ab 1919 als Generaldirektor und ab 1929 als Generalsekretär; ab 1902 Professor für Statistik und Handelsrecht an der *École superieur commerciale et consulaire*, Mons; ab 1920 Professor für Statistik an der *École sociale normale catholique*, Brüssel; 1926 – 1929 statistischer Berater der türkischen Regierung sowie 1928/29 erster Leiter des türkischen statistischen Amts; 1920 ‚Comité Directeur' des *Internationalen Handelsstatistischen Büros*, Brüssel; 1920 Mitglied der *International Statistical Commission* des *Völkerbunds*; ab 1923 Mitglied des ISI.

Alphonse Dufrasne: Jacquart (Camille-Lucien), in: L'Academie royale des sciences, des lettres et des beaux-arts de Belgique: Biographie nationale, Bd. 39, Brüssel 1976, Sp. 471–477; Edm[ond] Lesoir: Camille Jacquart (1867–1931), in: Bulletin de l'Institut International de Statistique 25 (1931/32), Nr. 1, S. 266 – 270; Dogan: L'étatisation turque; Yildirim: Belçikalı.

Jahn, Gunnar (1883 – 1971) Ökonom, Statistiker und Politiker; ab 1910 Mitarbeiter im *Statistike Centralbyrå*, Oslo; 1920 – 1945 Leiter des *Statistike Centralbyrå*, Oslo; 1934/35 norwegischer Finanzminister; 1946 – 1954 Chef der norwegischen Zentralbank; ab 1938 Mitglied, 1942 – 1966 Vorsitzender des norwegischen Nobelkomitees; 1928 – 1930 und 1936/37 Mitglied der Wirtschaftskommission des *Völkerbunds*; 1928 Mitglied des Agendakomitees des *Völkerbunds* zur Vorbereitung der Internationalen wirtschaftsstatistischen Konferenz; 1931– 1939/46 Mitglied des *Ausschusses Statistischer Sachverständiger* beim *Völkerbund*; 1946 Mitglied der *Nuclear Statistical Commission* der *Vereinten Nationen*; 1946 – 1950 Mitglied der *Statistical Commission* der *Vereinten Nationen*; 1927 Teilnehmer der Weltwirtschaftskonferenz in Genf; 1928 Delegierter Norwegens bei der Internationalen wirtschaftsstatistischen Konferenz; ab 1923 Mitglied, ab 1935 Ehrenmitglied des ISI.

Preben Munthe: Gunnar Jahn, in: Norsk Biografisk Leksikon, online, 13.02.2009 [https://nbl.snl.no/Gunnar_Jahn; 28.01.2019]; NSD Data om det politiske system. Biografier Gunnar Jahn [www.nsd.uib.no/polsys/index.cfm?urlname=parti&lan=&MenuItem=N1_2&ChildItem=&State=collapse&UttakNr=33&person=18066; 28.01.2019]; Clavin: Securing, S. 101; Ward: Quantifying, S. 37; Bulletin de l'Institut International de Statistique 28 (1935/38), Nr. 1, S. 187.

Jaszi, George (1915 – 1992) Ökonom; 1942 – 1963 Mitarbeiter der *National Income Division* des *Bureau of Domestic and Foreign Commerce* des *US Department of Commerce*; 1963 – 1985 Leiter des Office of Business Economics / Bureau of Economic Analysis; 1945/46 Mitglied des *Sub-Committee on National Income Statistics* des *Ausschusses Statistisches Sachverständiger* beim *Völkerbund*.

Carol S. Carson: In Memoriam. George Jaszi (1915 – 1992), in: Review of Income and Wealth 39 (1993), S. 225 – 227.

Jensen, Adolph (1866 – 1948) Statistiker; 1913 – 1936 Leiter der Statistikabteilung des dänischen Finanzministeriums; demographiestatistische Arbeiten und konzeptionelle Beiträge zur praktischen Umsetzung stichprobenbasierter statistischer Erhebungen; 1920 – 1927 Mitglied der Wirtschaftskommission des *Völkerbunds*; 1922/23 Mitglied des Statistischen Unterkomitees der Wirtschaftskommission des *Völkerbunds*; 1922 Mitglied der *Mixed Commission* des *Völkerbunds* und des ISI; 1923 – 1926 Mitglied des *Preparatory Committee* des *Völkerbunds* und des ISI; 1928 Delegierter Dänemarks bei der Internationalen wirtschaftsstatistischen Konferenz; ab 1923 Mitglied des ISI.

Holger Koed / Einar Cohn: Adolph Jensen, 15. Juli 1866 – 24. Maj 1948, in: Nationaløkonomisk Tidskrift 85 (1947), S. 81– 87; Prévost/Beaud: Statistics, S. 156 f.; Adolph Jensen: Report on the Representative

Method in Statistics / The Representative Method in Practice, in: Bulletin de l'Institut International de Statistique 22 (1926), Nr. 1, S. 359–439.

Julin, Armand (1865–1953) Ökonom und Statistiker; ab 1890 Mitarbeiter des belgischen Ministeriums für Landwirtschaft, Industrie und Arbeit; ab 1895 Leiter der statistischen Abteilung des neu geschaffenen *Office du Travail*; ab 1919 Generalsekretär des belgischen Industrie- und Arbeitsministeriums; Professor für Statistik an den Universitäten Löwen (1901–1905), Gent (1920–1924) und Lüttich (1924–1935) sowie am *Institut supérieur de Commerce d'Anvers* (1905–1919); 1919 Delegierter Belgiens bei der ersten *Internationalen Arbeitskonferenz*, Washington, D.C.; 1919/20 Mitglied der Statistikkommission des SEC; 1923 Präsident der ersten Konferenz der Arbeitsstatistiker der *Internationalen Arbeitsorganisation*; 1923–1926 Mitglied des *Preparatory Committee* des *Völkerbunds* und des ISI; 1928 Delegierter Belgiens bei der Internationalen wirtschaftsstatistischen Konferenz; ab 1895 Mitglied des ISI; 1929–1936 Vizepräsident des ISI; 1936–1947 Präsident des ISI.

E[dmond] Lesoir: Armand Julin 1865–1953, in: Revue de l'Institut International de Statistique 20 (1952), S. 201–202; A. de Ridder: Armand L.L.A. Julin, in: Theo Luykx: Rijksuniversiteit te Gent. Liber Memorialis 1913–1960, Bd. 3, Gent 1960, S. 89–93; Patricia van den Eeckhout: Statistics and Social Policy in Interwar-Belgium. The 1928–1929 Inquiry into the Family Budgets of Blue-Collar and White-Collar Worker, in: Histoire & Mesure 19 (2004), Nr. 1/2, S. 95–132.

Juraschek, Franz von (1849–1910) Jurist und Statistiker; 1881–1883 Professor für Staatsrecht und Statistik an der Universität Czernowitz; ab 1883 Professor für Statistik sowie Verwaltungs- und Verfassungsrecht an der Universität Innsbruck; ab 1889 Privatdozent für Statistik an der Universität Wien; ab 1889 Dozent für Staats- und Völkerrecht an der Wiener Kriegsakademie; ab 1887 stellvertretender und 1905–1910 Präsident der österreich-ungarischen Statistischen Zentralkommission; 1884–1910 Herausgeber von *Otto Hübner's Geographisch-Statistischen Tabellen*; 1890 Autor der letzten Ausgabe von Neumann-Spallarts *Übersichten der Weltwirtschaft*; ab 1886 Mitglied des ISI.

Eduard Castle: Franz Ritter von Juraschek. Prösident der Statistischen Zentralkommission in Wien, 1849–1910, in: Bulletin de l'Institut International de Statistique 19 (1913), Nr. 1, S. 393–409.

Kolb, Georg Friedrich (1808–1884) Journalist, Publizist und liberaler Politiker; ab 1822 Redakteur, ab 1827 Leiter der liberalen *Neuen Speyerer Zeitung*; 1832 Verhaftung und Prozess wegen Unterstützung liberaler Bestrebungen (v. a. des ‚Hambacher Fests'); ab 1836 Mitglied des Stadtrats und 1848 Bürgermeister von Speyer; 1848/49 Mitglied des Frankfurter Vorparlaments und der Nationalversammlung; 1853 Exil in

Zürich; 1859 Rückkehr nach Frankfurt und Redakteur der *Frankfurter Zeitung*; 1863 und 1869 Wahl in den Bayerischen Landtag; 1868–1870 Mitglied des Parlaments des Deutschen Zollvereins; 1857–1879 Autor von acht Auflagen des weit verbreiteten und rezipierten *Handbuchs der vergleichenden Statistik der Völkerzustands- und Staatenkunde.*

Walter Braeuer: Kolb, Georg Friedrich, in: Neue Deutsche Biographie, Bd. 12: Kleinhans – Kreling, Berlin 1980, S. 441–442.

Kneeland, Hildegarde (1889–1991/94?) Ernährungswissenschaftlerin, Soziologin und Ökonomin; 1914–1917 Dozentin für Ernährungswissenschaften an der University of Missouri; 1917/18 Aufbaustudium der Wirtschaftswissenschaften an der University of Chicago; 1918/19 Dozentin für Soziologie und Statistik am *Barnard College*, New York; 1919–1922 Professorin für Haushaltsökonomie am *Kansas State Agricultural College*; 1924–1935 Leiterin der Wirtschaftsabteilung im *Bureau of Home Economics* der US-amerikanischen Regierung; ab 1935 Mitarbeiterin des *National Resources Planning Board*; während des Zweiten Weltkriegs Mitarbeiterin der *Division of Statistical Standards* im *Bureau of the Budget* des *Executive Office of the President of the United States*; 1945/46 Mitglied des *Sub-Committee on National Income Statistics* des *Ausschusses Statistisches Sachverständiger* beim *Völkerbund.*

American Women. The Official Who's Who Among the Women of the Nations, Los Angeles 1935; Carolyn M. Goldstein: Creating Consumers. Home Economists in Twentieth-Century America, Chapel Hill 2012.

Kricman, Lev N. (1890–1938) Ökonom; 1918–1922 Abteilungsleiter im *Obersten Volkswirtschaftsrat* der bolschewistischen Regierung Russlands; ab 1921 Mitglied des Direktoriums und 1925 Vizepräsident der staatlichen Planbehörde *Gosplan*; ab 1923 Mitglied der Redaktion der *Pravda*; ab 1923 Mitglied des Präsidiums sowie Leiter der Wirtschaftsabteilung und des Agrarinstituts der *Kommunistischen Akademie*, Moskau; ab 1923 Professor für Wirtschaftswissenschaften an der Universität Moskau; Mitherausgeber der *Großen Sowjetischen Enzyklopädie*; 1928 stellvertretender Direktor der sowjetischen Zentraldirektion für Statistik (*Central'noe Statističeskoe Upravlenie*); Ende der 1920er Jahre sozialwissenschaftliche Untersuchungen zur sozialen Schichtung der sowjetischen Landbevölkerung, die ihn bei der Parteiführung in Misskredit brachten; Verhaftung in den 1930er Jahren und Tod während der Haft; 1928 Leiter der Delegation der Sowjetunion bei der Internationalen wirtschaftsstatistischen Konferenz.

Heinrich E. Schulz / Paul K. Urban / Andrew I. Lebed: Who was Who in the USSR 1917/67, Metuchen 1972, S. 317; Blum/Mespoulet: L'anarchie, S. 98, 107 f.; Terry Cox: Peasants, Class, and Capitalism. The Rural Research of L.N. Kritsman and his School, Oxford 1986.

Kyrk, Hazel (1886 – 1957) Ökonomin; schwerpunktmäßig beschäftigt mit Konsumtheorie und Konsumstatistik; 1923/24 Mitarbeiterin am *Food Research Institute* der Stanford University; 1924/25 Mitarbeiterin am *Iowa State College*; ab 1925 Mitarbeiterin und ab 1941 Professorin am *Department of Economics* und *Department of Home Economics* der University of Chicago; 1918 Mitarbeiterin der Statistikabteilung des US-amerikanischen Departments des AMTC.

Richard A. Lobdell: Hazel Kyrk (1886 – 1957), in: Robert W. Dimand / Mary Ann Dimand / Evelyn L. Forget (Hrsg.): A Biographical Dictionary of Women Economists, Cheltenham 2000, S. 251 – 253; Robert W. Dimand / Richard A. Lobdell: Kyrk, Hazel (1886 – 1957), in: Steven N. Durlauf / Lawrence E. Blume (Hrsg.): The New Palgrave Dictionary of Economics, Bd. 4, Basingstoke ^{2}2008, S. 776.

Lambert-Ribot, Alfred (1886 – 1967) Jurist, Staatsbeamter und Verbandsfunktionär; 1910 – 1918 leitender Beamter im französischen *Conseil d'État*, im Arbeitsministerium und im Ministerium für öffentliche Arbeiten; 1918 – 1926 leitender Funktionär in der *Union des industries métallurgiques et minières*; 1925 – 1940 Mitglied des französischen *Conseil national économique*; 1926 – 1940 Vizepräsident des *Comité des forges*; 1921 – 1939 Delegierter der französischen Arbeitgeberorganisationen in der *Internationalen Arbeitsorganisation*; 1931 – 35 außerordentliches Mitglied des *Sub-Committee on Mineral and Metallurgical Statistics* des *Ausschusses Statistischer Sachverständiger* beim *Völkerbund.*

Who's Who in France 1967 – 68, Paris 1967, S. 794.

Lary, Hal B. (1910 – 1995) Ökonom; 1930 – 1933 Postgraduiertenstudium an der Universität Genf; in den 1930er Jahren Wirtschaftsberater der US-Regierung; während des Zweiten Weltkriegs Leiter der *International Economics Division* im US-amerikanischen Handelsministerium; ab 1947 Mitarbeiter der *Economic Commission for Europe* der *Vereinten Nationen*, Genf; 1960 – 1975 (?) Mitarbeiter des *National Bureau of Economic Research*; 1945 Mitglied des *Sub-Committee on Balance of Payments Statistics* des *Ausschusses Statistischer Sachverständiger* beim *Völkerbund.*

Anonymus: Hal B. Lary. Obituary, in: The East Hampton Star, 09.03.1995.

Layton, Walter (1884 – 1966) Ökonom, Journalist und Publizist; 1909 – 1914 Fellow am Geonville and Caius College, University of Cambridge, sowie 1909 – 1912 Lecturer in Economics am University College, London; 1914/15 *Board of Trade*; 1915–1919 *Ministry of Munitions*; Mitglied der britischen Delegation bei der Pariser Friedenskonferenz 1919; 1919/20 Direktor der britischen *Iron and Steel Federation* 1920/21 amtierender Leiter der *Economic and Financial Section* des Völkerbundsekretariats; 1922–1938 Chefredakteur und 1944–1963 Vorstandsvorsitzender des Londoner *Economist*; zahlreiche publizistische Tätigkeiten; 1941–1943 leitender Berater und Mitarbeiter verschiedener kriegswirtschaftlicher Behörden Großbritanniens; ab 1947 Mitglied des Oberhauses des britischen Parlaments.

Richard S. Grayson: Layton, Walter Thomas, first Baron Layton (1884–1966), in: Oxford Dictionary of National Biography, Oxford 2004 [https://doi.org/10.1093/ref:odnb/34449; 12.04.2019]; Groenewegen: The Minor Marshallians, S. 120–135; David Hubback: No Ordinary Press Baron. A Life of Walter Layton, London 1985.

Lewis, Cleona (1885–1958) Ökonomin; 1922–1950 Mitarbeiterin des *Institute of Economics*, Washington (ab 1927 im Rahmen der *Brookings Institution*); 1918 Mitarbeiterin der Statistikabteilung des US-amerikanischen Departments des AMTC.

Anonymus: Notes, in: American Economic Review 13 (1923), S. 197–208, hier: S. 200 f.; Anonymus: Notes, in: American Economic Review 48 (1958), S. 783–803, hier: S. 790.

Liu Dajun / Lieu, D. K. [Da-kui] (1891-?) Ökonom und Statistiker; 1911–1915 Ökonomiestudium a der Universität Michigan; 1916–1919 Professor für Englisch und Wirtschaftswissenschaften, *Tsinghua College*, Beijing; 1920–1928 Leiter der Forschungsabteilung des *Bureau of Economic Information* der chinesischen Regierung, Beijing; 1928–1932 Leiter des *Bureau/Directorate of Statistics* des *Legislative Yuan* der chinesischen Nationalregierung, Nanjing; 1921/22 Mitglied der chinesischen Delegation bei der Washingtoner Konferenz; ab 1945 Handelsattaché an der chinesischen Botschaft in Washington; ab 1920 Fellow der *Royal Society of Arts*, London; 1928–1934 Mitglied im internationalen Forschungsbeirat des *Institute for Pacific Relations* sowie im Redaktionsbeirat der Zeitschrift *Pacific Affairs*; 1946 Mitglied der *Nuclear Statistical Commission* der *Vereinten Nationen*; 1946–1951 Mitglied der *Statistischen Kommission* der *Vereinten Nationen*; 1930 und 1931 Teilnahme an den ISI-Konferenzen in Madrid und Tokio.

China Weekly Review: Who's Who in China. Biographies of Chinese Leaders, Shanghai [5]1936, S. 170–171; Max Perleberg: Who's Who in Modern China. From the Beginning of the Chinese Republic to the End of 1953, Hongkong 1954; Trescott: Jingji Xue, S. 63, 243 f., 259 f.; Ward: Quantifying, S. 37.

Llewellyn Smith, Hubert (1864–1945) Leitender Regierungsbeamter und Sozialwissenschaftler; ab Mitte der 1880er Jahre Sekretär der *National Association for the*

Promotion of Technical and Secondary Education sowie Mitarbeiter einer wissenschaftlichen Untersuchung zur sozialen Entwicklung Londons (Booth Survey); 1893–1897 erster *Labour Commissioner* des *Board of Trade*; 1897–1906 Abteilungsleiter im *Board of Trade*, verantwortlich u. a. für dessen statistische Arbeiten; 1907–1919 Staatssekretär im *Board of Trade*; während des Ersten Weltkriegs leitende Position bei der Etablierung des britischen *Ministry of Munitions*; 1917–1919 treibende Kraft bei der Neuorganisation des *Board of Trade* und der Etablierung eines eigenständigen *Statistical Departments* im Rahmen des Boards; 1919–1927 *Chief Economic Adviser* der britischen Regierung und in dieser Funktion Delegierter seines Landes bei internationalen wirtschaftsbezogenen Konferenzen sowie Mitglied der Wirtschaftskommission des *Völkerbunds*; 1922/23 Vorsitzender der *Mixed Commission* von *Völkerbund* und ISI, die das Arbeitsprogramm des wirtschaftsstatistischen *Preparatory Committee* (1923–1928) festlegte und dessen Mitglieder auswählte; ab 1901 Mitglied des ISI.

Roger Davidson: Smith, Sir Hubert Llewellyn (1864–1945), in: Oxford Dictionary of National Biography, Oxford 2004 [https://doi.org/10.1093/ref:odnb/36147; 02.03.2018].

Lloyd, Edward M.H. (1889–1968) Regierungsbeamter, Ökonom und Publizist; 1913/14 Mitarbeiter der britischen Steuerbehörde; 1914–1917 leitender Beamter im *War Office* (*Contracts Department*); 1917–1919 leitender Beamter im *Ministry of Food*; 1919–1921 leitender Beamter in der *Economic and Financial Section* des *Völkerbunds*; 1921–1926 Mitarbeiter des *Ministry of Agriculture*; 1926–1933 Sekretär der Forschungsabteilung des *Empire Marketing Board*; 1933–1936 Sekretär des *Market Supply Committee* (für Agrarprodukte); 1936–1939 Direktor des *Food (Defence Plans) Department* des *Board of Trade*; 1939–1942 leitender Beamter des *Ministry of Food*; 1942–1945 Wirtschaftsberater der britischen Regierung für Ernährungsfragen des Nahen Ostens; 1945/46 Wirtschafts- und Finanzexperte der *United Nations Relief and Rehabilitation Administration* für die Balkanländer; 1947–1953 Staatssekretär im *Ministry of Food*.

Frank Trentmann: Lloyd, Edward Mayow Hastings (1889–1968), in: Oxford Dictionary of National Biography, Oxford 2004 [https://doi.org/10.1093/ref:odnb/34566; 31.05.2018].

Lorenz, Jakob (1883–1946) Jurist, Gewerkschaftsbeamter und Statistiker; 1906–1908 Verwalter des Arbeitsamts Rorschach; 1908–1916 Mitarbeiter des Schweizerischen Arbeitersekretariats sowie des sozialdemokratischen Parlamentsabgeordneten Hermann Greulich; 1916–1919 Direktor des Lebensmittelvereins und Leiter des kantonalen Ernährungsamts Zürich; 1920–1922 Leitungsmitglied des *Schweizerischen Verbandes Volksdienst*; 1920–1924 Publizistische Tätigkeit und Herausgeber der wirtschaftsstatistischen Monatszeitschrift *Die Kurve*; 1925–1933 freier Mitarbeiter des Eidgenössischen Volkswirtschaftsdepartements und interimistischer Leiter des *Eidgenössischen Statistischen Amts*; 1933–1946 Professor für Soziologie und Wirtschaftskunde an der Universität Freiburg i.Ü.; 1931–1936 Mitglied des *Ausschusses Statistischer Sachverständiger* beim *Völkerbund*; 1928 Delegierter der Schweiz bei der Internationalen wirtschaftsstatistischen Konferenz.

Kollektivgesellschaft Mengis + Ziehr (Hrsg.): Schweizer Lexikon in sechs Bänden, Bd. 4: Kle-Obr, Luzern 1992, S. 341.

Loveday, Alexander (1888–1962) Ökonom und Statistiker; 1911/12 Lehraufenthalt an der Universität Leipzig (?)[2]; 1912–1915 Lecturer, University of Oxford; 1915–1919 Mitarbeiter des *Contracts Departments* im britischen *War Office*, London; 1919–1931 Mitarbeiter der *Economic and Financial Section* des Völkerbundsekretariats, London/Genf; 1931–1939 Direktor der *Financial Section* des Völkerbundsekretariats; 1939–1946 Direktor der Economic, Financial and Transit Section des Völkerbundsekretariats, Genf/Princeton; in diesem Rahmen immer Leiter des *Economic Intelligence Service*; ab 1946 Fellow und 1950–1954 Warden des *Nuffield College*, University of Oxford; ab 1915 Fellow der *Royal Statistical Society*; 1944 Beobachter der *International Monetary Conference*, Bretton Woods; ab 1924 Mitglied des ISI.

Anonymus: Obituary. Mr. Alexander Loveday. Economic Reports for the League, in: The Times [London], 22.01.1962; B. K.-L.: Obituary. Alexander Loveday, in: The Oxford Magazine NF 2 (1962), S. 175; J[ames] W. Nixon: Alexander Loveday, 1888–1962, in: Revue de l'Institut International de Statistique 30 (1962), S. 114; Clavin: Securing; Schuler/Bernkopf: Who Was at Bretton Woods, S. 22.

March, Lucien (1859–1933) Ingenieur in der Privatwirtschaft; 1891–1920 *Office du Travail*; 1899–1920 Leiter der *Statistique générale de la France*, Paris; ab 1920/22 Forschungsleiter am *Institut de statistique* der Universität Paris (Sorbonne); 1920 Mitglied der *International Statistical Commission* des *Völkerbunds*; 1923–1926 Mitglied des *Preparatory Committee* des *Völkerbunds* und des ISI; ab 1901 Mitglied des ISI; ab 1929 Ehrenmitglied des ISI.

M[ichel] Huber: Nécrologie: Lucien March (1859–1933), in: Revue d'Économie Politique 47 (1933), S. 545–547; Alain Desrosières: Lucien March (1859–1933). A Pioneer of Quantitative Economics, in: Warren J. Samuels et al. (Hrsg.): European Economists of the Early 20*th* Century, Bd. 1: Studies of Neglected Thinkers of Belgium, France, the Netherlands and Scandinavia, Cheltenham / Northampton 1998, S. 208–219; Franck Jovanovic / Philippe Le Gall: March to Numbers. The Statistical Style

2 Eine Lehrtätigkeit in Leipzig lässt sich weder in den Vorlesungsverzeichnissen der Universität noch im Universitätsarchiv nachweisen.

of Lucien March, in: Judy M. Klein / Mary S. Morgan (Hrsg.): The Age of Economic Measurement, Durham / London 2001, S. 86 – 110.

Martin, Frederick (ca. 1825/1830[3]-1883), Publizist; vermutlich wirtschaftswissenschaftliches Studium; ab ca. 1855 in Großbritannien; ab 1856 Mitarbeiter des schottischen Philosophen, Essayisten und Schriftstellers Thomas Carlyle; 1864 – 1882 Herausgeber und Redakteur des *Statesman's Year-Book*.

Gordon Goodwin / Jessica Hinings: Martin, Frederick Joseph (1830 – 1883), in: Oxford Dictionary of National Biography, Oxford 2004 [https://doi.org/10.1093/ref:odnb/18180; 03.11.2019]; Steinberg: Statesman's Year-Book, 157–159; Thomas H. Ward: Men of the Reign. A Biographical Dictionary of Eminent Persons of British and Colonial Birth who have died during the Reign of Queen Victoria, London 1885, S. 605.

Marumo Naotos (?) Japanischer Diplomat; 1920 Attaché an der Botschaft Japans in Paris sowie Mitglied der der *International Statistical Commission* des *Völkerbunds*.

Mataja, Viktor (1857 – 1934) Ökonom und Statistiker; 1883 – 1892 Handels- und Gewerbekammer, Wien; ab 1892 Professor für Politische Ökonomie, Universität Innsbruck; ab 1897 Honorarprofessor für Politische Ökonomie, Universität Wien; ab 1892 handelsstatistischer Dienst des Handelsministeriums, Wien; 1908/09, 1911 und 1917 Leiter des Handelsministeriums, Wien; 1914 und 1919 – 1922 Präsident der Statistischen Zentralkommission Österreichs; 1917/18 Minister für Soziale Fürsorge, Wien; 1923 – 1926 Mitglied des *Preparatory Committee* des *Völkerbunds* und des ISI; ab 1897 Mitglied, 1923 – 1928 Vizepräsident des ISI.

Anonymus: Mataja, Viktor, in: Österreichisches Biographisches Lexikon 1815 – 1950, Bd. 6, Wien 1975, S. 135; K[arl] Drexel: Viktor Mataja (1857–1934), in: Bulletin de l'Institut International de Statistique 27 (1934/38), Nr. 1, S. 190 – 192; Lothar Höbelt: Mataja, Victor, in: Neue Deutsche Biographie, Bd. 16, Berlin 1990, S. 365.

Meek, David B. (1885 – 1964) Mathematiker und Statistiker; 1911 – 1918 Professor für Physik, Government College, Dacca; 1918/19 Assistant Controller of Munitions, Government of India, Delhi; 1920 – 1926 *Director of Industries*, Bengal, Calcutta; 1926 – 1935 *Director-General of Commercial Intelligence and Statistics*, Calcutta; 1935 –

3 Die von Gordon Goodwin im Oxford Dictionary of National Biography mitgeteilte Information, Martin sei 1830 in Genf geboren und habe in Heidelberg studiert, bezeichnete S.H. Steinberg nach Archivrecherchen 1966 als „bogus"; stattdessen scheint Martin um 1825 in Berlin geboren und mit knapp 30 Jahren nach Großbritannien übergesiedelt zu sein (Steinberg: Statesman's Year-Book, S. 157 f. (Zitat: S. 157).

1944 Indian Trade Commissioner, London; ab 1944 Deputy High Commissioner for India, London; 1928 Delegierter Indiens bei der Internationalen wirtschaftsstatistischen Konferenz; 1944 indischer Delegierter bei der *International Monetary and Financial Conference*, Bretton Woods.

The India Office and Burma Office List 1945, London 1945, S. 269; Clive Whitehead: Colonial Educators. The British Indian and Colonial Education Service 1858–1983, London / New York 2003, S. 15; Schuler/Bernkopf: Who Was at Bretton Woods, S. 11.

Meeker, Royal (1873–1953) Ökonom; 1906–1913 Professor für Geschichte, Ökonomie und Staatswissenschaft am *Ursinus College*, Collegeville, Pennsylvania, sowie Professor für Ökonomie an der *Princeton University*, Princeton, New Jersey; 1913–1920 Commissioner of Labor Statistics des US *Bureau of Labor Statistics*; 1920–1923 Leiter der Forschungsabteilung der *Internationalen Arbeitsorganisation*; 1923/24 Arbeits- und Industrieminister, Pennsylvania; 1924/25 Mitglied einer Kommission zur Etablierung einer sozialwissenschaftlichen Forschungsinstitution in China; 1926/27 Professor für Ökonomie, *Carlton College*, Minnesota; 1930–1936 Leiter von Irving Fishers *Index Number Institute*, New Haven; 1941–1946 Director of Research im Arbeitsministerium, Connecticut; 1916 Fellow der *American Statistical Association*; 1920 Mitglied der *International Statistical Commission* des *Völkerbunds*; 1922 Mitglied der *Mixed Commission* des *Völkerbunds* und des ISI; 1923 Mitglied des *Preparatory Committee* des *Völkerbunds* und des ISI; 1923/24 korrespondierendes Mitglied des *Preparatory Committee.*

Robert L. Allen: Irving Fisher. A Biography, Cambridge 1993, S. 191; Chiang: Social Engineering, S. 43 f.; The Chinese Economic Bulletin, Nr. 209 [21.02.1925], S. 110; Friedman: Fortune Tellers, S. 82, 234 (FN 94); Joseph P. Goldberg / William T. Moye: The First Hundred Years of the Bureau of Labor Statistics, Washington 1984, S. 81–113; Stapleford: Cost of Living, S. 87, 132.

Methorst, Henri Willem (1868–1955) Statistiker; 1906–1939 Direktor des *Centraal Bureau voor de Statistiek*, Den Haag; 1911–1947 Generalsekretär des ISI; 1913–1947 Leiter des Ständigen Büros des ISI, Den Haag; 1920 Mitglied der *International Statistical Commission* des *Völkerbunds*; 1923–1926 Mitglied des *Preparatory Committee* des *Völkerbunds* und des ISI; 1928 Mitglied des Agendakomitees des *Völkerbunds* zur Vorbereitung der Internationalen wirtschaftsstatistischen Konferenz; 1931–1936 Mitglied des *Ausschusses Statistischer Sachverständiger* beim *Völkerbund*; 1919 Teilnehmer der Internationalen Statistikkonferenz des *Völkerbunds* in London; 1928 Delegierter der Niederlande bei der Internationalen wirtschaftsstatistischen Konferenz; ab 1920 Honorary Fellow der *Royal Statistical Society*; ab 1901 Mitglied des ISI; ab 1929 Ehrenmitglied des ISI.

A[rthur] L. Bowley: Obituary. H.W. Methorst – 1868 – 1955, in: Journal of the Royal Statistical Society, Series A 119 (1956), S. 102; Ph[ilippus] J[acobus] Idenburg: Henri Willem Methorst, 1868 – 1955, in: Revue de l'Institut International de Statistique 23 (1955), S. 140 – 142.

Mitchell, Wesley C. (1874 – 1948) Ökonom; 1900 – 1902 Dozent an der Universität Chicago; 1902 – 1912 Professor für Wirtschaftswissenschaften an der Universität Kalifornien; 1913 – 1919 sowie 1922 – 1944 Dozent und Professor für Wirtschaftswissenschaften an der Columbia University, New York; 1918/19 leitender Mitarbeiter im *War Industries Board* der US-Regierung; 1920 – 1945 Gründungsmitglied und Forschungsdirektor des *National Bureau of Economic Research*, New York; 1927– 1930 Vorsitzender des *Social Science Research Council*; 1929 – 1933 Vorsitzender des US-amerikanischen *President's Research Committee on Social Trends*; 1918 Präsident der *American Statistical Association*; 1924 Präsident der *American Economic Assocation*; 1923/24 korrespondierendes Mitglied des *Preparatory Committee* des *Völkerbunds* und des ISI; ab 1924 Mitglied des ISI.

Friedman: Fortune Tellers, S. 166 – 193; Arthur F. Burns (Hrsg.): Wesley Clair Mitchell. The Economic Scientist (Publications of the National Bureau of Economic Research, Bd. 53), New York 1952; Lucy S. Mitchell: Two Lives. The Story of Wesley Clair Mitchell and Myself, New York 1953.

Morgenstern, Oskar (1902 – 1977) Ökonom; 1925 – 1928 Rockefeller-Stipendiat für Studien in Großbritannien und den USA sowie in Frankreich und Italien; 1928 – 1935 Privatdozent, 1935 – 1938 außerordentlicher Professor für Politische Ökonomie an der Universität Wien und Mitarbeiter am *Österreichischen Institut für Konjunkturforschung*; 1930 – 1938 Redakteur der *Zeitschrift für Nationalökonomie*; 1931– 1938 Leiter des *Österreichischen Instituts für Konjunkturforschung*; 1938 – 1970 Professor für Wirtschaftswissenschaften an der Princeton University und Mitglied des *Institute for Advanced Study*; 1970 – 1977 Professor für Wirtschaftswissenschaften an der New York University; gilt zusammen mit John von Neumann als Begründer der Spieltheorie; ab 1935 außerordentliches, 1937– 1939/46 ordentliches Mitglied des *Ausschusses Statistischer Sachverständiger* beim *Völkerbund*; ab 1937 Mitglied des ISI.

Harald Hagemann: Morgenstern, Oskar, in: Harald Hagemann / Claus-Dieter Krohn (Hrsg.): Biographisches Handbuch der deutschsprachigen wirtschaftswissenschaftlichen Emigration nach 1933, Bd. 2: Leichter – Zweig, München 1999, S. 463 – 471.

Mulhall, Michael G. (1836 – 1900) Journalist, Publizist und Statistiker; 1858 – 1878 Herausgeber einer englischsprachigen Zeitung in Buenos Aires sowie eines mehrfach aktualisierten Handbuchs zur La Plata Region; ab den 1880er Jahren weithin rezipierte Tätigkeit als statistischer Publizist mit einem besonderem Interesse an statistischen Ländervergleichen; bekannt geworden v.a. durch sein *Dictionary of Statistics*, das er in vier jeweils aktualisierten Auflagen zwischen 1884 und 1898 herausgab.

Thomas Secombe / Philip A. Hunt: Mulhall, Michael George (1836–1900), in: Oxford Dictionary of National Biography, Oxford 2004 [http://doi.org/10.1093/ref:odnb/19510; 11.11.2019]; Kimball: Mountains.

Neculcea, Eugeniu (1876–1954) Physiker; 1907–1913 Mitarbeiter des rumänischen Finanzministeriums in verschiedenen Funktionen; 1913–1920 Titularprofessor für Elektrizität und molekulare Physik an der Universität Iaşi; 1916 Abteilungsleiter im Rüstungsamt der rumänischen Armee; 1917 Mitarbeiter eines Krankenhauses in Iaşi sowie wissenschaftlicher Gesandter Rumäniens in Frankreich; ab 1919 diplomatischer Vertreter Rumäniens in Paris; 1919 Mitglied der rumänischen Delegation bei der Pariser Friedenskonferenz; ab 1920 Vertreter Rumäniens, Polens, Jugoslawiens, der Tschechoslowakei und Griechenlands in der alliierten Reparationskommission; 1920–1927 Mitglied der Wirtschaftskommission des *Völkerbunds*, anschließend bis 1939 korrespondierendes Mitglied des Gremiums; 1922/23 Mitglied des Statistischen Unterkomitees der Wirtschaftskommission des *Völkerbunds*; 1924–1926 Vorsitzender des *Preparatory Committee* des *Völkerbunds* und des ISI; 1928 Mitglied des Agendakomitees des *Völkerbunds* zur Vorbereitung der Internationalen wirtschaftsstatistischen Konferenz; 1927 Teilnehmer der Weltwirtschaftskonferenz in Genf; 1928 Vertreter der Wirtschaftskommission des *Völkerbunds* bei der Internationalen wirtschaftsstatistischen Konferenz; 1925–1948 Mitglied des ISI.

Marcela Sălăgean: Eugeniu Neculcea. Un diplomat retrouvé, in: Dies.: Eugeniu Neculcea. Un diplomat regăsit, Cluj-Napoca 2006, S. XXXIII-LVIII; Bulletin de l'Institut International de Statistique 28 (1935/38), Nr. 1, S. 221.

Neumann-Spallart, Franz Xaver von (1837–1888) Ökonom, Statistiker und Publizist; Journalistische Tätigkeiten, u.a. für die Wiener *Neue Freie Presse*; ab 1864 Professor für Nationalökonomie an der Handelsakademie, Wien; ab 1868 Professor für Nationalökonomie an der k.u.k. Kriegsschule, Wien; ab 1871 außerordentlicher Professor für politische Ökonomie an der Universität Wien; 1873–1885 Professor für Volkswirtschaftslehre an der Hochschule für Bodenkultur, Wien; ab 1881 Professor für Statistik an der Orientalischen Akademie, Wien; ab 1884 Honorarprofessor für Statistik an der Universität Wien; „Agitator für den Freihandel" (G. Otruba); 1865 in die Handelsvertragsverhandlungen Österreichs mit dem Deutschen Zollverein und Großbritannien involviert; 1867 und 1873 Mitglied der Vorbereitungskomitees für die Weltausstellungen in Paris und Wien; 1869 Delegierter Österreichs bei der Eröffnung des Suezkanals; ab 1871 außerordentliches Mitglied der österreichischen Statistischen Central-Kommission; ab 1870 Verfasser weltwirtschaftlicher Überblicksartikel und Monographien; Teilnehmer mehrerer *Internationaler Statistischer Kongresse*; 1878 Mitglied der Permanenz-Kommission des *Internationalen Statistischen Kongresses*; 1885 Gründungsmitglied des ISI und Autor des Statutenentwurfs des ISI; 1885–1888 Vizepräsident des ISI.

É[mile] Levasseur: Fr. X. von Neumann-Spallart, in: Bulletin de l'Institut Internationale de Statistique 3 (1888), Nr. 1, S. 215–218; Gustav Otruba: Neumann v. Spallart, Franz Xaver, in: Neue Deutsche Biographie, Bd. 19: Nauwach – Pagel, Berlin 1999, S. 144–145.

Nixon, Frank H. (??) Finanzbeamter; von den 1910er bis in die 1940er Jahre Mitarbeiter des britischen *Treasury*; 1921/22 kommissarischer Leiter der *Economic and Financial Section* des Völkerbundsekretariats.

Nixon, James W. (1888–1985) Statistiker; während des Ersten Weltkriegs Mitarbeiter des britischen *Ministry of Labour*; ab 1919 Mitarbeiter der *Internationalen Arbeitsorganisation*, Genf; 1928–1950 Leiter der Forschungsabteilung der *Internationalen Arbeitsorganisation*; 1931–1939/46 Mitglied des *Ausschusses Statistischer Sachverständiger* beim *Völkerbund*; ab 1927 Mitglied des ISI, ab 1950 ständiger Vertreter des ISI bei den *Vereinten Nationen*, Genf.

Anonymus: 50th Anniversary of ISI Membership, in: International Statistical Review 44 (1976), S. 388; H[arry] Campion: Obituary. J.W. Nixon, 1888–1985, in: Journal of the Royal Statistical Society 148 (1985), Series A, S. 279.

Olivetti, Gino (1880–1942) Jurist, privatwirtschaftlicher Verbandsfunktionär und Parlamentarier; ab 1906 Generalsekretär der *Lega Industriale di Torino*; 1910–1934 Generalsekretär der italienischen *Confederazione Generale dell'Industria Italiana* (ab 1926: *Confederazione Generale Fascista dell'Industria Italiana*); 1919–1938 Mitglied des italienischen Parlaments; 1920–1923 Präsident des Fussballclubs *Juventus Turin*; 1922–1940 Arbeitgebervertreter im *Governing Body* der ILO; ab 1929 Professor für Körperschaftsrecht an der Universität Turin; 1926–1938 Mitglied des italienischen *Consiglio superiore di statistica*; 1929–1938 Mitglied des wissenschaftlichen Beirats des konjunkturstatistischen Periodikums *Il barometro economico italiano*; 1922/23 sowie 1928–1934 Vorsitzender des Statistikkomitees der *Internationalen Handelskammer*; 1928 Mitglied des Agendakomitees des *Völkerbunds* zur Vorbereitung der Internationalen wirtschaftsstatistischen Konferenz; 1928 Vertreter der *Internationalen Handelskammer* bei der Internationalen wirtschaftsstatistischen Konferenz.

Robert Raspagliesi: Fascist Jews between Politics and the Economy. Five Biographical Profiles, in: Quest. Issues in Contemporary Jewish History 11 (2017), S. 75–103 [www.quest-cdecjournal.it/focus.php?id=391; 11.11.2019], hier S. 97–100; Silvia Granata / Paolo Rapini: Gino Olivetti. Biografia dell' „altro Olivetti", un protagonista della storia italiana, Aosta 2014; Fernando Fasce: Olivetti, Gino, in: Dizionario Biografico degli Italiani, Bd. 79: Nursio – Ottolini Visconti, Rom 2013, S. 243–245; Prévost: A Total Science, S. 81, 131 f.

Ortiz Mena, Raúl (??) Ökonom; 1942 Mitarbeiter im mexikanischen Industrie- und Handelsministerium; 1942/43 und 1945/46 Chefökonom der mexikanischen Nationalbank; 1943–1945 Hospitationen im *US Department of Commerce* sowie am *Federal Reserve Board*; 1945 Leiter der *National Income Unit* der Forschungsabteilung der mexikanischen Nationalbank; 1946–1958 Mitarbeiter mexikanischer Banken und Bankverbände; 1959–1968 Finanzstaatssekretär der mexikanischen Regierung; 1945/46 Mitglied des *Sub-Committee on National Income Statistics* des *Ausschusses Statistisches Sachverständiger* beim *Völkerbund.*

Instituto de Investigaciones Jurídicas de la UNAM. Biblioteca Juridica Virtual: Raúl Ortiz Mena [https://archivos.juridicas.unam.mx/www./bjv/libros/7/3308/18.pdf; 12.04.2019].

Pardo, Guido (1874–1922) Jurist und Diplomat; Mitglied der italienischen Delegation bei der Pariser Friedenskonferenz; 1920–1922 Leiter der Russlandabteilung der *Internationalen Arbeitsorganisation*; 1918 Mitglied des *Statistical Sub-Committee* des AMTC.

Mary Bagazinski: Dr. Guido Pardo (1874–1922). First ILO Staff Member to Die in Service, in: ILO Friends Newsletter Nr. 47, Genf 2009, S. 16–18 [www.ilo.org/public/english/friends/download/issue47/dec2009.pdf; 14.02.2018].

Persons, Warren M. (1878–1937) Statistiker und Ökonom; 1901–1906 Dozent für Mathematik an der Universität Wisconsin; 1906–1910 Dozent für Wirtschaftswissenschaften am Dartmouth College, New Hampshire; 1913–1918 Professor für Wirtschaftswissenschaften am Colorado College; 1918–1928 Professor für Wirtschaftswissenschaften an der Harvard University, Leiter des *Harvard Economic Service* und Herausgeber der *Review of Economic Statistics*; 1928–1937 Mitarbeiter und Leiter privatwirtschaftlicher Beratungsunternehmen in New York; 1923 Präsident der *American Statistical Association*; 1923 korrespondierendes Mitglied des *Preparatory Committee* des *Völkerbunds*; ab 1924 Mitglied des ISI.

Friedman: Fortune Tellers, S. 128–165; William T. Foster: Warren Milton Persons, in: Journal of the American Statistical Association 34 (1939), S. 411–415.

Popov, Pavel I. (1872–1950) Statistiker und Ökonom; ab 1898 Statistiker in verschiedenen *Zemstva*; 1904/05 Statistikstudium in Berlin; 1909–1917 Leiter des Statistischen Büros des *Zemstvo* von Tula; 1918–1926 Direktor der *Central'noe Statističeskoe Upravlenie* Sowjetrusslands bzw. der Sowjetunion sowie Pionier der volkswirtschaftlichen Bilanzrechnung in der Sowjetunion; 1923/24 inoffizieller und indirekter Korrespondenzpartner Alexander Lovedays, um Zahlen zur Sowjetunion im MBS veröffentlichen zu können; 1923 und 1925 Teilnahme an ISI-Konferenzen in Brüssel und Rom.

Blum/Mespoulet: L'anarchie, S. 18–27; Robert W. Campbell: A Biobiographical Dictionary of Russian and Soviet Economists, London 2012, S. 332–333; Amanar Akhabbar: La matrice russe. Les origines soviétiques de l'analyse input-output, 1920–25, in: Courrier de Statistique 123 (2008), S. 23–26; S[tephen] G. Wheatcroft / R[obert] W. Davies: A Brief History of the Balance of the National Economy, in: Dies. (Hrsg.): Materials for a Balance of the Soviet National Economy 1928–1930, Cambridge 1985, S. 34–48; sowie die englischen Übersetzungen von Teilen von Popovs Publikation zur volkswirtschaftlichen Bilanzrechnung in Nicolas Spulber: Foundations of Soviet Strategy for Economic Growth. Selected Soviet Essays, 1924–1930, Bloomington 1964, S. 5–19, 54–87.

Porter, George R. (1792–1852); Statistiker und Regierungsbeamter; bis zum Beginn der 1830er Jahre publizistische Tätigkeit; ab 1833 Leiter der neu eingerichteten Statistikabteilung des britischen *Board of Trade*; Herausgeber des ersten statistischen Periodikums des *Board of Trade*, der *Tables of the Revenue, Population, Commerce, etc. of the United Kingdom and its Dependencies*, die zwischen 1833–1852 als ‚Porter's Tables' bekannt wurden und teilweise auch quantitative Daten aus anderen Ländern enthielt.

Henry Parris: Porter, George Richardson (1792–1852), in: Oxford Dictionary of National Biography, Oxford 2004 [http://doi.org/10.1093/ref:odnb/22567; 02.03.2018].

Přibram, Karl (1877–1973) Jurist und Ökonom; 1909–1921 Statistische Zentralkommission, Wien; 1919–1921 Abteilungsleiter im Österreichischen Sozialministerium; 1914–1921 a.o. Professor für Wirtschaftswissenschaften, Universität Wien; 1921–1923 Mitarbeiter und 1923 Leiter der Forschungsabteilung der *Internationalen Arbeitsorganisation*; 1928–1933 Professor für Politische Ökonomie, Universität Frankfurt/Main; 1934–1936 *Institute of Economics, Brookings Institution*, Washington D.C.; 1936–1942 *Social Security Board*, Washington, D.C.; ab 1939 Professor für Wirtschaftstheorie und Politische Ökonomie, *American University*, Washington, D.C.; 1942–1951 Chief Economist der *US Tariff Commission*; 1923–1926 Mitglied des *Preparatory Committee* des *Völkerbunds* und des ISI; 1928 Mitglied des Agendakomitees des *Völkerbunds* zur Vorbereitung der Internationalen wirtschaftsstatistischen Konferenz; ab 1923 Mitglied des ISI.

Günter Chaloupek: Pribram, Karl, in: Harald Hagemann / Claus-Dieter Krohn (Hrsg.): Biographisches Handbuch der deutschsprachigen wirtschaftswissenschaftlichen Emigration nach 1933, Bd. 2, München 1999, S. 543–546; biographische Informationen zum Nachlass im *M. E. Grenader Department of Special Collections & Archives, State University of New York, University of Albany* [https://archives.albany.edu/collections/catalog/ger005; 13.01.2019].

Quetelet, Adolphe (1796–1874); Mathematiker, Astronom und Statistiker; ab 1819 Professor für Mathematik in Brüssel; ab 1820 Mitglied der *Académie royale des sciences et belles-lettres*, Brüssel; ab 1828 Direktor der neu etablierten königlichen Sternwarte; Pionier der probabilistischen Analyse statistischer Reihen; 1835 Veröffentlichung einer Arbeit, in der er die mathematische Beschreibung sozialer Phänomene darlegt und die Idee eines ‚Durchschnittsmenschen' (‚homme moyen') etabliert;[4] 1829 Mitorganisator des niederländischen Bevölkerungszensus; 1841–1874 Präsident der neu eingerichteten *Commission centrale de statistique* der belgischen Regierung, die zum Vorbild für die Organisation amtlicher Statistik in zahlreichen Ländern wurde; Mitglied zahlreicher wissenschaftlicher und vor allem statistischer Gesellschaften weltweit (u. a. Mitbegründer der *Statistical Society of London*, die später zur *Royal Statistical Society* wurde); Initiator der *Internationalen Statistischen Kongresse.*

Desrosières: Politik, S. 84–93; Prévost/Beaud: Statistics, S. 49–61; Randeraad: States, S. 10–36.

Rasminsky, Louis (1908–1998), Ökonom; 1930–1940 Mitarbeiter der *Economic and Financial Section* bzw. der *Financial Section and Economic Intelligence Service* des Völkerbundsekretariats, wo er für finanzwirtschaftliche Fragen und Publikationen zuständig war; 1938/39 Sekretär der Finanzkommission des *Völkerbunds*; 1940–1961 Mitarbeiter und 1961–1973 Governor der *Bank of Canada*; 1946–1962 kanadischer Executive Director des *Internationalen Währungsfonds*; 1950–1962 kanadischer Executive Director der Weltbank; 1944 kanadischer Delegierter bei der *International Monetary and Financial Conference*, Bretton Woods.

Bruce Muirhead: Against the Odds. The Public Life and Times of Louis Rasminsky, Toronto 1999; Schuler/Bernkopf: Who Was at Bretton Woods, S. 5.

Reden, Friedrich Wilhelm von (1802–1857), Jurist, Statistiker, Politiker und Publizist; 1824–1837 Beamter der Regierung des Königreichs Hannovers; ab 1831 Mitglied der Ersten Kammer der Hannoverschen Ständekammer; trat in der Ständekammer

4 Quetelet, Adolphe: Sur l'homme et le développement de ses facultés ou essai de physique sociale, Paris 1835.

in den 1830er Jahren für die Aufnahme Hannovers in den Deutschen Zollverein ein; 1834 Mitbegründer und bis 1840 Generalsekretär des Hannoverschen Gewerbevereins; 1841–1843 Direktor der *Berlin-Stettiner Eisenbahn*; 1843–1848 Referent für industrielle und Handelsangelegenheiten des preußischen Ministeriums des Äußeren; 1844 Mitorganisator der *Allgemeinen Deutschen Gewerbeausstellung*, Berlin; 1848 Mitglied der Frankfurter Nationalversammlung; 1849 Mitglied der Zweiten Kammer der Hannoverschen Ständekammer; ab 1849 publizistische Tätigkeit; 1846 Mitbegründer des *Vereins für Deutsche Statistik* und bis 1848 Redakteur der *Zeitschrift des Vereins für Deutsche Statistik*; Teilnehmer der *Internationalen Statistischen Kongresse* in Brüssel (1853), Paris (1855) und Wien (1857).

Constantin Wurzbach: Biographisches Lexikon des Kaisertums Oesterreich, Bd. 25: Rasner – Rhederer, Graz 1868, S. 107–111; Jens Menge: Reden, Friedrich Wilhelm Otto Ludwig Frhr. v., in: Neue Deutsche Biographie, Bd. 21: Pütter – Rohlfs, Berlin 2003, S. 241–243.

Rew, Henry (1858–1929) Statistiker und Regierungsbeamter; bis in die 1880er Jahre publizistische Tätigkeit; 1890–1898 Sekretär der britischen *Chamber of Agriculture*; ab 1894 Mitglied der *Royal Commission on Agriculture*; 1898–1921 Mitarbeiter und 1906–1918 Assistant Secretary des *Board of Agriculture and Fisheries*; 1915/16 Vorsitzender des alliierten *Wheat Purchasing Committee*; 1916/17 Sekretär im *Ministry of Food*; 1920–1922 Präsident der britischen *Royal Statistical Society*; 1923–1926 Mitglied des *Preparatory Committee* des *Völkerbunds*; ab 1905 Mitglied und 1913–1929 Schatzmeister des ISI.

Who was Who 1929–1940, London 1947, S. 1136; Anonymus: Sir R. Henry Rew, K.C.B., in: Journal of the Royal Statistical Society 92 (1929), S. 297–299; Arthur L. Bowley: Sir R. Henry Rew, K.C.B. (1858–1929), in: Bulletin de l'Institut International de Statistique 24 (1930), Nr. 1, S. 366–367.

Ricci, Umberto (1879–1946) Ökonom und Statistiker; 1897–1910 Mitarbeiter des italienischen Ministeriums für Landwirtschaft, Industrie und Handel; 1910–1922 Leiter der Statistikabteilung des *Internationalen Landwirtschaftsinstituts*; 1912–1914 Professor für Politische Ökonomie, Universität Macerata; 1914–1922 Professor für Statistik, Universität Parma; 1918 Professor für Statistik, Universität Pisa; 1923/24 Professor für Ökonomie, Universität Bologna; 1924–1928 Professor für Ökonomie, Universität Rom; 1928–1940 Professor für öffentliche Finanzen, Universität Kairo; 1942–1945 Professor für Politische Ökonomie, Universität Istanbul; 1923–1926 Mitglied des *Preparatory Committee* des *Völkerbunds* und des ISI; ab 1923 Mitglied des ISI; ab 1933 Mitglied der *Econometric Society*.

Valentino Dore: Umberto Ricci (1879–1946), in: Proceedings of the International Statistical Conferences, Bd. 3/2: 25th Session of the International Statistical Institute, September 6–18, 1947, Washington, D.C., Kalkutta 1947, S. 1005–1006; Piero Bini: Umberto Ricci. Profile of Militant Economist, in: Warren J. Samuels et al. (Hrsg.): European Economists of the Early 20th Century, Bd. 2: Studies of Neglected Continental Thinkers of Germany and Italy, Cheltenham / Northampton 2003, S. 257–280.

Rice, Stuart A. (1889–1969), Soziologe und Statistiker; 1914–1923 administrative Funktionen in zahlreichen kommunalen und staatlichen Verwaltungen New Yorks sowie im amerikanischen Roten Kreuz während des Ersten Weltkriegs; 1923–1926 Dozent für Soziologie am *Dartmouth College*, New Hampshire; 1926–1940 Professor für Soziologie und Statistik an der University of Pennsylvania; 1933–1936 stellvertretender Direkter des US-amerikanischen Zensusbüros; 1935–1940 Vorsitzender des US-amerikanischen *Central Statistical Board*; 1940–1955 stellvertretender Direktor des *Bureau of the Budget* des *Executive Office of the President*, dort verantwortlich für Statistik; 1941–1950 Leiter des Organisationskomitees und anschließend erster Präsident des *Inter-American Statistical Institute*; 1945 inoffiziell in die Wiederbelebung des *Ausschusses Statistischer Sachverständiger* beim *Völkerbund* eingebunden; 1946 Vorsitzender und 1951–1956 Mitglied der *Statistischen Kommission* der *Vereinten Nationen*; ab 1935 Mitglied, 1947–1953 Präsident des ISI.

H[albert] L. Dunn: Stuart A. Rice, 1889–1969, in: Revue de l'Institut International de Statistique 37 (1969), S. 332–334; Mark C. Smith: Rice, Stuart Arthur (21 November 1889–04 June 1969), in: American National Biography, New York 1999 [https://doi.org/10.1093/anb/9780198606697.article.1400939; 20.02.2020].

Riefler, Winfield W. (1897–1974) Ökonom; 1921–1923 Handelsattaché an der US-Botschaft in Buenos Aires; 1923–1935 in verschiedenen Funktionen Mitarbeiter des US-amerikanischen *Federal Reserve Board*; 1933–1935 erster Vorsitzender des US-amerikanischen *Central Statistical Board*; 1935–1948 Professor für Wirtschaftswissenschaften am *Institute for Advanced Studies*, Princeton; 1941 Präsident der *American Statistical Association*; 1942–1944 US-Gesandter in London zur Koordinierung der wirtschaftlichen Zusammenarbeit mit Großbritannien; 1937–1946 Mitglied der beratenden Finanzkommission des *Völkerbunds*; 1936–1939 außerordentliches Mitglied des *Sub-Committee on Finance Statistics* und 1945 des *Sub-Committee on Banking Statistics* des *Ausschusses Statistischer Sachverständiger* beim *Völkerbund*.

Frank R. Garfield: Winfield W. Riefler, 1897–1974, in: The American Statistician 28 (1974), S. 159.

Rocca, Guiseppe (1888–1944) Ökonom und Statistiker; während des Ersten Weltkriegs Mitarbeiter des italienischen Kriegsstatistischen Amts; 1922 [?] Mitarbeiter der ILO; 1923–1927 Mitarbeiter im *Economic Intelligence Service* und dort verantwortlich für die Redaktion des MBS; 1927 Flucht in die USA aufgrund politischer

Verfolgung durch die italienische Regierung; in den USA Mitarbeiter des kubanischen Botschafters und späteren kubanischen Außenministers Orestes Ferrara; 1933 Sekretär Ferraras bei der Weltwirtschaftskonferenz in London.

Tollardo: Fascist Italy, S. 129–138.

Rosenborg, Ansgar (1893–1979) Ökonom und Statistiker; 1921–1946 Mitarbeiter im *Economic Intelligence Service*; vertrat dort insbesondere ab 1931 Loveday, nachdem dieser Sektionschef geworden war; 1946–1960 leitender Mitarbeiter sowie ‚Special Adviser' im *Department of Economic Affairs* des Sekretariats der *Vereinten Nationen*, New York.

Burckel: Who's who, S. 372; www.lonsea.de/pub/person/5563 [23.06.2018]; www.bygdeband.se/person/932407/sverige/vastmanlands-lan/heby/ostervala/ostervala-hembygdsforening/johan-ansgar-esaias-rosenborg/ [09.09.2019].

Salter, Arthur (1881–1975), Ökonom und Beamter; 1904–1917 Mitarbeiter des britischen Schifffahrtsministeriums; 1917/18 Mitglied der *Allied Maritime Transport Executive* des *Allied Maritime Transport Council*, London; Frühjahr 1919 Sekretär der Britischen Sektion des *Supreme Economic Council* sowie ab Juni 1919 Leiter der im Aufbau befindlichen *Economic and Financial Section* des Völkerbundsekretariats, London; 1920–1921 Generalsekretär der alliierten Reparationskommission; 1922–1931 Leiter der *Economic and Financial Section* des Völkerbundsekretariats; ab 1932 publizistische Tätigkeiten und Wirtschaftsberater der britischen Regierung in unterschiedlichen Gremien; ab 1934 Professor für Politische Theorie an der Universität Oxford; 1937–1950 Mitglied des Unterhauses für die Universität Oxford; 1939–1941 Mitarbeiter des Schifffahrtsministeriums; 1941–1943 Leiter der British Shipping Mission, Washington, D.C.; 1944 stellvertretender Generaldirektor der *United Nations Relief and Rehabilitation Administration*; 1951–1953 Mitglied des Unterhauses für Omskirk sowie leitende Ämter im Schatzamt; in den 1950er Jahren Wirtschaftsberater der irakischen Regierung.

Aster: Power.

Seitert, Antoine-Louis [Tony] (1889–1968) Bankier; 1914–1918 Mitarbeiter der *Banque industrielle de Chine*, London; in den 1920er Jahren Direktor der *Banque franco-chinoise en Extrême-Orient*; 1924/25 Mitglied der französischen Regierung der französischen Delegation bei den Verhandlungen Frankreichs mit der chinesischen Regierung über die Modalitätden der Boxer-Entschädigung; 1918 Mitglied des *Statistical Sub-Committee* des AMTC.

Anonymus: Banque franco-chinoise pour le commerce et l'industrie (BFC) (1922–1968), in: Les entreprises coloniales françaises. Leur dirigeants, leurs actionnaires, leur devenir. Disparitions, reconversions, 19.01.2014, o.Pag. [www.entreprises-coloniales.fr/inde-indochine/Bq_fr.-chinoise_1922–1968.pdf; 14.02.2018].

Serruys, Daniel (1875–1950) Philologe, Ministerialbeamter und Diplomat; 1918 Mitarbeiter des französischen Handelsministers Étienne Clémentel; 1919 Sekretär der Wirtschaftskommission der Pariser Friedenskonferenz; 1920–28 Abteilungsleiter im französischen Handelsministerium und dort verantwortlich für internationale Wirtschaftsbeziehungen sowie Begründer und Leiter eines *Service de l'information économique*; 1920–1930 Mitglied und 1927–30 Vorsitzender der Wirtschaftskommission des *Völkerbunds*; Mitglied der Delegationen Frankreichs bei den Wirtschaftskonferenzen von Genua (1922) und Genf (1927); 1919/20 stellvertretender Delegierter Frankreichs im SEC; Mitglied der Statistikkommission des SEC und in diesem Zusammenhang verantwortlich für die Herausgabe der französischen Ausgabe des *Monthly Bulletin of Statistics.*

Laurence Badel: Un milieu libéral et européen. Le grand commerce français 1925–1948, Paris 1999, S. 93; Charles Malégarie: Notice sur la vie et les travaux de Daniel Serruys (1875–1950), Paris 1952; Decorzant: La Société des Nations, S. 316 f.

Simiand, François (1873–1935) Philosoph, Ökonom und Sozialhistoriker; ab 1910 Professor für Wirtschaftsgeschichte (nach 1924: für ‚Geschichte und Wirtschaftsstatistik') an der *École pratique des hautes études*, Paris; ab 1932 Professor für Geschichte der Arbeit am *Collège de France*; gilt mit Émile Durkheim und Maurice Halbwachs als Mitbegründer der französischen Wirtschaftssoziologie und der *Annales*-Schule; 1900–1915 Mitarbeiter – u. a. Bibliothekar – des französischen Handelsministeriums; 1915 leitender Mitarbeiter im Rüstungsministerium; 1924–1926 Mitglied des *Preparatory Committee* des *Völkerbunds* und des ISI; ab 1923 Mitglied des ISI.

Ad[olphe] Landry: François Simiand (1873–1935), in: École pratique des hautes études. Section des sciences historiques et philologiques. Annuaire 1935–1936, Paris 1936, S. 5–17; Lucien Gillard / Michel Rosier (Hrsg.): François Simiand (1873–1935). Sociologie, histoire, économie, Amsterdam 1996; Marine Dhermy-Mairal: Scientific Durkheimianism and the Durkheimianism of Action. François Simiand and the International Labour Office (1920–1930), in: Revue Française de Sociologie [English Edition] 56 (2015), S. 449–470; Philip Whalen: François Simiand (1873–1935), in: Philip Daileader / Philip Whalen (Hrsg.): French Historians 1900–2000, Chichester 2010, S. 573–588.

Skaug, Arne (1906–1974) Statistiker, Ökonom und Politiker; 1930–1939 Mitarbeiter des *Statistike Centralbyrå*, Oslo; 1939–1941 Forschungsstipendiat für Ökonomie in den USA; 1941/42 Assistenzprofessor für Ökonomie an der University of Wisconsin,

Madison; 1942–1944 Mitarbeiter einer Behörde der norwegischen Regierung in New York; 1944–1946 Wirtschaftsberater der norwegischen Botschaft, Washington; 1946–1948 Leiter des *Statistike Centralbyrå*, Oslo; 1948/49 Staatssekretär im norwegischen Außenministerium; 1949–1955 Vertreter Norwegens bei der OEEC, Paris; 1952–1955 Vertreter Norwegens im Nordatlantikrat, Brüssel; 1955–1962 Handels- und Schifffahrtsminister Norwegens; 1962–1968 norwegischer Botschafter in London; 1968–1974 norwegischer Botschafter in Kopenhagen; 1945/46 Mitglied des *Sub-Committee on National Income Statistics* des *Ausschusses Statistisches Sachverständiger* beim *Völkerbund*; ab 1943 Mitglied zahlreicher Delegationen Norwegens bei internationalen Wirtschaftskonferenzen, u. a. 1944 norwegischer Delegierter bei der *International Monetary Conference*, Bretton Woods.

Anonymus: Skaug, Arne (1906–1974), Oslo o. J. [https://www.stortinget.no/no/Representanter-og-komiteer/Representantene/Representant/?perid=ARSU&tab=Biography; 03.11.2019]; Schuler/Bernkopf: Who Was at Bretton Woods, S. 14.

Snyder, Carl (1869–1946) Ökonom, Statistiker und Publizist; 1890–1920 Journalist und Publizist; 1920–1935 Leiter der Statistikabteilung der *Federal Reserve Bank of New York*; 1921/22 versorgte Snyder das Völkerbundsekretariat mit Daten für das MBS; 1931–1939 Mitglied des *Sub-Committee on Price Statistics* und 1936–1938 Mitglied des *Sub-Committee on Indices of Industrial Production* des *Ausschusses Statistischer Sachverständiger* beim *Völkerbund*; ab 1933 Mitglied des ISI.

George Garvy: Carl Snyder, Pioneer Economic Statistician and Monetarist, in: History of Political Economy 10 (1978), S. 454–490.

Stone, Richard (1913–1991) Ökonom und Statistiker; in den 1930er Jahren wirtschaftswissenschaftliches Studium in Cambridge, dort auch Kooperation mit Colin Clark in dessen Projekt zur Erhebung von Daten zur Volkseinkommensentwicklung; 1935–1939 Mitarbeiter der Versicherungsfirma *C.E. Heath & Co.*, London, sowie Redakteur der statistischen Zeitschriftenbeilage *Trend*, die Colin Clark herausgab; 1939/40 Mitarbeiter des britischen *Ministry of Economic Warfare*; 1941–1945 leitender Beamter des neu gegründeten *Central Statistical Office* der britischen Regierung; zusammen mit James Meade arbeitete Stone ein System der volkswirtschaftlichen Gesamtrechnung aus, das der Finanzierung der britischen Kriegswirtschaft diente; war nach dem Zweiten Weltkrieg maßgeblich an der Etablierung des international standardisierten *Systems of National Accounts* beteiligt; 1945–1955 erster Leiter des *Departments for Applied Economics* der Universität Cambridge, 1955–1980 Professor für Finanzen und Buchhaltung an der Universität Cambridge; 1984 Wirtschaftsnobelpreis für seine Arbeiten zur international standardisierten Volkseinkommensrechnung; 1945/46 Vorsitzender des *Sub-Committee on National Income Statistics* des *Ausschusses Statistisches Sachverständiger* beim *Völkerbund*; ab 1948 Mitglied des ISI.

Martin Weale: Stone, Sir (John) Richard Nicholas (1913–1991), in: Oxford Dictionary of National Biography, Oxford 2004 [http://doi.org/10.1093/ref:odnb/49989; 20.02.2020]; M. Hashem Pesaran / G[eoffrey] C. Harcourt: Life and Work of John Richard Nicholas Stone 1913–1991, in: The Economic Journal 110 (2000), Nr. 461, S. F146-F165.

Suchan, Alfred von (1888-?) Sozialwissenschaftler, 1908–1918 Berufsoffizier in der östereichisch-ungarischen Armee; 1924–1939 Mitarbeiter des *Economic Intelligence Service* und dort v.a. verantwortlich für Publikationen zu öffentlichen Finanzen.

Paul Emődi / Robert Teichl: Wer ist wer. Lexikon österreichischer Zeitgenossen, Wien 1937, S. 344.

Szturm de Sztrem, Edward (1885-1962) Mathematiker, Ökonom und Statistiker; 1912–1918 Statistiker des *Zemstvo* der russischen Provinz Poltava (Ukraine); 1918–1920 Leiter der Statistikabteilung des Ernährungsministeriums der polnischen Regierung; 1920–1929 Abteilungsleiter im und 1929–1939 Leiter des zentralen Statistikamt Polens (*Główny Urząd Statystyczny*); 1939–1946 wissenschaftliche Arbeiten in Frankreich und Großbritannien, u.a. 1944–1946 Lehrtätigkeit an der Universität Oxford; 1946–1948 Vorsitzender des „Committee for Research on Production Costs" im zentralen Planungsamt der polnischen Regierung, Warschau; 1946–1951 Präsident und Professor für Statistik und Demographie an der Warschauer „School of Political Science"; 1951–1960 Professor für Statistik an der Warschauer „Central School of Planning and Statistics"; 1931–1939/46 Mitglied des *Ausschusses Statistischer Sachverständiger* beim *Völkerbund*; 1928 Delegierter Polens bei der Internationalen wirtschaftsstatistischen Konferenz; ab 1931 Mitglied und 1947–1951 Vizepräsident des ISI.

K. Romaniuk: Edward Szturm de Sztrem, 1885–1962, in: Revue de l'Institut International de Statistique 31 (1963), S. 454–455.

Thomas, Woodlief (1897-1974) Ökonom; 1920–1922 Mitarbeiter der *Federal Reserve Bank of Philadelphia*; 1922–1928 Mitarbeiter des *Federal Reserve Board*, dort u.a. involviert in die Konstruktion eines *Index of Industrial Production*; 1930–1933 Mitarbeiter der *Federal Reserve Bank of New York*; ab 1933 Mitarbeiter, 1934–1945 stellvertretender Direktor und 1945–1949 stellvertretender Direktor der Forschungs- und Statistikabteilung des *Federal Reserve Board*; 1949–1965 Chefökonom des *Federal Reserve Board*; 1965–1967 Chefökonom des *Senate Committee on Ban-*

king and Currency des US-amerikanischen Kongresses; 1945 Mitglied des *Sub-Committee on Banking Statistics* des *Ausschusses Statistischer Sachverständiger* beim *Völkerbund.*

Anonymus: Woodlief Thomas, 76, Dies. Economist for Senate Unit, in: New York Times, 16.07.1974; Frank R. Garfield: Economic Change and Economic Analysis, in: Federal Reserve Bulletin 49 (1963), S. 1199 – 1215, hier S. 1200; Federal Reserve Board, 1914 – 1956 – Federal Advisory Council, 1914 – 1956 – Treasury Officials, Sammlung von biographischen Angaben zu Mitgliedern und Mitarbeitern des *Federal Reserve Board*, ca. 1956/57, in: Brookings Institution, Washington. Committee on the History of the Federal Reserve System. Federal Reserve Board, Entry 174, Box 2, Item 6 [https://fraser.stlouisfed.org/archival/1342/item/459277; 12.11.2019].

Trendelenburg, Ernst (1882 – 1945) Jurist, Beamter und Politiker; ab 1917 Mitarbeiter des *Reichswirtschaftsamts*/*Reichswirtschaftsministeriums*; 1923 – 1932 Staatssekretär im *Reichswirtschaftsministerium*; 1930/31 und 1932 kommissarischer Leiter des *Reichswirtschaftsministeriums*; 1932/33 Untergeneralsekretär des *Völkerbunds*; ab 1934 Aufsichtsratsvorsitzender der *Vereinigten Industrie-Unternehmen*; 1935 Leiter der *Reichsgruppe Industrie*; 1926 – 1932 Mitglied der Wirtschaftskommission des *Völkerbunds*; 1926/27 Mitglied des Vorbereitungskomitees der Weltwirtschaftskonferenz 1927; 1928 Mitglied des Agendakomitees zur Vorbereitung der Internationalen wirtschaftsstatistischen Konferenz; 1927 Teilnehmer der Weltwirtschaftskonferenz in Genf.

Schulz: Deutschland, v. a. S. 69 – 71; Werner Abelshauser et al. (Hrsg.): Wirtschaftspolitik in Deutschland 1917 – 1990, Bd. 1: Das Reichswirtschaftsministerium der Weimarer Republik und seine Vorläufer. Strukturen, Akteure, Handlungsfelder, München 2016; Erna Danzl: Erinnerungen Hans Schäffers an Ernst Trendelenburg. Dokumentation, in: Vierteljahrshefte für Zeitgeschichte 25 (1977), S. 865 – 888.

Verrijn Stuart, Coenraad Alexander (1865 – 1948) Jurist, Ökonom und Statistiker; 1887 – 1890 Sekretär und 1890 – 1899 Direktor des *Statistisch Institut* Amsterdam; ab 1896 Redakteur der Zeitschrift *De Economist*; 1899 – 1906 erster Direktor des *Centraal Bureau voor de Statistiek*, Den Haag; 1907 – 1925 Vorsitzender der *Centrale Commissie voor de Statistiek*; 1906 – 1909 Professor für Volkswirtschaftslehre an der Technischen Hochschule Delft; 1909 – 1917 Professor für Volkswirtschaftslehre an der Universität Groningen; ab 1917 Professor für Volkswirtschaftslehre und Statistik an der Universität Utrecht; 1923 – 1926 Mitglied des *Preparatory Committee* des *Völkerbunds* und des ISI; ab 1887 Mitglied, 1907 – 1911 Generelsekretär und ab 1928 Ehrenmitglied des ISI.

R.F.G.: Conrad Alexander Verrijn Stuart, in: Journal of the Royal Statistical Society, Series A 112 (1949), S. 346; Walter F. Willcox: Conrad Alexander Verrijn Stuart (1865–1948), in: Journal of the American Statistical Association 44 (1949), S. 295–296; J[an] R[eginald] Zuidema: C.A. Verrijn Stuart. Vertegenwoordiger van de Oostenrijkse School in Nederland, in: A[rend] J. Vermat (Hrsg.): Van liberalisten tot instrumentalisten. Anderhalve eeuw economisch denken in Nederland, Leiden et al. 1987, S. 117–139.

Voionmaa, O. Tapio (1896–1960) Statistiker und Diplomat; 1921/22 Mitarbeiter der finnischen Botschaft in London; 1922–1929 Mitarbeiter des *Internationalen Arbeitsamts*, Genf; 1929–1937 Mitarbeiter des *Economic Intelligence Service*; 1937/38 Leiter der wirtschaftspolitischen Abteilung des finnischen Außenministeriums; 1938–1941 sowie 1946–1950 Staatssekretär im finnischen Außenministerium; 1941–1946 Gesandter Finnlands in der Schweiz.

https://en.wikipedia.org/wiki/Tapio_Voionmaa [09.09.2019].

Wagemann, Ernst (1884–1956) Statistiker und Ökonom; 1908–1916 Lehrtätigkeit am Hamburgischen Kolonialinstitut; 1916–1918 Leiter der Statistikabteilung des Kriegsernährungsamts, Berlin; 1919 Lehrtätigkeit an der Universität Berlin; 1919–1923 leitender Mitarbeiter im *Reichswirtschaftsministerium*; 1923/24 Interimspräsident und 1924–1933 Präsident des *Statistischen Reichsamts*; 1925–1945 Leiter des *Instituts für Konjunkturforschung*, Berlin (ab 1941: *Deutsches Institut für Wirtschaftsforschung*); 1945–1954 Professor für Ökonomie und Statistik an der Universität Santiago de Chile; 1954–1956 publizistische Tätigkeit in Deutschland; 1928 Mitglied des Agendakomitees zur Vorbereitung der Internationalen wirtschaftsstatistischen Konferenz; 1931–1933 Mitglied des *Ausschusses Statistischer Sachverständiger* beim *Völkerbund*; 1928 Delegierter Deutschlands bei der Internationalen wirtschaftsstatistischen Konferenz; ab 1926 Mitglied, ab 1929 Ehrenmitglied des ISI.

Tooze: Statistics, S. 110 f. et passim; H[ans] Langelütke: Ernst Wagemann 1884–1956, in: Revue de l'Institut International de Statistique 24 (1956), S. 157–159; Albert Wissler: Ernst Wagemann. Begründer der empirischen Konjunkturforschung in Deutschland (Deutsches Institut für Wirtschaftsforschung, Sonderheft 26), Berlin 1954.

Würzburger, Eugen (1858–1938) Ökonom und Statistiker; 1880/81 Statistisches Amt der Stadt Berlin; 1881–1884 Mitarbeiter in der Italienischen Statistischen Generaldirektion; 1886–1889 Mitarbeiter des *Kaiserlichen Statistischen Reichsamts*, Berlin; 1890–1894 Assistent des Direktors und 1894–1902 Direktor des Statistisches Amt der Stadt Dresden; 1902–1923 Leiter des *Sächsischen Statistischen Landesamts*; 1917/18 Auftrag zur Reorganisation der amtlichen Statistik des Osmanischen Reichs; 1919–1927 Professor für Statistik, Universität Leipzig; 1909–1930 Begründer und Herausgeber des *Deutschen Statistischen Zentralblatts*; 1935 Entzug der Lehrbefugnis an der Universität Leipzig; 1923–1926 Mitglied des *Preparatory Committee* des *Völkerbunds* und des ISI; ab 1903 Mitglied und ab 1928 Ehrenmitglied des ISI.

Rudolf Meerwarth: Eugen Würzburger zum 70. Geburtstag, in: Deutsches Statistisches Zentralblatt 20 (1928), Sp. 129–136; Vereinigung der Sozial- und Wirtschaftswissenschaftlichen Hochschullehrer: Werdegang und Schriften der Mitglieder, Treibnitz/Köln 1929; [Rudolf] Meerwarth: Eugen Würzburger als Hauptherausgeber des Deutschen Statistischen Zentralblatts, in: Deutsches Statistisches Zentralblatt 25 (1933), Sp. 225–228; O[tto] Landsberg: Eugen Würzburger (1858–1938), in: Bulletin de l'Institut International de Statistique 30 (1938/45), Nr. 1, S. 119–120.

Wyler, Julius (1891–1959) Statistiker und Ökonom; 1916–1941 Mitarbeiter des *Eidgenössischen Statistischen Bureaus*; 1917–1941 Redakteur des *Statistischen Jahrbuchs der Schweiz*; 1938 Stipendiat der *Rockefeller Foundation* im Rahmen des ‚Statistical Study Programme' des Völkerbundsekretariats; 1941 Emigration in die USA; 1941–1956 Professor an der *New School for Social Research*, New York; 1945/46 Mitglied des *Sub-Committee on National Income Statistics* des *Ausschusses Statistisches Sachverständiger* beim *Völkerbund*.

Harry Cohen / Itzhak J. Carmin: Jews in the World of Science. A Biographical Dictionary of Jews eminent in the Natural and Social Sciences, New York 1956; Sandra H. Hawrylchak: Findbuch zum Nachlass Wylers am M. E. Grenander Department of Special Collections & Archives, State University of New York, University at Albany [https://archives.albany.edu/collections/catalog/ger102; 24.04.2019].

Yanagisawa Yasutoshi (1870–1936) Sozialwissenschaftler, Statistiker, Unternehmer und Politiker; ab 1901 (?) Professor für Statistik an der Waseda-Universität, Tokio; 1902 Gründer einer Lebensversicherungsfirma; ab 1904 Mitglied des Oberhauses des japanischen Parlaments; 1913 Gründer eines privaten Forschungsinstituts für Statistik; leitende Funktionen im ersten Zensus des japanischen Staats 1920; ab 1920 Mitglied der zentralen statistischen Kommission der japanischen Regierung; ab 1906 Mitglied und ab 1931 Ehrenmitglied des ISI.

Hasegawa T.: Yasutoshi Yanagisawa (1870–1936), in: Bulletin de l'Institut International de Statistique 28 (1935/38), Nr. 1, S. 253–255; Shimamura Shirō: Nihon tōkei shi gunzo, Tokio 2009, S. 143–152.

Zahn, Friedrich (1869–1946) Ökonom und Statistiker; 1895/96 Mitarbeiter des *Bayerischen Statistischen Bureaus*, München; 1896–1907 Mitarbeiter des *Kaiserlichen Statistischen Amts*, Berlin; 1902–1908 außerordentlicher Professor für Staatswissenschaften an der Universität Berlin; 1906/07 Erster Beigeordneter der Stadtverwaltung Düsseldorf; 1907–1939 Präsident des *Bayerischen Statistischen Bureaus/*

Landesamts; ab 1901 Mitglied, 1928 – 1931 Vizepräsident, 1931– 1936 Präsident und ab 1936 Ehrenpräsident des ISI.

Friedrich Burgdörfer: Friedrich Zahn (1869 – 1946), in: Proceedings of the International Statistical Conferences, Bd. 3/2: 25th Session of the International Statistical Institute, September 6 – 18, 1947, Washington, D.C., Kalkutta 1947, S. 1022 – 1025; Karl Bosl (Hrsg.): Bosls Bayerische Biographie. 1000 Persönlichkeiten aus 15 Jahrhunderten. Ergänzungsband, Regensburg 1988, S. 177.

Tabellen

https://doi.org/10.1515/9783111207124-014

Abbildungen

https://doi.org/10.1515/9783111207124-015

Bildnachweise

Abb. 1, 13, 19–25: League of Nations. ©*United Nations Archives*, Genf.
Abb. 2: Jahrbuch für Volkswirthschaft und Statistik 1 (1852), Beilage.
Abb. 3–4: F[ranz]-X[aver] v. Neumann-Spallart: Uebersichten über Produktion, Verkehr und Handel in der Weltwirthschaft, Stuttgart 1878, S. 215, 217.
Abb. 5: Martin Bemmann.
Abb. 6: Sydney Morning Herald, 30.06.1933. Reproduktion durch *National Library of Australia*, Canberra.
Abb. 7: Wirtschaftsdienst NF 18 (1933), Nr. 51 [22.12.1933], S. 1743. © ZBW.
Abb. 8: Shiye tongji / The Industrial Statistics 1 (1933), Nr. 2, Art. 2, S. 19.
Abb. 9: Deutsche Wirtschafts-Zeitung 29 (1932), Nr. 37 [15.09.1932], S. 893.
Abb. 10: Der Jungdeutsche [Berlin], 30.01.1927. Reproduktion durch Universitätsbibliothek der *Philipps-Universität* Marburg.
Abb. 11: unbekannte Zeitung [BAB R 8034II/5885; dort ist fälschlicherweise als Erscheinungsort angegeben: Der Tag [Berlin], 11.02.1934].
Abb. 12: Le Temps [Paris], 14.12.1937. Reproduktion durch *Bibliothèque nationale de France*, Paris (Gallica).
Abb. 14: Deutsche Tageszeitung, 03.05.1931. Reproduktion durch Universitätsbibliothek der *Friedrich-Alexander-Universität* Erlangen-Nürnberg.
Abb. 15: Rekkoku kokusei yōran 16 (1936), o.Pag. Reproduktion durch *National Diet Library*, Tokio (NDL Digital Collections; https://dl.ndl.go.jp/pid/1449955/1/6).
Abb. 16: Delegazione alla Conferenza per il Consolidamento del Debito di Guerra: Graphics showing several Aspects of Italian Conditions and of the International Economic Situation, Rom 1925, o. Pag.
Abb. 17: National Library Scotland. P 137/1 Collection of Soviet Posters, Item 68 [https://digital.nls.uk/74506240]. CC BY 4.0.
Abb. 18: Michael G. Mulhall: Mullhall's Dictionary of Statistics, London 1884, o. Pag. [zw. S. 244/45].
Abb. 26–28: Google Books Ngram Viewer [http://books.google.com/ngrams].
Abb. 29: Völkischer Beobachter (Süddeutsche Ausgabe), 03.07.1938.

https://doi.org/10.1515/9783111207124-016

Abkürzungen

Abb.	Abbildung(en)
AgRB	Archives générales du Royaume, Brüssel
AMTC	*Allied Maritime Transport Council*
ASS	*Ausschuss Statistischer Sachverständiger* beim *Völkerbund*
BAB	Bundesarchiv Berlin
Bearb.	Bearbeiter
BL IOR	British Library, London. India Office Records
BL UCB	Bancroft Library, University of California, Berkeley
CCA	Churchill College, Archives Centre, Cambridge University, Cambridge, UK
CN STEF	Centrum för Näringslivsarkivet, Stockholm. Svenska Trävaruexportföreningen
DAMFA	Diplomatic Archives of the Ministry of Foreign Affairs, Tokio
Ders.	Derselbe
Dies.	Dieselbe / Dieselben
Diss.	Dissertationsschrift
EFO	*Economic and Financial Organisation* [of the League of Nations]
EIS	*Economic Intelligence Service* [of the League of Nations]
et al.	et alii
f./ff.	folgende
FN	Fußnote
GStA PK	Geheimes Staatsarchiv Preußischer Kulturbesitz, Berlin
Habil.	Habilitationsschrift
HHPL	Herbert Hoover Presidential Library, West Branch, Iowa
HIAS	Hoover Institution Archives, Stanford
Hrsg.	Herausgeber
ICC	*International Chamber of Commerce / Internationale Handelskammer*
IIA	*Institut International d'Agriculture / Internationales Landwirtschaftsinstitut*
ILO	*International Labour Organisation*
ILOA	*International Labour Organisation Archives*, Genf
IPR	*Institute of Pacific Relations*
ISI	*Internationales Statistisches Institut*
Kap.	Kapitel
LoNA	League of Nations Archives, Genf
LSE Archives	London School of Economic and Political Science, Archives and Special Collections
masch.	maschinenschriftliches Manuskript
MBS	*Monthly Bulletin of Statistics*
Mrd.	Milliarden
NAI	National Archives of India, New Delhi
NCL	Nuffield College Library, Oxford University, Oxford
ND	Neudruck
OECD	*Organisation for Economic Co-Operation and Development*
o.J.	erschienen ohne Jahresangabe
OJ	*Official Journal of the League of Nations*
o.O.	erschienen ohne Ortsangabe
OPEC	Organization of the Petroleum Exporting Countries

https://doi.org/10.1515/9783111207124-017

PA AA	Politisches Archiv des Auswärtigen Amts, Berlin
S.	Seite
SEC	*Supreme Economic Council* [of the Allied and Associated Powers]
Sp.	Spalte
Tab.	Tabelle
TNA	The National Archives of the United Kingdom, Kew
übers.	übersetzt
UA GDSCA	University of Albany, State University of New York, M. E. Grenander Department of Special Collections and Archives, Albany, NY
UN	*United Nations / Vereinte Nationen*
v.	von
v. a.	vor allem
Vgl.	vergleiche

Quellen und Literatur

Verzeichnis der benutzten Archivbestände

Archives générales du Royaume, Brüssel (AgRB)

T 044	Commission des Réparations.

Bancroft Library, University of California, Berkeley, Kalifornien (BL UCB)

BANC MSS C-B 901 Papers of John Bell Condliffe.

British Library, London
India Office Records (BL IOR)

L/E	Economic Department Records.

Bundesarchiv Berlin (BAB)

R 2	Reichsfinanzministerium.
R 43 I	Reichskanzlei.
R 43 II	Reichskanzlei.
R 401	Vorläufiger Reichswirtschaftsrat.
R 901	Auswärtiges Amt.
R 3101	Reichswirtschaftsministerium.
R 3102	Statistisches Reichsamt.
R 8034 II	Reichslandbund-Pressearchiv.

Centrum för Näringslivsarkivet, Stockholm
Svenska Trävaruexportföreningen (CN STEF)

E3DB	Inkommende handlinger och korrespondens. Korrespondens.

Churchill College, Archives Centre, Cambridge University, Cambridge, UK (CCA)

Papers of Arthur Salter – Sidney Aster Collection.

Diplomatic Archives of the Ministry of Foreign Affairs, Tokio
[via: Japan Center for Asian Historical Records; www.jacar.ac.jp] (DAMFA)

Prewar Diplomatic Records. Series 2, Category 4, Section 2: League of Nations.
Records of the Ministry of Foreign Affairs, Myogadani Training Institute. Series B: Administrative Office for the League of Nations.

Geheimes Staatsarchiv Preußischer Kulturbesitz, Berlin (GStA PK)

I. HA Rep. 77	Preußisches Ministerium des Innern.

Herbert Hoover Presidential Library, West Branch, Iowa (HHPL)

Oral History Collection, *Interview of Raymond Henle with Joseph S. Davis*, 11.10.1967.
Papers of Edward Dana Durand.

Hoover Institution Archives, Stanford, Kalifornien (HIAS)

Allied and Associated Powers (1914–1920) – Inter-Allied Food Council Records.
Papers of Joseph S. Davis.
Papers of Edmund Francis Gay.

https://doi.org/10.1515/9783111207124-018

International Labour Organisation Archives, Genf (ILOA)

D	Diplomatic.
L	League of Nations.
O	Organization (ILO).
T	Statistics.
XGB	Files of Harold B. Butler. Governing Body.

Official Document Collection.

League of Nations Archives, Genf (LoNA)

Commission Files (C)

London Office – Financial Section and Economic Intelligence Service.
Princeton Office – Financial Section and Economic Intelligence Service.

Private Archives (P)

Archives of Mr. Loveday.

Registry Files (R)

1919 – 1927

10	Economic and Financial Section.
15	Labour.
18	Library.
29	Secretariat Organisation.
31	Financial Administration Section.
32	Secretariat Organisation. Building and Furniture.
40	League of Nations. General.
40 A	Genoa and then the Hague Economic Conference.
43	Publication Section. Printing and Publishing.
45	Russian Refugees.
49	Publication Section. Application for League Documents.

1928 – 1932

10 A	Economic and Financial Section. General.
10B	Economic and Financial Section. Statistics.
10D	Economic and Financial Section. Economic.
19	Publication Section. League Documents

1933 – 1946

10B	Economic and Financial Section. Economic Intelligence.
19	Publication Section. League Documents.

Section Files (S)

Economic and Financial Section (E&F Section).
Financial Administration Section/Treasury.
Personnel Files.

Official Document Collection.

London School of Economics and Political Science, Archives and Special Collections, London (LSE Archives)

Papers of Edward M.H. Lloyd.
Papers of the London & Cambridge Economic Service.

National Archives of India, New Delhi, Online-Portal Abhilekh-Patal (NAI)
Digitized Public Records, Education and Health.

National Archives of the United Kingdom, Kew (TNA)

BT 24	Board of Trade. Statistical Department. Out-Letters.
BT 70	Board of Trade. Statistical Department. Correspondence and Papers.
BT 197	Board of Trade Advisory Council. Minutes and Papers.
BT 198	Board of Trade Council. Minutes and Papers.
CAB 21	Cabinet Office and Predecessors. Registered Files (1916 to 1965).
CAB 23	War Cabinet and Cabinet. Minutes.
CAB 24	War Cabinet and Cabinet. Memoranda.
CAB 27	War Cabinet and Cabinet. Miscellaneous Committees. Records (General Series).
CAB 31	Cabinet Office. International Economic Conference of Genoa. Minutes and Memoranda.
CO 852	Colonial Office. Economic General Department and Predecessors. Registered Files.
FO 371	Foreign Office. Political Departments. General Correspondence, 1906–1966.
FO 433	Foreign Office. Confidential Print Economic Affairs, General.
FO 608	Foreign Office. Peace Conference. British Delegation. Correspondence and Papers.
GFM 33	German Foreign Ministry Archives.
T 1	Treasury. Treasury Board Papers and In-Letters.
T 161	Treasury. Supply Department. Registered Files (S Series).
T 188	Treasury. Correspondence and Papers of Frederick William Leith-Ross.

National Library of Scotland, Edinburgh
P. 137/1 *Collection of Soviet Posters*
[https://www.nls.uk/collections/foreign/soviet-posters/].

Nuffield College Library, Oxford University, Oxford, UK (NCL)
Papers of Alexander Loveday.

Politisches Archiv des Auswärtigen Amts, Berlin (PA AA)
Konsulat Genf.
Referat Völkerbund.
RZ 303 Sonderreferat Wirtschaft.

Rockefeller Archive Center, Sleepy Hollow, New York
Rockefeller Foundation Records, Project Files, RG 1.1, Series 100.
Rockefeller Foundation Records, Administration. Program & Policy, RG 3.1, Series 910.

University of Albany, State University of New York, M. E. Grenander Department of Special Collections and Archives, Albany, New York (UA GDSCA)
Papers of Karl Pribram.

Yale University Library, Manuscripts and Archives, New Haven, Connecticut
RU 23 Charles Seymour Records.

UN Document Collection. Enterprise Search Engine for the United Nations [https://search.un.org]

Gedruckte Quellen und Literatur

A., C.D.: Kiangsu Handbook proves Valuable and Useful Book. First of New Industrial Series Appears, is Asset to Business, in: The China Press, 03. 09. 1933.

Abel, Jessamyn R.: The International Minimum. Creativity and Contradiction in Japan's Global Engagement, 1933 – 1964, Honolulu 2015.

Abelshauser, Werner et al. (Hrsg.): Wirtschaftspolitik in Deutschland 1917 – 1990, Bd. 1: Das Reichswirtschaftsministerium der Weimarer Republik und seine Vorläufer. Strukturen, Akteure, Handlungsfelder, München 2016.

Abramowski, Günter (Bearb.): Die Kabinette Marx III und IV. 17. Mai 1926 bis 29. Januar 1927, 29. Januar 1927 bis 29. Juni 1928 (Akten der Reichskanzlei. Weimarer Zeit, Bd. 10,2), Boppard 1988.

Acheson, Dean: Morning and Noon, Boston 1965.

Adcock Kaufman, Alison: In Pursuit of Equality and Respect. China's Diplomacy and the League of Nations, in: Modern China 40 (2014), S. 605 – 638.

Adelman, Jeremy: What is Global History Now?, in: Aeon, 02. 03. 2017 [https://aeon.co/essays/is-global-history-still-possible-or-has-it-had-its-moment; 23. 03. 2020].

Aftalion, Albert: Les variations cycliques irrégulières dans les relations internationales, in: Revue d'économie politique 47 (1933), S. 273 – 291.

Agar, Jon: The Government Machine. A Revolutionary History of the Computer (History of Computing), Cambridge / London 2003.

Akami, Tomoko: Internationalizing the Pacific. The United States, Japan and the Institute of Pacific Relations in War and Peace, 1919 – 45 (Asia's Transformations, Bd. 3), London / New York 2002

Akami, Tomoko: The Limits of Peace Propaganda. The Information Section of the League of Nations and Its Tokyo Office, in: Jonas Brendebach / Martin Herzer / Heidi Tworek (Hrsg.): International Organizations and the Media in the Nineteenth and Twentieth Centuries. Exorbitant Expectations (Routledge Studies in Modern History), London / New York 2018, S. 70 – 90.

Åkerman, Johan: Ökonomischer Fortschritt und ökonomische Krisen, Wien 1932.

Akhabbar, Amanar: La matrice russe. Les origines soviétiques de l'analyse input-output, 1920 – 25, in: Courrier de Statistique 123 (2008), S. 23 – 26.

Albert, Matthias et al.: Vergleichen unter den Bedingungen von Konflikt und Konkurrenz (Praktiken des Vergleichens. Working Paper des SFB 1288, Bd. 1), Bielefeld 2019 [https://pub.uni-bielefeld.de/record/2934783; 12. 03. 2020].

Alchon, Guy: The Invisible Hand of Planning. Capitalism, Social Science, and the State in the 1920s, Princeton 1985.

Alcock, Antony E.: History of the International Labour Organisation, London / Basingstoke 1971.

Aldcroft, Derek H.: Die zwanziger Jahre. Von Versailles zur Wall Street, 1919 – 1929 (Geschichte der Weltwirtschaft im 20. Jahrhundert, Bd. 3), München 1973.

Alexander, Judith A.: Agatha Louisa Chapman (1907 – 639), in: Robert W. Dimand / Mary Ann Dimand / Evelyn L. Forget (Hrsg.): A Biographical Dictionary of Women Economists, Cheltenham 2000, S. 103 – 106.

Allen, Robert L.: Irving Fisher. A Biography, Cambridge 1993.

Aloni, Omer: The League of Nations and the Protection of the Environment (Cambridge Studies in International and Comparative Law, Bd. 159), Cambridge 2021.

Ambrosius, Gerald: Wirtschaftsstruktur und Strukturwandel. Gesamtwirtschaft, in: Ders. / Dietmar Petzina / Werner Plumpe (Hrsg.): Moderne Wirtschaftsgeschichte. Eine Einführung für Historiker und Ökonomen, München 1996, S. 175 – 191.

American Women. The Official Who's Who Among the Women of the Nations, Los Angeles 1935.

Ames, Herbert: Financial Administration and Apportionment of Expenses, Genf 1923.

Anais do Conselho Econômico da Confederação Nacional da Indústria dos Anos de 1947–1948–1949, Rio de Janeiro o.J. [1949].

Anderson, O[skar] N.: On the Question of the Construction of an Internationally Comparable Index of Industrial Production, in: Trudove na Statističeskija Institut za Stopanski Proučvanija pri Sofijskija Dăržaven Universitet / Publications of the Statistical Institute for Economic Research, State University of Sofia 3 (1937), S. 121–131.

Andersen, Steen: Escape from „Safehaven". The Case of Christiani & Nielsen's Blacklisting in 1944, in: Business History 51 (2009), S. 691–711.

„An Ex-MP": English and French Taxation of Agricultural Products [Leserbrief], in: The Times [London], 16.07.1894.

Angas, L[awrence] L.B.: The Problems of the Foreign Exchanges, London 1935.

Anonymus: Skaug, Arne (1906–1974), Oslo o.J. [https://www.stortinget.no/no/Representanter-og-komiteer/Representantene/Representant/?perid=ARSU&tab=Biography; 03.11.2019].

Anonymus: Political Geography. Introduction to the Statistical Tables of the Principal Empires, Kingdoms and States in Europe, London 1789.

Anonymus: [Rezension von Jahrbuch für Volkswirthschaft und Statistik 1 (1852)], in: The Economist, 25.09.1852, S. 1075.

Anonymus: Literary Intelligence, in: The Biblical Repertory and Princeton Review 25 (1853), S. 150–164.

Anonymus: Jahresbericht des Statistischen Central-Archives, in: Bremer Handelsblatt, 16.02.1855, Beilage, S. 101.

Anonymus: Der dritte internationale statistische Kongreß in Wien – III, in: Illustrirte Zeitung [Leipzig] 30 (1858), Nr. 760 [23.01.1858], S. 57–59, 62.

Anonymus: Verzeichniss der Bücher, Mappen und Landkarten der statistischen Sammlung des sel. Dr. Friedr. Wilh. Freiherrn von Reden, Wien 1861.

Anonymus: [Annotation der 16. Auflage von Otto Hübners Statistischer Tafel aller Länder, Frankfurt/ Main 1867], in: Militär-Zeitung [Wien] 20 (1867), Nr. 57 [24.07.1867], S. 463.

Anonymus: [Annotation der 17. Auflage von Otto Hübners Statistischer Tafel aller Länder, Frankfurt/ Main 1868], in: Das Vaterland [Wien], 12.07.1868.

Anonymus: [Annotation der 19. Auflage von Otto Hübners Statistischer Tafel aller Länder, Frankfurt/ Main 1870], in: Innsbrucker Nachrichten vom 08.06.1870.

Anonymus: Hübner's Statistical Table, in: Pall Mall Gazette, 04.09.1872, S. 10.

Anonymus: Literary and Trade News, in: The Publisher's Weekly 3 (1873), Nr. 55 [30.01.1873], S. 108.

Anonymus: Foreign Statistics, in: Pall Mall Gazette, 12.05.1876, S. 10–11.

Anonymus: Catalogue of the Library of the Statistical Society, London 1884, S. 212.

Anonymus: Aus dem Gerichtssaale, in: Neue Freie Presse [Wien], 02.03.1895, Abendblatt, S. 2.

Anonymus: Der Reichthum Europas, in: Neues Wiener Tagblatt, 28.07.1901.

Anonymus: Chemins de Fer du Monde. Situation au 31 Décembre 1900 et développement par périodes décennales pendant le dix-neuvième siècle, in: Journal officiel de la République française 34 (1902), Nr. 14 [25.05.1902], S. 3615–3619.

Anonymus: Bericht über die Tätigkeit des statistischen Seminars an der k.k. Universität Wien während des Wintersemesters 1904/5, in: Statistische Monatsschrift NF 10 (1905), S. 915–950.

Anonymus: The Cost of the War and Its Financial Effects during the Year 1915, in: The Economist, 18.12.1915, War Supplement, S. 3–24.

Anonymus: Overseas Trade. Effect of the War, in: The Times, 21.01.1916.
Anonymus: Foreign Trade, in: The Economist, 12.02.1916, S. 255–256.
Anonymus: Overseas Trade in 1916, in: The Economist, 13.01.1917, S. 48–49.
Anonymus: Overseas Trade. Adverse Balance Reduced, in: The Times, 19.01.1917.
Anonymus: Personalnachrichten, in: Deutsches Statistisches Zentralblatt 9 (1917), Sp. 267.
Anonymus: Overseas Trade in 1917, in: The Economist, 19.01.1918, S. 75–77.
Anonymus: Overseas Trade. Effects of Higher Prices, in: The Times, 22.01.1918.
Anonymus: The Inter-Allied Scientific Food Commission, in: Science N.F. 48 (1918), Nr. 1229, S. 60–61.
Anonymus: United States. Statistical Classification for Imports and Exports. Revision and Extension for War Purposes and Trade Promotion, in: Board of Trade Journal 100 (1918), Nr. 1122 [30.05.1918], S. 680.
Anonymus: War and Export Trade. An Analysis, 1913–1917, in: Board of Trade Journal 101 (1918), Nr. 1150 [12.12.1918], S. 736–738.
Anonymus: Overseas Trade in 1918, in: The Economist, 11.01.1919, S. 38–39
Anonymus: The Official Statistics of Japan, in: Publications of the American Statistical Association 16 (1919), S. 339–346.
Anonymus: Monthly Bulletin of Statistics, in: The Statist, 26.07.1919, S. 160.
Anonymus: Official Economic Statistics, in: The Economist, 26.07.1919, S. 129.
Anonymus: World Statistics, in: The Times, 15.08.1919.
Anonymus: Official Economic Statistics, in: The Economist, 23.08.1919, S. 312.
Anonymus: World Labour Conference, in: The Times, 25., 28. und 29.10.1919.
Anonymus: World Labour Bureau, in: The Times, 27.11.1919.
Anonymus: Dominions as Nations, in: The Auckland Star, 26.02.1920.
Anonymus: The League of Nations..., in: North China Herald, 17.07.1920, S. 145.
Anonymus: A Great Advance, in: North China Herald, 16.10.1920.
Anonymus: Tariff Revision in 1918, in: The China Year Book 1921–22, Tianjin 1921, S. 828–830.
Anonymus: International Price Movements, in: The Statist, 21.05.1921, S. 894–895.
Anonymus: Ein Statistischer Atlas zum Welthandel, in Vossische Zeitung, 08.06.1921.
Anonymus: New Commerce Classification, in: Quarterly Publications of the American Statistical Association 17 (1921), S. 653.
Anonymus: Monthly Index of Manufacturing Production, in: Survey of Current Business Nr. 17 (January 1923), S. 22–28.
Anonymus: Statistical Methods. Not Mathematically Certain, in: Daily Herald [Adelaide], 23.03.1923.
Anonymus: The Industrial Nations, in: New Zealand Herald [Auckland], 27.03.1923.
Anonymus: Notes, in: American Economic Review 13 (1923), S. 197–208.
Anonymus: À la Chambre de Commerce Internationale. M. Gino Olivetti est élu président du Comité de Statistique, in: La Journée Industrielle [Paris], 29.08.1923.
Anonymus: The Government Bureau of Markets in Shanghai, in: The China Weekly Review, 24.04.1926, S. 199.
Anonymus: The Trend of World Trade. Imperial Factors, in: Financial Times, 27.11.1926.
Anonymus: Die Weltwirtschaftskonferenz, in: Die Rote Fahne [Wien], 07.12.1926.
Anonymus: Asia Trade increased almost as much as that of U.S. since 1913 states League of Nations Report, in: The China Press, 13.01.1927.
Anonymus: World Trade. Development in the Far East. China's New Market, in: The Singapore Free Press and Mercantile Advertiser, 18.01.1927.

Anonymus: Europa und der Welthandel. Der Rückgang des Anteils, in: Der Jungdeutsche [Berlin], 30. 01. 1927.
Anonymus: World Trade. Post-War Movement. Changing Conditions, in: Lake Wakatip Mail [Queenstown, Neuseeland], 22. 02. 1927.
Anonymus: The Nation's Trade. 5 per cent Increase in Volume in World's Trade, in: The North Western Courier [Narrabi, New South Wales, Australien], 10. 03. 1927.
Anonymus: Eindrücke von der Weltwirtschaftskonferenz, in: Schweizerischer Bankverein. Monatsbericht 5/1927, S. 101 – 105.
Anonymus: World-Wide Business Conditions Pictured. Various Stages of Prosperity and Depression Noted in 17 Countries in 1926, in: News-Bulletin of the National Bureau of Economic Research, Nr. 25 [20. 05. 1927], S. 1 – 4.
Anonymus: The Rivals. Panama Canal Trade passes that of Suez, in: South China Morning Post, 10. 06. 1927.
Anonymus: Index of Production. Need for Industrial Statistics, in: The Times, 20. 01. 1928.
Anonymus: Die Konferenz für mitteleuropäische Konjunkturforschung, in: Neues Wiener Journal, 24. 03. 1928.
Anonymus: Mitteilung an die Bezieher der „Monatsberichte", in: Monatsberichte des Österreichischen Institutes für Konjunkturforschung 2 (1928), Nr. 4 [20. 04. 1928], S. 61.
Anonymus: Statistika mirovogo chozjajstva, in: Mirovoe chozjajstvo i mirovaja politika 3 (1928), Nr. 1, S. 156 – 159.
Anonymus: Le Mexique, pour la première fois, participe à une conférence de la S.D.N., in: Le Petit Journal [Paris], 25. 07. 1928.
Anonymus: Mexico and the League, in: The Times, 25. 07. 1928.
Anonymus: Mexico Waking Up, in: Malaya Tribune [Kuala Lumpur], 25. 07. 1928.
Anonymus: Industrial Production. Board of Trade Index Number, in: Board of Trade Journal 121 (1928), Nr. 1651 [26. 07. 1928], Sp. 104 – 106.
Anonymus: Geneva News and Personality Notes, in: League of Nations News 5 (1928), Nr. 80, S. 1 – 2.
Anonymus: World Trade Gain Seen as Object of Latin Americans. Desire for Increased Volume With Europe as Well as U.S. Indicated, in: The Evening Star [Washington, D.C.], 17. 11. 1928.
Anonymus: Americans Urge World Statistics. They Advocate Permanent Organization of Geneva Conference, in: New York Times, 28. 11. 1928.
Anonymus: League Conference on Statistics, in: The Economist, 01. 12. 1928, S. 995.
Anonymus: Statistical Co-operation, in: Financial Times, 03. 01. 1929.
Anonymus: Economic Statistics. The Recent Conference at Geneva, in: Manchester Guardian Commercial, 03. 01. 1929.
Anonymus: Industrial Production in the Year 1928. Recovery in the Fourth Quarter, in: Board of Trade Journal 122 (1929), Nr. 1681 [21. 02. 1929], Sp. 252 – 254.
Anonymus: Sir R. Henry Rew, K.C.B., in: Journal of the Royal Statistical Society 92 (1929), S. 297 – 299.
Anonymus: Sir Alfred Edmund Bateman, K.C.M.G., in: Journal of the Royal Statistical Society 92 (1929), S. 641 – 643.
Anonymus: Die Krise der Weltwirtschaft, in: Der Tag [Berlin], 03. 01. 1930.
Anonymus: Chilenische Statistik, in: Deutsches Statistisches Zentralblatt 22 (1930), Sp. 27 – 28.
Anonymus: L'augmentation de la population du monde, in: Le Figaro, 16. 08. 1930.
Anonymus: Production and Trade, in: The Japan Times & Mail [Tokio], 21. 08. 1930.
Anonymus: Population Grows in South America. League of Nations Memorandum reveals Greatest Increase there, in: Evening Star [Washington, D.C.], 24. 08. 1930.

Anonymus: L'augmentation de la population du monde, in: L'Africain [Algier], 05.09.1930.
Anonymus: World Production. Remarkable Increases. Fall in Prices Explained, in: Poverty Bay Herald [Gisborne, Neuseeland], 29.10.1930.
Anonymus: The World's Wealth. League of Nations Report, in: The Mercury [Hobart], 11.11.1930.
Anonymus: Bureau Service to be Expanded. Dr. Kuo Outlines Plans for more Information at Meeting, in: The China Press, 07.04.1931.
Anonymus: Zerfall in Zahlen. Die Einschrumpfung des Welthandels, in: Pommersche Tagespost, 15.10.1931 [BAB, R 8034II/5885].
Anonymus: Die industrielle Produktion der Welt, in: Wochenbericht des Instituts für Konjunkturforschung 4 (1931), Nr. 30 [21.10.1931], S. 121–123.
Anonymus: Zusammenbruch der Weltwirtschaft. Rückblick auf das Wirtschaftsjahr 1931, in: Arbeiter-Zeitung [Wien], 31.12.1931.
Anonymus: Tendenzen der Weltproduktion, in: Deutsche Wirtschafts-Zeitung 29 (1932), Nr. 37 [15.09.1932], S. 893–894.
Anonymus: Economic Survey. League of Nations Review, in: The Telegraph [Brisbane], 06.10.1932.
Anonymus: Die Industrieproduktion in der Welt, in: Wochenbericht des Instituts für Konjunkturforschung 6 (1933), Nr. 7 [17.05.1933], S. 27–30.
Anonymus: Hard Facts for Economic Conference. World Trade Slump Growing Worse, in: Manchester Guardian, 20.05.1933.
Anonymus: World Trade. Serious Decline, in: Sunday Mail [Brisbane], 21.05.1933.
Anonymus: Four Years' Trade. Considerable Decline, in: New Zealand Herald [Auckland], 31.05.1933.
Anonymus: Le déclin du commerce mondial en avril 1933, in: L'Echo d'Alger, 01.06.1933.
Anonymus: Der Welthandel in zwei Jahren um 27 v.H. gesunken, in: Innsbrucker Nachrichten, 03.06.1933.
Anonymus: Padenie mirovoj torgovli, in: Pravda, 05.06.1933.
Anonymus: Japan's Trade Growing. Amazing Progress of 50 Years, in: The Herald [Melbourne], 06.06.1933.
Anonymus: World Trade Touches New Low Level. Value for First Quarter 35 Per Cent of 1929, in: The Japan Times & Mail [Tokio], 22.06.1933.
Anonymus: La regression du commerce mondial, in: Le Peuple. Organe quotidien du syndicalisme [Paris], 24.06.1933.
Anonymus: Entwicklung des Welthandels, in: Schweizerischer Bankverein. Monatsbericht 3/1933, S. 117.
Anonymus: Industry in Japan. From Feudalism to Modernity, in: Poverty Bay Herald [Gisborne, Neuseeland], 12.07.1933.
Anonymus: Die Industrieproduktion in der Welt, in: Wochenbericht des Instituts für Konjunkturforschung 6 (1933), Nr. 19 [09.08.1933], S. 81–82.
Anonymus: Indian Statistical Institute. Annual Report and Accounts for 1932–33, in: Sankhyā. The Indian Journal of Statistics 1 (1933), S. 123–153.
Anonymus: Légère reprise du commerce mondial, in: L'Œuvre [Paris], 19.12.1933.
Anonymus: Increase in World Trade, in: The Times, 19.12.1933.
Anonymus: Le mouvement du commerce mondial. Les statistiques de la S.D.N. font ressortir une légère amélioration, in : Le Peuple. Quotidien du syndicalisme [Paris], 06.01.1934.
Anonymus: World Trade Increases, in: The Telegraph [Brisbane], 02.02.1934.
Anonymus: Japan To-Day, in: Sydney Morning Herald, 13.02.1934.

Anonymus: Le mouvement du commerce mondiale, in: La Croix [Paris], 24.03.1934.
Anonymus: Production and World Trade at the Beginning of 1934, in: Monthly Summary of the League of Nations 14 (1934), S. 128–129.
Anonymus: Canada Leads the World, in: The Independent [Deniliquin, New South Wales, Australien], 03.06.1934.
Anonymus: Canada Leads the Rest of the World in Industrial Production, in: Wairarapa Daily Times [Masterton, Neuseeland], 20.06.1934.
Anonymus: Accessions of 1931 Publications on Economic China in the Nankai Institute of Economics Library. General, in: Monthly Bulletin on Economic China 7 (1934), S. 113–116.
Anonymus: Het economisch wereldbestel, in: De indische Courant [Sourabaya, Java], 12.07.1934.
Anonymus: Economic Recovery. Positions Stabilised, in: Sunday Tribune [Singapur], 23.09.1934.
Anonymus: Economic Recovery, in: South China Morning Post, 26.09.1934.
Anonymus: Recovery Signs Noted by League Economic Survey, in: The Japan Times & Mail, 23.10.1934.
Anonymus: World Production and Prices. Analysis of Position by League of Nations, in: The Straits Times [Singapur], 30.10.1934.
Anonymus: World Production and Prices. Process of Recovery, in: The Times of India, 13.11.1934.
Anonymus: World Trade. Distinct Improvement. Geneva Survey, in: Poverty Bay Herald [Gisborne, Neuseeland], 21.11.1934.
Anonymus: World Production and Prices, 1925–1933, in: The Japan Times & Mail [Tokio], 16.12.1934.
Anonymus: The Compilation of China's Trade Statistics, in: The China Weekly Review, 29.12.1934, S. 174.
Anonymus: Puissances industrielles ou grandes puissances?, in: Journal des Nations [Genf], 27./28.01.1935.
Anonymus: The Depression. League of Nations Survey. Road to Recovery, in: The Examiner [Launceton, Tasmanien], 29.01.1935.
Anonymus: The World Depression. League of Nations Survey. On the Road to Recovery, in: The Mackay Daily Mercury [Mackay, Queensland, Australien], 30.01.1935.
Anonymus: Chief Industrial States. Geneva's List, in: The West Australian [Perth], 02.02.1935.
Anonymus: The Big Eight. Chief Industrial States. International Labour Office, in: Newcastle Morning Herald [Newcastle, New South Wales, Australien], 16.03.1935.
Anonymus: Industrial Production. Revised Board of Trade Index Number, in: Board of Trade Journal 134 (1935), Nr. 1999 [28.03.1935], S. 515–517.
Anonymus: The Labour Movement, in: Evening Star [Dunedin, Neuseeland], 22.08.1935.
Anonymus: Limited Recovery Seen Unless Nations of World Co-operate, in: The China Press, 02.12.1935.
Anonymus: Avis aux membres, in: Revue de l'Institut International de Statistique 3 (1935), S. 507–509.
Anonymus: Die Bezugs- und Absatzländer im deutschen Außenhandel im 1. Vierteljahr 1936, in: Wirtschaft und Statistik 16 (1936), S. 405–407.
Anonymus: Die Bezugs- und Absatzländer im deutschen Außenhandel im 2. Vierteljahr 1936, in: Wirtschaft und Statistik 16 (1936), S. 624–626.
Anonymus: Basch, Antonin, in: České biografie, Serie 3, B, Prag, 05.10.1936.
Anonymus: World Economic Survey. League Service's Appraisal, in: Sydney Morning Herald, 20.11.1936.
Anonymus: World Economic Survey. More Stable Exchanges, in: The Straits Times [Singapur], 30.09.1937.

Anonymus: Wandlungen im Welthandel. Erst gesunde Nationalwirtschaften, dann gesunder Welthandel, in: Völkischer Beobachter (Süddeutsche Ausgabe), 03.07.1938.

Anonymus: Albert Delatour 1858–1938, in: Journal of the Royal Statistical Society 101 (1938), S. 652.

Anonymus: The Statistical Laboratory. A Short Account of its History, Nature of Work, Published Papers, List of Workers, etc., in: Sankhyā. The Indian Journal of Statistics 4 (1938), S. 285–311.

Anonymus: Current Status of Foreign Trade Statistical Classification Activities in the American Nations, in: Elizabeth Phelps (Hrsg.): First Session of the Inter American Statistical Institute, September 6–18, 1947, Washington, D.C. (Proceedings of the International Statistical Conferences, Bd. 4), Kalkutta 1947, S. 340–345.

Anonymus: Report of the Bureau to the Twenty-Sixth Session of the International Statistical Institute. Berne, September 5–10, 1949, in: Revue de l'Institut International de Statistique 17 (1949), S. 251–270.

Anonymus: The International Statistical Education Programme of ISI for 1950–1951, in: Revue de l'Institut International de Statistique 18 (1950), S. 152–154.

Anonymus: Maurice W.M. Yeatts, 1894–1950, in: The American Statistician 4 (1950), Nr. 4, S. 3.

Anonymus: Folke Hilgerdt, 61, Ex-U.N. Economist, in: New York Times, 17.07.1956.

Anonymus: Biographical Directory of Members of the Econometric Society, in: Econometrica 25 (1957), Nr. 5, S. 19–185.

Anonymus: Notes, in: American Economic Review 48 (1958), S. 783–803.

Anonymus: Obituary. Mr. Alexander Loveday. Economic Reports for the League, in: The Times [London], 22.01.1962

Anonymus: International Bank for Reconstruction and Development. Economic Development Institute, in: International Social Science Journal 18 (1966), S. 434–436.

Anonymus: Obituary. Mr C.W. Guillebaud. Cambridge Economist and Arbitrator, in: The Times, 24.08.1971.

Anonymus: Woodlief Thomas, 76, Dies. Economist for Senate Unit, in: New York Times, 16.07.1974.

Anonymus: In Memoriam: Joseph Stancliffe Davis 1885–1975, in: Food Research Institute Studies 14 (1975), S. 183–185.

Anonymus: Mataja, Viktor, in: Österreichisches Biographisches Lexikon 1815–1950, Bd. 6, Wien 1975, S. 135.

Anonymus: 50th Anniversary of ISI Membership, in: International Statistical Review 44 (1976), S. 388.

Anonymus: Hal B. Lary. Obituary, in: The East Hampton Star, 09.03.1995.

Anonymus: Emilio Barreto. Muere ex presidente del BCR, in: Correo [Lima], 27.05.2009, S. 10.

Anonymus: Banque franco-chinoise pour le commerce et l'industrie (BFC) (1922–1968), in: Les entreprises coloniales françaises. Leur dirigeants, leurs actionnaires, leur devenir. Disparitions, reconversions, 19.01.2014, o.Pag. [www.entreprises-coloniales.fr/inde-indochine/Bq_fr.-chinoise_1922–1968.pdf; 14.02.2018].

Anonymus [E. de Budé]: [Rezension von Otto Hübners Statistischer Tafel aller Länder, Frankfurt/Main 1864], in: Le Globe. Revue genevoise de géographie 5 (1866), S. 145–146.

Anonymus [Liu Dajun]: Collecting Statistics in China, in: Chinese Economic Monthly 2 (1924/25), Nr. 5, S. 23–32.

Anonymus [Wesley C. Mitchell]: Index Numbers of Wholesale Prices in the United States and Foreign Countries. Revised Edition (Bulletin of the United States Bureau of Labour Statistics, Bd. 284), Washington 1921.

Anonymus [UK Government]: Allied Maritime Transport Council. 1918, o.O o.J. [London 1918].

Ansiaux, Maurice: Traité d'économie politique, Bd. 1 : L'organisation économique, Paris 1920.

„Argus“: After Geneva, in: The Fortnightly Review NF 119 (1926), S. 577 – 587.
Armatte, Michel: Conjections, conjuncture et conjecture. Les baromètres économiques (1885 – 1930), in: Histoire & Mesure 7 (1992), S. 99 – 149.
Arndt, H[einz] W.: Economic Development. The History of an Idea, Chicago / London 1987.
Arndt, Paul: Deutschlands Stellung in der Weltwirtschaft (Aus Natur und Geisteswelt, Bd. 179), Leipzig 1908.
Arndt, Paul: Der internationale Güteraustausch im Jahre 1911, in: Weltwirtschaftliches Archiv 1 (1913), S. 44 – 69.
Arnold, Julean: China Embarks upon its Statistical Era, in: Chinese Economic Journal and Bulletin 19 (1936), S. 641 – 645.
Artikel Hübner, Otto, in: H. J. Meyer: Neues Konversations-Lexikon für alle Stände, Bd. 8: Grossenhain – Hysterion proteron, Hildburghausen / New York 1858, S. 1138.
Artikel Hubner (Frédéric-Othon), in: G[ustave] Vapereau: Dictionnaire universel des contemporains, 3. überarbeitete und erweiterte Auflage, Paris 1865, S. 911 – 912.
Aster, Sidney: Power, Policy and Personality. The Life and Times of Lord Salter, 1881 – 1975, o.O. 2015.
Auberer, Benjamin: „From the Australian Bush to the International Jungle“. International Careers and the League of Nations, Vortragsmanuskript, Fifth Congress on World and Global History, Budapest, 31.08.-03.09.2017.
Augello, Massimo M. / Marco E.L. Guidi: The Making of an Economic Reader. The Dissemination of Economics through Textbooks, in: Dies. (Hrsg.): The Economic Reader. Textbooks, Manuals and the Dissemination of the Economic Sciences during the Nineteenth and Twentieth Centuries (Routledge Studies in the History of Economics, Bd. 136), London / New York 2012, S. 1 – 42.
Ausschuss zur Untersuchung der Erzeugungs- und Absatzbedingungen der deutschen Wirtschaft: Der deutsche Außenhandel unter der Einwirkung weltwirtschaftlicher Strukturwandlungen (Veröffentlichungen des Enquete-Ausschusses. I. Unterausschuss, 5. Arbeitsgruppe, Bd. 20), Berlin 1932.
Ayusawa Iwao: Search for a new World Order. A Japanese View: Emergence of the Regional System of Security. Small States and their Sovereignty, in: The Japan Weekly Chronicle, 11.07.1940, S. 57 – 58, 18.07.1940, S. 86 – 87.
Badel, Laurence: Un milieu libéral et européen. Le grand commerce français 1925 – 1948, Paris 1999.
Bagazinski, Mary: Dr. Guido Pardo (1874 – 1922). First ILO Staff Member to Die in Service, in: ILO Friends Newsletter Nr. 47, Genf 2009, S. 16 – 18 [www.ilo.org/public/english/friends/download/issue47/ dec2009.pdf; 14.02.2018].
Baines, Athelstane: The History and Development of Statistics in British India, in: John Koren (Hrsg.): The History of Statistics. Their Development and Progress in Many Countries, New York 1918 [ND New York 1970], S. 415 – 426.
Baker, Ray S.: Woodrow Wilson and World Settlement, 3 Bde., Garden City 1922 [hier ND Gloucester 1960]
Balasubramanian, Aditya / Srinath Raghavan: Present at the Creation. India, the Global Economy, and the Bretton Woods Conference, in: Journal of World History 29 (2018), S. 65 – 94.
Baldamus, A[ugust] C[arl] Eduard: Die Federviehzucht vom wirthschaftlichen Standpunkte. Hühner, Enten, Gänse (Illustrirtes Handbuch der Federviehzucht, Bd. 1), Dresden 1876.
Balderston, Theo: Industrial Mobilization and War Economies, in: John Horne (Hrsg.): A Companion to World War I, Malden et al. 2010, S. 217 – 233.
Banco Central de Reserva del Perú: Historial de autoridades del Perú desde 1922, o.O. o.J. [2018; www.bcrp.pe/docs/sobre-el-bcrp/historial-de-autoridades-del-banco.pdf; 12.04.2019].

Bandyopadhyay, Bholanath: The Political Ideas of Benoy Kumar Sarkar, Kalkutta 1984.
Barger, Harold: [Rezension von Evgenij S. Varga: The Great Crisis and Its Political Consequences, London 1934], in: The Economic Journal 45 (1935), S. 557 – 558.
Barnett, Vincent: Kondratiev and the Dynamics of Economic Development. Long Cycles and Industrial Growth in Historical Context (Studies in Russian and East European History and Society), Basingstoke 1998.
Bartels, Hildegard: Gerhard Fürst – Mensch und Werk, in: Willi Hüfner (Hrsg.): Die Statistik im Dienste der Wirtschaftspolitik. Festschrift für Gerhard Fürst zu seinem 70. Geburtstag, Göttingen 1967, S. 1*-12*.
Barth, Boris / Stefanie Gänger / Niels P. Petersson: Globalisierung und Globalgeschichte, in: Dies. (Hrsg.): Globalgeschichte. Bestandsaufnahme und Perspektiven (Globalgeschichte, Bd. 17), Frankfurt/Main / New York 2014, S. 7 – 18.
Baruch, Bernard M.: American Industry in the War. A Report of the War Industries Board, Washington 1921.
Bateman, Alfred / H[enry] Fountain: The Import and Export Statistics of Various Countries, in: Bulletin de l'Institut International 15 (1906), Nr. 2, S. 219 – 239.
Bauer, Michael / Hildegard Hogen: Das Lexikon der Wirtschaft. Grundlegendes Wissen von A bis Z (Schriftenreihe der Bundeszentrale für politische Bildung, Bd. 414), Bonn 2004.
Bauer, Volker: Hof- und Staatskalender des 18. Jahrhunderts als Datenspeicher. Information, Wissen, Erschließung, in: Frank Grunert / Anette Syndikus (Hrsg.): Wissensspeicher der Frühen Neuzeit. Formen und Funktionen, Berlin / Boston 2015, S. 61 – 93.
Baumhauer[, Marie Mathieu] von (Bearb.): Congrès International de Statistique à la Haye. Compte-Rendu des Travaux de la Septième Session, Bd. 2, Den Haag 1870.
Bayly, C[hristopher] A.: Empire and Information. Intelligence Gathering and Social Communication in India, 1780 – 1870 (Cambridge Studies in Indian History and Society, Bd. 1), Cambridge 1999.
Beaufort: Tableau statistique de l'Europe, Paris 1787.
Beckert, Sven: King Cotton. Eine Globalgeschichte des Kapitalismus, München 2014.
Beckmann, Ulf: Von Löwe bis Leontief. Pioniere der Konjunkturforschung am Kieler Institut für Weltwirtschaft (Beiträge zur Geschichte der deutschsprachigen Ökonomie, Bd. 15), Marburg 2000.
Behrisch, Lars: Die Berechnung der Glückseligkeit. Statistik und Politik in Deutschland und Frankreich im späten Ancien Régime (Beihefte der Francia, Bd. 78), Ostfildern 2016.
Bemmann, Martin: Das Chaos beseitigen. Die internationale Standardisierung forst- und holzwirtschaftlicher Statistiken in den 1920er und 1930er Jahren und der Völkerbund, in: Jahrbuch für Wirtschaftsgeschichte 57 (2016), S. 545 – 587.
Bemmann, Martin: Cartels, Grossraumwirtschaft, and Statistical Knowledge. The Comité International du Bois, the Centre International du Sylviculture and the Challenge to Govern Europe's Forest Resources in the 1930s and 1940s, in: Liesbeth van de Grift / Amalia Ribi Forclaz (Hrsg.): Governing the Rural in Interwar Europe (Routledge Studies in Modern European History, Bd. 48), New York / London 2017, S. 233 – 258.
Bemmann, Martin (Hrsg.): Exploring the International Statistical Institute, 1885 – 1938, Dossier der European Review of History (2023), Nr. 1.
Bemmann, Martin: Sidelined but Essential. The International Statistical Institute, the League of Nations and the Statistical Observation of the 'World Economy' after the First World War, in: European Review of History 30 (2023), S. 101 – 122.
Bendiner, Elmer: A Time for Angels. The Tragicomic History of the League of Nations, New York 1975.

Beniger, James R.: The Control Revolution. Technological and Economic Origins of the Information Society, Cambridge / London 1986.
Berger, Peter: The League of Nations and Interwar Austria. Critical Assessment of a Partnership in Economic Reconstruction, in: Günter Bischof / Anton Pelinka / Alexander Lassner (Hrsg.): The Dollfuss/Schuschnigg Era in Austria. A Reassessment (Contemporary Austrian Studies, Bd. 11), New Brunswick / London 2003, S. 73 – 92.
Berger, Peter L. / Thomas Luckmann: Die gesellschaftliche Konstruktion der Wirklichkeit. Eine Theorie der Wissenssoziologie, Frankfurt/Main 1980.
Berghoff, Hartmut / Ingo Köhler / Harald Wixforth: Navigation im Meer der Interessen. Binnenwirtschaftliche Steuerungsinitiativen des Reichswirtschaftsministeriums, in: Werner Abelshauser et al. (Hrsg.): Wirtschaftspolitik in Deutschland 1917 – 1990, Bd. 1: Das Reichswirtschaftsministerium der Weimarer Republik und seine Vorläufer. Strukturen, Akteure, Handlungsfelder, München 2016, S. 421 – 516.
Berliner, Cora: Die Reform der deutschen Außenhandelsstatistik, in: Weltwirtschaftliches Archiv 29 (1929), S. 320*-333*.
Bernasconi, Gianenrico / Stefan Nellen (Hrsg.): Das Büro. Zur Rationalisierung des Interieurs, 1880 – 1960 (Architekturen, Bd. 25), Bielefeld 2019.
Bert, Emil: Situation du commerce de la France comparée avec celle des principaux pays de 1860 à 1888 – Budget du Ministère du Commerce et de l'Industrie – Enseignement professionnel, in: Le Génie civil. Revue générale des industries françaises & étrangères 18 (1890), S. 44 – 45.
Bertillon, Jacques: Cours élémentaire de statistique administrative. Élaboration des statistiques – organisation des bureaux de statistique – éléments de démographie, Paris 1895.
Betz, Fritz H.: Zur Errechnung und Verwertung von Produktionsindizes, in: Weltwirtschaftliches Archiv 31 (1930), S. 286 – 296.
Beyersdorf, Frank: „Credit or Chaos"? The Austrian Stabilisation Programme of 1923 and the League of Nations, in: Daniel Laqua (Hrsg.): Internationalism Reconfigured. Transnational Ideas and Movements Between the World Wars (International Library of Twentieth Century History, Bd. 34), London / New York 2011, S. 135 – 157.
Bibliothek des Reichstags: Katalog der Handbibliothek des Lesesaals. Fünfte Ausgabe, Berlin 1933.
Bickers, Robert: The Scramble for China. Foreign Devils in the Qing Empire, 1832 – 1914, London 2011.
Bickers, Robert: Out of China. How the Chinese Ended the Era of Western Domination, London 2018.
Bilo, Nicolas / Stefan Haas / Michael C. Schneider: Grundbegriffe und Konturen einer Kulturgeschichte der Statistik, in: Dies. (Hrsg.): Die Zählung der Welt. Kulturgeschichte der Statistik vom 18. bis 20. Jahrhundert (Studien zur Alltags- und Kulturgeschichte, Bd. 32), Stuttgart 2019, S. 9 – 22.
Bini, Piero: Umberto Ricci. Profile of Militant Economist, in: Warren J. Samuels et al. (Hrsg.): European Economists of the Early 20*th* Century, Bd. 2: Studies of Neglected Continental Thinkers of Germany and Italy, Cheltenham / Northampton 2003, S. 257 – 280.
Birkelund, Palle: Danmarkshistoriens blå bog, Kopenhagen 1971.
Bishop, Avard L.: Outlines of American Foreign Commerce, Boston et al. 1923.
Black, Alistair / Christopher Murphy: Information, Intelligence, and Trade. The Library and the Commercial Intelligence Branch of the British Board of Trade, 1834 – 1914, in: Library & Information History 28 (2012), S. 186 – 201.
Blanke, Detlev: Internationale Plansprachen. Eine Einführung (Sammlung Akademie-Verlag. Sprache, Bd. 34), Berlin 1985.
Blum, Alain: Le purge de 1924 à la Direction Centrale de la Statistique, in: Annales. Histoire, Sciences Sociales 55 (2000), S. 249 – 282.

Blum, Alain / Martine Mespoulet: L'anarchie bureaucratique. Pouvoir et statistique sous Staline (L'espace de l'histoire), Paris 2003.

Blum, Alain / Martine Mespoulet: Le passé au service du présent. L'administration de l'État soviétique entre 1918 et 1930, in: Cahiers du Monde Russe 44 (2003), S. 343–368.

Boecking, Felix: No Great Wall. Trade, Tariffs, and Nationalism in Republican China, 1927–1945, Cambridge / London 2017.

Boehm, Gottfried: Wie Bilder Sinn erzeugen. Die Macht des Zeigens, Berlin [3]2010.

Boese, Franz (Hrsg.): Krisis der Weltwirtschaft, Übervölkerung Westeuropas, Steuerüberwälzung. Verhandlungen des Vereins für Sozialpolitik in Wien 1926. Auf Grund der stenographischen Niederschrift herausgegeben (Schriften des Vereins für Sozialpolitik, Bd. 172), München / Leipzig 1926.

Boese, Franz (Hrsg.): Wandlungen des Kapitalismus, Auslandsanleihen, Kredit und Konjunktur. Verhandlungen des Vereins für Sozialpolitik in Zürich 1928. Auf Grund der stenographischen Niederschrift herausgegeben (Schriften des Vereins für Sozialpolitik, Bd. 175), München / Leipzig 1929.

Bohling, Joseph: Colonial or Continental Power? The Debate over Economic Expansion in Interwar France, 1925–1932, in: Contemporary European History 26 (2017), S. 217–241.

Bonwetsch, Bernd: Kriegsallianz und Wirtschaftsinteressen. Rußland in den Wirtschaftsplänen Englands und Frankreichs 1914–1917 (Studien zur modernen Geschichte, Bd. 10), Düsseldorf 1973.

Borchardt, Knut: Globalisierung in historischer Perspektive (Bayerische Akademie der Wissenschaften. Philosophisch-Historische Klasse. Sitzungsberichte 2001, Bd. 2), München 2001.

Borght, R[ichard] van der: Fondation d'un office international de statistique, in: Bulletin de l'Institut International de Statistique 18 (1909), Nr. 1, S. 568–590.

Borght, R[ichard] van der: Handelsstatistik, in: Der Tag, 01.02.1922.

Borowy, Iris: Coming to Terms with World Health. The League of Nations Health Organisation 1921–1946, Frankfurt/Main et al. 2009.

Bosch, Werner: Anarchie oder Neuordnung?, in: Wirtschaftsdienst 18 (1933), S. 754–756.

Bosl, Karl (Hrsg.): Bosls Bayerische Biographie. 1000 Persönlichkeiten aus 15 Jahrhunderten. Ergänzungsband, Regensburg 1988.

Botero, Giovanni: Relationi universali, Brescia 1598.

Bott, Dietrich: Die Statistik in den internationalen Organisationen der Völkerbundszeit, in: Statistische Hefte 1 (1960), S. 65–103.

Bötticher, J[akob] G[ottlieb] I[saak]: Statistische Uebersichts-Tabellen aller europäischen Staaten. Nebst deren Münzen, Maaßen und Gewichten, Königsberg / Leipzig 1789.

Boughton, James M.: Jacques J. Polak and the Evolution of the International Monetary System, in: IMF Economic Review 59 (2011), S. 379–399.

Boumans, Marcel: How Economists model the World into Numbers, London / New York 2005.

Bourne, Stephen: The Official Trade and Navigation Statistics, in: Journal of the Statistical Society 35 (1872), S. 196–217.

Bowley, Arthur L.: Official Statistics. What They Contain and How to Use Them (The World of Today, Bd. 15), Oxford 1921.

Bowley, Arthur L.: An Elementary Manual of Statistics, 4. überarbeitete und erweitere Auflage, London 1928 [hier: ND 1931].

Bowley, A[rthur] L.: Bateman, Sir Alfred Edmund, K.C.M.G. (1844–1929), in: Bulletin de l'Institut International de Statistique 24 (1930), Nr. 1, S. 355–356.

Bowley, Arthur L.: Sir R. Henry Rew, K.C.B. (1858 – 1929), in: Bulletin de l'Institut International de Statistique 24 (1930), Nr. 1, S. 366 – 367.
Bowley, A[rthur] L.: Obituary. H.W. Methorst – 1868 – 1955, in: Journal of the Royal Statistical Society, Series A 119 (1956), S. 102.
Bowley, A[rthur] L. / D[ennis] H. Robertson: A Scheme for an Economic Census of India with Special Reference to a Census of Production and Re-Organization of Statistics, New Delhi 1934.
Bowley, Arthur L. / K. C. Smith: Comparative Price Index-Numbers for Eleven Principal Countries (London & Cambridge Economic Service. Special Memorandum, Bd. 24), London 1927.
Brachelli, Hugo Franz: Die Staaten Europas in kurzer statistischer Darstellung, Brünn 1853.
Brahm, Felix: Tagungsbericht The Global Public. Its Power and its Limits, 22.-24. 10. 2015, London, in: H-Soz-Kult, 15. 02. 2016 [www.hsozkult.de/conferencereport/id/tagungsberichte-6395; 07. 08. 2019].
Brandes, Joseph: Herbert Hoover and Economic Diplomacy. Department of Commerce Policy 1921 – 1928, Pittsburgh 1962.
Braeuer, Walter: Kolb, Georg Friedrich, in: Neue Deutsche Biographie, Bd. 12: Kleinhans – Kreling, Berlin 1980, S. 441 – 442.
Bréard, Andrea: Reform, Bureaucratic Expansion and Production of Numbers. Statistics in Early 20*th* Century China, masch. Habil., TU Berlin 2008.
Bréard, Andrea: 400 Millionen. Globale Wirkungen einer mächtigen Zahl, in: Nicolas Bilo / Stefan Haas / Michael C. Schneider (Hrsg.): Die Zählung der Welt. Kulturgeschichte der Statistik vom 18. bis 20. Jahrhundert (Studien zur Alltags- und Kulturgeschichte, Bd. 32), Stuttgart 2019, S. 219 – 234.
Bréard, Andrea: Statistics, in: Howard Chiang (Hrsg.): The Making of the Human Sciences in China. Historical and Conceptual Foundations (China Studies, Bd. 40), Leiden 2019, S. 303 – 336.
Brech, John: Weltwirtschaftliche Perspektiven, in: Wirtschaftsdienst NF 18 (1933), Nr. 51 [22. 12. 1933], S. 1742 – 1744.
Brendecke, Arndt: Imperium und Empirie. Funktionen des Wissens in der Spanischen Kolonialherrschaft, Köln/Weimar/Wien 2009.
Brentano, Lujo: Des dernières causes de notre misère sociale. Un essai de morphologie économique, in: Revue d'Économie Politique 3 (1889), S. 341 – 365.
Bresciani-Turroni, C[onstantino]: Umberto Ricci, in: Giornale degli Economisti e Annali di Economia N.F. 5 (1946), S. 385 – 395.
Breuer, Jakob: Die Methoden der Handelsstatistik (Görres-Gesellschaft zur Pflege der Wissenschaft im katholischen Deutschland. Veröffentlichungen der Sektion für Rechts- und Sozialwissenschaft, Bd. 39), Paderborn 1920.
Brian, Éric: Observations sur les origins et sur les activités du congrès international de statistique (1853 – 1876), in: Bulletin de l'Institut International de Statistique 53 (1989), Nr. 1, S. 121 – 139.
Broadberry, Stephen N. / Mark Harrison (Hrsg.): The Economics of World War I, Cambridge 2005.
Brown, Judith M.: Modern India. The Origins of an Asian Democracy (The Short Oxford History of the Modern World), Oxford 1990.
Brown, Lucy: The Board of Trade and the Free-Trade Movement 1830 – 42, Oxford 1958.
Bruckner, A[lbert] (Red.): Neue Schweizer Biographie, Basel 1938.
Brückweh, Kerstin: Menschen zählen. Wissensproduktion durch britische Volkszählungen und Umfragen vom 19. Jahrhundert bis ins digitale Zeitalter (Veröffentlichungen des Deutschen Historischen Instituts London, Bd. 76), Berlin / Boston 2015.

Brümmerhoff, Dieter / Michael Grömling: Revision der Volkswirtschaftlichen Gesamtrechnung 2014. Folgen für die ökonomische Analyse, in: Wirtschaftsdienst 94 (2014), S. 281–287.

Brunero, Donna: Britain's Imperial Cornerstone in China. The Chinese Maritime Customs Service, 1854–1949 (Routledge Studies in the Modern History of Asia, Bd. 36), London/New York 2006.

Bucharin, N[ikolaj I.]: Imperialismus und Weltwirtschaft (Marxistische Bibliothek. Werke des Marxismus-Leninismus, Bd. 12), Wien/Berlin 1929 [1917].

Bühler, Martin: Von Netzwerken zu Märkten. Die Entstehung eines globalen Getreidemarktes (Studien zur Weltgesellschaft, Bd. 5), Frankfurt/Main / New York 2019.

Bühler, Martin / Tobias Werron: Zur sozialen Konstruktion globaler Märkte. Ein kommunikationstheoretisches Modell, in: Andreas Langenohl / Dietmar J. Wetzel (Hrsg.): Finanzmarktpublika. Moralität, Krisen und Teilhabe in der ökonomischen Moderne (Wirtschaft und Gesellschaft), Wiesbaden 2014, S. 271–299.

Bührer, Werner: Die Internationale Handelskammer, ihre deutsche Gruppe und die europäische Zusammenarbeit in der Zwischenkriegszeit, in: Sylvain Schirrmann (Hrsg.): Organisations internationales et architectures européenes, 1929–1939. Acte du colloque de Metz, 31 mai – 1er juin 2001. En hommage à Raymond Poidevin, Metz 2003, S. 325–342.

Bunselmeyer, Robert E.: The Cost of the War. British Plans for the Post-War Economic Treatment of Germany, 1914 to 1918, Diss. Yale University, New Haven 1968.

Burckel, Christian E. (Hrsg.): Who's Who in the United Nations. The Authoritative, Illustrated, Biographical Dictionary of Key Persons Associated With the United Nations, New York 1951.

Bureau International du Travail: Enquête sur la production. Rapport général, 5 Bde., Genf 1923–1925.

Bureau of Statistics of the Imperial Cabinet: Bureau of Statistics of the Imperial Cabinet. Organization, Functions, Publications, Tokio 1930.

Bureau of Statistics of the Imperial Cabinet: Periodical Statistical Publications in Japan, Tokio 1930.

Burgdörfer, Friedrich: Friedrich Zahn (1869–1946), in: Proceedings of the International Statistical Conferences, Bd. 3/2: 25*th* Session of the International Statistical Institute, September 6–18, 1947, Washington, D.C., Kalkutta 1947, S. 1022–1025.

Burgess, Greg: The League of Nations and the Refugees from Nazi Germany. James G. McDonald and Hitler's Victims, London et al. 2016.

Burke, Peter: What is the History of Knowledge?, Cambridge et al. 2016.

Burkhardt, Johannes: Wirtschaft, in: Otto Brunner / Werner Conze / Reinhart Koselleck (Hrsg.): Geschichtliche Grundbegriffe. Historisches Lexikon zur politisch-sozialen Sprache in Deutschland, Bd. 7, Stuttgart 1992, S. 511–594.

Burkman, Thomas: Japan's Response to the Formation of the League of Nations, in: Transactions of the International Conference of Orientalists in Japan 19 (1974), S. 67–78.

Burkman, Thomas W.: Japan and the League of Nations. Empire and World Order, Honolulu 2008.

Burns, Arthur F. (Hrsg.): Wesley Clair Mitchell. The Economic Scientist (Publications of the National Bureau of Economic Research, Bd. 53), New York 1952.

Büsching, Anton Friderich: Vorbereitung zur gründlichen und nützlichen Kenntniß der geographischen Beschaffenheit und Staatsverfassung der europäischen Reiche und Republiken welche zugleich ein allgemeiner Abriß von Europa ist, Hamburg ^{2}1759.

Bussière, Éric: L'Organisation économique de la SDN et la naissance du régionalisme économique en Europe, in: Relations Internationales 75 (1993), S. 301–313.

Büttner, Ursula: Weimar. Die überforderte Republik 1918–1933. Leistung und Versagen in Staat, Gesellschaft, Wirtschaft und Kultur, Stuttgart 2008.

Cabanes, Bruno: The Great War and the Origins of Humanitarianism, 1918–1924 (Studies in the Social and Cultural History of Modern Warfare), Cambridge 2014.
Callahan, Michael: Mandates and Empire. The League of Nations and Africa, 1914–1931, Brighton 1999.
Callahan, Michael: A Sacred Trust. The League of Nations and Africa, 1929–1946, Brighton 2004.
Callon, Michel: Introduction: The Embeddedness of Economic Markets in Economics, in: Ders. (Hrsg.): The Laws of the Markets, Oxford 1998, S. 1–57.
Campbell, Robert W.: A Biobiographical Dictionary of Russian and Soviet Economists, London 2012.
Campion, H[arry]: International Statistics, in: Journal of the Royal Statistical Society 112 (1949), S. 105–143.
Campion, H[arry]: Obituary. J.W. Nixon, 1888–1985, in: Journal of the Royal Statistical Society 148 (1985), Series A, S. 279.
Carson, Carol S.: In Memoriam. George Jaszi (1915–1992), in: Review of Income and Wealth 39 (1993), S. 225–227.
Castle, Eduard: Franz Ritter von Juraschek. Prösident der Statistischen Zentralkommission in Wien, 1849–1910, in: Bulletin de l'Institut International de Statistique 19 (1913), Nr. 1, S. 393–409.
Cecil, Robert: A Great Experiment. An Autobiography, London 1941.
Chaloupek, Günter: Pribram, Karl, in: Harald Hagemann / Claus-Dieter Krohn (Hrsg.): Biographisches Handbuch der deutschsprachigen wirtschaftswissenschaftlichen Emigration nach 1933, Bd. 2, München 1999, S. 543–546.
Chamber of Commerce of the United States of America. Foreign Commerce Department: The Three International Commercial Conferences of 1927. Summarizing World Opinion on a Variety of Present-Day Economic Problems, Washington 1927.
Chambre de Commerce International: Les statistiques industrielles internationales. Rapport présenté à la Conférence Diplomatique sur les Statistiques Économiques par la Délégation de la Chambre de Commerce International, Paris 1928.
Chang, S. T.: [Rezension von Ministry of Industry. Bureau of Foreign Trade: Zhongguo shiye zhi (Jiangsu Sheng)], in: Pacific Affairs 7 (1934), S. 95–98.
Chapman, S[ydney] J.: Obituary. Sir Alfred Flux, in: The Economic Journal 52 (1942), S. 400–403.
Chattopadhyay, Raghabendra: An Early British Government Initiative in the Genesis of Indian Planning, in: Economic and Political Weekly 22 (1987), Nr. 5, S. PE-19-PE-29.
Chen Chang-hen: Some Phases of China's Population Problem, in: Bulletin de l'Institut International de Statistique 25 (1931/32), Nr. 2, S. 18*-54*.
Chen Chang-hen: An Estimate of the Population of China in 1929, in: Bulletin de l'Institut International de Statistique 25 (1931/32), Nr. 2, S. 55*-87*.
Chiang Yung-chen: Social Engineering and the Social Sciences in China, 1919–1949 (Cambridge Modern China Series), Cambridge 2001.
China Handbook Editorial Committee: China Handbook 1950, New York 1950.
China Weekly Review: Who's Who in China. Biographies of Chinese Leaders, Shanghai [5]1936.
Cintra, Guilherme: Brazil and League of Nations Economic and Financial Organization (1919–1930), masch. Diss. Universität Genf 2009.
Clark, Colin: Die internationale Verflechtung volkswirtschaftlicher Bewegungsvorgänge, in: Weltwirtschaftliches Archiv 42 (1935), S. 400–444.
Clark, Colin: [Rezension von League of Nations: World Economic Survey 1934–35], in: The Economic Journal 46 (1936), S. 314–315.
Clark, Colin: The Conditions of Economic Progress, London 1940.

Clark, Elizabeth M.: Borderland of the Mind. The Free City of Danzig and the Sovereign City, in: German Politics and Society 35 (2017), Nr. 3, S. 24–37.

Clark, Ian: Globalization and Fragmentation. International Relations in the Twentieth Century, Oxford 1997.

Clavin, Patricia: Europe and the League of Nations, in: Robert Gerwarth (Hrsg.): Twisted Paths. Europe 1914–1945, Oxford 2008, S. 325–354.

Clavin, Patricia: The Great Depression in Europe, 1929–1939 (European History in Perspective), Basingstoke 2000.

Clavin, Patricia: Defining Human Security. Roads to War and Peace, 1918–45, in: Claus-Christian Szejnmann (Hrsg.): Rethinking History, Dictatorship and War. New Approaches and Interpretations, London 2009, S. 69–84.

Clavin, Patricia: Securing the World Economy. The Reinvention of the League of Nations, Oxford 2013.

Clavin, Patricia / Jens-Wilhelm Wessels: Transnationalism and the League of Nations. Understanding the Work of Its Economic and Financial Organisation, in: Contemporary European History 14 (2005), S. 465–492.

Clay, Henry / John K. Whitaker: Flux, Sir Alfred William (1867–1942), in: Oxford Dictionary of National Biography, Oxford 2004 [https://doi.org/10.1093/ref:odnb/33186; 02.03.2018].

Clémentel, Étienne: La France et la politique économique interalliiée (Histoire économique et social de la Guerre Mondiale), Paris / New Haven 1931.

Clements, Kendrick A.: The Life of Herbert Hoover, Bd. 4: Imperfect Visionary, 1918–1928, Basingstoke 2010.

Cohen, Harry / Itzhak J. Carmin: Jews in the World of Science. A Biographical Dictionary of Jews eminent in the Natural and Social Sciences, New York 1956.

Cole, Sanford D.: World Industry Statistics. Geneva Conference Work, in: Financial Times, 03.01.1929.

Comité International du Bois: Statistiques relatives au commerce international du bois tendre scié et raboté au cours de la période 1928–1933, Wien 1933.

Commission International pour le Statistique des Chemins de Fer: Statistique internationale des Chemins de Fer, Paris/Wien 1880.

Committee on Industry and Trade: Survey of Overseas Markets, London 1925.

Compte Rendu des travaux du Congrès Général de Statistique, réuni à Bruxelles les 19, 20, 21 et 22 Septembre 1853, Brüssel 1853.

Condliffe, J[ohn] B.: Vanishing World Trade, in: Foreign Affairs 11 (1933), S. 645–656.

Condliffe, J[ohn] B.: A World Economic Survey, in: Norman Angell et al.: Geneva and the Drift to War (Problems of Peace, Bd. 12), London 1938, S. 97–115.

Condliffe, J[ohn] B.: Preface, in: Gregory Frumkin: Population Changes in Europe since 1939. A Study of Population Changes in Europe during and since World War II as shown by the Balance Sheets of Twenty-four European Countries, New York 1951, S. 5–7.

Condliffe, John B.: Reminiscences of the Institute of Pacific Relations (Stanford 1981), in: Paul F. Hooper (Hrsg.): Remembering the Institute of Pacific Relations. The Memoirs of William L. Holland, Tokio 1995, S. 426–474.

Conférence Financière Internationale: Comptes Rendus de la Conférence, Bd. 3: Exposés sur la Situation Financière des Pays représentés à la Conférence, Brüssel 1920.

Conference of British Commonwealth Statisticians, 1935, held at Ottawa, Canada, from September 13th to October 9th, 1935. Report and Resolutions adopted by the Second Conference of Government Officers Engaged in Dealing with Statistics in the British Commonwealth of Nations, Ottawa 1935.

Conrad, Sebastian: What is Global History?, Princeton / Oxford 2016.
Cooper, Frederick: What is the Concept of Globalization good for? An African Historian's Perspective, in: African Affairs 100 (2001), S. 189 – 213.
Cord, Robert A.: The London and Cambridge Economic Service. History and Contributions, in: Cambridge Journal of Economics 41 (2017), S. 307 – 326.
Cottrell, M. Patrick: The League of Nations. Enduring Legacies of the First Experiment at World Organisation (Global Institutions), London / New York 2018.
Coudreau, Marin: Le Comité International de Secours à la Russie, l'Action Nansen et les Bolcheviks (1921 – 1924), in: Relations internationales 151 (2012), S. 49 – 61.
Courtney, Chris: The Nature of Disaster in China. The 1931 Yangzi River Flood (Studies in Environment and History), Cambridge 2018.
Coyle, Diane: GDP. A Brief but Affectionate History, Princeton / Oxford 2014.
Cox, Terry: Peasants, Class, and Capitalism. The Rural Research of L.N. Kritsman and his School, Oxford 1986.
Craver, Earlene: Patronage and Directions of Research in Economics. The Rockefeller Foundation in Europe, 1924 – 1938, in: Minerva 24 (1986), Nr. 2/3, S. 205 – 222.
Crawcour, E. Sydney: Industrialization and Technological Change, 1885 – 1920, in: Peter Duus (Hrsg.): The Cambridge History of Japan, Bd. 6: The Twentieth Century, Cambridge 1989, S. 383 – 480.
Crome, A[ugust] F[riedrich] W[ilhelm]: Ueber die Größe und Bevölkerung der sämtlichen europäischen Staaten. Ein Beytrag zur Kenntniß der Staatenverhältnisse und zur Erklärung der neuen Größen-Karte von Europa, Leipzig 1785.
Crome, August Friedrich Wilhelm: Ueber die Größe und Bevölkerung der europäischen Staaten, als der sicherste Maaßstab ihrer verhältnismäßigen Kultur, nebst der Entwickelung ihrer Staatskräfte, Frankfurt/Main 1794.
Crouzet, François: The Victorian Economy, London 1982.
Cuff, Robert D.: Creating Control Systems. Edwin F. Gay and the Central Bureau of Planning and Statistics, 1917 – 1919, in: Business History Review 63 (1989), S. 588 – 613.
Cullen, M[ichael] J.: The Statistical Movement in Early Victorian Britain. The Foundations of Empirical Social Research, New York 1975.
Cummings, John: United States. Federal Statistics, in: John Koren (Hrsg.): The History of Statistics. Their Development and Progress in Many Countries, New York 1918, S. 571 – 689.
Cussó, Roser: L'activité statistique de l'Organisation économique et financière de la Société des Nations. Un nouveau lien entre pouvoir et quantification, in: Histoire et mesure 27 (2012), S. 107 – 136.
Cussó, Roser: International Quantification and Liberalism. The Early Statistical Activities of the League of Nations' Economic and Financial Organization, in: Catherine Brégianni / Roser Cussó (Hrsg.): Politiques économiques des institutions internationales du début du XXe siècle au stade actuel de la globalization / Economic Policies of International Institutions from the Beginning of the 20th Century to the Current Globalisation Process, Paris 2019, S. 55 – 76.
Cussó, Roser: Aux origines de l'évaluation statistique internationale. La supervision des mandats par la Société des Nations, in: Philippe Bourmand / Norig Neveu / Chantal Verdeil (Hrsg.): Experts et expertise dans les Mandats de la Société des Nations. Figures, Champs, Outils (Transaire(s). Sciences Humaines et Sociales), Paris 2020, S. 161 – 188.
Cussó, Roser: Building a Global Representation of Trade through International Quantification. The League of Nations' Unification of Methods in Economic Statistics, in: International History Review, 42 (2020), S. 714 – 736.

Czechowitz, Paul: Die Krise der wirtschaftlichen Information und der Wirtschaftsstatistik in der UdSSR, in: Wirtschaftsdienst 17,1 (1932), S. 182 – 186, 214 – 218.

Dabringhaus, Sabine: Geschichte Chinas 1279 – 1949 (Oldenbourg Grundriss der Geschichte, Bd. 35), 3., überarbeitete und aktualisierte Auflage, München 2015.

Daele, Jasmin van: Engineering Social Peace. Networks, Ideas, and the Founding of the International Labour Organization, in: International Review of Social History 50 (2005), S. 435 – 466.

Daele, Jasmin van (Hrsg.): ILO Histories. Essays on the International Labour Organization and Its Impact on the World during the Twentieth Century (International and Comparative Social History, Bd. 12), Bern et al. 2010.

D'Alessandro, Michele: Global Economic Governance and the Private Sector. The League of Nations' Experiment in the 1920s, in: Christof Dejung / Niels P. Petersson (Hrsg.): The Foundations of Worldwide Economic Integration. Power, Institutions, and Global Markets, 1850 – 1930 (Cambridge Studies in the Emergence of Global Enterprise), Cambridge 2013, S. 249 – 270.

Dana Durand, E[dward]: Standardizing World Statistics, in: Harriet E. Davis (Hrsg.): Pioneers in World Order. An American Appraisal of the League of Nations, New York [2]1945, S. 178 – 181.

Danzl, Erna: Erinnerungen Hans Schäffers an Ernst Trendelenburg. Dokumentation, in: Vierteljahrshefte für Zeitgeschichte 25 (1977), S. 865 – 888.

Das Memorandum des Reparationsagenten und die Antwort der Reichsregierung in der amtlichen Fassung, Berlin 1927.

Davidson, Roger:, Sir Hubert Llewellyn (1864 – 1945), in: Oxford Dictionary of National Biography, Oxford 2004 [https://doi.org/10.1093/ref: odnb/36147; 02. 03. 2018].

Davis, Joseph S.: World Currency and Banking. The First Brussels Financial Conference, in: Review of Economic Statistics 2 (1920), S. 349 – 360.

Davis, Joseph S.: The World Between the Wars, 1919 – 39. An Economist's View, Baltimore / London 1975.

Davis, Kathryn W.: The Soviets at Geneva. The U.S.S.R at the League of Nations, 1919 – 1933, Diss. Genf, Chambéry 1934.

Day, Edmund E.: [Rezension von International Labour Office: Enquiry into Production. Introductory Memorandum, Genf 1920], in: Quarterly Publications of the American Statistical Association 17 (1921), S. 926 – 929.

Day, Edmund E.: Cyclical Fluctuations of the Volume of Manufacture, in: Review of Economic Statistics 5 (1923), S. 30 – 60.

Day, Edmund E. / Warren M. Persons: An Index of the Physical Volume of Production. III. Manufacture, 1899 – 1919, in: Review of Economic Statistics 2 (1920), S. 309 – 337, 361 – 367.

Day, J[ohn] P.: An Introduction to World Economic History since the Great War, London / New York 1939.

Day, Richard B.: The ‚Crisis' and the ‚Crash'. Soviet Studies of the West (1917 – 1939), London 1981.

Decorzant, Yann: La Société des Nations et la naissance d'une conception de la regulation économique international (Enjeux internationaux, Bd. 19), Brüssel et al. 2011.

Dejung, Christof: Deglobalisierung? Oder Enteuropäisierung des Globalen? Überlegungen zur Entwicklung der Weltwirtschaft in der Zwischenkriegszeit, in: Sönke Kunkel / Christoph Meyer (Hrsg.): Aufbruch ins postkoloniale Zeitalter. Globalisierung und die außereuropäische Welt in den 1920er und 1930er Jahren (Globalgeschichte, Bd. 12), Frankfurt/Main / New York 2012, S. 37 – 61.

Dejung, Christof: Die Fäden des globalen Marktes. Eine Sozial- und Kulturgeschichte des Welthandels am Beispiel der Handelsfirma Gebrüder Volkart 1851 – 1999 (Industrielle Welt, Bd. 85), Köln / Weimar / Wien 2013.

Dejung, Christof / Niels P. Petersson (Hrsg.): The Foundations of Worldwide Economic Integration. Power, Institutions, and Global Markets, 1850 – 1930 (Cambridge Studies in the Emergence of Global Enterprise), Cambridge 2013.

Dejung, Christof / Monika Dommann / Daniel Speich Chassé (Hrsg.): Auf der Suche nach der Ökonomie. Historische Annäherungen, Tübingen 2014.

Delatour[, Albert]: Discours, in: Bulletin de l'Institut International de Statistique 21 (1924), Nr. 1, S. 26 – 39.

Delevingne, Malcolm: The Organizing Committee, in: James T. Shotwell (Hrsg.): The Origins of the International Labor Organization, Bd. 1: History, New York 1934, S. 285 – 304.

Demeulenaere-Douyere, Christiane / Tifenn Hamonic: Missions commerciales, XIXe siècle. Sous-série F/ 12. Répertoire méthodique des articles F/12/535, 2588 à 2598/C, 7208 à 7215 et 7409 à 7413, Paris 2011 [www.archivesnationales.culture.gouv.fr/chan/chan/pdf/F12-missions-commerciales.pdf; 24.11.2017].

Dertilis, George B.: Consular Reports and International Statistics in the British Parliamentary Papers (1830 – 1914), in: Journal of Europan Economic History 19 (1990), S. 311 – 328.

Desrosières, Alain: Lucien March (1859 – 1933). A Pioneer of Quantitative Economics, in: Warren J. Samuels et al. (Hrsg.): European Economists of the Early 20th Century, Bd. 1: Studies of Neglected Thinkers of Belgium, France, the Netherlands and Scandinavia, Cheltenham / Northampton 1998, S. 208 – 219.

Desrosières, Alain: Managing the Economy, in: Theodore Porter / Dorothy Ross (Hrsg.): The Cambridge History of Science, Bd. 7: Modern Social Sciences, Cambridge 2003, S. 553 – 564.

Dèsrosieres, Alain: Die Politik der großen Zahl. Eine Geschichte der statistischen Denkweise, Berlin / Heidelberg 2005.

Dhermy-Mairal, Marine: Du danger des enquêtes savantes. Faire œuvre de science dans l'entre-deux-guerres au Bureau International du Travail, in : Revue d'Histoire Moderne et Contemporaine 62 (2015), Nr. 4, S. 7 – 32.

Dhermy-Mairal, Marine: Scientific Durkheimianism and the Durkheimianism of Action. François Simiand and the International Labour Office (1920 – 1930), in: Revue Française de Sociologie [English Edition] 56 (2015), S. 449 – 470.

Dickinson, Frederick R.: World War I and the Triumph of a New Japan, 1919 – 1930 (Studies in the Social and Cultural History of Modern Warfare), Cambridge 2013.

Dickinson, Frederick R.: Toward a Global Perspective of the Great War. Japan and the Foundation of a Twentieth-Century World, in: American Historical Review 119 (2014), S. 1154 – 1183.

Dickinson, Frederick R.: The Japanese Empire, in: Robert Gerwarth / Erez Manela (Hrsg.): Empires at War, 1911 – 1923 (The Greater War), Oxford 2014, S. 197 – 213.

Die Berichte der von der Reparationskommission eingesetzten beiden Sachverständigenkomitees, Berlin 1924.

Dimand, Robert W. / Richard A. Lobdell: Kyrk, Hazel (1886 – 1957), in: Steven N. Durlauf / Lawrence E. Blume (Hrsg.): The New Palgrave Dictionary of Economics, Bd. 4, Basingstoke [2]2008, S. 776.

Directorate of Statistics: Zhonghua minguo tongji tiyao [Statistical Abstract of the Republic of China], Nanjing 1935.

Döblin, Ernst: Internationale Konjunkturabhängigkeit und Autarkie, in: Archiv für Sozialwissenschaft und Sozialpolitik 67 (1932), S. 283 – 313.

Dockrill, Michael L. (Hrsg.): British Documents on Foreign Affairs. Reports and Papers from the Foreign Office Confidential Print, Part II, Series I: The Paris Peace Conference of 1919, Bd. 15, Frederick 1991.

Dockrill, M. (Hrsg.): British Documents on Foreign Affairs. Reports and Papers from the Foreign Office Confidential Print, Part II, Series 1: The Paris Peace Conference of 1919, Bde. 12, 13 und 15, Frederick 1991.

Dogan, Aykiz: Transnational Statisticians and the Construction of the Modern State System. Negotiating Turkey's Economic Statistics Implementation within the League of Nations' Framework, 1926 – 1927, in: Catherine Brégianni / Roser Cussó (Hrsg.): Politiques économiques des institutions internationales du début du XXe siècle au stade actuel de la globalization / Economic Policies of International Institutions from the Beginning of the 20th Century to the Current Globalisation Process, Paris 2019, S. 77 – 108.

Dogan, Aykiz: L'étatisation turque dans l'entre-deux-guerre et ses acteurs. Construire un ordre mondial par l'expertise, Diss. Universität Paris I – Panthéon-Sorbonne 2022.

Dommann, Monika / Daniel Speich Chassé / Mischa Suter: Wissensgeschichte ökonomischer Praktiken, in: Berichte zur Wissenschaftsgeschichte 37 (2014), S. 107 – 111.

Donaldson, John: International Economic Relations. A Treatise on World Economy and World Politics, New York 1928.

D'Onofrio, Federico: Agricultural Numbers. The Statistics of the International Institute of Agriculture in the Interwar Period, in: Agricultural History Review 65 (2017), S. 277 – 296.

Dore, Valentino: Umberto Ricci (1879 – 1946), in: Proceedings of the International Statistical Conferences, Bd. 3/2: 25th Session of the International Statistical Institute, September 6 – 18, 1947, Washington, D.C., Kalkutta 1947, S. 1005 – 1006.

Douie, J.M.: [Rezension von A[lexander] Loveday: History and Economics of Indian Famines, London 1914], in: The Economic Journal 25 (1915), S. 66 – 68.

Drafts of the Labor Convention, in: James T. Shotwell (Hrsg.): The Origins of the International Labor Organization, Bd. 1: History, New York 1934, S. 371 – 423.

Drage, Geoffrey: The Reorganisation of Official Statistics and a Central Statistical Office, in: Journal of the Royal Statistical Society 80 (1917), S. 31 – 64.

Drayton, Richard / David Motadel: The Futures of Global History, in: Journal of Global History 13 (2018), S. 1 – 21.

Dresdner Bank: Die wirtschaftlichen Kräfte der Welt, Berlin 1927.

Dresdner Bank: Die wirtschaftlichen Kräfte der Welt, 3., erweitere und verbesserte Auflage, Berlin 1930.

Drexel, K[arl]: Viktor Mataja (1857 – 1934), in: Bulletin de l'Institut International de Statistique 27 (1934/38), Nr. 1, S. 190 – 192.

Druelle-Korn, Clotilde: Ministère du commerce – Statistique générale de la France. Le rendez-vous manqué des statistiques économiques, in: Histoire & Mesure 22 (2007), Nr. 1, S. 45 – 69.

Druelle-Korn, Clotilde: The Great War. Matrix of the International Chamber of Commerce, a Fortune Business League of Nations, in: Andrew Smith / Simon Mollan / Kevin D. Tennent (Hrsg.): The Impact of the First World War on International Business (Routledge International Studies in Business History, Bd. 34), London / New York 2017, S. 103 – 120.

Druelle-Korn, Clotilde: Clémentel, le ministre et ses ministères (1915 – 1919), in: Marie-Christine Kessler / Guy Rousseau (Hrsg.): Étienne Clémentel. Politique et action publique sous la Troisième République (France contemporaine, Bd. 6), Brüssel et al. 2018, S. 189 – 204.

Druelle-Korn, Clotilde: Étienne Clémentel president-fondateur de la Chambre de commerce internationale, in: Marie-Christine Kessler / Guy Rousseau (Hrsg.): Étienne Clémentel. Politique et action publique sous la Troisième République (France contemporaine, Bd. 6), Brüssel et al. 2018, S. 419 – 434.

Drummond, Eric: The Secretariat of the League of Nations, in: Public Administration 9 (1931), S. 228 – 235.

Dubin, Martin David: Transgovernmental Processes in the League of Nations, in: International Organization 37 (1983), S. 469 – 493.

Duda, Gerhard: Jenő Varga und die Geschichte des Instituts für Weltwirtschaft und Weltpolitik in Moskau, 1921 – 1970. Zu den Möglichkeiten und Grenzen wissenschaftlicher Auslandsanalyse in der Sowjetunion, Berlin 1994.

Dufrasne, Alphonse: Jacquart (Camille-Lucien), in: L'Academie royale des sciences, des lettres et des beaux-arts de Belgique: Biographie nationale, Bd. 39, Brüssel 1976, Sp. 471 – 477.

Duncan, Joseph W. / William C. Shelton: Revolution in United States Government Statistics, 1926 – 1976, Washington 1978.

Dunn, H[albert] L.: Stuart A. Rice, 1889 – 1969, in: Revue de l'Institut International de Statistique 37 (1969), S. 332 – 334.

Dussel, Konrad: Pressebilder in der Weimarer Republik. Entgrenzung der Information (Kommunikationsgeschichte, Bd. 29), Berlin 2012.

Dyke Robinson, Edward van: Commercial Geography, Chicago / New York 1910.

dzt.: Handelsstatistik und Weltwirtschaft, in: Königsberger Hartungsche Zeitung, 21. 12. 1921.

El.: Wir warden einflußloser, in: Magdeburger Zeitung, 21. 11. 1926.

Eberhard-Bréard, Andrea: Invention of Foreign Trade Statistics in China at the Turn of the 20th Century, in: Économie et sociologie Rurales. Actes et communications 21 (2004), S. 25 – 55.

Eberhard-Bréard, Andrea: Robert Hart and China's Statistical Revolution, in: Modern Asian Studies 40 (2006), S. 605 – 629.

Eberhard-Bréard, Andrea: Where shall the History of Statistics in China Begin?, in: Algorismus 60 (2007), S. 93 – 100.

Eckel, Jan: „Alles hängt mit allem zusammen". Zur Historisierung des Globalisierungsdiskurses der 1990er und 2000er Jahre, in: Historische Zeitschrift 307 (2018), S. 42 – 78.

Eckert, Christian: Aussichten des Kapitalismus, in: Weltwirtschaftliches Archiv 29 (1929), S. 1 – 25.

Eeckhout, Patricia van den: Statistics and Social Policy in Interwar-Belgium. The 1928 – 1929 Inquiry into the Family Budgets of Blue-Collar and White-Collar Worker, in: Histoire & Mesure 19 (2004), Nr. 1/2, S. 95 – 132.

Eichengreen, Barry J. / T[imothy] J. Hatton (Hrsg.): Interwar Unemployment in International Perspective (NATO ASI Series D, Bd. 43), Dordrecht / Boston / London 1988.

Eichengreen, Barry / Douglas A. Irwin: Trade Blocs, Currency Blocs and the Disintegration of World Trade in the 1930s, in: Journal of International Economics 38 (1995), 1 – 24.

Einaudi, Luigi: Umberto Ricci, in: American Economic Review 36 (1946), S. 666 – 668.

Einzig, Paul: The World Economic Crisis 1929 – 1931, London 1932.

Eisfeld, Gerhard Peter Georg: Die Entstehung der liberalen Parteien in Deutschland 1858 – 1870. Studie zu den Organisationen und Programmen der Liberalen und Demokraten (Schriftenreihe des Forschungsinstituts der Friedrich-Ebert-Stiftung. B. Historisch-politische Schriften), Hannover 1969.

Ekbladh, David: Exile Economics. The Transnational Contributions and Limits of the League of Nations' Economic and Financial Section, in: New Global Studies 4 (2010), Nr. 1, Art. 9.

Ekbladh, David: American Asylum. The United States and the Campaign to Transplant the Technical League, 1939 – 1940, in: Diplomatic History 39 (2015), S. 629 – 660.

Elderton, W. Palin: Shipping Problems 1916 – 1921, London 1928.

Elliston, H[erbert] B.: A Short Note on Statistizing China, in: The Chinese Social and Political Science Review 6 (1921 – 23), S. 108 – 113.

Emmison, Mike: ‚The Economy'. Its Emergence in Media Discourse, in: Howard Davis / Paul Walton (Hrsg.): Language, Image, Media, Oxford 1983, S. 139 – 155.

Emődi, Paul / Robert Teichl: Wer ist wer. Lexikon österreichischer Zeitgenossen, Wien 1937.

Endres, A[nthony] M.: J.B. Condliffe and the Early Canterbury Tradition in Economics, in: New Zealand Economic Papers 25 (1991), Nr. 2, S. 171 – 191.

Endres, Anthony M. / Grant A. Fleming: International Organizations and the Analysis of Economic Policy, 1919 – 1950 (Historical Perspectives on Modern Economics), Cambridge 2002.

Engel[, Ernst] (Bearb.): Rechenschafts-Bericht über die fünfte Sitzungsperiode des Internationalen Statistischen Congresses in Berlin, Bd. 2: Bericht über die Verhandlungen des Congresses, Berlin 1865.

Engelbourg, Saul: Joseph S. Davis. „The Evolution of one Economist's Work", in: History of Political Economy 12 (1980), S. 243 – 266.

Engels, Jens Ivo: Machtfragen. Aktuelle Entwicklungen und Perspektiven der Infrastrukturgeschichte, in: Neue Politische Literatur 55 (2010), S. 51 – 70.

Engels, Jens Ivo / Gerrit Jasper Schenk: Infrastrukturen der Macht – Macht der Infrastrukturen. Überlegungen zu einem Forschungsfeld, in: Birte Förster / Martin Bauch (Hrsg.): Wasserinfrastrukturen und Macht von der Antike bis zur Gegenwart (Historische Zeitschrift. Beiheft 63), Berlin / München / Boston 2015, S. 22 – 58.

Epple, Angelika: Globalisierung/en, Version 1.0, in: Docupedia-Zeitgeschichte, 11. 06. 2012 [http://docupedia.de/zg/globalisierung; 18. 04. 2017].

Epple, Angelika: Calling for a Practice Turn in Global History. Practices as Drivers of Globalizations, in: History and Theory 57 (2018), S. 390 – 407.

Esselborn, Stefan: Die Afrikaexperten. Das Internationale Afrikainstitut und die europäische Afrikanistik, 1926 – 1976 (Veröffentlichungen des Instituts für Europäische Geschichte Mainz, Bd. 252), Göttingen 2018.

Eulenburg, Franz: Die Verschiebung des weltwirtschaftlichen Schwergewichts, in: Weltwirtschaft. Monatsschrift für Weltwirtschaft und Weltverkehr 16 (1925), S. 121 – 123.

F., R.P.: [Rezension von Otto Hübner's Geographisch-statistische Tabellen aller Länder der Erde, hrsg. v. Franz v. Juraschek, Frankfurt/Main 1889], in: Publications of the American Statistical Association 2 (1890), S. 31.

Falkner-Smit, Marie: La statistique au pays des soviets. Communication présentée à la XVIII session de l'Institut International de Statistique, Moskau 1929.

Fasce, Fernando: Olivetti, Gino, in: Dizionario Biografico degli Italiani, Bd. 79: Nursio – Ottolini Visconti, Rom 2013, S. 243 – 245.

Fäßler, Peter: Globalisierung. Ein historisches Kompendium (UTB, Bd. 2865), Köln / Weimar / Wien 2007.

Feig, J[ohannes]: Internationale Konferenz über die hohen Lebenskosten, in: Deutsches Statistisches Zentralblatt 5 (1913), Sp. 283 – 284.

Feinstein, Charles H. / Peter Temin / Gianni Toniolo: The World Economy between the World Wars, Oxford 2008.

Feldman, Gerald D.: The Great Disorder. Politics, Economics, and Society in the German Inflation 1914–1924, Oxford 1997.
Fentener van Vlissingen, F[rederik] H.: Voraussetzungen für eine intensivere Weltwirtschaft, in: Weltwirtschaftliches Archiv 42 (1935), S. 347–365.
Feuerwerker, Albert: Economic Trends, 1912–1949, in: John K. Fairbank (Hrsg.): The Cambridge History of China, Bd. 12,1: Republican China 1912–1949, Cambridge 1983, S. 28–127.
Ficker, Adolf: Die dritte Versammlung des internationalen Congresses für Statistik zu Wien im September 1857, Wien 1857.
Findley, Ronald / Kevin H. O'Rourke: Power and Plenty. Trade, War, and the World Economy in the Second Millenium (The Princeton Economic History of the Western World), Princeton / Oxford 2007.
Findlay Shirras, G[eorge]: [Rezension von V[ijayendra] K.R. Rao: The National Income of India, 1931–1932, London 1940], in: The Economic Journal 51 (1941), S. 325–333.
Fink, Carole: The Genoa Conference. European Diplomacy, 1921–1922, Chapel Hill / London 1984.
Fink, Carole: Defending the Rights of Others. The Great Powers, the Jews and International Minority Protection, Cambridge 2004.
Fink, Carole / Axel Frohn / Jürgen Heideking (Hrsg.): Genoa, Rapallo, and European Reconstruction in 1922 (Publications of the German Historical Institute Washington), Cambridge 1991.
Fior, Michel: Institution globale et marchés financiers. La Société des Nations face à la reconstruction de l'Europe, 1918–1931, Bern et al. 2008.
Fioramonti, Lorenzo: Gross Domestic Problem. The Politics behind the World's Most Powerful Number (Economic Controversies), London / New York 2013.
Fischer, Alois: Neue Weltstatistik. Zahlen, Daten, Karten, 2., vollständig neu bearbeitete Auflage, Wien o.J. [1952].
Fischer, Conan: A Vision of Europe. Franco-German Relations during the Great Depression, 1929–1932, Oxford 2017.
Fischer, Joseph: Die Internationale Handelskammer in Paris, Diss. Köln 1931.
Fischer, Thomas: Die Souveränität der Schwachen. Lateinamerika und der Völkerbund, 1920–1936 (Beiträge zur europäischen Überseegeschichte, Bd. 98), Stuttgart 2012.
Fisher, Irving: An International Commission on the Cost of Living, in: American Economic Review 2 (1912), Supplement, S. 92–101.
Fisher, Irving: The Debt-Deflation Theory of Great Depression, in: Econometrica 1 (1933), S. 337–357.
Fisher Hohman, Helen: James Alfred Field, in: Dies. (Hrsg.): Essays on Population, and other Papers, by James Alfred Field, together with Material from his Notes and Lectures, Chicago 1931, S. XIX-XXVIII.
Fisk, Harvey E.: The Inter-Ally Debts. An Analysis of War and Post-War Public Finance 1914–1923, New York / Paris 1924.
Fisk, Harvey E.: Some New Estimates of National Incomes, in: American Economic Review 20 (1930), S. 20–27.
Fitzgerald, Oscar Penn: The Supreme Economic Council and Germany. A Study of Inter-Allied Cooperation after World War I, Diss. Georgetown University, Washington 1971.
Flath, David: The Japanese Economy, Oxford 2000.
Fleischhauer, Eva Ingeborg: Rathenau in Rapallo. Eine notwendige Korrektur des Forschungsstandes, in: Vierteljahrshefte für Zeitgeschichte 54 (2006), S. 365–415.
Fleming, Grant: Condliffe, John Bell, in: Dictionary of New Zealand Biography, Wellington 1998 [https:// teara.govt.nz/en/biographies/ 4c28/condliffe-john-bell [03. 05. 2019].

Fleury, Antoine (Hrsg.): Le Plan Briand d'Union fédérale européenne. Perspectives nationales et transnationales, avec documents. Actes du colloque international tenu à Genève du 19 au 21 septembre 1991, Bern et al. 1998.

Flora, Guiseppe: Benoy Kumar Sarkar (1887 – 1949). An Intellectual Portrait, New Delhi 1998.

Florinsky, Michael T.: [Rezension von League of Nations: World Economic Survey 1934 – 35], in: Political Science Quarterly 51 (1936), S. 297 – 299.

Flux, A[lfred] W.: International Statistical Comparisons, in: Journal of the Royal Statistical Society 86 (1923), S. 297 – 331.

Flux, A[lfred] W.: The Census of Production, in: Journal of the Royal Statistical Society 87 (1924), S. 351 – 390.

Flux, A[lfred] W.: Report on the Census of Industrial Production, in: Bulletin de l'Institut International de Statistique 22 (1926), Nr. 2, S. 74 – 149.

Flux, A[lfred] W.: Indices of Industrial Productive Activity, in: Journal of the Royal Statistical Society 90 (1927), S. 225 – 271.

Flux, A[lfred] William: Indices of Productive Activity, in: Bulletin de l'Institut International de Statistique 23 (1928/29), Nr. 2, S. 395 – 433.

Fong H[sien]-D[ing]: Economic Statistics in China, in: Monthly Bulletin on Economic China 7 (1934), S. 15 – 27.

Fong H[sien]-D[ing]: Toward Economic Control in China, in: Nankai Social & Economic Quarterly 9 (1936/37), S. 296 – 397.

Fong H[sien]-D[ing]: [Rezension von Directorate of Statistics: Zhonghua], in: The Nankai Social & Economic Quarterly 9 (1936/37), S. 550 – 552.

Fontaine[, Arthur]: Report of the President of the Organizing Committee, in: League of Nations: International Labor Conference. First Annual Meeting, October 29, 1919 – November 29, 1919, Washington 1920, S. 12 – 16.

Forbes, Urquhart A.: Our Commercial Rivals, in: London Quarterly Review 3.F. 4,2 (1900), S. 282 – 309.

Foster, William T.: Warren Milton Persons, in: Journal of the American Statistical Association 34 (1939), S. 411 – 415.

Framke, Maria: India's Freedom and the League of Nations. Public Debates 1919 – 33, in: Urs Matthias Zachmann (Hrsg.): Asia after Versailles. Asian Perspectives on the Paris Peace Conference and the Interwar Order, 1919 – 33 (Edinburgh East Asian Studies Series), Edinburgh 2017, S. 124 – 143.

Frängsmyr, Tore / J[ohn] L. Helbron / Robin E. Rider (Hrsg.): The Quantifying Spirit in the 18th Century (Uppsala Studies in History of Science, Bd. 7), Berkeley etc. 1990.

Fremdling, Rainer: The German Industrial Census of 1936. Statistics as Preparation for the War, in: Jahrbuch für Wirtschaftsgeschichte 2/2005, S. 155 – 165.

Frick, Georg: Die Elzevir'schen Republiken, Diss. Halle-Wittenberg 1892.

Friedman, Walter A.: Fortune Tellers. The Story of America's First Economic Forecasters, Princeton / Oxford 2014.

Friendly, Michael: A Brief History of Data Visualization, in: Chun-houh Chen / Wolfgang Härdle / Antony Unwin (Hrsg.): Handbook of Data Visualization, Berlin / Heidelberg 2008, S. 15 – 56.

Fritsche, Ulrich / Roman Köster / Laetitia Lenel (Hrsg.): Futures Past. Economic Forecasting in the 20th and 21st Century (Literatur – Kultur – Ökonomie, Bd. 5), Berlin et al. 2020.

Fritz, Wolfgang: Historie der amtlichen Statistik der Erwerbstätigkeit in Deutschland. Ein fragmentarischer Abriß: Darstellung, Quellen, Daten, Definitionen, Chronik (Historical Social Research Supplement, Bd. 13), Köln 2001.

Frumkin, Gregory: Population Changes in Europe Since 1939. A Study of Population Changes in Europe During and Since the World War II as Shown by the Balance Sheet of 24 European Countries, New York 1951.

Fudickar, Kurt: Deutsche Reparationen und interalliierte Kriegsschulden-Abkommen (Veröffentlichungen des Reichsverbandes der Deutschen Industrie, Bd. 33), Berlin 1926.

Fulcher, James: Kapitalismus (Schriftenreihe der Bundeszentrale für politische Bildung, Bd. 751), Bonn 2008.

Funkhouser, H. Gray: Historical Development of the Graphical Representation of Statistical Data, in: Osiris 3 (1937), S. 269 – 404.

Furlan, V[ladimir]: Weltwirtschaftsstatistik, in: Weltwirtschaftliches Archiv 4 (1914), S. 295 – 340.

Fürst, Gerhard: Statistik, international, in: Erwin v. Beckerath et al. (Hrsg.): Handwörterbuch der Sozialwissenschaften, Bd. 10: Städtebau – Verbrauchsteuern, Stuttgart / Tübingen / Göttingen 1959, S. 77 – 81.

Fürst, Gerhard: Wandlungen im Programm und in den Aufgaben der amtlichen Statistik in den letzten 100 Jahren, in: Statistisches Bundesamt (Hrsg.): Bevölkerung und Wirtschaft 1872 – 1972, Stuttgart/Mainz 1972, S. 13 – 83.

G., R.F.: Conrad Alexander Verrijn Stuart, in: Journal of the Royal Statistical Society, Series A 112 (1949), S. 346.

Gagnon, Marc André: Les réseaux de l'internationalisme statistique (1885 – 1914), in: Jean-Pierre Beaud / Jean-Guy Prévost (Hrsg.): L'ère du chiffre. Systèmes statistiques et traditions nationales / The Age of Numbers. Statistical Systems and National Traditions, Sainte-Foy 2000, S. 189 – 219.

Gatterer, Johann Christian: Ideal einer allgemeinen Weltstatistik, Göttingen 1773.

Garfield, Frank R.: Economic Change and Economic Analysis, in: Federal Reserve Bulletin 49 (1963), S. 1199 – 1215.

Garfield, Frank R.: Winfield W. Riefler, 1897 – 1974, in: The American Statistician 28 (1974), S. 159.

Garvin, J[ames] L.: The Economic Foundations of Peace, or World-Partnership as the Truer Basis of the League of Nations, London 1919.

Garvy, George: Carl Snyder, Pioneer Economic Statistician and Monetarist, in: History of Political Economy 10 (1978), S. 454 – 490.

Gautié, Jérôme: De l'invention du chômage à sa déconstruction, in: Genèses 46 (2002), S. 60 – 76.

Gaworek, Norbert H.: From Blockade to Trade. Allied Economic Warfare Against Soviet Russia, June 1919 to January 1920, in: Jahrbücher für Geschichte Osteuropas N.F. 23 (1975), S. 39 – 69.

Genzmer, Hans: Die Bestrebungen zur Schaffung eines international-einheitlichen Zolltarifschemas (Münsterer Wirtschafts- und Sozialwissenschaftliche Abhandlungen, Bd. 5), Münster 1929.

Geppert, Dominik: National Expectations and Transnational Infrastructure. The Media, Global News Coverage, and International Relations in the Age of High Imperialism, in: German Historical Institute London Bulletin 39 (2017), Nr. 2, S. 21 – 42.

Geyer, Martin / Johannes Paulmann (Hrsg.): The Mechanics of Internationalism. Culture, Society, and Politics from the 1840s to the First World War, Oxford 2001.

Ghebali, Victor Yves / Catherine Ghebali: A Repertoire of League of Nations Serial Documents, 1919 – 1947, 2 Bde., Dobbs Ferry 1973.

Ghobrial, John-Paul A.: Introduction: Seeing the World like a Microhistorian, in: Past and Present 242, Supplement 14 (2019), S. 1 – 22.

Ghosh, Arunabh: Making it Count. Statistics and Statecraft in the Early People's Republic of China, Princeton 2020.

Ghosh, J[ayanta] K.: Mahalanobis and the Art and Science of Statistics. The Early Days, in: Indian Journal of History of Science 29 (1994), S. 89–98.

Ghosh, Jayanta K. / Pulakesh Maiti / Anil K. Bera: Indian Statistical Institute. Numbers and Beyond, 1931–1947, in: Uma Das Gupta (Hrsg.): Science and Modern India. An Institutional History, c. 1784–1947 (History of Science, Philosophy and Culture in Indian Civilization, Bd. 15/4), Delhi et al.2011, S. 1013–1056.

Giffen[, Robert]: Memorandum on the Compilation and Printing of the Statistics of the United Kingdom, in: Second and Third Reports of the Official Statistics Committee, ordered by the House of Commons, o.O. [London] 1881, S. 83–104

Giffen, R[obert]: The Use of Import and Export Statistics, in: Journal of the Statistical Society 45 (1882), S. 181–296.

Giffen, Robert: The Importance of General Statistical Ideas. Address to the Economic Science and Statistics Section of the British Association, in: Journal of the Royal Statistical Society 64 (1901), S. 444–461.

Gillard, Lucien / Michel Rosier (Hrsg.): François Simiand (1873–1935). Sociologie, histoire, économie (Ordres sociaux), Amsterdam 1996.

Gills, Barry K.: The Turning of the Tide, in: Globalizations 1 (2004), S. 1–6.

Gini, C[orrado]: Valentino Dore (1886–1948), in: Bulletin de l'Institut International de Statistique 32 (1952), Nr. 1, S. 183.

Gleason, William E.: The All-Russian Union of Zemstvos and World War I, in: Terence Emmons / Wayne S. Vucinich (Hrsg.): The Zemstvo in Russia. An Experiment in Local Self-Government, Cambridge 1982, S. 365–382.

Göderle, Wolfgang: Zensus und Ethnizität. Zur Herstellung von Wissen über soziale Wirklichkeiten im Habsburgerreich zwischen 1848 und 1910, Göttingen 2016.

Godfrey, John F.: Capitalism at War. Industrial Policy and Bureaucracy in France, 1914–1918, Leamington Spa/Hamburg/New York 1987.

Goldberg, Joseph P. / William T. Moye: The First Hundred Years of the Bureau of Labor Statistics, Washington 1984.

Goldman, Lawrence: Victorians and Numbers. Statistics and Society in Nineteenth Century Britain, Oxford 2022.

Goldmann, J.: The Economic Significance of French North Africa, in: Bulletin of the Oxford University Institute of Statistics 4 (1942), Nr. 16, S. 308–310.

Goldstein, Carolyn M.: Creating Consumers. Home Economists in Twentieth-Century America, Chapel Hill 2012.

Goodwin, Gordon / Jessica Hinings: Martin, Frederick Joseph (1830–1883), in: Oxford Dictionary of National Biography, Oxford 2004 [https://doi.org/10.1093/ref:odnb/18180; 03.11.2019].

Gordon, Andrew: A Modern History of Japan. From Tokugawa Times to the Present, New York / Oxford 2003.

Gorman, Daniel: The Emergence of International Society in the 1920s, Cambridge 2013.

Gorman, Daniel: International Cooperation in the Early Twentieth Century (New Approaches to International History), London et al. 2017.

Goto-Shibata, Harumi: The League of Nations as an Actor in East Asia. Empires and Technical Cooperation with China, in: International Relations of the Asia-Pacific 17 (2017), S. 435–461.

Government of India: Report of the Indian Economic Enquiry Committee 1925, Bd. 1: Report, Reprint, Kalkutta 1927.

Graevenitz, Fritz Georg v.: Argument Europa. Internationalismus in der globalen Agrarkrise der Zwischenkriegszeit (1927 – 1937), Frankfurt/Main / New York 2017.

Gram-Skjoldager, Karen / Haakon A. Ikonomou: The Construction of the League of Nations Secretariat. Formative Practices of Autonomy and Legitimacy in International Organizations, in: International History Review 41 (2019), S. 257 – 279.

Granata, Silvia / Paolo Rapini: Gino Olivetti. Biografia dell' „altro Olivetti", un protagonista della storia italiana, Aosta 2014.

Grävell, Walter: Die Reorganisation der Statistik in Chile, in: Allgemeines Statistisches Archiv 18 (1928), S. 604 – 614.

Grayson, Richard S.: Layton, Walter Thomas, first Baron Layton (1884 – 1966), in: Oxford Dictionary of National Biography, Oxford 2004 [https://doi.org/10.1093/ref:odnb/34449; 12. 04. 2019].

Greenhalgh, Elizabeth: Victory Trough Coalition. Britain and France during the First World War (Cambridge Military Histories), Cambridge 2005.

Groenewegen, Peter: The Minor Marshallians and Alfred Marshall. An Evaluation (Routledge Studies in the History of Economics, Bd. 134), London / New York 2012.

Großbölting, Thomas: „Im Reich der Arbeit". Die Repräsentation gesellschaftlicher Ordnung in den deutschen Industrie- und Gewerbeausstellungen 1790 – 1914 (Ordnungssysteme, Bd. 21), München 2008.

Grunzel, Josef: Economic Protectionism, hrsg. von Eugen von Philippovich, Oxford 1916.

Guillaumin, Gilbert / Joseph Garnier / Maurice Block (Hrsg.): Annuaire de l'Économie Politique et de la Statistique, Paris 1844 – 1899.

Guyot, Yves: Conférence économique internationale, in: Journal des Économistes 86 (1927), S. 145 – 159.

H., A.: Europas Wirtschaft 1926. Weltwirtschaftliche Umschau, in: Der Vorwärts, 01. 01. 1927, 6. Beilage.

Haas, Peter M.: Introduction: Epistemic Communities and International Policy Coordination, in: International Organization 46 (1992), S. 1 – 35.

Haberler, Gottfried: Prosperity and Depression. A Theoretical Analysis of Cyclical Movements (Series of League of Nations Publications, 1937.II.A.24), Genf 1937.

Hacking, Ian: The Taming of Chance (Ideas in Context, Bd. 17), Cambridge 1990.

Hagemann, Harald: Zerstörung eines innovativen Forschungszentrums und Emigrationsgewinn. Zur Rolle der „Kieler Schule" 1926 – 1933 und ihrer Wirkung im Exil, in: Ders. (Hrsg.): Zur deutschsprachigen wirtschaftswissenschaftlichen Emigration nach 1933, Marburg 1997, S. 293 – 341.

Hagemann, Harald: Lowe, Adolph, in: Harald Hagemann / Claus-Dieter Krohn (Hrsg.): Biographisches Handbuch der deutschsprachigen wirtschaftswissenschaftlichen Emigration nach 1933, Bd. 2: Leichter – Zweig, München 1999, S. 390 – 399.

Hagemann, Harald: Morgenstern, Oskar, in: Harald Hagemann / Claus-Dieter Krohn (Hrsg.): Biographisches Handbuch der deutschsprachigen wirtschaftswissenschaftlichen Emigration nach 1933, Bd. 2: Leichter – Zweig, München 1999, S. 463 – 471.

Hagen, Mark von: The First World War, 1914 – 1918, in: Ronald Grigor Suny (Hrsg.): The Cambridge History of Russia, Bd. 3: The Twentieth Century, Cambridge 2006, S. 94 – 113.

Hall, John W. (Hrsg.): The Cambridge History of Japan, Bde. 5 und 6, Cambridge 1988/89.

Haller, Lea: Transithandel. Geld- und Warenströme im globalen Kapitalismus (edition suhrkamp), Berlin 2019.

Halperin, Jean: La conference économique international de 1927, in: United Nations Library / Graduate Institute of International Studies (Hrsg.): The League of Nations in Retrospect. Proceedings of a

Symposium (United Nations Library, Geneva. Serial Publications. Series E, Bd. 3), Berlin / New York 1983, S. 343–357.

Hantos, Elemér: L'économie mondiale et la Société des Nations (Bibliothèque international d'économie politique), Paris 1930.

Hardach, Gerd: Der Erste Weltkrieg (Geschichte der Weltwirtschaft im 20. Jahrhundert, Bd. 2), München 1973.

Hardy, Charles O.: [Rezension von Thorp: Business Annals], in: Journal of the American Statistical Association 22 (1927), S. 120–122.

Harington, Anne: Reenchanted Science. Holism in German Culture from Wilhelm II to Hitler, Princeton 1996.

Harley, C. Knick: Trade. Discovery, Mercantilism and Technology, in: Roderick Floud / Paul Johnson (Hrsg.): The Cambridge Economic History of Modern Britain, Bd. 1: Industrialisation, 1700–1860, Cambridge 2004, S. 175–203.

Harms, Bernhard: Volkswirtschaft und Weltwirtschaft. Versuch der Begründung einer Weltwirtschaftslehre (Probleme der Weltwirtschaft, Bd. 4), Jena 1912.

Harms, Bernhard: Strukturwandlungen der Weltwirtschaft, in: Weltwirtschaftliches Archiv 25 (1927), S. 1–58.

Harms, H[einrich]: Kleine Weltwirtschafts-Statistik für den deutschen Staatsbürger. Eine kurze Darstellung der Weltwirtschaft und des Welthandels unter besonderer Berücksichtigung der wirtschaftlichen Verhältnisse Deutschlands, Leipzig 1912.

Harris, Ron: Government and the Economy, 1688–1850, in: Roderick Floud / Paul Johnson (Hrsg.): The Cambridge Economic History of Modern Britain, Bd. 1: Industrialisation, 1700–1860, Cambridge 2004, S. 204–237.

Harrod, Roy F.: [Rezension von League of Nations: World Economic Survey 1937/38], in: International Affairs 18 (1939), S. 268.

Hasegawa T.: Yasutoshi Yanagisawa (1870–1936), in: Bulletin de l'Institut International de Statistique 28 (1935/38), Nr. 1, S. 253–255.

Hasenclever, Christa: Bibliographie zur Industrialisierung Chinas, in: Weltwirtschaftliches Archiv 45 (1937), S. 442–466.

Haumann, Heiko: Sozialismus als Ziel. Probleme beim Aufbau einer neuen Gesellschaftsordnung (1918–1928/29), in: Gottfried Schramm (Hrsg.): Handbuch der Geschichte Russlands, Bd. 3: 1856–1945. Von den Autokratischen Reformen zum Sowjetstaat, 1. Halbband, Stuttgart 1983, S. 623–780.

Haus- und Landwirthschaftlicher Kalender des landwirthschaftlichen Vereins in Bayern auf das gemeine Jahr 1871, München 1871.

Hauser-Dora, Angela Maria: Die wirtschaftlichen und handelspolitischen Beziehungen der Schweiz zu überseeischen Gebieten 1873–1913 (Europäische Hochschulschriften. Reihe III, Bd. 320), Bern et al. 1986.

Hawley, Ellis W.: Economic Inquiry and the State in New Era America. Antistatist Corporatism and Positive Statism in Uneasy Coexistence, in: Mary O. Furner / Barry Supple (Hrsg.): The State and Economic Knowledge. The American and British Experiences (Woodrow Wilson Center Series), Cambridge 1990, S. 287–324.

Hawrylchak, Sandra H.: Findbuch zum Nachlass Wylers am M. E. Grenander Department of Special Collections & Archives, State University of New York, University at Albany [https://archives.albany.edu/collections/catalog/ger102; 24.04.2019].

Hawson, Susan / Donald Winch: The Economic Advisory Council 1930 – 1939. A Study in Economic Advice during Depression and Recovery, Cambridge 1977.
Heaton, Herbert: A Scholar in Action. Edwin F. Gay, Cambridge 1952.
Heintz, Bettina: Zahlen, Wissen, Objektivität. Wissenschaftssoziologische Perspektiven, in: Andrea Mennicken / Hendrik Vollmer (Hrsg.): Zahlenwerk. Kalkulation, Organisation und Gesellschaft, Wiesbaden 2007, S. 65 – 85.
Heintz, Bettina: Numerische Differenz. Überlegungen zu einer Soziologie des (quantitativen) Vergleichs, in: Zeitschrift für Soziologie 39 (2010), S. 162 – 181.
Heintz, Bettina: Welterzeugung durch Zahlen. Modelle politischer Differenzierung in internationalen Statistiken, in: Soziale Systeme 18 (2012), Nr. 1 – 2, S. 7 – 39.
Heintz, Bettina / Tobias Werron: Wie ist Globalisierung möglich? Zur Entstehung globaler Vergleichshorizonte am Beispiel von Wissenschaft und Sport, in: Kölner Zeitschrift für Soziologie und Sozialpsychologie 63 (2011), S. 359 – 394.
Hell, Stefan: Siam and the League of Nations. Modernisation, Sovereignty and Multilateral Diplomacy, 1920 – 1940, Bangkok 2010.
Hentschel, Volker: Die deutschen Freihändler und der volkswirtschaftliche Kongreß 1858 bis 1885 (Industrielle Welt, Bd. 16), Stuttgart 1975.
Hentschel, Volker: Wirtschaftsgeschichte des modernen Japans 2. Japans Weg zur wirtschaftlichen Weltmacht (1930 – 1983) (Wissenschaftliche Paperbacks. Sozial- und Wirtschaftsgeschichte, Bd. 23), Stuttgart 1986.
Herren-Oesch, Madeleine: Hintertüren zur Macht. Internationalismus und modernisierungsorientierte Außenpolitik in Belgien, der Schweiz und den USA, 1865 – 1914 (Studien zur internationalen Geschichte, Bd. 9), München 2000.
Herren, Madeleine: Internationale Organisationen seit 1865. Eine Globalgeschichte der internationalen Ordnung, Darmstadt 2009.
Herren, Madeleine: International Organizations, 1865 – 1945, in: Jacob Katz Cogan / Ian Hurd / Ian Johnstone (Hrsg.): The Oxford Handbook of International Organizations, Oxford 2016, S. 91 – 112.
Herren, Madeleine / Isabella Löhr: Being International in Times of War. Arthur Sweetser and the Shifting of the League of Nations to the United States, in: European Review of History 25 (2018), S. 535 – 552.
Hesse, A[lbert]: Gewerbestatistik (Grundriss zum Studium der politischen Ökonomie, 4. Teil, II. Teil, II. Hälfte, Bd. 1), 2., völlig umgearbeitete Auflage, Jena 1914.
Hesse, Jan-Otmar: Ökonomischer Strukturwandel. Zur Wiederbelebung einer wirtschaftshistorischen Leitsemantik, in: Geschichte und Gesellschaft 39 (2013), S. 86 – 115.
Hesse, Jan-Otmar / Roman Köster / Werner Plumpe: Die große Depression. Die Weltwirtschaftskrise 1929 – 1939, Frankfurt/Main / New York 2014.
Hi[ckmann, Ernst]: Neuordnung der internationalen Zahlungsbilanzen, in: Deutsche Wirtschafts-Zeitung 31 (1934), Nr. 2 [11. 01. 1934], S. 33 – 36.
Hickmann, Ernst: Fragen der internationalen Erdölwirtschaft, in: Deutsche Wirtschafts-Zeitung 31 (1934), Nr. 7 [15. 02. 1934], S. 152 – 154.
Hickmann, E[rnst]: Amerikas sinkende Bedeutung für die Weltwirtschaft, in: Deutsche Wirtschafts-Zeitung 32 (1935), S. 530 – 532.
Hildermeier, Manfred: Geschichte der Sowjetunion 1917 – 1991. Entstehung und Niedergang des ersten sozialistischen Staates, München 1998.
Hildermeier, Manfred: Geschichte Russlands. Vom Mittelalter bis zur Oktoberrevolution (Historische Bibliothek der Gerda-Henkel-Stiftung), München 2013.

Hill, Martin: The Economic and Financial Organization of the League of Nations (Studies in the Administration of International Law and Organization, Bd. 6), Washington 1946.

Hirst, F[rancis] W[rigley]: [Rezension von Otto Hübner's Geographisch-statistische Tabellen aller Länder der Erde, hrsg. v. Franz v. Juraschek, Frankfurt/Main 1896], in: The Economic Journal 6 (1896), S. 591–592.

Hirth, Friedrich: Die Verwaltung der chinesischen Seezölle, in: Österreichische Monatsschrift für den Orient 7 (1881), S. 75–80, 96–98.

Ho, Franklin L.: The Nankai Weekly Index Number of Commodity-prices at Wholesale in China, in: The Chinese Economic Journal 2 (1928), S. 411–417.

Ho Ping-yin: Preface to the China Industrial Handbook, in: Ministry of Industry. Bureau of Foreign Trade: China Industrial Handbooks. Chekiang: Second Series of the Reports by the National Industrial Investigation, Nanjing 1935 [ND Taipeh 1973], S. VII-X.

Höbelt, Lothar: Mataja, Victor, in: Neue Deutsche Biographie, Bd. 16, Berlin 1990, S. 365.

Hobsbawm, Eric: Das Zeitalter der Extreme. Weltgeschichte des 20. Jahrhunderts, München [12]2014.

Hobson, Asher: The International Institute of Agriculture. An Historical and Critical Analysis of Its Organization, Activities and Politics of Administration, Berkeley 1931.

Hodges, Charles: Why an International Statistical Conference?, in: League of Nations News 5 (1928), Nr. 84, S. 9–11.

Hoffmann, Frank: „Ein den thatsächlichen Verhältnissen entsprechendes Bild nicht zu gewinnen". Quellenkritische Untersuchungen zur preußischen Gewerbestatistik zwischen Wiener Kongress und Reichsgründung (Studien zur Gewerbe- und Handelsgeschichte, Bd. 32), Stuttgart 2012.

Hogan, Michael J.: The United States and the Problem of International Economic Control. American Attitudes Toward European Reconstruction, 1918–1920, in: Pacific Historical Review 44 (1975), S. 84–103.

Hoggenmüller, Sebastian W.: Globalisierungsforschung als Bildforschung. Zur bildlichen Erzeugung globaler Beobachtungsordnungen und ihrer Analyse, in: Hannah Bennani et al. (Hrsg.): Global beobachten und vergleichen. Soziologische Analysen zur Weltgesellschaft (Studien zur Weltgesellschaft, Bd. 6), Frankfurt/Main / New York 2020, S. 435–472.

Holthaus, Leonie / Jens Steffek: Experiments in International Administration. The Forgotten Functionalism of James Arthur Salter, in: Review of International Studies 42 (2016), S. 114–135.

Homburg, Heidrun: Das Reichswirtschaftsamt / Reichswirtschaftsministerium in der Formierungsphase 1917–1923, Strukturen und Akteure, in: Werner Abelshauser et al. (Hrsg.): Wirtschaftspolitik in Deutschland 1917–1990, Bd. 1: Das Reichswirtschaftsministerium der Weimarer Republik und seine Vorläufer. Strukturen, Akteure, Handlungsfelder, München 2016, S. 146–223.

Hoover, Herbert: Memoiren. Jahre der Abenteuer 1874–1920, Mainz 1953.

Horstmann, Jan Philipp: Halbamtliche Wissenschaft. Internationale Statistikkongresse und preußische Professorenbürokraten, Paderborn 2020 [im Erscheinen].

Horváth, R[obert] A.: Le concept de statistique internationale et son évolution historique, in: International Statistical Review 40 (1972), S. 281–298.

Housden, Martyn: The League of Nations and the Organisation of Peace, Harlow et al. 2012.

Howard, Harry Paxton: The Bureau of Statistics in Nanking, in: The China Weekly Review, 08.06.1929, S. 72.

Hsiao, Liang-lin: China's Foreign Trade Statistics, 1864–1949, Cambridge 1974.

Hubback, David: No Ordinary Press Baron. A Life of Walter Layton, London 1985.

Huber, M[ichel]: Nécrologie: Lucien March (1859–1933), in: Revue d'Économie Politique 47 (1933), S. 545–547.

Huber, Michel: Albert Delatour (1858 – 1938), in: Bulletin de l'Institut International de Statistique 30 (1938/45), Nr. 1, S. 107 – 110.
Huber, Valeska: Eine Sprache für alle. Basic English und die Grenzen der Globalgeschichte, in: Boris Barth / Stefanie Gänger / Niels P. Petersson (Hrsg.): Globalgeschichten. Bestandsaufnahme und Perspektiven (Globalgeschichte, Bd. 17), Frankfurt/Main / New York 2014, S. 175 – 204.
Huber, Valeska / Jürgen Osterhammel (Hrsg.): Global Publics. Their Power and Their Limits, 1870 – 1990, Oxford 2020.
Hübner, Otto: Oesterreichs Finanzlage und seine Hilfsquellen, Wien 1849.
Hübner, Otto: Die Zoll-Einigung und die Industrie des Zollvereins und Oesterreichs, Berlin 1850.
Hübner, Otto: Statistische Tafel aller Länder der Erde, Leipzig 1851.
Hübner, Otto: Statistical Survey of all Nations, etc., Leipzig 1852.
Hübner, Otto: Vorwort, in: Jahrbuch für Volkswirthschaft und Statistik 1 (1852), S. III-IV.
Hübner, Otto: Statistische Tafel aller Länder der Erde, in: Jahrbuch für Volkswirthschaft und Statistik 1 (1852), Beilage.
Hübner, Otto: Die Zolltarife aller Länder, gesammelt, übersetzt und geordnet, Leipzig 1852.
Hübner, Otto: Der kleine Volkswirth. Ein Büchlein für den Elementarunterricht, Leipzig 1852.
Hübner, Otto: Schutzzoll und Handelsfreiheit (Unterhaltende Belehrungen zur Förderung allgemeiner Bildung, Bd. 12), Leipzig 1853.
Hübner[, Otto]: Das statistische Central-Archiv, in: Nachrichten aus dem Gebiete der Staats- und Volkswirthschaft 1,1 (1853), S. 93.
Hübner, Otto: Das statistische Central-Archiv. Bericht des ersten Semesters 1853, in: Nachrichten aus dem Gebiete der Staats- und Volkswirthschaft 1,2 (1853), S. 121.
Hübner, Otto: Tableau statistique universel, Leipzig 1854.
[Hübner, Otto]: Statistische tafel van alle landen der aarde, übers. vom Verlag P.A. de Jong, Arnhem 1854.
Hübner, Otto: Die Banken, Leipzig 1854.
Hübner, Otto: Jahres-Bericht des Statistischen Central-Archives von Otto Hübner zu Berlin für das Jahr 1853, in: Ders.: Die Banken, Leipzig 1854, S. 127 – 128.
Hübner, Otto: Il piccolo economista, übers. von Luigi Cossa, Mailand 1855.
Hübner, Otto: Vierter Jahres-Bericht des Statistischen Central-Archives von Otto Hübner zu Berlin, in: Jahrbuch für Volkswirthschaft und Statistik 5 (1857), S. 141 – 142.
Hübner, Otto: Statističeskaja tablica vsech stran zemli Otto Gjubnera c pokasaniem prostranstva, formy i glavy pravlenija, narodonaselenija, gosudarstvennogo raschoda i dolga (i dr. svedenij), 8. Auflage der deutschen Ausgabe 1858, übers. von Vladimir Bezobrazov und A. Esakov, St. Petersburg 1859.
[Hübner, Otto / Verlag P.A. de Jong, Arnhem] Bankoku seihyō, übers. von Okamato Hakukei, hrsg. von Fukuzawa Yukichi, o.O. 1860.
Hübner, Otto: Siebenter Jahres-Bericht des Statistischen Centralarchives für das am 30. Juni 1869 abgelaufene Jahr, in: Jahrbuch für Volkswirthschaft und Statistik 7 (1861), S. 228 – 230.
Hübner, Otto: Petit manuel d'économie politique, übers. von Ch[arles] le Hardy de Beaulieu, Brüssel/ Paris 1861.
Hübner, Otto: De kleine Ekonomist. Grondbegrippen der Staatshuiskunde, übers. von Anonymus, auf Grundlage der französischen Übersetzung von Charles le Hardy de Beaulieu, Brügge 1863.
Hübner, Otto: Statistik tablå öfver jordens alla länder, übers. von Hugo Nisbeth, Stockholm 1868.
Hübner, Otto: Statistik tabell öfer alla länder, übers. von Johannes Alfthan, Stockholm 1869.

Hübner, Otto: Statističeskaja tablica gosudarstv i vladenij vsech častej sveta, sostablennaja po 17-mu nemečkomu izdaniju doktora O. Gjubnera, direktora Statističeskogo čentralnogo archiva v Berline, značiteln'no dopolnennaja svedenijami o den'gach i vese, pereložennych na russkij ves i meru, übers. von A. Marks, St. Petersburg 1869.

Hübner, Otto: Ekonomi Tercümesi. Fenn-i İdare, übers. von Mehmed Midhat, Istanbul 1869.

Hübner, Otto: El pequeño economista, übers. von Anonymus, Buenos Aires 1870.

Hübner, Otto: Statistische tabel voor alle landen der aarde Bewerkt naar den 18ten druk van O. Hübner's Statistische Tafel aller Länder der Erde, übers. von P. Bello, Deventer 1870.

Hübner, Otto: Tableau statistique de tous les pays du monde, Paris / Frankfurt/Main 1871.

Hübner, Otto: Statistics of all the Countries in the World … The English Edition, übers. von Henry Sutherland Edwards, London 1872.

Hübner, Otto: La Economía política puesta al alcance de los Niños, übers. von Anonymus, auf Grundlage der französischen Übersetzung von Charles le Hardy de Beaulieu, Buenos Aires 1873.

Hübner, Otto: Kakkoko tōkei ichiran, übers. vom japanischen Ministerium für Bildung, Tokio, 1874 [oder 1877].

Hübner, Otto: A economia política posta ao alcance das crianças, übers. von Francisco de Almeida, Lissabon 1877.

Hübner, Otto: Hübner's Universal Statistical Table […] of all the Countries in the World, London 1877.

Hübner, Otto: Statistische Tafel aller Länder der Erde, 27. Auflage, Frankfurt/Main 1878.

Hübner, Otto: Kunmō keizai gairon, übers. von Ōtsuka Seikichi / Matano Taku, Tokio 1878.

Hübner, Otto / Franz von Juraschek: Geografičesko-statističeskie tabličy vsech stran zemnogo žara, übers. von der Redaktion der Odessa Vestnik, Odessa 1886.

Hübner, Otto: A economia política posta ao alcance das crianças, übers. von Francisco de Almeida, Macao 1892.

Hudson, W[illiam] J. / Wendy Way (Hrsg.): Letters from a 'Secret Service Agent'. F.L. McDougall to S.M. Bruce 1924–1929, Canberra 1986.

Hurley, Edward N.: The Bridge to France, Philadelphia 1927.

Huston, James A.: The Sinews of War. Army Logistics (Army Historical Series), Washington 1966.

Idenburg, Ph[ilippus] J[acobus]: Henri Willem Methorst, 1868–1955, in: Revue de l'Institut International de Statistique 23 (1955), S. 140–142.

Ikonomou, Haakon A. / Karen Gram-Skjoldager (Hrsg.): The League of Nations. Perspectives from the Present, Aarhus 2019.

Imperial Economic Committee: A Memorandum on the Trade of the British Empire 1913 and 1925 to 1928 (Reports of the Imperial Economic Committee, Bd. 13), London 1929.

Imperial Maritime Customs: Returns of Trade and Trade Reports for the Year 1895 (I – Statistical Series, Nos. 3 and 4), Shanghai 1896.

Inama [von Sternegg, Theodor]: Hübner, Otto, in: Allgemeine Deutsche Biographie, Bd. 13: Holstein-Jesup, Leipzig 1881, S. 271–272.

Institut International de l'Agriculture: Notes sur les statistiques du commerce extérieur dans les différents pays (Publications du Bureau de la Statistique Générale de l'I.I.A., Bd. 4), Rom 1914.

Institute of Pacific Relations: IPR Publications on the Pacific 1925–1953, New York 1953, enthalten in: Paul F. Hooper (Hrsg.): Remembering the Institute of Pacific Relations. The Memoirs of William L. Holland, Tokio 1995, S. 477–612.

International Chamber of Commerce: Proceedings of the Organization Meeting, Paris, France, June 23 to 30, 1920, Paris 1920.

International Chamber of Commerce: Proceedings of the First Congress (London – June 27 – July 1, 1921) (ICC Brochure, Bd. 18), Paris 1921.

International Chamber of Commerce: Final Report of the Trade Barriers Committee of the International Chamber of Commerce (Publications of the League of Nations, 1926.II.62; C.E.I. 5(1)), Genf 1927.

International Chamber of Commerce: Council and Working Committees. List of Members, Paris 1936.

International Financial Conference: Report of the Advisory Council, London 1920.

International Financial Conference: Currency Statistics (International Financial Conference. Paper No. 3), Revised Edition, London 1920.

International Financial Conference: Public Finance (International Financial Conference. Paper No. 4), London 1920.

International Financial Conference: International Trade (International Financial Conference. Paper No. 5), Revised Edition, London 1920.

International Financial Conference: Monetary Problems. Memoranda prepared by Economic Experts (International Financial Conference. Paper No. 13 (1) – 13 (5)), London 1920

International Labour Office: Minutes of the Second Session of the Governing Body of the International Labour Office, held in Paris, January 26–28, 1920, o.O. [London] 1920 [www.ilo.org/public/libdoc/ ilo/P/09601(1920–2).pdf; 23.09.2019].

International Labour Office: Enquiry into Production. Introductory Memorandum, Genf 1920.

International Labour Office: Statistics of Unemployment in Various Countries, 1910 to 1922 (ILO Studies and Reports, Series C, Bd. 6), Genf 1922.

International Labour Office: Unemployment 1920–1923 (ILO Studies and Reports, Series C, Bd. 8), Genf 1924.

International Labour Office: International Conference of Labour Statisticians. Report on the International Conference of Representatives of Labour Statistical Departments, held at Geneva, 29 October to 2 November, 1923 (ILO Studies and Reports, Series N, Bd. 4), Genf 1924.

International Labour Office: Economic Barometers (Report submitted to the Economic Committee of the League of Nations) (ILO Studies and Reports, Series N, Bd. 5), Genf 1924.

International Labour Office: The Second International Conference of Labour Statisticians. Held at Geneva, 20 to 25 April 1925 (ILO Studies and Reports, Series N, Bd. 8), Genf 1925.

International Labour Office: The Third International Conference of Labour Statisticians. Held at Geneva, 18 to 23 October 1926 (ILO Studies and Reports, Series N, Bd. 12), Genf 1926.

International Labour Office: Migration Movements 1925–1927 (ILO Studies and Reports. Series O, Bd. 4), Genf 1929.

International Labour Office: International Labour Conference. Twenty-Sixth Session, Philadelphia, 1944. Records of Proceedings, Montreal 1944.

International Labour Office: Questions and Answers about the 1986 Instrument of Amendment to the ILO Constitution, Genf 2020 [https://www.ilo.org/global/about-the-ilo/how-the-ilo-works/departments-and-offices/jur/legal-instruments/WCMS_448693/lang–en/index.htm; 11.05.2020].

International Monetary Fund: Balance of Payments Yearbook 1938–1946–1947, Washington 1949.

International Monetary Fund: World Economic Outlook, May 2000, Washington 2000.

Internationale Handelskammer: Die internationale Handelskammer, Paris o.J. [1934].

Internationale Handelskammer. Deutsche Landesgruppe: Bericht der deutschen Landesgruppe über die weltwirtschaftliche Lage, Berlin 1927.

Internationaler Verband der Baumwollspinner- und Weber-Vereinigungen: Statistik über den Baumwoll-Verbrauch und Baumwoll-Vorrat in Spinners Händen, Manchester 1908ff.

Inventario Carte Adolfo Crosara. Biblioteca Civica Bertoliana, Vicenza, o.J. [www.bibliotecabertoliana.it/file/3140-Inventario_Carte_ Adolfo-Crosara.pdf; 09.09.2019].

Iriye, Akira: Global Community. The Role of International Organizations in the Making of the Contemporary World, Berkeley 2004.

Itoh, Keiko: The Japanese Community in Pre-War Britain. From Integration to Disintegration, Richmond 2001.

Jackson, Peter: Beyond the Balance of Power. France and the Politics of National Security in the Era of the First World War, Cambridge 2013.

Jacobsson, Erin E.: A Life for Sound Money. Per Jacobsson: His Biography, Oxford 1979.

James, Harold: The End of Globalization. Lessons from the Great Depression, Cambridge 2001.

Jansen, Chr. R.: Rudolf Christiani, in: Dansk Biografisk Leksikon, 3. Auflage, Gyldendal 1973–1984 [http://denstoredanske.dk/index.php?sideID=288347; 20.10.2019].

Jansen, Jan C. / Jürgen Osterhammel: Dekolonisation. Das Ende der Imperien (C.H. Beck Wissen, Bd. 2785), München 2013.

Jansen, Marius B.: The Making of Modern Japan, Cambridge / London 2000.

Jasny, Naum: Soviet Economists of the Twenties. Names to be Remembered, Cambridge 1972.

Jensen, Adolph: Report on the Representative Method in Statistics / The Representative Method in Practice, in: Bulletin de l'Institut International de Statistique 22 (1926), Nr. 1, S. 359–439.

Jensen, Adolph: Progress of Industrial Production Statistics, in: Bulletin de l'Institut International de Statistique 22 (1926), Nr. 2, S. 114–149.

Jerven, Morten: Poor Numbers. How we are misled by African Development Statistics and what to do about it (Cornell Studies in Political Economy), Ithaka et al. 2013.

Johannison, Karin: Society in Numbers. The Debate over Quantification in 18*th*-Century Political Economy, in: Tore Frängsmyr / J.L. Heilbron / Robin E. Rider (Hrsg.): The Quantifying Spirit in the 18*th* Century, Berkeley/Los Angeles/Oxford 1990, S. 343–361.

Johnson, Gaynor: Lord Robert Cecil. Politician and Internationalist, Farnhem 2013.

Jordan, Donald A.: China's National Economic Council and the League of Nations Experts, 1929–1937, in: Susanne Weigelin-Schwiedrzik / Agnes Schick-Chen / Sascha Klotzbacher (Hrsg.): As China Meets the World. China's Changing Position in the International Community (Österreichische Akademie der Wissenschaften. Philosophisch-Historische Klasse. Sitzungsberichte, Bd. 747), Wien 2006, S. 123–132.

Jost, Hans Ulrich: Von Zahlen, Politik und Macht. Geschichte der schweizerischen Statistik, Zürich 2016.

Jostock, Paul: Wieweit sind Volkseinkommen international vergleichbar?, in: Weltwirtschaftliches Archiv 49 (1939), S. 241–274.

Jovanovic, Franck / Philippe Le Gall: March to Numbers. The Statistical Style of Lucien March, in: Judy M. Klein / Mary S. Morgan (Hrsg.): The Age of Economic Measurement (Annual Supplement to History of Political Economy, Bd. 33), Durham / London 2001, S. 86–110.

Julin, Armand: Principes de statistique théorique et appliquée, Bd. 2: Statistique économique, Paris / Brüssel 1923.

Julin, A[rmand]: Rapport sur les statistiques du commerce international, in: Bulletin de l'Institut International de Statistique 21 (1924), Nr. 2, S. 88–167.

Julin, Armand: Statistique internationale de la production. Industries faisant l'objet de monopoles ou soumises à des droits d'accises, in: Bulletin de l'Institut International de Statistique 22 (1926), Nr. 2, S. 150–189.

Juraschek, Franz v.: Übersichten der Weltwirtschaft. Jahrgang 1885–1889, Berlin 1890.

Juraschek, Fr[anz] v.: Otto Hübner's Geographisch-statistische Tabellen aller Länder der Erde, Frankfurt/Main 1897.
Juraschek, Fr[anz] v.: Otto Hübner's Geographisch-statistische Tabellen aller Länder der Erde, Frankfurt/Main 1902.
Juraschek, Franz v. (Hrsg.): Die Staaten Europas. Statistische Darstellung, begründet von H. F. Brachelli, Leipzig [5]1907.
Justh, Josef: Köpfe der Politik, Wirtschaft, Kunst und Wissenschaft in Europa, Bd. 1: Tschechoslowakei, Wien 1936.
K., B.S.: [Rezension von League of Nations: International Trade in Certain Raw Materials … 1935], in: International Affairs 16 (1937), S. 457.
K.-L., B.: Obituary. Alexander Loveday, in: The Oxford Magazine NF 2 (1962), S. 175.
Kafengauz, Lev Borisovič: Ėvoljucija promyšlennogo proizvodstva Rossii (poslednjaja tret‘ XIX v. – 30-e gody XX v.), hrsg. von N.K. Figurovskaja et al., Moskau 1994.
Kahn, R[ichard] F.: [Rezension von League of Nations: World Economic Survey 1938 – 39], in: The Economic Journal 49 (1939), S. 96 – 98.
Kaiser, Wolfram: Transnational Practices Governing European Integration. Executive Autonomy and Neo-Corporatist Concertation in the Steel Sector, in: Contemporary European History 27 (2018), S. 239 – 257.
Kaiser, Wolfram / Johan Schot: Writing the Rules for Europe. Experts, Cartels, and International Organizations (Making Europe. Technology and Transformations, 1850 – 2000), Basingstoke 2014.
Kale, V[amand] G.: „World Economy“ – Its Nature and Scope, in: Ders.: Problems of World Economy (University of Madras. Sir William Meyer Lectures 1931), Madras 1931, S. 52 – 83.
Kale, V[amand] G.: The World Economic Conference, in: Ders.: Problems of World Economy (University of Madras. Sir William Meyer Lectures 1931), Madras 1931, S. 84 – 110.
K[ale], V[amand] G.: Statistical Publications of the League of Nations, 1933 – 34, in: Indian Journal of Economics 18 (1937/38), S. 236 – 237.
Kalecki, Michał / Ludwik Landau: Comparibilité international des indices de la production industrielle, Warschau 1934.
Kalecki, M[ichał]: [Rezension von Landau: Gospodarka], in: The Economic Journal 49 (1939), S. 513 – 515.
Kalpagam, U[mamaheswaren]: Rule by Numbers. Governmentality in Colonial India, Lanham et al. 2014.
Kaltenbrunner, D.: Aide-mémoire du Voyageur, Zürich 1881.
Kaufmann, A[lexander A.]: The History and Development of the Official Russian Statistics, in: John Koren: The History of Statistics. Their Development and Progress in Many Countries, New York 1918, S. 469 – 534.
Kaya, Alp Yücel: Le Bureau de la statistique générale de la France et l'institutionalisation des statistiques agricoles. L'enquête agricole de 1836, in: Oeconomia. History, Methodology, Philosophy 3 (2013), S. 421 – 457.
Kévonian, Dzovinar: La légitimation par l'expertise. Le Bureau international du travail et la statistique internationale, in: Les cahiers Irice 2 (2008), S. 81 – 106.
Keyfitz, N[athan] / H[arold] F. Greenway: Robert Coats and the Organization of Statistics, in: Canadian Journal of Economics and Political Science 27 (1961), S. 313 – 322.
Keynes, John Maynard: The Economic Consequences of the Peace, London 1920.
Keynes, John Maynard: A Revision of the Treaty. Being a Sequel to the Economic Consequences of the Peace, London 1922.

Keynes, John Maynard: The Genoa Conference, in: Manchester Guardian Commercial, Beilage Reconstruction in Europe, Nr. 3, 15.06.1922, S. 132–133.
Keynes, John Maynard: Allgemeine Theorie der Beschäftigung, des Zinses und des Geldes, Berlin 1936 [hier ND 1952].
Kiaer, Anders Nicolai: Statistique internationale. Navigation maritime, Christiana 1881.
Kießling, Friedrich: (Welt-)Öffentlichkeit, in: Jost Dülffer / Wilfried Loth: Dimensionen internationaler Geschichte (Studien zur internationalen Geschichte, Bd. 30), München 2012, S. 85–105.
Kimball, Miles A.: Mountains of Wealth, Rivers of Commerce. Michael G. Mulhall's Graphics and the Imperial Gaze, in: Ders. / Charles Kostelnick (Hrsg.): Visible Numbers. Essays on the History of Statistical Graphs (Ashgate Studies in Technical Communication, Rhetoric and Culture), Farnham 2016, S. 127–152.
Kindleberger, Charles P.: The World in Depression 1929–1939 (History of the World Economy in the Twentieth Century, Bd. 4), Berkeley et al. 1973.
Kindleberger, Charles: A Financial History of Western Europe, London 1984.
Kindleberger, Charles: Die Weltwirtschaftskrise 1929–1939, München 2019.
King, Willford I.: [Rezension von League of Nations: Statistical Year-Book ... 1932/33], in: Journal of the American Statistical Association 28 (1933), S. 259–260, hier: S. 259.
Kitchin, Joseph: Gold Production. A Survey and Forecast, in: Review of Economics and Statistics 6 (1924), S. 73–76.
Kitchin, Joseph: Gold Production. A Survey and Forecast, in: Review of Economics and Statistics 8 (1926), S. 114–119.
Klammer, Kristoffer: ‚Wirtschaftskrisen'. Effekt und Faktor politischer Kommunikation. Deutschland 1929–1976 (Historische Semantik, Bd. 28), Göttingen 2019.
Klein, Judy / Mary S. Morgan (Hrsg.): The Age of Economic Measurement (History of Political Economy. Annual Supplement, Bd. 33), Durham / London 2001.
Klueting, Harm: Die Lehre von der Macht der Staaten. Das außenpolitische Machtproblem in der „politischen Wissenschaft" und in der praktischen Politik im 18. Jahrhundert (Historische Forschungen, Bd. 29), Berlin 1986.
Knöbl, Wolfgang: After Modernization. Der Globalisierungsbegriff als Platzhalter und Rettungsanker der Sozialwissenschaften, in: Vierteljahrshefte für Zeitgeschichte 68 (2020), S. 297–317.
Kocka, Jürgen: Geschichte des Kapitalismus, München 2013.
Koed, Holger / Einar Cohn: Adolph Jensen, 15. Juli 1866–24. Maj 1948, in: Nationaløkonomisk Tidskrift 85 (1947), S. 81–87.
Köhler, Benedikt / Wolfgang Bonß: Die reflexive Modernisierung des Zählens. Von der amtlichen zur post-amtlichen Statistik, in: WestEnd 4 (2007), Nr. 2, S. 96–121.
Köhler, Gabriele: The Early Developers. The Economic Research of the League of Nations and Its Influence on Development Economies, in: Jörg Glombowski / Anka Gronert / Henk W. Plasmeijer (Hrsg.): Zur kontinentalen Geschichte des ökonomischen Denkens, Marburg 1998, S. 283–306.
Kolb, Georg Friedrich: Handbuch der vergleichenden Statistik der Völkerzustands- und Staatenkunde, Zürich 1857.
Kolb, Georg Friedrich: Handbuch der vergleichenden Statistik – der Völkerzustands- und Staatenkunde, 8., überarbeitete Auflage, Leipzig 1879.
Kollektivgesellschaft Mengis + Ziehr (Hrsg.): Schweizer Lexikon in sechs Bänden, Bd. 4: Kle-Obr, Luzern 1992.
Koller, A.: Carl Brüschweiler 1878–1956, in: Revue de l'Institut International de Statistique 24 (1956), S. 159–160.

Kollmeier, Kathrin: Das Nansen-Zertifikat. Ein ambivalentes Schlüsseldokument des ersten internationalen Flüchtlingsregimes, in: Zeithistorische Forschungen 16 (2019), S. 354 – 362.
Kolm, Gerhard: [Rezension von League of Nations: World Economic Survey 1931 – 32], in: Weltwirtschaftliches Archiv 37 (1933), S. 55*-57*.
Komlosy, Andrea: Globalgeschichte. Methoden und Theorien (UTB, Bd. 3564), Wien / Köln / Weimar 2011.
Körner, H. / H. Walravens: Siebold, Heinrich Frh. von, in: Ernst Bruckmüller / Helmuth Grössing / Eva Obermayer-Marnach (Red.): Österreichisches Biographisches Lexikon, Bd. 12, Wien 2005, S. 230.
Kőrösi, Joseph: Statistique internationale des grandes villes. Première Section: Mouvement de la Population, Bd. 1, Budapest 1876.
Köster, Roman: Die Wissenschaft der Außenseiter. Die Krise der Nationalökonomie in der Weimarer Republik (Kritische Studien zur Geschichtswissenschaft, Bd. 198), Göttingen 2011.
Köster, Roman: Prognosen, in: Merkur 70 (2016), Nr. 802, S. 49 – 55.
Kott, Sandrine: Une „communauté épistémique“ du social? Experts de l'OIT et internationalisation des politiques sociales dans l'entre-deux-guerres, in: Genesès 71 (2008), S. 26 – 46.
Kott, Sandrine / Joëlle Droux (Hrsg.): Globalizing Social Rights. The International Labour Organization and Beyond (ILO Century Series), Basingstoke 2013.
Kozma, Liat: Global Women, Colonial Ports. Prostitution in the Interwar Middle East, Albany 2017.
Krajewski, Markus: Zettelwirtschaft. Die Geburt der Kartei aus dem Geiste der Bibliothek, Berlin 2002.
Krajewski, Markus: Restlosigkeit. Weltprojekte um 1900, Frankfurt/Main 2006.
Krebs, Gerhard: Das moderne Japan 1868 – 1952. Von der Meiji-Restauration bis zum Friedensvertrag von San Francisco (Oldenbourg Grundriss der Geschichte, Bd. 36), München 2009.
Kries, Wilhelm von: Seezollverwaltung und Handelsstatistik (Probleme der Weltwirtschaft, Bd. 13), Jena 1913.
Krishnamurty, J.: Indian Officials in the ILO, 1919-c1947, in: Economic and Political Weekly 46 (2011), Nr. 10, S. 53 – 61.
Kristin, A.: Meždunarodnaja statističeskaja konferencija, in: Statističeskoe Obozrenie 2 (1928), S. 115 – 116.
Kruedener, Jürgen v.: Die Weltwirtschaft als Gegenstand der Wirtschaftsgeschichte, in: Hermann Kellenbenz (Hrsg.): Weltwirtschaftliche und währungspolitische Probleme seit dem Ausgang des Mittelalters. Bericht über die 7. Arbeitstagung der Gesellschaft für Sozial- und Wirtschaftsgeschichte (Forschungen zur Sozial- und Wirtschaftsgeschichte, Bd. 23), Stuttgart / New York 1981, S. 15 – 24.
Krüger, Lorenz / Lorraine J. Daston / Michael Heidelberger (Hrsg.): The Probabilistic Revolution, 2 Bde., Cambridge 1987.
Kuchenbuch, David: Welt-Bildner. Arno Peters, Richard Buckminster Fuller und die Medien des Globalismus, 1940 – 2000, Wien / Köln / Weimar 2021.
Kuehl, Warren F. / Lynne K. Dunn: Keeping the Covenant. American Internationalists and the League of Nations, 1920 – 1939 (American Diplomatic History), Kent / London 1997.
Kulla, Bernd: Die Anfänge der empirischen Konjunkturforschung in Deutschland 1925 – 1933 (Volkswirtschaftliche Schriften, Bd. 464), Berlin 1996.
Kunkel, Sönke: Globales Wissen und Science Diplomacy im 20. Jahrhundert. Eine Bestandsaufnahme, in: Neue Politische Literatur 65 (2020), S. 19 – 43.
Kunkel, Sönke / Christoph Meyer (Hrsg.): Aufbruch ins postkoloniale Zeitalter. Globalisierung und die außereuropäische Welt in den 1920er und 1930er Jahren (Globalgeschichte, Bd. 12), Frankfurt/ Main / New York 2012.

Kunkel, Sönke / Christoph Meyer: Dimensionen des Aufbruchs. Die 1920er und 1930er Jahre in globaler Perspektive, in: Dies. (Hrsg.): Aufbruch ins postkoloniale Zeitalter. Globalisierung und die außereuropäische Welt in den 1920er und 1930er Jahren (Globalgeschichte, Bd. 12), Frankfurt/Main / New York 2012, S. 7–33.

Kunkel, Sönke / Christoph Meyer: Fortschritt nach Plan? Der globale Entwicklungsdiskurs des Völkerbunds und die Anfänge des systemischen Denkens, Dies. (Hrsg.): Aufbruch ins postkoloniale Zeitalter. Globalisierung und die außereuropäische Welt in den 1920er und 1930er Jahren (Globalgeschichte, Bd. 12), Frankfurt/Main / New York 2012, S. 123–141.

Kuorelahti, Elina: The Political Economy of International Commodity Cartels. An Economic History of the European Timber Trade in the 1930s (Routledge Explorations in Economic History), London / New York 2021.

Kuss, Susanne: Der Völkerbund und China. Technische Kooperation und deutsche Berater 1928–34 (Berliner China-Studien, Bd. 45), Münster 2005.

Kwaschik, Anne: Der Griff nach dem Weltwissen. Zur Genealogie von Area Studies im 19. und 20. Jahrhundert (Kritische Studien zur Geschichtswissenschaft, Bd. 229), Göttingen 2018.

Laak, Dirk van: Planung. Geschichte und Gegenwart des Vorgriffs auf die Zukunft, in: Geschichte und Gesellschaft 34 (2008), S. 305–326.

Laak, Dirk van: Alles im Fluss. Die Lebensadern unserer Gesellschaft – Geschichte und Zukunft der Infrastruktur, Frankfurt/Main 2018.

Lacina, Vlatislav: Basch, Antonín, 5.6.1896–18.3.1971, in: Biografický slovnik Českých Zemi [biography.hiu.cas.cz/Personal/index.php /BASCH-Antonin_5.6.1896–18.3.1971; 09.09.2019].

Lam, Tong: A Passion for Facts. Social Surveys and the Construction of the Chinese Nation-State, 1900–1949 (Asia Pacific Modern), Berkeley / Los Angeles / London 2011.

Landau, Ludwik: Gospodarka światowa. Produkcja i dochód społeczny w liczbach, Warschau 1939.

Landry, Ad[olphe]: François Simiand (1873–1935), in: École pratique des hautes études. Section des sciences historiques et philologiques. Annuaire 1935–1936, Paris 1936, S. 5–17.

Landsberg, O[tto]: Eugen Würzburger (1858–1938), in: Bulletin de l'Institut International de Statistique 30 (1938/45), Nr. 1, S. 119–120.

Langelütke, H[ans]: Ernst Wagemann 1884–1956, in: Revue de l'Institut International de Statistique 24 (1956), S. 157–159.

Laqua, Daniel: The Age of Internationalism and Belgium, 1880–1930. Peace, Progress and Prestige, Manchester / New York 2013.

Large, Andrew: The Artificial Language Movement (The Language Library), Oxford 1985.

Larigaldie, Pierre: Les organismes interalliés de contrôle économique, Diss. Paris 1926.

Laspeyres, Paul: Die Bauwerke der Renaissance in Umbrien, Berlin 1873.

Lässig, Simone: The History of Knowledge and the Expansion of the Historical Research Agenda, in: Bulletin of the German Historical Institute Washington 59 (2016), S. 29–58.

Latham, Earl: One World in Statistics, in: Journal of the American Statistical Association 41 (1946), S. 275–292.

Lavergne, A[lexandre] de: Internationale Industriestatistiken, in: Internationale Wirtschaft 1 (1929), S. 519–523.

Layton, Walter T.: India & the Gold Problem, in: Manchester Guardian, 16.08.1926.

Layton, Walter: The Forthcoming Economic Conference of the League of Nations and Its Possibilities, in: Journal of the Royal Institute of International Affairs 6 (1927), S. 69–87.

League of Nations: Conference on International Co-operation in Statistics, August 14th and 15th, 1919, London 1919.

League of Nations: International Labor Conference. First Annual Meeting, October 29, 1919 – November 29, 1919, Washington 1920.
League of Nations: Currencies after the War, London 1920.
League of Nations: The Records of the First Assembly. Plenary Meetings, Genf 1920.
League of Nations: The Records of the First Assembly. Meetings of the Committees, Bd. 1, Genf 1920.
League of Nations: The Records of the Second Assembly. Plenary Meetings, Genf 1921.
League of Nations: The Records of the Second Assembly. Meetings of the Committees, Bd. 1, Genf 1921.
League of Nations: Report on Economic Conditions in Russia. With Special Reference to the Famine of 1921 – 1922 and the State of Agriculture, o.O. o.J. [Genf 1922].
League of Nations: Memorandum on Currency, 1913 – 1923, Genf 1924.
League of Nations: Memorandum on Balance of Payments and Foreign Trade Balances 1910 – 1924, Genf 1925.
League of Nations: Records of the Sixth Assembly. Meetings of the Committees. Minutes of the Fourth Committee (Budget and Financial Questions) (League of Nations Official Journal. Special Supplement, Bd. 37), Genf 1925.
League of Nations: Memorandum on Balance of Payments and Foreign Trade Balances 1911 – 1925 (Publications of the League of Nations 1926.II.51), Genf 1926.
League of Nations: Memorandum on Production and Trade (Publications of the League of Nations, 1926.II.52), Genf 1926.
League of Nations: International Statistical Year-Book 1926 (Publications of the League of Nations, 1927.II.42), Genf 1927.
League of Nations: Report and Proceedings of the World Economic Conference, held at Geneva, May 4th to 23rd, 1927, 2 Bde. (Publications of the League of Nations, 1927.II.52), Genf 1927.
League of Nations: International Statistical Year-Book 1927 (Publications of the League of Nations, 1927.II.69), Genf 1928.
League of Nations: Memorandum on Production and Trade, 1913 and 1923 – 26 (Publications of the League of Nations, 1928.II.3), Genf 1928.
League of Nations: International Conference relating to Economic Statistics (November 26th to December 14th, 1928). International Convention relating to Economic Statistics – Protocol to the International Convention – Final Act of the Conference (Publications of the League of Nations, 1928.II.52; LoN Document C.S.O. 73), Genf 1928.
League of Nations: Proceedings of the International Conference Relating to Economic Statistics. Geneva, November 26th to December 14th, 1928 (Publications of the League of Nations, 1929.II.21), Genf 1929.
League of Nations: Records of the Tenth Ordinary Session of the Assembly. Plenary Meetings (League of Nations Official Journal. Special Supplement, Bd. 75), Genf 1929.
League of Nations: Records of the Tenth Ordinary Session of the Assembly. Meetings of the Committees. Minutes of the Second Committee (League of Nations Official Journal. Special Supplement, Bd. 77), Genf 1929.
League of Nations: International Statistical Year-Book 1929 (Series of League of Nations Publications, 1930.II.10), Genf 1930.
League of Nations: International Labour Conference. Fourteenth Session. Geneva 1930, Bd. 1, Genf 1930.

League of Nations: Resolutions and Recommendations adopted by the Assembly during its Eleventh Ordinary Session (September 10th to October 4th, 1930) (League of Nations Official Journal. Special Supplement, Bd. 83), Genf 1930.
League of Nations: Records of the Eleventh Ordinary Session of the Assembly. Plenary Meetings (League of Nations Official Journal. Special Supplement, Bd. 84), Genf 1930.
League of Nations: Records of the Eleventh Ordinary Session of the Assembly. Meetings of the Committees. Minutes of the Second Committee (League of Nations Official Journal. Special Supplement, Bd. 86), Genf 1930.
League of Nations: Records of the Eleventh Ordinary Session of the Assembly. Meetings of the Committees. Minutes of the Fourth Committee (League of Nations Official Journal. Special Supplement, Bd. 88), Genf 1930.
League of Nations: The Course and Phases of the World Economic Depression. Report presented to the Assembly of the League of Nations (Series of League of Nations Publications, 1931.II.A.21), Genf 1931.
League of Nations: Review of World Production 1925–1931 (Series of League of Nations Publications, 1932.II.A.13), Genf 1932.
League of Nations: World Economic Survey 1931–32 (Series of League of Nations Publications, 1932.II.A.18), Genf 1932.
League of Nations: Records of the Thirteenth Ordinary Session of the Assembly. Meetings of the Committees. Minutes of the Fourth Committee (League of Nations Official Journal. Special Supplement, Bd. 107), Genf 1932.
League of Nations: Statistical Year-Book of the League of Nations, 1932/33 (Series of League of Nations Publications, 1933.II.A.7), Genf 1933.
League of Nations: Review of World Trade 1932 (Series of League of Nations Publications, 1933.II.A.10), Genf 1933.
League of Nations: World Economic Survey 1932–33 (Series of League of Nations Publications, 1933.II.A.16), Genf 1933.
League of Nations: International Labour Conference. Eighteenth Session, Geneva 1934. Record of Proceedings, Genf 1934.
League of Nations: Records of the Fifteenth Ordinary Session of the Assembly. Meetings of the Committees. Minutes of the Second Committee (League of Nations Official Journal. Special Supplement, Bd. 127), Genf 1934.
League of Nations: Statistical Year-Book of the League of Nations 1933/34 (Series of League of Nations Publications, 1934.II.A.6), Genf 1934.
League of Nations: World Production and Prices, 1925–1933 (Series of League of Nations Publications, 1934.II.A.13), Genf 1934.
League of Nations: World Economic Survey 1934–35 (Series of League of Nations Publications, 1935.II.A.14), Genf 1935.
League of Nations: World Production and Prices, 1925–1934 (Series of League of Nations Publications, 1935.II.A.15), Genf 1935.
League of Nations: World Economic Survey 1935–36 (Series of League of Nations Publications, 1936.II.A.15), Genf 1936.
League of Nations: Records of the Seventeenth Ordinary Session of the Assembly. Meetings of the Committees. Minutes of the Fourth Committee (League of Nations Official Journal. Special Supplement, Bd. 159), Genf 1936.

League of Nations: World Production and Prices, 1935/36 (Series of League of Nations Publications, 1936.II.A.16), Genf 1936.
League of Nations: International Trade in Certain Raw Materials and Foodstuffs by Countries of Origin and Consumption 1935 (Series of League of Nations Publications, 1936.II.A.26), Genf 1936.
League of Nations: World Economic Survey 1936–37 (Series of League of Nations Publications, 1937.II.A.13), Genf 1937.
League of Nations: Resolutions adopted by the Assembly during its Eighteenth Ordinary Session (September 13th to October 6th, 1937) (League of Nations Official Journal. Special Supplement, Bd. 168), Genf 1937.
League of Nations: Records of the Eighteenth Ordinary Session of the Assembly. Meetings of the Committees. Minutes of the Second Committee (Technical Questions) (League of Nations Official Journal. Special Supplement, Bd. 171), Genf 1937.
League of Nations: Records of the Eighteenth Ordinary Session of the Assembly. Meetings of the Committees. Minutes of the Fourth Committee (League of Nations Official Journal. Special Supplement, Bd. 173), Genf 1937.
League of Nations: International Trade in Certain Raw Materials and Foodstuffs by Countries of Origin and Consumption 1936 (Series of League of Nations Publications, 1937.II.A.21), Genf 1937.
League of Nations: Statistical Year-Book of the League of Nations 1937/38 (Series of League of Nations Publications, 1938.II.A.4), Genf 1938.
League of Nations: World Production and Prices 1937/38 (Series of League of Nations Publications, 1938.II.A.11), Genf 1938.
League of Nations: World Economic Survey 1937–38 (Series of League of Nations Publications, 1938.II.A.13), Genf 1938.
League of Nations: Records of the Nineteenth Ordinary Session of the Assembly. Meetings of the Committees. Minutes of the Fourth Committee (League of Nations Official Journal. Special Supplement, Bd. 187), Genf 1938.
League of Nations: World Economic Survey 1938–39 (Series of League of Nation Publications, 1939.II.A.18), Genf 1939.
League of Nations: International Trade Statistics 1938 (Series of League of Nations Publications, 1939.II.A.21), Genf 1939.
League of Nations: International Trade in Certain Raw Materials and Foodstuffs by Countries of Origin and Consumption 1938 (Series of League of Nations Publications, 1939.II.A.22), Genf 1939.
League of Nations: Europe's Trade. A Study of the Trade of European Countries with Each Other and with the Rest of the World (Series of League of Nations Publications, 1941.II.A.1), Genf 1941.
League of Nations: The Network of World Trade. A Companion Volume to „Europe's Trade" (Series of League of Nations Publications, 1942.II.A.3), Genf 1942.
League of Nations: The Transition from War to Peace Economy (Series of League of Nations Publications, 1943.II.A.3), Genf 1943.
League of Nations: Work of the League of Nations in the Matter of International Conventions. Signatures, Ratifications and Accessions in Respect of Agreements and Conventions Concluded under the Auspices of the League of Nations (League of Nations Official Journal. Special Supplement, Bd. 193), Genf 1944.
League of Nations: Economic Stability in the Post-War World. The Conditions of Prosperity after the Transition from War to Peace (Series of League of Nations Publications, 1945.II.A.2), Genf 1945.
League of Nations: Industrialization and Foreign Trade (Series of League of Nations Publications, 1945.II.A.10), Genf 1945.

League of Nations. Committee of Statistical Experts: Statistics of the Gainfully-Occupied Population. Definitions and Classifications (Studies and Reports on Statistical Methods, Bd. 1; Series of League of Nations Publications, 1938.II.A.12), Genf 1938.

League of Nations. Committee of Statistical Experts: Minimum List of Commodities for International Trade Statistics (Studies and Reports on Statistical Methods, Bd. 2; Series of League of Nations Publications, 1938.II.A.14), Genf 1938.

League of Nations. Committee of Statistical Experts: Timber Statistics. A Minimum Programme of Timber Statistics (Studies and Reports on Statistical Methods, Bd. 3; Series of League of Nations Publications, 1938.II.A.15), Genf 1938.

League of Nations. Committee of Statistical Experts: Statistics Relating to Capital Formation. A Note on Methods (Studies and Reports on Statistical Methods, Bd. 4; Series of League of Nations Publications, 1938.II.A.16), Genf 1938.

League of Nations. Committee of Statistical Experts: Indices of Industrial Production (Studies and Reports on Statistical Methods, Bd. 6; Series of League of Nations Publications, 1939.II.A.7), Genf 1939.

League of Nations. Committee on the Composition of the Council: Report on the Work of the First Session of the Committee, held at Geneva from May 10th to 17th, 1926 with the Minutes and Appendices (Publications of the League of Nations, 1926.V.16), Genf 1926.

League of Nations. Council Committee on Technical Co-operation Between the League of Nations and China: Report of the Technical Agent of the Council on his Mission in China from the Date of his Appointment until April 1st, 1934 (Series of League of Nations Publications, 1934.1), Genf 1934.

League of Nations. Economic Committee: International Conference on Economic Statistics. Preparatory Documents (Publications of the League of Nations, 1928.II.6; LoN Document C.S.O. 1), Genf 1928.

League of Nations. Information Section: The Monetary and Economic Conference (London, 1933). An Account of the Preparatory Work for the Conference and an Outline of the Previous Activities of the Economic and Financial Organisation of the League of Nations, Genf 1933.

League of Nations. Information Section: The Development of International Co-operation in Economic and Social Affairs. Report of the Special Committee (Special Supplement to the Monthly Supplement of the League of Nations), Genf 1939.

League of Nations. Information Section: The Health Work of the League of Nations. The Thirty-First Session of the Health Committee (Special Supplement to the Monthly Summary of the League of Nations), Genf 1940.

L[eak], H[ector]: Obituary. Sir Alfred William Flux, C.B., in: Journal of the Royal Statistical Society 105 (1942), S. 144–147.

Lee, Stephen J.: Aspects of British Political History 1815–1914, London / New York 1994.

Legg, Stephen: An International Anomaly? Sovereignty, the League of Nations and India's Princely Geographies, in: Journal of Historical Geography 43 (2014), S. 96–110.

Legoyt, A[lfred]: Compte Rendu de la Deuxième Session du Congrès International de Statistique, réuni à Paris les 10, 12, 13, 14 et 15 Septembre 1855, Paris 1856.

Legoyt[, Alfred]: [Bericht über die französische Statistik], in: Karl v. Czoernig: Rechenschafts-Bericht über die dritte Versammlung des Internationalen Congresses für Statistik, abgehalten zu Wien vom 31. August bis 5. September 1857, Wien 1858, S. 272–277.

Legoyt, A[lfred]: La France et l'étranger. 32 études de statistique comparée, Paris/Straßburg 1864.

Leiße, Wilhelm: Völkerbund und Industriestatistik, in: Wirtschaftsdienst 13,2 (1928), S. 1792–1794.

Lenel, Laetitia: Mapping the Future. Business Forecasting and the Dynamics of Capitalism in the Interwar Period, in: Jahrbuch für Wirtschaftsgeschichte 59 (2018), S. 377–413.
Lenin, W[ladimir] I.: Werke, Bd. 39: Hefte zum Imperialismus, Berlin 1965.
Leonard, William R.: An Outlook Report, in: Journal of the American Statistical Association 53 (1958), S. 1–10.
Leonhard, Jörn: Die Büchse der Pandora. Geschichte des Ersten Weltkriegs, München 2014.
Leonhard, Jörn: Der überforderte Frieden. Versailles und die Welt 1918–1923, München 2019.
Lepenies, Philipp: Die Macht der einen Zahl. Eine politische Geschichte des Bruttoinlandsprodukts (edition suhrkamp), Berlin 2013.
Lescure, Jean: La production et le commerce dans le monde avant et après-guerre, in: Revue d'économie politique 43 (1929), S. 1143–1148.
Lesoir, Edm[ond]: Camille Jacquart (1867–1931), in: Bulletin de l'Institut International de Statistique 25 (1931/32), Nr. 1, S. 266–270.
Lesoir, E[dmond]: Armand Julin 1865–1953, in: Revue de l'Institut International de Statistique 20 (1952), S. 201–202.
Levasseur, É[mile]: Fr. X. von Neumann-Spallart, in: Bulletin de l'Institut Internationale de Statistique 3 (1888), Nr. 1, S. 215–218.
Levasseur, Émile: Superficie et Population, in: Journal de la Société de Statistique de Paris 33 (1892), S. 254–265.
Levy, Hermann: Die Grundlagen der Weltwirtschaft. Eine Einführung in das internationale Wirtschaftsleben, Leipzig / Berlin 1924.
Levy, Hermann: Die Enteuropäisierung der Weltwirtschaft, in: Zeitschrift für Geopolitik 2 (1925), S. 576–591.
Levy, Hermann: Der Weltmarkt 1913 und heute, Berlin 1926.
Levy, Hermann: Die Enteuropäisierung der Welthandelsbilanz, in: Weltwirtschaftliches Archiv 23 (1926), S. 329*-341*.
Levy, Hermann: Die Grundlagen der Weltwirtschaft. Eine Einführung in das internationale Wirtschaftsleben, Leipzig / Berlin [2]1931.
Lewis, Cleona: The International Accounts. A Constructive Criticism of Methods used in Stating the Results of International Trade, Service, and Financial Operations (Investigations in International Economic Reconstruction, Bd. 9), New York 1927.
Lewis, Cleona: America's Stake in International Investments (Publications of the Institute of Economics of the Brookings Institution, Bd. 75), Washington 1938.
Lewis, Cleona: Nazi Europe and World Trade (Publications of the Institute of Economics of the Brookings Institution, Bd. 86), Washington 1941.
Lewis, Winston G.: Donald, William Henry (1875–1946), in: Bede Nairn / Geoffrey Serle (Hrsg.): Australian Dictionary of Biography, Bd. 8: 1891–1939, Cl-Gib, Carlton 1981, S. 317–318.
Li Choh-ming: China's International Trade Statistics. An Evaluation, in: The Nankai Social & Economic Quarterly 10 (1937/38), S. 1–31.
Li Choh-ming: The Statistical System of Communist China, Berkeley / Los Angeles 1962.
Liebeskind Sauthier, Ingrid: Modern Unemployment. From the Creation of the Concept to the International Labour Office's First Standards, in: Sandrine Kott / Joëlle Droux (Hrsg.): Globalizing Social Rights. The International Labour Organization and Beyond, Basingstoke 2013, S. 67–84.
Liebeskind Sauthier, Ingrid / Isabelle Lespinet-Moret: Albert Thomas, le BIT et le chômage. Expertise, catégorisation et action politique international, in: Cahiers Irice 2 (2008), S. 157–179.

Liebisch-Gümüş, Carolin: Verflochtene Nationsbildung. Die neue Türkei und der Völkerbund 1918–38 (Studien zur internationalen Geschichte, Bd. 48), Berlin 2020.
Lieu, D[akuin] K.: China's Industries and Finance, Peking 1927.
Lieu, D[akuin] K.: Fact-Finding in China. The Chinese Government Bureau of Economic Information, in: News Bulletin of the Institute for Pacific Relations March 1928, S. 1–4.
Lieu, D[akuin] K.: A Brief Account of Statistical Work in China, in: Bulletin de l'Institut International de Statistique 25 (1931/32), Nr. 2, S. 88*-121*.
Lilla, Joachim: Der Vorläufige Reichswirtschaftsrat 1920 bis 1933/34. Zusammensetzung, Dokumentation, Biographien (Handbücher zur Geschichte des Parlamentarismus und der politischen Parteien, Bd. 17) Düsseldorf 2012.
Lin, Yuri et al.: Syntactic Annotations for the Google Books Ngram Corpus, in: Proceedings of the 50th Annual Meeting of the Association for Computational Linguistics, 2012, S. 169–174 [adweb.org/anthology/P/P12/P12–3029.pdf; 27.01.2020].
Lindner, Elli: Review of the Economic Councils in the Different Countries of the World (Series of League of Nations Publications, 1932.II.B.10), Genf 1932.
Lindsay, H[arry] A[lexander] F[anshave]: India's Trade and Industrial Statistics. Past, Present, Future, in: Journal of the Royal Statistical Society 97 (1934), S. 399–422.
Llewellyn Smith, Hubert: The Board of Trade, London/New York 1928.
Lloyd, E[dward] M.H.: Experiments in State Control at the War Office and the Ministry of Food, Oxford 1924.
Lloyd, T.: The Economic Condition of Russia, in: The Economic Journal 2 (1892), S. 398–403.
Lobdell, Richard A.: Hazel Kyrk (1886–1957), in: Robert W. Dimand / Mary Ann Dimand / Evelyn L. Forget (Hrsg.): A Biographical Dictionary of Women Economists, Cheltenham 2000, S. 251–253.
Löffler, Klaus: Deutsch-französische Wirtschaftsbeziehungen und die Probleme einer steigenden wirtschaftlichen Verflechtung, Freiburg 1934.
Löhr, Isabella / Madeleine Herren: Gipfeltreffen im Schatten der Weltpolitik. Arthur Sweetser und die Mediendiplomatie des Völkerbunds, in: Zeitschrift für Geschichtswissenschaft 62 (2014), S. 411–424.
Lojko, Mikos: The Age of Illusion? The Department of Overseas Trade Between the Two World Wars. Three Case Studies, in: John Fisher / Effie G.H. Pedalin / Richard Smith (Hrsg.): The Foreign Office, Commerce and British Foreign Policy in the Twentieth Century, London 2016, S. 115–140.
Louro, Michele L.: Comrades Against Imperialism. Nehru, India, and Interwar Internationalism (Global and International History), Cambridge 2018.
Love, Joseph L.: Raúl Prebisch and the Origins of the Doctrine of Unequal Exchange, in: Latin American Research Review 15 (1980), Nr. 3, S. 45–72.
Love, Joseph L.: Crafting the Third World. Theorizing Underdevleopment in Rumania and Brazil, Stanford 1996.
Loveday, A[lexander]: History and Economics of Indian Famines, London 1914.
Loveday, A[lexander]: The League of Nations and International Trade Statistics, in: Annals of the American Academy of Political and Social Science 94 (1921), March, S. 156–159.
Loveday, A[lexander]: Recent World Economic Tendencies, in: The Nineteenth Century and After 101 (1927), S. 532–647, 633–644.
Loveday, Alexander: Rapport sur la Statistique des stocks de sucre, in: Bulletin de l'Institut International de Statistique 23 (1928/29), Nr. 2, S. 435–451.
Loveday, A[lexander]: Die Arbeiten des Völkerbundes auf dem Gebiet der Wirtschaftsstatistik, in: Deutsches Statistisches Zentralblatt 22 (1930), Sp. 1–10.

Loveday, A[lexander]: Geneva as a Centre of Economic Information, in: INDEX 9 (1934), S. 195 – 209.
Loveday, Alexander: The Economic and Financial Activities of the League, in: International Affairs 17 (1938), S. 788 – 808.
Loveday, Alexander: The Contribution of the Economic Commission for Europe to the Social Sciences, in: International Social Science Bulletin 3 (1951), S. 863 – 872.
Loveday, Alexander: Reflections on International Administration, Oxford 1956.
Lovin, Clifford R.: Food, Austria, and the Supreme Economic Council, 1919, in: East European Quarterly 12 (1978), S. 475 – 487.
Löwe, Adolf: Chronik der Weltwirtschaft, in: Weltwirtschaftliches Archiv 22 (1925), S. 1 – 32.
Maarseveen, Jacques van: Unity and Freedom. International Statistical Relations 1899 – 1945, in: Ders. / M.B.G. Gircour (Hrsg.): A Century of Statistics. Counting, Accounting and Recounting in the Netherlands, Amsterdam 1999, S. 519 – 535.
Maas, Harro / Mary S. Morgan (Hrsg.): Observing the Economy. Historical Perspectives (History of Political Economy. Annual Supplement, Bd. 44), Durham / London 2012.
MacClintock, Samuel: The British Foreign Commercial Service, in: The University Journal of Business 1 (1922), S. 69 – 80.
MacDougall, G. Donald A.: Notes on Britain's Bargaining Power, in: Oxford Economic Papers, NF 1 (1949), S. 18 – 39.
Macfadyen, David et al.: Eric Drummond and his Legacies. The League of Nations and the Beginnings of Global Governance (Understanding Governance), Basingstoke 2019.
MacMillan, Margaret: Peacemakers. The Paris Peace Conference of 1919 and Its Attempts to End War, London 2001.
MacMillan, Margaret: Die Friedensmacher. Wie der Versailler Vertrag die Welt veränderte, Berlin 2015.
Maier, Charles S.: Consigning the Twentieth Century to History. Alternative Narratives for the Modern Era, in: American Historical Review 105 (2000), S. 807 – 831.
Maier, Charles S.: Transformations of Territoriality, 1600 – 2000, in: Gunilla Budde / Sebastian Conrad / Oliver Janz (Hrsg.): Transnationale Geschichte. Themen, Tendenzen und Theorien, Göttingen 2006, S. 32 – 55.
Malégarie, Charles: Notice sur la vie et les travaux de Daniel Serruys (1875 – 1950), Paris 1952.
Manela, Erez: The Wilsonian Moment. Self-Determination and the International Origins of Anticolonial Nationalism, Oxford 2007.
Mangin, Arthur: Académie des Sciences. Morales et politiques. Séance du samedi 4er juillet 1882, in: Journal officiel de la République Française 14 (1882), Nr. 181 [04. 07. 1882], S. 3559.
Mangoldt, H[ans] v.: Grundriß der Volkswirthschaftslehre. Ein Leitfaden für Vorlesungen an Hochschulen und für das Selbststudium, Stuttgart 1863.
Manjapra, Kris: Age of Entanglement. German and Indian Intellectuals across Empire, Cambridge / London 2014.
Mann, Michael: Geschichte Indiens. Vom 18. bis zum 21. Jahrhundert, Paderborn et al. 2005.
Mann, Michael: Collectors at Work. Data Gathering and Statistics in British-India, c. 1760 – 1860, in: Journal of the Asiatic Society of Bangladesh (Hum.) 52 (2007), S. 57 – 84.
Manoïlesco, Mihaïl: Théorie du protectionnisme et de l'échange international, Paris 1929.
Manoïlesco, Mihaïl: Die Zersplitterung und Wiederergänzung der Weltwirtschaft, in: Weltwirtschaftliches Archiv 37 (1933), S. 28 – 41.
Manoïlesco, Mihaïl: Die nationalen Produktivkräfte und der Außenhandel. Theorie des internationalen Warenaustauschs, Berlin 1937.
Marcantonato, Léon G.: L'Administration financière de la Société des Nations, Diss. Paris 1938.

March, Lucien: Nécrologie. Fr. R. von Juraschek, in: Journal de la Société de Statistique de Paris 51 (1910), S. 235 – 236.
March, Lucien: International Statistical Commission. Report (LoN Document E.F.S. 74), Genf 1921.
March, Lucien: International Statistics and the League of Nations, in: Quarterly Publications of the American Statistical Association 17 (1921), S. 629 – 635.
March, Lucien: Rapport sur les indices de la situation économique, in: Bulletin de l'Institut International de Statistique 21 (1924), Nr. 2, S. 3 – 87.
Marchi, Neil de: League of Nations Economists and the Ideal of Peaceful Change in the Decade of the 'Thirties, in: C[raufurd] D.W. Goodwin (Hrsg.): Economics and National Security. A History of Their Interaction (History of Political Economy. Supplement, Bd. 23), Durham 1991, S. 143 – 178.
Marcus, Nathan: Austrian Reconstruction and the Collapse of Global Finance, 1921 – 1931, Cambridge/ London 2018.
Marietti, Pascal-Gaston: La Statistique générale en France, Paris 1949.
Mark, L. [March, Lucien]: Pokazateli ėkonomičeskoj kon'junktury, in: Vestnik Statistiki 16 (1924), Nr. 1 – 3 [Jan-März 1924], S. 33 – 68.
Martin, Frederick: Preface, in: The Statesman's Yearbook 1 (1864), S. V-VIII.
Martin, James R.: Experts of the World Economy. European Stabilization and the Reshaping of International Order, 1916 – 51, masch. Diss. Harvard University 2016.
Martin, Jamie: The Meddlers. Sovereignty, Empire, and the Birth of Global Economic Governance, Cambridge / London 2022.
Martini, Silke: Postimperiales Asien. Die Zukunft Indiens und Chinas in der anglophonen Weltöffentlichkeit 1919 – 1939 (Ordnungssysteme, Bd. 49), Berlin / Boston 2017.
Maß, Sandra: Kinderstube des Kapitalismus. Monetäre Erziehung im 18. und 19. Jahrhundert (Veröffentlichungen des Deutschen Historischen Instituts London, Bd. 75), München 2017.
Maul, Daniel: The International Labour Organization. 100 Years of Global Social Policy, Berlin 2019.
Mazliak, Laurent: The Beginnings of the Soviet Encyclopedia. Utopia and Misery of Mathematics in the Political Turmoil of the 1920s, in: Centaurus 60 (2018), S. 25 – 51.
Mazower, Mark: Minorities and the League of Nations in Interwar Europe, in: Daedalus 126 (1997), Nr. 2, S. 47 – 63.
Mazower, Mark: No Enchanted Palace. The End of Empire and the Ideological Origins of the United Nations, Princeton 2009.
Mazower, Mark: Governing the World. The History of an Idea, London 2012.
Mazurek, Malgorzata: Measuring Development. An Intellectual and Political History of Ludwik Landau's Scale of World Inequality, in: Contemporary European History 28 (2019), S. 156 – 171.
McClure, Marc Eric: Earnest Endeavors. The Life and Public Work of George Rublee (Contributions to American History, Bd. 202), Westpoint / London 2003.
McQuade, Joseph: Beyond an Imperial Foreign Policy? India at the League of Nations, 1919 – 1946, in: The Journal of Imperial and Commonwealth History 48 (2020), S. 263 – 295.
Meek, David B.: Some Measures of Economic Activity in India, in: Journal of the Royal Statistical Society 100 (1937), S. 363 – 395.
Meerwarth, Rudolf: Wege und Ziele der modernen Außenhandelsstatistik, in: Allgemeines Statistisches Archiv 9 (1915), S. 657 – 702.
Meerwarth, Rudolf: Einleitung in die Wirtschaftsstatistik, Jena 1920.
Meerwarth, Rudolf: Nationalökonomie und Statistik. Eine Einführung in die empirische Nationalökonomie (Handbuch der Wirtschafts- und Sozialwissenschaften in Einzelbänden, Bd. 7), Berlin / Leipzig 1925.

Meerwarth, Rudolf: Eugen Würzburger zum 70. Geburtstag, in: Deutsches Statistisches Zentralblatt 20 (1928), Sp. 129 – 136.

Meerwarth[, Rudolf]: Eugen Würzburger als Hauptherausgeber des Deutschen Statistischen Zentralblatts, in: Deutsches Statistisches Zentralblatt 25 (1933), Sp. 225 – 228.

Meienberger, Norbert: Entwicklungshilfe unter dem Völkerbund. Ein Beitrag zur Geschichte der internationalen Zusammenarbeit in der Zwischenkriegszeit unter besonderer Berücksichtigung der technischen Hilfe an China, Winterthur 1965.

Meisinger, Carl: Handels- und Schiffahrtsstatistik, in: F[riedrich] Zahn (Hrsg.): Die Statistik in Deutschland nach ihrem heutigen Stand, Bd. 2, München / Berlin 1911, S. 235 – 301.

Menge, Jens: Reden, Friedrich Wilhelm Otto Ludwig Frhr. v., in: Neue Deutsche Biographie, Bd. 21: Pütter – Rohlfs, Berlin 2003, S. 241 – 242.

Menges, Günter: Zum Begriff der internationalen Statistik, in: Statistische Hefte 1 (1960), S. 8 – 21.

Menges, Günter: Versuch einer Geschichte der internationalen Statistik von ihren Vorläufern im Altertum bis zur Entstehung des Völkerbundes, in: Statistische Hefte 1 (1960), S. 22 – 64.

Menken, J.: Measuring British Production, in: The Economist, 13. 02. 1926, S. 316.

Menšikova, Miroslava: JUDr. Bohumír Hanošek, in: Internetová Encyklopedie Dějin Brna, 31. 03. 2018 [https://encyklopedie.brna.cz/home-mmb/?acc=profil_osobnosti&load=20820#top; 19. 03. 2019].

Mespoulet, Martine: Statistique et révolution en Russie. Un compromis impossible (1880 – 1930) (Collection „Histoire“), Rennes 2001.

Messac, Luke: Outside the Economy. Women's Work and Feminist Economics in the Construction and Critique of National Accounting, in: Journal of Imperial and Commonwealth History 46 (2018), S. 552 – 578.

Meston[, John]: Statistics in India, in: Journal of the Royal Statistical Society 96 (1933), S. 1 – 20.

Metallgesellschaft: Statistische Zusammenstellungen über Blei, Kupfer, Zink, Zinn in den Jahren 1890 – 1892, Frankfurt/Main 1892 ff.

Metcalf, Barbara D. / Thomas R. Metcalf: A Concise History of Modern India, Cambridge [2]2006.

Meth, Jakob: Unsere Hemden und die Weltwirtschaft. Die Katastrophe des weissen Goldes, in: Der Kuckuck. Illustrierte Wochenschrift 5 (1933), Nr. 1, S. 9.

Methorst[, Henri Willem]: Rapport du Secrétaire général, in: Bulletin de l'Institut International de Statistique 21 (1924), Nr. 1, S. 98 – 106.

Metzler, Gabriele: Deutschland in den internationalen Wissenschaftsbeziehungen, 1900 – 1930, in: Michael Grüttner et al. (Hrsg.): Gebrochene Wissenschaftskulturen. Universität und Politik im 20. Jahrhundert, Göttingen 2010, S. 55 – 82.

Meyer, Fritz: [Rezension von League of Nations: World Economic Survey 1937 – 38], in: Weltwirtschaftliches Archiv 50 (1939), S. 131*-134*.

Mignemi, Niccolò: Rome, capitale mondiale de la documentation agricole. De la bibliothèque de l'Institut international d'Agriculture à la David Lubin Memorial Library de la FAO, in: Mélanges de l'École française de Rome. Italie et Méditerranée modernes et contemporaines 132 (2020), S. 215 – 235.

Milhaud, Edgard: Trêve de l'or et clearing des transactions, in: Les Annales de l'Économie Collective 25 (1933), Nr. 284 – 288, S. 33 – 189.

Miller, J. Innes: The Spice Trade of the Roman Empire. 29 B.C. to A.D. 641, Oxford 1969.

Miller, Peter: Governing by Numbers. Why Calculative Practices Matter, in: Social Research 68 (2001), S. 379 – 396.

Ministerio do Trabalho, Industria e Commercio. Directoria Geral de Estatistica: Recenseamento de 1930. Tabellas de Conversão des principaes medidas agrarias usadas no Brasil em unidades do systema metrico decimal, Rio de Janeiro [2]1930.

Ministry of Industry. Bureau of Foreign Trade: Zhongguo shiye zhi (Jiangsu Sheng), Nanjing 1933.

Ministry of Industry. Bureau of Foreign Trade: Zhongguo shiye zhi (Zhejiang Sheng), Nanjing 1933.

Ministry of Industry. Bureau of Foreign Trade: Zhongguo shiye zhi (Shandong Sheng), Nanjing 1934.

Ministry of Industry. Bureau of Foreign Trade: Zhongguo shiye zhi (Hunan Sheng), Nanjing 1935.

Ministry of Industry. Bureau of Foreign Trade: China Industrial Handbooks. Kiangsu: First Series of the Reports by the National Industrial Investigation, Nanjing 1933 [ND Taipeh 1973].

Ministry of Industry. Bureau of Foreign Trade: China Industrial Handbooks. Chekiang: Second Series of the Reports by the National Industrial Investigation, Nanjing 1935 [ND Taipeh 1973].

Ministry of Industry. Committee on the Compilation of the Chinese Economic Year Book: Zhongguo jingji nianjian [The Chinese Economic Year-Book], Nanjing/Shanghai 1934; 1936.

Minutes of the Meetings of the Commission on International Labour Legislation, February 1 to March 24, 1919, in: James T. Shotwell (Hrsg.): The Origins of the International Labor Organization, Bd. 2: Documents, New York 1934, S. 149 – 322.

Mischler, Ernst: Handbuch der Verwaltungs-Statistik, Bd. 1: Allgemeine Grundlagen der Verwaltungs-Statistik, Stuttgart 1892.

Mishra, Pankai: From the Ruins of Empire. The Revolt against the West and the Remaking of Asia, London 2013.

Mitchell, Lucy S.: Two Lives. The Story of Wesley Clair Mitchell and Myself, New York 1953.

Mitchell, Timothy: Fixing the Economy, in: Cultural Studies 12 (1998), S. 82 – 101.

Mitchell, Timothy: Economists and the Economy in the Twentieth Century, in: George Steinmetz (Hrsg.): The Politics of Method in the Human Sciences. Positivism and Its Epistemological Others, Durham / London 2005, S. 126 – 141.

Mitchell, Wesley C.: Business Cycles, Berkeley 1913.

Mitchell, Wesley C.: Statistics and Governments, in: Publications of the American Statistical Association 16 (1919), S. 223 – 235.

Mitchell, Wesley C.: Introduction. Business Cycles as revealed by Business Annals, in: Willard L. Thorp: Business Annals (Publications of the National Bureau of Economic Research, Bd. 8), New York 1926, S. 15 – 100.

Mitchell, Wesley C.: A Review, in: National Bureau of Economic Research (Hrsg.): Recent Economic Changes in the United States. Report of the Committee on Recent Economic Changes of the President's Conference on Unemployment, New York 1929, Bd. 2, S. 841 – 910.

Mitchell, Wesley C.: The International Pattern in Business Cycles, in: Bulletin de l'Institut International de Statistique 28 (1935/38), Nr. 2, S. 397 – 403.

Mitra-Kahn, Benjamin Hav: Redefining the Economy. How the 'Economy' was invented in 1620, and has been redefined ever since, masch. Diss. City University London 2011 [https://mitrakahn.files.wordpress.com/2011/11/mitra-kahn-autumn-2011-final.pdf; 17. 04. 2019].

Mix, York-Gothart: Der Almanac de Gotha / Gothaische Hof=Kalender als Medium europäischer Identität, in: Claudia Brinker-von der Heyde et al. (Hrsg.): Frühneuzeitliche Bibliotheken als Zentren des europäischen Kulturtransfers, Stuttgart 2014, S. 233 – 248.

Molinari, G. de: [Rezension von Adolphe Quetelet: Annuaire de l'Observatoire Royal de Bruxelles 20 (1853)], in: Journal des Économistes 34 (1853), S. 307.

Mommen, André H.: Stalin's Economist. The Economic Contributions of Jenő Varga (Routledge Studies in the History of Economics, Bd. 127), London / New York 2011.

Monnet, Jean: Erinnerungen eines Europäers, München / Wien 1976.
Morgan, Mary S.: The History of Econometric Ideas, Cambridge 1990.
Morgan, Mary S.: Seeking Parts, Looking for Wholes, in: Lorraine Daston / Elizabeth Lunbeck (Hrsg.): Histories of Scientific Observations, Chicago / London 2011, S. 303–325.
Morgenstern, Oskar: International vergleichende Konjunkturforschung, in: Zeitschrift für die gesamte Staatswissenschaft 83 (1927), S. 261–290.
Morgenstern, Oskar: Aufgaben und Grenzen der Institute für Konjunkturforschung, in: Karl Diehl (Hrsg.): Beiträge zur Wirtschaftstheorie. Zweiter Teil: Konjunkturforschung und Konjunkturtheorie. Wissenschaftliche Gutachten (Schriften des Vereins für Sozialpolitik, Bd. 173/2), München / Leipzig 1928, S. 337–353.
Morgenstern, Oskar: On the International Spread of Business Cycles, in: Journal of Political Economy 51 (1943), S. 287–309.
Morrow, Dwight W.: The Society of Free States, New York / London 1919.
Motylev, V[ol'f E.]: Osnovnye problemy sovremnnogo mirovogo krizisa, in: E[vgenij S.] Varga / V[ol'f E.] Motylef / L[ev A.] Mendel'son: Problemy mirovogo krizisa kapitalizma, Moskau / Leningrad 1931, S. 37–59.
Moulton, Harold G.: The Reparation Plan. An Interpretation of the Reports of the Expert Committees appointed by the Reparation Commission, Nov. 30, 1923, New York 1924.
Moulton, Harold G. / Constantine E. McGuire: Germany's Capacity to Pay. A Study of the Reparation Problem, New York 1923.
Mühlenfels, Albert von: Internationale Konjunkturzusammenhänge, in: Jahrbücher für Nationalökonomie und Statistik 130 (1929), S. 801–828.
Muhs, Karl: Die Chance des Kapitalismus, in: Weltwirtschaftliches Archiv 31 (1930), S. 1–34.
Muirhead, Bruce: Against the Odds. The Public Life and Times of Louis Rasminsky, Toronto 1999.
Mulhall, Michael G.: The Progress of the World in Arts, Agriculture, Commerce, Manufactures, Instruction, Railways, and Public Wealth since the Beginning of the Nineteenth Century, London 1880.
Mulhall, Michael G.: Balance-Sheet of the World for ten Years 1870–1880, London 1881.
Mulhall, Michael G.: Mulhall's Dictionary of Statistics, London 1884.
Mulhall, Michael G.: Industries and Wealth of Nations, London / New York / Bombay 1896.
Müller, Johannes: Deutsche Wirtschaftsstatistik. Ein Grundriss für Studium und Praxis (Grundriss der deutschen Statistik, Bd. 2), Jena 1925.
Munthe, Preben: Gunnar Jahn, in: Norsk Biografisk Leksikon, online, 13. 02. 2009 [https://nbl.snl.no/Gunnar_Jahn; 28. 01. 2019].
Myers, Ramon H.: The World Depression and the Chinese Economy 1930–6, in: Ian Brown (Hrsg.): The Economies of Africa and Asia in the Inter-war Depression, London/New York 1989, S. 253–278.
Myrdal, Gunnar: In Memoriam: Egon Glesinger's Contribution to International Forestry and FAO, in: Unasylva 30 (1978), Nr. 122, S. 39–40.
Nakamura, Takafusa: Economic Growth in Prewar Japan, New Haven / London 1983.
Nakamura, Takafusa: Depression, Recovery and War, 1920–1945, in: Peter Duus (Hrsg.): The Cambridge History of Japan, Bd. 6: The Twentieth Century, Cambridge 1989, S. 451–493.
Nasar, Sylvia: Grand Pursuit. The Story of Economic Genius, New York et al. 2012.
Nash, George H.: The Life of Herbert Hoover, Bd. 3: Master of Emergencies 1917–1918, New York / London 1996.

Nationaal Archief: Inventaris van het archief van het Centraal Bureau voor de Statistiek, (1882) 1899 – 1950, Amsterdam o. J. [www.gahetna.nl/archievenoverzicht/pdf/NL-HaNA_2.06.118.ead.pdf; 25. 04. 2019].

Neal, A.L.: [Rezension von League of Nations: International Trade in Certain Raw Materials … 1935], in: Canadian Journal of Economics and Political Science 3 (1937), S. 605 – 608.

Neidhart, Gottfried: Geschichte England sim 19. und 20. Jahrhundert, München 1987.

Neisser, Hans: Some International Aspects of the Business Cycle (Wharton School of Finance and Commerce. Industrial Research Department, Research Studies, Bd. 31), Philadelphia 1936.

Neumann, F[ranz] X[aver]: Übersichten über Produktion, Welthandel und Verkehrsmittel, in: Geographisches Jahrbuch 3 (1870), Nr. S. 420 – 481.

Neumann, F[ranz] X[aver]: Übersichten über Produktion, Welthandel und Verkehrsmittel, in: Geographisches Jahrbuch 4 (1872), S. 451 – 521;

Neumann, F[ranz] X[aver]: Übersichten über Produktion, Welthandel und Verkehrsmittel, in: Geographisches Jahrbuch 5 (1874), S. 390 – 471;

Neumann-Spallart, Fr[anz] X[aver] v.: Übersichten über Produktion, Verkehrsmittel und Welthandel, in: Geographisches Jahrbuch 6 (1876), S. 569 – 697.

Neumann-Spallart, F[ranz] X[aver]: Uebersichten über Produktion, Verkehr und Handel in der Weltwirthschaft. Jahrgang 1878, Stuttgart 1878.

Neumann-Spallart, F[ranz] X[aver]: Uebersichten der Weltwirthschaft. Jahrgang 1880, Stuttgart 1881.

Neumann-Spallart, F[ranz] X[aver] v.: Résumé of the Results of the International Statistical Congresses and Sketch of Proposed Plan of an International Statistical Association, in: Journal of the Statistical Society of London. Jubilee Volume 1885, S. 284 – 320.

Neumann-Spallart, F[ranz] X[aver] v.: Ein internationales statistisches Institut, in: Jahrbücher für Nationalökonomie und Statistik NF 11 (1885), S. 220 – 237.

Neumann-Spallart[, Franz Xaver v.]: Mesures des variations de l'état économique et social des peuples, in: Bulletin de l'Institut International de Statistique 2 (1887), Nr. 1, S. 150 – 159.

Neutatz, Dietmar: Träume und Alpträume. Eine Geschichte Russlands im 20. Jahrhundert (Europäische Geschichte im 20. Jahrhundert), München 2013.

Newdegate, C.N.: A Collection of the Customs' Tariffs of all Nations. Based Upon a Translation of the Work of Mr Huebner, augmented by Additional Information, brought down to the End of the Year 1854, London 1855.

Nichols, Charles K.: The Statistical Work of the League of Nations in Economic, Financial and Related Fields, in: Journal of the American Statistical Association 37 (1942), S. 336 – 342.

Nicolson, Harold: Dwight Morrow, London 1935.

Nietzsche, Friedrich: Menschliches, Allzumenschliches. I und II (Friedrich Nietzsche: Sämtliche Werke. Kritische Studienausgabe in 15 Einzelbänden, Bd. 2), München 1988.

Nipperdey, Justus: ‚Intelligenz' und ‚Staatsbrille'. Das Ideal der vollkommenen Information in ökonomischen Traktaten des 17. und frühen 18. Jahrhunderts, in: Arndt Brendecke / Markus Friedrich / Susanne Friedrich (Hrsg.): Information in der Frühen Neuzeit. Status, Bestände, Strategien (Pluralisierung & Autorität, Bd. 16), Berlin 2008, S. 277 – 299.

Nipperdey, Justus: Ehre durch Zahlen. Publizistische Rangstreitigkeiten und die Evidenz der Zahl im späten 18. Jahrhundert, in: Gunhild Berg / Borbála Zsuzsanna Török / Marcus Twellmann (Hrsg.): Berechnen / Beschreiben. Praktiken statistischen (Nicht-)Wissens, 1750 – 1850 (Historische Forschungen, Bd. 104), Berlin 2015, S. 43 – 59.

Nipperdey, Thomas: Deutsche Geschichte 1800 – 1866. Bürgerwelt und starker Staat, Lizenzausgabe Zürich 1985.

N[ixon], J[ames] W.: Michel Huber, in: Journal of the Royal Statistical Society 110 (1947), S. 85 – 86.
Nixon, J[ames] W.: George Findlay Shirras, in: Journal of the Royal Statistical Society, Series A 118 (1955), S. 499 – 500.
Nixon, J[ames] W.: A History of the International Statistical Institute 1885 – 1960, Den Haag 1960.
Nixon, J[ames] W.: Alexander Loveday, 1888 – 1962, in: Revue de l'Institut International de Statistique 30 (1962), S. 114.
Nogaro, B[ernard]: [Rezension von League of Nations: World Economic Survey 1936 – 37], in: Revue d'economique politique 36 (1937), S. 464 – 467, hier: S. 466.
Nörr, Knut Wolfgang / Dieter Waibel: Die Genfer Weltwirtschaftskonferenz von 1927 und die Frage der internationalen Kartelle, in: Claus Dieter Classen et al. (Hrsg.): „In einem vereinten Europa dem Frieden der Welt zu dienen …" Liber Amicorum Thomas Oppermann (Tübinger Schriften zum Staats- und Verwaltungsrecht, Bd. 59), Berlin 2001, S. 345 – 365.
NSD Data om det politiske system. Biografier Gunnar Jahn [www.nsd.uib.no/polsys/index.cfm?urlname=parti&lan=&MenuItem=N1_2&ChildItem=&State=collapse&UttakNr=33&person=18066; 28. 01. 2019].
O'Brien, John B.: F.L. McDougall and the Origins of the FAO, in: Australian Journal of Politics and History 46 (2000), S. 164 – 174.
Office central de statistique de la République Turque: Annuaire statistique, Bd. 1, Ankara 1928.
Office Permanent de l'Institut International de Statistique: Répertoire international des institutions statistiques, Den Haag 1934.
Office Permanent de l'Institut International de Statistique / International Conference of Economic Services: Recuèil international de statistiques économiques, 1919 – 1930 / International Abstract of Economic Statistics, 1919 – 1930, Den Haag / Brüssel 1934.
Official Statistics Committee of the Royal Statistical Society: Petition to HM Government concerning Official Statistics, in: Journal of the Royal Statistical Society 83 (1920), S. 131 – 133.
Ohlin, Bertil: [Rezension von Wagemann: Struktur], in: Weltwirtschaftliches Archiv 36 (1932), S. 190*-194*.
Ohlin, Bertil: Interregional and International Trade (Harvard Economic Studies, Bd. 39), Cambridge 1933.
Ohlin, Bertil: Internationaler Wiederaufbau der Wirtschaft, in: Gemeinsamer Ausschuss der Carnegie-Stiftung und der Internationalen Handelskammer (Hrsg.): Weltwirtschaftlicher Wiederaufbau. Die Hauptprobleme der Gegenwart in Theorie und Praxis, Paris 1936, S. 17 – 167.
Okubo Takeharu: The Quest for Civilization. Encounters with Dutch Jurisprudence, Political Economy, and Statistics at the Dawn of Modern Japan, Leiden 2014.
Olivetti, Gino: Internationale Industriestatistiken, in: Internationale Wirtschaft 1 (1929), S. 21 – 25.
Orde, Anne: France and the Genoa Conference of 1922, in: Mitteilungen des Österreichischen Staatsarchivs 37 (1984), S. 325 – 361.
Orde, Anne: British Policy and European Reconstruction after the First World War, Cambridge 1990.
O'Rourke, Kevin / Jeffrey G. Williamson: Globalization and History. The Evolution of a Nineteenth Century Atlantic Economy, Cambridge 1999.
Osieke, Ebere: Constitutional Law and Practice in the International Labour Organisation (Legal Aspects of International Organization), Dordrecht / Boston / Lancaster 1985.
Osterhammel, Jürgen: ‚Technical Co-operation' Between the League of Nations and China, in: Modern Asian Studies 13 (1979), S. 661 – 680.
Osterhammel, Jürgen: China und die Weltgesellschaft. Vom 18. Jahrhundert bis in unsere Zeit, München 1989.

Osterhammel, Jürgen: Shanghai, 30. Mai 1925. Die chinesische Revolution (20 Tage im 20. Jahrhundert), München 1997.
Osterhammel, Jürgen: „The Great Work of Uplifting Mankind". Zivilisierungsmission und Moderne, in: Boris Barth / Jürgen Osterhammel (Hrsg.): Zivilisierungsmissionen. Imperiale Weltverbesserung seit dem 18. Jahrhundert (Historische Kulturwissenschaft, Bd. 6), Konstanz 2005, S. 363–425.
Osterhammel, Jürgen: Die Verwandlung der Welt. Eine Geschichte des 19. Jahrhunderts, München 2009.
Osterhammel, Jürgen: Globalisierungen, in: Ders.: Die Flughöhe des Adlers. Historische Essays zur globalen Gegenwart, München 2017, S. 12–41.
Osterhammel, Jürgen: Die Weltöffentlichkeit im 20. Jahrhundert, in: Ders.: Die Flughöhe der Adler. Historische Essays zur globalen Gegenwart, München 2017, S. 54–74.
Osterhammel, Jürgen / Jan C. Jansen: Kolonialismus. Geschichte, Formen, Folgen (C.H. Beck Wissen, Bd. 2002), München [7]2012.
Osterhammel, Jürgen / Niels P. Petersson: Geschichte der Globalisierung. Dimensionen, Prozesse, Epochen (C.H. Beck Wissen, Bd. 2320), München [4]2007.
Otruba, Gustav: Neumann v. Spallart, Franz Xaver, in: Neue Deutsche Biographie, Bd. 19: Nauwach – Pagel, Berlin 1999, S. 144–145.
Otte, Friedrich: Commercial Statistics in China, in: Chinese Economic Monthly 3 (1926), S. 361–372.
Otte, Friedrich: Commercial Statistics in China, in: Chinese Economic Journal 12 (1933), S. 241–257.
P., H.: [Rezension von Statistical Abstract for the Principal and Other Foreign Countries in Each Year from 1865 to 1876–77, London 1878], in: Jahrbücher für Nationalökonomie und Statistik 33 (1879), S. 57–58.
P., M.: Quelques aperçus généraux sur les origines et le développement de la crise économique dans le monde, in: La Gazette du Nord de Madagascar, 18.10.1930.
Pan, Liang: National Internationalism in Japan and China, in: Glenda Sluga / Patricia Clavin (Hrsg.): Internationalisms. A Twentieth-Century History, Cambridge 2017, S. 170–190.
Parris, Henry: Porter, George Richardson (1792–1852), in: Oxford Dictionary of National Biography, Oxford 2004 [http://doi.org/10.1093/ref:odnb/22567; 02.03.2018].
Patel, Kiran Klaus: The New Deal. A Global History (America in the World), Princeton / Oxford 2016.
Patriarca, Silvana: Numbers and Nationhood. Writing Statistics in Nineteenth-Century Italy (Cambridge Studies in Italian History and Culture), Cambridge 1996.
Patterson, Ernest Minor: Europe in 1927. An Economic Survey, in: The Annals of the American Academy of Political and Social Science 134 (1927), S. 1–123.
Patterson, Ernest Minor: The World's Economic Dilemma, New York 1930.
Patterson, Ernest Minor: An Approach to World Economics, in: American Economic Review 21 (1931), Nr. 1 – Supplement, S. 142–149.
Patterson, Ernest Minor: Les bases économiques de la paix, in: Académie de Droit International. Recueil des Cours 37 (1931), S. 419–523.
Patterson, Ernest Minor: The Economic Bases of Peace, New York / London 1939.
Patterson, Ernest Minor: An Introduction to World Economics, New York 1947.
Pauly, Louis W.: The League of Nations and the Foreshadowing of the International Monetary Fund (Essays in International Finance, Bd. 201), Princeton 1996.
Pearson, Drew: World's Trade Center Moving to Pacific, Economists Find. League of Nations Committee of Experts learns Europe is Losing its Hold in Trade, Population and Production, in: Evening Star [Washington, D.C.], 12.12.1926.
Pearson, E[gon] S.: William Palin Elderton, 1877–1962, in: Biometrika 49 (1962), S. 297–303.

Pedersen, Susan: Back to the League of Nations, in: American Historical Review 112 (2007), S. 1091–1117.
Pedersen, Susan: The Guardians. The League of Nations and the Crisis of Empire, Oxford 2015.
Penrose, E[rnest] F.: Agricultural and Mineral Production in Japan, in: Bulletin de l'Institut International de Statistique 25 (1931/32), Nr. 2, S. 221*-282*
Perietzeanu [eigentlich Perieţanu], Al[exandru]: L'équilibre économique mondiale, in: Revue économique internationale 19 (1927), S. 225–240.
Perleberg, Max: Who's Who in Modern China. From the Beginning of the Chinese Republic to the End of 1953, Hongkong 1954.
Permanent Office of the International Statistical Institute: International Abstract of Economic Statistics 1931–1936, Den Haag 1938.
Perrot, Jean-Claude / Stuart J. Woolf: State and Statistics in France, 1789–1815 (Social Orders, Bd. 2), London 1984.
Personalidades de la Argentina. Diccionario biográfico contemporaneo, Buenos Aires [3]1948.
Pesaran, M. Hashem: The ET Interview: Professor Sir Richard Stone, in: Economic Theory 7 (1991), S. 85–123.
Pesaran, M. Hashem / G[eoffrey] C. Harcourt: Life and Work of John Richard Nicholas Stone 1913–1991, in: The Economic Journal 110 (2000), Nr. 461, S. F146-F165.
Petersson, Niels P.: Globalisierung, in: Jost Dülffer / Wilfried Loth (Hrsg.): Dimensionen internationaler Geschichte (Studien zur internationalen Geschichte, Bd. 30), München 2012, S. 271–292.
Petty, William: Political Arithmetick, London 1690.
Petzold, Hartmut: Rechnende Maschinen. Eine historische Untersuchung ihrer Herstellung und Anwendung vom Kaiserreich bis zur Bundesrepublik (Technikgeschichte in Einzeldarstellungen, Bd. 41), Düsseldorf 1985.
Peyramont, Louis [Louis-Félix Rigondaud]: Statistique universelle comprenant tous les pays du globe, Paris 1880.
Philip's Chamber of Commerce Atlas. A Graphic Survey of the World's Trade with a Commercial Compendium and Gazetteer Index, London / New York 1912.
Philipson, Dirk: The Little Big Number. How GDP came to Rule the World and what to do about It, Princeton 2015.
Pierenkemper, Toni: Wirtschaftsgeschichte. Eine Einführung – oder: Wie wir reich wurden, München 2005, S. 123–132.
Pierenkemper, Toni: Geschichte des modernen ökonomischen Denkens. Große Ökonomen und ihre Ideen, Göttingen 2012.
Piétri, Nicole: Jean Monnet et les organismes interalliées durant la Première Guerre mondiale, in: Gérard Bossuat / Andreas Wilkens (Hrsg.): Jean Monnet, l'Europe et les Chemins de la paix (Série international, Bd. 57), Paris 1999, S. 24–30.
Pietri-Tonelli, Alfonso de: Le fonti internazionali della Statistica commerciale, in: Metron 1 (1920/21), Nr. 3, S. 122–164 [Europa]; 2 (1922/23), S. 568–598 [Amerika].
Piper, Nikolaus: Die Generalrevision, in: Süddeutsche Zeitung, 02. 08. 2013.
Platt, D.C.M.: Mickey Mouse Numbers in World History. The Short View, Basingstoke 1989.
Platzer, H[ans Wolfgang]: Das internationale Abkommen über Wirtschaftsstatistik, in: Deutsches Statistisches Zentralblatt 21 (1929), Sp. 66–68.
Platzer, H[ans Wolfgang]: Die Internationale Konferenz über Wirtschaftsstatistiken in Genf 1928, in: Allgemeines Statistisches Archiv 19 (1929), S. 66–75.

Plehwe, Dieter / Quinn Slobodian: Landscapes of Unrest. Herbert Giersch and the Origins of Neoliberal Economic Geography, in: Modern Intellectual History 16 (2019), S. 185 – 215.

Plettenberg, Ingeborg: Die Sowjetunion im Völkerbund 1934 bis 1939. Bündnispolitik zwischen Staaten unterschiedlicher Gesellschaftsordnung in der internationalen Organisation für Friedenssicherung: Ziele, Voraussetzungen, Möglichkeiten, Wirkungen (Pahl-Rugenstein-Hochschulschriften, Gesellschafts- und Naturwissenschaften, Bd. 230), Köln 1987.

Plumpe, Werner: Wirtschaftskrisen. Geschichte und Gegenwart (C.H. Beck Wissen, Bd. 2701), München ^{3}2012.

Pohl, Hans: Aufbruch der Weltwirtschaft. Geschichte der Weltwirtschaft von der Mitte des 19. Jahrhunderts bis zum Ersten Weltkrieg (Wissenschaftliche Paperbacks. Wirtschafts- und Sozialgeschichte, Bd. 24), Stuttgart 1989.

Pohle, L[udwig]: Konjunkturschwankungen und Konjunktur-Berichterstattung, insbesondere die allgemeine Wirtschaftslage im Jahre 1909, in: Zeitschrift für Socialwissenschaft NF 1 (1910), S. 21 – 39.

Polak, J[acques] J.: International Propagation of Business Cycles, in: The Review of Economic Studies 6 (1938/39), Nr. 2, S. 79 – 99.

Polanyi, Karl: Das Ausmaß der Wirtschaftskrise, in: Der Oesterreichische Volkswirt 25 (1933), S. 801 – 803.

Poovey, Mary: A History of the Modern Fact. Problems in the Sciences of Wealth and Society, Chicago 1998.

Popoff, P[avel I.]: La statistique des Républiques Socialistes Soviétiques. Rapport présenté à la XV Session de l'Institut International de Statistique, Moskau 1923.

Pörksen, Uwe: Weltmarkt der Bilder. Eine Philosophie der Visiotype, Stuttgart 1997.

Porter, Theodore M.: The Rise of Statistical Thinking, Princeton 1986.

Porter, Theodore M.: Trust in Numbers. The Pursuit of Objectivity in Science and Public Life, Princeton 1995.

Porter, Theodore M.: Statistics and Statistical Methods, in: Theodore M. Porter / Dorothy Ross (Hrsg.): The Cambridge History of Science, Bd. 7: Modern Social Sciences, Cambridge 2003, S. 238 – 250.

Potter, Z.L.: The Central Bureau of Planning and Statistics, in: Publications of the American Statistical Association 16 (1919), S. 275 – 285.

Prévost, Jean-Guy: A Total Science. Statistics in Liberal and Fascist Italy, Montreal et al. 2009.

Prévost, Jean-Guy: Statistics, Expertise and Politics. Corrado Gini and the Course of Italian History, in: Metron 74 (2016), S. 145 – 165.

Prévost, Jean-Guy / Jean-Pierre Beaud: Statistics, Public Debate and the State, 1800 – 1945. A Social, Political and Intellectual History of Numbers (Studies for the International Society for Cultural History, Bd. 1), London / New York 2016.

Pribram, Karl: Konjunkturbeobachtung, in: Zeitschrift für Schweizerische Statistik und Volkswirtschaft 64 (1928), S. 149 – 169.

Pribram, Karl: Die Zukunft des Internationalen Statistischen Instituts, in: Allgemeines Statistisches Archiv 18 (1928), S. 589 – 599.

Pribram, Karl: Die vier Begriffe der Weltwirtschaft und ihre Problematik, in: Schmollers Jahrbuch für Gesetzgebung, Verwaltung und Volkswirtschaft im Deutschen Reiche 56,2 (1932), S. 1051 – 1080.

Pribram, K[arl]: Equilibrium Concept and Business Cycle Statistics, in: Bulletin de l'Institut International de Statistique 28 (1935/38), Nr. 2, S. 228 – 244.

Pribram, Karl: How to Ascertain the Definition of some Notions which are fundamental to Business Cycle Analysis?, in: Bulletin de l'Institut International de Statistique 29 (1937/38), Nr. 3, S. 186 – 200.

Pribram, Karl: The Notion of „Economic System" underlying Business-Cycle Analysis, in: The Review of Economics and Statistics 19 (1937), S. 92 – 99.

Pribram, Karl: Gleichgewichtsvorstellungen in der Konjunkturtheorie, in: Zeitschrift für Nationalökonomie 8 (1937), S. 129 – 145.

Pribram, K[arl]: Edward Dana Durand (1871 – 1960), in: Revue de l'Institut International de Statistique 28 (1960), S. 118 – 120.

Pribram, Karl: Geschichte des ökonomischen Denkens, Frankfurt/Main 1992.

Prouty, Roger: The Transformation of the Board of Trade 1830 – 1855. A Study of Administrative Reorganization in the Heyday of Laissez Faire, London / Melbourne / Toronto 1957.

Public Records. Board of Trade. Second Schedule containing a List and Particulars of Certain Classes of Documents existing or accruing in the Office of the Board of Trade which are not of Sufficient Public Value to justify their Preservation in the Public Record Office, London 1919.

Queller, Donald E.: The Development of Ambassadorial Relazioni, in: J. R. Hale (Hrsg.): Renaissance Venice, London 1973, S. 174 – 196.

Quetelet, Adolphe: Sur l'homme et le développement de ses facultés ou essai de physique sociale, Paris 1835.

Quinones de Leon[, José Maria]: The Budget of the League, in: OJ 1 (1920), S. 139 – 145.

Raitz von Frentz, Christian: A Lesson Forgotten. Minority Protection under the League of Nations. The Case of the German Minority in Poland, 1920 – 1934 (Arbeiten zur Geschichte Osteuropas, Bd. 8), Hamburg 1999.

Ramsay, Alex[ander]: The Peking Who's Who 1922, Beijing 1922.

Ramsden, Sarah / Gordon Goldsborough: Memorable Manitobans: Claude Malcolm Isbister (1914 – 1996), o.O. 2015 [www.mhs.mb.ca/docs/people/isbister_c.shtml [10.09.2019].

Randeraad, Nico: States and Statistics in the Nineteenth Century. Europe by Numbers, Manchester / New York 2011.

Randeraad, Nico: Triggers of Mobility. International Congresses (1840 – 1914) and their Visitors, in: Sarah Panter (Hrsg.): Mobility and Biography (Jahrbuch für Europäische Geschichte, Bd. 16), München 2016, S. 63 – 82.

Ranshofen-Wertheimer, Egon F.: The International Secretariat. A Great Experiment in International Administration (Studies in the Administration of International Law and Organization, Bd. 3), Washington 1945.

Rao, C[alyampudi] R.: Prasanta Chandra Mahalanobis 1893 – 1972, in: Biographical Memoirs of Fellows of the Royal Society 19 (1973), S. 454 – 492.

Raphael, Lutz: Die Verwissenschaftlichung des Sozialen als methodische und konzeptionelle Herausforderung für eine Sozialgeschichte des 20. Jahrhunderts, in: Geschichte und Gesellschaft 22 (1996), S. 165 – 193.

Raphael, Lutz: Ordnungsmuster und Selbstbeschreibungen europäischer Gesellschaften im 20. Jahrhundert, in: Ders. (Hrsg.): Theorien und Experimente der Moderne. Europas Gesellschaften im 20. Jahrhundert (Industrielle Welt, Bd. 82), Köln 2012, S. 9 – 20.

Rappard, William E.: Zum internationalen Abkommen über Wirtschaftsstatistik vom 14. Dezember 1928, in: Weltwirtschaftliches Archiv 30 (1929), S. 95 – 111.

Raspagliesi, Robert: Fascist Jews between Politics and the Economy. Five Biographical Profiles, in: Quest. Issues in Contemporary Jewish History 11 (2017), S. 75 – 103 [www.quest-cdecjournal.it/focus.php?id=391; 11. 11. 2019].

Rassem, Mohammed / Justin Stagl (Hrsg.): Geschichte der Staatsbeschreibung. Ausgewählte Quellentexte 1456 – 1813, Berlin 1994.

Rausch, Helke: US-amerikanische „Scientific Philanthropy" in Frankreich, Deutschland und Großbritannien zwischen den Weltkriegen, in: Geschichte und Gesellschaft 33 (2007), S. 73 – 98.

Rausch, Helke: Akademische Vernetzung als politische Intervention in Europa. Internationalismus-Strategien US-amerikanischer Stiftungen in den 1920er Jahren, in: Jahrbuch für Universitätsgeschichte 18 (2016), S. 163 – 187.

Reden, Friedr[ich] W[ilhelm] v.: Allgemeine vergleichende Handels- und Gewerbs-Geographie und Statistik. Ein Handbuch für Kaufleute, Fabrikanten und Staatsmänner; auch Grundlage öffentlicher Vorträge in gewerblichen Lehr-Anstalten, so wie zu handelspolitischen und volkswirthschaftlichen Besprechungen, Berlin 1844.

Reden, [Friedrich Wilhelm] v.: Notice sur l'état de la statistique en Russie, in: Compte Rendu des travaux du Congrès Général de Statistique, réuni à Bruxelles les 19, 20, 21 et 22 Septembre 1853, Brüssel 1853, S. 213 – 215.

Reden, Friedr[ich] Wilh[elm] v.: Die jetzige Aufgabe der Statistik in Beziehung zur Staatsverwaltung, Wien [2]1857.

Registrar General Northern Ireland: Annual Report 2011, Belfast 2012.

Reichsverband der Deutschen Industrie: Die internationale Wirtschaftskonferenz des Völkerbundes (Veröffentlichungen des Reichsverbandes der Deutschen Industrie, Bd. 34), Berlin 1927.

Reichsverband zum Wiederaufbau der deutschen Wirtschaft: Ein Mahnwort an die Weltwirtschafts-Konferenz in Genf, in: Der Wiederaufbau 2 (1927), Nr. 4/5, S. 5 – 16.

Reinalda, Bob: Routledge Handbook of International Organizations, London / New York 2013.

Reinbothe, Roswitha: L'exclusion des scientifiques allemands et de la langue allemande des congrès scientifiques internationaux après la Première Guerre mondiale, in: Wolf Feuerhahn / Pascale Rabault-Feuerhahn (Hrsg.): La fabrique internationale de la science. Les congrès scientifiques de 1865 à 1945 (Revue Germanique Internationale, Bd. 12), Paris 2010, S. 193 – 208.

Reinhard, Wolfgang: Die Unterwerfung der Welt. Globalgeschichte der europäischen Expansion 1415 – 2015, München 2016.

Reinhardt, Carsten: Historische Wissenschaftsforschung, heute. Überlegungen zu einer Geschichte der Wissensgesellschaft, in: Berichte zur Wissenschaftsgeschichte 33 (2010), S. 81 – 99.

Reinhart, Carmen M. / Kenneth S. Rogoff: This Time is Different. Eight Centuries of Financial Folly, Princeton 2011.

Renard, Léa / Theresa Wobbe: Tagungsbericht Views and Construction of Global 1Numbers. History and Sociology of Colonial and International Statistics, 07./08. 10. 2019, Berlin, in: H-Soz-Kult, 22. 01. 2020 [www.hsozkult.de/conferencereport/id/tagungsberichte-8604; 22. 01. 2020].

Renn, Jürgen: From the History of Science to the History of Knowledge – and Back, in: Centaurus 57 (2015), S. 37 – 53.

Report of the Committee of Experts on Economic Barometers, in: OJ 8 (1927), S. 589 – 590.

Report of the Council for the Financial Year Ended December 31, 1915, and the Sessional Year Ending June 20, 1916, in: Journal of the Royal Statistical Society 79 (1916), S. 509 – 519.

Report of the Council for the Financial Year Ended December 31, 1923, and for the Sessional Year Ending June 17, 1924, Presented at the Ninetieth Annual General Meeting of the Royal Statistical Society, in: Journal of the Royal Statistical Society 87 (1924), S. 599 – 613.

Report of the Council for the Financial Year Ended December 31, 1924, and for the Sessional Year Ending June 16, 1925, Presented at the Ninety-First Annual General Meeting of the Royal Statistical Society, in: Journal of the Royal Statistical Society 88 (1925), S. 581–598.

Report of the Indian Industrial Commission 1916–1918, Kalkutta 1918.

Report of the International Financial Conference, in: World Peace Foundation: League of Nations, Bd. 3, Nr. 5, Boston 1920, S. 225–254.

Report of the Proceedings of the Fourth Session of the International Statistical Congress, held in London July 16th, 1860, and the Five Following Days, London 1861.

Report of the Statistical Commission to the Economic and Social Council. First Session, 1 to 15 May 1946, 17.05.1946, in: Journal of the Economic and Social Council 1 (1946), S. 223–239.

Respondek, E[rwin] (Bearb.): Verlauf und Ergebnisse der Internationalen Wirtschaftskonferenz des Völkerbunds zu Genf (vom 4. bis 23. Mai 1927). Wiedergabe der Plenar- und Kommissionssitzungen, Berlin 1927.

Rew, Henry: The Organization of Statistics, in: Journal of the Royal Statistical Society 84 (1921), S. 1–21.

Rew, H[enry]: Statistics of the Fisheries, in: Bulletin de l'Institut International de Statistique 21 (1924), Nr. 2, S. 260–268.

Ribi Forclaz, Amalia: Humanitarian Imperialism. The Politics of Anti-Slavery Activism, 1880–1940 (Oxford Historical Monographs), Oxford 2015.

Ribi Forclaz, Amalia: Agriculture, American Expertise, and the Quest for Global Data. Leon Estabrook and the First World Agricultural Census of 1930, in: Journal of Global History 11 (2016), S. 44–65.

Ricci, Umberto: Les bases théoriques de la statistique agricole internationale, Rom 1914.

Ricci, Umberto: Statistique de la production agricole, in: Bulletin de l'Institut International de Statistique 21 (1924), Nr. 2, S. 168–259.

Ricci, Umberto: Statistique des stocks de céréales et particulièrement de froment, in: Bulletin de l'Institut International de Statistique 23 (1928/29), Nr. 2, S. 506–547.

Ridder, A. de: Armand L.L.A. Julin, in: Theo Luykx: Rijksuniversiteit te Gent. Liber Memorialis 1913–1960, Bd. 3, Gent 1960, S. 89–93.

Riddick, John F.: Who Was Who in British India, Westport / London 1998.

Ridgeway, George L.: Merchants of Peace. The History of the International Chamber of Commerce, Boston/Toronto 1959.

Rietzler, Katharina: Before the Cultural Cold Wars. American Philanthropy and Cultural Diplomacy in the Inter-war Years, in: Historical Research 84 (2011), Nr. 223, S. 148–164.

Robbins, Lionell: The Great Depression, London 1934.

Robertson, Roland: Globalization. Social Theory and Global Culture, London / Thousand Oaks / New Delhi 1992.

Robertson, Roland: Glokalisierung. Homogenität und Heterogenität in Raum und Zeit, in: Ulrich Beck (Hrsg.): Perspektiven der Weltgesellschaft (Edition Zweite Moderne), Frankfurt/Main 1998, S. 192–220.

Robertson, Roland / Kathleen E. White: What is Globalization?, in: George Ritzer (Hrsg.): The Blackwell Companion to Globalization, Malden et al. 2007, S. 54–66.

Robins, Jonathan R.: A Common Bortherhood for Their Mutual Benefit. Sir Charles Macara and Internationalism in the Cotton Industry, 1904–1914, in: Enterprise & Society 16 (2015), S. 847–888.

Rodríguez Garcia, Magaly / Davide Rodogno / Liat Kozma (Hrsg.): The League of Nations' Work on Social Issues (United Nations Publications, E.16.0.1), Genf 2016.

Roeder, Ernst von: Die industrielle Produktionsstatistik, in: Friedrich Burgdörfer (Hrsg.): Die Statistik in Deutschland nach ihrem heutigen Stand. Ehrengabe für Friedrich Zahn, Berlin 1940, S. 1012–1024.

Roeske, Ulrich: Die amtliche Statistik des Deutschen Reichs 1872 bis 1939. Historische Entwicklung, Organisationsstruktur, Veröffentlichungen, in: Jahrbuch für Wirtschaftsgeschichte 1978/IV, S. 85–107.

Roesner, Ernst: Hübners Geographisch-statistische Tabellen aller Länder der Erde, Wien / Leipzig 1936.

Roh, Kyung Deok: Stalin's Economic Advisors. The Varga Institute and the Making of Soviet Foreign Policy, London / New York 2018.

Romaniuk, K.: Edward Szturm de Sztrem, 1885–1962, in: Revue de l'Institut International de Statistique 31 (1963), S. 454–455.

Roorbach, G[eorge] R.: Capacity of World Markets to Absorb Europe's Surplus Products and to Afford Employment to Expanding Population, in: Proceedings of the Academy of Political Science in the City of New York 12 (1928), Nr. 4, S. 77–95.

Roorbach, George R.: Tariffs and Trade Barriers in Relation to International Trade, in: Proceedings of the Academy of Political Science 15 (1933), S. 84–94.

Röpke, Wilhelm: Der Weg des Unheils, Berlin 1931.

Röpke, Wilhelm: Die säkulare Bedeutung der Weltkrisis, in: Weltwirtschaftliches Archiv 37 (1933), S. 1–27.

Röpke, Wilhelm: Die entscheidenden Probleme des weltwirtschaftlichen Verfalls, in: Zeitschrift für Schweizerische Statistik und Volkswirtschaft 74 (1938), S. 493–506.

Röpke, Wilhelm: International Economic Disintegration, London / Edinburgh / Glasgow 1942.

Rosenberg, Emily S.: Transnational Currents in a Shrinking World, in: Dies. (Hrsg.): A World Connecting, 1870–1945 (A History of the World), Cambridge / London 2012, S. 813–996.

Rosengarten, Monika: Die Internationale Handelskammer. Wirtschaftspolitische Empfehlungen in der Zeit der Weltwirtschaftskrise, 1929–1939 (Schriften zur Wirtschafts- und Sozialgeschichte, Bd. 65), Berlin 2001.

Rosenstein-Rodan, P[aul] N.: Problems of Industrialisation of Eastern and South-Eastern Europe, in: The Economic Journal 53 (1943), S. 202–211.

Rostow, W[alt] W[hitman]: The World Economy. History & Prospect, Austin / London 1978.

Rothermund, Dietmar: Indiens wirtschaftliche Entwicklung. Von der Kolonialherrschaft bis zur Gegenwart, Paderborn et al. 1985.

Rothermund, Dietmar: India in the Great Depression 1929–1939 (Perspectives in History, Bd. 6), New Delhi 1992.

Rothermund, Dietmar: Die Weltwirtschaftskrise und die Länder der Peripherie, in: Otto Büsch / Peter-Christian Witt (Hrsg.): Internationale Zusammenhänge der Weltwirtschaftskrise. Präsentationen aus Anlaß einer Fachkonferenz (Studien zur Europäischen Geschichte, Bd. 16), Berlin 1994, S. 71–94.

Rothermund, Dietmar: The Routledge Companion to Decolonization, London / New York 2006.

Rowe, J[ohn] W.F.: The Physical Volume of Production (London & Cambridge Economic Service Special Memorandum, Bd. 8), London 1924.

Rowe, J[ohn] W.F.: An Index of the Physical Volume of Production, in: The Economic Journal 37 (1927), S. 173–187.

Royal Statistical Society: Memorandum on Official Statistics, London 1943.

Royaume d'Italie. Bureau Central de Statistique: Statistique internationale des caisses d'épargne, Rom 1876.

Royaume d'Italie. Direction de la Statistique Générale: Statistique internationale des Banques d'émission. Russie, Rom 1881.
Rublee, George: Inter-Alliied Machinery in War-Time, in: Raymond B. Fosdick et al.: The League of Nations Starts. An Outline by Its Organisers, London 1920, S. 29–45.
S., F.: Die Verschiebungen in der Weltwirtschaft, in: Deutsche Allgemeine Zeitung, 20.03.1927.
Sagoroff, S[lawtscho]: Nachruf für Oskar Anderson, in: Metrika 3 (1960), S. 89–94.
Sainz de Robles, Federico Carlos: Ensayo de un Diccionario de la Literatura, Bd. 2: Escritores Españoles e Hispanoamericanos, Madrid [2]1953.
Sălăgean, Marcela: Eugeniu Neculcea. Un diplomate retrouvé, in: Dies.: Eugeniu Neculcea. Un diplomat regăsit, Cluj-Napoca 2006, S. XXXIII-LVIII.
Sale, Charles V.: Some Statistics of Japan, in: Journal of the Royal Statistical Society 74 (1911), S. 467–539.
Salin, Edgar: Von den Wandlungen der Weltwirtschaft in der Nachkriegszeit, in: Weltwirtschaftliches Archiv 35 (1932), S. 1–33.
Salter, J. Arthur: Allied Shipping Control. An Experiment in International Administration (Economic and Social History of the World War), Oxford 1921.
Salter, Arthur: A Scheme for an Economic Advisory Organisation in India (Series of League of Nations Publications, 1931.II.A.14), Delhi 1931.
Salter, Arthur: Recovery. The Second Effort, London 1932.
Salter, Arthur: China and the Depression. Impressions of a Three Months Visit, masch., Nanjing o.Dat [1934].
Salter, Arthur: The Organization of the League of Nations, May 10, 1919, in: Ders.: The United States of Europe and other Papers, hrsg. von W[ill] Arnold-Forster, New York 1933, S. 14–31.
Salter, Arthur: Memoirs of a Public Servant, London 1961.
Sanyal, H.: Prasantachandra Mahalanobis. A Biographical Sketch, in: Sankhyā. The Indian Journal of Statistics. Series B 35 (1973), S. 3–11.
Sarasin, Philipp: Was ist Wissensgeschichte?, in: Internationales Archiv für Sozialgeschichte der deutschen Literatur 36 (2011), S. 159–172.
Sarkar, Benoy Kumar: Economic Development. Snapshots of World-Movements in Commerce, Economic Legislation, Industrialism and Technical Education, Madras 1926.
Sarkar, Benoy Kumar: Empire Development and World-Economy. A Study in the New Foundations of National Economy for India (Economic Brochures for Young India, Bd. 8), Kalkutta 1927.
Sarkar, Benoy Kumar: Indiens Entwicklung im Vergleich zu Eur-Amerika, in: Deutsche Rundschau 56 (1930), S. 13–21.
Sarkar, B[enoy] K[umar]: Die Entwicklung und weltwirtschaftliche Bedeutung des modernen Indien, in: E. Wunderlich (Bearb.): Indien in der modernen Weltwirtschaft und Weltpolitik (Auslandskundliche Vorträge der Technischen Hochschule Stuttgart, Bd. 2), Stuttgart 1931, S. 37–54.
Sarkar, Benoy Kumar: Economic Development. Studies in Applied Economics and World-Economy, Bd. 2: Comparative Industrialism and its Equations with Special Reference to Economic India, Kalkutta 1938.
Sarkar, Benoy Kumar: Greetings to Young India. Messages of Cultural and Social Reconstruction, Kalkutta [2]1938.
Sarkar, Benoy Kumar: The Equations of World-Economy in their Bearings on Post-War Reconstruction, Kalkutta 1943.

Sartorius von Waltershausen, A[ugust]: Deutsche Wirtschaftsgeschichte 1815 – 1914, 2., ergänzte Auflage, Jena 1923.
Sartorius von Waltershausen, A[ugust]: Die Entstehung der Weltwirtschaft. Geschichte des zwischenstaatlichen Wirtschaftslebens vom letzten Viertel des achtzehnten Jahrhunderts bis 1914, Jena 1931.
Sauvy, A[lfred]: Michel Huber, in: Journal de la Société de Statistique de Paris 88 (1947), S. 392 – 394.
Schachschabel, Hans G. (Hrsg.): Wirtschaftsstufen und Wirtschaftsordnungen (Wege der Forschung, Bd. 176), Darmstadt 1971.
Schatz, Jean: Le développement du commerce de l'Egypte, in: L'Egypt contemporaine 24 (1933), S. 651 – 695, 25 (1934), S. 43 – 103, 283 – 332.
Schem, Alexander Jacob: Universal Statistical Table, Boston 1872.
Schem, Alexander Jacob: Schem's Statistics of the World, New York 1873.
Schem, Alexander Jacob: Schem's Statistics of the World, Boston 1875.
Schencking, Charles: The Great Kantō Earthquake and the Chimera of National Reconstruction in Japan (Contemporary Asia in the World), New York 2013.
Scherzer, Karl v.: Einige Mittheilungen über den Welthandel und die wichtigsten Weltverkehrsmittel, in: Geographisches Jahrbuch 1 (1866), S. 513 – 552.
Scherzer, Karl v.: Einige Mittheilungen über den Weltverkehr und die wichtigsten Weltverkehrsmittel, in: Geographisches Jahrbuch 2 (1868), Nr. S. 342 – 391.
Schmechel, Max: Das Ende der Weltwirtschaft?, in: Tägliche Rundschau [Berlin], 08.09.1931.
Schmelzer, Matthias: The Hegemony of Growth. The OECD and the Making of the Economic Growth Paradigm, Cambridge 2016.
Schmoller, G[ustav]: L'économie politique. Sa théorie et sa méthode, in: Revue d'Économie Politique 8 (1894), S. 105 – 140, 339 – 363, 462 – 479.
Schneider, Michael C.: Wissensproduktion im Staat. Das königlich preußische statistische Bureau 1860 – 1914, Frankfurt/Main / New York 2013.
Schneider, Michael C.: Internationalisierung und Institutionalisierung. Der Internationale Statistische Kongreß 1863 in Berlin, in: Stefan Gerber et al. (Hrsg.): Zwischen Stadt, Staat und Nation. Bürgertum in Deutschland, Teil 1, Göttingen 2014, S. 103 – 113.
Schneider, Michael C.: Amtliche Statistik in Preußen und Österreich im 19. Jahrhundert im Spannungsfeld zwischen staatlichen Interessen und internationaler Konvergenz, in: Thomas Stamm-Kuhlmann (Hrsg.): Auf dem Weg in den Verfassungsstaat. Preußen und Österreich im Vergleich (Quellen und Forschungen zur brandenburgischen und preußischen Geschichte, Bd. 48), Berlin 2018, S. 95 – 117.
Schneider, Volker: Global Economic Governance by Private Actors. The International Chamber of Commerce, in: Justin Greenwood / Henry Jacek (Hrsg.): Organized Business and the New Global Order (Advances in Political Science. An International Series), Basingstoke 2000, S. 223 – 240.
Schou, Vilhelm: The Statistics of the World's Foreign Commerce, in: Journal of the Royal Statistical Society 63 (1900), S. 315 – 330.
Schröder, Iris / Sabine Höhler: Welt-Räume. Annäherungen an eine Geschichte der Globalität im 20. Jahrhundert, in: Dies. (Hrsg.): Welt-Räume. Geschichte, Geographie und Globalisierung seit 1900 (Campus Historische Studien, Bd. 39), Frankfurt/Main / New York 2005, S. 9 – 47.
Schuler, Kurt / Mark Bernkopf: Who Was at Bretton Woods? (Center for Financial Stability. Paper in Financial History) New York 2014.
Schulz, Heinrich E. / Paul K. Urban / Andrew I. Lebed: Who was Who in the USSR 1917/67, Metuchen 1972.

Schulz, Matthias: Deutschland, der Völkerbund und die Frage der europäischen Wirtschaftsordnung 1925–1933 (Beiträge zur deutschen und europäischen Geschichte, Bd. 19), Hamburg 1997.
Schulz, Matthias: Globalisierung, regionale Integration oder Desintegration? Der Völkerbund und die Weltwirtschaft, in: Zeitschrift für Geschichtswissenschaft 54 (2006), S. 840–851.
Schulz-Forberg, Hagen: Neoliberalism and the League of Nations. On the Incidental Birth of Neoliberalism within the League's Dot-Connecting System, in: Haakon A. Ikonomou / Karen Gram-Skjoldager (Hrsg.): The League of Nations. Perspectives from the Present, Aarhus 2019, S. 137–149.
Schwarz, Arnold: Probleme der internationalen Vergleichbarkeit der Wirtschaftsstatistik, in: Weltwirtschaftliches Archiv 57 (1943), S. 572–583.
Schweber, Libby: Disciplining Statistics. Demography and Vital Statistics in France and England, 1830–1885, Durham 2006.
Schweizerischer Bankverein: Querschnitt durch die Weltwirtschaft, in: Schweizerischer Bankverein. Monatsbericht 6/1934, S. 173–176.
Scogin, Katie Elizabeth: Britain and the Supreme Economic Council, 1919, Diss. North Texas State University, Denton 1987.
Scott, George: The Rise and Fall of the League of Nations, London 1973.
Secombe, Thomas / Philip A. Hunt: Mulhall, Michael George (1836–1900), in: Oxford Dictionary of National Biography, Oxford 2004 [http://doi.org/10.1093/ref:odnb/19510; 11.11.2019].
Secrist, Horace: Statistics of the United States Shipping Board, in: Publications of the American Statistical Association 16 (1919), Nr. 125, S. 236–247.
Seibt, Gustav: Statistik, in: S[alomon] P[aul] Altmann et al.: Die Entwicklung der deutschen Volkswirtschaftslehre im neunzehnten Jahrhundert, Bd. 2, Berlin 1908, Aufsatz Nr. XXXVII, S. 1–43.
Séménow, P[etr] (Bearb.): Congrès International de Statistique. Compte-rendu de la huitième session à St-Péterbourg, Bd. 3: Travaux présentés au Congrès, St. Petersburg 1874.
Sen, Satadru: Benoy Kumar Sarkar. Restoring the Nation to the World, New Delhi 2015.
Sering, Max: Deutschland unter dem Dawes-Plan. Entstehung, Rechtsgrundlagen, wirtschaftliche Wirkungen der Reparationslasten, Berlin 1928.
Sevenig, J. P.: Die international einheitliche Handelsstatistik, in: Weltwirtschaftliches Archiv, 5 (1915), S. 234–243.
Shah, K.T.: World Depression, Madras 1933.
Shearer, David R.: Industry, State, and Society in Stalin's Russia, 1926–1934, Ithaka et al. 1996.
Shetty, Sanjiva: Coffee in South India, in: The Madras Agricultural Journal 27 (1939), S. 388–400.
Shimamura Shirō: Nihon tōkei hattatsushi [Entwicklungsgeschichte der Statistik in Japan], Tokio 2008.
Shimamura Shirō: Nihon tōkeishi gunzō [Persönlichkeiten der japanischen Statistikgeschichte], Tokio 2009.
Shimojo Yas[u]maro: Outline of the Recent Statistical Works in Japan, in: Bulletin de l'Institut International de Statistique 25 (1931/32), Nr. 2, S. 100–120.
Shiroyama, Tomoko: China during the Great Depression. Market, State, and the World Economy, 1929–1937 (Harvard East Asian Monograph, Bd. 294), Cambridge/London 2008.
Siepmann, Harry A.: The International Financial Conference at Brussels, in: The Economic Journal 30 (1920), S. 436–459.
Singer, J. David: The Finances of the League of Nations, in: International Organization 13 (1959), S. 255–273.

Sinha, H[aris Chandra]: Economic and Business Statistics in India, in: Sankhyā. The Indian Journal of Statistics 5 (1940), S. 37 – 56.

Six, Clemens: Challenging the Grammar of Difference. Benoy Kumar Sarkar, Global Mobility and the Anti-Imperialism around the First World War, in: European Review of History 25 (2018), S. 431 – 449.

Slobodian, Quinn: How to See the World Economy. Statistics, Maps, and Schumpeter's Camera in the First Age of Globalization, in: Journal of Global History 10 (2015), S. 307 – 332.

Slobodian, Quinn: Globalists. The End of Empire and the Birth of Neoliberalism, Cambridge / London 2018.

Sluga, Glenda: Internationalism in the Age of Nationalism, Philadelphia 2013.

Sluga, Glenda / Patricia Clavin (Hrsg.): Internationalisms. A Twentieth-Century History, Cambridge 2017.

Smet, Maurice de: L'Institut International du Commerce et l'organisation des statistiques internationales, in: Revue Économique Internationale 14,2 (1922), S. 149 – 157.

Smit, M[arija] N.: Na Ženerskoj diplomatičeskoj konferenzii po ėkonomičeskoj statistike, in: Vestnik Kommunističeskoj Akademii 39 (1929), S. 223 – 228.

Smit, M[arija] N.: Zaključitel'noe slovo, in: Planovoe Chozjajstvo 8 (1930), Nr. 10/11, S. 167 – 168.

Smith, Mark C.: Rice, Stuart Arthur (21 November 1889 – 04 June 1969), in: American National Biography, New York 1999 [https://doi.org/10.1093/anb/9780198606697.article.1400939; 20. 02. 2020].

Snow, Chauncey Depew: Our Statisics of Foreign Commerce and the War, in: Publications of the American Statistical Association 16 (1918), S. 175 – 189.

Snyder, Carl: Introduction, in: Karl G. Karsten: Charts and Graphs. An Introduction to Graphic Methods in the Control and Analysis of Statistics, New York 1923, S. XXXVII-XL.

Société des Nations: Mémorandum sur les Balances des paiements et sur les balances du commerce extérieur 1910 – 1923, Bd. 2, Genf 1924.

Somary, Felix: Die Internationalität der Krise, in: Ders.: Die Ursachen der Krise, Tübingen 1932, S. 51 – 67.

Sombart, Werner: Die deutsche Volkswirtschaft im neunzehnten Jahrhundert (Das neunzehnte Jahrhundert in Deutschlands Entwicklung, Bd. 7), Berlin 1903.

Sombart, Werner: Die Wandlungen des Kapitalismus, in: Weltwirtschaftliches Archiv 28 (1928), S. 243 – 256

Sommer, Marianne / Staffan Müller-Wille / Carsten Reinhardt (Hrsg.): Handbuch Wissenschaftsgeschichte, Stuttgart 2017.

Soutou, Georges-Henri: L'or et le sang. Les buts de guerre économiques de la Première Guerre mondiale (Nouvelle études historiques), Paris 1989.

Souza, Luis Jose de: India in the League of Nations, in: The Independent Hindustan 1 (1920/21), Nr. 11, S. 11.

Speich Chassé, Daniel: Fortschritt und Entwicklung, Version 1.0, in: Docupedia-Zeitgeschichte, 21. 09. 2012 [http://docupedia.de/zg/chasse_fortschritt_v1_de_2012; 30. 10. 2019].

Speich Chassé, Daniel: Die Erfindung des Bruttosozialprodukts. Globale Ungleichheit in der Wissensgeschichte der Ökonomie (Kritische Studien zur Geschichtswissenschaft, Bd. 212), Göttingen 2013.

Speich Chassé, Daniel: Statistische Grössen. Zum Zahlenraum der Makroökonomie, in: Anna Echterhölter / Iris Därmann (Hrsg.): Konfigurationen. Gebrauchsweisen des Raumes, Zürich / Berlin 2013, S. 31 – 44.

Speich Chassé, Daniel: Die „Dritte Welt“ als Theorieeffekt. Ökonomisches Wissen und globale Differenz, in: Geschichte und Gesellschaft 41 (2015), S. 580–612.

Speich Chassé, Daniel: Nichtwestliche Wirtschaft im Vergleich – Anmerkungen zu Phyllis Deane, in: Angelika Epple / Walter Erhart (Hrsg.): Die Welt beobachten. Praktiken des Vergleichs, Frankfurt/Main / New York 2015, S. 357–379.

Speich Chassé, Daniel: Tagungsbericht Geschichte und Soziologie globaler Zahlen, 26.-28.05.2016, Luzern, in: H-Soz-Kult, 27.09.2016 [www.hsozkult.de/conferencereport/id/tagungsberichte-6716; 26.06.2019].

Speich Chassé, Daniel: Der Staatsvergleich in historischer Perspektive. Warum, seit wann und wie werden politische Mächte miteinander verglichen?, in: Hannah Bennani et al. (Hrsg.): Global beobachten und vergleichen. Soziologische Analysen zur Weltgesellschaft (Studien zur Weltgesellschaft, Bd. 6), Frankfurt/Main / New York 2020, S. 79–111.

Speich Chassé, Daniel / David Gugerli: Wissensgeschichte. Eine Standortbestimmung, in: Traverse 19 (2012), S. 85–100.

Spulber, Nicolas: Foundations of Soviet Strategy for Economic Growth. Selected Soviet Essays, 1924–1930, Bloomington 1964.

Staff List of the Secretariat, in: OJ 19 (1938), S. 789–821.

Stagl, Justin: Thesen zur europäischen Fremd- und Selbsterkundung in der Frühen Neuzeit, in: Arndt Brendecke / Markus Friedrich / Susanne Friedrich (Hrsg.): Information in der Frühen Neuzeit. Status, Bestände, Strategien (Pluralisierung & Autorität, Bd. 16), Berlin 2008, S. 65–79.

Staley, Eugene: [Rezension von League of Nations: International Trade in Certain Raw Materials … 1935], in: Journal of Political Economy 45 (1937), S. 840–841.

Staley, Eugene: [Rezension von Wright: Economic Adaptation], in: American Economic Review 29 (1939), S. 802–803.

Staley, Eugene: World Economy in Transition. Technology vs. Politics / Laissez Faire vs. Planning / Power vs. Welfare, New York 1939.

Staley, Eugene: World Economic Development. Effects on Advanced Industrial Countries (ILO Studies and Reports, Series B, Bd. 36), Montreal 1944.

Stanziani, Alessandro: L'économie en révolution. Le cas russe, 1870–1930 (L'Évolution de l'Humanité), Paris 1998.

Stapleford, Thomas A.: The Cost of Living in America. A Political History of Economic Statistics, 1880–2000, Cambridge 2009.

Starling, Ernest H.: The Feeding of Nations. A Study in Applied Physiology, London 1919.

Statistical Society, London 1878, eingebunden in: Journal of the Statistical Society 40 (1877).

Statistique Général de la France: Statistique internationale de l'agriculture, Nancy 1876.

Statistisches Bundesamt: Warenverzeichnis für die Außenhandelsstatistik, 2011, Wiesbaden 2010.

Statistisches Bundesamt: Warenverzeichnis für die Außenhandelsstatistik, 2020, Wiesbaden 2019.

Statistisches Reichsamt: Die Wirtschaft des Auslandes 1900/27, Berlin 1928.

Statistisches Reichsamt: Die Wirtschaft des Auslandes 1928. Entwicklungen in der Weltwirtschaft, Berlin 1929.

Statistiska Centralbyrån: Statistique internationale. Etat de la population, Stockholm 1876.

Steffek, Jens: International Organization as Technocratic Utopia, Oxford 2021.

Steinbach, Susie L.: Understanding the Victorians. Politics, Culture, and Society in Nineteenth Century Britain, London/New York 2012.

Steinberg, S. H.: Statesman's Year-Book. Martin to Epstein, in: The Journal of Library History 1 (1966), S. 153–166.

Steiner, Rudolf: Nationalökonomischer Kurs. 14 Vorträge von Dr. Rudolf Steiner, gehalten am Goetheanum in Dornach vom 24. Juli bis 6. August 1922. Nach einer vom Vortragenden nicht durchgesehenen Nachschrift, Dornach 1933.

Steiner, Rudolf: World-Economy. The Formation of a Science of World-Economics. A Series of Fourteen Lectures by Rudolf Steiner, given at the Goetheanum, Dornach, Switzerland, from 24th July to 6th August, 1922. From Shorthand Notes unrevised by the Lectures, London / New York 1933.

Steiner, Zara: The Lights That Failed. European International History 1919–1933, Oxford 2005.

Steiner, Zara: The Triumph of the Dark. European International History 1933–1939, Oxford 2011.

Steinmetz, Willibald (Hrsg.): The Force of Comparison. A New Perspective on Modern European History and the Contemporary World (New German Historical Perspectives, Bd. 11), New York 2019.

Steinmetz, Willibald: Macht – Leistung – Kultur. Staatenvergleiche vom 17. bis ins frühe 20. Jahrhundert, in: Kölner Zeitschrift für Soziologie und Sozialpsychologie 73 (2021), Suppl. 1, S. 75–112.

Steland, Ansgar: Basiswissen Statistik. Kompaktkurs für Anwender aus Wirtschaft, Informatik und Technik, 4., überarbeitete Auflage, Berlin / Heidelberg 2016.

Stemerdink, Gerrit J.: Members of the International Statistical Institute. A Cumulative List for the Period 1885–2002. A Publication to Celebrate 150 Years of International Statistical Congresses, Voorburg 2003 [https://www.isi-web.org/files/docs/members-of-the-isi-1885-2002.pdf; 07.10.2022].

Stigler, Stephen M.: The History of Statistics. The Measurement of Uncertainty before 1900, Cambridge / London 1986.

Stöber, Rudolf: Deutsche Pressegeschichte. Von den Anfängen bis zur Gegenwart, 3., überarbeitete Auflage, Konstanz / München 2014.

Stricker, Yann: Migration Statistics and the Making of an International Point of View in the Interwar Period, in: History of Knowledge, 05.10.2017 [https://historyofknowledge.net/2017/10/05/migration-statistics-and-the-making-of-an-international-point-of-view-in-the-interwar-period; 30.10.2019].

Studenski, Paul: The Income of Nations. Theory, Measurement, and Analysis: Past and Present. A Study in Applied Economics and Statistics, New York 1958.

Sturtevant, Julian M.: Economics or the Science of Wealth, New York 1879.

Subramanian, S.: A Brief History of the Organisation of Official Statistics in India during the British Period, in: Sankhyā. The Indian Journal of Statistics 22 (1960), S. 85–118.

Suchan, Alfred v.: Die Wirtschaftsstatistik in der Tätigkeit des Völkerbundes, in: Zeitschrift für Schweizerische Statistik und Volkswirtschaft 66 (1930), S. 192–195.

Sundaram, Lanka: India and the International Labour Organisation, in: Alfred Zimmern et al.: India Analysed, Bd. 1: International, London 1933, S. 67–90.

Sun Yat-sen: The International Development of China, New York 1922.

Sweetser, Arthur: The Non-Political Achievements of the League, in: Foreign Affairs 19 (1940), S. 179–192.

Taichirō, Mitani: Japan's International Financiers and World Politics, 1904–31, in: Michael Smitka (Hrsg.): The Interwar Economy of Japan. Colonialism, Depression and Recovery, 1910–1940 (Japanese Economic History, 1600–1960, Bd. 2), New York / London 1998, S. 21–49.

Taira, Koji: Economic Development, Labor Markets, and Industrial Relations in Japan, 1905–1955, in: Peter Duus (Hrsg.): The Cambridge History of Japan, Bd. 6: The Twentieth Century, Cambridge 1989, S. 606–653.

Take, Gunnar: „Die Objektivität ist durch sein Wesen verbürgt." Bernhard Harms' Gründung des Kieler Instituts für Weltwirtschaft und sein Aufstieg im Ersten Weltkrieg, in: Demokratische Geschichte 26 (2015), S. 13–74.

Take, Gunnar: „One of the Bright Spots in German Economics". Die Förderung des Kieler Instituts für Weltwirtschaft durch die Rockefeller Foundation, 1925–1950, in: Jahrbuch für Wirtschaftsgeschichte 59 (2018), S. 251–328.

Tang, Leonard G.: [Rezension von Ministry of Industry. Bureau of Foreign Trade: Zhongguo shiye zhi (Jiangsu Sheng); Zhongguo shiye zhi (Zhejiang Sheng)], in: Monthly Bulletin on Economic China 7 (1934), S. 378–379.

Tang Qixian: Minguo ershiyi nian zhongguo jingji zhuangkuang (xu) [China's Economic Conditions in 1932 (pt. 2)], in: Shiye tongji / The Industrial Statistics 1 (1933), Nr. 2, Artikel 2.

Tanner, Jakob: Wirtschaftskurven. Zur Visualisierung des anonymen Marktes, in: David Gugerli / Barbara Orland (Hrsg.): Ganz normale Bilder. Historische Beiträge zur visuellen Herstellung von Selbstverständlichkeit (Interferenzen, Bd. 2), Zürich 2002, S. 129–158.

Tao Siu: L'Œuvre du Conseil National Économique Chinois, Diss. Universität Nancy 1936.

Tappan, M[arjorie]: [Rezension von Thorp: Business Annals], in: Economica 21 (1927), S. 373–378.

Taussig, F[rank] W.: International Trade, New York 1927.

Taylor, Stephen: Who's Who in Central and East Central Europe 1933/34, Zürich 1935.

Temin, Peter: Globalization, in: Oxford Review of Economic Policy 15 (1999), Nr. 4, S. 76–89.

Temperley, H[arold] W.V.: A History of the Peace Conference of Paris, Bd. 1, London 1920.

Terada, Kuniyuki: Actors of International Cooperation in Prewar Japan. The Discourse on International Migration and the League of Nations Association of Japan (Japan in Ostasien, Bd. 4), Baden-Baden 2018.

Thalheim, Karl C.: Die Weltwirtschaft (Wirtschaftslehre, Bd. 5), Leipzig 1934.

The Academy of World Economics: Proceedings of the Opening Meeting, Washington, April 6, 1932 (Publications of the Academy of World Economics, Bd. 1), Washington 1932.

The Annual Report of the Council of Economic Advisers, in: Economic Report of the President. Transmitted to Congress, February 1988, Washington 1988, S. 11–374.

The Economist Monthly Supplement, in: The Economist 96 (1923), Nr. 4165 [23.06.1923].

The Economist Monthly Supplement, in: The Economist 117 (1933), Nr. 4701 [30.09.1933].

The India Office List for 1935. Compiled from Official Records by Direction of the Secretary of State for India in Council, London 1935.

The India Office and Burma Office List 1945, London 1945.

The Maritime Customs: Documents Illustrative of the Origin, Development, and Activities of the Chinese Customs Service, Bd. 4: Inspector General's Circulars, 1924–1931, Shanghai 1939.

The Papers of Arthur Elliot Felkin, King's College, University of Cambridge [https://janus.lib.cam.ac.uk/db/node.xsp?id=EAD/GBR/0272/PP/AEF; 09.09.2019].

The Penny Cyclopaedia of the Society for the Diffusion of Useful Knowledge, Bd. 21: Scanderoon-Signet, London 1841.

Therborn, Göran: Globalizations. Dimensions, Historical Waves, Regional Effects, Normative Governance, in: International Sociology 15 (2000), S. 151–179.

The Rockefeller Foundation: Annual Report 1933, New York o.J. [1934].

The Rockefeller Foundation: Annual Report 1937, New York o.J. [1938].

Thiel-Horstmann, Monika: Staatsbeschreibung und statistische Erhebungen im vorkolonialen und kolonialen Indien, in: Mohammed Rassem / Justin Stagl (Hrsg.): Statistik und Staatsbeschreibung in der Neuzeit, vornehmlich im 16.–18. Jahrhundert. Bericht über ein interdisziplinäres

Symposium in Wolfenbüttel, 25.–27. September 1978 (Quellen und Abhandlungen zur Geschichte der Staatsbeschreibung und Statistik, Bd. 1), Paderborn et al. 1980, S. 205–216.

Thirring, Gustave: Idées sur l'Institut International de Statistique, in: Journal de la Société Hongroise de Statistique 6 (1928), Nr. 1, S. 1–9.

Thomas, J.J.: Allen, Sir Roy George Douglas, in: Oxford Dictionary of National Biography, Oxford 2004 [https://doi.org/10.1093/ref:odnb/66808; 09.09.2019].

Thompson, Noel: Wise, Edward Frank (1885–1933), Economist and Politician, in: Oxford Dictionary of National Biography, Oxford 2004 [http://doi.org/10.1093/ref:odnb/38704; 27.02.2018].

Thorp, Willard L.: Business Annals (Publications of the National Bureau of Economic Research, Bd. 8), New York 1926.

Thorp, Willard L.: The Depression as Depicted by Business Annals, in: News-Bulletin of the National Bureau of Economic Research, Nr. 43 [19.09.1932], S. 1–4.

Tien Shu-chih: Die Stellung der Mandschurei in der Weltwirtschaft, Diss. Universität Berlin 1935.

Tilly, Richard H.: Globalisierung aus historischer Sicht und das Lernen aus der Geschichte (Kölner Vorträge und Abhandlungen zur Sozial- und Wirtschaftsgeschichte, Bd. 41), Köln 1999.

Tinbergen, Jan: Statistical Testing of Business-Cycle Theories, Bd. 1: A Method and Its Application to Investment Activity, Genf 1939.

Tinbergen, Jan: Statistical Testing of Business-Cycle Theories, Bd. 2: Business Cycles in the United States of America 1919–1932, Genf 1939.

Tomeš, Josef / Alena Léblová: Československý biografický slovnik, Prag 1992.

Tomlinson, B[rian] R.: The Political Economy of the Raj 1914–1947. The Economics of Decolonization in India (Cambridge Commonwealth Series), London / Basingstoke 1979.

Tomlinson, B[rian] R.: The Economy of Modern India, 1860–1970 (The New Cambridge History of India, Bd. 3/3), Cambridge 1993.

Toniolo, Gianni: Central Bank Cooperation at the Bank for International Settlements, 1930–1973 (Studies in Macroeconomic History), Cambridge 2005.

Tooze, J. Adam: Imagining National Economies. National and International Economic Statistics, 1900–1950, in: Geoffrey Cubitt (Hrsg.): Imagining Nations (York Studies in Cultural History), Manchester / New York 1998, S. 212–228.

Tooze, J. Adam: Statistics and the German State, 1900–1945. The Making of Modern Economic Knowledge (Cambridge Studies in Modern Economic History, Bd. 9), Cambridge 2001.

Tooze, J. Adam: Die Vermessung der Welt. Ansätze zu einer Kulturgeschichte der Wirtschaftsstatistik, in: Hartmut Berghoff / Jakob Vogel (Hrsg.): Wirtschaftsgeschichte als Kulturgeschichte. Dimensionen eines Perspektivenwechsels, Frankfurt/Main / New York 2004, S. 325–351.

Tooze, Adam: Trouble with Numbers. Statistics, Politics, and History in the Construction of Weimar's Trade Balance, 1918–1924, in: American Historical Review 113 (2008), S. 678–700.

Tooze, Adam: The Deluge. The Great War and the Remaking of Global Order, London 2014.

Tooze, Adam: Wirtschaftsstatistik im Reichswirtschaftsministerium, in seinem Statistischen Reichsamt und im Institut für Konjunkturforschung, in: Werner Abelshauser et al. (Hrsg.): Wirtschaftspolitik in Deutschland 1917–1990, Bd. 1: Das Reichswirtschaftsministerium der Weimarer Republik und seine Vorläufer. Strukturen, Akteure, Handlungsfelder, München 2016, S. 361–420.

Tooze, Adam / Ted Fertik: The World Economy and the Great War, in: Geschichte und Gesellschaft 40 (2014), S. 214–238.

Topik, Steven C. / Allen Wells: Commodity Chanins in a Global Economy, in: Emily S. Rosenberg (Hrsg.): A World Connecting, 1870–1945 (A History of the World), Cambridge / London 2012, S. 591–812.

Torp, Cornelius: Weltwirtschaft vor dem Ersten Weltkrieg. Die erste Welle ökonomischer Globalisierung vor 1914, in: Historische Zeitschrift 279 (2004), S. 561 – 609.

Torp, Cornelius: Die Herausforderung der Globalisierung. Wirtschaft und Politik in Deutschland 1860 – 1914 (Kritische Studien zur Geschichtswissenschaft, Bd. 168), Göttingen 2005.

Toscani, Ignazio: Etatistisches Denken und erkenntnistheoretische Überlegungen in den venezianischen Relazionen, in: Mohammed Rassem / Justin Stagl (Hrsg.): Statistik und Staatsbeschreibung in der Neuzeit, vornehmlich im 16.–18 Jahrhundert. Bericht über ein interdisziplinäres Symposium in Wolfenbüttel, 25.–27. September 1978 (Quellen und Abhandlungen zur Geschichte der Staatsbeschreibung und Statistik, Bd. 1), Paderborn et al. 1980, S. 111 – 129.

Tournès, Ludovic: Les États-Unis et la Société des Nations (1914 – 1946). Le système international face à l'émergence d'une superpuissance, Bern et al. 2016.

Tournès, Ludovic: American Membership of the League of Nations. US Philanthropy and the Transformation of an Intergovernmental Organisation into a Think Tank, in: International Politics 55 (2018), S. 852 – 869.

Tournès, Ludovic / Giles Scott-Smith: A World of Exchanges. Conceptualizing the History of International Scholarship Programs (Nineteenth to Twenty-First Centuries), in: Dies. (Hrsg.): Global Exchanges. Scholarships and Transnational Circulations in the Modern World, New York / Oxford 2018, S. 1 – 29.

Trachtenberg, Marc: Reparation in World Politics. France and European Economic Diplomacy, 1916 – 1923, New York 1980.

Trendelenburg, Ernst: Weltwirtschaftskrise und Außenhandel. Vortrag, gehalten am 26. Januar 1921 in der Deutschen Hochschule für Politik in Berlin, Berlin o. J. [1921].

Trentmann, Frank: Lloyd, Edward Mayow Hastings (1889 – 1968), in: Oxford Dictionary of National Biography, Oxford 2004 [https://doi.org/10.1093/ref:odnb/34566; 31. 05. 2018].

Trentmann, Frank: Free Trade Nation. Commerce, Consumption, and Civil Society in Modern Britain, Oxford 2008.

Trescott, Paul B.: Jingji Xue. The History of the Introduction of Western Economic Ideas into China, 1850 – 1950, Hong Kong 2007.

Trescott, Paul B.: Western Economic Advisers in China, 1900 – 1949, in: Research in the History of Economic Thought and Methodology 28-A (2010), S. 1 – 37.

Tribe, Keith: Chapman, Sir Sydney John (1871 – 1951), in: Oxford Dictionary of National Biography, Oxford 2004 [https://doi.org/10.1093/ref:odnb/32368; 29. 01. 2019].

Trotter, Spencer: The Geography of Commerce. A Textbook (Macmillan's Commercial Series), New York / London 1906.

Troutman, O.F.: [Rezension von League of Nations: World Economic Survey 1935 – 36], in: The Australian Quarterly 9 (1937), S. 107 – 108.

Trueblood, Howard J.: Raw Material Resources of Latin America, in: Foreign Policy Reports 15 (1939), S. 114 – 128.

Turnell, Sean: F.L. McDougall. Éminence Grise of Australian Economic Diplomacy, in: Australian Economic History Review 40 (2000), S. 51 – 70.

Turner, W.: International Commercial Competition, in: Westminster Review 178 (1912), S. 253 – 263.

Tworek, Heidi J. S.: Communicable Disease. Information, Health, and Globalization in the Interwar Period, in: American Historical Review 124 (2019), S. 813 – 824.

Uggè, A[lbino]: Marcello Boldrini 1890 – 1969, in: Revue de l'Institut International de Statistique 37 (1969), S. 335 – 343.

Ullman, Richard H.: Anglo-Soviet Relations, 1917–1921, Bd. 3: The Anglo-Soviet Accord, Princeton / London 1972.

Ullmann, Hans-Peter: Kriegswirtschaft, in: Gerhard Hirschfeld / Gerd Krumeich / Irina Renz: Enzyklopädie Erster Weltkrieg, 2. Aufl., Studienausgabe, Paderborn 2014, S. 220–232.

Unger, Corinna R.: International Development. A Postwar History (New Approaches to International History), London et al. 2018.

Unger, Corinna R. / Iris Borowy / Corinne A. Pernet (Hrsg.): The Routledge Handbook on the History of Development, London / New York 2022.

United Kingdom Trade Statistics. A New Classification for International Use, in: Board of Trade Journal 138 (1937), Nr. 2112 [27.05.1937], Supplement.

United Nations: Measurement of National Income and the Construction of Social Accounts (Studies and Reports on Statistical Methods, Bd. 7; United Nations Publications, 1947.II.6), Genf 1947.

United Nations: Banking Statistics. Recommendations on Scope and Principles of Classifications (Studies and Reports on Statistical Methods, Bd. 8; United Nations Publications, 1947.II.7), Genf 1947.

United Nations: Note on Balance of Payments Statistics (Studies and Reports on Statistical Methods, Bd. 9; United Nations Publications, 1947.II.8), Genf 1947.

United Nations Library: The League of Nations 1920–1946. Organization and Accomplishments. A Retrospective of the First Organization for the Establishment of World Peace, New York 1996.

United Nations Library / Graduate Institute of International Studies (Hrsg.): The League of Nations in Retrospect. Proceedings of the Symposium, Geneva, 6–9 November 1980 (United Nations Library, Geneva, Serial Publications. Series E: Guides and Studies, Bd. 3), Berlin / New York 1983.

United Nations. Statistical Office: Index Numbers of Industrial Production (UN Statistical Papers. Series F [Studies in Methods], Bd. 1), New York 1950.

United Nations. Statistical Office: A System of National Accounts and Supporting Tables (UN Statistical Papers. Series F [Studies in Methods], Bd. 2), New York 1953.

United Nations. Statistics Division: Standard Country or Area Codes for Statistical Use (UN Statistical Papers. Series M, Bd. 49/Rev. 4), o.O. [New York] 1999.

United Nations. Statistics Division: Standard International Trade Classification. Revision 4 (UN Statistical Papers. Series M, Bd. 34/Rev. 4), o.O. [New York] 2006.

United Nations. Statistics Division: International Standard Industrial Classification of All Economic Activities (ISIC), Rev. 4 (Statistical Papers. Series M, Bd. 4/Rev. 4), New York 2008.

United Nations. Statistics Division: International Recommendations for the Index of Industrial Production 2010 (UN Statistical Papers. Series F, Bd. 107), New York 2013.

United Nations. Statistics Division et al.: System of National Accounts 2008 (UN Statistical Papers. Series F, Bd. 2/Rev. 5), New York 2009.

United States Department of State: Review of the World's Commerce. Introductory to Commercial Relations of the United States with Foreign Countries during the Years 1894–1895, Washington 1896.

United States Department of State: Papers Relating to the Foreign Relations of the United States. The Paris Peace Conference 1919, Bd. 3, Washington 1943.

United States Department of State: Papers Relating to the Foreign Relations of the United States. The Paris Peace Conference 1919, Bd. 4, Washington 1943.

United States Department of State: Papers Relating to the Foreign Relations of the United States. The Paris Peace Conference 1919, Bd. 6, Washington 1946.

United States Department of State: Papers Relating to the Foreign Relations of the United States. The Paris Peace Conference 1919, Bd. 10, Washington 1947.

United States Exports and Imports Classified in Accordance with the League of Nations Minimum List of Commodities for Use in International Trade Statistics. Supplement to Foreign Commerce and Navigation 1935, Washington 1937.

Vaccaro, Gennaro: Panorama biografico degli italiani d'oggi, Bd. 1, Rom 1956.

Valpy, R[ichard]: Report upon Changes in the Industrial and Commercial Statistics of the United Kingdom, since the Meeting of the International Statistical Congress at the Hague, and upon Certain Resolutions of the Congress, in: P[etr] Séménov: Congrès International de Statistique. Compte-rendu de la huitième session à St-Péterbourg, Bd. 3: Travaux présentés au Congrès, St. Petersburg 1874, S. 143 – 151.

Vanderlip, Frank A.: The American „Commercial Invasion" of Europe, in: Scribner's Magazine 31 (1902), S. 3 – 22, 194 – 213, 287 – 306.

Vanhoutte, H.: L'Histoire économique, in: La Réforme Sociale. Bulletin de la Société d'Économie Sociale 39 (1900), S. 775 – 789.

Varga, E[vgenij S.]: Wirtschaft und Wirtschaftspolitik im IV. Vierteljahr 1926, in: Internationale Presse-Korrespondenz 7 (1927), Nr. 14 [04. 02. 1927], S. 257 – 294.

Varga, Evgenij S.: Die große Krise und ihre politischen Folgen. Wirtschaft und Politik 1928 – 1934, Moskau / Leningrad 1934.

Varga, Evgenij S.: The Great Crisis and Its Political Consequences, London 1934.

Varga, E[vgenij S.]: Wirtschaft und Wirtschaftspolitik. Vierteljahresberichte 1922 – 1939, hrsg. von Jörg Goldberg, 5 Bde., Berlin 1977.

Varga, E[vgenij] S.: Neue Erscheinungen während der Weltwirtschaftskrise, in: Ders.: Ausgewählte Schriften 1918 – 1964, Bd. 2: Die Wirtschaftskrisen, 2., überarbeitete Auflage, Köln 1982, S. 307 – 392, hier S. 392 [Original: Novye javlenija v mirovom ėkonomičeskom krizise, Moskau 1934].

Vassilieva, Natalia: La Société des Nations au mirroir de l'historiographie soviétique et russe, in: Guerres mondiales et conflits contemporains 282 (2021), S. 45 – 54.

Ven, Hans J. van de: Breaking with the Past. The Maritime Customs Service and the Global Origins of Modernity in China, New York 2014.

Vereinigung der Sozial- und Wirtschaftswissenschaftlichen Hochschullehrer: Werdegang und Schriften der Mitglieder, Treibnitz/Köln 1929.

Verma, D[ina] N.: India and the League of Nations, Patna 1968.

Vernadskij[, Ivan]: [Bericht über die russische Statistik], in: Karl v. Czoernig: Rechenschafts-Bericht über die dritte Versammlung des Internationalen Congresses für Statistik, abgehalten zu Wien vom 31. August bis 5. September 1857, Wien 1858, S. 226 – 233.

Vincent, C. Paul: The Politics of Hunger. The Allied Blockade of Germany, 1915 – 1919, Athens / London 1985.

Viner, Jacob: Studies in the Theory of International Trade, New York / London 1937.

Visvesvaraya, Mokshagundam: Planned Economy for India, Bangalore [2]1936.

Vogel, Jakob: Von der Wissenschafts- zur Wissensgeschichte. Für eine Historisierung der „Wissensgesellschaft", in: Geschichte und Gesellschaft 30 (2004), S. 639 – 660.

Völkerbund: Die Weltwirtschaftskonferenz. Genf im Mai 1927. Schlußbericht, hrsg. vom Reichswirtschaftsministerium, Berlin 1927.

Wagemann, Ernst: Struktur und Rhythmus der Weltwirtschaft. Grundlagen einer weltwirtschaftlichen Konjunkturlehre, Berlin 1931.

Wagemann, Ernst: Welthandel und Handelspolitik, in: Vierteljahrshefte zur Konjunkturforschung 10 (1935), S. 7–28.

Wagenführ, Rolf: Die Industriewirtschaft. Entwicklungstendenzen der deutschen und internationalen Industrieproduktion 1860 bis 1932 (Vierteljahrshefte zur Konjunkturforschung. Sonderheft, Bd. 31), Berlin 1933.

Wagenführ, Rolf: Produktionsindexziffern und ihre Probleme, in: Vierteljahrshefte zur Wirtschaftsforschung NF 13 (1938/39), S. 87–109.

Walters, F[rancis] W.: A History of the League of Nations, London / New York / Toronto 1952.

Ward, Michael: Quantifying the World. UN Ideas and Statistics (United Nations Intellectual History Project), Bloomington/Indianapolis 2004.

Ward, Thomas H.: Men of the Reign. A Biographical Dictionary of Eminent Persons of British and Colonial Birth who have died during the Reign of Queen Victoria, London 1885.

Watkins, Ralph J. et al.: E. Dana Durand, in: The American Statistician 14 (1960), Nr. 2, S. 29.

Weale, Martin: Stone, Sir (John) Richard Nicholas (1913–1991), in: Oxford Dictionary of National Biography, Oxford 2004 [http://doi.org/10.1093/ref:odnb/49989; 20.02.2020].

Weber, Danny: Die sächsische Landesstatistik im 19. Jahrhundert. Institutionalisierung und Professionalisierung (Beiträge zur Wirtschafts- und Sozialgeschichte, Bd. 98), Stuttgart 2003.

Wenzlhuemer, Roland: Globalgeschichte schreiben. Eine Einführung in 6 Episoden (UTB, Bd. 4765), Konstanz / München 2017.

Werner, Kurt: Die Indexziffer der industriellen Produktion, in: Friedrich Burgdörfer (Hrsg.): Die Statistik in Deutschland nach ihrem heutigen Stand. Ehrengabe für Friedrich Zahn, Berlin 1940, S. 1024–1030.

Wernicke, Alex[ander]: Weltwirtschaft und Nationalerziehung, in: Pädagogisches Archiv 41 (1899), S. 658–663.

Werron, Tobias: Wie ist globale Konkurrenz möglich? Zur sozialen Konstruktio globaler Konkurrenz am Beispiel des Human Development Index, in: Soziale Systeme 18 (2012), S. 168–203.

Werron, Tobias: Worum konkurrieren Nationalstaaten? Zu Begriff und Geschichte der Konkurrenz um „weiche" globale Güter, in: Zeitschrift für Soziologie 41 (2012), S. 338–355.

Westergaard, Harald: Contributions to the History of Statistics, London 1932.

Westermann, Andrea: Geology and World Politics. Mineral Resource Appraisals as Tools of Geopolitical Calculation, 1919–1939, in: Historical Social Research 40 (2015), S. 151–173.

Whalen, Philip: François Simiand (1873–1935), in: Philip Daileader / Philip Whalen (Hrsg.): French Historians 1900–2000, Chichester 2010, S. 573–588.

Wheatcroft, S[tephen] G.: Statistical Sources for the Study of Soviet Social History in the Prewar Period, in: Sheila Fitzpatrick / Lynne Viola (Hrsg.): A Researcher's Guide to Sources on Soviet Social History in the 1930s, Armonk / London 1992, S. 153–175.

Wheatcroft, S[tephen] G. / R[obert] W. Davies: A Brief History of the Balance of the National Economy, in: Dies. (Hrsg.): Materials for a Balance of the Soviet National Economy 1928–1930, Cambridge 1985, S. 34–48.

Wheatcroft, S[tephen] G. / R[obert] W. Davies: The Crooked Mirror of Soviet Economic Statistics, in: R[obert] W. Davies / Mark Harrison / S[tephen] G. Wheatcroft (Hrsg.): The Economic Transformation of the Soviet Union, 1913–1945, Cambridge 1994, S. 24–37.

White, G.R.: Obituary. Ernest Charles Snow, C.B.E., D.Sc., 1886–1959, in: Journal of the Royal Statistical Society, Series A 123 (1960), S. 355–356.

White, Stephen: The Origins of Détente. The Genoa Conference and Soviet-Western Relations, 1921–1922 (Soviet and East European Studies), Cambridge 1985.

Whitehead, Clive: Colonial Educators. The British Indian and Colonial Education Service 1858–1983, London / New York 2003.
Who's Who in France 1967–68, Paris 1967.
Who was Who 1929–1940, London 1947.
Wiese, L[eopold] v.: Die Weltwirtschaft als soziologisches Gebilde (Kieler Vorträge, gehalten im Wissenschaftlichen Klub des Instituts für Weltwirtschaft und Seeverkehr an der Universität Kiel, Bd. 8), Jena 1923.
Wieth-Knudsen, K[nud] A[sbjørn]: Die statistische Tätigkeit des Internationalen Landwirtschaftsinstituts, in: Deutsches Statistisches Zentralblatt 2 (1910), Sp. 161–166.
Wieth-Knudsen, K[nud] A[sbjørn]: Die statistische Tätigkeit des Internationalen Landwirtschaftsinstituts, in: Deutsches Statistisches Zentralblatt 4 (1912) Sp. 129–136.
Willcox, Walter F.: The Population of China in 1910, in: Bulletin de l'Institut International de Statistique 23 (1928/29), Nr. 2, S. 347–361.
Willcox, Walter F.: Conrad Alexander Verrijn Stuart (1865–1948), in: Journal of the American Statistical Association 44 (1949), S. 295–296.
Wilson, Francis G.: The Pacific and the International Labor Organisation, in: Pacific Affairs 5 (1932), S. 497–511.
Wintzer, Joachim: Deutschland und der Völkerbund 1918–1926, Paderborn et al. 2006.
Wirsing, Giselher: Zwischeneuropa und die deutsche Zukunft, Jena 1932.
Wirth, Max: Grundzüge der National-Oekonomie, Bd. 2, 3., umgearbeitete, vermehrte und verbesserte Auflage, Köln 1869.
Wissler, Albert: Ernst Wagemann. Begründer der empirischen Konjunkturforschung in Deutschland (Deutsches Institut für Wirtschaftsforschung, Sonderheft 26), Berlin 1954.
Wobbe, Theresa: Die Differenz Haushalt vs. Markt als latentes Beobachtungsschema. Vergleichsverfahren der Inter/nationalen Statistik (1882–1990), in: Kölner Zeitschrift für Soziologie und Sozialpsychologie73 (2021), Suppl. 1, S. 195–222.
Wobbe, Theresa / Léa Renard: The Category of ‚Family Workers' in International Labour Organization statistics (1930s-1980s). A Contribution to the Study of Globalized Gendered Boundaries between Household and Market, in: Journal of Global History 12 (2017), S. 340–360.
Wobbe, Theresa / Léa Renard / Katja Müller: Nationale und globale Deutungsmodelle des Geschlechts im arbeitsstatistischen und arbeitsrechtlichen Klassifikationssystem. Ein vergleichstheoretischer Beitrag (1882–1992), in: Soziale Welt 68 (2017), S. 63–85.
Wöbse, Anna-Katharina: Weltnaturschutz. Umweltdiplomatie in Völkerbund und Vereinten Nationen 1920–1950 (Geschichte des Natur- und Umweltschutzes, Bd. 7), Frankfurt/Main / New York 2012.
Wold, B. Herman: Oskar Anderson, 1887–1960, in: Annals of Mathematical Statistics 32 (1961), S. 651–660.
Wolf, Julius: „Konjunktur" und „Struktur", in: Karl Diehl (Hrsg.): Beiträge zur Wirtschaftstheorie. Zweiter Teil: Konjunkturforschung und Konjunkturtheorie. Wissenschaftliche Gutachten (Schriften des Vereins für Sozialpolitik, Bd. 173/2), München / Leipzig 1928, S. 1–38.
Wolff, H[ellmuth]: Wirtschafts-Statistik (Grundrisse zum Studium der Nationalökonomie, Bd. 21), Jena 1927.
Woot, Philippe de: Dupriez, Léon, in: Nouvelle biographie nationale, Bd. 5, Brüssel 1999, S. 140–143.
Worton, David A.: The Dominion Bureau of Statistics. A History of Canada's Central Statistical Office and its Antecendents, 1841–1972 (Canadian Public Administration Series, Bd. 22), Montreal et al. 1998.

Worton, David A.: Robert H. Coats, Architect of Canada's National Statistical System, in: Jean-Pierre Beaud / Jean-Guy Prévost (Hrsg.): L'ère du chiffre. Systèmes statistiques et traditions nationales, Sainte-Foy 2000, S. 87 – 104.

Woytinsky, Wl[adimir S.]: Die Welt in Zahlen, 7 Bde., Berlin 1925 – 28.

Woytinsky, Wl[adimir S.]: Die Welt in Zahlen, Bd. 5: Handel und Verkehr, Berlin 1927.

Woytinsky, W[ladimir] S. / E[mma] S. Woytinsky: World Commerce and Governments. Trends and Outlook, New York 1955.

Wray, William: Opportunity vs Control. The Diplomacy of Japanese Shipping in the First World War, in: Greg Kennedy (Hrsg.): The Merchant Marine in International Affairs 1850 – 1950 (Cass Series: Naval Policy and History, Bd. 8), London / Portland 2000, S. 59 – 83.

Wright, Carl Major: Economic Adaptation to a Changing World Market, Kopenhagen 1939.

Wright, Stanley F.: China's Struggle for Tariff Autonomy, 1843 – 1938, Shanghai / Hong Kong / Singapur 1938.

Wurzbach, Constantin: Biographisches Lexikon des Kaisertums Oesterreich, Bd. 25: Rasner – Rhederer, Graz 1868.

Würzburger, E[ugen]: Türkische Statistik, in: Deutsches Statistisches Zentralblatt 18 (1926), Sp. 182.

Würzburger, Eugen: Zur Entwicklung des Internationalen Statistischen Instituts, in: Deutsches Statistisches Zentralblatt 21 (1929), Sp. 137 – 142.

Würzburger, Eugen / Ernst Roesner: Otto Hübner's Geographisch-statistische Tabellen aller Länder der Erde, 69. Jahrgang, Wien 1927.

Wyler, Julius: Das schweizerische Volkseinkommen, in: Schweizerische Zeitschrift für Volkswirtschaft und Statistik 77 (1941), S. 171 – 186.

Xu, Guoqi: China and the Great War. China's Pursuit of a New National Identity and Internationalization, Cambridge 2005.

Xu, Guoqi: Asia and the Great War. A Shared History (The Greater War 1912 – 1923), Oxford 2017.

Yanagisawa Yasutoshi: On the Progress of Statistics in Japan, in: Bulletin de l'Institut International de Statistique 12 (1900), Nr. 1, S. 349 – 355.

Yanagisawa [Yasutoshi]: [Referat auf der ISI-Konferenz 1911 in Den Haag], in: Bulletin de l'Institut International de Statistique 19 (1911), Nr. 1, S. 157*-158*.

Yildirim, Seyfi: Belçikalı Nüfusbilimci ve İstatistikçi Camille Jacquart ve Türkiye'de Modern İstatistiğin Kurulması, 1926 – 1929 [Belgian Demographer and Statistician Camille Jacquart and the Foundation of Modern Statistics in Turkey, 1926 – 1929], in: Modern Türklük Araştırmaları Dergisi / Journal of Modern Turkish Studies 7 (2010), S. 7 – 36.

Yokoyama, Masao: A Biographical Sketch of Dr. K. Sugi, the Father of Japanese Statistics, in: Bulletin de l'Institut International de Statistique 25 (1931/32), Nr. 2, S. 143 – 145.

Young, Allyn A.: Economic Changes Since the War. Their Meaning and their Lessons, in: Perry G. Mehling / Roger J. Sandlands (Hrsg.): Money and Growth. Selected Papers of Allyn Abbott Young (Routledge Studies in the History of Economics, Bd. 29), New York / London 1999, S. 399 – 410, hier S. 400 [Original: 1929].

Young, Arthur N.: China's Nation-Building Effort, 1927 – 1937, Stanford 1971.

Z., A.: [Rezension von Thorp: Business Annals], in: Journal of the Royal Statistical Society 90 (1927), S. 599 – 600.

Zachariah, Benjamin: Developing India. An Intellectual and Social History, c. 1930 – 50, New Delhi 2012.

Zachmann, Urs Matthias: Völkerrechtsdenken und Außenpolitik in Japan, 1919 – 1960 (Studien zur Geschichte des Völkerrechts, Bd. 29), Baden-Baden 2013.

Zagorov, S[lavcho]: A Contribution to the Theory of Quantity Indices. Structure and Meaning of the Bulgarian Index of Industrial Production, in: Zeitschrift für Nationalökonomie 8 (1937), S. 461 – 468.

Zahn, Friedrich (Hrsg.): Die Statistik in Deutschland nach ihrem heutigen Stand. Georg von Mayr bei der Feier seines 70. Geburtstags als Ehrengabe dargebracht, 2 Bde., München / Berlin 1911.

Zahn, Friedrich: Hermann Losch. Eine Jubiläumsbetrachtung, in: Allgemeines Statistisches Archiv 14 (1923/24), S. 242 – 244.

Zahn, Fr[iedrich]: Statistik, in: Ludwig Elster / Adolf Weber / Friedrich Wieser (Hrsg.): Handwörterbuch der Staatswissenschaften, 4., gänzlich umgearbeitete Auflage, Jena 1926, S. 869 – 972.

Zahn, Friedrich: Internationales Statistisches Institut und Völkerbund, in: Allgemeines Statistisches Archiv 18 (1928), S. 599 – 604.

Zahn, Friedrich: Van der Borght Richard 1861 – 1926, in: Bulletin de l'Institut International de Statistique 23 (1928/29), Nr. 1, S. 327 – 330.

Zahn, Friedrich: 50 années de l'Institut International de Statistique, o.O. o.J. [München 1934].

Zanasi, Margherita: Saving the Nation. Economic Modernity in China, Chicago/London 2006.

Zanasi, Margherita: Exporting Development. The League of Nations and Republican China, in: Comparative Studies in Society and History 49 (2007), S. 143 – 169.

Závodsky, Prokop / Ondřej Šimpach: The Development of Statistics in the First Decade of Czechoslovak Republic, in: Tomáš Löster / Tomáš Pavelka (Hrsg.): The 11th International Days of Statistics and Economics. Conference Proceedings, Prague, September 14 – 16, 2017, o.O. 2017, S. 1903 – 1913.

Žižek, Franz: Grundriss der Statistik, 2., neu bearbeitete Auflage, München / Leipzig 1923.

Žižek, Franz: „Nicht vergleichbare" statistische Zahlen, in: Schmollers Jahrbuch für Gesetzgebung, Verwaltung und Volkswirtschaft im Deutschen Reiche 51 (1927), Bd. 1, S. 29 – 48.

Zolla, D[aniel]: Étude sur le commerce des produits agricoles en France et à l'étranger, in: Annales agronomiques 16 (1890), S. 385 – 416, 492 – 522.

Zuckermann, S[alomon]: Statistischer Atlas zum Welthandel, Berlin 1921.

Zuckermann, S[alomon]: Devisen-Graphik, Berlin 1923.

Zuckermann, S[alomon]: Der Wettbewerb auf dem Weltmarkt, Berlin 1934;

Zuckermann, S[alomon]: Graphischer Atlas des Aussenhandels, Berlin 1934.

Zuckermann, S[alomon]: Sowjetrußlands Außenhandel in graphischen Darstellungen 1928 – 1935, Berlin 1935.

Zuckermann, S[alomon]: Le commerce éxterieur du Congo Belge. En tableaux graphiques 1909/13 et 1928 – 1936, Brüssel/Berlin 1937.

Zuidema, J[an] R[eginald]: C.A. Verrijn Stuart. Vertegenwoordiger van de Oostenrijkse School in Nederland, in: A[rend] J. Vermat (Hrsg.): Van liberalisten tot instrumentalisten. Anderhalve eeuw economisch denken in Nederland, Leiden et al. 1987, S. 117 – 139.

Zitierte Periodika

Dieser Abschnitt beinhaltet die bibliographischen Angaben einiger Periodika, deren Titel im Text nur erwähnt wird oder aus denen nicht namentlich gekennzeichnete, meist kurze Berichte, statistische Daten, Mitteilungen, Gesetze, Verordnungen oder Werbeanzeigen zitiert wurden.

Accounts relating to the Inland (Rail and River-Borne) Trade Consignments of India, Kalkutta 1933 – 1982.
Accounts relating to the Trade and Commerce of Certain Foreign Countries and British Possessions, London 1901 – 1932.
Almanach de Paris. Annuaire général de diplomatique, de politique, d'histoire et de statistique pour tous les pays du globe, Paris 1865 – 1869.
Annales de la Société d'Économie Politique 16 (1865).
Annales du Commerce Extérieur, Paris 1843 ff. [periodisch erscheinende Schriftenreihe mit zahlreichen Unterreihen, gegliedert nach Ländern sowie nach „Legislation commerciale" und „Faits Commerciaux"].
Annuaire financier et économique du Japon, Tokio 1901 – 1922.
Annuaire International de Statistique Agricole, Rom 1912 – 1947.
Annuaire Statistique de la France 20 (1900).
Annual Statement of the Trade of the United Kingdom with Foreign Countries and British Possessions, London 1871 – 1924.
Annuario Statistico Italiano 1 (1878) ff.
Anuario Estadístico de España 2 (1915).
Ausgewählte Neuerwerbungen. Bibliothek des Reichstags 9 (1921) – 23 (1935).
Bamberger Neueste Nachrichten, 13. 08. 1872.
Berliner Lokal-Anzeiger, 26. 07. 1933.
Bjulleten' Central'nogo Statističeskogo Upravlenija, Moskau 1919 – 1926.
Bulletin de la Chambre de Commerce de Hanoi (Tonkin) 35 (1928), Nr. 296.
Bulletin de l'Institut International de Statistique 21 (1924); 22 (1926); 23 (1928/29); 25 (1931/32); 26 (1931/36); 28 (1935/38); 29 (1937/38).
Bulletin de Statistique Agricole / Bulletin de Statistique Agricole et Commerciale / Bulletin Mensuel de Statistique Agricole et Commerciale, Rom 1910 – 1946.
Bulletin du Bureau International de Statistique Commerciale, Brüssel 1925 – 1937.
Bulletin International du Vin / Bulletin de l'O.I.V., Paris 1928 ff.
Bulletin mensuel de l'Office Permanent [de l'Institut International de Statistique], Den Haag 1920 – 1932.
Bulletin Statistique des Pêches Maritimes des Pays du Nord de l'Europe, Kopenhagen 1906 ff.
Capital and Labour [London], 19. 12. 1877.
Dai Nihon gaikoku bōeki geppyō / Monthly Return of the Foreign Trade of the Empire of Japan, Tokio 1893 – 1926.
Dai Nihon gaikoku bōeki nenpyō / Annual Return of the Foreign Trade of the Empire of Japan, Tokio 1893 – 1934.
Der Europäische Holzexport, Wien 1934 – 1938 / CIB-Monatsberichte, Brüssel 1938 – 1939 / Timber Statistical Review, London 1939.
Der Tag [Berlin], 11. 02. 1934 [BAB, R 8034II/5885].
Deutsche Allgemeine Zeitung, 15. 12. 1849; 21. 12. 1852; 24. 08. 1853.
Deutsches Handelsarchiv 1920.

Deutsches Statistisches Zentralblatt 13 (1921); 19 (1927).
Deutsche Tageszeitung, 03.05.1931.
Economic Review 5 (1921/22).
Ėkonomičeskaja Žizn', Moskau 1918 – 1937.
Ellesmere Guardian [Southbridge, Neuseeland], 27.07.1934.
Evening Star [Dunedin, Neuseeland], 02.12.1933.
Ežegodnik Rossii / Annuaire de la Russie – Statističeskij Ežegodnik Rossij / Annuaire Statistique de la Russie, St. Petersburg 1904 – 1916.
Ežemesjačnyi Statističeskij Bjuelleten', Moskau 1923 – 1930.
Finanzielles und wirtschaftliches Jahrbuch für Japan, Tokio 1901 – 1913.
Foreign Trade & Commerce Accounts relating to the Trade and Commerce of Certain Foreign Countries and British Countries Overseas, London 1933 – 1939.
Gothaischer genealogischer Hof-Kalender auf das Jahr 1839, Gotha 1839.
Gothaischer genealogischer Hof-Kalender nebst diplomatisch-statistischem Jahrbuch auf 1861, Gotha 1861; [...] auf 1864, Gotha 1864; [...] auf 1865, Gotha 1865.
Gothaisches Genealogisches Taschenbuch nebst diplomatisch-statistischem Jahrbuch. 1897, Gotha 1897.
International Labour Review 2 (1921).
International Statistical Year-Book / Statistical Year-Book of the League of Nations, Genf 1927 – 1944.
Jahrbücher für Nationalökonomie und Statistik 7 (1866).
Journal de la Société Statistique de Paris 2 (1861).
Journal des Débats politiques et littéraires [Paris], 14.05.1880.
Journal of the Economic and Social Council 1 (1946).
Journal of the Royal Statistical Society 51 (1888); 58 (1895); 82 (1919); 87 (1924); 92 (1929); Series A 137 (1974); Series A 148 (1985).
Journal officiel de la République française 32 (1900), Nr. 85 [27.03.1900].
Journal Télégraphique, Bern / Genf 1869 – 1933.
Krippen-Kalender für 1873. Jahrbuch für Frauen und Mütter 21 (1873).
Latvijas Statistiskas Gada Grāmata 1939 / Annuaire Statistique de la Lettonie 1939, Riga 1939.
League of Nations Treaty Series 110 (1931/32).
Le Temps, 29.09.1871; 14.12.1937.
L'Information d'Indochine [Saigon], 29.01.1938.
Lloyd's Weekly London Newspaper, 23.12.1849.
Manchester Guardian, 06.07.1933.
Monatliche Übersichten über die allgemeine Wirtschaftslage / Statistische Übersichten über die allgemeine Wirtschaftslage, Frankfurt/Main 1909 – 1917.
Monatsberichte des Österreichischen Instituts für Konjunkturforschung 7 (1933), Nr. 4 [26.04.1933]; Nr. 11 [26.11.1933].
Monthly Bulletin of Statistics, London 1919 – 1921; Genf 1921 – 1946.
Monthly Returns of the Foreign Trade of China, Shanghai 1931 – 1949.
Monthly Statistics of the Production of Certain Selected Industries of India, Delhi 1932 – 1972.
Monthly Summary of the League of Nations, Genf 1921 – 1940.
Monthly Survey of Business Conditions in India, Delhi 1933 [1934]-1951.
Nihon teikoku tokei tekiyo / Résumé Statistique de l'Empire du Japon, Tokio 1887 – 1943.
Official Journal of the League of Nations [OJ], Genf 1920 – 1940.
OPEC Annual Statistical Bulletin 52 (2017).

Pacific Affairs 1 (1928); 7 (1934).
Paris-Midi, 25.04.1935.
Protocoles des Séances de la Commission Européenne du Danube, Paris / Galatz [Galaţi] 1856 – 1924.
Rekkoku kokusei yōran [„offizielle englische Übersetzung: „Concise View of the Chief Countries of the World"], Tokio 1921 – 1943.
Reports on the Commercial Relations of the United States with all Foreign Nations / Letter of the Secretary of State transmitting a Report on the Commercial Relations of the United States with Foreign Nations / Annual Report on the Commercial Relations between the United States and Foreign Nations / Report Upon the Commercial Relations of the United States with Foreign Countries / Commercial Relations of the United States with Foreign Countries, Washington 1856 – 1914.
Revue de l'Institut International de Statistique 6 (1938).
Revue militaire Suisse 17 (1872).
Russkaja Promyšlennost' / Promyšlennost' SSSR, Moskau 1921 – 1928.
Saturday Review of Politics, Literature, Science, and Arts, 17.08.1867.
Schweizerischer Bankverein. Berichte und Finanzielle Mitteilungen, Nr. 3/1933 [Juni 1933].
Shiye banyuekan, Nanjing 1936/37.
Shiye tongji / The Industrial Statistics, Nanjing 1933 – 1936.
Statesman's Year-Book. A Statistical, Genealogical, and Historical Account of the States and Sovereigns of the Civilised World for the Year 1864, London/Cambridge 1864; ... for the Year 1865, London/Cambridge 1865; ... for the Year 1866, London/Cambridge 1866.
Statesman's Year-Book. Statistical and Historical Annual of the States of the Civilised World for the Year 1882, London 1882.
Statistical Abstract for the British Empire, London 1905 – 1939.
Statistical Abstract for the Principal Foreign Countries / Statistical Abstract for the Principal and Other Foreign Countries, London 1874 – 1914.
Statistical Abstract for the Several Colonial and Other Possessions of the UK, London 1865 – 1939.
Statistical Abstract of the United States 25 (1902).
Statistical Abstract relating to British India, London 1867 – 1922.
Statistical Bulletin of the International Rubber Regulation Committee, London 1935 – 1940.
Statistical Tables for British India, Kalkutta 1881 – 1893.
Statistical Tables Relating to Foreign Countries, London 1855 – 1870.
Statistical Yearbook of the International Tin Research and Development Council, Den Haag 1937 – 1939.
Statistical Yearbook [United Nations] 61 (2018).
Statističeskij Ežegodnik / Annuaire Statistique, Moskau 1921 – 1924.
Statistics of British India [in neun Teilbänden], Kalkutta 1908 – 1922.
Statistika Rossijskoj Imperij / Statistique de l'Empire de Russie, St. Petersburg 1887 – 1917.
Statistique Générale du Service Postale, Bern 1884 – 1940.
Statistisches Jahrbuch für das Deutsche Reich, Berlin 1880 – 1942.
Statistisk årsbok för Sverige 1 (1914).
Sydney Morning Herald, 30.06.1933.
Tables of the Revenue, Population, Commerce, etc. of the United Kingdom and its Dependencies, London 1833 – 1854.
Tages-Post [Linz], 22.06.1869.
The Chinese Economic Bulletin [Beijing/Shanghai], Nr. 209 [21.02.1925].

The Daily News [London], 18.01.1850.
The Financial and Economic Annual of Japan, Tokio 1901–1940.
The Friend of India [Serampore], 07.02.1850.
The Manchester Times, 14.12.1872.
The Statesman's Year-Book. Statistical and Historical Annual of the States of the World for the Year 1890, London / New York 1890.
The Times [London], 27.09.1872.
The World Almanac, hrsg. von der New York World, New York 1868 ff. [bis heute mit verschiedenen Titeln].
Tongji yuebao / The Statistical Monthly, Nanjing 1929–1934, 1937–1948.
Übersicht über den Stand der wirtschaftspolitischen Beziehungen Deutschlands, Berlin 1928–1938.
United Nations Treaty Series 73 (1950).
Vestnik Statistiski, Moskau 1919–1930, 1948–1987.
Vierteljahrshefte zur Konjunkturforschung 1(1926); 2 (1927).
Vierteljahrshefte zur Statistik des Deutschen Reichs, Berlin 1873–1876; 1892–1943.
Weltwirtschaftliches Archiv 50 (1939).
Whitaker's Almanack, hrsg. von Joseph Whitaker, London 1868 ff. [bis heute mit verschiedenen Titeln].
Yearbook of Food and Agricultural Statistics 2 (1948), Part I: Production.
Zeitschrift des Vereins für deutsche Statistik 1 (1847) – 2 (1848).

Parlamentaria

Bundesblatt 81 (1929), Bd. III, Nr. 50, Bern 1929.
First Report of the Royal Commission appointed to inquire into the Depression of Trade and Industry (Command Paper, Session 1886, C.4621), London 1886.
Hansard 5th Series, Bd. 157, 24.07.1922; Bd. 196, 14.06.1926; Bd. 204, 23.03.1927; Bd. 209, 20.07.1927; Bd. 218, 12.06.1928; Bd. 275, 15.03.1933; Bd. 297, 07.02.1935 [via UK Parliamentary Papers (ProQuest), http://parlipapers.proquest.com].
Journal officiel de la République Française. Chambre des députes, 14e Législature – Session ordinaire de 1930. Documents parlementaires. Annexes aux Procès-Verbaux des Séances. Projets et propositions de loi – Exposés des Motifs et Rapports, Paris 1930.
Journal of the Executive Proceedings of the Senate of the United States of America 76, Part I: Seventy-Fourth Congress, First Session. From January 3, 1935, to August 26, 1935, Washington 1939.
Journal of the Executive Proceedings of the Senate of the United States of America 78: Seventy-Fifth Congress, First Session. From January 5, 1937, to August 21, 1937, Washington 1939.
Journal of the Executive Proceedings of the Senate of the United States of America 85: Seventy-Eighth Congress, First Session. From January 6, 1943, to December 21, 1943, Washington 1944.
Journal of the Executive Proceedings of the Senate of the United States of America 89, Part I: Eightieth Congress, First Session. From January 3, 1947, to July 27, 1947, Washington 1947.
Memorandum by the Board of Trade and the Foreign Office with Respect to the Future Organisation of Commercial Intelligence (Cd. 8715), London 1917.
Memorandum with Respect to the Re-Organisation of the Board of Trade (Cd. 8912), London 1918.
Papers Relating to the International Economic Conference, Genoa, April-May 1922 (Cmd. 1667), London 1922.
Protokolle der Deutschen Bundesversammlung vom Jahre 1848. Sitzung 1 bis 70, Frankfurt/Main 1848.

Publication of Statistics on Foreign Commerce. Hearing before the Committee on Interstate and Foreign Commerce of the House of Representatives, Sixty-Sixth Congress, Third Session, on H.R. 15448, 17.01.1921, Washington 1921.

Report and Resolutions adopted by the First Conference of Government Officers engaged in Dealing with Statistics in the British Empire, held at the Board of Trade on 20th January – 26th February 1920 (Cmd. 648), London 1920.

Report from the Select Committee on Official Salaries, ordered by the House of Commons (House of Commons Paper, Session 1850, No. 611) o.O. o.J. [London 1850].

Report from the Select Committee on Official Publications, etc. (House of Commons Paper, Session 1906, No. 279), London 1906.

Return of the Cost of Printing Reports and Papers presented by Command of Her Majesty, during the Sessions of 1857, specifying the Number of Copies Printed, with the Name of the Public Department which authorised the same (House of Commons Paper, Session 1857 – 58, No. 123), o.O. o.J. [London 1858].

Returns of the Cost of Printing Reports and Papers presented by Command of Her Majesty to the Houses of Parliament, from 1860 to the Present Time (House of Commons Paper, Session 1865, No. 421), o.O. o.J. [London 1865].

Stenographische Berichte über die Verhandlungen des Reichstages. IX. Legislaturperiode. V. Session 1897/98, Bd. 3: Von der 66. Sitzung am 21. März 1898 bis zur Schlußsitzung am 6. Mai 1898, Berlin 1898.

Stenographische Berichte über die Verhandlungen des Reichstages. X. Legislaturperiode. II. Session 1900/1903, Bd. 10: Von der 279. Sitzung am 10. März 1903 bis zur 302. (Schluß-)Sitzung am 30. April 1903, Berlin 1903.

The Parliamentary Debates (Authorised Edition), Fourth Series, commencing with the Fourth Session of the Twenty-Sixth Parliament of the United Kingdom of Great Britain and Ireland. 61 Victoriae. Vol. 53: Comprising the Period from the Eight Day of February to the Twenty-Fourth Day of February 1898, London 1898.

The War Cabinet. Report for the Year 1918 (Cmd. 325), London 1919.

Verhandlungen der verfassunggebenden Deutschen Nationalversammlung, Bd. 337: Anlagen zu den stenographischen Berichten, Berlin 1920.

Verhandlungen des Reichstags. I. Wahlperiode 1920, Bd. 373: Anlagen zu den Stenographischen Berichten, Nr. 4193 bis 4397, Berlin 1922.

Verhandlungen des Reichstags. V. Wahlperiode 1930, Bd. 444: Stenographische Berichte (von der 1. Sitzung am 13. Oktober 1930 bis zur 26. Sitzung am 14. Februar 1931), Berlin 1931

Verhandlungen des Reichstags. V. Wahlperiode 1930, Bd. 453: Anlagen Nr. 1431 bis 1595 zu den Stenographischen Berichten, Berlin 1932.

Verhandlungen des Reichstags. III. Wahlperiode 1936, Bd. 459: Stenographische Berichte. Anlagen zu den Stenographischen Berichten, Berlin 1938.

Internetressourcen

anno.onb.ac.at; zahlreiche Zugriffe.

https://books.google.com/ngrams/info#; 26.11.2019.

https://data.oecd.org/gdp/gross-domestic-product-gdp.htm; 26.06.2019.

https://en.wikipedia.org/wiki/Tapio_Voionmaa; 09.09.2019.

https://fraser.stlouisfed.org/archival/1342/item/459277; 12.11.2019.
https://gallica.bnf.fr; zahlreiche Zugriffe.
https://imf.org/external/datamapper/NGDPD@WEO/DEU?year=2016; 26.06.2019.
https://treaties.un.org/pages/viewdetails.aspx?src=IND&mtdsg_no=XII-3-a&chapter=13&clang=_en; 11.01.2019.
https://unstats.un.org/unsd/snaama/CountryProfile; 26.06.2019.
https://www.bygdeband.se/person/932407/sverige/vastmanlands-lan/heby/ostervala/ostervala-hembygdsforening/johan-ansgar-esaias-rosenborg/; 09.09.2019.
https://www.economistgroup.com/what_we_do/our_history.htm; 03.07.2019.
jstore.org; zahlreiche Zugriffe.
www.lonsea.de; zahlreiche Zugriffe.
www.stampdata.com/stamp.php?id=73545; 07.11.2018.

Register

https://doi.org/10.1515/9783111207124-019

www.ingramcontent.com/pod-product-compliance
Lightning Source LLC
LaVergne TN
LVHW010646300926
849161LV00005B/1048